MATTHIAS RASCH / MICHAEL DAHLHAUS

KRETA

REISEHANDBUCH

W0171212

Ausführliche und fundierte Routenbeschreibungen
Hintergrund-Informationen • Geschichte • Geographie
Strände • Sport • Stadtrundgänge • Sehenswürdigkeiten
Wanderungen • Archäologie • Unterkünfte • Tarvernen

IWANOWSKI'S *i* REISEBUCHVERLAG

Jetzt neu im Internet:

www.iwanowski.de

Hier finden Sie aktuelle Infos
zu allen Titeln, interessante Links –
und vieles mehr!

Einfach anklicken!

1. Auflage 2001

© Vertrieb und Service, Reisebuchverlag, Reisevermittlung,
Im- und Export Iwanowski GmbH
Büchnerstraße 11 · 41540 Dormagen
Telefon 0 21 33/2 60 30 · Fax 0 21 33/26 03 33
e-mail: info@iwanowski.de
Internet: http://www.iwanowski.de

Titelfoto: Bildagentur Huber, Hanna Simione
Alle anderen Farb- und Schwarzweiß-Abbildungen:
Matthias Rasch und Michael Dahlhaus
Redaktionelles Copyright, Konzeption und dessen ständige Überarbeitung: Michael Iwanowski
Karten: Palsa-Graphik, Lohmar
Titelgestaltung sowie Layout-Konzeption: Studio Schübel, München
Layout: Ulrike Jans, Krummhörn

Alle Informationen und Hinweise erfolgen ohne Gewähr für die Richtigkeit einer
Produkthaftung. Verlag und Autoren können daher keine Verantwortung und Haftung
für inhaltliche oder sachliche Fehler übernehmen. Auf den Inhalt aller in diesem Buch
erwähnten Internetseiten Dritter haben Autoren und Verlag keinen Einfluß.
Eine Haftung dafür wird ebenso ausgeschlossen wie für den Inhalt der Internetseiten,
die durch weiterführende Verknüpfungen (sog. „Links") damit verbunden sind.

Gesamtherstellung: B.o.s.s Druck und Medien, Kleve
Printed in Germany

ISBN 3-933041-12-0

Inhaltsverzeichnis

Außerdem weiterführende Informationen zu folgenden Themen:

Verzeichnis der Abbildungen und Karten:

Legende

═══	beschrieb. Route/ Autobahn	**P**	Parkplatz
──	beschrieb. Route/Hauptstraße	✈	Flughafen
──	beschrieb. Route/Nebenstraße	✈	Flugplatz (OA)
──	Abstecher	🚌	Busbahnhof
═══	Autobahn	⛴	Fähre
──	Hauptstraße	⚓	Hafen
──	Nebenstraße	✚	Krankenhaus
-----	Wanderweg / beschr. Wanderweg		wichtige Gebäude
～	Fluss	**M**	Museum
🏖	Strand	**G**	Gallerie
☀	Leuchtturm	**H**	Hotel
	Militärisches Sperrgebiet	**R**	Restaurant
🍇	Weinanbaugeb./ Kellerei	⌂	Hütte
●	Ortschaften	♜	Turm
★	Sehenswürdigkeiten	∩	Höhle
▲	Berge	⋰	Ruinen
☀	Aussichtspunkt	)(	Tunnel
⊖	Quellen	✉	Post
●	Zisternen	✆	OTE
🏛	Griechische Ausgrabungen		Marktplatz
	Minoische Ausgrabungen	⛷	Skigebiet
	Römische Ausgrabungen	☪	Moschee
	Byzantinische Bauwerke	✝	Kloster
	Venezianische Bauwerke	♠	Kathedrale
	Türkische Bauwerke	✝	Kirche
🏰	Kastell	†	Friedhof
♟	Denkmal		Minarett
i	Information		Windmühle

© **i** graphic

KRETA – EUROPAS SÜDLICHSTER KONTINENT

Nein, es ist nicht übertrieben, von Kreta als einem eigenen Kontinent am Rande der Südägäis zu sprechen. Lagunenhafte Buchten und felsige Naturhäfen, schroffe Schluchten und schneebedeckte Gipfel, abgelegene Bergdörfer und pulsierende Städte: Kreta vereint eine Unzahl von Gegensätzen auf engstem Raum und macht sie für Reisende in kürzester Zeit erlebbar. Abenteurer und Erholungsuchende, Sonnenanbeter und Kulturreisende, alle sind den gastfreundlichen Kretern willkommen und finden genügend Freiraum, um ihren Interessen nachzugehen.

Seit den 1970er Jahren, als der Charterflugverkehr Südeuropa näher an die klimatisch benachteiligten Länder des europäischen Nordens brachte, zieht es jährlich Millionen von Urlaubern nach Kreta. Im Nordosten der Insel sind um Mália und Limmín Chersónissos regelrechte Ferienregionen entstanden, die weder landestypisch sind, noch etwas vom wahren Charakter der Insel widerspiegeln. Aber dies ist nur ein winzig kleiner Ausschnitt der Insel, und Tausende deutscher Stammgäste können nicht irren – nach wie vor ist Kreta auch eine Insel für Individualisten. Das bergige Binnenland bleibt vom Tourismus weitgehend unberührt und bietet Wanderern und Fahrradfahrern vor allem im Frühjahr, der schönsten Reisezeit, endlose Kilometer Straßen und Wege durch die blühende und duftende Insellandschaft. Fast jedes Dorf nennt eine Taverne oder ein schlichtes Kafenion sein eigen, so daß man recht unbeschwert reisen kann.

Unbeschwertheit ist überhaupt sehr typisch für Kreta und seine Bewohner. Die Kriminalitätsrate ist ausgesprochen niedrig, die hektische Hauptstadt Athen weit entfernt und der Fremde meist willkommen. Das war in Kretas Geschichte beileibe nicht immer so. Jahrhundertelang war die Insel von fremden Besatzern unterdrückt. Nach den katholischen Venezianern kamen die muslimischen Türken, die die zahllosen Aufstände der verzweifelten Insulaner blutig niederschlugen, und zur Mitte des 20. Jahrhunderts landeten deutsche Fallschirmjäger an der Nordküste und leiteten ein mehrjähriges Schreckensregime ein. Der orthodoxe Glaube war den Bewohnern immer eine große Hilfe, und er ist noch heute sehr präsent, in den zahllosen byzantinischen Kapellen, Klöstern und modernen Kirchen ebenso wie in der Landschaft mit ihren unzähligen Ikonostasen.

Stolz bezeichnet sich Kreta als Europas kulturelle Wiege, gilt doch die minoische Zivilisation, die auf Kreta vor 3.500-4.500 Jahren ihre Glanzzeit durchlebte, als früheste Hochkultur unseres Kontinents. Mehrere prächtige Palastruinen sind Zeugen dieser Zeit, am bekanntesten der Palast von Knossos südlich der Hauptstadt Iráklion. Die Jahrtausende umfassende Geschichte ist überall präsent und führte Kreta ins Pflichtprogramm aller Veranstalter von Studienreisen.

Mit Sicherheit ist jeder Reiseführer von subjektiven Eindrücken und Erlebnissen geprägt, und doch haben wir uns bemüht, Ihnen Freiräume zu lassen, um Ihr eigenes Kreta zu entdecken und zu erleben. Und noch ein Tip: Lassen Sie neben dem „ursprünglichen" Kreta, das so reich an Historie ist, auch die zeitgenössische griechische Kultur und das moderne Kreta auf sich wirken. Genügend Hinweise und Tips finden Sie in diesem Buch.

Wir haben Kreta auf mehreren Recherchereisen besucht und dabei unzählige Kilometer per Auto, Bus, Fahrrad, Schiff und auf den eigenen Füßen zurückgelegt. Laufend haben wir dabei Neues entdeckt, denn die Insel verändert sich an manchen Stellen schneller, als es vielen Kreta-Freunden lieb ist. Die Zeit der Hippies und Rucksackreisenden scheint unweigerlich vorüber, und doch haben wir uns immer und fast überall „zu Hause" gefühlt.

Wir danken Herrn Dirk Kruse-Etzbach herzlich für die Starthilfe bei der Entstehung dieses Buches und seine Reisebegleitung. Außerdem gilt unser Dank der griechischen Zentrale für Fremdenverkehr und der Grecotel-Gruppe, die uns bei unseren Reisen unterstützt haben. Unvergessen bleiben uns die Menschen auf Kreta, die uns durch ihre Gastfreundschaft und wertvolle Tips über ihre Insel sehr geholfen haben. Sie alle tauchen irgendwo in diesem Buch auf und werden sich wiederfinden.

Lübeck und Kiel, im August 2001

I. ALLGEMEINER ÜBERBLICK

Griechenland auf einen Blick	
Fläche:	131.957 qkm
Einwohner:	10,151 Millionen
Bevölkerungsdichte:	80 Einwohner je qkm (Deutschland: 230 Ew/qkm)
Bevölkerungs-wachstum:	0,5 % pro Jahr
Lebenserwartung:	78 Jahre
Staatssprache:	Neugriechisch
Hauptstadt:	Athen
Staats- und Regierungsform:	Parlamentarische Republik
Flagge:	Weißes Kreuz und vier weiße Querstreifen auf blauem Grund
Nationalfeiertage:	25. März (Beginn des Befreiungskampfes von den Türken 1821) und 28. Oktober (Tag der Ablehnung des italienischen Ultimatums zur Kapitulation 1940)
Religion:	97 % Griechisch-Orthodox, 1,2 % Muslime, Protestanten, Katholiken und Juden
Großstädte:	Athen (780.000 EW, Großraum über 3 Millionen), Thessaloníki (385.000 EW), Piräus (183.000 EW), Pátras (154.000 EW), Iráklion (117.000 EW), Larissa (113.000 EW)
Außenhandel:	Importe ca. 8,3 Mrd. Drs., Exporte ca. 3,2 Mrd. Drs.
Handelspartner:	Deutschland, Italien, Frankreich, Niederlande
Haupterzeugnisse der Landwirtschaft:	Olivenöl, Wein, Tabak, Gemüse und Obst
Arbeitslosigkeit:	11,4 %; Kreta 7,8 %
Inflationsrate:	2,5 %
Klima:	Mittelmeerklima
Währung:	Ab 1.1.2002: 1 Euro = 100 Cent; vorher: 1 Drachme = 100 Lepta
Höchste Erhebung:	Olymp 2.917 m
Küstenlänge:	13.676 km

Kreta auf einen Blick	
Fläche:	8.261 qkm
Bevölkerung:	rund 601.000 (Volkszählung im März 2001)
Bevölkerungsdichte:	65 Einwohner/qkm
Verwaltungssitz:	Iráklion 117.000 Einwohner
Länge (West-Ost):	maximal 260 km
Breite (Nord-Süd):	maximal 56 km, minimal 12 km
Höchste Erhebung:	Psilorítis 2.465 m
Küstenlänge	ca. 1.050 km
Größte Städte:	Iráklion, Chaniá, Réthimnon, Ágios Nikólaos, Sitía, Ierápetra
Zugehörigkeit zu Griechenland:	seit dem 1. Dezember 1913
Sehenswürdigkeiten:	die minoischen Paläste von Knossós, Festós, Mália, Káto Zákros, das archäologische Museum von Iráklion, die dorische Stadt Lató, die griechisch-römische Stadt Górtis, die venezianisch-türkischen Altstädte von Chaniá und Réthimnon, die Klöster Arkádi, Préveli und Toploú, die Schluchten von Samariá und Ímbros, die Hochebenen von Omalós, Nída und Lassíthi, die Festungsinsel Spinalónga, die Strände von Mátala, Préveli, Vái, Xerókambos, Elafonísi und Phalássarna

2. NATUR UND LANDSCHAFT

Majestätisch wachsen die Berge Kretas aus dem Meer. Steinige Hänge und schroffe Felswände, deren Firne monatelang mit Schnee bedeckt sind, thronen über schmalen, in den Sommermonaten flirrend heißen Küstenebenen und sanft gewellten, milder klimatisierten Hügelländern.

Vier große, von Kalksteinen dominierte Bergmassive bilden das Rückrad der Insel und verleihen dem Landesinneren stellenweise einen alpinen Charakter. Die Weißen Berge „Lefká Óri" im Westen, das heute Psilorítis genannte Ida-Gebirge und das Díkti-Gebirge in Zentralkreta, sowie die Berge Sitías im äußersten Osten. Sie alle sind von rauhen **Hochflächen** und schwindelerregenden **Schluchten** durchzogen. Immer wieder wechseln in ihrem Landschaftsbild karge Felstriften und mit Büschen und Kräutern übersäte Berghänge, auf denen gemächlich Ziegen und Schafe weiden. Nur in abgelegenen Lagen finden sich noch die Reste uralter Bergwälder. Die höchsten **Gipfel** liegen in Zentral- und Westkreta, es sind der Tímios Stavrós im Psilorítis-Gebirge (2.456m) und der Páchnes in den Lefká Óri (2.453 m), nach Osten nimmt die Höhe der Gebirge deutlich ab.

Vier große Berg-massive

In Zentralkreta liegen zwischen den Hochgebirgen weit ausgedehnte, sanft gewellte **Hügelländer und Ebenen**, deren fruchtbare Felder, Olivenhaine und Weinberge seit Jahrtausenden das wirtschaftliche Rückgrat der Insel bilden. Der hier anzutreffende leicht zu grabende Untergrund aus kalkreichen Lockersedimenten eignet sich hervorragend für den Acker- und Weinbau. Insbesondere gilt dies für das Hinterland von Iráklion und die im Süden gelegene Messará-Ebene. Mit ca. 50 km Länge und bis zu 10 km Breite ist sie die einzige ausgedehnte **Tiefebene** der Insel. Der Name Messará-Ebene bedeutet soviel wie „zwischen den Bergen gelegene Ebene", denn im Norden wird sie vom Psilorítis-Massiv begrenzt und im Süden von den kargen Asteroússia-Bergen, die nochmals bis zu 1.231 m ansteigen.

Damit unterscheiden sich die **Landschaften der Nord- und Südküste** bereits deutlich voneinander. Auf der Nordseite der Insel schmiegen sich an den Fuß der Berge zahlreiche größere Buchten mit weitläufigen Sandstränden, und in den Niederungen der größten Küstenhöfe liegen Kretas bedeutendste Städte. Im Westen Chaniá und Réthimnon, in Zentralkreta Iráklion und im Osten Sitía. Im Süden steigen die Berge dagegen unvermittelt steil aus den Tiefen des *Libyschen Meeres* empor und bilden eine stark zerklüftete, schwer zugängliche Küste. Hier gibt es nur wenige weitläufige, dafür um so abgelegenere Strände, die sich in kleinen Buchten zwischen die schroffen Felsen schmiegen. Nur wenige Siedlungen finden sich hier am Ausgang der größeren **Täler und Schluchten**, und lediglich Ierápetra konnte aufgrund seiner naturräumlich besonders günstigsten Lage eine wachsende Bedeutung entwickeln.

Insel der Gegen-sätze

Dank der starken Zergliederung der kretischen Gebirge und der **ausgedehnten West-Ost-Erstreckung** der Insel, erfährt das Klima eine deutliche Abwandlung, so daß auch das Landschaftsbild bereits kleinräumig seinen Charakter so vielfältig ändert, wie es sonst nur für Kontinente typisch ist. Und so kommt es, daß Sie z.B. im feuchten Westen Gegenden entdecken können, die Sie stark an die Küsten und Gebirge Italiens oder Südfrankreichs erinnern werden, während im trockenen Osten das Zusammenspiel von Landschaft und Licht bereits die Züge des nahen Orients trägt.

2.1   Klima und Reisezeit

Reisezeit

Kreta weist ein typisches Mittelmeerklima auf, das durch den krassen Gegensatz einer **heißen Trockenzeit im Sommer** (Juni bis August) und einer **kühlen Regenzeit im Winter** (November bis März) gekennzeichnet ist. Die gemäßigten Übergangsjahreszeiten Frühling und Herbst sind nur wenig ausgeprägt. Das bedeutet, daß die Monate März bis Mai und September bis November von Jahr zu Jahr sehr unterschiedliche Witterungsverhältnisse aufweisen. Langfristige Vorhersagen sind kaum möglich. Dennoch, gerade im **Frühling und Herbst** ist Kreta am schönsten, die Nebensaison ist die ideale Reisezeit für individuelle Entdecker.

Im Sommer gehören die meisten Strände den Sonnenanbetern der großen Hotelzentren, und in den Tiefländern klettert das Thermometer schon mal auf über 40 °C. In der Regel weht jedoch ein beständiger Nordostwind, der der Ägäiskü-

Die wichtigsten Klimadaten der kretischen Nordküste (Durchschnittswerte eines Zeitraumes von 20 Jahren, gemessen in Iráklion (29 m über NN)).				
	Temperatur um 12 Uhr in °C	tiefste Temperatur in °C	Tage mit Niederschlag in mm (l/m²)	Niederschlag	Temperatur in °C
Januar	15,8	8,8	14	95	16
Februar	16,2	8,9	9	46	16
März	17,2	9,7	10	43	16
April	20,3	11,8	6	26	18
Mai	23,4	14,6	4	13	20
Juni	27,1	18,9	1	3	22
Juli	29,3	21,5	1	1	24
August	29,3	21,9	1	1	25
September	27,0	19,4	2	11	24
Oktober	24,3	16,5	6	64	23
November	20,8	13,8	11	71	19
Dezember	17,7	10,7	14	79	16
Gesamtes Jahr	18,7	22,4	77	453	20

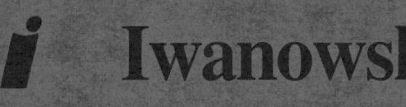

HIGHLIGHTS

News im Web:
www.iwanowski.de

Die schönsten Landschaften

Die **Samariá-Schlucht** (S. 661ff) im Südwesten Kretas ist Europas längste Schlucht und von April bis Oktober die beliebteste Wanderstrecke Kretas. Sie endet direkt am Libyschen Meer. Die kleinen Schwestern der Samariá-Schlucht sind die Imbros- und die Agía Iríni-Schlucht (S. 591f bzw. 699f), beide ebenfalls im Südwesten der Insel.

Eine der schönsten Gerbirgslandschaften ist die **Nída-Hochebene** (S. 544f) im Psilorítis-Massiv. Im Sommer lassen die Hirten ihre Schafe hier weiden, im Winter liegt hoher Schnee. Kretas einziges Skigebiet und das Observatorium auf dem Skinákas liegen nur einen Steinwurf entfernt.

Die **Lassíthi-Hochebene** (S. 408ff) ist die größte Hochebene Kretas, nach einer steilen Anfahrt von der Nordostküste entlohnt das Muster aus Hunderten kleiner Felder und Mühlen. Eine Rundfahrt entlang der Dörfer am Rand der Hochebene und zur Diktäischen Höhle sollten Sie nicht verpassen.

Die schönsten Städte

Die **Altstadt von Chaniá** (S. 622ff) gehört zu den schönsten des Mittelmeerraumes. Architektur- und Kunstliebhaber kommen in den Gäßchen mit den zahllosen venezianischen Bauten auf ihre Kosten. Abends tobt am Hafenrund das Leben, es locken Tavernen und Café-Bars.

Eher türkisch geprägt ist die **Altstadt** der drittgrößten Stadt Kretas, **Réthimnon** (S. 568ff). Hier läßt sich besonders gut einkaufen. Nicht verpassen sollten Sie einen Besuch der Fortezza am frühen Abend, wenn die Stadt in warme Sonnenstrahlen getaucht ist.

Der Hafenort **Eloúnda** (S. 424f) mit seinen vielen Luxus-Resorts ist zwar fest in touristischer Hand, jedoch schön gelegen und Ausgangspunkt zu einer Schiffsexkursion zur **Insel Spinalónga** (S. 426f). Hierhin waren einst die Lepra-Kranken Kretas verbannt, ihre verfallene Stadt bildet heute die romantische Kulisse für die schreckliche Geschichte um die „lebenden Toten".

Spuren der Geschichte

Einer der ältesten Siedlungsplätze der Insel und das Zentrum der minoischen Kultur war der **Palast von Knossós** (S. 358ff), nur wenige Kilometer südlich der heutigen Hauptstadt Iráklion. Nach seiner Ausgrabung hat der englische Archäologe Arthur Evans versucht, Teile des Palastes durch zu rekonstruieren. Die vielbesuchte Top-Attraktion Kretas.

An der zentralen Südküste, nur wenige hundert Meter voneinander entfernt, liegen die **Paläste von Festós** (S. 495ff) **und Agía Triáda** (S. 506ff). Sie beherrschten den zweiten wichtigen Siedlungsraum der minoischen Kultur, ihre Ruinen geben einen Einblick in das Leben vor rund 3.500-4.000 Jahren. Aus Festós stammt der berühmte gleichnamige Diskos.

Eine der schönsten Ausgrabungen Kretas finden Sie mit dem **Palast von Mália** (S. 390ff), der fast direkt am Meer am Rand des Badeortes Mália liegt. Eine gut gemachte Ausstellung dokumentiert die Ausgrabung. Aus Mália stammt eine Reihe wichtiger minoischer Funde, so z.B. ein goldener Anhänger mit filigran gearbeiteten Bienen.

Ganz am Rande Ostkretas liegen der **Palast von Káto Zákros** (S. 453ff) und das **Tal der Toten** (S. 452). In brütender Hitze warten die Ruinen des kleinsten der vier minoischen Paläste. Nach der Besichtigung können Sie sich an den Strand der schönen Bucht legen oder eine Wanderung durch das schluchtartige Tal der Toten unternehmen.

Einen Einblick in die griechische und römische Geschichte Kretas geben die Ruinen in **Górtis** (S. 487ff), die wie ein Freiluftmuseum zu Fuß erschlossen werden können. Hauptattraktionen sind die berühmten Gesetzestexte, in Spiegelschrift gesetzte Inschriften, die römische Theateranlage (Odéon) und die Basilika Ágios Títos.

Das **Archäologische Museum Iráklion** (S. 343ff) gehört zu den besten Museen Griechenlands. Es beherbergt alle wichtigen Funde der minoischen Kultur: vom Diskos von Festós über den schwarzen Stierkopf und das Bergkristall-Rhyton bis zur Schlangengöttin. Zentral gelegen und unbedingt einen Besuch wert.

Die besten Strände

Der lagunenartige **Strand von Elafonísi** (S. 705f) bildet den südwestlichen Abschluß Kretas. Es geht ganz flach in das warme Wasser hinein, und trotz der vielen Besucher bleibt der Strand, auch wegen der langen Anfahrt, eines der Traumziele auf Kreta. Besuchen Sie auch das benachbarte weiße Kloster Chrissoskallítissa (S. 705).

An der Mündung des Megalopótamos ins Meer nahe Plakiás liegt der schmale, kurze **Strand von Préveli** (S. 599f). Nach einem steilen Abstieg zu Fuß erreichen Sie den palmengesäumten Fluß und den Strand, der von kleinen Bastschirmchen gesäumt wird.

Ganz im Osten Kretas liegt der wohl berühmteste Strand der Insel, der **Strand von Vái** (S. 449f). Ein unter Naturschutz gestellter Palmenhain, in dem in den 1970er-Jahren die Hippies lebten, ist die Hauptattraktion. Tagsüber sehr voll, ist der Strand in den Abendstunden oder in der Nebensaison besonders idyllisch.

Die schönsten Kirchen und Klöster

Die **Klöster der Halbinsel Akrotíri** (S. 647ff), nordöstlich der Metropole Chania, sind einen Besuch wert. Agía Triáda ist das größte und schönste, Gouvernéto in der kargen Einöde besonders geheimnisvoll und Katholikó in einer Schlucht auf halbem Weg zum Meer schon seit Jahrhunderten verlassen.

Kloster Arkádi (S. 531ff) südöstlich von Réthimnon ist nicht nur ein bedeutendes Kloster, sondern auch Schauplatz einer schrecklichen Tragödie. 1866 sprengten sich hier Hunderte geflohener Kreter während eines Angriffs der Türken selbst in die Luft. Seitdem ist Arkádi das nationale Symbol Kretas.

Hoch über dem Meer nahe Plakias liegt das idyllische **Kloster Préveli** (S. 599ff). Mehr noch als alle anderen Klöster Kretas war es ein Zentrum des Widerstandes, bis ins 19. Jh. gegen die Türken und während des 2. Weltkrieges gegen die Deutschen. Das Kloster ist noch bewohnt und besitzt ein interessantes Museum.

Liebhaber von Fresken werden in der **Panagía i Kerá** bei Kritsá (S. 421f) auf ihre Kosten kommen. Die äußerlich unscheinbare Kapelle beherbergt eine wertvolle Ausmalung aus dem 13.-15. Jh. Die Reichhaltigkeit und der Erhaltungszustand der Fresken sind ziemlich einzigartig.

Eindrucksvoll und einsam gelegen ist das gerne besuchte **Kloster Toploú** (S. 448f) an Kretas Nordostküste. Die wehrhafte Anlage ist weitgehend restauriert, bietet ein sehenswertes Museum und die berühmte Ikone *Megas i Kyrie*.

SUPERTIPS

Anreise

Die meisten Urlauber reisen zwar per Charterflug an, doch es gibt interessante Alternativen. Die griechische Privatfluggesellschaft Cronus bietet ab ausgewählten Flughäfen in Deutschland günstige **Direktflüge** nach Kreta an.

Wer mit einer **Fähre** von Italien nach Griechenland übersetzt, sollte möglichst hin und zurück die gleiche Fährgesellschaft wählen, da dann Vergünstigungen bis zu 20 % gewährt werden.

Etwas umständlich, aber besonders schön, ist die **Anreise über den Peloponnes**. Von Patras aus können Sie an Ost- oder Westküste mit einer Schmalspurbahn in den Süden gelangen. Die Fährverbindung von Gytheion nach Kissamos auf Westkreta ist ein gute Alternative zur Abfahrt von Piräus.

Die neuen **Schnellfähren** der Minoan Lines brauchen für die Strecke Piräus-Iráklion teilweise nur noch 6 Stunden. Allerdings gilt das nur für ausgewählte Abfahrten.

Mit dem Taxi durch Kreta

Wer weder einen Mietwagen noch den Bus für eine Tour durch Kreta benutzen möchte, kann Rundfahrten sowie Transfers mit dem Taxi buchen. Vorteil: Zusammen mit dem bequemen Mercedes steht ein kundiger Führer bereit, und die Fahrtstrecke kann nach Lust und Laune gestaltet werden. Nachteil: die wohl teuerste Variante, denn der Fahrer muß übernachten und bezahlt werden. Informationen im Internet unter www.taxi-crete.gr.

Sport

Kreta ist ein Paradies für Wassersportler. Surfen, Segeln, Schnorcheln, Schwimmen, Parasailing und Angeln... – besonders die beliebten Urlaubsorte der Nordküste bieten ein breites Angebot. Hobby-Taucher sollten eventuell ihre eigene Ausrüstung mitbringen, der Transport im Flugzeug ist günstig. Mountain-Biker kommen in den Gebirgen voll auf ihre Kosten, Tourenfahrer werden die gut asphaltierten Straßen mit den zahllosen Kurven und Abfahrten lieben, im Frühjahr und Herbst eher als im Hochsommer. Ebenfalls beliebt sind Reiten und Tennis, sogar Skifahren ist im Winter möglich. Deutlich unterversorgt ist die Insel mit nur einem Golfplatz bei Eloúnda.

Einkaufen auf Kreta

Die Qualität der griechischen Souvenirs ist in den letzten Jahren besser geworden. Gerade in den großen Städten Iráklion, Chaniá und Réthimnon hat man sich auch auf anspruchsvolle Reisende eingestellt und bietet eine große Auswahl an traditionellem und modernem Kunsthandwerk von Kreta.

Als **Souvenirs** empfehlen sich Teppiche und Webarbeiten, Holzarbeiten aus dem Olivenbaum, die teilweise hochwertigen Gebrauchskeramiken (am günstigsten in den Ateliers, z.B. in Margarítes). Auch Wein, Raki, Kräuter, kretische Teemischungen und vor allem Olivenöl sollten Sie mitnehmen. Diese Produkte bekommen Sie z.B. in kretischen „Naturkostläden", günstiger fast immer aber in den Dörfern oder von Privatanbietern.

Etwas genauer hinschauen muß man bei Nachbildungen archäologischer Funde, etwa der Schlangengöttin oder des Diskos von Féstos. Hier gibt es vom bunten Kitsch bis zu hochwertigen, farbgetreuen Nachbildungen (etwa in offiziellen Museumsläden von Réthimnon und Chaniá) alle Variationen. Nicht ganz billig sind handgemalte Ikonen aus einer der Werkstätten der Insel (z.B. Ágios Nikólaos).

Ein schönes Geschenk für passionierte Backgammon-Spieler wäre eines der aufwendig gearbeiteten Tavli-Spiele, die auch in speziellen Geschäften erhältlich sind.

Weitere Geschenkideen sind das Fransentuch der kretischen Männertracht (z.B. aus Anógia), ein Komboloi oder eine Lyra aus der Werkstatt von Stefanakis in Zarós.

Aktuelle **Mode** und günstige **Lederwaren** bekommen Sie vor allem in den Städten Iráklion (z.B. Einkaufsstraße Korai), Chaniá (Ledergasse Skridlof und Viertel nördlich der Markthalle) und Réthimnon (z.B. Straßen Arkadiou und Arabatzoglou).

Routenvorschläge für eine Kreta-Rundreise

Für alle, die in kurzer Zeit so viel wie möglich sehen wollen, haben wir je einen Routenvorschlag für West- und Ostkreta zusammengestellt. Mit dem Auto sind diese Touren in jeweils 10 Tagen zu schaffen, wenn Sie sich nicht zu lange aufhalten. Wir empfehlen aber, zusätzliche Ruhetage einzuplanen.

10 Tage Ostkreta-Rundreise
1. Tag: Mália (Palast), Lassíthi-Hochebene, 2. Tag: Eloúnda, Spinalónga, Ágios Nikólaos, 3. Tag: Kritsá, Lató und Gourniá, Golf von Mirambéllou, Übernachten in Sitía, 4. Tag: Sitía, Vái, Übernachten in Palékastro, 5. Tag: Kloster Toploú oder Káto Zákros, Übernachten in Sitía, 6. Tag: Ierápetra, 7. Tag: Messará-Ebene, Übernachten in Mátala, 8. Tag: Festós, Agía Triáda, Górtis, 9. Tag: Archánes und Knossós, 10. Tag: Iráklion (Archäologisches Museum)

10 Tage Westkreta-Rundreise

1. Tag: Anógia und die Nidá-Hochebene, 2. Tag: Margarítes, Eléftherna, Kloster Arkádi bis Réthimnon, 3. Tag: Réthimnon, 4. Tag: Argiroúpolis, Kournás-See und Drápanon bis Chaniá, 5. Tag: Chaniá, 6. Tag: Kolimbári, Kíssamos, Polyrhínia und Phalássarna, 7. Tag: Sélinos und Paleochóra, 8. Tag: Omalós-Hochebene, Chóra Sfakíon, 9. Tag: Plakiás und Préveli, 10. Tag: Südküste bis Agía Galíni

WARNUNGEN

Telefonnummern

Um Millionen neuer Telefonnummern einrichten zu können, hat die OTE ab dem Juli 2001 folgende **Umstellung auf 10-stellige Nummern** begonnen:

• **Ab Juli 2001** müssen bei allen Telefonnummern in Griechenland die Vorwahlen immer mitgewählt werden. Zwischen die bekannte Vorwahlnummer und die bekannte Telefonnummer kommt eine zusätzliche 0 (z.B. in Chania 0821-0-11223). Die alten Nummern gelten übergangsweise weiter.

• **Ab Januar 2002** gelten die alten Nummern ohne die 0 nicht mehr (statt dessen Tonbandansage), die neuen Nummern sind obligatorisch.

• **Ab Oktober 2002** wird bei allen bekannten Vorwahlen die erste 0 durch eine 2 ersetzt. Die Null zwischen Vorwahl und Teilnehmernummer bleibt (z.B. in Chania 2821-0-11223). Bei Mobilfunknummern wird die erste 0 durch eine 6 ersetzt.

Hinweis
Alle Telefonnummern in diesem Reiseführer werden 2002 nach Überprüfung auf das neue System umgestellt!

Öffnungszeiten

Deutsche Friseure und griechische Angestellte in Museen und archäologischen Stätten haben etwas gemeinsam: Beide müssen montags nicht arbeiten. Denken Sie bitte daran, daß am Montag nur in den wichtigsten Stätten (Knossós, Archäologisches Museum Iráklion) geöffnet ist. Auch die frühen Schließzeiten an anderen Tagen (14.30/15 Uhr) erschweren die Tourenplanung, besonders wenn Sie dann noch die individuellen Ruhezeiten von Klöstern berücksichtigen müssen...

Am Ostersonntag und Ostermontag haben fast alle Geschäfte geschlossen, die Touristeninformationen machen teilweise sogar einwöchige Osterferien.

Wanderungen

Wanderungen in der heißen Sonne können ohne Wasservorrat gefährlich werden. Gerade an der Südküste Kretas wird es im Sommer sehr warm. Auf schattenlose Wanderungen sollten Sie tagsüber verzichten; Sonnenbrand, Austrocknung und Überanstrengung drohen. Denken Sie immer an einen ausreichenden Wasservorrat, geeignet sind die leichten 1,5-Liter-Plastikflaschen, die es in jedem Mini-Markt gibt.

Umgang mit der deutschen Besatzungszeit

Kreta war im 2. Weltkrieg mehrere Jahre von den deutschen Nationalsozialisten besetzt und hat sehr unter dem Terror der fremden Besatzer gelitten. Fast in jedem Dorf hat es willkürlich Opfer gegeben. Dennoch haben die Kreter es z.B. zugelassen, einen deutschen Soldatenfriedhof einzurichten. Mit diesem Hintergrundwissen werden Sie die Toleranz der Kreter und die Beliebtheit der deutschen Gäste besonders schätzen.

Kriminalität

Die **Kriminalität** in Griechenland und besonders auf Kreta ist im Vergleich zu anderen südeuropäischen Ländern niedrig. Das hängt mit der Bedeutung der persönlichen Ehre des einzelnen zusammen. Dennoch sollten Sie natürlich auch in Ihrem Kreta-Urlaub Wertsachen beaufsichtigen, den Schlüssel im Leihmotorrad abziehen und Bargeld und Kreditkarten im Hoteltresor aufbewahren.

Autofahren und Mietfahrzeuge

Die Kreter lieben eine rasante Fahrweise, andererseits tuckeln auf dem Land altersschwache Pick-Ups die Straßen entlang. Vermeiden Sie es, lange Strecken nachts zurückzulegen, gerade die New Road zwischen Iráklion und Chaniá ist berüchtigt für schlecht beleuchtete Fahrzeuge und schwere Unfälle.

Sollten Sie einen Mietwagen übernehmen, achten Sie unbedingt auf ein ausreichendes Profil der Reifen, eine funktionierende Beleuchtung, kräftige Bremsen und intakte Stoßdämpfer. Lehnen Sie ein altersschwaches Fahrzeug lieber ab, auch wenn der Vermieter sich genervt zeigt. Es geht schließlich um Ihre Sicherheit.

Entfernungsangaben

Tückisch können die **Entfernungsangaben** in den Land- und Straßenkarten sein. Zwar sind sie meist richtig, die kurvenreichen Straßen mit unzähligen Steigungen und Dorfdurchfahrten lassen aber keine hohen Reisegeschwindigkeiten zu. Manchmal schafft man nur 30-40 km in einer Stunde. Berücksichtigen Sie bei der Tourenplanung unbedingt kleine Pausen an Sehenswürdigkeiten oder in Tavernen.

Ein paar Regeln,

die Sie beim **Besuch einer orthodoxen Kirche oder eines Klosters** unbedingt beachten sollten:
· Verhüllen Sie vor dem Betreten die nackte Haut der Arme und Beine, vielfach liegen dafür im Eingang von Klöstern Tücher oder Decken bereit.
· Sollten Sie einen Gottesdienst besuchen, dann tauschen Sie während des Gottesdienstes die wenigen Stühle, um auch anderen – vor allem Älteren – eine Sitzgelegenheit zu bieten. Orthodoxe Gottesdienste können sich über Stunden hinziehen!
· Überkreuzen Sie beim Sitzen in der Kirche nicht die Beine, dies gilt als große Respektlosigkeit.
· Setzen Sie sich nicht auf den Bischofsstuhl, auch wenn er noch so prachtvoll und einladend erscheint.

ste eine willkommene Kühlung bringt. Der **Wintertourismus** tut sich dagegen nach wie vor schwer. In der Zeit von November bis März sind nur wenige Hotels und Pensionen geöffnet, obwohl an der Südostküste Kretas die Sonne rund 300 Tage im Jahr scheint und die mittlere Tagestemperatur im Januar selbst an der Nordküste noch bei stattlichen 12,2 °C liegt. Zum Vergleich: Die mittlere Tagestemperatur von München beträgt im Januar etwa -2,1 °C, und auf Sylt erreicht sie selbst im Juli nicht mehr als 16,7 °C (Iráklion 25,4 °C). Kreta ist eine Insel der Extreme, und so können Sie im Januar in den Bergen Ski laufen, während das Meer vor Iráklion mit 16 °C fast noch warm ist.

Temperatur und Niederschlag in den Bergen

In den bis auf 2.500 m ansteigenden Bergen ändert sich das Klima mit der Höhe sehr schnell: Die Temperaturen nehmen ab, die Niederschläge zu. Die Temperaturen in den Bergen fallen im Durchschnitt um 0,7 °C je 100 m Höhenunterschied. Daran sollten Sie unbedingt denken, wenn Sie einen Ausflug auf eine der Hochflächen oder vielleicht sogar eine Besteigung des Psilorítis planen. So sind es auf der Nída-Hochebene ca. 22 °C und auf dem Gipfel des Psilorítis etwa 17 °C, während das Quecksilber in den Küstenorten 32 °C zeigt. Hinzu kommt der meist kräftige Wind in den Bergen, der Sie ohne angemessene Kleidung leicht zum Frösteln bringt. Ähnlich ist es mit den Niederschlägen, denn die Regenzeit setzt zuerst in den Höhenlagen ein, wenn sich im Herbst die ersten Regenwolken an den Gipfeln der kretischen Gebirge stauen.

Kühle Bergtouren

Niederschläge von West nach Ost

Aufgrund der starken Zergliederung der kretischen Gebirge und der ausgedehnten West-Ost-Erstreckung der Insel (250 km) erfährt das Klima auch im **West-Ost-Verlauf** eine fühlbare Abwandlung. So beginnen die Regenfälle (jährlich stark wechselnd zwischen *September* und *November*) zunächst im Westen und oft erst Wochen später im Osten. Die meisten Niederschläge fallen im Dezember und Januar, der April kann in den Tieflagen bereits schon wieder trocken sein. In den

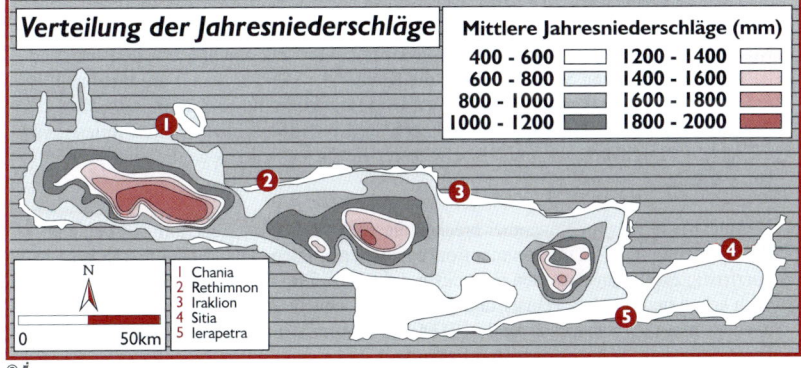

Verteilung der Jahresniederschläge | Mittlere Jahresniederschläge (mm)
400 - 600 | 1200 - 1400
600 - 800 | 1400 - 1600
800 - 1000 | 1600 - 1800
1000 - 1200 | 1800 - 2000

N
0   50km
1 Chania
2 Rethimnon
3 Iraklion
4 Sitia
5 Ierapetra

© *i*graphic

Das kretische Jahr im Überblick

Frühling: Im März klingt die winterliche Regenzeit allmählich aus. Das Wetter ist jedoch unbeständig, die Windrichtungen wechseln häufig, und nicht selten tritt noch einmal der *Nótias* auf. Die Temperatur steigt sprunghaft an, und in den Bergen schmilzt der Schnee. Überall beginnt es zu sprießen, zunächst bestimmen Krokusse, Felsentulpen und Orchideen das Bild. Im April brechen dann auch die Kräuter und Büsche der *Phrygana* hervor und verwandeln ganz Kreta in ein farbenfrohes Blütenmeer. In Iráklion und Chaniá landen nun bereits die ersten Charterflüge, und spätestens zum Zeitpunkt des orthodoxen Osterfestes erwacht die ganze Insel zu neuem Leben. Der Mai und die Frühsommerwochen des Juni sind die ideale Reisezeit. Das Klima ist mild, überall blüht es, und auch die Gebirgspfade und Schluchten sind wieder passierbar. Das Meer ist bereits warm, und in den Tiefländern können die Temperaturen auch schon deutlich über 30 °C steigen.

Sommer: Im Juli und August legt sich spätestens mittags eine flirrende Hitze über die Insel. Die Sonne strahlt nun täglich 12 bis 13 Stunden. Temperaturen von bis zu 40 °C sind in den Küstenorten keine Seltenheit, und das öffentliche Leben verlagert sich in die Morgen- und Abendstunden (die höchste je in Iráklion gemessene Temperatur betrug 45,7 °C!). Die Kreter suchen tagsüber den Schatten, und nur die *touristes* braten leichtfertig an den Stränden. Das Meer kann glatt sein wie ein Spiegel, azurblau, still und beinahe ölig glänzend. In der Regel bringt der *Meltémi* der Nordküste jedoch eine angenehme Kühle und frischen Wind beim Surfen. Fähren und Ausflugsboote müssen dann schon mal gegen eine hohe Dünung anstampfen und geraten dabei kräftig ins Schlingern. Die Abendstunden genießen die Menschen bis spät in die Nacht. Die städtischen Straßen sind erfüllt von der allabendlichen *vólta*, und in den *Tavernen, Oúzerien* und *kafeneía* sitzen Einheimische und Touristen bei einem Gläschen Wein oder *Rakí* und *Mezé* und knüpfen Kontakte. Um Maria Himmelfahrt (15. August) beginnt in den Weinbergen die Traubenlese, und in vielen Städten und Dörfern werden Weinfeste veranstaltet.

Herbst: Die offizielle Saison endet mit dem September. Nun beginnt wieder eine gute Reisezeit für Individualisten. Das Meer bleibt rund 24 °C warm, und der *Meltémi* setzt allmählich aus. Ende September/Anfang Oktober bringen die einsetzenden Westwinde die ersten Niederschläge. An der Nordwestküste können dann kurzfristig heftige Gewittergüsse niedergehen, wenn sich die schwer beladenen, maritimen Luftmassen am Nordhang der Lefká Óri stauen. Das ausgedörrte Land erlebt nun eine zweite Blüte, und nach einem der kurzen Schauer betören die Kräuter der *Phrygana* die Luft mit einem erdigen Duft voller ätherischer Öle. In den Dörfern wird in dieser Zeit allerorts *Rakí* gebrannt. Die Freiluftkinos und -diskotheken der Nordküste schließen ihre Pforten, und die letzten Pauschaltouristen und Überwinterer ziehen sich zurück an die Südostküste bei Ierápetra.

Winter: Spätestens im November brechen die ergiebigen Winterregen im Norden und Westen richtig los. Die im Sommer trockengefallenen Bäche und Flußläufe können nun kurzfristig extrem anschwellen und reißen dann alles fort, was sich in ihren Weg stellt, auch schon mal Straßen, Häuser und Autos. Im Hochgebirge fällt ein Großteil der Niederschläge als Schnee, so sind in 2.000 m Höhe im Winter Schneehöhen von 1-3 m keine Seltenheit. Schneesicher sind Lagen ab 1.400 m, und selbst die tiefer gelegenen

Bergdörfer, wie z.B. Anogía (800 m), können im Januar oder Februar schon einmal von der Außenwelt abgeschnitten sein. Dann wird es hier oben lausig kalt, und die Alten versammeln sich um die Holzöfen der *kafenia*, schlürfen einen kräftigen Mokka oder Salbeitee und warten auf den Frühling. Ganz anders dagegen die Küstenorte, die deutlich vom milden Einfluß des Meeres profitieren. Frost und Schneefall sind hier ausgesprochen selten, so bekommen die Kinder in Iráklion schon schulfrei, wenn das Thermometer in den Vormittagsstunden unter 8 °C sinkt. Und wenn am 6. Januar in den Küstenorten der Bischof oder *Papás* anläßlich des *Epiphanias-Festes* (Taufe Christi) das winterliche Meer weiht und die jungen Burschen des Ortes nach einem an einer Schnur ins Meer geworfenen Silberkreuz tauchen, dann haben die Fluten immerhin noch um die 16 °C. In den Gewächshäusern der Südküste reift derweil bereits das Frühgemüse: Tomaten, Zucchini und Artischocken für den europäischen Markt.

Monaten Juni bis August fällt selbst in den Bergen kaum noch Regen. Vor allem an den Nordseiten der Gebirge können in den frühen Morgenstunden auftretende Nebel auch während der Trockenzeit noch zusätzliche Feuchtigkeit bringen. Ein *Über-* wesentlicher Teil der Niederschläge fällt in Form von **Wolkenbrüchen** und kann *schwem-* in den Tälern der im Verlauf der Sommermonate austrocknenden Wasserläufe *mungen* (geologisch *Torrente*) zu katastrophalen Überschwemmungen führen. Ein Blick auf die Niederschlagskarte verdeutlicht die starke räumliche Differenzierung der Jahresniederschläge. Chaniá hat dabei mit rund 100 Regentagen im Jahr rund doppelt so viele wie Sitía, der meiste Regen fällt in der Askífou-Hochebene in Westkreta.

Winde

Großen Einfluß auf die aktuelle Witterung haben auf Kreta die verschiedenen Winde. Im Winter sind es die Westwinde der vom Atlantik aus durch das Mittelmeerbecken ziehenden Tiefdruckgebiete, die den Regen bringen (dadurch liegen Ost- und Südostkreta im Regenschatten der westkretischen Gebirge). Abhängig von der klimatischen Großlage kann der Westwind im Winter und Frühjahr auch durch einen warmen, *Nótia* genannten, Südwind abgelöst werden (klimatologisch *Schirokko*), der Kreta im Süden vom Tiefland bis in die verschneiten Gebirge mit einem feinen braunen Schleier aus Saharastaub überzieht und Menschen und Tiere durch seine bleierne Schwüle lähmt. Die Nordseite der Insel ist durch die Gebirge weitgehend vor ihm geschützt.

Der Sommer ist die Zeit des *Meltémi* (klimatologisch *Etesien*), einem zeitweilig sehr heftigen und böigen, die ersehnte Kühle bringenden Nordwind, der tagelang *Meltémi* anhalten kann. Die Luft klart auf, und im gesamten östlichen Mittelmeer herrscht eine beständige Schönwetterperiode. Durch den Einfluß der Berge Kretas kann es lokal zu starken Abweichungen der Hauptwindrichtungen kommen, Schluchten und Täler wirken dabei wie beschleunigende Düsen.

Tip
Eine gut gemachte Europaübersicht und detaillierte aktuelle Wetterdaten aus Iráklion finden Sie im Internet unter www.rtl.de.

2.2 Geologie und Erdgeschichte

Wie ein gewaltiger Querriegel liegt Kreta vor dem südlichen Ausgang des *Ägäischen Meeres* mit seiner vielgestaltigen Inselwelt. Seine Berge sind Teil eines transkontinentalen Gebirgsgürtels, der sich im Westen in den Höhenzügen der Peloponnes, des Balkans und der Alpen fortsetzt, im Osten in den Gebirgsketten Südanatoliens. Wie die übrigen Hochgebirge rund ums Mittelmeer, sind auch diese Gebirgskörper Ausdruck einer gewaltigen Knautschzone, in der seit über 65 Mio. Jahren kontinentale und ozeanische Gesteinspakete aufeinanderprallen, übereinandergeschoben und aufgefaltet werden.

Entstehung des Mittelmeers

Die Ursache ist die Drift der Kontinente, deren **Krustenbruchstücke** wie gewaltige Schlacken auf einer hochplastischen Gesteinsschmelze schwimmen, während sie im Verlauf der Jahrmillionen an ihrer Oberfläche verwittern und großräumigen Umlagerungsprozessen unterliegen. Dabei ist das **Mittelmeer** der Rest eines uralten Ozeans, dessen Becken wohl das gesamte Erdmittelalter hindurch (250 bis 65 Mio. Jahre vor heute) noch nach Osten geöffnet war. Die Geologen tauften ihn nach der griechischen Meeresgöttin *Tethys*. Als vor über 125 Mio. Jahren die Kontinentalplatten auseinanderbrachen und sich das Becken des *Atlantischen Ozeans* öffnete, begann die *Tethys* allmählich zu schrumpfen, denn zwischen den Kontinentalsockeln Europas und Afrikas wurde sie nun wie zwischen den Zwingen eines Schraubstocks zerquetscht.

Kreta markiert in diesem Zusammenspiel den Raum, in dem der alte Ozeanboden der *Tethys* unter die europäische Platte geschoben wird. So liegt nur etwa 100 km südlich der kretischen Küste – inmitten der *Libyschen See* – ein etwa 5.100 m tiefer Graben. Er kennzeichnet die Stelle, an der die afrikanische Platte mit ihren ozeanischen Gesteinspaketen unter die europäische Platte abtaucht, um im Erdmantel wieder aufgeschmolzen zu werden.

Geologen bezeichnen einen solchen Raum als **Subduktionszone**. Die hier ablaufenden Prozesse bilden den zentralen Schlüssel zum Verständnis der Grundstruktur des gesamten östlichen Mittelmeeres. Das Modell verdeutlicht sowohl die Verschiebung der einzelnen Gesteinspakete, des kretischen Gebirges, als auch die Entstehung der Ägäischen Inselwelt. Ebenso erklärt es die Entstehung der Erd- und Seebeben rund um Kreta und den südägäischen Vulkangürtel, unter

Vulkaninsel Santorin

dessen Inseln das 120 km weiter nördlich von Kreta gelegene Santorin der prominenteste Vertreter ist.

Bei der Verschiebung der Gesteinspakete und ihrem teilweisen Abtauchen in den Erdmantel führen Druck- und Temperaturerhöhungen zu einer Veränderung der Gesteine (*Metamorphose*). Der Clou dabei ist, daß Sedimentgesteine, wie z.B. Kalke, Sandsteine, Tone oder Salz, ein leichteres spezifisches Gewicht aufweisen als die kompakten, erzreichen Basaltlaven, welche die Basis der ozeanischen Kruste bilden. So werden Sedimente bei der *Subduktion* nicht aufgeschmolzen, sondern vorher von der „echten" ozeanischen Kruste getrennt. Während die Sedimente am Rande der *Subduktionszone* in unterschiedlichen Tiefen übereinander-

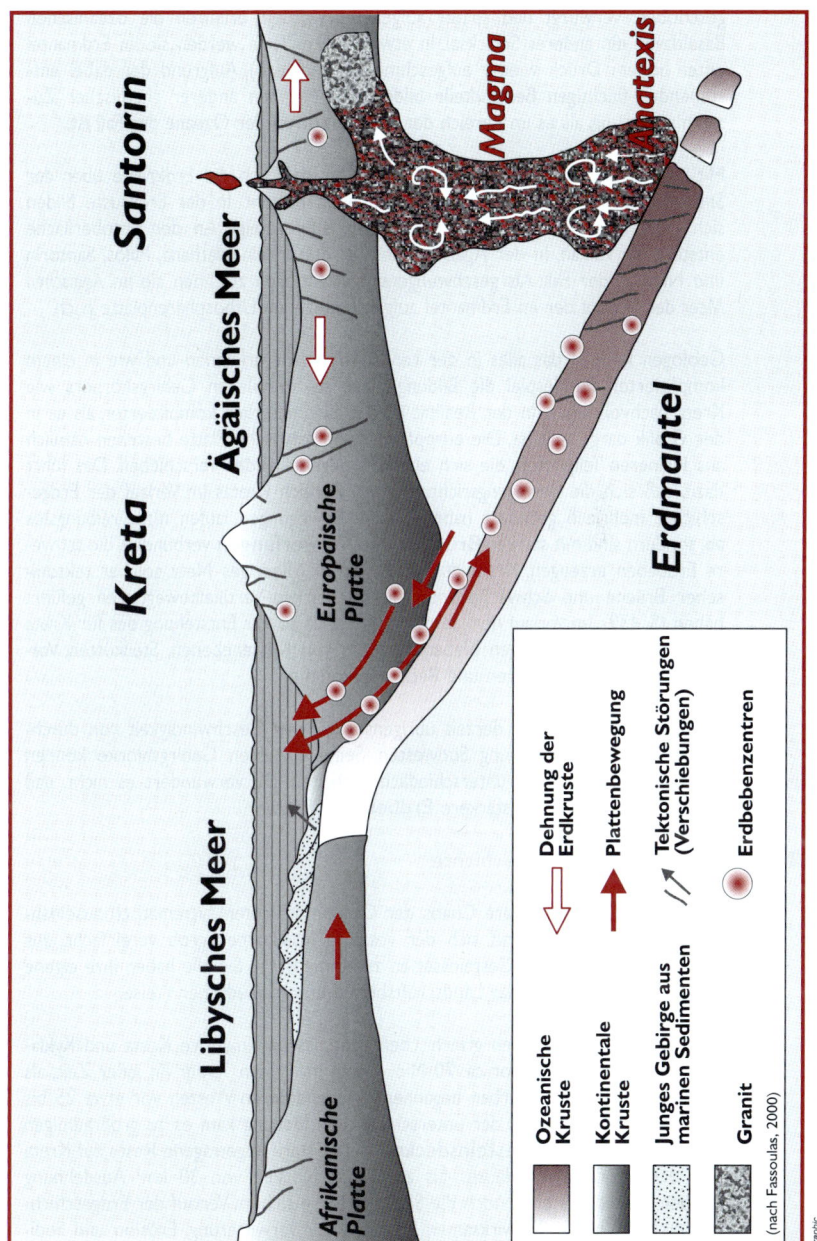

(nach Fassoulas, 2000)

geschoben, verwürgt und später aufgefaltet werden, erfahren die ozeanischen Basaltlaven ein anderes Schicksal. In etwa 170 km Tiefe werden sie im Erdmantel unter hohem Druck wieder aufgeschmolzen (*Anatexis*). Aufgrund der dabei entstehenden flüchtigen Bestandteile bilden sich Magmen anderer chemischer Zusammensetzung, als es im Bereich der **Vulkanzonen** der Ozeane der Fall ist.

Mit der Zeit sammelt sich so viel Magma an, daß sich die Erdkruste über der *Subduktionszone* aufzuwölben und auszudehnen beginnt. In der Erdkruste bilden sich dann Risse, entlang derer das Magma emporsteigt. An der Erdoberfläche entsteht ein Vulkan. In der Ägäis ist dies bei den Inseln Methana, Mílos, Santorin und Nísyros der Fall. Als geschwungener Vulkanbogen zeichnen sie im *Ägäischen Meer* den Verlauf der im Erdmantel aufgeschmolzenen Lithosphärenplatte nach.

Kontinent-verschie-bung

Geologen können das alles in der Landschaft wiedererkennen und wie in einem komplizierten Puzzlespiel die Bildung eines so komplexen Gebirgskörpers wie Kreta nachvollziehen. In der Realität ist das alles natürlich komplizierter, als es in der Grafik dargestellt ist. Die europäische und asiatische Platte bestehen nämlich aus kleineren Teilplatten, die sich ebenfalls gegeneinander verschieben. Das führt dazu, daß sich die Bewegungsrichtungen im Bereich Kretas im Verlauf der Erdgeschichte mehrfach geändert haben. Solche Bewegungen laufen nicht reibungslos ab, sondern sind mit starken **Brüchen und Verwerfungen** verbunden, die schwere Erdbeben erzeugen. Kreta durchzieht ein vielgliedriges Netz solcher tektonischer Brüche und Schwächezonen, die zu starken Vertikalbewegungen geführt haben (S. 439). Im Verlauf der Jahrmillionen ist es so zur Entstehung des für Kreta so typischen kleinräumigen Nebeneinanders von Küstenebenen, Steilküsten, Vorgebirgszonen, Hochgebirgen und Becken gekommen.

Erdbeben

Kreta als Ganzes driftet derzeit übrigens mit einer Geschwindigkeit von durchschnittlich 2,9 cm Richtung Südwesten. Seine einzelnen Gebirgsblöcke können sich dabei jedoch recht unterschiedlich verhalten. Da verwundert es nicht, daß auf Kreta immer wieder stärkere **Erdbeben** auftreten.

Gesteine und ihre Geschichte

Nimmt man das scheinbare Chaos der Gesteinsschichten systematisch auseinander, so wird deutlich, daß sich der gesamte Inselkörper, grob vereinfacht, aus sechs unterschiedlichen Gesteinsserien zusammensetzt. Sie alle haben ihre eigene Geschichte und prägen das Landschaftsbild in unterschiedlicher Weise.

Die Hebung der gesamten griechischen Landmassen (inklusive Kreta und Kykladen) begann im Osten vor ca. 70 Mio. Jahren im frühen *Tertiär* (in jener Zeit, als die Dinosaurier auszusterben begannen) und endete im Westen vor etwa 25 bis 10 Mio. Jahren. Als Folge der unterschiedlichen Hebung kam es zu großräumigen Überschiebungen der **Gesteinsdecken**, deren stark abgetragene Reste auf Kreta von der Größe eines Hauses bis zu Gebirgsblöcken von 30 km² Ausdehnung reichen. Daneben stehen noch die Sedimente, die sich im Verlauf der Erdgeschichte durch die beständig wirksamen Prozesse der Verwitterung, Erosion und Sedimentation auf und zwischen den einzelnen Deckenserien gebildet haben.

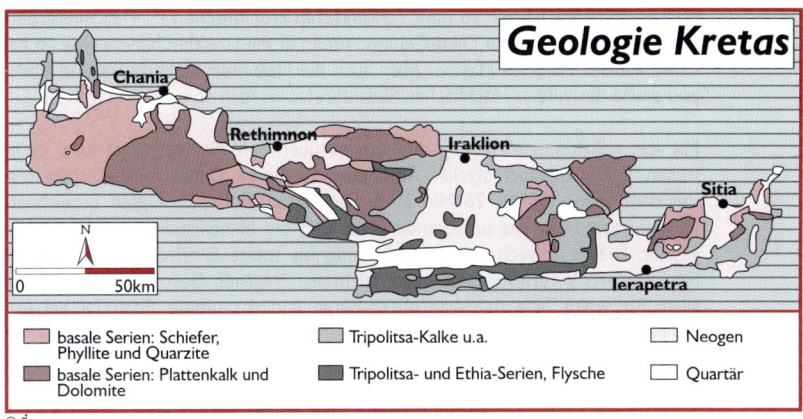

© **i**graphic

Untere Decken (basale Serien)

Schiefer, Phyllite und *Quarzite* sind kristalline, oft glänzende Gesteine, die sich unter hohem Druck aus den tonigen und sandigen Sedimenten des *Tethysmeeres* gebildet haben. Sie wurden bereits vor über 250 Mio. Jahren abgelagert und treten heute zumeist an den Flanken der *Plattenkalk-Serien* auf. Ihre größte Verbreitung und Mächtigkeit haben sie im Westen Kretas, wo sie weite Flächen des zentralen Hochlandes einnehmen. Aber auch an der Nordwestküste Iráklions zwischen Agía Pelagía und Fódele sowie im Bereich der Ornó-Berge zwischen Kavoúsi und Sítia treten sie landschaftsprägend zutage. Dank ihrer im Vergleich zu den Kalksteinen stark wasserstauenden Böden bilden sie weiche und sanft gerundete Landschaftsformen, deren stark abtragungsgefährdete Hänge häufig für die Landwirtschaft terrassiert wurden.

Sanfte Hügellandschaft

Plattenkalke und *Dolomite* sind ehemalige Flachwasserkarbonate und Riffe, die vor rund 210 bis 180 Mio. Jahren (späte *Trias* bis früher *Jura*) in den Randzonen des *Tethysmeeres* entstanden sind. Im Westen bauen sie weite Teile der Weißen Berge und der Akrotíri-Halbinsel auf, während sie in Zentralkreta die Höhenzüge des Psilorítis- und einen Teil des Díkti-Massivs bilden. Neben dem zwischen Mália und Ágios Nikólaos liegenden Mílatos-Vorgebirge treten sie in Ostkreta vor allem im Thriptís-Gebirge in Erscheinung. Zumeist bilden sie schroffe Gebirgslandschaften, deren klüftige Gesteine einer intensiven **Verkarstung und Zerschluchtung** unterworfen sind.

Obere Decken

Auf den Gesteinen der **basalen Serien** lagern örtlich noch die Reste der oberen Decken (*Triplolitsaserie* und *Ethiaserien*), die über sie hinweggeglitten sind. Unter ihnen haben die massigen, aber klüftigen *Kalke* der **Tripolitsa-Serie** die größte Ausdehnung. Sie bildeten sehr oft steilwandige, isoliert erscheinende Felsmassive und verwitterten zu stark **verkarsteten Hochflächen** (S. 412). Ihre größte Verbreitung finden sie im Díkti-Gebirge, rund um die Lassíthi-Ebene, sowie an der Ostflanke des Psilorítis-Massivs. Aber auch die Halbinseln Gramvoúsa und Rodópou sowie die wilden Hochflächen Südostkretas werden von ihnen aufgebaut.

Mit der anhaltenden Hebung des Landes über den Meeresspiegel kam es im frühen *Tertiär* zu einer starken Abtragung der Berge. Dabei wurden, spätestens seit dem *Eozän* (55 bis 26 Mio. Jahre vor heute) große, als **Flysch** bezeichnete Gesteinsmassen in das umliegende Meer und die binnenländischen Hohlformen gespült. Dieses abwechselnd kiesige, sandig bis tonige Erosionsmaterial hat sich bis heute wenig verfestigt und bildet leicht abzutragende Gesteinsmassen, die vor allem für weite Teile der Asteroússia-Berge und das untere Plátis-Tal bei Agía Galíni kennzeichnend sind.

Uralte Ozeanböden

In der Karte aufgrund ihrer geringen Größe nicht dargestellt sind die vereinzelt auftretenden Reste der **Ophiolithdecke**. Dies sind Fragmente ozeanischer Kruste, die sich aus unterschiedlichen, farbenprächtigen Tiefseesedimenten, Vulkan- und Tiefengesteinen zusammensetzen. Ein seltener Glücksfall, denn eigentlich werden diese schweren vulkanischen Ozeanböden ja unter Kreta verschluckt, hier wurde jedoch ein kleiner Teil mit ins Gebirge eingebaut. Die meisten Vorkommen liegen im Bereich von Brüchen und Grabenstrukturen in Mittelkreta, im Bereich der Asteroússia-Berge, zwischen Áno Viános und Arvi, sowie auf der Insel Chrisí (S. 478).

Neogene und quartäre Sedimente

Nach der Hebung bildeten Kreta, die Kykladen und die Gebirgsketten Griechenlands für mehrere Millionen Jahre eine zusammenhängende Landmasse. Gegen Ende des *Miozäns* (24 bis 5,3 Mio. Jahre vor heute) brach diese auseinander, und weite Teile des Festlands versanken im *Ägäischen Meer* (denken Sie an die aufsteigende Magmablase unter den Kykladen). Auch die Gebirgszüge im Bereich Kretas zerbrachen nun in einzelne Blöcke. Wurden sie gehoben, so bildeten sie isolierte Gebirgsmassive, die eine Vielzahl kleiner Inseln formten. Sanken sie ab, so öffneten sich tiefe **Gräben**, in die das junge ägäische Meer eindringen konnte. Hier bildeten sich lockere, zumeist gelblich-weiß gefärbte **neogene Sedimente**. Es sind Tone, Sandsteine und zum Teil staubige Mergel, die heute die sanften und fruchtbaren Hügellandschaften Kretas aufbauen. Sie ziehen sich im Westen von Kolimbári über Chaniá und die Bucht von Soúda bis in das Umland von Réthimnon. In Zentralkreta bedecken sie riesige Flächen des Nomos Iráklion, und im Osten sind sie kennzeichnend für den Isthmus und die Südküste von Ierápetra sowie das Umland von Sitía.

Gipsvorkommen

Im oberen *Miozän*, vor ca. 5 Mio. Jahren, gab es eine kurze, spektakuläre Phase, in der das Mittelmeer weiträumig austrocknete, da die aufeinanderprallenden Kontinente Afrika und Europa die Straße von Gibraltar verschlossen hatten. In dieser Zeit war Kreta Bestandteil eines riesigen, staubig trockenen Gebirgszuges, eine Wüstenlandschaft aus abweisenden Bergen, Salzpfannen und Salinen. Spuren dieser Zeit finden sich in Form der Gipsvorkommen im *neogenen Hügelland* (für die

Erbauer der minoischen Paläste waren sie ein willkommenes Baumaterial). Die **Absinktendenz des Großraums** hielt bis ins mittlere *Pliozän* an. Vor etwa 3 bis 4 Mio. Jahren setzte dann eine neue tektonische Phase ein, bei der die Erdkruste erneut in stärkere Bewegung geriet. Von ihr zeugen die bis zu mehreren 100 m über den heutigen Meeresspiegel gehobenen **Strandterrassen** in der Bucht von Káto Zákros, deren Verebnungen einst von der Brandung des Meeres geschaffen wurden.

Als vor ca. 2 Millionen Jahren das **Quartär** mit dem Eiszeitalter (*Pleistozän*) über die Erde hereinbrach, wurden bis vor etwa 10.000 Jahren weite Bereiche der Nordhemisphäre mehrmals von einem mächtigen Eispanzer bedeckt. Weltweit kam es dadurch zu starken Meeresspiegelschwankungen. Die Eismassen der nordischen Gletscher speicherten damals so viel Wasser, daß die Meeresoberfläche zeitweise um 120 m tiefer lag als heute. Auf Kreta bildete sich in dieser Zeit der *Poros,* ein Sandstein, der seine Entstehung der großflächigen Ausblasung der trockengefallenen Küstengebiete verdankt. Er findet sich z.B. an den Küsten bei Phalássarna, in der Bucht von Stavrós oder bei Mália in Höhen bis 18 m. Wenn Sie Glück und den richtigen Blick haben, können Sie zwischen den einzelnen Schichten des *Poros* sogar noch die Bodenbildungen erkennen, die sich in weniger „stürmischen Phasen" des Eiszeitalters entwickelt haben. Da es in der Eiszeit auch in den kretischen Hochgebirgen lausig kalt werden konnte, arbeitete die Frostverwitterung große Mengen der anstehenden Gesteinsmassen auf, die einen Großteil der Schuttfächer und Schotterkörper bildeten, die sich heute am Ausgang von Tälern, in der Senke der Messará-Ebene und entlang der Küstenebenen finden.

Eiszeit

Ein großer Teil des in den Niederungen zusammengespülten Grob- (Schotter und Kies) und Feinmaterials (Sand, Schluff und Ton) ist jedoch nacheiszeitlich gebildetes **Bodenmaterial**. Aufgrund der vom Menschen verursachten Entwaldung wurde es bei Starkregenereignissen von den Hängen gespült (*S. 27f*). Dabei begrub es oftmals die Hinterlassenschaften der Bronzezeit und Antike. Und so sind die Böden Kretas heute ein ergiebiges Archiv der Menschheits- und Kulturgeschichte, während seine Gesteine vom Werden und Vergehen der Ozeane und Kontinente zeugen.

Ein besonders charakteristisches Element der kretischen Landschaft sind die oft atemberaubend schönen **Schluchten**, von denen es auf Kreta „Hunderte" gibt, die meisten in den *Plattenkalken*. Allein in den Weißen Bergen finden Sie 17 größere Schluchten, darunter die prächtige Samariá-Schlucht, sowie die nicht weniger reizvolle Ímbros-, Arádena- und Ágia Iríni-Schlucht. Eine Schluchtwanderung auf Kreta ist ein unvergeßliches Naturerlebnis, das Sie sich auf keinen Fall entgehen lassen sollten. Schluchten sind relativ alte geologische Gebilde. Ihre Entstehung begann bereits vor rund 24 Mio. Jahren, und schon die Minoer sahen ihren Grundriß im wesentlichen so wie wir (*S. 439*).

Tiefe
Schluchten

Nicht weniger reizvoll ist ein Abstieg in eine der zahlreichen **Höhlen** der Insel, von denen es auf Kreta mehr als 3.000 geben soll. Die meisten sind aber nicht mehr als 10 m tief. Einige Karsthöhlen bilden jedoch weit verzweigte unterirdi-

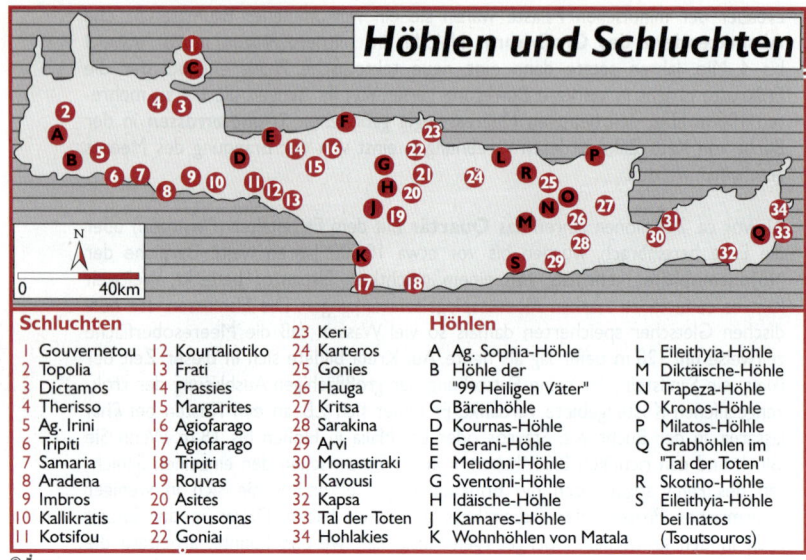

Höhlen und Schluchten

Schluchten

1 Gouvernetou	12 Kourtaliotiko	23 Keri
2 Topolia	13 Frati	24 Karteros
3 Dictamos	14 Prassies	25 Gonies
4 Therisso	15 Margarites	26 Hauga
5 Ag. Irini	16 Agiofarago	27 Kritsa
6 Tripiti	17 Agiofarago	28 Sarakina
7 Samaria	18 Tripiti	29 Arvi
8 Aradena	19 Rouvas	30 Monastiraki
9 Imbros	20 Asites	31 Kavousi
10 Kallikratis	21 Krousonas	32 Kapsa
11 Kotsifou	22 Goniai	33 Tal der Toten
		34 Hohlakies

Höhlen

A Ag. Sophia-Höhle	L Eileithyia-Höhle
B Höhle der	M Diktäische-Höhle
"99 Heiligen Väter"	N Trapeza-Höhle
C Bärenhöhle	O Kronos-Höhle
D Kournas-Höhle	P Milatos-Höhle
E Gerani-Höhle	Q Grabhöhlen im
F Melidoni-Höhle	"Tal der Toten"
G Sventoni-Höhle	R Skotino-Höhle
H Idäische-Höhle	S Eileithyia-Höhle
J Kamares-Höhle	bei Inatos
K Wohnhöhlen von Matala	(Tsoutsouros)

sche Gangsysteme mit einer phantastisch anmutenden Welt aus Tropfsteinen, Seen und Kristallrasen (S. 403f). Viele dieser Höhlen waren den Menschen der minoischen Zeit heilig, und auch in christlicher Zeit wurden zahlreiche Höhlen und Grotten zu Kapellen und Klosterzellen umfunktioniert. So sind etwa die Idäische Höhle und die Diktäische Höhle sehenswerte Kulthöhlen, deren Geschichte untrennbar mit der griechischen Mythologie verwoben ist. Andere Höhlen sind dagegen auf besonders tragische Weise berühmt geworden, so etwa die Melidóni-Höhle oder die Mílatos-Höhle, in denen es zur Zeit der Türkenherrschaft zu grausamen Massakern kam. Aus geologischer Sicht lohnt vor allem der Besuch der Svéntoni-Höhle (S. 537).

Kretas Kulthöhlen

Buchtip

Fassulas: „Field Guide to the Geology of Crete" (Natural History Museum of Crete). Ein schöner, reich bebilderter Exkursionsführer mit tollen Farbfotos, Grafiken und Karten. Für Hobby- und Profigeologen ein absolutes Muß!

2.3 Vegetation und Boden

Die Vegetation Kretas zeigt das typische Bild einer Mittelmeerinsel: Olivenhaine, Felder und Weinberge prägen das Bild der fruchtbaren Niederungen und Hügelländer, während die flachgründigen Hänge und Bergrücken überwuchert sind mit einem dichten Gestrüpp aus mannshohen Büschen oder kniehohen dornigen Zwergsträuchern. Dazwischen wachsen unzählige aromatisch duftende Kräuter und vereinzelt faszinierend schöne Orchideen. Immer wieder tritt großflächig nackter Fels zutage, dessen Spalten und Nischen nur wenigen, in der Regel sehr zierlichen Pflanzen einen Lebensraum bieten. Wälder sind selten geworden, ihre spärlichen Restbestände beschränken sich auf die abgelegenen Gebirgsregionen, Schluchten und Auenstandorte.

Affodill in der Samaria-Schlucht

Charakteristisch für die Vegetation sind die wärmeliebenden, trockenheitsresistenten Arten der **mediterranen Hartlaubgesellschaften,** deren relativ kleine Blätter zum Schutz vor der sommerlichen Verdunstung mit einer Schicht aus Wachs oder Harz überzogen sind. Mit zunehmender Auflichtung der Bestände kommt eine Vielzahl von Halb- und Zwergsträuchern vor, die gegen den Verbiß durch Weidetiere in verschiedener Weise durch Dornen, Stacheln, ätherische Öle oder Giftstoffe geschützt sind.

Landschaftsgeschichte

Die heutige Vegetation Kretas spiegelt deutlich die Einflüsse des Menschen wider, Kreta blickt auf eine rund achttausendjährige Besiedlungsgeschichte zurück. Ursprünglich müssen hier imposante Wälder aus Zypressen, Eichen, Ahorn und Plantanen die Landschaft geprägt haben. Davon zeugen noch heute die Gesänge *Homers*, historische Quellen oder Flurnamen, wie etwa die aus dem Dorischen stammende Bezeichnung „Ida-Gebirge", was frei übersetzt „Waldgebirge" bedeutet. Archäologische Funde und paläobotanische Untersuchungen bestätigen dieses Bild.

Die ersten jungsteinzeitlichen Siedler rodeten zunächst die Wälder auf den besonders leicht zu bearbeitenden und gut mit Wasser versorgten Böden des Kaíratos-Tales rund um Knossós. In der Bronzezeit erstreckte sich bereits eine ausgedehnte **Kulturlandschaft** über Kreta. Dabei lagen die Getreidefelder, Olivenhaine und Weinberge der Palastzentren, Städte, Dörfer oder Villen stets auf den besonders fruchtbaren Böden der Niederungen und Hügelländer.

Landschaft der Bronzezeit

Die Berge waren noch bewaldet, doch die Minoer betrieben bereits deutlichen **Raubbau**, so zählten z.B. Zypressen neben Olivenöl und Kunstgegenständen zu den wichtigsten Exportschlagern der Insel. Über Jahrhunderte hinweg lieferten die Wälder Nahrungsmittel, Harze, Holzkohle und Bauholz für Häuser, Paläste, Festungen und Schiffe. Gleichzeitig dienten sie als Weideland für Schafe und

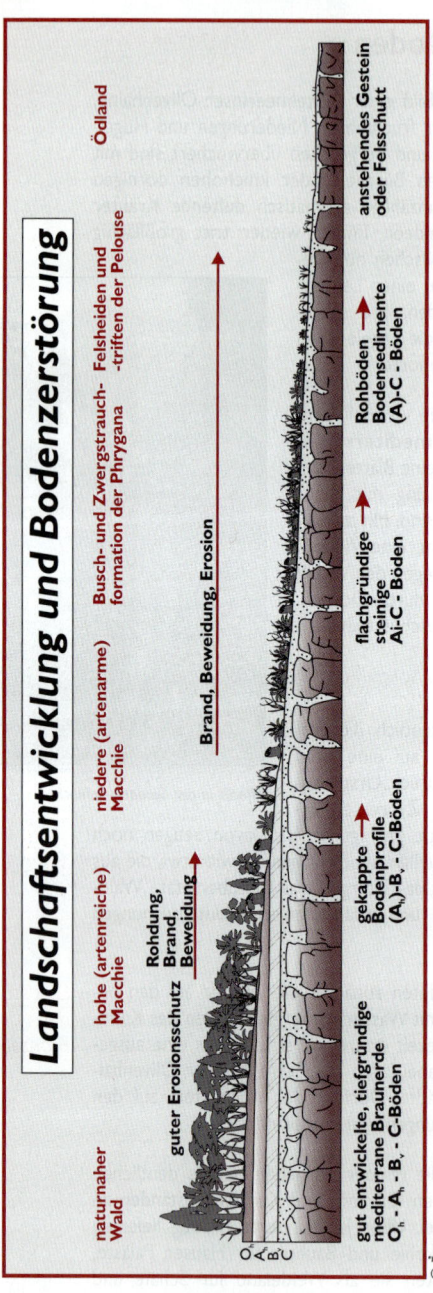

Landschaftsentwicklung und Bodenzerstörung

naturnaher Wald

hohe (artenreiche) Macchie

niedere (artenarme) Macchie

Busch- und Zwergstrauch-formation der Phrygana

Felsheiden und -triften der Pelouse

Ödland

guter Erosionsschutz

Rohdung, Brand, Beweidung

Brand, Beweidung, Erosion

gut entwickelte, tiefgründige mediterrane Braunerde
O_h - A_h - B_v - C-Böden

gekappte Bodenprofile
(A_h)-B_v - C-Böden

flachgründige steinige
A_i-C-Böden

Rohböden Bodensedimente
(A)-C-Böden

anstehendes Gestein oder Felsschutt

© igraphic

Ziegen, welche die Jungpflanzen fraßen und so das Regenerationspotential der stark geschädigten Waldbestände vernichteten. Je nach Verlauf der kretischen Geschichte wechselten dabei Phasen der intensiven **Waldzerstörung** und Zeiten der **Walderholung** ab. Unter venezianischer Herrschaft (1210-1660) kam es zu einem Erlaß, der den Kretern bei Todesstrafe verbot, auch nur einen einzigen Baum zu fällen. Venedig brauchte das kostbare Holz für den Erhalt seiner mächtigen Flotte. Trotz dieses Versuchs einer „geordneten Forstwirtschaft" war der weitere Niedergang der kretischen Wälder nicht aufzuhalten. Das Interesse an der Waldpflege endete im 17. Jh. mit der Übernahme der Insel durch die Türken (1669), die an eine nachhaltige Wirtschaftsweise keinen Gedanken verschwendeten. Hinzu kam, daß die Kreter nun verstärkt in die Berge flüchteten, wo sie in erster Linie als Hirten ihr Dasein fristeten. Sie versetzten den Wäldern den letzten Schlag, indem sie durch Brandrodung beständig neues Weideland schufen.

Durch das Zusammenspiel von *Rodung, Wiederbewaldung, Beweidung* und häufigen *Waldbränden* entwickelte sich im Verlauf der Jahrhunderte das heutige Landschaftsbild, das außerhalb der Siedlungsflur vor allem durch die Formationen der **Macchie, Garigue, Phrygana** und **Pelouse** gekennzeichnet ist. Alle vier Vegetationsformationen sind Degradationsstadien von Wäldern, deren Regenerationspotential infolge der mit der Zerstörung einhergehenden **Bodenerosion** erheblich herabgesetzt wurde. Der Übergang zwischen den einzelnen Formationen ist natürlich fließend und nicht immer klar abzugrenzen.

Als **Macchie** wird ein Buschwald aus vorwiegend immergrünen, 2 bis 4 m hohen Sträuchern (zumeist Hartlaubgewächsen) bezeichnet. Echte Macchien sind auf Kreta selten und weitgehend auf den feuchten Westen und auf die wasserstauenden Böden der Schiefergesteinsserien beschränkt. Der dichte Zusammenschluß der Büsche vermindert den Lichteinfall auf den Boden und damit Unterwuchs. Häufig zu finden sind ausschlagfreudige, schattenresistente Büsche wie **Mastixstrauch** *(Pistacia lentiscus)*, **Zistrose** *(Cistus ssp.)*, **Myrte** *(Myrtus communis)* oder **Erdbeerbaum** *(Arbutus ssp.)*, die durch Brand oder Rodung begünstigt wurden. Dazwischen stehen immer wieder Exemplare der ehemals charakteristischen **Steineichen** *(Quercus ilex)* und **Kermeseichen** *(Quercus coccifera)*.

Auf den trockenen Standorten der Kalksteinserien sind die Bestände deutlich lichter und niedriger, hier stellen sich bereits mehr Stauden und Kräuter ein, bis schließlich der Zustand erreicht ist, der für die **Garigue** oder **Phrygana** kennzeichnend ist.

Wo der Boden flachgründig, steinig oder felsig wird und die Trockenheit zunimmt, weicht die Macchie einer weniger geschlossenen Gesellschaft von Zwergsträuchern, in deren lichten Zwischenräumen nun vielfältige Begleitpflanzen auftreten. Darunter unzählige duftende Kräuter und wunderschöne Orchideen. Besonders groß ist der Artenreichtum auf den kargen, stark erodierten Böden der Kalksteinserien. Die Begriffe **Garigue** und **Phrygana** werden synonym verwendet. Einige Autoren bezeichnen als Garigue jedoch auch Zwergstrauchformationen, in denen noch potentielle Waldbäume auftreten, die aufgrund des starken Verbisses allerdings nur Bonsaigröße erreichen. In der Phrygana fehlen potentielle Bäume gänzlich.

Duftende Kräuter

Felsküste mit Phrygana

Im Jahre 1972 lag der **Anteil der Waldfläche** auf Kreta bei etwa 2 %. Seither laufen intensive Bestrebungen, mit Hilfe von EU-Geldern den Waldanteil durch Aufforstungsmaßnahmen wieder zu erhöhen. Allein in der Präfektur Iráklion wurden von 1992 bis 1998 etwa 550 ha **privates Weideland** aufgeforstet, und in Réthimnon kam man sogar auf die dreifache Fläche. Im Westen und Osten der Insel tun sich die Hirten dagegen nach wie vor schwer, mit der staatlichen Forstverwaltung ins Geschäft zu kommen.

Auf ganz Kreta werden **staatseigene Aufforstungen und Wälder** nach wie vor als Niemandsland betrachtet. Immer wieder werden bei Nacht und Nebel Schutzzäune niedergerissen und ganze Pflanzbestände von Ziegenherden niedergemacht. Auch Brandstiftung ist eine arge Bedrohung. Auch in der jüngeren Vergangenheit kam es sowohl in West- als auch Ostkreta zu verheerenden Waldbränden, so in der Umgegend von Soúgia, der Agía Iríni- und Roúvas-Schlucht oder in Ostkreta bei Kalamáfka, etwa 15 km nordöstlich von Ierápetra. Die Ursachen solcher Brände sind nicht immer zu klären. Sie reichen von der achtlos

Waldbrände

INFO   # Was ist eigentlich ein Boden?
Das Beispiel Terra rossa.

Es ist nicht ganz einfach zu verstehen, was der Begriff Boden eigentlich bedeutet, handelt es sich doch nicht, wie so oft vermutet wird, um eine Ablagerung. Als **Bodenbildung** werden die Prozesse bezeichnet, die auf eine Gesteinsoberfläche einwirken und diese mit der Zeit verändern. Dazu zählt vor allem die Verwitterung, denn durch Temperatur- und Feuchtigkeitsschwankungen unterliegen Gesteine einer mechanischen Zerkleinerung und chemischen Lösung. Zugleich tragen Pflanzen und Mirkoorganismen organische Substanz ein, wandeln diese um und verbinden sie mit den Mineralpartikeln zu einem fruchtbaren Mutterboden.

In Böden trockener Gegenden wandern dabei die im Wasser gelösten Substanzen an die Oberfläche und werden dort ausgefällt, während das Wasser verdunstet. In nie-

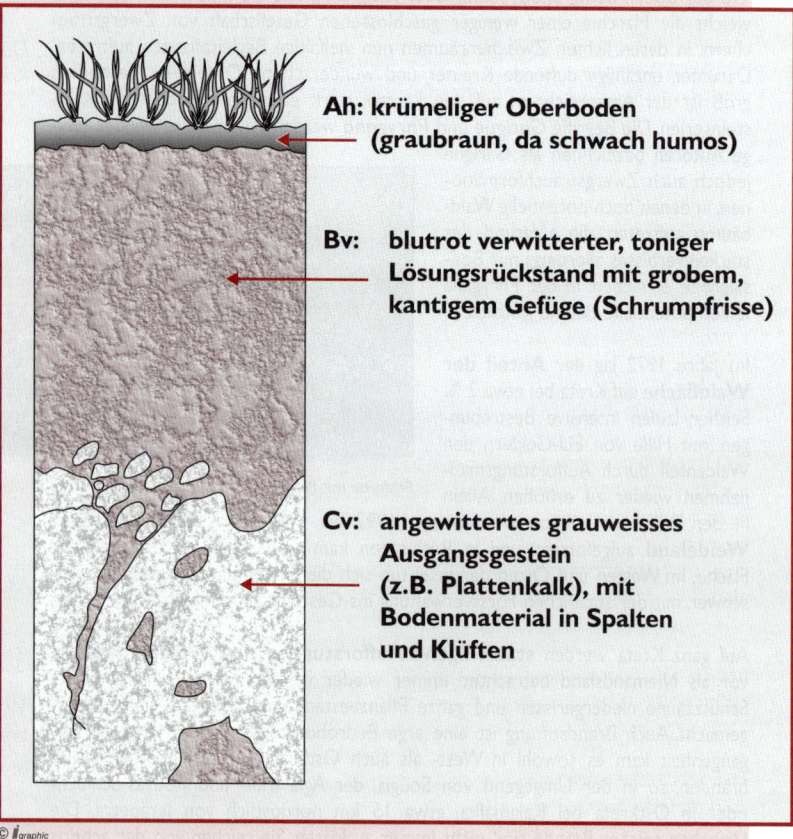

Ah: krümeliger Oberboden (graubraun, da schwach humos)

Bv: blutrot verwitterter, toniger Lösungsrückstand mit grobem, kantigem Gefüge (Schrumpfrisse)

Cv: angewittertes grauweisses Ausgangsgestein (z.B. Plattenkalk), mit Bodenmaterial in Spalten und Klüften

© *i*graphic

derschlagsreichen Gebieten ist es umgekehrt, dort wäscht der Regen Partikel aus dem Oberboden aus, die sich dann in etwas tieferen Schichten anreichern. Salze, Kalk, Eisen und organische Substanz, ja selbst Tonpartikel, können sich auf diese Weise innerhalb des Bodens bewegen. Im Laufe der Zeit entstehen **Horizonte**, die zwar äußerlich eine gewisse Ähnlichkeiten mit Sedimentschichten haben können, aber eben ganz anders entstanden sind, nämlich als Alterungsprozesse nach der Ablagerung der Gesteine.

Dem Fachmann verrät die Horizontausbildung eines Bodens eine Menge über die Landschaftsgeschichte. Denn bis sich deutlich sichtbare Horizonte bilden, kann es unter den klimatischen Bedingungen des Mittelmeerraumes einige tausend Jahre dauern. In den kretischen Kalksteingebirgen entwickelt sich z.B. meist ein tonreicher, leuchtend bis dunkelroter Boden, der als *Terra rossa* oder *Kalksteinrotlehm* bezeichnet wird. Er entsteht durch die Auflösung der Kalksteine und die Freisetzung der im Gestein gebundenen, eisenhaltigen Minerale. Die intensive Rotfärbung wird dabei durch die Bildung eines besonders sauerstoffreichen bzw. wasserarmen Eisenminerals verursacht, den Hämatit oder „Blutstein". Wissenschaftler haben geschätzt, daß die Bildung eines solchen Lösungsrückstandes von 1 m Mächtigkeit bis zu 500.000 Jahre dauert! Auf Kreta dürfte sie dabei etwas schneller abgelaufen sein, da in den Wintermonaten der Südwind *Notías* immer wieder größere Mengen von Saharastaub einträgt.

Werden diese Böden bewässert, so können sie sehr fruchtbar sein. Ohne Bewässerung gedeihen auf ihnen nur Oliven und Mandeln. Häufig sind sie steinig und daher für den Landwirt schwer zu bestellen. Leichter zu bewirtschaftende und ganzjährig gut mit Wasser versorgte Böden finden sich dagegen in den Niederungen und Hügelländern, die seit Jahrhunderten das wirtschaftliche Rückgrat der Insel bilden.

Weitere Infos finden Sie unter www.soils.uni-kiel.de/kreta/htm.

aus dem Auto geworfenen Zigarettenkippe bis hin zum gezielten Racheakt gegen den Staat. Nicht selten dienen sie aber auch heute noch der Schaffung neuer Weideflächen oder lukrativen Baulands. Kretas Waldanteil beträgt aktuell etwa 5 %.

Die Jahrhunderte während Wald- und Bodenzerstörung hat aus ökologischer Sicht zwei Seiten. Beide sind offensichtlich. Durch die unwiederbringliche Bodenzerstörung ist das **Wasserrückhaltevermögen** der Landschaft stark gesunken, denn Böden sind ein bedeutender Wasserspeicher. Wird nun die schützende Vegetationsschicht der Böden zerstört, so treffen die winterlichen Starkregen direkt auf den ausgetrockneten Boden und können nicht

Drachenwurz verströmt Aasgeruch

schnell genug versickern. Dabei kommt es zu flächenhafter Bodenerosion und – der Teufelskreis dreht sich weiter! – nicht selten zu gewaltigen Sturzfluten, sowie Hang- und Bergrutschungen, die dann auch vor Straßen und Gebäuden nicht haltmachen. In den Sommermonaten trocknet die erodierte Landschaft nun um so schneller aus.

Kretas Arten- reichtum

Gleichzeitig hat die Natur auf Kreta jedoch auch ihren Weg gefunden, „das Beste" aus dieser bereits Jahrtausende während Misere zu machen. So entstanden ja nicht zuletzt aufgrund dieser starken Dynamik einige der artenreichsten Pflanzengesellschaften Europas, deren Kräuter, Blumen und Orchideen nicht nur das Herz eines jeden Botanikers höher schlagen lassen.

Endemiten

Die Pflanzenwelt Kretas ist außergewöhnlich vielfältig, rund 1.800 unterschiedliche Arten soll sie zählen. Davon gelten rund 10 % als *Endemiten*, das sind Pflanzenarten, die ausschließlich auf Kreta oder einer seiner Nachbarinseln vorkommen. Die *Endemiten* verdanken ihre Existenz der langen geologischen Isolierung der Insel. In der Regel sind sie *Relikte* einstmals weiter verbreiteter Arten, die anderenorts inzwischen ausgestorben sind. So etwa die **Kretische Dattelpalme** *(Phoenix theophrasti),* die auf Kreta in einigen Schluchtausgängen exotische Palmenwälder bildet, darunter den berühmten Palmenstrand von Vái oder den eher versteckt liegenden Palmenhain am Strand von Préveli. Vor dem Eiszeitalter soll diese Dattelpalmenart im östlichen Mittelmeergebiet noch weiträumig verbreitet gewesen sein, doch hat sie die extremen Klimaschwankungen wohl nur in einigen geschützten Lagen auf Kreta, Rhodos und an der anatolischen Küste überlebt.

Andere *Endemiten* haben sich durch ihre isolierte Lage im Verlauf der Erdgeschichte aus verwandten Populationen abgespalten und zu eigenständigen Arten weiterentwickelt. So etwa die **Zelkove** *(Zelkova abelicea)*, ein zu den Ulmengewächsen zählender Baum der Bergwälder und Gebüsche, der nur auf Kreta in Höhen zwischen 850 und 1.800 m auftritt, jedoch deutliche verwandtschaftliche Beziehungen zu den Ulmengewächsen des Orients erkennen läßt. Schöne Exemplare finden Sie z.B. an den Rändern der Hochebenen im Westen Kretas.

Kretischer Aronstab

Besonders groß ist der Anteil der *Endemiten* unter den Halb- und Zwergsträuchern der Felsspalten und Steilhänge, wo seltene Arten wie der **Kretische Ebenholzstrauch** *(Ebenus cretica)* oder der wegen seiner Heilwirkung berühmte **Diktam** *(Origanum dictamnus)* vor dem Verbiß der Ziegen geschützt überleben konnten. Zahlreiche Endemiten gibt es aber auch unter anderen Pflanzenfamilien. Darunter die **Kretische Osterluzei** *(Aristolochia cretica)*, die **Kretische Tulpe** *(Tulpia cretica)*, die **Kretische Ochsenzunge** *(Anchusa* *cretica*), der **Kretische Aronstab** (*Arum creticum*) und die **Kretische Ragwurz** (*Orphrys cretica*). Die große Bedeutung der Felsstandorte als Areal der Endemiten geht auf die **isolierte Lage der** Gebirgsstöcke Lefká Óri, Psilorítis und Díkti zurück, die ihrerseits getrennte Lokalendemiten aufweisen.

Orchideen

Dank ihrer faszinierend schönen Blüten gehören Orchideen wohl zu den interessantesten Pflanzen überhaupt. Viele besitzen Seltenheitswert und stehen unter Naturschutz. Auf Kreta werden 60 bis 70 Orchideensippen unterschieden, eine genaue Abgrenzung der Arten ist derzeit nicht möglich. Fest steht jedoch, daß allein 6 Arten ausschließlich auf Kreta vorkommen. Besonders häufig finden sich Orchideen in den Beständen der Phrygana, wo sie in den Frühjahrsmonaten blühen; doch auch auf Wiesen, in Olivenhainen und in Wäldern liegen immer wieder Standorte bezaubernd schöner Exemplare. Am häufigsten vertreten sind auf Kreta die Sippen der **Ragwurze** und **Knabenkräuter**. Welche dieser filigranen Gewächse die schönsten sind, ist eine Geschmacksfrage. Besonders interessant sind wohl die **Ragwurze**, die mit ihren meist stark behaarten Blüten Hummel- oder Bienenkörper imitieren. Damit locken sie die Männchen an, die bei ihren liebestollen Begattungsversuchen die Blüten bestäuben.

Zahlreiche Orchideen- arten

Lesetip

Marina Clauser und Andrea Innocenti (1999): „Die Flo- ra Kretas", Bonechi-Verlag, Florenz (deutsche Ausgabe). Tolle Farbfotos und alles, was Laien über die wichtigsten Vegeta- tionsformationen und Pflanzen Kretas wissen wollen (in gut sor- tierten Buchhandlungen auf Kreta erhältlich). Ralf Jahn und Peter Schönfelder (1995): „Exkursionsflo- ra für Kreta". Ulmerverlag, Stutt- gart. Ein professioneller Bestim- mungsschlüssel aus dem Institut für Geobotanik der Uni Regensburg.

Kräuter und Honig

Kretische Kräuter sind nicht nur hervorragende Gewürze, sondern auch beliebte Arzneimittel. Bereits seit der Antike genießen kretische Heilkräuter einen hervorragenden Ruf. So ließ der römische Kaiser *Marc Aurel* jährlich große Mengen kretischer Heilkräuter nach Rom exportieren. Darunter **Diktam** (*Origanum dictamnus*), **Gliederkraut** (*Sideritis syria- ca*), **Stechwinde** (*Smilax aspera*), **Lorbeer** (*Laurus nobilis*), **Rosmarin** (*Rosmarinus officinalis*), **Salbei** (*Sal- via fruticosa*) und **Thymian** (*Thymus vulgaris*). Viele dieser Kräuter, denen große Heilwirkung zugesprochen wird, können Sie auf kretischen Märkten kaufen. Oft werden sie auch von älteren Frauen an der

Berühmt für Heilkräuter

Bis 2 m hoch – Riesenfenchel

Straße feilgeboten. Dabei erreichen die als Teegemisch oder Bündel vermarkteten Kräuter durchaus gute Preise.

Zunehmend werden kretische Kräuterprodukte auch von spezialisierten Geschäften in Deutschland vertrieben, wobei die Zahl der in Kulturen angebauten Heilkräuter steigt, denn immer mehr Kräuter stehen heute unter Naturschutz.

Fleißige Honig-bienen

Bei der großen Vielfalt und Qualität der kretischen Kräuter wundert es nicht, daß auch der kretische Honig ausgezeichnet schmeckt. Zwischen 80.000 und 90.000 Bienenstöcke soll es auf Kreta geben, die jährlich zwischen 17.000 und 19.000 Zentner **Honig** und 700 bis 900 Zentner Wachs produzieren. Der kretische Honig ist außergewöhnlich aromatisch und von hoher Qualität. Das verdankt er dem Umstand, daß die *Phrygana* auf den unterschiedlichen Kalksteinserien neben den anderen Wildkräutern noch große Bestände an **Thymian** (*Thymus vulgaris*) aufweist.

Unser Tip

Decken Sie sich auf Kreta mit einem kleinen Vorrat an kretischem Honig, „Bergtee" oder einzelnen Kräutersorten ein. Diese werden Ihnen in den rauhen Wintermonaten gute Dienste leisten. Beachten Sie aber bitte, daß die Wildbestände einiger Kräuter heute unter Schutz stehen, da sie durch übereifrige Sammler arg dezimiert wurden!

2.4   Tierwelt

Mit dem Artenreichtum der Vegetation kann es Kretas Tierwelt nicht aufnehmen. Mit etwas Glück kann jedoch selbst ein kurzer Naturspaziergang zum Erlebnis werden. Vögel, Insekten, Schmetterlinge, Reptilien, Säugetiere oder Amphibien: Je nach Landschaftstyp gibt es immer etwas zu entdecken. Dabei leben nur 35 Säugetierarten auf Kreta, was etwa 1/3 der gesamten Säugetierfauna Griechenlands entspricht. Schuld ist die isolierte Insellage. So kommen auf Kreta zwar Hase, Igel, Wiesel, Marder, Dachs und die mysteriöse **Kretische Wildkatze** vor, doch fehlen größere Raubtiere, wie z.B. der Fuchs. Selbst Wildschweine gibt es auf Kreta nicht. Besonders lohnend sind **Vogelbeobachtungen** im Frühjahr und Herbst, wenn Kreta den Zugvögeln als unverzichtbarer Rastplatz zwischen Afrika und Europa dient.

Strand und Meer

Meeres-säuger

Auf einem Bootsausflug oder bei der Anreise mit der Fähre lassen sich häufig **Delphine** beobachten, die ein Stück weit die Boote und Schiffe begleiten. Ihre Sprünge faszinierten schon die Minoer, die mit naturgetreuen Abbildungen der Delphine sogar die Wände im Palast von Knossós schmückten. Auch andere Meerestiere werden Ihnen auf Kreta immer wieder begegnen: Mit etwas Glück beim Schnorcheln und Tauchen, mit Sicherheit aber in den Auslagen der Tavernen und Marktstände. Das Meer um Kreta ist jedoch hoffnungslos überfischt, und große Meeressäuger wie Delphine, Tümmler, Schweinswale und Mönchsrobben sind in ihrem Bestand akut bedroht.

Mönchsrobbe

Die bis zu 3 m lange und 400 kg schwere **Mönchsrobbe** (*Monachus monachus*) hat es besonders hart getroffen. Felljäger und Fischer haben sie in der Vergangenheit nahezu ausgerottet. Heute stehen diese prächtigen Tiere – deren braune bis schwarze Fellzeichnung ein wenig an eine Mönchskutte erinnert (Name!) – zwar unter Artenschutz, doch nimmt ihnen der Tourismus den Lebensraum. Noch in der Antike besiedelten Mönchsrobben zu Tausenden die Sandstrände rund ums Mittelmeer. Heute umfaßt die Population nur noch 200 bis 500 Tiere, die tagsüber im Schutz abgelegener Steinklippen und Höhlengewässer leben. Ihr wichtigstes Refugium im Umkreis von Kreta sind die Paximadi-Inseln vor der Südküste.

Mönchs-robbe in Gefahr

Ähnliche Probleme plagen auch die **Unechte Karettschildkröte** (*Caretta caretta*), eine Meerschildkröte, die in den Sommermonaten an den großen Sandstränden Kretas ihrer Eier ablegt (lesen Sie dazu auch den Infokasten auf Seite 582).

Feuchtgebiete

Feuchte Lagunen, sumpfige Flußmündungen und Süßwasserseen sind bereits von Natur aus selten auf Kreta und in der Vergangenheit zudem häufig trockengelegt worden. Doch gerade hier können Sie mit etwas Geduld interessante Tiere beobachten. Begegnungen mit der **Kaspischen Wasserschildkröte** oder der **Würfelnatter** (einer ungiftigen Wasserschlange) gehören sicherlich zu den sommerlichen Erlebnissen. Wenn jedoch von März bis Mai oder August bis Oktober die Zugvögel kommen, dann ist die Liste der Exoten schier unendlich: Kampfläufer, Seidenreiher, Purpurreiher, Kranich, Wiedehopf, Bienenfresser, Pirol, ...

Zwischen Stein und Fels

Auch auf dem Trockenen gibt es allerhand zu entdecken. Besonders spannend die vielfältigen Reptilien (Schlangen, Eidechsen und Geckos), die sich zwischen den Felsen der Phrygana, Bruchsteinmauern sowie Ruinen, Schuttplätzen und alten Baumstümpfen aufhalten. So z.B. die wunderschön schimmernde, bis zu 16 cm lange **Riesen-Smaragdeidechse**, die ebenso wie die nur etwa halb so große **Ägäische Mauereidechse** oder der nachtaktive **Mauergecko** auf Kreta weit verbreitet ist. Etwas Glück gehört schon dazu, wenn Sie die mit auffällig rötlichen Flecken gezeichnete **Leopardennatter** oder die gelblichbraun bis oliv gefärbte **Balkanzornnatter** zu Gesicht bekommen möchten. Beide Schlangenarten sind übrigens nicht giftig. Die einzige Giftschlage Kretas ist die **Europäische Katzennatter**, die eine auffällige Rückenzeichnung aus dunklen, quergestellten Flecken zeigt. Ihr Biß ist jedoch für gesunde und erwachsene Menschen ungefährlich. Gleiches gilt auch für die Stiche des **Skorpions** und des hundertfüßigen **Skolopenders**, die sich beide tagsüber unter Steinen verstecken.

Nur eine Gift-schlange

Schluchten und Hochgebirge

Häufig zu beobachten sind kreisende Geier auf ihrer Suche nach verendeten Ziegen und Schafen. Meist sind es **Gänsegeier** (heller Kopf, kurzer stumpfer Schwanz). **Bartgeier** (schwarzer Kopf, großer keilförmiger Schwanz) sind dagegen extrem selten. Während sich die Gänsegeier in Karl May-Manier über verendetes Vieh hermachen, hat sich der Bartgeier auf den Verzehr von Markknochen spezialisiert. Diese bricht er auf, in dem er sie aus großer Höhe fallen läßt.

Ebenfalls sehr selten, dafür aber um so majestätischer ist eine Begegnung mit einem der wenigen auf Kreta lebenden **Stein-** und **Habichtsadler,** deren weitschweifende Reviere ausschließlich im Hochgebirge liegen.

*Kretische
Bergziege*

Auch Kretas berühmtestes Tier, die **Kretische Wildziege** – von den Einheimischen *Agrími* bzw. *Krí-krí genannt –,* existiert noch in kleinen Restpopulationen, die meisten von ihnen im Nationalpark Samariá. Die **Kretische Wildziege** ist eine eigene Rasse der in Asien beheimateten **Bezoarziege** (*Capra aegagrus subsp. cretica),* dem Urahn unserer Hausziegen, der in den Bergen Anatoliens bereits vor rund 10.000 Jahren domestiziert wurde. Heute streiten sich die Gelehrten darüber, ob die Bezoarziege auf Kreta schon immer heimisch war oder ob sie erst mit den jungsteinzeitlichen Siedlern auf die Insel gelangte. Gleiches gilt auch für die besonders seltene **Kretische Wildkatze** (*Fellis silvestris-agrius),* die bis heute kaum ein Mensch zu Gesicht bekommen hat. Erst 1996 konnten italienische Studenten im Psilorítis-Gebirge ein lebendes Exemplar fangen.

*Geheimnis-
volle
Wildkatze*

> **Tip**
> *Wenn Sie mehr über die Tierwelt Kretas erfahren möchten, dann sollten Sie auf keinen Fall einen Besuch im Naturhistorischen Museum in Iráklion versäumen (siehe S. 357f).*

2.5 Umweltschutz

Für viele Reisende ist das Thema Umweltschutz nach wie vor ein Reizthema. All zu offen tritt hier ein tiefer Konflikt zutage: In unserer Sehnsucht nach „Harmonie mit der Natur" und einer atemberaubend schönen, einsamen und „intakten Landschaft" treffen wir auf Kreta inzwischen auch deutlich auf die Schattenseiten unserer eigenen modernen Lebensweise.

Gerade in den Städten und Touristenzentren der Nordküste lassen sich die Umweltprobleme nicht leugnen. Ein ungezügeltes Siedlungswachstum, der stark forcierte Straßenbau und das Wachstum des Pauschaltourismus haben hier zu einer weiträumigen Verschandelung des Landschaftsbildes geführt. Hinzu kommen der alltägliche Verkehrsinfarkt in den großen Küstenstädten, ein massiver Raubbau an den natürlichen Ressourcen und das nach wie vor ungelöste Müllproblem. Dagegen steht in hartem Kontrast eine dünn besiedelte, traumhaft schöne Landschaft, die vielerorts Nischen für anspruchsvolle Individual- und Pauschalreisende bietet. Wir sollten uns daher hüten, mit dem Finger auf die Ignoranz der Einheimischen oder anderen Touristen zu zeigen und vielmehr anerkennen, daß sich auch auf Kreta allmählich, wenn auch zaghaft, ein zunehmendes Umweltbewußtsein entwickelt und Umweltschutz auch im Urlaub seinen Preis hat.

Müll

Gleich vorweg eine Zahl: Innerhalb der Europäischen Union sind es die Griechen, die pro Kopf am wenigsten Müll verursachen. Nur 291 kg sind es, während die Deutschen im Durchschnitt fast doppelt so viele Abfälle erzeugen (537 kg). Es macht sich deutlich die traditionell andere Lebensweise bemerkbar, die gekennzeichnet ist durch geringeren Konsum und die Bevorzugung frischer Produkte. Dennoch sind **Müllentsorgung und -vermeidung** ein großes Problem auf Kreta. So gibt es noch immer wilde Müllkippen, achtlos entsorgte Autowracks, Getränke fast ausschließlich in Plastikflaschen oder Dosen und die obligatorische Plastiktüte auch für den kleinsten Einkauf. Hinzu kommt, daß die modernen, städtisch geprägten Kreter in zunehmendem Maße ein Konsumverhalten zeigen, das dem unsrigen ähnelt. Von den Müllbergen, die allein die rund 2,5 Mio. Urlauber jedes Jahr auf Kreta hinterlassen, ganz zu schweigen. Dabei ist die **staatliche Umweltpolitik** nach wie vor durch Handlungsfähigkeit und Ignoranz gekennzeichnet, eine geordnete Entsorgungswirtschaft existiert bislang nicht.

Griechenland sparsam beim Müll

Besonders spektakulär ist der Fall der **Mülldeponie von Chaniá**, die sich an der Südostspitze der Halbinsel Akrotíri befindet. Seit Jahren werden hier die Abfälle von Privathaushalten, Hotels, Krankenhäusern, Militärbasen und Industrieanlagen unkontrolliert abgekippt. Immer wieder kommt es zu großflächigen Bränden, deren giftige Rauchwolken nicht selten die umliegenden Küsten einnebeln. Ein Teil des Deponiekörpers soll inzwischen sogar ins Meer abgerutscht sein. Der europäische Gerichtshof stellte hier bereits 1992 eine „erhebliche Gefährdung der menschlichen Gesundheit und der Umwelt" fest und verurteilte Griechenland dazu, kurzfristig Abhilfe zu schaffen. Doch die griechische Regierung rührte sich nicht. Am 4. Juli 2000 verhängte der Europäische Gerichtshof daraufhin erstmalig seit seinem Bestehen auf Antrag der EU-Kommission eine Sanktion gegen einen Mitgliedstaat wegen Nichtdurchführung eines seiner Urteile. Griechenland muß nun für jeden weiteren Tag des Verzugs bei der Umsetzung des Urteils ein Zwangsgeld von 20.000 Euro entrichten.

Müllkippen-Skandal

Auch an den Stränden trifft man auf die Hinterlassenschaften seiner Zeitgenossen. Ein Teil des Mülls, vor allem die leider inzwischen im gesamten Mittelmeer allgegenwärtigen Teerklumpen, entstammen der leichtfertigen Entsorgungspraxis der Schiffe auf hoher See. Der Großteil des Plastikmülls und der Dosen, die hier vergammeln, wurde jedoch achtlos von Touristen weggeworfen. Das gilt natürlich nicht für alle Strände auf Kreta! Gerade in den Touristenzentren hat sich inzwischen einiges getan. So wurden im Jahre 2000 auf Kreta bereits 58 Strände mit der Blauen Europa-Flagge ausgezeichnet. Ein internationales Gütezeichen mit hohen Qualitätsanforderungen an den Strandzustand und die Wasserqualität.

Wasser

Die **Trink- und Brauchwasserknappheit** ist nach wie vor ein großes Problem. Von staatlicher Seite versucht man, durch den Bau von Stauseen und Wiederaufforstungsprogramme entgegenzuwirken, denn ein Großteil der Wasserarmut wird durch die starke Entwaldung und die Intensivierung der Landwirtschaft hervorgerufen. So können die stark erodierten Böden der Berghänge kaum noch Niederschlagswasser speichern, während die bewässerungsintensiven Mono- und Frühkulturen der Niederungen ihr Wasser inzwischen über kilometerlange Schlauchleitungen aus den Bergen heranführen. Immer mehr **Wasserläufe** auf Kreta fallen trocken. Anfang des 17. Jh. zählte der venezianische *Ingeneure Basilcata* noch 47 ganzjährig wasserführende Flußläufe, von diesen sind inzwischen mehr als 30 verschwunden oder haben sich in jahreszeitlich aktive Wildbäche verwandelt.

Wasser sparen

Erschreckend hoch ist der **Wasserverbrauch der Tourismuszentren**, in denen tagtäglich Unmengen von kostbarem Trinkwasser durch Duschen, Klosettspülungen, Waschmaschinen rauschen. Zahlreiche Hotelketten haben mittlerweile Lösungen gefunden, nicht zuletzt, damit ihre Umweltbilanz ein wenig besser aussieht.

Dabei ist natürlich nicht nur das Einsparen von kostbarem Trinkwasser angesagt, sondern auch eine angemessene **Klärung der Abwässer**. In der Vergangenheit nahm man es damit nicht so genau, und so landeten nahezu alle Abwässer ungeklärt im Meer. Heute gibt es zum Glück bereits mehrere private und kommunale Kläranlagen, deren Netz sich noch im Ausbau befindet. Besonders interessant erscheint vor diesem Hintergrund ein Pilotprojekt, das die Errichtung dezentraler Pflanzenkläranlagen prüft.

Energie

Hoffnung Wind und Sonne

Industrialisierung, Verstädterung und Tourismusboom haben auf Kreta zu einem extremen Anstieg des Energieverbrauchs geführt. Mittlerweile gibt es zahlreiche Ansätze, alternative Energien zu nutzen. So sind in den vergangenen Jahren vor allem in Zentral- und Ostkreta einige **Windparks** entstanden, die nach Informationen der TUI nun jährlich mindestens 72,2 MW Strom liefern. Als ehrgeizigstes Projekt gilt derzeit allerdings der Bau des größten europäischen **Solarkraftwerks**, das zukünftig rund 50 MW Strom liefern soll – eine Menge, die zur Versorgung von etwa 100.000 Haushalten ausreichen würde.

3.   MENSCH UND KULTURRAUM

Kreta liegt im Zentrum des östlichen Mittelmeeres, auf halbem Wege zwischen Europa, Afrika und Asien. Seit über 8.000 Jahren strömt hier alles zusammen, verschmelzen auf dieser Insel die unterschiedlichsten Menschen, Kulturen, Waren, Religionen und Ideen. Seine Geschichte erscheint wie eine endlose Kette von Völkerwanderungen, Invasionen, Kriegen und Fremdherrschaften, unter deren Last die Kreter jahrhundertelang nach Freiheit rangen. Minoer, Griechen, Römer, Araber, Venezianer, Türken und nicht zuletzt die deutsche Wehrmacht. Sie alle haben im Landschaftsbild wie im kulturellen Bewußtsein der Menschen ihre Spuren hinterlassen. Da wundert es nicht, daß Kreta so manchem Individualreisenden wie ein großzügiges Freilichtmuseum erscheinen mag und gerade organisierte Kulturreisen häufig ausschließlich die antiken Stätten aufsuchen. Doch es gibt auch ein sehr modernes Kreta!   *Kretas bewegte Geschichte*

Die Nordküstenstädte Iráklion und Chaniá sind inzwischen zwei der wichtigsten Metropolen Griechenlands: Mit zeitgemäßen Universitäten, internationalen Verkehrsanbindungen und einer beständig zunehmenden Bevölkerungszahl (über 600.000 auf Kreta insgesamt). Anders als auf den kleineren Ägäisinseln wie Santorin, Mykonos oder Kos ist die lokale Wirtschaft hier nicht ausschließlich vom Tourismus abhängig, denn dank seiner zahlreichen Gewerbe- und Dienstleistungsunternehmen gehört Kreta heute zu den prosperierenden Regionen Griechenlands. Und das macht sich auch im Lebensgefühl der städtischen Kreter bemerkbar.

Städtisches Leben in Iráklion

Noch zu Anfang des 20. Jh. sah dies ganz anders aus: Von der jahrhundertelangen Fremdbesatzung ausgezehrt, lebten die Menschen meist am Existenzminimum. Ihr Einkommen suchten sie in der Landwirtschaft, Fischerei oder im Kleinhandwerk. Weder gab es eine gefestigte politische Macht, die das Schicksal der Insel lenkte, noch ein geeignetes Bildungssystem, das die Bevölkerung über die neuen Möglichkeiten der Industrialisierung und des Handels aufklären konnte. Lange vergessen waren die wirtschaftlichen und kulturellen Glanzzeiten Kretas zur Zeit der Minoer, der ersten europäischen Hochkultur. Sie hatten auf der ganzen Insel Städte und Paläste errichtet und betrieben bereits im 2. Jahrtausend v.Chr. internationalen Fernhandel. Ihre Kunst (z.B. Keramik, Architektur, Metallarbeiten) und Kultur   *Europas erste Hochkultur* (z.B. Handel, Verwaltung, Landwirtschaft und Seefahrt) war hochentwickelt und allen anderen Landstrichen Europas weit voraus.

Doch noch gegen Ende des 19. Jh. waren ihre Stätten weitgehend verschüttet oder schlichtweg nicht mehr bekannt. Auch der Wohlstand der Venezianer, die als Besatzer im 13. Jahrhundert nach Kreta kamen und die Altstädte und Kastelle der Küstenorte errichteten, war lange vergangen. Dann plötzlich eröffnete im Jahr 1913 der Anschluß Kretas an Griechenland neue Chancen. In geringem Maße kam es zur Entwicklung von Industrie. Doch schon 30 Jahre später lähmte der 2. Weltkrieg erneut das wirtschaftliche und gesellschaftliche Leben. Zuerst durch den Abzug der Männer an die albanische Front, später durch die deutsche Besatzung,

Aufbruch durch Anschluß

Erst im Verlauf der 1960er und 70er Jahre konnten die massive Landflucht und die Abwanderungen ins Ausland allmählich gestoppt werden, als der aufkommende Tourismus die Basis für einen Aufschwung bot. Der findet heute vor allem an der Nordküste statt. Und so bietet Kreta den reizvollen Kontrast moderner, vor Leben pulsierender Städte und ländlicher Regionen mit halbverfallenen Dörfern,

Zur Orientierung:

Kreta ist in 4 Verwaltungsbezirke bzw. Präfekturen (griechisch *Nomoi*) unterteilt: Chaniá, Réthimnon, Iráklion und Lassíthi – eine Einteilung, die sich stark an naturräumlichen Gegebenheiten orientiert und so im wesentlichen bereits seit der venezianischen Herrschaft besteht. Jeder *Nomos* gliedert sich in mehrere *Emparchien*. Als Zwischenglieder zwischen **Gemeinden** und *Nomoi* bilden die *Emparchien* heute lediglich statistische Einheiten ohne spezifische Verwaltungsbefugnisse.

Nomos (Präfektur)			
Chaniá	Réthimnon	Iráklion	Lassíthi
Emparchien (Kreise)			
Kíssamos	Réthimnon	Malevízi	Mirámbellou
Sélinos	Milopótamos	Témenos	Lassíthi
Kidonía	Ágios Vasílios	Pediáda	Ierápetra
Apokóronas	Amári	Pirgiótisa	Sitía
Sfakiá		Kenoúrgio	
		Monofátsi	
		Viános	

Das zentralistische Verwaltungssystem bedingt eine direkte Unterstellung der *Nomoi* unter die Athener Regionalverwaltung und gewährt selbst diesen nur sehr eingeschränkte Entscheidungsbefugnisse. Für das Bewußtsein der Kreter haben jedoch auch die kleinen regionalen Unterschiede bereits große Bedeutung, denn Athen ist weit weg, und vom Staat hat man hier sowieso noch nie etwas Gutes erwartet.

in denen die Zeit still zu stehen scheint. Das Innere der Insel führt sein eigenes Leben, viele der traditionellen Brauchtümer und gesellschaftlichen Normen besitzen hier weiterhin Bedeutung. Und über alledem wacht, nicht neben, sondern mitten in der Gesellschaft, die orthodoxe Kirche, die in Griechenland erheblichen Einfluß besitzt. Auch Kreta ist übersät von Gotteshäusern, modernen Kirchen aus Stahlbeton und alten versteckten Kapellen mit wertvollen Fresken. Kaum ein Tag vergeht auf Kreta, an dem nicht das Fest irgendeines Heiligen gefeiert wird.

Lebendige Religion

Die wichtigste und prächtigste religiöse Feier des griechisch-orthodoxen Glaubens ist das Osterfest. Überall sind die Menschen auf den Beinen, empfangen das Kerzenlicht in der Nacht der Auferstehung Christi und verbringen den Ostermontag auf dem Land, wo man Lamm grillt und gemeinsam mit Verwandten und Freunden speist. Die Familie prägt noch immer die Gesellschaft, Individualisierung ist weniger verbreitet als in Nord- und Westeuropa, und so gelten die neugierigen Fragen der Kreter – Ausdruck ihrer Gastfreundschaft und des Interesses am Fremden – meist zuerst den Familienverhältnissen und der Anzahl der Geschwister.

3.1   Geschichtlicher Überblick

3.1.1   Jungsteinzeit (6500 bis 2700 v.Chr.)

Kretas Anfänge liegen im Verborgenen: Auf dem Gelände des Palastes von *Knossós* trennen rund 9,5 m Kulturschutt und Bodenmaterial das Fußbodenniveau des Westhofes (erbaut um 1700 v.Chr.) vom gewachsenen Fels. Bereits *Arthur Evans* konnte an dieser Stelle 10 aufeinanderfolgende jungsteinzeitliche Siedlungsphasen unterscheiden. In der untersten Kulturschicht fand er die Reste eines verkohlten, aus Holz und Lehmziegeln errichteten Bauernhauses. Ganz offensichtlich stammte es aus der frühesten Epoche der kretischen Jungsteinzeit, doch erst Jahrzehnte später sollten moderne wissenschaftliche Methoden eine absolute Datierung ermöglichen. C14-Analysen eines Holzkohlerestes ergaben nun das Jahr 6341 v.Chr. (+/- 180 Jahre).

Der Schritt zur Seßhaftwerdung kam nicht aus eigener Kraft. Zwar ist nicht auszuschließen, daß bereits in den ersten Jahrtausenden nach der Eiszeit Menschen in einfachen Booten nach Kreta gelangten, die als Jäger und Sammler die Wälder durchstreiften und in Höhlen und einfachen Feldlagern Schutz suchten (wie noch Jahrtausende später die Hirten), doch die Menschen, die sich vor über 8.000 Jahren hier in Knossós ansiedelten, die Wälder rodeten und Ackerbau und Viehzucht betrieben, kamen höchst wahrscheinlich aus dem Raume Anatoliens, wo sich zu diesem Zeitpunkt bereits die ersten städtischen Kulturen (z.B. *Çatal Höyük*) entwickelt hatten. Mit ihnen kamen auch die ersten Kulturpflanzen (Getreide und Hülsenfrüchte) sowie Schafe und Ziegen auf die Insel. Vorratsgefäße aus Keramik kannten diese Menschen anscheinend noch nicht, dafür belegen Steinklingen aus Obsidian (einem besonders scharfkantig brechenden vulkanischen Glas, das in der Ägäis nur auf *Mílos* vorkommt) bereits Handelskontakte zur Inselwelt der Kykladen.

Die ersten Bauern

Die kulturelle Entwicklung verlief zunächst noch schleppend. Erst an der Wende vom **4. zum 3. Jahrtausend v.Chr.** setzte ein deutlicher Kultursprung ein: Nun wurden auch auf Kreta der **Brennofen für Keramik** und der **Webstuhl** einge-führt. In den fruchtbaren Niederungen und Hügelländern rund um *Knossós, Archá-nes, Mália,* der *Messará-Ebene* und *Ostkretas* breiteten sich allmählich zahlreiche bäuerliche Siedlungszentren aus. Hier lebten Menschen in engen, sippenartig struk-turierten Familienverbänden. Auf Kreta dämmerte das „goldene Zeitalter" der **minoischen Kultur.** Doch noch verweilte die Insel in der Steinzeit, während sich in den Kulturen des alten Orients (Anatolien, Mesopotamien, Syrien) und Ägyptens bereits seit langem die Kunst der Metallverarbeitung entwickelte.

3.1.2   Minoische Kultur (2700 bis 1000 v.Chr.)

Vorpalastzeit (2700 bis 1900 v.Chr.)

Fortschritt durch Erfin-dungen

Um **2700 v.Chr.** erreicht die Kunst der Bronzeverarbeitung Kreta, vermutlich in Form einer neuen Einwanderungswelle. Etwa zeitgleich gelangen auch kulturelle Errungenschaften wie Töpferscheibe und Pflug auf die Insel. Damit setzt ein erheblicher Kultursprung ein: Die Bevölkerungszahl wächst rapide, und Kunst und Handwerk entwickeln einen unverwechselbar eigenen *„minoischen"* Stil (S. 66ff). Gegen Ende des **3. Jahrtausends v.Chr.** trägt die kretische Agrarlandschaft bereits protourbane Züge: Größere Siedlungen und Herrenhäuser werden in zweigeschossiger Bauweise errichtet. Auch für die Toten trägt man Sorge und setzt sie mit kostbaren Grabbeigaben versehen in Kuppelgräbern (*Messará-Ebe-ne*), Beinhäusern (*Móhlos*) oder einfa-chen Kammergräbern bei (*Ágia Fotiá*).

Die Bezeichnung **„minoisch"** stammt von *Arthur Evans,* der fest davon überzeugt war, in *Knossós* den Palast des sagenumwobenen kretischen *Königs Minos* auszugraben. *Evans* behielt diese Bezeichnung für seine gesamte Zeiteinteilung der kretischen **Bronzezeit** bei, obwohl sich bald herausstellte, daß diese einen Abschnitt von rund **1.700 Jahren** umfaßte! Moderne Forschungsarbeiten deuten darauf hin, daß die eigentliche Regentschaft des **Minos** (S. 83f) erst in **spätminoischer Zeit** lag. Die *minoische Kultur* hatte zu diesem Zeitpunkt ihren Zenit bereits überschritten und geriet zusehends unter den Einfluß der *Mykener.* Heutige Archäologen sind vorsichtiger geworden als *Evans* und sprechen lieber neutral von der **„altkretischen Kultur"** oder der **„kretischen Bronzezeit",** wenn sie den gesamten Zeitraum meinen, der sich vom Ausklingen der **Jungsteinzeit** bis zum Beginn der **griechischen Antike** erstreckte.

Vieles spricht dafür, daß in **frühminoi-scher Zeit** noch unterschiedliche Volksgruppen auf Kreta leben, die sich nun miteinander zu vermischen be-ginnen. Gemeinsam scheint diesen Menschen der Glaube an ein Leben nach dem Tod (der sich in der Anlage der Nekropolen widerspiegelt) sowie die Anbetung einer **weiblichen Fruchtbarkeitsgöttin,** die sie mit Opfergaben auf Hausaltären, Bergrük-ken oder in Höhlen verehren.

Zeit der Alten Paläste (1900 bis 1700 v.Chr.)

Obwohl es um das Jahr **2100 v.Chr.** kurzfristig zu einer deutlichen Abnah-me der Bevölkerungszahl und des all-gemeinen Wohlstandes kommt und die *frühminoischen* Siedlungen *Vassilikí, Foúrnou-Kourifí* und *Mírtos-Pírgos* zerstört werden, ist der kulturelle Aufstieg Kretas nicht mehr aufzuhalten. Mit Beginn des **2. Jahrtausends** setzt eine erneute kraftvolle kulturelle Entwicklung ein: Auf Kreta entstehen nun zahlreiche **Städte** (z.B. *Knossós, Festós* und *Malía*), in deren Zentren man aufwendige **Palastanlagen** errichtet, die von nun an den politischen, ökonomischen und religiösen Mittelpunkt der sie umgebenden **Dörfer und Städte** bilden. Von hier aus werden Landwirtschaft, Handel, Handwerk und wohl auch die Versorgung der Bevölkerung zentral organisiert. Es entwickelt sich eine aufwendige **Palastbürokratie**, die sich zunächst auf eine frühe **Hieroglyphenschrift** stützt und aus der sich im Palast von *Festós* allmählich eine lineare Variante ausbildet.

Der allgemeine Wohlstand dieser Epoche ist offensichtlich. Überall im Umfeld der Städte entstehen aufwendige **Nekropolen** und **Herrensitze**, und frühminoische Kultstätten auf Berghöhen werden zu architektonisch ausgestalteten **Gipfelheiligtümern** aufgewertet. Kunst und Handwerk laufen zu ihrer ersten großen Blüte auf (S. 66ff), und im gesamten östlichen Mittelmeer setzt ein schwunghafter Handel mit minoischen Keramikwaren ein. Die kretische Kulturlandschaft erschließt bereits ein weitverzweigtes Netz gut ausgebauter und gesicherter **Verkehrswege**, welche die Siedlungszentren in ganz Kreta miteinander verbinden.

Wohlstand der Minoer

Nekropole Fourni mit Jouchtas

Um **1700 v. Chr.** fallen die Städte und Paläste Kretas plötzlich in Schutt und Asche. Die meisten Forscher gehen davon aus, daß die Ursache ein gewaltiges **Erdbeben** gewesen sein muß. Einige Querdenker ziehen jedoch auch einen Überfall durch fremde Völker bzw. **innere Konflikte** in Betracht. Obwohl einige Indizien für eine bewaffnete Auseinandersetzung sprechen, fehlen doch schlüssige Beweise für diese Interpretation. Archäologen sind in diesem Punkt eher vorsichtig, würde die Existenz eines bewaffneten Konflikts doch die gesamte tradierte Lehrauffassung von einer in Frieden lebenden minoischen Kultur umstoßen. Die Erdbebentheorie ist wahrscheinlicher: Erstens sind Erdbeben auf Kreta nichts Außergewöhnliches (S. 22), und zweitens ist mittlerweile belegt, daß die Ägäis zwischen 1700 und 1600 v.Chr. starke seismische Aktivitäten zeigte. Schließlich kam es – nach unserem heutigen Wissensstand – um das Jahr **1645 v.Chr.** auf Santorin zu einem katastrophalen **Vulkanausbruch**, der auch auf Kreta spürbare Auswirkungen gehabt haben muß.

Rückschlag durch Konflikte?

Lesetip

Wenn Sie moderne geoarchäologische Methoden kennenlernen möchten und dennoch nicht auf die Fabulierkunst eines Arthur Evans oder Heinrich Schliemanns verzichten wollen, so ist Eberhard Zanggers Buch „Die Zukunft der Vergangenheit. Archäologie im 21. Jahrhundert" mit Sicherheit eine gelungene und mitreißend geschriebene Lektüre.

Zeit der Neuen Paläste (1700 bis 1450 v.Chr.)

*Wieder-
aufbau der
Paläste*

Aus den Trümmern **der alten Paläste** entstehen binnen kurzer Zeit neue Residenzen, deren architektonische Ausgestaltung ihre Vorläufer zumeist noch übertrifft. Gleichzeitig erblühen auch zahlreiche neue Hafen- und Handelsstädte wie *Kydonía (Chaniá)* im Westen Kretas, *Goúrnia* am Isthmus von Ierápetra oder *Káto Zákros* an der Ostküste. Auch hier entstehen **Paläste,** zumindest aber auffällige Repräsentationsbauten, die ein wenig wie Miniaturpaläste anmuten. Darüber hinaus ergänzen **Villen** bzw. prachtvolle **Landhäuser** die Zentren der minoischen Agrarlandschaft, so etwa in *Agía Triáda, Amnissós, Tílissos* oder *Makrigialós.*

Die **Zeit der neuen Paläste** ist die Hochblüte der minoischen Kultur, unter deren Dach auf Kreta nun etwa 200.000 bis 250.000 Menschen friedlich zusammen leben (zum Vergleich: Heute sind es etwa 600.000). Vieles deutet darauf hin, daß *Knossós* die Führungsrolle unter den Residenzstädten einnimmt. Allein die Zahl seiner Einwohner wird von Wissenschaftlern auf 50.000 bis 80.000 geschätzt. Der minoische Fernhandel reicht bereits weit über die Grenzen des östlichen Mittelmeers hinaus. Der Einfluß der Minoer auf die sie umgebenden Kulturen erreicht seinen Zenit. Handelskontakte bestehen bis zu den Balearen und nach Sizilien sowie nach Anatolien, Mesopotamien, Ägypten und das griechische Festland.

Tauschgeschäfte bestimmen den Handel, doch gibt es auch Hinweise, daß Bronzebarren als erste „Währung" dienen. Aus dem Norden führen die Minoer vorrangig Zinn ein, ein Rohstoff, der für die Herstellung einer festen Bronze unverzichtbar ist und in den Gebirgen Kretas nicht vorkommt. Der bedeutendste Kupferlieferant ist Zypern. Exportiert werden vor allem Olivenöl, Wein, Zypressenholz,

*Erste
Schrift –
Linear A*

Salben sowie wertvolle Handwerkserzeugnisse, darunter hochwertige Keramik, Edelmetall- und Bronzearbeiten sowie purpurgefärbte Stoffe. In der Palastbürokratie bildet sich nun die minoische **Linear-A-Schrift** heraus.

Die Dominanz der minoischen Kultur in dieser Phase ist so offensichtlich, daß man dazu geneigt ist, Kreta als erste Seemacht der Weltgeschichte zu bezeichnen. Auch die griechische Mythologie weiß von der „Thalassokratie" des kretischen Königs Minos zu berichten (S. 83f). Doch der Archäologen haben bis heute keinen einzigen Beweis für die Existenz einer solchen Handels- oder Kriegsflotte gefunden. Die sonst so vielsagende Bilderwelt der minoischen Kunst schweigt zu diesem Thema. Die einzigen bisher überkommenen Darstellungen größerer Schiffe aus *mittelminoischer Zeit* finden sich auf den Fresken der Ausgrabung *Akrotíri* auf Santorin (heute im Archäologischen Nationalmuseum Athen). Ebenso wie alle uns bekannten Darstellungen des minoischen Kreta zeichnen sie das Bild einer schöngeistigen und friedfertigen Kultur.

Hinweise auf kriegerische Auseinandersetzungen innerhalb des Ägäisraumes fehlen aus dieser Zeit nahezu vollständig, daher spricht man auch von der „**Pax Minoica**". Es ist bezeichnend, daß die Städte Kre-

Schiffsfresko aus Akrotiri auf Santorin (nach MARINATOS 1974)

tas in dieser Epoche keiner schützenden Mauern bedürfen und die Paläste friedlich eingebettet inmitten der Stadtzentren liegen. Das alles deutet darauf hin, daß die Minoer von außen keine Bedrohung fürchten mußten und ihre Gesellschaft im Inneren stabil war. Organisiert war sie vermutlich in Form eines **theokratischen Staates**, der aus einer Residenzstadt mit Palast und dessen Territorium bestand.

Glaubt man dem allgemein überlieferten Bild, so gingen hier König und Königin, Priesterinnen und Priester, schriftkundige Beamte, Händler, hochspezialisierte Handwerker sowie Seeleute, Fischer, Bauern und Hirten als Mitglieder einer geordneten, aufeinander bezogenen Gesellschaft ihren Tätigkeiten nach. Offensichtlich kam den Frauen dabei eine herausragende Stellung zu, vor allem als Priesterinnen, die im Ablauf des kultischen Geschehens wohl die **große Muttergöttin** verkörperten. Zahlreiche „Forscher/Forscherinnen" sehen in der Bilderwelt der Minoer daher auch das Zeugnis einer **matriarchalischen Gesellschaft**.

Minoische Bilderwelt

Das Leben ändert sich zunächst auch nicht, als um **1645 v.Chr.** der Vulkanismus auf Santorin – nach Jahrtausenden der Ruhe – mit voller Wucht zu neuem Leben erwacht. Zwar versetzt eine gewaltige Eruption die gesamte Ägäis in Angst und Schrecken, doch zum Untergang der minoischen Kultur führte dieses Ereignis entgegen älteren Forschungsauffassungen sicher nicht. Es ist jedoch anzunehmen, daß die Vulkankatastrophe das Bewußtsein und die Lebensumstände der Menschen auf Kreta nachhaltig veränderte, da ihr gesamtes Weltbild ins Wanken geraten war.

Im **15. Jahrhundert v.Chr.** ist jedenfalls ein deutlicher Rückgang der minoischen Vormachtstellung innerhalb der Ägäis festzustellen. Gleichzeitig gewinnt auf der Peloponnes das Reich der **Mykener** an Einfluß, als deren „Markenzeichen" im allgemeinen große Lanzen, überlange Schwerter, Turmschilde und mit Eberzähnen besetzte Helme gelten. Und auch in Kleinasien versuchen weitere Kleinstaaten, die Fernhandelswege des östlichen Mittelmeeres unter ihre Kontrolle zu bringen. Die Zeiten in der Ägäis werden nun deutlich kriegslüsterner.

Aufkommen der Mykener

In der zweiten Hälfte des 15. Jahrhunderts v.Chr. endet dann auch für Kreta die lange Periode des Friedens. Die archäologischen Zeugnisse sprechen eine klare Sprache: Kurz nach **1450 v.Chr.** werden auf Kreta nahezu sämtliche Siedlungen zerstört, überall wüten Brände und werden Menschen erschlagen. Hastig verscharrt man an einigen Orten noch Kostbarkeiten und errichtet notdürftig Verteidigungsanlagen.

Zeit der späten Paläste (1400 bis 1250/1200 v. Chr.)

In Knossós bleiben die Schäden begrenzt. In seinem Umfeld entstehen nun Nekropolen, deren Anlage und Ausstattung deutlich die Sprache der Mykener sprechen. Während die Paläste von *Mália*, *Káto Zákros* und *Festós* sowie viele Landsitze Trümmergelände bleiben, werden die Paläste von *Knossós*, *Archánes* und *Kydonía* (Chaniá) instandgesetzt, ebenso die meisten Siedlungen. *Knossós* läuft zu einer späten Blüte auf und entwickelt in der Kunst einen eigenen glanzvollen Palaststil. Erst in dieser Zeit entstehen z.B. der Thronsaal und der Prozessionskorridor im Westflügel des Palastes.

Späte Blüte von Knossós

Konnte sich *Knossós* mit Hilfe mykenischer Krieger gegen einen Angriff von außen oder einen inneren Aufstand behaupten? Oder waren die Mykener selbst die Angreifer und das mächtige *Knossós* lediglich geschickt genug, um mit ihnen zu paktieren? Zahlreiche Szenarien sind denkbar. Faktum bleibt jedoch, daß sich die Machtverhältnisse auf Kreta nach 1450 v.Chr. schlagartig ändern. Der Herrscher in *Knossós* stützt sich nun auf einen mykenischen Kriegeradel, den er, um seine Macht zu festigen, auch in *Tílissos*, *Festós*, *Agía Triáda*, *Goúrnia* und *Kydonía* ansiedelt. Hier entstehen Bauten in Form des mykenischen **Megarons**. Doch bleibt Knossós trotz deutlicher mykenischer Kultureinflüsse bis Anfang des **14. Jahrhunderts v.Chr.** unter minoischer Regentschaft.

1375 v.Chr. zerstört eine zweite Brandkatastrophe auch den Palast von Knossós. Sie geht wohl auf Brandstiftung zurück. Der Palast wird nicht mehr in alter Pracht aufgebaut, bleibt jedoch in einfacherer Bauweise auch weiterhin bewohnt. Denkbar ist ein dynastischer Umsturz, in dessen Folge die alten Herrscher von *Knossós* abgelöst wurden und Kreta nun vollständig vom minoischen zum mykenischen Gesellschaftssystem übertrat. Nach **1375 v.Chr**. ist der Palast von *Knossós* jedenfalls ein straff organisiertes mykenisches Verwaltungszentrum. Auch Sprache und Schrift haben sich geändert, schreibt man doch jetzt nicht mehr im minoischen **Linear-A**, sondern im mykenischen (frühgriechischen) **Linear-B**. Einiges deutet darauf hin, daß *Kydonía* (Chaniá) eine Schlüsselrolle übernimmt: mit engen Kontakten zum griechischen Festland, wo die mykenische Kultur zeitgleich ihre Hochblüte erlebt. Kunst und Kultur zeigen deutlich strengere Züge.

Neue Schrift

Nachpalastzeit (1250/1200 Bis 1000 v.Chr.)

Ende des **13. Jh. v.Chr.** werden die Zeiten zusehends unsicher. Die alten Machtverhältnisse sind überholt, und Piratenzüge stören den Handel im östlichen Mittelmeer. Was nun geschieht, ist eines der großen archäologischen Rätsel. Es kommt zu zwei großen Wanderungsbewegungen und mehreren Kriegen. Auf dem griechischen Festland werden die Burgen der Mykener zerstört, und um etwa 1200 v.Chr. fällt **Troja**. Die gesamte bronzezeitliche Welt gerät durcheinander: Kämpfe und Fluchtbewegungen prägen das Bild, und die unterschiedlichsten Volksgruppen ziehen über die Peloponnes, Kreta, Rhodos und Zypern bis nach Syrien. Die Ägypter nennen sie schlicht die **Seevölker,** und erst Pharao Ramses III. kann sie 1176 v.Chr. im Nildelta nach erbitterten Kämpfen stoppen. Im selben Zeitraum wandern allmählich auch die **Dorer** auf das griechische Festland ein. Die bronzezeitlichen Kulturen befinden sich im Niedergang, und die Schrift gerät in Vergessenheit.

3.1.3 Griechische Antike (1000 bis 67 v.Chr.)

Mit Beginn des **1. Jahrtausends vor Christus** tritt Kreta in das Zeitalter der **griechischen Antike** ein. Infolge der Wirren der ausklingenden Bronzezeit leben auf der Insel viele verschiedene Bevölkerungsgruppen, darunter *Pelasger* und *Achäer* (frühgriechische Stämme des bronzezeitlichen Griechenlands), *Kydonen* (kretisch-mykenische Siedler aus der Region um Chaniá), *Eteokreter* (ehemalige Minoer) und *Dorer* (der jüngste Griechenstamm).

Nachminoische (1000 bis 900 v.Chr.) und Geometrische Zeit (900 bis 700 v.Chr.)

Die **Dorer** – ein besonders kriegstüchtiger griechischer Volksstamm – wandern um 950 v.Chr. auf Kreta ein. Mit ihnen gelangen neue Kultureinflüsse auf die Insel. So verbrennen sie z.B. ihre Toten und setzen sie in Urnen bei. Vor allem jedoch bringen sie die Eisenverarbeitung mit. Ihre Siedlungen sind stark befestigt, und ihren schweren Waffen haben die anderen Bevölkerungsgruppen Kretas kaum *Kriegeri-* etwas entgegenzusetzen. Sie werden unterworfen oder ziehen sich – häufig nach *sche Dorer* blutigen Kämpfen – in abgelegene Bergregionen zurück. Ihre Siedlungen (z.B. *Karfí*, *Kavoúsi* und *Praesós*) haben den Charakter von Fluchtburgen. Hier entstehen die letzten Kunstgegenstände, die noch minoische Stilformen erkennen lassen. In Form der stark stilisierten, flehenden Ton-Göttin von *Karfí* erscheint die alte **minoische Göttin** zum letztenmal auf Kreta. In Zukunft weicht sie **Göttervater Zeus**, dem obersten Gott des patriarchalischen Griechenlands. Die Plätze der minoischen Heiligtümer (z.B. in *Knossós*, *Festós* oder der *Idäischen Höhle*) verlieren aber kaum an Kraft. Nicht selten entstehen an der Stelle minoischer Kultstätten neue Schreine. Die religiösen Vorstellungen der Dorer und Minoer verschmelzen allmählich miteinander.

Die Kunst zeigt nun deutlich strengere Züge, die sich in der vermehrten Darstellung **geometrischer Muster** äußern. Gegen **Ende des 8. Jh.** – während des Ausklingens der **geometrischen Zeit** – ist Kreta bereits wieder dicht besiedelt, und auf der ganzen Insel existieren voneinander unabhängige Städte, die sich nun wieder dem Seehandel zuwenden. Um **735 v.Chr.** gründen die Kreter Siedlungen auf Sizilien, später auch an anderen Mittelmeerküsten. Damit gehören sie zu den *Kretische* Vorreitern der großen **griechischen Kolonisation** (750 – 550 v.Chr.), in deren *Kolonien* Zuge sich das Griechentum rund ums Mittelmeer ausbreitet.

Archaische Zeit (700 bis 480 v. Chr.)

Infolge des wiederauflebenden Seehandels erlebt Kreta – wie die gesamte griechische Welt – eine neue Kulturblüte. Die Berührung mit den Kulturen des Nahen Ostens und Ägyptens führt zu grundlegenden Impulsen auf allen Gebieten der Kunst, vor allem jedoch im Bereich von Architektur, Metallverarbeitung und Töpferei. Viele alte Elemente der minoischen Kunst werden wiederentdeckt, doch auch völlig Neues erfunden. So etwa die Idee der Großplastik. Auf Kreta verschmelzen griechische und orientalische Kunstformen. Kunsthistoriker sprechen daher auch von der **orientalisierenden Periode** (725-650 v.Chr), in deren Zuge sich auf Kreta der **dädalische Stil** herausbildet (S. 75). Er markiert zugleich auch die letzte antike Kunstepoche, in der Kreta noch eine eigene Schaffenskraft zeigt.

Durch die Berührung mit der **phönizischen Kultur** gelangt zur gleichen Zeit auch die Schrift wieder nach Griechenland.

Es ist die Zeit der archaischen Kulturblüte. Auf Kreta existieren nun etwa 50 unabhängige Stadtstaaten, die sich untereinander in langwierigen Bürgerkriegen aufreiben.

Ruinen der dorischen Stadt Lato

Ihre aristokratisch-konservative Gesellschaftsstruktur ist nach dem aus *Sparta* bekannten dorischen Militärsystem organisiert. Es weist der waffentragenden dorischen Oberschicht alle politischen Rechte zu. Die unterworfene Bauernbevölkerung ist unfrei. Es existiert eine verbindliche Gesetzgebung, die den Bürgern bestimmte Freiheiten zubilligt, sie zugleich jedoch zum Militärdienst verpflichtet, auf den man die Jünglinge in Gemeinschaftshäusern vorbereitet. Die Rechtsprechung der kretischen Stadtstaaten gilt im antiken Griechenland als besonders vorbildlich. So behaupten die Spartaner voller Stolz, ihre Gesetze von Kreta *Stadtrecht* übernommen zu haben. Auf 42 Steinquader eingemeißelt, bildet das Stadtrecht *von Górtis* von *Górtis* noch heute einen einzigartigen Einblick in die rechtliche Struktur einer dorischen Stadt im 6 bis 5. Jh.v.Chr. (lesen Sie dazu auch den Infokasten auf S. 491).

Klassische (480 bis 338 v.Chr.) und Hellenistische Zeit (338 bis 67 v.Chr.)

In **klassischer Zeit (480 bis 338 v.Chr.)** – der Blütezeit des antiken Griechenlands – steht Kreta im Schatten der Weltgeschichte. Eine übergeordnete politische Einheit existiert auf der Insel nach wie vor nicht. *Gortyn* (Górtis), *Knossós*, *Kydonía* (Chaniá) und *Lyktos* (Lythos) ringen untereinander um die Vorherrschaft. Nennenswerte Kontakte zu den übrigen Zentren der griechischen Welt bestehen kaum. Die Kreter nehmen weder an den Perserkriegen (500 bis 479 v. Chr.) teil, noch ergreifen sie Partei in den Auseinandersetzungen zwischen Athen und Sparta (Peloponnesischer Krieg 431 bis 404 v.Chr.).

Im Zeitalter des **Hellenismus (338 bis 67 v. Chr.)** – der großen interkulturellen Blüte des östlichen Mittelmeerraumes – rückt Kreta erneut ins Zentrum der internationalen Handelsrouten. Doch die Kriege zwischen den kretischen Städten hören nicht auf: *Gortyn* unterwirft *Phaistos* (Festós), und *Knossós* zerstört *Lyktos* (Lythos). Die ohnehin schon verwirrende Bündnispolitik wird immer undurchsichtiger, da sich verstärkt auch fremde Mächte in die inneren Angelegenheiten der Insel einmischen, darunter die hellenistischen Königreiche des Orients und Ägyptens. Der Lebensstandard auf Kreta verfällt zusehends und mit ihm auch die Kunst, die bereits seit der klassischen Zeit auf Kreta allenfalls provinziellen Charakter hat. Innerhalb der hellenistischen Welt machen sich Kreter nun vor allem einen Namen als Piraten, Söldner und Lügner. Dieses Image können sie so schnell nicht mehr ablegen.

Verwirrende Bündnisse

3.1.4   Römische Antike (67 v.Chr. bis 395 n.Chr.)

Ab etwa 200 v.Chr. rückt das östliche Mittelmeer in den Blickpunkt des Römischen Reiches. Mit brutaler Härte unterwirft Rom um 148 v.Chr. das griechische Festland und errichtet die *Provinz Macedonia*. Doch Kreta bleibt weiterhin eine unkontrollierbare Bedrohung der römischen Interessen. Seine Eroberung sollte Rom die noch ausstehende Kontrolle über die Fernhandelsrouten des östlichen Mittelmeeres verleihen. So ist es das Ziel der Römer, die Buchten und Häfen der Insel von Piraten zu säubern und Kreta gleichzeitig zu einem Stützpunkt ihrer imperialistischen Politik auszubauen.

Anlaß für die römische Invasion gibt letztlich der 2. *Mithriadische Krieg (74 bis 64 v.Chr.)*. Nachdem *Marcus Antonius I.* mit seiner Streitmacht in der Bucht von Iráklion kläglich scheitert, landen 69 v.Chr. die Legionen des römischen Praetors **Quintus Caecilius Metellus** im Westen Kretas. Sie führen einen 2 Jahre währenden Belagerungskrieg gegen die – in dieser Situation geeinten – kretischen Städte.

Angriff der Römer

Zunächst gelingt es ihnen, *Kydonía* (Chaniá), *Eléftherna*, *Lappa* und *Lyktos* zu bezwingen. Als dann auch *Knossós* fällt, ist das Ende abzusehen. Die Reste der kretischen Truppen flüchten in den Südosten der Insel, wo die Römer sie 67 v.Chr. *bei Hieraphytna* (Ierápetra) endgültig aufreiben.

Ruinen des Odeion in Górtis

Von nun an ist Kreta ein Bestandteil der römischen Welt und profitiert von der **Pax Romana**. Die Insel blüht auf: Die Bevölkerungszahl steigt deutlich an, die Städte dehnen sich aus, zahlreiche Aquädukte und Zisternen werden errichtet, und nahezu das gesamte wirtschaftlich nutzbare Land wird wieder bestellt oder beweidet. Der Seehandel verläuft auf befriedeten Routen, und Kreta kann seine wichtigsten Wirtschaftsgüter (Getreide, Früchte, Wein und Öl) im großen Stile exportieren.

Römische Kaiserstatue in Górtis

Nach der Ermordung *Julius Cäsars* am 15. März 44 v.Chr. kommt es in Rom zum Bürgerkrieg, in dessen Folge auch auf Kreta die alte Spaltung wieder sichtbar wird. *Gortyna* (Górtis) schlägt sich auf die Seite **Oktavians** (des späteren Kaisers Augustus), während Knossós sich dem Lager von *Mark Anton* und seiner Verbündeten *Cleopatra* anschließt. *Oktavian* siegt, während *Mark Anton* und *Cleopatra* ihrem Schicksal entgegeneilen. Auf Kreta werden die abtrünnigen Städte bestraft und die getreuen mit steuerlichen Privilegien bedacht. So siedelt **Kaiser Augustus** auf den Ländereien von Knossós römische Veteranen an, während er das getreue Górtis zum Sitz des Präfekten und zur Hauptstadt der römischen *Provinz Cyrenaica („Creta et Cyrenae")* ernennt.

Eine gewaltsame Latinisierung der Insel erfolgt nicht, denn das kaiserliche Rom ist durchdrungen vom hellenistischen Geist. Sie ist auch nicht erforderlich, da der wachsende Wohlstand und die relative kulturelle Eigenständigkeit, die die Kreter in der römischen Kaiserzeit genießen, erst gar keinen Gedanken an eine Revolte aufkommen lassen. Statt dessen übernimmt man die römischen Sitten und vergnügt sich mit Tierkämpfen und Schauspielen, besucht Thermen und betet die römischen Gottheiten an.

Kosmopolitisch, wie das Römische Reich war, hatte es zu diesem Zeitpunkt nicht nur die olympischen Götter Griechenlands in seinen Pantheon aufgenommen, sondern auch zahlreiche orientalische Gottheiten; das kleine *Isis-Heiligtum* von *Górtis* zeugt noch heute davon.

Ausbreitung des Christentums und Untergang Roms

Das Christentum kommt

Nach dem Apostelkonzil des Jahres 48 n.Chr. beginnt der **Apostel Paulus** mit seiner umtriebigen Missionstätigkeit im Römischen Reich. Von Paulus beauftragt, übernimmt sein ehemaliger Reisegefährte **Titus** die Aufgabe, auf Kreta eine christliche Glaubensgemeinschaft zu etablieren. Auf Kreta kommt es so bereits im ersten Jahrhundert unserer Zeitrechnung zur Errichtung einer frühchristlichen Kirche. Bei aller Toleranz, die das Römische Reich in Glaubensfragen bisher übte, stellt die Christianisierung der Gesellschaft den römischen Staat doch vor ein gewaltiges Problem: Der strenge Monotheismus der Christen verbietet ihnen die Anerkennung der göttlichen Natur des Kaisers. Damit untergraben die Christen die staatliche Ordnung des Römischen Reichs und begünstigen das Auseinanderfallen seiner Gesellschaft. Bis in die Zeit **Kaiser Diokletians** (284-305 n.Chr.) reagiert Rom darauf wiederholt mit Christenverfolgungen.

Hinweis

Auch Spuren des frühen Christentums können Sie noch auf Kreta finden, vor allem in der Messará-Ebene rund um Górtis. Darunter z.B. die Gräber der 10 Märtyrer in Ágii Déka. Das Haupt des Titus wird heute übrigens als Reliquie in der Ágios Titus-Kirche in Iráklion aufbewahrt.

Doch auch *Diokletian* scheitert, und im Jahre **311 n.Chr.** erhebt *Galerius* das Christentum in einem Toleranzedikt zur erlaubten Religion (*religio licita*). Die Ereignisse im auseinanderfallenden Römischen Reich überschlagen sich jedoch gewaltig. Bereits **306 n.Chr.** wird *Konstantin* von seinen Truppen zum Kaiser ausgerufen, und 312 n.Chr. kommt es vor den Toren Roms zur entscheidenden Schlacht. Nach einer religiösen Vision („*in diesem Zeichen sollst Du siegen*"), schlägt *Konstantin* seinen Widersacher *Maxentius* und wird zum unumstrittenen Herrscher des Westens. Aus Dank für seinen Sieg begünstigt er das Christentum. Im Jahre 324 n.Chr., nach der gewonnenen Schlacht von *Adrianopel*, ist er unumstrittener Alleinherrscher des Römischen Reiches. Von nun an trägt er den *Titel* **Konstantin der Große** und **330 n.Chr.** verlegt er seinen Regierungssitz in den Osten des Reiches nach **Byzantinion**, das er ausbaut und in Konstantinopel umbenennt. **Konstantinopel** wird zur ersten christliche Reichshauptstadt, was von griechischen Historikern gerne als bewußte Abgrenzung gegenüber dem „heidnischen Rom" gedeutet wird. **337 n.Chr.** stirbt Konstantin und empfängt auf dem Totenbett die christliche Taufe.

Konstantinopel

Hier klingt die Antike aus, und für Westeuropa dämmert finster das Mittelalter, denn das Römische Reich bricht endgültig auseinander und gerät gegen Ende des 4. Jh. in die Wirren der Völkerwanderung. Rom wird von barbarischen Stämmen verwüstet, während Konstantinopel zur vollen Blüte gelangt.

3.1.5   Byzantinische Zeit (395 bis 1204)

Mit dem byzantinischen Kaiserreich entsteht das erste christliche Großreich. Rechtsprechung und Verwaltung basieren auf dem Erbe Roms, doch Amtssprache und Kultur sind griechisch geprägt. So spiegeln die christlichen Sitten und Bräuche des byzantinischen Reiches deutlich die kulturellen Einflüsse des antiken Griechenlands wieder. Die Kirche wird nun zu einem bedeutenden Machtfaktor, ab 479 empfängt der Kaiser von ihr die Krone.

Erste Byzantinische Periode (395 bis 826/27)

Kreta gehört bereits seit dem Jahre 395 zum byzantinischen Reich. Hauptstadt bleibt weiterhin Górtis. Dank der sicheren innenpolitischen Verhältnisse im Reich steigt der Wohlstand stetig. Politisch spielt Kreta in dieser Zeit eher ein Schattendasein. Dennoch sind die Zeichen des Wohlstands nicht zu übersehen: Die Städte wachsen, und die christlichen Gemeinden, die nun dem Patriarchen von Konstantinopel unterstehen, erbauen zahlreiche Kirchen. Im Jahre 730 existieren auf Kreta rund 12 Bistümer und 22 Städte. Über 70 frühchristliche Basiliken konnten Archäologen bisher auf Kreta lokalisieren. Die meisten von ihnen liegen unmittelbar an der Küste. Das zeichnet ein klares Bild von Kretas frühester byzantinischer Periode: Die Insel ist dicht besiedelt, und es besteht keine Angst vor Piratenüberfällen.

Mehr als 70 Basiliken

Basilika von Itanos

Der Friede soll jedoch nicht ewig währen. Im 7. Jh. entflammt im byzantinischen Grenzsaum zum persischen *Sassanidenreich* der Islam. Geeint durch die neue Religion, beginnen die arabischen Stämme mit der Eroberung großer Teile des byzantinischen Reiches. Bereits in den Jahren 673 und 677 wird Kreta Opfer von Sarazenen-Überfällen, deren Ziel es ist, die Insel als Operationsbasis eines arabischen Feldzuges gegen Konstantinopel zu nutzen. Das Leben an der kretischen Küste ist nun unsicher geworden. Mit dem Verlust der byzantinischen Seeherrschaft drohen weitere Piratenüberfälle.

Arabische Besetzung (826/27 bis 961)

Innere Krisen und ein Aufstand der Slawen hatten die Schlagkraft des Byzantinischen Reiches bereits geschwächt, als Kreta **826/27** in arabische Hände fällt. Es sind die Truppen des **Abu Chafs Omar**, der nach innermuslimischen Auseinandersetzungen in Andalusien dazu gezwungen ist, mit seinem Volk eine neue Kolonie zu suchen. Widersprüchliche Quellen berichten von bis zu 40 Schiffen und etwa 10.000 Mann. Zunächst sollen sie versucht haben, in Ägypten Fuß zu fassen, doch als das mißlingt, nehmen sie Kurs auf Kreta und landen an der Küste der Messará-Ebene. Der Legende nach läßt **Omar** dort zunächst die eigenen Schiffe verbrennen, um seinem Volk unmißverständlich klar zu machen, daß auf dieser Insel ihre neue Heimat liegt. Dann beginnen die Sarazenen, Kreta von Süden her zu unterwerfen.

Araber erobern Kreta

Glaubt man den mündlichen Überlieferungen, so beginnt nun eine Zeit der Plünderungen, Brandschatzungen und Christenverfolgung. Stadt um Stadt wird eingenommen, ausgebeutet und verknechtet. 828 gründet *Omar* in der byzantinischen Festung **Castro** (Iráklion) seinen Stützpunkt **Rabdh el Khandak**, der für einige Jahrzehnte zu einem der gefürchtetsten Piratennester des östlichen Mittelmeeres wird. Konstantinopel ist dieses Geschehen natürlich ein Dorn im Auge. Bereits 829 wird ein erster Versuch unternommen, die Insel zurückzuerobern, doch er scheitert kläglich.

Erst **961** gelingt es dem byzantinischen General und späteren Kaiser **Nikephoros Phokas**, Kreta von den Sarazenen zu befreien (S. 329).

Zweite Byzantinische Periode (961 bis 1204)

Sofort nach ihrem Sieg beginnen die Byzantiner, ihre Machtposition auf der stark entvölkerten Insel zu erneuern. Als erstes werden Soldaten stationiert und zahlreiche neue Befestigungswerke errichtet. Zeitgleich erfolgt eine gezielte **Kolonialisierung und Rechristianisierung**, in deren Rahmen Konstantinopel auch 12 kaisertreue Adelsfamilien auf Kreta ansiedelt. **Rabdh el Khandak** (Iráklion), das im byzantinischen Sprachgebrauch nun Chandax heißt, wird zur neuen Hauptstadt der Insel erklärt. Auch der Metropolit von Kreta verlegt daraufhin seinen Sitz aus der Messará-Ebene nach Iráklion. Im späten 10. und frühen 11. Jahrhundert kommt es zur Gründung zahlreicher Dörfer, Klöster und Kirchen. Zu einem der umtriebigsten Missionare dieser Zeit gehört der Mönch *Johannes o Xenos* (S. 105), auf den zahlreiche Kirchengründungen in Westkreta zurückgehen.

Die neue Hauptstadt Chandax

Im 12. Jahrhundert erlebt Kreta eine erneute Glanzzeit, steht es doch wieder einmal im Mittelpunkt der Seehandelsrouten. Zahlreiche Europäer, vor allem jedoch Genueser, siedeln sich friedlich auf Kreta an, um von hier aus Handel zu treiben. Entlang der Nordküste errichten sie Wachtürme und Kastelle. Ortsnamen wie der **Golf von Mirambellou** erinnern noch heute an diese Zeit.

Zeitgleich beginnt die Macht des byzantinischen Reiches jedoch ernsthaft zu schwinden. Die Ursachen sind vielfältig: Im Reich selbst kommt es zu Thronwirren und Bürgerkrieg, während in Kleinasien nun bereits türkische Stämme vordringen. Hinzu kommt der seit Jahrhunderten schwelende und nach dem Schisma (der Kirchenspaltung) von **1054** eskalierende Konflikt zwischen der lateinischen (römisch-katholischen) und griechischen (orthodoxen) Welt.

3.1.6   Venezianische Zeit (1204 bis 1669)

Kretas Zugehörigkeit zum Byzantinischen Reich endet in den Wirren des 4. Kreuzzuges (1202-1204). Eigentlich soll es nach Ägypten gehen, dem Zentrum des orientalischen Islam, doch der geschickte **Doge Enrico Dandalo** *(1192-1205)* lenkt das Kreuzfahrerheer gegen den Willen des Papstes nach Konstantinopel, dem größten Handelskonkurrenten Venedigs. Hier entlädt sich der seit Jahrhunderten aufgestaute Griechenhaß der Lateiner in barbarischen Greueln. Die fränkischen Ritter brandschatzen kurzerhand die Metropole des orthodoxen Christentums, dabei kommt es zu den größten Plünderungen an Reliquien, Kunst- und Wertgegenständen, die das Mittelalter erlebt hat. Byzanz wird zerschlagen und unter den Siegern in feudale Kreuzfahrerstaaten aufgeteilt.

Kreta ist die vertraglich zugesicherte Kriegsbeute des fränkischen Markgrafen **Bonifacio di Monferatto**, der es jedoch, da er selbst über keine Mittel verfügt, um die Insel nach tatsächlich in seinen Besitz zu nehmen, für 5.000 Golddukaten an die Venezianer verkauft. Damit scheint die weitsichtige Politik des *Enrico Dandalos* aufzugehen. Kreta soll nun das letzte Glied in der Kette der venezianischen Inseldomänen schließen und die Hegemonialstellung Venedigs im Levantehandel (dem Tor zur Seidenstraße) ein für allemal zementieren.

Kaufpreis: 5.000 Golddukaten

Kreta und der geflügelte Löwe
von San Marco

Doch zunächst kommt es anders. Die Genueser, von jeher erbitterte Rivalen Venedigs, kommen der venezianischen Flotte zuvor. Unter der Führung des Korsaren **Enrico Pescatore** *(seines Zeichens Graf von Malta)* gelingt es ihnen, die zentralen Festungen der Insel in Besitz zu nehmen und sich so auf Kreta festzusetzen. Venedig ist jedoch zu allem entschlossen und startet mehrere blutige Eroberungsfeldzüge. Doch erst 1212 gelingt es den Venezianern, die genuesischen Truppen zu besiegen. Kreta stürzt nun in die Knechtschaft der *Serenissima.*

Die Unterwerfung der Kreter erfolgt ausgesprochen repressiv und führt zu tiefgreifenden sozialen Umwälzungen. Der kretische Adel und orthodoxe Klerus werden abgesetzt und teilweise enteignet, an ihrer Stelle setzt man venezianische Adelsfamilien und katholische Geistliche ein. Kreta wird eine straff organisierte venezianische Militärkolonie und zugleich katholisches Erzbistum. *Chandax* (Iráklion) bleibt Hauptstadt, heißt von nun an jedoch *Cándia*, ein Name, der auch als Synonym für die gesamte Insel dient, die unter der Bezeichnung **Regno di Cándia** („Königreich von Kreta") den Status eines eigenständigen Verwaltungsbezirks erhält. Der einfachen Bevölkerung des Feudalstaates werden hohe Steuern und andere Druckmittel auferlegt, darunter der gefürchtete Frondienst auf den venezianischen Galeeren. Dabei leben wohl niemals mehr als 10.000 Venezianer auf Kreta, ihnen stehen jedoch bis zu 150.000 byzantinisch-orthodox geprägte Kreter gegenüber (das entspricht einem Anteil der venezianisch-katholischen Bevölkerung von nur 3 bis 6 %).

Die Konsequenz sind 27 mehr oder weniger schwerwiegende **Rebellionen** und lokale Aufstände. Fast zwei Jahrhunderte (1204 –1385) dauert der Widerstand an, dessen klares Ziel die Rückführung Kretas ins byzantinische Reich und die Wiedervereinigung der kretischen Kirche mit dem ökumenischen Patriarchat von Konstantinopel ist. Zunächst versucht Venedig noch, die Aufstände neben dem militärischen Weg auch durch diplomatische Bemühungen beizulegen. Da dieses nicht gelingt, errichten die Venezianer kurzerhand eine wahre Schreckensherr*Venezia-* schaft. Ihre Mittel lauten nun Verbannung, Folter, Kerker und Tod für die Aufstän*nische* dischen und härteste Repressalien gegenüber der gesamten Bevölkerung. Als *Schreckens-* etwa im Jahre **1348** die Bergbauern der Lassíthi-Ebene unter Führung der kreti*herrschaft* schen Adelsfamilie *Kallergis* wiederholt einen Aufstand durchführen, fällt die Strafe drastisch aus: Die gesamte fruchtbare Ebene wird entvölkert, und wer immer es wagen sollte, sie zu betreten, würde hingerichtet, oder zumindest hackte man ihm die Beine ab.

Während die ländlichen Gebiete Kretas schwer an der Last des venezianischen Feudalsystems zu tragen haben, profitieren die Städte von ihren wirtschaftlichen Kontakten und der Berührung mit der italienischen **Renaissance.** Hier erblühen Kunst und Wissenschaft, während der venezianische Adel prachtvolle Bauten errichtet, die zum Teil noch heute das Gesicht der Insel prägen.

Historische Handelsrouten im östlichen Mittelmeerraum

Seehandelsrouten des 16. Jahrhunderts

© i graphic

Im Verlauf des 15. Jh. verändert sich die großpolitische Situation zusehends. Das Osmanische Reich dehnt sich nun immer stärker aus. Im Jahr **1453 fällt Konstantinopel** an die Türken und trägt von jetzt an den Namen Istanbul. Zahlreiche wohlhabende und intellektuelle Griechen suchen Zuflucht bei den Venezianern.

Dank ihres Einflusses erlebt Kreta nun als einziger Teil der griechischen Welt noch eine Nachblüte der byzantinischen Kunst und Kultur, die hier mit den Ideen und Kunstströmungen der italienischen Renaissance in Berührung kommen und in den Werken der „*kretischen Schule*" zu einem eigenen Stil verschmelzen.

Die „kretische Schule"

Venedig sieht seine Vormachtstellung als Handelsmacht im östlichen Mittelmeer bedroht, so kommt es zu einer Reihe türkisch-venezianischer Kriege. Kretas Häfen werden ausgebaut und zusammen mit den Städten durch modernste Festungswerke gesichert. Für die ländliche Bevölkerung bedeutet dies vor allem weitere Steuerlasten und Frondienste. Hinzu kommen immer wieder Erdbeben, Seuchenzüge und Piratenüberfälle, in deren Folge viele Kreter von türkischen Piraten getötet und Frauen und Kinder geschändet und versklavt werden.

Der Kretische Krieg

Am **23. Juli des Jahres 1645** greift unter der Führung *Jusuf Pashas* ein 50.000 Mann starkes osmanisches Heer Kretas Westen an und versucht so, die letzte christliche Bastion des östlichen Mittelmeeres in Besitz zu nehmen. Die Festungsstädte *Chaniá* und *Réthimnon* fallen innerhalb des ersten Jahres. **1648** beginnt die Belagerung des **Megalo Kastro**, der aufwendig befestigten Hauptstadt *Cándia* (*Iráklion*), die die Venezianer zuletzt unter dem Kommando ihres kriegserfahrenen Admirals **Francesco Morosini** unter härtesten Verlusten verteidigen.

Belagerung Candias

Trotz der beständigen Bombardierung mit türkischen Granaten, der schlechten Ernährungslage und permanent drohenden Epidemien gelingt es den Verteidigern *Cándias*, sich 22 Jahre zu behaupten. Zum Schluß ist der „**kretische Krieg**" eine internationale Angelegenheit und neben *Papst Clemens IX.* und *Ludwig XIV. von Frankreich* unterstützen auch zahlreiche andere europäische Fürstenhöfe die Belagerten. Dennoch fällt *Cándia* am 4. Oktober 1669 an die Türken, nachdem es *Morosini* noch gelingt, die christliche Bevölkerung zu evakuieren.

Es war eine der längsten Belagerungen der Kriegsgeschichte, in deren Verlauf allein auf türkischer Seite rund 137.000 Mann ihr Leben ließen. Kreta war nun nahezu uneingeschränkt in türkischer Hand, nur die Seefestungen *Gramvoúsa*, *Soúda* und *Spinalónga* sollten die Venezianer zum Teil noch bis 1715 halten.

3.1.7   Türkenherrschaft und Freiheitskampf (1669 bis 1898)

Mit der Türkenherrschaft beginnt für Kreta, wie für ganz Griechenland, eines der dunkelsten Kapitel seiner Geschichte. Nach dem Krieg sind weite Landstriche der Insel verödet, die Bevölkerungszahl drastisch gesunken und zahlreiche Klöster und Kirchen geplündert, zerstört oder umfunktioniert. Die erneute Fremdherrschaft fällt noch härter aus als das Joch der Venezianer.

Zur unerträglichen Steuerlast und der Unterdrückung der religiösen und kulturellen Identität der Kreter gesellt sich von nun an eine brutale Willkürherrschaft. Die muslimische Oberschicht plündert das Land systematisch aus und führt es in seinen ökonomischen und kulturellen Niedergang.

Osmanische Steuerlast

In den ersten 50 Jahren der Türkenherrschaft ist die wirtschaftliche Basis der Insel nahezu vollkommen zerstört. Die Kreter leben am Existenzminimum. Während Landwirtschaft und Viehzucht gerade ausreichen, um den eigenen Bedarf zu decken, werden die Steuer- und Abgabenlasten erdrückend: Zur **Grundsteuer**, die jeder Landeigentümer begleichen muß, gesellt sich noch die **Kopfsteuer**, die alle *Andersgläubigen* im **osmanischen Reich** zu zahlen haben. Hinzu kommen zahlreiche, meist willkürlich festgelegte, **Zölle** und **Abgaben**, die die Kreter ihren Lehnsherren, den *Paschas, Beys und Agas*, entrichten müssen. Zugleich werden auf den fruchtbarsten Ländereien türkische Familien angesiedelt, die deutliche steuerliche Privilegien genießen.

Die Türken regieren die Insel mit eiserner Hand. Besonders grausam und unberechenbar sind die Übergriffe des **Janitscharenkorps**, einer osmanischen Elitetruppe, die sich aus jungen Kretern zusammensetzt, die man bereits als Kinder ihren Familien entreißt und in Spezialschulen zu fanatischen Moslems und Kämpfern drillt. Viele Kreter fliehen in die Berge und leisten Widerstand. Andere versuchen, ihr Leben oder zumindest Hab und Gut zu retten, indem sie zum Islam übertreten. Ganze Dörfer, vor allem jedoch die Menschen in den Städten werden zu Moslems, den sogenannten **Türkenkretern**. Einige unter ihnen nur auf dem Papier, denn heimlich haben diese „**Kryptochristen**" auch weiterhin Ikonen zu Hause, die sie verehren. Nicht wenige Kreter werden jedoch auch zu überzeugten und fanatischen Moslems. So kommt es während der gesamten Türkenherrschaft immer wieder zu Greueltaten und bewaffneten Auseinandersetzungen zwischen den unterschiedlichen Bevölkerungsgruppen.

Bekehrte Kreter

*Daskalojannis –
Kretas großer Märtyrer*

Zunächst sind es Einzelpersonen und kleine Gruppen, die den Widerstand tragen. Die Türken nennen sie *Chainides*, was soviel heißt wie „Verräter" oder „Undankbarer". Für die christlichen Kreter gleicht es jedoch einer Ehrenbezeichnung. Zumeist sind es persönliche Beweggründe, welche die *Chainides* in die Berge treiben, von wo aus sie Rache an den Türken nehmen. Denen gelingt es nur selten, sie zu fassen, da sich die *Chainides* in den unwegsamen Bergregionen verstecken. Häufig finden sie auch Unterschlupf in den Klöstern.

Der Widerstand der kretischen Bevölkerung wird immer stärker. Vor allem **Sfakiá**, eine besonders unwegsame Gebirgsregion der Lefká Óri, wird zur Keimzelle des kretischen Widerstandes. Im Jahre 1770 führt der Sfakiote *Ioannis Vlachos* – später **Daskalojannis** („Ioannis der Lehrer") genannt – die erste große Revolution gegen die Türken an. Er vertraut auf die Unterstützung Rußlands, das sich unter der Führung von **Katharina der Großen** im Krieg mit dem osmanischen Reich befindet. Da diese jedoch ausbleibt, scheitert **Daskalojannis** und wird von den Türken in *Chandax* (Iráklion) zur Abschreckung auf besonders grausame Weise zu Tode gequält (S. 106).

Keimzelle der Revolution

Der Freiheitswille der Kreter ist aber kaum mehr zu brechen. Begünstigt wird er durch den Geist der *Französischen Revolution (1789-92)* und das neu aufkeimende griechische Nationalbewußtsein, das davon profitiert, daß Griechenland über das Gedankengut der *Aufklärung* und des *Humanismus* in das Blickfeld der europäischen Bildungselite rückt. Die Freiheitsbestrebungen der Griechen stoßen in Westeuropa auf ideelle und materielle Unterstützung.

Der Freiheitskampf im 19. Jahrhundert

1821 bricht auf dem Festland der **griechische Befreiungskrieg** aus. Nach anfänglichem Zögern springt der Funke auch auf Kreta über. Nun beginnt ein jahrzehntelanges, grausames Gemetzel. Anfangs können die kretischen Revolutionstruppen deutliche Erfolge erzielen. Doch im Mai 1822 wendet sich das Blatt. In der Bucht von Soúda landet ein Großaufgebot ägyptischer Truppen, das den Türken zur Hilfe eilt. Im Mai 1824 erlischt die **kretische Revolution**. Nur wenige Kreter kämpfen weiter und führen einen Partisanenkrieg. Sie bilden kleine Kampftruppen, die nächtliche Überraschungsangriffe und Sabotageaktionen verüben. Die Türken wenden daraufhin dieselbe Taktik an und organisieren ebenfalls Terroristengruppen, die sich meist aus fanatischen Janitscharen zusammensetzen.

Blutiges Ende einer Revolution

1825 gelingt es einer kleinen Gruppe kretischer Freiheitskämpfer, die von der Peloponnes zurückkehren, die Festungsinsel *Gramvoúsa* einzunehmen. Diese können sie bis 1828 halten und zum Stützpunkt zahlloser Feld- und Piratenzüge machen.

Auf dem griechischen Festland geht der Krieg derweilen mit unverminderter Härte weiter. 1827 greifen die Großmächte **Rußland, Frankreich** und **Großbritannien** in die Kämpfe ein und zwingen die Türken zu Verhandlungen. Am 14. September 1829 unterschreiben diese, nach einer schweren Niederlage gegen die Russen, den allgemeinen Friedensvertrag für Griechenland. Kreta ist hiervon ausgenommen. Aufgrund gegensätzlicher politischer Bestrebungen können sich die Großmächte nicht dazu durchringen, Kreta mit dem Mutterland zu vereinigen. Die Kreter fühlen sich verraten. Sie bleiben unter ägyptisch-türkischer Herrschaft, während Griechenland 1830 die Freiheit erhält. 1832 wird *Prinz Otto von Wittelsbach*, der minderjährige Sohn *König Ludwig I.* von Bayern, auf Vorschlag der Großmächte erster griechischer König.

Zehn Jahre lang bleibt Kreta unter ägyptischer Herrschaft, womit die Türken die ägyptischen Dienste in der Zeit des griechischen Freiheitskampfes abgleichen, dann wird es wieder osmanische Provinz. Trotz oder gerade wegen der Unentschlossenheit der Großmächte dauern auf Kreta die Aufstände an. Die Losung lautet nun um so entschlossener **„Freiheit oder Tod"**. Doch trotz Tausender Toter scheint Europa dem Schicksal der Kreter teilnahmslos gegenüberzustehen. Erst im Jahr 1866 rückt Kreta in das Bewußtsein der Weltöffentlichkeit, als sich am 9. November im Kloster Arkadi 950 Kreter, darunter 600 Frauen und Kinder, am Ende ihrer aussichtslosen Verteidigung selbst in die Luft sprengen (S. 533).

Die Tragödie von Arkadi

Erst 1898 greifen die europäischen Großmächte ein und entsenden Schutztruppen, nachdem es bereits 1897 zu schweren Auseinandersetzungen zwischen Christen und Türken gekommen war. Am 25. August 1898 erlebt Kreta sein letztes großes Massaker, bei dem in Iráklion neben Hunderten von Christen auch 17 britische Soldaten ihr Leben verlieren. England ist zum Handeln gezwungen, entsendet ein starkes Flottenkontingent und fordert die türkische Armee ultimativ auf, die Insel zu räumen. Am 2. November 1898 verläßt der letzte Türke die Insel, und Kreta ist nach Jahrhunderten der Besatzung und Unterdrückung endlich befreit.

3.1.8   Kreta im 20. Jahrhundert

Die kurze Zeit der Unabhängigkeit Kretas 1898 - 1913

Als *Prinz Georg von Griechenland* am **9. Dezember 1898** als Oberster Gouverneur (*Ypatos Armostis*) in Soúda ankommt, wird er vom Volk begeistert gefeiert. Auf dem Fort Firkas der Hauptstadt Chaniá wird die kretische Flagge gehißt.

Die Großmächte stellen Kreta unter ihren Schutz: Die Italiener die Region Chaniá, die Russen die Region Réthimnon, die Engländer Iráklion und die Franzosen Lassíthi. Die ersten ordnungsgemäßen Wahlen finden am **24. Januar 1899**, statt und nur 3 Monate später tritt die kretische **Staatsverfassung** in Kraft und die Regierung nimmt ihre Arbeit auf. *Eleftherios Venizelos* wird Justizminister, der Sfakiote *Manoussos Kondouros* Minister für Außenpolitik. Die ersten Jahre gelten dem Aufbau eines funktionierenden Staates, doch bald führt die starke Macht des Gouverneurs *Prinz Georg* zu Mißmut unter den Kretern und oppositionelle Kräfte streben eine Vereinigung mit Griechenland an. *Venizelos* stellt sich öffentlich gegen *Prinz Georg* und wird deshalb 1901 als Justizminister entlassen. Nun entstehen zwei politische Lager auf Kreta. *Venizelos* führt die Opposition an, die sich im **März 1905** in einer **Rebellion**, dem „Aufstand von Thériso", zusammenfindet und zum bewaffneten Kampf aufruft. In Thériso bei Chaniá verkündet *Venizelos* eine „Vorläufige Regierung Kretas". Die Großmächte sind sich uneins über das Vorgehen. Nur Rußland unterstützt mit Bombardierungen die Position *Prinz Georgs*. Später zieht man den diplomatischen Weg vor. Am 2. November 1905 werden zahlreiche Bedingungen der Oppositionsregierung erfüllt, sich daraufhin auflöst. **Im September 1906** verläßt *Prinz Georg* verbittert die Insel. Neuer Gouverneur wird *Alexander Zaimis*. Als im September 1908 Bulgarien ein eigenständiges Königreich wird, beschließt eine Volksversammlung die Union mit Griechenland. Wiederum wird eine vorläufige Regierung gebildet und *Zaimis* in Abwesenheit abgesetzt. Die internationale Politik reagiert abermals zurückhaltend. *Venizelos* wird in der Zwischenzeit Ministerpräsident Griechenlands. Unter dem Eindruck des **Balkankrieges** akzeptiert Griechenland 1912 nun auch die kretischen Abgeordneten im eigenen Parlament. Die Inseln Límnos, Lésbos, Chíos und Sámos kommen zu Griechenland, die Inseln des Dodekanes unter italienische Verwaltung. Die Türkei tritt endgültig alle Ansprüche auf Kreta ab. Am **1. Dezember 1913** wird in Chaniá die **Vereinigung Kretas mit Griechenland** unter Anwesenheit des griechischen *Königs Konstantin* und seines Ministerpräsidenten *Venizelos* verkündet. Die Begeisterung des Volkes soll unbeschreiblich gewesen sein. Neben Kreta kommen auch noch Makedonien, Epirus und die Ägäischen Inseln in diesem Jahr zu Griechenland.

Der Aufstand von Theriso

Kretas Geschichte ist von nun an eng mit Griechenlands Entwicklung verwoben. *Venizelos* kann sich bei seiner Politik auf die Unterstützung der Kreter verlassen. Friedlich sind seine Absichten nicht immer. Letztendlich ist er, nachdem er den im 1. Weltkrieg neutralen *König Konstantin I.* quasi zur Abdankung zwingt, verantwortlich für den griechisch-türkischen Krieg, der von **1920** an über 2 Jahre dauert und zu einem bitteren Ende führt. Von Smyrna (Izmir) aus marschiert die griechische Armee 1921 ins Landesinnere, wird aber von den türkischen Truppen des *Mustafa Kemal Atatürk* zurückgeschlagen. Statt der Umsetzung der sog. **„Megali Idea"** (Große Idee) – alle griechischen Volksgruppen unter eine Flagge zu führen – kommt es zu schmerzlichen Gebietsverlusten, darunter auch Smyrna. **1923** werden nach dem Vertrag von Lausanne überall in Griechenland die Türken kurzfristig nach Kleinasien umgesiedelt, im Gegenzug kommen rund 1,5 Millionen griechische Flüchtlinge ins Land. 34.000 Griechen ziehen aus Kleinasien mit Hab und Gut nach Kreta. Die erzwungene Völkerwanderung, die mit zahllosen persönlichen Schicksalen verbunden ist, geht als **„Kleinasiatische Katastrophe"** in die Geschichtsbücher ein. *Venizelos* bleibt trotz dieser Niederlage an der Macht und beseitigt 1924 die Monarchie im Staat. Die verfassunggebende Nationalversammlung verkündet die **Staatsform der Republik**. Doch im Inneren bleibt das Land hin- und hergerissen zwischen Venizelisten und den Anhängern der Monarchie. Letztere können sich durchsetzen. Im Zuge der Weltwirtschaftskrise wird auch in Griechenland der Ruf nach einer starken Führungsperson stark und *König Georg II.* 1935 erneut auf den Thron berufen. Ruhe kehrt dennoch nicht ein. **1938** übernimmt **General *Ioannis Metaxas*** die Macht, indem er unter Billigung des Königs das Parlament ausschaltet. Chaniá rückt kurz in das politische Blickfeld, als hier im Juli der lokale Radiosender einen Putschaufruf gegen den regierenden *General Metaxas* sendet und für die Wiedereinführung der Demokratie eintritt. Schnell kann *Metaxas* aber die Konterrevolutionäre stoppen und einige von ihnen aus Griechenland ausweisen. Die kurze Ära der Regierung Metaxas bis 1941 ist bis heute als eine Zeit unterdrückender, nationalistischer Ideologie und Bespitzelung berüchtigt.

Erzwungene Umsiedlung

Kreta im 2. Weltkrieg

Schon früh gerät Griechenland in den Sog des 2. Weltkriegs. Im **Herbst 1940** stellt *Mussolini* den Griechen ein **Ultimatum zur bedingungslosen Kapitulation**, das die Griechen aber mit einem eindeutigen Nein (*Ochi*) beantworten. Als Erinnerung daran wird heute der 28. Oktober, der „**Ochi-Tag**", als nationaler Feiertag begangen. Erst den Deutschen gelingt es, das Land zu besetzen. Am **27. April 1941** erobern sie die Hauptstadt Athen.

Ein deutliches „Nein"

Zu diesem Zeitpunkt, zwei Jahre nach Ausbruch des Krieges, erreichen die strategischen Überlegungen der Deutschen auch Kreta. Als Brückenkopf vor der afrikanischen Nordküste und Kleinasien soll die Insel erobert werden, um Südosteuropa frei von britischen Streitkräften zu halten. Im April flüchten *König Georg II.* und die Regierung *Tsouderos* vor den Deutschen aus Athen nach Kreta. Rund 30.000 Soldaten des **Commonwealth** (*Creforce*) sichern die Insel. *Adolf Hitler* und *Hermann Göring* planen, Kreta zu erobern. Mitte Mai beginnt die Bombardierung. Zur Vorbereitung stören deutsche Bomberverbände den englischen Schiffsverkehr in der Bucht von Soúda. Die Engländer bereiten sich auf den deutschen Angriff vor. Am **20. Mai 1941** beginnt auf Initiative des Kommandierenden des XI. Fliegerkorps, *General Student*, mit der **Operation „Merkur"** die bis dahin größte Luftlandeaktion der Weltgeschichte. Tausende von deutschen Fallschirmjägern springen in drei Wellen am Morgen und Nachmittag des 20. Mai über West- und Zentralkreta aus 500 JU-52-Transportern ab, um die Flugplätze bei Máleme, Réthimnon und Iráklion in ihre Gewalt zu bringen und so ihren Nachschub zu sichern. Doch die Deutschen haben die Anzahl der alliierten Soldaten bei der Aufklärung der Verteidigungsstellungen offenbar unterschätzt. Nur der Flugplatz von Máleme kann bereits am zweiten Tag neuseeländischen Einheiten abgenommen werden. Um Kreta entbrennt ein grausamer Kampf. Die Kreter verteidigen ihre Insel mit aller Kraft, doch befindet sich ein Großteil ihrer Soldaten noch auf der Rückkehr von der albanischen Front. Die **„Schlacht von Kreta"** (*Machi tis Kritis*) im Mai 1941 geht in die Geschichte des 2. Weltkrieges ein. Sie dauert 10 Tage, und die Verluste an Menschenleben sind auf beiden Seiten gewaltig. Allein die deutsche Wehrmacht verliert 6.500 Mann, meist junge Fallschirmjäger, mehr, als im gesamten Balkanfeldzug umgekommen sind. Doch Ende Mai haben die Nazis Kreta in ihre Gewalt gebracht, im Osten unterstützt von italienischen Truppen. Nun beginnt der Ausbau Kretas zu einer Inselfestung. Die Italiener erhalten, allerdings nur bis zu ihrer Entwaffnung durch die Deutschen im September 1943, den Osten als Besatzungsgebiet.

Verheerende Schlacht

Der Schrecken des nationalsozialistischen Terrors nimmt seinen Lauf. Ein Großteil der Bevölkerung wird arbeitsverpflichtet. Die meisten Kreter betrachten die Deutschen als Feind und unterstützen mehrheitlich und nicht selten todesmutig die Engländer und die eigenen Partisanen. Das erste Dorf, das dafür den sogenannten **„Sühnemaßnahmen"** der Deutschen zum Opfer fällt, ist im Juni 1941 Kandanos. Im gleichen Monat dann auch Skines bei Chaniá. *General Student* selbst befürwortet in einer Anordnung „äußerste Härte". Weitere **Massaker an der Zivilbevölkerung** folgen in Alikianos, in den Dörfern des Amari-Tals und am **14. September 1943** in Áno Viános. Dort sterben an einem einzigen Nachmittag über 400 Menschen durch die brutale und ziellose Gewalt der deutschen Wehrmacht.

Foto aus der deutschen Besatzungszeit

Auch vor bekannten Persönlichkeiten machen die Deutschen nicht halt, es gilt ihr „Prinzip der kollektiven Verantwortung". Im Sommer 1944 beginnt die dritte Vergeltungswelle, in deren Zuge unter *General Müller* auch das Bergdorf Anógia zerstört wird (siehe S. 540). Doch durch die Niederlagen an den Fronten Europas sind die deutschen Truppen schon geschwächt. Im Spätsommer 1944 beginnt der **deutsche Rückzug**. Lediglich 11.000 Soldaten verbleiben in einer „Kernfestung" im Nordwesten der Insel. Am **9. Mai 1945** um 22.30 Uhr unterzeichnet *General Benthack* in Iráklion die **Kapitulation** der deutschen Kreta-Verbände. Die Soldaten werden als Kriegsgefangene nach Ägypten verschifft.

Nazis ziehen sich zurück

Zwischen 3.000 und 6.000 exekutierten **Partisanen** lauten die Schätzungen für Kreta während der deutschen Besatzungszeit. Die Kreter schnitzen Holzkreuze für ihre umgekommenen Angehörigen in die Haustüren. Als Partisanen ordnen die Deutschen nicht selten alle Angehörigen der Zivilbevölkerung ein, die für sie nicht sofort als harmlose Personen erkennbar sind. So rechtfertigen sie ihr Vorgehen, das selbst gegen Mindeststandards des Kriegsvölkerrechts verstößt. Die **Sabotagakte** der Kreter, besonders der Andartengruppen AEAK (*Oberstes Kampfkomitee für Kreta*) und EDES, müssen immer wieder als Argument für die Vergehen an der Zivilbevölkerung herhalten. Gerichtsverfahren oder gar Verurteilungen vor einem deutschen Gericht gegen Wehrmachtsangehörige gibt es später nur in einem einzigen Fall, er endet 1951 in Augsburg mit einem Freispruch. Allerdings werden die Generäle *Bräuer* und *Müller* von einem Athener Sondergericht verurteilt und im Mai 1947 hingerichtet. Mit Sicherheit sind auch nicht alle Soldaten an Massakern beteiligt, ab 1942 geben sie sogar die eigene Zeitung „Veste Kreta" heraus, die den jungen Männern die Natur der Insel und die Kultur der Einheimischen näherbringen soll.

Die kretischen Juden

Die knapp **320 kretischen Juden**, die in Chaniá leben, werden noch im **Mai 1944** von der Insel deportiert. Doch der Frachter *Danais*, der sie zum Festland bringen soll, sinkt nach einem Torpedotreffer in der Ägäis. Die Juden auf dem Schiff sterben, ihnen bleibt das grausame Schicksal von fast 60.000 griechischen Juden vom Festland „erspart", die bereits nach Auschwitz deportiert worden waren. Die Deutschen beschuldigen die Briten der Versenkung des Frachters, doch gibt es Anzeichen dafür, daß die Wehrmacht selbst den Untergang herbeigeführt hat. Der chaniotische Historiker *Malefakis* geht sogar von einer Zeitbombe aus, die die Deutschen nach dem eigenen Verlassen des Schiffes gezündet haben.

Hinweis

*Wer sich vor Ort weiter über die deutsche Besatzungszeit auf Kreta informieren will, sollte das **Museum der Schlacht um Kreta und des nationalen Widerstandes in Iráklion** (S. 333) und das **Kriegsmuseum in Chaniá** (S. 640) besuchen. Außerdem existieren zahllose Gedenkstätten und Denkmäler in den betroffenen Dörfern, z.B. in Áno Viánnos, Anógia und Kándanos. Die kretische Bevölkerung reagiert Jahrzehnte nach der Besatzungszeit außerordentlich positiv auf deutsche Urlauber. Beschimpfungen und Ablehnung werden Sie kaum begegnen. Verhalten Sie sich bitte ebenso respektvoll gegenüber Stätten, die dem Gedenken der Opfer geweiht sind.*

Bürgerkrieg und Wiederaufbau

Tödlicher Bürgerkrieg

Noch während des 2. Weltkrieges spitzt sich der Konflikt zwischen konservativen Republikanern und den Kommunisten in Griechenland zu. Letztere entfachen im **Dezember 1944** nach der weitgehenden Räumung des Landes von Athen aus einen blutigen **Bürgerkrieg**, der mehr Kreter das Leben kostet als der 2. Weltkrieg. Nur mit ausländischer Hilfe von England und Amerika kann die Übergangsregierung unter *Erzbischof Damaskinos* die Situation unter Kontrolle behalten. **1945** stimmt das Volk mehrheitlich für eine Monarchie, *König Georg II.* kehrt 1946 auf den Thron zurück. Im Mai 1947 werden die Inseln des Dodekanes (Rhodos, Kos etc.) von Italien an Griechenland gegeben. Der weiter schwelende Bürgerkrieg kann erst 1949 von der Regierungsarmee unter *Feldmarschall Papagos* mit Hilfe der Amerikaner beendet werden, Tausende von Kommunisten müssen in nordöstliche Nachbarstaaten Griechenlands fliehen.

1952 tritt Griechenland dem westlichen Militärbündnis **NATO** bei. In Folge wird Kreta einer der wichtigsten Stützpunkte der Allianz im Mittelmeer. Weite Teile der Halbinsel Akrotíri bei Chaniá und Kato Gouves östlich von Iráklion werden zu militärischen Sperrzonen. Bei der kretischen Bevölkerung stößt dies – teilweise bis heute – auf Widerstand. In den 1950er Jahren verschärfen sich die Spannungen zwischen den Erzfeinden Griechenland und der Türkei. Die **Zypernfrage** rückt in den Mittelpunkt der Beziehungen. Auf Zypern verlangt die griechisch-orthodoxe Mehrheit der Insel den Anschluß an Griechenland, während die türkische Minderheit sich für die Teilung der Insel stark macht. 1959 garantiert ein Abkommen die Unabhängigkeit der Republik Zypern. Zur Sicherung richten die Briten Militärbasen auf der Insel ein. 1964 wird *König Konstantin II.* als griechischer Monarch berufen. Griechenland erlebt in diesen frühen 1960er Jahren eine Zeit der Stabilität und des wirtschaftlichen Aufschwungs.

Streit um Zypern

Die Militärjunta der 70er

Die Regierungsübernahme am **21. April 1967** durch eine **Offiziersjunta** unter Obrist *Georgios Papadopoulos* hat die Beseitigung der parlamentarischen Strukturen zum Ziel. Zwei wesentliche Gründe führen zu diesem **Putsch**. Einerseits haben die Rechten im Land und das Militär weite Teile ihrer Macht eingebüßt, zum anderen will man die Machtverhältnisse der 1950er Jahre wiederherstellen. Denn im Mai 1967 zeichnet sich vor den Wahlen erstmals eine Mehrheit für die Sozialdemokraten ab. Also zwingt die Offiziersjunta die Regierung *Kanellopoulos* zur Kabinettsumbildung und zur Besetzung der Schlüsselpositionen mit den Putschisten und ihren Sympathisanten. Regimegegner und die, die man dafür hält, werden gewaltsam festgehalten, teilweise deportiert und in Lagern auf abgelegenen Inseln inhaftiert. 1972 bestimmt die Militärjunta Iráklion zur neuen Hauptstadt Kretas, Chaniá verliert diesen Status. Teile der griechischen Bevölkerung lehnen sich gegen die auch international geächtete, selbsternannte Regierung auf. Im **November 1973** wird in Athen eine **Studentenrevolte** gewaltsam gestoppt, in der Folge kommt es zu einem weiteren Militärputsch durch *General Dimitrios Ioannides*. Als diese Militärjunta nun aber noch versucht, Zypern vollends in griechische Gewalt zu bringen, wird ihr die internationale Isolation innenpolitisch zum Verhängnis. Türkische Truppen besetzen Nordzypern, und in Griechenland kommt es zu massiven Studentenunruhen. Die ungeliebten Diktatoren werden gestürzt.

Der ehemalige **Ministerpräsident Karamanlis** kehrt am 24. Juli 1974 aus dem Pariser Exil

Kreta wählt traditionell links

zurück. Am **8. Dezember 1974** lehnt das Volk in einem Referendum die Monarchie endgültig ab. Kreta stimmt noch eindeutiger als andere Teile Griechenlands mit über 90 % dagegen.

Die beiden noch heute dominanten Parteien **Nea Dimokratia** und **PASOK** entstehen. Die neue Verfassung bringt im Juni 1975 eine Normalisierung der Verhältnisse, übrigens erstmals auch die rechtliche Gleichstellung der Frau. Griechenland ist seitdem eine **parlamentarische Republik**, der griechische Name lautet Ellinikí Dimokratía oder kurz **Elláda**. Das Land besteht aus 10 Verwaltungsregionen, die **Mönchsrepublik Athos** auf dem östlichen Finger Chalkidikis besitzt autonomen Status.

Auf dem Weg zum modernen Staat und einem Teil Europas

Legende Papandréou

Am **1. Januar 1981** tritt Griechenland als **10. Vollmitglied der Europäischen Gemeinschaft** bei. Am 18. Oktober kommt bei den Parlamentswahlen die PASOK an die Macht. Der reformfreudige *Andreas Papandréou* wird Ministerpräsident der ersten sozialistischen Regierung Griechenlands. 8 Jahre lang kann die Partei allein regieren und im kretischen Volk auf eine starke Unterstützung bauen. Erst 1989 geht die Mehrheit verloren, und die PASOK muß weitere Parteien in der Regierung akzeptieren. Ein Jahr später übernimmt die konservative Nea Dimokratia die Macht im Staat. Doch nur 3 Jahre kann *Konstantínos Mitsotákis* regieren, ehe er im September 1993 das Amt des Ministerpräsidenten wieder an den Sozialisten *Papandreou* verliert. Der macht mit seiner *Frau Dimítra Liáni („Mimi")*, einer ehemaligen Stewardess, mehr Schlagzeilen als durch seine Politik. Im **Januar 1996** tritt er zurück, und *Kostas Simitis* wird sein Nachfolger. *Papandreou* stirbt noch im gleichen Jahr. Der 1936 geborene *Kostas Simitis* hatte die PASOK mitgegründet. Seine Beziehungen zu Deutschland sind eng: Hier hat er sowohl studiert als auch von 1971-75 in Gießen als Professor gelehrt.

Simitis wird im September 1996 durch die Wahlen im Amt bestätigt und gewinnt diese auch im **April 2000** erneut. Allerdings schrumpft der **Vorsprung der PASOK** vor der Nea Dimokratia mit nur noch 158 von 300 Parlamentssitzen. Nach griechischem Wahlrecht erhält die Partei mit der Stimmenmehrheit automatisch die Mehrheit der 300 Sitze im Parlament, egal wie groß der Vorsprung vor den anderen Parteien ausfällt. 11 Sitze hält weiterhin die Kommunistische Partei Griechenlands (KKE). Die Wahlbeteiligung liegt bei bemerkenswerten 75 %. Staatspräsident Griechenlands ist seit 1996 (2000 wiedergewählt) der 1926 geborene Jurist **Konstantinos Stephanopoulos**.

3.2 Spuren der Kunst- und Kulturgeschichte

Kreta ist eine jahrtausendealte Kulturlandschaft. Immer wieder werden Ihnen auf Ihrer Reise die Spuren der Menschen begegnen, die hier einst gelebt, gearbeitet, geglaubt und gekämpft haben. Und das über nahezu alle Zeitalter der Menschheitsgeschichte hinweg: von der Jungsteinzeit (6500 v.Chr.) bis heute. Die Anzahl und Dichte der Boden- und Architekturdenkmäler ist einzigartig, und nur die bedeutendsten unter ihnen sind inzwischen touristisch erschlossen. Neben einer kleinen Auswahl großer Ausgrabungen, durch die täglich unzählige Busladungen von Touristen geschleust werden, gibt es auch heute noch zahlreiche abseits liegende, kaum oder zumindest weniger stark besuchte archäologische Stätten. Darunter vor allem zahlreiche Spuren aus griechischer und römischer Zeit, die die meisten Reisenden – von Górtis einmal abgesehen – kaum zur Kenntnis nehmen. Bei den Zeugnissen aus byzantinischer, venezianischer und türkischer Zeit sieht es ähnlich aus. Eine kleine Auswahl von Kirchen und Klöstern fehlt heute zwar in keinem Reiseprogramm, doch sind es meist ausschließlich die *Viel zu* spektakulären Orte wie Kloster Arkadi, Moni Toplou oder die Kirche Panagia *entdecken* Kera bei Kritsá. Auf Ihrer Kretareise können Sie daher noch so manches kulturhistorisches Kleinod entdecken, das auch heute noch im Verborgenen schlummert.

 Hinweis

Inzwischen sind auf Kreta alle archäologischen Stätten ausgeschildert. Ein Hinweisschild „Archaeological Side" bedeutet jedoch nicht zwangsläufig, daß es auch etwas zu sehen gibt! Vor allem zahlreiche Siedlungen aus nachminoischer und geometrischer Zeit sind zwar lokalisiert, aber noch nicht ausgegraben! So mancher „spontane Abstecher" kann Sie dann kilometerweit über halsbrecherische Pisten führen und endet anschließend im landschaftlichen Nirwana.

Glücklicherweise hat kaum ein Fundstück aus minoischer und antiker Zeit bisher die Insel verlassen, und zahlreiche archäologische Sammlungen bieten Ihnen einen umfassenden Einblick in Kretas große Vergangenheit. Während die kleineren Ar- *Die* chäologischen Museen in Chaniá, Réthimnon, Ágios Nikólaos, Ierápetra und Sitía *archäolo-* vor allem Funde von regionaler Bedeutung zeigen, ist der Überblick, den das *gischen* Archäologische Museum Iráklion (AMI) bietet, weltweit einzigartig. Seine Samm- *Museen* lung ist chronologisch gegliedert: von der Jungsteinzeit über die minoische Zeit bis hin zur griechischen und römischen Antike.

Zugleich scheint jedoch jeder Versuch, die kretische Kunst- und Kulturgeschichte in einem Reiseführer umfassend abzuhandeln, von vornherein zum Scheitern verurteilt. Nachfolgend werden wir Ihnen deshalb lieber eine kleine Auswahl interessanter Spuren vorstellen, die Sie zu eigenen Beobachtungen und Entdeckungen anregen sollen. Dabei konzentrieren wir uns vor allem auf den Erlebnisraum der Landschaft und Baudenkmäler. Wenn Sie eine detaillierte Einführung in die minoische und antike Kunstgeschichte wünschen, so lesen Sie dazu bitte den ausführlich beschriebenen Rundgang durch das Archäologische Museum von Iráklion (S. 343ff).

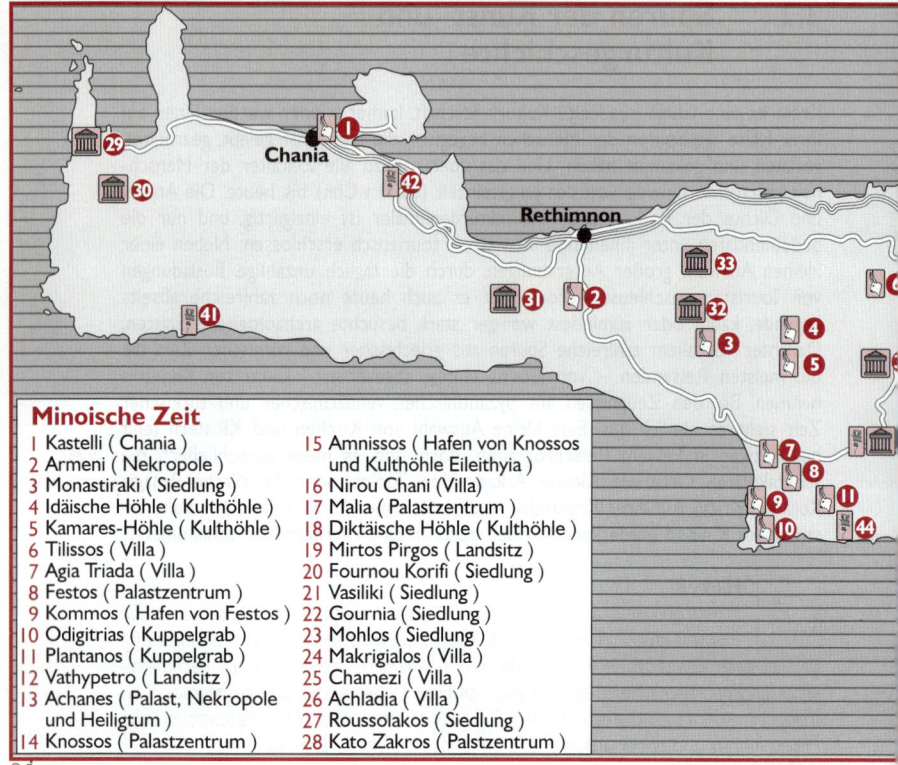

Minoische Zeit

1 Kastelli (Chania)
2 Armeni (Nekropole)
3 Monastiraki (Siedlung)
4 Idäische Höhle (Kulthöhle)
5 Kamares-Höhle (Kulthöhle)
6 Tilissos (Villa)
7 Agia Triada (Villa)
8 Festos (Palastzentrum)
9 Kommos (Hafen von Festos)
10 Odigitrias (Kuppelgrab)
11 Plantanos (Kuppelgrab)
12 Vathypetro (Landsitz)
13 Achanes (Palast, Nekropole und Heiligtum)
14 Knossos (Palastzentrum)

15 Amnissos (Hafen von Knossos und Kulthöhle Eileithyia)
16 Nirou Chani (Villa)
17 Malia (Palastzentrum)
18 Diktäische Höhle (Kulthöhle)
19 Mirtos Pirgos (Landsitz)
20 Fournou Korifi (Siedlung)
21 Vasiliki (Siedlung)
22 Gournia (Siedlung)
23 Mohlos (Siedlung)
24 Makrigialos (Villa)
25 Chamezi (Villa)
26 Achladia (Villa)
27 Roussolakos (Siedlung)
28 Kato Zakros (Palstzentrum)

© *i graphic*

3.2.1   Spuren der Minoischen Zeit

Farbenprächtig und lebendig wirkt die minoische Kunst mit ihren verspielten Darstellungen von Pflanzen, Tieren und Menschen, die sich scheinbar beliebig vergrößern oder verkleinern lassen. Kleine plastische Figuren stehen neben aufwendig gearbeiteten Fresken aller Größenordnungen, zierlichen Reliefs auf Gefäßen und mikroskopisch fein geschnittenen Abbildungen auf Siegelsteinen und Goldringen. Häufig zeigen sie kultische Handlungen und religiöse Motive. Dabei erweckt die unmittelbare Natürlichkeit der Abbildungen den Eindruck, als dienten sie den Minoern noch einzig und allein dazu, der Freude am Leben Ausdruck zu verleihen.

Minoische Klein-plastiken

Die Anfertigung großer bis überlebensgroßer Plastiken, wie sie zeitgleich in Mesopotamien oder Ägypten üblich war, spielte in der minoischen Kunst keine Rolle. Dafür fanden sich unzählige Kleinplastiken aus Bronze, Ton oder Fayence, die vermutlich als Kultgegenstände auf Altären standen oder als Votivgaben (Weihegeschenke) in Heiligtümern dienten. Neben all den Darstellungen, die Tiere (häu-

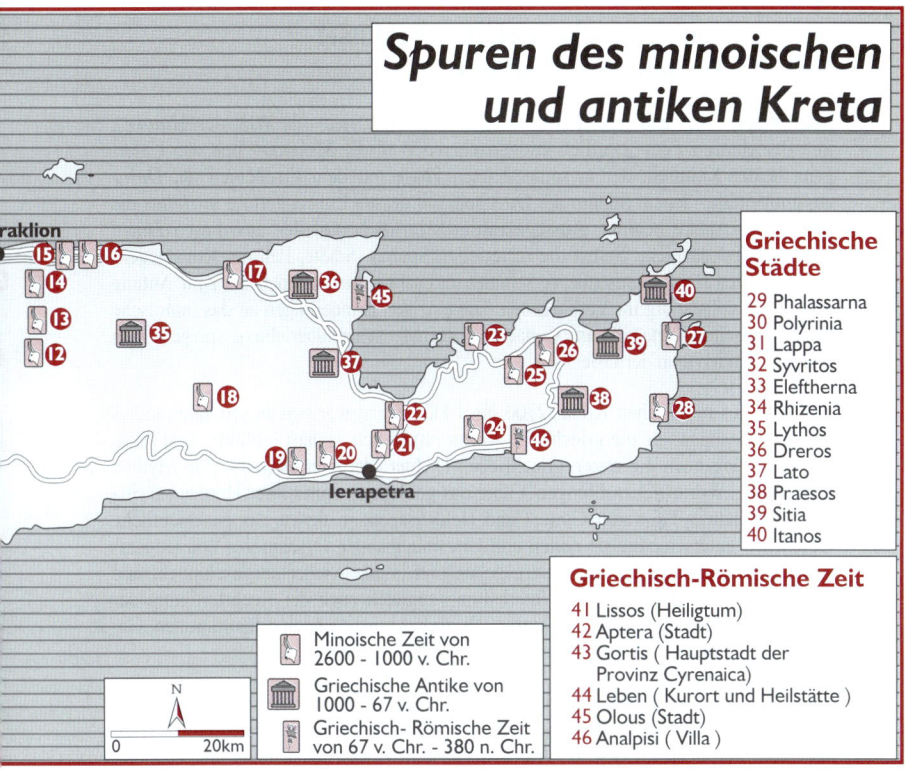

Spuren des minoischen und antiken Kreta

Griechische Städte

29 Phalassarna
30 Polyrinia
31 Lappa
32 Syvritos
33 Eleftherna
34 Rhizenia
35 Lythos
36 Dreros
37 Lato
38 Praesos
39 Sitia
40 Itanos

Griechisch-Römische Zeit

41 Lissos (Heiligtum)
42 Aptera (Stadt)
43 Gortis (Hauptstadt der Provinz Cyrenaica)
44 Leben (Kurort und Heilstätte)
45 Olous (Stadt)
46 Analpisi (Villa)

Minoische Zeit von 2600 - 1000 v. Chr.

Griechische Antike von 1000 - 67 v. Chr.

Griechisch- Römische Zeit von 67 v. Chr. - 380 n. Chr.

N

0   20km

(Map labels: raklion, Ierapetra)

fig Stiere) und betende Menschen zeigen, sind die zwei in Knossós gefundenen Statuetten der Schlangengöttin besonders bemerkenswert. Zur Plastik der jüngeren Palastzeit kann man auch die aufwendig gearbeiteten Spendegefäße (Rhyta) aus Marmor, Steatit oder Onyx rechnen: Sie zeigen z.B. die Form eines Stier- oder Löwenkopfes (S. 347). Die Kunstfertigkeit, solche Gefäße aus Steinblöcken herauszuschneiden, übernahmen die Minoer vermutlich aus Ägypten.

Keramik

Nach der Einführung der Töpferscheibe produzierten die Minoer in der *Vorpalastzeit* bevorzugt Keramikwaren, deren Stil anatolische Vorbilder erkennen läßt. Darunter vor allem **Schnabelkannen**, ein Formentyp, der für die gesamte minoische Epoche verbindlich bleiben sollte. Form und Dekor lassen deutliche regionale Unterschiede erkennen. Keramikstile werden daher zumeist nach ihren ersten Fundorten bezeichnet. Besonders beliebt sind anfangs geometrische Muster, rot im *Lebéna-Stil* und braun im *Ágios-Onoúphrios-Stil*. Einige der Kannen muten aus heutiger Sicht geradezu futuristisch an, so etwa die rot und schwarz gesprenkelte

Exportschlager Keramik

INFO   ## Auf der Suche nach dem Schlüssel zur minoischen Kultur

Viel ist spekuliert und geschrieben worden über die „friedvolle Welt der **Minoer**",
ihre Beziehung zu der „deutlich kriegerischeren Welt der **Mykener**" und den Untergang beider Kulturen, der in seiner letzten Phase mit dem Erscheinen der **Dorer**
zusammenfällt – jenem Stamm der Griechen, mit dessen Einwanderung in *Hellas* die
griechische Antike beginnt. Aussagekräftige schriftliche Quellen aus diesen Zeiten
existieren jedoch nicht. Selbst die materiellen Spuren (Städte, Paläste, Kunstgegenstände) waren für Jahrtausende verschüttet und schlummerten noch bis zum Anfang
des 20. Jh. vollständig im Verborgenen. Die einzigen Erinnerungen an das minoische
(vorgriechische) Kreta, die im Gedächtnis der Menschen überlebten, spiegeln sich
wider in den Mythen der Griechen.

Die Welt des minoischen Kreta (2700 bis 1000 v.Chr.) war bereits seit Jahrhunderten untergegangen, als die griechische Kultur allmählich zaghaft erblühte. Erst im 8.
Jh. v.Chr. begannen die ersten griechischen Dichter (darunter **Homer**), ihre Mythen
(griechisch „Worte", „Erzählungen") über das goldene Zeitalter ihrer Heroen schrift-
lich festzuhalten. Es waren Götter- und Heldensagen, in denen das geschichtliche
Geschehen unterschiedlicher Zeiten und Orte miteinander verschmolz. Von Generation zu Generation mündlich weitergegeben und immer wieder ausgeschmückt und
verzerrt, dienten sie neben der Unterhaltung zugleich auch der Rechtfertigung der
gegebenen gesellschaftlichen Strukturen, Herrschaftsansprüche und Institutionen. Ge-
schichtsschreibung und Philosophie folgten erst Jahrhunderte später.

Mitte des 19. Jahrhunderts fand das europäische Bildungsbürgertum verstärkt Gefallen an der klassischen Antike Griechenlands (480 bis 380 v.Chr.). Hier sah es seine
Wurzeln, wurde im klassischen Athen doch nicht zuletzt die Demokratie geboren.
Die klassische griechische Architektur, Kunst und Philosophie hielten nun unübersehbar Einzug in den westeuropäischen Städten, die griechische Mythologie wurde
zur Pflichtlektüre jedes besser Begüterten. Doch sie diente zunächst nur der „sittli-
chen Bildung" und allgemeinen Zerstreuung, denn die Orte und Geschehnisse, um
die sich die Erzählungen rankten, galten den Gelehrten jener Zeit in der Regel als
reine Fiktion. Dann kam **Heinrich Schliemann** – ein recht exzentrischer Mecklen-
burger Kaufmann, der durch Kriegsgewinne und den Goldrausch in Kalifornien zu
sehr viel Geld gekommen war, und nahm **Homer** beim Wort. Auf der Suche nach
Ruhm und gesellschaftlicher Anerkennung, grub er mit der *Ilias* unter dem Arm
zunächst das sagenumwobene Troja (1870/71) und danach auch noch Mykene (1874/
76) aus. Er fand, was er suchte: Paläste, Königsgräber, Goldschätze und die Bewun-
derung seiner Zeitgenossen.

Durch die Welt lief ein Sturm der Begeisterung. Angeregt von den Entdeckungen
Schliemanns begann nun auch der englische Altertumsforscher **Arthur Evans** 1894
mit seinen Feldforschungen auf Kreta: Die Ausgrabung und Rekonstruktion des
Palastes von Knossós (ab 1900) sollte sein Lebenswerk werden (lesen Sie dazu auch
den Infokasten auf S. 362f).

Die vorklassische Archäologie war geboren. Zeitgleich mit *Evans* gruben auch weitere internationale Archäologenteams auf Kreta: Italiener in Festós, Franzosen in Mália und Amerikaner in Goúrnia und Vassilikí. Auch die Griechen waren von Anfang mit dabei. So ist es sicherlich nicht zuletzt der unermüdlichen Tätigkeit des *Joseph Chatzidakis* (dem ersten Kurator der archäologischen Sammlung in Iráklion) zu verdanken, daß kaum ein Fundstück im Ausland verschwand!

Seit den ersten Tagen der archäologischen Forschung haben die im Boden schlummernden Funde immer wieder für Überraschungen gesorgt und neue Fragen aufgeworfen. Dabei wurden zahlreiche frühere Irrtümer korrigiert, doch nicht selten auch neue begangen. So ist die Welt der Minoer für uns nach wie vor ein großes Rätsel und die Liste der offenen Fragen lang:

Wer waren die Minoer – woher kamen sie, und welche Sprache haben sie gesprochen? Wie war ihre Gesellschaft aufgebaut – gab es einen Adel, ein „Bürgertum" und Sklaven? Welche Rolle spielten die Frauen – war das minoische Kreta ein Matriarchat? Woran glaubten diese Menschen, und welche Kulthandlungen führten sie aus? Welche Rolle spielte dabei das rätselhafte Stierspringen, von dem es nicht nur auf Kreta mehrere Darstellungen gibt? War die minoische Welt wirklich so friedlich, wie sie sich in ihren Kunstwerken darstellt, oder gab es Kriege und Menschenopfer? Wie und warum ging diese blühende Welt unter – war es eine Naturkatastrophe, ein Aufstand oder eine Invasion von außen?

Fragen über Fragen, endgültige Antworten können wir Ihnen mit Sicherheit nicht geben. Vielleicht finden Sie ja beim Besuch der archäologischen Stätten Ihren ganz persönlichen Schlüssel zum Verständnis der minoischen Welt, wenn Sie erst einmal mit ihrer Kunst und den phantastischen Mythen in Berührung kommen. Denn glaubt man **Carl Gustav Jung**, so begegnen Ihnen dabei tiefenpsychologische Urbilder – sprich tief verborgene Aspekte Ihrer eigenen Seele.

Sollten Sie wissenschaftliche „Fakten" bevorzugen, so geben wir Ihnen ein Zeitgerüst mit auf den Weg, das, stark vereinfacht, den derzeitigen Stand der „allgemeinen Lehrmeinungen" zusammenfaßt. Die Einteilung der kretischen Bronzezeit in die Perioden **Früh-, Mittel- und Spätminoisch** geht dabei bereits auf *Arthur Evans* zurück. Er verglich den Wandel der Keramikstile miteinander (relative Datierung). Jede Periode unterteilte *Evans* dabei noch in **drei Phasen (I-III)** und jede Phase in die **Abschnitte A und B**. Die Ermittlung der konkreten Zeiträume (absolute Datierung) stützte er dabei auf die Untersuchung der kulturellen Beziehungen Kretas zu den Pharaonenreichen Ägyptens und den Königreichen des Vorderen Orients, deren Chronologien, dank schriftlicher Überlieferungen, als gesichert galten. Sieht man von der Unsicherheit seiner Feineinteilung ab – die sich selbst heute noch in der wissenschaftlichen Diskussion befindet –, so hat sie auch den Nachteil, **sehr kompliziert** zu sein. Da sie Ihnen bei Museums- und Grabungsbesuchen auf Kreta immer wieder begegnen wird, erwähnen wir sie dennoch.

Weitaus benutzerfreundlicher ist ein Zeitsystem, das in seinen Ursprüngen auf den griechischen Archäologen **Nikolaos Platon** zurückgeht, der in den 1960er Jahren

Chronologie der kretischen Bronzezeit und Antike

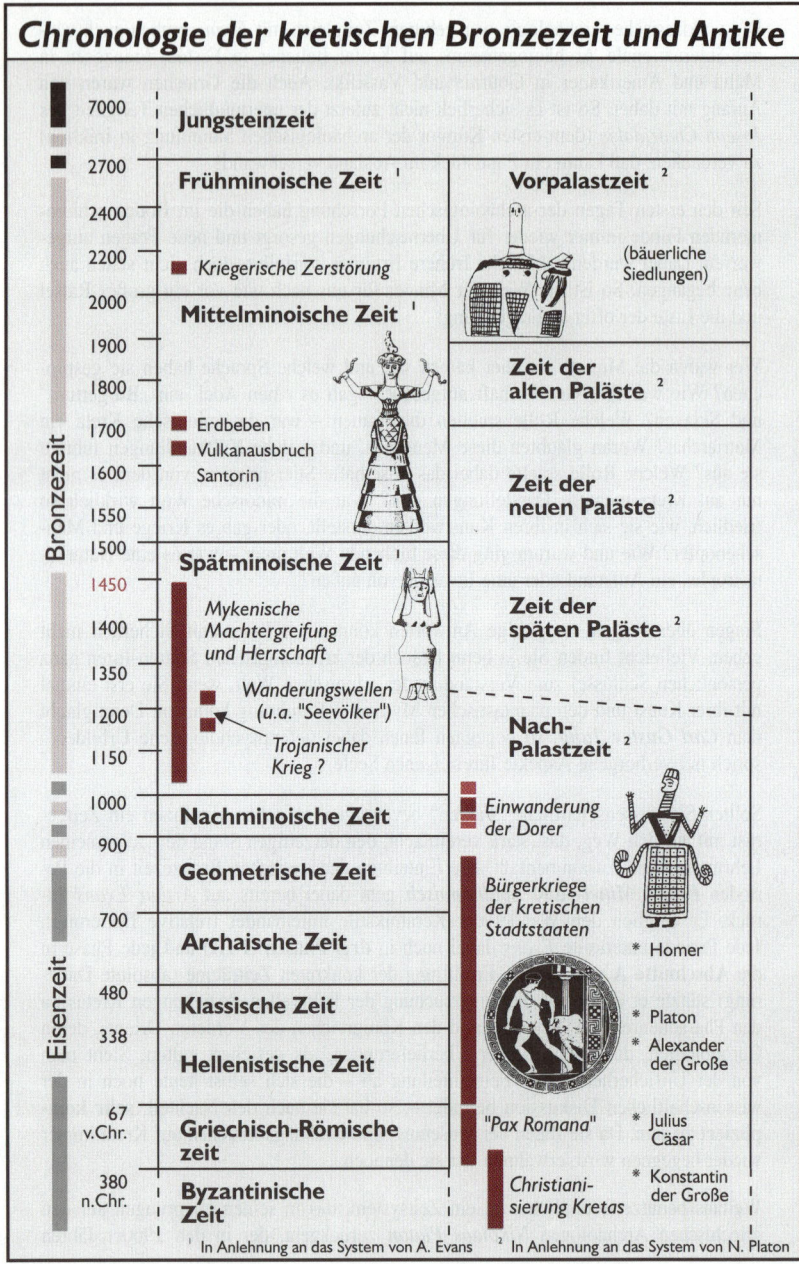

7000	**Jungsteinzeit**	
2700	**Frühminoische Zeit** [1]	**Vorpalastzeit** [2]
2400		
2200	■ *Kriegerische Zerstörung*	(bäuerliche Siedlungen)
2000	**Mittelminoische Zeit** [1]	
1900		
1800		**Zeit der alten Paläste** [2]
1700	■ Erdbeben	
1600	■ Vulkanausbruch Santorin	**Zeit der neuen Paläste** [2]
1550		
1500	**Spätminoische Zeit** [1]	
1450		
1400	*Mykenische Machtergreifung und Herrschaft*	**Zeit der späten Paläste** [2]
1350		
1200	*Wanderungswellen (u.a. "Seevölker")*	**Nach-Palastzeit** [2]
1150	*Trojanischer Krieg ?*	
1000	**Nachminoische Zeit**	*Einwanderung der Dorer*
900	**Geometrische Zeit**	*Bürgerkriege der kretischen Stadtstaaten*
700	**Archaische Zeit**	
480	**Klassische Zeit**	* Homer
338	**Hellenistische Zeit**	* Platon
		* Alexander der Große
67 v.Chr.	**Griechisch-Römische zeit**	*"Pax Romana"* * Julius Cäsar
380 n.Chr.	**Byzantinische Zeit**	*Christiani-sierung Kretas* * Konstantin der Große

Bronzezeit / Eisenzeit

[1] In Anlehnung an das System von A. Evans   [2] In Anlehnung an das System von N. Platon

durch die Ausgrabung des Palastes von Káto Zákros weltweit bekannt wurde. *Platon* untergliederte die Zeit der Minoer nach den Bauphasen der Paläste, was für Laien ohne Zweifel besser nachzuvollziehen ist als das „Keramiksystem" von *Evans*. Doch auch die Zeiteinteilung von *Platon* hat inzwischen zahlreiche Abwandlungen erfahren. Nicht zuletzt durch den Umstand, daß sich das Wissen um die spätminoische Zeit in den vergangenen Jahrzehnten immens vergrößert hat. So ist heute bekannt, daß um 1450 v.Chr. nicht alle Paläste untergingen, sondern in Knossós, Archánes und Kydonía (Chaniá) noch lange Zeit darüber hinaus Paläste existierten. Insofern spricht man ab 1450 v.Chr. wohl am besten von der Zeit der späten Paläste, wie es *Peter Haider* 1988 vorgeschlagen hat. Auf Kreta wird Ihnen dieser Begriff in der Regel noch nicht begegnen, denn im Archäologischen Museum von Iráklion beginnt um 1400 v.Chr. noch heute die Nachpalastzeit.

Eines ist jedoch sicher: Neue Grabungskampagnen, die nun verstärkt auch moderne Forschungs- und Datierungsmethoden zur Anwendung bringen, werden in den nächsten Jahren zu neuen Erkenntnissen führen und auch die bisher umstrittene Zeiteinteilung weiter verbessern.

Was die Spekulationen, Kontroversen und wissenschaftlichen Grabenkriege über den Charakter der minoischen Kultur angeht, so sollte man sich an das Motto des Orakels von Delphi erinnern *(„erkenne dich selbst")*: Sah doch *Evans* zur Zeit des Jugendstils vor allem die feminine Schönheit der minoischen Kunst und den aristokratischen Glanz *seiner Minoer*, während moderne Forscher inzwischen gerne die ökonomischen Verflechtungen und geopolitischen Konstellationen der Bronzezeit hervorheben, die möglicherweise zu einem riesigen – auch durch Raubbau an den natürlichen Lebensgrundlagen mit ausgelösten – „Weltwirtschaftscrash" führten, als dessen „erste Opfer" die *Minoer* von den *Mykenern* unterworfen wurden und später – im Trojanischen Krieg – dann auch die *Mykener* und anderen Völker allmählich untergingen. Wie war das noch mit *C. G. Jung*?

„*mottled ware*" (geflammte Ware) des **Vasilikí-Stils**. Ihre Muster erzeugten die Minoer vermutlich dadurch, daß sie an die noch ofenheiße und zunächst schwarz gebrannte Ware brennende Zweige hielten, die den eisenhaltigen Glanzton der Gefäßoberfläche rot oxidierten.

Weiße Muster auf dunklem Grund leiteten um 2000 v.Chr. schließlich über zur polychromen Keramik des **Kamáres-Stils**, die sich in der *Zeit der älteren Paläste* größter Beliebtheit erfreute. Dabei entwickeln sich Leitformen der Ornamentik wie Spirale und Torsion, häufige Motive sind Palmetten und Dreiecke. Besonders bemerkenswert ist die **Eierschalenware**, eine extrem dünnwandige Keramik im *Kamáres-Stil*, die deutlich die Höhe der bereits erreichten kunsthandwerklichen Entwicklungsstufe widerspiegelt.

Kreamikstile

Mit Beginn der *jüngeren Palastzeit* werden die Dekorationen dann schwarz oder braun auf hellem Grund gemalt. Eine sehr beliebte Form ist nun die Bügelkanne. Neben neuen Spiralformen entstehen auch naturalistische Blüten- und Meeresweltdekore. Dabei entwickelt sich zunächst der **Flora-,** dann der **Meeresstil**. Die Gefäße im *Meeresstil* verdeutlichen besonders anschaulich die Sichtweise der minoischen Künstler, so werden die Arme eines **Oktopus** in Spiralform angeordnet und Tiere – oder von oben gesehenes Korallenriff – oft wie ein Wellenband dargestellt. Eine letzte Blüte der minoischen Keramik bringt der **Palaststil**, der sich nur in Knossós ausbilden konnte. Er kennzeichnet scheinbar deutlich den Beginn des mykenischen Stilempfindens: Die meist sehr großen Amphoren u.a. Gefäße zeigen nun eine Verfestigung des bisherigen Stils, bei gleichzeitig deutlicher Vertikalisierung der Bemalung. Nach 1400 v.Chr. gerät die Keramik dann immer stärker unter mykenischen Einfluß, sie wird systematischer und steifer, geometrische Muster gewinnen wieder an Bedeutung.

Fresken

Riesige Bilderwände

Die Repräsentationsräume der Paläste und Villen schmückten aufwendige Wandmalereien mit Darstellungen von religiösen Festen, Kulthandlungen, Naturmotiven und Szenen des höfischen Lebens. Sie gehören heute zu den wertvollsten Bilderquellen bezüglich der Interpretation der minoischen Kultur (lesen Sie dazu auch den Infokasten auf S. 352).

Architektur

Die Konzeption minoischer Bauten wirkt auf den heutigen Betrachter zunächst verwirrend. Ihre labyrinthisch anmutende Baulogik ist uns fremd, denn in der Anlage der Paläste und Villen kommt ein völlig andersartiges ästhetisches Empfinden zum Ausdruck als in der späteren, uns so vertrauten Architektur der Griechen.

Paläste

Bislang 4 Palastanlagen

Die Auffassung *Arthur Evans'*, daß die minoischen Paläste als Residenz eines Königs bzw. lokaler Fürsten dienten und zugleich politischer, wirtschaftlicher und religiöser Mittelpunkt des Reiches waren, ist heute gängige Lehrmeinung. Die Interpretation baulicher Einzelheiten ist jedoch nach wie vor umstritten. Vier Palastanlagen wurden bisher freigelegt: Der Palast von **Knossós** im Hinterland von Iráklion, **Festós** in der Messará-Ebene, **Mália** an der Nordostküste und **Káto Zákros** in einer abgelegenen Bucht im Osten der Insel. Ihre Architektur zeigt einige Grundelemente, die immer wiederkehren, dennoch folgte sie keinem starren Konzept, vielmehr scheint sie sich den Gegebenheiten der jeweiligen Landschaft angepaßt zu haben. Einiges deutet darauf hin, daß auch in **Archánes** (12 km südlich von Knossós) und **Kydonía** (Chaniá) Paläste existierten, die bis heute jedoch nicht vollständig ausgegraben werden konnten.

Ein typisches Merkmal aller Paläste ist die Gruppierung ihrer Gebäudeflügel um einen großen, rechteckigen Zentralhof, dessen Achse sehr wahrscheinlich auf ein Heiligtum ausgerichtet war: In Knossós auf das Gipfelheiligtum des Joúchtas, in Festós auf die Kamáres-Höhle und in Mália auf das Gipfelheiligtum des Profitis Ilias. Um diesen **Zentralhof** herum gruppierten sich mehrgeschossige Gebäudeflügel, in denen Repräsentations- und Kulträume, Gemächer, Kammern, Werkstätten und Magazine untergebracht waren. Bis zu vier Etagen konnten minoische Paläste aufweisen. Ihre wohldurchdachte, aber verwirrende Raumanordnung wurde durch zahlreiche Zugänge, wie Freitreppen oder Treppenhäuser, Lichthöfe, Veranden und Korridore, erschlossen. Dabei spielten ausgeklügelte Beleuchtungseffekte ebenso eine Rolle wie bauklimatische Erwägungen (Schattenkühlung). Überhaupt waren die minoischen Architekten ihrer Zeit weit voraus, integrierten sie doch in die Gebäude bereits ausgeklügelte Wasserversorgungs- und Abwassersysteme, darunter Toiletten mit Wasserspülung.

Westflügel des Palastes von Knossos (nach EVANS 1928)

Eine auffällige Eigenart der minoischen Palastarchitektur war der labyrinthartige Grundriß: Zugänge wurden schmal gehalten und lagen zumeist dezentral an den Seiten. So gelangte man in Knossós erst nach verwirrenden Richtungswechseln um die Ecke, auf den zentralen Innenhof. Auch die Außenfassade wurde durch Vor- und Rücksprünge lebhaft gegliedert. Wobei die Innenausstattung durch Holzsäulen (die sich nach unten verjüngten) sowie eine verspielte Treppen-, Tür- und Fenstergestaltung geprägt wurde. Immer wieder fanden sich Darstellungen von stilisierten Kulthörnern und Doppeläxten, die den sakralen Charakter der Anlagen unterstrichen. Entstand so die Legende vom minoischen Labyrinth? Tatsache ist jedenfalls, daß sich gerade im Palast von Knossós Darstellungen von **Doppeläxten** häufen (zumeist wurden sie in die Pfeiler eingeritzt). Für sie ist aus der Bronzezeit die vorgriechische Bezeichnung **Labrys** überliefert. Demnach bedeutet **Labyrinth** möglicherweise nichts anderes als „Haus der Doppeläxte", eine Bezeichnung, die sehr wahrscheinlich erst die Griechen dem Palast von Knossós gaben, die hier auch den Mythos vom Minotaurus ansiedelten.

Das minoische Labyrinth

Hinweis

Einzelheiten zur Architektur der minoischen Paläste und Villen entnehmen Sie bitte den Ausgrabungsplänen und Rundgängen von Knossós, Festós, Mália, Káto Zákros, Agía Triáda und Tílissos. Den besten Einblick in die Welt der Minoer bieten Ihnen Knossós und Festós, die jedoch häufig hoffnungslos überlaufen sind. Aus diesem Grund empfehlen wir ernsthaft archäologisch interessierten Reisenden einen Besuch der Ausgrabungen von Mália und Káto Zákros, die Sie vor allem in den Randzeiten in aller Ruhe studieren können.

Städte

Auch wenn es heute nur noch schwer vorstellbar ist, die minoischen Paläste standen nicht frei in einer weiten Landschaft. Sie bildeten vielmehr das Zentrum ausgedehnter Großstädte. Dabei reichte die städtische Bebauung oftmals unmittelbar an den Palast heran. Besonders schön verdeutlicht dies die Ausgrabung von

Káto Zákros, wo ein kleiner Teil der Stadt bereits freigelegt wurde. In Knossós, Festós und Mália wird das weniger deutlich, denn hier konzentrierten sich die Forschungen in der Vergangenheit vor allem auf die Palastgebäude. Den besten Eindruck von der Anlage einer minoischen Stadt erhalten Sie in *Gourniá*, am Isthmus von Ierápetra, der einzigen minoischen Stadt, die bisher vollständig ausgegraben wurde (S. 433f).

Villen und Landhäuser

Sommerhaus oder Verwaltungssitz?

Auf dem Lande und im Zentrum kleinerer Städte erbauten die Minoer Villen bzw. Landhäuser, die in ihrer Gestaltung ein wenig wie Miniaturpaläste erscheinen. Es waren mehrstöckige Gebäude mit Magazinen, Arbeitsräumen, Werkstätten, Kulträumen, Privatgemächern und aufwendig ausgestalteten Repräsentationsräumen. Über ihre genaue Funktion ist sich die Wissenschaft bis heute nicht einig: Die einen halten sie für Sommerresidenzen, die anderen für ländliche Subzentren der Palastverwaltung. Besonders sehenswert sind die Villen von *Tíllisos* und *Agía Triáda*. Die zahlreichen Villen und Landsitze Ostkretas sind dagegen eher etwas für Spezialisten.

Heiligtümer

Große Tempelbauten fehlten in der minoischen Architektur. Die wichtigsten Heiligtümer befanden sich wohl innerhalb der Paläste, deren *Pfeilerkrypten* eine zentrale kultische Funktion innehatten. Die düstere Atmosphäre dieser fensterlosen, im Innersten der Paläste gelegenen Räume wird mit dem „*chtonischen*" (der Erde zugehörigen) Charakter der minoischen Religion in Verbindung gebracht. Hier opferte man der großen **Muttergöttin**, die auf Kreta bereits in der Steinzeit verehrt wurde. Ursprünglich lagen ihre Heiligtümer in Kulthöhlen bzw. Grotten, die den Gedanken des Sterbens und Gebärens besonders deutlich zum Ausdruck brachten. Ebenfalls von Bedeutung waren Gipfel- und Bergheiligtümer, die in Form eines schlichten rechteckigen, erhöht liegenden Kultraumes gestaltet waren, vor dem ein Hof lag, der von einer Mauer umfaßt wurde. Besonders interessant ist in diesem Zusammenhang der Fund des Bergheiligtums von **Anemospilia**, in dem der griechische Archäologe *Jannis Sakellarakis* zum Erstaunen der Fachwelt im Jahre 1979 ein minoisches Menschenopfer nachweisen konnte (S. 376).

Nekropolen und Kuppelgräber

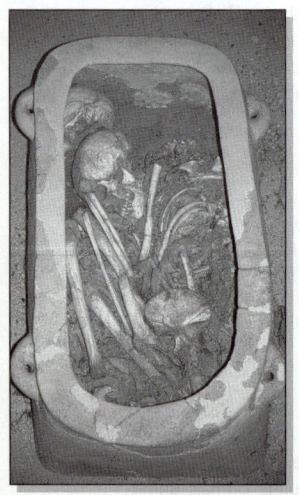

Minoische Bestattung

Nekropolen (Totenstätten) fanden sich in der Nähe sämtlicher großer Städte, zum Teil wurden sie über Jahrhunderte hinweg genutzt. Für Archäologen sind sie von besonderem Reiz, da sie eine Menge über den Glauben und die kulturelle Entwicklung aus der Zeit ihrer Anlage verraten. Vor allem die zahlreichen Grabbeigaben machten die Nekropolen Kretas immer wieder zu wahren Schatzkammern der Wissenschaft. Je nach Zeit und kulturellem Umfeld wurden hier Schacht-, Gang- oder Kammergräber angelegt, in denen die Leichen direkt, in Sarkophagen (*Larnakes*; Einz.: *Larnax*) oder einfachen Tonkrügen (*Pithoi*) beigesetzt wurden. Auf ganz Kreta, vor allem aber in der Messará-Ebene fanden sich zudem zahlreiche, isoliert stehende Kuppelgräber, die über Generationen hinweg einzelnen Sippen als Grabstätten dienten (S. 383f).

3.2.2   Spuren der Griechischen und Römischen Antike

Mit der Antike ist auf Kreta kein Staat zu machen. Säulen, Tempel und hochwertige Großplastiken, wie sie die griechische Antike auf dem Festland prägten, fehlen hier nahezu gänzlich. Nach dem Untergang der minoischen Kultur verlor die Kunst auf Kreta an Bedeutung. Lediglich aus dem ersten Abschnitt der **Archaischen Zeit** (700 bis 480 v.Chr.) finden sich einige interessante Architekturfragmente und Kunstgegenstände (Keramikgefäße, Bronzeschilde, Bronzevotive und -skulpturen), die noch eine eigenständige kretische Kulturblüte bezeugen. Herausragende Kunstwerke aus der Zeit der **Klassik** und des **Hellenismus** – als die griechische Architektur und Plastik andernorts großartige Meisterwerke erschuf – fehlen dagegen auf Kreta. Die beständigen Kriege zwischen den kretischen Stadtstaaten bewirkten einen deutlichen Verfall der Kunst und Kultur. Erst unter **römischer Herrschaft** blühten sie wieder auf, doch tragen die Kunst- und Bauwerke dieser Zeit ausschließlich provinziellen Charakter.

Kaum antike Kunst

Der dädalische Stil (7. Jh. v.Chr.)

Zu Beginn des 7. Jahrhunderts v.Chr. gewinnt neben der Darstellung geometrischer Muster auch wieder die Abbildung von Menschen und Tieren an Bedeutung. Häufig treten in der Kunst nun Mischwesen (Greifen, Sphingen), Löwen, Steinböcke und Sterne zutage, die deutlich die neu erwachenden kulturellen Beziehungen zu den Hochkulturen des alten Orients widerspiegeln (orientalisierende Periode 710 bis 620 v.Chr.). Auch die Idee der Monumentalplastik, die in der minoischen Kunst keine Rolle spielt, gelangte in diesen Jahren nach Griechenland, wo sie später zu höchster Blüte weiterentwickelt werden sollte. Auf Kreta finden sich die Spuren der Anfänge. Hier entstanden im 7. Jh. v.Chr. zahlreiche plastische Werke (Skulpturen, Reliefamphoren, Bronzeschilde und Tempelreliefs), die heute allgemein unter der Bezeichnung **dädalischer Stil** zusammengefaßt werden.

Fabelwesen

Diese Bezeichnung bezieht sich auf den mythischen, aus Athen vertriebenen Bildhauer *Dädalus*, der auf Kreta Skulpturen mit „lebendigem Blick und bewegten Armen und Beinen" geschaffen haben soll. Besonders schöne Fundstücke dieses Stils sind im Archäologischen Museum Iráklion zu sehen (S. 343ff): Darunter Bronzeschilde aus der *Idäischen Höhle*, aus Bronzeblech gehämmerte Statuen, die die griechische Göttertrias Leto, Artemis und Apollon darstellen (sie wurden in **Dreros** gefunden und stammen aus einem der ältesten bisher bekannten griechischen Tempel auf Kreta), sowie ein mit Reliefs und Großplastiken verzierter Türsturz aus einem Tempel des antiken *Rhizenia*.

Architektur und Städtebau

Auf Kreta finden sich noch zahlreiche Spuren von Siedlungen und Städten aus griechischer und römischer Zeit. Deutlichstes Merkmal der griechischen Städte ist ihre leicht zu verteidigende, auf einem Berg gelegene, befestigte Akropolis.

Gortis im Detail

Nicht selten liegt selbst die gesamte Stadt in exponierter Lage. Der Besuch einer griechischen Siedlung lohnt sich daher zumeist schon allein des Panoramas wegen. Aus kulturhistorischer Sicht empfehlenswert, ist vor allem eine Besichtigung der dorischen Siedlung **Lató**. Sie verdeutlicht besonders schön die Anlage einer frühen griechischen Stadtgründung (S. 422f). Für die Konzeption einer griechisch-römischen Stadt gibt es auf Kreta dagegen kein besseres Beispiel als *Górtis*, die ehemalige Hauptstadt der römischen Provinz *Creta et Cyrenae* (S. 487ff).

3.2.3   Spuren der byzantinischen Zeit

In der byzantinischen Baukunst verschmelzen Elemente der Kulturen des mediterranen Raumes und Vorderasiens. Schließlich war um 330 n.Chr. die Kaiserresidenz von Rom nach Konstantinopel (heute Istanbul) verlegt worden. Byzantinische Bauten auf Kreta sind fast ausschließlich Sakralbauten.

Man unterscheidet auch auf Kreta in der byzantinischen Kunst **3 Epochen**:
• Die frühbyzantinische oder frühchristliche Kunst (4.-9. Jh., aus dieser Zeit stammen die dreischiffigen Basiliken der Insel)
• Die mittelbyzantinische Kunst (9.-12. Jh., in dieser Epoche wurden viele neue Kirchen und Klöster neu gegründet; Bautyp der Kuppelkirchen)
• Die spätbyzantinische Kunst (13. Jh. - 1453; bis zum Untergang des byzantinischen Reiches wurden viele Kirche mit wertvollen Fresken ausgemalt)

Schlichte Kapellen

Über 1.000 byzantinische Kirchen und Klöster sind auf Kreta erhalten, die meisten davon schlichte **Einraumkapellen**, bei denen ein einfaches Tonnengewölbe einen nach Osten ausgerichteten Raum überspannt. Eine halbkreisförmige Apsis schließt den Altarbereich ab. Doch wer an byzantinische Kirchenarchitektur denkt, hat zumeist die Idealform der aus Bruchsteinen errichteten **Kreuzkuppelkirche** im Sinn. Bei diesem Bautyp ist auf einen zentralen Raum mit 4 Stützen eine Kuppel aufgesetzt. 4 angesetzte, freistehende Erweiterungsarme ergeben den Grundriß eines griechischen Kreuzes. Nur ein Viertel der etwa 100 Kuppelkirchen auf Kreta sind echte Kreuzkuppelkirchen.

Anhand der Baudetails und am Malstil der ausschmückenden Fresken lassen sich Rückschlüsse auf die Bauzeit der Kirchen ziehen. In die 66 frühchristlichen Basiliken waren meist prachtvolle Mosaikböden eingelassen, die geometrische Muster, Tiere und Blumen zeigten. Die Dächer waren holzgedeckt und brannten nicht selten ab, so daß heute von den Basiliken Kretas nur noch Grundmauern und vereinzelt (z.B. bei Oulos) die wunderschönen Mosaiken erhalten sind. Eine sehenswerte Ausnahme bildet die außergewöhnlich gut erhaltene Titus-Basilika von Górtis, an deren Ruine Sie noch gut die Architektur einer Basilika nachvollziehen können.

Erst später hat man alte und neue Kirchen mit aufwendigen Fresken ausgemalt, die auf den feuchten Putz aufgetragen wurden. Dabei waren von den Malern feste **Regeln zum orthodoxen Bildprogramm** zu beachten:

Raumaufteilung Byzantinischer Kirchen

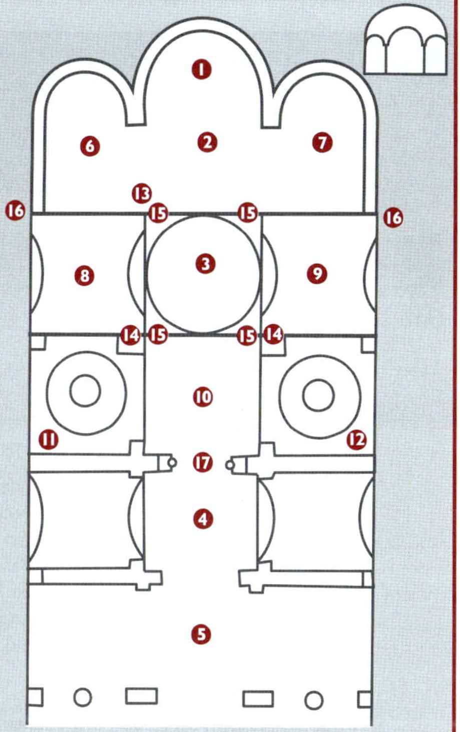

1 Apsis	10 westlicher Kreuzraum
2 Altarraum	mit Tonnengewölbe
3 Kuppelraum	11 Eckraum
4 Narthex	12 Eckraum
5 Exonarthex	13 Pfeiler
6 Prothesis	14 Säulen
7 Diakonikum	15 Pendentifs
8 nördlicher Kreuzraum	16 Chorwand - Templon -
mit Tonnengewölbe	Ikonostase
9 südlicher Kreuzraum	17 Trivelon
mit Tonnengewölbe	

© igraphic

• In der Hauptkuppel, die das Abbild des Himmelsgewölbes darstellt, findet man Christus als Weltenherrscher (*Pantokrator*).
• Darunter sind meist die Propheten des Alten Testaments dargestellt, die das Wort Gottes verkünden.

• In den seitlichen Gewölben werden Geschichten aus dem Leben Jesu gezeigt, die in Bezug zu den 12 orthodoxen Festen stehen.
• Pfeiler und Wände sind mit den Gestalten von Heiligen, Kirchenvätern und Bischöfen geschmückt. Die Auswahl ist in jeder Kirche anders.

Titus-Basilika in Gortis

• In der Halbkuppel der Apsis, für den eintretenden Gläubigen sofort sichtbar, ist die Muttergottes (*Panagia*) dargestellt.

Die Auswahl im Rahmen des Bildprogramms, Maltechnik und künstlerischer Ausdruck der Figuren und Szenen waren von der Herstellungszeit, den Fertigkeiten des Künstlers und dem Wohlstand der Kirchengemeinde oder des Stifters abhängig. Die **Freskenmalerei** war durch die Jahrhunderte regelrechten Moden unterworfen und ist noch heute lebendig. Besonders schön erhalten geblieben ist der aus dem 14. Jh. stammende Freskenschmuck der Kirche Panagia Kera bei Kritsa (S. 421). Spätere venezianische Einflüsse an byzantinischen Kirchen sind z.B. an verzierten Portalen und Fenstern zu erkennen, ihren Außenputz erhielten viele Kirchen dagegen erst während der türkischen Besatzungszeit.

Reicher Freskenschmuck

Trotz der Erschwerung der orthodoxen Religionsausübung unter venezianischer Herrschaft blieben die traditionellen byzantinischen Stile das beherrschende Element in der kretischen Sakralkunst. Die orthodoxe Kirche wurde nun zur „*Bewahrerin der nationalen und kulturellen Einheit*". Nicht selten finden sich daher auf den Malereien der venezianischen Zeit noch die Namen byzantinischer Kaiser: „*Diese Kirche wurde erbaut unter Kaiser (...)*".

Der Fall Konstantinopels (1453) beraubte die Kreter zwar endgültig ihrer Hoffnung auf eine Wiedervereinigung, doch führte er zugleich zu einer einzigartigen Kulturblüte, da zahlreiche byzantinische Künstler vom Festland nach Kreta flohen. In den großen Städten, vor allem in Iráklion, kam die traditionelle (strenge) byzantinische Kunst nun mit den Strömungen der

Byzantinische Fresken

italienischen Renaissance in Berührung, beide verschmolzen miteinander. Besonders deutlich kommt der neue Zeitgeist in den Ikonen des **Michael Damaskinos** (S. 105f) oder den Epen **Vicenzos Kornaros** (S. 106) zum Ausdruck. Und letztendlich – wenn auch nicht mehr auf Kreta selbst – in den weltberühmten Werken **El Grecos** (S. 101f).

Hinweis
Wenn Sie sich für byzantinische Kunst, insbesondere Ikonen, interessieren, dann dürfen Sie auf keinen Fall einen Besuch im Byzantinischen Museum in der kleinen Ekatherini-Kirche in Iráklion versäumen. Stimmungsvoll präsentiert, sind hier auch zahlreiche Ikonen des Michael Damaskinos *zu sehen (S. 355f).*

Buchtip
Ein liebevoll gemachter und mit unzähligen Farbfotos bebilderter Führer zu den Klöstern und christlichen Denkmälern der Insel ist das von Nikos Psilakis geschriebene und in Iráklion verlegte Buch „Klöster und Zeugnisse Byzantinischer Zeit auf Kreta", das Sie in gutsortierten Buchhandlungen auf Kreta erwerben können.

3.2.4 Spuren aus venezianischer und türkischer Zeit

Venezianische Bauten

Die Venezianer entfalteten früh eine rege Bautätigkeit in ihren Verwaltungssiedlungen. Im Mittelpunkt standen Befestigungsanlagen rund um die Häfen, doch auch erste Wohnhäuser und Paläste entstanden ab dem 13. Jh. Mit den Jahren reifte eine eigenständige **kreto-venezianische Renaissance-Architektur** heran, die in den Palazzi der Städte und ihren Portalen, aber auch in den Fassaden der Klöster Arkádi und Ágia Triáda ihre Höhepunkte findet. In den Städten wurden öffentliche Loggien, Uhrentürme und Brunnen gebaut, z.B. 1628 die zweistöckige Loggia von Candia, ein einzigartiger Prachtbau aus behauenem Tuffstein. Architekt war *Francesco Morosini*, der im gleichen Jahr in der Stadt auch den gleichnamigen Brunnen schuf.

Venezianische Prachtbauten

Wichtigste Merkmale der kreto-venezianischen Architektur sind die meist von einem Rundbogen überspannten Eingangsportale und das begehbare, mit Kieseln befestigte Terrassendach. Seine Hauptfunktion war nicht etwa die einer Aussichtsplattform, sondern das Auffangen von Regenwasser für die Zisternen.

Das **venezianische Stadthaus** baut sich aus folgenden Bestandteilen auf: Durch ein großes Tor (*portélla*) betritt man den Haupthof, der zur Straße hin durch eine Mauer abgeschirmt ist. Hier befinden sich der Brunnen und die Zisterne als Wassersammler. Manchmal gibt es noch einen Nebenhof. Das Haus bildet einen großes L oder U um den Innenhof herum. Im Erdgeschoß (*katóghi*) befinden sich Magazin- und Lagerräume, während die Geschäfts- und Wohnräume in dem durch

eine Außentreppe erreichbaren Mittelge-
schoß (*metsáo*) und Obergeschoß (*anog-
hí*) liegen. Hier oben versammelte sich
die Familie im zur Straße gelegenen *pór-
tego*, der guten Stube des Hauses.

Als Baumaterial verwendete man wie
auch bei öffentlichen Bauten große, behauene Tuffsteinblöcke von 0,5-0,7 m Dik-
ke, die mit Mörtel befestigt und mit einer tonartigen Erde, der rötlichen *smé-
goulas*, verputzt wurden.

Auf dem Land errichteten die Lehnsherren große **Villen und Wohntürme**, die
noch heute zu besichtigen sind (z.B. die
Villa Claudio in Chromonastiri oder die
Wohntürme von Maroulas (S. 586) und
Etiá bei Sitía). Die meisten erhaltenen
Baudenkmäler im kreto-venezianischen
Stil finden Sie in Chaniá, Réthimnon und
in der Umgebung von Réthimnon. Über
die kretischen Baumeister und Handwerker fand der venezianische Baustil in ver-
einfachter Form Eingang in das Bauen der
Landbevölkerung.

*Baudenk-
mäler der
Nordküste*

Venezianisches Tor in Réthimnon

Dorfhausformen des ländlichen Kreta

Das ländliche Haus auf Kreta ist ursprünglich ein aus einfachen, lokalen Baumate-
rialien wie Naturstein, Erde und Holz errichtetes Einraumgebäude. Es war nicht
für die Ewigkeit gebaut (denken Sie an immer wiederkehrende Erdbeben oder
Zerstörungen durch Besatzer). In den Bergdörfern bilden amphitheatralische En-
sembles dieser einfachen Häuser mit Dachterrassen trutzige weiße Burgen, die
beim Durchlaufen zu Labyrinthen auf- und absteigender Gassen werden. Die
Größe der Räume war bedingt durch die begrenzten Längen der **Stammholz-
balken** (*tráves*) aus Eiche, die, auf die Mauern gelegt, zur Aufnahme des Daches
dienten. Dieses Dach, das zum Schluß eine Schicht aus Erde erhielt, mußte jährlich ausgebessert werden, was die Dachlast immer weiter erhöhte.

*Einfache
Wohn-
häuser*

Die Gebäude erreichten oft nur um 30 qm Wohn- und Nutzfläche, auf denen vom
Schlafen und Kochen bis zur Unterbringung der Haustiere alle Funktionen Platz
finden mußten. In der hinteren Ecke befanden sich der zum Kochen und Heizen
benutzte Kaminofen und eine abgemauerte, erhöhte Schlafnische. Der überdachte Backofen des Hauses war im Innenhof angesetzt. Weitere Räume wurden
durch die kretischen steinerne **Rundbögen**, die *kamára*, mit bis zu 5 m Spannweite abgetrennt,
um die zusätzlichen Dachlasten aufzunehmen. So entfiel auch die störende Holz-
stütze bei größeren Räumen. Durch die *kamáres* wurden in einem großen Raum

mehrere Wohn- und Nutzflächen abgeteilt. Der so entstandene schlichte Haustyp heißt auf Kreta **kamaróspita**. Er ist auch auf den Kykladen und den Inseln des Dodekanes weit verbreitet. Verzierungen der kubischen Formen sind nur an den Eingangstüren und den Fenstern angebracht, meist wird eine kräftige Farbe als Kontrast zu den grauen Natursteinfassaden (die erst viel später weiß oder farbig verputzt wurden) gewählt.

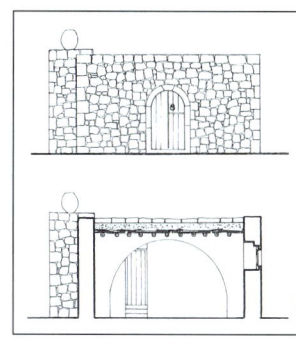

Ansicht eines kamaróspita

Ein *kamaróspita* eignet sich heute hervorragend als Ferienwohnung und ist mit seinen Deckenbalken sehr gemütlich. In mehreren Dörfern Kretas können diese traditionellen Unterkünfte angemietet werden. Auch das Manko weniger und winziger Fenster ist seit der Verbreitung elektrischen Lichts kein Problem mehr. Das Terrassendach ist an den meisten Gebäuden, vor allem im Westen Kretas, durch ein rotes Ziegeldach ersetzt worden, das einen wesentlich geringeren Instandhaltungsaufwand erfordert. Solche überwiegend nur ein- oder zweiseitig geneigten Ziegeldächer finden Sie z.B. in Archánes südlich von Iráklion. Die Haustypen haben meist zwei Geschosse und komplexere Grundrisse als die einfachen Dorfhäuser.

Türkische Anbauten

Durch Anbauten entwickelten die Türken die vorgefundenen Häuser der Venezianer weiter. Hauptsächlich in den Städten (hier lebte mit Abstand der größte Teil der türkischen Bevölkerung) bauten sie in den Obergeschossen hölzerne, aus der Fassade ragende Erker, die **kióski**, an. Die Ausdehnung des Vorsprungs eines *kióska* mußte dabei auf die Straßenbreite abgestimmt werden. So entstand zusätzlicher Wohnraum in den Obergeschossen, und die Fassade wurde durch zusätzliche, vergitterte Fensteröffnungen aufgelockert. Die hölzerne Verkleidung erstreckte sich manchmal über den Erker hinaus auf die ganze Vorderfront. Vor allem in Réthimnon, aber auch in Chaniá sind noch einige Holzerker erhalten, viele wurden leider – u.a. wegen der Brandgefahr in den engen Altstädten – im 20. Jh. abgerissen. Im Topanas-Viertel in der Altstadt von Chaniá können Sie in einigen Pensionen sogar Zimmer mit diesen Holzerkern mieten.

Türkische Holz- balkone

Moscheen

Zahlreiche Kirchen wandelten die türkischen Eroberer in Moscheen um. Auch Neubauten folgten, nicht zuletzt da zahlreiche Gotteshäuser infolge starker Erdbeben zerstört wurden. Noch heute hebt sich die osmanische Architektur deutlich aus dem Stadtbild ab. Moscheen mit dem typischen Minarett fin-

Aga-Moschee in Chania

den Sie vor allem noch in Chaniá und Réthimnon sowie in Ierápetra. Doch die Kreter tun sich nach wie vor schwer mit dem Erbe der Türkenzeit, und oft ist es nicht leicht, für diese Baudenkmäler eine geeignete Nutzung zu finden. Ganz anders die **Agius-Titus-Kirche** in Iráklion. Vor der türkischen Besatzung war sie die Metropolitenkirche Kretas, dann wurde sie in eine Moschee umgewandelt und nach dem schweren Erdbeben von 1856 als *Geni-Tsami-Moschee* neu erbaut. Heute ist sie wieder eine der bedeutendsten Kirchen Kretas. Ihr fehlt zwar inzwischen das Minarett, doch die osmanische Architektur ist unverkennbar und verleiht ihr auch im Innern eine sehr eigenwillige, lichte Atmosphäre.

3.3   Mythologisches

Zahlreiche Mythen der antiken Griechen ranken sich um Kreta. Sie alle deuten darauf hin, daß die Menschen späterer Zeiten hier ihre kulturellen Wurzeln sahen. Doch so verlockend der Versuch auch sein mag, in diesen Erzählungen über Götter, Titanen, Nymphen und Heroen nach Hinweisen auf das Geschehen in *Schauplatz* minoischer Zeit zu suchen, so darf man doch nicht übersehen, daß aus ihnen vor *der* allem eines spricht: die menschliche Phantasie (lesen Sie dazu auch den Infoka- *Mythologie* sten auf S. 68f). Dank ihr hat die griechische Mythologie in all den Jahrtausenden nicht an Reiz verloren und umgibt Kreta selbst in unserer Zeit noch mit einem eigenartigen Glanz und Zauber.

Die Entstehung der Welt und die Herrschaft der Titanen

Am Anfang steht das Chaos. Ihm entspringt Gaia, die große Erdmutter. Sie gebiert zunächst ohne männliche Hilfe Uranos (den Sternenhimmel) und Pontos (das Meer). Anschließend vereint sie sich mit ihrem Erstgeborenen, und gemeinsam zeugen sie zahlreiche Kinder, darunter das Geschlecht der Titanen. Doch Uranos haßt seine Nachkommen und stößt sie allesamt in den Schoß der Erde zurück. Auf Drängen seiner Mutter kastriert Kronos (der jüngste der Titanen) daraufhin seinen Vater mit Hilfe einer goldenen Sichel und befreit seine Geschwister aus dem Schoß der Mutter.

Grausamer Nun besteigt Kronos den Thron der Götter, nimmt seine Schwester Rhea zur *Kronos* Gemahlin und herrscht mit ihr auf Kreta. Die ihm untergebenen Menschen führt er zu einem zivilisierten Leben, lehrt er sie doch Gerechtigkeit und die Aufrichtigkeit der Seele. Seinen eigenen Kindern gegenüber erweist er sich jedoch als genauso grausam wie der eigene Vater: Aus Angst, von ihnen entmachtet zu werden, verschlingt er kurzerhand jedes Neugeborene.

Die Geburt des Zeus und Kampf der Titanen

Nachdem Kronos bereits fünf Kinder verschlungen hat (die in seinem Körper jedoch weiterleben), beschließt Rhea, das nächste Kind vor ihm zu verbergen. Sie flieht in die Berge und gebiert Zeus im Schutze einer Höhle. Die Ostkreter sagen in der Diktäischen, die Westkreter in der Idäischen Höhle. Hier läßt sie den Knaben in der Obhut der Kureten zurück, die mit ihrem lärmenden Waffentanz das Geschrei des jungen Gottes übertönen, während Rhea Kronos täuscht, indem sie ihm einen in Windeln gewickelten Stein zum Verschlingen gibt. So reift Zeus vom Vater unentdeckt heran, wohlgenährt von den Nymphen Melissa und Amaltheia, die ihn mit Honig und Ziegenmilch großziehen. Durch eine erneute List Rheas wird Zeus später Mundschenk seines Vaters. Er verabreicht Kronos ein Brechmittel, das diesen dazu zwingt, sämtliche verschlungenen Kinder (Hestia, Demeter, Hera, Hades und Poseidon) wieder auszuspeien.

Nun entbrennt ein bitterer, zehn Jahre währender Kampf, in dem Zeus und seine Geschwister Kronos und die übrigen Titanen entmachten. Zeus besteigt den Götterthron und wird Herr im Olymp. Die Titanen aber werden eingekerkert im Tartaros, dem tiefsten, von ehernen Mauern und Toren umfaßten Abgrund der Unterwelt, jenem Ort, an dem die Seelen der besonders Bösen ewige Qualen erleiden.

Zeus – Herr des Olymp

Europa und ihre Kinder

Seine sexuelle Begierde verwickelt Zeus in eine Vielzahl von Affären, aus denen zahlreiche Heroen (Halbgötter) hervorgehen. Eines Tages erblickt er Europa, die Tochter des phönizischen Königs Agenor, wie sie mit ihren Freundinnen an der Küste des Libyschen Meeres Krokusse pflückt. Ihr nähert er sich in der Gestalt eines weißen Stiers. Von der Verspieltheit dieses Tieres beeindruckt, schwingt sich Europa leichtfertig auf seinen Rücken. Nun stürzt sich Zeus mit ihr ins Meer und entführt sie kurzerhand nach Kreta. In Górtis zeugt er mit ihr Minos, Rhadamanthys und Sarpedon, das gesamte Herrschergeschlecht der Minoer. Doch bald schon wendet sich Zeus neuen Liebschaften zu. Europa heiratet nun König Asterios, der ihre drei Knaben adoptiert. Aus dieser Ehe geht noch eine Tochter hervor – Krete – die der Insel schließlich ihren Namen geben sollte.

König Minos und der Minotaurus

Zu Männern herangereift, teilen Minos, Rhadamanthys und Sarpedon die Insel untereinander auf und machen Knossós zu ihrer Hauptstadt. König des Reiches wird Minos, er heiratet Pasiphae, die Tochter des Sonnengottes Helios. Schon bald wird er wegen seiner Gerechtigkeit hochgeschätzt, denn seine Gesetze stammen von niemand

Zeus entführt Europa in der Gestalt eines Stieres (griechische Vase 6. Jh. v.Chr.)

Geringerem als seinem Vater Zeus persönlich. Alle neun Jahre hält Minos mit ihm Zwiesprache, in der Idäischen Höhle. Dennoch, nach der Thronbesteigung braucht Minos zunächst ein Zeichen, das seine Macht bestätigt. Zu diesem Zweck bitte er Poseidon, einen Stier aus den Tiefen des Meeres emporsteigen zu lassen, den er ihm als Dank anschließend auch opfern wolle. Als der Stier jedoch tatsächlich aus den Fluten steigt, ist Minos verblendet von dessen Schönheit. In einer Nacht- und Nebelaktion treibt er ihn zu seinen Herden und opfert Poseidon statt dessen einen völlig gewöhnlichen Stier.

Ein Stier aus dem Meer

Poseidon merkt den Betrug und sucht einen Weg, sich an Minos zu rächen. Zunächst macht er den Stier wild und läßt ihn brunftig die kretischen Lande verwüsten, dann weckt er Pasiphaes Leidenschaft zu dem rasenden Tier. Pasiphae, mit der Minos inzwischen 4 Knaben und Töchter gezeugt hat, sucht nun Hilfe bei Dädalos, einem genialen Künstler aus Athen, der nach seiner Verbannung bei König Minos auf Kreta Schutz gefunden hat. Dieser konstruiert eine Kuhattrappe auf Rädern, in der sich die Königin verstecken kann, und schiebt sie anschließend auf die Lieblingsweide des prächtigen Stiers. Der bespringt auch sogleich die *Die* vermeintliche Kuh und begattet Pasiphae. 9 Monate später präsentiert sich das *Geburt* Resultat dieses amourösen Abenteuers. Die Königin gebiert den **Minotaurus**, *des* ein Monstrum mit Menschenleib und Stierschädel. Minos ist außer sich vor Zorn! *Minotaurus* Doch aufgrund des Flehens seiner Tochter Ariadne bringt er es nicht fertig, das Mischwesen zu töten. Statt dessen läßt er Dädalos ein verschlungenes Labyrinth erbauen, dessen Windungen jeden hoffnungslos verwirren, der nach dem Ausgang sucht. Hier sperrt er nun den Minotaurus ein.

Herkules

Inzwischen landet Herkules auf Kreta, der stärkste der griechischen Helden. Auch er ist ein Sohn des Zeus, den dieser mit der mykenischen Prinzessin Alkmene zeugte. Aus Eifersucht darüber machte Hera ihm das Leben schwer. Einmal schlug sie ihn sogar mit Wahnsinn, worauf Herkules seine eigenen Kinder ins Feuer warf und verbrannte. Zur Sühnung dieser Schuld trug ihm das Orakel von Delphi auf, er solle im Dienste des mykenischen Königs Eurystheus 12 für Menschen unlösbare Aufgaben vollbringen. Die 7. Aufgabe führt ihn nun nach Kreta. Hier fängt er den, spätestens seit dem Zwischenfall mit Pasiphae auch über die Landesgrenzen von Kreta hinaus bekannt gewordenen „kretischen Stier" und bringt ihn aufs griechische Festland. Eurystheus läßt den Stier frei, der daraufhin durch die Lande zieht und zuletzt die Ebene von Marathon verwüstet.

Theseus und Ariadne

Das Schicksal nimmt seinen Lauf. Zur gleichen Zeit befindet sich Androgeos – einer der Söhne des Minos – in Athen, wo er bei den panthanäischen Spielen in allen Disziplinen als Sieger hervorgeht. Als er dann auch noch den kretischen Stier wieder einfängt, wird er von seinen Neidern hinterrücks ermordet. Minos sinnt nach Rache und greift mit seiner Flotte Athen an. Es gelingt ihm jedoch nicht, die mächtige Stadt zu bezwingen. Daraufhin bittet er seinen Vater Zeus um Hilfe, der Athen mit Hunger und Pest schlägt. In ihrer Verzweiflung versuchen die Athener nun alles, um die Götter wieder milde zu stimmen. So sind sie bereit, Minos jeden Tribut zu zahlen, den er verlangt. Und König Minos ist hart, denn er *Jungfrauen-* fordert Menschenopfer. Von nun an müssen die Athener alle neun Jahre sieben *opfer* Knaben und sieben Jungfrauen nach Knossós schicken, die man dort dem Minotaurus zum Fraß vorwirft.

Auf der dritten dieser leidbringenden Fahrten geht **Theseus**, der Sohn des Athener **Königs Ägeus,** freiwillig mit an Bord, fest entschlossen, dem Spuk ein Ende zu setzen. Das Schiff, das die Opfer nach Kreta bringt, trägt schwarze Segel.

Ägeus beauftragt Theseus, wenn er lebend zurückkehrt, als deutliches Zeichen weiße Segel zu setzen.

Auf Kreta angekommen, verliebt sich Theseus in Ariadne und vertraut ihr an, den Minotaurus töten zu wollen. Ariadne verspricht ihm Hilfe, wenn er im Gegenzug dazu bereit ist, sie als Gemahlin mit nach Athen zurückzunehmen. Freudig willigt er ein. Ariadne bittet daraufhin Dädalos um Rat, wie Theseus wieder aus dem Labyrinth zurückfinden könne. Dieser empfiehlt ihr, sie solle Theseus ein Wollknäuel mit auf den Weg zu geben, dessen Faden er am Eingang des Labyrinths befestigen und hinter sich abspulen könne, um so wieder aus den verwirrenden Gängen herauszufinden. Mit Hilfe der Götter gelingt es Theseus, das Untier zu töten, das er zum Dank Poseidon opfert. Danach tastet er sich anhand des Fadens wieder zum Tageslicht empor. Noch in derselben Nacht fliehen Theseus, Ariadne und die übrigen Athener auf die Insel Naxos. Hier treffen sie auf Dionysos, der sich in Ariadne verliebt und diese entführt. Voller Trauer vergißt Theseus, die weißen Segel zu setzen. König Ägeus, der schon seit Tagen voller Sorgen auf die Rückkehr seines Sohnes wartet, erblickt das Schiff mit seinen schwarzen Segeln und stürzt er sich voller Verzweiflung ins Meer, das seither seinen Namen trägt.

Theseus tötet den Minotaurus
(griechische Vase 5. Jh. v.Chr.)

Falsche Segel gesetzt

Dädalos und Ikaros

König Minos läßt den Verräter Dädalos und dessen Sohn Ikaros ins Labyrinth werfen. Doch der geniale Dädalos findet auch in dieser Situation einen Ausweg. So konstruiert er für sich und seinen Sohn ein Paar Flügel. Vor der Flucht ermahnt er **Ikaros** noch, auf keinen Fall zu hoch zu fliegen, da die Sonne ansonsten das Wachs schmelze, das die Federn zusammenhält. Doch Ikaros hört nicht auf den Vater und schwingt sich leichtfertig immer höher empor. Die Sonne versengt seine Flügel, das Wachs schmilzt, die Schwungfedern lösen sich, und Ikaros stürzt in den Tod. Voller Trauer setzt Dädalos seinen Weg fort und schafft es sogar bis nach Sizilien, wo ihm König Kokalos Asyl gewährt.

Der Tod des Minos auf Sizilien

Auf der Suche nach Dädalos durchstreift König Minos den gesamten Mittelmeerraum. In jedem Hafen läßt er verkünden, daß er demjenigen eine große Belohnung zuteil werden lasse, der es schafft, einen Faden durch das Gewinde einer Spiralmuschel zu führen. König Kokalos betraut, nichts ahnend, Dädalos mit dieser Aufgabe. Der bohrt ein Loch in das andere Ende der Muschel und befestigt den Faden an einer Ameise, die er durch das Gehäuse marschieren läßt. Als Minos die Muschel mit dem Faden sieht, weiß er, wo Dädalos steckt, und fordert dessen Auslieferung. König Kokalos läßt für Minos ein Gastmahl errichten und verspricht, über dessen Ansinnen nachzudenken. Minos nimmt derweilen ein Bad, das ihm die Töchter des Kokalos bereiten, nicht ahnend, daß diese inzwischen mit Dädalos paktieren. Und während sich Minos entspannt in seiner Wanne zurücklehnt, wird er hinterrücks verbrüht und stirbt qualvoll im kochenden Wasser. Seine Begleiter gründen anschließend auf Sizilien die Stadt Minoa, in der sie seine Gebeine beisetzen.

Tod des Minos

3.4   Gesellschaft, Kirche und Brauchtum

Glaube und Tradition sind zwei wesentliche und lebendige Elemente der kretischen Gesellschaft. Auch wenn Sie als Reisender oder Reisende nur einen Ausschnitt daraus kennenlernen, wird Sie die kretische Lebensweise in Ihren Bann ziehen. Mehr noch als alle archäologischen Stätten und Funde vermittelt sie ein Bild von der modernen Geschichte, die das Inselvolk am Südstrand Europas und nur einen Katzensprung von Orient und Afrika entfernt, geprägt hat.

3.4.1   Kretische und griechische Gesellschaft

Kretas Nähe zum Orient

Kreta gehört erst seit seiner Befreiung von den Türken 1898 und der darauf folgenden 15-jährigen Unabhängigkeit zu Griechenland. So haben sich jahrhundertelang eigenständige Traditionen entwickelt. Die andersartigen Besatzer, die fremde Religionen und Kulturen auf die Insel brachten und mit den einheimischen vermischten, haben ihre Spuren hinterlassen. Neben den orthodoxen Kirchen ragen vereinzelt die Minarette muslimischer Moscheen in den Himmel, zeugen katholische Gotteshäuser von der Anwesenheit der Venezianer. Die Architektur in den Altstädten zeigt wechselnde Baustile, Kretas Musik klingt orientalischer und melancholischer als im übrigen Griechenland. Auf der anderen Seite hat die lange Zeit der Fremdbesatzung den Gemeinschaftsbegriff der Kreter ungemein gestärkt.

Die kretische Familie – Keimzelle der Gemeinschaft

Ohne dauerhaftes Staatsgebilde, ohne eigene Gesetzgebung oder gar soziale Absicherung, war die Familie jahrhundertelang das Rückgrat der kretischen Sozialgesellschaft. Durch eine klare Rollenverteilung waren jedem Mitglied Aufgaben und Pflichten in der Familie und der Gemeinschaft bewußt. Das **patriarchalische System** bestimmte den Mann als uneingeschränktes Familienoberhaupt, die Frau übernahm jedoch neben dem Haushalt und der Erziehung der Kinder nicht selten auch noch harte, körperliche Arbeit in der Landwirtschaft. Soziale Reformen hat es bis ins 20. Jh. kaum gegeben, gestützt wurde das System durch die agrarisch geprägte Erwerbsstruktur ohne größere Betriebe. Obwohl die Frau nicht selten den Hauptteil zum Einkommen beisteuerte, war es der Mann, der die Geschicke der Familie lenkte. Häufig im *kafenion*, dem Versammlungsort der Männer, in dem alle das Dorf betreffenden Entscheidungen gefällt wurden. Die Frauen saßen derweilen vor den Häusern beisammen und „entspannten" sich bei der Handarbeit, die weniger Hobby als wirtschaftliche Notwendigkeit war.

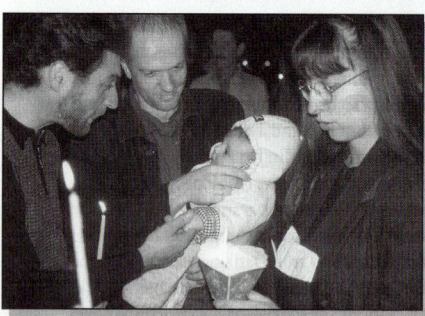

Kretische Familie mit Kind

Der strenge Patriarchalismus ist heute, zumindest in Städten, weitgehend zurück-
gedrängt, er läßt sich mit einem modernen Kreta nicht mehr vereinen. Der Staat
hat die **Frau** in den 1980er Jahren endgültig **gleichberechtigt**: Das Erfordernis
der Mitgiftzahlung wurde gesetzlich abgeschafft, auch Scheidungen sind in Griechenland mittlerweile alltäglich, Frauen können danach ihren Mädchennamen wieder annehmen. Eine Liebesbeziehung unter jungen Kretern muß nicht mehr zwangsläufig in eine Ehe münden. Und doch hat der Familienverbund immer noch eine
nicht zu unterschätzende Bedeutung, leben Traditionen auf Kreta auch ohne gesetzliche Grundlage weiter. Die moderne Individualisierung der Gesellschaft, bei
der der Sinn des Lebens nicht länger in der Familie gesehen wird, bleibt den
Kretern fremd.

Stellung der Frauen

Buchtip
Alexandros Papadiamantis *beschreibt in seinem sozialkritischen Roman:
„Die Mörderin" (Suhrkamp) ein griechisches Frauenleben im 19. Jahr-
hundert.*

Die Dorfgemeinschaft – die Familie der Familien

Der jahrhundertelange Kampf um die eigene Freiheit und die harte Existenz in
den kargen Bergsiedlungen haben das kretische Volk geprägt. Viele Dörfer in den
Gebirgen liegen isoliert an Feldhänge geschmiegt, Kilometer entfernt von der
nächsten Siedlung. Die weiß gekalkten Häuser finden sich
zu kleinen Nestern zusammen, kaum jemand wohnt abseits. Auch wenn heute die Zersiedlung um die Städte
und Tourismusregionen diese Grenzen aufhebt, eine der
wichtigsten Strukturen ist noch immer die Dorfgemeinschaft. Wo man sich nicht auf ein ausgeklügeltes Sozialsy-
stem des Staates verlassen kann, übernimmt neben der
Familie die Dorfgemeinschaft diese Aufgabe. Sie ist geprägt von **Solidarität** und gegenteiliger Anteilnahme. Alle
wichtigen Feste, wie Geburt, Taufe, Hochzeit und Beerdi-
gungen, werden gemeinsam gefeiert, man erleidet das
Schicksal des Nachbarn förmlich mit.

Zu einer **kretischen Hochzeit** ist das ganze Dorf auf
den Beinen, reisen Verwandte und Freunde aus weiten
Teilen Griechenlands an. Alle helfen dem Brautpaar und
den Familien bei den Vorbereitungen, dennoch sind die
Kosten einer solchen Hochzeit, bei der manchmal Hunderte von Gästen bewirtet werden müssen, beachtlich.

Übrigens galt auf Kreta noch lange die Regel, daß ein
Bruder erst heiraten konnte, wenn alle seine Schwestern

Hochzeitsbrot

einen Mann gefunden hatten – auch wenn er das älteste Kind der Familie war!
Die Pflicht zur Zahlung einer vertraglich vereinbarten Mitgift ist dagegen mittler-
weile abgeschafft, und seit 1983 kann man auch in Griechenland ohne kirchlichen
Segen standesamtlich heiraten.

Bald nach der Hochzeit wird von der Frau eine Schwangerschaft erwartet, Kinderlosigkeit wirft Fragen auf. 40 Tage nach der Geburt des Kindes wird es erst durch die Taufe zu einem Mitglied der Glaubensgemeinschaft. Besondere Bedeutung kommt dabei der **Patenschaft (synteknos)** zu, die oft vom Trauzeugen des Mannes übernommen wird. Sie birgt große Verantwortung und eine fast verwandtschaftliche Beziehung zum getauften Kind. Der Taufpate oder die Taufpatin kauft die Taufgeschenke, wie z.B. Kleider, Goldschmuck, kleine Anstecknadeln für die Gäste und Wachskerzen. Am Tag der Taufe kommen die Paten in das Haus des Kindes und bringen das *peskesia* (Lebensmittelgeschenke). Gemeinsam ziehen alle in die Kirche, um die Sakramente zu empfangen. Die Hebamme oder die Großmutter des Kindes entkleiden es, während der Priester die Messe liest. Anschließend nimmt er das Kind in beide Hände und taucht es dreimal in das Taufbecken. Dazu spricht er: „Es wird der Diener Gottes getauft (...) im Namen des Vaters, des Sohnes und des Heiligen Geistes".

Aufnahme durch Taufe

Die erwachsenen Kinder sind verantwortlich für ihre alten Eltern. Altersheime gibt es, trotz der bescheidenen gesetzlichen Rente, in Griechenland nur für wirkliche Notfälle. Oftmals leben die **Generationen** sogar unter einem Dach zusammen, die Großeltern kümmern sich um die Enkelkinder und entlasten so Vater und Mutter, während diese arbeiten.

Ruhestätte der Toten

Große Anteilnahme zeigt die Gemeinschaft beim **Tod** eines Familien- oder Dorfangehörigen. Man trifft sich im Haus des Verstorbenen und beweint sein Ableben in Versen, die aus seinem Leben erzählen. Nach der Beerdigung wird das Bild des Verstorbenen auf dem oberirdischen, meist aus Marmorplatten gefertigten Grab neben einem ewigen Licht aufgestellt. Ein griechischer **Friedhof** strahlt neben Trauer immer auch eine gelöste Stimmung aus, der Duft von Weihrauch, zahllose bunte Blumen und die Lichter auf jedem Grab schaffen eine friedliche Atmosphäre.

Ehre, Stolz und Toleranz

Ehre und Schande sind wichtige Begriffe, um die sich das gesellschaftliche Leben im ländlichen Kreta dreht. Diebstahl oder andere Kapitalverbrechen sind schwere Verstöße gegen die Ehre (Ausnahme: Blutrache) und verbieten sich auch ohne Strafandrohung des Staates. Nicht zuletzt deshalb ist die Kriminalitätsrate in Griechenland noch heute niedriger als in anderen Ländern Südeuropas, wenn auch steigend.

Wenig Kriminalität

Der kretische Stolz ist sprichwörtlich, mit der Toleranz jedoch ist das so eine Sache. Hippies und Rucksackreisende fanden in den 1970er Jahren mit Kreta ein

Refugium, in dem die Bewohner ihnen zwar mit Erstaunen, doch toleranter Gelassenheit begegneten. Die Toleranz hat jedoch dann ihre Grenzen, wenn der Kreter unmittelbar betroffen ist. Im Familienverbund sind persönlicher Freiraum und Individualismus kaum gefragt, und Fremde haben es schwer, sich dauerhaft in die Gemeinschaft zu integrieren, wenn sie nicht auf der Insel geboren sind.

Filoxenia – die Gastfreundschaft

Das griechische Wort für Gastfreundschaft, *filoxenia*, bedeutet soviel wie „die Freundschaft zum Fremden". Der Gast heißt außerdem auch *musafiris*, wörtlich übersetzt: „Der die Musen bringt". Der Fremde bringt Neuigkeiten, Abwechslung und eine Gelegenheit, Gutes zu tun. Jeder möchte ihn deshalb kennenlernen und in sein Haus bitten. Der Kreter ist recht neugierig, wundern Sie sich nicht über direkte Fragen zu Ihrer Familie oder Ihrem Einkommen, auch wenn Sie nur oberflächlich ins Gespräch kommen.

„Der die Musen bringt"

Und nehmen Sie ebenso Anteil am Leben Ihres Gegenübers, zeigen Sie Interesse an seiner Lebensweise. Für kleine Geschenke, wie ein Glas Wein oder *raki*, Süßigkeiten oder Früchte, erwartet niemand eine Gegenleistung, schon gar nicht in Form von Geld – eher wird dies als Beleidigung aufgefaßt.

Mittlerweile findet man die reine Form der Gastfreundschaft nur noch in wenigen Dörfern Kretas, zu viele Reisende kommen nach Kreta, und nur wenige nehmen sich die Zeit, die auch der Gast der praktizierten Gastfreundschaft entgegenbringen muß.

Vendetta – die Blutrache

Ähnlich den berüchtigten, bewaffneten Familienfehden in der Máni (Peloponnes) ist auch auf Kreta die Blutrache *vendetta* früher eine übliche Antwort als Rache in Familienstreitigkeiten gewesen. Klassische Auslöser waren Ehrverletzungen, die Schändung einer Frau (auch verbal), Diebstähle von Vieh und Vorräten und Eigentumskonflikte, wie z.B. unklare Grundstücksgrenzen. Die Blutrache diente zur Wiederherstellung der verletzten Ehre. Der Familienrat beschloß die Art der Rache und bestimmte den Ausübenden, der sich kaum dagegen wehren konnte. Während der Fremdbesatzung ersetzte die *vendetta* die kaum ausgeübte Gerichtsbarkeit der Venezianer oder Türken.

Wiederherstellung der Ehre

Familienfehden und Blutrache konzentrierten sich immer auf den Westen der Insel, in Zentralkreta kommt sie weitaus weniger vor, in der Präfektur Lassíthi nahezu gar nicht. Als Keimzelle der Vendetta gilt die Sfakiá, deren Bewohner jahrhundertelang ihre eigenen, ungeschriebenen Gesetze hatten (lesen Sie dazu auch den Infokasten über die Sfakiá auf S. 595).

Auch wenn es noch in den letzten Jahren vereinzelt *vendetta*-Morde gegeben hat, Fremde oder gar Touristen brauchen keine Angst zu haben, in eine solche Fehde verwickelt zu werden, sie ist eine ausschließliche Angelegenheit kretischer Familien.

Buchtip
Jorgi Jatromanolakis beschreibt in seinem mehrfach ausgezeichneten Buch „Der Schlaf der Rinder" eine kretische Familienfehde, die nach einem Mord entfacht wird und letztlich eine ganze Familie auslöscht.

Die Liebe zu den Waffen und die Verherrlichung des Kampfes

„Es gibt Menschen, die rufen Gott durch Gebete und Tränen an, andere mit Geduld und Resignation und wieder andere, indem sie ihn lästern. Die Kreter sprechen zu ihm mit Gewehren." (aus *Nikos Kazantzákis*: „Freiheit oder Tod")

Die kretische Liebe zu den Waffen, die sich in der Begeisterung für die Jagd oder das Schießen an sich ausdrückt, beruht auf der früheren Notwendigkeit, sich im Freiheitskampf zu wehren und die Besatzer in ihre Schranken zu weisen. Sie

Zerschossenes Verkehrsschild

werden im ländlichen Kreta wohl vergeblich ein Verkehrsschild suchen, das nicht von Einschußlöchern übersät ist. Zur kurzen Jagdsaison schießt man mancherorts auf alles, was sich einem Wild gleich bewegt. Jedenfalls vermitteln das die vielen Patronenhülsen an den Wegrändern in Bergregionen. Auch auf Feierlichkeiten wie Hochzeiten wird immer noch gern in die Luft geschossen, eine nicht ganz ungefährliche Art, seiner Freude Ausdruck zu verleihen.

Auf Kreta gibt es nach offiziellen Schätzungen dreimal so viele Schußwaffen wie Einwohner. Von der angejahrten Familienflinte über Pistolen und Gewehre der deutschen Wehrmacht bis hin zu Schußwaffen aus albanischen Beständen. Die Waffen werden gepflegt und von Generation zu Generation weitergegeben. Vor allem in den Bergregionen findet man heute noch in fast jedem Haushalt ein Gewehr. Und wenn ein kretischer Mann kein Gewehr sein eigen nennt, so besitzt er doch zumindest ein Messer, das als Symbol seiner Männlichkeit gilt. Das **kretische Messer** mit dem Griff in Ziegenbeinform und der Klappklinge gehört unabdingbar zur kretischen Tracht. Es wird unter dem Gürtelband getragen, der Griff rechts, die Klinge nach links. Häufig sind die Messer aufwendig gearbeitet mit graviertem Schaft, in den Städten werden sie in speziellen Geschäften angeboten.

Traditionen in Gefahr

Viele der alten Traditionen haben in den letzten Jahren an Bedeutung verloren. Die letzte Generation älterer Kreter, die noch fremde Besatzer, Unterdrückung und Freiheitskampf am eigenen Leib erfahren haben, stirbt langsam aus. Den Nachgeborenen bleiben nur die überlieferten Geschichten. Doch die Jungen interessieren sich auch auf Kreta mehr für Pop-Musik, Mofas und Computer als für den Freiheitskampf ihrer Ahnen. Die Nivellierung der Kulturen als Folge der Globalisierung und des dominierenden Tourismus hat auch an den Küsten Kretas nicht haltgemacht.

3.4.2   Die griechisch-orthodoxe Kirche und ihr Glaube

Obwohl die griechisch-orthodoxe Kirche ihre praktizierte Lehre auf das späte 8. Jahrhundert stützt (7. Ökumenische Synode), ist sie eine lebendige, volksnahe und bilderreiche Kirche. Der orthodoxe Glaube ist stark in das Alltagsleben integriert und wird sehr pragmatisch gelebt. Vielleicht ist er gerade deshalb immer noch so stark in der Gemeinschaft und im einzelnen verankert. **Gottesdienste** sind bei weitem nicht so formalisiert wie in der evangelischen oder katholischen Kirche; man kommt und geht und nimmt das religiöse Ereignis als Anlaß für den Austausch von Neuigkeiten. Überall hängen Bilder der Heiligen: nicht nur in der Kirche als Ikonen, sondern auch zu Hause, im Auto oder in einem der merkwürdigen Schreine an den Rändern der Straße, den *ikonostássia*.

Glauben im Alltag

Die **Orthodoxie** („Rechtgläubigkeit"), die sich von der 1054 n.Chr. abgespaltenen Westkirche vor allem in der Herausstellung der kirchlichen Traditionen und der Erlösung und Verklärung des Menschen abgrenzt, mag wegen des Festhaltens an jahrhundertealten Kulten (z.B. Ikonen, Heilige) „altmodisch" erscheinen. Karitative, soziale Arbeit hat kaum eine Bedeutung, das Mönchstum mit allen Entbehrungen und Mysterien dagegen schon. Um so mehr verwundert die enge Bindung von Staat und Kirche, die sogar in der Verfassung geregelt ist.

In der Geschichte Kretas hat die orthodoxe Kirche den Menschen unter der Fremdbesatzung Halt gegeben, ein geistiges Zentrum erhalten. Viele Mönche haben ihr Leben im Freiheitskampf riskiert und unermüdlich die vor allem von den Türken zerstörten Klöster wiederaufgebaut. Die orthodoxe Kirche ist auch im 21. Jh. eine einflußreiche, **machtvolle Institution**, die einen starken Einfluß auf die Politik und die gesellschaftliche Entwicklung Griechenlands nimmt. Sie finanziert sich zwar nicht über Steuern, sondern aus Spenden und dem eigenen Vermögen, doch wegen ihrer starken Stimme, die Reformen kritisch gegenübersteht, dem engen Verhältnis zum Militär und der Isolation des Mönchstums anstelle praktizierter Nächstenliebe und Sozialarbeit, ist sie unter jungen Griechen nicht unumstritten.

Orthodoxer Priester

Kirchenoberhaupt Kretas ist der Erzbischof von Iráklion, dem die 7 Bischöfe der Insel in ihren Diözesen unterstellt sind. Die **griechisch-orthodoxen Priester**, die es in jedem Dorf gibt, sind die *papádes (*Einzahl *papás)*. Sie dürfen verheiratet sein und Kinder haben. Der *papás* ist wie ein zweiter Bürgermeister Ratgeber, Vorbild und Seelenpfleger in einer Person. Er hat nicht zwangsweise studiert, aber sicher eine Ausbildung in einer der Priesterseminare genossen, wie es sie z.B. in Spíli südlich von Réthimnon gibt.

Im krassen Gegensatz zur fast heiteren Feierlichkeit der orthodoxen Volkskirche steht das entbehrungsreiche **Mönchstum** in einem der zahllosen Mönchs- oder

Nonnenklöster Kretas. Ein streng reglementierter Alltag, nächtliche Gebete und die monotone Arbeit auf den Feldern der Klöster oder in der Ikonenmalwerkstatt sind der Preis für den Gotteslohn der Erlösung. Noch extremer war das Leben der **Eremiten**, die teilweise wie Heilige verehrt wurden. Sie lebten in Höhlen oder einfachsten Behausungen und ernährten sich von Wurzeln und Blättern, ganz dem Gebet hingegeben und abseits aller sozialen Strukturen. Bedeutend für das Klosterleben ist das **„Mysterium der Eucharistie"**, der reich ausgestattete Kult, bei dem die minuziöse Einhaltung der äußeren Form von größter Bedeutung ist. Das gilt für heilige Handlungen, das Anzünden von Lichtern, das Bekreuzigen, Niederknien, Verbeugen, Küssen der Ikonen etc. Auf Predigten wird dagegen wenig Wert gelegt. In der Hochschätzung der Form zeigt sich ein gewisses Fortleben des griechischen Mysterienkultus.

Ortho-doxer Mysterien-kult

Auch auf Kreta haben immer mehr Klöster Probleme, Nachwuchs zu rekrutieren. Viele Anlagen sind in den letzten Jahren, nach dem Tod der letzten Mönche oder Nonnen, verlassen worden und bröckeln nun vor sich hin. Dennoch gibt es zahlreiche sehr lebendige Klöster mit eigenen Handwerkstraditionen (z.B. Agía Iríni bei Réthimnon oder Chrissopigí bei Chaniá). Ökumenisches Sprachrohr der orthodoxen Kirche auf Kreta ist die Orthodoxe Akademie bei Kolimbári in Nordwestkreta (lesen Sie dazu auf S. 676f und zu ihrem Gründer auf S. 103f).

Kerzenleuchter und Ikonen

Wer durch Kreta reist, dem fallen die kaum zu zählenden Kapellen auf, die noch an den abgelegensten und unzugänglichsten Stellen der Insel stehen. Es gibt keine „gottverlassenen Gegenden" auf Kreta, Gott ist allgegenwärtig an jedem Ort.

Die **Kirchengebäude**, auch die architektonisch einfachen Einraumkapellen, sind innen reich mit Fresken ausgemalt, die neben den Heiligen biblische Szenen zeigen. Die Ausschmückung erfolgt nach festen Regeln, der Malstil war abhängig von der Zeit der Entstehung, aber auch den Fähigkeiten des dafür bezahlten Künstlers. Charakteristisch ist zudem die *Ikonostase*: Die meist reich ausgeschmückte Bilderwand trennt den Altarraum und andere nur dem Priester zugängliche Räume von jenen, die auch von Laien (Frauen und Männern) betreten werden dürfen. In der Kirche befindet sich nur ein **Altar**, er ist dem Herrn geweiht. Die einzelnen Heiligen haben keine Altäre, aber ihre Bilder (Ikonen, Mosaiken oder Gemälde, niemals jedoch Statuen). Die Zahl der Heiligen ist fast unübersehbar. An ihrer Spitze steht Maria, die Gottesgebärerin. Unter den männlichen Heiligen erfreut sich der Heilige Nikolaus (Agios Nikolaos) besonderer Wertschätzung.

Eine Kirchenorgel werden Sie vergeblich suchen: In der orthodoxen Kirche wird Gott mit der eigenen Stimme gelobt (z.B. in byzantinischen Chorälen), nicht mit Instrumenten.

3.4.3 Lebendiges kretisches Brauchtum

Kretische Musik und ihre Tänze

Überall auf Kreta werden Sie Musik begegnen: Im Überlandbus, in einer der zahllosen Café-Bars und Tavernen oder live in den *krítiko kéntra*, den Veranstaltungszentren der Einheimischen. Die kretische Musik klingt für das mitteleuropäische Ohr zunächst fremd, und doch fühlt man sich ihrer Leidenschaft bald zugeneigt. Ihr melodieführendes Instrument, die Lyra, tönt orientalisch und melancholisch, völlig anders als die durch Bouzoúki-Gitarren geprägte Musik des festländischen Griechenlands, die *rembétes*. Diese Lieder der gesellschaftlichen Unterschicht gelangten zwar durch die kleinasiatischen Flüchtlinge in den 1920er Jahren auch nach Iráklion und Chaniá, konnten sich aber nicht durchsetzen.

Musik, Lied und Tanz sind ein **Spiegel der Seele**: voller Trauer, Bitterkeit und überschwenglicher Lebensfreude. In Gesang und Spiel drückt der Kreter sein Selbst aus, das eigene Leben, mit seinen Gedanken und Empfindungen, dem Gefühl von Zerrissenheit und Sehnsucht, Entbehrung und Glück, Widerstreit und Harmonie, gipfelnd im Ereignis von Geburt, Hochzeit, Krieg und Tod. Tanzend geben Mann und Frau, gibt die Gemeinschaft diesen Emotionen Form.

Zu allen Anlässen gesungen werden auf Kreta die **mantinádes**: Ursprünglich spontan gereimte Zweizeiler mit 15 Silben, die vom Alltag, aber auch besonderen Ereignissen handeln und vor allem in den Dörfern des Psilorítis eine lange Tradition haben. Ein impulsiver Gesang – gefaßt in 7/

Musiker im Cafe Kriti

8- oder 9/8-Takte –, der sich zum Teil kurzatmig steigernd, mit der schneidenden Stimme der Lýra und den flirrenden und schlagenden Klängen von Laute und Mandoline halbe Ewigkeiten abwechselt und so eine hypnotisierende Wirkung entfaltet (lesen Sie zu den *mantinádes* auch auf S. 539).

Instrumente

Das wichtigste Instrument der kretischen Musik ist die **Lýra**. Diese dreiseitige Kniegeige führt die Melodie und klingt schon sehr orientalisch. Im Gegensatz zur uns bekannten Geige oder Violine hält der Musiker den halbbirnenförmigen Korpus fast senkrecht auf seinem Schoß, greift mit den Fingerkuppen die Saiten und streicht dazu den Bogen. Die Saiten werden nicht herunter-, sondern seitlich angedrückt.

Technik des Lýra-Spielens

Für den Bau der Lýra wird bevorzugt das Holz des Maulbeer- oder des Walnußbaumes verwendet, die Fertigung hat auf Kreta eine große Tradition, die heute noch gepflegt wird (lesen Sie auf S. 560 über den Instrumentenbauer *Stefanakis* in Zarós).

In der Antike gab es eine Vorläuferin der Lýra, die Schildkrötenleier (*chelys*). Sie bestand aus einem leeren Schildkrötenpanzer, der mit Kuhhaut bespannt wurde, und war dem Gott *Apollon* heilig. An den Enden hielten Hörner die Saiten, die über ein Querholz zusätzliche Spannung bekamen. Wußten Sie übrigens, daß sich das Wort Lyrik direkt von der Lýra ableitet und ursprünglich eine zum Saiteninstrument vorgetragene Kunstdichtung bezeichnete?

Weitere Instrumente, die Sie immer wieder hören werden, sind die taktführende **Laute** (*lagoúto*) und als Begleitung natürlich die Langhalslaute **bousoúki** oder die kleinere **baglamas**. Schon seltener erklingen das Hackbrett und der kleine Ziegenhautdudelsack (*askomandoúra*).

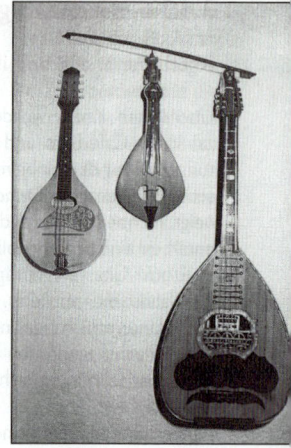

Mandoline, Lyra und Laute

Tänze

Nikos Kazantzakis läßt seinen Alexis Zorbas ausrufen: *„Ein Teufel sitzt in mir. Er befiehlt mir, und ich tue, was er sagt. Jedesmal, wenn ich aus irgendeinem Anlaß zu ersticken drohe, ruft er: „Tanze!" Und ich tanze. Und ich bin sofort wieder in Ordnung.".*

Auch ohne den Teufel im Inneren läßt die kretische Musik ein Stillhalten kaum zu. Wo Musik erklingt, wird auf Kreta meist auch getanzt. In den 4 Regionen Kretas, Chaniá, Réthimnon, Iráklion und Lassíthi, entwickelten sich z.T. eigene Tänze.

• **Syrtós**: Ein halboffener Reigentanz im 7/8-Takt. Mann und Frau fassen sich an den Händen. Eine regionale Variation ist der **Chaniótikos**: Tanz im Rund, man hält sich bei den Händen und folgt den Figuren des Vortänzers. Wird zwar als Tanz der Region Chaniá betrachtet, jedoch auf ganz Kreta mit nur geringen, regionalen Variationen getanzt. In der Region Réthimnon heißt er z.B. *rethimnióti-kos*.

• **Pentozális**: Sprungtanz der Hirten. Er ist hitziger und ungezügelter als der Syrtós und wird auch „5-Schritte-Tanz" genannt. Ursprünglich wurde er nur von Männern getanzt, die sich dazu an den Schultern umfassen. Eindrucksvoll ist die stetige Steigerung von Geschwindigkeit und Akrobatik.

Schnelle Schritte

• **Soústa**: Paartanz, bei dem der Mann die Frau umschwirrt. Die Bewegungen bleiben fast auf den Unterkörper beschränkt.

• **Chasápiko oder Chassápikos**: Schwert- oder Messertanz, der schon von Homer in der Ilias beschrieben wurde und dem Raum Konstantinopel zugeordnet wird. Wird auch Metzgertanz genannt.

• **Syrtáki**: Kein ursprünglich kretischer Tanz, sondern eine von *Mikis Theodorakis* für *Anthony Quinn* in der Rolle des *Alexis Zorbas* choreografierte Schrittfolge, die an den Chassápikos angelehnt ist. Vom kretischen Reigentanz Syrtós hat er seinen Namen (*Syrtaki* = kleiner *Syrtós*), sonst nichts.

Kretische Trachten

Noch im 13. und 14. Jh. trug man byzantinische Kleidung, im 15. Jh. dann die „Mode" der venezianischen Besatzer. Kretas Trachten sind also nicht älter als 500 Jahre.

Die **Männertracht** ist noch heute symbolisch die „ Uniform" der einheimischen Männer, die an den Freiheitskampf gegen die Türken erinnern wollen. Mittlerweile wird sie auch im ländlichen Kreta immer seltener getragen. Am ehesten sehen Sie noch ältere, weißhaarige Männer in den traditionellen Kleidungsstücken: Die weite Pluderhose (*vráka*), die in den hohen Stiefeln (*stivánia*) steckt. Darüber den roten Leibgurt mit dem silbernen Messer (*buniálo*), das weite Hemd, die kurze Jacke (*meidani*), der Umhang mit Kapuze (*rasa*) und das fransige Kopftuch (*mandíla*). Letzteres ist meist von schwarzer Farbe, Zeichen der Trauer um die Opfer der blutigen Geschichte.

Stolze Tracht der Männer

Die **Frauentracht** ist weniger einheitlich, doch zumindest in Westkreta setzte sich die sfakiotische Festtracht durch. Wichtigster Bestandteil ist ein Rock, der wie ein langes faltenreiches Kleid ohne Ärmel ist. Er wird üblicherweise aus kirschrotem Seidenstoff genäht und ist am unteren Saum verziert. Zur Frauentracht gehören außerdem die Schürze, der Gürtel, ein Kopftuch, eine weiße Bluse aus Leinen oder gewebtem Stoff mit reich verzierten Ärmeln und ein mit Stickereien verziertes Leibchen aus Filz oder Velours (*zíponi*). Die Frauentracht wird ausschließlich zu besonderen Anlässen getragen. Die schwarzen Röcke, Überhänge und Kopftücher der älteren Frauen sind keine Tracht, sondern die Symbole einer trauernden Witwe.

3.4.4   Kretische Feste

Silvester/Neujahr

Viele Griechen verbringen den Jahreswechsel mit Karten- und anderen Glücksspielen. Kurz vor Mitternacht werden alle Türen und Fenster geöffnet, um das alte Jahr hinauszufegen und das neue hereinzulassen. Anschließend kommt der Neujahrskuchen auf den Tisch: In diesem ist eine Münze (der *floúri*) eingebacken. Demjenigen, der die Münze findet, wird im nächsten Jahr besonderes Glück zugeschrieben.

Das orthodoxe Osterfest

Das Osterfest, Grablegung und Auferstehung Christi, ist das wichtigste Fest der griechisch-orthodoxen Kirche und wird dementsprechend rauschend gefeiert. Wundern Sie sich nicht, daß das griechische Osterfest nicht zeitgleich mit unserem Ostern stattfindet (nur in jedem dritten Jahr). Die orthodoxe Kirche benutzt noch den **Julianischen Kalender,** weshalb die meisten Feste um 13 Tage später gefeiert werden als in den Kirchen des Westens, welche ebenso wie der griechische Staat den Gregorianischen Kalender verwenden. Die aktuellen Termi-

Anderer Kalender

ne entnehmen Sie bitte den Reisepraktischen Hinweisen (Stichwort Feiertage, S. 186).

Zu Ostern sind fast alle Griechen unterwegs und kehren in ihre Heimatdörfer zurück, um dort gemeinsam mit der Familie das wichtigste orthodoxe und gesellschaftliche Fest zu verbringen. Fähren und Flugzeuge sind ausgebucht, die Preise steigen für ein paar Tage auf Hochsaisonniveau. Für den Besucher ist Ostern auf Kreta eine Zeit voller lebendiger Feierlichkeiten. 49 Tage vorher, am sogenannten „Saueren Montag" (dem Rosenmontag des Karnevals), beginnt eine fleischlose **Fastenzeit**, die allerdings von den meisten Kretern erst in der letzten Woche wirklich streng eingehalten wird. Schon in diesen Tagen vor Ostern finden jeden Tag Gottesdienste statt, werden Osterbrote gebacken und die Häuser für das Fest gesäubert und frisch geweißt.

Karneval auf Kreta

Der **Freitag**, der Tag der Grablegung, ist ein Tag der Trauer, die Fahnen wehen auf Halbmast, Glocken läuten, und die Christusfiguren der Kirchen werden in schwarzen Tüchern auf die Altäre gelegt. Am Freitagabend wird in langen **Prozessionen**

der *epitáphios*, das blumengeschmückte, durch ein kunstvoll besticktes Tuch symbolisierte Grab Christi durch die Städte und Dörfer getragen. Auch das Militär marschiert ganz vorne mit. Jeder versucht anschließend, beim Zutritt zur Kirche unter dem symbolischen Grab hindurchzuschlüpfen.

Blumengeschmückter epitaphios

Am **Samstag** werden die Zeichen der Trauer beseitigt, man bereitet schon die nahende Auferstehung vor. Die eigentliche Ostermesse beginnt mit Glockengeläut gegen 23 Uhr. Die Menschen strömen zur Kirche, um rechtzeitig die Auferstehungsikone zu küssen. Bald brennt in der schon vorher kaum erleuchteten Kirche nur noch das Ewige Licht. Gegen Mitternacht wird dann vom Bischof oder Priester, der aus dem Allerheiligsten zurückkehrt, die **Auferstehung Christi** verkündet. Er reicht Kerzenlicht an die Menge der Gläubigen, die es untereinander weitergeben und später nach Hause tragen. Selbst die Kleinsten haben dazu von ihren Eltern kleine Kerzen mitbekommen. Der Ruf „Christos anesti! – alithos anésti" („Christus ist auferstanden! – Wahrhaftig, er ist auferstanden")

„Christus ist auferstanden"

Nach der Ostermesse

Kleiner Festkalender

1. Januar	Neujahr
6. Januar	Epiphanias: Segnung des Taufwassers. In den Küstenorten wirft der Bischof oder der *Pápas* ein Kreuz ins Meer, das von den jungen Männern des Ortes im Wettkampf heraufgeholt wird (zur Not an einer Schnur...).
Rosenmontag	Karnevalsumzüge und traditionelle Tänze in allen Städten und größeren Dörfern (z.B. farbenprächtig in Réthimnon)
25. März	Mariä Verkündigung; außerdem Nationalfeiertag (Unabhängigkeitstag). Feste und Militärparaden in allen Städten.
23. April	Heiliger Georg: Kirchliche Feier, z.B. im Kloster Epanosífi (bei Choudétsi), sehenswerte Schafschur in Asigoniá.
1. Mai:	Tag der Arbeit: Für die Kreter in erster Linie ein Ausflugstag. Türen und Motorhauben werden mit Maigirlanden geschmückt, die erst zur Sommersonnenwende verbrannt werden.
8. Mai	Johannes Theologos: Heiligenfest im Kloster Préveli.
20. bis 27. Mai	Jahrestage der Schlacht um Kreta 1941. Gedenkfeiern für die Opfer des deutschen Angriffes, vorwiegend im Bezirk Chaniá, z.B. in Kándanos.
21. Mai	Heiliger Konstantin und Heilige Helena. Agios Konstantinos-Fest in Pírgos.
Im Juni	Aprikosenfest in Achládes (bei Pérama)
24. Juni	Geburtstag Johannes des Täufers. Abbrennen von Sonnenwendfeuern auf der ganzen Insel.
Ende Juni	Weissagungsspiel „Klidonas" in den Dörfern um Piskokéfalo und Kroústas (Lassíthi).
29. Juni	Peter und Paul: Feste in den Dörfern und Kirchen des entsprechenden Patronats.
3. Juli	Heiliger Hyakinthos: In Anógia lebhaftes Kirchen- und Volksfest.
15. bis 31. Juli	Weinfest im Stadtpark von Réthimnon.
17. Juli	Fest der Heiligen Marína in Vóni.
20. Juli	Profítis Ilías: Feste und Prozessionen an zahlreichen Gipfelkapellen, die dem Propheten geweiht sind.
25. bis 30. Juli	Sultaninenfest in Sitía.
26. Juli	Heilige Paraskevi: Heiligenfest in Krási (Lassíthi).
27. Juli	Heiliger Pandeleímon: Besonders festlich in Fournés (südlich von Chaniá). Außerdem Kirchweih im Dorf Vaínia nordöstlich Ierápetra.
5. bis 7. August	Verklärung Christi (*Metamórphosis tou Sotíros*): große Prozession zur Kapelle auf dem Gipfel des Jouchtas, außerdem Folklorefestival in Anógia.
8. August	Ágios Mirón: Dorffest in Ágios Míronas.

10. bis 15. August	Traubenfest in Archánes
15. August	Mariä Entschlafung: Panagía-Feste in allen Marienkirchen, besonders feierlich in den Klöstern Faneroméni, Chrissoskalítissa und Angaráhou sowie im Kloster Goniá (bei Kolimbári), in Piskokéfalo (bei Sitía) und Kroústas (bei Kritsá).
25. August	Heiliger Titus, Schutzpatron Kretas: Heiligenfest mit Prozession in Iráklion.
29. August	Kirchweih im Kloster Kapsá.
29. bis 30. August	Enthauptung Johannes des Täufers: Große Pilgerprozession zur abgelegenen Kapelle des Heiligen auf der Halbinsel Rodópou.
31. August	Niederlegung des Gürtels der Maria: Kirchweihfest in Psihró (Lassíthi).
August/September	Renaissance-Festival in Réthimnon mit Open-Air-Konzerten, Theater- und Tanzveranstaltungen.
8. September	Kirchweihfest im Kloster Kéra Kardiótissa mit eindrucksvoller Prozession.
14. September	Kreuzaufrichtung: Uraltes Fest in den Dörfern des Psilorítis und des Triptí-Gebirges.
15. September	Pilgerzug zur Grotten-Kirche westlich vom Kloster Koudumás (Asteroússia-Berge).
23. September	Kirchenfest im Kloster Palianís bei Veneráto: Brotsegnung unter dem Myrtenbaum.
7. Oktober	Heiliger Johannes der Einsiedler: Feierliche Prozession zur Höhle des Eremiten unterhalb des Klosters Gouvernéto auf der Halbinsel Akrotíri. Wein und Essen für die Besucher.
3. So im Oktober	Kastanienfest mit Musik und Tanz in Élos (Südwestkreta)
26. Oktober	Heiliger Dimitrios: Feste in allen Patronatskirchen.
28. Oktober	Nationalfeiertag, zum Gedenken an den „Óchi-Tag" (Ablehnung des 1940 von *Mussolini* gestellten Ultimatums)
7. bis 9. November	Jahrestage der Zerstörung des Klosters Arkadi: Gottesdienste und Paraden in Réthimnon und am Kloster Arkádi.
11. November	Heiliger Minas: Festlichkeiten mit Prozession in Iráklion.
21. November	Mariä Tempelgang: Besonders festlich wird dieser Tag in den Dörfern des Bezirks Réthimnon begangen.
4. Dezember	Heilige Barbara: Kirchweihfest in Ágia Varvára sowie in Zarós (beide südliches Zentralkreta)
6. Dezember	Heiliger Nikolaus: Wird natürlich besonders festlich in Ágios Nikólaos gefeiert.
24./25. Dezember	Weihnachten. Die Geburt Christi ist lange nicht so bedeutend wie in der katholischen oder evangelischen Kirche. Geschenke gibt es erst zu Silvester.

wird von Mund zu Mund getragen, dazu noch auf dem Kirchhof ein lautes Feuerwerk abgebrannt.

Nach der Messe ißt man gemeinsam mit Freunden. Traditionell gibt es zu Beginn des Essens die **Ostersuppe** *margeirítsa* aus den Innereien der Lämmer, die am nächsten Tag überall auf der Insel gegrillt werden. Dazu verspeist man hartgekochte, am Donnerstag vor Ostern **rot gefärbte Eier**, die vorher aneinandergeschlagen werden. Wessen Ei dabei nicht zerbricht, der wird im nächsten Jahr besonders viel Glück haben.

Am **Sonntag** fahren die meisten Familien hinaus aufs Land, um bei einem festlichen **Picknick** den Tag gemeinsam zu feiern. Man verspeist dazu ein am Vortag zubereitetes, am Spieß knusprig gegrilltes Lamm. Am **Montag** werden vor allem in Klöstern Messen gehalten (z.B. Agia Triada und Gouverneto auf Akrotiri). Viele Griechen versuchen, Hochzeiten und Taufen auf diesen Termin zu legen.

Namenstage

Das griechisch-orthodoxe Taufritual ist von großer Bedeutung, es nimmt das Neugeborene in die Gemeinschaft der Gläubigen auf. Also geht man auch nicht leichtfertig mit den zu vergebenden Namen um. Der erste Sohn erhält meist den Namen seines Großvaters väterlicherseits, die erste Tochter den der Großmutter mütterlicherseits. Dennoch heißen trotz des gängigen Klischees nicht alle Griechen *Kostas*, *Nikos* oder *Maria*. Im Erwachsenenalter sind die Namenstage wichtiger als die Geburtstage. Der Vorteil: Sie lassen sich besser merken als das individuelle Geburtsdatum.

Keine Modenamen

Heiligenfeste (*panigiri*)

Fast an jedem Tag des Jahres finden auf Kreta irgendwo Heiligenfeste statt (der oder die Heilige im Kirchenjahr, eines Dorfes oder einer Kirche, der Patronat des Klosters etc.). Manchmal wird zu diesem Anlaß nur ein Gottesdienst abgehalten, meist jedoch verbindet man damit ein Dorffest am Vorabend oder eine Feier in einem Kloster. Zu den Heiligenfesten werden auch ansonsten das ganze Jahr über verlassene Kapellen und Klöster kurzzeitig mit Leben erfüllt.

3.5 Zehn berühmte Kreter

Nikos Kazantzakis

Nikos Kazantzakis ist der **bedeutendste kretische Schriftsteller** und einer der bekanntesten Vertreter der griechischen Literatur der Neuzeit. Am 18. Februar 1883 wird er in Iráklion geboren und verlebt seine frühe Kindheit noch in einem von den Türken besetzten Kreta. Zum Studieren zieht er 1902 nach Athen, promoviert dort nach 4 Jahren in Rechtswissenschaften und schließt in Paris noch ein Philosophiestudium an. Neben der Habilitationsschrift über *Friedrich Nietzsche* sind das Schreiben von Theaterstücken und das Reisen seine Hauptbetätigungen. *Kazantzakis* gelangt bis nach Spanien, Rußland, Nordafrika und Asien, lebt 2 Jahre lang auch im Berlin der 1920er Jahre. 1916/17 betreibt er mit *Georgios Zorbas* ein Braunkohlebergwerk auf dem Peleponnes.

Kindheit auf Kreta

Bald erscheinen seine ersten international beachteten Bücher „*Askese*", ein philosophisches Werk, und „*Der Felsengarten*", in dem er seine Erlebnisse in China und Japan niederschreibt. Der 2. Weltkrieg macht *Kazantzakis* tief betroffen. Nach dem Ende der deutschen Besatzung Kretas reist *Kazantzakis* im Auftrag der Regierung sechs Wochen lang in einem zurückgelassenen Kübelwagen über die Insel. Überall dokumentiert er die Zerstörungen und läßt sich die Zahlen der Ermordeten berichten. Im November 1945 heiratet *Kazantzakis* ein zweites Mal. Danach ist er für ein halbes Jahr Minister in der Regierung *Soufolis* und nebenbei auch Präsident der griechischen Schriftstellervereinigung. Sein **Roman „Alexis Zorbas"** erscheint 1946.

Kazantzakis verläßt nun Griechenland und ist in den Jahren 1947/48 UNESCO-Abteilungsleiter für Übersetzungen der Klassiker in Paris. Bald zieht er nach Antibes in Südfrankreich, wo er den Rest seines Lebens verbringen und die meisten seiner Bücher schreiben wird. „*Griechische Passion*" (1951), „*Die letzte Versuchung*" (1952), „*Freiheit oder Tod*" (1954), „*Mein Franz von Assisi*" und kurz vor seinem Tod die **Autobiographie „Rechenschaft vor El Greco".**

Nikos Kazantzakis

Allen Werken ist ein Thema gemeinsam: der Freiheitsdrang und -kampf des (kretischen) Menschen und die Rolle des Glaubens in der individuellen Biographie. Gegenüber der orthodoxen Kirche bezieht er eine höchst kritische Position. Neben Romanen schreibt Kazantzakis auch Lyrik, wie etwa seine „*Odyssee*" oder das Drama „*Bhudda – der blaue Fluß*". Wichtigstes Werk im Zusammenhang mit Kreta ist nicht etwa der populäre „*Alexis Zorbas*", sondern der **Roman „Freiheit oder Tod"**, der die letzten Jahre der kretischen Aufstände gegen die Türken eindrucksvoll beschreibt.

Die Impfung vor einer Reise nach Asien führt zu einer schweren Erkrankung. Kurz vor seinem Tod schreibt *Kazantzakis* eine dieser kurzen Passagen, für deren punktgenaue Formulierung inmitten seitenlangem Pathos man ihn verehrt: „Ich räume mein Werkzeug zusammen: Gehör, Gesicht, Geruch, Geschmack, Gehirn. Es ist nun Abend geworden. Der Arbeitstag geht zu Ende, ich kehre wie der Maulwurf nach Hause, in die Erde, zurück. Nicht als ob ich des Arbeitens müde geworden sei, ich bin nicht müde, aber die Sonne ist untergegangen....". Am 26. Oktober 1957, nach 74 Jahren, schließt *Nikos Kazantzakis* in Freiburg/Breisgau für immer die Augen. In seiner Geburtsstadt Iráklion wird er unter riesiger Anteilnahme der Menschen beigesetzt. Auf seiner Grabplatte sind folgende Worte eingeprägt: „Ich erhoffe nichts. Ich fürchte nichts. Ich bin frei!".

Auf Kazantzakis Spuren können Sie auf Kreta wandeln in:
Mirtia – Kazantzakis-Museum (S. 381)
Iráklion – Grabstelle (S. 342)
Stavros – Schlußszene „Alexis Zorbas" (S. 644)
Kokkino-Chorio – Dorfszenen „Alexis Zorbas" (S. 619)
Kritsa – Dorfkulisse „Griechische Passion" (S. 420)

El Greco (Domenikos Theotokopoulos)

Der auf Kreta geborene *Domenikos Theotokópoulos* ist einer der herausragenden **Künstler des Mittelalters**. Sehr wahrscheinlich stand das Haus, in dem er am 1. Oktober 1541 die Welt erblickte, in einer sanften Schlucht bei Fódele östlich von Iráklion. Dort ist jedenfalls ein Museum für den Maler eingerichtet worden. Gesichert ist, daß *Theotokópoulos* am 6. April 1614 in Toledo (Spanien) gestorben ist. Bekannt wurde er unter dem Namen *El Greco* ("Der Grieche"), ein Künstlername, den er erst im Ausland erhielt.

Theotokópoulos wächst in einer Zeit auf, die auf Kreta durch starke venezianische Einflüsse geprägt war und eine Weiterentwicklung der Architektur, Kunst und Literatur brachte. Seine künstlerische Karriere beginnt unauffällig als Ikonenmaler am Ekatherini-Kloster in Candia (Iráklion), wo er die byzantinischen Malstile der sog. „Kretischen Schule" erlernt. Ob er ein Schüler von *Michael Damaskinos* war, ist nicht geklärt, möglich ist es aufgrund des Altersunterschiedes von nur 6 Jahren. Schon 1566 verläßt er Kreta mit dem Status eines „master painter" Richtung Venedig, um als Madonnenmaler seine Techniken zu verbessern und die Werkstätten der prägenden Meister der Zeit, etwa *Tizian, Varonese* oder *Tintoretto*, zu besuchen. Bis dahin hatte *Theotokopoulos* auf Kreta keine bedeutenden Werke hinterlassen. 4 Jahre später wechselt er nach Rom, wo 1570 das frühe Werk „*Stigmatisation des Heiligen Franziskus*" entsteht. Durch seine Kontakte zum spanischen Klerus siedelt er auf dessen Initiative 1577 endgültig auf die Iberische Halbinsel über. In Madrid, das erst seit kurzer Zeit an Stelle von Toledo spanischer Regierungssitz ist, malt er Auftragsarbeiten, unter anderem für den spanischen König *Philipp II.*, doch seine ungewöhnlich grellen Farben stoßen zunächst auf Unverständnis und Ablehnung. Der hochgebildete *Theotokopoulos* läßt sich trotzdem in **Toledo** (Kastilien), dem spirituellen Zentrum des Landes, nieder, arbeitet am Retabel der Kirche Santo Domingo el Antiguo und findet in Toledo ab 1584 seine zweite Heimat, die ihn stark an Kreta erinnert.

Kreta, Italien, Spanien

Gemälde von El Greco

El Greco gilt als einer der bedeutendsten **Vertreter des Manierismus**. Manierismus ist die kunstwissenschaftliche Bezeichnung für die Übergangsphase von der Renaissance zum Barock im 16./17. Jh. Wesentliche Merkmale sind die Aufgabe der Zentrierung des Bildaufbaus, das Einfügen dynamischer Elemente in die statischen Darstellungen der Hochrenaissance, die Überzeichnung und Verzerrung der Figuren und ihrer Umwelt ins Abnormale und Surreale. Andere typische Vertreter sind z.B. *Tintoretto* in Italien und *M. van Heemskerck* in den Niederlanden. *El Greco* kann als einer der ganz Großen und Prägenden dieser Stilrichtung bezeichnet werden, vor allem seine späten Bilder haben eine bizarre Ausdruckskraft unter Verwendung fahler Farben und den ins Unerträgliche überzeichneten Gesichtsausdrücken der dargestellten Personen. Sein Werk ist geprägt von der Gegenreformation und den spanischen Mystikern.

Rund 300 Werke

Das wahrscheinlich berühmteste der insgesamt um 300 geschätzten Werke *El Grecos* ist das um 1586 entstandene, figurenreiche **„Begräbnis des Grafen Orgaz"**, das über 16 qm Leinwand umfaßt! In den 1590er Jahren wendet sich El Greco von den Massenbildnissen ab und macht die Passion Christi zu einem seiner Hauptthemen. Die Darstellung des leidenden, mystischen Menschen prägt nun zahlreiche Arbeiten. Der Betrachter blickt häufig von unten auf die überlängten Figuren. Ungefähr ab 1600 wird das Werk *El Grecos* wieder etwas heiterer, z.B. „Ansicht Toledos im Gewitter", um 1600, bis es vor seinem Tod mit dem letzten Bild „Himmelfahrt Mariä" noch einmal den düsteren Charakter früherer Malphasen aufgreift.

Eleftherios Venizelos

Überall auf Kreta werden Sie auf Denkmäler für den wichtigsten kretischen Staatsmann des 20. Jahrhunderts treffen, *Eleftherios Venizelos*. 1864 wird er in Mournies, einem kleinen Dorf südlich von Chaniá am Ausgang der Schlucht von Theriso, geboren. Sein Elternhaus ist noch heute im Ort zu besichtigen. Mit seiner Familie muß er bald nach Syros umsiedeln und kehrt erst 1886 nach einem Abschluß in Rechtswissenschaften in Athen auf seine Heimatinsel zurück. Bald wird er Abgeordneter und dann **Justizminister der kretischen Regierung**. 1905 führt er die Opposition an, die einen Anschluß Kretas an Griechenland anstrebte. Von Theriso nahe bei *Venizelos* Heimatdorf aus kommt es zu einer Revolte. *Venizelos* bildet eine eigene Regierung der Aufständischen

Eleftherios Venizelos

und zwingt letztlich *Prinz Georg* zum Rücktritt. Erneut wird er Justiz- und Außenminister der Insel, 1910 Premierminister und Vorsitzender der kretischen Abgeordneten im griechischen Parlament. Später wird er selbst **Ministerpräsident Griechenlands** und der einflußreichste Politiker Griechenlands in der ersten Hälfte des 20. Jahrhundert. *Venizelos* ist verantwortlich für Konflikte mit der Türkei und die Zwangsumsiedelung von Millionen von Menschen im Zuge der sog. „Kleinasiatischen Katastrophe". 1933 verliert er die Wahlen und verläßt endgültig die griechische Regierung. *Eleftherios Venizelos* stirbt im März 1936 während der Metaxas-Diktatur im Exil in Paris. Begraben wird er oberhalb von Chaniá in einer großen Freianlage. So kann der Tote auf seine damalige Hauptstadt „blicken".

Wichtigster griechischer Politiker

Auch *Venizelos* Sohn *Sophoklis* ist von 1943-1963 mehrere Male Ministerpräsident von Griechenland und wird nach seinem Tod 1964 in der Grabstätte des Vaters beigesetzt. In der Gegend um Chaniá gibt es mehrere **Orte, die mit der Biographie Venizelos verbunden sind**: Sein Geburtshaus in Mournies, seine Villa im Stadtteil Chalepa, das Bergdorf Theriso am Ende der gleichnamigen Schlucht, in der 1905 *Venizelos* Revolte begann, und schließlich seine eindrucksvolle Grabstätte auf Akrotiri.

Odysseas Elytis

Der Schriftsteller *Odysseas Elytis* wird am 2. November 1911 in Iráklion geboren, sein eigentlicher Familienname ist *Alepoudelis*. Jugend- und Studienzeit (Rechtswissenschaften wie *Venizelos* und *Kazantzakis*) verbringt er in Athen und lebt dort bis zu seinem Tod im März 1996. Insofern sind seine Bindungen an Kreta nicht besonders stark. *Odysseas Alepoudelis* gehört zum literarischen Kreis *um Georgios Sefiris* und *Konstatin Kavafis*, der die neugriechische Dichtung in den 1930er Jahren bestimmte. 1935 gibt er sich selbst den Namen *Elytis*. Sein **dichterisches Werk der Liederzyklen** ist durch eine starke Naturverbundenheit bestimmt. Als *Elytis* Hauptwerk gilt der 1959 veröffentlichte Gedichtband „*To axion esti*", der später von *Mikis Theodorakis* in Musik verwandelt wurde. Auch in deutscher Übersetzung sind einige lyrische Werke erhältlich, so z.B. das 1960 erschienene „*Körper des Sommers*", „*Sieben nächtliche Siebenzeiler*" (1966), „*Lieder der Liebe*" (1972) oder das „*Tagebuch eines nichtgesehenen April*" (1984/1991). Der Schriftsteller *Elytis* fertigte auch **surrealistische Collagen** auf der Basis von Fotografien, die einige seiner Bücher schmücken. Viele Liedgedichte sind nachträglich von *Theodorakis*, *Kokotas* oder *Tranudakis* vertont worden.

Schriftsteller und Künstler

1979 erhält *Elytis* als Krönung seines Werkes den Nobelpreis für Literatur. Am 18. März 1996 stirbt er im hohen Alter in Athen.

Bischof Irenäus

Der orthodoxe Bischof *Irenäus*, **Metropolit der Bezirke Kissamos und Selinos**, ist einer der faszinierendsten kretischen Persönlichkeiten des 20. Jahrhunderts. Sein Wirken als Sozialreformer hat Kreta und seine Bewohner entscheidend gefördert. Die Orthodoxe Akademie, die kretische Fährgesellschaft ANEK,

Bischof Irenäus

immense Verbesserungen in Bildung und Landwirtschaft Westkretas sind auf den beliebten Bischof *Irenäus* zurückzuführen, der in seinem bewegten Leben auch in Deutschland wirkte.

1911 wird *Irenäus* unter dem bürgerlichen Namen *Michail Galanakis* in Neochori geboren und arbeitet nach Studienjahren in Athen nach dem Krieg zunächst am Priesterseminar im Kloster Agia Triada. In den 1950er Jahren studiert er in Frankreich und Deutschland u.a. Soziologie. 1958 wird er zum Bischof von Kissamos ernannt und kann seine weitreichende Bildung in die Praxis umsetzen. Er unterstützt den Bau von Internaten für die Schüler weiterführender Schulen, die aus praktischen Gründen diese von den Dörfern aus nicht besuchen können. *Irenäus* setzt sich für Fortschritte in der Landwirtschaft ein, gründet eine Taubstummenschule und 1965 die **Orthodoxe Akademie**. Die Regionen Kissamos und Selinos profitieren von seinem aufopfernden und unermüdlichen Engagement, die Menschen verehren ihren Bischof wie keinen Zweiten. Doch durch die Gründung der

Gründung der ANEK

kretischen Fährgesellschaft **ANEK** macht sich Irenäus endgültig unsterblich für das kretische Volk. In den 1960er Jahren ist Kreta abhängig von den Festlandsreedern, die veraltetes Schiffsmaterial auf dem langen Weg zur südlichsten Insel des Landes einsetzen. Am 8. Dezember 1966 kommt es zur Katastrophe: Das altersschwache Fährschiff „*Iráklion*" sinkt auf dem Weg von Piräus nach Chaniá und reißt Hunderte von Menschen in den nassen Tod. Bischof *Irenäus* sammelt Geld, indem er Volksaktien an der ANEK herausgibt. Die Abkürzung ANEK steht für „Anonyme Nautische Gesellschaft Kretas". Der Zusatz „anonym" bekräftigt den Charakter des Volkseigentums, denn Kapitalgeber sind 10.000 kleine Anteilseigner. 1967 versucht *Irenäus*, auch in Hamburg ein Schiff einzukaufen, wird aber von den hanseatischen Reedern abgewiesen. Erst im August kann die ANEK dann ihr erstes Schiff in Dienst stellen, einen umgebauten Tanker aus Finnland. Die „*Kydon*" ist zu dieser Zeit das größte Fährschiff des Mittelmeers und verkehrt auf der Route von Chaniá nach Piräus. Ganz nebenbei wird so auch der schnelle Transport von landwirtschaftlichen Frischeerzeugnissen von Kreta auf die Märkte von Athen ermöglicht und der Anbau von neuen Gemüsekulturen in Westkreta gefördert. Noch heute ist *Irenäus* Präsident der ANEK.

1971 wird der im Volk so beliebte Kirchenmann, zu diesem Zeitpunkt seit 14 Jahren Bischof von Kissamos, angeblich auf Druck der griechischen Militärregierung, versetzt. Die Synode des ökumenischen Patriarchats wählt ihn in eine neue Position. In der Diaspora in Bonn wird er **Metropolit von Deutschland**, das ihm aus seiner Studienzeit vertraut ist. 9 Jahre verbringt er fern der Heimat. Es gilt nicht zuletzt als sein Verdienst, daß der griechisch-orthodoxe Glaube 1974 als dritte offizielle Kirche Deutschlands anerkannt wurde. Schon 1979 muß die Stelle des Bischofs von Kissamos und Selinon neu besetzt werden. Das Volk will *Irenäus* zurück, die Bischofssynode einen anderen Kandidaten. Doch der Druck und Einfallsreichtum der Gläubigen führen schließlich dazu, daß Irenäus 1981 von der Heiligen Synode in seine alte Funktion zurückgewählt wird. Das kretische Volk empfängt den 70jährigen freudig und erwartungsvoll. Und noch heute führt der hagere und weißhaarige Metropolit *Irenäus* die Karfreitagsprozession in Chaniá an, gefolgt von Hunderten von Menschen. Die Begeisterung und Verehrung der teilnehmenden Menschen zeugen vom Respekt und die Liebe zu ihm und seiner Lebensleistung.

Der Bischof kehrt zurück

Pandelis Prevelakis

Neben *Kazantzakis* ist der am 18. Februar 1909 in Réthimnon *geborene Pandelis Prevelakis* der wichtigste kretische Schriftsteller des 20. Jh., der sich in seinem Werk auch mit seiner Inselheimat auseinandersetzt. Ausgebildet als Archäologe, Kunsthistoriker und Philologe, wurde er dagegen als **Lyriker und Dramatiker** bekannt. Seine Heimatstadt Réthimnon machte er 1938 zum Gegenstand des Buches „Die Chronik einer Stadt" („*TO CRONIKO MIAS POLITEIAS*"). Spätere Werke von *Prevelakis*, der bis in die 1970er Jahre Professor für Kunstgeschichte in Athen war, sind „*Die Sonne des Todes*" (1961) oder „*Der Engel im Brunnen*" (1970). *Pandelis Prevelakis* starb am 13. März 1986. Zeitlebens und auch heute stand *Prevelakis* literarisch im Schatten des berühmteren Kazantzakis, für Einblicke in das kretische Leben des frühen 20. Jahrhunderts sind die Bücher beider Schriftsteller gleichermaßen zu empfehlen. Die „*Chronik einer Stadt*" ist auf Kreta als Suhrkamp-Taschenbuch erhältlich.

Die „Chronik einer Stadt"

Johannes o Xenos

Johannes o Xenos (Johannes der Fremde), der in Sivas bei Pyrgiotissa geboren wurde, war im 10. und frühen 11. Jh. der bedeutendste **Missionar** bei der Wiedererrichtung von Klostergemeinschaften im Westen Kretas. Durch Predigten und Kirchengründungen trug er wesentlich zur Vertiefung des während der Araberherrschaft unterdrückten orthodoxen Glaubens („Zweite Christianisierung") auf Kreta bei. Als Hauptgründungen des *Johannes o Xenos* gelten das Kloster Miriokefala bei Réthimnon und die wunderschön gelegene Kirche Agios Pavlos an der Südküste bei Agia Roumeli. 1027 verstarb der Mönch und hinterließ in seinem erhaltenen Testament einen tiefen Einblick in seine Wirkungsepoche.

Michael Damaskinos

Michaíl Damaskinós war einer der wichtigsten **Maler der kretischen Renaissance**. In Candia (Iráklion) geboren, erlernte er – wie einige Jahre später *El Greco* – die Ikonenmalerei im Ekatherini-Kloster der Stadt, das von Mönchen vom Berg Sinai geführt wurde. 1577 ging er nach Venedig und malte dort in der griechischen Kirche Agios Georgios. Die italienischen Einflüsse in seinem byzantinischen

Grundstil machten Damaskinos zu einem der Meister der Kretischen Schule. *Damaskinos* bereicherte die byzantinische Kunst mit Perspektive und Tiefe; indem er sich zeitweilig von der strengen Tradition der byzantinischen Ikonenmalerei entfernte. Erst in seinen späteren Werken kehrte er zu einem archaischen Stil zurück. Im Ikonenmuseum von Iráklion sind zahlreiche Werke *Damaskinos* zu sehen. Es kommt der Sammlung zugute, daß *Damaskinos* hauptsächlich handliche und somit „mobile" Ikonen malte und keine ortsgebundenen Fresken.

Daskalojannis

Der in Anopoli/Sfakia geborene *Ioannis Vlachos*, später nur unter dem Namen *Daskalojannis* (Daskalo Ioannis, „Ioannis der Lehrer") bekannt, war ein wohlhabender **Reeder und sfakiotischer Politiker**. Von der Idee und Überzeugung geleitet, mit russischer Hilfe Kreta zu befreien, bereitete er von 1769 an in der Sfakia eine Revolution vor. Er begann den Ankauf von Waffen und die Anlage strategischer Stellungen. Mit lediglich 2.000 Mann startete im April 1770 der bewaffnete Angriff auf die umgebenden Nachbarprovinzen. Nach ersten Erfolgen schlugen die Türken mit Übermacht zurück und drängten die Revolutionäre das ganze Jahr über in die Berge und Schluchten des kretischen Südwestens. Ihre Dörfer wurden niedergebrannt. Die von Rußland dringend erhoffte Hilfe traf jedoch nie ein, so daß im März 1771 nur die Kapitulation verblieb. *Daskalojannis* ergab sich freiwillig den Türken, in der Hoffnung, Schlimmeres von seinen Mitstreitern abzuwehren. Doch die **Bestrafung durch den Pascha von Chandax** war an Grausamkeit nicht zu übertreffen: Im Beisein seines Bruders, *Nikolo Sgouromalis*, ließ er *Daskalojannis* am 17. Juni 1771 vor einem großen Spiegel die Haut bei lebendigem Leib abziehen. *Sgouromalis* soll über den Anblick des sterbenden Bruders seinen Verstand verloren haben, *Daskalojannis* ging für immer als Märtyrer in die Geschichte des kretischen Freiheitskampfes ein.

Grausame Hinrichtung

Vicenzos Kornaros

Es liegen nur wenige gesicherte Informationen über das Leben des *Vicenzos Kornaros* vor. Sicher ist, daß er im 17.Jahrhundert in den Städten Iráklion und Sitía gelebt hat und 1677 gestorben ist. Ihm wird das über Kretas Grenzen berühmte **gewordene Epos „Erotokritos"** zugeschrieben, das in 10.000 jeweils 15-silbigen Versen geschrieben ist. Heute ist nur noch eine Originalkopie aus dem Jahr 1710 erhalten. 3 Jahre später wurde das Werk erstmals in Venedig veröffentlicht. Die Verse rund um eine triviale Handlung mit den Hauptpersonen *Erotokritos* und *Aretoussa* werden noch heute auf Kreta gesungen und aufgeführt. Als weiteres Hauptwerk wird *Kornaros* das poetische Drama „Abrahams Opfer" zugeschrieben, das ebenfalls aus 15-silbigen Versen besteht, diesmal sind es aber nur 1.154. Dieses wurde schon 1635 veröffentlicht und dürfte ebenso wie der Erotokritis für heutige Leser nur schwer zugänglich sein.

3.6   Wirtschaft

Griechenland ist ein traditionell landwirtschaftlich geprägtes Land. Durch seine Randlage konnte es in den letzten Jahrhunderten nur wenig von der industriellen Entwicklung und den Handelsbeziehungen innerhalb Europas profitieren. Das **Bruttosozialprodukt** je Einwohner ist nur etwa halb so hoch wie in Deutschland und Österreich. Die Landwirtschaft trägt zwar nur mit 7-8 % zum Bruttoinlandsprodukt (BIP) bei, doch noch sind fast 17 % der Erwerbstätigen in diesem Sektor tätig, was auf eine geringe Produktivität schließen läßt. Die Dienstleistungen haben einen Anteil am BIP von 70 %, mehr als in Deutschland, Österreich oder der Schweiz. Die Importe Griechenlands (vor allem Maschinen, Fahrzeuge und chemische Erzeugnisse) übersteigen die Exporte (hauptsächlich Vorerzeugnisse und Nahrungsmittel) um weit mehr als das Doppelte. Wichtigste Handelspartner Griechenlands sind Deutschland (ein Siebtel aller Ex- und Importe), Italien und Frankreich.

Auf dem Weg in die Moderne

Kreta als südlichste Großinsel Europas ist arm an Bodenschätzen und war noch stärker von der **Landwirtschaft** abhängig als der Rest des Landes. Bis zur Mitte des 20. Jahrhunderts verfügte es über so gut wie keine gewerbliche Industrie. Zudem hatte die jahrhundertelange Ausbeutung durch die venezianischen und türkischen Besatzer eine eigenständige, stabile Entwicklung verhindert. Die landwirtschaftliche Erzeugung war auf Selbstversorgung ausgerichtet, wegen der Marktferne konnten nur wenige Produkte exportiert werden. Als Kreta 1898 autonom wurde, war die heimische Wirtschaft vor schwierige Aufgaben gestellt. Die dringend notwendigen Investitionen in eine Verkehrsinfrastruktur, die die Nutzung der natürlichen Ressourcen der Insel ermöglichen sollte, konnten mangels Kapital nicht finanziert werden. Pläne zum Ausbau des Hafens von Iráklion und zum Bau einer Eisenbahn zwischen Iráklion und der fruchtbaren Messará-Ebene mußten verworfen werden.

Industrie ist auch um die Wende zum 20. Jh. kaum entstanden, mit Ausnahme weniger Seifenfabriken und Betrieben zur Veredelung der Agrarprodukte der Insel. Im sog. sekundären Sektor waren auf Kreta nie mehr als 10-15 % der Beschäftigten tätig. Nutzbare Bodenschätze gab und gibt es außer etwas Eisenerz und Gipslagern so gut wie nicht.

Durch die kulturelle Unterdrückung während der Türkenherrschaft und die politischen Wirren des 20. Jahrhunderts wurde die **Bildung** der Bevölkerung lange Zeit stark vernachlässigt. Gegen Ende des 19. Jh. waren 80-90 % der Kreter Analphabeten. Noch in den 1960er Jahren war Kreta bitterarm und die Bevölkerung auf eine erschreckend niedrige Zahl gesunken. Der Tourismus und wesentliche Verbesserungen in der Landwirtschaft brachten kurz darauf die Wende. Mittlerweile gehört Kreta sogar zu den wohlhabenderen Regionen in Griechenland und profitiert erheblich von seiner Beliebtheit bei Urlaubern, dem Reichtum an landwirtschaftlichen Exportprodukten und zunehmend auch von modernen Dienstleistungen und Technologien. Durch die **Gründung einer eigenen Universität 1973**, deren Fakultäten auf die großen Städte Iráklion, Réthimnon und Chaniá verteilt sind, konnte die Abwanderung junger Menschen gestoppt und die Ausbil-

Folgen der Fremdherrschaft

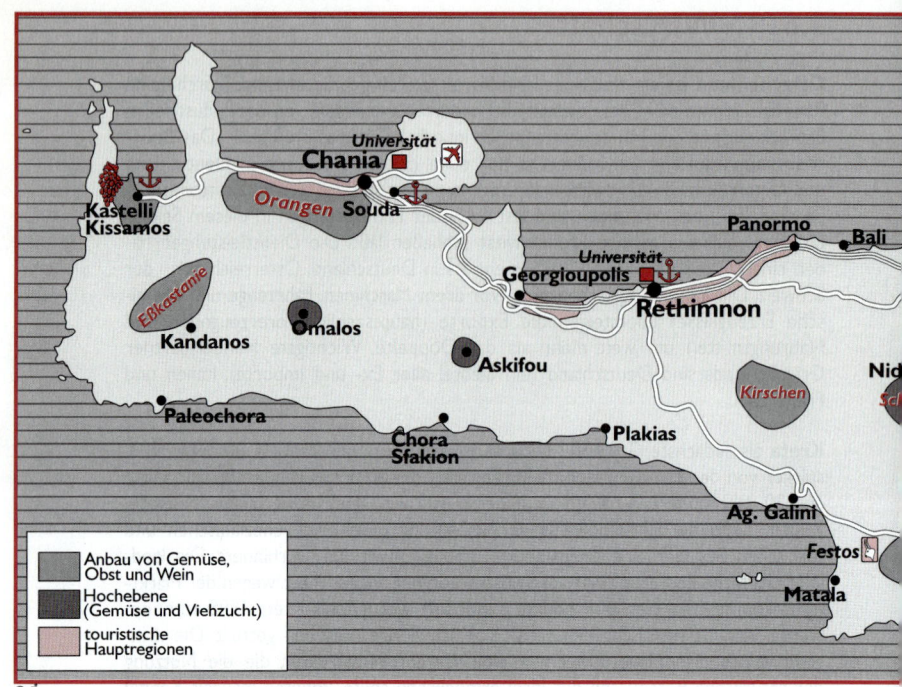

© **i**graphic

dungsqualität verbessert werden. Dies kommt der Insel in Form von Kreativität und Kapital zugute. Kretas Hauptstadt Iráklion ist zur viertwichtigsten Wirtschaftsmetropole Griechenlands herangewachsen und verfügt über zahlreiche mittelständische Gewerbebetriebe.

3.6.1   Die landwirtschaftlichen Erzeugnisse Kretas

Die Landwirtschaft bleibt wichtigster Wirtschaftszweig Kretas. Olivenhaine bedeckten schon zu Beginn des 20. Jahrhunderts 80.000 ha der Insel, und die Zahl der **Schafe und Ziegen** erreichte in den 1920er Jahren rund 700.000. Heute sind es geschätzte 600.000 Schafe und 300.000 Ziegen, die Milch, Fleisch und Felle abgeben, aber der Vegetation der Insel schwer zusetzen. Über 50 % der Inselfläche können als Weideland genutzt werden, vor allem in den Gebirgen. Schweine und Rinder spielen seit jeher eine untergeordnete Rolle.

Fast 1 Million Schafe und Ziegen

Wichtigste Anbauzone Kretas ist die **Messará-Ebene** im mittleren Süden um Timbáki und Míres. Weitere Flächen liegen westlich von Chaniá (vorwiegend Zitrusfrüchte) und bei Ierápetra (Obst und Gemüse, Sonderkulturen). Hier im heißen und trockenen Südosten wird das erste Frühgemüse schon geerntet, wenn auf der Lassíthi-Ebene noch Schnee liegt. In den Hochebenen, den natürlich

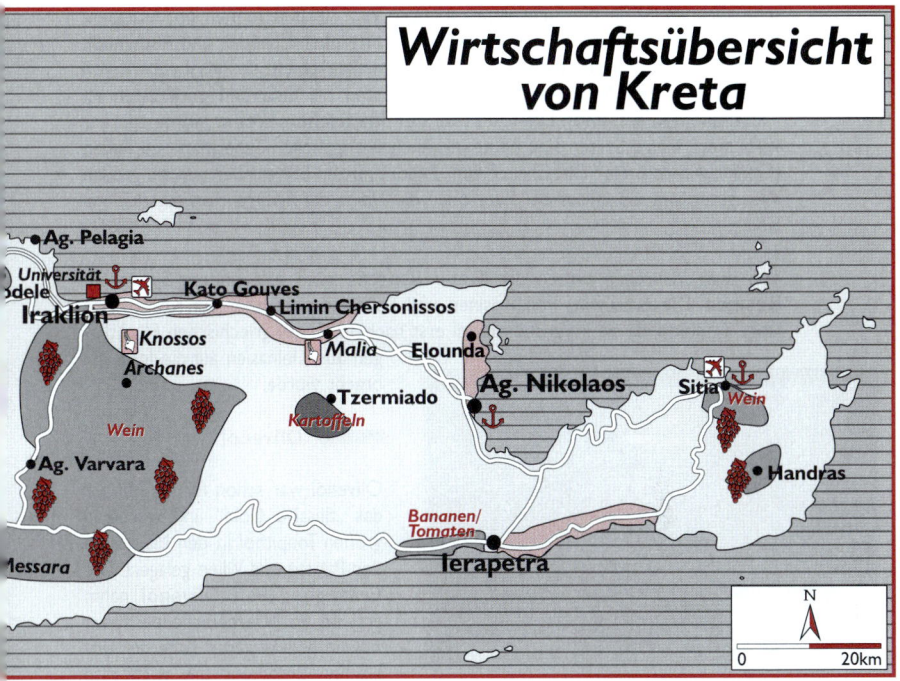

Wirtschaftsübersicht von Kreta

fruchtbaren Poljen, wird intensiver Anbau betrieben, z.B. von Kartoffeln, Weizen und Gerste.

Ein wesentliches Problem der kretischen Landwirtschaft ist die mangelhafte **Bewässerung** der Nutzflächen. Obwohl die Niederschläge über der Insel mit etwa 7,3 Milliarden Kubikmetern im Jahr den Bedarf um ein Vielfaches übersteigen, kann wegen des karstigen Untergrunds nur wenig davon aufgefangen und für die Bewässerung eingesetzt werden. Nur wenige Flüsse führen das ganze Jahr über Wasser. Weitere Hemmnisse sind die kleinen Betriebsgrößen und die daraus resultierende geringe Produktivität. Zudem läßt das **bergige Relief** nur eine begrenzte Mechanisierung zu, noch heute müssen die meisten Arbeiten von Hand verrichtet werden. Es gibt zwar massenhaft japanische Pick-ups – die modernen Arbeitstiere der kretischen Landwirtschaft – doch kaum größere Schlepper oder Erntemaschinen. Erst die Gründung von Betriebs-, Produktions- und neuerdings auch Vermarktungsgenossenschaften (z.B. Pezá Union) hat die Konkurrenzfähigkeit zu anderen EU-Ländern nachhaltig verbessert.

Nur geringe Mechanisierung

Wein

Der **Weinbau** spielte schon in der Zeit der venezianischen Herrschaft eine bedeutende Rolle. Nach ganz Europa, auch nach Deutschland, wurde der kretische Wein *Malvazia*, ein Süßwein, exportiert. Von 100.000 Tonnen produziertem Wein zu Beginn des 16. Jh. wurde etwa die Hälfte über Chandax und Réthimnon ausgeführt. Heute liegen die bedeutendsten Weinbaugebiete der Insel südlich von Iráklion rund um Archánes und Pezá, im Osten bei Sitía und im Westen im Hinterland von Kíssamos. Die **Qualität der kretischen Weine** wurde spürbar verbessert, einige Sorten sind heute in jedem europäischen Supermarkt zu finden (*Kretikos, Vin de Crete*). Die Chance zum Export nutzen bisher aber nur die großen Weingüter, wie z.B. *Minos* bei Pezá oder die *Union der Agrargenossenschaften von Sitía*.

Weine für Europa

Von den Weinreben ernten die Kreter übrigens noch eine andere Spezialität: **Rosinen**. Die Erzeugung von Rosinen und Sultaninen hat aber auf Kreta keine lange Tradition, da sie im größeren Stil erst nach 1920 von griechischen Flüchtlingen aus Kleinasien auf die Insel gebracht wurde.

▬ Olivenöl

Olivenöl war schon für die Minoer das „flüssige Gold" und wurde in großen Tonpithoi in den Magazinen der Paläste und Villen gelagert. Die **Erzeugung von Olivenöl** nahm erst im 17. Jh. erneut nennenswert zu und bildete gegen Ende der türkischen Besatzung das wichtigste Exportprodukt der Insel. Heute ist

Weinanbau südlich von Iráklion

Olivenöl ein weltweit begehrtes Lebensmittel. Allein in der EU werden jährlich über 1,7 Millionen Tonnen verbraucht. Griechenland ist nach Spanien und Italien mit rund 780.000 Erzeugern **drittgrößter Produzent** von Olivenöl weltweit. Rund 17 % der Landesfläche sind mit Olivenbäumen bestanden, häufig in Mischnutzung, da die Pflanzen nur in lockeren Hainen und nicht in Plantagen wachsen. Die Höhengrenze liegt ungefähr bei 500-600 m.

30 % der griechischen Olivenölprodukte kommen von der Insel Kreta. Sie ist berühmt für die außerordentlich hohe Qualität und die Reinheit des Öls. Nicht unerhebliche Mengen werden von Italien aufgekauft, um dort die eigenen Öle durch Beimischung zu verbessern. Doch der Olivenanbau bleibt ein subventionierter Wirtschaftszweig. Allein in der Präfektur Réthimnon werden jährlich rund 25 Millionen Euro an die Bauern ausgezahlt, das sind über 60 % der **Subventionen** an alle Landwirte. Unterstützt wird von der EU ein Erzeugerrichtpreis, der den Landwirten garantiert wird, um ihnen ein angemessenes Einkommen zu ermöglichen und eine bestimmte Produktionsmenge in der EU zu sichern. Außerdem wird bis zu einer landesspezifischen Garantiehöchstmenge eine Erzeugungsbeihilfe ausgezahlt, die von den gewonnenen Mengen abhängig ist. Sie soll die Fixkosten der Produktion abdecken. Trotz erheblicher Förderung durch die EU ist der Markt Preisrisiken durch verändertes Konsumverhalten, unsichere Erntemengen, Weltmarktentwicklung und die direkten Konkurrenten unterworfen. Der

Subventionierte Oliven

Wohlstand, der mit der Erzeugung auch in abgelegene Regionen Kretas eingekehrt ist, bleibt daher brüchig.

Ein noch nicht endgültig gelöstes Problem der Olivenölproduktion sind die mit
organischen Substanzen belasteten Abwässer, **Alpechin** genannt, die bei Einlei-
tung in Gewässer den darin enthaltenen Sauerstoff aufzehren. Im gesamten Mittelmeerraum fallen jährlich ca. 12 Millionen cbm Alpechin an. Verschiedene Um-
weltfirmen arbeiten an Reinigungskonzepten.

Sonderkulturen

Zu Beginn der 1960er Jahre wurden auf Kreta erste Experimente mit dem Anbau
von Tomaten und Gemüse in Gewächshäusern gemacht. Ein holländischer Aussteiger namens *Paul Coopers* brachte diese „Kultur" nach Kreta. Seit etwa 1970
haben sich die in Gewächshäusern herangezogenen Sonderkulturen wie Tomaten,
Gurken, Paprika, Melonen, Bananen, Auberginen etc. zu wichtigen Produkten der
Insel entwickelt. Durch die schnelle Reife des Frühgemüses ist man schneller auf
dem Markt als andere Standorte. Neuerdings kommen auch Frühkartoffeln von
Kreta in europäische Supermärkte.

*Ein
Holländer
half*

Große, mit Gewächshäusern bestandene Anbauflächen liegen z.B. in der Gegend
um Ierápetra im Südosten, in der Messará-Ebene bei Timbáki oder in der Küstenebene von Phálassarna im Nordwesten. Fast die Hälfte der griechischen **Gewächshäuser** steht auf Kreta. Leider überwiegen anstelle von Glas Plastikbah-
nen als Abdeckung, bei jedem Wind werden Teile herausgerissen und flattern
dann durch die Landschaft.

Weitere wichtige Produkte der kretischen Landwirtschaft sind Kartoffeln, Weizen
und Gerste. **Zitrusfrüchte**, vorwiegend Orangen, wachsen unter Kretas Sonne
besonders prachtvoll, wenn die Bewässerung sichergestellt ist. Selbst subtropische **Südfrüchte** wie Mangos, Kiwis oder Avocados können auf Kreta gezüchtet
werden. In den Küstenebenen südlich und westlich von Chaniá (Fournés, Plata-
niás/Geráni) und bei Fódele werden saftige Orangen u.a. für den Export angebaut.
Durch die dichten Haine laufen zahllose Schläuche, die an zentrale Pumpen angeschlossen sind und durch kleine Öffnungen das Wasser an die einzelnen Bäume
verteilen. Neben Orangen werden auch Zitronen und Aprikosen angebaut.

Viehzucht in den Hochgebirgen

Wegen der geringen aufgefangenen Niederschläge und der wenigen saftigen Weiden ist die Viehzucht auf Kreta auf **Schafe und Ziegen** spezialisiert, die in
Wanderherden vorwiegend rund um die Hochebenen der Gebirge gehalten werden. Sie liefern die Milch für die berühmten **Käsesorten,** wie z.B. den *anthótyro,*
den *mizíthra* und den *graviéra,* außerdem **Felle und Fleisch**. Hat noch vor 200
Jahren die Zahl der Ziegen die der Schafe um das Vierfache überstiegen, sind
heute die Schafe deutlich in der Überzahl. Sie werden im Gegensatz zur Ziege,
die immer auch ein Haustier für die Selbstversorgung war, eher für gewerbliche
Zwecke genutzt. Insgesamt dürfte es heute rund 1 Million Schafe und Ziegen auf

*Berühmter
Käse*

Kreta geben, die der spärlichen Vegetation scharf zusetzen und damit Wegbereiter für Bodenerosion und den Verlust fruchtbaren Landes sind. Trotzdem erhalten die Hirten für jedes einzelne Tier noch Zuschüsse von der Europäischen Union. Die Verbreitung der Pick-ups hat den Transport der Tiere zwischen den Weiden und die tägliche Versorgung (Melken, Füttern, Milchgewinnung) erheblich erleichtert, die Haltung ist geradezu lukrativ.

Wichtiges Nutztier – die Ziege

Neben der Viehzucht spielen zwei weitere Erwerbsmöglichkeiten in den Hochgebirgen Kretas seit der Antike eine wichtige Rolle: erstens die **Bienenwirtschaft** zur Erzeugung hochwertigen Honigs, der je nach angeflogener Kräuterart in der Phrygana anders schmeckt. Rund 4.500 Imker züchten Bienenvölker auf Kreta. Zweitens das **Sammeln von Wildkräutern** für Tee, medizinische Produkte und als Gewürze. Letztere werden zunehmend auch exportiert (z.B. in bester Qualität von der Firma *Savvakis* in Chaniá), sind beliebte Souvenirs und erzielen hohe Preise. **Gewürze** können auf Kreta hervorragend luftgetrocknet werden, so daß eine künstliche Trocknung und anschließende Bestrahlung entfallen können.

Fischfang

Leergefischte Fanggründe

Der vor Kreta gefangene Fisch kann mittlerweile nur noch etwa ein Drittel der Bedarfsmengen der Insel decken. Wundern Sie sich also nicht, wenn der Frischfisch in Ihrer Taverne vielleicht doch aus anderen Weltmeeren stammt. Die wichtigsten **Fanggründe** Kretas liegen im Golf von Chaniá, im Golf von Kíssamos, vor Georgioúpolis und Réthimnon und im Golf von Mirambéllou. Dementsprechend ist auch die gewerbliche Fangflotte im Westen Kretas größer.

3.6.2   Industrie, Handel und EU

Auch die kretische Industrie ist in hohem Maße von den landwirtschaftlichen Vorprodukten der Insel abhängig, die für den Export veredelt werden. Die meisten Betriebe liegen erwartungsgemäß im **Ballungsraum um Iráklion**. Wegen der Marktferne, der fehlenden Wirtschaftsstrukturen und der geringen Qualifizierung der Bevölkerung ist die Ansiedlung neuer Technologien auf Kreta schwierig. Ein Standortvorteil ist die Universität, die in Chaniá über eine technische Fakultät verfügt. Forschungen im Bereich regenerativer Energien sind auf Kreta weit fortgeschritten, werden aber noch viel zu wenig in der Praxis umgesetzt. Der Bau großer Solarthermiekraftwerke (z.B. THESEUS in Südwestkreta) zur Stromerzeugung nach kalifornischem Vorbild ist aber in Zusammenarbeit mit ausländischen Firmen geplant.

Der **Tourismus** ist neben der Landwirtschaft der Haupterwerbszweig Kretas, und nicht wenige Menschen sind in beiden Branchen beschäftigt. In der Hauptsaison in einem Hotel, als Kellner einer Taverne oder Angestellter einer Autovermietung, in der Nebensaison bei der anstrengenden Ernte von Weintrauben oder Oliven. Nicht wenige Kreter besitzen selbst ein Dutzend eigene Olivenbäume. Als Folge des Baubooms durch den Tourismus ist auf Kreta eine florierende Baustoffindustrie entstanden.

INFO ## Bauen auf Kreta heute

Kretas Landschaft ist in den letzten Jahrzehnten durch die **Zersiedelung** außerhalb von Städten und Dörfern geschädigt worden. Bis in die letzten Winkel führen Straßen, an früher einsamen Stränden entstanden Ferienhäuser, Pensionen und Tavernen. Doch mittlerweile schränken Bestimmungen den Landschaftsfraß ein:
• Um Neubauten außerhalb eines geschlossenen Ortes errichten zu dürfen, muß das Grundstück mindestens 4.000 qm umfassen, nur dann sind 100 qm neue Wohnfläche möglich.
• An der Südküste ist die Gebäudehöhe auf zwei Stockwerke beschränkt worden, mit ein Grund, daß es hier so wenige Großhotels gibt.
• Sollten in sensiblen Gebieten Einwände aus Sicht des Naturschutzes oder des Militärs bestehen, kann ein Neubau auch vollständig untersagt werden.
Es ist zu hoffen, daß dadurch der Bauboom zumindest räumlich konzentrierter stattfindet als bisher und auf Kreta unberührte Landschaftsteile verbleiben.

Moderne griechische Architektur spielt international kaum eine Rolle, zu einfallslos geht sie mit dem immer gleichen Baustoff **Stahlbeton** um. Dennoch stehen auch auf Kreta einige interessante zeitgenössische Bauwerke, wie z.B. die Technische Universität und ihr Amphitheater bei Chaniá, die Platia Eleftherias in Iráklion, das Empfangsgebäude des Flughafens auf Akrotirí und Hotelanlagen im kretischen Dorfstil an der Nordküste.

Moderne, kreative Architektur ist selten

Griechenland hat mit knapp 80 % eine der höchsten Eigentümerquoten bei Häusern und Wohnungen in Europa, hinter Spanien und Irland. Deutschland liegt bei steigender Tendenz nur bei rund 40 %. Der **Grunderwerb** in Griechenland ist auch für EU-Bürger mit diversen Hindernissen verbunden, da die deutschen Banken aufgrund der griechischen Gesetzgebung nur in Ausnahmefällen ein Haus oder Grundstück auf Kreta als Sicherheit für Finanzierungskredite akzeptieren. Die Marktpreise differieren sehr stark, dennoch wird der Immobilienerwerb immer beliebter (auf S. 190 finden Sie einige Tips dazu).

Griechenland in der Europäischen Union

1981 wurde Griechenland als **zehntes Mitglied** in die Europäische Gemeinschaft aufgenommen, was vor allem für die einheimische Landwirtschaft einen tiefen Einschnitt bedeutete. 20 Jahre später, zum 1. Januar 2001, ist Griechenland der **Währungsunion** der Europäischen Union beigetreten, obwohl dieser Schritt bei vielen europäischen Staaten nicht unumstritten war. Der feste Umrechnungskurs: 1 Euro = 340,750 Drachmen. Die Konvergenzkriterien zur Staatsverschuldung (60 % des Bruttoinlandsproduktes) und zur Inflation konnte Griechenland im Jahr 2000 nicht erfüllen (z.B. Verschuldung 104 %). Viele Kritiker befürchteten deshalb eine weitere Abschwächung der jungen europäischen Währung Euro gegenüber dem Dollar. Doch die Griechen, allen voran Ministerpräsident *Kostas Simitis*, wollten die **Euro-Teilnahme** unter allen Umständen, um die griechische Wirtschaft näher an das Kerneuropa heranzuführen und zu modernisieren. Es ist

Das Ende der Inflation gelungen, die Inflation, die noch in den 1990er Jahren bei jährlich rund 10 % lag, auf nur noch 2 % zu senken. Die Arbeitslosigkeit hat sich seit einiger Zeit bei 10-11 % eingependelt. Besonderes Problem Griechenlands ist die hohe Jugendarbeitslosigkeit, vor allem bei Frauen. Viele von ihnen werden dadurch in die klassischen Rollenmuster abgedrängt.

2001 war das erste Jahr, in dem der griechische Haushalt in der neuen Währungseinheit EURO aufgestellt wurde. 2001 wurde erstmals auch ein Haushaltsüberschuß ausgewiesen, das erste Mal seit 35 Jahren! Wirtschaftsforscher trauen Griechenland in den nächsten Jahren eine jährliche Steigerung des Bruttosozialproduktes um 4-5 % zu, bei sinkender Staatsverschuldung.

EU-Gelder für Kreta Häufig werden Sie auf Kreta an Bauprojekten, aber auch in touristischen Einrichtungen blaue Schilder sehen, die auf eine Förderung durch die Europäische Union hinweisen. Griechenland ist mit seiner gesamten Landesfläche eine **förderberechtigte Region** mit Entwicklungsrückstand („Ziel 1-Region"). Vorrang genießt der Ausbau der Infrastruktur. Welche Bedeutung die EU-Mittel an **Griechenland als Empfängerland** besitzen, macht folgende Zahl deutlich: 45 % der öffentlichen Investitionsausgaben Griechenlands für Bildung, Landwirtschaft und Beschäftigung werden von der EU finanziert.

3.7　Tourismus

Wohl kaum eine andere Mittelmeerinsel hat eine solche Vielfalt an Landschaften, Stränden, Städten und Dörfern vor dem Hintergrund einer jahrtausendealten Hochkultur zu bieten wie Kreta. Nicht zu Unrecht bezeichnen Kenner die Insel als eigenen Urlaubs-Kontinent. In den 1990er Jahren ist Kreta endgültig im großen Stile vom Pauschaltourismus entdeckt worden und wandelt das Gesicht seitdem kontinuierlich.

3.7.1　Aus den Jugendtagen des kretischen Tourismus

Griechenland war seit dem 19. Jh. verstärkt das Reiseziel von Bildungsreisenden und sog. **Philhellenen**, Griechenland zugeneigten Ausländern zumeist aus Westeuropa. Nach der Befreiung von der türkischen Besatzung und den ersten Ausgrabungen minoischer Stätten zu Beginn des 20. Jh. rückte auch Kreta ins Blickfeld dieser Reisenden. Aus der Zeit vor der Entdeckung durch den organisierten Tourismus stammen einige spannende Reisebeschreibungen, die das Bild eines stolzen, aber ärmlichen Kretas skizzieren, etwa „Kreta" von *Erhart Kästner* oder „Der Koloß von Maroussi" von *Henry Miller*.

Erste Kreta-Liebhaber

Noch in den 50er und 60er Jahren des 20. Jh. war Kreta zu weit entfernt von Nord- und Westeuropa, um Urlauber anzulocken. Diese fuhren mit Eisenbahn oder Kleinwagen nach Frankreich und Italien. Griechenland und Kreta dagegen lagen mehrere Reisetage entfernt. Ab den 1960er Jahren kamen zuerst Alternative und Hippies auf die Insel, viele weniger als Urlauber, denn als **Zivilisations-Aussteiger**. Kreta war für sie im Vergleich zu der auf Wirtschaftswachstum getrimmten deutschen Gesellschaftsstruktur ein archaisches Agrarland mit stolzen, aber toleranten Menschen.

Modernen Massentourismus gibt es auf Kreta und überhaupt in Griechenland erst seit Beginn der 1970er Jahre, als die damalige Militärregierung durch großzügige Kreditvergabe den **Bau großer Hotelkomplexe** förderte. Die staatlichen Xenia-Hotels entstanden ab 1967. Griechenland war damit ein Spätzünder unter den Mittelmeerstaaten. Doch nun plötzlich stieg die Bettenkapazität auf Kreta jedes Jahr um durchschnittlich 10 % an. Keimzelle des kretischen Tourismus war die Hauptstadt Iráklion mit dem weltberühmten Archäologischen Museum und dem Palast von Knossós direkt südlich der Stadt. Die langen Sandstrände östlich Iráklions wurden als nächstes erschlossen, denn sie waren schnell erreichbar durch die Nähe des Flughafens. Nur zögerlich breitete sich der Tourismus abseits dieser Zentren auch in die anderen Inselteile aus.

Der Boom beginnt

Die **extreme Wachstumsphase** begann erst Ende der 1980er Jahre, als das Flugzeug zum Massenverkehrsmittel aufstieg und Kreta von den großen Reiseveranstaltern ins Programm genommen wurde. Die Zahl der Urlauberankünfte auf Kreta hat sich von 1989 bis 1994 nahezu verdoppelt und heute auf hohem Niveau stabilisiert. Nahezu 20 % aller Griechenlandurlauber besuchen Kreta, und

Reiches Ausflugsprogramm

alle Reiseveranstalter und Ferienfluggesellschaften Europas haben die Insel im Programm.

Auf den **Flughäfen** von Iráklion und Chaniá kommen mittlerweile rund 2 Millionen Menschen jährlich an. Iráklion liegt bei der Zahl hier landender ausländischer Touristen in Griechenland an 2. Stelle hinter Athen, noch weit vor Thessaloniki.

Die Hauptmonate – auch der Einnahmen – sind mit deutlichem Abstand Mai bis September (hier besonders Juli und August). In der Hochsaison kommt Kreta damit in den Spitzen auf über 400.000 Gäste pro Monat! Die meisten Gäste kommen aus Deutschland, gefolgt von den Engländern und Skandinaviern. Rund 2,5 Millionen deutsche Urlauber besuchen jährlich Griechenland, davon reisen rund 70 % per Veranstalter an, das sind anteilig deutlich weniger Pauschalreisende als aus anderen europäischen Ländern.

Spitze im Hochsommer

Die Nebensaison-Monate April und Oktober sind wesentlich ruhiger, außerhalb der Saison kommen nur sehr wenige ausländische Touristen nach Kreta, wohl aber Griechen. Deren Hauptsaison sind die Tage des orthodoxen Osterfestes.

3.7.2   Die wirtschaftliche Bedeutung

Für Kreta gilt stärker noch als für andere Teile Griechenlands: Der Tourismus ist neben der Landwirtschaft das wirtschaftliche Standbein der Insel. Allein die deutschen Urlauber geben in Griechenland jährlich über 1,4 Mrd. Euro aus, damit steht das Land hinter den Niederlanden und vor Tunesien an 9. Stelle der Devisenausgaben im Reiseverkehr Deutschlands.

Die **Arbeitsplätze**, die der Tourismus auf Kreta schafft, sind jedoch häufig nur auf den ersten Blick ein Glücksfall für die Beschäftigten. Die oft nur eine geringe Qualifizierung erfordernden Arbeitsplätze im Tourismus genießen kein ausreichendes Sozialprestige, und durch die notwendige Zuwanderung Auswärtiger nach Kreta geraten gewachsene soziale Gefüge durcheinander. Die Urlaubssaison geht nur von April bis Oktober, den Winter über wird man wohl auch langfristig keinen Tourismus etablieren können. So arbeiten viele Angestellte nach Verträgen auf Handschlagbasis im Sommer fast rund um die Uhr ohne eigenen Urlaub. Nur wenige Tage können sie zur Erholung oder für alltägliche Angelegenheiten nutzen. Im Herbst arbeiten viele zusätzliche Kräfte in der Landwirtschaft, z.B. in der Olivenernte. Doch die Erntearbeit ist körperlich eine harte Tätigkeit, die nicht jedem liegt und ebenfalls nur geringe Einnahmen bringt. Am Ende der Saison bleibt dann für viele nur der Gang zum Arbeitsamt (OAED), um als Registrierter Arbeitslosengeld zu erhalten. Daneben sind aber die meisten notgedrungen in

Saison – Arbeit ohne Pause

irgendeiner Form als Schwarzarbeiter tätig. Griechenland hat zwar eine Arbeitslosenrate, die nur geringfügig über dem EU-Durchschnitt liegt, doch die **Jugendarbeitslosigkeit** ist die höchste in Europa, und in Zukunft werden durch den Anpassungsdruck in der EU viele öffentliche Jobs wegfallen.

Gewarnt seien deshalb auch alle, die von einer neuen Existenz auf Kreta träumen. Ohne eine feste Struktur, etwa in einer Familie oder als Angestellter eines Unternehmens, ist es kaum möglich, sich beruflich auf der Insel zu etablieren. Nicht wenige sind an ihrer einstigen Trauminsel Kreta gescheitert.

3.7.3 Kreta heute – zwischen individuellem Reiseziel und einer Insel der Massen

Tourismus, der Grundlage für stetigen ökonomischen Erfolg einer Region sein soll, muß zwar möglichst viele Menschen in Lohn und Brot bringen, auf der anderen Seite müssen die Grundlagen, die zur Beliebtheit eines Feriengebietes beitragen, unbedingt erhalten und pfleglich entwickelt werden. Chancen dafür bietet ein Tourismus, der auf eine funktionierende Infrastruktur trifft und im kleinen, d.h. in den Teilen der Insel und den vielen hundert Dörfern, lokalen Wohlstand schafft.

Das Urlaubsprodukt Kreta ist scheinbar nie fertig, die Tourismusstrategen versuchen, mit Förderung durch die EU die Insel zu verändern. Die **New Road** wurde entlang der Nordküste durchgängig von Kíssamos Kastélli bis Ágios Nikólaos ausgebaut. Die ehemals der EOT gehörenden Xenia-Hotels wurden vor einigen Jahren verkauft und nun von internationalen Investoren modernisiert. In Mália und Káto Goúves entstehen große Marina-Anlagen, die Segler nach Kreta locken sollen. Bislang ist das Angebot an attraktiven Anlaufhäfen noch gering. Geplant ist der Ausbau des Flughafens von Sitía zu einem dritten leistungsfähigen Tor zur Insel, besonders um den Inselosten besser zu erschließen.

Doch viele Urlauber suchen auf Kreta gerade die Ursprünglichkeit der ländlichen Insel und eines beschaulichen griechischen Alltagslebens.

Pension in Chánias Altstadt

Durch die rasante Zunahme des Tourismus in den letzten 15 Jahren droht aber nun gerade dieses Kapital verlorenzugehen. Wenn auch in abgelegenen Bergdörfern Jeep-Safaris das anscheinend zeitlose Leben durcheinanderbringen, geht genau das verloren, was die Teilnehmer solcher Exkursionen suchen: Wege und

Gefahren des Massentourismus

Orte abseits des Massentourismus. An vielen Stellen ist die *filoxenía*, die Freundschaft zum Fremden, umgeschlagen in Profitgier oder Ablehnung. Diese spalten auch die Kreter selbst in zwei Lager. Überlegen Sie einmal, welcher Anteil Ihrer Ausgaben für eine Pauschalreise überhaupt auf der Insel verbleibt, wenn Provisionskosten für das Reisebüro, Flugkosten, Organisation und Gewinn des Veranstalters etc. abgezogen sind.

Noch weniger können lokale Strukturen an All-inclusive-Urlaubern partizipieren, die kein Geld für Verpflegung in Tavernen und Märkten lassen. Zum Glück gibt es bisher nur wenige dieser Anlagen auf Kreta, dagegen eine Reihe hoffnungsvoller **Initiativen zur Erhaltung traditioneller Kultur**. Unter anderem mit Hilfen der EU sind viele traditionelle Häuser als Unterkünfte wieder aufgebaut worden, kümmern sich lokale Kulturvereine um Brauchtum und altes Handwerk. Ein gutes Beispiel dafür sind die Dörfer Vámos und Gavalochóri auf der westkretischen Halbinsel Drápanon. Bleibt zu wünschen, daß der Agrotourismus an Bedeutung gewinnen wird. Er bringt Urlauber und Geld auch in Regionen, die nicht durch spektakuläre Strände und Ereignisse am Massentourismus partizipieren können oder wollen.

 Gastfreundschaft der gehobenen Art – der Erfolg von Grecotel

Seit Beginn der 1990er Jahre setzt die Grecotel-Kette neue Standards in der griechischen Hotellerie. Konsequent auf große 4-5-Sterne-Anlagen der Ober- und Luxusklasse ausgerichtet, wird für zahlungskräftige Urlauber aus Nord- und Westeuropa ein Angebot geschaffen, das höchste Ansprüche befriedigen kann. Zu den Besonderheiten des durchdachten Konzeptes gehören die Aufteilung der Anlagen in zentrale Hotelgebäude und Bungalows in einer weitläufigen Gartenlandschaft, die Betreuung der Urlauberkinder in eigenen Clubs, ein hohes kulinarisches Niveau, perfekt geschulte, freundliche Mitarbeiter, ein breites Sportangebot und die Betonung von Ökologie und heimischer Kultur. Bekannt geworden ist Grecotel besonders durch seine konsequenten Bestrebungen im Umweltschutz. So werden in allen Hotels Brauchwasser aufbereitet, Strom gespart, Solarthermie zur Wasserwärmung eingesetzt, Abfälle kompostiert usw. Schon 1993 erhielt die Gruppe dafür den Umweltpreis des Deutschen Reisebüro-Verbandes. Tonangebend waren in diesem Bereich endlich einmal drei Frauen. Die Hotelierstochter *Mari Daskalantonakis* als Initiatorin, die Biologin *Maria Valerga* als Expertin und *Judith Smith-Spala* als Grecotel-Beauftragte für Marketing und Öffentlichkeitsarbeit.

Grecotel hat erstmals 1995 ein Pilotprojekt im biologischen Anbau finanziert. Mittlerweile wird auf Kreta mit „Agreco" bei Réthimnon eine eigene Farm unterhalten, in der nach den Kriterien des ökologischen Landbaus ein Großteil des Gemüses für die Grecotels der Insel angebaut wird. Auch mit neuen Produkten wird dabei experimentiert, so etwa Bleichsellerie oder Mangold. Die Schädlingsbekämpfung erfolgt unter Einsatz natürlicher Feinde. Standen die einheimischen Landwirte der Farm anfangs skeptisch bis ablehnend gegenüber, lernen sie jetzt und profitieren von den innovativen und doch traditionellen Methoden. Organische Abfälle aus den Hotels werden gesammelt und in den Gartenanlagen als Kompost wieder eingesetzt.

Doch Grecotel engagiert sich auch bei der Forschung zur Geschichte der Insel. So wird die Ausgrabung in Eléftherna durch die Universität von Kreta seit längerer Zeit von Grecotel finanziell gefördert. Gäste der Hotelgruppe können dafür an extra für sie organisierten Führungen teilnehmen.

Daß das Konzept von Grecotel bei seinen Gästen, und besonders bei den deutschsprachigen, auf Zuspruch stößt, beweisen die zahlreichen Auszeichnungen, die kretische Grecotels regelmäßig durch die Kunden der TUI erhalten. Die TUI ist mittlerweile auch an der Hotelgruppe beteiligt. Besonders familienfreundlich: Kinder finden im Grecoland und im Club4U eine eigene Betreuung, die es Eltern ermöglicht, auch mal einen Ausflug ohne den Nachwuchs zu unternehmen.

GRECOTEL
Luxury Resorts for a Lifetime

Auf Kreta gibt es bislang 9 Grecotels: östlich von Réthimnon, in Pánormo, bei Ammoudára (Iráklion), bei Káto Goúves, Mália und Eloúnda. Eine weitere Expansion ist zwar geplant, allerdings auf Kreta nur sehr zurückhaltend, wie *Judy Smith-Spalla* von Grecotel betont. Seit dem Jahr 2000 gibt es in den meisten Grecotels dafür die Luxuskategorie *Famous Class*, die einen individuellen Service, private Pools und besonders luxuriöse Bungalows beinhaltet.

Die Zahl der Grecotel-Gäste erreicht jährlich rund 200.000, die Auslastung liegt bei über 90 %, für Hotels ein Traumwert. Über die Hälfte der Gäste sind übrigens Deutsche, nur 13 % einheimische Griechen. Und hier kann man vielleicht auch leise Kritik ansetzen. Das ursprüngliche Kreta werden Sie in den Grecotels selbst nicht finden, und die Verlockung, den ganzen Urlaub in den schönen Anlagen zu verbringen, ist doch sehr groß. Sollte das All-inclusive-Konzept neben dem *Club Creta Sun* auch auf andere Hotels übertragen werden, sind in der einheimischen Gastronomie Einbußen zu erwarten. Denn gerade das Konzept der Öffnung der Grecotels zu ihrer Umgebung hat den Erfolg in der Vergangenheit mit begründet.

Für weitere Informationen nutzen Sie die Homepage: www.grecotel.gr.

3.8   Die kretische Küche

Die Kreter sind gesellig, und Essen und Trinken ist auf Kreta eine Lebensfreude. Jedes Dorf hat seine eigene Taverne und ein oder mehrere *Kafenia*. Dort verbringen vor allem die älteren Männer einen großen Teil ihrer Zeit. Generell gilt, daß die griechische Gastronomie, was Aufmachung der Lokale und Zubereitung der Speisen betrifft, **einfach, aber ehrlich** ist. Teure Restaurants mit raffinierten Speisen werden Sie nur in größeren Orten finden. Doch die werden Sie auch nicht vermissen, gerade die einfachen Tavernen – meist etwas abseits der Touristenzentren gelegen – haben ihren ganz besonderen Reiz. Vor allem, wenn es in ihnen noch die traditionelle kretische Küche gibt, mit lokalen und regionalen Spezialitäten. Diese sind nicht nur ausgesprochen schmackhaft, sondern auch gesund: Unter Ernährungsexperten gilt die kretische Küche inzwischen als eine der gesündesten der Welt!

3.8.1   Das Wunder der kretischen Ernährung

Gesunde Küche

1950 stellten Ernährungswissenschaftler in einer **7-Länder-Studie** fest, daß die kretische Bevölkerung im internationalen Vergleich mit Abstand die höchste Lebenserwartung hat und Herz-Kreislauf-Krankheiten auf der Insel so gut wie unbekannt sind. Daraufhin untersuchte man die Ernährungsgewohnheiten genauer. Es kam heraus, daß die Kreter sich, ähnlich wie die Bewohner anderer Mittelmeerstaaten, z.B. salzarm und mit viel Fisch ernähren, dabei aber noch weniger Fleisch und mehr Obst, frisches Gemüse und Salate zu sich nehmen. Fleisch galt im ländlichen Kreta immer als etwas Besonderes. Da kaum Rinder und Schweine gehalten werden konnten, kam es nur selten auf den Speisezettel. Dafür konsumierten die Kreter jede Menge Olivenöl, weit über 20 l pro Kopf im Jahr. Manchmal schien ihr Essen regelrecht im Öl zu schwimmen.

Die Erkenntnisse stießen bei Ernährungswissenschaftlern und Köchen gleichermaßen auf Interesse, und heute hat kaum ein Kochbuchverlag nicht auch einen Titel zur „Kreta-Diät" im Programm. Dabei ist der Begriff „Diät" irreführend, denn einen Verzicht stellt die kretische Küche nun wahrlich nicht da. Nicht zuletzt aus diesem Grund wird sie gerade von den Spitzenköchen der führenden kretischen Luxushotels propagiert.

Speisen

Mut zu regionaler Küche!

Die meisten Kretaurlauber kommen mit der kretischen Küche leider kaum in Berührung. In den Touristenzentren hat sich die Gastronomie weitgehend dem Geschmack der Gäste angepaßt. Man serviert phantasielose Tellergerichte, als Hauptbestandteil meist gegrilltes Fleisch und als Beilage Pommes Frites. Besonders Gesundheitsbewußte gönnen sich dazu einen griechischen Bauernsalat und gegebenenfalls auch eine Portion *Tzazíki*. Aufgeschlossene Reisende können auf Kreta jedoch eine wahre kulinarische Entdeckungsreise erleben, auch ohne dazu in einem 5-Sterne-Hotel verwöhnt zu werden. Denn Kretas heimliche Spitzenköche sind die einfachen Hausfrauen, die auf der Grundlage frischer und landestypischer Zutaten die vielfältigsten Gaumenfreuden zubereiten.

Fleisch spielt dabei eine eher untergeordnete Rolle. Traditionell handelt es sich meist um Lamm (*arnáki*), Hammel (*arní*) oder Zicklein (*katsikísio*), das gegrillt (*sxáras*), gebraten (*tijanités*), gekocht (*vrastés*) oder gebacken (*sto foúrno*) mit den vielfältigen Gemüsesorten und Hülsenfrüchten zubereitet wird oder als Füllung von Pasten dient. Auch Wildtiere wie Hase (*lagós*) und Kaninchen (*kounéli*) werden auf Kreta gerne gejagt und gegessen. Wichtigster Fleischlieferant war jedoch stets das Huhn (*kotópoulo*). Schwein (*chirinó*) gab es früher nur zu Weihnachten und das auch heute noch sehr teure Rindfleisch (*bodinó kréas*) oder Kalbfleisch (*moschári*) noch seltener. Dennoch gehört gerade das traditionell zubereitete „**Stifádo**" – ein mit feinen Zwiebeln (*stifádo*), Knoblauch (*skórdo*), Lorbeer und etwas Zimt gekochtes Rindergulasch – zu den Spezialitäten guter Tavernen. Zu Festtagen – wenn frisch geschlachtet wird – stehen gerne Innereien auf dem Speisezettel, am bekanntesten unter ihnen ist die *Margeirítsa* genannte Ostersuppe.

Leckere Spezialität Stifádo

Fisch darf in einem Kretaurlaub natürlich nicht fehlen. Doch er ist nicht gerade billig. Die Meere um Kreta sind leergefischt, und das Tagewerk der kleinen Küstenfischer ist harte Arbeit, so geruhsam es auch wirken mag. Die meisten auf Kreta angebotenen Speisefische sind Importe, doch Sie finden auch noch typische Fischtavernen, deren Besitzer bzw. Familienangehörige noch selbst mit ihren kleinen Holzbooten (*kaikis*) auf Fang gehen. Besonders hoch im Kurs stehen **Schwertfisch** (*xsífias*), **rote Meerbarbe** (*babrboúni*) und **Seezunge** (*glóssa*), deren Preise sich im Restaurant nach dem Gewicht richten. Meister sind die Kreter in der Zubereitung des **Oktopus**, ob gekocht, über Holzkohle gerillt oder mariniert. Eine absolute Spezialität sind seine mit Zwiebeln und Olivenöl leicht angebratenen Tentakeln, die anschließend in einem Sud aus Tomatenmark, Rotwein und Fenchel geköchelt werden (*oktapódi krassáto*).

Schnecken zählen für die Kreter zum Gemüse, denn sie sind eine traditionelle Speise der vorösterlichen Fastenzeit. Meist werden sie zwischen den Kräuterfluren der Kalkfelsen gesammelt, wo sie besonders schmackhaft sind. Ihre Zubereitungsarten sind vielfältig und haben den Schnecken (*Chochlí*) den Ruf der kretischen Nationalspeise eingetragen. In Tavernen bekommt man sie häufig in Öl gebraten und anschließend mit Tomate und Essig aufgegossen (*Chochlí boumbouristí*). Ein Tip: Auf Kreta bezwingt man gekochte Schnecken mit Hilfe der allgegenwärtigen Zahnstocher.

Frisches Gemüse und Salate gibt es auf Kreta das ganze Jahr über. Vor allem vitaminreiche Wildkrautsalate (*Chórta*) haben in der kretischen Küche einen hohen Stellenwert. Ihre Zusammensetzung ist abhängig von

Trocknender Oktopus

Der Klassiker – Griechischer Bauernsalat

der Jahreszeit: Löwenzahn, wilde Artischocken, grüner Spargel, Radizio, wilder Spinat, Senfkraut, Brunnenkresse, Sauerklee – die Liste eßbarer Wildpflanzen ist schier unendlich. Meist werden sie lauwarm serviert – mit Öl und Zitrone. Sehr schmackhaft sind sie aber auch als Pastenfüllung, die zumeist auch Käse enthält. Auch die Gemüsepalette ist nicht zu verachten, reicht sie doch von den „gewöhnlichen Sorten" wie Artischocken (*agináres*), Auberginen (*melitsánes*), Zucchini (*kolokithia*) oder Blumenkohl (*kounoupidi*) bis hin zu exotischem wie Okras (*bámies*) oder Hyazinthenknollen (*askordoulaki*). Besonders gerne wird Gemüse gefüllt (*gemisti*) zubereitet. Gefüllte Zucchiniblüten, Artischocken mit Joghurt oder auch Zucchinikroketten, die Liste der Leckereien ist lang, auf keinen Fall sollten Sie versäumen, einige von ihnen zu probieren – selbst wenn manchmal auch ein einfacher griechischer Bauernsalat unschlagbar ist.

Schmackhafte, einfache Küche

Hülsenfrüchte wie Linsen, Kichererbsen, mehrere Bohnensorten, Platterbsen und Lupinen sind von jeher eines der wichtigsten kretischen Grundnahrungsmittel. Einige von ihnen prägten wohl schon die minoische Küche. Die Zubereitungsarten sind vielfältig, doch gehört eine schlichte *Fasoláda* (Bohnensuppe aus kleinen weißen Bohnen) noch immer zu den schmackhaftesten der einfachen Mahlzeiten.

Brot darf auf keiner Tafel fehlen. Auch auf Kreta ist es ein Grundnahrungsmittel und wird in verschiedensten Variationen gebacken, besonders das zwiebackartige *Paximadí* bzw. *Koriatiko*. Es ist sehr lange haltbar und wird vor dem Verzehr mit Wasser angeweicht. Mit Tomaten, frischem Lauch und reichlich Olivenöl ist es ein absoluter Leckerbissen.

Artischocken, frisch vom Feld

Mezédes – das sind die kleinen Gerichte, die die griechische und besonders die kretische Küche kennt. Man ißt sie als Vorspeise (*orektika*), als Appetithäppchen zu einem Gläschen *Rakí* oder als kreative Auswahl zum Schwelgen. Im Prinzip können Sie alle Gerichte auch als *Mezédes* wiederfinden, und dabei hat jeder Wirt, der etwas auf sich hält, seine eigene Spezialität.

Buchtip

Das von Maria und Nikos Psilakis liebevoll zusammengestellte und auf Kreta erhältliche Kochbuch „Die Kretische Kochkunst" birgt mit seinen

260 faszinierenden Rezepten scheinbar alle Geheimnisse der kretischen Küche. Doch sind die Rezepte von kretischen Hausfrauen für ebensolche „Profis" geschrieben, also viel Spaß beim Experimentieren mit den Mengenverhältnissen und Zutaten.

Getränke

Ein einfaches Glas **Wasser** (*neró*) hat auf Kreta auch noch einen hohen Stellenwert. Häufig wird es Fremden mit einer süßen Kleinigkeit als Zeichen der Gasfreundschaft gereicht. Auch in den meisten Kafeneia und Café-Bars bekommen Sie ein Glas Wasser zum **Kaffee** gereicht. Das Wasser soll die dem Körper entzogene Flüssigkeit ersetzen. Eine schöne Geste, die auch den Genuß eines kleinen griechischen Kaffees zum Ritual erhebt. Trinken Sie zumindest wenige Schlucke, damit diese schöne Tradition nicht ausstirbt. Der **griechische Kaffee** (*kafé elinikó*) ist übrigens ein starker, in kleinen Stieltöpfen aufgebrühter Mokka, der *métrio* (mittelsüß), *glikó* (süß), *varí glikó* (sehr süß) oder *skéto* (ohne Zucker) genossen wird. Auf keinen Fall sollten Sie ihn zu hastig trinken, ein erheblicher Anteil besteht aus Kaffeesatz! Wenn Sie einfach nur „Kaffee" bestellen, wird man Ihnen in den großen Ferienorten wahrscheinlich einen **„Nescafé"** bringen. Er ist auch die Basis des im Sommer sehr beliebten *Frappé,* den Sie schwarz (*skéto*), mit Zucker (*me sáchari*) oder mit Milch (*mé gála*) bestellen können. Als Erfrischungsgetränk kaum zu schlagen ist jedoch ein **frisch gepreßter Orangensaft** (*portokaláda fréska*). Bestellen Sie jedoch nur „*Portokaláda*", so wird man Ihnen wohl eine Orangenlimonade bringen.

Achtung, starker Kaffee!

Gut gekühlter Retsína

Was das **Bier** (*bíra*) betrifft, herrscht auf Kreta kein Notstand, schließlich kam Griechenlands erster König aus Bayern, und dieser Kontakt bescherte den Griechen nicht nur ihr wahnwitziges Verwaltungssystem, sondern auch die Braukunst. Probieren Sie das einheimische **„Mythos"**, es kann es mit den internationalen Bieren (Amstel, Heinecken, Warsteiner etc.) durchaus aufnehmen.

Das wichtigste alkoholische Getränk auf Kreta ist natürlich der **Wein** (*krassí*), von dem es hier einige wirklich gute Tropfen gibt. Schließlich standen auf Kreta die ersten Weinberge Europas (lesen Sie dazu bitte auch den Infokasten auf Seite 379f). Wenn Sie einen Wein im Lokal bestellen, fragen Sie nach einem Wein vom Faß (*krassí chíma*). Der ist nicht nur preiswerter, manchmal stammt er sogar vom eigenen Weinberg. Der geharzte *Retsína* ist eigentlich nicht typisch kretisch. Die Kreter schätzen ihn aber – wie alle Griechen – wegen seiner guten Bekömmlichkeit und erfrischenden Wirkung, daher wird er inzwischen auch auf Kreta produziert und ist überall erhältlich.

Mit der Weinherstellung untrennbar verbunden ist der *Rakí (Tsípouro)* – quasi das Nationalgetränk der Kreter. Er ist ein ziemlich starker, aber fruchtig milder Tresterschnaps, der geschmacklich und qualitativ einiges mit dem italienischen *Grap-*

pa gemeinsam hat. Von den Einheimischen wird er gerne in geselliger Runde getrunken, wobei traditionell immer eine Auswahl an *Mezédes* gereicht wird. Sie sollten ihn nicht mit dem **Oúzo** verwechseln, denn letzterer ist ein Anisschnaps, der gut gekühlt mit Wasser verdünnt getrunken wird, ähnlich dem französischen *Pernod*, ein Gebräu, das Kreter lieber Festlandsgriechen, Halbwüchsigen und Frauen überlassen.

3.8.2   Taverne und Kafeníon

Die Kreter selbst zelebrieren das Essen am liebsten im Familien- oder Freundeskreis spätabends in einer der riesigen Tavernen an den Stadträndern, in die sich Touristen nur selten verirren. Und während in deutschen Restaurants gegen 23 Uhr die letzten Getränke bestellt werden und der Kellner unruhig auf die Uhr sieht, geht es auf Kreta in den Städten erst richtig los. Die angenehmen Temperaturen lassen im Sommer draußen erst weit nach Mitternacht frösteln.

Essen am Abend

Es gibt verschiedene **Typen von Lokalen** auf Kreta, die sich in den letzten Jahrzehnten aber immer mehr angenähert haben.

▬▬▬ Die Tavérna (ΤΑΒΕΡΝΑ)

Eine griechische Taverne, das typische Eßlokal, unterscheidet sich von mitteleuropäischen Restaurants auf den ersten Blick durch die **schlichte Aufmachung**. Das prunklose Interieur schafft eine ungezwungene Atmosphäre und lenkt die Aufmerksamkeit ganz auf die Speisen oder die Gesprächspartner.

In einer griechischen Taverne können Sie sich selbst einen Platz suchen, nur in den Restaurants der Städte bekommt man ihn von einem Kellner zugewiesen. Hat man Platz genommen, wird eine frische (Papier-)decke aufgelegt, mit Klammern an den vier Seiten des Tisches befestigt und die Speisenkarte gereicht. Häufig ist nicht alles verfügbar, was in der Speisenkarte ausgedruckt ist. Handgeschriebene Preise signalisieren das aktuelle Angebot der Küche. Fragen Sie auf jeden Fall nach Tagesgerichten, die nicht in der Karte stehen und z.B. an einer Kreidetafel am Eingang angeschrieben sind. Oder gehen Sie selbst in die Küche und suchen aus den Töpfen die Speisen aus, meist wird man Sie gerne beraten. Die Gerichte werden getrennt auf schlichten Tellern serviert, das Besteck ist häufig nur aus Blech, und die Weingläser sind einfache Trinkgefäße. Das gilt natürlich nicht für teurere Restaurants und Hotels.

In die Töpfe schauen!

> ☞ **Hinweis**
> *Geht man in einer größeren Runde in eine Taverne, ist es üblich, eine große Auswahl unterschiedlicher Speisen zu bestellen und gemeinsam von allen Tellern zu nehmen. Gleiches gilt für das Bezahlen: Getrennte Rechnungen werden nur von Touristen verlangt und entlocken dem Kellner allenfalls einen gequälten Blick. Üblich ist: Einer zahlt für alle und kassiert – wenn überhaupt – erst später von seinen Freunden.*

Besondere Tavernen sind die **Pistaría** (ΠΙΣΤΑΡΙΑ) – das Grillrestaurant –, die **Psarotavérna** (ΨΑΡΟΤΑΒΕΡΝΑ) – das Fischlokal – und das **Estiatórion** (ΕΣΤΙΑΤΟΡΙΟΝ), das eigentliche Restaurant. Lokale, in denen neben Getränken lediglich *mezedes* oder Snacks angeboten werden, sind die **Oúzeri** (ΟΥΖΕΡΙ) und die **Birará** (ΜΠΙΡΑΡΙΑ).

Die griechische Version des Schnellimbisses ist der **Pita-Grill**. In ein kleines Fladenbrot werden Fleisch, Gemüse, Tsatsiki, Salat und manchmal auch Pommes Frites eingewickelt. Die Tüte mit dem Brot nimmt man dann in die Hand und versucht, unter möglichst geringem Verlust des überquellenden Inhalts, seinen Hunger zu stillen.

Das Kafeníon (ΚΑΦΕΝΙΟΝ)

Das Kafeníon ist eine **griechische Institution** und als solche vor allem aus Dörfern und Kleinstädten nicht wegzudenken. Für Mitteleuropäer mit dem Hang zur lauschigen und rustikalen Kneipe ist es eine eher ungemütliche Angelegenheit. Fast kahle Wände mit verblichenen Bildern, grelle Neonleuchten und ein schlaffer Ventilator an der Decke; in der Ecke der ständig laufende Fernseher, zum Sitzen einfache Holzstühle und -tische – mehr umfaßt die Ausstattung nur in Ausnahmefällen. Vor der Tür stehen weitere Stühle und Tische, an denen ältere Männer sitzen, diskutieren, *Tavli* oder Karten spielen, in Gedanken versunken das *Komboloi* schwingen oder einfach neugierig den Fremden nachschauen. Frauen ist der Zutritt zwar nicht verboten, doch man sieht sie nur selten in einem Kafeníon sitzen. Es bleibt eine Domäne der griechischen Männerwelt. Stundenlang harren sie aus und verbringen – so scheint es – einen beträchtlichen Teil ihres Lebens hier. Das Kafenion ist das soziale Zentrum des Dorfes, dort wo es mehrere gibt, ist nicht selten die politische Einstellung ausschlaggebend für die Wahl der „zweiten Heimat".

Treffpunkt der kretischen Männer

Leider sind in vielen Strandorten Kretas die traditionellen Kafeneia von beliebigen Café-Bars verdrängt worden, da sich die Besitzer davon mehr Profit versprechen. Von älteren Männern, die stundenlang an einem starken griechischen Kaffee schlürfen, wird man eben nicht reich. Auf der Strecke bleibt die gewachsene Lebenskultur.

Als Tourist sollte man sich im Kafeníon offen, aber zurückhaltend geben, steht man doch unter genauer, aufmerksamer Beobachtung der einheimischen Augen.

3.8.3 Kleine gastronomische Sprachhilfe

Vorspeisen	*OREKTIKA*	ΟΡΕΚΤΙΚΑ
Oliven	*Eliés*	Ελιεζ
Scheibe Schafskäse	*Féta*	Φετα
Auberginenpaste	*Melitsána saláta*	Μελιξανα σαλατα
Fischrogensalat	*Taramosaláta*	Ταραμοσαλατα
Gefüllte Weinblätter	*Dolmadákja*	Ντολμαδακια
Riesenbohnen	*Gígandes*	Γιγανδεζ
Joghurt mit Zwiebeln, Gurke und Knoblauch	*Tzatzíki*	Τζατζικι
In Öl gebratene Käsescheibe	*Saganáki*	Σαγανακι
Kleine Tintenfische	*Kalamarákja*	Καλαμαρακια
Kleine gebratene Fische	*Marídes*	Μαριδεζ
Schnecken	*Chochlí*	Χοξλιοι
Gemischte Vorspeisen	*Orektiká diáfora*	Ορεκτικα διαφορα
Pommes frites	*Patátes tijanités*	Πατατεζ τηγανητεζ
Salate	***SALATES***	**ΣΑΛΑΤΕΣ**
Griechischer Bauernsalat	*Choriátiki saláta*	Χωριατικη σαλατα
Tomaten	*Tomáta*	Τοματα
Gurken	*Angurákia*	Αγγουρακια
Löwenzahnsalat	*Saláta radíkia*	Σαλατα ραδικια
Krautsalat	*Laxanosaláta*	Λαψανοσαλατα
Kartoffelsalat	*Patatosaláta*	Πατατοσαλατα
Suppen	***SUPES***	**ΣΟΥΠΙΕΣ**
Fischsuppe	*Psarósupa*	Ψαροσουπα
Hühnerbrühe mit Zitrone-Ei-Sauce	*Súpa avglolemono*	Ζουπα αυγολεμονο
Kartoffelsuppe	*Patatósupa*	Πατατοσουπα
Kichererbsensuppe	*Soúpa revígia*	Σουπα ρεβιθια
Nudelsuppe	*Soúpa fidés*	Σουπα φιδεζ
Ostersuppe (Innereien)	*Marjeirítsa*	Μαγειριτσα
Tomatensuppe	*Tomatósupa*	Τοματοσουπα
Weiße Bohnensuppe	*Fasoláda*	Φασολαδα
Pasteten, Reis- und Nudelgerichte	***Pastitsii KÄ SIMARIKA***	**ΠΑΣΤΙΤΣΟΙ ΚΑΙ ΖΥΜΑΡΙΚΑ**
Mit Käse (Tiri) gefüllte Pastete	*Tiropitákia*	Τυροπιτακια
Spinatpastete	*Spanakopitákia*	Σπανακοπιτακια

Auberginenauflauf mit Hackfleischfüllung	Moússakás	Μουσακαζ
Nudelauflauf mit Hackfleischfüllung	Pastítsio	Παστιτσιο
Spaghetti mit Tomaten-Hackfleischsauce	Makaronáda me kimá	Μακαρουναδα με κιμα
Reis mit Sauce	Rísi piláfi	Ρυζι πιλαφι
Spinat mit Reis	Spanakórizo	Σπανακορυξο

Fisch/Schalentiere	Psári kä Thallassina	ΨΑΡΙΑ ΚΑΙ ΘΑΛΑΣΣΙΝΑ
Sardinen	Sardélles	Σαρδελλεσ
Rote Meerbarben (ausgezeichnet)	Barboúni	Μπαρμπουνι
Goldbrasse	Tsipoúra	Τσιπουρα
Meeräschen	Képhalos	Κεφαλοσ
Thunfisch	Tónnos	Τονοζ
Seezunge	Glóssa	Γλοσσα
Fischeintopf	Kakaviá	Κακαβια
Oktopus (Krake)	Oktapódi	Οκταποδι
Garnelen (Scampi)	Garídes	Γαριδεζ
Hummer	Astakós	Αστακοζ
gefüllte Muscheln	Mídia jemistá	Μυδια γεμιστα
gebratene Muscheln	Mídia tijanitá	Μυδια τιγανιτα

Geflügel und Wild	PULERIKA KÄ AGRIA	Πουλερικα και αγρια
Huhn	Kotópoulo	Κοτοπουλο
Brathuhn	Kotópoulo psitó	Κοτοπουλο ψητο
Ente	Pápja	Παπια
Hase	Lagós	Λαγοζ
Kaninchen	Kounéli	Κουνελι

Fleisch	KREAS	ΚΡΕΑΣ
Hackbraten	Biftéki	Μπιφτεκι
Filet	Filéto	Φιλετο
Lamm	Arní	Αρνι
Kotelett	Kotolétta	Κοτολεττα
Fleischspieß	Souwláki	Σουβλακι
Kleine Fleischspieße	Souwlákia	Σουβλακια
Rinderfilet	Bodinó filéto psitó	Βοδινο φιλετο ψητο
Gefüllte Innereien	Omatiés	Οματιεζ
Wiener Schnitzel	Snitzel wienuas	Σνιτσελ Βιεναζ

Gemüsegerichte	Lachaniká	ΛΑΧΑΝΙΚΑ
Artischocken mit Saubohnen	Agináres me koukiká	Αγκιναρες με κουκικα
Auberginen	Melitsánes	Μελιτξανες
Paprikaschoten	Piperiés	Πιπεριες
Zucchini	Kolokithákia	Κολοκυθακια
Okras	Bámies	Μπαμιεσ
Grüne Bohnen mit Tomaten	Fasolakákia fréska	Φασολακια φρεσκα
Gemüseeintopf	Tourloú	Τουπλου

Nachspeisen	EPIDORPIA	ΕΠΙΔΟΡΠΙΑ
Blätterteig mit Nußfüllung und quietschsüßer Sirupglasur	Baklavás	Μπαλαβαζ
Nußtaschen	Skaltsúnia	Σκαλτσουνια
Blätterteigdessert mit Zuckersirup	Galaktobúreko	Γαλακτομπουρεκο
Fritierte Teigröllchen	Xerotígana	Ξεροτηγανα
Fritierte Quarktaschen	Mizithrópites	Μιζηθροπιτες
Vanillepudding	Kréma	Κρεμα
Reispudding	Rizógalo	Ρυζογαλο
Trauben	Stafília	Σταφυλια
Honigmelone	Peróni	Πεπονι
Wassermelone	Karpoúsi	Καρπουζι
Pfirsiche	Rodákina	Ροδακινα

INFO ## Olivenöl – Flüssiges Gold und Schlüssel zu einem langen Leben?

Der Olivenbaum (*Olea europea*) besitzt in Griechenland von alters her eine besondere Bedeutung. Dem Mythos nach war er ein Geschenk der Göttin *Athene*, die ihn nach einem Wettstreit mit *Poseidon* auf Attika pflanzte. Auf Kreta produzierten

schon die Minoer Olivenöl und lagerten es in den Palästen in riesigen Tonpithoi. Als wichtiges Exportprodukt bildete es die Grundlage für den Wohlstand ganzer Regionen. Das Öl wurde aber nicht wie heute vorwiegend in der Ernährung eingesetzt, sondern als **Brennstoff für Lampen**, als **Basis kosmetischer Öle** und Salben und als **Medizin** bei verschiedensten Beschwerden.

Oliven und minoischer Mörser

Olivenbäume brauchen zum Wachsen vor allem eins: viel Sonne. Wasser holen sie sich mit bis zu 6 m langen Wurzeln in Trockenmonaten aus der Tiefe. Der Baum wächst ohne besondere Ansprüche an den Boden bis in Höhen von 600 m und wird bis zu 1.000 Jahre alt. Ein Olivenbaum wird immer für die nächste Generation gepflanzt, da er nach 5 Jahren das erste Mal blüht und erst mit 20 Jahren seine volle Fruchtbarkeit erreicht. Die Frucht ist zu Anfang hellgrün und wird erst zur Reife im Spätherbst dunkelviolett.

Angeblich sollen rund 24 Millionen Bäume die Insel bedecken, jedem Kreter gehören also statistisch 50 eigene Bäume. Die **Ernte** der Oliven ist eine aufwendige Angelegenheit. Die Früchte müssen vom Baum gerüttelt werden, teils von unzähligen Händen, teils mit Hilfe von Maschinen. In großflächigen Netzen, die sich durch die Haine ziehen, werden sie aufgefangen und eingesammelt.

Immer noch entstehen 80 % der Kosten bei der Produktion von Olivenöl bei der Ernte und Pflege der Bäume. Aus diesem Grund hat gutes Olivenöl auch seinen Preis. Doch Kretas Olivenbäume sind im Vergleich mit den italienischen recht ertragreich. Aus den ca. 40 Kilo Oliven eines einzigen Baumes werden fast 3 Liter Öl gewonnen, aus den italienischen knapp über 2 Liter.

Uralter Olivenhain in Gortis

- **Die Verarbeitung der Oliven zu Öl**

Auf Kreta sind annähernd 700 **Ölmühlen** aktiv. Das Olivenöl wird nur mit mechanischen Mitteln aus dem Fruchtfleisch der frisch geernteten Oliven hergestellt. Dieses wird zuerst gemahlen (mit Kern!), der entstehende Brei dann auf geschichteten Matten gepreßt. In einer Zentrifuge wird das so gewonnene Öl vom Pflanzenwasser der

Herstellung von Olivenöl
aus EU-Broschüre

Oliven getrennt. Im Prinzip hat sich in den letzten 3.500 Jahren nicht viel an den Methoden geändert. Sicher ist an die Stelle der alten Schraubenpresse die hydraulische Presse getreten, die mehr Kraft entfaltet. So können schon in der ersten Pressung 90 % des Öls gewonnen werden. Eine Zweitpressung gibt es kaum noch. Neuerdings wird das Öl in einigen Mühlen auch direkt durch **Zentrifugieren** vom Olivenbrei abgetrennt. Der Preßkuchen wird in Raffinerien weiterverarbeitet.

Eine lange Tradition hat auch die **Herstellung von grünen und weißen Seifen** aus Olivenöl. Um die Jahrhundertwende gab es viele Seifenfabriken auf Kreta, lange Zeit die einzigen Industriebetriebe.

• **Die Klassifizierung von Olivenöl**

Hier gilt: je niedriger der Säuregehalt, desto besser das Öl. Doch schmecken kann man die Säure des Öls erst dann, wenn es ranzig geworden ist. Die Analyse erfolgt daher auf chemisch-physikalischen Weg.
Extra Natives (virgines) Olivenöl: Das Öl ist naturrein und unbehandelt, der Säuregehalt beträgt nicht mehr als ein Prozent. Aroma, Geschmack und Farbe sind einwandfrei.
Natives Olivenöl: Hier darf der Säuregehalt bis zu 2 % betragen, ansonsten ist das Öl aber ebenfalls hochwertig.
Olivenöl: Der Säuregehalt darf nur 1,5 % betragen, dafür ist auch raffiniertes Olivenöl (geschmacks- und geruchsneutral) den nativen Ölen beigemischt.

Oliventresteröl oder Baumöl:
Baumöl darf sich nicht Olivenöl nennen, da es aus dem Olivenpreßkuchen (Trester) gewonnen wird, der in der Presse zurückbleibt. Auch Oliventresteröl darf maximal einen Säuregrad 1,5 % aufweisen. Dafür wird es durch Verschnitt mit nativem Öl geschmacklich verbessert.

• **Täglich ein Löffel? – Gesund mit Olivenöl**

Die gesundheitsfördernde Wirkung von Olivenöl ist schon seit Jahrtausenden bekannt. Ernsthaft diskutiert wird sie seit Ende der siebziger Jahre, als wissenschaftliche Untersuchungen belegten, wie wertvoll das Öl im Rahmen der sog. Mittelmeerdiät ist. Mit der Veränderung der geschmacklichen Moden in Europa und Amerika hin zu mediterraner Küche ist das Olivenöl als Shooting-Star dieser Kochkunst in jeden Supermarkt eingekehrt.

Olivenöl ist fett, 100 Gramm haben etwa 930 Kalorien. Aber keine Sorge: Es **besteht zu 80 Prozent aus einfach ungesättigten Fettsäuren** (Sonnenblumenöl nur zu 30 %) mit Spuren von Vitamin E und Linolsäure, die der Körper nicht selbst herstellen kann. Dazu kommen nur 5-10 % gesättigte Fette und 20-25 % mehrfach ungesättigte Fettsäuren. Unser Körper braucht alle drei Arten von Fetten. Doch man hat festgestellt, daß eine zu hohe Aufnahme von gesättigten Fettsäuren für Erkrankungen der Herzkranzgefäße verantwortlich ist, weil sie den Cholesterinspiegel hebt.

Es gibt zwei Arten von **Blutcholesterin**, HDL (*High-density lipoprotein*) und LDL (*Low-density lipoprotein*). Im Gegensatz zum LDL ist das HDL nützlich. Nur die einfach ungesättigten Fettsäuren können bewirken, daß der LDL-Anteil im Blut sinkt, während der HDL-Anteil erhalten bleibt. Wahrscheinlich noch wichtiger ist die blutdrucksenkende Wirkung des Olivenöls, die einwandfrei nachgewiesen werden konnte. Zudem ist Olivenöl sehr gut verdaulich und fördert die Aufnahme von Vitaminen im Körper.

Olivenöl kann vielfältig eingesetzt werden: als Dressing, zum Marinieren oder Braten. Natives Olivenöl kann bis zu 180 °C erhitzt werden, ohne daß seine Inhaltsstoffe zerstört werden, einfaches Olivenöl sogar bis 210 °C. Wird Olivenöl dunkel und kühl aufbewahrt, hält es bis zu 1 ½ Jahren.

Unser Tip
Bringen Sie sich auf jeden Fall Olivenöl von Kreta mit. In vielen Dörfern wird man Ihnen frisches Öl direkt aus großen Behältern in dunkle Flaschen oder Dosen abfüllen. Das Öl ist wesentlich günstiger als in Deutschland. Besonders lecker: Legen Sie selbstgesammelte Kräuter darin ein. Besonders berühmt ist das Öl „Castello Zacro" aus der Region Sitía, das bereits auf mehreren internationalen Wettbewerben Preise einheimste. Weitere, sehr hochwertige Öle erhalten Sie bei Cretel S.A. in Galiá oder bei Bioléa in Kolimbári. Bioléa baut seine Oliven rein biologisch an und produziert ein hocharomatisches Öl, das noch in einer traditionellen Steinmühle gewonnen wird. Auch das Öl der Péza-Union bei Archánes ist zu empfehlen.
Übrigens: Olivenöl gilt in der Volksmedizin Kretas auch als **Aphrodisiakum**. *Nicht umsonst gibt es das griechische Sprichwort: „Iß Butter und schlaf wie ein Schafskopf, iß Öl und komm am Abend".*

Buchtip
*Wirklich alles über die Olive und ihr Öl finden Sie in dem auf Kreta erhältlichen Buch: „*Die Kultur der Olive – Olivenöl*" von* Nikos und Maria Psilakis *(Selbstverlag). Das Buch ist zudem wunderschön gestaltet und nicht teuer.*

Schon vor mehr als 3000 Jahren haben die Minoer den Blick von ihrem Landgut **Vathípetro** nach Westen in die Ebene um Profitis Ilias genossen. Bei klarer Sicht sind am Horizont die bis ins Frühjahr schneebedeckten Gipfel des Psiloritis-Massivs zu erkennen.

Am venezianischen Hafen der westkretischen Metropole **Chania** herrscht von morgens bis spät nachts ein lebhaftes Treiben. Um ohne Müdigkeit an der abendlichen Volta teilzunehmen, beginnt man den Tag entspannt bei einem Frappé in einer der Tavernen oder Cafés am Wasser.

Ruhe und ein tiefer Frieden herrschen im ländlichen Kreta, hier beim winzigen Dorf **Rokka**. Im Bild sind gleich drei typische Elemente der kretischen Landschaft: **Olivenbäume**, **Schafe** und weiß getünchte **Kapellen**.

Agia Galini gilt als einer der schönsten Orte der Südküste. Im Inneren liegen entlang der am Hang ansteigenden Gassen zahllose Tavernen, Geschäfte und Pensionen. Im geschützten Hafen warten Ausflugsboote, um Urlauber an die nahen Strände oder die südlich gelegenen Paximadi-Inseln zu bringen.

Rund um Kretas drittgrößte Stadt Rethimnon liegen mehrere Dörfer mit gut erhaltener venezianischer Bebauung. *Maroulas* ist eines dieser Kleinode, in dem private Investoren mit viel Liebe Gebäude restauriert haben. Das höchste Haus links ist einer der wenigen verbliebenen Wohntürme der Insel.

Die minoische Palastanlage von **Knossos** ist eine der Hauptattraktionen Kretas. Sie gibt heute Aufschluß über das Leben der Hochkultur der Minoer und der später eingewanderten Mykener. Umstritten sind die Rekonstruktionen, die der britische Archäologe Arthur Evans zu Beginn des 20. Jahrhunderts mit viel Phantasie an den Palastruinen vorgenommen hat.

*Die Kuppeln des Katholikons von **Moni Agia Triada** auf Akrotiri schimmern in der gleißenden Mittagssonne. Die große Klosteranlage aus dem 17. Jahrhundert gehörte zu den reichsten Kretas und produziert noch heute eigenes Olivenöl und Raki.*

*Zur **Karfreitagsprozession**, wenn das geschmückte Grab Christi durch die Straßen getragen wird, führt in Chania der beliebte **Bischof Irenäus** den Zug der Gläubigen an. Wer das Glück hat, am orthodoxen Osterfest auf Kreta zu weilen, sollte sich die Prozession und die Auferstehungsfeier eine Nacht später nicht entgehen lassen.*

*Von den frühchrist-
lichen Basiliken der
Insel sind meist nur
die prächtigen
Mosaikböden erhal-
ten, hier bei **Olous**
auf der schmalen
Landbrücke
zwischen Elounda
und der Halbinsel
Spinalonga.*

Nicht nur die alten,
auch die neuen
orthodoxen Kirchen
sind für die Kreter
wichtige Treffpunkte
des gesellschaft-
lichen Lebens. Der
moderne Stahlbe-
tonbau in **Alikianos**
ist wunderschön
bemalt.

Essen und Feiern
im Freundeskreis
sind wichtige
Rituale, zu denen
auch Fremde als
Gäste gerne gela-
den werden. Von
unzähligen Tellern
kann man dann die
Speisen probieren.
Am Ende zahlt
einer die gemein-
same Rechnung –
eine große Ehre.

Überall brennt im
Herbst das Feuer-
holz unter den
unförmigen Kesseln,
in denen der **Rakí**
oder Tsikoudiá
aus den Resten der
Weintrauben destil-
liert wird. Mit etwas
Glück bekommen
Sie ihn frisch und
warm angeboten, er
ist dann ausgespro-
chen bekömmlich.

Der **Palmenstrand von Vai** ist eines der Traumziele der Mietwagenfahrer auf Kreta. Früher ein Refugium der Hippies, ist der Sandstrand heute bestens organisiert und sauber. Idyllisch sind die einsameren Abendstunden.

Das Gegenstück von Vai ist im äußersten Südwesten Kretas der lagunenartige **Strand von Elafonisi**. Mit Bus, Mietwagen oder Badeboot von Paleochora kommen von April bis Oktober die Sonnenhungrigen, um einen Hauch von Südsee zu genießen.

Die Kreter können sich über eine der höchsten **Lebenserwartungen** der Welt freuen. Experten meinen, daß der Genuß von Olivenöl ein wichtiger Grund dafür ist. Das kretische Olivenöl gehört zu den weltbesten und ist auf Kreta ein wichtiges Grundnahrungsmittel.

*Wer die engste Stelle der **Samaria-Schlucht**, die „Eiserne Pforte" erreicht hat, ist dem Ziel Agia Roumeli am Lybischen Meer schon ziemlich nahe. Erst ab Anfang Mai kann die wasserführende Schlucht begangen werden, sie ist mit rund 18 km die längste in Europa.*

Wie weiße Tupfer kleben die Dörfer Patsianos und Kapsodassos über der **Ebene von Frangokastello** an der Südküste. Aus Furcht vor Piratenüberfällen und wegen der Quellen an den Berghängen sind die Siedlungen etwas abseits der Küste angelegt worden.

Im Frühjahr blüht die ganze Insel auf, die schönste Zeit für alle, die wandern und radfahren wollen. Bestens geeignet dafür ist die Halbinsel **Drapanon** östlich von Chania, die Dörfer sind liebevoll restauriert und Heimat vieler Künstler aus ganz Europa.

Der von weitem
nur spaltbreite
Ausgang der engen
Ha-Schlucht *bei*
Monastiraki kenn-
zeichnet die
schmalste Stelle der
Insel – den Istmus
von Ierapetra.
An den Berghängen
bildet der Schutt
jahrtausendelanger
Verwitterung breite
Fächer.

Südküste *westlich*
von Ierapetra.
Im Spätsommer
kontrastiert das
Blau des Meeres
mit der ausgetrock-
neten, sonnenver-
brannten Maccie.

Blick vom mythischen Berg Jouchtas auf das Zentrum des kretischen Weinbaus **Archanes**. Archäologen haben hier eine weitere minoische Palastanlage ausgegraben. Mindestens ebenso interessant sind die prächtigen Kafenia, in denen sich die Männer des Ortes zum Gespräch treffen.

Am 14. September 1943 ermordeten die deutschen Besatzer im Zuge einer „Sühnemaßnahme" an einem einzigen Nachmittag über 400 kretische Männer und Frauen. Das Denkmal in **Ano Vianos** erinnert an diese Tragödie und den Einsatz der Partisanen gegen die fremde Macht.

Ein Hauch von Afrika in Europa – die **Insel Chrisi** südlich von Ierapetra ist ein beliebtes Ausflugsziel der Urlauber an der Südostküste. Karge Landschaft, bizarres Strandgut und einsame Trampelpfade versprühen einen Hauch von Abenteuer.

Am Westrand der **Lassithi-Hoch-ebene** in 900 Meter Höhe stehen mehrere Windmühlen, die heute nicht mehr in Betrieb sind, dafür aber beliebtes Fotomotiv. Der Blick reicht hinunter an die Sandstrände bei Malia, Stalida und Limmin Chersonissos.

4. KRETA ALS REISELAND

Die gelben Seiten werden regelmäßig aktualisiert, so daß sie auf dem neuesten Stand sind. In den **allgemeinen Reisetips (Kap. 4..4)** *finden Sie – alphabetisch geordnet – reisepraktische Hinweise für die Vorbereitung Ihrer Reise und Ihren Aufenthalt in Kreta. Die* **regionalen Reisetips (Kap. 4.7, ab S. 211)** *geben Auskunft über Unterbringungsmöglichkeiten etc. in den ebenfalls alphabetisch geordneten Städten/Regionen.*

News im Web:
www.iwanowski.de

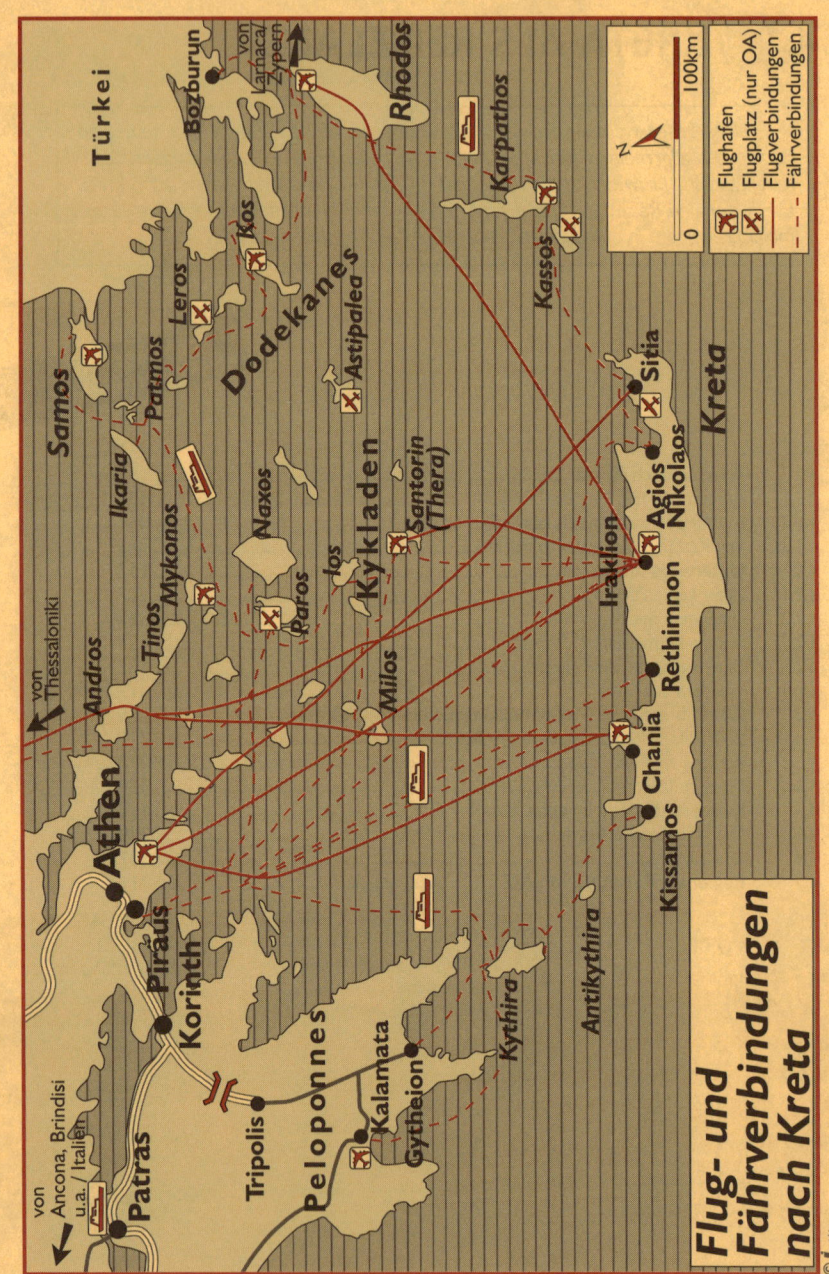

Flug- und
Fährverbindungen
nach Kreta

4.1 Anreise nach Kreta

4.1.1 Anreise mit dem Flugzeug

Die meisten Urlauber erreichen Kreta mit dem Flugzeug, denn auf dem Land- und Seeweg ist man auch im 3. Jahrtausend noch annähernd 3 Tage unterwegs, um aus Nord- und Mitteleuropa in die Südägäis zu reisen. Mit dem Charterjet beträgt die Flugdauer von Deutschland dagegen nur 2,5 bis 3 Stunden.

Charterflüge

Kreta wird per Charter regelmäßig von allen deutschen, österreichischen und schweizerischen Flughäfen angeflogen. Die ersten Maschinen in die Hauptstadt **Iráklion** heben in den letzten Märztagen ab, die letzten starten Mitte November bei dann aber deutlich reduzierter Frequenz. Der westkretische Flughafen **Chaniá** ist noch seltener Ziel, nur von einigen Großstädten werden Direktflüge angeboten. Die Flugsaison reicht hier von Mitte April bis Ende Oktober. Die regulären **Preise für einen Charterflug** nach Kreta schwanken je nach Saison zwischen 300 und 450 Euro und sind von Süddeutschland aus 5-10 % günstiger als aus dem Norden. Besonders teuer sind die Hochsaison Juli/August

und die Tage um das orthodoxe Osterfest. Kurzentschlossene können Flüge für 200-250 Euro bekommen, sobald die freien Restplätze in den Maschinen angeboten werden. Achten Sie beim Vergleich der Sonderangebote aber darauf, ob zum angegebenen Preis noch Flughafengebühren, Steuern und mögliche Kerosinzuschläge hinzukommen!

Auf dem Flug nach Süden

Die meisten Fluggesellschaften bieten ihre **Flüge und die Restplätze über das Internet** an und zeigen online die freien Kapazitäten auf. Beachten Sie, daß häufig nicht mehr alle gewünschten Kombinationen aus Hin- und Rückflugtermin verfügbar sind. Flexibilität bei den Reiseterminen ermöglicht hier Preisvorteile. Auch in **Reisebüros** können Sie die günstigen Restplätze buchen. Klarer Vorteil: Die Reisebüros haben Übersicht über alle Fluganbieter. Viele kleinere Fluggesellschaften vergeben ihre Platzkontingente vollständig an Reiseveranstalter, so daß nur diese die freien Restplätze anbieten.

Unabhängig von der Fluggesellschaft können Sie **Tickets im Internet** z.B. unter folgenden Adressen buchen: *www.ebookers.com, www.expedia.de, www.flug.de, www.flugboerse.de, www.mcflight.de, www.reisen.de, www.start.de, www.tiss.de, www.travel-overland.de.* Eine kompetente Suche im Reisebüro ersetzen die Internet-Ticketbörsen in den meisten getesteten Fällen noch nicht!

Um Ihnen die Recherche zu erleichtern, finden Sie hier die **Internetadressen der wichtigsten Fluggesellschaften**, die Kreta in ihrem Flugplan führen:

- **Aero Lloyd:** *Iráklion* von Berlin, Düsseldorf, Frankfurt, Friedrichshafen, Hamburg, Innsbruck, Leipzig/Halle, Linz, München, Salzburg und Wien. Online-Buchung: www.aero lloyd.de. Telefonische Buchung: 0180-2302949.
- **Air Berlin:** *Iráklion* von Berlin, Dortmund, Düsseldorf, Dresden, Erfurt, Hamburg, Hannover, Köln/Bonn, Leipzig/Halle, Münster/Osnabrück, Nürnberg und Paderborn. *Chaniá* von Düsseldorf. Online-Buchung: www.airberlin.de. Telefonische Buchung: 01801-737800.
- **Condor:** Verbindungen von allen größeren Flughäfen vorwiegend nach Iráklion. Condor fliegt bis in den November hinein nach Kreta. Online-Buchung: www.condor.de. Telefonische Buchung: 01802-337135.
- **Hamburg International:** www.hamburg-international.de. *Iráklion* von Erfurt, Hamburg, Lübeck, Luxembourg und Saarbrücken. *Chaniá* von Hamburg und München. Hamburg International ist eine private Fluggesellschaft, die seit 1999 europaweit operiert. Buchungen über Reisebüros und Veranstalter.
- **Hapag-Lloyd:** Größtes Kreta-Angebot aller Fluggesellschaften. *Iráklion* von Berlin, Bremen, Düsseldorf, Frankfurt, Hamburg, Hannover, Karlsruhe/Baden-Baden, Köln, Mulhouse/Basel, München, Münster, Nürnberg, Paderborn, Saarbrücken, Stuttgart. *Chaniá* von Berlin, Düsseldorf, Frankfurt, Hamburg, Hannover, München, Stuttgart. Zudem bietet Hapag-Lloyd von den meisten Flughäfen auch Direktverbindungen nach *Athen* und von Hamburg, Hannover und Stuttgart nach *Patras (Peloponnes)*. Im Winter Direktflüge von München (Drehkreuz) nach *Thessaloniki*. Telefonische Buchung: 01805-757510. Online-Buchung: www.hlf.de. Hapag-Lloyd bietet die Mitnahme des eigenen PKW nach Kreta beim Flug im Airbus A-310 an, der Transport ist aber sehr teuer und ökologisch bedenklich.
- **LTU:** *Iráklion* von Brüssel, Düsseldorf, Frankfurt, Köln/Bonn, München, Stuttgart und Zürich. Online-Buchung: www.ltu.de. Telefonische Buchung: 0180-52065.
- **Lauda Air:** Umfangreiches Charterflugangebot von mehreren österreichischen Abflughäfen nach Iráklion. Online-Buchung: www.laudaair.com.
- **Balair:** *Iráklion* von Zürich. Buchungen nur über Reiseveranstalter, Informationen unter www.balair.ch.

Hinweise zur Mitnahme von Kindern, Haustieren und Sportgepäck

Kinder: Kinder bis zu einem Alter von 2 Jahren können bei fast allen Fluggesellschaften kostenlos mitfliegen und benötigen keinen eigenen Sitzplatz. Kinder bis 11 bzw. 14 Jahren fliegen meist für die Hälfte des Preises. Der Flug nach Kreta dauert etwa 3 Stunden, das ist auch für die Kleinsten noch ganz gut zu verkraften.

Haustiere: Leichtgewichtige Hunde und Katzen werden gegen Aufpreis in der Kabine, z.B. in flexiblen Tiertransporttaschen, befördert. Alle anderen Tiere müssen im Frachtraum in einer festen Transportbox mitfliegen. Der Preis berechnet sich nach dem Gewicht.

Die Tiere werden ganz normal mit den Passagieren eingecheckt, müssen aber vor dem Flug angemeldet werden.

Rollstühle und Hilfsmittel von Behinderten: Rollstühle und andere Hilfsmittel für behinderte oder kranke Fluggäste werden fast immer kostenlos transportiert, müssen aber vorab angemeldet sein. Sie fliegen im Frachtraum mit.

Sportgeräte: Sportgeräte wie Surfbretter, Fahrräder, Golf- und Tauchausrüstungen sind Sondergepäck. Die Preise für den Transport variieren bei den Fluggesellschaften stark. Rechnen Sie für Surfbretter und Fahrräder mit ca. 50-100 DM, Golf- und Tauchausrüstungen sind bei normalem Umfang meist frei. Wichtig: Vor dem Flug das Sondergepäck bei der Fluggesellschaft anmelden.

Flughäfen im Internet
Hier können Sie Flugpläne, Anfahrtsempfehlungen mit ÖPNV und PKW, Schalter und Telefonnummern der Fluggesellschaften in den Terminals finden.

Basel/Mulhouse/Freiburg:	www.euroairport.com
Berlin-Tegel und -Schönefeld:	www.berlin-airport.de
Bern:	www.alpar.ch
Bremen:	www.airport-bremen.de
Dortmund:	www.flughafen-dortmund.de
Dresden:	www.dresden-airport.de
Düsseldorf:	www.duesseldorf-international.de
Erfurt:	www.thueringenweb.de/flughafen-erfurt
Frankfurt:	www.frankfurt-airport.de
Genf:	www.gva.ch
Graz:	www.flughafen-graz.at
Hamburg:	www.ham.airport.de
Hannover:	www.flughafen.hannover.de
Innsbruck:	www.tirol.com/flughafen
Klagenfurt:	www.klagenfurt-airport.at
Köln/Bonn:	www.airport-cgn.de
Leipzig/Halle:	www.leipzig-halle.de
Linz:	www.flughafen-linz.at
Lübeck:	www.flughafen-luebeck.de
Münster/Osnabrück:	www.flughafen-fmo.de
München:	www.munich.airport.de
Nürnberg:	www.flughafen-nuernberg.de
Rostock:	www.rostock-airport.de
Paderborn/Lippstadt:	www.flughafen-paderborn-lippstadt.de
Saarbrücken:	www.flughafen-saarbruecken.de
Salzburg:	www.salzburg-airport.com
Stuttgart:	www.stuttgart-airport.de
Wien:	www.viennaairport.at
Zürich:	www.uniqueairport.ch

Linienflüge

Außerhalb der Saison ist ein Linienflug die einzige Möglichkeit, per Flugzeug nach Kreta zu gelangen. Die private griechische Fluggesellschaft **Cronus** fliegt mehrmals wöchentlich von Düsseldorf, Frankfurt, München und Stuttgart via Thessaloniki nach Athen und teilweise weiter nach **Iráklion und Chaniá**. Beispiel Köln-Iráklion: Dauer ca. 6 Stunden, Preis einfach ab 444 DM, Return ab 589 DM. Weitere Infos zu Cronus finden Sie auf S. 155.

Tägliche Linienflüge in die beiden größten griechischen Städte **Athen und Thessaloniki** führen Olympic Airways, Lufthansa, Austrian Airlines und Swissair durch. Von dort geht es weiter mit einer griechischen Fluggesellschaft. Das beste Streckenangebot und die meisten Flüge bietet Olympic Airways. Mehrere private Fluggesellschaften fliegen auf innergriechischen Strecken aber etwas günstiger.

- **Olympic Airways** fliegt mehrmals wöchentlich bis täglich von Berlin, Düsseldorf, Frankfurt, Stuttgart und München nach Athen. Die Flugdauer beträgt 2-3 Stunden. Auch Wien und Zürich, Amsterdam und Kopenhagen werden von Athen aus täglich angeflogen. Der Preis für die Strecke Deutschland-Kreta beträgt ab 700 DM aufwärts, besonders günstige Angebote sind manchmal ab 500 DM zu bekommen. Weitere Infos zu OA finden Sie unten.
- **Lufthansa** fliegt mehrmals täglich die Strecken Athen-Frankfurt und Athen-München, außerdem täglich Thessaloniki-München. Online-Buchung: www.lufthansa.com oder www.lufthansa.gr (in englischer und griechischer Sprache). Telefonische Buchung: 01803-803803 (D), 0800-900800 (Österreich) und 01-4479966 (Schweiz).
- **Austrian Airlines:** Online-Buchung: www.aua.com. Telefonische Info und Buchung aus ganz Österreich: 05-1789.
- **Swissair:** Online-Buchung: www.swissair.com. Telefonische Info und Buchung aus der Schweiz: 0848-800700.

Tip
Neben den regulären Angeboten gibt es bei allen Fluggesellschaften Sondertarife und Ermäßigungen, z.B. Studenten- und Jugendtarife, zeitlich begrenzte Niedrigpreise und günstige Restplätze, so daß im Einzelfall ein Linienflug nicht viel teurer als ein Charterflug sein muß.

Flugverbindungen von Athen nach Kreta

Kreta hat drei Flughäfen: die beiden internationalen Flughäfen von Iráklion und Chaniá (Westkreta) sowie einen kleineren Flugplatz bei Sitia (Ostkreta). Alle drei haben Linienverbindungen zum griechischen Festland. Die Flugzeit von Athen nach Iráklion oder Chaniá beträgt ca. 45-55 Minuten (Jets), nach Sitia rund 1h25 (Propellermaschinen).

- **Von/nach Iráklion**: 3 x täglich mit Cronus/Aegean ab Athen, 5-6 x täglich mit Olympic Airways. 2 x wöchentlich (Mi+Sa) mit Olympic Airways ab Thessaloniki (Flugzeit ca. 2 Stunden). Preisbeispiel: einfach 19.000 Drs, Return 38.000 Drs (diverse Vergünstigungen für Kinder und Senioren). Flüge ab Iráklion auf andere Inseln finden Sie auf S. 165.
- **Von/nach Chaniá**: 2 x täglich (morgens/abends) mit Cronus/Aegean ab Athen, 5x täglich mit Olympic Airways. 2 x wöchentlich (Di+Fr) mit Olympic Airways ab Thessaloniki. Preise wie Iráklion.
- **Von/nach Sitia**: 1-2 x wöchentlich mit Olympic Airways ab Athen. Preis einfach 20.000 Drs, Return 40.000 Drs.

Adressen griechischer Fluggesellschaften

Olympic-Airways: www.olympic-airways.gr (engl. + griech.). Verbindungen und Preise (nur Inland) sind einfach abzurufen, Online-Buchung ist möglich. Die Adressen aller Olympic-Büros weltweit können mit gesonderter Funktion gesucht werden. Die für Sie wichtigen Adressen:
- **OA in Deutschland:**
- Kurfürstendamm 64-65, 10707 **Berlin**, Tel.: 030-8856960
- Minoritenstraße, 50667 **Köln**, Tel.: 0221-9201818
- Graf-Adolf-Straße 12, 40212 **Düsseldorf**, Tel.: 0211-84941

- Gutleutstraße 82, 60329 **Frankfurt**, Tel.: 069-970670
- Maximiliansplatz 12a, 80333 **München**, Tel.: 089-219960
- Olgastraße 83, 70182 **Stuttgart**, Tel.: 0711-2474400
• **OA in Österreich**:
- Canovagasse 7, 1010 **Wien**, Tel.: 01-5044165
• **OA in der Schweiz**:
- Tour de l'Ile, 1204 **Genf**, Tel.: 022/3119621
  Talstraße 70, 8039 **Zürich**, Tel.: 01/2113737
• **OA auf Kreta**:
- **Agios Nikolaos**: N.Plastira St. 18, Tel.: 0841-22033
• **Chaniá**: Stratigou Tzanakaki Str. 88, Tel.: 0821-40268 o. 58005
- Am Flughafen: Tel.: 0821-63264 o. 63219
• **Ierápetra**: Pl. Eleftheriou Venizelou, Tel.: 0842-22444 o. 22908
• **Iráklion**: Pl. Eleftherias, Tel.: 081-245111 o. 223400
- Am Flughafen: Tel.: 081-245644
• **Réthimnon**: Koumoundourou Str. 5, Tel.: 0831-22257
• **Sitia**: 4. Septemvriou, Tel.: 0843-22270
- Am Flughafen: Tel.: 0843-24666

Cronus: Cronus bietet seit 1995 ein Flugangebot innerhalb Griechenlands und einige Linienflüge auch nach Deutschland. Cronus fliegt im Code Sharing mit Aegean Airlines. Flugplan und Online-Buchung unter www.cronus.gr oder www.aegeanair.gr.
• **Cronus in Deutschland**:
- Am Hauptbahnhof 10, 60329 **Frankfurt**, Tel.: 069-2385630
- Herzogspitalstraße 10, 80331 **München**, Tel.: 089-2366220
- Flughafen **Stuttgart**, Tel.: 0711-9484092
- Flughafen **Düsseldorf**, Tel.: 0211-4216844
• **Cronus auf Kreta**:
- **Iráklion**: O. 1821, Tel.: 081-286394 o. 342266
- Am Flughafen Iráklion: Tel.: 081-284162
- **Chaniá**: El Venizelou 12, Tel.: 0821-51100
- Am Flughafen Chaniá: 0821-63316

Kretas Flughäfen – Orientierung nach der Ankunft

❶ **Flughafen „Nikos Kazantzakis" Iráklion (HER)**
• **Allgemeines:** Der Nikos Kazantzakis-Airport östlich von Iráklion als einer der am stärksten frequentierten Flughäfen Griechenlands und mit einer einzigen küstenparallelen Start- und Landebahn ist längst an der **Obergrenze seiner Kapazität** angelangt. 1939 landete hier erstmals ein Flugzeug, 1957 nahm Olympic Airways den Linienbetrieb nach Iráklion auf. Die heute genutzten Terminalgebäude stammen aus den 1970er und 1980er Jahren, der Flughafen ist am Südrand der Start- und Landebahn immer wieder erweitert worden. Die Zahl der Landungen beträgt rund 17.000 pro Jahr, insgesamt werden mittlerweile über 4 Millionen Passagiere abgefertigt, davon ca. die Hälfte im Charterverkehr. Die Tendenz ist weiter steigend.

Der aufgrund der Windverhältnisse übliche **Start Richtung Westen** führt in einer langen Rechtskurve über Iráklion hinweg und ermöglicht einen weiten **Blick auf die Stadt**. Bewohner und Hotelgäste der Innenstadt freut der andauernde Lärm weniger.

• **Nach der Ankunft:** Nachdem man mit einem der modernen Shuttlebusse die wenigen Meter zur Ankunftshalle gefahren wurde, folgt die Ernüchterung. Nur zwei Umlaufbänder sind den Gepäckmengen der im Minutentakt eintreffenden Chartermaschinen nicht gewachsen. Und so kann es bis zu einer Stunde dauern, bis Sie Ihre ersehnten Koffer und Taschen vom Band ziehen können.

Noch in der **Ankunftshalle** befinden sich eine erste Geldwechselmöglichkeit, ein Informationsschalter der EOT und mehrere Telefone (auch mit Kreditkarten).

In der zentralen Halle sind die Büros der großen Mietwagenfirmen und zwei Banken untergebracht. Hier stehen auch die Abholer der Fluggäste erwartungsvoll mit Firmen- und Namensschildern. Vor dem Flughafen warten neben den provisorischen Ständen der Reiseunternehmen Dutzende von Bussen – alle mit laufenden Motoren, deren Abgase die Luft mit Dieselruß schwängern.

• **Gepäckaufbewahrung:** In einem kleinen Häuschen zwischen Busparkplatz und Zufahrtsstraße können Sie Gepäckstücke aufbewahren lassen. Kostet ca. 5 DM pro Tag.

• **Abflug:** Abflüge mit Charterfluggesellschaften werden in der mittleren Halle abgefertigt, innergriechische Flüge und andere Linienflüge in der östlichen (rechten) Halle. Achten Sie darauf, sich an die richtige Schlange anzustellen, häufig verlaufen diese quer durch die ganze Halle bis nach draußen.

• **Parken:** Parkplätze sind Mangelware. Bei der Abholung erwarteter Personen kommen Sie rechtzeitig vor der Ankunft und versuchen Sie einen Platz an den Seiten der Zufahrtsstraßen nach Iráklion oder zur New Road zu ergattern.

• **Mietwagenrückgabe:** Mietwagen können zentral auf einem Parkplatz gegenüber der Flughafenhalle abgestellt werden. Kontrollen des Fahrzeugzustandes finden erstaunlich selten statt.

• **Anbindung in die Stadt:** Die **Entfernung in das Stadtzentrum** Iráklions beträgt 5 km.

• **Taxi:** Der Standplatz der Taxis befindet sich vor der Abflughalle. Die aktuellen Preise für die Fahrt in die Inselorte können Sie einer großen Karte am Taxistand entnehmen. Preisbeispiele: Iráklion Zentrum 1.500 Drs, Limin Cherssonissos 4.500 Drs, Malia 5.800 Drs, Agios Nikolaos 9.700 Drs, Elounda 11.000 Drs, Sitia 19.500 Drs, Ierapetra 15.000 Drs, Matala 11.700 Drs, Agía Galíni 13.000 Drs, Plakiás 17.500 Drs, Chaniá 20.000 Drs, Georgioúpolis 15.500 Drs, Réthimnon 12.000 Drs, Balí 8.500 Drs, Agía Pelagía 4.500 Drs.

• **Bus:** Die Bushaltestelle in die Innenstadt Iráklions und zum Busbahnhof der überregionalen Busse befindet sich etwa 50 m hinter dem Taxistand an der Straße nach Iráklion. In einem kleinen Häuschen können Fahrscheine gekauft werden. Die blauen Busse fahren von 5-24 Uhr im 15 Minuten-Takt ins Zentrum und zum Busbahnhof B. Preis 180 Drs. **Aus der Innenstadt** bietet es sich an, an der Platia Eleftherias zuzusteigen. Fahrkarten bekommen Sie in einem kleinen Kiosk zwischen dem Astoria-Hotel und dem Kino.

• **Fluginformationen**: Tel.: 081-245644 o. 397129 o. 397136, **Allgemeines**: Tel.: 081-245598.

❷ Flughafen Chaniá (CHQ)

- **Allgemeines:** Der moderne Flughafen liegt mitten auf der Halbinsel Akrotíri und wird nur zum Teil zivil genutzt. Noch wird er deutlich seltener von Charterjets angesteuert als der Flughafen von Iráklion. Doch Ende der 1990er Jahre wurden allein 2,6 Mrd. Drs von der EU für den Ausbau zur Verfügung gestellt. Das flache, moderne und vollklimatisierte Gebäude wirkt in der staubigen Landschaft wie ein Raumschiff. Linienflugverbindungen bestehen mehrmals täglich nach Athen und an einigen Tagen nach Thessaloniki. Für die Zukunft ist eine deutliche Zunahme des Charterangebotes von Mittel- und Nordeuropa nach Chaniá zu erwarten.
- **Nach der Ankunft:** In der großen Abfertigungshalle finden Sie die Counter der Mietwagenfirmen. Außerdem einen Kiosk mit internationaler Presse, eine Café-Bar, einen Laden mit kretischen Spezialitäten und einen EC-Geldautomaten.
- **Parken:** Vor dem Flughafengebäude befindet sich ein großer, kostenpflichtiger Parkplatz. Andere Möglichkeiten zu parken gibt es nicht, direkt am Gebäude werden Falschparker verwarnt.
- **Mietwagenrückgabe**: Mietwagen werden auf dem Parkplatz vor dem Flughafengebäude abgestellt. An der Zufahrtsstraße zum Flughafen liegt eine Tankstelle.
- **Anbindung in die Stadt:** Die Entfernung in das Stadtzentrum von Chaniá beträgt ca. 14 km. Da bislang kein Linienbus den Flughafen anbindet, sind Sie ohne Mietwagen oder Abholer auf ein Taxi angewiesen. Preise: nach Chaniá ca. 3.000 Drs, Plataniás 4.000 Drs, Kastelli Kissamos 7.300 Drs, Réthimnon 9.800 Drs, Chóra Sfakíon 11.000 Drs. Zu den Flügen von Olympic Airways besteht eine Busverbindung aus der Stadt (bei Buchung erkundigen).
- **Informationstelefon des Flughafens**: Tel.: 0821-63224

❸ Flughafen Sitia (JSH)

Kleiner Regionalflugplatz mit nur 730 m langer Start- und Landebahn. Ein bis zweimal die Woche fliegt Olympic Airways mit kleinen Propellermaschinen von und nach Athen. **Information** Tel.: 0843-24424.

Die Entfernung in das Stadtzentrum von Sitia beträgt etwa 1,5 km. Die griechische Regierung erwägt den Ausbau des Flughafens von Sitia, um von hier neue Ferienregionen auf Kreta erschließen zu können.

4.1.2   Die Anreise mit Auto/Eisenbahn/Bus und Schiff

Die Anreise mit der Bahn oder dem eigenen PKW durch Kroatien, Serbien und Makedonien über Zagreb, Belgrad und Skopje oder alternativ aus Ostdeutschland über Prag, Budapest und Belgrad ist auch nach Beendigung der kriegerischen Konflikte in den Staaten des ehemaligen Jugoslawien nicht zu empfehlen. Die Fahrt ist beschwerlich und durch Mautgebühren, Zwischenübernachtungen und Visa-Kosten auch teuer.

Eine durchgehende Bahnverbindung wie früher durch den legendären Hellas-Express von München nach Athen besteht zur Zeit nicht. Allerdings gibt es eine gute Umsteigeverbindung über Budapest (ca. 32 h).

Über mehrere Städte fährt die Deutsche Touring wöchentlich ab Dortmund mit modernen **Langstreckenbussen** (Liegesessel) nach Griechenland (z.B. Frankfurt-Ioannina in

37 Stunden). Erkundigen Sie sich unter Tel. 069-790350 oder auf der Internetseite www.deutsche-touring.com.

Mit Bahn/Auto und Fähre über Italien

Die Anreise über Italien ist in den letzten Jahren durch schnelle Fährverbindungen immer attraktiver geworden und für die Anreise nach Kreta die bevorzugte Variante.

Dennoch sind **annähernd drei Tage** für eine Strecke einzuplanen. **Vorteil**: Es lassen sich weitere Urlaubstage in Italien, etwa am Gardasee, an der Adria oder in Venedig, einplanen. Zudem hat die langsame Annäherung an Griechenland und Kreta den Reiz des echten Reisens, der bei kurzen Flugreisen lange entfallen ist.

Von der italienischen Ostküste (**Triest, Venedig, Ancona, Bari, Brindisi**) bestehen sehr gute Fährverbindungen nach Nordwestgriechenland, vor allem in die **Fährhäfen Igoumenitsa und Patras**. Patras, Griechenlands drittgrößte Stadt im Nordwesten des Peloponnes, ist für die Anreise nach Kreta die bessere Wahl, da der Weg nach Athen und zum Fährhafen Piräus kürzer ist als von Igoumenitsa. Es bestehen schnelle Autobahn- und Bahnverbindungen mit der OSE. Ein weiterer Vorteil: Vom südlichen Peloponnes führt eine direkte Fährverbindung nach Kíssamos Kastélli auf Westkreta.

❶ a: Mit dem Auto nach Italien

Bei der Anfahrt mit dem Auto nach Italien sind von Norddeutschland 1-2 Tage einzuplanen. Die **Entfernung** von Hamburg nach Ancona (über Verona) beträgt rund 1.600 km, von Berlin und Köln 1.400 km, von München 800 km, von Zürich (über Mailand) 850 km und von Wien (über Verona) 1.200 km. Bis Bari in Süditalien sind es von Ancona weitere 470 km, bis Brindisi sogar 590 km.

Wer nicht die gesamte Strecke selbst hinter dem Steuer sitzen möchte, kann einen Platz im **Autoreisezug** nach Norditalien (Verona, Rimini) buchen. Informationen über Strecken und Preise erhalten Sie bei der Deutschen Bahn unter www.autozug.de oder Tel.: 0180-5241224.

❶ b: Mit der Bahn nach Italien

Es bestehen ausgezeichnete Bahnverbindungen von Deutschland, Österreich und der Schweiz in alle italienischen Fährhäfen. Die Fahrzeit entspricht in etwa einer durchgehenden Autofahrt ohne Übernachtung. **Vorteil**: im Liegewagen kommen Sie auch im Schlaf Ihrem Ziel Kreta näher. Nach **Süditalien** (Bari/Brindisi) sind von **Hamburg/Berlin** über München und Bologna je nach Verbindung ca. 22-25 Stunden einzuplanen, von **Köln** 20-23 Stunden und von **München** 15-18 Stunden. Von München bestehen auch Tagesverbindungen nach Süditalien, so daß der sonst fällige Zuschlag für Schlafwagen gespart werden kann. Von **Wien** Südbahnhof braucht der Zug nach Bari oder Brindisi ca. 18-21 Stunden, ab **Zürich** 12-16 Stunden. Auch von Zürich sind mit dem CIS Alpino Tagesverbindungen möglich.

Nach **Norditalien** gelangt man etwas schneller: Fahrzeit nach Ancona von **Zürich** 9-10 Stunden, von **Wien** Südbahnhof 13-15 Stunden, von **München** über Verona und Padua 10-13 Stunden (in allen Fällen sind Tagesverbindungen möglich).

Wir empfehlen unbedingt eine **Reservierung**, denn Streß in überfüllten Zügen ist das letzte, was Sie auf der langen Anreise brauchen.

Preise: Allein die Bahnfahrt nach Italien und zurück ist leider schon so teuer wie ein günstiger Charterflug direkt nach Kreta. Für eine Person sind von Norddeutschland im

Liegewagen mindestens 500,- DM einzuplanen. Fast immer fahren mehrere Personen zusammen günstiger. Erkundigen Sie sich nach den speziellen Italienangeboten Ihrer Bahn.

Alle Bahnen unterhalten im **Internet Fahrplanseiten**, auf denen lediglich Start- und Zielort und die gewünschte Abfahrts- oder Ankunftszeit abgefragt werden. In Sekundenschnelle wird dann die passende Verbindung herausgesucht.
Deutsche Bahn: www.bahn.de
Österreichische Bundesbahn: www.oebb.at
Schweizerische Bundesbahn: www.sbb.ch
Italienische Bahn: www.fs-on-line.com (auch deutsch)
Griechische Bahn: www.ose.gr (griechisch und englisch)

❷ Mit der Fähre von Italien nach Griechenland
Es gibt zwei Möglichkeiten, vom italienischen Festland aus Griechenland mit der Fähre zu erreichen. **Von Norditalien** bestehen Verbindungen ab Triest, Venedig und Ancona. Die kürzeste Landverbindung führt aus Nord- und Mitteleuropa zum Fährhafen Triest (ab Hamburg ca. 1.300 km, ab München 500 km). Dafür sind die Fahrzeiten der Fähren lang. **Von Süditalien** fahren Fähren ab Bari und Brindisi, die Anreise ist 470 bzw. 590 km länger als nach Ancona, dafür sind die Fähren wesentlich schneller in Griechenland. Welche Variante Sie vorziehen, hängt von Ihren persönlichen Vorlieben für das eine oder andere Verkehrsmittel ab oder von Urlaubstagen in Italien vor oder nach der Reise nach Kreta.

Folgende regelmäßigen Fährverbindungen bestehen zur Zeit zwischen Italien und Griechenland (Stand 2001):

a) Norditalien
- **Von Triest**: nach *Korfu* (ANEK 29h, 2 x wöchentlich), nach *Igoumenitsa* (ANEK 23 h, täglich), nach *Patras* (ANEK, 31 h, 4 x wöchentlich)
- **Von Venedig**: nach *Korfu* (Strintzis 29 h, Minoan Lines 27 h), nach *Igoumenitsa* (Strintzis 26 h, Minoan 25 h), nach *Patras* (Strintzis 31-33 h, Minoan 36 h (ab Oktober 2001 auch 21 h!))
- **Von Ancona**: nach *Korfu* (ANEK, 15 h), nach *Igoumenitsa* (ANEK 16 h, täglich, Superfast Ferries 15 h, Minoan Lines 15 h, Marlines 22 h), nach *Patras* (Strintzis Lines 21 h, täglich, ANEK 22 h, täglich, Superfast Ferries 19 h, Minoan Lines 20 h, Marlines 31 h)

b) Süditalien
- **Von Brindisi**: nach *Korfu* (Strintzis, Hellenic Medit. Lines 8 h), nach *Paxi* (Insel) (Hellenic Medit. Lines 12 h), nach *Igoumenitsa* (Strintzis, Hellenic Medit. Lines 10 h), nach *Kefalonia* (Insel) (Hellenic Medit. Lines 15 h), nach *Patras* (Strintzis 10/14 h, Hellenic Medit. Lines 18 h), nach *Zante* (Hellenic Medit. Lines 18 h)
- **Von Bari**: nach **Igoumenitsa** (Superfast 9,5 h, Ventouris 11 h, Marlines 12 h), nach **Patras** (Superfast 15,5 h)

Hafenamt Igoumenitsa Tel.: 0665-22235 o. 22240
Hafenamt Patras Tel.: 061-341002

Reedereien und Preise

Informationen und Reservierungen zu Fährpassagen erhalten Sie in allen größeren Reisebüros. Dort sind Kataloge vorrätig, denen Sie Fahrpläne, Abfahrtzeiten und die Ausstattung der eingesetzten Schiffe entnehmen können. Neben dem ADAC geben auch die griechische Fremdenverkehrszentrale EOT und die IKON-Reiseagentur GmbH (Schwanthaler Straße 31, 80336 München, Tel.: 089-5501041) Informationsbroschüren zu griechischen Fährverbindungen heraus.

Die **Generalagenturen** der wichtigsten Fährgesellschaften in Deutschland:

ANEK	IKON Reiseagentur GmbH, München, Tel.: 089-5501041
Hellenic Medit. Lines	Viamare, Köln, Tel.: 0221-2771277
Marlines	Viamare, Köln, Tel.: 0221-2771277
Minoan Lines	Seetours, Frankfurt, Tel.: 069-1333262
Poseidon Lines	Neptunia, München, Tel.: 089-89607340
Strintzis Lines	Blue Star Ferries, Lübeck, Tel.: 0451-88006266
Superfast Ferries	Superfast Ferries, Lübeck, Tel.: 0451-88006166
Ventouris Ferries	IKON Reiseagentur GmbH, München, Tel.: 089-5501041

Fährgesellschaften im Internet

ANEK	www.anek.gr
LANE Lines	www.forthnet.gr/internetcity/get/lane/
Minoan Lines	www.minoan.gr
Poseidon Lines	ww.greekislands.gr/poseidon
Strintzis Lines	www.strintzis.gr
Superfast Ferries	www.superfast.com

Eine sehr gute Übersicht über die Fähren gibt www.greekislands.gr oder auch www.ferries.gr (gleiche Seite, anderes Layout). Hier sind alle Verbindungen mit Italien und im Inland aufgeführt, zu den Fährgesellschaften führen Links. Fahrpläne und Preise sind ebenfalls zu recherchieren. Auf beiden Seiten finden Sie auch Hinweise zu Flugverbindungen und zu Hotels auf Kreta. Die Seite wird vom Büro PALEOLOGOS Shipping&Travel Agency (25. Augusto 5, 71202 Iráklion, Tel.: 081-346185 o. 330598) aktuell zusammengestellt.

Preise

Die Preise der Reedereien unterscheiden sich nicht wesentlich, sind lediglich abhängig von der Geschwindigkeit und Ausstattung der eingesetzten Fähren. Dafür betragen die Preisunterschiede zwischen

Fähre der ANEK in Iráklion

einer einfachen Deckspassage und der Unterbringung in 2-Bett-Außenkabinen teilweise über 100 %. Bei Buchung von Hin- und Rückfahrt gewähren die Fährgesellschaften großzügige Rabatte bis zu 20 %.

Die hier angeführten Preise sind Beispiele von Superfast Ferries aus der Saison 2001 und nicht verbindlich. Hafengebühren und -steuern sind enthalten. NS = Nebensaison, HS = Hauptsaison (I>GR: Ende Juni bis Mitte August, GR>I: Anfang August bis Mitte September)

	NS *Einfache* *Strecke*	*NS* *Hin &* *Zurück*	*HS* *Einfache* *Strecke*	*HS* *Hin &* *Zurück*
Ancona nach Patras/Igoumenitsa				
Deck:	109 DM	185 DM	153 DM	260 DM
Schlafsessel:	144 DM	245 DM	188 DM	319 DM
4-Bett Außenkabine:	261 DM	444 DM	338 DM	574 DM
2-Bett-Außenkabine:	367 DM	624 DM	475 DM	807 DM
Normaler PKW:	140 DM	238 DM	205 DM	348 DM
Mittlerer Camper:	399 DM	679 DM	534 DM	908 DM
Motorrad:	53 DM	90 DM	68 DM	115 DM
Bari - Patras/Igoumenitsa				
Deck:	83 DM	141 DM	100 DM	171 DM
Schlafsessel:	111 DM	189 DM	124 DM	211 DM
4-Bett-Außenkabine:	204 DM	347 DM	239 DM	407 DM
2-Bett-Außenkabine:	284 DM	483 DM	340 DM	578 DM
Normaler PKW:	76 DM	129 DM	114 DM	194 DM
Mittlerer Camper:	210 DM	357 DM	277 DM	471 DM
Motorrad:	28 DM	48 DM	36 DM	61 DM

Kinder bis 4 Jahre und Haustiere reisen umsonst, Kinder von 4-12 Jahren zahlen 50 % des Preises. Fahrräder werden kostenlos transportiert. Camping ist auf den meisten Fähren auf extra eingerichteten Decks möglich (mit Toiletten und Duschen), Sie brauchen dafür nur ein Deckticket zu buchen. An Bord der meisten Schiffe finden Sie Geschäfte, Unterhaltungsangebote und einen Swimming-Pool.

Hinweise für eine gelungene Schiffspassage

• Unbedingt rechtzeitig – mindestens 2 Stunden, Wohnmobile 3 Stunden – vor dem Auslaufen der Schiffe im Hafen sein, der Weg ist nicht immer leicht zu finden, und eventuelle Buchungsprobleme (z.B. falsche Kabinenbelegung) können dann vor Ort noch geklärt werden. Einchecken und Autoverladung beginnen meist 2 Stunden vor der Abfahrt. Sie können zwar direkt im Fährhafen Tickets kaufen, zu empfehlen ist aber die bequeme Reservierung in einem Reisebüro im Heimatland.
• Die Fähren weisen je nach Baujahr sehr unterschiedliche Standards auf. Erkundigen Sie sich im Reisebüro, ob z.B. ein Swimming-Pool an Deck vorhanden ist. Zu den modernsten Flotten gehören die Schiffe von Minoan Lines und Superfast Ferries (neuere Schiffe bei HDW in Kiel gebaut). Diese fassen ca. 1.500 Passagiere und transportieren rund 1.000 Fahrzeuge.

• Sollten Sie eine Deckpassage buchen, fragen Sie, ob ein echtes Camping-Deck mit Dusche und Windschutz auf dem Schiff vorhanden ist. Die Überfahrt ist lang und windig. Auf jeden Fall einen warmen Pullover oder eine Decke mitnehmen!

• Duschen und Toiletten werden auf den Schiffen leider nicht übermäßig gereinigt. Tip: Lieber zu Beginn der Fährpassage alles erledigen, mit zunehmender Zeit und Anzahl der Benutzer wird der Besuch immer mehr zum hygienischen Abenteuer.

❸ Landweg von Patras und Igoumenitsa nach Piräus oder Gytheion

In Griechenland angekommen, sind weitere Strecken mit Auto, Bahn oder Bus zurückzulegen. Von Igoumenitsa (Epirus) bis Piräus sind 670 km zu fahren, von Patras (Peloponnes) bis Piräus auf der neuen Autobahn über Korinth rund 220 km (Mautgebühr!). Zwischen Patras nach Gytheion (Südpeloponnes) zur Fähre nach Kissamos auf Westkreta liegen 280 km (größtenteils Landstraße).

Von Patras nach Athen bestehen sehr gute Verbindungen mit Zug oder Bus. Von Athen bis in den Fährhafen von **Piräus** verkehrt eine Metro. Außerdem gibt es eine Eisenbahnverbindung an der Westküste des Peloponnes entlang **nach Kalamata** zur Fähre nach Westkreta. **Gytheion** kann dagegen nur mit Bus oder Mietwagen erreicht werden. **Igoumenitsa** verfügt über gar keine Bahnanbindung. Die Weiterfahrt nach Piräus ist von hier nur mit KTEL-Linienbus oder Mietwagen möglich. Aus der Nachbarstadt Ioannina verkehrt allerdings täglich ein Fernbus nach Kreta (siehe S. 164).

❹ Fähre von Piräus oder Gytheion nach Kreta

Mehrere Fährgesellschaften verbinden die großen Städte Kretas mit Griechenlands wichtigstem Passagierhafen Piräus südlich von Athen. Die Überfahrt dauert im Schnitt 11 Stunden, die Fahrtdauer ist von der Anzahl der zwischendurch angelaufenen Inseln abhängig. Seit November 2000 setzt Minoan Lines eine **Schnellfähre** ein, die die Strecke Piräus-Iráklion in rund 6 Stunden schafft und damit alle anderen Schiffe nach Kreta abhängt. Die 210 m lange „Knossos Pallas" erreicht mit 2.200 Passagieren rund 29,5 Knoten (55 Stundenkilometer) und gehört zu den schnellsten Fährschiffen der Welt.

Zum Vergleich: 1997 legte der griechische Olympiasieger im Windsurfen 1996, Nikos Kaklamanakis, die Strecke zwischen Piräus und Kreta in sagenhaften 7,5 Stunden zurück – auf dem Surfbrett.

• Piräus - Iráklion

Der **Fährhafen** von Iráklion liegt direkt nördlich unterhalb der Stadt. Zum Busbahnhof, in die Innenstadt (Hotels) und zum Archäologischen Museum sind es nur wenige Schritte.

ANEK: Abfahrt jeweils 20 Uhr, Fährschiffe F/B „El.Venizelos" und „Aptera", Dauer 11 Stunden. Preise: Deck April-September Einfach 7.000 Drs, Außenkabine etwa 13.000 Drs. Autotransport Einfach 18.000 Drs, Motorrad Einfach 4.000 Drs.

Minoan Lines: Abfahrt 19.45 Uhr; F/B „King Minos", Abfahrt 21 Uhr Schnellfähre H/S/F „Knossos Palace" und H/S/F „Festos Palace", Dauer mit Schnellfähre 6-8 Stunden, sonst 11 Stunden. Preise wie ANEK, Vergünstigungen für alle, die Minoan auch auf der Route Italien-Griechenland gebucht haben.

G.A.Ferries: wöchentlich abends, F/B „Milena", Dauer 13,5 Stunden.

ANEK in Iráklion: 25. Augusto 33, Tel.: 081-222481/2 o. 223067

Minoan in Iráklion: 25. Augusto 78, Tel.: 081-229646

- **Piräus - Chaniá**

Die Fährschiffe der **ANEK** legen in **Soúda**, etwa 8 km östlich von Chaniá, an. Ankunft meist am Morgen oder gegen späten Nachmittag, Abfahrt in Piräus und Chaniá am Abend um 20.30 Uhr. Von Soúda fahren viertelstündlich Stadtbusse in die Innenstadt von Chaniá und zurück (Haltestelle dort vor der Markthalle). An der Hauptstraße von Soúda hinter dem Anleger finden Sie alle möglichen Geschäfte, Banken und eine Post.

Fährschiffe F/B „Lissós" und „Lato";
Preise wie Iráklion, Dauer der Überfahrt 11 Stunden.
ANEK in Chaniá Platia S. Venizelou, Tel.: 0821-27500. Tickets erhalten Sie aber auch bei vielen anderen Agenturen.

- **Piräus - Réthimnon**

Der **Fähranleger** liegt nördlich des alten venezianischen Hafens, von hier sind es nur wenige Schritte bis zu den Hotels und Pensionen der Altstadt. **Cretan Ferries** fährt täglich

Abschied von Réthimnon am Abend

gegen Abend (19.30 Uhr) ab Piräus und Réthimnon. Preise wie Iráklion. Eingesetzt werden zwei Großfähren (F/B „Arkadi" und „Réthimnon") mit mehreren Kabinenklassen, Aufenthaltsräumen und Gastronomie. Dauer der Überfahrt 11 Stunden.
Cretan Ferries in Réthimnon: Arkadiou 250, Tel.: 0831-29221 o. 55518, Fax: 0831-55519
Cretan Ferries in Piräus: Akti Poseidonos 38, Tel.: 01-4224844-8 o. 4137350-1-2, Fax: 01-4122180

- **Piräus - Agios Nikolaos/Sitia**

Die Fährschiffe von Piräus fahren erst Agios Nikolaos und dann Sitia an, bevor sie über Agios Nikolaos nach Piräus zurückkehren. In Agios Nikolaos und Sitia liegen die **Fähranleger** nur wenige Schritte vom Stadtzentrum entfernt (siehe Stadtpläne).
L.A.N.E. Lines: 5 x wöchentlich (19 Uhr ab Piräus; 15.30 Uhr ab Sitia, 18 Uhr ab Agios Nikolaos), Fahrtdauer 11-12 Stunden, bis Sitia 13-14 Stunden, Zwischenstopp auf der Kykladeninsel Milos (ab Agios Nikolaos 7 Stunden). Preise: 4-Bett-Außenkabine Einfach 14.000 Drs, Deck Einfach 7.500 Drs (Fahrt über Nacht!), PKW Einfach 23.000 Drs.
L.A.N.E. in Agios Nikolaos: K. Sfakianaki 5, Tel.: 0841-26465
L.A.N.E. in Sitia: V. Konaros 60, Tel.: 0843-25555

- **Peloponnes - Kíssamos Kastélli**

Der kleine **Fährhafen** von Kíssamos Kastélli liegt etwa 3 km westlich der Stadt. Vom Hafen in die Stadt müssen Sie ein Taxi nehmen.
ANEN LINES fährt über die Inseln Antikithera (2h; nicht alle Schiffe) und Kithera (4h) die Häfen Gytheion (6h) oder Kalamata (9,5h) auf dem Peleponnes an. Wöchentliche Fahrten führen auch über Kithera nach Piräus (10h). Die Fähre „Mirtidiotissa" transportiert ca. 150 Fahrzeuge. Im Sommer wird die Route mittlerweile fast täglich bedient (Kissamos ab 8 Uhr).
ANEN Lines in Kissamos: O. Papagianaki, Tel.: 0822-22655
ANEN Lines in Chaniá: N. Plastira & Apokoronou 4, Tel.: 0821-28200

• **Thessaloniki (Nordgriechisches Festland) - Iráklion**
3 x wöchentlich mit **Minoan Lines** über die Kyladen (z.T. auch Insel Skiathos), Fahrtdauer ca. 23 Stunden. Abfahrt gegen Nachmittag bzw. Abend.

• **Israel/Zypern**
Zeitweise verkehren im Juli/August Fähren von Piräus über Iráklion nach **Haifa/Israel** (Poseidon Lines, 38 Stunden, wöchentlich) und **Limassol/Zypern** (Poseidon Lines, 23 Stunden, wöchentlich). Außerhalb der Hauptsaison besteht eine Umsteigeverbindung in diese Städte über die Dodekanes-Insel Rhodos (Poseidon Lines und Salamis Lines).

Hinweis
Von Italien nach Griechenland und auf allen fünf Routen nach Kreta werden relativ moderne Schiffe eingesetzt, die alle modernen Sicherheitsstandards erfüllen. Voraussichtlich schon ab 2002 dürfen nach Aufhebung der Kabotage auch ausländische Reedereien diese Linien befahren (ursprünglich war von der EU 2004 vorgesehen). Der Konkurrenzdruck wird dann hoffentlich für noch bessere Sicherheitsvorkehrungen sorgen. Schon heute untersucht z.B. auch der deutsche ADAC regelmäßig den Zustand der in der Ägäis verkehrenden Fähren.

❺ Fernbusverbindungen der KTEL nach/von Kreta

Die KTEL bietet mehrmals wöchentlich Fernbusverbindungen vom nordgriechischen Festland nach Kreta. Abfahrtsorte sind Thessaloniki und Ioannina. Für die Strecke zwischen Piräus und Kreta wird der Bus auf die Fähre verladen. Interessante An- und Abreisevariante für Schiffsreisende ohne Auto ab Patras (Route von Ioannina) und für Flugreisende ab Thessaloniki.

• **Von/nach Westkreta**: Täglich besteht eine Verbindung zwischen Réthimnon und Thessaloniki über Chaniá-Piräus-Lamia-Larissa und umgekehrt. Die Fahrzeit beträgt rund 22 Stunden, der Preis ist mit 9.000 Drs sensationell günstig. Abfahrt in Réthimnon ist gegen 17 Uhr (Chaniá 18.30), Ankunft in Thessaloniki am nächsten Nachmittag. Ab Thessaloniki um 10 Uhr, Ankunft in Chaniá und Réthimnon am frühen Morgen des nächsten Tages. 3 x wöchentlich wird auch Ioannina über Chaniá-Piräus-Korinth-Patras angefahren. Fahrzeit rund 23 Stunden (ab/bis Patras 16 Stunden), Preis 8.000 Drs. Auf Kreta gleiche Abfahrtszeit wie oben, ab Ioannina gegen 10 Uhr, ab Patras gegen 14 Uhr. Gute Alternative für Individualreisende, die von Italien nach Patras gereist sind!

• **Von/nach Ostkreta**: KTEL bietet eine Linienverbindung von Ierapetra/Sitia-Agios Nikolaos und Iráklion nach Thessaloniki und umgekehrt. 4 mal wöchentlich verkehrt ein Fernbus gegen späten Nachmittag (Abfahrt in Ierapetra 14.30 Uhr, Iráklion 17 Uhr) und erreicht die zweitgrößte Stadt Griechenlands am nächsten Nachmittag. In Thessaloniki verläßt der Bus die Stadt schon morgens (9.30 Uhr). Auch nach Ioannina verkehren Busse aus Ostkreta.

Informationen über die Fernbusverbindungen der KTEL: in Chaniá (0821-93306), in Réthimnon (0831-22212), in Iráklion (081-221765), in Agios Nikolaos (0841-22234 o. 28284), in Sitia (0843-22272), in Ierapetra (0842-28237), in Thessaloniki (031-512121), in Patras (061-274938) oder Ioannina (0651-37584). KTEL im Internet: www.ktel.org

4.1.3   Von Kreta auf benachbarte Inseln

Eine Kretareise läßt sich hervorragend mit dem Besuch der Inseln der Kykladen, des Dodekanes oder der Peloponnes verbinden. Für alle Regionen gibt es übrigens **Reisehandbücher im Iwanowski-Verlag** („Kykladen", „Rhodos/Dodekanes", „Peloponnes", „Samos/Ostägäis", „Nord- und Mittelgriechenland").

Im folgenden finden Sie die wichtigsten Verbindungen mit Flugzeug und Schiff:

Mit dem Flugzeug

Fliegen ist in Griechenland eine übliche Art des Reisens, da man mit den Fähren sehr lange unterwegs ist. Von der Inselhauptstadt Iráklion bestehen regelmäßige **Flugverbindungen zu den Nachbarinseln Santorin und Rhodos**. Die Flüge werden mehrmals wöchentlich von Olympic Airways (OA) mit kleineren Maschinen durchgeführt. Buchen Sie vor allem in der Saison rechtzeitig, da die Sitzplatzkapazität sehr begrenzt ist.

Rhodos: 3-4 x wöchentlich. Abflug gegen späten Nachmittag, die Flugzeit beträgt 50 Minuten. Preis: Einfach 20.500, Return 41.000 Drs. Täglich abends mit Cronus/Aegean.
Santorin: 2 x wöchentlich abends. De Flugzeit beträgt 40 Minuten. Preis: Einfach 13.000, Return 26.000 Drs.

Mit der Fähre

•   Nach Kithira und auf den Peloponnes
Von Kíssamos Kastélli im Nordwesten Kretas verkehren mehrmals wöchentlich Fähren zu den Inseln Antikithira und Kithira. Bis Kithira beträgt die Fahrzeit ca. 4 Stunden, an Bord des Schiffes finden neben den Passagieren rund 150 Autos Platz. An unterschiedlichen Tagen geht es von Kithira weiter nach Gytheion (Peloponnes; ca. 3-4 Stunden), Kalamata (West-Peloponnes) oder Piräus (ca. 6-7 Stunden). Das Schiff der ANEN Lines verläßt den kleinen Hafen 3 km westlich der Stadt Kissamos jeweils morgens gegen 8 Uhr.

•   Auf die Kykladen
Minoan Lines fährt mehrmals wöchentlich von Iráklion mit F/B „*El Greco*" über Santorin (4 h)-Paros (7,5 h)-Naxos (7 h)-(Mykonos (9 h)-Tinos (10 h)-Siros (10 h)-Skiathos (18 h) nach Thessaloniki (23 h). Preise an Deck Einfach: Thira (3.700 Drs), Paros (5.200 Drs). Route wechselt je nach Wochentag! **Paros** ist der wichtigste Fährknotenpunkt der Ägäis. Hier können Sie in Schiffe zu den nordöstlich gelegenen Inseln Patmos, Samos, Chios und Lesbos umsteigen.
Ein **Schnellboot der ILIO Lines** fährt mehrmals wöchentlich früh morgens ab Iráklion nach Santorin (1,5 h)-Ios (2,5 h)-Amorgos (3 h)-Paros (3,5 h)-Naxos (4 h)-Mykonos (5,5 h)- Tinos (6 h) und Syros (6,5 h). Die Fahrscheine für Schnellboote sind etwas teurer als normale Fährtickets. Vorsicht: Reisende mit sehr empfindlichem Magen sollten die Fahrt mit den Tragflächenbooten vermeiden. Das Reisen auf diesen Schnellbooten hat nichts mit einer entspannten Bootstour an frischer Luft zu tun.

Weitere Verbindungen erfragen Sie bitte vor Ort in jeder größeren Reiseagentur.

- **Nach Kassos, Karpathos und Rhodos (Dodekanes)**

Die Fährgesellschaft L.A.N.E fährt von Agios Nikolaos/Sitia 3 x wöchentlich nach Sitia-(1 h)-Kassos (4,5 h)-Karpathos (5,5 h)-Chalki bis Rhodos (11 h). Abfahrt in Agios Nikolaos 7.30 Uhr, Abfahrt in Rhodos 5 Uhr, Karpathos 10 Uhr. Preis ab Agios Nikolaos: Einfach Deck 6.300 Drs, 4-Bett-Außenkabine 14.750 Drs. Da die Schiffe jeweils morgens ablegen, reicht bei gutem Wetter ein Deckplatz völlig aus.

- **Mini-Kreuzfahrten ab Kreta**

Bei Paleologos (Adresse S. 160) können mehrtägige Kreuzfahrten durch die Ägäis gebucht werden (3-7 Tage, ab Réthimnon und Iráklion). Außerdem bietet Minoan Lines von Iráklion, Réthimnon und Agios Nikolaos Ein-Tages-Kreuzfahrten und **Exkursionen nach Santorin** ab Iráklion, Réthimnon und Agios Nikolaos (April bis Oktober, Start morgens gegen 6.30 Uhr, Rückkehr gegen 21 Uhr; Verpflegung Diner und Frühstück an Bord). Ebenfalls bei Paleologos oder anderen Reiseagenturen buchen.

4.2   Unterwegs auf Kreta

Die Ausmaße Kretas sind leicht zu unterschätzen. Doch zwischen den Stränden Phalássarna im Westen und Vai im Osten liegen rund 250 km Luftlinie! Lediglich **entlang der Nordküste** besteht mit der autobahnähnlichen New Road eine schnelle Verbindung für PKW und Bus. **Von der Nord- zur Südküste** führen kurvenreiche Stichstraßen mit vielen Steigungen und Gefällestrecken. **Entlang der Südküste** gibt es nur im Osten durchgehende Straßen, im Westen ist man auf das Schiff angewiesen. Das Angebot an **Busverbindungen** ist gut, solange man nicht in abgelegene Dörfer reisen möchte und bereit ist, seine Tagesgestaltung auf die Fahrpläne der KTEL abzustellen.

4.2.1   Unterwegs mit dem Bus

Die kurvenreichen Straßen in den Bergen und die waghalsige, rasante Fahrweise der kretischen Bus-Chauffeure fordern Nerven und Magen der Fahrgäste einiges ab. Dennoch ist der Bus die beste Möglichkeit, wirklich zu reisen und zwanglos Einheimische kennenzulernen. Die überregional verkehrenden Busse der KTEL erkennen Sie an der türkis-beigen Lackierung. **KTEL** ist die Bezeichnung für die Bus-Kooperativen, die seit 1952 in fast allen Landesteilen Griechenlands unterwegs sind. Private Buseigner betreiben unter dem Dach dieses Zusammenschlusses ein gemeinsames Streckennetz. Die Einnahmen werden nach gefahrenen Kilometern geteilt, die Buseigner zahlen daraus die Fahrer und das weitere Personal. **Das Busmaterial** stammt aus allen Epochen und von einer bunten Palette von Herstellern von Mercedes bis Volvo. Im Gegensatz zu den vollklimatisierten Bussen der Reiseveranstalter lassen sich in den meisten KTEL-Bussen

Kretas Knotenpunkt – Busbahnhof Iráklion

noch die Fenster öffnen, so daß man sich den kühlenden Fahrtwind um die Nase wehen lassen kann. Neben Passagieren fahren auch Zeitungen, Lebensmittel und die Post mit, die Busse haben eine wichtige Anschlußfunktion für die ländlichen Gegenden.

Rund um seinen Arbeitsplatz hat sich **der Fahrer** meist einen kleinen Altar aus Ikonennachbildungen und Familienfotos geschaffen, natürlich darf auch ein *komboloi* am Rückspiegel nicht fehlen. Die Beschallung mit kretischer Musik erhalten die Fahrgäste im vorderen Bereich des Busses gratis. Neben dem Fahrer ist immer noch ein weiterer Angestellter, der die Fahrscheine ausgibt oder kontrolliert, an Bord. Warten Sie, bis er während der Fahrt zu Ihnen kommt und halten Sie zum Zahlen kleine Scheine oder Münzen bereit. Busfahren ist auf Kreta ausgesprochen günstig, **die Tickets** kosten meist nur wenige Euro. In den Orten gibt es beschilderte **Bushaltestellen**. An diesen wie aber auch auf der Strecke können Sie den Bus per Handzeichen stoppen. Das funktioniert allerdings nicht an der New Road und anderen Schnellstraßen!

Für alle Strecken gibt es **Fahrpläne**, die einigermaßen eingehalten werden. Allerdings ist die Häufigkeit der Verbindungen stark saisonabhängig. Im April/Mai und Oktober verkehren die Busse deutlich seltener als im Sommer. Zwischen den größeren Städten besteht meist ein Stundentakt, so z.B. auf der Hauptstrecke Chaniá-Réthimnon-Iráklion. Kleinere Orte werden nur wenige Male am Tag angefahren, so daß die Kenntnis der Abfahrtszeiten bei der Tourenplanung unerläßlich ist, besonders wenn man auf der Strecke zusteigen will. Am besten besorgen Sie sich gleich zu Beginn Ihres Aufenthalts den **Busfahrplan**, eine einfache einseitige Kopie, die an den Busbahnhöfen oder in Informationen erhältlich ist. **Vorsicht**: Die Fahrpläne sind immer nur einen begrenzten Zeitraum gültig (ca. 1 Monat), und in der Nebensaison werden gerade touristische Zielorte seltener angefahren.

Alle **KTEL-Busverbindungen** für die Präfekturen Réthimnon und Chaniá können Sie aktuell **im Internet** unter http://bus-service-crete-ktel.com abrufen. Zeiten und Preise auch in deutscher Sprache. Die KTEL-Seite für die Präfekturen Iráklion und Lassithi finden Sie unter www.ktel.org.

4.2.2   Unterwegs mit dem (Miet-)Auto

Mietwagen sind relativ günstig, die Auswahl an Anbietern und Modellen ist riesig. Wegen der großen Entfernungen sind sie auf Kreta wesentlich beliebter als auf den kleineren Ägäis-Inseln, wo für Ausflüge meist ein Motorroller für 2 Personen ausreicht. Kretas Straßennetz besitzt einen modernen Ausbaustandard, selbst kleine Dörfer sind auf asphaltierten Straßen erreichbar. Bis auf die New Road entlang der Nordküste führen aber fast alle **Landstraßen** mitten durch die Städte und Dörfer, sie sind die Lebensadern der Insel.

Umgehungsstraßen gibt es nicht. So verengen sich breite Asphaltpisten in den Dörfern zu Verkehrsbypässen. Lastwagen und Busse passen gerade zwischen eng zusammenstehenden Häusern hindurch, manchmal scheinen sie gar die äußeren Stühle der *kafeneia* zu streifen. Fahren Sie in Dörfern entsprechend langsam, hier leben Menschen, die nichts von Ihnen haben außer Lärm und Abgasen und – wer möchte schon eine Ziege unter seinem Kühler hervorziehen und dem Besitzer von diesem Malheur berichten?

Preise und Versicherungen

Nicht immer sind **Mietwagen** von Deutschland aus billiger zu **buchen**, auch vor Ort gibt es mittlerweile eine ganze Reihe günstiger Anbieter, die es bezüglich Angebot und Wartungsqualität durchaus mit den globalen Anbietern aufnehmen. Zudem können Sie hier den Preis individuell aushandeln. Aktuelle Preise finden Sie in den grünen Seiten „Das kostet Sie Kreta". Seriöse Anbieter werden Sie auf alle anfallenden Kosten und die Versicherungen hinweisen. Folgende Versicherungen gibt es:

• **Haftpflichtversicherung**: Deckt die von Ihnen verschuldeten Unfallschäden am gegnerischen Fahrzeug ab. Muß im Preis enthalten sein (auf Deckungssumme achten).
• **Haftungsbeschränkung** am eigenen Fahrzeug CDW (*Collision Damage Waiver*). Muß meist extra gezahlt werden. Fragen Sie hier unbedingt nach der Höhe der verbleibenden Selbstbeteiligung! Schließen Sie diese Versicherung möglichst mit ab, sonst haften Sie bei Schäden für den aktuellen Marktwert des Fahrzeugs und bei Diebstählen immerhin noch mit der Hälfte des Wertes!
• **Versicherung für Reifen und Unterboden:** Ebenfalls extra abzuschließen, wenn sie überhaupt angeboten wird. Fahren Sie auf Schotterstraßen vorsichtig. Wir haben es allerdings noch nie er-
lebt, daß bei der Rück-
gabe der Unterboden auf
Schäden kontrolliert
wird...
• **Insassenunfallver-**
sicherung (PAI – *Perso-*
nal Accident Insurance)
und **Diebstahlversi-**
cherung (TP – *Theft Pro-*
tection): Können ebenfalls
gesondert abgeschlossen
werden.

Hinweis
Einige Mietwa-
genfirmen ge-
ben ihre Fahrzeuge nur an
Personen über 21 bzw.
23 Jahre ab, die minde-
stens ein Jahr ihren Füh-
rerschein besitzen. Bei
Barzahlung muß manch-
mal eine Kaution hinterlegt werden. Für weitere Fahrer als den Mieter verlangen einige Autovermietungen einen Aufschlag. Wenn Sie mit dem Mietwagen eine Fähre benutzen wollen, informieren Sie vorher die Verleihfirma!

> **Tips rund um das Fahren mit dem Mietwagen auf Kreta**
> • Kontrollieren Sie den Luftdruck des Reservereifens. Bei der Fahrt auf Schotterstraßen können spitze Steine den Reifen beschädigen, und dann muß Ersatz im Fahrzeug vorhanden sein. Achten Sie auch darauf, daß ein Wagenheber an Bord ist...
> • Fahren Sie nicht zu nah am rechten Fahrbahnrand, dieser ist häufig abgebrochen, da der Asphalt nur auf den Untergrund aufgebracht, nicht jedoch mit Bordsteinen begrenzt wird.
> • Bremsen Sie vor den Kurven und nicht in der Kurve, sonst kann der Wagen ausbrechen! In der Kurve Wagen rollen lassen oder wieder Gas geben.
> • Umfahren Sie Schlaglöcher! Ist es zu spät, geben Sie Gas und bremsen Sie nicht. Denn dadurch knallt das Fahrzeug erst richtig ins Schlagloch hinein.
> • Wegweiser sind immer erst in kyrillischen Buchstaben ausgeschildert und kurz danach in lateinischen Buchstaben (englisch). Also keine Panik, wenn Sie das erste Schild nicht ablesen konnten.
> • Parkverbotsschilder sollten in den Städten unbedingt beachtet werden, die Strafen sind saftig, und die Mietwagenfirmen versuchen, das Geld von Ihnen einzufordern!

Die gängigsten Fahrzeugtypen

Vorbei die Zeit, als man mit hochbeinigen und spartanisch ausgestatteten Fiat Pandas die Bandscheiben gequält hat. Mittlerweile haben die japanischen **Mini-Vans** Einzug gehalten: Honda Atos, Daewoo Matiz, Toyota Yaris und Suzuki WagonR, daneben auch der Opel Agila, bestimmen das Bild bei den Kleinstwagen.

Unterwegs im Gebirge

Sie bieten durch die hohe Karosserie einen bequemen Einstieg und Platz für 4 Personen. Der Kofferraum hat jedoch nur begrenzten Stauraum und ist leider auch gut einsehbar (Einladung zum Diebstahl!).

Wer sich für mehrere Tage oder eine Rundreise einen Wagen mietet, sollte **eine grö-ßere Klasse** wählen, z.B. Renault Clio, Opel Corsa oder Hyundai Accent. Hier kann man mit 2 Personen und Gepäck schon sehr bequem über die Insel reisen. Ein **Jeep** (kleine Suzukis, aber auch Jeep Wrangler) ist nur erforderlich, wenn man wirklich länger abseits asphaltierter Straßen fahren muß.
Größere Vermieter haben auch Dachgepäckträger (etwa für Fahrräder) vorrätig.

 Hinweis
Wenn Sie mit einem späten Flug nach Iráklion kommen und Ihr Urlaubsquartier weiter entfernt im Osten, Süden oder Westen liegt, empfehlen wir eine Zwischenübernachtung in der Inselhauptstadt. Denn es sind von Iráklion z.B. nach Chaniá sonst noch rund 2 Stunden Autofahrt über die dunkle, kurvenreiche Schnellstraße, ständig bergauf und bergab. Wer die rasante griechische Fahrweise noch nicht gewohnt ist, sollte am hellichten Tag erste Erfahrungen damit machen.

Nützliche Adressen

Griechischer Automobilclub ELPA,
 Knossos Av. & G. Papandreou Str., 73106 Iráklion, Tel.: 081-289440, Fax: 081-288180. ELPA-Notruf: 104

Vermieter Motor Club (Autos und Motorräder)
 Chaniá (bei G.A. Travel), Halidon 25, Tel.: 0821-44965 o. 27070
 Ierapetra, Mel. Metaxaki 1, Tel.: 0842-25374 o. 23958
 Iráklion Flughafen: Tel.: 081/223310
 Iráklion Hafen: Pl. 18 Agglon 1, Tel.: 081-222408 o. 286031
 Malia, A.Dimokratias 40, Tel.: 0897-32033
 Réthimnon: Sof. Venizelou 2, Tel.: 0831-54253

Vermieter Hertz
 Agios Nikolaos: Akti Koundourou 17, Tel.: 0841-28311
 Chersonissos: El.Venizelou 8, Tel.: 0897-22009
 Elounda: an der Hauptstraße, Tel.: 0841-41733
 Chaniá Flughafen: Tel.: 0821-63385
 Chaniá Innenstadt: Papandreou 49, Tel.: 0821-40366
 Ierapetra: Nikolaou Plastira 4, Tel.: 0842-23650
 Iráklion Flughafen: Tel.: 081-341734
 Iráklion Innenstadt: Av. 25th August 34, Tel.: 081-341734
 Réthimnon: Ar. Velouchioti 5, Tel.: 0831-26286

Vermieter Budget
 Agios Nikolaos: Akti Koundourou 13, Tel.: 0841-22603 o. 82496
 Chaniá Flughafen: Tel.: 0821-66400
 Chaniá Innenstadt: Apokoronou 56, Tel.: 0821-75505/6

Ierapetra: Makris Gialos, Tel.: 0843-51873
Iráklion: Ethnikis Antistaseos 135, Tel.: 081-344072 o. 344076
Réthimnon: Eleftherias 5 & Machiton S.C., Tel.: 0831-56910

Vermieter Trust
Flughafen Chaniá: Tel.: 0821-63035
Flughafen Iráklion: Tel.: 081-245619/20
Plataniás: Tel.: 0821-68116 o. 68795

Vermieter Europrent
Agía Marína: an der Durchgangsstraße, Tel.: 0821-60610
Chaniá: Halidon 87, Tel.: 0821-27810
Iráklion: Ikarou 17, Tel.: 081-226700
Réthimnon: Hatzidaki 17, Tel.: 0831-26302

4.2.3 Unterwegs mit dem Motorrad

Kreta ist für **Ausflüge und Touren** mit dem Motorrad hervorragend geeignet. Alle
wichtigen Straßen sind asphaltiert und in einem zufriedenstellenden Zustand. Das bewegte Relief erforderte kurvenreiche Landstraßen mit abwechselnd steilen und langen
Auf- und Abfahrten. Mit Cross-Motorrädern lassen sich auch abgelegene Strände erreichen, die andere Urlauber nicht zu Gesicht bekommen.

Der Nachfrage entspricht auch das breite **Angebot der Vermieter**: Von einfachen
Motorrollern mit 50 ccm bis zu schweren Maschinen sind alle motorisierten Zweiradty-
pen im Angebot. Besonders beliebt sind **Motorroller** mit dicken, eingeschränkt geländegängigen Reifen, japanische **Enduro-Maschinen** von
200 bis 350 ccm und Chopper, mit denen man auf Kreta
herrlich gleiten kann.

Wer nur zwischen Hotel, Strand und seiner Lieblingsta-
verne pendelt, ist mit einem normalen 50er-**Motorroller**
gut bedient. Dieser transportiert 2 Personen, die Strand-
utensilien, ist sparsam und hat meist eine geländegängige
Bereifung. Das Modell ist sicher Geschmackssache (z.B.
Vespa, Yamaha, Peugeot). Für längere Touren sind Motorroller dagegen nicht zu empfehlen. In den Bergen fehlen
ihnen die notwendigen PS, und neben großen Lastwagen
fühlt man sich nicht sicher. Dies gilt besonders für die
New Road. Hier ist Rollerfahren abschnittsweise lebens-
gefährlich. Besser sind dann Chopper oder größere **Cross-
Maschinen** geeignet, die an Steigungen Leistungsreser-
ven mobilisieren können und von anderen Verkehrsteil-
nehmern als gleichwertige Partner akzeptiert werden.

Seriöse Vermieter geben einen vernünftigen **Helm** mit,
und den sollte man trotz der großen Hitze auch tragen.

Kurvenreiche Strecke

Kretas Landstraßen sind an vielen Stellen unübersichtlich, der Asphalt abgerieben und glatt. Die **Unfallgefahr** ist viel größer als in Deutschland.

Nach einem **Führerschein** wird nur selten gefragt, was immer wieder Urlauber dazu verleitet, trotz Unerfahrenheit schwere Maschinen zu steuern.

4.2.4 Unterwegs mit dem Fahrrad

Ein Kreter auf einem Fahrrad ist eine Ausnahmeerscheinung. Wo er nur kann, ist er auf jeden Fall motorisiert unterwegs, und auch als Sport ist das Radfahren nur wenig verbreitet. Das ist völlig unverständlich, denn es gibt wunderschöne Strecken,

Tips rund um das Motorradfahren auf Kreta

• Besondere **Gefahren** drohen Motorradfahrern durch überraschende Schlaglöcher, aufgeweichten und rutschigen Asphalt und plötzlich auf der Straße stehende Schafe und Ziegen. Fahren Sie immer vorausschauend und rechnen Sie mit allem!

• Auch wenn er lästig ist, fahren Sie nicht ohne **Helm**. Tragen Sie auf dem Motorrad lange Hosen und möglichst auch Hemden oder eine Jacke mit langen Ärmeln. Die Gefahr zu stürzen ist größer als auf den heimatlichen Straßen. Die Verletzungen beim Sturz auf den Asphalt oder schlimmer auf Schotter sind äußerst schmerzhaft und hinterlassen bleibende Narben – schlechte Urlaubserinnerungen. Die ärztliche Versorgung läßt in abgelegenen Gegenden Kretas auf sich warten, die Krankenhäuser erreichen nicht den mitteleuropäischen Standard.

• Der Helm und bei offenem Visier eine **Sonnenbrille** schützen Sie vor dem Aufprall von Insekten in Ihrem Gesicht. Denn dieser tut nicht nur weh, sondern nimmt Ihnen auch sekundenlang die Aufmerksamkeit.

• Fahren Sie auch im Urlaub nur die **Größenklasse**, für die Sie einen Führerschein besitzen. Der wird zwar oft vom Vermieter nicht verlangt, aber das heißt ja noch nicht, daß Sie die angemietete Maschine deshalb sofort beherrschen.

• Schließen Sie bei **Zwischenstopps**, bei denen Sie Ihr Motorrad nicht mehr im Blickfeld haben, das Zündschloß ab und nehmen Sie den Schlüssel mit. Bei Motorrollern sollten Sie auch das Gepäckfach unter dem Sitz sichern.

Wenn Sie diese Tips beherzigen, werden Sie sicher viel Spaß auf Ihren Motorradtouren auf Kreta haben!

die mit welligem Relief, langgezogenen Kurven und verträumten Dörfern zu einer Fahrradtour einladen.

Es gibt drei Möglichkeiten, auf Kreta an ein Fahrrad zu kommen:
① Fast jeder Auto- oder Zweiradvermieter bietet auf Kreta auch **Mountain- oder Trekking-Bikes zum Mieten** an. Achten Sie auf den technischen Zustand des Rades, hier besonders auf ausreichendes Profil der Bremsklötze, eine leichtgängige Schaltung mit mindestens 7 Gängen und funktionierende Beleuchtung. Kretische Straßen sind nachts nicht beleuchtet, und mit Radfahrern rechnen die wenigsten Autofahrer.
② Die zweite Möglichkeit ist die Anmietung bei Veranstaltern von **Fahrradtouren**. Auf der Insel gibt es z.B. mehrere Stationen von **Hellas Bike-Travel**, in denen gut gewartete Mountain-Bikes ausgeliehen werden können und zudem auch geführte Bike-Touren in deutscher Sprache mit unterschiedlichen Schwierigkeitsgraden angeboten werden. Standorte sind Agía Marína bei Chaniá, Plakiás, Georgioúpolis, Réthimnon, Balí, Agía Pelagía, Ammoudára, Kato Gouves, Chersonissos, Malia, Elounda, Agios Nikolaos und Ierapetra. Vorteil: Die Betreuung rund um das Rad ist gesichert, und Sie fahren auf Strecken, die Kenner ausgesucht haben. Der Nachteil: Sie sind an eine Gruppe gebunden und können schlecht mal eben ausbrechen oder individuelle Pausen einschieben. Neuester Service

von Hellas Bike Travel ist die Zustellung von Mieträdern zu den Flughäfen von Iráklion und Chaniá.

Die Adressen von Hellas Bike Travel finden Sie in den gelben Seiten unter den jeweiligen Orten, aktuelle Programme im Internet auf der Seite www.hellasbike.com. Die Zentrale befindet sich in 74100 Réthimnon, Machis Kritis 118, Tel.: 0831-53328, Fax: 0831-52691, e-Mail: info@hellasbike.com. Sie können auch Wochenprogramme buchen.

③ Die meisten Fluggesellschaften bieten die **Mitnahme von Fahrrädern im Flugzeug** gegen einen geringen Aufpreis an. Achten Sie auf eine schützende Verpackung des Fahrrades bei Abgabe als Gepäckstück und denken Sie auch an Zubehör und Ersatzteile. Nur sehr wenige Geschäfte bieten auf Kreta privat Fahrradteile an, da fast alle Räder der Insel organisierten Fahrradvermietern gehören.

Buchtip
Einen Kreta-Führer speziell für Radreisende hat der Kettler-Verlag herausgegeben: „Kreta per Rad" von Herbert Lindenberg.

4.2.5 Wandern auf Kreta

Kreta ist ein beliebtes **Wanderparadies**. Nicht umsonst führt ein Abschnitt des europäischen Fernwanderweges **E4** von Kissamos im äußeren Westen an das Ostende Kretas bis Zakros einmal quer über die Insel. Unzählige Wanderungen aller Schwierigkeitsgrade, von der einfachen Küstenwanderung bis zur Hochgebirgsquerung, sind markiert, wenn auch manchmal schwer zu erkennen. Nicht nur Spezialanbieter, auch Neckermann oder TUI bieten mittlerweile geführte mehrtägige Wanderungen quer über die Insel an.

Die **schönste Zeit zum Wandern** sind die Monate April/Mai und der September. Das Wetter ist weitgehend sicher vor Umschlägen, und es ist noch nicht bzw. nicht mehr so heiß wie im Hochsommer. Im Frühjahr zeigt sich die Insel außerdem von ihrer reizenden, grünen Seite und ist ein Paradies für Blumenliebhaber. Die wichtigste **Ausrüstung** ist neben trittsicheren Schuhen ein ausreichender Vorrat an Wasser. Jedes Jahr sterben Wanderer an Erschöpfung aufgrund zu geringer Wasseraufnahme und Überlastung bei Temperaturen um 40 °C!

Besonders empfehlenswerte Wanderungen führen durch die Schluchten von Samariá (S. 661), Ímbros (S. 591), Diktamos (S. 609), auf den Psilorítis (S. 545), durch die Rouvas-Schlucht (S. 561), auf den Joúchtas (S. 377) und ins Tal der Toten (S. 452).

Aufsteigen bitte!

Geführte und anspruchsvolle Wanderungen bieten an:
- **Griechischer Bergsteigerverein Réthimnon**: Der Verein bietet eine breite Palette an Bergtouren mit Begleitung durch erfahrene Bergführer, vor allem aber auch Bergwanderungen. Vorwiegendes Ziel ist das Psilorítis-Massiv. Auch im Winter finden regelmäßige Besteigungen und Überquerungen statt. Seit 1984 unterhält der Verein eine eigene Hütte an der Westseite des Psilorítis.
Dimokratias 12, 74100 Réthimnon, Tel.: 0831-57766, e-Mail: eosrethymno@rethymnon.com, Homepage mit aktuellem Programm: http://rethymnon.com/clients/mountain/bindex.html.
- **White Mountains Experience**. Geführte Wandertouren aller Schwierigkeitsgrade (auch Winterwanderungen und Themenwanderungen, z.B. zu Kräutern). Einwöchige Gruppenwanderungen beginnen etwa bei 500 Euro. Kottbusser Damm 95, 10967 Berlin, Tel.: 030-6928782 oder auf Kreta 0821-69153, e-Mail: wme@kreta-wandern.de, Homepage: www.kreta-wandern.de.

Die Kontaktadressen der **Bergsteigervereine von Iráklion und Chaniá** finden Sie in den regionalen gelben Seiten dieser Städte.

Buchtip
Die beiden Rother-Wanderführer „Kreta-West" und „Kreta-Ost" beschreiben detailliert die schönsten Wanderungen auf Kreta nebst Karte.
Einen Wanderführer nur für den E4 auf Kreta hat der Conrad Stein-Verlag herausgegeben: „Trans-Kreta E4 – Outdoorhandbuch" von D. Wahlen und R. Lencer.

4.3 Alles über Kreta – Informationsquellen und Adressen

4.3.1 EOT, Botschaften und andere Quellen

Hier finden Sie die wichtigsten Informationsquellen über Griechenland und Kreta in Deutschland, Österreich und der Schweiz.

Griechische Fremdenverkehrsämter

In den Büros der Griechischen Zentrale für Fremdenverkehr erhalten Sie kostenlos Informationen zu allen griechischen Urlaubsregionen, Landkarten, Fahrpläne der Fährverbindungen und das aktuelle Verzeichnis der Campingplätze im Land. Die Büros werden betreut von der **EOT** (*Ellinikós Organismós Tourismoú*), der nationalen Tourismusbehörde Griechenlands.

Büros der Griechischen Zentrale für Fremdenverkehr
- **in Deutschland**
- **Frankfurt a. M.**: Neue Mainzer Str. 22, 60311 Frankfurt a. M., Tel.: 069-236561/62/63, Fax: 069-236576
- **Berlin**: Wittenbergplatz 3a, 10789 Berlin, Tel.: 030-2176262/63, Fax: 030-2177965
- **Hamburg**: Abteistr. 33, 20149 Hamburg, Tel.: 040-454498
- **München**: Pacellistr. 5, 80333 München, Tel.: 089-222035/36, Fax: 089-297058
- **In Österreich**
- **Wien**: 10105 Wien, Opernring 8, Tel.: 01-51253117/18, Fax: 01-5139189
- **In der Schweiz**
- **Zürich**: Löwenstraße 25, 8001 Zürich, Tel.: 01-2210105, Fax: 2120516
- **Adresse der EOT in Athen:**
- Ellinikós Organismós Tourismoú, Amerikis 2, GR-10564 Athen, Tel.: 030-1-3236565 (International Relations), Fax: 030-1-3238468, e-Mail: gnto@eexi.gr, Homepage: www.gnto.gr

Offizielle Informationsbüros der EOT auf Kreta gibt es in den Hauptstädten der vier Präfekturen:
- **Iráklion**: gegenüber dem Archäologischen Museum, Tel.: 081-228525
- **Réthimnon**: an der Strandpromenade nahe der Platia Iroon, Tel.: 0831-29148
- **Chaniá**: in einer Seitenstraße der Platia 1866: Kriari 40, Tel.: 0821-42624
- **Agios Nikolaos**: gegenüber dem See: Akti Koundourou, Tel.: 0841-22357

Neben den EOT-Informationsbüros helfen Ihnen auf Kreta aber auch die meisten privaten Reiseagenturen bei Fragen weiter.

Griechische Botschaften und Konsulate

Die griechischen Botschaften und Konsulate sind die Vertretungen Griechenlands in den jeweiligen Ländern und in erster Linie Service-Einrichtungen für im Ausland lebende griechische Staatsbürger. Sie geben aber auch Auskunft über Arbeits- und Aufenthaltsbestimmungen in Griechenland, Hinweise zur Steuer- und Sozialabgabenpflicht, KFZ-Einfuhr und -ummeldung etc. Die meisten Botschaften unterhalten eigene Presseabteilungen, die bei weitergehenden Anfragen helfen.

Griechische Botschaften und Konsulate gibt es in:
- **Deutschland**: Berlin, Bonn, Hamburg, Hannover, Köln, Dortmund, Düsseldorf, Leipzig, Frankfurt, München, Nürnberg, Stuttgart und Würzburg.
- **Österreich**: Wien und Salzburg.
- **Schweiz**: Bern, Genf, Lugano und Zürich.

Botschaften und Konsulate Deutschlands, Österreichs und der Schweiz

Bei Problemen in Griechenland und auf Kreta helfen Ihnen die Botschaften und Konsulate Ihres Heimatlandes weiter. Sie sind aber keine Auskunftsstellen, sondern Problemlagen vorbehalten.
- **Bundesrepublik Deutschland:**
  Botschaft u. Konsulat: Odos Karaoli & Dimitriou 3, GR 10675 Athen, Tel.: 01-7285111, Fax: 01-7251205, Homepage: www.germanembassy.gr. Geöffnet von Mo-Fr 9-12 Uhr (griechische und deutsche Feiertage beachten)
- **Honorarkonsulat auf Kreta:**
  Chaniá: Odos Daskalogianni 64, GR-73100 Chaniá, Tel.: 0821-57944 o. 91191. Achtung: Das Konsulat ist seit 1999 **vorübergehend geschlossen.**
  Iráklion: Odos Zografou 7, GR-71110 Iraklion, Tel.: 081-226288, Fax: 081-222141, e-Mail: honkons@her.forthnet.gr.
- **Österreich:**
  Botschaft u. Konsulat: Avenue Alexandras 26, GR-10683 Athen, Tel.: 01-8211036 o. 8827520
  Konsulat auf Kreta: Dedalou 36, GR-71110 Iráklion, Tel.: 0821-223379
- **Schweiz: Botschaft u. Konsulat**: Odos Iasiou 2, GR-11521 Athen, Tel.: 01-7230364-6, 7249208, Fax: 01-7249209

Weitere interessante Adressen auf Kreta

- **Deutsch-Griechischer Verein Chaniá,** Iroon Polytechniou 7, GR-73100 Chaniá, Tel.: 0821-41212 o. 55111, Fax: 0821-58044.
- **Nebenstelle des Goethe-Institutes in Chaniá**, Digeni Akrita 1, GR-73100 Chaniá, Tel.: 0821-41874, Fax: 0821-56703.
- **Hellenic Society for the Protection of Nature,** Voukourestiou 36, GR-10673 Athen, Tel.: 01-3224944, Fax: 01-3225285. Umweltschutzorganisation, die in ganz Griechenland aktiv ist.
- **Iráklion Chamber of Commerce & Industry,** Koronaiou Street 9, GR-71110 Iráklion, Tel.: 081-229091 o. 229013, Fax: 081-222914. Die Handelskammer der viertgrößten Wirtschaftsmetropole Griechenlands.
- **PALEOLOGOS Shipping&Travel Agency,** 25th August Str. 5, GR-71202 Iráklion, Tel.: 081-346185 o. 330598, Fax: 081-34620, e-Mail: info@greekislands.gr, Homepage: www.greekislands.gr. Große Fähragentur, die Tickets für alle Reederein verkauft und im Internet eine Seite mit Fahrplänen und -preisen der Schiffsverbindungen nach Italien und zwischen den Inseln unterhält.

4.3.2   Buchtips zu Kreta

Im folgenden möchten wir Ihnen eine kleine Auswahl von Büchern über Kreta oder von kretischen Schriftstellern empfehlen. Viele davon sind auch in Deutschland erhältlich.

Hinweis
2001 ist Griechenland Schwerpunktland der Internationalen Buchmesse in Frankfurt.

Sachbücher

Wer sich für **neugriechische Literatur** (z.B. von *Yannis Rítsos*) und Sachbücher über Griechenland interessiert, sollte das Programm des **Romiosini-Verlages** kennenlernen:
Romiosini Verlag, Venloer Straße 30, 50672 Köln, Tel.+Fax: 0221-5101288, Homepage: www.unisolo.de/romiosini.htm

Das mit Abstand beste populärwissenschaftliche Buch über die minoische Hochkultur auf Kreta ist 1997 erschienen: „**König Minos und sein Volk – Das Leben im alten Kreta**" von der österreichischen Archäologieprofessorin *Brianna Otto* (Artemis & Winkler). Auf fast 500 Seiten wird die minoische Kultur in ihrer Entwicklung vom Neolithikum bis zur Auslöschung durch die Mykener beschrieben. Besonderer Wert wird dabei auf den räumlichen Kontext gelegt. Faszinierende Zeichnungen von minoischen Kunstwerken wie Siegeln und Keramikstilen illustrieren den anspruchsvollen Text.

Ein fantastisches Buch über das bisher ungelöste Rätsel des Diskus von Phaestos mit zahlreichen Abbildungen zu den Symbolketten ist: „**Der Diskus von Phaestos – das Rätsel einer Schrift der Ägäis**" von *Louis Godart* (Editions Itanos). Anhand der Zeichnungen können Sie sich selbst an die Auswertung der Jahrtausende alten Bildzeichen machen.

Das ausführlichste Buch zur Geschichte von Kreta mit Schwerpunkt auf den letzten 2.000 Jahren ist das Buch „**Geschichte von Kreta**" von *Theocharis E. Detorakis* (Selbstverlag). Nur auf Kreta in Buchgeschäften erhältlich.

Ein Überblick über Kretas Geschichte ist mittlerweile auch auf CD-ROM erhältlich: „**Crete – Die Geschichte von 40 Jahrhunderten**" von *Georgios I. Panagiotakis* (Virtual Studio). Erhältlich z.B. in Réthimnon im Buchladen in der Ethniki Antistateos 21.

Von der deutschen Besatzungszeit auf Kreta aus der Sicht der Bevölkerung, von Versöhnung und dem Entstehen des Partisanendenkmals „**Andartis**" handelt das gleichnamige Buch von *Karina Raeck* (Edition Hentrich). Sie selbst schuf von 1989 bis 1991 in der Nída-Hochebene das steinerne Monument. Der auch auf Kreta nur selten zu findende Band enthält zahllose Originaldokumente, Fotos und Texte aus kretischen Bergdörfern, die unter den Zerstörungen durch die Deutsche Wehrmacht zu leiden hatten. Sollten Sie ein Exemplar aufstöbern, unbedingt zugreifen!

Belletristik

Im Westen Kretas Reisende können in der „**Chronik einer Stadt**" des kretischen Schriftstellers **Pandelis Prevelakis** (Bibliothek Suhrkamp) Interessantes über die Stadt Réthimnon in der Phase ihres wirtschaftlichen Niederganges gegen Ende des 19. Jahrhunderts erfahren. Viele Schauplätze lassen sich noch heute in der Stadt identifizieren. Der Roman eignet sich gut als Strandlektüre, ist er doch mit knapp 130 Seiten nicht zu zeitraubend.

Aus dem Werk des berühmtesten kretischen Schriftsteller **Nikos Kazantzakis** möchten wir Ihnen drei Romane ans Herz legen, die auf Kreta spielen oder eng mit der Insel verbunden sind:

• „**Alexis Zorbas**" (verschiedene Verlage) – spätestens nach der Verfilmung mit Antony Quinn gehört der Roman zu den bekanntesten der modernen griechischen Literatur. Er beschreibt die Erlebnisse eines jungen englischen Schriftstellers, der, des Schreibens überdrüssig, auf Kreta ein gepachtetes Bergwerk wieder in Betrieb nehmen will. Auf der Anreise lernt er den Mazedonier Zorbas kennen, der ihn in seiner Lebenslust beeindruckt und den er für sein Bergwerk anheuert. Die beiden so unterschiedlichen Charaktere erleben auf Kreta gemeinsame Höhen und Tiefen. Am Ende kracht eine von Zorbas erdachte Seilbahn unter lautem Getöse zusammen, und beide Männer tanzen, da sie etwas Wertvolleres als Bodenschätze gefunden haben: das Leben. Der Roman enthält in der Person des Schriftstellers viel von Kazantzakis Gedankenwelt, auch Zorbas hat sein reales Vorbild gehabt (lesen Sie dazu S. 645f). Ein Video der über 2-stündigen Verfilmung ist in Deutschland erhältlich.

• „**Freiheit oder Tod**" (Herbig) – das unter dem griechischen Originaltitel „*Kapetan Michalis*" erschienene Buch handelt von einem der letzten Aufstände der Kreter gegen die Türken gegen Ende des 19. Jahrhunderts. In Megalokastro, dem heutigen Iráklion, lebt der alte, aber gefürchtete Kapetan Michalis, der es als einer der wenigen wagt, die türkischen Besatzer durch mutige Streiche zur Weißglut zu bringen. Er kann die Unter-

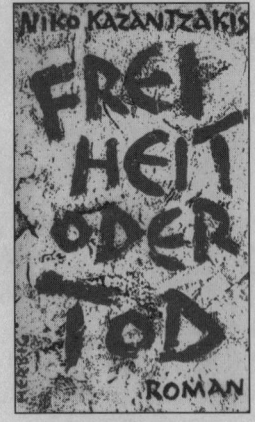

drückung des kretischen Volkes nicht länger ertragen und beginnt eine unheilsame Privatfehde mit den fremden Machthabern. Detailreiche, kraftvolle und fesselnde Erzählung, die einen guten Einblick in den Gemütszustand des jahrhundertlang unterdrückten Volkes gibt. Die Parole „Freiheit oder Tod" war einer der bekanntesten Schlachtrufe der Freiheitskämpfer.

• „**Rechenschaft vor El Greco**" (Ullstein) – das letzte Buch Kazantzakis vor seinem Tod in Freiburg 1957 und zugleich seine Autobiographie. Strotzend vor Pathos, beschreibt Kazantzakis sein Leben, das gelenkt war von der aussichtslosen Suche nach einem höheren Sinn des Daseins, nach dem Plan, den Gott mit den Menschen hatte und nach den einfachen Menschen, die bereit sind, ihr Schicksal zu leben und anzunehmen. Kazantzakis beginnt bei seiner frühen Kindheit auf Kreta, erzählt von langen Reisen in den Nahen Osten, in die Mönchsrepublik Athos und nach Asien und schließt bei seinem Lebenswerk, der *Odyssee*. „Ich rufe das Gedächtnis auf, daß es sich erinnere, ich sammle aus der Luft mein Leben zusammen, ich stehe wie ein Soldat vor dem Feldherrn und erstatte Greco meinen Bericht; denn er ist aus derselben kretischen Erde geknetet worden wie ich und kann mich viel besser als alle lebenden oder gestorbenen Kämpfer verstehen. Hat nicht auch er die gleiche rote Spur auf den Steinen hinterlassen?".

1982 ist unter dem griechischen Originaltitel *„Isteria"* der auch ins Deutsche übersetzte Roman **„Der Schlaf der Rinder"** des kretischen Autors *Jorgi Jatromanolakis* (Piper Verlag) erschienen. Der 1940 geborene Jatromanolakis ist Professor für Klassische Philologie in Athen und erhielt für das Buch u.a. den Nikos-Kazantzakis-Preis. Es handelt von einer kretischen Familienfehde, die nach einem Mord in einem Dorf entbrennt. Jatromanolakis knüpft an die noch vor kurzem gültigen Gesetze der Blutrache, die vor allem in den Dörfern der Sfakiá im Südwesten Kretas noch über den Gesetzen des Staates stand. 1998 ist Jatromanolakis neues Buch **„Bericht von einem vorbestimmten Mord"** erschienen (DuMont Verlag). Darin greift er einen authentischen Fall auf, bei dem ein kretischer Student in Iráklion zwei Universitätsprofessoren erschießt und dann in die Berge flieht, um sich selbst umzubringen.

Eine faszinierende **Reisebeschreibung** des amerikanischen Autors *Henry Miller* ist nach einem fünfmonatigen Aufenthalt in Griechenland 1940 erschienen: **„Der Koloß von Maroussi"** (Rowohlt-Verlag). Im mittleren der drei Teile des Buches schildert Miller seine Erlebnisse auf Kreta in der ihm eigenen Schreibweise: „...Ich durchquerte wieder diesen Kontinent, ich zog durch Oklahoma, durch Nord- und Süd-Carolina, Tennessee, Texas und Neu-Mexico. Doch nirgends ein Strom, nirgends eine Eisenbahn. Nur die Illusion weiter Flächen, die Wirklichkeit großartiger Ausblicke, die Erhabenheit der Stille, die Offenbarung des Lichtes".

Erhard Kästners Buch **„Kreta"** (Insel Taschenbuch 117) skizziert eine Reise auf Kreta zur Zeit der deutschen Besatzung in den 1940er Jahren. Doch obwohl Kästner Unteroffizier der deutschen Wehrmacht war und Auftragsarbeiten für das Militär auf Kreta verfaßte, bleiben das grausame Kriegsgeschehen und die Unterdrückung durch die Deutschen vollkommen ausgeblendet. So schön und reich an Details das Buch Kreta und seine Natur beschreibt, es ist kein Dokument einer geschichtlichen Epoche, sondern die verklärende Inselbeschreibung eines privilegierten Reisenden. Trotzdem sehr lesenswert.

Eine hervorragend recherchierte und liebevoll geschriebene Hommage an Kreta ist das Buch **„Lebendiges Kreta – Mythos, Geschichte und Gegenwart eines Inselreiches"** von *Elena Galini* (Efstathiadis), das Sie überall auf Kreta kaufen können. Es ist die persönliche Reisebeschreibung einer Kreta-Kennerin, die zwar nicht auf der Insel geboren ist (sondern in München), aber hier eine geistige Heimat gefunden hat. Kenntnisreiche Details machen das Buch zu einem wertvollen Begleiter, es eignet sich wegen der flüssigen Erzählweise gut als Lektüre an Pool und Strand.

4.3.3 Kreta im Internet

Das Angebot im Internet ist ständigen Veränderungen unterworfen, laufend werden neue Seiten eingerichtet. Die Recherche im weltweiten Netz ist nicht immer ein Vergnügen. Wir wollen Ihnen helfen und stellen Ihnen die interessantesten Links zu Kreta vor, die wir für jede neue Auflage überprüfen und aktualisieren.

• *www.griechenland.net/az/*: Die **Athener Zeitung** ist eine deutschsprachige Wochenzeitung, die über Politik, Wirtschaft, Kultur und Reise in Griechenland berichtet. Im Internetangebot können ausgewählte Artikel online gelesen werden. Die Seite enthält außerdem viele interessante Links.
• *www.griechische-botschaft.de*: Homepage der Griechischen Botschaften in Deutschland. Zahlreiche Informationen, vor allem für Griechen in Deutschland, aber auch zur griechischen Kultur, Politik und Wirtschaft.
• *http://georgioupoli.net/a_press.htm*: Eine informative und kurzweilige Seite speziell zur Provinz Apokoronas, die zwischen Chaniá und Réthimnon an Kretas Nordküste liegt. Die kleine deutschsprachige Redaktion gibt auch den **„Lokalanzeiger" für Apokoronas** heraus.
• *http://carnival-in-rethymnon-crete-greece.com/cindexd.html*: Deutschsprachige Seite mit vielen bunten Bilder vom **Karneval in Réthimnon**, der alljährlich im Frühjahr stattfindet.
• *www.interkriti.gr*: Hier finden Sie unter anderem eine Suchmaschine, in der sich kretische Regionen und Themen wie Kultur, Sport, Unterkunft kombinieren lassen. Das Ergebnis ist dann jeweils eine Liste von passenden Websites.
• *www.kreta-netz.de*: Auf dieser Seite gibt es ein **Kreta-Forum**, in dem Fragen und Tips zu Kreta im Mittelpunkt stehen. Aktueller geht es nicht, und das Forum ist tatsächlich sehr gut genutzt, d.h. sogar Spezialfragen zu einzelnen Hotels werden von Forum-Teilnehmern ziemlich schnell beantwortet.

Informative, aber gewerbliche Seiten zum Thema **Olivenöl** sind die Homepages *www.elemho.gr* (Elemho S.A., Athen/Kissamos) oder *www.knossos-olivenoel.de*.

Aktuelle Temperaturen und Windstärken und eine **Wettervorhersage** für die nächsten drei Tage finden Sie unter *www.wetteronline.de/griechenland/chania.htm* oder *iraklion.htm*.

Mittlerweile gibt es eine ganze Reihe von Homepages begeisterter Kreta-Fans: Eine Übersicht bietet z.B. Webadresse www.de-di.de/katalog/kreta.htm. Objektivität und Qualität schwanken, immer aber ist der zum Teil riesige Aufwand spürbar.

Hinweis
Die Homepages der Fährgesellschaften, Fluglinien und der KTEL finden Sie den Kapiteln „Anreise nach Kreta" und „Unterwegs auf Kreta".

4.4 Reisepraktische Hinweise von A – Z

News im Web:
www.iwanowski.de

A

⇨ **Ärztliche Versorgung**

Die ärztliche Grundversorgung ist in allen Gegenden Kretas gewährleistet. Der medizinische Standard kann nicht ganz mit dem gewohnten, mitteleuropäischen Gesundheitssystem mithalten. Krankenhäuser gibt es in den großen Städten wie Chaniá, Réthimnon, Iráklion und Agios Nikolaos. Kleinere Städte haben meist „Medical Center", Stationen, in denen eine weitergehende medizinische Versorgung von Fachärzten geleistet wird. In vielen Orten finden sich deutsch- oder englischsprachige Allgemeinärzte und Zahnärzte, die häufig mit ausländischen Universitätsabschlüssen werben. Falls ihr Arzt aber nur griechisch spricht: Die Erklärung von Beschwerden ist schwieriger als die Bestellung in der Taverne. Bei bekannten chronischen Beschwerden schreiben Sie sich deshalb vor der Reise die entsprechenden Wörter in Englisch oder Griechisch auf. Einige wichtige Begriffe finden Sie auch im Wörterbuch ab S. 200.

In den Touristenzentren in Kretas Nordosten gibt es die *Creta Medicare Medical Center* mit mehrsprachigem Personal, 24h-Service und umfangreicher Laborausstattung. Die Standorte sind (von West nach Ost): Agía Pelagía, Ammoudára, Gouves, L. Chersonissos, Stalida, Malia, Agios Nikolaos und Elounda. Die Adressen finden Sie unter den jeweiligen Orten, generelle Tel.: 0897-25141 oder Fax 0897-24064.

Griechenland ist Unterzeichner der Europäischen Konvention zur Regelung über medizinische Behandlungen und deren Kosten. D.h. Ihre Krankenkasse übernimmt die Behandlungskosten auf Kreta. Besorgen Sie sich das Anspruchsformular E 111 bei Ihrer Krankenkasse, es muß bei den zuständigen Stellen der griechischen Sozialversicherungsanstalt I.K.A. vorgelegt werden. Die Behandlung ist dann kostenlos. Große Krankenkassen halten eine Liste deutschsprachiger Ärzte in Griechenland für Sie bereit. Der Abschluß einer Auslandskrankenversicherung ist zur Vermeidung des bürokratischen Aufwands und zur problemlosen Abwicklung vor Ort trotzdem empfehlenswert. Ihr Reisebüro hält entsprechende Angebote bereit.

⇨ **Antiquitäten**

Echte Antiquitäten, die vor dem Jahr 1830 datieren, dürfen nur mit Genehmigung des Archäologischen Dienstes in Athen ausgeführt werden. Bei Zuwiderhandlung drohen empfindliche Strafen. Bitte nehmen Sie vor allem keine Fundstücke von antiken Stätten mit. Sie gehören nach Kreta und nicht in den heimischen Sammlerschrank. Sollte man Sie erwischen, ist der Spaß für die griechi-

Tips für den Ikonenkauf
- Die Ausfuhr alter Ikonen ist in der Regel verboten bzw. nur mit einer speziellen Ausfuhrgenehmigung erlaubt.
- Echte, neue Ikonen kauft man am besten in den Ateliers der Ikonenmaler oder in den Klöstern.
- Die Aufschrift „Hand made" bedeutet nicht, das die Ikone handbemalt wurde. Vielmehr handelt es sich meist um Siebdrucke, bei denen nur Details und die Vergoldung von Hand aufgetragen wurden.
- Nur die Aufschrift „Hand painted" bedeutet, daß das ganze Kultbild von Hand gemalt wurde.

schen Behörden vorbei, den Diebstahl des eigenen Kulturgutes nimmt man in Griechenland sehr übel.

⇨   **Apotheken**

Es gibt viele Apotheken auf Kreta, die meist auch als Drogerien fungieren. Gekennzeichnet sind sie mit einem grünen Kreuz auf weißen Grund und der Aufschrift „Pharmacy"
oder griechisch „Farmakeio" (*farmakio*). Alle gängigen Medikamente sind verfügbar oder
können bestellt werden. Sind Sie auf die Einnahme von speziellen Medikamenten angewiesen, nehmen Sie einen ausreichenden Vorrat mit.

⇨   **Archäologische Stätten**

Kernöffnungszeit der archäologischen Stätten ist Di-Fr von 8-15 Uhr, Sa und So 10-15
Uhr, montags ist fast immer geschlossen. Doch an vielen archäologischen Stätten auf
Kreta ist die Besichtigung gesondert geregelt. Häufig steht man gegen Nachmittag vor
verschlossenen Zäunen, gerade wenn bei abnehmender Hitze die Besichtigung angenehm wäre. Erkundigen Sie sich vorab und planen Sie Ihre Touren danach. An den
bedeutenden Stätten Knossos, Festos, Gortis usw. sind die Besuchszeiten länger als
üblich, dafür ist hier Eintritt zu zahlen. Kinder, Studenten und EU-Rentner erhalten
gegen Nachweis fast immer eine Ermäßigung, mit ISIC-Studentenausweis ist der Eintritt
frei (Ausnahme: private oder kommunale Museen!).

Kleinere, abgelegene Ausgrabungen sind oft frei zugänglich (z.B. die minoischen Einzelgräber „*Tholos Tombs*"), andere durch Zäune gesichert. Hier gilt folgende Regel: Sind
Zäune mit einem Vorhängeschloß gesichert, unbedingt das Betretungsverbot beachten.
Ist nur eine Kette ohne Schloß oder ein Ziegentor angebracht, kann man hineingehen,
muß aber die Tür nach dem Verlassen wieder schließen.

Die didaktische Aufbereitung in kretischen Ausgrabungen und Museen läßt zu wünschen
übrig, meistens fehlt eine Beschreibung ganz oder ist nicht mehrsprachig. Eine rühmliche
Ausnahme bildet der Palast von Malia, der sogar eine Fotoausstellung zur Grabungsgeschichte bietet.

In den wichtigsten archäologischen Stätten sind kostenlos Faltblätter mit Grundriß und
Besichtigungspunkten erhältlich. In Knossos und Malia werden auch deutschsprachige
Führungen angeboten.

Seit wenigen Jahren sind die archäologischen Stätten auf Kreta mit eigenen Schildern
(gelbe Schrift auf braunem Grund) versehen, die von den Hauptstraßen aus eine sichere
Orientierung ermöglichen. Die Bedeutung einer Ausgrabung oder Kirche läßt sich daran
aber nicht ablesen!

⇨   **Auto**

Auch wenn man es manchmal nicht glauben mag, auch in Griechenland gelten relativ
strenge Verkehrsregeln. Es gibt eine Gurtpflicht für Autofahrer und eine Helmpflicht für
Motorradfahrer. Selbst wenn die Polizei das Fahren ohne Helm nur selten moniert, muß

dringend zur Benutzung des Kopfschutzes geraten werden. Die Gefahren eines Sturzes sind für Motorrad- und Rollerfahrer viel größer als auf den gut ausgebauten deutschen Straßen.

Der europäische Führerschein wird empfohlen, er ist aber noch nicht vorgeschrieben. Die Promillegrenze liegt bei 0,5 Promille, die Höchstgeschwindigkeit in geschlossenen Ortschaften bei 50 km/h (das ist in den meisten Dörfern zu schnell!), auf der Landstraße bei 80 km/h und auf der autobahnähnlichen New Road meist bei 100 km/h. Die Strafe für das Telefonieren mit dem Handy am Steuer ist in Griechenland höher als irgendwo anders in Europa: Weitere Hinweise können Sie dem Kapitel „Unterwegs auf Kreta", S. 168f, entnehmen.

Der Polizeinotruf ist im ganzen Land unter Tel. 100 erreichbar.

B

 Baden

Sonnenhungrige finden auf Kreta vom lagunenartigen Sandstrand bis zur brandungsumtosten Felsenbucht alle Bademöglichkeiten. Da es so gut wie keine Industrie auf der Insel gibt, gehören die Strände zu den saubersten im Mittelmeer. Über 60 von ihnen werden jährlich mit der „Blauen Flagge" der EU ausgezeichnet. Das Wasser ist bis weit in den Oktober über 20 °C warm, Baden also auch im Herbst möglich. Strandwachten und Rettungsboote gibt es nur an den touristisch erschlossenen Stränden, z.B. bei Réthimnon und um Iráklion. Achten Sie auf die Flaggen, die Gefahr anzeigen: GRÜN – Gefahrloses Baden; GELB – Vorsicht, besser nicht baden! (z.B. bei starkem Wellengang oder Strömungen); ROT – Achtung Lebensgefahr, unter keinen Umständen ins Wasser gehen!

Helfen Sie mit, Kretas Strände sauber zu halten: Die Reinigung obliegt den Gemeinden, und die sind manchmal mit dieser Aufgabe überfordert. Nehmen Sie Ihre Abfälle notfalls mit ins Hotel und entsorgen Sie sie dort. Niemand tritt gern barfuß am Strand in verrostete Bierdosen und freut sich über Zigarettenkippen zwischen den Zehen.

 Banken

In den größeren Orten gibt es meist mehrere Bankfilialen, von denen aber nicht alle Geldautomaten und nur einige EC-Automaten besitzen. Banken haben im allgemeinen Mo - Do von 8-14 Uhr geöffnet, Freitag meist nur bis 13 Uhr. In den Badeorten können sich diese Zeiten verlängern. Das griechische Wort für Bank ist *Trapeza* (ΤΡΑΠΕΖΑ).

Zeit zum Ausspannen

⇨ **Botschaften und Konsulate**

Die Adressen und Telefonnummern finden Sie im Kapitel „Informationen über Kreta" auf S. 176.

⇨ **Busse**

Informationen über das Busfahren auf Kreta finden Sie im Kapitel „Unterwegs auf Kreta" ab S. 167f. Lage der Busstationen, Fahrzeiten und Preise finden Sie in den gelben Seiten unter den jeweiligen regionalen Tips.

C

⇨ **Camping**

Freies Zelten war lange Zeit auf Kreta kein Problem. Doch mittlerweile sollte man schon einige Regeln beachten, denn es ist eigentlich verboten. Fragen – etwa beim nächsten Bauern – kostet bekanntlich nichts, Abfälle sind selbstverständlich immer mitzunehmen, Lagerfeuer können in der trockenen Phrygana schnell zum ernsthaften Problem werden, besonders an abgelegenen Orten und Stränden. So reizvoll z.B. Gávdos für langes wildes Campen erscheint, es schädigt nachhaltig das sensible Ökosystem. Also am besten ganz auf die Campingplätze ausweichen. Ein aktuelles Verzeichnis erhalten Sie in den Büros der Griechischen Zentrale für Fremdenverkehr oder beim ADAC. Zudem sind Campingplätze in den gelben Seiten unter den jeweiligen Orten aufgeführt.

Für Wohnwagengespanne sind die teilweise steilen und schmalen Straßen Kretas kaum geeignet, es sei denn, man bleibt an der flachen Nordküste. Campingmobile sind eine gute Alternative und können auf den meisten Campingplätzen auch mit Strom und Wasser versorgt werden. Allerdings lohnt sich die lange und teure Anreise wegen der günstigen Zimmer auf Kreta auch bei längerem Aufenthalt kaum.

Infoseite des Harmonie Campingclubs Griechenland: www.campingclub.gr.

E

⇨ **Einkäufe und Souvenirs**

Die besten Einkaufstips finden Sie in den gelben Seiten der jeweiligen Orte unter dem Stichwort „Einkaufen" und in den roten Seiten „Highlights, Supertips, Warnungen".

⇨ **Einreisebestimmungen**

Für EU-Bürger ist die Einreise nach Griechenland problemlos. Der normale Personalausweis oder der Reisepaß genügen. Kinder unter 16 Jahren benötigen einen Kinderausweis oder müssen im Paß der Eltern eingetragen sein. Vorläufige Pässe stellt jede Meldebehörde in Deutschland sofort aus.

Ab einer Dauer von 3 Monaten muß für Griechenland eine Aufenthaltsgenehmigung beantragt werden, nur mit dieser darf dann auch auf Kreta gearbeitet werden. Die Prozedur ist ein streng bürokratischer Akt und bedarf diverser übersetzter und beglaubigter Unterlagen aus Deutschland. Hilfe erhalten Sie z.B. im deutschen Konsulat in Iráklion oder in den griechischen Botschaften in Deutschland.

Nicht-EU-Bürger, die in Deutschland oder Österreich dauerhaft leben, können mit einem entsprechendem Sichtvermerk im Ausweis ebenfalls ohne Visum einreisen.

Für Tiere (Hunde und Katzen) wird ein amtstierärztliches Gesundheitszeugnis (in englischer Sprache) und ein Tollwutimpfzeugnis verlangt. Die Impfung sollte nicht älter als ein Jahr und nicht jünger als 2 Wochen sein.

Wenn Sie auf Kreta einen Mietwagen fahren wollen, genügt Ihr nationaler Führerschein, zu empfehlen ist aber der EU-Führerschein, damit man bei Kontrollen die Polizisten nicht verwirrt. Reisen Sie mit dem eigenen Auto ein, muß der Fahrzeugschein mitgeführt werden.

⇨ **Essen und Trinken**

Alles Wissenswerte zu Kretas Küche und kulinarischen Genüssen finden Sie im Kapitel „Kulinarisches – die kretische Küche" ab S. 120.

F

⇨ **Fahrradfahren**

Kretas Landschaft und Straßen sind hervorragend für kurze und längere Fahrradtouren geeignet. Alle wichtigen Informationen zum Thema Fahrradfahren und Mountain-Biking auf Kreta finden Sie im Kapitel „Unterwegs auf Kreta" ab S. 172.

⇨ **Feiertage**

Gesetzliche Feiertage in Griechenland sind:

1. Januar	Neujahrstag
6. Januar	Dreikönigstag (Epiphanias-Fest)
25. März	Nationalfeiertag zur Erinnerung an den Beginn des griechischen Freiheitskampfes 1821 (Militärparaden)
April/Mai	Osterfest (2001: 15. April, 2002: 5. Mai, 2003: 27. April)
1. Mai	Tag der Arbeit / Frühlingsfest
15. August	Maria Himmelfahrt / Fest der Panagía (zweitwichtigstes orthodoxes Fest)
28. Oktober	„Óchi"-Tag, Nationalfeiertag zur Erinnerung an die Ablehnung des italienischen Ultimatums und an die Invasion von 1940
9. November	Kretischer Nationalfeiertag zur Erinnerung an die Sprengung und den Tod Hunderter Kreter im Kloster Arkádi 1866
25./26. Dezember	Weihnachten

⇨   **Ferienhäuser auf Kreta**

Ferienhäuser erfreuen sich wachsender Beliebtheit. Von der restaurierten Öl- oder Windmühle bis zum modernen Stahlbetonbau in traditioneller Architektur ist das Angebot vielfältig und wachsend. Im folgenden finden Sie die Adressen einiger Anbieter, die eigene Kataloge herausgeben:

• JASSU-Reisen GmbH, Postfach 2106, 53631 Königswinter, Tel.: 02223-91750,   Fax: 917523, e-Mail: info@jassu.de, Homepage: www.jassu.de
• Kreta Reisen Evi Hafenrichter GmbH, Clemensstraße 49, 80803 München, Tel.: 089-333283, Fax: 395613, e-Mail: eh@kreta-reisen.de, Homepage: www.kreta-reisen.de
• Minotours Hellas Ferienhausvermittlung Rosalie Großheim, Hüttenbrink 1, 37520 Osterode, Tel.: 05522-3934, Fax: 76360, e-Mail: info@minotours.de, Homepage: www.minotours.de

⇨   **FKK**

„Oben ohne" ist auf Kreta zwar nicht verboten, aber auch nicht gern gesehen. Anders als etwa auf Mykonos, ist Kreta hier noch recht konservativ. Nur wenige Griechinnen liegen „oben ohne" am Strand. Man sollte das Schamgefühl der Einheimischen beachten und nur an ausgewiesenen FKK-Stränden, an abseits gelegenen Buchten oder an den Stränden, die nur von Touristen genutzt werden (z.B. östlich von Réthimnon, zwischen Iráklion und Malia), die obere Hülle (von der unteren ganz zu schweigen) fallen lassen.

Besondere FKK-Hotels finden sich bei Plakiás (*Calypso*) und Chóra Sfakíon (*Vritomartis*) an der Südküste. Schön und weitgehend unproblematisch ist FKK auf der Insel Gávdos.

⇨   **Fotografieren / Filmen**

Kreta ist ein unerschöpfliches Ziel sowohl für ambitionierte Amateurfotografen als auch für Gelegenheitsknipser. Quasi an jeder Ecke wartet ein neues Motiv. Doch Filme sind teuer auf Kreta, bis zum Doppelten des deutschen Preises zahlen Sie auch in Fachgeschäften. Zudem sind nicht alle Filmsorten erhältlich, besonders die Auswahl an SW-Filmen und Farbfilmen mit hoher Empfindlichkeit ist recht dürftig. Nehmen Sie also ausreichend Filmmaterial mit, das Sie vor Ort am besten im Kühlschrank lagern.

Fotografierverbote gelten für alle Arten von militärischen Anlagen und an Flughäfen. Auch in aktiven Grabungen darf nicht fotografiert werden, sofern noch keine Veröffentlichungen der Forschungen vorliegen. In den meisten Museen Kretas darf nur ohne Blitz und Stativ

Markttag in Chaniá

fotografiert werden, was natürlich perfekte Bilder nicht zuläßt. Beantragen Sie deshalb eine Erlaubnis an der Kasse oder lösen Sie womöglich eine besondere Foto-Eintrittskarte. Dasselbe gilt für Aufnahmen mit der Videokamera.

Auch wenn Kreter sich gegenüber knipsenden Touristen recht gelassen geben, sollten Sie bei Personenaufnahmen mit einem Blickkontakt nach Zustimmung suchen. Gerade ältere Menschen in den Dörfern müssen sich sonst wie im Zoo vorkommen.

Unsere besonderen Fototips sind in den einzelnen Kapiteln hervorgehoben.

⇨ **Fremdenverkehrsämter**

Die Adressen der Informationsbüros der Griechischen Zentrale für Fremdenverkehr entnehmen Sie bitte dem Kapitel „Informationen über Kreta" ab S. 175.

G

⇨ **Gastfreundschaft**

Das griechische Wort *Xenos* bedeutet sowohl Fremder als auch Gast. *Filoxénia* ist die Gastfreundschaft oder wörtlich die *„Liebe zum Fremden"* und gilt als kretische Tugend.

Noch heute werden Sie als Reisender in den Dörfern der Insel herzlich behandelt und nicht selten zu einem Schluck Wein oder Raki eingeladen. Sprachliche Barrieren sind für die Kreter dabei kein Hindernis. Fast jeder kennt jemanden, der mal in Deutschland gearbeitet hat. So ergeben sich die besonderen Erlebnisse mit den Menschen des Urlaubslandes, von denen man wieder zu Hause noch lange zehren und erzählen kann. In den Städten und Touristenzentren ist die Gastfreundschaft verständlicherweise nicht mehr so ausgeprägt. Die im Urlaubsgewerbe als Kellner, Zimmermädchen oder Autovermieter arbeitenden Kreter haben meist nicht die Zeit für längere Gespräche und vielleicht auch schon schlechte Erfahrungen mit Urlaubern gemacht. Nehmen Sie es nicht persönlich!

Durch Ihr eigenes Verhalten können Sie die Tradition der Gastfreundschaft auf Kreta erhalten. Nehmen Sie sich die Zeit, auf die Einheimischen einzugehen, und zeigen Sie Interesse an ihrem Leben.

⇨ **Geld / Währung**

Die Drachme (1 Drachme = 100 Lepta) ist nur noch bis ins Jahr 2001 die griechische Währungseinheit. Mit der Eingliederung Griechenlands in die Euro-Zone ist auch ein festes Bezugsverhältnis von der Drachme zur DM festgelegt worden. Eine DM entspricht danach 174 griechischen Drachmen, ein Euro 340,750 Drachmen. In der österreichischen Währung beträgt der Wert eines Schillings knapp 25 Drachmen. Nach der Einführung der Euro-Noten und -Münzen zum 1. Januar 2002 und dem Auslaufen der nationalen Währungen zum 1. Juli 2002 wird in Griechenland dann nur noch für den Schweizer Franken ein Kurs beachtet werden müssen. 2001 entspricht ein Schweizer

Franken rund 221 Drachmen. Eine übersichtliche und aktuelle Internetseite mit Wechselkursen zur Drachme ist www.one-world.net/info/exchange.htm.

Geld tauschen kann man in fast allen Banken und Postämtern. Auch Hotels, Autovermieter und Reiseagenturen bieten den Geldwechsel an, oft zu günstigen Preisen. Dabei ist es dann von der Gebühr abhängig, ob das Angebot lohnt. Meist sind die Konditionen und aktuellen Kurse an einer Tafel im Schaufenster ausgestellt.

Eurocheques akzeptieren neben Banken auch alle Postämter und viele Reiseagenturen und Hotels. Vom Postsparbuch können Sie jedoch bei der griechischen Post nicht abheben. Kreditkarten sind sehr verbreitet und können auch an einem Automaten in Bargeld umgewandelt werden. Mittlerweile gibt es vor allem in den größeren Orten Geldautomaten, an denen mit Kredit- und EC-Karten Geld abgehoben werden kann. Die Begrenzung liegt  meist erst bei 100.000 Drachmen, mehr als an deutschen Fremdbankautomaten! Kleine Beträge werden aber mit derselben Mindestgebühr belastet wie größere Abhebungen. Also gerade in den letzten Urlaubstagen die Finanzen überschlagen, um nicht jeden Tag wieder 5.000 Drachmen abheben zu müssen.

⇨ **Geschäfte/Öffnungszeiten**

Hier ist zu unterscheiden zwischen den Geschäften, in denen die Kreter selbst einkaufen, und den Läden, die vorwiegend auf Urlauber ausgerichtet sind. Erstere sind von morgens bis mittags und vom späten Nachmittag bis gegen 20 Uhr geöffnet und halten ihre Ladenschlußzeiten weitgehend ein. Einige Geschäfte haben Mittwoch und Samstag am Nachmittag nicht geöffnet. Nur sonntags ist Ruhetag. In den Ferienorten dagegen haben viele Geschäfte täglich durchgehend bis zum späten Abend (22 Uhr) geöffnet, dies gilt besonders für Souvenirläden, Mini-Markets, Reiseagenturen und Zweiradverleihe. In Iráklion und Chaniá bieten einige Kioske an zentralen Stellen ihre Waren auch durchgehend an.

⇨ **Grußworte**

Ein paar einfache Grußworte sollte jeder Reisende beherrschen, vor allem, wenn er im ländlichen Raum abseits der Touristenzentren unterwegs ist. Hier ist es üblich, jeden zu grüßen, dem man begegnet. Im allgemeinen sagt man zur Begrüßung „kaliméra" (Guten Tag!) oder „jássas" (Seien Sie gegrüßt!), manchmal auch die persönlichere Form „jássu" (Sei gegrüßt!). Ältere Kreter grüßen nicht selten nur mit der Verkürzung „já". Gegen Abend sagt man in der höflichen Form „Kalispéra" (Guten Abend!) oder bei der Verabschiedung „Kaliníchta" (Gute Nacht!). Bei der Verabschiedung dann „stó kaló" (Alles Gute!) oder „chérete" (Lebwohl!).

I

⇨   **Immobilienerwerb**

Vielleicht denken Sie nach mehrfachem Besuch Kretas über den Erwerb eines eigenen Grundstücks, Hauses oder einer Wohnung nach. Der Immobilienerwerb auf Kreta wird immer beliebter. Ein Schnäppchenmarkt ist Kreta aber nicht, die Preise sind oft von der persönlichen Situation des Verkäufers abhängig, der Markt deshalb schwer zu erfassen.
Zu beachten ist, daß das griechische Rechtssystem bezüglich Grundeigentums vom deutschen Recht stark abweicht. Viele deutsche Banken akzeptieren deshalb Immobilien in Griechenland nicht als Sicherheit für Finanzierungskredite. Mittlerweile bieten mehrere Büros auf Kreta ihre Unterstützung beim Kauf oder Bau von Immobilien an. Bei den Präfekturen können Sie Adressen seriöser Makler erhalten.

Drei Makler mit breitem Angebot sind (ohne Gewähr!):
• INTERLAND Consulting and Constructing S.A., 19 A Ep.Marouli, P.O.Box 14, 74100 Réthimnon, Tel.: 0831-51901 o. 57563, Fax: 54762, e-Mail: interland@tee.gr, Homepage: www.interland.com.gr
• Kretaland, Pl. Eleftherias & Sapoutie 1, 71110 Iráklion, Tel.: 081-245333, Fax: 081-241355, e-Mail: kretaland@her.fothnet.gr
• Euroland - Crete, 466 Kalíves Center, 73003 Kalíves/Chaniá, Tel.: 0825-32557, Fax: 0825-32558, e-Mail: eurocrete@otenet.gr, Homepage: www.otenet.gr/eurocrete.

Von Deutschland aus bietet Immobilien griechenlandweit mit Schwerpunkt Kreta an: Sorbas-Immobilien-Service, Lauenburger Straße 11, 59067 Hamm, Tel.: 02381-417177, Fax: 417199, e-Mail: Aspyrou@t-online.de, Homepage: www.sorbas.de

⇨   **Internet**

Im Internet sind erstaunlich viele Seiten über Kreta zu finden. Offenbar hat man früh erkannt, welche Chancen das Internet für die touristische Vermarktung der Insel bietet. Nicht alle Seiten werden laufend aktualisiert und enthalten nützliche Informationen, doch ist das Internet eine hervorragende Möglichkeit, sich vor dem Urlaub aktuell zu informieren (z.B. über das Wetter!). Die besten Internet-Adressen finden Sie im Kapitel „Informationen über Kreta" ab S. 180, Internetcafés auf Kreta in den gelben Seiten unter den jeweiligen Orten.

K

⇨   **Kartenmaterial**

Für Kreta existiert mittlerweile – im Gegensatz zu anderen griechischen Inseln – sehr gutes, fast fehlerloses Kartenmaterial. Dazu gehört auch die diesem Buch beigelegte Karte im Maßstab 1:150.000, die auch kleinere Verbindungsstraßen und Orte zeigt. Noch detaillierter und zum Wandern geeignet ist die zweiteilige Karte des Harms-Verlag im Maßstab 1:100.000, die auch Höhenlinien und den Fernwanderweg E4 enthält.

Diese Karte kostet rund 20,- DM je Teilausgabe Ost oder West und ist in wenigen Läden auch auf Kreta erhältlich (dort teurer). Die Straßenkarten, die Sie bei Autovermietungen, Hotels oder Reisebüros bekommen, sind zwar zur groben Tourenplanung geeignet, zum Auffinden einzelner Orte, Strände oder Sehenswürdigkeiten aber zu ungenau. Auch die Aktualität läßt meist zu wünschen übrig. In den großen Städten erhalten Sie detaillierte Stadtpläne. Auch die Stadtpläne in diesem Reisehandbuch helfen Ihnen sicher weiter.

⇨ **Kinder**

Auch wenn Griechenlands Geburtenrate zu den niedrigsten der Welt gehört, Kinder werden geliebt, stehen Sie doch für Leben und Zukunft. Die lärmunempfindlichen Kreter haben auch keine Probleme mit Kindergeschrei. Trotzdem bringt ein Urlaub mit Kleinkindern auch auf Kreta erhebliche Einschränkungen mit sich. Die hohen Temperaturen und die sengende Sonne sind im Hochsommer belastend, an den Stränden sind kaum sanitäre Einrichtungen wie Toiletten oder Wickelräume vorhanden. Zum Buddeln und Burgen bauen sind die meisten Strände nicht geeignet.

Mehr Spaß haben Kinder in einem der großen Wasserparks der Insel oder in Hotelanlagen mit eigenen Pools oder Kinderclubs (z.B. in allen Grecotels). Windeln und Kindernahrung bekommen Sie in allen Supermärkten und teilweise auch in Apotheken (in Mini-Märkten in abgelegenen Orten auf das Haltbarkeitsdatum achten). Legen Sie sich bei Reisen in abgelegene Gegenden einen ausreichenden Vorrat an.

⇨ **Kino**

Den Besuch eines der zahlreichen Freiluftkinos sollten Sie viele Filme sind nämlich in englischer Sprache synchronisiert und haben griechische Untertitel. Achten Sie auf Ankündigungsplakate, einige Adressen finden Sie auch in den gelben Seiten unter den jeweiligen Orten. Die Vorstellungen beginnen meist etwas später als gewohnt.

⇨ **Kiosk (*períptero*)**

Der griechische Kiosk ist ein Kaufhaus auf einer Grundfläche von 2 mal 2 Metern. Vor allem in den größeren Städten findet man diese sympathische Art von Einzelhandel an vielen Ecken. Fast alle Seiten des kleinen Häuschens sind mit verschiedensten Waren so zugehängt, daß man die Verkäufer in ihren kleinen Luken suchen muß. Von Zeitschriften, Kaugummis, gekühlten Getränken, Telefonkarten, Zigaretten bis zu Batterien, Sex-Heftchen und Lotterielosen hält ein echter *períptero* eine lückenlose Angebotspalette für alle Lebenslagen bereit. Meist in Familienbesitz, ist ein *períptero* bis in den späten Abend hinein geöffnet.

Kinoprogramm

⇨ **Kirchen und Klosterbesuche**

Auf Kreta können Sie unzählige Kirchen, Kapellen und Klöster besuchen. Einheitliche Öffnungszeiten gibt es nicht. Kirchen sind meist frei zugänglich, Klöster bestimmen ihre Besuchszeiten individuell nach den Abläufen der Klostergemeinschaft. Geschlossen ist aber im allgemeinen während der Mittagszeit. Denken Sie bitte bei der Besichtigung einer orthodoxen Kirche oder eines Klosters an angemessene Kleidung, die Arme und Beine bedeckt. Manchmal liegen dafür Umhänge und Tücher bereit, darauf kann man sich aber nicht verlassen. Zünden Sie nach orthodoxem Brauch eine der bereitliegenden Kerzen an, vergessen Sie aber nicht die erwartete kleine Geldspende. Sie dient der Finanzierung des Betriebs und der baulichen Unterhaltung der Kirchen.

In größeren Klöstern können Sie Kopien berühmter Ikonen erwerben, beachten Sie dabei unsere Tips unter dem Stichwort „Antiquitäten"!

⇨ **Kreditkarten**

Kreditkarten sind auch auf Kreta ein gängiges Zahlungsmittel, am häufigsten werden VISA und Eurocard/Mastercard akzeptiert. Mit Kreditkarten können Sie an vielen Geldautomaten abheben, achten Sie auf die entsprechenden Aufkleber an den Automaten.

EC-Karten können an immer mehr Geldautomaten eingesetzt werden und ermöglichen das Abheben recht hoher Beträge. Die Gebühren sind bei kleineren Abhebungen anteilig sehr hoch.

M

⇨ **Mietfahrzeuge**

Alles Wissenswerte zu Mietfahrzeugen finden Sie in den Kapiteln „Unterwegs auf Kreta" ab S. 168.

N

⇨ **Notrufe**

Rettungswagen 166   Feuerwehr 199
Polizei 100   Pannenhilfe 104, 154, 157, 168

P

⇨ **Polizei**

Die griechische Kriminalitätsrate ist sehr niedrig, wenn auch steigend. Während kein Grieche bei kleineren Schummeleien gegenüber dem Staat (z.B. Steuerzahlungen) ein schlechtes Gewissen hat, gelten viele bei uns leider alltägliche Verbrechen – z.B. Diebstähle – auf Kreta als schwerer Verstoß gegen die Ehre.

Aufgrund der geringen Kriminalität gibt es wenig Polizeipräsenz und -kontrollen, und die Polizisten üben sich nicht – wie sonst in Südosteuropa üblich – in Machtgehabe und Reglementierungswut, sondern sind eher beobachtend tätig.

Besonders gekennzeichnet sind die Fahrzeuge der Touristenpolizei, die in den größeren Orten vertreten ist. Die Touristenpolizei ist Ansprechpartner für Sie als Urlauber und mehrsprachig ausgebildet.

Hinweis
Seit kurzem beschäftigen einige Gemeinden eigene Kontrolltrupps, die Falschparker aufspüren. Die Strafen sind saftig (ab 120 DM), und viele Mietwagenfirmen setzen Ihnen die Summe mit auf die Rechnung.

 Post / Porto

Postämter tragen auch auf Kreta das bekannte Posthorn. Auf griechisch heißen sie *tachidromio*, der Postbote ist der *tachidromos*. Postämter oder -container finden Sie nur in größeren Orten, sie sind in der Regel Mo-Fr von 9-14 Uhr geöffnet. Für Telefongespräche und Telegramme sind nicht die Postämter, sondern die Fernsprechämter der OTE zuständig.

Briefkästen sind gelb. Briefe nach Deutschland (GERMAHIA) brauchen etwa 2-5 Tage, die Schneckenpost gehört auch in Griechenland der Vergangenheit an. Nur Postkarten sind bisweilen immer noch bis zu 2 Wochen unterwegs, da sie nachrangig befördert werden. Das Porto beträgt für Standardbriefe (20 g, 9 x 14 cm) und Postkarten in EU-Staaten gleichermaßen 200 Drs (Stand 2001), per Express 650 Drs. Das Porto wird aber häufig erhöht. Bitte erkundigen Sie sich vor dem Einwurf in einem Postamt oder in Ihrem Hotel. Sollten Sie ein Paket verschicken wollen, verschließen Sie es bitte erst nach der Kontrolle durch den Postbeamten endgültig.

Briefmarkensammler finden bei **Philatelia Marinakis** in Iráklion (Odos 1866 84) seltene griechische und kretische Marken.

R

 Reiseapotheke

Auch wenn die gängigsten Medikamente in den zahlreichen Apotheken Kretas erhältlich sind, kann die Mitführung einer eigenen Reiseapotheke sinnvoll sein. Mehrere Firmen bieten Sortimente an, die die wichtigsten Präparate enthalten. Wir empfehlen auf jeden Fall Pflaster, ein leichtes Schmerzmittel, Wundsalbe, eine Salbe nach Insektenstichen oder Sonnenbrand und etwas gegen Reisekrankheit (Flugzeug, Schiff oder Bus!) mitzunehmen. Sollten Sie regelmäßig individuelle Medikamente einnehmen müssen, vergessen Sie nicht, diese in ausreichender Menge mitzuführen!

Auf Kreta tritt die sog. Leishmaniose auf. Sandmücken stechen dabei in dünne Stellen der Haut und übertragen winzige Parasiten. Die betroffenen Stellen können lange stark jucken. Hauptgefährdungszeit ist der Hochsommer, Mückenschutzmaßnahmen reduzieren das Risiko stark. Auch Zeckenbisse können auf Kreta vorkommen. Darminfektionen sind deutlich zurückgegangen, treten aber hin und wieder auf. Malaria ist zum Glück kein Thema auf Kreta.

⇨ **Rundfunk und Fernsehen**

Den Radiosender Hellas Tourist Radio mit deutschsprachigen Nachrichten empfangen Sie auf Kreta auf der Frequenz FM 94,0. Programmteile in deutsch senden auch Capital 90,7 auf FM 90,7 und Fly FM auf FM 95,9. Neben den staatlichen griechischen Radio- und Rundfunkprogrammen ERT 1-3 gibt es zahlreiche Privatsender, auch einen kretischen Fernsehkanal *Kriti TV*. Viele Hotels bieten über Satelliten-Anlagen den Empfang deutscher Fernsehsender.

S

⇨ **Schreibweise**

Die Schreibweise der griechischen Namen ist auf den Straßen- und Hinweisschildern und in Landkarten sehr unterschiedlich, je nach Art der Transkription. Wir haben in diesem Reisehandbuch eingedeutschte Schreibweisen (z.B. Heraklion) vermieden, da sie auf Kreta weitgehend unbekannt sind. Die griechische Schreibweise der wichtigsten Ortsnamen wird in Klammern angegeben, da sie auf Wegweisern als erste auftaucht. Die lateinische Schreibweise ist an die gebräuchliche Verwendung und die beigefügte Karte angelehnt. Betonungszeichen sind weitgehend mit angegeben.

⇨ **Sprache**

Hintergründiges zur griechischen Sprache und ein Wörterbuch mit den wichtigsten Begriffen und Redewendungen finden Sie im Sprachteil ab S. 200.

⇨ **Strom / Steckdosen**

Die Stromspannung beträgt wie bei uns 220 V, nur auf älteren Fähren beträgt die Netzspannung manchmal noch 110 V. Die Zeit der Südeuropa-Stecker ist in Griechenland bis auf ältere, einfache Pensionen vorbei. In die neuen Steckdosen passen auch dickere Stecker, z.B. von Notebook oder Fön.

T

⇨ **Tankstellen**

Das Tankstellennetz auf Kreta ist relativ dicht, doch bei Fahrten in die Bergregionen oder großen Halbinseln sollten Sie vorab volltanken. Die meisten Tankstellen schließen gegen Abend. Bleifreies Benzin trägt die Bezeichnung „unleaded". An der kretischen Tankstelle geben Sie an, für welche Summe Sie Benzin haben möchten, der Tankwart oder sein Gehilfe füllen es dann ein. Schauen Sie vor allem bei japanischen Mietwagen vorher, wo sich die Entriegelung für den Tankdeckel befindet!

⇨ **Tauchen**

Seit 1993 kann man offiziell überall an Kretas Küsten tauchen. Besonders geeignet ist die Nordküste zwischen Réthimnon und Iráklion mit felsigen Klippen und zahlreichen Unterwasserhöhlen, aber auch an der Südküste und bei Elounda gibt es lohnende Tauchreviere. Mehrere Anbieter führen deutschsprachige Kurse nach den PADI-Richtlinien durch oder vermieten Ausrüstungen (die Adressen finden Sie in den gelben Seiten unter den jeweiligen Orten). Eine komplette Grundausrüstung kostet auf Kreta ab 60,- DM pro Tag. Übrigens transportieren die meisten Charterfluggesellschaften Ihre Tauchausrüstung kostenlos. Denken Sie vor der Abreise unbedingt an ein ärztliches Attest über Ihren Gesundheitszustand.

⇨ **Taxis**

Das Taxi ist ein wichtiges Verkehrsmittel auf Kreta und günstiger als in Deutschland. Taxis in den großen Städten sind gelb gekennzeichnet. Die Fahrten werden nach Kilometern abgerechnet, die Grundgebühr beträgt 200 Drs, der Preis je Kilometer 66 Drs (Stand 2001). Nachts wird ein Aufschlag fällig. Ebenso bei der Abfahrt vom Flughafen oder Busbahnhof. Die Überlandtaxis (fast alle kretischen Taxis, Aufschrift *AGORAIO*) sind an der silbernen Farbe zu erkennen. Bei längeren Touren und Besetzung mit mehreren Reisenden können die Pauschalpreise, die an großen Taxiständen auf Tafeln nachzulesen sind, noch verhandelt werden. In den gelben Seiten finden Sie unter den jeweiligen Orten den Standplatz der Taxis und die Rufnummer.

⇨ **Telefonieren**

Die Zeiten, in denen man als Tourist zum Telefonieren zur OTE-Station oder in ein Geschäft oder Kiosk gehen mußte und die Verbindung in die Heimat dann mehrmals zusammenbrach, sind auf Kreta endgültig vorbei. Die Insel ist flächendeckend mit **Kartentelefonen** versorgt, auch an abgelegenen Orten wie Elafonísi, Lendas oder Moni Préveli. Die Verbindung ist klar, etwas schwächer aber an der Südküste, von hier werden die Gespräche mittels großer Antennen über die Berge geleitet. **Telefonkarten** (*THLE-KARTA*) zu 100 Einheiten (1.000 Drs), 200 Einheiten (1.800 Drs), 500 Einheiten (4.200 Drs) und 1.000 Einheiten (8.200 Drs) sind an allen Kiosken, in vielen Mini-Markets und bei der OTE selbst erhältlich.

!!! Achtung
In Hotels werden saftige Aufschläge berechnet, die Telefonate sind rund 30 % teurer als in der Telefonzelle oder bei der OTE!

Auch mit dem **Handy** können Sie von Griechenland aus mit mehreren Anbietern (Panafon, Telestet, Cosmote) telefonieren. Dualband-Geräte wählen sich nach Ihrer Ankunft bzw. dem Einschalten nach dem Flug selbst bei einem Anbieter ein, der Sie mit einer Nachricht und seiner Servicenummer begrüßt. Bedenken Sie jedoch: Gespräche ins Ausland sind auch in Griechenland teuer. Bei Anrufen aus dem Ausland, also etwa von Deutschland nach Kreta, übernehmen Sie die Gebühren ab der Landesgrenze des Anrufenden. Bei einer Verbindung mit dem Handy Ihrer deutschen Urlaubsbekanntschaft auf Kreta geht der Anruf erst über das heimatliche Netz! Nur Gespräche mit kretischen Teilnehmern sind günstig, Sie benötigen nur die regionale Vorwahl.

In fast allen Städten finden Sie Geschäfte für Telekommunikation, Mobiltelefone und Zubehör (z.B. Panafon, Germanos). Die jungen Kreter sind zwar wie alle Griechen handybegeistert, auffällige Klingelmelodien jedoch verpönt.

Vorwahlen der größeren Städte: Iráklion 081, Chaniá 0821, Réthimnon 0831, Agios Nikolaos 0841, Sitia 0843, Ierápetra 0842. Alle anderen Vorwahlen finden Sie unter den jeweiligen Orten in den gelben Seiten.

Achtung
Ab 2002 ändern sich alle Telefonnummern. Aktuelles dazu können Sie in den roten Seiten unter dem Stichwort Telefonnummern lesen.

Internationale Vorwahlen:
von Deutschland/Österreich/Schweiz nach Kreta:
  0030, erste Null des Ortsnetzes weglassen.
von Kreta nach Deutschland: 0049 (erste Null des Ortsnetzes weglassen)
von Kreta nach Österreich: 0043 (erste Null des Ortsnetzes weglassen)
von Kreta in die Schweiz: 0041 (erste Null des Ortsnetzes weglassen)

Nationale Auskunft der OTE unter der Nummer 131.

⇨   **Toiletten**

In den meisten kretischen Toiletten kann mittlerweile auch das benutzte Klopapier entsorgt werden. Allerdings gibt es noch Ausnahmen: Hier stehen neben der Toilette kleine Abfallbehälter, in die Sie das Papier werfen. Ansonsten verstopfen die Rohre schneller, als Ihnen lieb sein kann. In punkto Sauberkeit darf man in Tavernen nicht zu viel erwarten, Empfindliche nehmen sich am besten Einmal-Unterlagen mit. Öffentliche Toiletten sind äußerst selten (z.B. in L. Chersonnissos, Réthimnon), Strände aber trotzdem völlig ungeeignet! Um Verwechslungen zu vermeiden: ΑΝΔΡΩΝ=Herren/ΓΥΝΑΙΚΩΝ=Damen.

⇨   **Touristenpolizei**

In den größeren Touristenorten gibt es eigene Stationen der Touristenpolizei, außerdem sind deren Streifenwagen mit dem Aufdruck „*Tourist Police*" gekennzeichnet. Die Mitarbeiter sprechen mehrere Fremdsprachen. Die Touristenpolizei ist Ihr Ansprechpartner bei den meisten Problemen, z.B. kleineren Diebstählen oder überhöhten Preisen in Tavernen. Sie erreichen die Touristenpolizei unter der Rufnummer 171.

⇨ **Trinkgelder**

Trinkgeld (*purbóar*) ist in Griechenland für die Bedienungen wichtiger als bei uns, denn in manchen Tavernen oder Bars erhalten die Mitarbeiter gar keinen Grundlohn. Deshalb runden Sie den Rechnungsbetrag um 10-15 % auf und lassen das erhaltene Rückgeld beim Gehen auf dem Tisch oder dem Teller mit der Rechnung liegen. Vermeiden Sie auf jeden Fall die Unsitte, am Schluß der Urlaubs nur noch Berge von Münzen zu hinterlassen, man könnte dies als Beleidigung empfinden.

U

⇨ **Unterkünfte**

Auf Kreta warten vom Campingplatz und schlichten Privatzimmern bis zum Luxus-Hotelbungalow mit Privatpool alle Unterkunftsarten und -kategorien auf Gäste. Als Individualreisender hat man so die Möglichkeit, einen einfachen, ursprünglichen Urlaub mit einem Aufenthalt in einem erholsamen Baderessort zu verbinden. Außer in den Hochsaison-Monaten Juli und August finden Sie eigentlich immer ein adäquates Quartier. Kurze Aufenthalte von bis zu drei Nächten sind aber oft teurer als längere Buchungen, da der Vermieter mehr Aufwand mit der Reinigung hat und am nächsten Tag das freie Zimmer neu vermieten muß.

Alle Unterkünfte auf Kreta müssen von der EOT, der Tourismusbehörde Griechenlands, zugelassen werden. Dazu werden sie geprüft, klassifiziert, in das EOT-Verzeichnis eingetragen und erhalten das EOT-Schild. Die Hotelklassifizierungen reichen von L (Luxusklasse) über A, B, C, D bis E (einfachste Kategorie). Reiseveranstalter benutzen jedoch eigene Sterne-Systeme, die nicht immer vergleichbar und nachvollziehbar sind.

Auch wenn durch die EOT-Genehmigungspflicht eine Reihe von früheren Privatunterkünften verschwunden ist, der damit gewährleistete Mindeststandard und die regelmäßige Kontrolle und Preisüberprüfung sind für den Urlauber von Vorteil. Sicherheitseinrichtungen, wie Hinweise auf Notausgänge und Feuerlöscher, lassen einen ruhigeren Schlaf zu. Denn daß auch die weitverbreitete griechische laissez-faire-Mentalität ihre Grenzen hat, zeigte das tragische Unglück der Fähre „*Express Samina*" im September 2000 mit über 70 Toten.

Ein Schlupfloch für Privatunterkünfte ist aber geblieben: Die Bestimmungen der EOT greifen natürlich nicht, wenn nur Bekannte oder Freunde des Eigentümers gratis untergebracht werden...

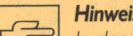 *Hinweis*
In der Nebensaison, also bis Mai und ab Oktober, kann es auf Kreta nachts recht kühl werden. Da nur die wenigsten Hotels und Pensionen über Heizungen verfügen, sollten Sie darauf achten, zu den dünnen Bettdecken zumindest noch eine dickere Wolldecke zu erhalten, um nicht frierend die Nacht zu verbringen. Fragen Sie in der Rezeption danach, nicht immer liegen die Decken im Zimmer.

W

⇨ **Wasser**

Trinkwasser kann bedenkenlos getrunken werden, Vorsicht ist bei nicht bekannten Quellen oder Brunnen angebracht. Zum Kaffee bekommt man meist automatisch ein eisgekühltes Glas Wasser, um den Flüssigkeitshaushalt des Körpers auszugleichen. Mineralwasser wird fast ausschließlich ohne Kohlensäure angeboten. Auf Kreta kommt es häufig aus dem Bergdorf Zarós (S. 560).

Ein leidiges Thema ist ausreichend warmes Wasser in den Hotelduschen. Erwarten Sie bitte in einfacheren Hotels keine Mischarmaturen mit gleichbleibend angenehmen Wassertemperaturen, machen Sie sich immer auf eine heiße oder kalte Überraschung gefaßt. Das Wasser wird nämlich oft mit Hilfe solarthermischer Anlagen erhitzt und kann dann nur durch Beimischen reguliert werden.

Sparen Sie am Wasser, wo es nur geht, um die geringen Trinkwasserressourcen Kretas zu schonen!

⇨ **Wassersport**

Kretas Küste ist rund 1.500 km lang, ausreichend für alle Arten von Wassersport und eines der vielfältigsten Angebote im gesamten Mittelmeerraum. Surfen, Wasserski, Parasailing, Tauchen und Segeln sind beliebte Sportarten auf Kreta und besonders gut möglich an der Küste östlich von Réthimnon, zwischen Iráklion und Malia und in der Mirambello-Bucht. Gute und anspruchsvolle **Surfreviere** liegen im Südwesten bei Paleochóra und im äußeren Osten bei Palekastro. In den gelben Seiten finden Sie entsprechende Adressen.

⇨ **Wettervorhersage**

Die lokale Wettervorhersage können Sie telefonisch unter der Nummer 149 abfragen. Die Tageszeitung „*Athens News*" enthält zumindest die griechische Großwetterlage in englischer Sprache.

⇨ **Wintersport**

Auch Wintersportfreunde kommen in Kreta auf ihre Kosten – wenn die Ansprüche an Länge und Schwierigkeit der Abfahrt gering sind. Am Nordhang des Psiloritis in der Nída-Hochebene befindet sich ein winziges Ski-Ressort mit einem kurzen Schlepplift. Dieser sah bei unserem letzten Besuch allerdings selbst etwas mitgenommen aus. Aktuelle Informationen beim *Mountaineering and Skiing Club of Iráklion* (abends unter Tel.: 081-227609).

Kretas einziger Skilift

Z

⇨ **Zeit**

In Griechenland gilt die osteuropäische Ortszeit (OEZ). Kreta ist folglich unserer Zeit immer eine Stunde voraus. Auf dem Hinflug also die Uhren vorstellen, auf dem Rückflug eine Stunde zurückdrehen. Die Umstellung von Sommer- und Winterzeit erfolgt parallel zu unserer Zeit.

Die Zeitansage erreichen Sie unter der Telefonnummer 141.

⇨ **Zeitungen**

In den größeren Orten und den Touristenzentren sind überall deutschsprachige Zeitungen und Zeitschriften zu kaufen. Sie treffen mit 1-2 Tagen Verspätung auf Kreta ein und sind teurer als in der Heimat. Deutschsprachig ist die in Griechenland erscheinende Wochenzeitung „*Athener Zeitung*" mit Berichten aus Politik, Wirtschaft und Kultur. Die englischsprachige „*Athens News*" erscheint dagegen täglich.

⇨ **Zollbestimmungen**

Griechenland gehört bereits seit 1993 zum EU-Binnenmarkt. Beschränkungen für mitgeführte Waren bestehen nur noch für Zigaretten (800 Stück) und andere Tabakwaren und für Alkohol (90 Liter Wein, 110 Liter Bier), um den privaten vom gewerblichen Gebrauch abzugrenzen. Diese Mengen dürfte wohl kein Reisender erreichen.

4.5   Die griechische Sprache – kleines Wörterbuch

Kreta ist mit den minoischen Schriften **Linear A und B** die Heimat einiger der ältesten Sprachen der Welt, berühmt sind auch die in Spiegelschrift **gemeißelten Gesetzestexte von Gortis**. Manchem mag die heutige griechische Schrift ebenso ein Buch mit sieben Siegeln sein. Nur die wenigsten Urlauber, die nach Kreta kommen, haben griechische Sprachkenntnisse oder kennen alle Buchstaben des fremd erscheinenden Alphabets. Im Gegensatz zu Spanien und Italien nimmt kaum jemand griechische Begriffe mit nach Hause und wendet Sie bei „Kostas" im Restaurant um die Ecke an. Fast überall auf Kreta kommen Sie mit Englisch und oft auch mit Deutsch weiter. Denn viele Kreter haben

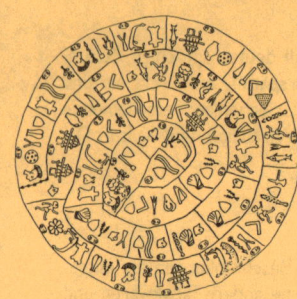

einige Jahre in Deutschland gearbeitet oder zumindest Verwandte dort. Doch schon ein paar kurze Sätze Griechisch werden Ihnen auf Kreta neue Türen öffnen, man freut sich vor allem in den Dörfern über die Bemühungen des Fremden, die eigene Sprache und Kultur kennenzulernen.

In der neugriechischen Sprache gibt es **2 Sprachformen** und zahllose Dialekte. Im Alltag und den Medien spricht man ausschließlich die Volkssprache *dimotikí*, während die Schriftsprache *katharévousa* nur noch in der orthodoxen Kirche und Teilen der Wissenschaft verwendet wird. Doch noch zur Zeit der Obristendiktatur versuchte sich die Oberschicht der Bürokraten, mit der *katharévousa* abzuheben, erst 1976 wurde nach der Regierungsübernahme der Liberalkonservativen die beim Volk beliebte und einfachere *dimotikí* in den Schulen endgültig Unterrichtssprache. Kreta hat noch einen eigenen Dialekt, der nicht überall im Land verstanden wird.

Das **griechische Alphabet** ist einfacher, als es auf den ersten Blick aussieht, nur 11 Großbuchstaben weichen von den uns bekannten ab. Leider aber fast alle kleingeschriebenen Buchstaben. Dazu kommen Betonungszeichen auf den meisten Wörtern, die die Bedeutung bestimmen können. Sie sind für das gesprochene Wort sehr wichtig.

Das griechische Alphabet			
Druckschrift groß	Druckschrift klein	Bezeichnung	Aussprache
A	α	Alfa	*a: wie in danke*
B	β	Wita	*w: wie in Weiche*
Γ	γ	Gamma	*g: wie in Gast*
Δ	δ	Delta	*keine Entsprechung im Deutschen, wie das englische th in that*
E	ε	Epsilon	*e: wie in Fest*
Z	ζ	Zita	*weich gesprochenes s, wie in sehen*
H	η	Ita	*i: wie in Disput*

Θ	θ	Thita	*keine Entsprechung im Deutschen, wie das englische th in thing*
Ι	ι	Jota	*j: wie in ja*
Κ	κ	Kappa	*k: wie in Küche*
Λ	λ	Lambda	*l: wie in Lust*
Μ	μ	Mi	*m: wie in Mühle*
Ν	ν	Ni	*n: wie in nicht*
Ξ	ξ	Ksi	*x: wie in Taxi*
Ο	ο	Omikron	*o: wie in oft*
Π	π	Pi	*p: wie in Post*
Ρ	ρ	Ro	*keine Entsprechung im Deutschen, leicht gerolltes r*
Σ	σ, ς	Sigma	*s: wie in Kasse bzw. in Glas*
Τ	τ	Taf	*t: wie in Teil*
Υ	υ	Ipsilon	*j: wie in jemand*
ϑ	φ	Fi	*f: wie in finster*
Χ	χ	Chi	*ch: wie ich (vor „i" oder „e"), wie noch (vor „a", „o" odet „u")*
Ψ	ψ	Psi	*ps: wie in Kapsel*
Ω	ω	Omega	*o: wie in oft*

Grußworte		
Guten Tag	καλημερα	*kaliméra*
Guten Abend	καλησπερα	*kalispéra*
Gute Nacht	καλη νυχτα	*kalí níchta*
Seien Sie gegrüßt!	χαιρετε	*chérete*
Sei gegrüßt!	γεια σου	*jássu*
Auf Wiedersehen!	αντιο	*adío*
Zum Wohl!	στην υγεια σας	*stin ijá sas*
Ja	ναι	*ne*
Nein	οχι	*óchi*
Bitte	παρακαλω	*parakaló*
Danke	ευχαριστω	*efcharistó*
Verzeihung	Συγνθμη	*signómi*
Wie heißt Du?	Πως σε λενε	*pos se léne?*
Ich heiße...	Με λενε	*Me léne...*
Wie geht´s?	Τι κανετε	*Ti kánete*
Gut	καλα	*kalá*
Entschuldigung	Συγνωμη	*signómi*
Viel Glück!	καλη τυχη	*kalí tíchi*
Wie bitte?	οριστε	*oríste*

Fragen und Wünsche		
Wer?	Ποιος	pjos?
Wie?	Πως	pos?
Was?	Πι	Ti?
Wann?	Ποτε	Póte?
Wo ist...?	Που ειναι	Pu íne...?
Haben Sie...?	Εχετε	Échete...?
Wie spät ist es?	Τι ωρα ειναι	ti ora íne?
Ich will...	Θελω	thélo...
Ich möchte...	Θα ηθελα	ta íthela...

Unterwegs		
Fähre	φερρυμποτ	feribót
Bus	λεωφορειο	leoforío
Fahrschein	εισιτηριο	isitírio
Haltestelle	σταση	stasi
Taxi	ταξι	taksí
Links	αριστερα	aristerá
Rechts	δεξια	deksiá
Geradeaus	ευθεια	eftía
Kurve	στροφη	strofí
Führerschein	αδεια οδηγησης	ádia odígisis
Liter	λιτρα	lítra
Benzin	βενζινη	venzíni
Panne	βλαβη	vlávi
Wagen	αυτοκινητο	aftokínito
Jeep	τζιπ	tzip
Motorrad	μοτοσυκλετα	motosikléta
Motorroller	βεσπα	véspa
Fahrrad	ποδηλατο	podílato

Unterkunft		
Hotel	Ξενοδοχειο	ksenodochío
Pension	πανσιον	pansjón
Campingplatz	καμπιγκ	kámbing
Zelt	σκηνη	skiní
Zimmer	δωματιο	domátio
Bett	κρεβατι	kreváti
Kinderbett	παιδικο κρεβατι	pedikó kreváti
Dusche	ντους	dus
Toilette	τουαλετα	tualéta
Handtuch	πετσετα	petséta
Heizung	θερμανση	térmansi
Balkon	μπαλκονι	balkóni

Wasser	νερο	neró
Strom	ρευμα	révma

Am Strand		
Strand	παραλια	paralía
Dusche	ντους	dus
Liegestuhl	ξαπλωστρα	ksaplóstra
Sonnenschirm	ομπρελα ηλιου	ombréla ilíu
Sandig	αμμωδης	amódis
Steinig	πετρωδης	petródis
Felsig	βραχωδης	vrachódis
Kalt	κρυος	kríos
Warm	ζεστος	zestós
Braun	καφετι	kafetí
Regen	βροχη	vrochí
Sonne	ηλιος	ílios
Wind	ανεμος	ánemos

Beim Sport		
Segelboot	ιστιοφορο	istiofóro
Surfbrett	ιστιοσανιδα	istiosanída
Kanu	κανο	kanó
Motorboot	βενζινακατος	venzinákatos
Schnorchel	αναπνευστηρας	anapnefstíras
Taucherbrille	μασκα	máska
Taucherflossen	βατραχοπεδηλα	vatrachopédila
Basketball	μπασκετ	básket
Fußball	ποδοσφαιρο	podósfero
Tor	Γκολ	gol
Beach-Volleyball	μπιτς-βολει	bits vólei
Tennis	τενις	ténis
Minigolf	μινικολφ	mínigolf
Fahrrad	ποδηλατο	podílato
Luftpumpe	τρομπα	trómba
Pferd	αλογο	álogo
Reiten	ιππευω	ipévo

Beim Einkaufen		
Ich möchte...	Θα ηθελα	tha íthela
Haben Sie...	εχετε	éksete
Was kostet das?	Ποσο κανει	póso káni
Zeitung	εφημεριδα	efimerída
Stadtplan	χαρτης της πολης	chártis tis pólis
Papier	χαρτι	chartí

Film	φιλμ	film
Parfüm	αρωμα	ároma
Kerze	κερι	kerí
Korkenzieher	ανοιχτηρι	anichtíri
Zigarette	τσιγαρο	tsigáro
Zigarre	πουρο	púro
Badehose	μαγιο	majó
Bikini	μπικινι	bikíni
Hose	παντελονι	pandelóni
Gürtel	ζωνι	zóni
Hemd	πουκαμισο	pukámiso
Rock	φουστα	fústa
Schuh	παπουτσι	papútsi
Sonnenbrille	γυαλια ηλιου	jaljá ilíu
Tasche	τσαντα	tsánda
Armbanduhr	ρολοι χεριου	rolói cherjú
Kette	αλυσιδα	alisída
Schmuck	κοσμηματα	koßmímata
Gold	χρυσο	chrisó
Silber	ασημι	asími
Billig	φτηνος	ftinós
Teuer	ακριβος	akriwós

Gesundheit		
Entzündung	φλεγμονη	flechmoní
Fieber	πυρετος	piretós
Sonnenbrand	ηλιακο εγκαυμα	iliakó éngavma
Verletzung	τραυματισμος	travmatizmós
Schmerzen	πονοι	póni
Kopfschmerzen	πονοκεφαλο	ponokéfalo
Halsschmerzen	πονολαιμος	ponólemos
Magenschmerzen	στομαχοπονος	stomachóponos
Zahnschmerzen	πονοδοντος	ponódondos
Durchfall	διαρροια	djária
Husten	βηχα	vícha
Virus	ιος	iós
Kreislaufstörung	κυκλοφοριακη ανωμαλια	kikloforiakí anomalía
Herzbeschwerden	ενοχληματα στην καρδια	enochlímata stin gardjá
Ich bin Diabetiker	ειμαι διαβητικος	íme diawitikós
Ich bin schwanger	ειμαι εγκυος	íme éngios
Blut	αιμα	éma
Arzt	γιατρο	jatró
Zahnarzt	οδοντιατρο	odondíatro

Sprechstunde	ωρες επισκεψης	óres epískepsis
Apotheke	φαρμακειο	farmakío
Krankenhaus	νοσοκομειο	nosokomío
Rezept	συνταγη	sindají
Salbe	αλοιφη	alifí
Tablette	χαπι	chápi
Zäpfchen	υποθετο	ipótheto
Antibiotikum	αντιβιοτικο	andiwiotikó
Antibabypille	αντισυλληπτικο χαπι	andisiliptikó chápi
Kondom	προφυλακτικο	profilaktikó

Telefon, Bank, Post		
Telefon	τηλεφωνο	tiléfono
Telefonzelle	τηλεφωνικος θαλαμος	tilefonikós thálamos
Handy	κινητο τηλεφωνο	kinitó tiléfono
Telefonkarte	τηλεκαρτα	tilekárta
Gespräch	συνδιαλεξη	sindiáleksi
Telefonnummer	αριθμος τηλεφωνου	arithmós tilefónu
Bank	τραπεζα	trápeza
Geldwechsel	αλλαγη χρηματων	alají chrimáton
Geldautomat	αυτοματο χρηματθν	aftómato chrimáton
Kreditkarte	πιστωτικη καρτα	pistotikí kárta
Reisescheck	ταξιδιωτικη επιταγη	taksidiotikí epitají
Euroscheck	ευρωεπιταγη	evroepitají
Postamt	ταχυδρομειο	tachidromío
Brief	γραμμα	gráma
Paket	δεμα	déma
Porto	ταχυδρομικα	tachidromiká
Briefmarke	γραμματοσημο	gramatósimo
Telefax	τελεφαξ	télefaks

Zeit		
Heute	σημερα	símera
Morgen	αυριο	ávrio
Gestern	χθες	chtes
Morgens	το πρωι	to proí
Mittags	το μεσημερι	to mesiméri
Abends	το βραδυ	to vráti
Nachts	τη νυχτα	ti níchta
Montag	Δευτερα	théftera
Dienstag	Τρητι	tríti
Mittwoch	Τεταρτη	tetárti
Donnerstag	Πεμπτη	pémpti
Freitag	Παρασκευη	paraskeví

Sonnabend	Σαββατο	sávato
Sonntag	Κυριακη	kiriakí
April	Απριλιος	aprílios
Mai	Μαιος	máios
Juni	Ιουνιος	ioúnios
Juli	Ιουλιος	ioúlios
August	Αυγουστος	ávgoustos
September	Σεπτεμβριος	septémvrios
Oktober	Οκτωβριος	októvrios
Frühling	ανοιξη	ániksi
Sommer	καλοκαιρι	kalokéri
Herbst	φθινοπωρο	ftinóporo
Winter	χειμθνας	simónas

Zahlen					
1	ενα	éna	20	εικοσι	íkosi
2	δυο	dío	21	εικοσιενα	ikosiéna
3	τρεις, τρια	tría	30	τριαντα	triánda
4	τεσσερα	téssera	40	σαραντα	saránda
5	πενδε	pénde	50	πενηντα	peninda
6	εξι	éksi	60	εξηντα	eksínda
7	εφτα	eftá	70	εφδομηντα	efdomínda
8	οχτω	ochtó	80	ογδοντα	okdónda
9	εννεα	enjá	90	ενενηντα	eneninda
10	δεκα	déka	100	εκατο	ekató
11	ενδεκα	éndeka	1.000	χιλια	chília
12	δωδεκα	dódeka	2.000	δυο χιλιαδες	duo chiliádes
13	δεκατρια	dekatría	1.000.000	ενα εκατομμυριο	éna ekatomírio

Buchtip

Das „PONS Reisewörterbuch Griechisch" enthält die wichtigsten Begriffe aus allen Bereichen des Alltags und viele nützliche Redewendungen. Außerdem eine Kurzgrammatik und ein Wörterbuch. Wegen des praktischen Formats unsere Empfehlung als Sprachbegleiter.

Griechisch Lernen

• Sprachkurse für alle Stufen mit Abschlußprüfungen bietet unter anderem die Griechische Kulturstiftung, Wittenbergplatz 3a, 10789 Berlin, Tel.: 030-2143386 o. 2143287, Fax: 030-2143486, e-Mail: info@griechische-kultur.de, Homepage: www.griechische-kultur.de
• Sprachkurse auf Kreta mit einer Dauer von 2-4 Wochen mit 3 Stunden täglich bietet in Chaniá Efi Anthopoulou. Ein Standardkurs für 2 Wochen kostet ca. 450 Euro. Auf Wunsch kann die Unterbringung in einem venezianischen Haus mitgebucht werden. Efi Anthopoulou, A. Parodos Kanevaro 30, 73132 Chaniá, Tel. + Fax: 0821-44310, e-Mail: efiant@otenet.gr.

4.6 Glossar

Die wichtigsten Begriffe in der Übersicht

Agora: Marktplatz, Markthalle; zentraler Platz des öffentlichen Lebens in der Stadt der Antike

Akropolis: Ein meist hochgelegener, befestigter Ort nahe einer Siedlung, der als Fluchtburg diente (z.B. bei Polyrhinia, bei Gortis)

Antike: Geschichtliche Epoche, die in Griechenland den Zeitraum von der Einwanderung der Dorer bis zum Niedergang des römischen Reiches umfaßt

Aquädukt: Wasserleitung, die als Brücke verläuft. Ein Beispiel ist der Morosini-Aquädukt zwischen Iráklion und Archanes

Basilika: Frühchristlicher Sakralbau, meist mehrschiffig aufgebaut.

Blaue Flagge: Qualitäts-Auszeichnung der EU für Strände in Europa

Chora: Stadt, Hauptort (z.B. Chóra Sfakíon als Hauptort der Region Sfakiá).

Eremit: Weltabgewandt und asketisch lebender Mönch

Fresko: Wandmalerei, die auf feuchten Putz aufgetragen wird

Hainides: Wehrhafte kretische Männer, die als Freiheitskämpfer die Türken attackierten und sich als Rächer verstanden. Sie agierten meist aus unwegsamen Rückzugsgebieten heraus. Der Ausdruck kommt vom arabischen Wort *hain* (Verräter, Undankbarer) und wurde von den Türken verwendet

Ikone: Religiöses Bildnis auf unterschiedlichem Material (vorwiegend Holz). Dargestellt sind meistens Christus, Maria oder bedeutende Heilige. Das Wort leitet sich vom altgriechischen *eikon* ab und heißt wörtlich übersetzt Ab- oder Ebenbild. Die Erstellung erfolgt nach streng vorgeschriebenen Verfahren und gilt als liturgische Handlung

Ikonastase: Meist geschnitzte Bilderwand zwischen dem eigentlichen Kirchenraum und dem Altarraum in der griechisch-orthodoxen Kirche (auch Ikonostas)

Ikonastassia: Winzige Kapellen aus Blech, Holz oder Stein, die auf einem hohen Sockel stehen und Platz für ein Heiligenbild, eine Kerze und ein paar Blumen bieten. Oft sind sie von Gläubigen gestiftet und stehen an Stellen, die eine persönliche Bedeutung für den Stifter haben

Ikonoklasmus: Verfolgung der Ikonenanbetung

Kaiki: Typischer Schiffstyp der Ägäis mit flachem Kiel und breitem Rumpf. Die kleinen Boote werden sowohl zum Fischen als auch heute als Badeboote zu den zahlreichen Stränden eingesetzt

Katholikon: Kirche in einer Klosteranlage

Kióski: Türkischer Holzerker im Obergeschoß alter Stadthäuser

Einkaufen am periptero

Komboloí: Spielkette der kretischen Männer mit ungerader Zahl an Perlen aus Holz oder Glas. Es hat keinerlei religiöse Bedeutung und ist nicht, wie oft fälschlich behauptet, ein Rosenkranz zur Unterstützung bei Gebeten

Kreuzkuppelkirche: Der Grundriß dieser Kirchenform greift das griechische Kreuz mit vier gleich langen Armen auf

Larnakes: Sarkophage der Minoer. Die Toten wurden darin sitzend/liegend bestattet und die Larnakes aus Holz oder Ton in die Felsgräber geschoben (z.B. Nekropole Arméni)

Macchie: Degradierte Hartlaubwälder mit niedrigen Bäumen (z.B. Kermeseiche) und dornigen Sträuchern (z.B. Brombeere, Dornginster), die ein kaum zu durchquerendes, dichtes Gestrüpp bilden. Auf Kreta fast nur im Westen zu finden

Mandila: Traditionelles Kopftuch der kretischen Männertracht. Wird in Schwarz getragen, da diese Farbe die Opfer des kretischen Volkes symbolisiert

Megaron: Hauptraum eines minoischen Palastes oder Herrenhauses

Metóchia: Kleine Siedlung, die nur im Sommer als Unterkunft der in der Landwirtschaft Beschäftigten genutzt wird

Mitáto: Rundliche Hirtenunterkunft aus aufgeschichteten Steinplatten, verbreitet in den Hochebenen. Mehrzahl: Mitáta

Nekropole: Antiker Friedhof, Gräberfeld, Totenstadt

Panagía: Mutter Gottes, Gottesgebärerin

Pantokrator: Christus in der Darstellung als Weltenherrscher

Periptero: Griechische Version eines Kiosk, der ein breites Sortiment für den alltäglichen Bedarf bereithält und meist bis spät abends geöffnet hat

Phrygana: Durch Überweidung und Brand begünstigte Vegetationsformation aus Zwergsträuchern, Dornpolstergewächsen und aromatisch duftenden Kräutern (z.B. Thymian). Phrygana ist artenreich und überall auf Kreta verbreitet

Pithos: Großes Tongefäß zur Aufbewahrung von Vorräten. Bekannt schon in minoischer Zeit, noch heute werden auf Kreta Pithoi in Thrapsano bei Kastelli gefertigt

Platia: Der zentrale Platz eines Dorfes, auf dem sich das gesellschaftliche Leben abspielt. Meist ist er verziert von alten Platanen oder einem Denkmal, am Rande stehen die kleinen Kafenions, in denen die Alten Tavli spielen und neugierig die Geschehnisse verfolgen. Mit zunehmendem Durchgangsverkehr gehen leider der Charme und die soziale Funktion dieser Plätze verloren

Refektorium: Der Speisesaal eines Klosters, in dem die Mönche oder Nonnen gemeinsam die Mahlzeiten einnehmen

Rhyton: Sakrales Schenkgefäß der minoischen Zeit

Sakoulis: Traditioneller kretische Rucksack, in dem die Bauern und Hirten Brot, Käse und Oliven für ihr Essen transportierten

Tammata: Votivtäfelchen der orthodoxen Kirche, das von den Gläubigen zur Erfüllung eines Wunsches an die Ikonen gehängt wird

Tavli: Backgammon

Tholos: Rundbau (meist im Zusammenhang mit einem Grab)

Ausdruck eines Wunsches – Votivtäfelchen

Typikon: Klostersatzung oder -ordnung
Volta: Abendliches oder feiertägliches Treiben des „Sehen und gesehen Werdens" in kretischen Städten. Traditionell im Kreise der Familie, mittlerweile aber auch als Pärchen oder Clique
Zisterne: Abgedeckter oder unterirdischer Brunnen/Wasserspeicher

Die wichtigsten Abkürzungen (Akronyme)
ANEK: Anonimí Navtikí Evería Krítis. Kretas erste eigene Fährgesellschaft, als Volksaktiengesellschaft gegründet von Bischof Irenäus
A.E.: Aktiengesellschaft
D.E.H.: (Staatliche) Elektrizitätsgesellschaft, betreibt z.B. das Kraftwerk westlich von Iráklion
E.L.P.A.: Griechischer Automobilclub, Pannenhilfe
E.L.T.A.: Griechische Post
E.O.T.: Ellinikos Organismos Tourismou. Griechische Fremdenverkehrszentrale
E.P.E.: Gesellschaft mit beschränkter Haftung
E.S.: Griechisches Militär
K.T.E.L.: Organisation, in der sich private Busunternehmer zusammengeschlossen haben. Gibt es in fast allen Regionen Griechenlands.
ND: Nea Dimokratia, Griechenlands konservative Partei
OA: Olympic Airways, die griechische (Staats)fluglinie
OSE: Organismos Sidirodromon Elladas, die Griechischen Staatsbahnen
OTE: Griechische Telefongesellschaft, die Internettochter heißt OTENET, die Mobilfunktochter COSMOTE.
P.A.S.O.K.: **Pa**nellinion **So**cialistikon **Ki**nema (Panhellenische sozialistische Union), die sozialdemokratische Partei Griechenlands (Parteifarbe grün).

Die wichtigsten geographischen Bezeichnungen
(in Klammern die englischen Bezeichnungen)
Akrotíri: Kap (cape)
Andro: Grotte (grotto)
Epano, Ano: ober (bei Ortsbezeichnungen)
Farángi: Schlucht (gorge, ravine)
Kato: unter (bei Ortsbezeichnungen)
Kolpos: Bucht (bay)
Moní: Kloster (monastery)
Neo, -a : neu (bei Ortsbezeichnungen)
Ormos: Bucht (bay)
Oros: Berg (mountain)
Orosira: Gebirge (mountains)
Paleo, -a: alt, früh (bei Ortsbezeichnungen)
Paralia: Strand (beach)
Pelagos: Meer (sea)
Spileo: Höhle (cave)

Entfernungstabelle

alle Angaben in km

AG = Agía Galíni AN = Agios Nikolaos C = Chaniá IE = Ierapetra IR = Iráklion KI = Kissamos LC = L. Chersonissos MA = Malia MT = Matala OM = Omalós
PK = Palekastro PC = Paleochóra RE = Réthimnon SI = Sitia

	AG	AN	C	IE	IR	KI	LC	MA	MT	OM	PK	PC	RE	SI
Agía Galíni	-	148	112	142	83	149	111	120	30	151	219	192	56	201
Agios Nikolaos	148	-	206	35	66	244	37	28	141	247	88	288	150	70
Chaniá	112	206	-	241	141	37	169	178	151	42	294	81	58	276
Ierapetra	142	35	241	-	101	279	72	63	135	282	77	323	182	59
Iráklion	83	66	141	101	-	179	30	39	76	182	171	223	85	136
Kissamos	149	244	37	279	179	-	207	216	178	65	332	47	96	314
L.Chersonissos	111	37	169	72	30	207	-	9	105	210	125	249	113	108
Malia	120	28	178	63	39	216	9	-	114	219	116	258	122	99
Matala	30	141	151	135	76	178	105	114	-	180	212	221	85	194
Omalós	151	247	42	282	182	65	210	219	180	-	335	69	98	317
Palekastro	219	88	294	77	171	332	125	116	212	335	-	376	238	18
Paleochóra	192	288	81	323	223	47	249	258	221	69	376	-	140	358
Réthimnon	56	150	58	182	85	96	113	122	85	98	238	140	-	220
Sitia	201	70	276	59	136	314	108	99	194	317	18	358	220	-

4.7 Regionale Reisetips von A-Z

Hinweis: Die Hotels sind in folgende Preiskategorien eingeordnet:
€ = *bis 25 €*
€€ = *25-50 €*
€€€ = *50-80 €*
€€€€ = *über 80 €*
(jeweils für ein Doppelzimmer in der Hauptsaison)

News im Web:
www.iwanowski.de

Agía Galíni (S. 567)
Bezirk Réthimnon, Vorwahl 0832, Postleitzahl 74056

Busverbindungen
Der Bus fährt in Agía Galíni bis zur Platia im unteren Ortsteil, an der Hauptstraße zum Hafen. Wochentags 5 Verbindungen zur Nordküste nach Réthimnon, am Wochenende 4 Fahrten (Dauer 1,5 Std., letzte Fahrt in beiden Richtungen gegen frühen Nachmittag). Preis einfach ca. 1.300 Drs. In die Hauptstadt Iráklion 7 Busse täglich über Mires, für die 78 km lange Fahrt muß man mit etwa 2,5 Std. rechnen (Fahrpreis 1.600 Drs). Auch hier fährt der letzte Bus zurück schon gegen Spätnachmittag. Nach Matala und Festos fahren Busse bis zu 6 x täglich, der erste schon morgens gegen 8 Uhr.

Schiffsverbindungen
Boote verkehren zu den Stränden der Umgebung und zu den Paximadi-Inseln (siehe unten). Diese sind aber keine regelmäßigen Linienverbindungen. Hafenaufsicht: Tel.: 0832-91206.

Taxi
Standplatz an der Platia im unteren Ortsteil an der Hauptstraße zum Hafen (gegenüber der Busstation). Taxiruf: 0832-91245 o. 91042.

Parken
Der große, häufig überfüllte Parkplatz am Hafen ist die einzige Möglichkeit, den PKW abzustellen, wenn man den Weg aus dem oberen Ortsteil hinab ins Zentrum Agía Galínis vermeiden will. Achtung: Wohnmobile dürfen nicht über Nacht am Hafen stehen.

Übernachten
Sowohl für einen kurzen Pauschalurlaub als auch einen mehrtägigen Individualaufenthalt ist Agía Galíni ein excellenter Standort. Im oberen Ortsteil finden Sie Hotels, die auch über Veranstalter gebucht werden können, im unteren Teil viele Privatpensionen mit einfachen Zimmern. Allerdings ist hier Lärm durch die Geschäfte und Tavernen möglich. Aufgrund der am Hang ansteigenden Bebauung haben fast alle wasserseitig gelegenen Zimmer im Ort auch tatsächlich Meerblick. Wer es einsam liebt, dem empfehlen wir in der Nähe von Agía Galíni die kleinen Pensionen bei Ágios Pávlos oder Triopétra.
- *Irini Mare, €€€: 74056 Agía Galíni, Tel.: 0832-91488, Fax: 91489. Gepflegte Anlage mit 72 Zimmern abseits des Trubels des Hafenortes. Dorthin geht man etwa 15 Minuten, zum nahen Kiesstrand und benachbarten Tavernen nur rund 100 m. Die Zimmer sind hell und verfügen über eine Klimaanlage und einen Balkon. Ein Pool schafft Abkühlung, Kinder vergnügen sich im eigenen Becken oder auf dem Spielplatz. Gegen Gebühr kann Tennis gespielt werden.*
- *Erofili Hotel, €€-€€€: 74056 Agía Galíni, Tel.: 0832-91319, Fax: 91384. Hoch über Agía Galíni und doch nicht weit vom Zentrum entfernt in einer steilen Nebenstraße. Aus dem stilvoll eingerichteten Frühstücksraum und der vorgelagerten Terrasse fantastischer Überblick über den Ort und seinen Hafen. Abends Live-Musik.*
- *El Greco, €€-€€€: 74056 Agía Galíni, Tel.: 0832-91187, Fax: 91491. Dreigeschossiges Hotel im oberen Ortsteil von Agía Galíni mit schöner Dachterrasse und Fernblick auf das Libysche Meer. 25 Zimmer, davon nur die Hälfte zur Meerseite (bei der Reservierung*

unbedingt Wunsch angeben, die Lage zur Straße ist weniger schön). Zum Hafen läuft man etwa 400 m bergab, der Strand liegt östlich unterhalb des Hotels und ist über einen steilen Pfad zu erreichen. Das El Greco kann auch über deutsche Reiseveranstalter gebucht werden.

• **Triopétra Beach, €€**: Akoúmia/Ag.Vassiliou/Kreta, Tel. + Fax: 0831-25189. In einsamer Lage am langen Strand von Triopétra, etwa 27 Fahrtkilometer westlich von Agía Galíni. Pavlos Kakogianakis vermietet günstige Studios mit oder ohne Küche. Das Haus liegt etwas über der Bucht, zum Strand nur wenige Meter. Die 18 Zimmer verfügen über 2-4 Betten und haben alle Meerblick. Taverne direkt am Haus. Geöffnet von Mitte April bis Mitte November. Ein längerer Aufenthalt in Triopétra verspricht Einsamkeit und Sonne satt.

• **Ágios Pávlos, €€**: Ágios Pávlos/Ag.Vassiliou/Kreta, Tel. + Fax: 0832-71104. Kleines, familienfreundliches Haus über der gleichnamigen Bucht. Von April bis Ende Oktober werden 18 Zimmer vermietet. Im Sommer ist eine Reservierung anzuraten. Beim Hotel gibt es noch eine Taverne und einen Mini-Market, für Kinder einen kleinen Spielplatz.

• **Acteon, €**: 74056 Agía Galíni, Tel.: 0832-91208 o.91482 o.91521, Fax: 91384. Wenige Meter östlich vom Hafen. Alle 10 Zimmer haben Meerblick, 3 davon sind auch für kleine Familien geeignet. Das Hotel ist ganzjährig geöffnet und besitzt zwei große, blumengeschmückte Terrassen mit Sicht auf das Geschehen im Hafen. Einrichtung entsprechend dem Preis einfach. Gegen Aufpreis kann man ein Frühstück erhalten. Im Acteon sind Sie nahe am Geschehen und haben nach einem ausgiebigen Abend einen kurzen Weg ins Bett.

• **Selena, €**: 74056 Agía Galíni, Tel.: 0832-91273. Einfache Pension in zentraler Lage am Hafen. Alle Zimmer haben eine Kochgelegenheit, die meisten einen Kühlschrank. Terrasse mit Blick auf das Treiben im Hafen. Bei längerem Aufenthalt (ab 8 Tagen) können Sie den Preis verhandeln.

Camping

Camping Agía Galíni, 74056 Agía Galíni, Tel.: 0832-91386 o. 91141, Fax: 92239. Richtung Strand an einem kühlen Fluß gelegen. Über 10.000 qm Fläche für rund 150 Personen. Restaurant, großer Pool, Gemeinschaftsräume, Waschräume (mit Bügelmöglichkeit!) und Mini-Market sind vorhanden. 24 Stunden heißes Wasser. Sehr freundlicher Service, regelmäßig wird mit den Gästen gegrillt. Wein und Raki werden selbst erzeugt, die zu Beginn des Jahres eingekauften 200 Truthähne im Laufe der Saison verspeist. Der Platz ist ganzjährig geöffnet, das Restaurant nur in der Saison.

Essen

In den schattigen Gassen im unteren Ortsteil reihen sich Tavernen und Café-Bars aneinander, tagsüber sitzt man hier entspannt im Schatten und blickt den flanierenden Passanten nach. Abends kommen die Sonnenabeter von den nahen Stränden, und es wird wesentlich voller. Das Nachtleben findet dann in den wenigen Bars und Discos statt. Fast alle Tavernen direkt am Hafen haben Dachgärten, damit ihre Gäste über die wenig ansehnliche Mole hinweg auf Fischerboote und das Meer blicken. Die Taverne **Onar** erstreckt sich gleich über mehrere Stockwerke. Ein halbwegs traditionelles Kafenion ist das alte **Synantisses**, hier gibt´s Raki und Meze.

Einkaufen

*In Agía Galíni sind fast alle Geschäfte auf Urlauber eingestellt. Von Schmuck über Keramik und exklusivere Artikel wie Schnitzerein aus Olivenholz ist das Angebot ansehnlich. Ohne jedoch etwas zu bieten, das Sie nicht auch in benachbarten Orten wie Plakiás oder Matala finden. Eine Ausnahme bilden die wunderschönen Werkstücke aus der **Glasbläserei** an der Hauptstraße nach Spíli, etwa 2 km vor dem Ort, auf der linken Seite neben einer Tankstelle. Verkaufsräume und Werkstatt mit dem riesigen Ofen liegen nebeneinander. Gefertigt werden Trinkgläser, Kerzenständer, Karaffen und Lampengläser etc. Die Gegenstände aus dickwandigem, farbigem Glas sind echtes Handwerk und unterscheiden sich von Fabrikproduktionen durch kleine Unebenheiten und Blaseneinschlüsse, die die Individualität jedes Stückes unterstreichen. Entsprechend dem Aufwand ist der hohe Preis gerechtfertigt.*

*Schöne **Gebrauchsgegenstände aus Olivenholz** finden Sie bei Georgios Voskakis an der Straße zum Hafen gegenüber vom Hotel REA. Im Angebot sind z.B. Weinflaschenständer, Besteck, Schüsseln und geschnitzte Figuren. Das schön gemaserte, dunkle Holz hat aber seinen Preis. Ein weiterer Laden mit Olivenholzartikeln ist das **Xylo&Xylo** in der zentralen Gasse Agora. Die deutsche Mitinhaberin berät Sie gerne.*

Ausflüge

Agía Galíni ist Startpunkt für Badeboote zu den Stränden der Südküste.

*• **Ausflugsboote** verlassen den Hafen morgens **zum Palmenstrand von Préveli** (ziemlich voll), **nach Ágios Geórgios, zu den Paximadi-Inseln** und **nach Ágios Pávlos** (weniger voll, tolle Felsküste). Leider fahren die meisten Boote recht früh zurück, Rückkehr aus Préveli ist schon gegen 17 Uhr. Erkundigen Sie sich nach der letzten Fahrtmöglichkeit, um die schöne Zeit des späten Nachmittags an den sich leerenden Stränden auszukosten.*

*• Das größere Schiff **Argonaftis** steuert von Agía Galíni aus verschiedene Ziele an, z.B. **Plakiás, Matala** und **Lendas**. Eine Tour führt auch zur südlichsten Insel Europas, **Gávdos** (ca. 10.000 Drs). Das Schiff hat Klimaanlage, Kombüse und ein winziges Schnellboot an Bord. Informationen unter Tel. 0832-91346.*

*• **Angeltouren** werden mit den Ausflugsschiffen im Hafen angeboten. Informieren Sie sich direkt an Bord, die Schiffe liegen abends an der Mole.*

Wassersport

Wasser- und Jetski, Paragliding und Windsurfen am Strand östlich von Agía Galíni.

Arzt

Dr. Ioannis Georgantakis. An der Straße zum Hafen auf der linken Seite. Tel.: 0832-91956, in Notfällen: 097-7912147. Sprechstunde ist morgens und am späten Nachmittag.

Geldwechsel

*Mehrere Agenturen bieten Geldwechsel, die Einlösung von Euroschecks und das Abheben mittels Kreditkarten an. So z.B. **Monza Travel** an der kleinen Platia im unteren Ortsteil neben dem Taxistand. Neben Geldwechsel auch **Auto- und Bike-Verleih**, Boots- und Ausflugstouren (Tel.: 0832-91278 o. 91004).*

Internationale Presse
und Bücher bei Le Shop neben der Pizzeria La Strada im unteren Ortsteil.

Post
Die **Post** liegt an der Straße zum Hafen auf der linken Seite kurz vor einem Brunnen, in der Seitenstraße gegenüber die **Wäscherei** Despina.

Agía Pelagía (S. 528f)
Bezirk Iráklion, Vorwahl 081, Postleitzahl 71500

Busverbindungen
5 Busse verkehren von Iráklion, sie fahren in den Ort und halten auch an den großen Hotels. Fahrzeit etwa 45 Minuten, je nach Stau auf der Einfallsstraße nach Iráklion (Preis 700 Drs).

Parken
Am Ostrand der Strandbucht. Folgen Sie oben im Ort der Ausschilderung „Beach" nach rechts.

Taxi
In der Strandstraße. Taxiruf: 081-811026. Versuchen Sie, Fahrgemeinschaften nach Iráklion und zurück zu organisieren.

Übernachten
Agía Pelagías Bettenangebot ist weitgehend in der Hand von Touristikveranstaltern, wovon die kleineren Anlagen unweit des Strandes nicht ausgenommen sind. Unten im Ort, nur wenige Meter vom Strand, finden Sie dennoch Apartmentanlagen, die privat vermieten. Mittelgroße Hotels liegen etwas oberhalb und auf der östlichen Seite der Bucht.
• **Fódele Beach Hotel, €€€-€€€€**: P.O.Box 1354, 71500 Fódele/Iráklion, Tel.: 081-521251, Fax: 521249, Homepage: www.forthnet.gr/fodelebeach. Große All-Inclusive-Anlage in der Bucht vor Fódele, ca. 6 km westlich von Agía Pelagía. Individualreisende werden bei freien Kapazitäten aufgenommen. Die Anlage im Stil einer Kleinstadt liegt geschützt im westlichen Hang der Bucht. Kleiner Sand/Kiesstrand mit allen Einrichtungen, die in Sichtweite verlaufende New Road stört allerdings mit ihrem Hintergrundrauschen die Ruhe. Gut ausgestattete Zimmer (Heizung, Kühlschrank, Sat-TV) und Suiten, großzügige Poollandschaft mit Bar, Fitnessraum, Konferenzsaal. Der nächste Ort Fódele ist etwa 3 km entfernt.
• **Zorbas Apartments, €€-€€€**: 71500 Agía Pelagía, Tel.: 081-811074 o. 811518, Fax: 811518, e-Mail: zorbas@freEmail.gr. Im unteren Ortsteil nur etwa 50 m von der zentralen Strandbucht. Moderne Apartments mit sehr guter Ausstattung (Klimaanlage, Satelliten-TV, Balkon und Kochecke). An der Rezeption wird auch Deutsch gesprochen. Besonderes Extra ist ein Internet-Corner für Gäste.
• **Dioskouroi Hotel, €€**: 71500 Agía Pelagía, Tel.: 081-315698 o. 811737, Fax: 811738, e-Mail: dioskoyri@her.forthnet.gr. 300 m vom Strand entfernt liegen die 8 Studios, davon 6 für bis zu 4 Personen. Die Ausstattung ist mit Balkon, Sat-TV, Klimaanlage und Heizung sehr gut. Dachterrasse mit kl. Jacuzzi. Ganzjährig geöffnet. Kostenloser Transport zum Flughafen, im April und Oktober ist das Frühstück gratis.

• *Apartments Irini*, €€: 71500 Agía Pelagía, Tel.: 081-811202, Fax: 811455. Nur wenige Meter von der Bucht entfernt liegen in einem zweigeschossigen Bau 6 Apartments mit je 2 Zimmern, Küche und Bad und einem Balkon. Die Einrichtung ist einfach, aber stilvoll. Die zentrale Lage ist der große Pluspunkt dieser kleinen Pension. Geöffnet ist von März bis Ende Oktober.

Essen

Am schönsten sitzt man in den Tavernen direkt am Wasser. Die Auswahl an Gerichten ist riesengroß, z.B. bei Akropolis oder Sokrates, die Karte immer mehrsprachig. Die Speisen sind auf den mitteleuropäischen Geschmack abgestimmt und nur selten authentisch kretisch.

Einkaufen

Ein großer, gut sortierter **Supermarkt** (führt auch Naturkost) liegt am Ende der Hauptstraße kurz vor dem Strand, nebenan ein **EC-Automat** und eine Filiale von **Cretan Nature** mit kretischen Naturprodukten von Öl bis Gewürzen. **Internationale Presse** ist im Supermarkt oder am östlichen Ende des Strandes erhältlich.

Sehenswürdigkeiten

• **El Greco-Museum Fódele**: Di - So 9-17 Uhr, Eintritt 500 Drs, keine Ermäßigung. Snack-Bar, Poster von El Greco-Gemälden an der Kasse.
• *Kloster Savathianón*: 7-13 Uhr und 16-19 Uhr, das Kloster ist bewohnt.

Sport

• **Hellas Bike Team Agía Pelagía**. In der Ortsmitte am Strand. Die Station hat mehr als 50 aktuelle Räder (Scott) und bietet Radwander- und Mountain-Bike-Touren von 26 bis 63 km Länge an. Station ist ganzjährig geöffnet.
• Die **Tauchbasis Poseidon´s Dive Inn** im Großhotel Peninsula nördlich von Agía Pelagía wird von einem deutschen Ehepaar betrieben. Ein Ableger der Tauchschule besteht im Hotel Fódele Beach (s.o.). Im Hotel Capsis Beach gibt´s eine weitere Tauchschule, den **Diver´s Club** mit einem breiten Schulungsangebot auch für Könner, Tel.: 081-811755, Homepage: www.diversclub-crete.com.

Medizinische Hilfe

Cretan Medicare 24h an der Hauptstraße, auf dem Weg zum Strand rechts neben dem Crown Café. Tel.: 081-811825.

Agía Rouméli (S. 666)

Bezirk Chaniá, Vorwahl 0825, Postleitzahl 73011

Schiffsverbindungen

Agía Rouméli ist **nur mit dem Schiff** zu erreichen und zu verlassen. Verbindungen bestehen über Loutró nach Chóra Sfakíon (auch Autotransport) und in westliche Richtung über Sougía nach Paleochóra. Die Schiffe **von Chóra Sfakíon** nach Agía Rouméli gehen ab dem Vormittag 2-5 x täglich (je nach Saison; nur von Anfang April bis Ende Oktober). Unterwegs wird **Loutró** angesteuert. Das letzte Schiff Chóra Sfakíon fährt gegen späten Nachmittag zurück, in der Hochsaison erst gegen 18 Uhr. Fahrtdauer nach Loutró etwa 40 Minuten, nach Chóra Sfakíon weitere 15-20 Minuten.

Von Paleochóra kommt täglich morgens ein Schiff über **Sougía** und fährt gegen Spätnachmittag wieder zurück (Anfang April bis Ende Oktober).

Preise: nach Chóra Sfakíon 1.500 Drs, nach Paleochóra 2.500 Drs.

Die **Verkaufsstelle für Fahrscheine** liegt in Ortsmitte gegenüber der Taverne Manos.

Tip: Das Fährschiff nach Chóra Sfakíon legt nicht am Steg an, sondern an der Rampe direkt daneben (Autoverladung). Stellen Sie sich rechtzeitig an, um einen guten Platz an Oberdeck des Schiffes zu ergattern, die Fahrt mit Blick auf die zerklüftete Südküste ist einzigartig.

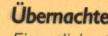

Übernachten

Eigentlich gibt es nicht viele Gründe, die für eine Übernachtung in Agía Rouméli sprechen. Dementsprechend begrenzt und einfach ist die Auswahl an Unterkünften, die eher auf einen kurzen Aufenthalt ausgelegt sind. Im hinteren Ortsteil wohnt man ruhiger, aber ohne Meeresblick.

• **Tárra, €€**: 73011 Agía Rouméli , Tel.: 0825-91231 o. 91314, Fax: 91431, Tel. im Winter: 0821-74684. Kleine Pension mit Restaurant unweit vom Strand westlich des Hafens. Die Zimmer der Familie Stavroudakis sind schlicht, aber geschmackvoll eingerichtet. Von der großen Veranda des Restaurants genießt man den Blick auf das Libysche Meer.

• **Kri-Kri, €€**:73011 Agía Rouméli, Tel.: 0825-91089 o. 64867, Fax: 91489 o. 69197. Hotel mit 25 Zimmern (Balkon und Klimaanlage) und angeschlossenem Restaurant. Die oberen Zimmer haben Meerblick. Auf der Restaurant-Terrasse sitzt man schattig unter Weinlaub.

Essen

Die erschöpften Schluchtwanderer sind froh, nach der Strapaze der Schluchtwanderung endlich sitzen und essen zu können. Die ungünstigen Abfahrtszeiten der Schiffe nach Chóra Sfakíon zwingen früher oder später alle Hungrigen in eine der rund 10 Tavernen. Die Qualität der Gerichte ist deshalb nicht gerade preisverdächtig. Zudem zahlt man hier einen gewissen „Ende-der-Schlucht"-Aufpreis. Eine besondere Empfehlung wollen wir nicht aussprechen, etwas ruhiger sitzt man in den Tavernen hinter dem westlichen Strand.

Polizei

Tel.: 0825-91294

Agios Nikolaos (S. 416ff)

Bezirk Lassithi, Vorwahl: 0841, Postleitzahl 72100

Touristeninformation

An der Brücke zwischen **Voulismeni-See** und Hafen, Ecke **Od. K. Paleologou/ Akti S. Koundourou**. Tel.: 0841-22357, Fax: 26398. Von April bis Mitte November tgl. 8.30-21.30 Uhr. Hier hilft man Ihnen bei der Hotel- und Zimmersuche, die Angestellten sind weitaus kompetenter als in anderen Städten; Geldwechsel möglich.

Schiffsverbindungen

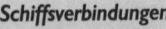

*Der Fähranleger befindet sich am südöstlichen Ende des Hafens, auf einer vorgebauten Mole. Verbindungen über die Kykladen nach Piräus sowie über Sitia zu den Dodekanes-Inseln. Tickets erhalten Sie in den örtlichen Reiseagenturen. Aktuelle Informationen zu den Verbindungen entnehmen Sie bitte dem Kapitel 4.1, S. 163. **Hafenaufsicht** Tel.: 0841-22312.*

Parken

*Am besten **parken** Sie **im Bereich der Marina**: Tagsüber ist dieser Parkplatz kostenpflichtig, abends und nachts jedoch frei. Wenn Sie im weiteren Stadtgebiet einen Parkplatz suchen, so beachten Sie bitte das eingeschränkte Halteverbot. Hier benötigen Sie ein Permit, d.h. einen Parkschein, den Sie am nächstgelegenen Kiosk erhalten.*

Busverbindungen

*Der Busbahnhof der **KTEL** (mit Gepäckaufbewahrung) liegt etwa 200 m unterhalb der Pl. Venizelou, zwischen Südstrand und neuem Jachthafen (Tel.: 0841-22234). Nach **Iráklion** fahren Mo-Sa, von 6-22.30 Uhr, etwa 26 Busse (So: 22), die Fahrzeit beträgt 1,5 Std. (Fahrpreis: 1.400 Drs). Zwischen Ag. Nikolaos und den Orten der **Messará-Ebene** besteht Mo-Sa eine Verbindung: morgens hin, nachmittags zurück (Dauer ca. 3 Std.; Preis ca. 2.900 Drs). Zwischen Ag. Nikolaos und der **Lassithi-Hochebene** verkehrt Mo, Mi und Fr jeweils nur ein Bus (Fahrzeit 2,5 Std., Preis 1.900 Drs), eine Rückfahrt nach Ag. Nikolaos am selben oder darauffolgenden Tag ist nicht möglich! Nach **Elounda** fahren dagegen Mo-Fr 20 Busse (Sa/So 14), davon 7 bis **Pláka** (Sa/So 6). Die Fahrzeit bis Elounda beträgt 15 Min. (Preis 230 Drs), nach Pláka benötigt der Bus 40 Min (Preis 340 Drs). Ebenfalls gut zu erreichen ist **Kritsa**, auf dieser Route verkehren Mo-Fr zwischen 6-19.30 Uhr etwa 12 Busse (So 10), die Fahrzeit be-*

An den Parkschein denken

*trägt ca. 15 Minuten (230 Drs). Zwischen dem Strand bei **Istro** und Ag. Nikolaos. verkehren Mo-Sa, zwischen 6-21 Uhr ca. 12 Busse, die Fahrzeit beträgt 30 Min (Preis ca. 240 Drs). Nach **Sitia** fahren Mo-Sa, von 6-18 Uhr, etwa 6 Busse (So: 5), die Fahrzeit beträgt 1,5 Stunden (Preis 1.500 Drs). Nach **Ierapetra** sind es Mo-Sa, von 6-21 Uhr, ca. 9 Busse (So 8), (Fahrzeit 1 Std., Preis 750 Drs). Alle Busse nach Sitia oder Ierapetra halten nahe der Ausgrabung von **Gournia**.*
Tip: Besorgen Sie sich möglichst schnell den aktuellen Fahrplan für den östlichen Inselteil, den Sie kostenlos am Ticketschalter des Busbahnhofs erhalten.
*Zusätzlich verkehren regelmäßig **Stadtbusse** auf der Route zwischen Almirós Beach und Candia Park Hotel, Haltestellen in der Innenstadt sind die Pl. Venizelou und die Touristeninformation. Der Fahrpreis beträgt max. etwa 250 Drs.*

Taxi

*An der Pl. Venizelou, am Busbahnhof und nahe der Touristeninformation. **Taxiruf:** 0841-24000.*

Übernachten

IM STADTGEBIET

• Minos Beach Art 'Otel €€€€: 72100 Ag. Nikolaos, Tel.: 0841-22345-9, Fax: : 22548, Homepage: www.mamhotel.gr. 1 km nördlich von Ag. Nikolaos gelegenes, luxuriöses Strandhotel mit ausgezeichnetem Ruf. Traumhafte Bungalow- und Gartenanlage, die sich in einer malerischen Bucht an den Hang schmiegt. Das breite Angebot an verschiedenen

Agios Nikolaos
Hotels und Restaurants

nach Elounda

zum Ammoudi Beach

nach Spinalonga, Elounda

nach Iraklion

nach Piräus

Ausflugsboot

nach Sitia, Rhodos

Hafen

Voulismeni-See

Kritoplatia

Kritoplatia Beach

Pl. El. Venizelou

Marina

nach Ierapetra, Sitia

Ammos Beach

Kolpos Mirambellou

N

0   100m

Hotels
1	Hotel Hermes	6	Pension Marilena
2	Hotel Coral	7	Pension Adonis
3	Hotel Mavroforos	8	Pension Argiro
4	Hotel Sgouros	9	Pension Green House
5	Hotel Krikri	10	Pension Katerina

Restaurans
11	Itanos	16	Diskothek Lipstick
12	Pelagos	17	Santa Maria Bar
13	Holland Restaurant	18	Royale Bar
14	Cafe Du Lac	19	Enplo
15	Cafeteria Sciricco		

© i-graphic

Unterkunftsmöglichkeiten umfaßt 118 Zimmer, vom Vip-Bungalow mit eigenem Meereszugang über die Hotelsuiten bis hin zum „einfachen" Bungalow. Eine ausgezeichnete Küche, div. Sportmöglichkeiten, Sauna, Massage, Beauty-Farm etc. bieten Ihnen eine hervorragende Gelegenheit zur Erholung.

• **Candia Park Village** €€€€: 72100 Ag. Nikolaos, Tel.: 0841-26811-9, Fax: 22367. Familienfreundliche Anlage zwischen Ag. Nikolaos (3,5 km) und Elounda (5 km) gelegen, zu beiden Orten besteht regelmäßiger Busservice. 186 Zimmer und Suiten von 60 bis 80 qm verteilen sich auf eine am Hang angelegte Kleinstadt, deren fünfgeschossiger Aussichts- und Uhrenturm die Bucht nahe dem Ammoudi Beach dominiert. Großzügige Gartenanlage mit ausgedehnter Poollandschaft, Sand- und Kieselstrand, dazu vielzählige Spiel-, Wasser- und Sportmöglichkeiten. Alle Studios und Appartements verfügen über Balkon oder Terrasse und sind mit Kochgelegenheiten ausgestattet.

• **Hotel Hermes** €€€€: Akti S. Koundourou, 72100 Ag. Nikolaos. Tel.: 0841-28253, Fax: 22058, e-Mail: ermis1@ath.forthnet.gr. An der zentralen Uferstraße gelegenes, 1997 komplett renoviertes Stadthotel der A-Klasse. 200 Zimmer und 6 Suiten. Alle Zimmer mit eigenem Bad, Telefon, Radio, Satelliten-TV, Kühlschrank, Balkon und Klimaanlage. In der kühl und etwas klobig wirkenden Eingangshalle grüßen Fresken-Kopien aus Knossos. Auch wenn die sonnige Dachterrasse mit Pool und der in lichtem Holz gehaltenen Snack-Bar einen tollen Blick auf die Bucht verspricht, fehlt hier doch im Preis/Leistungsverhältnis der Strand (das hoteleigene Tauchzentrum nutzt die Betonmole unterhalb der viel befahrenen Hafenstraße).

• **Hotel Coral** €€€: Akti S. Koundourou, 72100 Ag. Nikolaos, Tel.: 0841-28363, Fax: 28754, e-Mail: ermis1@ath.forthnet.gr. An das Hotel Hermes angeschlossenes B-Klasse Hotel mit Salzwasserpool und 170 Zimmern, die über WC, Dusche, Telefon, Radio, Kühlschrank und Balkon verfügen.

• **Mavroforos Hotel und Apartment** €€-€€€: Od. Hortatson, 72100 Ag. Nikolaos, Tel.: 0841-3714, Fax: 23977. Das kleine, weiß getünchte Hotel liegt etwas abseits in der Stadt nahe dem Südstrand. Die städtische Seitenstraße mag zwar wenig beeindrucken, ist aber relativ ruhig. Die Apartments liegen ein paar Straßenecken entfernt. Die Zimmer beider Unterkünfte sind sauber und adrett eingerichtet. Zudem gibt es einen Swimmingpool. Manchmal ist das Hotel von skandinavischen Reisegruppen ausgebucht, aber falls ein Zimmer frei sein sollte, finden Sie hier ein gutes Preis-Leistungsverhältnis.

• **Hotel Sgouros** €€. Kritoplatia Beach, 72100 Ag. Nikolaos, Tel.: 0841-13931, Fax: 25568. Modernes Hotel, direkt am Innenstadtstrand. Fragen Sie nach den Zimmern mit Meeresblick.

• **Pension Marilena** €€: 4 Erithrou Stavrou 14, 72100 Ag. Nikolaos, Tel.: 0841-22681, Fax: 24218. Kleine, sehr freundlich und sauber geführte Pension oberhalb der Akti S. Kondourou hinter dem Hotel Hermes. Unter den kleinen Pensionen unser Favorit, fragen Sie nach einem Zimmer mit Meeresblick.

• **Hotel Krikri** €-€€: Od. Ag. Paraskevis 10, Tel. + Fax: 0841-24666. Günstige Unterkunft oberhalb der neuen Marina (neuer Hafen). Die Zimmer sind einfach eingerichtet, viele haben aber Ausblick auf den Hafen und den Golf von Mirambellou. Die Lage ist ruhig. Häufig ausgebucht durch norwegische Tourunternehmer. Preis und Leistung stimmen hier.

• **Pension Adonis** €: Od. Salaminos 4, 72100 Ag. Nikolaos, Tel.: 0841-22931. Leider etwas laute Zimmer, da diese Pension direkt oberhalb der Uferstraße liegt. Dafür entschädigt jedoch der Blick auf die Bucht.

• **Pension Argiro** €: Od. Solonos 1, 72100 Ag. Nikolaos, Tel.: 0841-28707. Gegenüber der Präfektur gelegenes altes Stadthaus mit geräumigen und sauberen Altbauzimmern und Zugang zum Garten. Die Sanitäranlagen sind in tadellosem Zustand.

• **Pension Green House €**: Od. Modatsou 15, 72100 Ag. Nikolaos, Tel.: 0841-22025. Zentral und dennoch ruhig gelegene Pension. Die Freundlichkeit des Wirtes, der günstige Preis und das Frühstück lassen einen schon mal über kleinere Nachlässigkeiten hinwegsehen.

• **Pension Katerina €**: Od. Stratigou Kóraka 30, 72100 Ag. Nikolaos, Tel.: 0841-22766. Kleine Pension mit 6 Zimmern, einige haben einen Balkon; wenn die Küche (außerhalb der Saison) nicht als Zimmer benötigt wird, steht hier ein Gemeinschaftskühlschrank zur Verfügung.

IM UMLAND

• **Istron Bay Hotel €€€€**: P.O. BOX 68, 72100 Ag. Nikolaos, Tel.: 0841-61303, Fax: 61383. Homepage: www.istronbay.com. Luxushotel der Spitzenklasse in traumhafter Lage. Ein schneeweißer, abgestufter Gebäudekomplex thront am Hang über einer malerischen Bucht, mit 600 m langem, gepflegtem Sand- und Kiesstrand; etwas abseits liegt verträumt ein wunderschöner Bungalowkomplex. Natürlich sind die Zimmer hell und geschmackvoll eingerichtet, und es wird ein breites Spektrum von Sport- und Freizeitaktivitäten geboten (vom Tennisplatz mit Flutlicht bis zur Tauchschule). Der wichtigste Grund, hier und nicht in einem anderen Luxushotel auf Kreta abzusteigen, ist jedoch mit Sicherheit die Atmosphäre des als Familienbetrieb geführten Hauses. Griechische Gastfreundschaft pur, darüber hinaus noch das Bemühen, die traditionelle kretische Küche in den Hotels und Gaststätten der Insel zu fördern. Kurzum, der Slogan „das Refugium der Götter" ist glaubwürdig umgesetzt.

• **Faedara Beach, €€€**: Ammoudára, 72100, Agios Nikolaos. Tel.: 0841-23956, Fax: -28614, Mobil: 0944-654686. Modernes Hotel mit Pool, oberhalb der Küstenstraße. Einfache gepflegte Zimmer, komfortabel eingerichtete Apartments und Familien-Suiten. Alle Zimmer mit Kühlschrank, Badezimmer, Fernsehgerät, Telefon, Tresor und Klimaanlage.

• **Cretan Village Apartments €€**: 72100 Ag. Nikolaos, Amoudara Box 67, Tel.: 0841-28576, Fax: 23177. e-Mail: zafetrop@agn.forthnet.gr. Als echtes griechisches Familienunternehmen geleitete Apartmentanlage rund 5 km südlich von Ag. Nikolaos. Direkt am Hang oberhalb des Strandes von Ammoudára gelegen und von der Hauptstraße über eine steile Auffahrt zu erreichen. Hier finden Sie schöne, im traditionellen kretischen Stil eingerichtete Apartments einen Swimmingpool und eine nette Taverne.

• **Pension Argyro €:** Kritsa/Ag.Nikolaos, Tel.: 0841-51174. Nettes, weiß und blau gehaltenes Haus am Ortseingang des Dorfes Kritsa. 6 saubere und einladende Zimmer mit oder ohne Dusche und WC; Frühstück ist möglich. Wenn Sie hier kein Zimmer mehr bekommen können, aber dennoch in Kritsa absteigen möchten, bietet die **Pension Kera** (€, Tel.: 0841-54045) eine Alternative.

Camping

Camping Gournia Moon: Tel.: 0842-93243, Fax: 93243. Einziger Campingplatz der Region. Er liegt weit abseits der Touristenzentren (Ag. Nikolaos 15 km) in der Nähe von Pachia Ammos (3 km) in einer kleinen Felsenbucht unterhalb der E75 (kann laut werden). Einfache, aber saubere sanitäre Anlagen, Schatten spenden Tamarisken und Schilfdächer. Fürs leibliche Wohl sorgen eine Taverne und ein Minimarkt. Da der kleine Kiesstrand hier oft mit Treibgut verschmutzt ist, sollten badefreudige Besucher auf den Salzwasserpool ausweichen. Busse halten auf Handzeichen bzw. bei der Anfahrt dem Fahrer Bescheid sagen. Ohne eigenen fahrbaren Untersatz ist man hier dennoch schnell aufgeschmissen.

Essen

• Rund um die Verbindungsbrücke zwischen Hafen und **Voulismeni-See** gibt es unzählige Restaurants und Tavernen. Jede beansprucht von sich, die beste zu sein. Welche dieses Tagesziel gerade erreicht, ist wohl dem Zufall überlassen, doch bieten sie alle Atmosphäre, „Leute sehen" und den Blick auf die Gewässer. Lassen Sie sich einfach überraschen.

• Im Bereich der **Platia El. Venizelou** – nur einige hundert Meter vom Hafen entfernt – befindet sich eine weitere Reihe von Tavernen. Sie sind etwas urtümlicher, aber ebenfalls auf Touristen ausgerichtet. Trotzdem verspricht die Suche in den Seitenstraßen des Platzes eine etwas authentischere Stimmung. So finden Sie z.B. in der Od. Kipros die Taverne **Itanos**, die auch heute noch ein kleiner Geheimtip ist. Zwar erwarten Sie hier ein schmuckloser Speisesaal, doch ist dieser beständig mit einheimischen Gästen belebt, die die solide kretische Kost und den guten Wein des Hauses zu schätzen wissen. Hier stimmt das Preis-Leistungsverhältnis.

• Eine der empfehlenswertesten Adressen der Stadt ist das **Pelagos** (Tel.: 0841-25737), in der Od. Stratigou Kóraka 10. In einer klassizistischen Villa, oberhalb des Hafens, finden Sie hier ein Fischrestaurant, in dem Sie den tatsächlich frischen Fisch noch persönlich auswählen können. Níkos Doxanídes bietet seinen Gästen zusätzlich eine gemütliche Weinbar, in der Sie neben edlen kretischen und griechischen Faß- und Flaschenweinen auch hochwertige Tresterschnäpse verkosten können.

• Wer länger verweilt und Lust verspürt auf kretische Tavernen, der sollte eines der beiden benachbarten Lokale **Ikaros** oder **Leukakis** in der Akti S. Koundourou aufsuchen. Sie liegen am Wasser und sind bekannt für einfache und ehrliche kretische Kost.

• Wer es eher europäisch mag, folgt der Leuchtschrift **Holland Restaurant** über dem Voulismeni-See; eine Treppe führt hinauf. Das holländische Restaurant bietet eine Mischung aus verschiedenen mitteleuropäischen Küchen sowie Gerichte aus Asien und eine herrliche Aussicht auf das, was sich unten in der Stadt tut.

• Junge Leute mag es eher in ein Lokal wie das **Café Du Lac** an der 28.-Oktovriou ziehen. Das große Restaurant mit Bar reicht nach hinten bis oberhalb des Voulismeni-Sees. Die Aussicht auf das Geschehen unten und die Cocktails sind ein Knüller, Gucken und Flirten gehören hier dazu. Das Essen ist auch gut, besonders die Fischgerichte.

• **Scirocco Caféteria:** Kleines Restaurant-Café nahe dem Busbahnhof, direkt über der Marina, mit Blick auf den Golf von Mirabello. Geschmackvoll eingerichtet, mit einem Hauch von Seglerstimmung. Kleine Gerichte, gute Salate und alle Kaffeesorten (Tip für die Pause zwischendurch).

Nachtleben

• Wenn auch laut und überteuert, so ist die Disco **Lipstick** (Akti Koundourou) die älteste und die einzige richtige Diskothek der Stadt. Hier finden sich mehr Urlauber als Einheimische, geöffnet ist von Mitte März bis November von 23 Uhr bis zum Morgen.

• Im Gegensatz zu vielen anderen Bars am Wasser, hat die **Santa Maria Bar** einen einheimischeren Charakter. Es gibt zwar keine Live-Musik, dafür aber eine gute Auswahl zeitgemäßer griechischer Songs. Die Bar ist in der Saison von 22 Uhr bis 2 Uhr morgens geöffnet.

• Ausgelassene Stimmung und gute Cocktails erwarten Sie in der **Royale Bar** (25.- Martiou), die zwischen 18 Uhr und 2 Uhr morgens geöffnet ist.

• Auch am Wasser finden sich einige ruhigere Cafés, wie beispielsweise das **Enplo** (Akti S.

Koundourou 4). Hier wird vor allem Rock der 80er und 90er gespielt, geöffnet ist in den Sommermonaten von vormittags bis Mitternacht.

• *Wenn das alles zu laut für Sie ist, können Sie sich in das ruhige, am See gelegene **Café du Lac** (28.-Oktovriou) zurückziehen; geöffnet ist es von 10 Uhr bis Mitternacht.*

 Einkaufen

• *Der Einzelhandel in Agios Nikolaos hat sich mit seinem Angebot deutlich auf die zahlungskräftige touristische Kundschaft ausgerichtet, wirklich hervorstechende Geschäfte fehlen jedoch weitestgehend. **Haupteinkaufsstraßen** sind die zentral gelegene Od. Roussou Koundourou und Od. 28.-Oktovriou, zwischen Pl. E. Venizelou und Hafen. Hier finden sich neben **Boutiquen, Juwelieren und Stoffhändlern** auch Geschäfte für **Angelausrüstungen** und natürliche **Schwämme** (ein typisches Mitbringsel aus Ag. Nikolaos). Zudem gibt es hier, wie auch anderswo in der Stadt, Geschäfte, in denen **riesige Kerzen mit eingeschmolzenen Muscheln** angeboten werden. Etwas ausgefallener ist da der Wochenmarkt, der zu den größten Straßenmärkten Kretas zählt. Jeden Mittwochvormittag findet er oberhalb des Sees entlang der **Od. Ethnikis Antistaseos** statt. Lautstark werden Kleidung, Schuhe und Alltagsutensilien an den Mann gebracht.*

• ***Reiseliteratur*** *und **Landkarten** finden Sie im Bücherladen von Ana Karteri in der Od. R. Koundourou 5. **Griechische Literatur** und **Musik** im Polychoros Peripou, in der Od. 28.-Oktovriou. Ein breites Angebot an **CDs und MCs mit original kretischer Musik** finden Sie darüber hinaus in der Od. Kontogianni 13, bei Panagiotis Eydaimon Music Formular.*

• *Sollten Sie sich für kretisches **Kunsthandwerk** interessieren, so gibt es in Ag. Nikolaos einige gute Adressen. An der Straße K. Paleologouos, nur wenige Meter oberhalb des Folkloremuseums, z.B. das Atelier **CERAMICA** von Nic Gabriel, der besonders hochwertige Museumskopien anfertigt. **Ikonen** kaufen Sie dagegen am besten in der Ikonenwerkstatt Byzantio von N. E. Tziris in der Od. 28.-Oktovriou 14. (gegenüber der Post), diese sind garantiert echte Handarbeiten, die nach den traditionellen Regeln ausgeführt wurden. Eine weitere Ikonenwerkstatt unterhält der Künstler im Dorf Kritsa. Auftragsarbeiten werden angenommen (Tel. & Fax: 0841-26530). Eine große Auswahl an **kretischen Webteppichen** sowie Keramik, Schmuck und Blusen finden Sie darüber hinaus bei **Maria Patsaki** in der Od. K. Sfakianaki/Ecke Od. R. Koundourou.*

 Musik/Theater

*Jedes Jahr im Sommer findet in Agios Nikolaos das **Lato-Kulturfestival** mit Musik, Tanz und Theater aus Kreta, Griechenland und anderswo statt. Achten Sie auf Aushänge, die verschiedene Veranstaltungen ankündigen, oder fragen Sie in der Touristeninformation.*

 Wassersport

*In den großen Hotels und den zahllosen Reiseagenturen der Stadt können Wassersportaktivitäten gebucht werden. Zu empfehlen ist das Unternehmen am **Mirabello Hotel** (Straße nach Elounda; dort am Strand): Hier können Sie Wasserski, Kanus, Surfbretter, Tauchausrüstung, Wakeboards u.a. ausleihen. Unterricht in den einzelnen Sportarten wird ebenfalls angeboten. Die aktuelle Handynummer der Betreiber kann über das Hotel (0841-22406 bzw. -23082) erfragt werden. Am besten aber, Sie schauen selbst vorbei, um die Einzelheiten zu erörtern.*

Reiten
Etwa 7 km außerhalb von Ag. Nikolaos liegt bei Flamouriana der Reitclub Lakonia (Tel.: 0841-26943). Angeboten werden Reitstunden und Ausritte.

Angelausflüge
Angeltouren und **Hochseeangeln** (Ausrüstung wird gestellt), bietet Lorenzo Petras (Tel. + Fax: 0841-22156) an. Sein Boot, die Roseta II, kann auch für private Bootstouren und Sonnenuntergangsfahrten gemietet werden.

Bootstrips
• **zur Insel Spinalonga** mit deutschsprachiger Reiseleitung und Bademöglichkeit am Kolokithia Beach können in Ag. Nikolaos z.B. gebucht werden bei Nostos Tours in der Rousou Koundourou Str. 30, Tel.: 0841-22819, Fax: 25336, e-Mail: nostos@agn.forthnet.gr. Günstiger, aber landschaftlich weniger reizvoll sind die Fahrten von Elounda oder Pláka aus (S. 248).
• **Tagesausflüge nach Santorin** bieten die Minoan-Lines an. Abgelegt wird Do um 7 Uhr; die Rückkehr erfolgt gegen 21 Uhr. Von 11.30-17 Uhr bleibt Ihnen Zeit, um die Landschaft dieser atemberaubenden Vulkaninsel zu genießen und die Ausgrabung Akrotíri zu besuchen. Kosten incl. Frühstück und Dinner ca. 20.000 Drs. Weitaus günstiger ist die Fahrt mit dem Linienschiff (s. Kapitel 4.1.3, S. 165). Bei dieser Variante müssen Sie jedoch auf Santorin übernachten, wo Sie in der Hauptsaison nur sehr schwer ein Zimmer finden werden. Buchen können Sie bei KTEL-Ways oder Nostos Tours, die auch dreitägige Santorintouren anbieten.

Fahrrad
Fahrräder und hochwertige Mountain Bikes können Sie bei Hellas Bike Travel am alten Hafen mieten. **Hellas Bike Travel** bietet darüber hinaus ebenso wie das Unternehmen DIEXODOS geführte **Fahrrad- und Mountainbiketouren** unterschiedlicher Schwierigkeitsgrade an.

Wanderungen
Bei DIEXODOS können Sie neben den Fahrradtouren auch noch sehr interessante, **geführte Bergwanderungen** buchen, die Sie je nach Schwierigkeitsgrad in die unterschiedlichsten Regionen Ostkretas bringen. DIEXODOS ADVENTURE UNLIMITED, 72100 Ag. Nikolaos, Havania, Tel. + Fax: 0841-28098, Homepage: www.forthnet.gr/internetcity/diexodos.

Sehenswürdigkeiten
IN AG. NIKOLAOS
• **Archäologisches Museum Agios Nikolaos**: Tel.: 0841-24943. Hauptsaison (01.06.-31.10.) Di-So: 8-15 Uhr, Mo geschl. In der Nebensaison Di-So 8.30-15 Uhr, Mo und feiertags geschl., Eintritt 500 Drs.
• **Volkskunstmuseum Ag. Nikolaos**: Od. Palaeologou 1, Tel.: 0841-25093. So-Fr 10-13.30 und 17-21 Uhr, Eintritt 200 Drs.
• **Aquarium**: Akti S. Koundourou, etwas nördlich Hotel Hermes. Tgl. 9-14 u.17-20 Uhr. Eintritt 600 Drs.

IN DER UMGEBUNG

• **Kirche Panagía i Kera:** 1 km vor dem Ortseingang von Kritsa, ca. 10 km von Ag. Nikolaos entfernt. Mo bis Sa 9-15 Uhr; So 9-14 Uhr. Eintritt 800 Drs.
• **Ausgrabung Lato:** 3 km nördlich Kritsa. Di-So 8.30 –15 Uhr, Mo geschl., Eintritt frei. Parkplatz unterhalb des Ausgrabungsgeländes.

Bank/Geldwechsel

Banken befinden sich im Bereich zwischen der Platia Venizelou, Od. N. Plastria, Roussou Koundourou und Od. 26.-Oktovriou. Einen Geldautomaten hat z.B. die Ethniki Trapeza an der Od. N. Plastria, unterhalb der Pl. Venizelou. Geldwechseln können Sie außerdem bei der OTE oder in der Touristeninformation.

Internationale Presse

Deutsche und andere Zeitungen finden Sie in den Büchergeschäften und Kiosken entlang der Od. Roussou Kondourou.

Medizinische Hilfe

• Das städtische **Krankenhaus** (Tel.: 0841-25-224) befindet sich am nördlichen Ende der Od. K. Palelogou, kurz hinter dem Archäologischen Museum.
• **Cretan Medicare** liegt in der Od. K. Paleologou 20, gegenüber vom Voulismeni-See und ist 24 Stunden besetzt (Tel. 0841-27551-4).

Internet-Café

Im „Multistore" (Polychoros) Peripou, Od. 28.-Oktovriou 25, Tel.: 0841-24876, e-Mail: peripou@agn.forthnet.gr.

OTE

An der Ecke 25.-Martiou/ Sfakianaki. Tgl. 7-22.30 Uhr, im Sommer bis 24 Uhr.

Post

Od. 28.-Oktovriou 9. Mo bis Sa 7.30 bis 14 Uhr.

Reiseagenturen

Nostos Tours, Koundourou 30, Tel.: 0841-22891, oder **KTEL Ways** am Busbahnhof (Tel. 0841-24953). Hier können Sie die ganze Palette der gängigen Tagesausflüge buchen: von der Bootstour nach Spinalonga und der Tageskreuzfahrt nach Santorin, bis hin zu den Busausflügen zur Samariá-Schlucht oder den Ausgrabungen der Messará-Ebene.

Polizei/Touristenpolizei

Polizei (Tel.: 0841-22338) und Touristenpolizei (Tel.: 0841-26900) befinden sich an der Od. G. Kontogianni, zwischen Od. Chortatson und Od. Idomenos).

Waschsalon

In der Od. Davaki, Ecke Paleologou. Wenn Sie wollen, finden Sie hier auch die Möglichkeit, Ihre Wäsche selbst zu waschen.

Katholischer Gottesdienst
Agios Charalambos Kirche, Heilige Messe für Touristen: So 18 Uhr (Oktober 16 Uhr).

Akrotíri (S. 642)
Bezirk Chaniá, Vorwahl: 0821, Postleitzahl 73100 (Stavrós)

Busverbindungen
Von Chaniá aus werden Stavrós im Nordwesten, Stérnes im Südosten und das Kloster Agía Triáda 3-6 mal täglich angefahren (am Wochenende seltener). Die Fahrzeit beträgt je eine halbe Stunde (Preis 500 Drs).

Übernachtung
In Stavrós an der Nordwestküste stehen viele kleine Pensionen und Privatunterkünfte zur Verfügung, einige wenige auch in Marathí und Tersánas (schöne Bucht).
*• **Little Bay**, €€: 73100 Stavrós/Akrotíri, Tel.: 0821-41174, Fax: 53743. Im kleinen Ort Stavrós an der Nordwestküste. Ruhige Anlage im Kykladenstil direkt unterhalb des Hangs zur Lerá-Höhle. Nur wenige Meter von hier zur poolförmigen Sandbucht. Im Ort mehrere Mini-Markets für Selbstverpfleger.*
*• **Zorbas Apartments**, €€: 73100 Stavrós/Akrotíri, Tel.: 0821-52525 o. 39010, Fax: 42616. Schöne Apartmentanlage dicht am Strand. Pool, Bar, Tennis-Platz, Kinderspielplatz und eine Taverne gehören dazu. 1- oder 2-Zimmer-Apartments, die mit bis zu 4 Personen belegt werden können. Die Bungalows sind von einem schönen Garten umgeben.*

Sehenswürdigkeiten
*• **Kloster Agía Triáda**: 8-14 und von 17-19 Uhr. Eintritt: 400 Drs, Studenten frei.*
*• **Kloster Gouverneto**: 8-12.30 und 16.30-19.30 Uhr. Eintritt 500 Drs*
*• **Kloster Kalogreon**: 6-13 und 16-19 Uhr. Eintritt frei.*
*• **Kloster Chrissopigi**: 8-12 und 15.30-18 Uhr.*

Anógia (S. 538)
Bezirk Réthimnon, Vorwahl 0834

Busverbindungen
*Die Busse halten sowohl am Rathausplatz im Oberdorf als auch an der zentralen Platia im Unterdorf. **Von Réthimnon** aus wird Anógia über Pérama und Axós nur wochentags angefahren, gegen frühen Morgen und nachmittags (1.150 Drs). Häufiger gibt es Verbindungen **von Iráklion** (Busbahnhof B) über Tílisos, von morgens bis nachmittags verkehren 5 Busse (letzter gegen 16 Uhr zurück; sonntags nur 2 Busse). Die Fahrzeit beträgt ca. 1 Stunde (Preis 800 Drs).*

Übernachten
Wer gegen frühen Morgen noch vor den Tagesausflüglern die Nída-Hochebene erreichen möchte, sollte in Anógia übernachten. Auch auf dem Weg nach Iráklion bietet sich das Bergdorf an, da in den Vororten der Hauptstadt kaum Zimmer zu bekommen sind und die Umgebung wenig attraktiv ist.

• **Aris €**: Anógia/Réthimnon, Tel.: 0834-31460, Fax: 31058. Ein wunderschöner Ausblick, freundliche Atmosphäre und die ruhige Lage machen diese Pension zur Empfehlung. Am Ortseingang ausgeschildert. Eine Reservierung wird dringend empfohlen, da die freundlichen Besitzer nur wenige Zimmer anbieten.

• **Aristea €**: Anógia/Réthimnon, Tel.: 0834-31459.Tolle Fernsicht Richtung Norden von dieser Pension am östlichen Ortsausgang. Die Besitzerin der 6 Doppelzimmer kümmert sich aufmerksam um die Gäste, die Zimmer sind sauber und haben alle eigene Badezimmer.

• **Taverna Nída €**: Nída/Réthimnon Tel.: 0834-31141. Nída-Hochebene. Von Mitte Mai bis Mitte November, im Winter an den Wochenenden, stehen bei Stelis Stavrakakis 2 Zimmer mit insgesamt 4 Betten zur Verfügung. Frühstück und Hauptspeisen werden in der angeschlossenen Taverne serviert, andere Möglichkeiten gibt es auf der Nída-Hochebene nicht. Am besten morgens vor 9 Uhr anrufen und reservieren, Zimmer sind häufig im voraus ausgebucht.

Einkaufen

• Am Ortseingang liegt die **Glasbläserei Tarrha Glas**, in der u.a. mundgeblasene Trinkgläser angeboten werden.

• **Handgearbeitete Webwaren** in riesiger Auswahl finden Sie an der Hauptstraße im Unterdorf und rund um die dortige Platia. Leider sind die älteren Damen recht aufdringlich, Frauen haben als potentielle Kunden Schwierigkeiten, sich die Auswahl in Ruhe anzusehen. Als Mann ist es einfacher, glaubhaft Desinteresse zu bekunden. Der Vergleich von Qualität und Preis lohnt, häufig können Sie handeln, die Konkurrenz ist groß. Auch die kretischen Stirntücher sind in vielen Farben erhältlich (ab 30 DM). An der Platia im Unterdorf schöner **Schmuckladen** und Geschäft mit **Repliken antiker und byzantinischer Kunst**, darunter Palastamphoren und aus Baumstämmen gearbeitete Ikonen.

• Die meisten Lebensmittelgeschäfte liegen im Oberdorf.

Sehenswürdigkeit

Svéntoni-Höhle: Im Sommer tgl. 10-19 Uhr, im Winter an Wochenenden. Eintritt 1.000 Drs, keine Ermäßigung. Karten in der benachbarten Taverne erhältlich, Führungen dauern ungefähr 20 Minuten. Die Schauhöhle bei Zonianá ist sehr gut ausgebaut.

OTE und Post

Am Eingang zum Oberdorf gegenüber dem Rathausplatz.

Bank

Auf der Seite des Rathausplatzes ca. 30 m weiter eine **Bank mit Geldwechsel**.

Observatorium auf dem Skinákas

Informationen zu Mondbeobachtungen unter Tel. 081-394200, Homepage: astro physics.physics.voc.gr

Archanes und Umgebung (S. 374f)
Bezirk Iráklion, Vorwahl: 081

Busverbindungen
Bushaltestelle am südlichen Ortsende von Ano Archánes gelegenen Platz. Zwischen Archanes und Iráklion (Busbahnhof A1) verkehren die Busse Mo-Fr etwa stündlich (15 x pro Tag). Sa fahren 12, So 6 Busse (Dauer: 30 Min, Preis 340 Drs).

Übernachten
• *Oresti's €-€€: Archanes/Iráklion, Tel. + Fax: 081-751619. Sechs Zimmer inmitten des alten Dorfkerns, in einem 600 Jahre alten Haus. Eine Anfahrtsbeschreibung würde hier wenig nützen. Im Dorf angekommen, ruft man Oresti einfach an, und er holt Sie dann ab. Oresti und seine Frau haben lange Zeit in Leimen gelebt (wo ihr Sohn zusammen mit Boris Becker den Kindergarten besucht hat – Foto als Beweis!). Beide sprechen gut deutsch und unterhalten sich gerne mit ihren Gästen. Die Zimmer sind nicht alle geräumig, das vorderste (mit der alten Holzdecke) schon. Alle Zimmer haben neben einem Kühlschrank einen Zugang zum Innenhof, der von Weinranken beschattet wird und dessen Zitrusbäume für wohligen Duft sorgen. Hier trifft man sich gerne abends, sitzt entspannt, plaudert und genießt Orestis Wein, der von seinen eigenen Hängen stammt. Alles in allem bietet diese Pension Kreta pur.*
• *Auch bei Stavrós € (Tel.: 081-51873) wohnen Sie ruhig und sehr privat. Fragen Sie im Kafenion an der Durchgangsstraße (gegenüber der alten Schule – heute Bibliothek, neben der Kirche Panagía) und/oder reservieren Sie telefonisch. Die 4 Zimmer befinden sich im Obergeschoß von Stavrós' Haus (eigener Eingang). Die Gäste teilen sich eine eigene, volleingerichtete Küche. Fragen Sie nach dem Zimmer mit Blick auf den Jouchtas. Leider spricht Stavrós kaum deutsch oder englisch. Auch hier gibt es einen typischen, schattigen Garten, in den Sie sich abends noch setzen können.*

Essen
*Besonders an den Wochenenden kommen viele Besucher aus Iráklion nach Archanes und besetzen die Tavernen um den schönen Platz im Süden des Dorfes. Oft wird auch **griechische Musik** geboten. Eine weitere Besonderheit, die auf Kreta in dieser Form sonst kaum noch zu finden ist: Archanes besitzt noch viele große, **urtümliche Kafeneia** in den Seitengassen des alten Dorfkerns. In den hohen Räumen sitzen die alten Männer und erörtern Wichtiges neben Belanglosem. Hier einmal einen griechischen Kaffee zu trinken, sollten Sie sich nicht entgehen lassen.*

Einkaufen
*Wenn Sie sich auf dem Weg nach Kastelli befinden und sich für Keramikwaren interessieren, besuchen Sie doch mal die Töpferwerkstatt **Ceramos** von Elias Vitsaxakis in Smari. Sie liegt an der Platia im unteren Ortsbereich, 5 km nördlich der Landstraße (Tel.: 0891-32586 o. 32061).*

Weinprobe
• *Kelterei Minos. Peza, Tel.: 081-741595, -741213, Fax: 741597. Geöffnet: werktags von 10.30 bis 19 Uhr. Direkt an der Landstraße gelegene Privatkelterei und „Museum für Volkskunst und Feinkost". Tolle Gelegenheit für eine ausgiebige und **kostenlose Weinprobe**. Jede Stunde findet eine Betriebsführung statt. Außerdem können Sie sich in*

einem kleinen Kino über den Weinbau in der Region informieren (Film in Englisch oder Deutsch). Ein Einkauf lohnt durchaus, die Weine Minos, Minoiko und Minos Palace sind weitaus besser und gehaltvoller als die griechischen oder kretischen Weine, die bisher auf dem deutschen Markt erhältlich sind.

• **Union der Agrargenossenschaften von Peza,** Tel.: 081-741945-47, Fax: 741528. Geöffnet: Mo-Sa von 9-15 Uhr. Nur einen Katzensprung entfernt, an der Straße nach Kastelli, bietet sich eine weitere Gelegenheit für eine Weinprobe. Hier liegt die kaum zu übersehende Anlage der lokalen Agrargenossenschaft. Die Räumlichkeiten sind einfacher gestaltet als in der Kelterei Minos, dafür ist die Atmosphäre nicht weniger herzlich. Nicht nur Wein und Raki der Genossenschaft sind ein Glanzlicht, sondern auch das Olivenöl, bei dessen Geschmack Sie zu diesem Preis in Deutschland nichts annähernd Vergleichbares finden. Die Probe aller Produkte ist natürlich kostenlos.

Sehenswürdigkeiten
• **Nekropole Fourni:** Di-So von 8.30 bis 15 Uhr, Mo geschlossen. Eintritt frei.
• **Landhaus Vathypetro:** Di - So: 8.30 bis 15 Uhr, Mo geschlossen. Eintritt frei.
• **Archäologisches Museum Archanes:** Mi-Mo 8.30-14.30 Uhr, Di geschl. Eintritt frei.
• **Nikos Kazantzakis-Museum:** Mirtia, Tel.: 081-742451. Mo, Mi, Sa u. So 9 bis 13 und 16 bis 20 Uhr, Di u. Fr 9 bis 13 Uhr, Do geschlossen. Eintritt: 1.000 Drs.

Balí (S. 526)
Bezirk Réthimnon, Vorwahl 0834, Postleitzahl 74057

Busverbindungen
Balí liegt an der Hauptbuslinie von Iráklion nach Réthimnon. Mindestens jede Stunde führt eine Verbindung in beide Städte und entlang der Nordküste. Der Bus hält bei der New Road, einige hundert Meter oberhalb des Ortskerns.

Übernachten
Wie in Agía Pelagía, sind auch in Balí die überwiegend mittelgroßen Hotelanlagen fest in der Hand der Reiseveranstalter. Nur wenige private Apartments und Zimmer werden angeboten, z.B. bei **Sofia** oder **Maria** an der Straße zur Ortsmitte.
• **Balí Beach & Village, €€€:** 74057 Balí, Tel.: 0834-94210 o. 94211, Fax: 94252. Das an die bewegte Topographie Balís angepaßte Hotel hat fast 100 Zimmer, die sich auf mehrere Gebäude verteilen. Alle Zimmer sind mit eigenem Telefon, Fön, Kühlschrank und Balkon gut ausgestattet. Restaurant und Bar im Haus, ebenso ein Fernsehraum mit Satelliten-TV. Baden können Sie entweder im großen Pool über dem Ort oder an einem winzigen, direkt vom Hotel über eine Treppe zu erreichenden Strand.

• *Balí Star, €€€: 74057 Balí, Tel.: 0834-94155, Fax: 94212. Das moderne Hotel liegt etwa 0,5 km außerhalb des Ortskerns, der eigene Strand ist aber ganz nah. Die 62 Zimmer verfügen alle über Balkon oder Terrasse und einen eigenen Kühlschrank. Großer Pool und Kinderbecken.*

Essen
Schöne und gemütliche Tavernen sammeln sich ganz unten am Hafenbecken, wegen der Fischer gibt es in Balí noch häufig frischen Fisch. Witzig aufgemacht in Form eines Piratenschiffs ist die Bar **Pirate's Club** am Hafenende.

Sehenswürdigkeiten
• **Kloster Ágios Ioánnis (Kloster Atalis):** *Tgl. außer Fr von 9-12 und 16-19 Uhr.*
• **Melidóni-Höhle:** *Tgl. 8-20 Uhr. Eintritt 500 Drs. Mehrsprachiges Info-Blatt.*

Ausflüge
• Mit dem Katamaran Flash Dance können **Tagestouren entlang der felsigen Küste** mit Essen an Bord unternommen werden. Auch Parasailing und Sonnenuntergangsfahrt.
• Direkt an der Hafenmole werden von **Boat Rental Lefteris** verschiedene Boote vermietet: Motorboot, Segelboot, Jetski; billiger, aber anstrengender sind Tretboote und Kanus. Tel.: 0834-94102.

Sport
Hellas Bike Team Balí. Am Ortseingang links. Die Station hat 40 aktuelle Räder (Scott) und bietet Radwander- und Mountain-Bike-Touren von 21 bis 90 km Länge an.

Wassersport
Im Ortszentrum kurz vor dem Hafen das Büro von **Hippocampos, Balís Tauchcenter.** Die Felsküste um den Ort ist zum Schnorcheln und Tauchen gleichermaßen ein spannendes Revier, es gibt zahlreiche Brandungshöhlen. Hippocampos bietet neben allen notwendigen Kursen vom Anfänger bis zum Profi auch ein Ladengeschäft mit Tauchausrüstungen. Tel.: 0834-94193.

Chaniá (S. 622ff)
Bezirk Chaniá, Vorwahl 0821, Postleitzahl 73100

Touristeninformation
EOT: Kriari 40 (östlich der Platia 1866), Tel.: 0821-92943, Fax: 92624, geöffnet: Mo-Fr 7.30-15 Uhr; Sa+So geschl. Am Außenfenster sind Schiffs- und Busfahrpläne angebracht. Achtung: An Feiertagen und in den Osterferien ist die EOT-Information geschlossen.

Literaturtip
„Chaniá – Die Altstadt" von M.Andrianakis, Verlag ADAM. Bestes Buch zu Chaniás Altstadt mit hervorragenden Bildern und Dokumenten. Vor Ort erhältlich (z.B. im Archäologischen Museum).

Flugverbindungen

Der sehr moderne Flughafen von Chaniá liegt **auf der Halbinsel Akrotíri**, etwa 12 km von der Innenstadt entfernt. Linienverbindungen nach Athen und Thessaloniki. Aktuelle Informationen zu den Flügen und die Agenturadressen der Fluggesellschaften entnehmen Sie bitte dem Kapitel 4.1.1, S. 154f.

Schiffsverbindungen

Der Wirtschafts- und Fährhafen von Chaniá liegt etwa 8 km östlich der Innenstadt **in Soúda**. Von hier Linienverbindung der ANEK nach Piräus. Aktuelle Informationen zu den Fähren und die Agenturadressen entnehmen Sie bitte dem Kapitel 4.1.2, S. 163.

Hafenamt Chaniá: Tel.: 0821-98888, Soúda Tel.: 0821-89240.

Busverbindungen (KTEL und Stadtbusse)

• Der Busbahnhof liegt fußläufig erreichbar an der Straße Kydonias, südwestlich der Platia 1866. In der geräumigen Wartehalle Snack-Bar und Gepäckaufbewahrung. KTEL-Informationen unter Tel.: 0821-93306.

• **Busse nach Iráklion** gehen von 5.30 bis 20.30 halbstündlich, von 8 bis 12 Uhr stündlich auch Expressbusse. Alle Busse **halten auch in Georgioúpolis und Réthimnon**. Von dort letzter Bus um 22 Uhr zurück. Bis Réthimnon beträgt die Fahrzeit auf der New Road etwa 1-1,5 Std. (Preis 1.700 Drs), bis Iráklion 2,5-3 Std. (Gesamtpreis 3.500 Drs).

• Auch die **Nordküste Richtung Westen** wird sehr gut bedient, nach Plataniás/Geráni morgens und nachmittags ein 15-Minuten-Takt, nach Kolimbári von 8 bis 22.30 Uhr ein 30-Minuten-Takt (mit Unterbrechungen). Kissamos ca. 15 mal täglich, Fahrtdauer etwa 1 Stunde (Preis 1.000 Drs). Weitere Verbindungen von Chaniá nach Westkreta finden Sie unter den jeweiligen Zielorten (z.B. Akrotíri, Paleochóra, Omalós).

Tip: Das kostenlose Faltblatt mit dem aktuellen Fahrplan für den westlichen Inselteil ist im Busbahnhof am Ticketschalter erhältlich.

• **Busse in die nahe Umgebung** (z.B. Akrotíri, Agía Marína) fahren ebenfalls vom Busbahnhof ab, **Stadtbusse** hingegen direkt vor der Markthalle und an der Platia1866. Erfragen Sie Linienverlauf und Fahrzeiten an den ständig geöffneten Tickethäuschen (Stadtbuslinien z.B. nach Kalamaki, Daratso, Galatos, Mournies, Perivólia, Soúda, Chalepa, Nea Chora, Lentariana).

Parken

Parken Sie am besten **an der westlichen Stadtmauer** (nahe der Shiavo-Bastion) oder unten am Wasser **hinter dem Fort Firkas**. Hier halten auch die Reisebusse. Im östlichen Altstadtteil Parkplätze direkt **neben den venezianischen Arsenalen** am neuen Hafen (schon früh belegt) und in der breiten Straße **Nikiforou Foka** östlich der Markthalle an Parkuhren und auf einer großen Freifläche (gegen Gebühr). **Vorsicht:** In Chaniá wird regelmäßig kontrolliert, und Falschparken ist auf Kreta viel teurer als in Deutschland.

Taxi

Taxistände östlich der Markthalle und an der Platia 1866. **Taxiruf:** 0821-54747 o. 58701 o. 58770 o. 98700 o. 94300. Preise sind an der Pl. 1866 angeschlagen.

Übernachten

Chaniá bietet auf Kreta die breiteste Auswahl an Übernachtungsweisen und -möglichkeiten, Ausnahme sind Strand-Resorts. Vom einfachen Campingplatz bis zum exklusiven Altstadthotel ist für jeden Anspruch oder Geldbeutel ein Bett vorhanden. Abseits der Hotels in der Neustadt – modern ausgestattet, jedoch häufig recht laut und unpersönlich – sind die gemütlichen Pensionen und Hotels in der westlichen Altstadt (Stadtteile Topanas und Evraiki) empfehlenswert. In aufwendig restaurierten venezianischen Häusern bieten sie nicht selten wertvolle Antiquitäten und manche als Bonbon eine Dachterrasse mit Blick auf das Treiben rund ums Hafenbecken. Mittlerweile muß in vielen Unterkünften im voraus gebucht werden, da die Zahl der Gäste in den letzten Jahren

Chania Zentrum

Hotels

1 Doma	6 Porto Veneziano	11 Casa Delfino	16 Meltemi
2 Halepa Hotel	7 Monastiri	12 Ifigenia I,II,III	17 Irene
3 Argo Beach	8 Erietta Appartments	13 Amphora	
4 Kydon	9 Nostos Hotel	14 El Greco	
5 Minoa	10 Doge Traditional Hotel	15 Lena	

Restaurants + Nachtleben

1 Fortezza	6 Semiramis
2 Well of the Turk	7 Arti
3 Cafe Criti	8 Soultana
4 Doloma	9 Fagotto
5 Tamam	10 To Akrogiali

© Ilgraphic

erheblich angestiegen ist. Auch die Preise sind deutlich höher als in anderen Regionen Westkretas. Dazu tragen aufwendige Sanierungen der Gebäude und die starke Nachfrage durch Kurzurlauber bei.

Tip: Günstige Apartments und Zimmer in Chaniá und an der gesamten Westküste können Sie über die Association of Rent Rooms & Apartments of Chaniá District, Dorotheou Episkopou 20 (nordwestlich der Markthalle) buchen. Tel.: 0831-43601, Fax: 46277.

HOTELS IN DER NEUSTADT:

• **Minoa €€€€**: Str. Tzanakaki 23, 73100 Chaniá, Tel.: 0821-27970, Fax: 27973, e-Mail: minoa@cha.forthnet.gr. Extravagantes Hotel nahe dem Stadtpark. 15 Zimmer und 5 luxuriöse Suiten, dazu beheiztes Hallenbad, Fitnessraum, Hamam (türkisches Bad) und Sauna laden zum Entspannen ein. Das restaurierte Gebäude im Art Deco-Stil ist innen und außen ein Juwel, die geringe Zimmerzahl des ehemaligen Privathospitals schafft eine exclusive Atmosphäre. Die Schwester des Besitzers hat an Innenarchitektur und künstlerischer Ausstattung mitgewirkt. Lediglich die Lage an einer vielbefahrenen Straße paßt nicht ganz zum Ambiente. Das Hotel bietet die Tagesnutzung seiner Zimmer zu etwa halbem Preis an.

• **Kydon, €€€-€€€€**: Sofokolis Venizelou Sq., 73100 Chaniá, Tel.: 0821-522804, Fax: 51790. Unaufdringliches Hotel der Oberklasse direkt gegenüber der Markthalle. Zimmer großzügig mit Fernseher, Minibar, Klimaanlage, Safe und komfortablen Badezimmer ausgestattet. Eigene Parkplätze im Hinterhof. Verlangen Sie wegen des Lärms der Hauptstraße ein Zimmer nach hinten raus. Reichhaltiges Frühstücksbuffet. Der Service ist dezent und freundlich, das Personal spricht deutsch und englisch. Hier logieren viele Griechen im Urlaub oder auf Geschäftsreise.

• **Doma, (€€€)-€€€€**: El. Venizelos 124, 73133 Chaniá, Tel.: 0821-51772, Fax: 41578. Außergewöhnlich ist nicht nur die Lage nahe dem ehemaligen Diplomatenviertel Chalepa, sondern auch die Tatsache, daß es sich um eines der wenigen neoklassizistischen Bauten aus dem Ende des 19. Jh. handelt, die auf Kreta als Hotel genutzt werden. Die Übernachtung in einem der 29 Zimmer oder Suiten ist nicht ganz billig. Dafür spürt man in den Zimmern und im Speisesaal noch etwas vom mondänen Charme der Jahrhundertwende. In die Innenstadt den Bus nehmen oder zu Fuß ca. 15 Minuten an der viel befahrenen Ausfallstraße entlang.

• **Halepa Hotel, €€€-€€€€:** El. Venizelos 164, 73133 Chaniá, Tel.: 0821-28440/1/2, Fax: 28439. Ebenfalls eine umgebaute und erweiterte neoklassizistische Villa, aber etwas größer und günstiger als das Doma. Ehemals als britische Botschaft genutzt und nahe beim Meer gelegen. In einem der 46 Zimmer oder 3 Suiten zu wohnen, ist etwas für Kreta-Reisende, die gerne stadtnah wohnen und eine individuelle Abwechslung von Strandhotels oder traditionellen Pensionen suchen. In die Stadt ca. 20 Minuten zu Fuß.

HOTELS IM ÖSTLICHEN TEIL DER ALTSTADT

• **Porto Veneziano, €€€€**: Old Venetian Harbour, 73132 Chaniá, Tel.: 0821-27100, Fax: 27105, e-Mail: portoven@otenet.gr; Homepage: www.bestwestern.com/gr/hotelportoveneziano. Hotel der Best Western-Kette direkt am Hafen. 51 bestens ausgestattete Zimmer (für 1-3 Personen) mit Klimaanlage, Fernseher, Zimmerservice und Balkon, dazu 6 Suiten. Eigener Garten und Café-Bar. Der große Vorteil ist die zentrale Lage mit wunderschönem Blick über die Fischerboote und Segelyachten bis aufs Meer. Ganzjährig geöffnet.

• **Monastiri, €€(-€€€)**: Agiou Markou 18, 73100 Chaniá, Tel.: 0821-54776. Schönes altes Mobiliar steht in den sauberen 3/4-Bett-Zimmern, von denen es in der alten Villa insgesamt 8 gibt. Alle mit hohen Decken und moderner Duschbadzelle, einige besitzen Balkon oder

Meerblick. Das Haus liegt ruhig in einer Seitenstraße und lädt Gäste auf seine große Gemeinschaftsterrasse ein. Geöffnet von Ostern bis Ende Oktober.

• **Argo Beach, €€**: Miaouli Beach, 73100 Chaniá, Tel.: 0821-40980, Fax: 41610. Der Name täuscht – einen Strand gibt es vor diesem Hotel etwas außerhalb der Altstadt nicht. Dafür aber eine Uferpromenade mit zahlreichen Tavernen und Cafés, die weniger von Touristen denn von Einheimischen besucht werden. Die 9 Zimmer sind einfach eingerichtet, verfügen aber über Zentralheizung und Balkon (einige mit Meerblick). Beim Haus bessere Parkmöglichkeiten als in der Altstadt, dafür abends auch mal etwas lauter. Zum Hotel gehört ein Café.

• **Privates Ferienhaus, €€**: Efi Anthopoulou vermietet in Chaniá ein wunderschönes venezianisches Ferienhaus, das auf 3 Etagen Platz für bis zu 4 Personen bietet. Bonbon ist die eigene Dachterrasse. Das Haus liegt im östlichen Altstadtteil Kastelli nahe den Ausgrabungen des minoischen Kydonia. Unbedingt frühzeitig reservieren, auch in den Wintermonaten wird vermietet (Heizung!). Efi Anthopoulou, Kapodistriou 43, 73132 Chaniá, Tel. + Fax: 0821-44310, e-Mail: efiant@otenet.gr.

HOTELS IM WESTLICHEN TEIL DER ALTSTADT

• **Casa Delfino, €€€€**: Theofanous 9, 73100 Chaniá, Tel.: 0821-87400, Fax: 96500, e-Mail: casadel@cha.forthnet.gr, Homepage: www.casadelfino.com. Vielleicht das schönste (und teuerste) Hotel am Platze. In einem restaurierten venezianischen Palast aus dem 17. Jahrhundert in der westl. Altstadt sind 20 individuelle Suiten untergebracht. Sie sind komfortabel mit Badewanne (z.T. Whirlpool), Sat-TV, Mini-Bar und Multimedia-Anschlüssen ausgestattet. Die Möblierung ist edel und stilvoll auf die Räumlichkeiten abgestimmt. Auch die Maisonettes und Studios sind ausgesprochen schön. Ein heimeliger Innenhof mit Mosaiken ist nur vom Hotel aus zugänglich, hier wird Frühstück in der Café-Bar serviert. Wir meinen: Das Casa Delfino ist ideal für eine Hochzeitsreise oder eine Wiederauffrischung derselben.

• **Amphora, €€€€**: 2nd Passage of Theotokopoulou 20, 73100 Chaniá, Tel.: 0821-93226. Der Palast aus dem 14. Jh. hat einen wunderschönen Innenhof und liegt zentral hinter der westlichen Hafenpromenade. Die rund 20 Zimmer sind teilweise mit Antiquitäten eingerichtet, trotzdem mangelt es nicht an modernen Annehmlichkeiten wie TV, Heizung und Klimaanlage. Von der Dachterrasse haben Sie einen tollen Blick auf das Hafenbecken.

• **Doge Traditional Hotel, €€€**: Kondilaki 14, 73131 Chaniá, Tel.: 0821-95466, Fax: 96020, Homepage: www.dogehotel.com. In diesem venezianischen Haus aus dem 15. Jh. warten 8 traditionell eingerichtete Apartments mit 2-5 Betten auf Sie. Kühlschrank, Klimaanlage, Küchenecke und die gemeinsam nutzbare Dachterrasse machen den Aufenthalt angenehm. Auch Haustiere sind erlaubt. Gegen Aufpreis ist ein Frühstück erhältlich.

• **El Greco €€€**: Theotokopoulou 47-49, 73100 Chaniá, Tel.: 0821-94030 o. 90432 o. 91818, Fax: 91829, e-Mail: hotel@elgreco.gr. Hotel mit gehobenem Standard im westlichen Altstadtteil Topanas. Die 20 Zimmer sind elegant und doch funktionell eingerichtet, sehr sauber, ohne aber den Charme der Altstadtpensionen zu erreichen. Viele Räume haben Balkone, die zur Altstadtgasse gelegen sind. Dachgarten auf dem Haus, kleine Bar, mit oder ohne Frühstück zu buchen. Das El Greco liegt günstig, wenn man viel Gepäck aus dem Auto zu tragen hat. Direkt nebenan zahlreiche Cafés, Schmuckgeschäfte und ein Minimarkt.

• **Nostos Hotel, €€€**: Zambeliou 42-46, 73100 Chaniá, Tel.: 0821-94743, Fax: 94740. Mitten in der westlichen Altstadt (Evraiki) und z.T. mit Blick auf den Hafen liegen die 12 Zimmer und Apartments (bis 5 Personen, mit Küche). Das stilvolle Haus stammt aus dem 13. Jahrhundert. Geöffnet ist von März bis Januar. Da viele Stammgäste immer wieder kommen, wird eine Reservierung empfohlen.

• *Ifigenia I, II, III, (€€)-€€€*: Büro: Theotokopoulou 12 A ´Par., Tel. + Fax: 0821-94357, Mobil:
0944-501319. Mittlerweile gehören 5 verschiedene Unterkünfte zum kleinen Altstadtimperi-
um von Michalis Boulakas. Die Studios in den
Ifigenia-Häusern sind echte Kleinodien. Liebevoll restauriert, vorzüglich ausgestattet und sauber. Die Häuser liegen im Altstadtteil Topanas in
den Straßen Theotokopoulou 15 (Ifigenia III),
Angelou 18 (Ifigenia II) und Ecke A.Gamba/An-
gelou 21 (Ifigenia I). Wir empfehlen Ifigenia I,
etwas versteckt in der Paralia Angelou. Zimmer
zum Teil über 2 Etagen, mit Kühlschrank, Fernseher, Balkon und eigenem Whirlpool. Dachterrasse, die über eine steile Wendeltreppe zu er-
klimmen ist. **Unser Tip für Paare** ist das Zimmer Nr. 7 im obersten Stockwerk. Einziger
Nachteil: Die steile Wendeltreppe ist mit Gepäck nur schwer zu meistern. Sie erreichen Michalis Boulakas im Hotel Captain Vassilis (von der
Straße Theotokopoulou in die Straße Angelou,
1. rechts, dann 1. links und wiederum 1. rechts;
sonst durchfragen oder anrufen).

Traumhaft wohnen in der Altstadt

• *Erietta Apartments*, €€: Kountouriotou 44,
73131 Chaniá, Tel.: 0821-92336, Fax: -41878. In
der nordwestlichen Altstadt. 3 Apartments von
44-80 qm, die bis zu 6 Personen Platz bieten. Die Räume sind geschmackvoll eingerichtet,
die Küchen gut ausgestattet.

• *Lena* €€: Theotokopoulou & Ritsou 5, 73100 Chaniá, Tel.: 0821-86860 o. 53649, Fax:
86860, e-Mail: lena@traveling-crete.com. Altstadttypische Pension mit wenigen Zimmern in
einer ruhigen Seitengasse im Topanas-Viertel Die Deutsche Lena, die vor vielen Jahren
nach Chaniá gezogen ist, vermietet ganzjährig einfache, auch größere Zimmer, von denen
einige antik möbliert sind. Wir empfehlen Zimmer Nr. 1 ganz oben mit blauer Holzdecke.
Nicht allzuviel Komfort ist zu erwarten, für ältere Urlauber ist die steile Treppe im Haus
kaum geeignet. Dafür ist hier alles sehr unkompliziert, und Lena gibt gerne Tips für Ausflüge
in und um Chaniá.

• *Irene*, €€: Apostolidou 9, 73100 Chaniá, Tel.: 0821-94667, Fax: 94668. Sechsgeschossi-
ges C-Klasse-Hotel in einer ruhigen Seitenstraße westlich der Stadtmauer. Das 1988 eröffnete Hotel hat 21 Zimmer und öffnet ab Ende April bis Ende Oktober. Einige Zimmer
haben Seeblick, alle einen eigenen Balkon. Klarer Vorteil gegenüber den Altstadt-Hotels ist
die Parkmöglichkeit vor der Haustür.

• *Meltemi*, €€: Agelou 2, 73100 Chaniá. An der Schnittstelle zwischen Hafenbecken und
Altstadtgasse liegt die kleine Pension, deren Vorteil neben der Aussicht aus den oberen
Zimmern das beliebte Café im Erdgeschoß ist.

Weitere Pensionen in diesem Altstadtteil nahe Fort Firkas sind z.B. **Theresa** (€€) in der
Odos Agelou 8 mit 3 Zimmern oder in der Nr. 10 die Pension **Stella** (€€). Reservierungen werden direkt in den Häusern entgegengenommen.

Camping

Camping Chaniá: *73100 Kato Daratso, Agii Apostóli, Tel.: 0821-31138, Fax: 33371. Kleiner Platz ca. 3 km westlich vom Stadtzentrum an der Straße nach Kissamos. Zum Strand ca. 200 m, viel Schatten, aber weitgehend ohne Flair. Snack-Bar und Mini-Market. Anbindung an Chaniá mit dem Stadtbus.*

Essen und Trinken

Chaniá bietet einige herausragende Restaurants und Tavernen, das Ambiente in den engen Altstadtgasssen, in den venezianischen Gemäuern und mit Einschränkungen auch am Hafenbecken wird Ihnen unvergeßlich werden. Rund um die beiden Hafenbecken reiht sich Taverne an Taverne. Leider wird hier mittlerweile mit aufdringlichen Methoden um Gäste geworben, lassen sich die Speisenkarten nicht mehr in Ruhe betrachten, ohne mit einem „Guten Abend – bitte kommen Sie" oder „spezielle Preise nur hier" gedrängt zu werden.

Besser ist die Situation in den dahinterliegenden Gassen. Die von uns empfohlenen Restaurants verzichten sowieso auf diese Art der „Werbung". Gediegenere Atmosphäre bieten Restaurants am südlichen Ende der Straße Kondilaki. Einige wirklich gute Tavernen liegen etwas versteckt (z.B. Arti, Well of the Turk, Doloma).

• **Fortezza.** *In das alte Fort der Hafenmole hineingebaut. Um den Hafen herumlaufen oder (am Abend) die kostenlose Mini-Fähre benutzen, die von der Hafenseite aus übersetzt. Schöner Blick zurück auf den venezianischen Hafen, vom oberen Stockwerk auch hinaus aufs Meer.*

• **To Akrogiali.** *Gutes Fisch-Restaurant am Stadtstrand von Chaniá, etwa 600 m westlich der Altstadt an einer Straßenecke. Tagsüber hängen unzählige Tintenfische wie eine Girlande zum Trocknen vor den Fenstern.*

• **Well of the Turk.** *Kalinikou Sarpaki 1-3. Das nicht ganz einfach zu findende Restaurant im östlichen Altstadtteil Splantzia (gegenüber der Kapelle Agía Iríni) besitzt im Inneren einen alten türkischen Brunnen (= Well) und ist ausgesprochen gemütlich. Zur Untermalung wird nordafrikanische Musik gespielt. Die Küche bietet sowohl kretische Gerichte als auch Speisen aus dem kleinasiatischen und nordafrikanischen Raum, die ungewöhnlich raffiniert gewürzt sind. Viele Salate werden mit Minze angemacht. Richtig lecker ist der Mezedes-Teller, am besten zu zweit als Vorspeise bestellen. Unser Restaurant-Tip für Vegetarier. Nur abends geöffnet.*

• **Soultana.** *Etwas versteckt unterhalb der Straße Zambeliou (gegenüber Nr. 63) liegt die Taverne Soultana, in deren Haus im 17. Jh. ein Harem beherbergt gewesen sein soll. Ruhig sitzt man in einem kleinen Innenhof.*

• **Doloma.** *Kapsokalyvon 5. Etwas abseits des Rummels liegt das günstige Estiatorion hinter den venezianischen Lagerhallen an der Kalergon. Wer sich durch hell leuchtende Neonlampen nicht abschrecken läßt – draußen stehen nur wenige Tische –, entdeckt eine reichhaltige Auswahl kretischer Hausmannskost. Die Speisen können in der Küche ausgesucht werden, empfehlenswert ist z.B. der cuttlefish.*

• **Semiramis.** *Die Taverne belegt mittlerweile die gesamte Gasse Skoufon. Dadurch verschiedene Alternativen zu sitzen: direkt in der Gasse vor den alten Fassaden, in einem Garten oder eben drinnen im Restaurant. Das Essen ist guter Durchschnitt, das angepriesene „Home Cooking" dürfte bei der Größe unmöglich sein.*

• **Tamam.** *Zambeliou 49. Traditionelle kretische Küche in den Gewölben eines ehemaligen türkischen Bades. Sehr empfehlenswert, aber meistens sehr voll. Lecker sind die gebackenen Kartoffeln.*

• **Arti**. *Skoufon 15. Irgendwann kommt für jeden der Zeitpunkt, an dem sich die Geschmacksnerven nach etwas Abwechslung zur griechischen Küche sehnen. Dann sei das Arti empfohlen, hier kocht der Schweizer Arthur Eikel zusammen mit seiner deutschen Frau Barbara moderne europäische Küche auf hohem Niveau. Reservierung empfohlen, da nur wenige Tische.*

Bars und Nachtleben

Chaniá lebt gegen Abend auf und tanzt bis spät in die Nacht hinein. Zwei wichtige Bereiche für das Nachtleben lassen sich abstecken. Zum einen die szenige **Bar/Cafémeile am westlichen Teil des Hafenbeckens** *zum Nautischen Museum hin – hier treffen sich die jüngeren Chanioten zum Small-Talk und Anbändeln. Die Getränke sind doppelt so teuer wie in normalen Tavernen, aber wen stört das hier schon? Die Studenten und Junggebliebenen bevorzugen die östlichen Bereiche der Altstadt, so die Gegend um die* **Epimenidou und ihre Verlängerung zur Akti Miaouli** *direkt am Wasser mit vielen stilvollen Café-Bars (z.B. das Bazaar oder das Planitarion), in die sich nur selten Touristen verirren. Freunde kretischer Musik finden mit dem skurilen Café Criti eine auf Kreta einigermaßen einzigartige Institution.*

Tip: Die Chanioten lieben es, sich für den Abend schick zu machen. Um sich nicht „underdressed" zu fühlen, greifen Sie im Kleiderschrank ebenfalls nach den modischeren Stücken.

• **Fagotto:** *Agelou 16. Fast schon intellektuelles Ambiente und interessantes Publikum heben das Fagotto deutlich von den typischen Café-Bars ab. Jazz statt Disco-Mainstream. Für eine abendfüllende Diskussion oder einen Absacker ist die Bar unweit des Nautischen Museums immer gut. Im gemütlichen Kellergewölbe gibt´s oft Live-Musik (z.B. Klavier).*

• **Café Criti**: *Kalergon 22, hinter den venezianischen Lagerhallen. Eine Institution. Im absurd dekorierten, halbtonnenförmigen Raum wird jeden Abend kretische Musik (meist Bousouki und Lyra, aber auch Gesang) live gespielt. Dabei ist das Ambiente weder zu touristisch noch wirklich urkretisch. Das Publikum meist eine Mischung aus beidem. Sohn und Tochter des Wirts bedienen bis spät in die Nacht, fast immer wird spontan zusammen getanzt. Essen sollten Sie vor dem Besuch besser woanders.*

• **Ariadni**: *Aufwendiger, schicker Club hinter den Yacht-Anlegern am Hafen. Lohnt sich eigentlich erst nach Mitternacht, die etwas überstylte Atmosphäre ist sicherlich nicht jedermanns Sache.*

• **Skorpio-Bar**. *In der hinteren Gasse zwischen dem Venizelos-Platz und der Moschee liegt dieser Soldatenclub. Bei lautem Hardrock sitzt man am langen Tresen, knabbert Erdnüsse und schaut auf die vielen Erinnerungsstücke, die Soldaten aus allen NATO-Staaten hier im Laufe der Jahre hinterlassen haben. Fragen nach nichtalkoholischen Getränken erübrigen sich. Skurrile Atmosphäre ohne künstlichen Schick.*

• **AOTON**: *In diesem szenigen Club hinter den venezianischen Lagerhallen in der Kalergon 12 gibt es häufig Live-Musik.*

• **Titanic Club:** *An der Hauptstraße Skalidi westlich vom Zentrum von Chaniá. Angeblich der größte Club in der Stadt. Voll klimatisiert, und das ist auch dringend notwendig, denn zu Musikrichtungen von House bis zu „Greek Music", von Latin bis Hip-Hop wird es allabendlich voll.*

Einkaufen

• *Chaniá bietet das* **breiteste Einkaufsangebot der Insel**. *Von kretischen Spezialitäten über individuelles Kunsthandwerk hin zu trendigen Designerschuhen und -kleidern finden Sie alles Denkbare auf engstem Raum.*

• **Ledergasse Skridlof**: Hier ballen sich Geschäfte, die **Gürtel, Handtaschen, Schuhe und Koffer** aus Tierhäuten in allen Größen und Farben anbieten. Durch die ungeheure Vielfalt und die räumliche Nähe fallen Vergleiche zu Preisen und Qualität leicht. Das Leder wird aber in den seltensten Fällen vor Ort verarbeitet, eine Ausnahme ist der alte Schuster John Markoulakis mit seinem Laden voll handgearbeiteter **Lederschuhe** in der Nr. 17. Hier bekommen Sie kretische Stiefel zu einem vernünftigen Preis (ca. 15.000 Drs). **Hochwertige Komboloi**s, ein Pflichtsouvenir für den Mann, gibt es bei Kouros Men´s Art am östlichen Ende der Skridlof (ab 10.000 Drs).

• **Devotionalien der Orthodoxen Kirche**, z.B. Kerzenleuchter und Weihrauchschwenker, finden Sie direkt neben der Kathedrale bei **ΧΥΤΗΡΙΑ ΠΑΠΑΔΑΚΗΣ** oder in der Skalidi 32, schräg gegenüber (Nr. 35) liegt die Art Gallery **ΤΖΑΜΙΑ ΚΡΥΣΤΑΛΛΑ**. Hier werden individuelle **Arbeiten aus Ton, Bronze** und anderen hochwertigen Materialien angeboten. An die Galerie angeschlossen ist ein kleines Café.

• **Traditionelle kretische Produkte** gibt es unter anderem in der Theotokopoulou Nr. 33 (**ΠΑΠΑΔΟΣΙΑΚΑ ΠΡΟΙΟΝΤΑ**): Olivenöl, Wein, Kräuter, Gewürze, Honig, Nüsse). Riesenauswahl auch **in der Markthalle**.

• **Roka Carpets**. Zambeliou 61, Tel. + Fax: 0821-74736. Das Teppich-Paradies von Mihalis Manousakis. In diesem wunderschönen Altstadtladen finden Sie eine **riesige Auswahl an handgewebten Teppichen und Decken**. Mihalis hat nach eigenen Aussagen 6.000 Designs im Kopf und fertigt auch nach Entwurf. Einst hat die Frau von Al Gore bei Mihalis eine Tasche für Bill Clinton bestellt. An zwei großen, rund 400 Jahre alten Webstühlen entstehen unter professioneller Hand traumhafte Teppiche, zumeist in der Grundfarbe rot. Rot steht

für Blut, für das Leben. Viele der Farben werden aus heimischen Pflanzen gewonnen, z.B. aus roter Bete. Mihalis spricht neben griechisch auch englisch, französisch und etwas deutsch. Ein etwa 6 qm großer Teppich mit aufwendigem Muster kostet nach Bestellung rund 1.000 Euro (10 % Anzahlung), aber es gibt auch fertige, günstigere Stücke oder den traditionellen kretischen Bauernrucksack sakoulis. Ein weiteres Geschäft, das **originale alte Teppiche** und Decken führt, ist **Top Hanas** in der Agelou 3 gleich beim Nautischen Museum. Tel.: 0821-58571.

• Neben Roka Carpets in der Zambeliou das **Aenaon**, ein Geschäft mit außergewöhnlichen **Töpferarbeiten**. Spirituelle und antike Symbolik wird hier in den Grundmaterialien Ton, Silber und Bronze aufgegriffen und modern interpretiert. Eine Hauptrolle spielt das Zeichen **W**, immer wieder tauchen auch Frauengestalten und das Rad der Schöpfung in den Motiven auf.

• Eine große Auswahl **modischer Geschäfte mit Schuhen, Kleidung, Sportartikeln** usw. finden Sie entweder in den großen Straßen, die von der Altstadt aus die Neustadt durchschnei-

Töpferwerkstatt in der Altstadt

den (Tzanakaki und Dimokratias) oder in den kleinen Straßen zwischen Markthalle und der Karaoli-Dimitriou. Achtung: Die Läden in der Neustadt haben zumeist nicht durchgehend geöffnet.

• **CDs und griechisches Vinyl**, auch gebrauchte Raritäten, gibt es bei ΑΡΕΤΟΥΣΑ am unteren Teil der Einkaufsstraße Potie.

• Am unteren Ende der Sifaka zum Kastelli-Hügel zahlreiche Läden mit **kretischen Messern** in allen Variationen, beliebt sind die mit Griffen aus gebogenen Ziegenhörnern.

• **Musikinstrumente** – auch traditionelle wie die Lyra – finden Sie unweit der Platia 1866 in der Kydonias 54 im ΜΟΥΣΙΚΟΣ ΟΙΚΟΣ.

• Großer **Supermarkt** zu Beginn der Straße Pireos hinter der westlichen Stadtmauer.

• **Markt**: Zweimal die Woche hat Chaniá einen bunten Markt, auf dem frische Produkte aus der Region dominieren und die Anbieter von Billigkleidung und Plastikartikeln noch in der Unterzahl sind. Verkauft wird zum Teil direkt vom Pick-up. Besuchen Sie einen der Märkte und kaufen Sie leckeres Obst oder vielleicht einen Käse zum Mitnehmen. Im **Ostteil der Stadt** (an der Stadtmauer, Straße Minoos zwischen Epimenidou und Nikiforou Foka) ist Markttag Samstag (7-13 Uhr), im **Westteil** am Donnerstag auf dem Platz zwischen den Straßen P.Gerasimou, G.Pardali, Mel.Piga und Mel.Metaxaki, etwa 250 m westlich der Shiavo-Bastion.

• Im Geschäft neben dem Archäologischen Museum in der Chalidon finden Sie offizielle **Repliken antiker Fundstücke**, z.B. des Diskos von Festos (10.000 Drs) oder eines Seistrons, einem Musikinstrument aus der Nekropole von Fourni (10.000 Drs). Geöffnet ist Mo-Sa von 9-15 Uhr.

• Gut sortierter **Buchladen Pelekanakis** in der Chalidon 98, u.a. mit deutschsprachiger Literatur über Kreta. Der Inhaber ist bemüht, bei speziellen Wünschen zu helfen, die Preise sind allerdings im Vergleich etwas hoch. Weiterer Buchladen mit breitem Angebot an der Seite des Venizelou-Platzes vor dem Hafen.

• **Local Artistic Handicrafts´ Association:** Unweit der Janitscharen-Moschee bietet das Ladengeschäft dieses seit 1985 bestehenden Künstlerbundes der Region Chaniá eine breite Vielfalt hochwertigen Kunsthandwerkes. Moderne Keramik, Öllampen (2-4.000 Drs), Glasarbeiten, lasierte Tonschüsseln (ab 15.000 Drs), Bronzestatuen, Stickereien und mehr. Hier sind auch Drucke und Originalradierungen des Künstlers Antonios Santorinos Santorinakis aus Kámbia erhältlich. Afendulief 14.

 Sehenswürdigkeiten

• **Archäologisches Museum**: Chalidon 30, Tel.: 0821-90334. Di-So 8.30-15 Uhr, , Eintritt 500 Drs.

• **Folkloremuseum**: Chalidon 46b, Tel.: 0821-90816. Tgl. 9-15 und 18-21 Uhr, außer an Sonn- und Feiertagen

• **Byzantinische Sammlung**: Theotokopoulou 82, Tel.: 0821-96046. Tgl. außer montags von 8.30-14 Uhr, Eintritt frei, Fotografieren verboten.

• **Nautisches Museum**: Akti Kountourioti, Tel.: 0821-91875. 1. Nov.-31. Mrz: 10-14 Uhr, 1. Apr-31. Okt 10-16 Uhr. Eintritt 500 Drs, Studenten 300 Drs, Kinder bis 12 J. frei), WC im Obergeschoß. Homepage: www.forthnet.gr/mar-museum-crete/index_eng.html.

• **Historisches Museum und Stadtarchiv**: I.Sfakianaki 20, Tel.: 0821-52606. Tgl. außer Sa/So und an Feiertagen 8-13 Uhr. Eintritt frei.

• **Kriegsmuseum**: Str. Tzanakaki 100, Tel.: 0821-44156. 9-13 Uhr, außer So und Mo, Eintritt frei.

• **Ausgrabungen Kastelli**: ständig zu besichtigen, allerdings teilweise eingezäunt.

Kino und Konzerte

• *Kino:* Gegenüber dem Stadtpark, beim Hotel Ellinis das gleichnamige klimatisierte Kino (Tel.: 0821-51850), in dem aktuelle Produktionen aus Amerika und Europa laufen. Die Filme werden meist in englischer Sprache mit griechischen Untertiteln gezeigt. Abends mehrere Vorstellungen, die letzte manchmal noch um 1 Uhr nachts. Eintritt ca. 2.000 Drs. Ein ungewöhnlicher Spaß für wettergeplagte Mitteleuropäer sind die **Freiluftkinos Kipos** im Stadtpark (Tel.: 0821-41429) und **Attikon** an der El.Venizelou 118 (Tel.: 0821-40208).

• Jedes Jahr im Sommer von Juni bis August werden im Rahmen des Kultursommers von Chaniá **Konzerte und Ausstellungen** organisiert. Informieren Sie sich vor Ort über Termine und Veranstaltungsorte.

Sport

• **Spaßbad Limnoupolis:** April/Mai und September von 10-18 Uhr; Juni-August 10-19 Uhr. **Preise:** Erwachsene 3.500 Drs, Kinder 2.500 Drs, ab 15 Uhr ermäßigt. Freier Eintritt für Senioren, Schwerbehinderte und Kinder bis 4 Jahren. Ohne Benutzung der Anlagen ermäßigt (nur Liegewiese). Tel.: 0821-33224 o. 33246 o. 28465. 5 mal täglich verkehren Busse von Chaniá nach Limnoupolis, ein Bus morgens über Plataniás/Geráni. Auch von Réthimnons Hotelzone fährt morgens ein Bus nach Limnoupolis, zurück gegen späten Nachmittag. Letzter Bus zurück nach Chaniá gegen 20 Uhr.

• *Stadion Chaniá:* Im Sportstadion an der Dimokratias finden regelmäßig Fußballspiele und andere Sportereignisse statt (Info unter Tel.: 0821-23188).

• Der **Griechische Bergsteigerverein Chaniá** in der Str. Tzanakaki 90 (gegenüber Stadtpark) ist unter der Tel.: 0821-74560 erreichbar. Das ganze Jahr hindurch werden geführte Touren vor allem in die Lefká Óri angeboten.

• **Hellas Bike Travel:** Eine Station finden Sie im Shopping Center von Agía Marína, einige Kilometer westlich von Chaniá an der Küstenstraße.

• **Reitcenter „Pigassos" Horse Club** in Vamvakópoulo südlich der Stadt mit eigener Caféteria, Tel.: 0821-76046.

Wassersport

• **Tauchen – Blue Adventures Diving:** Neben eintägigen Scuba-Diving-Kursen bietet die Tauchschule auch PADI und CMAS-Kurse in verschiedenen Levels. Der Unterricht kann in verschiedenen Sprachen stattfinden und dauert etwa 5-6 Tage. Blue Adventures Diving verfügt mit der Atlantis über ein eigenes Boot und unterhält ein Ladengeschäft mit Tauchausrüstung. Daskalogianni 69, Tel.: 0821-40608 o.28678, Mobil: 094-546736.

• Weiteres Tauchcenter ist **Creta´s Diving Center** in der Akti Papanikoli 6, Tel.: 0821-93616 o. 72512. Ganzjähriges Angebot.

Ausflüge

• **Stadtführungen durch die Altstadt:** Sollten Sie Englisch zumindest gut verstehen, empfehlen wir eine Stadtführung durch Chaniás Altstadt mit dem Archäologen und Schriftsteller Tony Fennymore. Braungebrannt, mit silbergrauem Haar und kräftiger Stimme erklärt der charismatische Brite von April bis Oktober die faszinierenden Hintergründe der Baugeschichte Chaniás und weiß zu vielen Gebäuden Historie und Anekdoten zu erzählen. Für größere Gruppen bietet Tony Fennymore nach Voranmeldung auch Exkursionen zu kulturellen Sehenswürdigkeiten der Insel. Den Winter verbringt er im heimischen

Berkshire. Ab 4 Personen, 3.500 Drs pro Person. Tony Fennymore, Theotokopoulou 5, Tel. + Fax (auch Anrufbeantworter): 0821-87139. e-Mail: FennysCrete@hotmail.com.
- **Bootsfahrten zu den Inseln Lazaretta und Agii Theodori** *werden im Hafen von Chaniá angeboten. Bei den Inseln kann gebadet und geschnorchelt werden. Fahrten dauern rund 5 Stunden und kosten um 20 Euro, z.B. mit Stavrós Cruises Tel.: 0944-914045 oder Atlantida, Akti Koundourioti 15&19, Tel.: 0821-71860.*
- **Rundflüge** *über den Westen Kretas nach individuell vereinbarter Flugroute bietet der Flugverein von Chaniá. Info-Tel.: 0821-27272.*

Tierschutzverein
Arche Noah Kreta e.V. Ansprechpartnerin des Tierschutzvereins auf Kreta: Silke Wrobel, Daskalogianni 35, Tel.: 0821-55030. Ansprechpartner in Deutschland: Tierarzt Thomas Busch, Kiautschoustraße 18, 13353 Berlin, Tel.: 0170-3169419, e-Mail: Arche NoahKreta@gmx.de, Homepage: http://arche-noah.virtualave.net/index.htm

Bank/Geldwechsel
Neben Post und OTE bieten fast alle Banken Geldwechsel an. 2 EC-Automaten z.B. bei der National Bank of Greece Ecke Str. Tzanakaki/ Hatzi Michali Giannari (gegenüber der Markthalle) und bei der Ionian Bank in der Hatzi Michali Giannari gegenüber Platia 1866. Währungstausch auch bei zahlreichen privaten Reisebüros und Autovermietern.

Medizinische Hilfe
Dr. Liliakos Janis, A. Arhontaki, Tel.: 0821-52706, 24h erreichbar unter Tel.: 094-843141. Deutschsprachige Allgemeinärztin Kerstin Rausch-Grigoraikis in der Sfakion 2, Tel.: 0821-52706.
Das **Krankenhaus** *Ágios Geórgios liegt in der Straße Dragoumi in der östlichen Neustadt (Tel.: 0821-27000).*

OTE
Str. Tzanakaki 5, tgl. 7.30-22 Uhr, davor mehrere Kartentelefone.

Post
Str. Tzanakaki 3 (nördlich der Markthalle), Mo-Fr 7.30-20 Uhr, davor Briefkästen und ein **Briefmarkenautomat.** *Weitere Post in der Anapauseos Str. 10.*

Internationale Presse
Direkt am venezianischen Hafen (Pl. Syntrivani und im westlichen Teil). Außerdem zwei Händler zentral an der Hauptstraße H.M. Giannari am Altstadtrand.

Katholischer Gottesdienst
Katholische Kirche, Chalidon 46, Tel.: 0821-93443, Gottesdienste Sa 19 u. So 10 Uhr.

Reiseagenturen
Gegenüber der OTE-Zentrale finden Sie **Canea Travel** *(TUI-Service): Str. Tzanakaki 36, Tel.: 0821-27300. Hier sind auch internationale Flüge zu buchen. Zentral in der Chalidon 14 liegt* **Zorbas Travel** *Tel.: 0821-70078, Fax: 88011, e-Mail: zorbas@otenet.gr,*

Homepage: www.zorbastravel.gr. Vermittelt werden Mietwagen, Hotels und Apartments, Tickets und Ausflüge auf Kreta. Sie finden mindestens 25 weitere Reisebüros in der Stadt.

Touristenpolizei
Karaiskaki 60, Tel.: 0821-73333 o. 71111. Verkehrspolizei in der Leoforos Irakliou 23 (Tel.: 0821-27758 o. 41111).

Waschsalon
Laundry Self Service in der Ag. Deka 18, nahe der Kathedrale.

Präfekturverwaltung Chaniá
Pl. Eleftherias, Tel.: 0821-50000

Internetcafé
Café-Bar **Sante** im westlichen Teil des venezianischen Hafens. Im Obergeschoß der Bar stehen mehrere Internet-PCs. Weitere Internet-Cafés nahe dem Hotel El Greco in der Theotokopoulou und das **Cyber-Café** in der E.Venizelou 54.

Chóra Sfakíon (S. 592f)
Bezirk Chaniá, Vorwahl 0825, Postleitzahl 73011

Schiffsverbindungen
• **Über Loutró nach Agía Rouméli** fahren 2-5 tgl. Fähren ab dem Vormittag (je nach Saison; von Anfang April bis Mitte Oktober). Das letzte Boot fährt gegen Abend und bleibt dann in Agía Rouméli. An Bord können einige Autos transportiert werden. In Agía Rouméli am Nachmittag Anschluß zum kleineren Schiff nach Sougía und Paleochóra. **Preise** einfach: Loutró 500 Drs, Agía Rouméli 1.500 Drs, Paleochóra 2.800 Drs (Auto 5.600 Drs, Rundtourtip!)).
• **Zur Insel Gávdos** Verbindungen von Anfang Mai bis Anfang Oktober jeweils an den Wochenendtagen und in der Hochsaison an einem weiteren Tag (z.Zt. Do). Das Schiff verläßt Chóra Sfakíon am Vormittag und legt in Gávdos gegen 16 Uhr wieder ab. Für einen Ausflug auf Gávdos ist der Aufenthalt zu kurz, so daß übernachtet werden muß. **Preis**: einfach 2.700 Drs. Autotransport nach Gávdos ist möglich, jedoch sehr teuer (16.000 Drs) und für Urlauber unsinnig.
Hafenaufsicht: Tel.: 0825-91292
Tip: Die Schiffsfahrpläne sind nicht vertaktet, so daß man sich die (Rück-) Fahrtmöglichkeiten immer genau merken muß. Die Autofähren legen am flachen Anleger im östlichen Teil des alten Hafens an. Tickets in den Agenturen am Parkplatz oder in einem kleinen Häuschen an der Westmole des alten Hafens.

Taxi-Boote
An der Südwestküste gibt es eine Reihe von Taxi-Boot-Unternehmen, die mit offenen, stark motorisierten (Schlauch-)booten eine schnelle Alternative zu den wenigen Fähren anbieten. Bei ruhiger See ein Riesenspaß. Die Fahrten sind nicht günstig (Mitfahrer suchen und handeln!): z.B. Chóra Sfakíon-Loutró 8.000 Drs, Chóra Sfakíon - Agía Rouméli 20.000 Drs. In Chóra Sfakíon z.B. Captain Giannis, Informationen in der Taverne O Faros am Westende des Hafens oder bei Captain John (Tel.: 0825-91261).

Busverbindungen

Busstation an einem länglichen Platz östlich oberhalb des Hafens. 3 x täglich nach Chaniá über Vrisses (morgens-mittags-nachmittags, Dauer 2 Std., Preis 1.600 Drs). Ein zusätzlicher Bus nach Chaniá verkehrt als letzte Rückfahrt nach der Samariá-Schluchtwanderung am frühen Abend (19 Uhr). Außerdem einmal am Tag (morgens) ein Bus von Réthimnon über Plakiás und Rodákino nach Chóra Sfakíon, ein weiterer fährt gegen Mittag von Réthimnon nur über Rodákino (nicht am Wochenende).

Taxi

Taxiruf: 0825-91269). Transferfahrten zu den Flughäfen nach Vorreservierung. Nach Chaniá ca. 13.000 Drs, nach Iráklion 22.000 Drs (bis zu 4 Personen).

Parken

Direkt im Zentrum am Hafen bietet ein großer Parkplatz genügend Platz, allerdings ist er kostenpflichtig.

Übernachten

Die meisten Gäste verlassen Chóra Sfakíon nach kurzem Aufenthalt wieder Richtung Nordküste. Dabei bietet sich der Ort für Ausflüge an die Südküste an (Loutró, Frangokástello, Ímbros-Schlucht etc.). Kleine Hotels und Pensionen liegen direkt im Ort.

*• **Vritomatis**, €€-€€€: 73011 Chóra Sfakíon, Tel.: 0825-91277 o. 91134 o. 91156, Fax: 91222, e-Mail: vritnat@otenet.gr. Einige Kilometer östlich vom Ort am Filaki-Strand liegt die Hotelanlage der B-Kategorie. 85 Zimmer für 2-4 Personen, neben Veranstaltern (Öbena, Miramare) sind auch private Buchungen möglich. 2 Pools, Tennisplatz, ein Restaurant, ein Mini-Markt und eine Snack-Bar gehören zur Anlage. Jede Stunde Hotelshuttle zum 800 m entfernten Strand mit Snack-Bar und Sonnenliegen. FKK-Freunde sind willkommen. Das Hotel ist vom 1. Mai bis Ende Oktober geöffnet.*

*• **Livikon**, €€: 73011 Chóra Sfakíon, Tel.: 0825-91112 o. 91223, Fax: 91222. Im Ort gelegen, alle 10 Zimmer (davon 5 für 4 Personen und 5 für 3 Personen) haben Meerblick, einige auch eine Klimaanlage, die im Hochsommer zu empfehlen ist. Geöffnet vom 1. April bis Anfang November. Auskunft im Restaurant am Hafen.*

*• **Panorama**, €: 73011 Chóra Sfakíon, Tel.: 0825-91296. Kleine Pension, etwas erhöht am östlichen Ortsrand. Die ruhigen Zimmer haben teilweise mit Blick auf den neuen Fischerhafen von Chóra Sfakíon. Sehr einfache Einrichtung, dafür sind die Zimmer sauber, und im Haus gibt es eine Taverne, in der morgens auch das Frühstück eingenommen werden kann.*

*• **Hotel Stavris**, €€: 73011 Chóra Sfakíon, Tel.: 0825-91220, Fax: 91152. Etwas oberhalb der kleinen Hafenbucht liegt das Hotel mit 2 Gebäuden und insgesamt 34 Zimmern. Alle Zimmer haben einen Balkon, einige auch Meerblick. Tiere sind erlaubt. Der Ortsstrand Vrisi Beach ist nur 100 m entfernt. Das Hotel wird durch den Rummel tagsüber nicht beeinträchtigt.*

Essen

Am Rand des zentralen Parkplatzes gibt es einige Café-Bars, die Tavernen liegen alle um den alten Hafen, man läuft quasi auf ihren Terrassen entlang. Speisen werden in Kühlvitrinen am Eingang präsentiert, Sitzplätze geschützt direkt am Wasser. Die Qualität ist wegen der vielen Durchgangsgäste nicht allzu hoch. Einen tollen Blick auf den Ort hat man vom Café Emparko, etwa 800 m außerhalb.

Mini-Markt
neben Sfakiá-Tours am Südrand des Parkplatzes, hier auch deutschsprachige Zeitungen

Polizei
Tel.: 0825-91205

Post
Am Südrand des Parkplatzes am Hafen, geöffnet von 7.30-14 Uhr. Mit Briefkasten für Ihre Urlaubspost. Kartentelefone stehen vor dem gelben **OTE**-Gebäude mit der markanten Schüssel auf dem Dach.

Reiseagentur und Autovermietung
Sfakiá-Tours neben der Post verkauft Tickets für die Schiffe, vermietet Autos und Motorräder und **wechselt Geld** (Tel.: 0825-91130). Im Travellers Service Center am Parkplatz sind auch Telefonkarten erhältlich, außerdem gibt´s hier Geld für Visa-Karten und Euroschecks und eine Gepäckaufbewahrung.

Drápanon (S. 617ff)
Bezirk Chaniá, Vorwahl 0825, Postleitzahl 73133 (Vámos), 73003 (Kalíves)

Busverbindungen
Busse verkehren von Chaniá nach Kalíves (bis zu 8 mal täglich, erster Bus am frühen Morgen, letzter Bus zurück gegen 20 Uhr), in der Saison fahren die meisten auch weiter bis nach Almirída. Am Sonntag reduziertes Angebot. Preis 500 Drs.

Übernachten
• *Kalíves Beach Hotel*, **€€€**: 73003 Kalíves, Tel.: 0825-31881 o. 31285; Fax: 31134 o. 57065. Modernes Großhotel direkt an der Mündung des kleinen Flusses, der das Zentrum von Kalíves durchschneidet. Alle 62 Zimmer deshalb mit Blick aufs Wasser, teilweise Meer, teilweise Fluß. Mit wenigen Schritten ist man an der Platía von Kalíves mit Tavernen und Geschäften. Eigener kleiner Strand und schöner Poolbereich mit schattigen Plätzen. Klimaanlage, Kühlschrank und TV gehören zur Ausstattung der Zimmer, von denen einige familienfreundlich mit Türen verbunden sind. Für Fitnesshungrige bietet das Hotel einen eigenen Beauty- und Wellness-Bereich mit Geräten, Whirlpool, Schwimmbad und Sauna.
• *Studio/Apartments Marika*, **€€** (*-€€€*): Exópoli/Apokoronou/Chaniá, Tel.: 0825-61500, Tel. + Fax in Chaniá: 0821-75241. Wunderschöne Apartmentanlage mitten im Dorf Exópoli mit einem der besten Ausblicke der Insel über ein grünes Tal bis in die Weißen Berge. Die individuell ausgestatteten Apartments können z.T. mit 4 Personen belegt werden, sind also auch für Familien ideal. Georgioupoulis mit langem Sandstrand ist auf steiler Straße etwa 3 km entfernt, aber in der Anlage ist auch ein Swimming-Pool vorhanden. Unterkunftstip zum Relaxen und für Ausflüge auf die Halbinsel Drápanon. Bitte klären Sie vorab, ob wegen der zeitweiligen Belegung durch Reiseveranstalter noch Apartments frei sind.
• *Haus Karoline*, **€€**: 73003 Kalíves, Tel.: 0825-31703, Fax: -32300. Der ungewöhnliche Name deutet auf die deutschstämmige Besitzerin hin, die mit ihrem Mann dieses schöne und gepflegte Haus führt. Vorwiegend kommt Stammpublikum, das nicht nur die Lage

etwas östlich von Kalíves schätzt, sondern auch die persönliche Note in den 4 Studios und
4 Apartments (bis zu 4 Personen).
• **Traditionelle Gästehäuser und Dorfhotel in Vámos, €€**: 73133 Vámos, Tel.: 0825-
23100 o. 23250, Fax: 23100. Mehrere traditionelle Häuser mit urgemütlicher gehobener
Ausstattung (u.a. Kamin und TV) und ein ganzjährig geöffnetes Dorfhotel mit 20 Betten.
Besonders schön sind Arosmati Cottages am Ortsrand und etwas zentraler Leska Cottage
aus der Zeit um 1860.
• **Traditionelle Gästehäuser in Vafes, €€**: Kontakt über Vafes A.E., Tel.: 0825-51396 o.
51263, Fax: 51263, e-Mail: vafes@chania-cci.gr.
• **Traditionelle Gästehäuser in Gavalohori, €€**: Gavalohori/Apokoronou/Chaniá, Tel.:
0825-22038. Gästehäuser (bis 8 Personen) und Studios (2-4 Personen). Sie liegen direkt im
Dorf und in der nahen Umgebung von Gavalohori.

Essen

• **1 Sterna tou Blumosifi**. Im Hauptort Vámos, Tel.: 0825-23250. Unter einer
alten Platane werden ganzjährig kretische Speisen aus dem Holzofen und Wein
von der Halbinsel Drápanon serviert.
• **Psaros**. Die fabelhafte Fischtaverne liegt direkt am Strand von Almirída. Der Blick geht
von hier auf das Meer und die Halbinsel Akrotíri. Geöffnet ist auch außerhalb der Saison,
auf Kreta ein Zeichen für Qualität.

Einkaufen

• Auf Drápanon ist eine Reihe von – teilweise zugewanderten – Künstlern
heimisch. In Verkaufswerkstätten bieten sie Einzelstücke als bleibende Erinnerungen an. Natürlich sind solche Souvenirs teurer als Übliches.
• **Cretaglas – Glasbläserei**: Kókkino Horió, Tel.: 0825-31194, geöffnet tgl. 8-20 Uhr. In der
Werkstatt von Andreas Tsombanakis wird Altglas eingeschmolzen und unter alten Mund-
blastechniken zu Vasen, Lampen und Schalen geformt. Man kann den Glasbläsern bei der
Arbeit zusehen und alle Stücke auch erwerben.
• **Faßmacher und Weine vom Faß Paradosiako**: Kalíves, Tel.: 0825-31039. In der Nähe
der Brücke befindet sich in Ortsmitte die Werkstatt eines der letzten Böttcher der Insel.
Stavrós Hatzidimitriou stellt mit handwerklichem Geschick die Holzfässer zur Aufbewah-
rung von Wein oder Raki her. Zum Einsatz kommen z.B. Eichen- und Kastanienholz.
• **Werkstatt von Antonios Santorinios-Santorinakis**: House of the Olives, 73008 Kámbia Apokoronou, Tel.: 0825-32178, Fax: 32068, e-Mail: jpitt@cha.forthnet.gr. Werkstatt und
Ausstellung sind täglich von 9-14 und 17-20 Uhr geöffnet. Die Preise für Originalradierungen beginnen bei 52.000 Drs.
• **Keramika Kaina**: Kaina, Tel.: 0825-31039, geöffnet meist von 10-14 Uhr. Werkstatt der
deutschen Töpferin Eva-Maria Albouts im Dorf Kaina zwischen Vámos und der New Road
bei Agioi Pantes. Neben Keramikarbeiten werden auch ätherische Öle und Olivenöl aus
der Umgebung (ökologischer Anbau) angeboten.

Sport

• **Kreta Kreativ – Wandern und Malen**: Tel. + Fax: 0825-23290. Wer die
bezaubernde Landschaft Drápanons selbst im gemalten Bild festhalten möchte
und dies unter ortskundiger Führung, sollte sich bei Helmtrud Inninger in Gavalohori nach
den aktuellen Kursen und Veranstaltungen erkundigen. Interessant für alle, die sich nicht
lange festlegen wollen, sind die eintägigen Schnupperkurse (9.000 Drs).

• **Wandern:** *Im winzigen Dorf Douliana liegt das Büro von Metapodia, die unter der Leitung eines Deutschen Wandertouren in Westkreta veranstalten. Tel.: 0825-22701.*
• *Ein* **Wellness-Center** *steht im Kalíves Beach Hotel in Kalíves (im Zentrum am Fluß) auch Gästen offen. Fitness, Massage, Sauna oder Aerobic werden gesondert oder als Paket abgerechnet. Geöffnet morgens und ab späten Nachmittag. Tel.: 0825-31285.*
• *Minigolf in Kalíves an der Hauptstraße (Nr. 473)*
• **Surf- und Segelschule** *(auch Katamaran) in Almirída am Strand.*

Sehenswürdigkeiten
• **Ausgrabung Áptera:** *Di-So 8.30-15 Uhr, Eintritt frei.*
• **Fossilien- und Mineralienmuseum Kalíves:** *im westlichen Ortsteil an der Hauptstraße (Nr. 114), 9-14 Uhr, Eintritt frei.*
• **Volkskunstmuseum Gavalohori:** *in der Saison täglich von 9-20 Uhr, Sa bis 19 Uhr. So Mittagspause von 13.30 - 17 Uhr. Tel.: 0825-23222 (Führungen nach Vereinbarung).*

Medizinische Hilfe
Ambulante Krankenstation Vámos: *Zentrum mit verschiedenen Fachärzten (Internist, Kinderarzt, Gynäkologe etc.) und Labor. 24 Stunden Erste Hilfe. Am östlichen Ortsausgang von Vámos an der Straße nach Kefalás ausgeschildert, Tel.: 0825-22580.*

Lokalanzeiger für Apokoronas
Unregelmäßig erscheinendes dickes Heft mit Informationen über Ausflugsmöglichkeiten und die regionale Kultur der Provinz Apokoronas. Wenn in den Geschäften vergriffen, bestellen bei: Loelf & Stecher O.E., 73008 Kalamítsi Amigdalí, Kreta, Tel. + Fax: 0825-22621, e-Mail: Lokalanzeiger@georgioupoli.net, Homepage: http://georgioupoli.net

Polizei
In Vámos: Tel.: 0825-22218, in Vrýsses Tel.: 0825-51205

Post
In Kalíves (an der Hauptstraße, Nr. 203), auch in Vámos und Vrýsses.

Elounda (S. 424f)
Bezirk Lassithi, Vorwahl 0841, Postleitzahl 72053

Touristeninformation
Neben der kleinen Kirche am Hafen. Geöffnet: Mai bis Oktober, tgl. von 8-23 Uhr. Hier ist man Ihnen gerne bei der Zimmersuche behilflich, auch Geldwechsel ist hier möglich.

Parken
Am Hafenrand an der Straße Richtung Pláka.

Busverbindungen

*Busse der KTEL halten an der Platia, gegenüber der Post. Nach **Agios Nikolaos** bestehen von 7.30 bis 21.20 Uhr beinahe ½-stündliche Verbindungen, die Fahrzeit beträgt ca. 15 Min (Preis 230 Drs.). Außerdem gibt es von 9.20-19.20 Uhr tgl. 6 Fahrten nach **Pláka** (alle 2 Stunden).*

Taxi

Taxen stehen direkt an der Platia (Tel.: 0841-41151).

Übernachten

• *Elounda Beach* €€€€: *72053 Elounda, Tel.: 0841-41412, Fax: 41373, e-Mail: elohotel@eloundabeach.gr Etwa 2,5 km südlich von Elounda gelegene, 140.000 qm umfassende Hotelanlage, die aus zwei Haupthäusern und zahllosen Bungalows besteht (insgesamt 258 Betten). Hier finden Sie sowohl einfache, im typischen kretischen Inselstil eingerichtete Zimmer (alle mit Balkon bzw. Terrasse und Blick aufs Meer) als auch Luxusbungalows, die neben einem eigenen Meereszugang auch über einen Swimming- und Whirlpool auf der Terrasse verfügen. Bademöglichkeiten für alle bestehen im beheizten Meerwasserpool mit Liegeterrasse, zwei aufgeschütteten Badebuchten sowie auf verschiedenen Steinplateaus am Meer. Für Kinder wird neben einem Spielplatz ein abwechslungsreiches Programm geboten.*

• *Elounda Mare* €€€€: *P.O. Box 31, 72100 Agios Nikolaos, Tel.: 0841-41102-3, Fax: 41307, E-Mail: elmare@agn.forthnet.gr. Wunderschön gestaltete Hotelanlage. Das Hauptgebäude wurde aus dunklen Natursteinen errichtet, die sich deutlich gegen das helle Pflaster abheben. Die gestuft angelegten Bungalows fügen sich in einen weitläufigen Garten ein, der zum Meer hin abfällt. Alle Bungalows verfügen über eigene Swimmingpools! Die Zimmer sind sehr ansprechend im kretischen Stil eingerichtet, Wände und Böden zieren farbenfrohe kretische Webteppiche. Küche und sonstige Infrastruktur lassen keinen Wunsch offen. Der hauseigene Yachtclub rundet die Exclusivität ab.*

• *Porto Elounda del luxe Resort* €€€€: *P.O. Box 31, 72100 Agios Nikolaos, Tel.: 0841-41903, Fax: 41889, e-Mail: elporto@agn.forthnet.gr. Diese Anlage mit einem 150 Meter langen Privatstrand verfügt über 106 Zimmer und Suiten im terrassenartig angelegten Haupthaus sowie 62 Zimmer und Suiten in Bungalows mit eigenem Garten, zum Teil eigenem Pool. Alle Zimmer bieten Ihnen einen unverbauten Blick auf den Golf von Mirambellou. Natürlich gibt es auch hier zahlreiche Pools und ein breites Sportangebot, darunter den bisher einzigen **9-Loch-Golfplatz** Kretas.*

• *Grecotel Elounda Village* €€€€: *P.O. Box 16, 72053 Elounda Kreta, Tel. 0841-41802, Fax: 41278. 3 km von Elounda entfernt, ca. 7 km von Agios Nikolaos. Ruhig und hoch auf der Felsküste mit fantastischem Blick über die Mirabello–Bucht gelegen, romantisch bei Sonnenuntergang; 130 Bungalows sowie 32 Zimmer und Suiten laden in traditionell kretischer Atmosphäre zum Erholen ein. Alle verfügen über Bad/WC, Telefon, Radio, TV, Kühlschrank, Klimaanlage, Balkon oder Terrasse. Vom Haupthaus blickt man aufs Meer oder in Richtung Dikti-Gebirge. Die Mehrzahl der Zimmer befindet sich in einer schönen Gartenanlage. Privatstrand, Tennis, Wassersport, Tauchen, Pools, kulturelle Unterhaltung, Kinderclub und zahlreiche Ausflugsmöglichkeiten gehören zum gehobenen Standard der Grecotels.*

• *Spinalonga Village* €€€€: *72053 Elounda, Tel.: 0841-41285 o. 41494-9. Wunderschönes, relativ neues Hotel mit 17 Zimmern. Direkt südlich von Pláka gelegen. Von den meisten der sehr geräumigen Zimmer haben Sie einen bezaubernden Blick auf die Insel Spinalonga. Dasselbe gilt auch für die Restaurantterrasse und den Swimmingpool (Salzwas-*

ser!). Die Atmosphäre ist diskret, ohne daß das Gefühl völliger Abgeschiedenheit aufkommt. Zu den Tavernen im Dorf läuft man 5 Minuten, aber das hauseigene Restaurant belohnt ebenfalls mit guter kretischer Landküche. In der Hochsaison sind die großen 2-Personen-Bungalow allerdings auch nicht billig.

• **Kalypso Hotel €€€:** 72053 Elounda, Tel.: 0841-41367, Fax: 41424. Direkt am Hafen von Elounda gelegen. Das Hotel liegt inmitten des Geschehens. Von den hafenzugewandten Zimmern aus können Sie auf die Tavernen blicken und morgens den Fischern bei ihren Fangvorbereitungen zusehen. Der Preis mag etwas hoch sein, aber den bezahlt man hier für die zentrale Lage. In der Hochsaison oft durch Reiseveranstalter ausgebucht.

• **Elounda Island Villas €€€**: 72053 Elounda, Tel.: 0841-41274-5, Fax: 41276. Gegenüber von Elounda auf der Südseite der Insel Spinalonga gelegen. Die weißgetünchten, relativ schattig gelegenen Unterkünfte versprechen Ruhe und Entspannung. Die Zimmer sind über drei Etagen angelegt, verfügen über eine Küche und sogar Kamin für kühle Sommernächte. Im Haus gibt es eine kleine Taverne. Zum Ort Elounda laufen Sie 10-15 Minuten – und gerade diese gewisse Abgeschiedenheit hat ja ihren Reiz.

• **Kalidon €€:** 72053 Elounda, Tel.: 0841-41693, Fax: 42255. Am südlichen Ortskern von Pláka gelegenes, kleines Apartmenthotel. Die Zimmer gehen, wie typisch für Häuser in dieser Gegend, über drei Ebenen. Im unteren Teil befinden sich Küche und Bad, in der Mitte der Wohnbereich (mit 2 Zusatzbetten) und oben der Schlafbereich. Jedes Apartment hat eine kleine Terrasse. Ideal für Selbstversorger.

• **Pension Oasis €€:** 72053 Elounda, Tel.: 0841-41076, Fax: 41128. Nur ein kleines Stück oberhalb des Hafenbereichs gelegen an der Straße nach Fourni. Einfache, aber mit Kühlschrank und Ventilator ausgestattete und sehr saubere Zimmer. Absolut empfehlenswert, wenn man auf Luxus verzichten kann. An der Straße gibt es noch weitere günstige Pensionen.

Essen

• Die meisten Restaurants reihen sich um die Hafenbucht und entlang der Straße nach Süden, Richtung Agios Nikolaos. Schön gelegen ist dabei das Fischrestaurant **Vritomartis** auf einer Insel mitten im Hafen. Das **Ferryman** empfiehlt sich durch seine gute Fischküche und die Tatsache, daß es einst Mittelpunkt einer britischen Ferseh-Soap war. Weiter südlich, an der schmalen Straße zum Damm nach Spinalonga, befinden sich weitere **Tavernen mit Blick auf die Bucht** von Elounda und die Insel.

• Wenn Sie einmal ein **unvergeßliches** Mezédes-Essen wünschen, dann sind Sie im **Marilena** (Tel.: 0841-41322) an der Uferstraße nördlich des Hafens bestens aufgehoben. Hier können Sie sich den Genüssen der kretischen Küche bei 20 verschiedenen Gängen hingeben.

• Nördlich von Elounda, kurz vor Pláka, empfiehlt sich die Tarverne **Driros**. Hier ist die Auswahl zwar etwas kleiner als im Marilena, dennoch ist die Küche sehr gut und bietet zahlreiche kretische Spezialitäten. Das beste ist jedoch die Lage, hervorragend geeignet für **ein romantisches „candlelight dinner"** (Tel.: 0841-41625).

Bootsausflüge

Die Boote nach Spinalonga legen im Hafen hinter der Platia ab. 1. April bis 31. Oktober, von 9-16.30 Uhr alle halbe Stunde. Kosten pro Pers. 2.000 Drs, Fahrtdauer ca. 20-25 Minuten für einen Weg. Rund 1 Stunde Aufenthalt, also auf jeden Fall mindestens 2 Stunden für den Ausflug einplanen. Auf der Insel gibt es keine Getränke zu kaufen, also vorher versorgen! Die Boote sind zumeist umgebaute Kutter für etwa 50

Personen. Busausflügler fahren mit moderneren Schiffen, z.B. Nostos Tours, die auch Fahrten mit dem Autor des Buches „Spinalonga – Insel der Verdammten" anbieten. Noch größere Schiffe fahren ab Agios Nikolaos, hier gibt es an Bord auch Speisen und Getränke. Auf Spinalónga legen die Boote direkt am Südende unterhalb der Festung an und fahren meist gleich wieder zurück. Da die Boote sehr ähnlich aussehen, unbedingt den Namen für die bezahlte Rückfahrt merken!

Wassersport
Bei Pláka am Driros Beach finden Sie das **Water sports center** von Agelos Kakarouras, hier können Sie Surfbretter, Segel- und Tretboote, Kanus und vieles mehr mieten. Auch Wasserski ist im Angebot (Tel.: 094-932760).

Allgemeine Adressen
Eigentlich liegt alles ganz zentral im Bereich der Platia oder zumindest wenige Meter von ihr entfernt.

Bank/Geldwechsel
Banken und EC-Automaten finden Sie an der Platia, Geldwechsel ist außerdem in der Touristeninformation möglich.

Internationale Presse
Im Book Shop an der Platia.

Medizinische Hilfe
Cretan Medicare befindet sich in der Main Road und ist 24 Stunden besetzt. Tel.: 0841-42000.

OTE
Neben der Kirche. Mo-Sa 8 bis 23 Uhr, So: 10-15 Uhr und 17 bis 22 Uhr.

Post
An der Platia gegenüber der Bushaltestelle.

Waschsalon
Eine Wäscherei mit 24 Std.-Service finden Sie ebenfalls an der Platia.

Georgioúpoulis (S. 606)
Bezirk Chaniá, Vorwahl 0825, Postleitzahl 73007

Busverbindungen
Die Busse auf der Hauptlinie Chaniá-Réthimnon-Iráklion halten südlich des Ortes an der New Road. Halbstündliche Verbindungen zu den größeren Städten. Fahrzeit nach Réthimnon ca. 30 Min., nach Chaniá 45 Min.

Taxi

An der Platia, Taxiruf: 0825-61477.

Parken

An der Platia in Ortsmitte oder im Seitenstreifen der Eukalyptusallee unten beim Fluß.

Übernachten

Die meisten Urlauber in Georgioúpolis wohnen in einem Hotel am langen Sandstrand östlich des Ortskerns. Diese vermieten aber oft auch an Individualreisende. Zu Fuß zum Ort etwa 10-30 Minuten. In Georgioúpolis selbst liegen kleinere Hotels und Pensionen, zu den Tavernen und Geschäften sind die Wege dann einfach kürzer. Gerade abends fällt die Entscheidung, noch bummeln zu gehen, leichter.

• **Kournás Village, €€€**: 73007 Kavros, Tel.: 0825-61416 o. 61417, Fax: 61418. Mehrere deutsche Reiseveranstalter haben die gepflegte Anlage in Kavros im Programm. Auf dem langen Grundstück zwischen Straße und Meer sind 140 komfortable Zimmer (alle mit Balkon und TV) untergebracht. Großer Poolbereich und eigener Kinderpool. Gutes Sportangebot, direkt am Strand liegt ein Tennisplatz mit Flutlicht. Ins Zentrum von Georgioúpolis rund 5 km, dafür gibt es aber Tavernen und Geschäfte (auch deutsche Zeitungen) in direkter Nachbarschaft.

• **Pilot Beach, €€€(-€€€€)**: 73007 Georgioúpolis, Tel.: 0825-61002 o. 61068, Fax: 61397, e-Mail: pilot@otenet.gr. Anlage der oberen Mittelklasse, ca. 1 km östlich von Georgioúpolis am langen, breiten Sandstrand. Der flache Einstieg ins Meer ist kinderfreundlich.165 Zimmer in zweigeschossigen Bungalows, jeweils mit Klimaanlage, Kühlschrank, Badewanne, TV und Safe. Breites Sportangebot und neben dem großzügigen Pool auch ein eigener für Kinder. Ambiente und Service sind ausgesprochen freundlich, die Gäste erhalten ein vom Besitzer selbst produziertes Olivenöl und tragen sich dafür in das große Olivenölbuch ein. In den Ortskern von Georgioúpolis sind es zu Fuß 15-20 Minuten. Das Hotel ist über mehrere Pauschalanbieter einfach zu buchen. Aber auch Individualreisende sind jederzeit willkommen.

• **Corissia, €€€**: 73007 Georgioúpolis, Tel.: 0825-61456, 61490, Fax: 61389. Das schöne Hotel liegt sehr zentral und doch ruhig und kühl zwischen Dorfplatz und dem Ortsstrand von Georgioúpolis. Der Edem Park, ein Strand mit Pool, Liegewiese und Snack-Bar, gehört dazu. Dort werden Frühstücks- und Abendbuffet eingenommen. Alle Zimmer sind mit Klimaanlage, TV und Kühlschrank ausgestattet. Das Hotel hat zudem noch eine Dachterrasse und im Erdgeschoß einen Buchladen, der auch internationale Presse führt. Neu ist die gut ausgestattete, 100 qm große Villa Corissia, die bis zu 6 Personen Platz bietet und im Garten einen eigenen Pool hat.

• **The River House, €€**: 73007 Georgioúpolis, Tel. + Fax: 0825-61194. Kleine Pension mit 11 Zimmern/Studios am Nordrand des Ortes, etwa 5 Gehminuten zum Zentrum. Die Studios in der 1. Etage haben eine Kochgelegenheit. Die Betreiber sprechen deutsch.

• **Kalivaki, €€**: 73007 Georgioúpolis, Tel.: 0825-61316. An der Westseite des Ortes gelegene, wirklich hübsche Anlage mit eigenem Swimming-Pool. Blick auf die geschwungene sandige Bucht und die Weißen Berge. Hinter der Brücke nach etwa 250 m rechts abfahren (Taverne To Arkádi) und nach kurzer Zeit wieder links.

Essen

• Die Tavernen liegen rund um die Platia und an der Straße hinunter zum Strand. Hier sitzt man deutlich ruhiger als mitten im Ort. Mehrere gute Tavernen auch an der Ausfallstraße Richtung Episkopí. In der Fischtaverne **Poseidon** bekommen Sie fast ausschließlich fangfrischen Fisch. Die Auswahl ist abhängig vom Fangerfolg des Tages. Man kann sich den Fisch aussuchen und die Portion abwiegen lassen. Die Frische hat aber ihren Preis. Die **Taverna Paradise** ist eines der wenigen Lokale, die wirklich noch alte Rezepte verwenden und in denen die Gäste einen Blick in die Küche werfen können, um das aktuelle Angebot auszuwählen. In der Nähe des Flusses sitzt man schattig unter den großen Eukalyptus-Bäumen.

• In der Taverne **Sirtaki** neben dem Internetcafé überzeugt die Auswahl an Vorspeisen-, Fisch- und Fleischplatten. So entfällt die Qual der Wahl, und Sie essen von allem etwas. In der Nähe der Schule wird im **Manoussos** noch viel mit Nelken und Zimt gekocht. Das Ambiente ist griechisch einfach, dafür ißt man günstig, und auch Kinder sind willkommen.

• Im **Café Risko** (Tel.: 0825-61004), das von einer Deutschen geführt wird, serviert man selbstgemachten Kuchen, dunkles Brot und frischen Filter- und Milchkaffee. Die Atmosphäre ist wohltuend entspannt, Brettspiele und Bücher stehen zur Auswahl.

• Fast jeden Abend finden zudem in der langen Sandbucht **Strandpartys** statt. Auf Aushänge im Ort achten. Feste Adressen für das Nachtleben sind die wöchentlichen Beach-Partys in **Mike's Oasis** am Strand unterhalb des Ortes und die große Diskothek **Time** etwas außerhalb an der Straße Richtung Exópoli (zeitweise Shuttle-Service).

Ausflüge

• Am Ende der ortsseitigen Kaimauer des Flusses können Sie **Tretboote und Kanus** leihen. Ein Doppelkanu kostet 1.000 Drs pro Person/Stunde, ein Tretboot für 3 Personen 3.000 Drs/Stunde. Ebenfalls im Angebot sind Jet-Ski, die aber nur auf dem offenen Meer fahren dürfen. Verzichten Sie auf das angebotene Tierfutter, meist nur altes Brot, für das Ihnen hier noch Geld abgeknöpft wird und das den Tieren nur schadet.

• Vom Hafen an der Flußmündung fährt ein **Ausflugsboot nach Marathí** auf der Halbinsel Akrotíri. An Bord wird ein Essen serviert. Gute Möglichkeit, die unzugängliche Ostküste der Halbinsel Drápanon zu erleben.

• **Talos-Express**: Der Ausflugszug fährt bis zum Kournás-See, nach Argiroúpolis (das antike Lappa) und auf die Halbinsel Drápanon, ist damit deutlich interessanter als die meisten anderen dieser Züge. Mehrere Haltestellen im Ort (z.B. an der Straße zum Strand).

Sport

• **Hellas Bike Team Georgioúpolis**: Die Station in Ortsmitte bietet mit über 140 Rädern Radwander- und Mountainbike-Touren von 20 km (Drápanon-Halbinsel) bis zu 95 km (Südküste) an (Tel.: 0825-61141).

• **Zoraida's Horse Riding**, Tel.: 0825-61745, an der alten Straße nach Vrysses. Reiten für Anfänger und Fortgeschrittene, z.B. Strandreiten und Ausflüge zum Kournos-See.

Internetzugang

@lcemist auf der linken Seite an der Straße zur Brücke über den Almirós-Potamos, e-Mail: alchemist@otenet.gr. Minutenweise Abrechnung, geöffnet ist von April bis Ende Oktober täglich von 10-24 Uhr. Hier gibt es auch natürliche Kosmetikprodukte und CDs mit kretischer Musik.

Motorrad- und Fahrradvermietung

Eine Riesenauswahl an motorisierten Zweirädern und Fahrrädern finden Sie bei ETHON am Nordende der Platia, wo es zum Fluß runter geht (Tel.: 0825-61269). Oder bei Petro´s 1st Class Bicycles (Tel.: 0825-61141) mit ausführlicher Tourenberatung und verschiedenen Fahrrädern (auch für Kinder).

Medizinische Hilfe

Gemeinschaftspraxis mehrerer Ärzte zwischen der Platia und der New Road. Es gibt einen Bereitschaftsdienst und mehrsprachige Ärzte. Tel.: 0825-61600.

Polizei

Tel.: 0825-61350

Ierapetra (S. 461ff)

Bezirk Lassíthi, Vorwahl: 0842, Postleitzahl 72200

Touristeninformation

Das neue Informationszentrum entsteht an der Strandpromenade zwischen Rathaus und Polizei (Höhe Pl. El. Venizelou).

Busverbindungen

*Der Busbahnhof mit Wartehalle, Caféteria und Gepäckaufbewahrung befindet sich etwa 400 m nordöstlich des Stadtzentrums an der Od. Lasthenou gegenüber der Kirche Timios Stavrós (Tel.: 0842-28237). Von hier aus fahren tgl. 8-10 Busse über **Ag. Nikolaos** (Dauer 1 Std., Preis: 750 Drs) nach **Iráklion** (Dauer: 2,5 Std, Preis 2.100 Drs). Mo-Fr bestehen zusätzlich 2 Verbindungen über **Ano Viannos** nach Iráklion. Nach **Mirtos** fahren Mo-Fr ca. 6 Busse, Sa/So 2 (Dauer 30 Min., Preis 350 Drs). Nach **Makrigialos** 7-10 Busse (Dauer 30 Min., Preis 600 Drs) und nach **Sitia** 4-6 Busse (Dauer 1,5 Std, Preis 1.200 Drs).*
***Tip:** Besorgen Sie sich möglichst schnell den aktuellen Fahrplan für den östlichen Inselteil, den Sie kostenlos am Ticketschalter des Busbahnhofs erhalten.*

Parken

*Einige **Parkplätze** befinden sich am östlichen Ende der Strandpromenade, neben dem Sportplatz **am Hotel Astron**. In der Altstadt liegen sie **am venezianischen Kastell** sowie **am Fischerhafen**. Wenn Sie in der Neustadt parken wollen, benötigen Sie ein Permit, d.h. einen etwas umständlichen Parkschein, den Sie im Rathaus und an den Kiosken erhalten (für Touristen bisher kostenlos).*

Taxi

An der Pl. Kanoupaki. Ein weiterer Taxistand, an dem die aktuellen Ferntarife ausgehängt sind, liegt an der Pl. El. Venizelou (Taxiruf: 0842-26600).

Übernachten

Ierapetra bietet eine große Auswahl an Hotels und Pensionen. Strandhotels liegen östlich des Stadtzentrums, an der Küstenstraße nach Makrigialós. Die Stadt-

Ierapetra
Hotels und Restaurants

↑ nach Agios Nikolaos

Papageorgiu

nach Sitia, Makrigialos →

Umgehungsstraße
Frangaki
Mamounaki
Lasthenous
Papagou
Psilinaki
Filotheou
Strandpromenade
Dedalou
Kalimeraki
Kokkini
Kazantzaki
Pl. Plastira
Metaxaki
Lambraki
Sportplatz
Kyprou
Afxendiu
Sfakianaki
Baritaki
Kundurn
Pl. E Venizelou
Giannaki
Koraka
Kotini
Strandpromenade
Omirias
Portyrougen
Ploumidi
Pl. Kanoupaki
Ausflugsboot
zur Insel Chrisi
nach
Ano Viannos,
Mirtos
Adrianou
Choura
Kina
Kyprii
Vasarmidi
Kornarou
Hafenpromenade
Sportplatz
Hafen

N
0   200m

© Igraphic

Hotels
1 Hotel Astron
2 Hotel El Greco
3 Hotel Cretan Villa
4 Hotel Four Seasons
5 Hotel Coral

Restaurants
6 Taverne Napoleon
7 Taverne Konaki
8 The Wine Cellar
9 Musiko Kafenio

hotels finden Sie dagegen vor allem im Bereich der Strandpromenade. Günstige kleine Hotels und Pensionen liegen darüber hinaus im Bereich der Altstadt und in der Nähe des Busbahnhofs. Eine Jugendherberge fehlt bislang, der nächste Campingplatz ist rund 7 km entfernt.

• **Petra Mare €€€€**: P.O. BOX 66, 72200 Ierapetra, Tel. 0842-233419; Fax: 23350. Gehobenes Strandhotel an der Küstenstraße, gut 1 km östlich des Stadtzentrums. Ein großer 4-geschossiger Betonklotz mit 225 Zimmern, Swimmingpool, Sauna, Fitnessraum,

Kinderparadies und Tauchschule. Von außen betrachtet, wirkt dieses familienfreundlich geführte Haus unterkühlt, die komfortabel ausgestatteten Innenräume sind jedoch weitaus einladender. Die geräumigen und hellen Zimmer sind im kretischen Stil eingerichtet und verfügen über Klimaanlage, Kühlschrank, Dusche, WC und Balkon (tlw. mit Meeresblick).

• **Hotel Astron €€€**: *M. Kothri Str. 56, 72200 Ierapetra, Tel.: 0842-25114, Fax: 25917. Großes Stadthotel mit 70 Zimmern, direkt an der Strandpromenade gelegen. Alle Zimmer mit Klimaanlage, Kühlschrank, Telefon, Safe und Kabelfernsehen. Die Balkone bieten einen freien Ausblick auf das Libysche Meer, das direkt zu Ihren Füßen gegen die Kaimauer brandet.*

• **Hotel Thylissos Beach €€€**: *P.O. Box. 26, 72200 Ierapetra, Tel.: 0842-22114, Fax: 24875. Internet: www.suninhotels.gr/tylissos-beach. Modernes, östlich von Ierapetra gelegenes Strandhotel, das sich mit seinen Kompaktangeboten vor allem an Pauschaltouristen wendet. Buchungen erfolgen über das Internet. Zimmer mit Klimaanlage, Safe, Satellitenfernsehen und Internetanschluß.*

• **Irene Villas, €€-€€€**: *72200 Livada, Ierapetra, Tel./Fax: 0842-28361. Tel.: -61356. Etwas östlich von Ierapetra vermietet Familie Aspradakis in ihren Villas Irene I und II ansprechend gestaltete und geräumige Apartments für 2 bis 4 Personen. Jedes Apartment besteht aus einem Schlafzimmer, Wohnraum mit Bett oder Bettcouch, Eßplatz Küche, Badezimmer mit WC und Dusche sowie Terrasse oder Balkon mit Meerblick. Im großen Garten Swimmingpool, Kinderbecken, Whirlpool, Grillplatz und Backofen. Etwa 150 m vom Meer.*

• **Hotel Cretan Villa €-€€**: *Od Lakerda 16, 72200 Ierapetra, Tel. + Fax: 0842-28522. Homepage: www.galaxynet.gr/cretan-villa. Nettes, gut geführtes Haus aus dem 18. Jahrhundert mit traditioneller Einrichtung und ruhigem Innenhof. Neun einfache, aber saubere Zimmer mit Bad. Nahe dem Busbahnhof gelegen, Richtung Innenstadt an der Pl. Plastiras rechts halten, dann die Straße Baritaki entlang, anschließend wieder rechts.*

• **Hotel Four Seasons €-€€**: *Od. Kazantzakis 25, 72200 Ierapetra, Tel.: 0842-24390. Ebenso wie das Cretan Villa ein nahe dem Busbahnhof gelegenes Haus aus dem 19. Jahrhundert. Fragen Sie nach dem Zimmer mit der bemalten Holzdecke.*

• **Hotel El Greco €-€€**: *Od. M. Kothri Str. 42, 72200 Ierapetra, Tel.: 0842-28471, Fax: 28791. Einfaches kleines Stadthotel mit 32 Zimmern, in der Parallelstraße der Strandpromenade. Zur Meeresseite hin liegt das zugehörige Café. Einige der Zimmer haben einen Balkon mit Blick auf die See.*

• **Hotel Coral €**: *Od. Ioannidou 18. 72200 Ierapetra, Tel.: 0842-22846. Kleines Stadthotel in der Nähe der Hafenpromenade und Od. Kirva. Hier finden Sie einfache, aber saubere Einzel- und Doppelzimmer, in ruhiger Altstadtlage. Einige Zimmer mit eigenem WC, Bad und Balkon.*

Camping

Camping Kousounari: *Etwa 7 km östlich von Ierapetra, unterhalb der Küstenstraße gelegener Campingplatz mit Minimarkt, Kochgelegenheit und weitläufigem Kiesstrand. Die sanitären Anlagen sind sauber, Schatten spenden Schilfdächer und Olivenbäume. Tel.: 0842-61213.*

Essen

• *Entlang der Strandpromenade gibt es eine Vielzahl von Restaurants, jedoch keines, das wirklich bestechen könnte. Südlich des Fähranlegers, entlang der Hafenpromenade, sieht es da schon besser aus. Leider nerven hier zahlreiche „Schlepper", die Sie in ihr Lokal locken wollen. Kurz vor der Hafenfestung finden sich dann einige Tavernen*

und *Ouzerien*, in denen auch noch die einheimischen Fischer verkehren, die tagsüber im Schatten der Tamarisken ihre Netze flicken. Empfehlenswert ist das **Napoleon**. Es ist das älteste Restaurant der Stadt und für Fischgerichte und Klassiker wie Moussaká eine gute Adresse. Wenige Meter daneben finden Sie das **Konaki**, das erfreulicherweise am Programm zur Förderung der traditionellen kretischen Küche teilnimmt. Gute Mezédes gibt es darüber hinaus noch im **Kyknos**, in der **Ouzeri Manos** und im **Kafenion E. Manthourares.**
• Freunden der traditionellen kretischen Küche sei aber vor allem **The Wine Cellar** empfohlen. Dieses kleine, gemütliche und freundlich geführte Lokal der Gebrüder Kontopodis befindet sich in der Giannakou 3 (Querstraße zwischen Strandpromenade und Od. Kothri). Neben vielen schmackhaften Kleinigkeiten gibt es hier auch einen guten Wein aus Sitia.
• Den Reiz der Altstadtatmosphäre haben dagegen das an der Tzami-Moschee gelegene **Musiko Kafenio** und die nahe **Pizzaria Family**. Einfaches Essen, wie einen Gíropita auf die Hand, bekommen Sie dann noch vor allem im Bereich der Od. Kirva, in der sich auch das Nachtleben konzentriert.

Nachtleben

Die wichtigsten **Bars und Diskotheken** von Ierapetra konzentrieren sich zwischen der Pl. Kanoupaki, der Od. Kirva und der unteren Strandpromenade. Im **Le Figaro, Seven Blue Notes, Medusa, Diagoras** und **Zanadu** tobt hier nach Mitternacht das Nachtleben. Bis in die frühen Morgenstunden wird zu internationaler und griechischer Popmusik gefeiert. Und wenn die Stimmung in den frühen Morgenstunden ihren Siedepunkt erreicht, tanzt auch schon mal die Bedienung auf den Tischen. Im Vergleich zu den dabei erreichten Dezibelwerten, ähnelt der Flughafen von Iráklion der Empfangshalle eines Sanatoriums. Wenn Sie es ruhiger mögen und lieber in lauen Abendstunden kretischen Lyraklängen lauschen, sollten Sie die Konzerte und Tanzdarbietungen nicht verpassen, die während der Hauptsaison sonntags ab 22 Uhr auf der Freilichtbühne nahe der Pl. Knoupaki stattfinden (Eintritt frei).

Einkaufen

• Für den Einkauf ausgefallener Urlaubsmitbringsel ist Ierápetra sicherlich weniger gut geeignet. Dennoch finden Sie hier einige **Bekleidungs**- und **Juweliergeschäfte**, die sich vor allem im Bereich der Fußgängerzone konzentrieren (zwischen Pl. Kanoupaki, Pl. E. Venizelou und der Od. Kothri). Weitere Schmuckgeschäfte, ebenso zahllose **Souvenirläden**, liegen im gesamten Promenadenbereich.
• **Frische Lebensmittel und lokale Spezialitäten** kaufen Sie vormittags am besten in der Markthalle, ca. 100 m westlich der Pl. Kanoupaki. **Große Supermärkte** befinden sich an der Umgebungsstraße (kurz vor dem Ortsausgang Richtung Mirthos und nahe der Hauptkreuzung in Fahrtrichtung Sitía/Makrigialós). Gute Adressen in Sachen **Süßigkeiten** und **Wein** sind vor allem das **Paradosiaka Glyka Kritis** am nordöstlichen Ende der Fußgängerzone und die Weinhandlung **Oinoi Pota Dioniso**s in der Od. Adrianou 16 (nahe der Markthalle).
• Eingefleischten Ökofreaks, die trotz griechischer Küche ihren **Rapunzel Brotaufstrich** vermissen, kann im kleinen **Bioladen ΟΙΚΟΛΟΓΙΚΟΝ** in der Od. Theodokopoulou 7 geholfen werden. Grundpfeiler des Geschäftes sind jedoch die ökologischen **Baby- und Kleinkinderartikel**.

Musik/Theater

Im Rahmen des alljährlichen sommerlichen Kulturfestivals „Kyrvia" wird ein breites Programm an traditioneller kretischer Musik, Tanzveranstaltungen, Theateraufführungen und Kinofilmen geboten. Fragen Sie im Informationsbüro nach dem aktuellen Programm.

Ausflüge

Bootsausflüge zur Insel Chrisi *können Sie direkt an der Strandpromenade oder in den örtlichen Reiseagentouren buchen. Abgelegt wird gegen 10 Uhr, zeitweise fährt das Boot auch 2 x tgl. Die Rückfahrt erfolgt zwischen 16 u. 17 Uhr. Bei leichter See dauert die Überfahrt etwa 1 Stunde, bei starkem Meltemi kann die Rückfahrt schon mal etwas länger dauern. Dann müssen die kleinen Boote gegen eine kräftige Dünung ankämpfen, und bei so manchem Passagier weicht die Sonnenbräune einem fahlen Grün. Denken Sie daran, ausreichende Verpflegung (vor allem Wasser!) mit auf diese Wüsteninsel zu nehmen. Die Preise in den zwei Tavernen entsprechen denen einer abgelegenen Berghütte. Auf keinen Fall den nötigen Sonnenschutz vergessen (Hut, Sonnenbrille und Sonnenmilch mit hohem Lichtschutzfaktor).*

Sehenswürdigkeiten

• ***Archäologisches Museum****: Tel.: 842-28721. Di-So: 8-15 Uhr, Mo geschl. Eintritt 500 Drs.*
• **Hafenkastell Kales** *mit kleinem Heimatmuseum: Di-So 8.30 bis 15 Uhr, Mo geschl. Eintritt 300 Drs.*
<u>IM UMLAND</u>
• **Kloster Faneromenis** *bei Gournia. Tgl. 9-13 u.16-19 Uhr. Einfach an der Tür klopfen, üblich ist eine kleine Spende.*
• **Ausgrabung Gournia:** *Di-So 8.30-15, Mo geschl. Linien-Busse halten in der Nähe des Eingangs. Eintritt 500 Drs.*
• **Ausgrabung Vassiliki:** *Di-So 8.30-15, Mo geschl. Das Gelände ist derzeit anscheinend auch außerhalb der offiziellen Öffnungszeiten zugänglich.*

Bank/Geldwechsel

Banken mit Geldautomaten befinden sich an der Pl. E. Venizelou und an der Pl. Eleftherias.

Internetcafé

Café Orireaz, in der Fußgängerzone Od. Kountouriotou 25.

Medizinische Hilfe

Das **Krankenhaus** *befindet sich in der Od. Kalimeraki etwas nördlich vom Busbahnhof (Tel.: 0842-26977 oder –22488).*

OTE

Od. M. Kóraka 25, geöffnet: Mo-Fr 7.30-22 Uhr.

Post

Stilianou Houta 3, Ecke Pl. Kanoupaki, geöffnet: Mo-Sa 7.30-14.00 Uhr.

Reiseagenturen
Ierapetra Express an der Pl. Eleftherías (Tel. 0842-22411, Fax: -28330). Bietet Bootstouren zur Insel Chrisi, außerdem erhalten Sie hier Informationsmaterial über die Stadt und die örtlichen Festivitäten. Auf Nachfrage erhalten Sie hier auch eine Zusammenstellung der Zimmervermietungen. Die deutsch geführte Autovermietung und Reiseagentur **Protos** *in der Kirva 30 bietet längere Bootstouren und günstige Leihwagen an.*

Iráklion (S. 325f)
Bezirk Iráklion, Vorwahl: 081, Postleitzahl: 71001

Touristeninformation
• *Od. Xhathoudidou 1/Ecke Pl. Eleftherias (gegenüber dem Archäologischen Museum). Tel.: 081-228225 o. 228203. Mo bis Fr 8-14 Uhr, Sa 10-14.30 Uhr, kurzfristige Änderungen sind möglich. Hier erhalten Sie Stadtpläne, Prospektmaterial, Informationen zu Bus- und Schiffsverbindungen sowie Tips für die Hotel und Zimmersuche; allzuviel sollten Sie sich davon jedoch nicht versprechen. Eine Filiale der Touristeninformation finden Sie in der Ankunftshalle des Flughafens.*
• **Im Internet** *können Sie weitere aktuelle Informationen abrufen: unter www.heraklion-city.gr (offizielle Homepage der Stadt) finden Sie interessante Links, darüber hinaus auch das aktuelle Programm des jährlich stattfindenden, sommerlichen Kulturfestivals.*

Flugverbindungen
Der Flughafen Nikos Kazantzakis liegt 5 km östlich des Stadtzentrums. Von hier bestehen Linienverbindungen nach Athen, Thessaloniki, Rhodos und Santorin. Aktuelle Informationen zu den Flügen und die Agenturadressen der Fluggesellschaften entnehmen Sie bitte dem Kapitel 4.1.1, S. 154f.

Schiffsverbindungen
Die Fähranlieger liegen östlich des historischen Hafens, von hier aus bestehen Verbindungen nach Piräus, Thessaloniki, den Dodekanes-Inseln, Santorin und zahlreichen weiteren Zielen der Kykladen. Die Hafenmeisterei (Tel.: 081-244912) liegt etwa auf Höhe des Busbahnhofs A, nahe der Pl. Kontouriotou. Aktuelle Informationen zu einzelnen Fährlinien entnehmen Sie bitte dem Kapitel 4.1.2, S. 162.

Parken
Größere und kostenpflichtige Parkplätze liegen im Osten und Süden der Innenstadt: unterhalb des Archäologischen Museums an der Straße Ikarou (ganztägig ca. 600 Drs) und an der Straße **Pediados**. *Weitere Parkplätze finden Sie mit Glück entlang der Ringstraße N.* **Plastira**, *zwischen Chaniá- und Jesustor (hier auch unterhalb der* **Vitouri-Bastion**), *sowie entlang der* **Straße Dimokratias**. *Von der Suche nach freien und legalen Parkplätzen im Einbahnstraßengewirr der Innenstadt ist abzuraten.*

Busverbindungen
Iráklion ist zentraler Dreh- und Angelpunkt des Busverkehrs auf Kreta. Der **Überlandverkehr der KTEL** *wird je nach Fahrtziel von zwei verschiedenen Busbahnhöfen abgewickelt, die leider weit auseinander liegen. Beide verfügen über eine Caféteria,*

Wartehalle und Gepäckaufbewahrung. Der zentrale Busbahnhof der Überlandbusse (KTEL) liegt etwa 300 m südlich der Fähranleger, unterhalb der Sabbionera-Bastion. Er teilt sich in **zwei Stationen (A1 und A2**, *Tel.: 081-245017, -245019).* **Busbahnhof B** *(Tel.: 081-255965) liegt am anderen Ende der Innenstadt, etwa 50 m östlich des* **Chaniá-Tores**. *Am besten ist er mit der Linie 6 der blauen Stadtbusse zu erreichen*

• *Von* **Busbahnhof A1** *aus fahren Busse* **in den Osten** *und das unmittelbare Hinterland von Iráklion:*

Busse nach **Agios Nikolaos** *fahren Mo-Sa, von 6.30-22.30 Uhr, etwa 26 Busse (So 22); alle fahren über* **L. Cherssonisos** *und* **Malia**. *Nach* **Ierapetra** *fahren tgl. 8-10 Busse und nach* **Sitia** *tgl. 4-5 Busse; alle fahren über* **Ag. Nikolaos** *und* **Gournia**. *Darüber hinaus fahren zur* **Lassithi-Ebene** *tgl. 2 und nach* **Sissi** *und* **Milatos** *tgl. 2-3 Busse. Nach* **Archanes** *fahren Mo-Fr 12-15 Busse, So 6.*

• *Von* **Busbahnhof A2** *(gegenüberliegende Straßenseite) fahren die Busse* **in den Westen** *der Insel:*

Nach Chaniá (Fahrzeit ca. 3 Std.; Preis 3.000 Drs) bestehen etwa halbstündliche Verbindungen über Réthimnon (Fahrzeit ca. 1,5 Std.; Preis 1.600 Drs). Nach Agía Pelagía fahren tgl. etwa 5 Busse.

• *Von* **Busbahnhof B** *fahren die Busse* **in den Süden:**

Nach **Agía Galíni** *bestehen tgl. etwa 7 Verbindungen und nach* **Matala** *9. Bis* **Festos** *fahren tgl. etwa 10 Busse. Da alle Busse in die Messará-Ebene über* **Mires** *fahren, bestehen hier etwa* **10-13** *Verbindungen tgl. (sie halten auch in Agii Deka/Gortis). Nach* **Lendas** *fahren tgl. jedoch nur 1-2 Busse.* **Anógia** *wird dagegen Mo-Sa 5 × und So 2 × angefahren (über* **Tílissos**).

Tip: *Einzelheiten zu den Verbindungen finden Sie unter den jeweiligen Zielorten. Besorgen Sie sich möglichst schnell das kostenlose Faltblatt mit dem aktuellen Fahrplan für den östlichen Inselteil, das Sie an den Ticketschaltern der Busbahnhöfe erhalten.*

• *Zentrale Haltestellen der blauen* **Stadtbusse** *sind die* **Pl. Eleftherias** *(Ticket-Kiosk vor dem Astoria Capsis) und die* **Straße 25.-Avgoustou**, *Höhe Morosini-Brunnen (Ticket-Kiosk gegenüber der venezianischen Loggia). Von der Pl. Eleftherias fahren Busse zum* **Flughafen** *(Linie 1, etwa alle 15 Min.) und zum östlichen Stadtstrand bei* **Amnissos** *(Linie 7, alle 20 bis 30 Min.). Außerdem hält hier die Linie 6, die etwa im 20- bis 30-Minuten-Takt zwischen Flughafen und* **Ammoudára** *(Strand im Westen) verkehrt, sie hält auch am* **Busbahnhof B**. *Die Linie 1 pendelt etwa im 15-Minutentakt zwischen* **Busbahnhof A** *und* **Knossos**, *sie hält an der 25.-Avgoustou und fährt weiter durchs Jesustor.*

Tip: *Bitte denken Sie daran, daß die Fahrscheine vor der Fahrt an den Kiosken gekauft werden müssen, hier können Sie auch weitere Informationen zum aktuellen Liniennetz erfragen.*

Taxi

Taxis für lange Strecken (Tel.: 081-210102) stehen **an der Pl.Eleftherias**, *gegenüber dem Busbahnhof B, sowie* **am El Greco Park**. *Eine Fahrt nach Knossos oder Ammoudára kostet Sie etwa 1.500 Drs, und für 5.800 Drs kommen Sie bereits bis Malia.*

Übernachten

Als Urlaubsstandort bietet sich Iráklion sicher weniger an als die anderen Städte Chaniá, Réthimnon oder Agios Nikolaos. Zwar lassen auch hier die großen Strandhotels keine Wünsche offen, doch die Landschaft ist zersiedelt und leidet schwer unter den negativen Begleiterscheinungen des Touristikbooms. Doch die eigentlichen Sehenswürdig-

keiten liegen in der Stadt, deshalb sollten Sie ruhig einmal 2 bis 3 Tage in einem Stadthotel absteigen und sich auf das Lebensgefühl dieser pulsierenden Großstadt einlassen.

STRANDHOTELS

• **Grecotel Agapi Beach €€€€:** *71002 N. Stadion, Iráklion. P.O. Box 2007, Tel.: 081-311084, Fax: 258731. Internet: www.grecotel.gr. 6 km westl. vom Zentrum gelegen. Die Anlage mit 320 Zimmern empfiehlt sich weit mehr, als es die geographische Lage (so dicht an der Hauptstadt) vermuten läßt: Sehr gepflegter Hotelkomplex mit schönem, feinsandigem Strand. Das Personal ist hervorragend geschult und sehr aufmerksam. Das Agapi Beach richtet sich zumindest in der Nebensaison insbesondere an das ältere Publikum. Entsprechende Aktivitäten, wie z.B. Rheumagymnastik und Massage, werden angeboten. Natürlich finden auch die Jüngeren hier Abwechslung: Beach-Volleyball, mehrere Pools, ein Fitnesscenter, Tennisplätze und ein Surfverleih am Strand.*

• **Hotel Candia Maris €€€€:** *P.O. BOX 28, 71414 Gázi, Tel.: 081-314632, Fax: 250669, e-Mail: candia@maris.gr, Internet: www.maris.gr. 3 km westl. des Zentrums von Iráklion gelegenes Strandhotel der Luxusklasse. Geschmackvoll gestaltete Anlage mit Haupthaus und Bungalows, die Zimmer sind alle sehr gut ausgestattet und bieten Ihnen einen Blick aufs Meer. Hier gibt zahlreiche Swimmingpools, Animation, Kinderbetreuung und vielfältige Freizeit-, Fitness- und Sportmöglichkeiten. So können Sie sich z.B. beim Surfen, Wasserski, Beach-Volleyball, Squash oder Tennis verausgaben oder etwa bei einer Shiatsumassage verwöhnen lassen. Das Personal ist ausgezeichnet geschult und sehr hilfsbereit. Das Frühstücksbuffet läßt keine Wünsche offen. Eine besondere Wohltat für Leib und Seele ist eine Kur im hoteleigenen Thalassotherapie-Zentrum, wo Sie ihre Kretareise ideal ausklingen lassen können.*

• **Grecotel Club Creta Sun €€€€:** *P.O. Box 106, Gouves, 71100 Iráklion, Tel. 0897-41103, Fax: 41113. Internet: www.grecotel.gr. 17 km östlich von Iráklion gelegenes Strandhotel, an Kretas durchgehend touristisch erschlossener Nordostküste. Das „All-Inclusive-Resort" liegt direkt am Wasser, fällt im Standard aber gegen die anderen Grecotels etwas ab. Die allgemeinen Räumlichkeiten sind großzügig angelegt, es gibt einen Tennisplatz, Swimmingpools etc. In der riesigen Lobby-Bar und auch im Buffet-Restaurant wird es ganz schön laut, für die Nacht gibt es eine hoteleigene Disco. Die Zimmer sind in Ordnung, verdienen aber auch kein besonderes Lob. Der Club Creta Sun wird alle zufriedenstellen, die die meiste Zeit mit Animationen im Resort verweilen, günstig und viel essen möchten und nur hier und da zu Ausflügen ins Binnenland aufbrechen.*

STADTHOTELS

• **Hotel Atlantis €€€€:** *Mirambelou 2, 71001 Iráklion, Tel.: 081-229103, Fax: 226265. In einer ruhigen Seitenstraße nahe dem Archäologischen Museum gelegenes Luxushotel. Die geräumigen, schallgeschützten und vollklimatisierten Zimmer sind mit Farbfernsehen, Kühlschrank und Telefon komfortabel ausgestattet. Wenn Ihnen die Wanne im eigenen Bad nicht reicht, können Sie auch auf einen modern gestalteten Swimmingpool zurückgreifen. Außerdem Fitnessraum, Sauna und Solarium. Ein umfangreiches Frühstücksbuffet versteht sich hier von selbst.*

• **Hotel Astoria Capsis €€€€:** *Platia Eleftherias 11, 71001 Iráklion, Tel.: 081-343080, Fax: 229078, e-Mail: astoria@her.forthnet.gr. Im Herzen Iráklions gelegenes Stadthotel der Spitzenklasse. Sie benötigen lediglich 2 Minuten bis zum Archäologischen Museum. Modern ausgestattete, schallisolierte und vollklimatisierte Zimmer mit Farbfernsehen, Kühlschrank und Telefon. Im luxuriösen Bad gehören Badewanne, Fön und Körperpflegeutensilien zur*

nach
Westkreta/
Ammoudara

Sophokles

Venizelou

Sophokles Venizelou

Pl.
Agglon

8

M

Andreas-
Bastion

Skordhilon

Pl.
Nearchou

Chandakos

3

10

7

25. Avgoustou

A. Makariou

Hatsi

Mastraka

Giamalaki

9

El-Greco-
Park

Pl. Ag.
Titus

16

15

Daedalou

Dikeosinis

Pantokrator-
Bastion

Kalokerinou

Kalokerinou

Pl. Ag.
Ekaterini

M

Pl.
N. Phokas

5

Pl.
Daskalogianni

14

Tsichaidou

Agiou

Mina

Odos 1871

Odos 1866

Evans

Martiron

Bushof B

nach
Westkreta/
New Road

N. Plastira

Pirotiou

Bethlehem-
Bastion

Pl.
Arkadiou

Vikela

6

Aferof Otholitos

Evans

Pedia

Giantikou

Thenon

Pl.
Panagouli

Nikolau

Plastira

Jesus-
Bastion

Georgiadi

Georgiadi

Atakadimias

Atakadimias

Knossof

Asterusion

Minoos

Kondilaki

Eok

Stadion
Martinengo-
Bastion

© **i**graphic

Iráklion
Hotels- und Restaurants

Hotels

1 Atlantis
2 Astoria Capsis
3 Atrion
4 Lato
5 El Greco
6 Olympic
7 Kastro
8 Kronos
9 Rent Romms Hellas
10 Jugendherberge

Restaurants

11 Tsikou Dadiko
12 To Steki tis Viglas
13 Empolo
14 Pantheon
15 Giovanni
16 Loukoulos

N

0   150m

Standardausstattung. Das Frühstücksbuffet läßt keine Wünsche offen. Ein Blick von der großen Dachterrasse bietet nicht nur in den Abendstunden unvergeßlich urbane Eindrücke vom pulsierenden Leben Iráklions, denn tagsüber können Sie hier, am Swimmingpool liegend, die vom Kazantzakis Airport startenden Maschinen verfolgen.

• **Hotel Atrion, €€€-€€€€**: Paleologou 9, 71001 Iráklion, Tel.: 081-229255, Fax: 223292. Ruhig gelegenes Hotel in Hafennähe mit eigener Tiefgarage. Modern eingerichtete, vollklimatisierte Zimmer mit Bad und Telefon. Eine mit Springbrunnen und Grünpflanzen gestaltete Eingangshalle sorgt ebenso wie der begrünte Innenhof dafür, daß Sie den Innenstadtstreß hinter sich lassen. Im Preis inbegriffen ist das Frühstücksbuffet.

• **Hotel Lato, €€€**: Epimenidou 15, 71001 Iráklion, Tel.: 081-228103, Fax: 240350, Homepage: www.lato. gr, e-Mail: lato@her. forthnet.gr. Ganzjährig geöffnetes Stadthotel, zentrumsnah gelegen mit Blick auf den venezianischen Hafen. 1995 grundlegend renoviert. Die Zimmer sind schallisoliert, vollklimatisiert und mit Teppichboden, Balkon, Bad, Fernseher, Kühlschrank und Telefon ausgestattet. Frühstück inbegriffen, wer über das Internet bucht, erhält 10 % Ermäßigung

• **Hotel El Greco €€€**: Odos 1821 Nr. 4, 71001 Iráklion, Tel. + Fax: 2810715. Traditionelles Stadthotel, schlicht, aber ordentlich. Die Zimmer haben Bad und Telefon. Frühstück ist im Preis inbegriffen. An der Ecke zur Platia Venizelou gelegen, sind es vom El Greco nur wenige Meter zum Morosini-Brunnen, um den herum die Straßencafészene tobt.

- **Hotel Olympic €€€**: Pl. Kornarou, 71001 Iráklion, Tel.: 081-288861, Fax: 222512, e-Mail: galaxyir@otenet.gr. Geräumige Zimmer mit Telefon, das Frühstück ist im Preis inbegriffen. Außerdem bietet dieses Haus einen sonnigen Dachgarten mit Blick auf das Umfeld des Bembo-Brunnens.
- **Hotel Kastro €€**: Theotokopoulou 22, 71001 Iráklion, Tel.: 081-285020, Fax: 223622. Einfaches Stadthotel. Die geräumigen, hellen Zimmer sind mit Telefon und Klimaanlage ausgestattet. Einige Balkone bieten Meeresblick, die zur Rückseite gelegenen Zimmer sind jedoch ruhiger. Sonnenanbeter freuen sich über eine Dachterrasse mit Sonnenstühlen.
- **Hotel Kronos €€**: Agarathou 2, 71001 Iráklion, Tel.: 081-282240, Fax: 285853. In Hafennähe gelegenes modernes Hotel, westlich der Od. 25.-Avgousto. Die Zimmer haben Bad, die Balkone Blick aufs Meer. Die vielbefahrene Uferstraße sorgt leider für eine erhebliche Hintergrundbeschallung.
- **Traditionsdorf Arolithos, €€€**: P.O. Box 2032, 71002 Iráklion, Tel.: 081-821050 o. 821051, Fax: 821051, Homepage: www.arolithosvillage.gr. Traditionell eingerichtete, individuelle Zimmer. Frühstück in Buffetform im Preis eingeschlossen. Das 1987 eröffnete Hotel ist von April bis Oktober rund um die Uhr geöffnet, die Dorfanlage Arolithos das ganze Jahr über. An der Rezeption wird auch deutsch gesprochen. 34 Zimmer mit insgesamt 62 Betten. Abends folkloristisches Programm, dadurch aber viel Rummel.
Öffnungszeiten des Museumsdorfes: Okt-Mrz Mo-Fr 9-17 Uhr, Sa+So 10-18 Uhr. Apr-Sept Mo-Fr 9-20 Uhr, Sa+So 10-18 Uhr. Lage und Beschreibung finden Sie auf S. 550.

ZIMMER

- **Jugendherberge €**: Vironos 5, 71001 Iráklion, Tel.: 081-28628. In der Nähe zur Odos 25-Avgoustou gelegen. Von 24 - 7.30 Uhr geschlossen, bietet Gepäckaufbewahrung und Continental Breakfast. Leider nicht sehr einladend.
- **Rent Rooms Hellas €**: Handakos 24, 71001 Iráklion, Tel.: 081-288851, Fax: 28442. Nicht allzuweit vom Morosini-Brunnen gelegen. Das Haus wurde 1996 völlig renoviert und bietet neben sauberen Zimmern mit Etagenklos und -duschen einen netten Dachgarten, auf dem das Frühstück eingenommen werden kann. Mit Sicherheit eine gute Alternative zur Jugendherberge.

Camping

Außer dem 5 km westlich der Stadt gelegenen Camping Iráklion gibt es keinen Campingplatz in der unmittelbaren Nähe Iráklions. Da diese überteuerte und heruntergekommene Anlage nicht zu empfehlen ist, sollten Sie auf die Campingplätze von Gouves oder L. Chersonissos ausweichen (S. 275).
Camping Creta. Tel.: 0897-41400, Fax: 41400. 16 km östlich Iráklion in Gouves gelegen. Von der New National Road in Richtung Agios Nikolaos fahrend, nach links abbiegen, dann immer am Strand entlang bis zum Zaun der ehemaligen US Air-Force-Base. Einige Tamarisken und Mattendächer spenden Schatten. Bar, Selbstbedienungsrestaurant, Minimarket und Strandbar. Die sanitären Anlagen sind in erträglichem Zustand. Zwischen dem Campingplatz und den Hotels von Gouves befindet sich ein schmaler Streifen künstlich aufgespülten Sandstrandes. Inzwischen ist auch der Naturstrand der ehemaligen Air-Base für Touristen zugänglich. Campen und Baden mit Checkpoint Charlie-Charakter. Geöffnet: Mai - September.

Essen
Lassen Sie es sich nicht entgehen, abseits der Touristentavernen reichhaltig zu speisen und dabei einen Ausschnitt zeitgenössischen kretischen Lebens kennenzulernen. Iráklion bietet dafür die richtigen Adressen.

INNENSTADT
• *Das* **Tsikou Dadiko** *in der Idomenos Str. 20a. (nicht weit vom Archäologisches Museum) ist ein gemütliches, freundlich geführtes Mezelokal. Die Innenräume bieten freien Blick in die Küche. Im Innenhof gesellen sich die Tische um einen Zitronenbaum. Es gibt keine Menüs, Ihr Essen stellen Sie sich individuell aus vielen Kleinigkeiten (mezedes) selbst zusammen. Ein wenig Mut zu ungewohnten Speisen ermöglicht aufregende Geschmackserlebnisse abseits des kulinarischen Mainstreams. Gäste sind vor allem Griechen, nach 22 Uhr wird es schlagartig voll.*
• *Ausgesprochen gute Ouzerien/Tavernen mit großer Mezedes-Auswahl finden sich auch an der Platia Viglas. Nur wenige hundert Meter südlich der Platia Eleftherias (am Ende der Straße Pediados) kann man hier in einer Art Altstadtidylle unter Weinranken und Palmen sitzen und zwischen mehreren Re-*

staurants wählen. Die Ouzeri/Rakadiko **To Varulko**, *die Taverne/Estiatorio* **Klimataria**, *die Taverne/Ouzeri* **Gorgona** *und die Ouzeri* **To Steki tis Viglas** *bieten sich allesamt an. Am besten hat uns letztere gefallen; selbstverständlich, daß man hier in der Küche die Speisen auswählen kann. Auch das* **Empolo** *in der Od. M. Miliara 7 ist für seine ursprünglich kretische Küche bekannt.*
• *Nach wie vor finden Sie noch eine Reihe charakteristischer, d.h. netter,*

Live-Musik an der Platia Viglas

aber schmuckloser Lokale in den angrenzenden Gassen der Marktstraße Odos 1866. Versuchen Sie die griechische Küche im **Pantheon** *in der Fotiou Theodosaki 2, dem „Freßgäßchen" zw. Od. 1866 und der Av. Evans.*
• *Sollten Sie den Verlockungen der kretischen Küche widerstehen wollen und ein Abendessen im stilechten italienischen Ristorante bevorzugen, so können wir Ihnen* **Giovanni** *in der zentral gelegenen, von klassizistischer Architektur geprägten Adam Korai 12 empfehlen. Direkt gegenüber liegt das ebenfalls empfehlenswerte* **Loukoulos,** *dieses allerdings auf gehobenem Preisniveau.*

AUSFLUGSLOKALE RICHTUNG RÉTHIMNON
Papadakis *und* **To Alonaki:** *Am Ortseingang des Bergdorfes Rogdía gelegene Tavernen, ca. 30 Minuten Autofahrt vom Zentrum Iráklions entfernt. Beide Lokale bestechen durch ihren wunderschönen Ausblick über Iráklion und die weite Bucht. Besonders abends ist das die umständliche Anfahrt wert. Das Essen ist typisch griechisch, vielleicht sogar ein wenig zu reichhaltig, doch die Aussicht von der Außenterrasse ist nicht nur für Romantiker ein Muß. An Wochenenden wird oft kretische Live-Musik gespielt. Überlegen Sie, ob Sie vielleicht mit dem Taxi hier herauffahren, dann können Sie unbeschwert Raki und kretischen Wein genießen. Ab 22 Uhr wird es sehr schnell voll. Kommen Sie möglichst etwas früher.*

AUSFLUGSLOKALE RICHTUNG KNOSSOS

• *Feggari: Agía Iríni-Spília, Iráklion. Tel.: 081-233731. 6 km außerhalb von Iráklion, kurz hinter Knossos am Morosini-Aquädukt rechts gelegen. Traditionelles Ausflugslokal griechischer Familien, deftig-griechische Küche und Kinderfreundlichkeit verstehen sich hier von selbst.*

• **Ariadne**: *An der Straße nach Knossos, 400 m vor der Ausgrabungsstätte auf der linken Seite befindet sich die große Taverne, die besonders an Wochenenden gerne von Griechen besucht wird. Dann wird griechische Live-Musik gespielt, oft auch auf der Lyra. Hier können Sie natürlich auch auf der Terrasse speisen. Stimmung kommt vor allem nach 23 Uhr auf.*

AUSFLUGSLOKALE RICHTUNG AGIOS NIKOLAOS

• *Zum „Steinschloß"* **Petrinos Pirgos** *kommen vor allem Familien aus der nahen Hauptstadt, ein Kinderspielplatz beschäftigt den Nachwuchs auch nachts, während die Erwachsenen essen und feiern. Petrinos Pirgos liegt seit 1995 südöstlich des Flughafens an der Straße vom Flughafen nach Prassas, quasi direkt unterhalb der New Road. Das Wahrzeichen, der steinerne, graue Turm, ist von weitem zu erkennen.*

• **Acapulco** *(Tel.: 081-380151) Am Strand der Amnissos-Bucht, ca. 1,5 km östlich vom Flughafen an der Old Road gelegen (6 km östlich vom Stadtzentrum). Großes, von Mihalis Parassiris geführtes Lokal. Die Auswahl und Qualität an Fisch und Meeresfrüchten sucht ihresgleichen. Jede Menge kretischer Spezialitäten und Desserts, von denen Sie bislang nicht geträumt hatten.*

Nachtleben

• *In den Abendstunden trifft man sich zunächst in den Straßen rund um den* **Morosini-Brunnen**, *in denen es kaum ein Haus ohne Straßencafé oder aufgestylter Bar gibt. Großbildleinwände, Sportübertragungen und der jeweils gerade angesagten In-Musik bilden eine lebhafte Kulisse, doch geht es hier nur um eins: „Sehen und gesehen werden". Natürlich treffen sich hier überwiegend die jüngeren Leute, Handy, Sonnenbrille, enge Hose, cooler Blick und gute Laune inbegriffen. Nicht aber, daß das abschreckt. Die Stimmung und Lebendigkeit werden auch den älteren Reisenden unter Ihnen gefallen. Die Lautstärke wird nämlich weniger durch die Musik bestimmt als durch die Unterhaltung von Hunderten von Menschen, die einfach „gut drauf" sind, Freunde treffen und einmal in der Woche ihre beste Kleidung zur Schau stellen möchten. Der Aufwand, den die jungen Kreter dabei treiben, ist bemerkenswert. Die modische Kleidung ist nicht billig, diese auch noch auf dem knatternden Moped adrett bis hierher zu tragen, grenzt schon an eine Meisterleistung.*

• *Nach Mitternacht stehen dann die großen* **Disco-Clubs** *im Mittelpunkt, die sich zumeist im Bereich der* **Ikarou Avenue** *befinden (Parallelstraße zum Fährhafen, wenn man vom Hafen wieder Richtung Knossos hochfährt). Rund um eine Kreuzung, an der auch McDonalds liegt, finden sich in alten Fabrikgebäuden z.B. das* **Colosso** *und* **DNA**. *Besonders „hipp" ist derzeit auch das* **Trapeza** *in der Doukos Boufor 7 (eine Disco mit Meeresblick). Im Alter jenseits der 30 fühlt man sich in diesen Läden jedoch bereits als Greis bzw. Greisin. Wenn Sie eine weniger monströse Tanzgelegenheit suchen, sollten Sie den schicken* **Club Tria Tetarta** *aufsuchen, der sich in der Od. Theotokopoulou/Ecke Sofokles Venizelou befindet. Getanzt wird hier zum Teil unter freiem Himmel, natürlich am liebsten zu griechischer Popmusik. Oder Sie gehen in den Rock-Club „*CHTZAZ*", in dem Guinness vom Faß ausgeschenkt wird, er liegt in der ruhigen Seitenstraße Idomeneos oberhalb des Restaurants* **Tsikou Dadiko**.*

Einkaufen

Einkaufsgelegenheiten bietet Iráklion nun wirklich genug. Besonders angenehm, daß sich das Angebot in erster Linie an die einheimische Bevölkerung richtet. Rund um die Fußgängerzone, vor allem entlang der Hauptverkehrsstraßen Leoforos Dikeossinis und Kalokerinou, liegen zahllose interessante Geschäfte, die vor allem Modebewußte zum "Shoppen" einladen. Doch sollten Sie im Rahmen Ihres Stadtbummels auch die eher unscheinbar wirkenden Straßen und Gassen aufsuchen, denn gerade hier finden Sie oftmals die wirklich ausgefallenen Geschäfte, Bars und Tavernen.

• Die **neueste Mode** und die **schicksten Schuhe**, mit denen Sie zu Hause mit Sicherheit vor dem Trend des nächsten Jahres liegen, finden Sie, ebenso wie zahlreiche seriöse **Schmuck- und Kunsthändler**, in der **Od. Dedalou**.

• Hochwertige **CDs und MCs** mit griechischer bzw. kretischer **Rembetiko- oder Lyra-musik** gibt es bei Aerakis in der Dedalou 35.

• Besonders ausgewählte alte **Schmuckstücke, Münzen, Ikonen und Kunstgegenstände** bietet Ihnen Costas Papadopoulos in seiner Galerie in der Dedalou 11 an.

• Gute Adressen für den Kauf neuer, garantiert handgemalter **Ikonen** sind die Ikonen-werkstätten von Woula Manousakis in der Handakos 22 und Adonis Theodorakis in der Od. Idomenos 18.

• Hochwertige **Museumsrepliken, Webstoffe** und **Schmuck** kauft man am besten bei Helen Kastrinoyanni an der Platia Eleftherias, gegenüber dem Archäologischen Museum.

• Eine vertrauenswürdige Adresse für den Kauf wertvoller **antiker kretischer Webteppiche** (Kilimis) und **Musikinstrumente** ist mit Sicherheit die Volkskunstgalerie Grimm, in der Od. 25-Avgoustou gegenüber der venezianischen Loggia

• **Nahrungsmittel** wie Obst, Gemüse, Käse, Fleisch oder Fisch sowie Gewürze und Kräuter kaufen Sie wochentags günstig und stilecht an den Ständen der **Marktstraße Odos 1866**, der „Agora" von Iráklion. Hier finden Sie auch nahezu alle anderen **Dinge des täglichen Gebrauchs** sowie **Lederwaren** und **Souvenirs**.

• Einer der wenigen größeren **Supermärkte** im Stadtzentrum ist Chalkiadakis unterhalb des El Greco-Parks, ansonsten finden sich **Megamärkte** an den zentralen Ausfallstraßen.

• Eine große Auswahl deutschsprachiger Griechenlandliteratur und Kinderbücher bietet Ihnen die griechisch-deutsche **Buchhandlung Monokeros** in der Odos Idomenos 2.

• Am **Samstagvormittag** findet am Hafen, östlich des Busbahnhofs A, in der Regel **einer der größten Straßenmärkte Kretas** statt. Wenn Sie wollen, können Sie auf diesem riesigen Bazar so ziemlich alles erstehen, was sich gut verkaufen und leicht kopieren läßt; in erster Linie aber Kleidung.

Musik/Theater

Im Sommer finden in Iráklion nahezu täglich interessante Veranstaltungen statt, die Bestandteil des alljährlichen **Kulturfestivals** sind. An verschiedenen Spielstätten wird ein breites Programm von Theateraufführungen, Tänzen und Konzerten geboten, die alle Facetten des kulturellen Lebens abdecken. Das aktuelle Programm und ggf. auch Vorverkaufsstellen erfragen Sie bitte bei der Touristeninformation oder Sie werfen einen Blick auf die Homepage der Stadtverwaltung (s.o.).

Sport

Die großen Strandhotels bieten natürlich jede Menge Sport- und Freizeitmöglich-keiten. Wenn Sie sich zum Abschluß oder Beginn Ihrer Kretareise etwas Besonderes gönnen wollen, dann sollten Sie das **Thalassotherapie-Zentrum** im Candia Maris besuchen. Gestreßte Zeitgenossen finden hier ein ausgewogenes Fitness- und Wellnessangebot für Leib und Seele.

Reiten
Es gibt den westlich von Iráklion bei Ammoudára gelegenen Reitstall Finikia (Tel.: 081-253166) und einen östlich von Iráklion gelegenen Reitstall bei Amnissós (Tel.: 081-220079). Beide bieten geführte Ausritte und Pferdewagentouren an, letzterer auch Reitstunden. In der Regel können Sie sich vom Hotel abholen lassen.

Radfahren
Hellas Bike Travel: Bietet geführte Radwanderungen unterschiedlicher Schwierigkeitsgrade und vermietet hochwertige Fahrräder und Mountainbikes. Hellas Bike-Stationen finden Sie in den Grecotels Agapi Beach (Amnissos) und Club Creta Sun (Kato Gouves).

Ausflüge
Tagesausflüge nach Santorin bietet die Mionan-Lines an. Abgelegt wird um 7 Uhr; die Rückkehr erfolgt gegen 21 Uhr; von 11.30-17 Uhr bleibt genug Zeit, um die atemberaubende Vulkaninsel zu genießen und vielleicht die Ausgrabung Akrotíri zu besuchen. Der Spaß kostet incl. Frühstück und Dinner je nach Schiff zwischen 16.000 und 20.000 Drs. Weitaus günstiger ist die Fahrt mit dem Linienschiff (siehe Kapitel 4.1.3, S. 165). Bei dieser Variante müssen Sie jedoch auf Santorin übernachten, wo Sie in der Hauptsaison nur schwer ein Zimmer finden. Buchen können Sie in den Reiseagenturen an der 25. Avgoustou oder direkt an den Ticketschaltern der Fähranleger.

Sehenswürdigkeiten
IM STADTGEBIET
• **Archäologisches Museum Iráklion (AMI)**: Od. Xanthoudidou 1, Tel.: 081-226092. Geöffnet: HS (01.06.-31.10.) Di-So: 8-19 Uhr; Mo 12-19 Uhr. In der NS Di-So 8.30-17 Uhr; Mo und feiertags geschl. Eintritt 1.500 Drs. Filmen nur gegen Schutzgebühr erlaubt.
• **Byzantinisches Museum**: Pl. Ekaterini, in der gleichnamigen Kirche; Tel.: 081- 288825. Geöffnet: HS (01.04.-21.10.) Mo–Sa: 8.30-13.30 Uhr; Di, Do und Fr zusätzlich 17-20 Uhr. NS (01.11.-31.03.) nur Mo–Fr: 8.30-13.30 Uhr. Eintritt: 500 Drs.
• **Historisches Museum von Kreta**: Od. Kalokerinou 7, Tel.: 081-283219. Homepage: www.historical-museum.gr. Mo-Fr: 9-17 Uhr; Sa: 9-14 Uhr; So und Feiertags geschlossen. Eintritt: 1.000 Drs, Studenten und Gruppen: 750 Drs.
• **Museum der Schlacht um Kreta und des Nationalen Widerstandes** (1941-45): Ecke Doukos Boufor/Hatzidaki, Tel.: 081-246554. Tgl. 9-13 Uhr. Eintritt frei.
• **Naturhistorisches Museum der Universität Kreta**: Knossos Av. 157. Homepage: www.nhmc.uoc.gr. Tgl. 9-19 Uhr.
• **Venezianisches Hafenkastell**: Di-So: 8.30-15 Uhr, Mo geschl. Eintritt: 500 Drs.

IM UMLAND
• **Archäologisches Gelände Knossos**: Tel.: 081-231940. Di-So: 8-19 Uhr, Mo: 8-12 Uhr. Eintritt 1.500 Drs. Die einzigen offiziellen und kostenlosen Parkplätze befinden sich direkt am Haupteingang und sind zumeist mit Reisebussen zugestellt. Die anderen Parkplätze gehören zu den umliegenden Tavernen, deren Besitzer zumeist Parkgebühren verlangen.

- **Archäologische Stätten in Amnissos.** „Villa der Lilien". Di - So: 8.30 bis 15 Uhr, Mo geschl. Eintritt frei. Besichtigungen der übrigen Ausgrabungen sind von 8.30-15 Uhr möglich, nach Absprache mit der Aufsicht in Nirou Chani (in der Regel sind sie jedoch vom Zaun aus ausreichend einsehbar, abgesehen von der verschlossenen Eileithyia-Höhle).
- **Minoische Villa in Nirou Chani.** Di-So: 8.30-15 Uhr. Eintritt frei.
- **Archäologisches Gelände Tílissos:** Tel.: 081-831372. Di-So 8.30-15 Uhr, Eintritt 500 Drs.

Bank/Geldwechsel
Mehrere Banken mit EC-Automat befinden sich entlang der Od. 25.-Avgoustou. Bei der National Bank of Greece (25.-Avgoustou 35) finden Sie darüber hinaus einen Geldwechselautomat.

Internationale Presse
In zahlreichen Geschäften und Kiosken rund um den Morosini-Brunnen sowie der Od. Dedalou.

Medizinische Hilfe
Das modernste Krankenhaus auf Kreta ist das 5 km südlich des Zentrums in Voutés gelegene **Universitätshospital** (Tel.: 081-392111). Sollten Sie an den Stränden im Westen von Iráklion Hilfe benötigen, wenden Sie sich an **Cretan Medicare in Ammoudára** (El Greco Str. 7, Tel.: 081-317530), im Osten befindet sich **Cretan Medicare in Kato Gouves** (Tel.: 081-42780).

Internet-Cafés
Tgl. von 9 Uhr morgens bis 1 Uhr nachts geöffnete Internetcafés sind das **ISTOS** in der Od. Malikouti 2, **Surfing** in der Od. Minotaurou 1 und **Polykentro** in der Od. Androgeo 4.

OTE
Am El Greco-Park, in der Od. Theotokopoulos 28. Geöffnet im Sommer: 7-23 Uhr.

Post
Die Hauptpost an der Platia Daskaloiannis, nähe Pl. Eleftherias. Öffnungszeiten: Mo bis Fr 7.30 - 20:30 Uhr, Sa 7.30 - 14 Uhr. Postkioske finden Sie auch am Busbahnhof A und am El Greco-Park.

Reiseagenturen
Eine Vielzahl sehr hilfsbereiter Schiffs- und Reiseagenturen befinden sich an der Od. 25.-Avgoústou. Darunter: **Blavakis Travel**: Kallergon 8 (Ecke 25.-Avgoustou/ El Greco Park), Tel.: 081-282541. **Arabatzoglou**: 25.-Avgoustou 54. Tel.: 081-226697. **Prince Travel**: 25.-Avgoustou 30, Tel.: 081-282706; hier finden Sie in der Regel günstige Last-Minute-Angebote.

Touristenpolizei
Leoforos Dikeosinis 10, Tel.: 081-283190. Tgl. 7-22 Uhr.

Wäscherei
Wäscherei und Waschsalon in der Od. Handhakos 18, Tel. 081-280858, geöffnet: Mo-Sa 8-20 Uhr oder Wäscherei direkt hinter dem AMI, in der Od. Mirambelou 25, geöffnet: Mo-Sa 9-15.30 und 18-20 Uhr.

Gepäckaufbewahrung
*Gepäckaufbewahrungen finden Sie entweder am **Flughafen**, am **Busbahnhof A und B** (tgl. 6–20 Uhr), in der Od. 25.-Avgoustou 48 (gegenüber der National Bank of Greece; tgl. 7-23 Uhr) oder in der Od. Handhakos 18 (tgl. 7.30-22 Uhr).*

Mietwagen und Motorräder
***Motor Club:** Platia Agglon (zwischen venezianischem Hafen und Od. 25.-Avgoustou), Tel.: 081-222408, - 286012, Fax: 222862. Vielzahl anderer Anbieter, Adressen finden Sie im Kapitel 4.2.2, S. 170f.*

Katholischer Gottesdienst
St. Johannes-Kirche, Patros Antoniou 2 (nördl. der Ag. Titus-Kirche), Heilige Messe für Touristen: Sa 18 Uhr; So 10 Uhr.

Kastelli Kissamos (S. 683f)
Bezirk Chaniá, Vorwahl 0822, Postleitzahl 73400

Info
*Eine informative **Internetseite zur Region**: www.kissamos.net*

Schiffsverbindungen
Der neue Hafen von Kastelli Kissamos etwa 3 km westlich der Stadt ist Start und Ziel der einzigen Schiffsverbindung Kretas mit dem Peloponnes. Aktuelle Informationen zu den Fähren entnehmen Sie bitte dem Kapitel 4.1.2, S. 163. Informationen in Kissamos in der Agentur von Xirouhakis Emmanouil, Papagianaki Str., Tel.: 0822-22655.
***Hafenaufsicht** Tel.: 0822-22024.*
Im Hafen beginnt der kretische Abschnitt des europäischen Fernwanderweges E4 quer über die Insel.

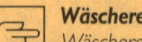

Busverbindungen
*Kissamos ist hervorragend an **Chaniá** angebunden. Stündlich verkehren die Busse von den Plätzen an der Durchgangsstraße und in Ortsmitte. Hier wird aufwendig rangiert und eingeparkt. Auf der Nordküstenroute vom frühen Morgen bis in den Abend Verbindungen nach Chaniá (Dauer ca. 1 Std., Preis 1.000 Drs). Der letzte Bus nach Chaniá geht um 19.30 Uhr, zurück um 20.30 Uhr. In den Westen nach **Plátanos/Falassárna** 3 x täglich hin und zurück (morgens, mittags, abend). Letzter Bus gegen 18 Uhr zurück, Preis 600 Drs. Nach **Elafonísi** einmal früh morgens. **Busstation** Tel.: 0822-22035*

Taxi
Bei der Platia mit dem Venizelos-Denkmal an der Durchgangsstraße. Taxiruf: 0822-22069.

Übernachten

Kissamos ist kein etablierter Urlaubsort. Die kleine Stadt liegt zwar zentral und hat gute Busverbindungen, doch die Strände und das gewerbliche Ambiente können für einen längeren Aufenthalt nicht überzeugen. Eventuell nach Phalássarna ausweichen.

• *Hotel Plakures – Phalássarna, €€€: Phalássarna/Kissamos, Tel.: 0822-41581, Fax: 41781, e-Mail: plakures@otenet.gr. In Deutschland: Tel.: 09332-8744, Fax: 3873, e-Mail: info@plakures. de. Helle, gepflegte Hotelanlage mit deutscher Leitung unweit des langen Sandstrandes. Alle 18 Zimmer und 5 Apartments mit Balkon und Meerblick. Sollte sich das Wasser einmal rauh zeigen, steht ein Süßwasser-Pool bereit. Im Frühjahr blühen in der Anlage Hunderte von Mittagsblumen. Die Zimmer können von Deutschland aus gebucht werden, auf Wunsch wird der Transfer vom Flughafen Chaniá organisiert. Geöffnet ist von Mitte April bis Mitte Oktober.*

• *Bikakis, €€: Polemiston 1941 Str., 73400 Kissamos, Tel. + Fax: 0822-22105, e-Mail: info@familybikakis.gr; Homepage: www.falilybikakis.gr (engl.). In der Nähe von Kissamos, nur wenige hundert Meter vom Telonio Strand entfernt, befinden sich die Zimmer und Apartments der Familie Bikakis. 16 einfache Zimmer und 5 Apartments mit familiärer Atmosphäre. Geeignet als Standort für Ausflüge bei einem mehrtägigen Aufenthalt. Die Zimmer werden auch im Winter vermietet (Zentralheizung).*

• *Kissamos Windmills, €€ -€€€: 73400 Drapanias, Kissamos, Tel. + Fax: 0822-31752 (im Winter: Tel.: 0822-59367), e-Mail: info@anemomyloi.gr; Homepage: www.anemomyloi.gr. In der Nähe von Drapanias können Sie eine ganz ungewöhnliche Unterkunft beziehen. Zwei Windmühlen wurden zu 4 Apartments umgebaut, die mit eigener Küche, TV und Klimaanlage ausgestattet sind. Jeweils 2-4 Personen wohnen bequem, die oberen Apartments haben tolle Schlafgalerien mit gemauerten Doppelbetten. Die Lage nur etwa 150 m vom Meer entfernt ist schön und recht einsam (nächster Ort Drapanias).*

• *Miliá, €€: Miliá/Kissamos, Tel.: 0821-46774, Fax: 51569. Das traditionelle Dorf Miliá bietet seinen Gästen 12 Räume, 7 davon sind Doppelzimmer. Gerade für die Monate April/ Mai und August sind Vorreservierungen dringend zu empfehlen. Gäste ohne Auto können vom Bus im Tal abgeholt werden. Geöffnet ist auch im Winter, Unterkunft dann etwas teurer. Eine ausführliche Beschreibung finden Sie auf S. 704.*

Camping

• *Camping Kissamos: Tel.: 0822-23443 o. 23444, Fax: 23464. Nur wenige Meter westlich von der Platia am Ortskern und vom Busbahnhof. Schattiger, kleiner Platz mit Swimming-Pool und Bar. Die zentrale Lage und gute Ausstattung sind klare Vorteile, wenn man Ausflüge in Kretas Westen machen will. Kochgelegenheiten sind vorhanden. Wer genug vom Zeltleben hat, kann in Zimmer mit eigenem Bad und Veranda umziehen, die ebenfalls vermietet werden.*

• *Camping Mithinia: 73400 Drapanias, Kissamos, Tel.: 0822-31444 o. 31445, Fax: 31000. Der Campingplatz 4 km östlich von Kissamos kann maximal 500 Personen beherbergen. Schöne Anlage direkt am Sand/Kiesstrand. Benachbart liegen einige einfache Tavernen mit Blick auf den Golf von Kissamos zwischen den langen Fingern der Halbinsel Rodopoú und Gramvoúsa. Eigener Mini-Markt. Bushaltestelle mit halbstündlicher Anbindung an Chaniá und Kissamos an der New Road.*

Essen

• **Mouraki**: *Schlichte Taverne hoch über der Landzunge von Phalássarna. Wegen der Blickrichtung gen Westen bei Sonnenuntergang ein echter Tip. Nach einem Strandtag unten am Meer kann man hier – direkt an der Straße nach Plátanos – den Tag bei Gegrilltem oder kretischen Kleinigkeiten ausklingen lassen. Fahrzeit bis Kissamos rund 20 min, nach Chaniá 45 min (New Road).*

• **Petra**: *Rustikal geht es in diesem Steakhaus am Tzanakakis Platz zu. Allein die hölzerne Eingangstür ist sehenswert. Auf großen Grills werden Souvlaki, Gyros, Kontosouvli und Steak zubereitet. Wer es fleischloser möchte, kann auch eine Pizza bestellen.*

• *Mehrere* **Fischtavernen** *liegen am pittoresken Fischerhafen und am Anfang des Telonio Strands.*

Einkaufen

Kissamos hat eine Reihe typisch griechischer Geschäfte, in denen Sie stöbern können, ohne auf die immer gleichen Souvenirs zu stoßen. Erkunden Sie von der zentralen Platia in Stadtmitte aus die umgebenden Geschäftsstraßen. Richtung Westen liegt nach wenigen Metern der interessante Laden von Irini Paskali, in dem Sie eine breite **Auswahl kretischer Musik** *auf CD, Kassette und Schallplatte, dazu Musikinstrumente, Bücher und religiösen Bedarf finden – z.B. die blechernen Votiv-Tafeln, hervorragende, leichte Souvenirs. Achten Sie aber auf die Bedeutung der Aufdrucke, ein Mann oder eine Frau bedeuten Heiratsabsichten!*

Ausflüge

Vom neuen Hafen von Kissamos aus werden **Tagesausflüge zur Festungsinsel Gramvoúsa und in die Piratenbucht Bálos** *angeboten. Dies ist fast die einzige Gelegenheit, das Kastell auf der westlichsten Insel zu besteigen und den Traumstrand Bálos ohne mühselige Autofahrt zu erreichen. Die Fahrten starten morgens und kehren erst gegen frühen Abend nach Kissamos zurück. Z.B. Kastelli-Gramvoúsa Maritime Company Tel.: 0822-24344 o. 23250. Die Fahrt kann auch bei den Reisevermittlern im Ort gebucht werden (Mai-Oktober, Kapazität tgl. bis zu 350 Personen).*

Autovermietung

Z.B. durch Hermes (Tel.: 0822-22980), die auch Autos zustellen (z.B. Flughafen) oder Horeftakis (Anagnostou Skalidi, Tel.: 0822-23250, e-Mail: info@horeftakis tours.com). Letzterer betreibt auch ein Reisebüro, in dem Sie Schiffs- und Flugtickets zu allen Zielen kaufen können.

Internationale Presse

Finden Sie im Buchladen auf der rechten Seite in der Geschäftsstraße Richtung Westen.

Medizinische Hilfe

Health Centre Kissamos: *Tel.: 0822-22222.*

Post

An der Durchgangsstraße etwas östlich der Platia.

Banken
An der Hauptstraße im Zentrum.

Polizei
Tel.: 0822-23333.

Kolimbári (S. 675)
Bezirk Chaniá, Vorwahl 0824, Postleitzahl 73006

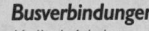
Busverbindungen
Kolimbári ist auf der Linie Chaniá-Kastelli Kissamos stündlich an beide Städte angebunden. Busse halten an der großen Kreuzung südlich des Ortes an der New Road. Zusätzlich eine Reihe weiterer unregelmäßiger Fahrten von und nach Chaniá, so daß ein Halbstundentakt entsteht. Diese Busse fahren direkt nach Kolimbári hinein. Letzter Bus von Chaniá nach Kolimbári gegen 23.30 Uhr (Preis 700 Drs).

Übernachten
Kolimbári ist idealer Ausgangspunkt für Ausflüge auf die Halbinsel Rodopoú und die Gegend um Spília. Als Badeort ist es dagegen weniger geeignet. Dementsprechend klein ist das Bettenangebot im und um den Ort.
• **Sea View, €€-€€€**: Kamisiana/Chaniá, Tel.: 0824-22213 o. 22483, Fax: 22483. Das moderne Hotel hat 34 Zimmer und 23 Studios und liegt dicht am Sand-/Kiesstrand 1,5 km östlich vor Kolimbári. Große Terrasse und Pool, viele Zimmer haben Meerblick. Die Studios haben eine Kochecke, einen Kühlschrank gibt es auch in den Zimmern. Bushaltestelle direkt vor der Tür, dafür ist manchmal der Verkehr zu hören. Angenehme, überschaubare Größe des Hotels, die schnell Kontakt finden läßt.
• **Polichna Apartments, €€-€€€**: 73006 Kolimbári, Tel.: 0821-86080 o. 76724, Fax: 0821-86080 o. 96717. Buchen über www.ferries.gr/hotels/kolympari.htm. Rund 400 m vom Strand entfernt liegen diese sehr gut ausgestatteten Apartments (Mezonetes), die 1998 gebaut wurden. Insgesamt 6 Mezonetes mit Klimaanlage, Kühlschrank, Küche und Balkon für je 2-4 Personen, ein gemeinsamer Jacuzzi in der hübschen Anlage. Busstation Kastelli-Chaniá in der Nähe.
• **Colymbari Beach, €€**(-**€€€**): 73006 Kolimbári, Tel.: 0824-23678, Fax: 22391. Hotelanlage am Strand etwa 1 km östlich des Ortes. 7 Bungalows mit 60 Zimmern liegen in einer schönen Gartenanlage, die sich zum Meer hin erstreckt, dort liegen die 12 Suiten und ein Pool.
• **Waves on the Rock, €-€€**: Ravdoúcha/Chaniá, Tel.: 0824-23133, Fax: 23139. Ganz abseits jeden Rummels liegt diese Pension/Taverne mit nur einfachen 3 Zimmern in einer winzigen Felsbucht unterhalb des Dorfes Ravdoúcha. Zum Baden reicht ein Schritt von der Terrasse ins Wasser. Für ein kurzzeitiges Abschalten hervorragend geeignet, wegen der längeren Anfahrt aber vorher nach freien Zimmern fragen.

Sehenswürdigkeiten
• **Kloster Gouniá:** Von Sonnenaufgang bis 12.30 Uhr und ab 16 Uhr bis abends, Sa erst ab 16 Uhr geöffnet, Eintritt im Museum 500 Drs, kl. Broschüre 300 Drs.

• **Orthodoxe Akademie,** 73306 Kolimbári/Chaniá, Tel.: 0824-22245 o. 22500, Fax: 22060, e-Mail: oac@OTEnet.gr. Besuchszeiten: 9.30-13 Uhr und 16.30-20 Uhr, Sonntag erst ab 11 Uhr.
• Die **Töpferei Gaia,** die neben dem Verkauf von Keramik-Waren auch Kurse in der eigenen Werkstatt anbietet, liegt in dem kleinen Dorf Nohiá an der Old Road, etwa 5 km westlich von Kolimbári, Tel.: 0824-91664 o. 91503.

Lassithi-Hochebene (S. 408f)
Bezirk Lassithi, Vorwahl 0844, Postleitzahl 72052

Busverbindungen
Es bestehen Verbindungen nach Iráklion, Malia und Ag. Nikolaos. Endstation der Busse ist **Psihro** (Aufstieg zur Diktäischen Höhle). Von **Iráklion** aus fahren Mo-Sa 2 Busse, einer morgens und einer nachmittags (So nur morgens), die Fahrzeit beträgt ca. 2 Std. (Preis 1.400 Drs). In die Gegenrichtung sind es tgl. 3 Busse, einer früh morgens und 2 am Nachmittag (Sa+So 1 Bus am Nachmittag). Von **Malia** aus (Fahrzeit: 1,5 Std./Preis: 1.200 Drs) fahren Mo-Sa 2 Busse (So 1), zurück sind es ebenfalls 2; beide am Nachmittag (So 1). Von Malia oder Iráklion gelangen Sie also problemlos an einem Tag zur Höhle Psihro und zurück. Zwischen **Ag. Nikolaos** und Psihro verkehrt der Bus dagegen nur Mo, Mi und Fr. Er fährt gegen Nachmittag auf die Hochebene und früh morgens nach Ag. Nikolaos, eine Rückfahrt am selben oder darauffolgenden Tag ist nicht möglich (Fahrzeit 2,5 Std, Preis ca. 1.900 Drs).

Übernachten
Eine Übernachtung auf der Lassithi-Ebene bietet sich durchaus an, denn so haben Sie genügend Zeit, sich auf die Ruhe und Abgeschiedenheit dieses Ortes einzulassen. Der wahre Charme ist erst nach 16 Uhr zu entdecken, wenn die Tagesausflügler von der Nordostküste wieder in ihren Hotelanlagen sind.
• **Hotel Kourites €€**: 72052 Tzermiado, Tel.: 0844-22194. Direkt am westlichen Ortseingang gelegenes Hotel, das einfache, aber saubere Zimmer bietet. Der Clou an diesem Hotel ist, daß hier nicht nur das Frühstück im Preis inbegriffen ist: Hotelgäste können sich kostenlos ein Fahrrad ausleihen, um die Lassithi-Ebene von ihrer schönsten Seite kennen zu lernen.
• **Hotel Zeus €€**: 72052 Psihro, Tel.: 0844-31284. Etwas außerhalb des Ortes an der Hauptstraße Richtung Plati gelegenes Haus. Die Zimmer sind hier in der Regel mit eigener Dusche und incl. Frühstück. Zimmer ohne Dusche sind entsprechen billiger.
• **Hotel Dias €**: 72052 Ágios Geórgios, Tel. 0844-31207. Einfache Übernachtungsmöglichkeit, direkt an der Hauptstraße gelegen. Die Zimmer sind sauber und für den Preis auch schön, verfügen allerdings über keine eigenen Duschen. Dafür gibt es hier Hausmannskost und einen selbstgekelterten Wein.
• **Hotel Rea €**: 72052 Ágios Geórgios, Tel.: 0844-31209. Einfaches mit typisch griechischem Charme geführtes Hotel gegenüber der Schule. Die Zimmer sind ebenfalls mit Etagendusche. Wenn Sie jedoch lieber ein eigenes Bad wünschen, dann fragen Sie die Inhaberin Maria doch einfach nach ihren neuen Zimmern (**Rent Rooms Maria €-€€**), die liebevoll mit kretischen Webarbeiten ausgestattet sind.

Essen

An Tavernen mangelt es nicht auf der Lassithi-Ebene, die größten unter ihnen sind vor allem auf Reisegesellschaften ausgerichtet. Die traditionellen Hotel-Restaurants **Kri-Kri** und **Kronio** (Tel. 0844-22375) in Tzerminado führen dagegen noch eine schmackhafte kretische Küche mit authentischer Atmosphäre.

 Sehenswürdigkeiten

• **Kloster Kardiotissa:** Ortschaft Kera. 8-13 Uhr und 16-19 Uhr. Eintritt frei, eine Spende ist jedoch üblich. Die Nonnen verkaufen Bücher, Postkarten, Handarbeiten, Ikonen-Reproduktionen und Kräuter.

• **Diktäische Höhle:** Ortschaft Psihro, tgl. 9.30-16 Uhr, Eintritt 800 Drs, EU-Studenten frei. Beachten Sie bezüglich der Öffnungszeiten bitte, daß Sie einen etwa 20-minütigen Aufstieg und die Besichtigung mit einkalkulieren müssen. Festes Schuhwerk ist für Weg und Höhle erforderlich. Wer sich die Lauferei sparen will, kann auf den Service zahlreicher Eseltreiber zurückgreifen. Vor der Höhle bieten Führer ihre Dienste an. Lassen Sie sich zu nichts nötigen, Sie müssen an keiner Führung teilnehmen. Leider kostet hier alles extra, auch der Parkplatz (Auto 600 Drs und Motorrad 100 Drs).

• **Trapeza-Höhle:** Ortschaft Tzermiado. Folgen Sie in Tzermiado den Ausschilderungen „Archaeological Site" und „Trapeza-cave", etwa 300 m hinter dem Ortszentrum führt dann ein ausgeschilderter Trampelpfad zur Höhle empor (Fußweg etwa 15. Min). Offizielle Öffnungszeiten gibt es nicht, der Eintritt ist frei. In der Regel bieten Führer aus dem Dorf Taschenlampen und Führungen an (etwa 250 Drs).

• **Folkloremuseum und Venizelos-Museum Ágios Geórgios:** Täglich 10-17 Uhr, Eintritt 700 Drs, Studenten 500 Drs.

Limin Chersonissos (S. 387f)

Bezirk Iráklion, Vorwahl 0897, Postleitzahl 70014

 **Touristeninformation**

Im Rathaus in der Odos Giamboudakis, einer kleinen Querverbindung zwischen Hauptstraße und Strandpromenade.

Busverbindungen

L. Chersonissos liegt an der zentralen Verbindung von **Iráklion** nach **Ág. Nikolaos**. Entlang der Hauptstraße El. Venizelou allein im Ortskern 3 Haltestellen, darüber hinaus halten die Busse auch bei den größeren Hotels. Von 6.30-22.30 fahren die Busse im 30-Minuten-Takt, in den Hauptverkehrszeiten alle 15 Min (Fahrzeit bis Iráklion: 45 Min., Preis 600 Drs). Bitte beachten Sie, daß Busse aus Richtung Malia kommend häufig überfüllt sind und die Fahrer dann nicht anhalten. Auch für Tagesausflüge auf die **Lassithi-Ebene**, nach **Sissi/Paralia Milatos**, in den **Osten Kretas** oder zu den Archäologischen Stätten der **Messará-Ebene** können Sie das Busnetz der KTEL nutzen (morgens hin, abends zurück). Einzelheiten entnehmen Sie bitte dem aktuellen KTEL-Faltblatt, das Sie an allen Busbahnhöfen erhalten, oder Sie erkundigen sich bei der Touristeninformation.

Taxi

Taxis stehen am westlichen Ortseingang, an der Hauptstraße El. Venizelou (auf Höhe der Bushaltestelle, direkt vor der Diskothek Aria) oder vor dem Hotel Creta Maris. Die Fahrpreise sind auf einer Tafel ausgeschildert (Taxiruf: 0897-23723, -22098).

Übernachten

*Mit rund 30.000 Betten ist Limin Chersonissos das Zentrum des Massentourismus auf Kreta. Individualreisende finden hier nur schwer ein Zimmer, da die meisten Hotels ausschließlich auf Pauschaltouristen ausgerichtet sind. Zudem ist L. Chersonissos mit Abstand die am wenigsten attraktive Basis für eine Kretareise. Daher möchten wir im Ort selbst keine Empfehlungen aussprechen, denn schon in benachbarten Orten wie **Stalida** oder in den Dörfern oberhalb von L. Chersonissos bieten sich weitaus reizvollere Unterkunftsmöglichkeiten.*

DÖRFER OBERHALB VON LIMIN CHERSONISSOS

*In den drei Dörfern **Koutouloufari, Piskopiano** und **Chersonisos**, die ihren dörflichen Charakter noch leidlich erhalten haben, gibt es einige Apartment-Hotels, die während der Hauptsaison aber zumeist durch Pauschalisten ausgebucht sind. Versuchen Sie es einfach mal. Eine Empfehlung wäre z.B. das **Apas Apartment €€** (Tel.: 0897-22889) in Koutouloufari. Hier gibt es 4 geräumige Zimmer, von denen 2 einen schönen Blick zum Küstenort und auf das Meer bieten. Oder **Apartments Elgoni €€**, hoch über Piskopiano, mit eigenem Pool und großartigem Ausblick (Tel.: 0897-21237).*

Die großen Luxus-Hotels in und um L. Chersonissos sind natürlich eine Welt für sich und als Unterkunft durchaus zu empfehlen. Doch wenn Sie sich diese als Basis einer Kretareise leisten können, so finden Sie bereits wenige km weiter östlich, am Golf von Mirambellou, Luxusresorts, die in eine weitaus reizvollere Landschaft und Umgebung eingebettet sind.

*• **Aldemar Royal Mare Village €€€€**: 70014 Limin Chersonissos, Tel.: 0897-25025/7, Fax: 21664, Homepage: www.aldemar.gr . 2 km westlich von Limin Chersonissos gelegenes Luxus-Resort mit 415 Zimmern. Nicht nur die VIP-Suiten, sondern auch die normalen Bungalows sind sehr stilvoll eingerichtet. Luxuriöse Einrichtungsdetails, eine prächtige Gartenanlage, ein goldener Sandstrand und zahlreiche Feinschmecker- und Diätrestaurants mit excellenten Spezialitäten versüßen Ihnen hier Ihren Aufenthalt. Dazu unzählige Fitness-, Wellness-, Wasser-/Sportmöglichkeiten sowie eine große Beautyfarm. Die Besonderheit dieses Komplexes ist jedoch das aufwendig luxuriös gestaltete Thalassozentrum, Kretas modernstes und bestausgestattetes Wasserwunder.*

*• **Creta Maris €€€€**: 70014 Limin Chersonissos, Tel.: 0897-22115, Fax: 22130, Homepage: www.maris.gr. Traditionsreichstes Luxusresort in Limin Chersonissos mit 248 Bungalows und 299 Zimmern im Hauptgebäude; in einer Bucht mit etwa 250 m langem Sandstrand etwas abseits vom Ortskern gelegen. Mit seiner liebevoll gestalteten ägäischen Architektur begründete das Creta Maris den Dorfstil in der kretischen Hotelszene. Die Zimmer sind ausgesprochen geschmackvoll eingerichtet, dazu ein breites Sport-, Spiel-, Beauty- und Wellness-Angebot; umfangreiche Kinderbetreuung und ein Amphitheater mit eindrucksvoller Kulisse.*

*• **Silva Maris €€€€**: 70014 Limin Chersonissos, Tel. 0897-22850, Fax: 21404, Homepage: www.maris.gr. Am östlichen Ortsausgang Limin Chersonissos gelegene Hotel- und Bungalow-Anlage mit 305 Zimmern. Das Bungalowdorf ist ebenfalls im ägäischen Stil gestaltet,*

kleine Gassen mit viel Grün und farbenprächtigen Hibiskusbäumen schaffen eine angeneh- me Atmosphäre. Zimmer und Gesamtanlage sind jedoch weitaus weniger aufwendig und luxuriös als im Creta Maris. Der Strand besteht aus einer geschwungenen, etwa 100 m breiten sandig-kiesigen Bucht mit anschließendem flachen Sandsteinplateau. Auch hier wird Ihnen ein breites Sport-, Fitness- und Wellnessprogramm geboten.

• **Iberostar Zorbas Village** €€€€: 70014 Anissaras, Limin Chersonissos, Tel. 0897-23268, Fax: 22604. 4 km von Limin Chersonissos entfernt. Gepflegte Bungalowsiedlung mit 221 Zimmern, großer Gartenanlage mit Pool, Strand mit strohgedeckten Sonnenschirmen und einem kleinen Hallenbad. Zum Frühstück und Abendessen werden abwechslungsreiche Buffets serviert, abends finden häufig Themenabende statt. Die Bungalows sind hell und anspruchsvoll eingerichtet. Zwei Tennisplätze mit Kunstrasen und ein umfangreiches Was- sersportangebot komplettieren das Programm.

Camping

Chersonissos hat zwei Campingplätze. Westlich des Ortes liegt **Camping Cher- sonissos** (Tel.: 0897-22902): Schilfdächer und Tamarisken spenden Schatten, Mini- markt, Bar und Taverne sichern die Grundversorgung; direkt am Platz angrenzend ein kleiner Sandstrand. In der Hauptsaison kann es hier extrem eng werden. Am östlichen Ortsausgang, direkt neben dem Museum Lychnostatis liegt **Caravan Camping** (Tel.: 0897- 22025): ein kleinerer Platz mit Selbstbedienungs-Restaurant. Ebenfalls Strandzugang unweit des Star Beach Water Parks. Wem die von Schilfdächern beschatteten Stellplätze zu wenig Komfort bieten, kann auch auf Bungalows ausweichen.

Essen

Fast Food-Tempel, diverse Pizzerien, asiatische Restaurants, farblose Tavernen mit Wiener Schitzel und Pommes als Aushängeschild finden sich ebenso wie an- spruchsvollere Fischrestaurants; überall aber grüßen deutsche Biere. Der Großteil der Restaurants im Ort ist dabei höchstens durchschnittlich, die Tavernen am Hafen sollten Sie besser meiden. Das Preisniveau liegt insgesamt etwa um 30 % über dem im Westen und Süden Kretas. Die beste Auswahl und angenehmste Atmosphäre finden Sie in den zahlrei- chen Tavernen der umliegenden Bergdörfer, von denen aus Sie einen tollen Blick über die Bucht von Chersonissos genießen. So gibt es z.B. an der Platia von Koutoulafári die **Taverna Emmanuel**, ein angenehmes Lokal mit traditionellen Gerichten wie das im Ton- ofen gebackene Lamm mit Kartoffeln. Und auch im Dorf **Piskopiano** finden Sie an der Platia eine gute Gelegenheit zum Essen, abends wird es im **Platia Piskopiano** jedoch sehr schnell voll (Tel.: 0897-24656). Im Dorf Chersonissos ist das **„To Konaki tou Mougavia"** von Giannis Andrianakis (Tel.: 0897-22892) eine gute Adresse, nicht nur wegen der biolo- gisch angebauten Weine.

Nachtleben

Um die 100 Bars, Kneipen und Diskotheken gibt es in L. Chersonissos. Jede Nacht gönnen sich Tausende von Nordeuropäern einen kurzen Ausbruch aus ihrer Alltagswelt. Ab 22 Uhr beginnt die Nacht in den Bars und Clubs entlang der Uferpro- menade. Gegen Mitternacht kocht die Stadt: Bier und Cocktails fließen in Strömen, der Lärmpegel schwillt gewaltig, und in den Bars tanzt nicht "man", sondern Frau auf den Tischen. Nach dem kollektiven Vorglühen verlagern sich dann gegen 1 Uhr die skandinavi- schen, holländischen und germanischen Horden Richtung Hauptstraße. Ziel sind die großen Discotheken und Clubs, aus denen dumpfe Technorhythmen in die angeschlagenen Magengegenden wummern. International nach wie vor am meisten angesagt ist der **Club Camelot** (Ag. Paraskevi/EckeHauptstraße), aber auch das **New York**, **Status** und **NRG** sind derzeit ausgesprochen trendy. Gefeiert wird bis zum Morgengrauen; wer eine Stärkung braucht, findet viele Gelegenheiten, besonders stilecht ist jedoch ein gyrospita oder souvlaki an der berühmt-berüchtigten **Chicken Corner**.

Einkaufen

Besondere Dinge gibt es in L. Chersonissos nicht einzukaufen. Sparen Sie Ihr Geld lieber für Besorgungen in Ag. Nikolaos oder Iráklion auf. Erwähnung verdient jedoch die Buchhandlung **APXETYΠO** an der Ecke ArcheTheatrou/Kastriou (nördl. der Hauptstraße, hinter dem Hard Rock Café).

Ausflüge

Bootsausflüge nach Sissi oder auf die Insel Dia können Sie direkt an der Strandpromenade oder in den örtlichen Reiseagenturen buchen. Letztere bieten natürlich auch das gesamte Programm der gängigen Kretatouren.

Wassersport

• Ein breites Angebot an Wasser- und Funsportarten, vom Jet- und Wasserski über Parasailing, Bananariding bis hin zum Bungeejumping, finden Sie im **Star Beach Water Park** (s.h. unten).

Wohin geht's morgen?

• Diverse Tauchkurse und -touren bietet das Tauchcenter **Suba Dive** im Hotel Creta Maris an (Tel.: 0897-22122).

• **Spaßbad Aqua Splash Water Park**, Tel.: 0897-24333; Homepage: www.aquasplash.com: Etwa 8 km oberhalb von L. Chersonissos an der Straße nach Kastelli gelegenes Spaßbad. Gigantische Anlage mit halsbrecherischen Riesenrutschen, die mitten in die freie Berglandschaft geklotzt wurde. „Lazy" und „Crazy River", Liegewiesen, Caféterias und eine tropische Bar erwarten vor allem Familien, die hier einen halben oder ganzen Tag verbringen wollen.

• **Water City**, Tel.: 081-781316. Bei Anópoli. Übersehen können Sie dieses knapp 20 km östlich von Iráklion gelegene **Spaßbad** nicht, denn bereits bei der Abfahrt von der New Road grüßt auf dem Berg ein Schriftzug in Hollywood-Manier. Neben einem Wellenbad bietet diese gigantische Anlage so ziemlich alles, was man sich an Wasserrutschen vorstellen kann.

• **Star Beach Water Park**, Tel.: 0897-24472/3; Homepage: www.starbeach.gr: Am östlichen Ortsausgang von L. Chersonissos gelegenes Spaßbad, mit zahlreichen Pools, Wasserrutschen und Freizeitmöglichkeiten. Der Eintritt ist frei, die diversen Wasser- und Funsportangebote kosten extra. Für Familien mit Kindern ist dieser Water Park eher ungeeignet, wer die Pubertät jedoch noch nicht überwunden hat, findet hier alles, was „Spaß macht": vom Kart Racing Motodrom bis zur freitäglichen Bikini-Competition!

Thalassotherapie

Wenn Sie sich etwas besonders Gutes tun wollen, lassen Sie sich im luxuriös gestalteten **Thalassotherapie-Zentrum** *des* **Aldemar Hotels (s.h. oben)** *verwöhnen. Es bietet ein umfangreiches Fitness- und Wellnessangebot für Körper und Seele. Eine komplette Thalassotherapie ist allerdings nicht ganz billig, ein ganzer Tag kostet etwa 26.000 Drs.*

Reiten

Einen Reitstall für Ausritte am Strand finden Sie am östlichen Ortsausgang beim **Star Beach Water Park** *(0897-23555). Geführte Mauleseltouren bietet* **Country Fun-Donky Tours an**, *diesen Reitstall finden Sie an der Straße zu den Dörfern Chersonissos/Piskopiano (0897-21683); zu buchen über örtliche Reiseagenturen. Am besten ist jedoch, Sie wenden sich an den* **Reitstall in Avdou** *(S. 283).*

Folkloreveranstaltungen

Neben dem Spaßbad unweit des Ortes Anópoli liegt der klotzige Baukörper des **Palladium**. *Hier werden Diner-Shows für die Urlauber der Ostküste angeboten. Eine amerikanische Variante der Abendgestaltung und trotz vielem Folklore-Brimborium nur leidlich kretisch. Etwas netter sind die Folkloreveranstaltungen, die regelmäßig im* **Dorf Anópoli**, *etwa 4 km oberhalb von Gournes, oder in den* **Dörfern oberhalb von Limin Chersonissos** *stattfinden. Fragen Sie in Ihrem Hotel danach. Die mit Abstand empfehlenswertesten Veranstaltungen finden jedoch im* **Freilichtmuseum Lichnostatis** *statt.*

Sehenswürdigkeiten

• *Freilichtmuseum „Lychnostatis". Di-So. 9.30-14 Uhr. Mo geschl. Jede volle Stunde findet eine Führung statt. Eintritt 1.250 Drs.*
• *Aquarium. Am westlichen Ortsausgang gegenüber vom Hard Rock Café. Tgl. 13-16 Uhr ca. 800 Drs, Kinder die Hälfte. Kleines ‚Aquarium in dem nicht nur die Meeresfauna der Gewässer vor Kreta bestaunt werden kann. Für Familien mit Kindern.*
• *Dorfmuseum Psikopiano (Agrotiko Museio). Di-So 10-13 und 16-20 Uhr. Eintritt 500 Drs.*

Bank/Geldwechsel

Einen EC-Automaten finden Sie bei der Ionischen Bank, an der Hauptstraße El. Venizelou, Höhe Tankstelle am westlichen Ortseingang.

Internationale Presse

An zahlreichen Kiosken und Buchhandlungen entlang der Hauptstraße.

Medizinische Hilfe

Cretan Medicare: *Tel.: 0897-25141-4. Am westlichen Ortseingang, an der Hauptstraße Eleftheriou Venizelou 19 (schräg gegenüber der Diskothek Aria). 24 Stunden besetzt.*

Internetcafés

Im Star Beach Water Park; erstes Gebäude hinter dem Eingang (Eintritt frei) oder im Café „CAFE" an der Hauptstraße El. Venizelos 115.

OTE
Etwas südlich der Hauptstraße Eleftheriou Venizelou, an der Straße Eleftherias Richtung Chersonissos, Piskopiano und Koutouloufari. Mo-Sa 7.30-22 Uhr; So 9-14 Uhr und 17-22 Uhr.

Post
Ebenfalls in der Straße Eleftherias, ganz in der Nähe der OTE-Zentrale. Mo-Fr 7.30-20 Uhr; Sa 7.30-14 Uhr.

Touristenpolizei
Od. Minoos 8 (im Zentrum, zwischen Hauptstraße und Uferpromenade), Tel.: 0897-22222.

Waschsalon
Euro Wash am westlichen Ortseingang in der Archeou Theatrou 3 (Querstraße hinter Hauptstraße, Höhe Hard Rock Café).

Loutró (S. 667f)
Bezirk Chaniá, Vorwahl 0825, Postleitzahl 73011

Schiffsverbindungen
Loutró hat keine Straßenanbindungen und ist außer auf Wanderwegen nur mit dem Schiff zu erreichen. Die Hauptanbindung besteht aus östlicher Richtung **von Chóra Sfakíon** aus. Nach Westen fahren Fähren **nach Agía Rouméli** und weiter über Sougía bis Paleochóra. Nach Chóra Sfakíon bestehen 2-5 Verbindungen täglich (je nach Saison; von Anfang April bis Ende Oktober), ebenso nach Agía Rouméli. Das letzte Schiff verläßt Chóra Sfakíon Richtung Loutró gegen 19 Uhr (nicht in den Nebensaison), so daß auch Ausflügler noch spät in die Unterkunft nach Loutró kommen können. **Preis** für die Fahrt nach Chóra Sfakíon (ca. 20 min): 500 Drs. Nach Agía Rouméli (40 min): 900 Drs. Nach Paleochóra 3.000 Drs. **Tickets** sind in einem Schalterhäuschen nahe dem Hotel Porto Loutró erhältlich.

Taxi-Boot
Mit dem privaten Boot-Taxi kommen Sie jederzeit nach Chóra Sfakíon, die Fahrt ist aber recht teuer. Captain John´s Taxi-Boot: Tel.: 0825-91261.

Übernachten
Der im Winter fast ausgestorbene Ort Loutró besteht fast ausschließlich aus den rund 20 Hotels und Pensionen. Diese haben durchgehend einen guten bis gehobenen Standard und sind wegen der Lage und Nachfrage teurer als in anderen Orten („Loutró-Aufschlag"). Aufgrund der geringen Erweiterungsmöglichkeit wird die Bettenzahl auch zukünftig begrenzt bleiben. Reservierung im Sommer dringend empfohlen. Das kulinarische Angebot ist gut, 7 Tavernen und 2 Mini-Märkte versorgen hungrige Gäste.
• **Porto Loutró, €€-€€€**: 73011 Loutró, Sfakiá, Tel.: 0825-91433 o. 91455, Fax: 91091. Das beliebte Hotel ist auch pauschal zu buchen, deshalb ist zumindest im Sommer eine Reservierung angebracht. Das Haus in der Mitte der Bucht hat 18 Zimmer und 4 Studios, der Ableger am Westrand noch einmal über 20 Zimmer mit Dusche/WC. Fast alle Zimmer

mit Balkon, von dem man abends in die kleine Bucht schauen kann. Am Strand können Liegen und Schirme genutzt werden.

• **Daskalogiannis Hotel, €€€**: 73011 Loutró, Sfakiá, Tel.: 0825-91514 o. 91515, Fax: 91516, e-Mail: anopoli@aol.com. Direkt am Wasser mit 11 einfachen, aber schönen Zimmern mit Balkon zur Bucht. Alle auch mit Klimaanlage, TV und Kühlschrank. Unten im Hotel befindet sich ein Café, in dem das Frühstück eingenommen wird. Fantastischer Blick am Anleger entlang auf die Felsküste um Loutró.

• **Apartments Niki, €€**: Tel.: 0825-91259 o. 91218 (Sofia bzw. Eleana Souvenir Shop in Chóra Sfakíon), Fax: 91259. Sehr schöne und gut ausgestattete Apartments etwas über der Bucht. Die Zimmer haben teilweise Holzdecken, Steinfußböden und können von bis zu 4 Personen genutzt werden. Die Apartments sind auch im Winter anzumieten (Tel.: 0825-91265 o. 0831-25758). In der Nähe wird die **Villa Niki** vermietet, die Platz für 8 Personen bietet. Eine tolle Möglichkeit, als Großfamilie oder mit Freunden eine ungestörte Zeit in Loutró zu verbringen. Die Villa mit 3 Zimmern und einem großen Wohnzimmer ist sehr gut ausgestattet.

Ausflüge

• In Loutró können **Kanus und Kajaks** gemietet werden, mit denen man die Felsküste rund um den Ort erkunden oder an einen nahegelegenen Strand paddeln kann. Die 300 km bis an die afrikanische Nordküste sollten Sie aber in diesen Nußschalen nicht in Angriff nehmen.

• Im Sommer fahren **Badeboote zur Mármara-Bucht** und zum **Glikanéra-Strand** östlich des Ortes. Hier mündet die Arádena-Schlucht ins Meer. Man kann in die canyonartige Schlucht hineingehen und nach 1 Stunde (leichte Kletterpartien) rechts nach Liviania aufsteigen (ca. 0,5 Std.). Von dort führt ein Pfad wieder hinunter nach Loutró.

• Die karge Umgebung Loutrós ist zum **Wandern** bestens geeignet. Auf dem Fernwanderweg E4 können Sie z.B. Richtung Agía Rouméli oder Chóra Sfakíon laufen, ein Pfad führt auch hinauf in die Dörfer Anópoli und Arádena. Auf diesen Touren immer an einen großzügigen Wasservorrat denken, die schattenlose Südküste ist im Sommer gnadenlos heiß.

Internet

Wer keinen Tag des Jahres auf Bilder aus Loutró verzichten kann, sollte im Internet die täglichen aktualisierten Bilder der **Web-Cam** abrufen: http://loutro.creteisland.gr/loutro-live.html.

Makrigialos/Koutsounari (S. 467/468)

Bezirk Lassíthi, Vorwahl 0843, Postleitzahl 72055

Busverbindungen

Zwischen Makrigialos und **Ierapetra** verkehren Mo–Fr tgl. 10 Busse, Sa/So: ca. 7; die Fahrzeit beträgt etwa 30 Min., die Kosten betragen ca. 600 Drs. Zwischen Makrigialos und **Sitia** sind es Mo–Fr 6 Busse, Sa/So 3-4.

Übernachten

In den kleinen Badeorten der Südostküste haben sich in den letzten Jahren zunehmend größere Hotelkomplexe etablieren können, die in erster Linie auf

Pauschalurlauber ausgerichtet sind. In Makrigialos finden Sie noch einen Geheimtip für einen stilechten Aufenthalt im Südosten der Insel.

• **Traditional Cottages Koutsounari €€€:** 72200 Koutsounari. Tel.: 0842-61292, Fax: - 61292. Rustikale Steinhäuser mit geräumigen Zimmern, massiven Holzdecken und original kretischer Inneneinrichtung, mit Bad/WC und Küche. Alles in allem sehr ansprechend gestaltet.

• **Apartments Villa Filoxenia €€ €€€:** 72200 Koutsounari. Tel.: 0842-61356, Tel. + Fax -28361. Etwa 8 km östlich von Ierapetra, etwa 150 m oberhalb des Meeres gelegene Anlage mit wunderschöner Aussicht. Familie Aspradakis vermietet hier 10 geschmackvoll eingerichtete Apartments. 4 Apartments haben zwei (90 m²), die übrigen 6 Apartments ein Schlafzimmer (50 m²). Alle Apts. verfügen über einen Wohnraum, Küche, Badezimmer/WC und Terrasse mit Blick aufs Meer.

• **Hamlet Cottages €€:** Aspro Potamos, 72055 Makrigialos, Tel.: 0843-51434 o.51422, Fax: 52322. Etwa 1 km oberhalb des Ortes, im abgeschiedenen Tal des Aspro Potamos gelegene urige Apartmentanlage (zwischen Villea Village Hotel und Sunwing Hotel abbiegen). John und Marietta Grammaticas vermieten hier einige wunderschön restaurierte alte Landhäuser, in denen früher Landarbeiter wohnten. Alles ist besonders liebevoll restauriert und im rustikalen kretischen Stil eingerichtet worden. Terrassen, Gärten und Apartments vermitteln eine Atmosphäre zum Wohlfühlen; alles in allem Kreta von seiner schönsten Seite.

Essen

Das mit Abstand empfehlenswerteste Restaurant in Makrigialos ist das direkt an der Hauptstraße gelegene **Porfira** (Tel. 0843-52189). Len Grammaticas, der Sohn von John und Marietta, hat hier ein wirklich gemütliches Restaurant aufgebaut, mit dem er sich auf traditionelle kretische und griechische Gerichte spezialisiert hat. Da das Restaurant in den Abendstunden sehr gut besucht ist, sollten Sie einen Tisch vorbestellen (was auf Englisch kein Problem ist).

Ausflüge

Von Makrigialos aus gibt es die Möglichkeit, mit einer kleinen Motorjacht einen **Tagesausflug auf die Insel Koufounisi** zu unternehmen. Abgelegt wird in der Regel gegen 10 Uhr, die Rückkehr erfolgt am Nachmittag. Wenn Sie sich für diesen Ausflug interessieren, erkundigen Sie sich direkt am kleinen Hafen von Makrigialos, der Liegeplatz des Ausflugsbootes ist durch ein großes Werbeschild gekennzeichnet. Über Reiseagenturen ist dieser Ausflug derzeit nicht zu buchen.

Sehenswürdigkeiten

Kloster Kapsa. Tgl. 8.30-12.30 und 15.30-19 Uhr. 9 km östlich von Makrigialos, wird nicht vom Bus angefahren.

Malia und Stalida (S. 389/390)

Bezirk Iráklion, Vorwahl 0897, Postleitzahl 70007

Busverbindungen

Malia und Stalida liegen an der zentralen Verbindung von **Iráklion** nach **Agios Nikolaos.** Von 6.30-22.30 Uhr verkehren hier Busse im 30-Minutentakt, in den

Hauptverkehrszeiten sogar alle 15 Min (Fahrzeit bis Iráklion: 1 Std., Preis 750 Drs). Bushaltestellen liegen im Ortskern sowie bei den großen Hotels. Nicht alle Busse fahren die **Strände** *und die* **Ausgrabung** *an. Einzelheiten entnehmen Sie bitte dem aktuellen KTEL-Faltblatt, das Sie an allen Busbahnhöfen erhalten, oder Sie erkundigen sich bei der Touristeninformation. Auch für Ausflüge auf die* **Lassithi-Ebene***, nach* **Sissi***, in den Osten Kretas oder zu den Archäologischen Stätten der* **Messará-Ebene** *können Sie das Busnetz nutzen (morgens hin, abends zurück).*

Taxi
Der 24 Stunden besetzte Taxistand liegt in Malia an der Durchgangsstraße bei der Kirche. Taxiruf: 0897-33900 o. 31777.

Übernachten
HOTELS IN STALIDA
• **In Stalida** *bietet sich die größte Chance auf eine individuelle Unterkunft während der Hauptsaison, wenn auch hier die Reiseveranstalter während dieser Zeit die meisten Betten für sich einnehmen.*
• **Hotel & Village Alexander Beach €€€-€€€€**: *70007 Stalida, Tel.: 0897-32134, Fax: 31038. Am Ostende von Stalida gelegene Anlage. Ohne Zweifel ist dieses Hotel eines der schönsten an diesem Strandabschnitt von Kreta. Die über 3.000 m² große Anlage mit 300 m langem Sandstrand empfiehlt sich vor allem für jüngere Reisende. Das Sportangebot (u.a. Tennisunterricht, Beachvolleyball, Basketball) ist umfangreich, abends stehen Shows, Grillveranstaltungen, Beachpartys und folkloristische Darbietungen auf dem Programm. Die Anlage bleibt bei all dem Trubel aber überschaubar und bietet „Rückzugsmöglichkeiten".*
• **Hotel Neon €€**: *70007 Stalida, Tel.: 0897-33206/7/8, Fax: 31998. Ebenfalls am Ostende von Stalida. Das unscheinbar wirkende Hotel hat mehr zu bieten für den Preis, als man zuerst glauben mag. Zum einen liegt es dicht am Strand, hat eine eigene Taverne mit ansprechendem, wenn auch nicht überragendem Essen und lockt auch noch mit einem* **Internetcafé** *im Hause. Hotel und Strand trennen einzig ein auf Land gesetztes Küstenschiff, das als „Kulisse" für die Strandbar dient. Es gehört zwar zum benachbarten Alexander Beach Resort (s.o.), aber das stört hier niemanden.*

HOTELS IN MALIA
Hier finden Sie vorwiegend Hotels, die einzig über Pauschalreisen zu buchen sind. Selbst kleinere Unterkünfte in der Altstadt bieten nur in Ausnahmefällen Betten für Individualreisende. Nur einige wenige attraktive Pensionen in der östlichen Altstadt, wie z.B. die **Pension Esperia €€-€€€** *(Tel.: 089-31086), die gegenüberliegende* **Pension Angeliki €€** *und* **Scorpios Apartments €€** *(Tel.: 089-31873), bilden eine Ausnahme, sind i.d.R. aber meist im voraus ausgebucht. Wenn Sie Schwierigkeiten bei der Zimmersuche haben, können Sie sich an die örtlichen Reiseagenturen wenden, die zudem über Busausflüge und Autovermietung Bescheid wissen. Von den pauschal zu buchenden Hotels möchten wir folgende zwei kurz vorstellen:*
• **Grecotel Malia Park €€€€**: *P.O. Box 21, 70007 Malia, Tel.: 0897-31461/2, Fax: 31460. Gut einen Kilometer östlich der Stadt gelegen. Wunderschöne Resortanlage, direkt am Strand gelegen. Dezent, aber ausgesprochen geschmackvoll eingerichtete Zimmer. Jedes mit Balkon, Kühlschrank, Haartrockner und Badewanne. Die Anlage selbst besticht durch eine subtropische Gartenanlage, in der die wichtigsten Bäume und Pflanzen Kretas erläutert werden. Ein riesiger Swimmingpool windet sich durch diese botanische Pracht und bietet*

die Möglichkeit, sich schwimmend zwischen den meisten Zimmern und den Bars und Restaurants zu bewegen. Sportanlagen (u.a. Tennisplätze) direkt in der Anlage, Touren ins Umland werden vom Hotel organisiert. Das Hotel wurde mehrfach ausgezeichnet, so z.B. mit Umweltpreisen und als eines der 10 beliebtesten Ferienresorts der TUI-Gruppe. Für Pauschalreisende ist dieses Hotel eine sehr gute Basis, um Ausflüge ins Landesinnere zu starten.

• **Hotel Grammatikakis €€-€€€**: 70007 Malia, Tel.: 0897-31366. Am unteren Ende der Stichstraße zum Strand (Beach Road). Älteres, aber durchaus sauberes Resorthotel mitten im „Kerngebiet" des Strands von Malia. Direkt vor der Tür können Sie in die Strandbars gehen und in die andere Richtung entlang der „Freß- und Spaßmeile" (Beach Rd/Stichstraße) bummeln.

Essen

Preise und Speisenqualität der Restaurants in Malia und umgebenden Orten können sich kaum messen mit denen im Landesinneren und im Süden und Westen der Insel. Alles ist um ca. 30 % teurer und in gleichem Maße liebloser zubereitet. Daß die Restaurants in der Altstadt günstiger und besser sind als in der Stichstraße zum Strand, scheint ein Gerücht. Etwas authentischer aufgemacht sind sie aber schon.

• **Entlang der Stichstraße (Beach Road)** gibt es nahezu für jeden Geschmack etwas. Das Angebot reicht von Fastfoodbuden über Pubs und Caféterien bis hin zu asiatischen Großrestaurants. Griechische Lokale, oft auch mit italienischen Standardgerichten, reihen sich in die Kette ein. Die etwas besseren Restaurants befinden sich an der westlichen Gabelung, nahe der Innenstadt.

• **In der Altstadt** verteilen sich die Restaurants auf alle Straßen. Das **Petros** gleich neben der Panagía Galatiani-Kirche bereitet annehmbare griechische Speisen, während das **Kalesma** im südöstlichen Abschnitt der Altstadt gepflegt wirkt, mit einem stilvollen Ambiente aufwartet und sich vornehmlich auf kretische Gerichte spezialisiert hat, die in einigen Fällen mit einem Hauch von Nouvelle Cuisine versehen sind. Das **Old House** ist ebenfalls ein beliebtes griechisches Restaurant am Südende der Altstadt. Das Essen ist in Ordnung, die Stimmung aber ein wenig zu klischeebeladen.

• **Östlich der Stadt, am Hafen (Marina)**, befinden sich zwei weitere Restaurants, das **Malia Port**, ein griechisches Fischrestaurant, das andere, **Coralia**, eher eine nachgemachte Hafenkneipe mit Essen (nicht nur Fischgerichte). Beide Lokale gelten als relativ preiswert und gut. Zwischen Hafen und Stadt, direkt am Strand gelegen, sei noch die einfache, aber urige **Blue Sea Taverna Bar** erwähnt. Hier gibt es Fischgerichte und ein paar kretische Spezialitäten. Gut geeignet für einen unkomplizierten Lunch bzw. einen Nachmittagssnack.

• Wenn Sie sich jedoch etwas wirklich Gutes tun wollen, dann fahren Sie am besten in das nahe **Bergdorf Mochos**, das etwa 9 km oberhalb von Stalída liegt. Direkt am Dorfplatz finden Sie das **Platia** von Manolis Kapetanaki (Tel.: 0897-61233). Hier gibt es nicht nur typisch kretische Gerichte, sondern abends auch noch traditionelle Live-Musik. Am besten fahren Sie mit dem Taxi, denn bei Rakí, Wein und guten Gesprächen kann der Abend hier schon mal lang werden.

Nachtleben

• **Bars** und **Pubs** finden sich überall in Malia, gebündelt natürlich an der Stichstraße zum Strand (Beach Rd). Die Auswahl reicht hier von irischen und englischen Pubs über **Beachbars** bis hin zu **Cocktail Lounges** und **Diskotheken**. Jede zweite Bar bietet einen Großbildschirm mit Sportübertragungen. Die Discos konzentrieren sich besonders auf den Abschnitt nördlich der Gabelung, wo sich das **ZigZag**, das **Zoo** und das **Exodus** befinden. Die Gebäude dieser Vergnügungsmeile sind meist einfache, eingeschossige Häuser, so daß von Jahr zu Jahr durch einfache Umbauten die Läden wechseln, das Grundprogramm „Spaß und Kommerz" jedoch bleibt gleich.

• Aber auch im Altstadtbereich gibt es einiges für Nachtschwärmer. Unter alten Bäumen verstecken sich diverse Bars, und der Knüller sind z.Zt. die zwei **„Swimmingpool-Bars"**, deren Location durch Hinweisschilder angezeigt wird. Sie haben neben dem Tresen einen großen Pool, in den man sich gerne werfen darf. Anders dagegen der **Stonehouse Pub**, der sich nach eigenen Angaben im ältesten Gebäude des Ortes befindet.

Einkaufen

Besondere Dinge gibt es in Malia nicht einzukaufen. Sparen Sie Ihr Geld für Besorgungen in Ag. Nikolaos oder besser Iráklion auf. Erwähnung verdient jedoch der Buchladen an der Stichstraße zum Strand (rechte Seite).

Wassersport

Im zentralen Strandbereich von Malia werden die üblichen Wassersportgeräte angeboten, wie Jetboats, Surfbretter u.ä. Doch auch für die Ausübung von Sportarten wie Surfen wirkt der felsige Uferbereich hinderlich.

Fahrrad-, Moped- und Motorradverleih

An mehreren Stellen im Ort bieten sich Verleihstationen an. Das umfangreiche Angebot reicht vom Kinderrad bis zur Harley-Davidson. Hochwertige Mountainbikes können Sie bei Hellas Bike Travel (Tel.: 0897-33378) am **Grecotel Malia Park** mieten (s.h. oben); angeboten werden auch geführte Fahrrad- und Mountainbiketouren unterschiedlicher Schwierigkeitsgrade.

Reiten

Einen Reitstall finden Sie in Avdou, rund 15 km oberhalb von Stalida. Fragen Sie im Dorf einfach nach Herrn Fragakis (Tel.: 0897-24867, 0944-588406).

Paragliding

Im Ortszentrum des Dorfes Avdou finden Sie die **Paragleitschule ICNA** (Tel. + Fax: 0897-51200, Homepage: www.icna.gr.) In Begleitung eines ausgebildeten Paragleit-Lehrers können Sie hier über der atemberaubenden Landschaft schweben (Starthöhe um 1.000 m). Gestartet wird jedoch auch – je nach Witterung – von den anderen Gipfeln Kretas, vom Tripti-Gebirge bis Phalássarna.

Hinweis

Weitere Tips für Unternehmungen in der Umgebung entnehmen Sie bitte den gelben Seiten von L. Chersonissos, S. 273.

Sehenswürdigkeiten

• **Archäologisches Gelände Malia**: Tel.: 0897-31597. Di - So: 8.30 bis 15 Uhr; Mo: 8 bis 12 Uhr. Eintritt 800 Drs. Vielleicht haben Sie ja Glück und treffen gerade rechtzeitig auf Giorgos Pothos, der ausgezeichnete deutschsprachige Führungen durch die Palastruinen anbietet. Wenn Sie Ihrem Glück nachhelfen wollen, rufen Sie ihn am besten einfach an und fragen, wann die nächste Führung stattfindet (Tel.: 0841-22921).

Bank/Geldwechsel
Die Banken und -automaten finden Sie an der Durchgangsstraße, zwischen den beiden Gabelung-senden der Stichstraße zum Strand.

Medizinische Hilfe
*Das **Medical Center** liegt in der Mitte der Beach Road und ist 24 Std. besetzt. Tel.: 0897-31661-4.*

Internet-Café
Siehe unter Hotel Neon.

OTE
An der Hauptstraße ca. 500 westlich der Stadt (aus-geschildert).

Post
Am westlichen Ortsausgang der Altstadt. Mo-Sa 7.30-14 Uhr.

Führung durch Giorgios Pothos

Reiseagenturen
*In den örtlichen Reiseagenturen werden die üblichen Ausflüge angeboten, darun-ter Tagesausflüge oder 3-Tages-Touren nach Santorin sowie Bootstouren zur Insel Dia. Bei **Sarpidon Travel** (Tel.: 0897-3164; -33668) an der Beach Road in Malia finden Sie außerdem zuverlässige Mietfahrzeuge. In Stalida ist **Sparrow travel** (Tel.: 0897 o. 31508 o.31438) ein guter Ansprechpartner.*

Matala (S. 514f)
Bezirk Iráklion, Vorwahl 0892, Postleitzahl 70200

Touristeninformation
Eine Touristeninformation gibt es in Matala nicht, dafür jedoch reichlich private Reiseagenturen, in denen Ihnen gerne weitergeholfen wird.

Busverbindungen
*Hält an der Platia im Ortskern. Mo-Sa verkehren ca. 8 Busse zwischen **Iráklion** und Matala, So 5 (Dauer 2 Std., Preis 1.500 Drs). Alle fahren über **Mires** und Festos. Zwischen **Agía Galíni** und Matala sind es Mo-Sa 6 (So 5).*

Taxi
In Matala selbst gibt nur 2 Taxis, sie stehen zumeist an der Platiá. Häufig kommen jedoch Reisende per Taxi nach Matala. Da die Fahrer ungern leer zurückfahren, läßt sich schon mal ein günstigerer Fahrpreis aushandeln.

Parken

Am Ortseingang können Sie ihr Auto gratis abstellen. Die Parkplätze innerhalb des Ortes sind gebührenpflichtig.

Übernachten

Die Zimmerauswahl in Matala ist recht groß, außerhalb der Saison besteht daher bei den Preisen ein gewisser Verhandlungsspielraum. Doch die Saison ist lang, und Matala erfreut sich nicht nur bei ausländischen Touristen wachsender Beliebtheit. In der HS kann es daher sehr voll werden. Einfache Zimmer finden Sie im gesamten Ort. Sehr schöne und preiswerte Zimmer gibt es in der Straße zum Red Beach, die gegenüber dem sehr lauten und wenig empfehlenswerten Hotel Zafiria abzweigt. Wenn Ihnen Matala zu überlaufen und laut ist, so sollten Sie Ihr Glück im nahen **Pitsidia** oder **Sivas** versuchen.

• **Hotel Fragiskos €€€**: 70200 Matala, Tel.: 0892-45380 o. 45135; Fax: 45728. Einfaches, freundlich geführtes Hotel mit 75 Betten und Pool, nur einen Steinwurf oberhalb des Strandes gelegen. Die Zimmer sind hell eingerichtet, mit WC, Telefon und Balkon. Frühstück ist im Preis inbegriffen.

• **Bungalows Odysseas €€-€€€**: 70200 Matala, Tel.: 0892-45777. Am Ortseingang von Matala, vor dem Parkplatz der Reisebusse links gelegen. Kleine, sehr gemütliche, privat geführte Bungalowanlage. Die Zimmer sind im traditionellen kretischen Stil eingerichtet. Schlafgelegenheit bieten ein „französisches" Doppelbett und eine große Couch (zur Liege umfunktionierbar). Eigentlich werden die Bungalows nur für 1 Woche oder mehr vermietet, sollten sie

Wenige Schritte zum Strand

jedoch gerade frei sein, ist auch eine kürzere Belegung möglich.

• **Die Zwei Brüder, €€-€€€**: 70200 Matala, Tel.: 0892-29160, Fax: -29163; e-Mail: alexandros@mir.forthnet.gr. Ausgesprochen saubere Pension oberhalb des Ortes, in der Straße zum Red Beach. Insgesamt rund 20 Zimmer, alle mit Balkon, Telefon und eigenem Bad. Klimaanlage gegen Aufpreis. Gäste können Waschmaschine und Wäschetrockner nutzen.

• **Hotel Marina, €€**: 70200 Matala, Tel.: 0892-45355, -45415 (Winter), Fax: -45793. Kleines, familiär geführtes Hotel mit 21 Zimmern, ca. 800 m oberhalb des Ortszentrums. Die Zimmer sind zweckmäßig eingerichtet und verfügen über eine eigene Dusche oder Bad sowie WC, Balkon oder Terrasse. Im Garten befindet sich ein kleiner Pool, Palmen und Sonnenschirme spenden Schatten. Einfaches Frühstück im Grünen inklusive.

• **Hotel Eva-Marina €€**: 70200 Matala, Tel.: 0892-42125, Fax: 45769: Eine der letzten Pensionen in der Straße zum Red Beach. Insgesamt 14 schöne und sehr saubere Zimmer. Der Wirt spricht perfekt deutsch.

• **Hotel Nikos €-€€**: 70200 Matala, Tel.: 0892-45375, Fax: 45120. Einfache, aber dennoch ansprechend eingerichtete Zimmer und ein schöner bewachsener Innenhof. Liegt in der Straße zum Red Beach.

AUSSERHALB VON MATALA

• **Apartments Filia, €€**; 70200 Pitsidia, Tel.: 0892-45526, Fax: -45206, e-Mail: filia@mir. forthnet.gr. Auffälliges vierstöckiges Gebäude mit pastellfarbenen Balkonen. Manolis und Filia Koumianaki vermieten hier ganzjährig einfache, aber saubere Zimmer sowie modern eingerichtete Apartments, die für die Wintermonate auch über eine Zentralheizung verfügen.

• **Hotel Aretousa, €-€€**: 70200 Pitsidia, Tel.: 0892-45555. Mitten im Dorf, an der Hauptstraße gelegenes Haus mit schönem Garten. Einfache aber saubere Zimmer, inklusive Frühstück.

• **Villa Kunterbunt €-€€**: Sivas, Tel.: 0892-42694. Am Ortseingang des bisher touristisch weitestgehend unerschlossenen Dorfes Sivas gelegene Pension (ca. 3 km bis Pitsidía und 7 km bis Matala). Wenn hier kein Zimmer mehr frei ist, dann versuchen Sie es in der ebenfalls ausgeschilderten **Pension Lofos €-€€** (Tel.: 0892-42605).

Camping

• **Camping Matala**: Preisgünstiger, am Strand von Matala gelegener Campingplatz ohne großartige Infrastruktur (diese Anlage verfügt weder über ein Restaurant noch über eine durchgängige Beleuchtung). Der Untergrund ist sandig, einige Tamarisken spenden Schatten. Tel.: 0892-42340.

• **Camping Kommos**: An der Straße nach Matala gelegene Anlage, 1,5 km westlich von Pisidía. Dieser insgesamt gepflegte und schattige Campingplatz ist nicht ganz billig, hat jedoch einiges zu bieten. Neben gepflegten Sanitäranlagen, einer Bar und einem Swimmingpool finden Sie hier auch eine Taverne und einen Minimarkt. Bis Matala beträgt die Entfernung gut 2 km, zum weitläufigen, feinsandigen Kommos Beach dagegen nur etwa 1 km. Der Campingplatz verfügt über eine eigene Bushaltestelle. Tel.: 0892-45596, Fax: 45250.

Essen

Matala bietet eine sehr große Auswahl an Tavernen und Restaurants, von denen jedoch keine wirklich hervorsticht. Häufig gelobt werden das **Pláka** und das **Alexis Zorbas**. Das **Pláka**, am südlichen Ende der Bucht, bietet griechische und internationale Küche und gilt als eine gute Adresse für Fischgerichte. Direkt am Strand liegt das **Alexis Sorbas**, das vor allem wegen seiner griechischen Küche und Atmosphäre zu empfehlen ist. Wenn die Wirtin Maria Sie mag, schmecken hier nicht nur die Eintöpfe. Landschaftlich besonders reizvoll gelegen ist das 3 km außerhalb von Matala gelegene Restaurant **Mystical View** (von Pitsidía aus der Ausschilderung folgen). Hier werden kretische Spezialitäten geboten, die dank des tollen Blicks auf den Kommos Beach doppelt so gut schmecken (Tel.: 0892-139164).

Einkaufen

• Zwischen der Platía und den Strand-Tavernen befindet sich eine **Bazarzeile**, in der vor allem Schmuck, Lederwaren, bedruckte T-Shirt und Kunstgewerbe-Kitsch gehandelt werden. Anspruchsvolle Mitbringsel sind kaum zu finden. Direkt an der Platía, in Kostas Workshop **Hand Craft in Olive Wood** finden Sie aber vielfältige Schnitzarbeiten aus Olivenholz.

• Ein ausgezeichnet sortierter **Buchladen** liegt etwas außerhalb des Ortszentrums, ein Stück zurück von der Hauptstraße. Hier finden Sie eine große Auswahl an Karten und Literatur jeglicher Art über Griechenland und Kreta. Sollten Sie sich für Keramikarbeiten interessieren, schauen Sie in der **Töpferwerkstadt** von Vasilis Peios in **Sivas** vorbei

Ausflüge
Eine Abwechslung sind Bootsausflüge zur Badebucht von Agiofárango, zu buchen in den örtlichen Reiseagenturen oder bei Oleandertours in Kalamaki (s.h. unten). Oleandertours bietet auch eine geführte Wandertour in die Schlucht von Agiofarango an; mit anschließendem Barbecue.

Sehenswürdigkeiten
* **Neolithische Wohnhöhlen von Matala**. *Tgl. 8-19 Uhr. Eintritt 500 Drs.*
* **Ausgrabung Kommos Beach**: *Eingezäunt, nicht zugänglich, aber gut einsehbar.*

Wassersport
Am Beach Volleyball-Feld von Matala können Sie Tretboote und Kanus mieten.

Reiten
Einen Reitstall finden Sie bei Pitsidia nahe der Wegkreuzung in Richtung Kommos Beach. Angeboten werden u.a. geführte Ausritte am Strand, nach Agiofarango oder durch die Olivenhaine zwischen Kalamaki oder Matala. Kinder können sich hier im Ponyreiten üben; auch Reitstunden für Anfänger sind im Angebot.

Yoga
In Pitsidia unterhält die geprüfte deutsche Yoga-Lehrerin Anna Inge Boskamp bereits seit 1990 eine Yoga-Ferienschule, in der sie Wochenkurse unterschiedlicher Schwierigkeitsgrade (Gruppen bis 9 Personen) oder Einzelstunden anbietet. Homepage www.yoga-kreta.de.

Bank/Geldwechsel
Banken gibt es in Matala nicht, Geld wechseln können Sie jedoch am Postkiosk oder in einer der zahlreichen Reiseagenturen sowie Auto- und Motorradvermietungen.

OTE
Am Parkplatz hinter dem Strand.

Post
An der Zufahrt zu Campingplatz bzw. Strand liegt ein Postkiosk, hier können Sie auch Geld wechseln.

Medizinische Hilfe
In Mires (ca. 20 km) finden Sie ein Krankenhaus, Apotheken und verschiedene Ärzte, wie z.B. Kinderärzte, Orthopäden, Zahnärzte, Frauenärzte, etc. Alle Ärzte sprechen entweder englisch oder deutsch.

Reiseagenturen
Hier können Sie Zimmer, Autos und Zweiräder mieten. Außerdem besteht die Möglichkeit, Bootstouren oder Busausflüge zu buchen:
* **Monza Travel,** *am Ortseingang von Matala, Tel.: 0892-45757, Fax: 45763*
* **Oleander Tours**, *in Kalamaki, Tel.: 0892-45797, Fax: 45185*

Waschsalon
Eine Wäscherei finden Sie an der Hauptstraße, gegenüber der Zufahrt zum Campingplatz.

Messará-Ebene (S. 487ff)
Bezirk Iráklion, Vorwahl 0892

Busverbindungen
*Agii Deka, Gortis, Mires und Festos sind ohne Probleme mit den Überlandbussen der KTEL erreichbar. So verkehren allein zwischen **Iráklion** und Festos tgl. 10-12 Busse (Fahrzeit 1,5 Std; Preis 1.250 Drs). Zwischen **Agía Galíni** und Festos besten Mo-Sa etwa 6-7 Verbindungen, So 5. Zwischen **Lendas** und Iráklion verkehren dagegen Mo-Fr nur 2 Busse und Sa/Sa 1 Bus (Fahrzeit 3 Std; Preis 1.600 Drs). Auch von den **Touristenzentren im Nordosten der Insel** (Agios Nikolaos, Malia, L. Chersonissos) besteht Mo-Sa tgl. eine Verbindung zu den Archäologischen Stätten der **Messará-Ebene**; so können Sie das Busnetz der KTEL auch für Tagesausflüge nutzen (morgens hin, abends zurück). Einzelheiten entnehmen Sie bitte dem aktuellen KTEL-Faltblatt, das Sie an allen Busbahnhöfen erhalten (Fahrzeit bis Ag. Nikolaos ca. 3 Std, Preis 2.850 Drs).*

Übernachten
Die Messará-Ebene ist sicher kein bevorzugter Urlaubsstandort, für einen Zwischenstopp auf dem Weg an der Südküste gibt es aber eine Reihe verstreut liegender, günstiger Übernachtungsmöglichkeiten.

KALAMAKI
• **Hotel Philharmonie €€**: 70200 Kalamaki, Tel.: 0892-42185. Am Rande von Kalamaki gelegenes Hotel mit 18 Zimmern; 250 m vom Strand. Saubere und komfortable Zimmer mit Bad, Dusche, WC, Minibar, Telefon, Klimaanlage und Balkon oder Terrasse mit Blick auf das Meer. Der Besitzer Vangelis gibt oft gesellige Abende mit traditioneller Musik.
• **Pension Galini, €€**: 70200 Kalamaki, Tel.: 0892-45042, Fax: -23442. Empfehlenswerte freundlich geführte kleine Pension, direkt am Ortseingang. 11 helle und geräumige Zimmer mit Dusche und WC; zum Teil mit Balkon und Kochnische. Auf Wunsch auch mit einem guten Frühstück.
• **Pension Ilios**, €€ : 70200 Kalamaki. Tel.: 0892-45080; Fax -45339; e-Mail: ilios_kalamaki @yahoo.com. Auffälliges dreistöckiges Haus, mit umlaufender Holzveranda und Schrägdach; im Erdgeschoß kleiner Laden mit Strandbedarf. Im Garten Terrasse mit offenem Grill. Leider vermietet Familie Tsagaraki ihre Apartments in der Regel nur wochenweise.

KAMILARI
• **Apartments Pelikanos, €€**: 70200 Kamilari, Tel./Fax: 0892-42690, Mobil: 093-2858684. Am nördlichen Ortseingang des Dorfes gelegene einfache Pension mit 3 Apartments und zwei Studios. Betrieben wird sie von Michalis und Angela Nikitakis, denen auch die **Apartments Ambeliotisa (€€**) gehören. Letztere können nur wöchentlich gemietet werden, verfügen jedoch über eine Zentralheizung und sind deshalb auch im Winter zu haben.
• **Hotel Oasis, €**: 70200 Kamilari, Tel.: 0892-42217. Von buntem Grün umwuchertes, einfaches Hotel mit 10 Zimmern. Alle mit Balkon, Klimaanlage und eigenem Bad. Fragen Sie nach einem Zimmer mit Blick aufs Meer.

LENDAS

• **Pension Levin, €€:** Lendas, Tel.: 081-320797, Fax: -284626. Etwa 150 m oberhalb des „Ortskernes" gelegenes Haus. Argyri Alegaki vermietet hier 8 Studios mit Kochgelegenheit und Kühlschrank sowie 2 Apartments.
• **Lendas Bungalows, €:** Lendas, Tel.: 0892-9522. Direkt am Ortseingang gelegene Bunga-lowanlage, die einen netten Blick aufs Meer gewährt. Zimmer mit Dusche und Bad; Ge-meinschaftsküche.
• **Villa Tsarakis, €:** Lendas, Tel.: 0892-945378, Fax: -95377. Zur Zeit wohl die besten Zimmer (mit eigenem Bad) am Diskos Beach, etwa 50 m vom Strand.

MIRES

• **Hotel Olympic, €:** Mires. Tel.: 0892-22777. Einfaches, aber sauberes Hotel ohne jegli-chen Charme. Direkt an der Hauptstraße gelegen (kann laut werden!), etwa 200 m östlich der Busstation. Ruhigere Zimmer finden Sie in der **Pension Gortys (€),**Odos Arkádiou 11, etwa 150 m oberhalb der Busstation, Tel. 0892-22528.

VORI

• **Pension Venetikos €:** Tel.: 70200 Vori. Tel.: 0892-91204. Eine gute Adresse für alle, die eine Unterkunft im Landesinnern, abseits der Touristenorte, suchen. Die sechs Zimmer, die Margit Venetikos vermietet, verfügen alle über WC und Bad.

Sehenswürdigkeiten
• Archäologisches Gelände Gortis, Tel.: 0892-31144, tgl. 8-17 Uhr. Eintritt 800 Drs.
• Archäologisches Gelände Lendas: Di-So 8.30 bis 15 Uhr. Eintritt frei.
• Archäologisches Gelände Festos, Tel.: 0892-91315: Tgl. 8.30-17 Uhr. (NS: 8.30-15 Uhr). Eintritt 1.200 Drs. Souveniriläden mit Caféteria, WC und Büchern. Der staatliche Bücherladen am Eingang ist etwas günstiger (große Auswahl auch zu den ande-ren Ausgrabungen).
• Archäologisches Gelände Agía Triáda, Tel.: 0892-91360: Di-So: 8-15 Uhr; Mo geschl. Eintritt 1.200 Drs.

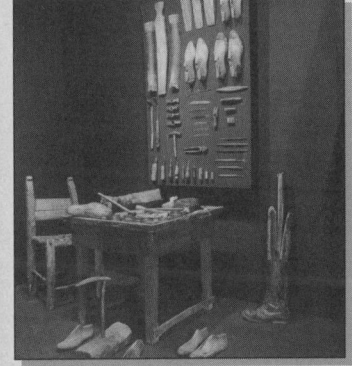
Volkskundliches Museum in Vori

• Volkskundliches Museum Vori (Tel.: 0892-91110, -91111): Tgl. 10-18 Uhr Eintritt 500 Drs.

Mirtos/Arvi (S. 475/478)
Bezirk Lassithi, Vorwahl 0842, Postleitzahl 72200

Touristeninformation
Eine offizielle Touristeninformation gibt es nicht. Bei der Agentur Mirtos Rent-a-Car Travel (Tel. + Fax: 0842-51017), oberhalb des Hotels Mirtos gelegen, hilft man Ihnen gerne weiter. Hier erhalten Sie Informationen über Zimmer, Apartments, kön-nen Geld wechseln, Autos mieten oder Flug- und Schiffstickets kaufen.

Busverbindungen

*Busse halten an der etwas außerhalb des Ortes gelegenen Landstraße nach Ano Viannos. Zwischen **Mirtos und Ierapetra** verkehren Mo-Fr tgl. ca. 6 Busse, Sa/So 2 (Dauer 30 Min., Preis 350 Drs). Darüber hinaus fahren Mo-Fr tgl. 2 Busse über **Ano Viannos** nach Iráklion.*

Unterkunft

Im gesamten Ort werden private Zimmer vermietet. Darüber hinaus gibt es einige kleinere Hotels und zahlreiche Apartments:

• **Hotel Myrtos, €€**: *72200 Mirtos, Tel.: 0842-51227, Fax: 51215. Traditionelles, komplett renoviertes Hotel im Ortskern, mit angeschlossener Taverne bietet 16 geräumige und saubere Zimmer mit Bad und Balkon (tlw. Meeresblick).*

• **Apartments Big Blue, €€**: *72200 Mirtos, Tel.: 0842-51094, Fax: 51121. 6 Doppelzimmer und 6 Studios mit Kochnische und Balkon und tollem Blick über das Libysche Meer.*

• **Hotel Ariadne, €€**: *72200 Arvi, Tel.: 0895-71300. Direkt am Ortseingang gelegenes Standardhotel. Geräumige Zimmer mit Bad; Balkone mit Meeresblick.*

• **Pension Gorgona, €-€€**: *72200 Arvi, Tel.: 0895-71300, -71353. Nette kleine Zimmer mit und ohne Bad. Von der Terrasse aus genießen Sie einen schönen Blick aufs Meer.*

• **Pensio Colibi, €-€€**: *72200 Arvi, Tel.: 0895-71250. Die derzeit schönste Übernachtungsgelegenheit im Ort. Direkt am Meer gelegen, mit ansprechendem Garten. Zimmer mit Bad und Balkon. Ihr Frühstück können Sie im Schatten der Tamarisken genießen.*

Sehenswürdigkeiten

Folkloremuseum Ano Vianos: tgl. 9-14 Uhr u. 17-19.30 Uhr. Eintritt 500 Drs.

Mohlos (S. 441)

Bezirk Lassithi, Vorwahl 0843, Postleitzahl 72057

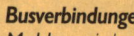

Busverbindungen

*Mohlos wird nicht von der KTEL angefahren. Wenn Sie dennoch mit dem Bus zwischen **Agios Nikolaos** und **Sitia** anreisen wollen, sagen Sie dem Fahrer rechtzeitig Bescheid, daß Sie an der Kreuzung nach Mohlos aussteigen möchten. Von dort führt eine durchgehend asphaltierte Straße über 4,5 km in die Bucht nach Mohlos hinab.*

Übernachten

Bisher gibt es in Mohlos lediglich zwei kleine Hotels und darüber hinaus einige Privatpensionen, die Appartements und einfache Zimmer vermieten. Außerhalb des Ortes liegt die ausgedehnte Anlage des Hotels Aldiana.

• **Hotel Aldiana €€€€**: *72057 Mohlos, Tel.: 9421, Fax: 94491. Bis vor kurzem trug diese Anlage aus Hotel, Sportstätten und Bungalows noch die Bezeichnung Clubhotel. Wie ein kleines griechisches Dorf schmiegt sie sich in die Küstenniederung, und nicht nur vom Zimmer oder Pool aus haben Sie einen traumhaften Blick auf die Bucht von Mohlos. Geboten wird Ihnen ein breites Sport- und Freizeitangebot, ein Badestrand fehlt allerdings. Eigentlich ist das Aldiane auf Pauschalurlauber ausgerichtet, die bereits von zu Hause aus buchen. Wenn Zimmer frei sind, können Sie jedoch auch spontan vor Ort einchecken.*

- **Hotel Sofia €€**: *72057 Mohlos, Tel.: 0843-94172. Das Hotel mit eigener Taverne liegt direkt am Hafen und bietet eine Hand voll einfacher, sauberer Doppelzimmer mit Bad und Frühstück.*
- **Hotel Mochlos €€**: *72057 Mohlos, Tel.: 0843-94205. Liegt etwas abseits vom Hafen. Da fehlt natürlich ein wenig die authentische Kulisse, dafür ist es hier etwas ruhiger. Auch hier gibt es einfache, aber saubere Doppelzimmer mit Bad. Frühstück ist im Preis inbegriffen.*

Essen
*Am Hafen, direkt am Wasser, liegen die Tavernen **Ta Kokilia**, **Sta Limenaria** und **Sofia**. Mit Sicherheit haben alle drei ihre Vorzüge und laden zum Fischessen ein. Am beliebtesten ist hier das zentral gelegene **Ta Kokilia**. Auf seiner gemütlichen Terrasse können Sie bei guten Fischgerichten die Atmosphäre des Ortes genießen, denn neben den Urlaubern verbringen hier die einheimischen Fischer ihre Freizeit. Rechts daneben liegt das Restaurant des Hotels **Sofia** und links, etwas abseits, das **Sta Limenaria**, das neben seinen vegetarischen Gerichten noch einige andere Spezialitäten zu bieten hat.*

Einkaufen
Wenn Sie sich für Keramikarbeiten interessieren, sollten Sie die Töpferwerkstatt von Nikos Makrinakis im Ort Mirisini besuchen (an der Straße von Ag. Nikolaos nach Sitia). Hier können Sie nicht nur schöne Andenken kaufen, sondern auch interessante Einblicke in die von Nikos angewandte Töpfertechnik gewinnen.

Omalós (S. 660)
Bezirk Chaniá, Vorwahl: 0821, Postleitzahl 73005

Busverbindungen
*Omalós bzw. die Samariá-Schlucht werden **von Chaniá** 3 mal morgens und 1 mal gegen Nachmittag **über Lákki** angefahren (Dauer 1 Std., Preis 1.400 Drs). Genauso in Gegenrichtung. Sehr früh verläßt jeweils ein Bus Paleochóra und Kissamos/ Geráni/Plataniás in Richtung Schlucht. 2 Busse fahren auch **von Réthimnon** aus frühmorgens in die Omalós-Hochebene, zurück besteht diese Verbindung aber nur von Chóra Sfakíon aus (Preis 3.100 Drs).*
***Achtung**: Hat die Samariá-Schlucht geschlossen, wird auch die Anzahl der Busse nach Omalós von der KTEL deutlich reduziert.*

Übernachten
Um früh in die Samariá-Schlucht einsteigen zu können oder als Basis für Wanderungen in die Weißen Berge sollte in Omalós übernachtet werden.
- **Neos Omalós, €€**: *73005 Omalós, Chaniá, Tel.: 0821-67269 o. 67590 o. 96735, Fax: 67190, im Winter: Bassou Str. 13, 73131 Chaniá, Tel.: 0821-83071, Fax: 83072, e-Mail: omalosdr@otenet.gr. Seit 1954 die Ausgangsbasis für Wanderer und Bergsteiger rund um die Samariá-Schlucht und die Weißen Berge. Geöffnet ist ganzjährig (im Winter an Wochenenden), so daß hier auch ein paar Tage im Schnee verbracht werden können. Rustikale Möblierung der 26 beheizbaren Einzel- und Doppelzimmer. Ein eigenes Restaurant sichert die Versorgung, Frühstück ist im Preis enthalten. Eine weitere Übernachtungsmöglichkeit ist nebenan das kleine Hotel **Gigilos**, Tel.: 0821-67181, Fax: 67535.*

• *Kallergis Hütte, €: Die Berghütte des Greek Alpine Club of Chaniá wenige Kilometer östlich des Samariá-Schluchteingangs wird von Ostern bis Ende Oktober bewirtschaftet und bietet ca. 20 Schlafplätze. Vorreservierung unter Tel.: 0821-54560.*
• *Tip: Auch im etwas belebteren Bergdorf Lákki vor der Auffahrt zur Hochebene werden Zimmer angeboten, z.B. **Nikolas,** Tel.: 0821-67232.*

Samariá-Schlucht

Öffnungszeiten: Zu begehen ist die Schlucht bestenfalls vom 10. April bis 31. Oktober. Fast immer aber verzögert sich die Eröffnung im Frühjahr aufgrund von ungünstigen Wetterlagen, hohen Wasserstandes oder notwendigen Arbeiten an den Wegen. Geöffnet ist von frühmorgens um 6 Uhr bis gegen 16 Uhr. Dann darf nur noch ein kleiner Abschnitt von den jeweiligen Eingängen betreten werden, um nicht von der schnell einsetzenden Dunkelheit überrascht zu werden.

Informationen erhalten Sie entweder bei fast allen Tourveranstaltern in den Ferienorten oder direkt bei der Forstbehörde von Chaniá unter 0821-92287 (auch zur Agía Iríni-Schlucht). Am Eingang zur Schlucht und sporadisch auch auf dem Weg und in Samariá stehen Mitarbeiter der Nationalparkverwaltung für Informationen zur Verfügung.

Preis: 1.200 Drs; Kinder bis 15 Jahre, Behinderte und Studenten mit Schreiben der Forstbehörde haben freien Eintritt.

Wichtig: Bitte bewahren Sie Ihre Eintrittskarte auf, sie muß am Ausgang der Schlucht wieder vorgezeigt werden. So wird sichergestellt, daß niemand – bewußt oder unbeabsichtigt – über Nacht in der Schlucht bleibt.

Tip: Sie können die Samariá-Schlucht auch von Agía Rouméli aus hinauflaufen und dabei die Weglänge, etwa bis zur „Eisernen Pforte" oder nach Samariá, selbst bestimmen. Nachteil: Sie gehen die Strecke zweimal.

Palekastro (S. 451f)
Bezirk Lassithi, Vorwahl 0843, Postleitzahl 72300

Touristeninformation

Freundliche und kompetente Touristeninformation nahe der Platia, an der Straße nach Sitia. Bietet jede Menge Infomaterial und wechselt Geld (gleichzeitig OTE-Zentrale). Geöffnet: (Mai bis Oktober) Mo-Sa 9-22 Uhr, So 9.30-13 u. 18.30-21.30 Uhr (Tel.: 0843-61546, Fax: 61230).

Busverbindungen

*Die Bushaltestelle liegt in der Ortsmitte. Zwischen **Palekastro** und Sitia verkehren Mo bis Fr etwa 5 Busse, Sa/So: 4 (Dauer: 1 Std.; Preis 1.000 Drs), von Mai bis Oktober fährt der Bus weiter bis **Vai**. Zwischen **Zakros** und **Sitia** verkehren Mo bis Fr 2 bis 3 Busse, Sa/So jeweils nur einer (Dauer: 1 Std., Preis 1.000 Drs). In der Hauptsaison fahren die Busse bis zur **Ausgrabung in Kato Zakros** (morgens oder mittags hin, nachmittags zurück).*

Übernachten

In und um Palekastro gibt es inzwischen zahlreiche Hotels und Pensionen. Allein die offizielle Informationsbroschüre zählt über 30 Unterkunftsmöglichkeiten. Soll-

ten also die von uns empfohlenen Häuser ausgebucht sein, wird man Ihnen bei der Touristeninformation weiterhelfen können.

- **Castri Village Bungalows €€-€€€:** Tel.: 0843-61100. Fax: 61249. Etwa 2 km nördlich von Palekastro finden Sie diese ansprechend gestaltete, am Hang erbaute Anlage mit Blick auf die weite Küstenebene und Bucht von Palekastro. 15 Appartements für 4-5 Personen und 17 Appartements mit 2-3 Betten, alle mit Balkon, Bad und Telefon. Die Entfernung zum kilometerlangen Kouremenos Beach beträgt etwa 300 m.
- **Marina Village €€-€€€:** 72300 Palekastro, Tel.: 0843-61284. Fax: 61285. Etwa 1,5 km östlich von Palekastro auf dem Weg zum Strand von Chiona inmitten von Olivenhainen gelegenes Hotel mit Pool. Zimmer mit Balkon und Bad und Frühstück.
- **Hotel Hellas €€:** 72300 Palekastro, Tel.: 0843-61240. Am Hauptplatz gelegenes einfaches, aber empfehlenswertes Hotel mit 13 Zimmern. Hier finden Sie vollklimatisierte, doppelverglaste Zimmer mit eigenem Bad, Telefon und TV.
- **Itanos Rooms €:** 72300 Palekastro, Tel.: 0843-61205. Ebenfalls am zentralen Platz gelegenes Haus mit 10 Appartements, die zum Teil mit eigener Dusche ausgestattet sind.

Essen

Im Ort gibt es ein paar gemütlich wirkende Tavernen. Sie liegen zwar direkt an der Straße, aber bei dem geringen Verkehr hier ist das durchaus annehmbar. Gute kretische bzw. griechische Küche bieten das **Mythos**, das Restaurant vom **Hotel Hellas** und das **Elena** neben der Touristeninformation.

Nachtleben

Am östlichen Stadtrand bietet der Club **Design** eine abendliche Unterhaltungs- und Tanzmöglichkeit.

Wassersport

- Der weitläufige **Kouremenos Beach** ist ein hervorragendes Windsurfrevier. Von Mai bis September finden Sie hier den international bekannten französischen Surfclub „**Sport Away**". Ausrüstungen sind auch zu mieten (ohne Neoprenanzug). Auch Unterricht für Anfänger.
- Am **Palmenstrand von Vai** bieten sich Wassersportmöglichkeiten wie Parasailing und Bananariding sowie ein **Tauchclub** mit Tauchschule: **Scuba Diving Club Vai** (Tel.: 0843-71543, -61332).

Sehenswürdigkeiten

- **Kloster Toplou:** Tel.: 0843-61226. Di-So: 8-15 Uhr, Mo geschl. Eintritt 500 Drs. Busse zw. Sitia und Palekastro halten an der Kreuzung ca. 3 km unterhalb des Klosters.
- **Archäologisches Gelände Roussolakos: Palekastro**. Di-So 8.30-15 Uhr. Eintritt frei.

Internet

Einen Internetzugang bietet Ihnen die Autovermietung Kazamias schräg gegenüber der Touristinformation.

Paleochóra (S. 695)

Bezirk Chaniá, Vorwahl: 0823, Postleitzahl 73001

Touristeninformation

Im Rathaus an der Hauptstraße hinter dem Partisanendenkmal für Konstantinos Kriaris, Tel.: 0823-41507, geöffnet tgl. 10-13 und 18-21 Uhr; Di geschl., Mai-Oktober. Man spricht deutsch.

Schiffsverbindungen

• *Von Paleochóra bestehen Verbindungen* **nach Sougía/Agía Rouméli** *und* **zur Insel Gávdos**. *Der Fahrplan ist saisonabhängig und nach Gávdos auch witterungsbedingten Änderungen unterworfen.*

• *Nach Sougía und weiter nach Agía Rouméli legt das Schiff morgens gegen 9 Uhr ab, zurück geht es je nach Saison um 16 Uhr oder 16.45 Uhr (je nach Saison). Die Schiffe verkehren auf dieser Route von Anfang April bis Ende Oktober. In Agía Rouméli kann in die Fähren nach Loutró und Chóra Sfakíon umgestiegen werden.*

• *Gávdos wird von Anfang Mai bis Anfang Oktober über Sougía angefahren. Je nach Saison verkehrt das Schiff 1-3 mal wöchentlich (Mo/Di/Do 8.30 Uhr; zurück gleiche Tage um 14.30 Uhr).*

Preise: *nach Sougía 1.000 Drs, nach Gávdos 3.100 Drs.*
Hafenaufsicht: *Tel.: 0823-41214.*

Busverbindungen

Am südlichen Ende der Hauptstraße. Je nach Saison zwischen 3 und 5 Verbindungen täglich über Kándanos von und nach Chaniá (Dauer 2 Std., Preis 1.600 Drs). In der Nebensaison verkehrt der letzte Bus Richtung Nordküste meist schon gegen Nachmittag. Täglich fährt am frühen Morgen ein Bus über Agía Iríni zur Samariá-Schlucht.

Taxi

Tel. 0823-41128 o. 41061 oder mobil 093-326028. Reservierung vorab wird empfohlen.

Übernachten

Paleochóra ist wegen seiner peripheren Lage auf Kreta bislang noch frei von großen Hotelanlagen der Oberklasse. Direkt im Ort liegt eine Reihe kleiner Hotels und Pensionen, die Zimmer und Apartments mit Küche anbieten. Viele Gäste Paleochóras bleiben längere Zeit, dann sind natürlich Ermäßigungen möglich. Fragen Sie direkt danach. Da im Zentrum nur wenig Verkehr fließt, kann man auch mitten im Ort ruhig wohnen.

• **Hotel Elman**, **€€€**: *73001 Paleochóra, Tel.: 0823-41414, Fax: 41412. Am westlichen Ortseingang von Paleochóra direkt hinter dem breiten Sandstrand. Familiär geführtes Hotel mit 23 hübsch eingerichteten Zimmern auf 3 Etagen, alle mit Balkon. Pluspunkte sind die ruhige Lage, der großzügige Garten und die Dachterrasse.*

• **Megim Hotel**, **€€-€€€**: *73001 Paleochóra, Tel.: 0823-41690 o. 41656. Moderne, helle Anlage etwas abseits vom Ortskern (ca. 2 km) an der Landstraße nach Koundoura. Die meisten Zimmer haben Meerblick und eine Klimaanlage, die bei der Hitze des Südens eine Erleichterung bringt. Im Hotel befindet sich eine Taverne, ein Minibus fährt Gäste auf Wunsch in die nahe Umgebung.*

• **Aghas Hotel, €€-€€€**: 73001 Paleochóra, Tel.: 0823-41155. Nur 100 m vom schönen Sandstrand Pahia Ammos liegt dieses günstige Hotel mit 13 Zimmern (2 oder 3 Betten). Extra-Frühstücksraum. Mit wenigen Schritten ist man aus der Seitenstraße im Zentrum Paleochóras.

• **Kastello, €€**: 73001 Paleochóra, Tel.: 0823-41143. Schöne, dreistöckige Pension am östlichen Ende des Sandstrandes beim Ort. Oben Dachterrasse mit tollem Ausblick auf die Südküste. Einfache und saubere Zimmer, dafür bürgt der Familienbetrieb. Parkplätze vor dem Haus.

• **Poseidon, €-€€**: 73001 Paleochóra, Tel.: 0823-41374, Fax: 41115. Mehrere Apartments an der Strandstraße mit ein oder zwei Zimmern und Kochecke. Günstig und sauber. Im Haus auch ein schönes, von Blumen geschmücktes Café, das ebenfalls der Besitzerin Nikki gehört.

Camping

Camping Paleochóra, 73001 Paleochóra, Tel.: 0823-41120, Fax: 41744 o. 41225. Legendärer Platz, etwas östlich außerhalb und am Wasser liegend, unter langjähriger Leitung eines Deutschen („Camping-Peter"). Max. 250 Leute können hier die Zelte aufschlagen, gefüllt ist der Platz aber nur im August. 1. April - Ende Oktober. Von Juli bis September wird es wegen des benachbarten Paleochóra Club schon mal lauter, dafür besteht direkter Anschluß an das Nachtleben. Minimarket, Snack-Bar und Kartentelefon, viel Komfort sollte man ansonsten nicht erwarten. Der Platz ist recht steinig, dafür bieten Olivenbäume Schatten. Sehr moderate Preise.

Essen

Viele Tavernen an der östlichen Promenade Paleochóras, da diese Seite windgeschützt liegt. Südlich des Schiffsanlegers z.B. die Taverne **Caravella**. Hier kehren auch Einheimische ein, um frischen Fisch zu genießen. Die Taverne **Pelikan** hinter dem Anleger in schlichtem Blau und Weiß. Für welches Café oder welche Bar man sich abends im autofreien Zentrum entscheidet, soll dem persönlichen Geschmack vorbehalten bleiben. Das Angebot ist überschaubar, aber interessant.

Ausflüge

• **Nach Elafonísi** legen die **Badeboote** zwischen 9 und 10 Uhr ab; zurück geht es – eigentlich viel zu früh – schon gegen Nachmittag. Fahrtdauer ca. 1 Stunde.
• Ein Bus der KTEL in die Omalós-Hochebene und zum Eingang der **Samariá-Schlucht** verläßt den Ort schon sehr früh am Morgen. So ist ohne eigenes Fahrzeug die Schluchtwanderung möglich, vom Ausgang der Schlucht bei Agía Rouméli besteht eine (!) Schiffsverbindung zurück nach Paleochóra.
• **Fotosafaris** und tägliche Touren zur **Beobachtung von Delphinen** sind bei Sabine Travel in der Hauptstraße zu buchen.

Wassersport

Paleochóra ist ein gutes und anspruchsvolles **Surfrevier** mit Nord- und Westwinden. Am langen Strand westlich vom Ort finden Sie die deutsche Surfschule Happy Surf.

Kino
*Im südlichen Ortsteil gibt es ein kleines **Kino**, in dem täglich um 22 Uhr eine Vorstellung stattfindet.*

Bank
National Bank of Greece *mit EC-Automat an der Hauptstraße neben der Taverne Dionissos.*

Medizinische Hilfe
Gesundheitszentrum Paleochóra: Tel.: 0823-41211.

Internationale Presse
Z.B. neben der Information im Rathaus erhältlich.

Internetzugang
PC Corner an der Hauptstraße über der Bar Allaloom, geöffnet Mo-Sa 9.30-14 und 18-23 Uhr; Besitzer ist ein junger Deutscher. Tel.: 0823-42422, Homepage: www.paleochora-online.de/pc-corner_eng.htm.

Reiseagenturen/Autovermietungen
*Gegenüber der Information liegt an der Hauptstraße Sabine Travel. Hier ist von Tickets über Mietfahrzeuge bis hin zu geführten Touren und Fotosafaris fast alles zu bekommen. Der Clou für Eltern ist ein **Babysitter-Service**. Ebenfalls ein breites Angebot von Ausflügen über Mietwagen (Wagen können an den Flughäfen abgestellt werden) und Paelochóras einzigem öffentlichen **Waschsalon** bietet Notos, Tel.: 0823-42110, Fax: 41838.*

Polizei
Tel.: 0823-41111.

Post
Kleines Postbüro an der Strandstraße nördlich des Sportplatzes, Mo-Sa 7.30-14 Uhr.

Pánormo (S. 522f)
Bezirk Réthimnon, Vorwahl 0834, Postleitzahl 74057

Busverbindungen
Ausgezeichnete Anbindung an Réthimnon und seine östliche Strandzone. Täglich fahren in der Saison von früh morgens bis spät abends Busse im 30-Minuten-Takt (Preis: 600 Drs). Haltestelle oberhalb des Ortskerns an der New Road.

Übernachten
*• **Grecotel Club Marine Palace**, €€€€: 74057 Pánormo, Homepage: www. grecotel.gr: Neuestes Hotel der Grecotel-Gruppe. Die Bungalows sind im Dorfstil angeordnet und luxuriös ausgestattet. Eine „Wasserwunderwelt" mit großen Pools*

unterstreicht noch den Schwerpunkt im Wassersport, besonders für Tauchfans ist die Küste bei Pánormo hervorragend geeignet. Betreuung erfolgt durch das Tauchcenter Atlantis aus dem Grecotel Rithymna Beach. Das Animationsprogramm läßt keine Langeweile aufkommen, und Eltern können sich über die Kinderbetreuung im Grecoland oder im Club 4U freuen. Insgesamt eine weitere, gelungene Anlage auf dem hohen Grecotel-Niveau. Allerdings als All-Inclusive-Angebot konzipiert, das ursprüngliche Kreta erleben Sie hier nicht unbedingt.

• **Villa Kynthia, €€€**: 74057 Pánormo, Tel.: 0834-51102, Fax: 51148. Historisches Haus (Baujahr 1898) mitten im Ort, dennoch ruhige Anlage mit Garten und Pool. Zimmer, Suiten und Eßsaal sind stilvoll und restauriert eingerichtet, bemerkenswert sind die schönen Eisengitterbetten in einigen Schlafzimmern. Empfehlenswert auch im Winter, das Hotel verfügt über eine Zentralheizung.

• **Captain´s House, €€**: 74057 Pánormo, Tel.: 0834-51352 o. 51233, Fax (Reservierung): 081-380835. Sehr schönes zweistöckiges, altes Kapitänshaus mit mehreren Apartments. Die Lage direkt am Westende der kleinen Bucht unterhalb des Ortes und damit nur ein kleinen Steinwurf vom Meer entfernt ist sehr zentral, aber ruhig. Die hübsch eingerichteten Apartments sind gut geeignet für Familien und verfügen über eine eigene Küche. Direkt vor dem Captain´s House liegt eine zum Haus gehörende Taverne mit Blick auf die Hafenbucht.

 Ausflüge

• Mit der kleinen Argo können **Ausflugsfahrten** nach Balí (4.500 Drs), zu den Küstenhöhlen bei Skaletá (4.500 Drs) oder eine romantische Bootsfahrt in den Sonnenuntergang („... für Verliebte und Fotofreunde."; 3.500 Drs) gemacht werden. Informationen unter Tel.: 0834-51404.

• Die urwüchsige Atmosphäre einer kretischen Landstadt finden Sie in **Pérama**, 9 km südlich von Pánormo. 8 km sind es von dort zum **Töpferdorf Margarítes**, weitere 4 km bis zum **antiken Eléftherna** auf einem schmalen Hügelgrat. 8 km südöstlich von Pánormo liegt die **Melidóni-Höhle**. Nicht verpassen dürfen Sie einen Besuch der venezianisch-türkischen Altstadt von **Réthimnon** (ca. 21 km westlich).

Plakiás (S. 598)
Bezirk Réthimnon, Vorwahl: 0832, Postleitzahl 74060

 **Busverbindungen**

Plakiás wird in der Hauptsaison 7 x täglich **von Réthimnon** aus über Arméni angefahren, in der Nebensaison 3 mal. Morgens, mittags und gegen späten Nachmittag weiter **nach Préveli** (ebenso zurück, letzte Abfahrt Richtung Réthimnon gegen 18 Uhr). Genauso häufig gehen Busse zurück (Dauer 1 Std., Preis 1.000 Drs). Morgens fährt ein Bus weiter **nach Chóra Sfakíon**, mittags und nachmittags zurück. **Nach Agía Galíni** gehen Busse morgens und mittags, zurück fahren diese früh morgens, mittags (2 x) und am Nachmittag, am Wochenende seltener. **Haltestelle** an der Strandstraße beim Hotel Livikon. **Tip**: Zu festen Zeiten fährt der Alianthos-Express, ein kleiner Zug auf Rädern zwischen Damnóni und Plakiás. Spät abends eine letzte Pendelfahrt Plakiás-Damnóni-Plakiás.

Taxi

Taxiruf: 0832-31910. Nach Réthimnon ca. 7.000 Drs.

Tip: Da Plakiás recht weit entfernt von den Flug- und Fährhäfen liegt, organisieren einige Agenturen und Fahrzeugverleiher auch Sammelfahrten nach Iráklion (An- und Abreise).

Erkundigen Sie sich nach Fahrzeiten und Preisen. Sammelfahrt geht natürlich auch mit Taxi.

Parken

Hinter der Strandpromenade stehen auf mehreren hundert Metern ausreichend Parkplätze zur Verfügung, Besucher können bis ins Ortszentrum vor der Brücke fahren und dort parken.

Übernachten

Plakiás bietet ein breites Angebot an Übernachtungsmöglichkeiten, wir möchten Ihnen hier aber besonders einige Tips in der Umgebung von Plakiás nennen.

• **Hotel Alianthos, €€€**: 74060 Plakiás, Tel.: 0832-31196, Fax: 31197. Größeres Hotel im östlichen Ortsteil und damit nahe am langen Strand von Plakiás. 30 Zimmer im rustikalen Stil mit Klimaanlage und Balkon. Der hauseigene Pool (plus Kinderbecken) ist eine gute Alternative zum Meer, denn in Plakiás wird es am Strand zeitweise recht windig, und dann pieksen Tausende herumfliegender Sandkörner die Haut. Praktisch: Im Haus befindet sich neben einer Taverne auch ein Supermarkt.

• **Plakiás Bay, €€-€€€**: 74060 Plakiás, Tel.: 0832-31215 o. 31315, Fax: 31951. Am östlichen Ende der langgestreckten Bucht von Plakiás liegt diese schöne Hotelanlage mit 28 Zimmern und Bungalows. Alle Zimmer mit eigenem Zugang, Veranda mit Seeblick und einige mit Platz für eine Familie mit 2 Kindern. Nur wenige Meter sind es zum Strand, dafür über einen Kilometer bis ins Zentrum von Plakiás. Die Anlage macht einen gepflegten Eindruck. Geöffnet von April bis Oktober.

• **Hotel Sophia, €€**: 74060 Plakiás, Tel.: 0832-31251, Fax: 31252. Mitten im Ort in 2. Linie liegt dieses kleine Hotel, das auch pauschal zu buchen ist (Attika, Fischer, LTU). Meerblick gibt es leider nicht, die 25 Zimmer sind aber gut ausgestattet und haben Balkone. Das Hotel hat von März bis Mitte November geöffnet, bietet sich also auch für die frühe/späte Nebensaison an.

• **Gio-Ma, €€**: 74060 Plakiás, Tel.: 0832-32003, Fax: 31942, Homepage: www.aias.net/gioma. Am westlichen Ende des Ortes, trotzdem nur wenige Schritte zum Zentrum und direkt am Wasser. Folglich haben die meisten Räume Meerblick. Eine Taverne gehört zum Haus. Selbstversorger finden nebenan einen Supermarkt.

• **Socrates, €€**: 74060 Damnóni, Plakiás, Tel. + Fax: 0832-31480, Tel. in Athen: 01-9352371. Blühende Oase an der Straße zum Damnóni-Strand. 20 Räume, davon einige Apartments mit Küche und Platz für 4 Personen, können von 1. April bis 30. Oktober angemietet werden. Vor dem Gebäude eine Liegewiese. Meerblick dürfen Sie hier nicht erwarten, aber für erholsame Tage zwischen Blüten und Blattgrün ist die Pension sehr empfehlenswert.

• **Anna Apartments, €€**: 74060 Mírthios, Tel. + Fax: 0832-31580. e-Mail: annaview@cha.forthnet.gr. Am östlichen Ortseingang von Mírthios liegen diese recht neuen, gepflegten und mit Möbeln aus Holz eingerichteten Apartments. Von April bis Oktober bietet Anna Maragkoudaki 6 Zimmer für 2-5 Personen an. Die größeren davon verfügen über ein eigene Küche. Die Zimme sind sehr sauber, die Wirtin ist freundlich, und von der Terrasse hat man einen tollen Panoramablick über die Bucht von Plakiás.

• **Amoudi, €-(€€):** *Drimiskiano Ammoudi/Réthimnon, Tel.: 0832-31738. Wer ganz nahe dem Préveli-Strand wohnen möchte, um Morgen- oder Abendstunden dort voll auszuko- sten, kann den etwas beschwerlichen Schotterweg wählen, der von der Straße zum Strand an einer venezianischen Brücke links abzweigt. Am Ende liegt an einem Strand die Pension von Nikos und Eleni Maraki. Von April bis Mitte November bieten sie 9 günstige Doppel- zimmer. Zum Glück ist eine Taverne angeschlossen, denn der nächste Laden ist weit entfernt.*

ÜBERNACHTEN IN RODÁKINO (WESTLICH VON PLAKIÁS)

Individuelle Alternative, etwa 20 Autokilometer westlich von Plakiás, in den Ortsteilen Ano und Kato Rodákino und vor allem am Strand Kóraka bieten mehrere Pensionen und kleine Hotels Zimmer, der Bereich ist touristisch noch wenig erschlossen.

• **Polyrizos, €€€:** *74060 Rodákino (Paralia Kóraka), Réthimnon, Tel.: 0832-31334 o. 31031, Fax: 31334. 1993 gebaute, moderne und stilvolle Hotel- und Club-Anlage mit Kreativ- Programm im alternativen Bereich. Im Angebot sind Kurse in Qi Gong, Tai Chi, Feldenkrais, Gymnastik im nahen Olivenhain etc. Der Strand ist nur etwa 100 m entfernt. Die Einträge im Gästebuch klingen begeistert. Hotel und Club werden auch von Veranstaltern angebo- ten (z.B. Attika, Alltours).*

• **Nikos & Anna, €€:** *74060 Rodákino (Paralia Kóraka), Réthimnon, Tel. + Fax: 0832- 32173. Pension mit angeschlossenem Restaurant ganz am westlichen Ende des Kóraka- Strandes. Von April bis Oktober geöffnet, die 8 Doppelzimmer haben zum Teil Klimaanlage (etwas teurer). Ruhige Lage bis auf die Wellen, die bei bewegter See lautstark gegen die Felsen branden.*

• **Saint George, €-€€:** *74060 Rodákino (Paralia Kóraka), Tel.: 0832-31875, Fax: 31876. Unterhalb von Kato Rodákino an der Straße zum Strand Kóraka liegt diese Pension mit angeschlossenem Café und Restaurant. Dort gibt es sogar einige Gerichte der chinesischen Küche – ungewöhnlich in diesem Teil Kretas! 15 Zimmer mit 2 oder 3 Betten und Balkon. Die Pension wird familiär und freundlich geführt, wir tranken hier einen der besten Frappés auf der Insel. Geöffnet ist von Mai bis Oktober, bei mehrtägigem Aufenthalt wird das Zimmer wesentlich billiger. Nachteilig ist der lange Weg zum Strand (fast 2 km).*

Camping
Camping Apollonia: *74060 Plakiás, Tel.:0832-31507 o. 31607, Fax: 31424. Der Campingplatz liegt am Eingang nach Plakiás rechts an der Hauptstraße. Zur Anlage gehören Mini-Market, Pool, Bar, Moutain-Bike-Verleih etc. Die Sanitäranlagen ma- chen einen gepflegten Eindruck. Camper können überdacht stehen (Schatten!). Geöffnet von Anfang April bis Ende Oktober.*

Essen
Die Auswahl an Tavernen in Plakiás ist groß, in zwei Wochen Urlaub muß man keine zweimal besuchen. Eine der ältesten Tavernen (seit 1949 vor Ort) ist **Christos** *an der Hafenmole. Von der schattigen Terrasse geht der Blick hinaus aufs Meer. Gut ißt man im* **Oasis** *östlich der Brücke. Die Taverne bietet eine große Glasfront, ge- schnitzte Holzstühle und außergewöhnliche Menus. Die Taverne/Grill* **Sofia** *in Ortsmitte ist wegen ihrer Mezedes-Platten und der täglich wechselnden Spezialitäten einen Besuch wert. Sie sitzen entweder am Wasser oder innen in Kafenion-Atmosphäre. Zwei schöne Taver- nen am Wasser liegen am Soúda-Strand westlich von Plakiás,* **Galini** *und* **Delfini.** *Wir empfehlen, zum Essen einmal nach Mírthios hinaufzufahren, nicht nur wegen des fantasti-*

schen Blicks über Plakiás hinaus auf die Bucht lohnt der Besuch. Mitten in Mírthios mit herrlicher Terrasse und namensstiftendem Ausblick liegt das empfehlenswerte Restaurant **Panorama** (Tel.: 0832-32077, geöffnet tgl. 7-24 Uhr.) Für Kreta nicht nur außergewöhnlich, weil es von einem Österreicher geführt wird, sondern wegen der besonders frischen Gerichte mit viel Gemüse und Obst, die in seltener und gelungener Kombination auf den Tisch kommen. Immer gibt es mehrere Tagesangebote. Lecker ist das Kartoffel-Knoblauch-Püree, eine Spezialität des Hauses. Das Restaurant ist sehr beliebt und oft bis auf den letzten Platz besetzt. Mit mehreren Personen unbedingt für den Abend reservieren.

Nachtleben

Das **Nachtleben** von Plakiás ist für die Ortgröße ganz ordentlich. Allerdings spielt es sich mehr in den Clubs ab, da eine belebte Promenade oder ein Stadtquartier mit mediterranem Ambiente fehlen. Das Angebot variiert von Jahr zu Jahr, zwei recht stetige Adressen sind aber das **Meltemi** (nahe dem Alianthos-Hotel) und das **Ostraco** von Yannis und seiner englischen Frau Sharon.

Einkaufen

Plakiás hat in den letzten Jahren einen Boom an neuen Souvenirgeschäften erlebt, es gibt sogar ein kleines Shopping-Center an der Strandstraße in der Nähe der Brücke. Aufmachung und Qualität sind allerdings nur mittelmäßig. Im Hotel Alianthos befindet sich ein großer, gutsortierter **Supermarkt**. Probieren Sie unbedingt die frischen Kekse und Kuchen mit Walnüssen oder Schokolade im **Cookies House** westlich der Brücke (gegenüber Taverne Mouses) – es duftet schon aus einiger Entfernung höchst verführerisch. Auf jeden Fall sollten Sie im **Mythos** mitten im Ort vorbeischauen. Hier gibt es außergewöhnliche, hochwertige Keramik mit surrealistischem Einschlag. Neben glasierten Schalen, Skulpturen und dekorativen Vasen bietet das Geschäft eine breite Auswahl an extravagantem (und teurem) Silberschmuck.

Ausflüge

• **Badeboote** fahren zum **Strand von Préveli** und sind meist ziemlich voll. Karten gibt´s am Schiff.

• Mehrere Büros veranstalten **Fluß-Safaris zum Préveli-Strand**. Dabei wird das Flußbett in der Gruppe auf den letzten 4 Kilometern bis zur Mündung zu Fuß durchwatet, als Belohnung wartet dort der Palmenstrand (ca. 5.000 Drs).

• Ein Zug auf Rädern, der **Alianthos-Express**, fährt von der Strandpromenade in Ortsmitte durch die Umgebung von Plakiás, z.B. nach Préveli und in die Kourtaliótiko-Schlucht. Auch Tagesausflüge werden angeboten, z.B. nach Lambini, Spíli, Argiroúpolis, Rodákino etc. (4.-5.000 Drs, Familienermäßigungen).

Infos zum Programm unter Tel.: 0832-31851.

Sport

• **Tauchfahrten an der Südküste** vom großen Schlauchboot aus veranstaltet Kalypso Rock´s Palace, es werden auch verschiedene Tauchkurse angeboten. Tel.: 0832-31297.

Sehenswürdigkeiten

• **Kloster Moni Préveli**: Das Hauptkloster ist zu folgenden Zeiten geöffnet: 25. März - 31. Mai tgl. von 8-19 Uhr, 1. Juni - 31. Oktober von 8-13.30 und 15.30 bis

20 Uhr. An Sonn- und Feiertagen 8-20 Uhr. Der alte Klosterteil Kato Moni Préveli ist nicht zugänglich. Eintritt 700 Drs. Snack-Bar und Kartentelefon vor, WC in der Anlage.
* **Museum Asómatos**: Mo-Sa von 10-15 Uhr. Eintritt 500 Drs.

Medizinische Hilfe
Einen Arzt finden Sie an einer Ecke der Strandstraße, gegenüber dem Autoverleih Préveli. Dr. Alexandrakis hat Sprechzeiten in den Morgen- und späten Nachmittagsstunden. Tel.: 0832-31770. Die Apotheke liegt etwas weiter in der Seitenstraße.

Polizei
Kleine Station am westlichen Ortsende, Tel.: 0832-22029.

Post
Postcontainer vor der Brücke über den Fluß, geöffnet ist Mo-Fr von 7-14 Uhr. Weitere Poststelle in Mírthios.

Reiseagentur
Bei Finikas Travel neben der Brücke (Stock, Tel.: 0832-31785 o. 31908) sind sämtliche Informationen zur Gegend um Plakiás erhältlich, außerdem werden auch noch Zimmer vermittelt und das alles in deutscher Sprache.

Waschsalon
Laundromat gegenüber der Taverne Christos im Westteil des Ortes.

Plataniás (S. 673)
Bezirk Chaniá, Vorwahl 0821, Postleitzahl 73100

Busverbindungen
Busse halten an der Platia in Ortsmitte, aber auch an anderen dafür gekennzeichneten Stellen am Ortsrand und vor den großen Hotels. Linienverbindung **nach Chaniá** (Preis 500 Drs.) und **Máleme, Kolimbári und Kastelli Kissamos**. Auf der Küstenstraße verbinden die Busse in der Hauptsaison morgens und nachmittags viertelstündlich, mittags und abends halbstündlich auch Káto Galatás, Stalos, Agía Marína, Geráni und Máleme miteinander. Der letzte Bus nach Plataniás/Geráni verläßt Chaniá in der Hauptsaison gegen 23.30 Uhr.

Taxi
An der Platia in Ortsmitte. Die Fahrt nach Chaniá kostet ca. 1.800 Drs, von Geráni 2.100 Drs, von Agía Marína nur 1.500 Drs. Taxiruf: 0821-68423 (Plataniás), 0821-61500 (Geráni).

Parken
Gebührenpflichtiger Parkplatz an der Hauptstraße (westlich der Platia). Ansonsten in Seitenstraßen oder auf den Parkplatz am Hafen ausweichen.

Übernachten

Die Küste um Plataniás hat sich als wichtigste Ferienregion Westkretas etabliert. Fast alle Hotel- und Apartmentbetten in Plataniás und den Nachbarorten sind von Touristikveranstaltern gebucht. Dennoch bieten die Hoteliers freie Kapazitäten auch Individualreisenden an. Im folgenden finden Sie eine Reihe von Hotels an der Nordküste zwischen Agía Marína bis Máleme, die einen gehobenen Standard bieten und für einen Badeurlaub gut geeignet sind. Alle liegen verkehrsgünstig an der Küstenstraße (z.T. eigene Bushaltestellen) und sind somit als Standort für Westkreta zu empfehlen.

• **Panorama**, €€€-€€€€: 73100 Káto Galatás/Chaniá, Tel.: 0821-96700 o. 31700, Fax: 31708, e-Mail: panorama@otenet.gr. Zwar nicht direkt am Strand, dafür aber mit Garten- und Poollandschaft hoch über dem Wasser liegt dieses Hotel, dessen Charme sich vielleicht erst auf den zweiten Blick erschließt. Vor dem mehrgeschossigen Haupthaus großer Pool-Bereich mit Blick über die Nordküste von Chaniá bis Plataniás. Abends Bingo am Pool. Eine Stadtbuslinie von Chaniá fährt bis ans Hotel. Die Umgebung ist zum Bummeln weniger geeignet.

• **Santa Marina**, €€€: 73100 Agía Marína, Chaniá, Tel.: 0821-68570 o. 68350, Fax: 68571. Große, gut ausgestattete Hotelanlage in Agía Marína mit über 300 Betten. Das große Plus ist die Lage direkt am feinsandigen, goldgelben Sandstrand. Neben dem normalen Zimmerangebot gibt es auch Suiten und spezielle Familienzimmer. Pool, Tennisplatz und Wassersport.

• **Santa Helena**, €€€: 73100 Plataniás, Chaniá, Tel.: 0821-68767, Fax: 68719. Mittelgroße, freundliche, dreigeschossige Anlage am westlichen Ortsausgang von Plataniás. Eigener Strand direkt am Hotel. Zwischen den beiden Hauptgebäuden, die sich von der Straße bis zum Wasser erstrecken, befindet sich eine schöne Grünanlage. Die Anlage ist familienfreundlich und hat viele größere Zimmer mit bis zu 4 Betten, z.T. mit eigener Küche. Nach der Erweiterung der Anlage in den späten 1990er Jahren ist der Ort Plataniás mit einigen Geschäften gefolgt. Bushaltestelle beim Hotel.

• **Creta Paradise**, €€€-(€€€€): P.O. Box 89, 73100 Geráni/Chaniá, Tel.: 0821-61315 o. 61190, Fax: 61134, e-Mail: cretpar@vacation.net.gr. Großzügige Anlage außerhalb von Geráni, deren Einheiten im kretischen Dorfstil sich um eine zentrale Poollandschaft gruppieren. 148 Zimmer und 38 Bungalows sind mit Klimaanlage ausgestattet. Restaurant, Bar und TV-Lounge, Tennis-Platz und ein Sandstrand mit blauer Flagge. Eigene Autovermietung, aber auch die Bushaltestelle ist nicht weit entfernt. Nach Plataniás rund 2 km. Hoteleigenes Unterhaltungsprogramm, besonders für Kinder wird im Creta Paradise gesorgt. Geeignet ist das Hotel auch für Konferenzen (bis 750 Personen) und Incentive-Reisen. Vergünstigung bei Internet-Reservierung.

• **Aegean Palace**, €€€: 73014 Kontomari/Chaniá, Tel.: 0821-62668/9, Fax: 62647. Homepage: www.aegean-palace.gr. Recht neue, freundlich in hellen Gelbtönen gestaltete Anlage. 10 der 45 Suiten (2-4 Personen) sind im Nebengebäude besonders großzügig gestaltet und haben eigene Privat-Pools auf der Terrasse. Für alle anderen Gäste stehen ein Süßwasserpool (Olympic size) und ein Kinderbecken zur Verfügung. Tennisplatz, Sauna, Fitnessraum, Restaurant und Caféteria. Der Kiesstrand fällt flach ins Wasser ab. Eine Bushaltestelle befindet sich direkt vor dem Hotel, zu empfehlen ist aber ein Mietwagen, da das Hotel ein wenig außerhalb liegt (ca. 800 m nach Geráni, dafür aber ruhig).

• **Máleme Imperial**, €€€: Máleme/Chaniá, Tel.: 0821-62661 o. 62425, Fax: 62601. Moderne und helle Anlage, nur 50 m vom Strand entfernt. Fast alle Zimmer mit Terrassen, von denen sich zum Meer blicken läßt. In Mike´s Pool Bar nebenan veranstaltet die Sea Turtle Protection Society Informationsabende, um die Gäste für den Schutz der Meeresschildkrö-

te zu sensibilisieren. Zum Ortskern von Máleme gehen Sie zu Fuß nur wenige Minuten, an der Durchgangsstraße fährt der Bus nach Plataniás, Chaniá und Kolimbári.

Essen

*Plataniás wartet mit einer schier unüberschaubare Zahl an Tavernen und Café-Bars auf. Trotz der Fülle und Konkurrenz ist das Niveau im Vergleich zu den Ostküstenorten recht hoch. Selbst bei einem 3-wöchigen Aufenthalt dürfte es kaum gelingen, in allen Tavernen in Plataniás zu essen. Empfehlenswert ist im oberen Ortsteil die Taverne **Old Carob Tree** mit guter Auswahl an Grillspezialitäten. Orientierungspunkt ist das Denkmal einer kretischen Wildziege. Einen schönen Blick und etwas mehr Ruhe bietet auch die nahe gelegene Taverne **Panorama**. Direkt an der Straße Richtung Geráni liegt das Restaurant **Mylos** in einer restaurierten Wassermühle. Die Küche hat eine französische Tendenz und eine gute Auswahl an internationalen Weinen. Geöffnet ist ab 18 Uhr bis in die Nacht. Gehobenes Preisniveau. Tel.: 0821-68578.*

Einkaufen

Plataniás bietet die ganze Palette an Schmuck-, Kunsthandwerk-, Mode- und Souvenirgeschäften. Die Qualität der Waren variiert, ist aber höher als in den Touristenzentren der Ostküste. Viele Geschäfte aus Chaniá unterhalten mittlerweile Filialen in Plataniás. Einen großen Supermarkt finden Sie gegenüber dem Platz in Ortsmitte.

Spaß

• *Etwas östlich der Platia (an der Straße in den oberen Ortsteil) können Sie die Bequemlichkeit der Rücken kretischer **Esel** testen. Wer´s durchhält, kann bis zu einer Stunde durch den Ort reiten (4.000 Drs).*
• *Gegenüber der Post nahe dem Strand das **Freiluftkino Paradiso**. Achten Sie auf Aushänge für das Filmprogramm. Tel.: 0821-60900.*
• *Auf dem Weg nach Agía Marína liegt auf der linken Straßenseite, nahe der Abzweigung zum Strand, eine **Minigolfanlage**.*
• *Auch Plataniás hat mittlerweile seinen **Urlauberzug**, der von der Platia in der Ortsmitte abfährt. Neben Rundfahrten durch den Ort werden auch mehrstündige Ausflüge in die Umgebung (z.B. zum See von Agiá) angeboten.*
• *Zwischen Plataniás und Agía Marína befindet sich auf der meergewandten Seite eine **Spielanlage für Kinder** mit Trampolinen, Go-Carts und einigem mehr.*

Sport

• *Kurz vor dem Dorf Dreres südlich von Máleme liegt das **Dreres Reitzentrum**. Tel.: 0824-31339. Ein Restaurant ist angeschlossen.*
• ***Hellas Bike Team Chaniá:*** *Im Shopping Center von Agía Marína, dem östlichen Nachbarort von Plataniás. Die Station verfügt über rund 50 moderne Räder, mit denen Radwander- und Mountainbike-Touren von 22 bis 90 km Länge angeboten werden, z.B. eine Tagestour auf die Omalós-Hochebene.*

Internetcafé

Internet Services an der Hauptstraße zwischen Post und Pl. El. Venizelou Pl., Tel.: 0821-60492, e-Mail: platania@platanias-village.gr.

Autovermietung
Die *Autovermietung El Greco* hat ihre Hauptgeschäftsstelle in Chaniá im östlichen Teil der Durchgangsstraße. Die Auswahl reicht vom kleinen Fiat bis zur C-Klasse von Mercedes, ein eigener Service-Wagen hilft bei Pannen. Tel.: 0821-60883. 24-h-Service: 0821-91818.

Post
An der Durchgangsstraße Kidonas westlich der Platia auf der linken Seite.

Touristenpolizei
Tel.: 0821-94477; Polizei in Máleme Tel.: 0821-62209.

Réthimnon (S. 568ff)
Bezirk Réthimnon, Vorwahl 0831, Postleitzahl 74100

Touristeninformation
In einem Flachbau an der Strandstraße E. Venizelou, etwas westlich von der Platia Iroon. Tel.: 0831-29148 o. 24143, geöffnet Mo-Fr 8-18, Sa 10-16 Uhr; So geschlossen.

Tip
In Réthimnon erscheint die **Zeitung** Cretasommer zweisprachig in Deutsch und Englisch. Hier finden Sie aktuelle Themen und Tips, dazu einen Stadtplan plus die wichtigsten Adressen und Telefonnummern. Kostenlos, dafür viel Werbung. In Hotels, Agenturen etc. erhältlich.

Schiffsverbindungen
Réthimnon ist über eine tägliche Abendverbindung der Linie Cretan Ferries (ANEK) an Piräus angebunden. Aktuelle Informationen zu dieser Verbindung und Agenturadressen finden Sie im Kapitel 4.1.2 „Anreise nach Kreta" auf S. 163.
Hafenaufsicht Réthimnon: 0831-22276.

Busverbindungen
• Der *Busbahnhof* liegt am südwestlichen Altstadtrand unterhalb der Hauptstraße Igoumenou Gavril, die hier aus der Stadt führt. Weitere Stationen befinden sich entlang dieser Durchgangsstraße. Eine kleine Snack-Bar verkürzt die Wartezeit am etwas trostlosen Busbahnhof, Gepäckaufbewahrung ist möglich.
• *Nach Chaniá und Iráklion* besteht eine Schnellbusverbindung auf der New Road, alle 30 Minuten von 6.30-22 Uhr. Fahrzeit nach Chaniá etwa 1-1,5 Std. (Preis: 1.700 Drs), nach Iráklion 1,5 Std. (Preis 1.800 Drs). Ganz wenige Busse verkehren zwischen den Zentren auch über die Old Road.
• *Verbindungen in die stadtnahen Dörfer:* mehrmals täglich nach Metohia über Prínes, Kiriána, Valsamónero, Loutrá und Tsesme. Ca. 2 x täglich nach Geráni, Koumous, Chromonastíri, Maroulás, Mesi, Kastelakia, Pangalohori und Prínos.
• *Die Busse zu den Hotels entlang des Strandes östlich von Réthimnon* fahren von/bis Pánormo den ganzen Tag von früh bis spät mindestens im 30-Minuten-Takt. Haltestellen

befinden sich vor allen wichtigen Hotels. Informationen KTEL Réthimnon: 0831-22212
Tip: *Möglichst schnell den aktuellen Fahrplan besorgen (in größeren Hotels, bei der Touristen-Information und am Busbahnhof erhältlich).*

Parken

*In der im Sommer überfüllten Stadt einen Platz für Ihr Fahrzeug zu finden, ist nicht ganz einfach. Wenn Sie von Westen in die Stadt einfahren, bieten sich die Parkplätze im Seitenstreifen der Straße Periferiakos, die unterhalb der Fortezza am Wasser verläuft, an. Dazu noch vor dem Stadtkern links abbiegen und immer am Wasser entlang fahren. Im Hafen selbst gibt es kaum legale Parkplätze. Ein großer, kostenpflichtiger Stellplatz findet sich direkt **unterhalb der Fortezza** an der Straße Melissinou. Anfahrt wie oben und noch vor der Fortezza nach rechts abbiegen. Hier können Sie Ihr Auto auch für längere Zeit abstellen, z.B. wenn Ihre Unterkunft in der Altstadt liegt (Woche = 5.000 Drs). Einen weiteren kostenpflichtigen Parkplatz gibt es **neben dem Stadtgarten**, über die Hauptstraße Igoumenou Gavril anfahren. Von Osten kommend, bieten sich die Straßen vor der Platia Iroon an, ebenso ein größerer **Parkplatz in der Straße Dimokratias**, südlich der Durchgangsstraße.*

Taxi

Großer Standplatz an der Platia Iroon am östlichen Altstadtrand, ein weiterer zentral an der Platia Martiron. Taxiruf Tel.: 0831-25000 o. 71900.

Übernachten

In Réthimnon können Sie entweder in einer der schönen Altstadthotels oder in einem der unzähligen Badehotels östlich der Stadt übernachten. Kleine Pensionen sind seltener zu finden als in Chaniá.

IN DER ALTSTADT

• **Palazzo Rimondi, €€€€**: *Xanthoudidou 16 & Har.Trikoupi Str. 16, 74100 Réthimnon, Tel.: 0831-51289, Fax: 51013. Mitten in der Altstadt und doch eine Oase der Ruhe. Der Gebäudekomplex aus dem 15. Jh. hat 20 komfortable und architektonisch außergewöhnliche Apartments (Holz, Stein, z.T. Kamin) mit viel Platz. Die für die Restaurierung zuständigen Architekten sind auch die Besitzer. Der Clou ist der Innenhof mit viel Grün, Terrasse zum Entspannen und einem romantischen, halbrunden Pool. Empfehlenswert für den besonderen Aufenthalt. Geschlossen ist nur von November bis Januar. Auch pauschal zu buchen (Neckermann, LTU, terramar).*

• **Veneto, €€€€**: *Epimenidou 4, 74100 Réthimnon, Tel.: 0831-56634, Fax: 0831-56635, Homepage: www.veneto.gr. Das Gebäude aus dem 15. und 16. Jh. hatte eine bewegte Geschichte hinter sich, bevor es zu diesem exclusiven Hotel umgebaut wurde. In den rund 20 Studios und Suiten geht es luxuriös im venezianischen Stil zu, vielleicht das richtige für eine Hochzeitsreise? Man spürt die Aura venezianischer Aristokratie, trotz Klimaanlage und Internetanschluß im Haus. Mit Sicherheit eine der ersten Adressen der Stadt und mitten darin.*

• **Mythos, €€€-€€€€**: *Karaoli Dimitriou 12, 74100 Réthimnon, Tel.: 0831-53917, Fax: 51036, e-Mail: mythoscr@otenet.gr. Ausgesprochen schöne Suiten mit 2-5 Betten warten auf Gäste. Der alte venezianische Palast aus dem 16. Jahrhundert wartet mit Holzdecken, Steinfußböden und einem kleinen Pool im geschützten Hof auf Gäste. Die Räume sind stilvoll, teils schon luxuriös mit alten Möbeln, ebenso aber allen modernen Annehmlichkei-*

Réthimnon

© il grophic

ten ausgestattet. Die Lage im östlichen Altstadtteil in unmittelbarer Nachbarschaft der Kathedrale und der Einkaufsstraße Arkadiou ist zentral, der Stadtstrand nur etwa 100 m entfernt. Ganzjährig geöffnet.

• **Fortezza**, €€€: Melissinou 16, 74100 Réthimnon, Tel.: 0831-23828 o. 55551/-2, Fax: 54073. Das auch pauschal zu buchende, viergeschossige Hotel liegt am Altstadtrand unterhalb der namensgebenden Fortezza. 54 gut ausgestattete Zimmer, größtenteils mit Balkon, die zum Innenhof mit dem Swimming-Pool liegen. Neben der angenehm kühlen Empfangshalle liegen Restaurant, Bar, Video- und Spielräume. Die Lage ist sehr zentral, mit wenigen Schritten ist man in lebendigen oder ruhigen Altstadtteilen voll Atmosphäre.

- *Ideon,* €€ (-€€€): Pl. Plastira 10, Réthimnon, Tel.: 0831-28667/8/9, Fax: 28670. Komfortables, 1995 renoviertes Hotel etwas westlich vom Hafenbecken. Zur Altstadt sind es nur wenige Schritte. Einzel- und Doppelzimmer als auch Suiten. Bad, Balkon, Klimaanlage, Heizung, Safe, z.T. auch Kühlschrank und Fernseher lassen kaum einen Wunsch offen. Der Swimming-Pool mit Snack-Bar lockt bei unruhiger See. Das Haus ist stilvoll in hellen, warmen Tönen eingerichtet.
- *Atelier,* €€: Chimaras & Makedonias 40, 74100 Réthimnon, Tel.: 0831-24440. An einer ruhigen Straße, die von der Altstadt zur Fortezza hinaufführt, liegen diese Zimmer. Vermietet werden sie vom Besitzer der künstlerisch orientierten Keramik-Werkstatt nebenan, im Geschäft erhalten Sie Informationen.
- *Castelvecchio,* €-€€: Chimaras 29, 74100 Réthimnon, Tel.: 0831-55163. Kleine Pension unterhalb der Fortezza mit angeschlossener Taverne. Vermietet werden nur 3 Zimmer, die Lage ist wirklich ruhig, und zur Altstadt sind es nur wenige Schritte.

Weitere einfache und günstige Altstadt-Pensionen liegen zentral nahe dem Fährhafen hinter dem Hotel Ideon und an der Einkaufsstraße Arkadiou, z.B. sehr zentral das venezianische **Leon** (€€, Arkadiou/Ecke Vafe, Tel.: 0831-26197) oder das familiäre **Castello** (€€, Karaoli Dimitriou 10, Tel.: 0831-50281).

NEUSTADT
- *Brascos Hotel,* €€€: Moatsou & Daskalaki 1, 74100 Réthimnon, Tel.: 0831-23721, Fax: 23725, e-Mail: brascos@ret.forthnet.gr. Auch pauschal zu buchendes Hotel zentral in Nachbarschaft zum Stadtgarten in der Neustadt. Es verfügt über 89 vollklimatisierte Zimmer mit Kühlschrank, Fön und Balkon. Ein Swimming-Pool mit Jacuzzi und der Dachgarten mit Bar und herrlichem Blick über Réthimnon sind die Vorteile dieses Hotels. Wählen Sie ein Zimmer zur Seitenstraße hin.
- *Monastiriako,* €€€: Anna Pouliasi, Giannoudi, 74100 Réthimnon, Tel.: 0831-55186, e-Mail: monastiriako@yahoo.com. Im kleinen Dorf Giannoudi, wenige km östlich von Réthimnon am Ausgang der Prassano-Schlucht liegen 5 venezianische Villen, die als Ferienhäuser mit je 70-80 m² Fläche vermietet werden. Jedes Haus hat einen eigenen Eingang, im gemeinsamen Garten ist ein Pool angelegt. Empfehlenswerte und ruhige Alternative zur Innenstadt und zur touristischen Strandzone. Rechtzeitig buchen!

STRANDHOTELS ÖSTLICH VON RÉTHIMNON
Östlich von Réthimnon reihen sich, beginnend mit dem Kyma Beach an der Platia Iroon, an die 100 Badehotels aneinander, aus denen Sie mit wenigen Schritten den breiten Sandstrand erreichen. Die meisten sind in der Hand von Reiseveranstaltern. Für einen Individualurlaub sind sie kaum geeignet, die Zone zwischen Réthimnon und Skaletá ist voller Trubel und Auswüchse des Massentourismus. Eine Empfehlung möchten wir daher für diesen Abschnitt nicht aussprechen, führen aber die großen, luxuriösen Anlagen trotzdem an. Sie bieten genügend Freiraum, einen Urlaub in stilvollem Ambiente zu verbringen. Individualreisenden auf der Spur des authentischen Kretas empfehlen wir, z.B. nach Pánormo auszuweichen.
- *Grecotel Creta Palace,* €€€€: 74100 Missiría/Réthimnon, Tel.: 0831-55181, Fax: 54085. Architektonisch interessante Anlage an einem eigenen, 300 m langen und breiten Sandstrand etwa 4 km östlich von Réthimnon. Die Mehrzahl der insgesamt rund 370 Zimmer liegt in Bungalows, die in vier Dörfern angeordnet sind und durch einen üppigen, grünen Park vom Meer getrennt sind. Besonderheiten neben dem üblichen hohen Grecotel-

Standard sind ein Hallenbad, eine Wassersportschule, 3 Tennisplätze, ein Squash-Court, eine eigene Kapelle und ein Amphitheater mit Abendprogramm. Kinder können im Grecoland sogar im eigenen Kinderdorf übernachten. Bushaltestelle an der Hauptstraße nahe dem Hotel.

• **Grecotel Rithymna Beach, €€€€**: Adelianos Kampos, P.O. Box 23, 74100 Réthimnon, Tel.: 0831-71002, Fax: 71668. Luxuriöses Großhotel der Grecotel-Gruppe, etwa 7 km östlich der Stadt. Grecotel selbst bezeichnet es als sein Flaggschiff. Auf dem 80.000 qm großen Grundstück sind Haupthaus und Bungalows in einen Garten eingefügt. Die Zimmer im Haupthaus oder die (etwas teureren) Bungalows sind hochwertig ausgestattet, es gibt sogar Extra-Familienzimmer mit 4 Betten. Bushaltestelle direkt vor dem Hotel. Großer Vorteil für alle Sportbegeisterten sind die Station von Hellas Bike Travel, die zum Hotel gehört, das Tauchzentrum Atlantis und ein Tenniszentrum mit 5 Plätzen (2 mit Flutlicht) und umfangreichem Kursangebot. Aber auch die Kultur kommt nicht zu kurz, im Hotel haben ein Ikonenmaler und ein Lyra-Bauer kleine Werkstätten eingerichtet. Auch in diesem Grecotel können Kinder im Grecoland mal eine Nacht ohne Eltern mit anderen Kindern verbingen.

• **Rethymno Palace, €€€€**: 74100 Adéle/Réthimnon, Tel.: 0831-72418/23, Fax: 72423. Sehr luxuriöses Hotel mit leicht unterkühlter, aber mondäner Atmosphäre. 170 sehr gut ausgestattete Zimmer im repräsentativen Bau, der sich bis an den Strand erstreckt. Großer Pool, Tennisplatz und Wassersportmöglichkeiten am Sandstrand gehören zum Hotel. Viele deutsche Gäste.

• **Grecotel El Greco, €€€€**: Pigianos Kampos, P.O. Box 27, 74100 Réthimnon, Tel.: 0831-71102, Fax: 71215. 9 km östlich von Réthimnon in Pigianos Kampos gelegen, der 400m lange Sandstrand direkt am Hotel bietet viele Wassersportmöglichkeiten. Maximal vierstökkige Gebäude gruppieren sich terrassenförmig um den zentralen, sehr modernen Gastronomie- und Freizeit-Trakt. Direkt über dem Strand liegen mehrere Pools, einer davon mit Meerwasser. Das Hotel mit seinen 246 Zimmern (davon 20 für Familien) und 87 Bungalows bietet jeglichen Komfort, sogar ein Schmuckladen und ein Geldwechselautomat sind vorhanden. 2 Tennisplätze, Minigolfbahnen und ein Wassersportzentrum (Windsurfen, Wasserski, Katamarane) stehen bereit. Wie in allen anderen Grecotels auch, gibt es ein profesionelles Animationsprogramm. Regelmäßig werden Ausflüge zum nahen Nonnenkloster Agía Iríni angeboten, dort können Sie Handarbeiten erwerben.

• **Atlantis Beach Hotel, €€€-€€€€**: Ari Belouchioti 26, 74100 Réthimnon, Tel.: 0831-23517 o. 51002, Fax: 51086. Nicht allzu riesiges Komfort-Hotel (90 Zimmer) in fußläufiger Entfernung zum Zentrum Réthimnons (1,5 km). Die sehr gut ausgestatteten Zimmer mit Balkon, Kühlschrank und Klimaanlage liegen alle in höchstens dreistöckigen Gebäuden. Helle, moderne Einrichtung. Zum Hotel gehören Tennisplatz, Swimmingpool, Hallenbad, Snack-Bar, ein Restaurant und ein Spielplatz für Kinder. Zum Strand muß man nur über die Strandstraße gehen.

• **Eva Beach, €€€**: Adelianos Kampos, 74100 Réthimnon, Tel.: 0831-71778, Fax: 71694, e-Mail: info@evabay.com. Das noch überschaubare Hotel mit 108 Zimmern liegt rund 6 km östlich der Altstadt von Réthimnon. Die schöne Anlage erstreckt sich in zweistöckigen Bungalows bis an das Meer, das Hotel besitzt hier einen eigenen Strand. Gute Wassersportmöglichkeiten in direkter Nachbarschaft. Die Zimmer sind sehr gut ausgestattet, alle verfügen über Satellitenfernsehen, Safe und Kühlschrank. Im Juli/August lange vorher durch Reiseunternehmen ausgebucht.

• **Nefeli, €€-€€€**: Plataniás, 74100 Réthimnon, Tel.: 0831-55321, Fax: 29750. Das Hotel liegt zwar nicht direkt am Strand (ca. 300 m), die schöne Anlage besitzt aber einen zentralen Pool mit Bar. Die 105 Zimmer sind gut ausgestattet, der vorhandene Kühlschrank z.B. ist in dieser Klasse nicht immer Standard. In die Altstadt von Réthimnon sind es 5 km, in der Umgebung liegen aber Tavernen und Geschäfte.

• **Kyma Beach,€€-€€€:** Pl. Agnostou Stratiotou 1, 74100 Réthimnon, Tel.: 0831-55503/4, Fax: 27746. Modernes Mittelklassehotel neben der lebhaften Platia Iroon mit 35 Zimmern, alle mit meerseitigem Balkon. Von diesem läßt sich das Leben auf der Straße und am gegenüberliegenden Strand verfolgen. Ruhebedürftige quartieren sich lieber woanders ein. Dafür sind es vom Kyma Beach in die Altstadt Réthimnons nur wenige Meter, und man braucht kein Mietmofa oder -auto und ist auch nicht auf den Bus angewiesen. Guter Standort für alle, die weder auf Strand noch auf Stadtflair verzichten wollen.

Jugendherberge

• **Youth Hostel Réthimnon, €:** Tombazi Str. 45, 74100 Réthimnon, Tel.: 0831-22848, e-Mail: info@yhrethymno.com, Homepage: www.yhrethymno.com. 1976 wurde das Youth Hostel im Zentrum der Altstadt in einem venezianischen Gebäude eingerichtet. Es ist das ganze Jahr über geöffnet und hat Mehrbettzimmer, einen zentralen Safe und sogar Internetzugang. Eine Empfehlung für Low-Budget-Traveller. Günstiger kann man auf Kreta kaum übernachten, die Lage ist ideal für Stadterkundungen und Nightlife. Rezeption morgens und abends geöffnet.

Camping

Camping Elisabeth: 74100 Missiría/Réthimnon, Tel.: 0831-28694. Schöner, gartenartig angelegter Campingplatz 4 km östlich der Stadt zwischen Perivólia und Plataniás. Der Untergrund ist sandig, viele Tamarisken spenden Schatten. Die Umgebung ist weniger ansprechend und der Weg zur Stadt recht weit. Dafür liegt der 1964 angelegte Platz direkt am Meer (Strandliegen im Preis eingeschlossen) und ist ziemlich ruhig. Es gibt eine Nachtwache, eine Ölheizung (immer warme Duschen), die Abfälle werden täglich abgeholt. Eine eigene Taverne ist von Anfang Mai bis Anfang Oktober geöffnet, der Platz selbst von Mitte April bis Mitte Oktober. Regelmäßig hält die Sea Turtle Protection Society Vorträge über den Schutz der Meeresschildkröten vor Ort. Mehrmals wöchentlich wird gegrillt. Kühlschrank und Tresore sind für Gäste kostenlos zu nutzen. Zeitungen, Bücher und Spiele können geliehen werden. An der Rezeption werden 6 Sprachen gesprochen. Mit diesem hervorragenden Rundum-Service ist der Platz natürlich etwas teurer als andere Campingplätze.

Essen

Der venezianische Hafen ist sicherlich die schönste Kulisse der Stadt, und so drängen sich hier die Restaurants Tisch an Tisch und Stuhl an Stuhl. Die Preise liegen über denen in der Altstadt, und die Kellner werben deutlich aufdringlicher um Ihre Gunst. Dem äußeren Ambiente angepaßt und maritim gestylt sind z.B. die an einen Segler angelehnte Taverne **Vasillis** und das mit Muscheln und Schnecken dekorierte **Helona**. Fast alle Tavernen am Hafen bieten Fisch an, der in großen Kühlvitrinen vor dem Eingang präsentiert wird.

Gehobenes Niveau in der Altstadt haben die Tavernen in der Gasse Radamanthios, so z.B. das **Castelo** (Nr. 27), gemütlich in einem offenen Gewölbe gelegen, das stilvolle Restaurant **AVLI**, mit landwirtschaftlichen Werkzeugen an der Steinwand dekoriert (Tel.: 0831-26213), und das italienische Restaurant **La Rentzo** mit vielen Grillspezialitäten. Empfehlenswert ist auch die Taverne **O YARAS** neben der Kirche Kyrias tou Angelou. Sie liegt an einer platzartigen Erweiterung und ist besonders abends sehr gemütlich. Viele Touristen drehen hier bereits wieder in die belebteren Altstadtteile ab. Unter einem ausladenden türkischen Holzbalkon sitzen Sie ruhig bei Kerzenschein, das Essen ist gut und preiswert. Unterhalb des **Minarets** liegt das gleichnamige Restaurant in der Straße Vernadou. Es hat besonders schöne Außenplätze. Ein wenig altes Kreta bietet die **Musik-Taverne O Gounas**, Tel.: 0831-28816, innen ähnelt sie einer Räuberhöhle. Das Essen ist Nebensache, wenn fast jeden Abend kretische Live-Musik gespielt wird.

Nachtleben

In der Altstadt von Réthimnon herrscht reger Trubel bis spät in die Nacht. Zentrum sind die Gassen um den Rimondi-Brunnen, in dem viele Café-Bars touristisches Publikum anziehen. Viele haben vorher den ersten Cocktail in einer der unzähligen **Bars an der Strandpromenade** zur Altstadt genommen. Die einheimische Jugend bevorzugt die Clubs nördlich des venezianischen Hafens – wie das **252** –, hier bleibt man weitgehend unter sich und widmet sich ganz der coolen Imagepflege. Um die Nacht zum Tag zu machen, bietet sich zentral die Ecke Petichaki/E.Venizelou an. Hier liegen mit dem **Trapeza-Club**, dem **Rockcafé** und dem **13 Fengaria by Odysseas** mit Live-Musik gleich mehrere Möglichkeiten zum Abtanzen. Eine der größten Discos der Stadt, der **BAJA Club**, liegt gegenüber der katholische Kirche in der Melissinou. Wer sich auch auf Kreta in Pubatmosphäre am wohlsten fühlt, geht in die **irische Bar Punch Bowl** in der Arabatzoglou Nr. 42.

Einkaufen

Réthimnons Altstadt ist ein Paradies für alle, die gern und ausgiebig bummeln. Rund um die Hauptgasse Arabatzoglu und die Straße Arkadiou finden Sie Kunsthandwerk, Fashion-Shops und Souvenirs. Réthimnon ist bekannt für seine Lederwaren.

Wahre Kunstwerke – bevorzugt aus dem Wurzelholz von Oliven – stellt Nikos Siragas in seiner Verkaufswerkstatt/Galerie unweit der Strandstraße aus. Skulpturen, Vasen, Schalen aus dem sehr harten Holz von Olive und Johannisbrotbaum erfordern eine langjährige Erfahrung, z.B. um die Maserungen aufzugreifen und am fertigen Objekt zur Geltung zu bringen. An der Drehbank entstehen so unter den Augen der Besucher aus unförmigen Holzklötzen filigrane Meisterwerke, die sich als hochwertiges Souvenir auch gut im Flugzeug transportieren lassen. **Nikos Siragas Professional Woodturner**, Petalioti 2, Tel.: 0831-23010 o. 52248.

• **Griechische und internationale CDs** finden Sie z.B. in der Varda Kallergi im Megastore.

• **Aktuellste modische Trends** finden Sie in den Geschäften der Ethniki Antistateos. Allerdings bewegt man sich hier auf hohem Preisniveau.

• Ein sehr gut sortiertes **Buchgeschäft**, das auch deutsche Zeitungen, Zeitschriften und Bücher führt, finden Sie in der Ethnikis Antistasseos 21. Sehr viel Spezialliteratur (u.a. Bildbände) über Kreta und Griechenland und **internationale Presse** führt die Buchhandlung in der Straße Petichaki gegenüber vom Trapeza-Club.

• **Kretischen Berghonig und Raki** in allen Variationen finden Sie in der Ethniki Antistasseos 98 bei Markos Koutalas (**ΚΡΗΤΙΚΑ ΠΡΟΙΟΝΤΑ**). Einen Kräuterladen, der mehrere Zusammenstellungen des Diktamos-Tee führt, ist Kontojannis (Ecke Souliou / Kornarou). Die Übersetzungsversuche der Erläuterungen ins Deutsche sind bizarr.

• Viele **Schmuckgeschäfte** liegen in der Souliou, in der Kornarou finden Sportfans einen Laden, der ausschließlich **Fanartikel** des Basketballclubs **Olympiakos** in den Vereinsfarben rot und weiß führt.

• Hochwertige **Kombolois** finden Sie in der Arkadiou 90 bei Posti Magazino. Ausgesuchte Exemplare der Perlenketten kosten von 40-100 Euro.

• Wie auch in Chaniá, bietet sich der Kauf von **Lederwaren** in Réthimnon an. Eine gute Adresse ist das Geschäft von Nikos Botonakis in zweiter Reihe hinter der Strandpromenade (El. Venizelou 6). Auf Wunsch wird in allen Größen und Farben gefertigt, und das innerhalb von 3 Arbeitstagen. Aber auch die im Laden vorhandene Auswahl ist schon überwältigend. Viele Geschäfte, die Taschen und Koffer führen, finden Sie in der Arkadiou.

• Hochwertige, künstlerische **Keramik** finden Sie in der Straße Chimaras (Nr. 27) in Frosso Boras Pottery Workshop. Die Werkstatt befindet sich in den hinteren Räumen, die Auswahl der hergestellten Gegenstände umfaßt zweifach gebrannte Keramikarbeiten (z.B. Vasen, Lampen, Teller) in zarten Farben, zudem Bronzestatuetten und Bilder ihres Ehemanns.

• Nachbildungen unzähliger Funde aus dem Raum Griechenland und Naher Osten finden Sie im **Museumsgeschäft** in der venezianischen Loggia. Die Auswahl der ausgestellten und erhältlichen Büsten, Reliefs, Schmuck, Ikonen und Gebrauchs- und Kultgegenstände ist umfassend, alle diese Repliken führen ein Zertifikat. Größere Stücke können verschickt werden, der Preis verdoppelt sich dann annähernd.

• Süßes Brot, dekoratives (Oster-)gebäck und leckere Tiropita gibt es in der traditionellen **Bäckerei** Gasparis in der Odos Messologiou.

• **Schwämme** in allen Größen bieten The famous Cretan Sponge am venezianischen Hafen neben Dolphin Cruises oder das Sponge Center Kalymnos in der Arabatzoglou 28 (Altstadt).

• Um die **Ausrüstung für Bergtouren und Sport** zu ergänzen, kann man sich bei Extreme Sports in der K.Giamboudaki östlich der Platia Iroon umsehen. Hier finden Sie namhafte Artikel aus dem Trekking-Bereich.

• Ein großer **Supermarkt** der Kette ΧΑΛΚΙΑΔΑΚΙΣ liegt am Ende der Straße Chatzidaki, die von der Hauptstraße südlich abzweigt.

• **Markt**: Jede Woche findet auf dem Parkplatz gegenüber dem Stadtpark ein Wochenmarkt statt, auf dem Händler aus den nahen Dörfern Obst und Gemüse anbieten. Mittendrin immer wieder fliegende Händler mit nützlichen und überflüssigen Haushaltswaren und gefälschten Markenprodukten.

 Ausflüge
• Der **Little Train**, eine Ausflugsbahn auf Rädern, kutschiert Urlauber bimmelnd und pfeifend durch den Ort und um die Festung herum. Abfahrtsstelle gegenüber dem Hotel Kyma Beach an der Platia Iroon. In Skaletá

Piratenausflug an die Nordküste

verkehrt der **Skaletá's Train** z.B. zum Kloster Arkádi.

• Im alten Hafen laden mehrere **Piratenschiffe** zu Ausflügen mit Baden, Schnorcheln und Piratenspiel ein. Die Fahrt geht morgens los mit Zwischenstopp in Balí bis nach Maravi im Südosten der Halbinsel Akrotíri. Preis für Erwachsene und Kinder ab 12 Jahren 8.000 Drs, für Kinder bis 12 Jahre 5.000 Drs. Ein Essen ist inklusive. Für Kinder ein toller Spaß, aber mit der ganzen Familie nicht gerade günstig (mit vierköpfiger Familie 150-200 DM). Dafür ist man den ganzen Tag unterwegs. Infos abends direkt an den Schiffen oder unter Tel.: 0831-58020 (Captain Hook) oder Tel.: 0831-51643 (The Pirate Adventure Cruises).

• **Wasserpark Limnoupolis bei Chaniá**: Täglich fährt morgens ein Bus von den großen Hotels am Strand ein Bus zum Wasserpark Limnoupolis, der besonders für Kinder eine Menge von Attraktionen bereithält. Zurück geht es am späten Nachmittag. 2.400 Drs ohne Eintritt. Näheres auf S. 240.

• **Griechischer Bergsteigerverein Réthimnon**: Dimokratias 12, Tel.: 0831-57766, e-Mail: eosrethymno@rethymnon.com, Homepage mit aktuellem Programm: http://rethymnon.com/clients/mountain/bindex.html. Der Verein bietet Bergtouren mit Begleitung durch erfahrene Bergführer, vor allem aber auch Bergwanderungen. Hauptziel ist das Psiloritis-Massiv. Auch im Winter finden regelmäßige Besteigungen und Überquerungen statt.

Wassersport

• Fast die gesamte Palette an nassen Sportarten bietet das **Watersport Center H₂O**. Das H_2O finden Sie im Grecotel El Greco, Tel.: 0831-71102. Windsurfkurse, Brettvermietung (nur mit Grundschein), Segelkurse auf Katamaranen, Wasserski (auch Kurse) und Parasailing (Einzelflug rund 70 DM) werden angeboten. Zum Kennenlernen werden den Schnupperkurse im Surfen und Segeln angeboten.

• Ein breites Angebot rund ums **Tauchen** bietet das **Diving Center Atlantis**. Vom Anfängerkurs bis zur Tauchexkursion für erfahrene Taucher reicht die Palette (PADI-Standard), darunter z.B. Kurse im offenen Wasser und Spezialkurse zum Nacht- oder Tieftauchen. Das Atlantis liegt im Grecotel Rithymna Beach, Adelianos Kampos, Tel.: 0831-71668, Fax: 71668, e-Mail: atlantis@grecian.net, Homepage: www.sport-net.org.

• Getaucht wird bei Balí, Pánormo und Plakiás an der Südküste. Der einführende Open-Water-Diver-Kurs kostet 375 Euro. Weitere **Tauchschule** ist das **Dolphin Diving** Center in Skaletá. Es liegt beim Hotel Rethymno Mare und bietet tägliche Tauchausflüge an. Tel.: 0831-71703.

Sport

• Eine Station von **Hellas Bike Travel** finden Sie im Grecotel Rithymna Beach in Adelianos Kampos östlich von Réthimnon. Dort werden mit einem Bestand von über 60 Rädern (Scott) Radwander- und Mountain-Bike-Touren von 21 km (Arkádi) bis zu 90 km (Amári-Tal) angeboten.

• Direkt am Stadtstrand mehrere **Beach-Soccer- und Beach-Volleyball-Felder**.

• An der Old National Road zwischen den Grecotels El Greco und Rithymna liegt der **Kart Club Rethymno** mit 500 m langer Bahn, gefahren wird auf Karts mit 200 ccm. Tel.: 0831-71037

Sehenswürdigkeiten
IN DER STADT

• **Archäologisches Museum**: Am Ende der Straße Chimaras unterhalb der Fortezza, Tel.: 0831-54668, Tgl. 8.30-15 Uhr, Mo geschl Preis 500 Drs, reduziert 300 Drs. WC.

• **Fortezza**: Tgl. 8-19 Uhr; letzter Eintritt 18.15 Uhr. 800 Drs, keine Studentenermäßigung.

• **Historisches und Volkskunst-Museum**: M.Vernardou 28-30, Tel.: 0831-23398, tgl. 10-14 Uhr, So geschl., Eintritt 500 Drs.

• **Museum für Meeresbiologie**: Arabatzoglou 50, Di-Sa 10-14 und 18-21 Uhr, So 10-15 Uhr, Mo geschl Eintritt frei.

• **Gallerie L.Kanakakis**: Chimaras 5, Tel. 0831-52530 o. 52689, Di-So 10-14 und 18-21 Uhr, So 10-15, Mo geschl. Preis 500 Drs.

• **Volkskundemuseum**: Chimaras 5, tgl. 10-14 und 16-21 Uhr. Preis 600 Drs.

AUSSERHALB RÉTHIMNONS

- **Kloster Agía Iríni**: 9-13 Uhr und von 16 Uhr bis Sonnenuntergang (Klingel), Eintritt frei.
- **Kloster Arkádi**: Tgl. 8.30-20 Uhr; Eintritt 500 Drs. Das Kloster ist noch bewohnt, deshalb ist dezentes Verhalten selbstverständlich. Am Kloster gibt es eine Caféteria mit Shop, WC und Kartentelefon. Arkádi ist werktags dreimal, am Wochenende zweimal an Réthimnon per Bus angebunden (550 Drs).
- **Kloster Profítis Ilías**: Tgl. 7-12 und 15-19 Uhr. Eintritt frei, WC vorhanden.

Banken
Z.B. Bank Emporiki an der Ostseite der Platia Iroon (EC- und Wechsel-Automaten). National Bank of Greece neben dem Rathaus an der Hauptstraße Koundouriotou 84 (EC-Automat).

Internetcafé
In direkter Nachbarschaft zum Rimondi-Brunnen im angeblich ältesten Café der Stadt, dem **Galero**.

Kino
Unterhalb der Fortezza zeigt das **Freiluftkino** ASTERIA dreimal am Abend internationale und griechische Filme.

Medizinische Hilfe
Krankenhaus: Tel.: 0831- 27814 o. 27926. An der Ecke Kriari & G. Trandalidou südöstlich des Stadtparkes. **Deutschsprachiger Arzt** Dr.Andreas Papadakis, K.Gerakári 170, Tel.: 0831-24654, Sprechzeit: 9-13 und 18-20 Uhr. Oder in Plataniás: Leonidas Palaskas, Machis Kritis 192, Tel.: 0831-57026. **Deutschsprachige Zahnärztin** Eugenia Anagnostaki in der M.Prevelaki 19 (zwischen den Straßen Kountouriotou und Moatsou), Tel.: 0831-27304. Sprechzeiten morgens und am späten Nachmittag. Außerdem Evi Papadaki, B.Ougo 15, Tel.: 0831-51142. Erstaunlicherweise gibt es in Réthimnon viele Zahnärztinnen, die in Deutschland studiert haben (Adressen in der Zeitung Cretasommer).

Katholischer Gottesdienst
Römisch-Katholische Kirche Agios Antonios, Ecke Messologiou/Salaminos, Tel.: 0831-26416, Gottesdienste Sa 18, Sonntag 10 Uhr

Öffentliches WC
Eines der wenigen der Insel, in der Paleologou auf dem Weg vom Wasser zur venezianischen Loggia auf der rechten Seite.

Polizei
(Tel.: 0831-25247) und die **Präfekturverwaltung** (Tel.: 0831-52160) liegen in repräsentativen Gebäuden am Iroon Politechniou am westlichen Altstadtrand.

OTE
Östlich der Platia Martiron an der Hauptstraße Koundouriotou, Mo-Fr 7.30-15 Uhr; zahlreiche Kartentelefone.

Post

Hauptpost etwas abseits der Altstadt in der Straße Moatsou. Mo-Fr 7.30-20 Uhr, Sa 7.30-14 Uhr, So geschlossen. In der Post sind auch Telefonkarten erhältlich.

Touristenpolizei

Gleich neben der Information an der Strandstraße nahe der Platia Iroon, Tel.: 0831-28156 o. 28268.

Reiseagenturen

*Organisierte Ausflüge in alle Inselteile bietet seit 1974 einer der größten Anbieter Kretas **Ida Travel**, Chortatzi Str.1, Tel.: 0831-24466/7/8 o. 58004/5/6, Fax: 53381 o. 54674, e-Mail: idatravel@ret.forthnet.gr, Homepage: http://Users.forthnet.gr/ret/ idatravel. Im riesigen Angebot sind Busfahrten, Kulturabende, Schiffstouren, Wander- und Mountain Bike-Ausflüge. **Klados Travel** gehört ebenfalls zu den großen Anbietern auf Kreta: Pl. Angnostou Stratioti 14, Tel.: 0831-54428 0. 52378, Fax: 53417. **Rethymno Tours**, Tel.: 0831-22480 o. 50319, Fax: 54977, vermittelt neben Hotels, Apartments, Mietwagen und Ausflügen auch Kurse in Handwerkstechniken, z.B. Ikonenmalerei. Mindestens 20 weitere in der Stadt und vor allem entlang der Strandstraße. **Olympic Airways** in der Koumoundourou hinter dem Stadtgarten, Tel.: 0831-27353.*

Sissi / Milatos (S. 400/401)

Bezirk Lassithi, Vorwahl 0841, Postleitzahl 72400

Busverbindungen

*Montags bis samstags bestehen tgl. 2 Verbindungen mit **Ag. Nikolaos**, die Busse fahren morgens und am späten Nachmittag. Zwischen Sissi und **Iráklion** verkehren tgl. 3 Busse, zwei davon fahren bis **Paralia Milatos** (Dauer 1,5 Std., Preis 1.000 Drs).*

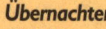

Übernachten

Sissi bietet eine gute Alternative zu den überlaufenen und lärmenden Touristenhochburgen in der Bucht von Malia, denn hier herrscht nach wie vor noch eine beschauliche Atmosphäre. Privatzimmer sind jedoch Mangelware, die meisten Anbieter vermieten auch hier an Pauschalurlauber, versuchen Sie es einfach mal. Wenn Sie einfache Apartments bevorzugen, sollten Sie es in Paralia Milatos probieren.
*• **Kalimera Kriti** €€€€: Sissi, 72400 Lassithi, Tel.: 0841-71603, Fax: 71598. 1 km vom Dörfchen Sissi entfernt, erstreckt sich über 210 000 qm dieses weitläufige Hotel und Village Resort: In die Landschaft eingebettet liegen drei Dörfer, typisch kretische Bungalows mit Meerblick. Das strahlende Hauptgebäude wurde einem minoischen Palast nachempfunden. Zahlreiche Einkaufs- und Unterhaltungsmöglichkeiten, blühende Gärten, lange Sandstrände und erstklassige Küche. Zu den vielfältigen Sportaktivitäten gehören auch ein breites Wassersport-Angebot, u.a. Kanu, Jetski und Parasailing, und besonders große Pools. Außergewöhnliches Naturerlebnis in der großen Naturhöhle mit Stalaktiten, in der Sie Shows, Tanzen, Konzerte genießen können!*
*• **Calimera Helenic Palace** €€€: Agia Barbara Sissi, 72400 Lassithi, Tel. 0841-71502, Fax: 71238, e-Mail calimher@agn.forthnet.gr. 2 km von Sissi, 6 km von Malia entfernt, in ruhiger Lage gelegenes und angenehm freundlich geführtes Strandhotel mit 175 Zimmern. Modernes Amphitheater, Workshop/Atelier, breites Spiel-, Sport-(u.a. Hockey) und Fitnessangebot;*

Kinderbetreuung. Das breite „all inclusive-Angebot" richtet sich natürlich in erster Linie an Pauschalreisende, die einen ruhigen, aber dennoch aktiven Urlaub verleben möchten.

• **Appartements Aelos €€**: *Sissi, 72400 Lassithi, Tel.: 0841-229. Giorgos Pothos und seine deutsche Frau vermieten am Ortsrand des Dorfes Sissi 12 geschmackvoll und modern eingerichtete Apartments. Zum Strand sind es etwa 10 Minuten zu Fuß. Da die Appartements über eine Zentralheizung verfügen, eignen sie sich auch hervorragend als Standort für eine Kretareise außerhalb der Saison. Deutscher Kontakt: Christa und Michael Kubicek Tel.: 06192-38162, Fax: 36862.*

• **Paradise Inn €**: *Parlia Milatos, 72400 Lassithi, Tel.: 0841-81288 o. 81338. Am Ortseingang links gelegenes auffälliges Haus, der Eingang wird von Bougainvillea überrankt. Die Zimmer von Maria Katsaraki sind ausgesprochen sauber und hell mit freundlichen Holzmöbeln eingerichtet.*

Camping

Camping Sissi: 720 54 Sissi, Tel.: 0841 71247 o. 71361. Einfacher Campingplatz mit schattigen Stellplätzen in ausgesprochen ruhiger Lage (ausgeschildert). Obwohl der Platz direkt am Meer liegt, fehlt hier leider ein Badestrand. Dafür haben Sie hier – fernab vom Trubel der Touristenhochburgen – mit Sicherheit Ihre Ruhe. Der Zustand der sanitären Anlagen ist jedoch verbesserungswürdig.

Essen

*An Restaurants und Tavernen mangelt es in Sissi nicht. Die meisten befinden sich rund um die Hafenbucht. Dabei steht Fisch auf dem Speiseplan natürlich ganz oben. So werben z.B. die Tavernen **7seas** (Tel.: 0841-71169) und Apostolos **Paradise cove tavern** mit selbst gefangenen Meerestieren. Weitere gute Fischrestaurants finden Sie in **Paralia Milatos**, bekannt sind hier vor allem das **Sokrates** und **Agrogiali** (Tel.: 0841-81343); neben Fisch gibt es auch typisch griechische Gerichte. Das **Panorama** am Hafen von **Paralia Milatos** ist ein beliebter Treffpunkt der Fischer.*

Sitia (S. 443ff)

Bezirk Lassíthi, Vorwahl 0843, Postleitzahl 72300

Touristeninformation

Die Touristeninformation liegt direkt am Anfang der Hafenpromenade. In der Hauptsaison sollte sie tgl. von 9-14.30 Uhr geöffnet sein, leider ändern sich diese Zeiten häufig kurzfristig.

Flugverbindungen

Olympic Airways bietet Linienflüge vom nördlich der Stadt gelegenen Militärflughafen nach Athen. Charterflüge finden derzeit noch nicht statt. Aktuelle Informationen zu Flügen und die Adresse von Olympic Airways entnehmen Sie bitte dem Kapitel 4.1.1, S. 154.

Schiffsverbindungen

Der Fähranleger liegt am nördlichen Ende des Hafens. Von Sitia bestehen regelmäßige Verbindungen zu den Dodekanes-Inseln und nach Piräus (über Agios Nikolaos). Tickets erhalten Sie in den örtlichen Reiseagenturen. Aktuelle Informationen zu

Fährlinien und die Agenturadressen entnehmen Sie bitte dem Kapitel 4.1, S. 163. **Hafen-amt** *Sitia: 0843-22310.*

P **Parken**
Die Orientierung wird Ihnen in Sitia nicht sonderlich schwer fallen. Am besten parken Sie auf dem **Parkplatz nahe dem Archäologischen Museum** *oder an* **der Küstenstraße.** *Auf jeden Fall sollten Sie davon absehen, mit dem Auto in die schmalen und verwinkelten Gassen der Altstadt einzufahren, hier stecken Sie schnell fest.*

 Busverbindungen
Busbahnhof der KTEL (mit Warteraum und Cantina, Tel.: 0843-22272) etwas versteckt am südlichen Ende des Zentrums nahe dem Archäologischen Museum, in der Odos Papanastasiou. Zwischen **Iráklion** *und Sitia verkehren tgl. 5-6 Busse, So 4-5 (Fahrzeit: 3,5 Std.; Preis: 2.900 Drs), alle fahren über* **Agios Nikolaos** *(Dauer: 1,5 Stunden, Preis 1.500 Drs). Die Busse zwischen* **Ierapetra** *und Sitia fahren über* **Makrigialos,** *es sind Mo bis Fr ca. 6 Busse; Sa/So ca. 4 (Dauer: 1,5 Std.; Preis 1.200 Drs). Zwischen* **Palekastro** *und Sitia verkehren Mo bis Fr etwa 5 Busse, Sa/So: 4 (Dauer: 1 Std.; Preis 1.000 Drs), von Mai bis Oktober fährt der Bus weiter bis* **Vai.** *Zwischen* **Zakros** *und* **Sitia** *verkehren Mo bis Fr 2 bis 3 Busse, Sa/So jeweils nur einer (Dauer: 1 Std., Preis 1.000 Drs). In der Hauptsaison fahren die Busse bis zur* **Ausgrabung in Kato Zakros** *(morgens oder mittags hin, nachmittags zurück).*
Tip: Besorgen Sie sich möglichst schnell das kostenlose Faltblatt mit dem aktuellen Fahrplan für den östlichen Inselteil, das Sie am Ticketschalter des Busbahnhofs erhalten.

 Taxi
An der Pl. Iroon Polytechniou. Taxiruf: 0843-22893.

Übernachten
Bis heute ist Sitia vom Massentourismus weitgehend verschont geblieben. Große Hotelkomplexe für Pauschaltouristen und Luxusanlagen von Kleinstadtgröße gibt es nicht. Dafür finden Sie in der Innenstadt eine Reihe netter kleiner Hotels und Pensionen. In der Hauptsaison kann das Angebot an Zimmern schon mal knapp werden, daher sollten Sie für diese Zeit im voraus reservieren.

HOTELS IN DER INNENSTADT
• **Hotel Itanos** €€€: *72300 Sitia, Tel.: 0843-2900, Fax: 22915, Homepage: www.forthnet.gr/ intercity/hotels/itanos. Zentral an der Hafenpromenade gelegenes, ganzjährig geöffnetes Stadthotel mit 72 Zimmern, Restaurant und Frühstücksbuffet. 1998 vollständig renoviert, ist das Itanos heute modern und hell eingerichtet und verfügt sogar über einige* **behinderten-gerechte Zimmer.** *Alle Zimmer mit Dusche, WC, Telefon, Satellitenfernsehen, Radio, Klima-anlage und schalldichten Balkontüren. Leider wirkt der Service hier etwas unterkühlt.*
• **Hotel Arhontico** €€: *Kondhilaki 16, 72300 Sitia, Tel.: 0843-28172. Wirklich ruhige, saubere Zimmer, Dusche und Toilette auf dem Gang. Hier wohnen Sie einfach, aber dennoch stilvoll. Es ist ein schönes altes Haus, im neoklassizistischen Stil erbaut. Im Hof finden Sie eine Terrasse mit Orangenbaum, unter dem Sie abends gemütlich Ihren Raki genießen können. Wenn Apostolis Kimalis keine Unterkunft mehr frei hat, können Sie auch auf seine geschmackvoll eingerichteten Zimmer im* **Apostolis** €€ *in der Odos Nikos Kazantzakis 27 ausweichen.*

Sitia
Hotels und Restaurants

Hotels
1 Itanos
2 Arhontiko
3 Apostolis
4 Apollon
5 Elena
6 El Greco
7 Elysse
8 Denis
9 Jugendherberge

Restaurants
10 Zorbas
11 Steki
12 Ozeri Michos
13 To Balkoni

Hafen

nach Piräus, Rhodos

Konstantinou Karamanli

nach Palekastro, Vai

nach Ierapetra

nach Iraklion, Ag. Nikolaos

Xanthoudidou
Sfakianaki
Ereokritou
28 Oktovriou
Spindaki
N. Papadaki
M. Blioti
M. Katapoti
Vasilaki
Idiomeneos
Nearchou
28 Oktovriou
Fleming
Plastira
Lediotaki
Lordou Vyronos
Ekrelesthen Ton Omiron
Avxentiou

Kousaki
Markaromati
Ionnas
Stakana
Kapetan Sifi
Ferenou
Minoos
Stravali
G. Arkadiou
Kondilaki
Em. Tzobanaki
Pl. Iroon
Politechniou
Papanikolaou
Kornarou
Venizelou
G. Kourmaki
Papa Antoniou
Voyatzopapa
Marmakaki
Mysotos
Koraka
Papanastasiou
Pimbly
Victor Hugo
Tsouderou
Frangoulli
Therissou
Solomou
Stavrou
El. Angelaki
Minoos
Papadaki
Fereou

N

200m

© **i**graphic

- **Apollon €€**: Kapetan Sifi 28, 72300 Sitia, Tel.: 0843-28155, Fax: 22733. Direkt neben dem Folkloremuseum gelegenes Haus mit gehobenem Standard, Zimmer mit Fernseher, Minibar und Balkon.
- **Hotel Elena €€**: Odos A. Papandreou 4, 72300 Sitia, Tel.: 0843-22681. Niveauvoll eingerichtetes Haus in der Nähe der Uferstraße. Zentrale Lage an einer der Hauptverkehrsstraßen der Stadt.
- **Hotel EL Greco €€**: Arkadiou 13, 72300 Sitia, Tel. + Fax: 0843-23133. Nettes kleines, familiär geführtes Hotel mit 19 sauberen und hellen Zimmern mit Bad. Fragen Sie nach den Zimmern mit Meeresblick.
- **Hotel Elysse €€**: Konstantinou Karanmali 8, 72300 Sitia, Tel.: 0843-22312 o. 23427. Kleines Hotel zum Wohlfühlen, direkt am Wasser gelegen. Zimmer sind hell eingerichtet, mit weißen Holzmöbeln und Balkon. Wenn Sie die Zimmer mit Blick auf den Hafen bevorzugen, kann es aufgrund der Küstenstraße schon mal laut werden, Zimmer nach hinten raus sind ruhiger.
- **Hotel Denis €€**: El. Venizelou, 72300 Sitia, Tel.: 0843-23017. Vor wenigen Jahren erst grundlegend renoviertes Hotel, in zentraler Lage an der Platia Iroon Politechniou. Einfache, aber saubere Zimmer mit Waschgelegenheit und schönem Ausblick auf den Hafen. Abends kann es in den Zimmern zur Straßenseite hin laut werden.

AUSSERHALB DER STADT

- **Appartements Bayview €€€**: 72300 Sitia, Tel.: 0843-25726 o. 22713, Fax: 22600. Etwa 1 km östlich der Stadt liegen am Hang direkt über dem kilometerlangen Strand von Sitia die sehr ansprechend eingerichteten und sauberen Appartements von Effi Tsantiraki. Die Einrichtung mit 3-2 bzw. 4-5 Betten eignet sich besonders für Familien mit Kindern, die hier besonders willkommen sind.
- **Pension Michel €€**: 72300 Sitia, Tel.: 0843-28183. Etwa 600 m östlich der Stadt gelegene, ausgeschilderte Pension; rund 200 m vom Strand landeinwärts. Liegt etwas abseits inmitten von Feldern und Reben. Zimmer gibt es mit oder ohne Dusche, das Frühstück serviert man Ihnen auf der umrankten Terrasse.

JH **Jugendherberge**

Jugendherberge €: Odos Therissou 4a, 72300 Sitia, Tel.: 0843-22693 oder 28062. Herberge mit 60 Betten in 3-, 4- und 8-Bettzimmern. Die Qualität der Betten und Waschräume läßt leider noch Wünsche offen. Doppelzimmer gegen Aufpreis möglich.

Essen

In Sitia finden Sie zahlreiche **hervorragende Backstuben**, deren Backwaren geradezu als Lokalattraktion gelten. Darunter die Bäckerei Paradosiaka Glyka in der Kornarou 71 (Höhe Pl. Iroon Polytechniou), in der Sie ausgezeichnete Tiropita und Spanakopita bekommen können. Außerdem zahlreiche Bäckereien entlang der zentralen Straße El. Venizelou, die schmackhafte Kuchen und ähnliches anbieten; unter ihnen besonders empfehlenswert Zacharoplateion Kalambokis in der Od. El. Venizelou 95. Wenn Sie dagegen lieber essen gehen wollen, werden Sie in Sitia keine Schwierigkeiten haben, ein geeignetes Restaurant zu finden. Direkt an der Hafenpromenade liegt eine ganze Reihe einladender **Tavernen**, die Sie nicht verfehlen können. Verglichen mit den Tavernen in den umliegenden Seitenstraßen und außerhalb der Stadt, sind diese jedoch unverhältnismäßig teuer. Deshalb lohnt es sich durchaus, die etwas abgelegeneren Lokale aufzusuchen, in denen oftmals besonders schmackhafte regionale Spezialitäten angeboten werden.

RESTAURANTS IN DER STADT

• *Größtes und bekanntestes Restaurant am Hafen ist das* **Zorbas**. *Ganzjährig geöffnet, hat das Zorbas in der Hauptsaison leider eher den Charme der Massenabfertigung; dafür ist jedoch alles frisch, und das Preis/Leistungsverhältnis stimmt.*

• *Freunde der rustikalen kretischen Küche werden vor allem im* **Karnagio** *auf ihre Kosten kommen. In dieser am Fährhafen gelegenen Taverne gibt es exzellentes traditionelles Essen, das Sie sich noch direkt in der Küche aussuchen, eine Speisenkarte gibt es nicht.*

• *Ebenfalls bekannt für seine traditionelle Küche ist das* **Steki** *in der Odos Papandreou 13:. Eine große Auswahl hervorragender mezedes und angemessene Preise machen es vor allem unter den Einheimischen beliebt; auch Vegetarier kommen hier auf ihre Kosten.*

• *Eher unscheinbar, aber dennoch ausgesprochen empfehlenswert ist die* **Ouzeri Michos** *in der Od. Kornarou 117, der Parallelstraße zur Hafenstraße. Geöffnet ist sie täglich ab 19 Uhr. Hier gibt es eine hervorragende kretische Kräuterküche mit zahlreichen kleinen Köstlichkeiten, die vor allem Fleischliebhaber glücklich machen, dazu einen hervorragenden griechischen Salat und einen guten Landwein der Region.*

• *Das wohl ausgefallenste Restaurant und der kulinarische Höhepunkt der Innenstadt ist jedoch das* **To Balkoni** *in der Odos Kazantzakis/Ecke Fountalidou. Im Obergeschoß eines Mitte des 19. Jahrhunderts erbauten Hauses serviert man Ihnen kreative Variationen der griechischen Küche, italienische und mexikanische Einflüsse lassen grüßen.*

AUSSERHALB VON SITIA

Da die Rückfahrt im Dunkeln oftmals schwierig ist und ein guter Wein oder Raki zu einem echten kretischen Essen dazugehören, sollten Sie zu diesen Tavernen mit dem Taxi fahren:

• **Neromilos**, *bei Agia Fotia, etwa 4 km östlich von Sitia liegt diese ehemalige Wassermühle hoch über der Bucht. Dem Gast werden eine tolle Aussicht und gleichzeitig eine große Mezedes-Auswahl, gegrilltes Fleisch und Fisch geboten. Ein weiteres beliebtes Ausflugslokal östlich der Stadt ist dann noch die* **Dorftaverne von Roussa Ekklisia**, *nicht nur, daß es hier schmackhafte Fleischgerichte vom Holzkohlengrill gibt, allein der schöne Ausblick und die Atmosphäre sind die Anfahrt wert.*

• **Klimataria**, *etwa 2 km südlich der Stadt, an der Straße nach Ierapetra gelegenes ländliches Lokal, das von einem deutsch-kretischen Ehepaar geführt wird. In den Abendstunden können Sie hier gemütlich auf einer weinüberrankten Terrasse den Gaumenfreuden der griechischen und kretischen Küche frönen.*

Nachtleben

Sitia ist nach wie vor eher ein beschauliches Provinzstädtchen, in dem das Leben ein ruhiges Tempo bevorzugt. So sind die Volta am Hafen und ein Abend in geselliger Runde mit Wein, Raki und einem Tisch voller Mezedes die übliche Form der Abendgestaltung. Für Abwechslung sorgen im Sommer Tanz-, Musik- und Theaterveranstaltungen, z.B. im Rahmen des Sultana-Festivals Mitte August.

Doch auch in Sitia gibt es Cocktailbars, Clubs und Diskotheken, in denen vor allem die einheimischen Jugendlichen die Sommernächte ausgiebig feiern. Am Hafen finden Sie schick aufgemachte Bars und Musik-Cafés wie das **Bisadio**, **Di Settia**, **Time In** *oder das* **Skala**. *Erst ab 23 Uhr werden die abseits liegenden Musik-Clubs und Diskotheken aufgesucht, in denen unter freiem Himmel zu internationaler und griechischer Popmusik getanzt wird. Darunter die etwa 100 m hinter dem Archäologischen Museum an der Straße nach Ierapetra gelegene Freiluftdisco* **Status** *oder das* **Hot Summer** *an der Strandstraße Richtung Vai (in letzterem läßt sich besonders lässig nach MTV-Manier um einen Swimmingpool* *herum abhotten). Einige Kilometer hinter dem Fährhafen befindet sich das* **Planetario.** *Es ist die wohl größte Diskothek Ostkretas, die am Wochenende Hunderte von Jugendlichen aus der Umgebung anzieht: modernste Technik, heiße Rhythmen und ein toller Blick über die Bucht. Hierhin auf jeden Fall ein Taxi nehmen, die anderen Läden sind problemlos zu Fuß erreichbar.*

Einkaufen

• *Große Einkaufsstraßen mit einer Vielzahl ausgefallener Boutiquen und Juwelie-re werden Sie vergebens suchen, denn diese fehlen ebenso wie die Luxushotels. Sieht man von den unvermeidlichen Souvenirshops ab, so dient der Einzelhandel in Sitia in erster Linie der Grundversorgung der einheimischen Bevölkerung: Im leicht überschauba-ren Bereich der Od. El. Venizelou und ihrer Parallelstraße V. Kornarou konzentrieren sich zahlreiche Geschäfte, wie Bäckereien, Boutiquen, Läden mit Haushaltswaren, Lebensmittel-geschäften usw. Wenn Sie eine besondere Erinnerung suchen, sollten Sie bei* **Manolis Dermitzakis** *in der Od. El. Venizelou 26 vorbeischauen, wo Sie eine große Auswahl kreti-scher* **Lyra-CDs** *finden. In Sachen* **Kunsthandwerk** *– vom Aquarell bis zum handgetöpfer-ten Krug – ist* **Sitian Arts** *in der O. V. Kornarou 148 eine gute Adresse. Außerdem empfehlenswert ist ein Besuch in der* **Boutique Liakoto** *in der O. V. Kornarou 148, die von der deutschen Uta Lübbe betrieben wird. Ansonsten bieten sich als Mitbringsel aus Sitia vor allem die regionalen Spezialitäten* **Raki, Olivenöl und Wein** *an, die hier zu Recht einen besonders guten Ruf genießen. Diese Produkte können Sie natürlich in zahlreichen Ge-schäften erstehen, am schönsten jedoch in den Verkaufsräumen der Agrarcooperative Sitia (siehe weiter unten).*

• **Lebensmittel** *können Sie in den zahlreichen kleinen Läden und Ständen der Innenstadt einkaufen, einen* **großen Supermarkt** *finden Sie gegenüber vom Busbahnhof oder an der Ausfallstraße Richtung Ag. Nikolaos. Außerdem findet jeden Dienstagvormittag in den Straßen oberhalb des Hafens ein Wochenmarkt statt.*

Ausflüge

Büro für Ländlichen Tourismus, *Od. Antheon 5, 72300 Sitia, Tel.: 0843-23590, Fax: 25341. Organisiert interessante Bootstouren, Wanderungen und Fahrradtou-ren, auf denen Sie die Region Sitia kennenlernen können. Im Angebot sind auch Wochen-programme für Gruppen von 8-15 Personen, deren Inhalte je nach Jahreszeit wechseln.*

Weinprobe

Union der Agrargenossenschaften von Sitia, *Od. Missonos 75, 72300 Sitia, Tel.: 0843-25200, Fax: 23156. Etwa 3 km westlich des Ortszentrums, an der Landstra-ße nach Ag. Nikolaos. Wochentags von 9-14.30 Uhr können Sie in den Kellergewölben der Agrargenossenschaft Sitia deren hochwertige Produkte Wein, Raki und Olivenöl probieren. Dabei informiert Sie ein kleines Kino über den Weinbau der Region. Betriebsführungen erfolgen gegen Umkostenbeitrag, die Weinprobe ist kostenlos.*

Weinfest

Mitte August findet auf dem Festplatz nördlich des Fährhafens das **Sultana-Festival** *statt. Es ist das größte Volksfest der Region, bei dem die jeweilige Wein-ernte gefeiert wird. Geboten werden neben traditioneller Musik und Tanz auch jede Menge Wein, Essen und kretische Lebensfreude. Für einen Eintrittspreis von etwa 2.500 Drs ist der Wein dann frei. Doch wenn Sie jetzt ein dionysisches Gelage vor Augen haben, dürfen*

Sie sich die kretische Realität nicht entgehen lassen. Denn die ist weitaus kultivierter als so manches deutsche Schützenfest.

Kulturfestival
Ebenfalls eine lokale Institution sind die alljährlich stattfindenden Kornariou-Festspiele. Das sommerliche Kulturfestival findet zu Ehren des aus Sitia stammenden Renaissancedichters Vincenzos Kornaros (S. 106) statt. Es umfaßt ein breites Angebot an Ausstellungen, Theater-, Tanz- und Musikveranstaltungen, von denen zahlreiche im sonst nicht zugänglichen Kastell Kazarmas stattfinden. Informationen zum aktuellen Programm erfragen Sie am besten bei der Touristeninformation am Hafen.

Sehenswürdigkeiten
• **Archäologisches Museum Sitia**: *Ecke Od Praisou/O. Eleftherios Venizelou (Str. Richtung Ierapetra), Tel.: 0843-23917. Di bis So 8 bis 15 Uhr, Mo geschl. Eintritt 500 Drs.*
• **Folkloremuseum**: *Od. Kapetan Sifi, oberhalb der OTE. Di-So 9.30-14 Uhr und Di+Do 16-18 Uhr. Eintritt 500 Drs.*

Bank/Geldwechsel
Entlang der O. El. Venizelou finden sich mehrere Banken. Die National Bank of Greece befindet sich auf der Höhe der Pl. Iroon Polytechniou, sie verfügt sowohl über einen EC- als auch einen automatischen Banknotenwechsel-Automaten.

Internationale Presse
Am Kiosk an der Pl. Iroon Polytechniou.

Medizinische Hilfe
An der Ausfallstraße Richtung Ag. Nikolaos befindet sich ein deutlich ausgeschildertes neues Hospital (Tel.: 0843-24311-4, oder - 25931-4)

OTE
Odos Kapetan Sifi 22. Mo-Sa 7.30-23 Uhr.

Post
Pl. Ethniki Antistasisv 2. Geöffnet: Mo-Fr 7.30-20 Uhr, Sa 7.30-14 Uhr. Ein Postkiosk befindet sich außerdem am Stadtpark. Geöffnet: Mo-Sa 8-19.30 Uhr, So 9-17.30 Uhr.

Touristenpolizei
Myssonos 24, Tel.: 0843-24200

Reiseagenturen/Autovermieter
Zahlreiche Auto- und Zweiradvermieter finden Sie zwischen der Od. A. Papandreou und der Küstenstraße Richtung Vai.

Waschsalon
Kleiner Salon in der O. A. Papanatasiou oberhalb der Post.

Sougía (S. 700)

Bezirk Chaniá, Vorwahl 0823, Postleitzahl 73009

Schiffsverbindungen

Nach Agía Rouméli fährt das Schiff gegen Vormittag, in Agia Roumei kann umgestiegen werden **nach Loutró und Chóra Sfakíon**. Das Schiff von Agía Rouméli zurück verläßt den Ort gegen 16 oder 16.45 Uhr (je nach Saison; von Anfang April bis Ende Oktober). Fahrtdauer bis Chóra Sfakíon fast 2 Stunden. **Nach Paleochóra** fährt das reguläre Schiff erst gegen späten Nachmittag, aber in der Saison verkehren Badeboote nach Elafonísi auch von Sougía aus. In den lokalen Reisebüros erkundigen. Von Anfang Mai bis Anfang Oktober verkehrt auch 1-3 x wöchentlich morgens ein Schiff **zur Insel Gávdos**. Leider legt es dort schon am Nachmittag wieder ab; ein Ausflug auf Gávdos ist wegen der langen Überfahrt nur mit Übernachtung möglich. **Preise:** nach Paleochóra 1.000 Drs, nach Chóra Sfakíon 1.900 Drs, nach Gávdos 2.600 Drs (alles einfache Strecke).

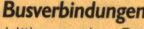

Busverbindungen

Hält an der Promenade unten im Ort. Genaue Planung ist erforderlich. Nur morgens und mittags binden Busse Sougía über Rodováni und Agía Iríni an die Nordküste (Chaniá) an, am Sonntag sogar nur morgens (von Chaniá) bzw. nachmittags (nach Chaniá). In der Nebensaison gibt es manchmal nur eine frühe Fahrt von Sougía Richtung Nordküste (Dauer 2.Std., Preis: 1.500 Drs).

Taxi

Wagen können im Büro an der Hauptstraße rund 100 m zurück vom Strand nahe Polifimos-Travel bestellt werden. Taxiruf: 0823-51362.

Übernachten

In Sougía bekommt man eigentlich immer ein günstiges Zimmer (**€-€€**), Probleme bereitet nur die Hauptsaison im Juli/August. Alle Unterkünfte liegen nicht weit entfernt vom Strand, etwas ruhiger wohnt man an der Straße in das Tal hinein.

• **Pension Captain George, €€**: 73009 Sougía, Tel.: 0823-51133, Fax: 51194, im Winter in Chaniá Tel.: 0821-86588. Buntgestrichenes, sauberes Haus mit 16 Zimmern für bis zu 5 Personen. In familiärer Atmosphäre werden Balkone (teils Meerblick), Air-Condition, Doppelverglasung mit Mückenschutz und Kühlschrank geboten. Die Lage am Ortsrand ist wirklich ruhig, Parkplätze stehen vor dem Haus zur Verfügung, ebenso eine schöne Liegewiese. Geöffnet ist von Anfang April bis Mitte Oktober.

• **Pension Galini, €€**: 73009 Sougía, Tel.: 0823-51488 o. 51427. Am Anfang des Ortes auf der rechten Seite liegt diese gemütliche Pension. Alle 15 Zimmer haben Dusche und Balkon. Eigener Garten mit Kinderspielecke. Die Besitzer sprechen deutsch.

• **Santa Irene, €€**: 73009 Sougía, Tel.: 0823-51342 o. 57733, Fax: 90047. Kleine, helle Anlage mit 14 Apartments von 2-5 Betten. Alle haben eine eigene Küche und Kühlschrank. Die Zimmer sind schlicht, aber hübsch eingerichtet.

Reiseagenturen

Roxana-Travel und Polifimos-Travel (Tel. + Fax: 0823-51022) an der Hauptstraße, hier können Ausflüge (Bootstouren, Wanderungen) und Schiffstickets gebucht werden.

Polizei
An der Hauptstraße, etwa 100 m zurück vom Strand, Tel.: 0823-51241, gegenüber ein **Arzt**.

Zakros (S. 452)
Bezirk Lassíthi, Vorwahl 0843, Postleitzahl 72300

Busverbindungen
Zwischen **Zakros, Palekastro** und **Sitia** verkehren Mo bis Fr 2 bis 3 Busse, Sa/So jeweils nur einer (Dauer bis Sitia: 1 Std., Preis 1.000 Drs). In der Hauptsaison fahren die Busse bis zur **Ausgrabung in Kato Zakros** (morgens oder mittags hin, nachmittags zurück), in der Nebensaison nur bis **Ano Zakros**.

Übernachten
Ano und Kato Zakros bieten mehrere Unterkunftsmöglichkeiten. Verlassen Sie sich jedoch in diesem abgelegenen Winkel nicht allein auf Ihr Glück, in der Hauptsaison können Zimmer knapp werden. Reservieren Sie rechtzeitig telefonisch. Wenn die Pensionen voll belegt sind, wird die Übernachtung von Rucksacktouristen am Strand geduldet. Wasch- und Duschmöglichkeiten bietet die am Meer gelegene Taverne Maria.
• **George Villas €€**: 72300 Kato Zakros, Tel. + Fax: 0843-26883. Homepage: www.georgevillas.gr. Nahe dem „Tal der Toten", in garantiert ruhiger Lage gelegenes Haus mit 12 Zimmern und schönem Garten. Die Zimmer verfügen über eine kleine Terrasse, im Garten können Sie Liegestühle nutzen. Zum Strand sind es etwa 800 m.
• **Hotel Zakros €€**: 72300 Ano Zakros, Tel.: 0843-43379, Fax: 93379. Die Hinterzimmer bieten eine nette Aussicht über die Zakros-Schlucht mit dem „Tal der Toten". Hotelgäste können mit dem hauseigenen Minibus gratis zum Palast nach Kato Zakros fahren.
• **Poseidon €€**: 72300 Kato Zákros, Tel.: 0843-93316. bietet Zimmer und Apartments, zum Teil mit eigener Dusche und WC, das Beste ist jedoch die große Aussichtsterrasse über dem Meer.

Essen
Kato Zákros bietet eine Auswahl von 6 Tavernen, mit einfachen Gerichten und teilweise gehobenem Preisniveau. Auch in Ano Zakros finden Sie einige Tavernen. An den Wochenenden der Sommermonate sind sie sehr beliebt für Hochzeitsgesellschaften, dann wird ganz traditionell mit Musik und Tanz gefeiert.

Sehenswürdigkeiten
Archäologisches Gelände Kato Zakros, Tel.: 0841-22462. Tgl. 8.30-15 Uhr. Eintritt 500 Drs.

Zarós (S. 560f)
Bezirk Iráklion, Vorwahl 0894, Postleitzahl 70002

Busverbindungen
Mehrmals täglich fahren Busse von Iráklion aus über Agía Varvára nach Zarós (Dauer 1 Std., Preis 1.000 Drs). Von Zarós führt die Linie weiter bis Kamáres.

Übernachten

Zarós ist ein guter Ausgangspunkt für Ausflüge genau zwischen Nord- und Süd-küste. Zudem ist es hier wegen der höheren Lage, der üppigen Vegetation und des Wasserreichtums südlich des Psiloritis-Gebirges im Hochsommer wesentlich angeneh-mer als im Backofen Südküste. Daher verwundert die bislang geringe Zahl von Unter-kunftsmöglichkeiten und Tavernen.

• **Idi Hotel, €€-€€€**: 70002 Zarós, Tel.: 0894-31301 u. 31302, Fax: 31511. Etwas abseits des Ortes in der Nähe des Forellen-Sees liegt dieses empfehlenswerte, 1980 eröffnete Hotel. Mit Pool, Minigolf, Tennisplatz, großem Garten, Bar und Restaurant hat das Hotel für den kleinen Ort schon fast Resort-Charakter. Gleich nebenan laden mehrere Tavernen zur lokalen Spezialität Forelle ein. Deshalb übernachten zeitweise auch größere Busgruppen im Hotel. Das Hotel ist als Standort für Ausflüge an die Südküste und Wanderungen bestens geeignet, ohne auf Komfort verzichten zu müssen. Zimmer werden mit 1-3 Betten angebo-ten, Gruppen erhalten ermäßigte Preise.

• **Keramos, €€**: 70002 Zarós, Tel. + Fax: 0894-31352. In einer Seitenstraße im Zentrum von Zarós (unweit der Post) bietet Michael Papadovassilakis 12 geschmackvoll eingerichte-te Apartments in ruhiger Lage. Die Räume haben 2-3 Betten und verfügen über Kühl-schrank und eine Kochgelegenheit. Passend zum traditionellen Ambiente des Hauses – im Haupthaus befindet sich auf halber Treppe ein kleiner „Museumsraum" – wird ein Früh-stück serviert, das aus starkem griechischen Kaffee, Kräutertee, Eiern und Teigtaschen mit Spinat- und Quark/Zimtfüllung be-steht. Freundliche Atmosphäre.

Essen

In Zarós sollten Sie sich die lokale Spezialität „Gegrillte Forelle" nicht entgehen lassen. An der Zufahrtsstraße zum See bieten mehrere Restaurants Gerichte mit Forellen an, die Fische kommen fangfrisch aus eigener Zucht. Die Preise lie-gen bei ca. 7.000 Drs./kg Lachsforelle, 6.000 Drs./kg Forelle und 2.200 Drs. für eine Portion geräucherter Forelle.

Instrumentenbau Antonios Stefanakis

Tel.: 0894-31249 o. 31167, Fax: 31166, geöffnet ist mor-gens und nachmittags. An der Hauptstraße durch den Ort liegt die unscheinbare Werkstatt des Instrumentenbauers Antonios Stefanakis. Stefanakis hat einige Jahre auch in Süddeutsch-land Instrumentenbau gelernt und spricht deshalb gut deutsch. In seiner kleinen Verkaufswerkstatt hält er immer rund zwei Dut-zend Instrumente bereit und fertigt sonst auf Bestellung für Künst-ler in ganz Europa. Eine einfache Lyra ohne aufwendige Einlagen können Sie ab etwa 200 Euro erstehen. Neben der Lyra baut er

Spezialität in Zarós – Forellen

auch die Kretische Laute, die Bouzouki, Violyra, Mandoline und Gitarren. Stefanakis verwen-det altes Holz, das er an bestimmten Standorten Kretas findet, für seine Instrumente; Maulbeerholz für den Korpus und libanesische Zeder für die Decken.

Sehenswürdigkeiten

Kloster Valsamónero: Die Anlage ist leider zur Zeit geschlossen.

Das kostet Sie Kreta

- Stand: Sommer 2001 -

News im Web:
www.iwanowski.de

Die „Grünen Seiten" wollen Ihnen Preisbeispiele für den Urlaub auf Kreta geben, damit Sie sich ein realistisches Bild über die Kosten eines Aufenthaltes auf der griechischen Insel machen können. Natürlich sollten Sie die Preise nur als **Richtschnur** auffassen, da sie sich ständig verändern und je nach Region auf Kreta auch variieren.

Bedenken Sie, daß die **saisonalen Schwankungen** z.T. beträchtlich sind, das gilt besonders für die Unterkünfte und die Fährpassagen zur Insel.

Ab dem Jahr 2002 wird auch in Griechenland die europäische **Gemein-schaftswährung Euro (€)** gelten. Damit fällt das komplizierte Umrechnen Drachme (Drs.) in DM weg. Da die Preisbildung auf Kreta sicher etwas Zeit in Anspruch nehmen wird, geben wir Ihnen hier noch alle Preise in Euro und DM an.

KOSTEN FÜR DIE ANREISE

Flüge

Charterflüge ab Deutschland nach Iráklion oder Chaniá kosten regulär je nach Abflugtermin **ca. 650-830 DM (330-425 €)**, etwas teuer ist neben der Ferienzeit Juli/August auch die Osterwoche im April. Wenige Wochen vor den Abflugterminen werden die Preise für **Restplätze** meist drastisch gesenkt, man zahlt dann nur noch **350-500 DM (180-255 €)** für den gleichen Flug. Allerdings sind nicht immer alle gewünschten Kombinationen aus Hin- und Rückflugterminen verfügbar. Die griechische Flughafengebühr ist im Preis enthalten, seit dem Jahr 2000 werden bei außergewöhnlichen Preissteigerungen des Flugbenzins kurzfristig auch Kerosinzuschläge erhoben.

Linienflüge etwa mit Olympic Airways mit Umsteigen in Athen oder Thessaloniki sind im besten Fall **ab 600 DM (310 €)** zu bekommen, hier gibt es im Gegensatz zu den Charterflügen zahlreiche **Sondervergünstigungen** für Jugendliche, Studenten und Senioren. Rund 600 DM (310 €) kosten auch die wenigen Flüge mit Cronus ab Deutschland nach Kreta.

Flugreisen innerhalb Griechenlands sind relativ günstig und deshalb eine echte Alternative zur langsamen Fähre. Die Strecken aus der griechischen Hauptstadt Athen nach Iráklion, Chaniá oder Sitía kosten **etwa 200-250 DM (100-130 €)** für Hin- und Rückflug.

Detaillierte Informationen zu Flügen finden Sie im Kapitel 4.1.1 ab S. 151.

Fähren

Die Fahrt mit dem Auto bis Italien und mit der Fähre weiter nach Kreta ist wesentlich teurer als ein Flug und lohnt aus finanzieller Sicht nur bei der Anreise mit mehreren Personen oder einem längeren Aufenthalt, bei dem man dann auf den Mietwagen verzichten kann. Für die **Fährpassage Italien-Griechenland** zahlen Sie an **Deck ab 150 DM (77 €)** (ab Bari, hin und zurück), bei der Unterbringung in einer **Kabine ca. 400-600 DM (205-305 €)**. Wenn Sie für Hin- und Rückfahrt die gleiche Fährgesellschaft benutzen, erhalten Sie meist Rabatte. Der **Transport eines PKW** kostet auf der Strecke **Bari-Patras 130-200 DM (66-100 €)** (je nach Saison), ab Ancona jedoch 240-350 DM (120-180 €). Übrigens: Fahrräder können umsonst mitgenommen werden!

Die **Fährpassage von Piräus** in eine der kretischen Städte an der Nordküste kostet an **Deck ab 90 DM (46 €)**, in der **Außenkabine ab 150 DM (77 €)**, für einen PKW zahlt man ab 200 DM (alle Preise hin und zurück, Preise schwanken je nach Saison).

Detaillierte Informationen finden Sie im Kapitel 4.1.2 ab S. 157.

AUFENTHALTSKOSTEN

Unterkünfte

Auf Kreta stehen vom einfachen Campingplatz bis zum Luxushotel Unterkünfte aller Klassen zur Verfügung. Generell findet man eigentlich immer freie Zimmer, in der Saison (Ende Juni bis Ende August) allerdings kann es zu Engpässen kommen, und man wird Ihnen beim Preis kaum entgegenkommen. Generell sind die Übernachtungspreise aber günstiger als in anderen europäischen Ländern. Bei längeren Aufenthalten können Sie manchmal Vergünstigungen aushandeln.

- **Einfache Doppelzimmer** kosten ca. **40-60 DM (20-30 €)**,
- **Gute Doppelzimmer** mit ordentlicher Ausstattung (z.T. Kühlschrank, Kochstelle) etwa **60-100 DM (30-50 €)**.
- In **4- oder 5-Sterne-Hotels** zahlen Sie etwa **100-250 DM (50-130 €)** je Doppelzimmer.
- **Apartments mit Küche** kosten **ab 80 DM (40 €)** (3-6 Personen), traditionell eingerichtete Apartments und Ferienhäuser ab etwa 100 DM (50 €).

Alle Preise jeweils **inklusive Frühstück**, das in den günstigen Unterkünften aber meist sehr einfach ist (Weißbrot und Marmelade, Frappé). Die Hauptsaison (etwa Mitte Juni bis Mitte September) ist generell etwa 10-15 % teurer als die Nebensaison, obwohl nicht mehr geboten wird. Auch bei den Unterkünften ist der **Osten etwas teurer als der Westen** Kretas. In den größeren Städten (z.B. Chaniá, Réthimnon) mit ihren stilvollen Altstadtpensionen liegen die Preise bis zu 30 % über den Preisen der ländlichen Orte. Recht günstig ist die kretische Südwestküste.

Essen

Wie beim Übernachten gibt es auch hier ein breites Spektrum. Generell gelten folgende Regeln: In den Touristenorten speist man generell teurer als in ländlichen Regionen, an den zentralen Straßen oder direkt am Hafenbecken kostet es dann immer noch etwas mehr. Man bezahlt dann für die besondere Atmosphäre. Wein kostet in Tavernen deutlich weniger als in deutschen Restaurants. Die Getränke in Bars, die kein Essen anbieten und mehr auf Szene-Publikum ausgerichtet sind, liegen ganz erheblich über den Restaurantpreisen. Ein einfaches Bier kostet dann durchaus 8-10 Mark (4-5 €). Die Preise im Osten Kretas sind etwa 10-20 % höher als im Westen.

Preisbeispiele

Frühstück	7-10 DM (4-5 €)
Joghurt mit Honig oder Früchten	6-8 DM (3-4 €)
Griechischer Salat mit Gurken, Tomaten, Zwiebeln und Schafskäse	ca. 6 DM (3 €)
Portion Tzatziki	ca. 4 DM (2 €)
Moussaka	8-9 DM (4-5 €)
Souvlaki	9-10 DM (5 €)
Pastitsio	8-9 DM (4-5 €)
Schweinefilet	ab 15 DM (8 €)
Gegrilltes Filetsteak	ab 17 DM (9 €)
Mezedes Ouzo-Platte klein/groß	ca. 30/40 DM (15-20 €)

Mixed Grilled for Two	ab 40 DM (20 €)
Sea-Food-Platte for Two/special	ab 45/55 DM (23-28 €)
Eisbecher	ab 8 DM (4 €)
Portion Octopus	ab 8 DM (4 €)
Pizza	9-13 DM (5-7 €)
Portion Seezunge	ab 11 DM (6 €)
Portion Garnelen	ca. 20 DM (10 €)
Portion gegrillte Shrimps	ab 15 DM (8 €)
Bier (Heineken)	ca. 4 DM (2 €)
Bier (Erdinger)	ab 7 DM (4 €)
Milchshake	ca. 6 DM (3 €)
Frappé	ca. 4 DM (2 €)
Flasche Wein im Restaurant	ab 12 DM (6 €)

Bei jedem Essen zahlen Sie eine geringe Gebühr für das Tischgedeck und das obligatorische Weißbrot. Der Betrag wird in der Rechnung extra ausgewiesen. In etwas abgelegeneren Strandtavernen kostet die beliebte „Nachmittags-Kombination" Griechischer Salat, Brot und Bier etwa 10-12 DM (5-6 €). **Frischer Fisch** ist auch auf Kreta teuer, denn aus dem Ägäischen Meer kommt er nur in seltenen Fällen. Für eine gemischte Fischplatte zahlt man im Restaurant ab 55 DM (28 €) je Kilo.

Lebensmittel- und Getränkepreise

Noch in den kleinsten Dörfern findet sich zumindest ein Mini-Market, eine Art Tante Emma-Laden, in dem die wichtigsten Lebensmittel (Getränke, Brot, Obst und Gemüse, Käse, Körperpflegeartikel usw.) eingekauft werden können. Mittlerweile breiten sich aber auch auf Kreta Supermarktketten aus, die häufig am Stadtrand an den Ausfallstraßen liegen. Hier finden Sie die gesamte Palette der bekannten Produkte wie Nutella, Nivea, Jacobs usw. Das **Preisniveau** liegt etwas über dem für Lebensmittel in Deutschland, auch einheimische Produkte wie Gemüse, Obst und Käse sind nicht günstiger. Die Auswahl an Weinen und Spirituosen ist meist sehr groß.

Preisbeispiele aus dem Supermarkt:

Kleine Wasserflasche (0,5 l)	1 DM (0,5 €)
Retsina 0,5 l	2 DM (1 €)
Heineken 0,5 l	1,80 DM (0,9 €)
Käse 100 g	1,50-2,50 DM (0,75-1,25 €)
Becher Tzatziki (450 g)	4 DM (2 €)
Saft im Tetra-Pack 1 Liter	3 DM (1,5 €)
Flasche Jack Daniels 0,7 Liter	28 DM (14 €)

Busse und Taxis

Busfahren auf Kreta ist ausgesprochen günstig. Auch lange Strecken kosten nicht viel. Für die einfache Strecke von Iráklion nach Réthimnon zahlen Sie rund 11 DM (6 €), für die längere Strecke nach Chaniá ca. 19 DM (10 €).

Auch Taxis sind vergleichsweise günstig. Neben einer Anfangsgebühr von rund 1,30 DM (0,7 €) zahlen Sie für jeden Kilometer etwas weniger als 0,60 DM (0,3 €). Zusatzgebühren werden fällig z.B. bei Taxi-Ruf, Fahrten vom oder zum Flughafen, Extra-Gepäck und Nachtfahrten.

Die Taxi-Fahrt von Iráklion nach Réthimnon kostet etwa 80 DM (40 €), nach Chaniá 130 DM (66 €) und nach Ágios Nikólaos ca. 65 DM (33 €).

Mietwagen

Mietwagen buchen Sie am besten von Deutschland aus, das ist günstiger und praktischer. So können Sie Ihr Fahrzeug gleich am Flughafen oder im Hotel übernehmen. Wer nur für wenige Tage einen Wagen nutzen will, findet aber auch vor Ort eine große Auswahl. Die Preise liegen dann etwas höher. Neben den großen Autovermietern (z.B. Avis, Europcar) bietet eine ganze Reihe kleinerer Vermieter (z.B. Eurocars, El Greco, Klearchos) ihre Dienste an.

Im folgenden einige Preisbeispiele (jeweils inklusive aller Kilometer):

	Tag *ab DM (€)*	*3 Tage* *ab DM (€)*	*1 Woche* *ab DM (€)*
Kleinste Klasse (z.B. Fiat Seicento)	70 (36)	180 (92)	360 (184)
Kleine Klasse (z.B. Fiat Punto / Opel Corsa)	85 (43)	220 (112)	420 (215)
Mittelklasse (z.B. Hyundai Accent)	100 (51)	270 (138)	520 (266)
Jeep (z.B. Suzuki Samuari) (Suzuki Vitara oder Jeep Wrangler deutlich teurer)	135 (69)	350 (179)	600 (307)
Minibus (7 Pers.)	130 (66)	350 (179)	640 (327)

Modelle mit Klimaanlage oder Faltdach kosten jeweils etwas mehr, sind aber wegen Hitze zumindest in den Sommermonaten zu empfehlen.

Achten Sie beim Preisvergleich unbedingt darauf, ob Kilometer, Vollkaskover-sicherung und 18 % Steuer sowie der kostenlose Transfer (z.B. zum Flug-hafen) eingeschlossen sind!

Benzin und Diesel sind in Griechenland günstiger als in Deutschland.

Motorräder

	Tag ab DM (€)	3 Tage ab DM (€)	1 Woche ab DM (€)
50er	35 (18)	95 (49)	175 (89)
80er	40 (21)	100 (51)	190 (97)
125er	50 (26)	140 (72)	280 (143)
250er	55 (28)	150 (77)	290 (148)

Fahrräder

	Tag ab DM (€)	3 Tage ab DM (€)	1 Woche ab DM (€)
GT Shimano	15 (8)	40 (20)	75 (38)
Alu/Federung	25 (13)	65 (33)	120 (61)

Hellas Bike Travel bietet gut gewartete Mountain-Bikes in großer Auswahl (zumeist Scott) ab 170 DM (87 €) je Woche und 280 DM (143 €) für 2 Wochen an. Kurzprogramme, bei denen 1 Woche ein Rad geliehen wird und an 3-5 Touren teilgenommen werden kann, kosten ab 320 bis 520 DM (164 bis 266 €).

Telefonate und Post

Telefonkarten sind zu 100, 200, 500 und 1.000 Einheiten erhältlich. Wer wenige Male nach Hause telefonieren möchte, kommt mit einer Karte zu 500 Einheiten aus, diese kostet ungefähr 30 DM (15 €). Nach 21 Uhr wird das Telefonieren deutlich günstiger.

Briefmarken für Standardbriefe und Postkarten nach Deutschland kosten rund 1,20 DM (0,6 €).

Eintrittsgelder

Die Eintrittsgelder sind erschwinglich, auch in den wichtigen archäologischen Stätten und im Museum in Iráklion zahlen Sie maximal 10-15 DM (5-8 €). Schüler und Studenten sowie Senioren aus EU-Ländern erhalten meist Vergünstigungen.

Hinweis für Studenten
Unbedingt noch rechtzeitig vor Abreise einen ISIC-Ausweis besorgen, den es in allen Studentenreisebüros gibt (Lichtbild und Studienbescheinigung mitbringen). In Griechenland zahlt man als EU-Student nach Vorlage des Ausweises in staatlichen Museen und Ausgrabungsstätten einen stark vergünstigten, manchmal gar keinen Eintritt. Die geringen Kosten für den Ausweis sind schnell wieder eingespielt.

Organisierte Rundreisen

Fast alle großen Reiseveranstalter bieten auf Kreta organisierte Rundreisen mit dem Bus, Mietwagen oder Wanderreisen an. Erkundigen Sie sich in Ihrem Reisebüro danach. Studienreisen mit dem Bus beginnen bei ca. 2.000 DM (1.020 €) für eine Woche, Busrundreisen bei ca. 1.600 DM (820 €). Wanderstudienreisen liegen für 2 Wochen bei etwa 3.000 DM (1.530 €).

Wird eine Wander- oder Fahrradwoche zu einem Badeurlaub gebucht, muß man ohne Flug mit etwa 800-1.200 DM (410-615 €) rechnen, je nach Unterbringungskategorie.

Unser Tip
Die griechische Zentrale für Fremdenverkehr gibt jährlich ein aktuelles Verzeichnis aller touristischen Anbieter in Deutschland, Österreich und der Schweiz heraus, in dem nach der Art der gewünschten Aktivitäten der geeignete Spezialveranstalter gefunden werden kann.

Tagesausflüge

Tagesausflüge auf der Insel sind sehr beliebt und werden zahlreich angeboten. Je nach Lage des Urlaubsortes und Anfahrtsweg können die Preise für das gleiche Ziel variieren. So ist die organisierte Tour durch die Samariá-Schlucht von den Badeorten der Ostküste meist teurer als von Réthimnon oder Chaniá aus.

Tagesausflüge in die Samariá-Schlucht, nach Knossós oder auf die Lassíthi-Hochebene kosten zwischen 45 und 60 DM (23-31 €). Günstiger sind die kretischen Abende mit Folklore und Wein von 35-50 DM (18-26 €). Tages-Exkursion mit dem Schiff zur Vulkaninsel Santorin kosten ab 100 DM (51 €).

Strand und Wassersport

Sonnenschirme und -liegen	10-12 DM (5-6 €) je Tag
Tretbootfahren	ab 12 DM (6 €) je Stunde
Wasserski	ab 40 DM (21 €) je Stunde
Kanu	ab 10 DM (5 €) je Stunde
Windsurfen	ab 35 DM (18 €) je Stunde
Wakeboard	ab 40 DM (21 €) je Runde
Tauchen	ab 75 DM (38 €) je Tauchgang (inkl. Ausrüstung)
Speedboot mit Fahrer	ab 110 DM (56 €) je halbe Stunde
Segelgrundkurs (8 Stunden)	ab 270 DM (138 €)
Surfgrundkurs (8 Stunden)	ab 240 DM (123 €)

Die Preise sind abhängig von der Lage des Strandes und der Qualität/Aktualität der vorhandenen Ausrüstung. An den gut erschlossenen Stränden der Nordostküste ist die Auswahl besonders groß, die Südküste ist aber etwas günstiger.

5. IRÁKLION – KRETAS PULSIERENDES ZENTRUM

Aktuelle regionale Reisetips zu Iráklion
entnehmen Sie bitte den gelben Seiten 257ff

5.1 Überblick

Iráklion (in anderen Schreibweisen auch HRAKLEIO, Herákleion oder Iráklio) ist die Hauptstadt Kretas und sein wirtschaftliches und kulturelles Zentrum. Inmitten eines weiten Küstenhofes gelegen, bildet es von jeher den Knotenpunkt der kretischen Hauptverkehrsadern. Sein moderner Fracht- und Fährhafen gehört zu den wirtschaftsstärksten Häfen Griechenlands, und der überlastete

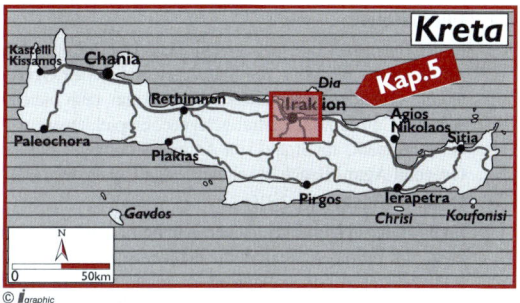

Nikos Kazantzakis-Airport wickelt rund 15 % des gesamten griechischen Flugtourismus ab. Egal, ob man mit dem Schiff oder Flugzeug anreist, Iráklion ist der zentrale Dreh- und Angelpunkt nahezu jeder Kretareise. Der erste Eindruck ist abschreckend: Ein schier unendlich erscheinendes, schmutzig-weißes Häusermeer frißt sich tief in sein Hinterland, und auf den Ein- und Ausfallstraßen der Innenstadt herrscht ein hoffnungsloses Verkehrschaos. Rund 130.000 Menschen leben im Großraum Iráklion, der mit Abstand größten Stadt Kretas. Das entspricht zwar lediglich der Größenordnung von Paderborn (136.000 Ew.) oder Regensburg (125.000 Ew.), doch Iráklion ist die fünftgrößte Metropole Griechenlands und Hauptsitz der Universität Kreta. Hier verläuft das Leben nahezu vollständig in der Öffentlichkeit, besonders im bis spät in die Nacht pulsierenden Stadtzentrum, das noch heute von einem gewaltigen Festungsring aus venezianischer Zeit umschlossen ist.

Fünftgrößte Metropole Griechenlands

Iráklion sehen und erleben

Die meisten Kretareisenden sehen in Iráklion lediglich das Ein- und Ausfallstor, das nicht viel zu bieten hat, außer dem Archäologischen Museum, ein paar Relikten venezianischer Architektur und der Nähe zu Knossós. Doch dieser Eindruck trügt! Auch wenn Iráklion als Standort für einen Badeurlaub eher ungeeignet ist, gibt es doch eine Menge zu sehen und zu erleben. Allein die Museen und das kulturelle Angebot lohnen einen Aufenthalt von 2-3 Tagen. Endecken Sie Iráklion einmal als das, was es ist: Eine facettenreiche griechische Großstadt, in der globale Verflechtungen und traditionelles Leben aufs engste miteinander verzahnt sind.

Facettenreiche Großstadt

Redaktions-Tips

- **Sehenswürdigkeiten, die man nicht verpassen darf**

  Das *Archäologische Museum von Iráklion (AMI)*, das einen weltweit einzigartigen Überblick über die minoische Kultur und das antike Kreta bietet (S. 343ff). Das **Historische Museum** mit seinen unterschiedlichen Sammlungen und dem einzigen El Greco zugeschriebenen Bild, das auf Kreta zu sehen ist (S. 354). Das stimmungsvolle **Byzantinische Museum** in der kleinen Ekaterini-Kirche, das einen einzigartigen Einblick in die Bilderwelt der byzantinischen Ikonenmalerei bietet (S. 355). Das moderne *Naturhistorische Museum der Universität Kreta*, das sehr anschaulich die Geschichte der kretischen Natur und Landschaft begreifbar macht (S. 357). Die *Hafenfestung Koules* (S. 336), von der Sie einen interessanten Blick auf den venezianischen Hafen und die zurückliegende Stadt werfen können.

- **Übernachten**

  In der Innenstadt finden sich zahlreiche Übernachtungsmöglichkeiten aller Preisklassen. Einfache und solide Stadthotels ohne viel Schnörkel sind das **El Greco** und **Lato** (S. 261). Wer sich jedoch die teuren, luxuriöseren Stadthotels leisten kann, dem bieten sich mit dem **Hotel Atlantis** und dem **Astoria Capsis** zwei zentral gelegene, empfehlenswerte Adressen. Etwa 20 Autominuten außerhalb der Innenstadt, am Strand von Ammoudára, liegen darüber hinaus das Hotel **Candia Maris** und das **Grecotel Agapi Beach**, zwei der besten Hotels der Insel (S. 259).

- **Essen & Trinken** (S. 263f)

  Freunde der **original kretischen Küche** finden in Iráklion empfehlenswerte Adressen, die ihr Angebot nicht auf Touristen, sondern die einheimischen Gäste ausgerichtet haben. Darunter das unterhalb des AMI gelegene *„Tsikou Dadiko"* sowie die rund um die Platia Viglas gelegenen *Tavernen* und *Ouzerien*, unter denen wir vor allem das *„To Steki tis Viglas"* und das nahe *„Empolo"* empfehlen können. Wem der Sinn mehr nach einem **stilechten italienischen Ristorante** steht, dem sei *„Giovanni"* in der Fußgängerzone Adam Korai empfohlen oder das noch gediegenere *„Loukoulos"* direkt gegenüber.

  Wenn Sie einen **Abend bei gutem Essen mit original kretischer Live-Musik** erleben wollen, dann tun Sie es doch den Bewohnern von Iráklion gleich und fahren am Wochenende in eines der *Ausflugslokale im Umland der Hauptstadt*.

- **Einkaufen** (S. 265)

  Für Modebewußte sind die *Boutiquen der Fußgängerzone* Pflicht, hier sind aktuelle Kleidung und Schuhe von internationalen und griechischen Labels erhältlich, die meisten Geschäfte sind klimatisiert. Besonders hochwertiges, zum Teil antikes *Kunsthandwerk* bieten die *Volkskunstgalerie Grimm*, die *Galerie Costas Papadopoulos* und *Helen Kastrinoyanni*, letztere führt auch die schönsten Museumsrepliken. Die besten Adressen für den Kauf neuer, garantiert handgemalter **Ikonen** sind die Ikonenwerkstätten von *Woula Manousakis* oder *Adonis Theodorakis*. **Kulinarisches aller Geschmacksrichtungen** in besonders breiter Auswahl und mit der Möglichkeit zum Preisvergleich finden Sie in der *Marktgasse Odos 1866*.

- **Außergewöhnliche Erlebnisse**

  Erleben Sie Iráklion von seiner lebhaftesten Seite und tauchen Sie ein in das allabendliche *„sehen und gesehen werden"* in den Cafés und Bars rund um den Morosini-Brunnen (S. 264). Nehmen Sie teil an Iráklions breitgefächertem kulturellen Leben und besuchen Sie die Veranstaltungen des sommerlichen *Kulturfestivals* (S. 265). Schalten Sie einmal völlig ab und erholen Sie sich von den Widrigkeiten des Alltags im *Thalassotherapie-Zentrum* des Candia Maris (S. 259). Nutzen Sie Iráklion als Basis für einen *Ausflug zur Vulkaninsel Santorin*, dem Lieblingsziel aller Ägäis-Kreuzfahrer (S. 266). Besuchen Sie den *Samstagsmarkt am Hafen,* einen der größten Straßenmärkte Kretas (S. 265).

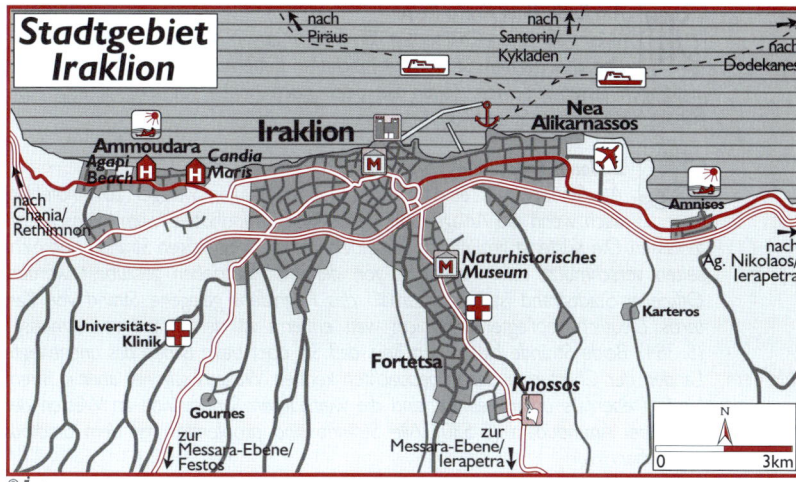

Tourismus ist hier lediglich ein Wirtschaftsfaktor unter vielen, der – obwohl allgegenwärtig – den Gang des täglichen Lebens wenig beeinflußt. Im Rahmen eines kurzen Tagesausflugs können Sie Iráklion kaum gerecht werden, denn etwas Zeit braucht man schon, um sich auf das Lebensgefühl der modernen Kreter einzulassen. Nur jenseits der eigenen Hektik eröffnen sich im Chaos der Innenstadt Iráklions liebenswerte Seiten.

Von Iráklion aus durch Kreta

Von Iráklion aus führen zahlreiche gut ausgebaute Straßen in den Westen, Süden und Osten der Insel. Alle bedeutenden Orte und Sehenswürdigkeiten sind kostengünstig mit dem Bus erreichbar.

Ausflüge
- **½-Tages-Ausflüge**
  - *Minoischer Palast von Knossós (S. 358)*
- *Minoischer Palast von Mália (S. 391ff)*
- *Bike-Tour über Marathos und Rogdiá (S. 549)*
- *Baden in Agía Pelagía (S. 528f)*
- *Panagía und El Greco-Museum in Fódele (S. 527)*
- *Minoische Villa in Tilísos (S. 546f)*
- **Tagesausflüge**
- *Bergdorf Anógia und die Nída-Hochebene (S. 538ff)*
- *In die Altstadt von Réthimnon (S. 568ff)*
- *Zu den archäologischen Stätten der Messára-Ebene (S. 482ff)*
- *Zum Forellenessen nach Zarós (S. 560f)*
- *Durch die Weinberge rund um Archánes (S. 373ff)*
- *Palast von Mália und Lassíthi-Hochebene (S. 391ff u. 406ff)*

Am Ende einer Kreta-Reise

Wenn Sie einen Charterflug von Iráklion aus in die Heimat gebucht haben und Ihre letzten Stunden in „sicherer Entfernung" zum Flughafen ruhig ausklingen lassen möchten, gehen Sie doch noch richtig gut kretisch essen: bei Mihalis Parassiris am Strand von Amnissós.

Baden in Stadtnähe

Als Standort für einen Strandurlaub ist Iráklion weniger zu empfehlen, auch wenn die Anlagen der gehobenen Strandhotels kaum Wünsche offenlassen. Die Küste ist großräumig zersiedelt und die weitläufigen Strände sind nicht selten verschmutzt, sofern sie nicht von den Hotelbetrieben gesäubert werden. Offizieller Stadtstrand ist der unterhalb des Flughafens gelegene Strand von Karterós. Deutlich gepflegter und nicht weit entfernt ist der Strand von Amnissós (S. 384). Beide Strände haben den Reiz, daß Sie dort beim Baden das unentwegte Landen der Chartermaschinen beobachten können. Weitaus schöner, aber in ihrem Umfeld ebenfalls urban geprägt, sind die weitläufigen Sandstrände im Westen der Stadt bei Ammoudára (S. 530). Alle Strände sind problemlos mit dem Stadtbus erreichbar.*

Mit dem Bus erreichbar

Hinweis

Der nächstgelegene Badeort mit Charme ist Agía Pelagía im Nordwesten der Bucht, 23 km vom Zentrum entfernt. Im Osten tut sich dagegen lange Zeit nichts: Bis in die Bucht von Mália reiht sich eine Hotelanlage an die andere. Seit neuestem ergänzen mehrere Spaßbäder die überlasteten Strände der Nordostküste (S. 276).

5.2　Geschichte und Stadtentwicklung

Die Bucht von **Iráklion** blickt zurück auf eine jahrtausendealte Geschichte. Doch erst in byzantinischer Zeit tritt der Siedlungsraum des heutigen Stadtzentrums aus dem Schatten des nahegelegenen **Knossós**. In der gesamten Bronzezeit befand sich hier nur ein unbedeutender Nebenhafen der landeinwärts gelegenen minoischen Metropole (S. 358). Ihr Haupthafen lag rund 5 km weiter östlich, in der Küstenniederung von **Amnissós**.

Im Schatten von Knossós

In griechischer bzw. römischer Zeit verlagerte sich das Geschehen in den Westen der Bucht, und allmählich entwickelte sich hier eine kleine Hafenstadt namens **Heraklea**. Ihr Name leitet sich von *Herakles* ab, dem größten der griechischen Helden. Der Legende nach soll er hier an Land gegangen sein, um den kretischen Stier zu bändigen.

Hinweis

Spuren Herakleas werden Ihnen im heutigen Stadtbild nicht mehr begegnen. Bei Bauarbeiten treten jedoch immer wieder Überreste aus griechischer und römischer Zeit zutage, die dann vom Archäologischen Dienst in „Notgrabungen" erkundet werden, bevor man auf dem wertvollen Bauland neue Gebäude errichtet.

In byzantinischer Zeit gewann Iráklion an Bedeutung, als die Araber **826/27 n.Chr.** die damalige Inselhauptstadt **Górtis** zerstörten und im Bereich von Heraklea ihre zentrale Festung errichteten. Von hier aus unterwarfen sie den Rest Kretas und starteten ihre gefürchteten Piratenüberfälle auf die Handelsrouten des östlichen Mittelmeeres. Ihren Stützpunkt nannten sie **Rabdh el Khandak**, was so viel hieß wie „die Festung des Grabens". Im griechischen Sprachgebrauch wurde dieser rachial betonte Zungenbrecher kurz zu **Chandax**.

Nachdem **829** der erste Versuch der Rückeroberung Kretas kläglich scheiterte, hatte der byzantinische General und spätere Kaiser *Nikephoros Phokas* im Jahr **960** mehr Glück. Mit einer gewaltigen Streitmacht landete er im äußersten Westen der Bucht von Iráklion, nahe **Almirós**. Nach anderthalbjähriger Belagerung gelang es *Phokas*, Chandax einzunehmen. Seine Truppen revanchierten sich mit einem grausamen Massaker unter der moslemischen Bevölkerung. **Chandax** wurde wiederaufgebaut, neu befestigt, besiedelt und zur Hauptstadt der Insel erklärt. Auch der Metropolit von Kreta verlegte seinen Sitz von Górtis an die Nordküste.

Erstmals Hauptstadt

Hinweis
Der Verlauf der byzantinischen Stadtmauer ist noch heute im Straßennetz Iráklions erkennbar: Das zentrale, landeinwärts führende Stadttor lag vermutlich im Bereich der heutigen Platia Nikephoros Phokas, und die Straßen Chandakos, Daedalou und Doukos Beaufort zeichnen den Verlauf der byzantinischen Stadtmauer nach.

Im Jahre **1412** eroberten die Venezianer Kreta und machten das von nun an **Candia** genannte Iráklion zum wichtigstem Handelsstützpunkt des östlichen Mittelmeeres. Der Innenstadt gaben sie ihr festes Gepräge, das sich noch heute im Straßenverlauf und zahlreichen Baudenkmälern widerspiegelt. Zu Beginn der venezianischen Herrschaft konzentrierte sich der Kernraum Iráklions noch auf den Bereich des byzantinischen Chandax. Seine Stadtmauer wurde verstärkt und der Hafen durch ein Kastell und den Bau von Magazinen marinetechnisch sicher und repräsentativ gestaltet.

Nach der Eroberung Konstantinopels durch die Türken im Jahre **1453** sahen sich die Venezianer gezwungen, Candia weiter

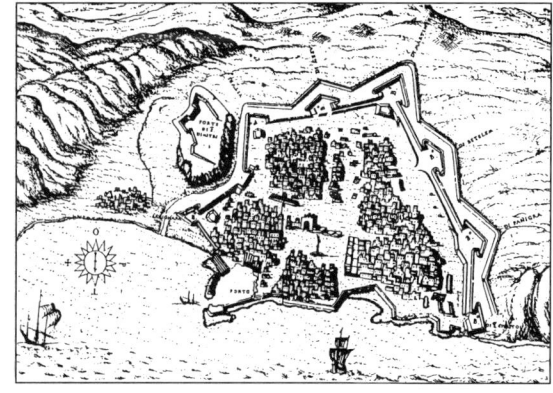
Candia (Iráklion) im Jahre 1651

auszubauen und festungsartig zu sichern. Um die Gefahr einer türkischen Invasion abzuwehren, begann **1462** der Bau einer gigantischen Befestigungsanlage, die nun auch das Vorstadtgelände der bereits stark gewachsenen Handelsmetropole einbezog. Die Hauptarbeiten wurden 1538 durch den berühmten veronesischen Festungsbaumeister **Michele di Sanmicheli** (1484-1559) eingeleitet, der u.a. auch in Chaniá und Rhodos-Stadt für die Konstruktion der Stadtbefestigungen verantwortlich zeichnete. Es entstand ein massiv ummauerter, mit Erdreich angefüllter Festungsring mit sieben herzförmigen Bastionen. Dieses im wesentlichen noch heute gut erhaltene Bollwerk sicherte Candia, in dem damals schätzungsweise 10.000-15.000 Menschen lebten, landeinwärts. Seeseitig ergänzten eine Stadtmauer und die Hafenfestung Koules das gewaltige Sicherungswerk, das Iráklion im Volksmund den noch zu Beginn des 20. Jh. geläufigen Namen **Megalo Kastro** eintrug.

> **Hinweis**
> Im Erdgeschoß des Historischen Museums finden Sie ein sehenswertes Holzmodell, das Iráklion im Jahr 1645 zeigt. Detailgetreu dokumentiert es den Zustand Candias kurz vor der türkischen Belagerung.

1645 begann die türkische Invasion. Während die Festungen Chaniá und Réthimnon bereits in den ersten Jahren fielen, konnte sich Iráklion unter dem Kommando des venezianischen Stadthalters **Francesco Morosini** d.J. gut 21 Jahre lang behaupten. Eine der längsten Belagerungen der Kriegsgeschichte, die bis **1669** etwa 30.000 Venezianer und 137.000 Türken das Leben kostete. Im Verlauf der

Türkenherrschaft

nahezu 230 Jahre währenden Türkenherrschaft verlor Iráklion zunehmend an Bedeutung, da die Osmanen das bereits frühzeitig eroberte Chaniá zu ihrer Inselhauptstadt machten. Von den rund 82 Kirchen, die es in Iráklion gegen Ende der venezianischen Herrschaft gab, wurde ein Großteil in Moscheen umgewandelt. Im Stadtbild entstanden viele neue Brunnen, die die Wasserversorgung der grundwasserarmen Stadt sichern sollten.

Mit dem wirtschaftlichen Niedergang des osmanischen Reiches verfiel jedoch auch die Infrastruktur Iráklions, das nun vor allem durch zahlreiche blutige Gemetzel zwischen den moslemischen und christlichen Bevölkerungsgruppen auf sich aufmerksam machte. Zum letzten großen Massaker kam es am **25. August 1898**, nur zwei Monate, bevor die letzten türkischen Truppen Kreta verlassen sollten.

Mit der Autonomie Kretas erhielt Iráklion seinen antiken griechischen Namen zurück (im Neugriechischen wurde das H zum I und Heráklion damit zu Iráklion). Doch erst mit dem Anschluß Kretas an Griechenland konnte Iráklion an seine alte Bedeutung anknüpfen. In Folge der **Kleinasiatischen Katastrophe** versam-

Sprunghaftes Wachstum

melten sich 1922 binnen weniger Tage über 20.000 griechische Flüchtlinge aus der Gegend von Smýrna in den Straßen der Stadt (S. 60). Iráklions Bevölkerung wuchs sprunghaft an, rund 8.000 der Flüchtlinge wurden östlich des befestigten Innenstadtbereiches angesiedelt, in **Nea Alikarnassos**. Teile der Toranlagen wurden abgebrochen und damit die erste Stadterweiterung an der Ostperipherie eingeleitet. Inzwischen erfolgte die Erweiterung des Stadtgebietes auch nach Süden, während sich an den westlichen Ausfallstraßen vornehmlich Handwerker und Sultaninen verarbeitende Betriebe ansiedelten. Zunächst noch zaghaft begann Iráklion in sein Umland zu wuchern. Wer sich heute am zumeist wenig attraktiven

Gedenktafel am Denkmal des Nationalen Widerstands

Erscheinungsbild der Stadt stört, sollte bedenken, daß Iráklion während des **2. Weltkrieges** erhebliche Zerstörungen erlitt. Am **14. Mai 1941** begann mit einer schweren Bombardierung die Vorbereitung der deutschen Luftinvasion.

Nach **1945** verzögerte der **griechische Bürgerkrieg** den Wiederaufbau Iráklions. Erst in den 1960er Jahren begann das ungezügelte Wachstum der Stadt, die auf Beschluß der Militärjunta **1972** wieder als kretische **Hauptstadt** deklariert wurde. Eine ungezügelte Landflucht führte nun vor allem in den Randgebieten der Stadt zu einer katastrophalen Planungssituation, überließ man doch den Wohnungsbau weitgehend der Privatinitiative. Bodenspekulationen machten ein geordnetes Bauwesen nahezu unmöglich. Ohne Baugenehmigung und ohne eine Spur städtebaulicher Planung entstanden komplette Stadtviertel.

Katastrophale Planung

Wo die Verwaltung lenkend eingreifen konnte, zeigten sich die Auswüchse des griechischen Zentralismus. Im Innenstadtbereich griff noch der Generalbebauungsplan des Jahres 1936. Ziel war es, das überkommene Straßennetz, dessen schmale Straßen und Gassen für den Autoverkehr untauglich waren, in eine „zeitgemäße Stadtstruktur" zu überführen, die sich vor allem am Ausbau des Handelshafens orientierte. Rechtwinklige Häuserblocks sollten ohne Rücksicht auf gewachsene Strukturen und Eigentumsverhältnisse die Straßen begradigen und verbreitern. Jedes innerhalb der Stadtmauern neu errichtete Gebäude wurde nicht mehr an der Stelle des abgerissenen Altbaus, sondern in der vom Bebauungsplan diktierten, neuen Bauflucht errichtet. Bodenspekulationen nahmen im gesamten Stadtgebiet groteske Züge an, zumal heimkehrende Gastarbeiter günstige Gelegenheit für eine rentable Kapitalanlage sahen.

Auswüchse des Zentralismus

Auf den Wällen und in den Gräben der venezianischen Stadtbefestigung – wo heute Grünanlagen, Sport- und Parkplätze das Bild prägen – befanden sich noch in den 1960er Jahren ausgedehnte Slums, in denen sozial schwache Randgruppen hausten. Es waren Menschen aus den von der deutschen Wehrmacht zerstörten Bergdörfern, die in Iráklion eine neue Existenz suchten. 1968 baute man für sie am westlichen Stadtrand eine eigene Siedlung. Einheitliche, einfache Wohnungen in Flachbauweise, die an das Elektrizitäts- und Wassernetz der Stadt angeschlossen waren, ermöglichten ein Leben unter normalen hygienischen Bedingungen.

Ende des Elends

5.3 Stadtrundgang durch die Innenstadt

Die Sehenswürdigkeiten Iráklions liegen dicht beieinander und lassen sich gut zu Fuß erreichen. Den nachfolgend geschilderten Stadtrundgang sollten Sie aber nur als Orientierungshilfe betrachten und ruhig auf eigenen Wegen gehen.

Hinweis
Eine Farbkarte mit den Sehenswürdigkeiten des Stadtrundganges finden Sie im vorderen Buchdeckel.

Rund um die Platia Eleftherias

Startplatz und Zielort des Stadtrundganges ist die **Platia Eleftherias,** der Knotenpunkt der innerstädtischen Hauptverkehrsadern. Sie ist sowohl mit dem Auto als auch mit dem Bus leicht erreichbar. Tag und Nacht umkreist ein lärmendes Gewirr aus Autos, Motorrollern, Bussen und Passanten den großzügig gestalteten Platz, mit dem sich Iráklion zum Beginn des 21. Jahrhunderts ein urbanes Aushängeschild geschaffen hat. Es ist der *„Platz der Freiheit"*, und so wundert es nicht, daß gerade hier den berühmtesten Kretern Denkmäler errichtet wurden und zahlreiche Cafés und Restaurants zum Verweilen einladen. Tagsüber spenden haushohe Eukalyptusbäume Schatten, während in den Abendstunden ausladende Flutlichter die Nacht zum Tage machen.

Urbanes Aushängeschild

Die Westseite der Platia gehört zum geschäftigen Mittelpunkt der Stadt. Direkt neben dem **Astoria Capsis** liegt ein großes Kinocenter, das zusammen mit den umliegenden

Platia Eleftherias

gastronomischen Einrichtungen bis spät in die Nacht Scharen junger Menschen anzieht. Jeder Winkel ist mit Leben erfüllt und jede Nische mit Motorrollern zugeparkt. Direkt hinter dem Astoria Capsis beginnt mit der **Odos Dedalou** und **Korai** Iráklions belebte Fußgängerzone – mit Boutiquen, Galerien und Tavernen.

Nördlich der Platia, nur wenige Meter vom Astoria Capsis entfernt, befindet sich die **Touristeninformation (1)**. Sie liegt genau gegenüber vom **Archäologischen Museum (2)**, dessen klobigen und massiv vergitterten Bau man nicht verfehlen kann. In den Vormittagsstunden stauen sich hier die Reisebusse, während im schattigen Eingangsbereich lange Besucherschlangen auf Einlaß warten.

Auf der **Südendseite der Platia** finden sich zahlreiche Cafés und Restaurants: Tische, Stühle und Leuchtreklame bestimmen das Bild. Zur Stadtmauer hin öffnet sich die geschlossene Bebauung. Hier liegen die öffentlichen Grünflächen der Vitouri-Bastei, während die Straße **Leoforos Dimokratias** die ehemalige Stadtbefestigung durchbricht und als Hauptverkehrsachse Richtung „New Road" und Knossós dient. Hier liegt auch das **Denkmal des kretischen Widerstandes (3)**: Eine von zwei Feldkanonen gesäumte Anlage, deren Zentrum eine Säule bildet, auf der eine geflügelte Siegesgöttin schwertschwingend vorwärts stürmt. Stilisierte Bronzeplatten erinnern an den Widerstand des kretischen Volkes. Auf einem Marmorblock finden Sie eine Reliefkarte, auf der die zentralen Orte und Ereignisse der Schlacht um Kreta verzeichnet sind.

Zahlreiche Cafés

Denkmal des Nationalen Widerstandes

Wenn Sie sich vor Ort weiter über den 2. Weltkrieg und die deutsche Besatzungszeit informieren wollen, finden Sie eindrucksvolle Bilder und Dokumente im kommunalen **Museum der Schlacht um Kreta und des Nationalen Widerstandes (4)**. Es liegt direkt hinter dem AMI in der Odos Mirambellou. *Öffnungszeiten entnehmen Sie bitte den gelben Seiten von Iráklion (S. 266).*

Vom **östlichen Rand der Platia** schauen Sie auf die Reste der venezianischen Befestigungsanlagen mit Stadtmauer und Graben. Sie werden von der **Avenue Ikarou** durchbrochen, die das Nordende der Pl. Eleftherias mit dem Flughafen und den östlichen Stadtteilen verbindet. Erst nach 1 Uhr nachts rückt das zwischen der Av. Ikarou und dem Hafen gelegene Viertel in den Mittelpunkt des Lebens, hier konzentrieren sich die großen Diskotheken.

Nächtliches Zentrum

Von der Pl. Eleftherias führt die breite **Doukos Beaufort** zum **Hafen** hinunter, doch bummeln Sie lieber die dezentrale **Odos Idomenos** mit ihren Nebenstraßen zum Wasser hinab. Gerade hier – abseits des Touristen-Mainstreams – gibt es Interessantes zu entdecken.

Am Hafen

Iráklions Hafen teilt sich in zwei Bereiche. Östlich der Platia Kountou-

Fischer am Hafen

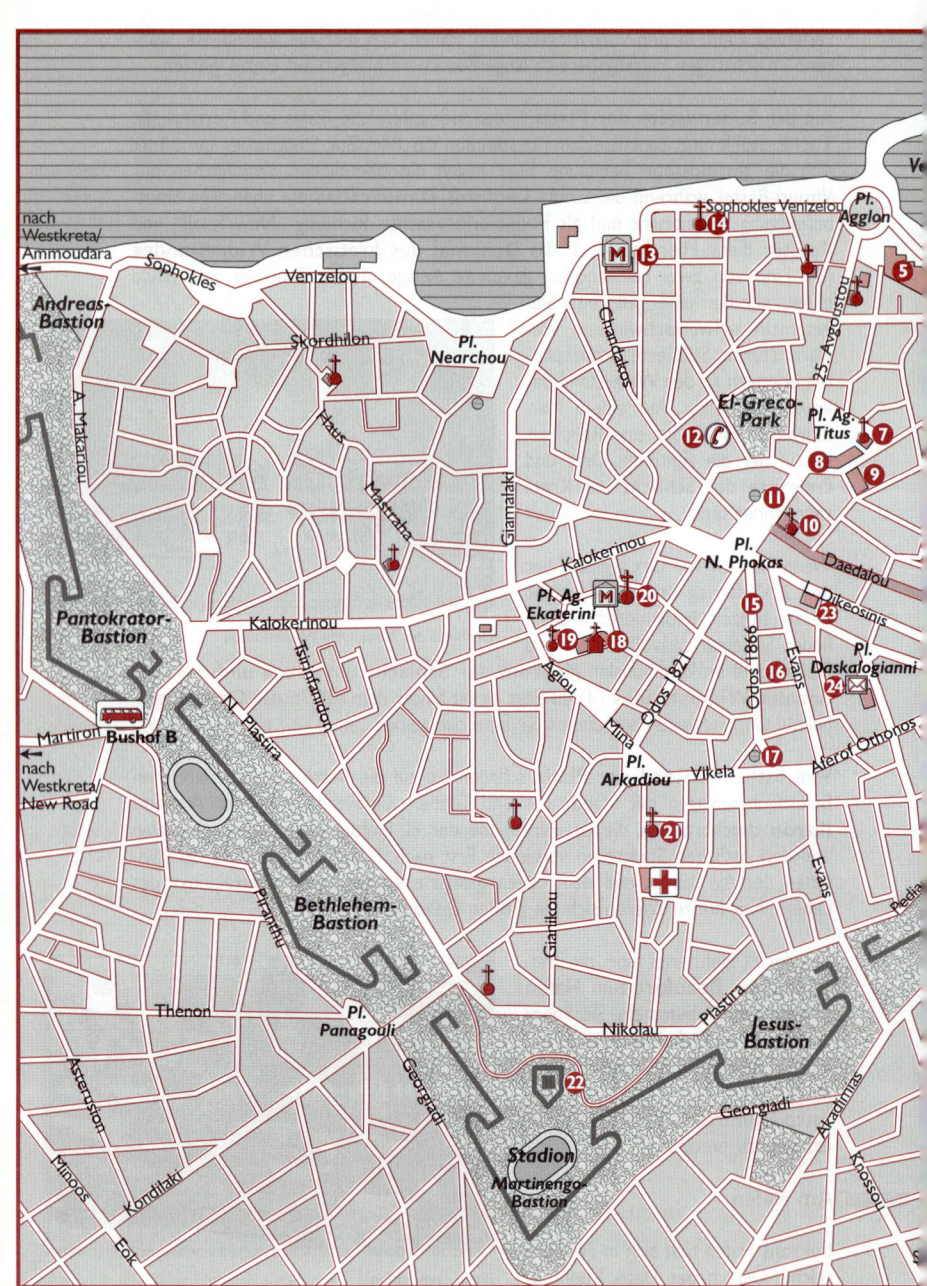

© *i graphic*

Iraklion

1 Touristeninformation
2 Archäologisches Museum
3 Denkmal des kretischen Widerstandes
4 Museum der Schlacht um Kreta
5 venezianische Arsenale
6 Hafenfestung Koules
7 Agios Titos-Kirche
8 venezianische Loggia
9 Rathaus
10 St. Markus-Kirche
11 Morosini-Brunnen
12 OTE-Zentrale
13 Historisches Museum
14 St. Pietro-Kirche
15 "Marktgasse" Odos 1866
16 "Freßgäßchen" Fotiou
17 Bembo-Brunnen
18 Agios Minas-Kathedrale
19 kleine Agios Minas-Kirche
20 Agía Ekateríni-Kirche
21 Panagia Stavroforoon-Kirche
22 Martinengo Bastion
23 Touristenpolizei
24 Post

N

0   150m

riotou liegt der moderne **Passagier- und Frachthafen**. Er wurde nach dem 1. Weltkrieg ausgebaut und zählt heute zu den wirtschaftsstärksten Häfen Griechenlands. Im ehemals so bedeutenden **venezianischen Hafen** dümpeln heute Iráklions Sport- und Fischerboote. Direkt unterhalb des Stadtzentrums gelegen, bietet er eine gute Gelegenheit, um dem Lärm und der Hitze der Innenstadt zu entfliehen.

Rings um das gut geschützte Hafenbekken gehen die Fischer ihrem täglichen Handwerk nach. Die Ruinen der **venezianischen Arsenale (5)** dienen als Lagerhallen und Geräteschuppen. Im 15. und 16. Jh. beherbergten sie die Rüst- und Ausbesserungsstätten der venezianischen Galeeren – nahezu unverwundbar für Granaten und Kanonenkugeln. Selbst Erdbeben konnten diesen massiven Gewölben nichts anhaben.

Unzweifelhafter Publikumsmagnet ist

Hafenfestung Kastro Koules

die **Hafenfestung Koules (6)**, das Wahrzeichen Iráklions. Zwischen 1523 und 1540 erbaut, schützte **Kastro Koules** lange Zeit erfolgreich den Zugang zu Venedigs wichtigstem Kolonialhafen. Ein Besuch der Anlage lohnt sich vor allem wegen der Aussicht, die man von seinen Zinnen genießen kann. Durch die schweren Tore des Doppelportals gelangen Sie in die düstere Welt hinter den wuchtigen Mauern. Vereinzelt liegen hier Kanonenkugeln und -rohre. Hinsichtlich der historischen Funktion der über 20 Räume werden Sie jedoch mit Ihrer Phantasie alleingelassen. Denken Sie daran, daß Iráklion 21 Jahre lang von den Türken belagert wurde und das Kastell in osmanischer Zeit als Verlies für kretische Freiheitskämpfer diente. So können Sie erahnen, wieviel Leid diese Hallen gesehen haben. Heute ist hier zum Glück die leichte Muse zu Hause, denn im Rahmen des alljährlichen sommerlichen Kulturfestivals dient Kastro Koules als Veranstaltungsort für Ausstellungen und

Düstere Hallen

Aufführungen. *Öffnungszeiten und Eintrittspreise entnehmen Sie bitte den gelben Seiten von Iráklion (S. 266).*

Hinter dem Kastell ragt die **gewaltige Mole** des modernen Seehafens weit in die Bucht hinein und bietet Gelegenheit für einen ausgedehnten Spaziergang. Die frische Luft ist erfüllt von der Gischt der anbrandenden Wellen, und der Blick fällt

Blick vom Hafenkastell

zurück auf die Stadt: Kräne, Fähr- und Frachtschiffe prägen das Bild. Nördlich der Mole, in etwa 12 km Entfernung, liegt die einsame **Insel Dia**, die ein wichtiges Naturreservat ist. Dia beherbergt die weltweit größte Brutkolonie der *Eleonorenfalken*, einer Falkenart, die ausschließlich auf einigen Inseln des Mittelmeeres vorkommt. Außerdem lebt hier eine kleine Population der *kretischen Bergziege*. Sie wurde im Jahre 1928 von der Forstverwaltung angesiedelt, um auf diesem Wege einer weiteren Vermischung der seltenen Wildbestände mit den auf Kreta allgegenwärtigen Hausziegen vorzubeugen. Einige örtliche Reiseagenturen bieten Bootsausflüge auf die Insel an.

Nördlich der Mole

Entlang der Odos 25. Avgoustou

Ein Mix aus neoklassizistischen Gebäuden und gesichtslosen Neubauten säumt die **Odos 25. Avgoustou.** Sie ist eine der wichtigsten Hauptverkehrsachsen der Stadt, hier finden Sie alles, vom Teppichhändler bis zum Souvenirgeschäft. Für Banken, Reiseagenturen und Leihwagenfirmen ist die Straße der zentrale Anlaufpunkt der Stadt. Im oberen Abschnitt der **Odos 25. Avgoustou** liegt das historische Zentrum Iráklions. Hier konzentrieren sich die Spuren der venezianischen Vergangenheit, soweit sie Erdbeben und Kriege überstanden haben.

Schräg gegenüber dem kleinen **El Greco Park** öffnet sich ein hell gepflasterter Platz, der direkt auf die **Agios Titos-Kirche (7)** zuführt. Daß diese dem ersten Bischof von Kreta geweihte Kirche mit ihrer orientalisch wirkenden Architektur an eine Moschee erinnert, verwundert nicht. Ursprünglich stand hier die erste Metropolitenkirche Iráklions, doch die Türken wandelten die durch Erdbeben, Brände und Kriege bereits in Mitleidenschaft gezogene Kirche 1699 in die **Geni-Tsami-Moschee** um. Nachdem auch die Moschee im Jahre 1856 einem Erdbeben zum Opfer fiel, ließ der türkische *Wesir Ali Pascha* das heutige Gebäude errichten, das erst im Jahre 1925 zu einer orthodoxen Kirche geweiht wurde. Als ursprünglicher Sitz des kretischen Metropoliten beherbergt sie mit **dem Schädel des** *Heiligen Titus* (dem ersten Bischof von Kreta) eine besondere Reliquie (S. 489). Als Iráklion an die Türken fiel, verschleppten die Venezianer den Schädel des Apostels in ihre Heimat, wo er bis weit

Bedeutende Reliquie

ins 20. Jh. verblieb. Erst 1966 wurde die auf Kreta hochverehrte Reliquie in einem feierlichen Festakt zurück nach Iráklion überführt. Heute ist das goldgeschmückte Titus-Haupt unter einer Glaskuppel ausgestellt, die sich in einer Seitenkapelle der Kirche befindet.

Direkt oberhalb der **Agios Titos-Kirche** liegt Iráklions **venezianische Loggia (8)**, die *Francesco Morosini* d. Ä. zwischen 1626 und 1628 nach Plänen von *Francesco Basilicata* erbauen ließ. *Basilicata* orientierte sich stilistisch am berühmten italienischen Renaissancebaumeister *Andrea Palladio* (1508 - 1580). Das Ergebnis war eines der schönsten venezianischen Gebäude Kretas, das aber in der Türkenzeit verfiel und nach

Nachbau der Loggia auf der Weltausstellung in Rom 1911

dem 2. Weltkrieg aufwendig restauriert werden mußte. Heute kommt die zweigeschossige Loggia mit ihrem schönen Arkadengang leider kaum zur Geltung. In venezianischer Zeit war sie der Mittelpunkt des gesellschaftlichen Lebens. Damals diente sie als Versammlungsgebäude und Ballsaal des venezianisch-kretischen Adels. Hier wurden wirtschaftliche und politische Fragen diskutiert und rauschende Feste gefeiert. Welche Bedeutung dieses aufwendige Renaissancebauwerk für das venezianische Selbstverständnis hatte, wird daran deutlich, daß Venedig bei der

Rauschende Feste

Weltausstellung 1911 in Rom mit einer maßstabsgerechten Kopie der Loggia von Candia auftrat. Vom originalen Bauschmuck der Loggia sind nur noch Fragmente erhalten. Sie befinden sich im Historischen Museum.

Auf der Ostseite der Loggia lag in venezianischer Zeit die **Armeria** (das Zeughaus bzw. Waffenlager). Heute ist hier das **Rathaus (9)** von Iráklion untergebracht, dessen Hauptflur eine Verbindung mit dem Vorplatz der Agios Titus-Kirche schafft, in dessen Südostecke sich ein kleines Freiluftcafé befindet. Ein Gang durch die Behördenflure lohnt, er bietet die seltene Gelegenheit, die kretische Verwaltung bei der Alltagsarbeit zu erleben.

Freiluftcafé

Nur wenige Meter oberhalb der Loggia liegt das Gebäude der ehemaligen **St. Markus-Kirche (10)**. Heute wird es als Ausstellungs-, Konzert- und Versammlungsraum genutzt. In venezianischer Zeit war St. Markus eine der bedeutendsten Kirchen der Stadt. Bereits um 1239 erbaut und dem venezianischen Stadtheiligen geweiht, befand sich hier der Sitz des katholischen Erzbischofs von Kreta. Der ursprüngliche Bau (vermutlich eine Basilika mit drei Seitenschiffen) wurde mehrfach zerstört, doch immer wieder aufgebaut. Natürlich hatte St. Markus ursprünglich auch einen imposanten Glockenturm, dieser wurde jedoch Opfer des türkischen Artilleriebeschusses. Als Iráklion im Jahre 1669, nach 120 Jahren Belagerung, an die Türken fiel, wurde die Markus-Kirche geplündert, ihr Freskenschmuck zerstört und die Gräber der venezianischen Adeligen beseitigt. Anschließend wandelten die neuen Machthaber das Gebäude in eine Moschee um.

Katholischer Bischof

Morosini-Brunnen

Gegenüber der **St. Markus-Kirche** liegt mit der **Platia Venizelou** das eigentliche Herz der Stadt. Rund um den **Morosini-Brunnen** setzt sich die Fußgängerzone fort. Kaum ein Haus ohne Straßencafé, in den umliegenden Gassen häufen sich aufgestylte Bars mit Großbildleinwänden, Sportübertragungen und angesagter Musik. Der **Morosini-Brunnen (11)** selbst stammt aus dem Jahre 1628 und wurde – wie auch die Loggia – unter *Francesco Morosini* d. Ä. erbaut. Für die damalige Zeit war es eine reichlich aufwendige Konstruktion, mit der Morosini die Wasserversorgung der Stadt verbessern wollte: Acht hervorspringende Wasserbecken, deren Wände Reliefs mit mythologischen Motiven schmücken, bilden die Grundform des markanten Brunnens, in dessen Mitte sich eine zentrale Wasserschale befindet, die von 4 ehemals wasserspeienden Löwen getragen wird. Das Wasser, das diesen Brunnen speiste, wurde über ein rund 15 km langes Aquäduktsystem aus den Quellen von Archánes herbeigeführt.

Wasser aus Archánes

Nördlich des Morosini-Brunnens

Direkt um die Ecke liegt der **El Greco-Park**, an dem sich die **OTE-Zentrale (12)** befindet. Rund um diesen kleinen innerstädtischen Park, in dem es sogar einen Kinderspielplatz gibt, entwickelt sich schrittweise ein modernes lebhaftes Innenstadtviertel.

Schlendern Sie die Odos Chandakos hinunter, so gelangen Sie zum etwas versteckt liegenden **Historischen Museum (13)**, das einen Besuch wert ist (S. 354). Ganz in der Nähe des Museums liegt die Ausgrabung der venezianischen **St. Pietro-Kirche (14)**, die vom Archäologischen Dienst rekonstruiert wurde. St. Pietro stammt aus dem 13. Jh. und war Teil eines großen Dominikanerklosters, das kurz nach der venezianischen Machtergreifung auf Kreta errichtet wurde. Bei der Ausgrabung sind zahlreiche interessante Funde aus byzantinischer und arabischer Zeit ans Tageslicht gekommen, von denen einige im Historischen Museum zu sehen sind.

Im El Greco-Park

Südlich der Platia Nikephoros Phokas

Auf dem Stadtrundgang folgen Sie weiterhin der Odos 25. Avgoustou und gelangen so schnell zur belebten Ampel-Kreuzung der **Platia Nikephoros Phokas**. Hier kreuzen sich die Hauptverkehrsadern der Stadt, und die Odos 25. Avgoustou teilt sich in zwei Arme. Halbrechts zweigt die **Odos 1821** ab und halblinks die **Odos 1866**.

In den Vormittagsstunden der Werktage tobt in der **Odos 1866 (15)** das Leben. Sie ist die Marktstraße von Iráklion, im Volksmund kurz **Agora** genannt. Dicht an dicht drängen sich die Menschen durch die bazarartige Gasse, deren Stände mit weit ausladenden Markisen gegen das einfallende Sonnenlicht geschützt sind. Überall wird gehandelt, diskutiert und gefeilscht. Das Angebot scheint schier unendlich: fangfrischer Fisch, Gemüse, exotische Früchte, duftende Kräuter, schlachtfrisches Fleisch und handwarme Backwaren, aber auch Haushaltsgeräte und andere Alltagsgegenstände. Ein Gang durch die Marktgasse ist ein aufregendes Abenteuer für die Sinne, bei dem Sie einen Überblick über die breite Palette kretischer Agrarprodukte gewinnen können. Importwaren aus EU-Ländern und Übersee erweitern das traditionelle Angebot in zunehmendem Maße – bleibt zu hoffen, daß sie es nicht verdrängen.

Auf der Straße Kalokerinou

Abenteuer für die Sinne

In der Marktgasse

In den **Seitengassen der Odos 1866** finden sich noch zahlreiche urtümliche Läden, *Kafenia* und Tavernen, in denen die Einwohner Iráklions unbeeindruckt vom Tourismus ihrem Alltagsleben nachgehen. Am bekanntesten unter ihnen ist das **„Freßgäßchen" (16)** Fotiou Thedosaki, im Volksmund kurz „Fotiou" genant.

Am Ende der Marktgasse gelangen Sie auf einen kleinen Platz. Im Schatten einer mächtigen Platane liegen der **Bembo-Brunnen (17)** und ein beliebtes Freiluftcafé. Der Brunnen selbst wirkt hinter den Tischen, Stühlen und Sonnenschirmen des Cafés eher unscheinbar. Er besteht aus einer mit Ornamenten versehenen Steinwand, vor der eine von Säulen gerahmte, kopflose römische Statue steht. Erbaut wurde er zwischen 1552-1554 unter **Capitano Gianmatteo Bembo**. Im Jahre 1776 ließ dann der türkische *Aga Hadji Ibrahim* an

Beliebtes Café

dieser Stelle ein kleines Brunnenhaus errichten, in dem sich heute das Herz des Cafés befindet.

Rund um die Platia Ekaterini

Geschäft in der Odos 1866

Von der Odos 1866 ist es nicht weit bis zur **Platia Ekaterini**, dem religiösen Zentrum des neuzeitlichen Iráklion. In der Tat wirkt dieser helle und weitläu-

Ruhepol der Stadt

fige Platz wie der Ruhepol der Stadt. Umrahmt von modernen Wohnhäusern, liegen hier gleich drei der bedeutendsten Kirchen der Stadt. Im Nordosten grenzen gemütliche Gassen an die Platia, die zur lebhaften Hauptstraße Kalokerinou führen. Hier finden Sie einige schöne Läden, Boutiquen, Cafés und Tavernen. Abends sitzen in diesem Viertel die jüngeren Kreter bei *Raki* und *Meze*, führen lebenslustig Gespräche, schäkern mit der Bedienung und spielen lässig mit ihrem *Komboloi*.

Große Kathedrale

Kaum zu übersehen ist das aufwendige, im Zuckerbäckerstil erbaute, ockerfarbene Gebäude der **Agios Minas-Kathedrale (18)**. Sie zählt zu den größten Kirchen Griechenlands und bietet Platz für etwa 8.000 Gläubige. Damit ist sie sogar größer als die Metropolitenkirche von Athen. Der Bau dieser Kathedrale erfolgte noch in der Zeit der Türkenherrschaft, nachdem die **kleine Agios Minas-Kirche** für die beständig wachsende christliche Gemeinde zu eng geworden war. Der Grundstein wurde bereits 1862 gelegt, doch verzögerten die Aufstände der

Jahre 1866 bis 1883 die Bauarbeiten, die erst im Jahre 1895 ihren Abschluß fanden. Im Stil der Neo-Renaissance erbaut, zeigt die **Agios Minas-Kathedrale** ein Gemisch von byzantinischen, romanischen und klassischen Bauelementen. Innen findet sich das traditionelle Programm an Fresken und ikonographischen Darstellungen.

Die kleine **Agios Minas-Kirche (19)** ist eine Dreiraumkapelle aus dem späten 15. oder frühen 16. Jahrhundert, die mit der Zeit zahlreiche An- und Umbauten erfuhr. Zu besonderen Ehren kam dieses unscheinbare, dem Stadtheiligen von Iráklion geweihte Kirchlein im Jahre 1735. Damals wurde es zur neuen Metropolitenkirche erhoben, nachdem die Agios Titus-Kirche zuvor in die Geni-Tsami-Moschee umgewandelt worden war.

Die **Agía Ekateríni-Kirche (20)** stammt aus dem Jahre 1555. In ihren Grundzügen wurde sie im venezianischen Stil erbaut, d.h. als Tonnengewölbe über dem Grundriß eines lateinischen Kreuzes. Im Norden schließt sich ein nur wenige Jahre jüngerer Anbau an. In venezianischer Zeit diente diese kleine Kir-

Agia Ekaterini-Kirche

che als Katholikon des **Ekateríni-Klosters** von Iráklion. Letzteres war eine Dépendance des berühmten **Klosters der hl. Katharina vom Berg Sinai**, das in Iráklion eine Klosterschule unterhielt, die zu ihrer Zeit zu den bedeutendsten des östlichen Mittelmeerraumes zählte. Während das restliche Griechenland bereits dem osmanischen Reich angehörte, erlebte die byzantinische Kultur hier eine außergewöhnliche Nachblüte. Ikonenmalerei, Philosophie, Rhetorik und Musik kamen in dieser Bildungsstätte in Berührung mit der italienischen Renaissance. Heute beherbergt die Agía Ekateríni-Kirche das **Byzantinische Museum von Iráklion**, das eine äußerst sehenswerte Ikonensammlung zeigt, in der auch fünf Werke des berühmten kretischen Renaissancekünstlers *Michail Damaskinos* zu bewundern sind (S. 355).

Bedeutende Klosterschule

Südlich der Platia Ekaterini

Leider hat dieses Wohngebiet in den 1970er und 80er Jahren sehr viel von seinem ursprünglichen Charme verloren. Heute prägen auch hier die für griechische Großstädte typischen fünfgeschossigen, in Betonskelettbauweise errichteten Etagenhäuser das Stadtbild und verdecken die noch in den 70er Jahren dominante Silhouette der Agios Minas-Kathedrale.

Etagenbauweise

Auf dem Wege zur Martinengo-Bastion können Sie bei der **Panagia Stavroforoon-Kirche (21)** vorbeischauen, einer ehemaligen venezianische Klosterkirche aus dem 14. Jh. Sollte sie geöffnet sein, lohnt sich ein kurzer Besuch, der wertvollen Ikonen und aufwendig geschnitzten Ikonostase wegen. Die Ikonen

Wertvolle Ikonen

Grab von Nikos Kazantzakis

Simon mit dem Christuskind und *Johannes der Täufer* stammen aus dem 16. Jh. und werden ebenfalls *Michail Damaskinos* zugeschrieben. Im Vergleich zu seinen in der Ekaterini-Kirche ausgestellten Werken zeigen sie jedoch keine westlichen Kultureinflüsse, sondern entsprechen vollständig den strengen byzantinischen Traditionen der Ikonenmalerei.

Auf der **Martinengo Bastion (22),** inmitten einer kleinen Parkanlage, in der sich abends bevorzugt Liebespärchen treffen, liegt das schlichte Grabmal des berühmten kretischen Schriftstellers *Nikos Kazantzakis* (S. 100). Einige schwere, zumeist blumengeschmückte Bruchsteine, ein Grabstein und ein schlichtes mannshohes Holzkreuz – das ist alles. Dahinter eine unvergleichliche Kulisse: Im Süden erhebt sich der sagenumwobene *Joúchtas*, der in der Dämmerung die Silhouette eines schlafenden Menschen annimmt. Im Westen versinkt die Sonne jenseits des *Stroúmboulas* und *Vassilikós* bei *Fódele*, dem Geburtsort El Grecos. Hier ist der rechte Ort, um etwas Ruhe zu finden und die Inschrift des Grabsteines wirken zu lassen. In griechischer Schrift ist hier folgendes Kazantzakis-Zitat eingemeißelt:

Δεν ελπιξω τιποτα,	Ich erhoffe nichts,
δε φοβουμαι τιποτα,	Ich fürchte nichts,
ειμαι λεφτερος.	Ich bin frei.

Tip

Kazantzakis-Freunde sollten sich folgende zwei Sehenswürdigkeiten nicht entgehen lassen: erstens das liebevoll eingerichtete Kazantzakis-Museum in Mirtiá (S. 381) und zweitens den Nikos Kazantzakis-Saal im Historischen Museum von Iráklion (S. 354).

Vor der Stadtmauer

Auf dem Rückweg zur Platia Eleftherias empfehlen wir, kurz die Innenstadt zu verlassen und durch das zwischen der Jesus- und Vitouri-Bastion gelegene **Jesustor** vor die venezianische Befestigungsanlage zu treten. Hier bekommen Sie den besten Gesamteindruck der wuchtigen Festungsanlage aus dem 16. Jh.

Der schnellste Weg zurück führt über die „Ringstraße" Nikolaou Plastria oder über die Avenue Arthur Evans und Averof Othonos. Im geschäftigen Stadtviertel zwischen der Av. A. Evans, Averof Othonos und Leoforos Dikeosinis befinden sich viele Verwaltungseinrichtungen. Nahe der Pl. Nikephoro Phokas liegen die **Touristenpolizei (23)** und direkt an der Pl. Daskalojannis die **Post (24)**.

5.4   Archäologisches Museum (AMI)

Kein Zweifel, das Archäologische Museum von Iráklion ist eine der Top-Sehens-
würdigkeiten der Insel, bietet es doch einen weltweit einzigartigen Überblick
über die minoische Kultur. Doch ein Wermutstropfen bleibt: Zwar ist die Ausstellung chronologisch gegliedert, doch sind die Fundstücke in den einzelnen Vitrinen
alles andere als übersichtlich präsentiert. In ihren Grundzügen geht die Ausstellung noch zurück auf *Nikolas Platon* und *Stephanos Alexiou*, die sie zwischen 1951
und 1964 konzipierten. Seither wurde an der didaktisch unzureichend aufbereite-
ten Sammlung viel Kritik geübt, da sie eher einem Archiv ähnelt als einem zeitge-   *Viel Kritik*
mäßen Museum. Doch allmählich tut sich etwas, so wurde im Jahr 2000 erstmals
eine anschaulich aufbereitete Sonderausstellung über die kulturellen Beziehungen
der minoischen Kultur zu Ägypten präsentiert.

Damit Sie sich in den 20 Sälen des AMI zurechtfinden, haben wir einen ausführlichen Museumsrundgang ausgearbeitet, der den Blick auf die wichtigsten Fundstücke lenkt. Auch wenn Sie weniger Interessantes überspringen, sollten Sie auf
jeden Fall chronologisch vorgehen, nur so bekommen Sie einen Eindruck von
Aufstieg und Niedergang der minoischen Kultur.
Öffnungszeiten und Eintrittspreise entnehmen Sie bitte den gelben Seiten von Irá-
klion (S. 266).

     Tip
Für einen Besuch des AMI sollten Sie ca. 3 Stunden einkalkulieren. Am
besten kommen Sie kurz vor der Öffnung, zu diesem Zeitpunkt sitzen die
Wärter noch vor dem Haupteingang. Wenn es dann losgeht, haben Sie die Hallen
fast für sich allein. Später müssen Sie teilweise längere Wartezeiten in Kauf nehmen.
Auf keinen Fall sollten Sie den Fehler machen, Knossós und das AMI an einem Tag
„abzureißen", bereits die Fülle der Eindrücke im Museum wirkt leicht erschlagend.
Besuchen Sie das AMI am besten zweimal: zuerst vor der Besichtigung
der archäologischen Stätten und dann am Ende Ihrer Kretareise. Sie wer-
den verblüfft sein, wieviel lebendiger die Ausstellungsstücke dann wirken.

     Buchtip
Am Bücherstand in der Eingangshalle finden Sie jede Menge
Literatur über die minoische Kultur und die archäologische For-
schung auf Kreta. Hier gibt es auch den ausführlichen, deutschsprachigen
und farbig bebilderten Museumsführer.

 Saal I:
Neolithikum und Vorpalastzeit (5000 - 2000 v.Chr.)

Zu sehen sind Funde aus den frühesten Epochen der kretischen Kultur, die bei
der Erforschung von Nekropolen und Kulthöhlen ans Tageslicht kamen. Die ersten Vitrinen zeigen Keramikgefäße, Idole und Werkzeuge aus der Jungsteinzeit.
Ihre wichtigsten Fundorte sind *Knossós* und die *Eileityia-Höhle* bei *Amnissós*. Die   *Hämmer*
Werkzeuge dieser Zeit – Äxte, Hämmer und Keulen – wurden aus Stein herge-   *und Keulen*

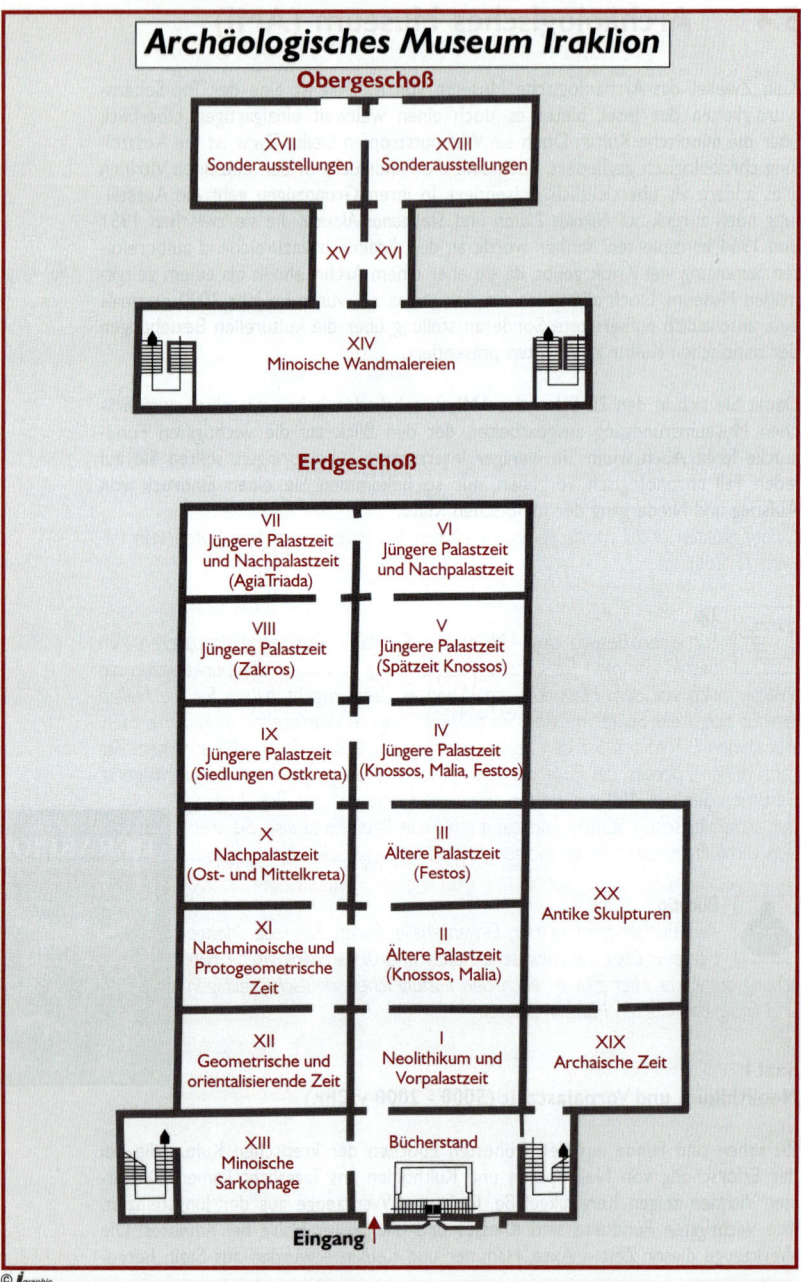

Archäologisches Museum Iraklion

Obergeschoß

XVII Sonderausstellungen

XVIII Sonderausstellungen

XV **XVI**

XIV Minoische Wandmalereien

Erdgeschoß

VII Jüngere Palastzeit und Nachpalastzeit (AgiaTriada)

VI Jüngere Palastzeit und Nachpalastzeit

VIII Jüngere Palastzeit (Zakros)

V Jüngere Palastzeit (Spätzeit Knossos)

IX Jüngere Palastzeit (Siedlungen Ostkreta)

IV Jüngere Palastzeit (Knossos, Malia, Festos)

X Nachpalastzeit (Ost- und Mittelkreta)

III Ältere Palastzeit (Festos)

XX Antike Skulpturen

XI Nachminoische und Protogeometrische Zeit

II Ältere Palastzeit (Knossos, Malia)

XII Geometrische und orientalisierende Zeit

I Neolithikum und Vorpalastzeit

XIX Archaische Zeit

XIII Minoische Sarkophage

Bücherstand

Eingang

© *i graphic*

stellt, einige feinere aus Knochen. Auffällig ist, daß die Keramikgefäße noch sehr einfache, weit geöffnete Formen aufweisen, denn sie wurden ohne Töpferscheibe hergestellt. Besonders interessant sind die Kultgegenstände, darunter das stilisierte, breitgesäßige Ton-Idol einer weiblichen Gottheit, Weihe-Idole in Tiergestalt und ein kleines sitzendes männliches Marmor-Idol.

Die folgenden Vitrinen verdeutlichen den Kultursprung, der mit dem Beginn der Bronzezeit um etwa 2700 v.Chr. einsetzte. Keramik-Gefäße sind nun weitaus kunstvoller gestaltet und zeigen regional differenzierte Stilrichtungen. Darunter Kannen im *Vassilikí-Stil* und Vorläufer der berühmten *Kamáres-Ware.* Außerdem sind zu sehen Kleinplastiken und Kultgegenstände (*Kykladenidole*), kunstvoll gearbeitete Schmuckgegenstände aus Gold, Elfenbein und diversen Steinen sowie Bronzewaffen und -werkzeuge. Es sind Grabbeigaben, die in *Archánes,* den Nekropolen *Ostkretas* und den Kuppelgräbern der *Messará-Ebene* gefunden wurden. Besonders faszinierend sind die Vielfalt und künstlerische Ausgestaltung der zahlreichen Siegelsteine, die als Roll- und Knopfsiegel verwendet wurden. Ihre ehemaligen Besitzer nutzten sie wohl in erster Linie zur Kennzeichnung ihres Eigentums und trugen sie an einer Schnur um den Hals.

*Faszinie-
rende
Siegel-
steine*

▬ Saal II:
Zeit der älteren Paläste (2000 - 1700 v.Chr.), Paläste von Knossós und Mália sowie Fundstücke zu den Gipfelheiligtümern

Es folgen Funde aus der Zeit der alten Paläste, der ersten großen Kulturblüte der minoischen Zeit. Die Menschen lebten nun nicht mehr ausschließlich in dörflichen Gesellschaften. In *Knossós, Mália* und *Féstos* hatten sich bereits Städte entwickelt, in deren Zentren reich ausstaffierte Paläste entstanden.

Ein besonders wertvolles Dokument der städtischen Kultur ist das kleine **Fayence-Relief einer Stadtansicht**, das in *Knossós* gefunden wurde: Es zeigt Häuser unterschiedlichen Bautyps, die bis zu 3 Stockwerke hoch reichen. Daneben jede Menge Keramik im *Kamáres-Stil* (rot-weiße Muster auf anthrazitfarbigem Grund), unter denen sich auch Exponate der hauchdünnen „Eierschalenware" befinden. Außerdem einige Kultfiguren, die Tiere, Krieger und Frauen darstellen.

*Eierscha-
lenware*

Es sind Votivgaben, die bronzezeitliche Pilger an den Gipfelheiligtümern opferten. Nicht übersehen sollten Sie die hier zusammengetragenen unscheinbaren Tonplättchen und -stäben, sie zeigen Schriftzüge der bisher noch nicht entzifferten kretischen Hieroglyphenschrift.

Stadtmosaik aus Fayence

Saal III:
Zeit der älteren Paläste (2000 - 1700 v.Chr.), Palast von Féstos und Kamáres-Höhle

Wir befinden uns noch immer in der Zeit der älteren Paläste, doch dieser Raum ist einzig und allein dem Palast von *Féstos* und der nahe Féstos gelegenen *Kamáres-Höhle* gewidmet. Mit Recht, denn die kulturelle Entwicklung von Féstos scheint in dieser Zeit die übrigen minoischen Zentren zu überflügeln.

Zu sehen ist jede Menge wertvolle *Kamáres-Ware*, wie sie einst in *Féstos* und seinen zugehörigen Siedlungen gefertigte wurde. Ihren Namen erhielt sie nach der nördlich von *Féstos* im Idagebirge gelegenen minoischen Kult-Höhle, dem ersten Fundort dieses Keramik-Stils.

Besonders auffällig sind ein spitzenartig umrandeter Fruchtständer und ein mit reliefierten Blumen versehener Krater (ein Gefäß, das vermutlich zum Mischen von Wasser und Wein gedient hat). Die hier ausgestellten Stücke waren wohl *Kultische* weniger das Alltags- oder Festtagsgeschirr einer königlichen Tafel als vielmehr *Hand-* Sakralgegenstände, die bei den kultischen Handlungen der Priesterinnen und Prie- *lungen* ster Verwendung fanden. Dies verdeutlichen auch die ausgestellten Opfertische, auf denen teilweise rituelle Szenen abgebildet sind.

Das eigentliche Interesse der meisten Besucher gilt in diesem Saal jedoch nur einem Objekt, dem rätselhaften **Diskos von Féstos**: Eine Tonscheibe mit etwa 16 cm Durchmesser, auf der beidseitig ein in Spirallinien angeordneter Hiero- glyphentext eingestanzt wurde. Er ist nicht nur das bemerkenswerteste Dokument *Großes* der kretischen Hieroglyphenschrift, deren Entzifferung bis heute nicht gelungen *Rätsel* ist, sondern auch das älteste Zeugnis der Druckkunst (und das 3.100 Jahre vor Gutenberg!) (lesen Sie dazu auch den Infokasten auf S. 504).

Saal IV:
Zeit der jüngeren Paläste (1700 - 1450 v.Chr.), Paläste von Knossós, Mália und Féstos

Von nun an bewegen wir uns durch die prachtvolle Welt der jüngeren Paläste. Sie entstand, nachdem die alten Paläste um 1700 v.Chr. bei einer Serie schwerer Erdbeben zerstört wurden. Scheinbar unbeeindruckt von dieser schweren Kata- strophe, läuft die Minoische Kultur nun zu ihrer Hochblüte auf, die ungefähr 250 Jahre währen sollte. Keramik-Gefäße zeigen nun Motive des *Flora-* und *Meeres- Stils*. Daneben finden sich zahlreiche prachtvolle Objekte aus Gold, Steatit und Elfenbein.

Kaum zu verfehlen ist das anmutige, Kraft und Würde ausstrahlende **Stierkopf- Rhyton**, das in der Pfeilerkrypta des kleinen Palastes von *Knossós* gefunden *Jaspis und* wurde. Der Kopf ist aus schwarzem Steatit gearbeitet, seine lebendig wirkenden *Bergkristall* Augen sind eingesetzt. Sie bestehen aus Jaspis und Bergkristall, während eine Einlegearbeit aus Perlmutt dem Maul seine charakteristische Form verleiht. Die Hörner aus vergoldetem Holz sind Rekonstruktionen, die in Analogie zu einem

Gegenstück ergänzt wurden, das man in den Königsgräbern von Mykene fand. Vermutlich diente diese aufwendig gearbeitete Darstellung des wichtigsten minoischen Kulttieres als Gußgefäß bei rituellen Handlungen. Die Öffnung unterhalb des Maules konnte dabei leicht mit dem Finger verschlossen werden.

Ebenfalls interessant sind die beiden als Fayence-Statuetten gearbeiteten **Schlangen-Göttinnen** aus der Schatzkammer des Zentralheiligtums von *Knossós*. Beide tragen weit ausladende, geschürzte Röcke und darüber ein eng geschnürtes Mieder mit halblangem Arm, das ihre üppigen Brüste unbedeckt läßt. Vermutlich handelt es sich um Priesterinnen, deren extrem betonte Weiblichkeit als Huldigung der Fruchtbarkeitsgöttin aufzufassen ist (vergleichbare Trachten finden sich auch auf den Fresken von Akrotiri/Santorin). Schlangen, wie sie diese Frauen in den Händen bzw. um den Körper geschlungen tragen, wurden in *Knossós* anscheinend als Symbol einer Erd- und Fruchtbarkeitsgöttin verehrt.

Stierkopf-Rhyton

Weitere bemerkenswerte Funde aus *Knossós* sind ein Alabaster-Rhyton, das in Form eines Löwinnenkopfes gearbeitet wurde, eine Elfenbeinschnitzerei, die wohl einen Stierspringer zeigt, und ein wertvolles Brettspiel (*Evans* nannte es das „Schachspiel"), das aus Elfenbein, Bergkristall, blauem Glasfluß, Gold- und Silberplättchen gefertigt wurde. Ähnliche Spiele sind auch aus Ägypten bekannt. Daneben sollten Sie auch das Kopfstück einer **leopardenförmigen Ritualaxt** beachten, das aus der Schatzkammer des Palastes von *Mália* stammt.

Saal V:
Zeit der jüngeren Paläste (1450 - 1375 v.Chr.);
Spätzeit und Ende des Palastes von Knossós

Um 1450 v.Chr. erfaßte eine Zerstörungswelle die minoische Welt, nahezu überall wüteten Brände, und die Paläste, Städte und Landhäuser fielen in Schutt und Asche. In Knossós hielten sich die Schäden jedoch in Grenzen, denn die Stadt konnte sich vermutlich mit mykenischer Hilfe behaupten. Um 1375 v.Chr. wurde dann auch der Palast von Knossós zerstört, der anschließend nie mehr in seiner alten Pracht aufgebaut wurde. Vieles deutet darauf hin, daß zu diesem Zeitpunkt mykenische Adelige die Herrschaft über Knossós und Kreta übernahmen.

Große Zerstörungswelle

In der Keramik taucht neben dem bereits bekannten *Fauna- und Meeres-Stil* der *Palast-Stil* auf, der nur in Knossós gefunden wurde. Von besonderem Interesse für die Rekonstruktion der minoischen Geschichte sind die aus Knossós stammenden Schriftstücke. Es handelt sich um Tontäfelchen mit eingeritzten **Linear-A-** und **Linear-B-Schriften**, die beim Brand des Palastes gehärtet wurden. Während das Schriftsystem des minoischen Linear-A bis heute nicht entschlüsselt werden konnte, gelang *Michael Ventris* im Jahre 1952 die Dechiffrierung des Linear-B-Systems, bei dem es sich um die Schrift einer archaischen Form der griechischen Sprache handelt.

Noch nicht entschlüsselt

Saal VI:
Zeit der jüngeren Paläste und Nachpalastzeit (1450 - 1300 v.Chr.), Nekropolen von Knossós, Archánes und Féstos

In diesem Saal sind Grabfunde ausgestellt, die vor allem aus den Nekropolen von Knossós, Archánes und Féstos stammen. Sie spiegeln deutlich den Einfluß der mykenischen Kultur wider. Die Mykener hatten zu diesem Zeitpunkt die ehemals so dominante minoische Kultur verdrängt und unterhielten nun zahlreiche Kolonien und Handelsstützpunkte, während ihre Städte auf Kreta zur vollen Blüte gelangten.

Ungeplündertes Königsgrab

Im Vergleich zur minoischen Kultur war das Leben der Mykener deutlich kriegerischer ausgerichtet, das verdeutlichen die **zahlreichen Waffen** (Schwerter, Dolche, Messer, Lanzen und Pfeile), die in jüngeren Gräbern gefunden wurden. Daneben eindeutig **mykenische Helmformen** (mit Wangenschutz), von denen ein Exemplar aus Eberzähnen gefertigt wurde. Bemerkenswert ist das ausgestellte Pferdeskelett, das aus einem ungeplünderten Königsgrab der Nekropole *Phourni* bei *Archánes* stammt. Es handelt sich um die Reste eines jungen Tieres, das nach der Opferung rituell zerlegt wurde. In der Keramik degenerierten allmählich die altbekannten Dekorationsmotive, eine Abgrenzung des *Palast-Stils* von nachfolgenden Stilen ist nicht immer eindeutig möglich.

Ekstatisch tanzende Frauen

Besonders interessant sind die **goldenen Siegelringe**, deren aufwendige Gravuren einen Einblick in die minoische Religion gewähren. Vermutlich stammen sie noch aus der Zeit der jüngeren Paläste. Zu sehen sind unterschiedliche Motive, darunter eine Gruppe ekstatisch tanzender Frauen auf einer Lilienwiese, zwischen ihnen sind ein „allsehendes göttliches Auge" und eine Schlange abgebildet. Weitere Ringe zeigen z.B. eine detaillierte Szene des „Baumkults" oder einen sphinxartigen Greif, wie er auch auf den Fresken im Thronsaal von Knossós zu sehen ist; neben ihm tanzt eine „Göttin".

Saal VII:
Zeit der jüngeren Paläste und Nachpalastzeit (1700 - 1450 v.Chr.), Herrenhäuser, Villen und Grotten in Zentralkreta

Achtung! In der Chronologie bewegen wir uns nun wieder zurück in die Zeit der jüngeren Paläste, d.h. die Epoche vor der mykenischen Machtergreifung. Hier werden in erster Linie Funde aus den Herrenhäusern, Villen und Grotten Zentralkretas ausgestellt, die ebenfalls interessante Einblicke in die Welt der minoischen Gesellschaft bieten. Direkt im Eingang sind riesige Doppeläxte zu sehen, daneben stehen drei gewaltige Bronze-Kessel aus der Villa von *Tílissos*.

Riesige Doppeläxte

Unter den Funden aus der Villa von *Agía Triáda* sind vor allem drei aus schwarzem Steatit gefertigte Steingefäße erwähnenswert: 1) Die **„Schnittervase"**, sie zeigt eine in Zweier- oder Dreierreihen marschierende Gruppe von Männern, die von der Feldarbeit heimkehren (bzw. an einer Prozession teilnehmen). Vorweg schreitet ein auffällig gekleideter Mann mit langen Haaren und Stock, möglicherweise ein Priester. Dahinter folgt eine Gruppe von Sängern, der ein Mann mit einem

„Sistrum" den Takt vorgibt. 2) Der „**Prinzenbecher**", auf dem eine Wache abgebildet ist, die vor einem Vorgesetzten stramm salutiert. 3) Ein in weiten Teilen ergänztes „**Boxer-Rhyton**", das aufschlußreiche Kampfspiele zeigt. Ausnahmsweise ist hier auch eine blutig wirkende Darstellung des sonst rein ästhetisch wiedergegebenen Stierspringens zu sehen. *Aufschlußreiche Kampfspiele*

Außerdem werden Bronzebarren aus Agia Triada gezeigt, die in minoischer Zeit als Zahlungsmittel dienten. Daneben zahlreiche Bronzestatuetten (Stiere, Wildziegen, Männer und Frauen), die als Weihegaben in minoischen Heiligtümern gefunden wurden (z.B. der *Diktäischen Höhle* auf der *Lassithi-Ebene*). *Weihegaben*

Ein einzigartiges Zeugnis der minoischen Goldschmiedekunst ist das goldene **Halsgeschmeide** aus der Nekropole von *Mália*. Es zeigt einen Anhänger mit zwei Bienen, die einen Tropfen Honig in einer Wabe deponieren. Vermutlich stammt es noch aus der Zeit der alten Paläste.

Saal VIII:
Zeit der jüngeren Paläste (1700 - 1450 v.Chr.), Palast von Zákros

Es folgt eine Auswahl einzigartiger Fundstücke aus der minoischen Palast- und Hafenstadt bei *Káto Zákros*. Diese im äußersten Osten Kretas gelegene Siedlung wurde erst 1965 ausgegraben, ans Tageslicht kam der erste ungeplünderte Palast Kretas. Zu sehen sind Keramik-Waren im *Meeres-Stil* und zahlreiche wunderschöne Steingefäße.

Kaum zu übertreffen an Schönheit ist das kleine **Bergkristall-Rhyton**, das in der Schatzkammer des Palastes gefunden wurde. Um den Hals dieser Miniatur-Amphore schmiegt sich ein Bergkristallring mit vergoldeten Spangen, der Henkel ist aus Kristallperlen gefertigt. Ebenso außergewöhnlich wie die Meisterleistung des bronzezeitlichen Künstlers ist dabei wohl auch die Arbeit des Restaurators, der dieses Wunderwerk aus Hunderten von Einzelteilen wieder zusammensetzte.

Bergkristall-Rhyton

Ebenfalls sehenswert sind die Überreste eines aus Chlorit gefertigten, jedoch nur teilweise erhaltenen Rhytons, das ein dreiteiliges Gipfel-Heiligtum zeigt, auf dem Bergziegen liegen. Weitere Rhyta sind in Tierform gearbeitet, darunter eine Nautilusschale oder Stierköpfe.

Saal IX:
Zeit der jüngeren Paläste (1700 - 1450 v.Chr.),
Siedlungen in Ostkreta (Palékastro, Goúrnia, Psíra)

Im folgenden Saal werden Funde aus den bronzezeitlichen Städten Ostkretas gezeigt. Sie gewähren interessante Einblicke in das Leben der einfachen Menschen zur Zeit der jüngeren Paläste. Zu sehen sind Keramikwaren, die Motive des *Meeres-* und *Flora-Stils* zeigen. Daneben Kleinplastiken aus Ton- und Bronze, sie *Einfache Menschen* stammen zum Teil vom Gipfelheiligtum des *Piskokefalo*, andere wurden in den entsprechenden Siedlungen gefunden. Besonders stechen die aus Elfenbein gearbeiteten **Kinderfiguren** aus *Palékastro* hervor.

Amethyst, Karneol,...

Das eigentliche Highlight dieses Raumes sind jedoch die ausgestellten **Siegel**, deren Material eine breite Palette von Halbedelsteinen abdeckt: darunter Amethyst, Karneol, Chalzedon, Jaspis, Achat, Onyx, Meteorit und Hämatit. Die Thematik der kunstvoll herausgearbeiteten Darstellungen scheint unerschöpflich, und man fragt sich, welche Werkzeuge die bronzezeitlichen Graveure wohl nutzten, um die aufwendigen Miniaturen in den harten Stein zu schneiden.

Saal X:
Kultur der Nachpalastzeit (1400 - 1100 v.Chr.)

Wir wenden uns nun wieder der Zeit der mykenischen Herrschaft zu und damit dem endgültigen Niedergang der minoischen Kultur. Nach der großen Zerstörungswelle um 1450 v.Chr. entstanden neue Siedlungen, doch das Leben auf Kreta wurde deutlich ärmer. Kreta war nun eine mykenische Provinz.

Das Dekor der Keramik zeigt in dieser Phase bereits einen deutlich geringeren Naturbezug, die Darstellungen sind linear stilisiert. Während der Lebensstandard sinkt, gibt es im religiösen Leben eine bemerkenswerte Entwicklung: In den Siedlungen der Nachpalastzeit rücken öffentliche Heiligtümer an die Stelle des Palastkults. In ihnen werden zahlreiche, **aus billigem Ton gefertigte Idole** ausgestellt. Die Verwendung der wertvollen Bronze nimmt dagegen ab. Die meisten der

Offensichtlicher Verfall

größeren Idole stellen Göttinnen oder Priesterinnen dar, die ihre Hände flehend zum Himmel erheben. Sie wurden in den Heiligtümern von *Gázi*, *Górtis*, *Knossós* und *Goúrnia* gefunden. Der Verfall der minoischen Kunst ist offensichtlich.

Ansprechend ist das **Tonmodell einer Schaukel**, das im Heiligtum *von Agía Triáda* gefunden wurde. Es zeigt eine Gestalt, die zwischen zwei Pfosten schwebt, auf deren Spitze sich Vögel niedergelassen haben. Vermutlich handelt es sich um eine schaukelnde Priesterin. Die Vögel symbolisieren die *Epiphanie* („Erscheinung") der angebeteten Gottheit. Noch im *Athen* der klassischen Zeit war das Schaukeln ein religiöses Fest, das zum Frühlingsanfang gefeiert wurde.

Saal XI:
Nachminoische und frühgeometrische Kultur (1100 - 900 v.Chr.)

Einwanderung der Dorer

Im 11. und 10. Jh. v.Chr. wanderten dorische Stämme auf Kreta ein. Die Dorer brachten neue Kultureinflüsse, die sich bald durchsetzten. Es dämmerte das Eisenzeitalter. Die alten Siedlungen waren unsicher geworden, und die bronzezeitlichen Stämme Kretas wurden in abgelegene Bergregionen des Ostens abgedrängt. In *Karphi* (oberhalb der Lassithi-Ebene) oder *Kavoúsi* (oberhalb der Bucht von Istro) wurden auch weiterhin tönerne Idole, Geräte und Gefäße hergestellt, in denen noch die alten minoischen Stilformen zu erkennen sind. In Form der stark stilisierten, flehenden **Ton-Göttin** von *Karphi* erscheint die alte minoische Göttin auf Kreta ein letztes Mal. Im Gegensatz zu den zuvor gefertigten Statuen haben diese Idole getrennt gearbeitete Füße, die in einer Öffnung des Zylinders befestigt wurden, der ihren Rock bildet.

Mit den Dorern beginnt auf Kreta der Übergang zur griechischen Antike. Die Keramik zeigt neue Formen und Themen, ihr Dekor wird von strengen **geometrischen Mustern** geprägt, welche die verspielt wirkenden Naturmotive der minoischen Zeit ersetzen. Dazu treten stark stilisierte Darstellungen von Klageweibern, Streitwagen oder Menschen, die von Löwen in Stücke gerissen werden. Besonders deutlich wird der kulturelle Wandel auch in der Änderung der Bestattungssitten, denn die Dorer erbauen keine Nekropolen, sie verbrennen ihre Toten und setzen sie in Urnen bei. Ebenfalls ausgestellt sind einige Metall-Fibeln, die die schweren wollenen Gewänder der dorischen Kleidung zusammenhielten, denn auch die Bekleidung hatte sich grundlegend geändert. Beim Waffenbau verdrängte allmählich das Eisen die weiche Bronze.

Klageweiber und Streitwagen

Saal XII:
Geometrische und orientalisierende Zeit (900 - 650 v.Chr.)

Die geometrische Keramik zeugt von einer neuen Blüte Kretas. Doch die Keramik dieses Raumes besticht eher durch Anzahl und Größe. Ihr Dekor ist meist polychrom und zeigt blaue und rote Farben, die auf den gelblichweißen Grund der Gefäße aufgetragen wurden. Von 725 bis 650 v.Chr. war Kretas Kontakt zum Orient so eng, daß zahlreiche **orientalische Elemente** in den griechischen Kunstwerken jener Zeit auftauchen. Darunter Sphinxen, Greife, Pantherköpfe und Löwen. In der Kunstgeschichte bezeichnet man diesen Abschnitt der Geometrischen Zeit auch als orientalisierende Epoche. Gerne belächelt wird in diesem Saal das leicht naive Abbild eines Liebespaares, denn im Vergleich zu den Darstellungen der minoischen Zeit erinnert es fast an eine Kinderzeichnung.

Saal XIII:
Minoische Sarkophage (Larnakes)

Bevor Sie nun zur Treppe ins Obergeschoß gelangen, folgt noch der Saal der minoischen Sarkophage. Die Sitte der Minoer, ihre Toten in Sarkophagen (*larnakes*) beizusetzen, existierte seit der Vorpalastzeit. Waren es anfangs wohl hauptsächlich Holzsärge, so setzten sich in der spätminoischen Zeit (zwischen 1400 und 1100 v.Chr.) die sehr unterschiedlich gearbeiteten Tonsarkophage durch. Im selben Zeitraum waren auch Bestattungen in den sonst als Vorratsgefäße bekannten *Pithoi* üblich. Falls Sie sich über die geringe Ausdehnung der Särge wundern: Die Toten wurden in der sog. Hockstellung in die Sarkophage gelegt (mit auf der Brust gekreuzten Armen und gekreuzten Beinen), noch bevor die Totenstarre eintrat.

Noch vor der Totenstarre

Säle XIV bis XVI:
Minoische Wandmalereien (1600 - 1400 v.Chr.) und der Sarkophag von Agia

Das Obergeschoß bildet unzweifelhaft den Höhepunkt des Museums. Die hier ausgestellten **Wandmalereien** vermitteln einen lebendig wirkenden Einblick in

INFO **Minoische Fresken**

Arthur Evans und die gesamte Fachwelt des frühen 20. Jahrhunderts waren fasziniert von den auf Kreta gefundenen Fresken. Ihre Fragmente ließen eine überraschend moderne Welt vermuten – voll Grazie und Sinnlichkeit – die mit keiner bisher bekannten Kultur der Antike zu vergleichen war. Diese Bilder zeigten ein Volk, das scheinbar in Harmonie lebte – sowohl mit sich selbst als auch mit der Natur. Es gab keinerlei Kriegsmotive, und die Frauen waren den Männern gleichgestellt; Priesterinnen führten die Verehrung einer weiblichen Gottheit an. Doch wieviel dieser einladenden Welt war wirklich minoischen Ursprungs und wieviel *Arthur Evans* Erfindung? Viele der damals vorgenommenen Rekonstruktionen sind heute umstritten. Selbst Laien werden skeptisch, wenn sie bei genauer Betrachtung der Originale bemerken, wie viele der spektakulären Bilder auf der Phantasie ihrer Restauratoren beruhen. Die Begeisterung, mit der *Evans* und seine Gehilfen versuchten, Licht ins

Stierspringerfresko aus dem Ostflügel von Knossós

Dunkel der Geschichte zu bringen, ließ keinen Platz für Zweifel. Stark zerstörte Fresken wurden großzügig mit kräftigen Farben ergänzt. Heutige Wissenschaftler wären mit Sicherheit zurückhaltender. Das Fresko des „krokuspflükkenden blauen Affen", der zunächst als Knabe interpretiert wurde, ist nur ein Beispiel. Auch das Fresko des „Lilienprinzen" wird heute anders gedeutet: Sein Kopfputz stammte vermutlich von einer Sphinx. Doch in ihren Grundzügen dürften die meisten Interpretationen stimmen, das zeigen die außergewöhnlich gut erhaltenen Fresken von Akrotirí auf Santorin, die der berühmte griechische Archäologe *Spiridon Marinatos* ab 1967 ausgrub (zu sehen im Archäologischen Nationalmuseum von Athen).

Eine ausgeprägt sensible Naturbeobachtung zeichnete die minoischen Künstler aus, die das Wiegen der Gräser im Wind oder das Rauschen der Blätter ebenso gut wiedergeben konnten wie die Bewegungsabläufe der Menschen oder das abrupte Wenden eines erregten Stiers. Für ihre Bilder benutzten sie mineralische Farbstoffe. Weiß wurde aus Kalk gewonnen, Rot aus eisenhaltiger Erde, Gelb aus Tonerde, Blau vermutlich aus Azurit und Schwarz aus Mangan. Bei der Darstellung von Menschen symbolisierte die Farbe Weiß den blassen Teint der Frauen, während Rot für den kräftigeren Hautton der Männer benutzt wurde. Eine Konvention zur Unterscheidung der Geschlechter, die in der Kunst des gesamten östlichen Mittelmeerraumes galt und noch bis zum Ausgang der Antike beibehalten wurde.

die Welt des **minoischen** Kreta. Szenen des höfischen und religiösen Lebens finden sich ebenso wie anmutige Darstellungen der Tier- und Pflanzenwelt. Die Mehrzahl der Fresken stammt aus dem *Palast Knossós*, doch auch in den Villen von *Agía Triáda*, *Tílissos* und *Amnissós* konnten Reste wundervoller Wandmalereien geborgen werden. Sie schmückten einst Repräsentationssäle und Kulträume. Die hier ausgestellten, stark ergänzten Fresken entstanden in der jüngeren Palastzeit. Aus der Zeit der älteren Paläste ist kaum Wandschmuck erhalten.

*Repräsen-
tationssäle
und
Kulträume*

Weiterhin findet sich im Obergeschoß ein **Holzmodell des Palastes von Knossós**, das einen guten Eindruck von der labyrinthischen Konstruktion dieses Bauwerkes vermittelt. Nicht weniger bedeutungsvoll als die Fresken ist der aus spätminoischer Zeit stammende **Steinsarg von Agía Triáda**, der einzige bisher auf Kreta gefundene Steinsarkophag. Er zeigt aufschlußreiche Szenen minoischer Kulthandlungen.

Säle XVII und XVIII:
Sonderausstellungen

Diese Säle, deren Sammlungen in früheren Jahren verschlossen blieben, werden inzwischen für Sonderausstellungen genutzt. Mit etwas Glück bietet sich die Gelegenheit, auch im Archäologischen Museum von Iráklion eine museumsdidaktisch gelungene Ausstellung zu besuchen, in der die Fundstücke nicht nur ausgestellt, sondern in ihren kulturellen Zusammenhängen erklärt werden.

*Museums-
didaktisch
gelungen*

Saal XIX:
Archaische Zeit (650 - 500 v.Chr.)

Dieser Saal ist gewissermaßen die Fortsetzung von Saal XII (Geometrische und orientalisierende Zeit). In der archaischen Zeit entstanden auf Kreta zahlreiche, nach dem dorischen Militärsystem organisierte Stadtstaaten, deren Staatsform aristokratisch-konservativ geprägt war (vgl. Sparta). Zugleich wurde auf Kreta jedoch auch eine neue Form der Architektur und Bronzekunst geschaffen, deren *Dädalischer Stil* Schule machen sollte. Schöne Beispiele sind die hier ausgestellten Bronze-Großplastiken aus dem Apollo-Tempel von *Dríros* (sie zeigen *Apollo*, seine Schwester *Artemis* und seine Mutter *Leto*) sowie der Fries des Tempels von *Prinias*.

In diesen Ausstellungsstücken werden sowohl der strenge dorische Geist als auch die Einflüsse des Orients deutlich.

Bemerkenswert sind die aus Bronze gefertigten Votivschilde, die in der *Idäischen Höhle* gefunden wurden. Sie erinnern an den Zeusmythos, nach dem die *Kureten* mit ihrem lärmenden Waffentanz den neugeborenen Gott schützten.

Votivschild

Saal XX:
Skulpturen der Griechischen und Griechisch-Römischen Zeit
(5. Jh. v.Chr. - 4. Jh. n.Chr.)

Zu sehen sind mehrere Skulpturen der griechischen und römischen Zeit, die hauptsächlich aus *Gortís* und *Knossós* stammen. Die vorangegangene archaische Zeit war jedoch die letzte Epoche der Insel, in der echte „kretische Kunstwerke" geschaffen wurden. Letztendlich waren es wohl die häufigen Kriege der kretischen Stadtstaaten, die den Verfall der künstlerischen Schaffenskraft auf Kreta
Nur noch bewirkten. Aus den folgenden klassischen, hellenistischen und römischen Epochen
provinziell finden sich auf Kreta jedenfalls lediglich provinzielle Werke. Sie haben jegliche Eigenart verloren und spiegeln „nur noch" den allgemeinen Zeitgeist der antiken Welt wider.

5.5 Historisches Museum

Etwas versteckt, oberhalb der Uferstraße Sofokles Venizelou, liegt das **Historische Museum Kretas**. Untergebracht in einem wunderschönen, neoklassizistischen Herrenhaus, bietet es interessante Einblicke in die kretische Kultur und Geschichte von der frühchristlichen Zeit bis ins 20. Jh. Seine Ausstellungsräume erstrecken sich über drei Stockwerke und beherbergen Sammlungen mit verschiedenen Schwerpunkten.

Die **byzantinisch-mittelalterliche Sammlung** im Erdgeschoß und ersten Obergeschoß umfaßt Ausstellungsstücke aus byzantinischer, venezianischer und türkischer Zeit. Darunter Fresken des 13. bis 16. Jh., wertvolle liturgische Geräte, Inschriften, Münzen, Schmuckstücke und Kleinkunstwerke. Unter anderem finden
El Greco Sie hier auch das einzige *El Greco* zugeschriebene Gemälde auf Kreta.

Die **Sammlung der kretischen Aufstände** zeigt Andenken aus der Zeit der Freiheitskämpfe im 19. Jh. sowie des autonomen kretischen Staates (1898 –1913). Darunter Fahnen, Waffen und Portraits der Kämpfer.

Kretische Im zweiten Obergeschoß befinden sich drei weitere Sammlungen: Die **Volks-**
Volkskunst **kundliche Sammlung** zeigt zahlreiche Beispiele kretischer Volkskunst, darunter Webarbeiten, Stickereien, Spitzen, Trachten, Schmuckstücke und Musikinstrumente. Im **Nikos Kazantzakis-Saal** sind neben dem Schreibtisch, der Bibliothek, einigen persönlichen Erinnerungsstücken und Handschriften auch zahlreiche polyglotte Ausgaben des Schriftstellers ausgestellt. Direkt gegenüber liegt der **Emanuel Tsouderos-Saal**. Daneben Fotos des deutschen Überfalls auf Kreta und der Besatzungszeit.
Öffnungszeiten und Eintrittspreise entnehmen Sie bitte den gelben Seiten Iráklion (S. 266).

5.6   Byzantinisches Museum

Das Byzantinische Museum in der kleinen Ekateríni-Kirche ist das wohl stim-
mungsvollste Museum der Stadt. Auch wenn Sie kein ausgesprochener Byzantini-
stik-Fan sein sollten, werden Sie dieser **Ikonen- und Freskenausstellung** blei- *Bleibende*
bende Eindrücke abgewinnen können, die Sie mit der strahlenden Bilderwelt der *Eindrücke*
orthodoxen Kirche vertraut macht. Sachkundigen Besuchern bietet sich die seltene Gelegenheit, die Entwicklung der kretischen Ikonenmalerei vom 15. bis 19. Jh.
zu studieren, die in der Zeit der Renaissance durch **Michaíl Damaskinós** einzigartige Impulse erfuhr. Doch gibt es hier nicht nur Ikonen und Fresken zu sehen: In
vielen Vitrinen finden Sie illustrierte **Handschriften**, reich bestickte **Meßgewänder** und **liturgisches Gerät** aus dem ausklingenden 18. und 19. Jh. Begünstigt wird die Präsentation der Ausstellungsstücke durch die ruhige, helle und
beschauliche Atmosphäre dieses Ortes, der in venezianischer Zeit das Katholikon
des bedeutenden Agiá Ekateríni-Klosters war, das in Iráklion eine einflußreiche
Klosterschule betrieb.
Öffnungszeiten und Eintrittspreise s. gelbe Seiten Iráklion (S. 266).

Hinweis
*Wertvolle Ikonen beherbergt das Historische Museum. Besonders sehens-
werte Ikonensammlungen finden Sie darüber hinaus im Kloster Gouniá bei
Kolimbári (Westkreta) und Kloster Toploú bei Sítia (Ostkreta).*

INFO   ## Ikonen – Spiegel des göttlichen Lichts

Wer das erste Mal eine orthodoxe Kirche betritt, mag die Atmosphäre zumeist als
fremd, mystisch oder sogar etwas unheimlich empfinden. Raumgestaltung und Gottesdienst stehen ganz im Zeichen des Rituals. Ikonen (von altgriechisch *eikon* =
„Eben- oder Abbild"), die für die Ostkirche so charakteristischen transportablen
Kultbilder, haben dabei eine ganz besondere Bedeutung. Neben der Heiligen Schrift
bilden sie das zentrale Fundament der orthodoxen Glaubenswelt. Gerade Ikonen
ziehen auch skeptisch-rationalistisch denkende Menschen in ihren Bann.

Auf Ikonen werden Christus, Maria, die Apostel, Erzengel oder andere hohe Heilige,
einzeln oder in Szenen, dargestellt. Ihre Anfertigung folgt strengen Regeln und hat
sich im Verlauf der Geschichte nur wenig verändert. Noch heute gilt die Ikonenmalerei als liturgische Handlung, und nicht wenige Ikonenmaler fasten und beten, bevor
sie ein neues Heiligenbild anfertigen. Motive und Gestaltungsregeln sind in jahrhundertealten Malbüchern festgelegt: Heilige werden nach ihrer Auferstehung dargestellt, ihnen fehlt der Ausdruck der Lebenden. Gebäude, Landschaften oder Felsen
werden nur stilisiert wiedergegeben. Alles ist zweidimensional, ohne jegliche Raum-
illusion, schließlich dient eine Ikone nicht dazu, Gegenständliches aus dieser Welt
abzubilden, sondern als authentische Wiedergabe eines heiligen Urbildes (Arche-
typs), das durch sein Abbild hindurchwirkt. Aus diesem Grund fehlt auch jegliche
Zentralperspektive. In der Bilderwelt der Ikonen gibt es kein von außen strahlendes

Licht und deshalb auch keine Schatten. Der Bildaufbau ist darauf ausgerichtet, daß die Strahlen des göttlichen Lichts von der Ikone aus zum Betrachter streben, indem sie sich bündeln.

Ein Effekt, den auch die Maltechnik unterstreicht: In einem aufwendigen Verfahren wird auf ein Stück Holz zunächst die Leinwand aufgetragen. Dann werden die Umrisse des Heiligenbildes verzeichnet. Sind diese festgelegt, erhält die Ikone ihre charakteristische Schicht aus Blattgold. Danach malt der Künstler das Bild aus: zunächst die dunklen Partien und erst am Schluß die hellen! Zur Anwendung kommen auch heute noch die traditionellen Ei-Temperafarben, mineralische Farbpigmente, die mit einer Mischung aus Eigelb und Essig fixiert werden. Im Gegensatz zu Ölfarben garantieren sie eine extrem lange Haltbarkeit.

Für die gläubigen Kreter gibt es keinen Zweifel: Ikonen können Wunder bewirken, Kranke heilen, Tote erwecken, Teufel austreiben, in Kriege oder Katastrophen eingreifen und manchmal sogar Raum und Zeit überwinden. In vielen Kirchen bezeugen unzählige, an den Heiligenbildern angebrachte Votivtäfelchen (*tammata*) den Dank der von Krankheit und Kummer Geplagten. Und immer wieder hört man in den Dörfern und Klöstern von den Legenden, die

Anbetung der Hl. drei Könige (Michaïl Damaskinós, 16. Jh.)

sich um wundertätige Ikonen ranken, die spätestens zum lokalen Heiligenfest im Rahmen einer Prozession zu besonderen Ehren gelangen. Doch auch im täglichen Leben sind Ikonen allgegenwärtig. Auf Kreta fehlen sie in keinem Haushalt, hängen in Bussen über dem Fahrersitz oder stehen an besonders gefährlichen Straßenecken in den *Ikonostasen* (Miniaturkapellen, in denen neben der Ikone des Schutzheiligen ein Öllämpchen brennt und meist ein kleines Blumenopfer zu finden ist).

Hinweis
Vielleicht möchten Sie selbst eine Ikone erstehen. Das können Sie am besten bei den von uns empfohlenen Ikonenmalern oder beim Besuch eines größeren Klosters. Auf jeden Fall sollten Sie beim Ikonenkauf die in den Reisepraktischen Hinweisen (Stichwort „Antiquitäten") beschriebenen Grundsätze beherzigen.

5.7   Naturhistorisches Museum

Gut gelungen ist das moderne Naturhistorische Museum der Universität Kreta. Beispielhaft gestaltet, ist es das einzige Museum der Stadt, dem mit Sicherheit auch Kinder etwas abgewinnen können. Sie finden das auffällige Gebäude – der Eingang ist von hohen Palmen gesäumt – außerhalb der Innenstadt, auf direktem Weg nach Knossós.
Öffnungszeiten entnehmen Sie bitte den gelben Seiten von Iráklion (S. 266).

Auf über 800 m² Ausstellungsfläche erfahren Sie alles über Natur- und Landschaftsgeschichte Kretas. Im Erdgeschoß werden die wichtigsten Pflanzen- und Tierarten Kretas und Griechenlands, nach Lebensräumen geordnet, vorgestellt: Wälder, Macchia und Phrygana, Feuchtgebiete, Steilküsten, Sandstrände, Höhlen und Gebirgsmassive. Ergänzt werden die Themenräume durch Vitrinen mit Greifvögeln und einer Auswahl charakteristischer Pflanzenarten. Im Innenhof befindet sich ein kleiner botanischer Garten mit Pflanzen, die nur auf Kreta vorkommen. Außerdem tummeln sich in einem Freigehege griechische Landschildkröten. *Nach Lebensräumen geordnet*

Im ersten Stockwerk finden Sie folgende Themen: 1) Die geologische Entwicklung Kretas, 2) Der Werdegang des Menschen und 3) Die Einbettung des Menschen in die Natur der Bronzezeit. Eine mit hochwertigen Schautafeln aufbereitete Fossilien- und Gesteinssammlung informiert über die Entstehung der kretischen Berge und Schluchten. Im Nebenraum befindet sich das Modell eines bronzezeitlichen Bauernhauses, das einen Einblick in die Alltagswelt der minoischen Kreter gewährt. Hier steht einmal nicht die hochentwickelte Kunstwelt der minoischen Paläste im Vordergrund, sondern das Dasein normaler Menschen, die durch ihr Handeln das Erscheinungsbild der heute vorhandenen kretischen Landschaft schufen.

Landschildkröten im Freigehege

Ein Überblick, der die derzeit gängige Auffassung der Entwicklung und räumlichen Ausbreitung des Menschen (vom Primaten bis zur Entstehung der ersten Hochkulturen) darstellt, rundet die gesamte Ausstellung ab. Im Erdgeschoß des Museums finden Sie ein kleines Café und ein Kino sowie einen Verkaufsstand, an dem Sie zukünftig hoffentlich weitere hochwertige hauseigene Publikationen kaufen können.

6. IRÁKLIONS HINTERLAND UND NORDOSTKÜSTE

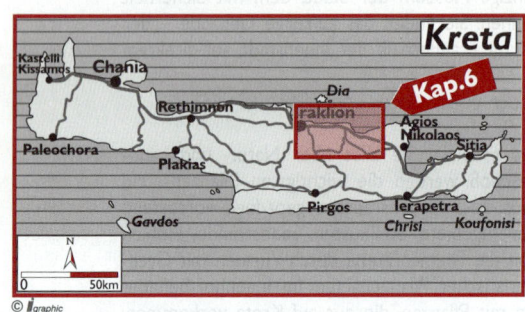

*Wein-
berge,
Klöster,...
heißes
Nacht-
leben*

▬▬ Überblick

Küste und Hinterland Iráklions vereinen krasse Gegensätze auf engstem Raum. Bereits wenige Kilometer hinter Iráklion endet das Chaos der Großstadt abrupt. Entlang wasserreicher Täler erstrecken sich Dörfer, Olivenhaine und ausgedehnte Weinberge, zwischen denen uralte Kirchlein und Klöster liegen. Schon vor über 4.000 Jahren war dies eine ertragreiche Kulturlandschaft, in deren Zentren prächtige Paläste entstanden. Der eindruckvollste unter ihnen war ohne Frage Knossós, doch auch im nahen Archánes und entlang der Küste stößt man immer wieder auf Spuren aus minoischer Zeit. Entlang der Nordostküste treten sie leider in den Hintergrund. Zu offensichtlich sind die Bausünden der jüngeren Vergangenheit. Hotel- und Apartmentkomplexe säumen die Küstenstraße ("Old Road") bis weit in die Bucht von Mália. Zwischen ihnen liegen allerorts Souvenirläden, Tavernen und Autovermietungen, viele von ihnen Schwarzbauten, ohne Entwicklungsplanung in die Landschaft gebaut. Limín Chersónissos und Mália sind die Zentren des kretischen Pauschaltourismus, berühmt-berüchtigt für ihr heißes Nachtleben.

6.1   Knossós (Κνωσοζ)

Aktuelle Reisetips (Öffnungszeiten, Eintrittspreise etc.) zu Knossós *entnehmen Sie bitte der gelben Seite 266.*

Anfahrt

Knossós liegt etwa 5 km südöstlich des Stadtzentrums von Iráklion, aus der Innenstadt ist es problemlos mit dem Bus oder Taxi erreichbar. Mit dem Auto fahren Sie von der Platia Eleftherias aus am Denkmal des nationalen Widerstandes vorbei, die Leoforos Dimokratias hinunter, direkt auf die Staatsstraße 99 in Richtung Archánes. Nach ca. 20 Minuten (je nach Tageszeit) erreichen Sie die Ausgrabungsstätte des Palastes an der linken Straßenseite.

Hinweis

Die einzigen offiziellen und kostenlosen Parkplätze befinden sich direkt am Haupteingang, sind aber meist mit Reisebussen zugestellt. Die übrigen Parkplätze gehören zu den umliegenden Tavernen, die Parkgebühren verlangen.

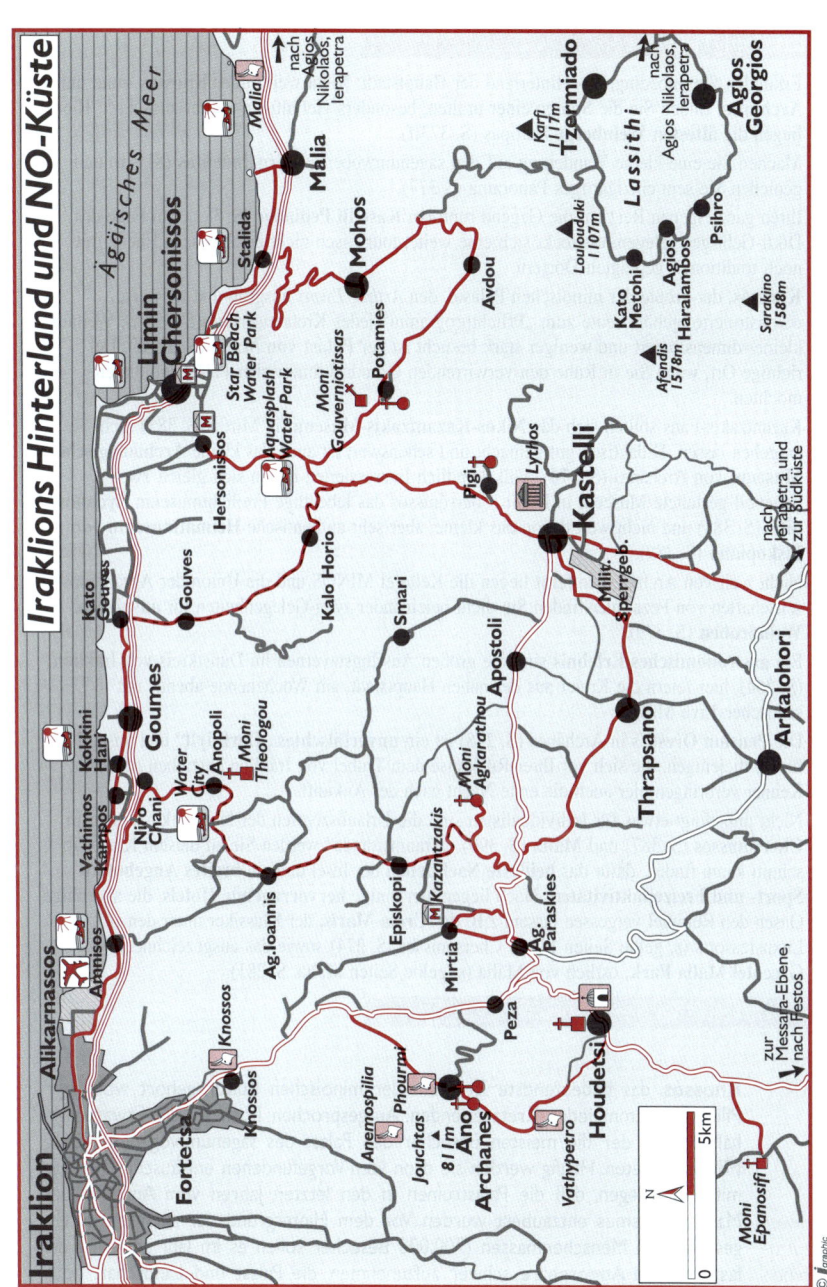

Iraklions Hinterland und NO-Küste

Ägäisches Meer

Iraklion

Fortetsa

Alikarnassos

Amnisos

Vathimos Karpos

Kokkini Hani

Kato Gouves

Niro Chani

Water City

Goumes

Anopoli

Moni Theologou

Gouves

Hersonissos

Limin Chersonissos

Aquasplash Water Park

Star Beach Water Park

Stalida

Malia

Malia

nach Agios Nikolaós, Ierapetra

Mohos

Potamies

Moni Gouverniotissas

Avdou

Kalo Horio

Smari

Apostoli

Thrapsano

Arkalohori

Lyttos

Kastelli

Digi

Milit. Sperrgeb.

nach Ierapetra und zur Südküste

Tzermiado

Karfi 1117m

Lassithi

Agios Nikolaos, Ierapetra

Louloudaki 1107m

Kato Metohi

Agios Haralambos

Psihro

Afendis 1578m

Sarakino 1588m

Agios Georgios

Kazantzakis

Episkopi

Mirtia

Ag. Ioannis

Moni Agkarathou

Ag. Paraskies

Peza

Anemospilia

Phourni

Jouchtas 811m

Ano Archanes

Vathypetro

Houdetsi

zur Messara-Ebene, nach Festos

Moni Epanosifi

Knossos

Knossos

N

0   5km

© *f graphic*

Redaktions-Tips

- Erkunden Sie unbedingt das Hinterland der Hauptstadt. Nicht weit hinter **Knossós**, rund um **Archánes**, finden Sie die Spuren einer uralten, besonders vielfältigen Kulturlandschaft. Hier liegen die **ältesten Weinberge** Europas (S. 373ff).

- Machen Sie eine kleine Wanderung auf den sagenumwobenen **Berg Joúchtas** (811 m) und genießen Sie sein einzigartiges Panorama (S 377).

- Ihren ganz eigenen Reiz hat die Gegend rund um **Kastélli Pediádas** (S. 382), am Fuße des Díkti-Gebirges gelegen, erstreckt sich eine weite, touristisch nicht erschlossene Ebene mit noch traditionell geprägten Dörfern.

- **Knossós,** der größte der minoischen Paläste, den *Arthur Evans* ausgrub und teilweise rekonstruierte, gehört heute zum „Pflichtprogramm" jedes Kretareisenden (S. 358ff). Weitaus kleiner dimensioniert und weniger stark besucht ist der **Palast von Mália** (S. 391ff). Der richtige Ort, wenn Sie in Ruhe den verwirrenden Grundriß minoischer Paläste studieren möchten.

- Kazantzakis-Fans sollten sich das **Nikos-Kazantzakis-Museum** in Mirtiá (S. 381) nicht entgehen lassen. Didaktisch gut gemacht und sehenswert ist auch das kleine **Archäologische Museum** von Archánes (S. 376). Volkskundlich Interessierten bieten sich gleich zwei liebevoll gestaltete Museen: in Limín Chersónissos das lebendige Freilichtmuseum **Lychnostátis** (S. 388) und nicht weit davon das kleine, aber sehr authentische **Heimatmuseum von Piskopianó** (S. 389).

- Nicht weit von Archánes entfernt liegen die Kelterei MINOS und die Union der Agrargenossenschaften von Peza, hier finden Sie dicht beieinander zwei Gelegenheiten für **ausgiebige Weinproben** (S. 379).

- Ein **gastronomisches Erlebnis** sind die großen Ausflugstavernen im Dunstkreis von Iráklion (S. 264), hier feiern die Kreter aus der nahen Hauptstadt, am Wochenende abends mit kretischer Live-Musik.

- Die **Pension Oresti´s** in Archánes (S. 228) ist ein **unverfälschtes „Dorfidyll"** und unser Tip für all diejenigen, die sich vor Ihrer Rückreise dem Trubel von Iráklion entziehen möchten. Kenner verbringen hier auch die erste Nacht nach der Ankunft.

- Nicht unbedingt etwas für Individualisten sind die Urlaubszentren der Nordostküste, **Limín Chersónissos** (S. 387) und **Mália** (S. 390). „Traumstrände" werden Sie an diesem Küstenabschnitt kaum finden, dafür das **heißeste Nachtleben** der Insel und ein **breites Angebot an Sport- und Freizeitaktivitäten**. Doch liegen hier einige **hervorragende Hotels**, die als ruhige Oasen den Rummel vergessen lassen: z.B. das **Creta Maris,** der Klassiker unter den Luxusressorts (s. gelbe Seiten Limín Chersónissos, S. 274) sowie das ausgezeichnete **Grecotel Malia Park,** östlich von Mália (s. gelbe Seiten Mália, S. 281).

Knossós, das bedeutendste Zentrum der minoischen Kultur, gehört wohl zum Pflichtprogramm jedes Kretareisenden. Ausgesprochen hoch ist die Erwartungshaltung, mit der die meisten Besucher den Palast des sagenumwogenen **König Minos** betreten. Häufig werden sie dann vom Vorgefundenen enttäuscht. Das mag mit daran liegen, daß die Palastruinen in den letzten Jahren vom Ansturm des Massentourismus entzaubert wurden. Vor dem Hintergrund der alltäglich durchgeschleusten Menschenmassen (700.000 Besucher sollen es im Jahr sein!) ist die faszinierende Atmosphäre schwer aufzunehmen, die Palast und Landschaft noch

Schwer aufzunehmen

vor wenigen Jahrzehnten umgab. Dazu wirken die von *Arthur Evans* mit Beton vorgenommenen Rekonstruktionen auf kritische Besucher heute fragwürdig, und so mancher hat das Gefühl, in einem „Disneyland der minoischen Archäologie" gelandet zu sein. Dennoch sollte man Knossós gesehen haben, um sich einen Eindruck von der überwältigenden Entwicklungsstufe dieser vor Jahrtausenden untergegangenen Hochkultur zu verschaffen.

Im **Eingangsbereich** bieten Touristenführer ihre nicht ganz billigen Dienste an. Hier können Sie sich auch mit Literatur, Andenken und Erfrischungen versorgen; ebenso finden Sie hier die Toiletten. **Führungen** gibt es in englischer und deutscher Sprache. Sie sind von sehr unterschiedlicher Qualität, so kann es sich durchaus lohnen, sich von den dahinströmenden Massen zu lösen, um die Ruinen in Ruhe auf eigene Faust zu entdecken. Für den Fall, daß Sie auf Ihrer individuellen Entdeckungstour durch das labyrinthische Gewirr des Palastes nach dem berühmten Roten Faden suchen, stellen wir nachfolgend einen ausführlichen Rundgang durch die Gesamtanlage vor.

...auf eigene Faust?

Tip
Besuchen Sie Knossós entweder in den frühen Morgenstunden oder zwei Stunden vor der Schließung. Um diese Zeit hält sich der Ansturm der Reisebusse in Grenzen, außerdem sind die Temperaturen angenehmer. Wenn Sie aber ganz in Ruhe durch Ruinenfelder der minoischen Welt schlendern möchten, bieten andere Ausgrabungen eine bessere Gelegenheit.

Geschichtlicher Überblick

Der *Kefalá-Hügel* von Knossós, auf dem der minoische Palast steht, ist einer der ältesten Siedlungsplätze Kretas. Bereits vor rund 9.000 Jahren siedelten sich hier, im Schutz des fruchtbaren Kairatos-Tales, Menschen an und betrieben Landwirtschaft. Mit Beginn der Bronzezeit (2700 v.Chr.) entwickelte sich allmählich eine ausgedehnte Stadt, in deren Zentrum um **1900 v.Chr.** eine erste Palastanlage entstand. Die meisten Bauwerke, die Sie auf ihrem Rundgang sehen werden, stammen jedoch aus der Zeit des **Jüngeren Palastes (1700 bis 1375 v.Chr.)** und damit aus der Hochblüte der minoischen Kultur. Erbaut wurden sie auf den Ruinen des **Alten Palastes**, der um **1700 v.Chr.** Opfer eines schweren Erdbebens wurde. Spuren der übrigen Epochen finden sich nur sporadisch. Gleiches gilt für die Überreste der **minoischen Stadt**, die sich einst rund um das Gelände des etwa 20.000 ha großen Palastareals erstreckte. Schätzungen gehen davon aus, daß hier in minoischer Zeit **50.000 bis 80.000 Menschen** lebten, etwa die Größenordnung des heutigen Chaniá (65.000 Einw.). Doch diese Zahlen sind umstritten, denn bis in die Gegenwart wurde von den städtischen Quartieren kaum etwas freigelegt.

Stadt und Palast

Um **1450 v.Chr.** fielen auf Kreta nahezu alle Siedlungen und Paläste in Schutt und Asche. Während die Paläste von Féstos, Mália und Zákros anschließend nicht mehr aufgebaut wurden, konnte sich Knossós trotz einiger Schäden behaupten. Jüngere archäologische Untersuchungen deuten darauf hin, das der Palast von Knossós noch etwa 75 Jahre unter minoischer Herrschaft weiter existierte, wobei allmählich minoische und mykenische Stilelemente verschmolzen. Um **1375 v.Chr.** zerstörte eine verheerende Feuersbrunst dann auch den Palast von Knossós. Zwar wurden seine Überreste weiterhin bewohnt, doch nie wieder in alter Pracht aufgebaut. Vieles spricht dafür, das nun mykenische Adelige die Herrschaft über Knossós und Kreta übernommen hatten.

INFO ## Der Ausgräber von Knossós – Arthur Evans und sein Lebenswerk

Wer heute durch die Ruinen von Knossós wandelt, wird auch mit dem Werk ihres Ausgräbers konfrontiert: Arthur Evans, der sich die Enthüllung der über 3.500 Jahre alten Hochkultur der Minoer zur Aufgabe seiner zweiten Lebenshälfte gemacht hatte. Doch seine bauliche Rekonstruktion des Palastes von Knossós gilt heute mehr als archäologische Sünde denn als Verdienst, ebenso Evans' oft idealisierende und wissenschaftlich nicht haltbare Auslegungen der zutage gebrachten Funde.

Arthur Evans wird 1851 als Sohn eines walisischen Papierfabrikanten – selbst ein passionierter Amateurforscher – geboren und gräbt schon als Jugendlicher pausenlos nach römischen Münzen. Als junger Mann studiert er in Oxford und Göttingen Geschichte und tritt 1871 seine erste Reise auf den Balkan an. Arthur Evans ist von der exotischen Atmosphäre dieses Ortes, der kulturellen Mischung von Orient und Oxident so fasziniert, daß er die Rückkehr in das väterliche Unternehmen verweigert. Zunächst arbeitet er als Sonderkorrespondent des "Manchester Guardian" und berichtet über die Freiheitsbewegung der Slawen, die sich ebenso wie die Griechen nach jahrhundertlanger Unterdrückung gegen die Osmanen auflehnen, wird jedoch 1882 aus Dubrovnik ausgewiesen und muß den Balkan vorerst verlassen.

Bald darauf bricht er mit seiner Frau Margret zu einer Griechenlandreise auf. Mehr noch als die Tempel, Säulen und Statuen des antiken Griechenland beeindrucken den jungen Engländer die noch älteren Stätten der Bronzezeit, wie z.B. Mykene. In Athen besucht er daraufhin Heinrich Schliemann, den Ausgräber von Troja und Mykene. Besonders angetan haben es Evans die winzigen Siegelsteine, die die Mykener zur Prägung in Wachs oder Ton verwendeten. Ihre Symbole erinnern ihn an die Hieroglyphen der Ägypter. Sollte die frühe europäische Kultur ebenfalls schon die Kunst des Schreibens entwickelt haben?

Ab 1884 arbeitet Evans in Oxford als Kurator des Ashmolean Museums, doch 1893 stirbt seine Frau Margret an Tuberkulose. Ohne sie fühlt er sich leer und ausgebrannt. Nach einer neuen Aufgabe suchend, widmet er sich der Erforschung einiger kretischer Siegelsteine, die er in der Athener Plaka erstanden hatte. Noch im selben Jahr erklärt er vor der „Griechischen Gesellschaft" in London, daß er Hinweise auf eine „präphönizische Schrift in Griechenland" gefunden habe, für deren Zentrum er Kreta hält. Seine Ausführungen stoßen jedoch auf Ablehnung, schließlich wiedersprechen sie der tradierten Lehrmeinung, daß vor dem 7. Jh. v.Chr. auf griechischem Boden keine Schrift existiert hat.

1894 reist Evans das ersten Mal nach Kreta, um vor Ort nach Spuren präphönizischer Schriftzeugnisse zu suchen. Und tatsächlich entdeckt er Hinweise sowohl auf eine Hieroglyphen- als auch auf eine Linearschrift. Fasziniert von der Minotaurussage, ist er nun fest davon überzeugt, daß König Minos und das Labyrinth von Knossós existiert haben müssen. Frederico Halbherr, der spätere Ausgräber von Féstos, macht Evans mit dem kretischen Öl- und Seifenhändler Minos Kalekairinos bekannt. Kalekairinos hatte 1878 bei Grabungen auf dem Kefala-Hügel südlich von Iráklion bereits die ersten Ruinen von Knossós entdeckt, wurde jedoch von den türkischen Behörden an einer weiteren Erforschung des Geländes gehindert. Evans gelingt es, ein Viertel des Kefala-Hügels aufzukaufen, damit besitzt er nun das Recht, Einspruch gegen Ausgrabungen anderer zu erheben.

Nachdem die letzten türkischen Truppen Kreta im November 1898 verlassen haben, beginnt Evans am 23. März 1900, im Alter von 49 Jahren, mit der Ausgrabung von Knossós. Bereits in der ersten Woche finden Arbeiter zwei Lehmtafeln, die unbekannte Schriftzeichen enthalten: Evans nennt sie Linear-A und Linear-B. Auch der Thronsaal wird zügig freigelegt. Evans verkündet der Welt, er habe den ältesten Thron Europas gefunden, Bestandteil einer unbekannten Kultur, älter noch als das Mykene Schliemanns und mehr als 1.500 Jahre älter als die Kultur des antiken Griechenland. Nach dem sagenumworbenen König Minos benennt er diese frühen Kreter "Minoer".

Arthur Evans, Büste auf dem Westhof

In der ersten Grabungskampagne mit 50 bis 180 Arbeitern legt Evans auf einer Fläche von 3.500 m² rund ein Viertel des Palastes frei! Doch nur selten wird die für eine Datierung so wichtige Keramik geborgen, die meisten Scherben gehen verloren. Es sind die Jugendjahre der Feldarchäologie; aus heutiger Sicht werden schwere methodische Fehler gemacht. Schon bald stellt sich Evans ein gravierendes Problem: die Sicherung und Restaurierung des ausgegrabenen, mehrgeschossigen Palastes, der ja eine immerhin 3.500 Jahre alte, marode Lehm- und Holzkonstruktion ist. Um in größere Tiefen der mehrgeschossigen Palastanlage vorzudringen, muß man die Strukturen der oberen Fundschichten sichern. Zunächst arbeitet Evans mit Holz, dieses läßt er extra aus Österreich importieren, doch im Verlauf der Jahre zerstören Winterstürme die freigelegten Ruinen. Evans muß einen anderen Weg finden, um sie zu schützen, setzt nun Stahl und Beton ein und ergänzt damit die minoischen Mauern.

Immer mehr Räume kommen zum Vorschein, und Evans heuert ein Team von Architekten an, das ihm bei der Rekonstruktion des Palastes behilflich sein und Licht in das Dickicht der verschlungenen Korridore und Raumfolgen bringen soll. Allmählich beginnt er zu glauben, daß nur der Palast selbst mit seinen rund 1.400 Räumen den Mythos des Labyrinthes inspiriert haben kann.

Doch dann begeht er aus heutiger Sicht einen schweren Fehler: Evans geht über die Sicherung der Grabung hinaus und fängt an, Räume, Säulen und Fresken mit einer gehörigen Portion Phantasie "wiederaufzubauen" und farbig auszumalen. Fundstücke deutet er nach subjektiver Auslegung und puzzelt sich so sein Bild der minoischen Gesellschaft zurecht. Im Prinzip machte Evans das gleiche, was die moderne Wissenschaft heute mit Hilfe von Computerprogrammen versucht: Er schuf einen virtuellen, begehbaren Palast. Nur tat er dies mit den modernsten Mitteln seiner Zeit, Stahl und Beton, und schuf damit unverrückbare Fakten. Das Ergebnis erinnert heute an einigen Stellen an die Kulisse eines Antikenfilms.

Evans schrieb seine Geschichte der Minoer in dem vierbändigen Werk „The Palace of Minos" nieder, das er als Verächter moderner Technologie vollständig mit Tinte und einer Gänsefeder verfaßte. Freunde behaupteten spöttisch, seine Handschrift hätte sich dabei allmählich dem Linear-A angeglichen. Für Evans stand die vorherrschende Stellung der minoischen Kultur außer Frage, sie hatte die ägäische Welt beherrscht, ohne auf kriegerische Mittel zurückgreifen zu müssen. Und das Ende, der Untergang dieser Hochkultur? Die These, daß die minoische Kultur durch die Mykener unterworfen wurde, stieß bei ihm auf rigorose Ablehnung. Für ihn konnten nur vernichtende Erdbeben dieses Ende herbeigeführt haben. Heute wissen wir, daß das Bild des Arthur Evans von der friedfertigen minoischen Kultur eher dem Wunschdenken des englischen Gelehrten als der bronzezeitlichen Realität entsprach.

Auch die These vom Ende der Minoer als Folge von Erdbeben, Vulkanausbrüchen oder Flutwellen gilt seit kurzem endgültig als widerlegt. Die neuen Erkenntnisse kommen für Arthur Evans zu spät. 1911 vom englischen König für seine Ausgrabungen geadelt und 1912 zum Vorsitzender der Griechischen Gesellschaft in London gewählt, setzte er seine Ausgrabungen in Knossós noch bis weit in die 1920er Jahre fort. Am 11. Juli 1941 starb Sir Arthur Evans im Alter von 90 Jahren in Oxford.

Rundgang

Hinweis

Die Menschenmassen, die Knossós jedes Jahr zu verkraften hat, hinterlassen ihre Spuren. Immer wieder müssen Teile der Anlage gesperrt und restauriert werden. Es kann daher vorkommen, daß Teile des beschriebenen Rundgangs nicht zugänglich sind.

Vor dem Palast: Sie betreten das Grabungsgelände aus westlicher Richtung. Der **Haupteingang** des minoischen Palastes lag jedoch im Norden. Wir wenden uns daher zunächst einigen Gebäuden zu, die außerhalb des eigentlichen Palastes standen. Für das Gesamtverständnis der Anlage sind sie sehr bedeutend. Kurz hinter dem Eingang stoßen Sie auf drei *„Kouloures"* genannte **Gruben (1)**. Auf ihrem Grund können Sie noch Gebäudereste aus der **Vorpalastzeit** erkennen. Die genaue Funktion der noch zum alten Palast gehörenden *Kouloures* ist umstritten. Waren es Opfergruben oder Getreidespeicher?

Rätselhafte Gruben

Der **Westhof (2)** wurde in seiner heutigen Form jedenfalls erst in der jüngeren Palastzeit errichtet und spielte vermutlich eine wichtige Rolle bei religiösen Kulthandlungen. Dafür sprechen u.a. die erhöht angelegten, zu einem Dreieck zusammenlaufenden **Prozessionswege**. Der Hauptweg verläuft parallel zur versetzt erbauten Fassade der **Westmagazine** zwischen zwei **Altarsockeln (2 + 3)** hindurch.

Wenige Meter hinter den Ruinen des „**Nordwesthauses**" **(5)** mündet er im **Theaterbezirk (6)**. Vom Theater sind noch zwei rechtwinklig zueinander stehende Treppenanlagen zu erkennen. Vermutlich dienten sie als Stehplatzarena oder Tribüne. Daneben die „**Königliche Loge**" **(7)**, auf der jedoch auch ein Altar gestanden haben könnte. Direkt bis vor die Treppe des Theaters führt eine besonders prächtiger Plattenweg, den *Evans* die „**Königliche Straße**" **(8)** nannte. Sie verband die Theaterarena mit einem Stadtviertel, in dem zahlreiche freskengeschmückte Villen lagen. Darunter der „**Kleine Palast von Knossós**", in dessen Pfeilerkrypta *Evans* das berühmte spätminoische *Stierkopf-Rhyton* fand (AMI Saal IV).

Stehplatzarena oder Tribüne

Nordflügel:

Auf einem kleinen rechteckigen Hof lassen Säulenbasen eine ehemalige **Säulenhalle (9)** erahnen. Direkt daneben liegt ein rekonstruiertes „**Lustralbassin**" **(10)**, d.h. ein Gebäude, in dem sich ein Kultbecken befindet, in das man über eine Treppe hinabsteigen kann. Vermutlich fanden hier kultische Handlungen wie Waschungen und Initiationen statt. Daß diese mit dem Stierspringen in Verbindung standen, ist *Evans*' reine Spekulation, wahrscheinlicher ist, daß sie vollzogen wurden, bevor Besucher durch das **Nordtor (11)** (den Haupteingang) ins Innerste des Palastes eintraten. Der Eingangsbereich ist auffallend schmal und führt direkt in einen ehemaligen **Pfeilersaal (12)**, dessen Decke acht Pfeiler und zwei Säulen stützten. Die Stümpfe der Pfeiler tragen eingeritzte Doppelaxtsymbole, dies wird heute als Hinweis auf eine kultische Funktion gesehen. *Evans* bezeichnete ihn als „**Zollstation**", trafen hier doch die aus *Amnissos* (S. 384) kommenden Waren und Gesandten ein.

Kultbecken

Über eine links und rechts von säulengeschmückten Bastionen flankierte **Nordrampe (13)** gelangten sie vermutlich ins Innere des Palastes. Die **Westbastion** ließ *Evans* ansatzweise rekonstruieren und schmückte sie mit der Kopie eines an dieser Stelle gefundenen *Stierreliefs*.

An den Bereich der Westbastion schließt sich ein als „**Heiligtum**" **(14)** bezeichneter Gebäudekomplex an. *Evans* fand hier mehrere aus dem Obergeschoß herabgestürzte **Freskenfragmente**. Darunter das Fresko des „*blauen Affen, der Krokusblüten sammelt*" und das Miniaturfresko des „*dreiteiligen Heiligtums*" (AMI Saal XV).

Pfeilerhalle und Nordbastion

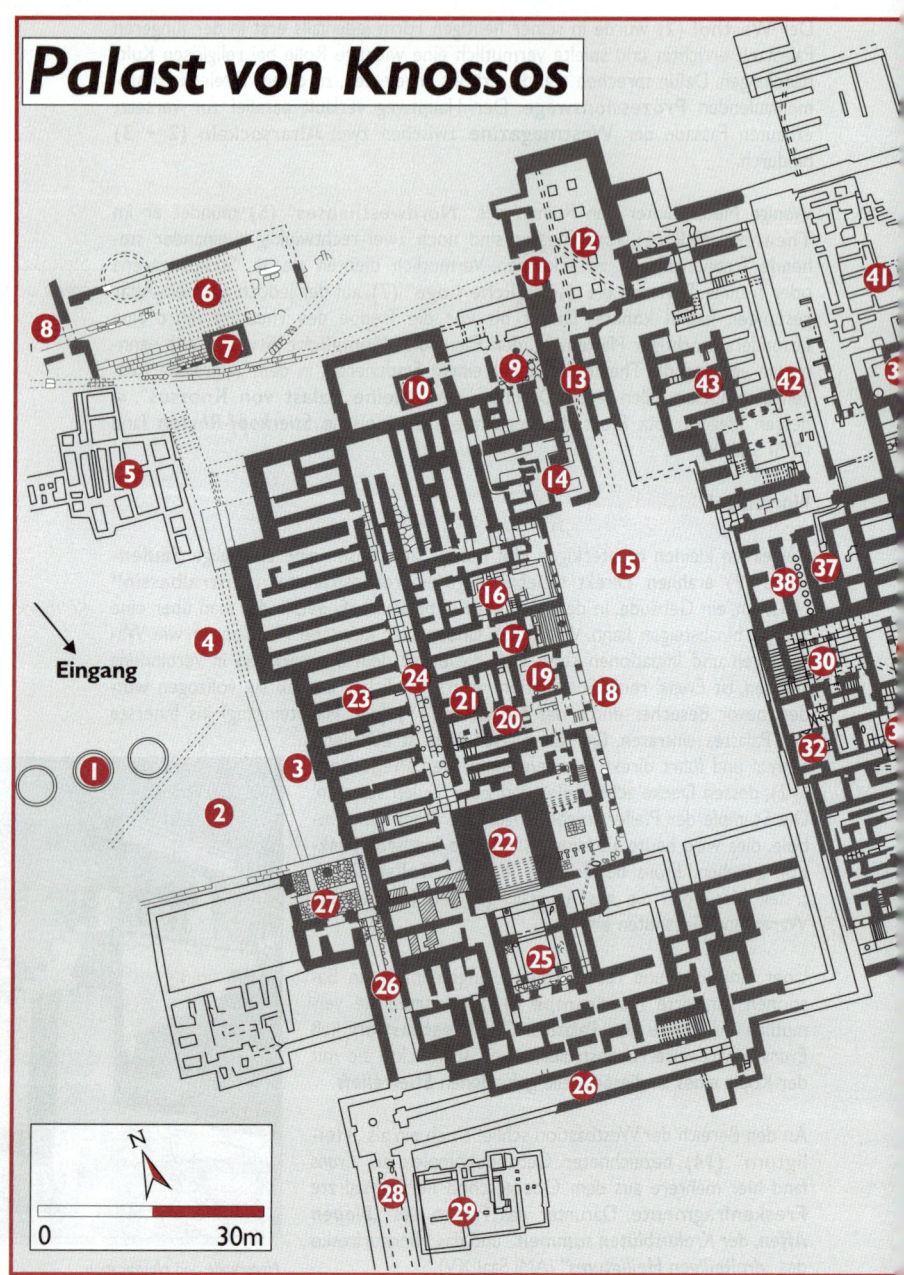

Palast von Knossos

Eingang

N

0   30m

© igraphic

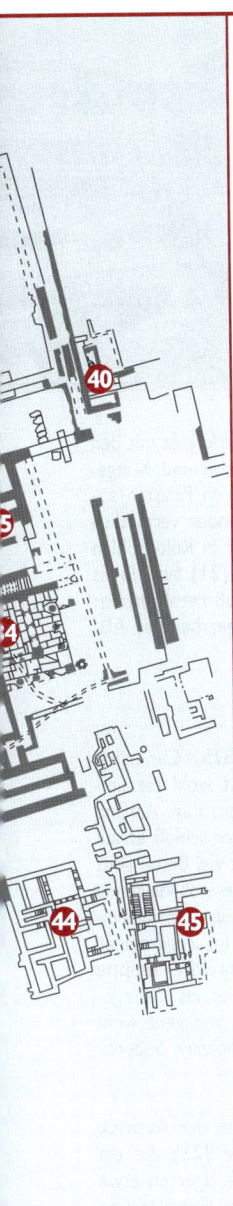

Zentralhof:

Mit einer Grundfläche von 53 x 27 m bildet der **Zentralhof (15)** das Herz der gesamten Anlage und den Mittelpunkt des Palastlebens. Alle zentralen Räume wurden von hier aus erschlossen und dabei zugleich beleuchtet und belüftet. Seine Längsachse weicht um 13° aus der Nordrichtung nach Westen ab und zeigt direkt auf den Berg Joúchtas, auf dem in minoischer Zeit ein Gipfelheiligtum lag (S. 377).

Mittelpunkt des Palastes

Westflügel:

Magazine, Kult- und Repräsentationsräume prägen diesen Abschnitt des Palastes. Nahe dem Haupteingang liegt der **Thronsaal (16)**, mit *Alabasterthron* und *Greifen-Fresko*. Neben dem Thronsaal liegen mehrere Kulträume, die leider nicht betreten werden können. Der gesamte Raumkomplex ist ausschließlich von der Vorhalle aus einsehbar, meist bilden sich hier lange Warteschlangen.

Lange Warteschlangen

Direkt neben einer großen **Treppe (17)** ins Obergeschoß befand sich das **„Heiligtum der dreiteiligen Kultfassade" (18)**. Links davon führen Stufen in eine vom Brand geschwärzte Vorhalle hinab. Rechterhand liegt nun die „**Schatzkammer"** **(19)**, in der *Evans* zwei Gruben (*Zisten*) mit wertvollen Kultgegenständen fand, darunter die beiden aus Fayence gefertigten *Schlangengöttinnen* (AMI Saal IV). Geradeaus führt der Weg weiter ins „Allerheiligste", die tief im Palastinnersten gelegene, fensterlose **Pfeilerkrypta (20)**. Auch hier findet sich das kultische Symbol der Doppelaxt. Der Fußboden zeigt Vertiefungen, die vermutlich die Flüssigkeiten blutiger oder unbluti-

Weiter ins Allerheiligste

Thronsaal mit Greifenfresko

ger Opfer aufnahmen. Ein abgewinkelter Gang verbindet die Pfeilerkrypta mit den Westmagazinen (23), in denen vermutlich vorwiegend Opfergaben und Kultgegenstände lagerten. Pfeilerkrypten fanden sich auch in den anderen Palästen sowie in Wohnsiedlungen und Landhäusern. Hier huldigten die Minoer vermutlich ihrer großen Erdgöttin, der sie in der Vorpalastzeit bereits Opfer in Kult-Höhlen darbrachten. In einem der **Nebenräume der Pfeilerkrypta (21)** fand *Evans* Kultgegenstände, die aus dem vom Brand zerstörten Obergeschoß herabgestürzt waren; darunter ein als Löwinnenkopf gearbeitetes Alabaster-Rhyton (AMI Saal IV).

Obergeschoß des Westflügels:

Das infolge der Brandkatastrophe von 1375 v.Chr. nahezu vollständig zerstörte Obergeschoß ist wohl die umstrittenste Rekonstruktion, die *Evans* vornahm. Anhand der ins Untergeschoß gestürzten Trümmer schloß er auf die ehemalige Raumaufteilung, ließ sie mit viel Beton statt Holz nachbauen und gab dem Ganzen die wohlklingende Bezeichnung „**Piano Nobile"**, die er aus der italienischen Renaissancearchitektur entlehnte. Im Zuge seiner Baumaßnamen entwarf *Evans* auch die gewaltige **Treppe (22)**, über die man heute von Süden her ins Obergeschoß gelangt. Sie ist eine reine Fiktion und geht wohl auf eine Fehlinterpretation der sehr komplexen Südpropyläen zurück.

Magazinräume, Westflügel

Das Interessanteste am Obergeschoß ist der Ausblick auf die offen liegenden **Westmagazine (23)**, die ein zentraler **Korridor (24)** erschließt. Hier lagerten etwa 150 riesige Tonkrüge (*Pithoi*), die vermutlich vorwiegend Öl, Wein, Getreide und Honig enthielten. Im Boden fanden sich darüber hinaus 98 mit Gipsplatten abgedeckte und teilweise mit Blei ausgeschlage Gruben (*Zisten*), die der Aufbewahrung besonders kostbarer Gegenstände und Flüssigkeiten dienten. Bei den großen Mengen Öl, die hier lagerten, muß das Feuer, das den Palast um 1375 v.Chr. zerstörte, gewaltige Ausmaße angenommen haben. Die Gipssteinwände des Korridors (24) zeigen noch heute deutliche Brandspuren.

Direkt über dem Thronsaal liegt ein **restaurierter Raum**, in dem Kopien von Fresken zu sehen sind, die man an den verschiedensten Orten des Palastes fand. An ihn schließt sich eine **Veranda** an, von der aus eine enge **Wendeltreppe** zum Hof hinab führt. Sie stammt noch aus der Zeit des alten Palastes. Sehenswert ist auch der Blick von der Südostecke des Obergeschosses: Auf einem ehemaligen Lichthof mit stark ergänztem Plattenfußboden kann man noch Teile der alten Kanalisation erkennen.

Kanalisation

Südpropyläen mit Prozessionsfresko

Südeingang und Prozessionskorridor:

Unterhalb der fehlerhaft rekonstruierten **Treppe (22)** liegen die teilweise wieder aufgebauten „**Südpropyläen**", was nichts anderes heißt als die „**südliche Eingangshalle**" **(25)**. Eine zweigeteilte Säulenhalle, die zwischen einem inneren und einem äußeren Tor lag. Zu sehen sind einige *Pithoi* aus der Nachpalastzeit, die Basen der Säulen sowie eine Kopie des Freskos der **Rhyton-Träger**. Das Originalfresko schmückte ursprünglich die Wände des **Prozessionskorridors (26)**. Auf ihm waren etwa 500 lebensgroße männliche und weibliche Gabenträger darstellt. Heute wird der Eindruck erweckt, die Prozessionen seien über die große Freitreppe (22) ins Obergeschoß des Palastes gelangt. Tatsächlich sprechen die Grundregeln der minoischen Palastarchitektur, wie sie z.B. auch aus Féstos bekannt sind, jedoch dafür, daß sich an der Stelle der Treppe eine Wand befand und der Weg vom Torgebäude der Südpropyläen abknickte und weiter auf den Zentralhof führte. Über den fensterlosen und stark verwinkelten **Prozessionskorridor (26)** gelangten die Prozessionen jedenfalls aus dem Palastinneren durch das **Westportal (27)** auf den Westhof (2).

Fehlerhafte Rekonstruktion

Restauriertes Südhaus

Im Bereich der ehemaligen Südwestecke des Prozessionsweges liegen die Ruinen des **Stufenportikus (28)**, einer mit Säulen und Dächern gesäumte Treppenstraße, die nach Westen hin geöffnet war. Sie stammt noch aus der Zeit des alten Palastes und fiel bereits in der frühen Phase der jüngeren Paläste (um 1600 v. Chr.) einem Erdbeben zum Opfer, als ein Teil des Südhanges abrutschte. An der östlichen Grenze des Stufenportikus befindet sich das zum Teil rekonstruierte, aus der Zeit des jüngeren Palastes stammende **Südhaus (29)**. Einst muß es sich um ein außerordentlich prachtvolles dreigeschossiges Gebäude gehandelt haben. Funde mehrerer Kultgegenstände und Freskenfragmente wurden dahingehend gedeutet, daß hier ein Hohepriester lebte.

Hinweis

Beachten Sie bitte, daß der Grabungsplan auf S. 366/367 unterschiedliche Höhenniveaus zeigt. Magazine und Werkstätten liegen vom Zentralhof aus gesehen im 1. Untergeschoß, die Gemächer des Wohntraktes dagegen bereits im 2. Untergeschoß. Die Gebäude südlich des Palastes sowie die Ostbastion liegen noch tiefer.

Wohntrakt des Ostflügels:

Das große **Treppenhaus (30)**, das den Wohntrakt im Süden des Ostflügels erschließt, ist beeindruckend. Begünstigt durch die Hanglage, waren die minoischen Architekten in der Lage, einen Gebäudekomplex mit 5 Etagen (!) zu errichten, der auf bewundernswerte Weise mit den natürlichen Lichtverhältnissen spielt. Interessant, daß sie keine rundlaufenden Treppen bauten, sondern eine zweiläufige **Schachttreppe**. Diese führt parallel zur Ostfront des Zentralhofs nach unten und mündet in jedem Geschoß in einem **Ost-West-Korridor**, der die umliegenden Räume erschließt.

Gebäude-komplex mit 5 Etagen

Auf unseren Orientierungssinn wirkt das verwirrend. Hinzu kommt, daß die einzelnen Räume über mehrfach abknickende Korridore miteinander verbunden sind und sich die Gesamtanlage der **„königlichen Gemächer"** über mehrere Stockwerke erstreckt, die mindestens durch drei weitere Treppen miteinander in Verbindung stehen. Unglaublich, wie lange man in diesem Gebäudetrakt umherirren kann. Der Eindruck eines Labyrinths drängt sich förmlich auf.

Labyrinth-artig

Großes Treppenhaus des Ostflügels

Auf dem Höhenniveau des 1. Untergeschosses befindet sich die **„Halle der königlichen Wachen"**, die *Evans* mit einer Kopie des *Freskos der achtförmigen Schilde* schmücken ließ. An der Nordseite des Lichthofes des 2. Untergeschosses gelangen Sie über den Ost-West-Korridor zur **„Halle der Doppeläxte" (33)**. An der Nordwand dieser als **„Megaron des Königs" (34)** bezeichneten Halle befindet sich eine stufenartige Erhöhung, auf der *Evans* eine hölzerne Nachbildung des Alabasterthrons aufstellen ließ. Östlich und südlich grenzen zwei Säulenhallen mit einer abgewinkelten Terrasse an. Verlassen Sie die Halle der Doppeläxte durch die Tür in der Südwand, so erreichen Sie über einen mehrfach abknickenden Weg das **„Megaron der Köni-**

Nachbildung des Alabaster-throns

gin" (31). Der vielfältige Schmuck dieses Raumes entstammt z.T. *Evans'* Phantasie. Sowohl das **Delphinfresko** als auch das **Fresko der Tänzerin** fanden sich ursprünglich in angrenzenden Räumen. Sie gehören zwei verschiedenen Epochen an. Während die Delphine noch zum Mittelminoischen gehören, wurde die Tänzerin erst im Spätminoischen gemalt. Ein **Spiralfriesfresko**, das ein älteres **Fresko mit Rosetten** überdeckt, und zwei übereinander liegende Fußböden zeigen, daß die Ausgestaltung dieser Raumgruppe in der Zeit des jüngeren Palastes verändert wurde.

Phantasievoll ausgeschmückt

Ein verwinkelter, in Richtung Westen verlaufender Gang führt in ein kleines unscheinbares Zimmer, das aufgrund seiner Be- und Entwässerungsleitungen als **Toilette bzw. Badezimmer (32)** gedeutet wurde. Aussparungen in den Seitenwänden der kleinen Kammer lassen es plausibel erscheinen, daß hier Holzkonstruktionen für Abortsitze befestigt waren. Ebenfalls an dieser Stelle freigelegte Falleitungen weisen auf die gleiche Vorrichtung für das darüber liegende Stockwerk hin.

Abortsitze

Wirtschaftstrakt des Ostflügels:

Nördlich des Wohntraktes liegt der Wirtschaftstrakt. Vom Zentralhof aus betrachtet, erstreckt er sich ebenfalls über das Höhenniveau des 1. und 2. Untergeschosses. Im 2. Untergeschoß befandet sich eine ehemalige **Werkstatt (35)**, hinter der Sie auf einen kleinen **Hof mit Wasserspeier (36)** gelangen. Über ein ausgeklügeltes Wasserleitungssystem stand er mit den oberen Stockwerken in Verbindung. Hier können Sie noch die steinernen **Wasserleitungen und Becken (37)** sehen, die zum Sammeln des Regenwassers dienten, das durch eine senkrechte Tonleitung aus den oberen Geschossen herabgeführt wurde.

Wasserleitungssystem

Direkt daneben das **Magazin der Medaillonpithoi (38)**, an das sich eine Raumgruppe aus drei Kammern anschließt, in denen *Evans* zahlreiche aus den zerstörten Obergeschossen herabgefallene Gegenstände fand. Darunter das berühmte **Stadtmosaik aus Fayence, Keramik im Kamares-Stil** und das kleine **Tonmodell eines Heiligtums**, auf dessen Säulen Vögel sitzen (alle AMI Saal II).

Über die **Ost-West-Treppe**, die den Zentralhof mit den Untergeschossen verbindet, gelangen Sie zum **Magazin der Riesenpithoi (39)**. Diese stammen noch aus der Zeit des alten Palastes. *Evans* beließ sie an ihrer Fundstelle. Weiter hinab führt der Weg zur **Ostbastion (40)**, dem östlichen Eingang des Palastes. Parallel zur Treppe verlaufen Abflußrinnen für das Regenwasser, das man in zisternenartigen Becken sammelte. Zwischengeschaltete Sedimentationskästen ermöglichten das Absetzen mitgeführten Schmutzes.

Zisternenartige Becken

Nördlich der Ost-Westtreppe befinden sich zahlreiche, deutlich tiefer liegende Räume. Vermutlich handelt es sich um Stallungen bzw. **Magazine und Werkstätten (41)** des alten Palastes. Richtung Westen schließt sich der „**Korridor des Schachspiels" (42)** an, *Evans* benannte ihn nach dem Fund eines aufwendig gearbeiteten Brettspiels (AMI Saal IV). Von hier aus erschloß sich der Bereich der zu den Keramikwerkstätten gehörenden **Nordostmagazine (43)**.

Südostecke des Palastes:

In der Südostecke unterhalb des Zentralhofes liegen einige Quartiere, die vermutlich nach dem Erdbeben um 1600 v.Chr. aufgegeben wurden. Erst kurz vor der endgültigen Zerstörung des Palastes wiederbesiedelt, waren sie auch nach der Brandkatastrophe von 1375 v.Chr. noch bewohnt. Zu sehen sind ein Kultbassin und ein Korridor, in dem man *Linear-B-Täfelchen* fand. Ein kammerähnlicher Raum beherbergte Kultgegenstände, die alle aus der Nachpalastzeit stammen. Darunter eine Doppelaxt aus Steatit, Kulthörner und verschiedene Statuetten, z.B. die **„Göttin mit den erhobenen Armen"** (AMI Saal XI). Noch weiter südöstlich liegen nur noch das Haus der **Heiligen Tribüne (44)** und das **Südosthaus (45)**. Diese gehören nicht mehr zum Palastgelände, sondern zur minoischen Stadt.

Nach der Brandkatastrophe bewohnt

Kulthörner der Südpropyläen

Buchtip

Wenn Sie über das eigentliche Palastgelände hinaus noch weitere Sehenswürdigkeiten von Knossós erkunden wollen, kaufen Sie am besten den offiziellen deutschsprachigen Führer, den sie im Eingangsbereich erhalten.

6.2 Durch die Weinberege von Archánes über Kastélli in den Osten

Entfernungen

Iráklion - Ano Archánes 15 km
Áno Archánes - Kastélli 28 km
Kastélli - Limín Chersónissos 20 km

Hinweis

Für einen Ausflug nach Archánes sollten Sie auf jeden Fall einen ganzen Tag einkalkulieren. Es gibt jede Menge zu sehen. Wenn Sie auch noch ins Kazantzakis-Museum nach Mirtiá oder weiter bis Kastélli wollen, wird es eng. Am besten lassen Sie sich Zeit und erkunden die Gegend in zwei Tagen. Achten Sie auf die Öffnungszeiten der Sehenswürdigkeiten, viele schließen schon am frühen Nachmittag.

Bereits kurz hinter Knossós wird es deutlich ruhiger und grüner. Olivenhaine, Weinreben und schattenspendende Bäume prägen das Bild. Kurz vor **Spília**, wo die Landstraße das Tal quert, liegt ein auffälliger **Aquädukt**, in dessen Nischen *Dohlen-* eine große Dohlenkolonie lebt. Das auf den ersten Blick „*römisch*" anmutende *kolonie* Bauwerk stammt aus dem 19. Jh. und wurde unter ägyptisch-türkischer Herrschaft (1832-40) errichtet, um Iráklion mit Wasser aus den Quellen von Archánes zu versorgen.

Ein kurzer Halt lohnt sich, denn hinter dem Aquädukt liegt ein schattiger Rastplatz.

Türkischer Aquädukt

An der Straßengabelung hinter Patsídes (Πατσιδεζ) geht es rechts nach Archánes. An dieser Stelle **entführte** am 26. April 1944 eine englische Kommandoeinheit, unterstützt durch kretische Partisanen, **General Kreipe**, den Kommandanten der 22. deutschen Panzergrenadierdivision. Damit begann eine achtzehntägige Flucht, in der man *Kreipe* über die halbe Insel schleuste, bevor er *Abenteuer-* schließlich von der Südküste aus mit einem englischen U-Boot nach Ägypten *liches* evakuiert werden konnte. Ein abenteuerliches Unternehmen, das die deutschen *Unter-* Besatzungstruppen zutiefst blamierte. *nehmen*

Die Vergeltungsmaßnahmen der Wehrmacht waren grausam. Durch Kreta zog sich eine blutige Spur von Exekutionen, zahlreiche Dörfer, darunter *Anógia* (S. 538) und *Gerakári* (S. 554) wurden dem Erdboden gleichgemacht.

Archánes und sein Umland

Aktuelle regionale Reisetips zu Archánes
entnehmen Sie bitte den gelben Seiten (S. 228)

Archánes (Αρχανεζ), ein kleines Provinzstädtchen mit rund 4.000 Einwohnern, ist das Zentrum des kretischen Weinbaus. Es liegt zwar etwas abseits der Haupt-

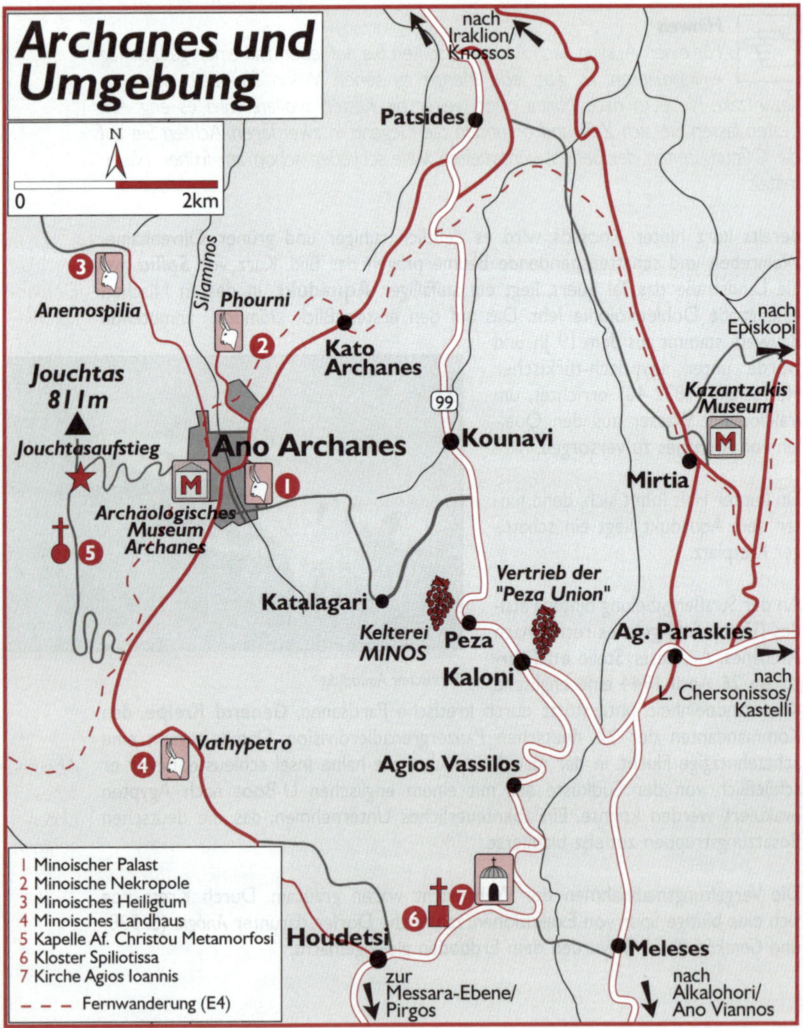

Archanes und Umgebung

N

0   2km

nach
Iraklion/
Knossos

Patsides

Silaminos

3
Anemospilia

Phourni

2

Kato
Archanes

nach
Episkopi

Jouchtas
811m

Jouchtasaufstieg

99

Ano Archanes

Kounavi

Kazantzakis
Museum

M

Mirtia

Archäologisches
Museum
Archanes

5

Katalagari

Vertrieb der
"Peza Union"

Kelterei
MINOS

Peza

Ag. Paraskies

Kaloni

nach
L. Chersonissos/
Kastelli

4
Vathypetro

Agios Vassilos

Meleses

I Minoischer Palast
2 Minoische Nekropole
3 Minoisches Heiligtum
4 Minoisches Landhaus
5 Kapelle Af. Christou Metamorfosi
6 Kloster Spiliotissa
7 Kirche Agios Ioannis
– – – Fernwanderung (E4)

Houdetsi

7
6

zur
Messara-Ebene/
Pirgos

nach
Alkalohori/
Ano Viannos

© Igraphic

route durchs Hinterland, ist aber auch mit dem Bus von Iráklion aus problemlos erreichbar. Berühmt wurde Archánes, das aus dem kleineren Káto Archánes und dem Hauptort Áno Archánes besteht, durch spektakuläre archäologische Funde, *Spektakuläre Funde* die untrennbar mit dem Namen des griechischen Archäologenehepaars *Jannis und Efi Sakellarakis* verbunden sind. Doch der eigentliche Grund, Archánes zu besuchen, ist die ursprüngliche Atmosphäre. Verwinkelte Gassen, urige Läden und *Kafeneia*; eine authentische „Dorfstruktur" ohne touristische Vermarktung. Die wasserreiche Region rund um Archánes ist dank ihrer fruchtbaren Böden von jeher wohlhabend. Der ganze Ort lebt noch heute in erster Linie vom Weinbau. Rot- und Weißweine bester Qualität kommen aus der Gegend (lesen Sie dazu auch den Infokasten auf S. 379f). Ein Großteil der hochstämmigen Weinstöcke trägt aber auch Tafeltrauben oder *Sultina*-Trauben für die Rosinenproduktion.

Nahe dem Ortseingang von **Áno Archánes** liegt rechter Hand das ockerfarbene, neoklassizistische Gebäude der Volksschule. Bereits in den ersten Jahren der Unabhängigkeit errichtet, war sie eine Spende wohlhabender, in die USA ausgewanderter Archáner. Nur wenige Meter danach folgt die, dank ihres freistehenden Uhrenturmes, auffällige **Panagía-Kirche**. Nicht nur ihr schöner Glockenstuhl ist interessant. Im Innern finden Sie eine wertvolle Ikonensammlung. Darunter die Ikone der Mutter Gottes *(Panagía)*, behangen mit zahlreichen Votivtäfelchen. Allein 20 der in den Vitrinen ausgestellten Ikonen stammen aus dem 16. und 17. Jh. Auf der Ikone *„Anbetung der Heiligen*

Panagía-Kirche

drei Könige" (unbekannter kretischer Maler) kann man den Einfluß des *Michael Damaskinos* erkennen. Sollte die Kirche verschlossen sein, fragen Sie nach dem Schlüssel im Laden gegenüber.

Spuren des minoischen Archánes: Vermutlich steht ganz Archánes auf den Ruinen einer minoischen Stadt. 1964 gelang es *Jannis und Efi Sakellarakis,* mitten

im ehemaligen Türkenviertel „Tourkogitonia" Gebäudereste aus der jüngeren Palastzeit freizulegen. Alles deutet seitdem darauf hin, daß es sich um eine große minoische Villa, vermutlich sogar einen eigenen Palast gehandelt hat. Aufgrund der ungünstigen Lage zwischen den Wohnhäusern legte man bisher jedoch nur einen kleinen Ausschnitt frei. Zu sehen gibt es nicht viel, denn das Grabungsgelände ist noch nicht zugänglich.

Vermutlich ein Palast

Minoischer Palast mitten im Ort

Dafür entschädigt jedoch ein kleines, ansprechend aufgemachtes **Archäologi-sches Museum,** das etwa in der Dorfmitte rechts der Hauptstraße liegt. Hier sind hauptsächlich Kopien der wichtigsten Fundstücke aus den Grabungen von Archánes zu sehen. Die Originale befinden sich im AMI. Besonders interessant ist die Nachstellung eines Ausschnitts der Nekropole *Phourni.* Darüber hinaus gibt es gelungene Einblicke in das Alltagsleben der Minoer oder das spektakuläre Men-schenopfer in der nahegelegenen Kultstädte *Anemospilia.*
Die aktuellen Öffnungszeiten entnehmen Sie bitte den gelben Seiten von Archánes.

Interes-
santes
Museum

 Buchtip
Archäologisch Interessierte sollten Archánes nicht verlassen, ohne sich mit dem von Jannis und Efi Sakellarakis verfaßten Buch über die Grabungen rund um den Ort auszustatten. Sie erhalten es in dem einem kleinen Schreibwaren-laden im Ort. Im Museum erklärt man Ihnen gerne, wo genau er sich befindet.

Nekropole Phourni

Beeindruckender als die Überreste des minoischen Palastes ist *Phourni,* die wich-tigste bislang entdeckte Nekropole Kretas. In exponierter Lage oberhalb von Archánes gelegen, war sie im wahrsten Sinne des Wortes eine „Totenstadt", mit z.T. zweistöckigen Häusern und gepflasterten Gassen. 26 Gebäude wurden freige-legt, die meisten davon Grabbauten (darunter 5 Kuppelgräber) aber auch einige Kult- und Profanbauten. Der Zeitraum der Nutzung ist erstaunlich, von frühmi-noischer (2400 v.Chr.) bis in spätminoische Zeit (1200 v.Chr.) fanden hier Grab-legungen und Ahnenkulte statt. Das Gelände ist weitläufiger und komplexer, als es scheint, wer es begreifen möchte, sollte den obigen Buchtip beherzigen.

Zwei **Wege** führen **hinauf:** (1) Von Káto Archánes über eine ausgeschilderte Piste oder (2) von Áno Archánes zu Fuß über den alten minoischen Weg. Bei Einfahrt in den Ort vor dem ockerfarbenen Schulgebäude rechts halten, dann der Beschilderung folgen, über eine kleine Brücke und weiter bis zum Ende des Weges. Ab hier führt ein holpriger Fußweg den Hügel hinauf (10-15 Min., festes Schuhwerk ist ratsam). Allein der Blick auf Archánes ist den Weg wert. Wenn Sie hinaufsteigen, liegt linker Hand der zentrale Grabbezirk mit seinen leicht erkenn-baren Kuppelgräbern und verwinkelten Gebäudekomplexen. Etwa 100 m weiter nördlich befindet sich ein beeindruckend erhaltenes Kuppelgrab aus mykenischer Zeit (um 1300 v.Chr.), das dem Ort seinen Namen gab. Die gut erhaltene Kuppel, die bereits über Jahrhunderte aus dem Erdreich ragte, erinnerte die Einwohner von Archánes an die Form eines Ofens (gr. „phourni"). Hier begann *Sakellarakis* 1964 zu graben und legte das ungeplünderte Grab einer Priesterin oder Prinzes-sin frei.
Das Gelände ist eingezäunt, die aktuellen Öffnungszeiten entnehmen Sie bitte den gelben Seiten von Archánes (S. 229).

Beeindruk-
kendes
Kuppelgrab

Anemospilia

Die Grundmauern eines dreiteiligen Kultbaus an der Nordflanke des Joúchtas. Das Gelände ist eingezäunt, aber einsehbar. Außer einem Panoramablick auf die

Weinberge und den weiten Küstenhof von Iráklion ist nicht viel zu sehen. Doch was das Ehepaar *Sakellarakis* an dieser Stelle entdeckte, sorgte in der archäologischen Fachwelt für Aufsehen. Sie erbrachten bei der Ausgrabung von Anemospilia den Beweis, daß hier um 1700 v.Chr. ein Menschenopfer stattfand. Die Szenerie wurde quasi „eingefroren", als während der Opferzeremonie durch ein Erdbeben, das auch die alten Paläste zerstörte, der Tempel einstürzte. In der Vorhalle fand man das Ske-

Panorama bei Anemospilia

lett eines Mannes, der, ein mit Blut gefülltes Gefäß tragend, von den herabstürzenden Trümmern erschlagen wurde. In der rechten Tempelkammer lagen um einen Altar die Skelette einer Priesterin und eines Priesters. Auf dem Altar selbst das Opfer (mit angewinkelten Beinen, da vermutlich gefesselt und bereits ausgeblutet), daneben die Opferklinge.

Blutiges Menschenopfer

Eine Horrorszene: *Arthur Evans'* Bild von der friedfertigen minoischen Kultur erlitt deutliche Risse, obwohl *Jannis Sakellarakis* immer betonte, daß es sich um einen Einzelfall gehandelt habe, eine Verzweiflungstat angesichts der drohenden Naturkatastrophe.

Berg Joúchtas

Unübersehbar dominiert das schroffe Kalksteinmassiv des 811 m hohen Joúchtas die Landschaft rund um Archánes. Mit Phantasie erkennt man in ihm das Profil eines schlafenden Menschen. In minoischer Zeit lag hier oben ein Gipfelheiligtum, von dem heute kaum etwas zu sehen ist. Dafür ist das Panorama, das man vom Gipfel dieses „Minoan Peak" genießt, atemberaubend: im Norden das Häusermeer Iráklions, im Westen der (im Frühjahr noch schneebedeckte) Psilorítis und im Osten das Díkti-Gebirge.

Beeindruckendes Panorama

Südlich von Archánes führt eine etwa 5 km lange, unbequeme, aber befahrbare Schotterpiste hinauf auf den mittleren Gipfel, auf dem die kleine Kapelle **Aféndi Christoú Metamórfosi** liegt. Jedes Jahr am 6. August ist sie das Ziel Tausender von Pilgern, die die Verklärung Christi feiern („Christos Sotiras").

Wanderung auf den Joúchtas

Reizvoller als die Anfahrt mit dem Auto ist eine nicht sonderlich schwere Wanderung. So finden Sie hinauf: Vom Hauptplatz des Ortes Archánes aus nach etwa 250 m in nördlicher Richtung, zum Berg hin abbiegen und auf das große, ockerfarbene Schulgebäude zulaufen. Davor rechts und gleich wieder links an einer kleinen Kirche vorbei (Odos Isidorou). Am Ende der Straße links halten und die mäßig asphaltierte Straße durch eine Reihe von Gärten und Verschlägen in Kurven hochlaufen. Der Weg geht in Schotter über, an einer Gabelung links halten, kurze

Gipfel des Joúchtas

Zeit später zweigen rechts vom Weg ein paar Stufen aus Naturstein ab (roter und blauer Pfeil auf Stein gemalt). Der Weg führt nun als Pfad zunächst noch durch einen lichten, von Zypressen dominierten Wald, bevor die Bäume seltener werden. Nach rund 45 Minuten stoßen Sie auf die Schotterstraße, die von Süden den Joúchtas hinaufkommt. In weiteren 10 Minuten erreicht man entweder den nördlich gelegenen „Minoan Peak" und die Funkstation oder die weiße Kapelle Aféndi Christoú Metamórfosi.

Südlich von Archánes

Etwa 5 km südlich von Áno Archánes, inmitten der sanft gewellten Weinberge, stoßen Sie auf die deutlich beschilderte Ausgrabung des minoischen Landhauses **Vathypetro**. Ein großartig angelegter Herrensitz, der zwischen 1600 und 1550 v.Chr. erbaut, aber niemals vollendet wurde. *Spiridon Marinatos* legte ihn in den 1950er Jahren frei. Zu sehen sind Spuren eines dreiteiligen Heiligtums, mehrere Räume, die sich um einen Lichthof gruppieren, sowie Lager- und Arbeitsräume,

Minoische Weinkellerei darunter Töpferei, Weberei und Weinkellerei. Letztere ist besonders interessant. Hier ist eine minoische Weinpresse erhalten. Mit etwas Phantasie kann man sich vorstellen, wie hier vor über 3.550 Jahren Trauben gestampft wurden – mit den Füßen, wie heute noch bei den Kleinbauern Kretas üblich.
Das Gelände ist eingezäunt, die aktuellen Öffnungszeiten entnehmen Sie bitte den gelben Seiten von Archánes (S. 229).

Hinter Vathypetro gelangen Sie nach etwa 4 km zurück zur Hauptstraße bei **Houdétsi**.

Houdétsi (Χουδέτσι) ist ein unscheinbarer Ort oberhalb eines tief eingeschnittenen, grünen Kerbtales. Inmitten von Platanen, Zypressen, Lianen und Efeu liegt **Moni Spiliotissa**, ein nahezu vergessenes Kloster mit Höhlenkirche. Kerzen-
Mystische Atmosphäre schein, Weihrauchduft, Dämmerlicht und die Schatten an der Höhlendecke erzeugen eine mystische Atmosphäre. *Geöffnet ist das Kloster in den Vormittagsstunden sowie am späten Nachmittag.* Zum Kloster hinab gelangen Sie, wenn Sie am nördlichen Ortsausgang von **Houdétsi** links abbiegen und der Beschilderung folgen. Etwa 250 m vor dem Kloster führt der Weg vorbei an der kleinen byzantinischen **Agios Ioannis-Kapelle** mit stark beschädigten Wandmalereien aus dem

Jahr 1291. Der Stifter der Fresken erkannte die venezianische Herrschaft nicht an, sondern betrachtete einer Inschrift zufolge den byzantinischen Kaiser **Andronikos Plaiologos** als König von Kreta.

Von Houdétsi Richtung Süden sind es rund 29 km bis Pirgos in der oberen **Messará-Ebene** (S. 481). Auf dieser Strecke gelangen Sie auch nach **Moni Epanosifi**, das etwa 9 km südlich von Houdétsi in einer kargen Landschaft liegt (hinter Parthéni rechts abbiegen, dann ist es noch etwa 3 km). **Epanosifi** gehört heute zu den größten Klöstern Kretas, hier leben noch etwa 30 Mönche. 1590 gegründet und im 17. Jh. schnell gewachsen, wirkt seine Architektur unscheinbar dörflich. Am 23. April feiert man hier das Fest des Heiligen Georg. Im Kloster werden wertvolle Handschriften, Ikonen und liturgisches Gerät aufbewahrt, die in einem geräumigen Museumsneubau zu besichtigen sind.

Ikone im Kloster Epanosifi

Weinprobe in Pezá

*Von Houdétsi Richtung Norden sind es rund 5 km bis zur Straßengabelung bei Kaloní. Geradeaus (Richtung Iráklion) liegt der kleine Ort **Pezá**, in dem linker Hand die private Weinkelterei **MINOS** auf Gäste für eine **Weinprobe** wartet. Fahren Sie an der Gabelung rechts (Richtung Kastélli), so stoßen Sie bereits nach wenigen Metern auf den gelben Gebäudekomplex der **PEZA UNION**, der „Union der Agrargenossenschaft von Pezá". Auch hier lädt man Sie gerne zu einer ausgiebigen Wein-, Raki- und Olivenölprobe ein.*

Aktuelle Informationen zu den Weinproben entnehmen sie bitte den Gelben Seiten von Archánes (S. 228f).

Ausgiebige Weinprobe

INFO Kretischer Wein – das Geschenk des Dionysos

Mit Stolz blicken Kretas Winzer auf eine rund 4.500 Jahre alte Tradition zurück, denn schon in frühminoischer Zeit gelangte die Kunst des Weinbaus aus dem Orient auf die Insel. Seither werden Weintrauben vor allem im sanftwelligen Hügelland rund um Archánes angebaut. Die Weinpresse des minoischen Gutshofes bei Vathypetro (1600-1550 v.Chr.) ist beredter Zeuge, auch wenn sie nicht die „älteste der Welt" ist, wie immer wieder behauptet wird. Die fand man bei Damaskus (Syrien), sie ist angeblich sogar 8.000 Jahre alt. Doch die Kreter beanspruchten für sich selbst auch nie, den Weinbau erfunden zu haben. Der Legende nach erlernten sie ihn von Dionysos, dem Gott des Weines und der Ekstase, der über das Meer nach Kreta kam und Ariadne heiratete, die Tochter des Königs Minos.

Über die Jahrtausende hinweg genoß kretischer Wein einen ausgezeichneten Ruf. Antike Autoren von *Homer* über *Thukydides* bis hin zu *Pausanias* waren voll des

Lobes. Auch am Hofe der römischen Kaiser war der »Vinum Creticum Excellens« geschätzt. Selbst in den Wirren der byzantinischen und venezianischen Zeit verlor Kretas Weinbau nicht an Bedeutung. Venezianische Quellen des 15. Jh. nennen 20.000 Fässer Wein, die von der Insel ins Ausland exportiert wurden. Da wundert es nicht, daß sich auch der englische Schriftsteller William Shakespeare (1564-1616) lobend über einen kretischen Tropfen äußerte. Die heute weltweit verbreitete *Malvasier-Traube*, ohne die es keinen Chianti gäbe, stammt angeblich ursprünglich aus dem kleinen *Malevizion* südlich von Iráklion. Erst im 19. Jh. erlitt der kretische Weinbau herbe Rückschläge, als im Verlauf der Freiheitskämpfe die türkischen Machthaber viele der Weinberge zerstörten.

Heute befinden sich die kretischen Weinbauern wieder im Aufschwung. Meist in Kooperativen zusammengeschlossen, produzieren sie jährlich etwa 60.000 Tonnen, das entspricht rund 15 % der gesamten Weinproduktion Griechenlands. Bisher geht nur ein geringer Teil der wirklich guten Weine in den Export (z.B. nach Deutschland), während man die größte Menge für den Eigengebrauch produziert. Weinkenner fragen in einer kretischen Taverne am liebsten nach dem *chíma,* dem meist kräftigen, roséfarbenen Hauswein.

Die bedeutendsten Weinbaugebiete liegen immer noch südlich von Iráklion, rund um Pezá, Archánes und Dafnés. Doch auch in der Gegend um Sitía (Lassíthi) und Kíssamos (Chaniá) gedeihen einige edle Weine. Kretischer Wein, das ist von jeher in erster Linie Rotwein. Die *Mandilari-Traube* gibt ihm seine angenehme Säure, ein gehaltvolles, tanninreiches Aroma und die tiefrote Farbe, während die *Kotsifali-Traube* für Würze und Süße verantwortlich ist. Letztere wird allerdings nur im Weinbaubezirk von Iráklion angebaut und in Ostkreta bevorzugt durch die *Liatiko-Traube* ersetzt. In jüngerer Zeit gewinnt auch der Anbau von Weißweinen an Bedeutung. Die bevorzugte Rebsorte ist dabei die fruchtig-blumige *Vilana-Traube*, die einen frischen Weißwein mit leichtem Apfelaroma ergibt. In Kíssamos weicht sie der beliebten *Romeiko-Traube*, die nicht nur für Weißweine, sondern auch für Rotweine und Rosé angebaut wird. Eine Besonderheit der Region Chaniá ist übrigens der *Marouvas*, ein Likörwein ähnlich dem *Madeira*.

Kreta bietet eine Vielfalt an hochwertigen Weinen, und es bieten sich zunehmend Gelegenheiten für eine ausgiebige Weinprobe, unter denen lokale Weinfeste, wie z.B. in Sitía, Réthimnon oder Axós, zweifelsohne eine besonders urige Atmosphäre haben. Also dann: *jámmas!* („auf unsere Gesundheit").

Nur 1 km hinter der Straßengabelung von Kaloní, bei Agios Paraskies, gelangen Sie an einen weiteren Abzweig. Die **Hauptroute** führt weiter geradeaus Richtung **Kastélli**. Wenn Sie jedoch nach Süden abbiegen, Richtung Arkalohóri (14 km) bzw. Áno Viánnos, erreichen Sie nach etwa 37 km Martha (S. 479): Hier treffen Sie auf die in Kapitel 9 beschriebene Route. Sehenswürdigkeiten gibt es an dieser Nebenstrecke kaum, dafür aber viel Ursprüngliches. So auch das lebhafte Provinzstädtchen **Arkalohóri** (Αρκαλοχωρι), das mit seinen rund 2.800 Einwohnern hauptsächlich von der Landwirtschaft lebt. Samstags ist Markttag, doch auch unter der Woche kann man sich hier mit frischen Produkten aus der Region versorgen.

Zwischen Mirtiá, Kastélli und Limín Chersónissos

Mirtiá (Μυρτια)

Das kleine 3 km nördlich von Agios Paraskies gelegene Dorf hieß früher Várvari, doch seine Bevölkerung bestand auf einer Namensänderung, da sie nicht als „Barbaren" bezeichnet werden wollten. Trotz der vielen Besucher, die jedes Jahr hierher kommen, hat Mirtiá viel von seiner Ursprünglichkeit bewahrt und macht seinem blumigen Namen alle Ehre: Überall stehen farbenprächtig bepflanzte Blumenkübel, Eimer und Olivenölkanister.

Attraktion des Dorfes ist das 1983 eröffnete **Nikos-Kazantzakis-Musem**, das sich in einer alten Villa direkt neben dem Hauptplatz in Dorfmitte befindet. Liebevoll aufgemacht, sind hier persönliche Gegenstände und Fotografien aus dem bewegten Leben des bedeutendsten kretischen Schriftstellers ausgestellt (S. 100f). Viele seiner Bücher sind an Theatern rund um die Welt in Stücken umgesetzt worden. Im oberen Stockwerk des Museums sind einige der Bühnenbilder als Modell nachgebildet, ergänzt durch Originalkostüme, alte Plakate und Programmhefte sowie Fotografien der Aufführungen. Eine anscheinend vollständige Sammlung der in viele Sprachen übersetzten Romane Kazantzakis finden Sie im Vortragsraum des Museums. Schon die bunte Palette der Umschlagsmotive macht Lust auf das umfangreiche Werk. Ein ausgesprochen exotisches Exemplar ist die Ausgabe des „Alexis Zorbas" aus Nord-Korea von 1983. *Liebevoll aufgemacht*

Landschaftlich sehr reizvoll verläuft die Hauptroute weiter über Apostóli nach Kastélli. Große Agaven, Kalkfelsen, Olivenhaine und mächtige Eukalyptusbäume säumen die Straße. Bei etwas Zeit bieten sich links und rechts der Straße mehrere kleine Abstecher an.

Etwa 3 km hinter Agios Paraskies führt ein Abzweig zum **Kloster Angarathou**, das auf einer felsigen Anhöhe 3 km nordöstlich der Hauptroute liegt. Schon im 15. Jh. gegründet, wurde es mehrfach zerstört und immer wieder neu aufgebaut. Sein Klosterhof ist eine grüne Oase mit Feigen, Kiefern und einem Granatapfelbaum, unter dem sich ein kleiner Schrein befindet, in dem ein ewiges Licht brennt. Der Legende nach wurde hier eine Ikone der Jungfrau Maria gefunden, was den Ausschlag zur Klostergründung gab. Angeblich handelte es sich bei dem Granatapfelbaum zunächst um einen Wildbusch, den die Mönche mit Granatapfelreis veredelten. Da er „entgegen den Gesetzen der Natur" austrieb, gilt er heute als heilig. *Heiliger Baum*

Rund 8 km südöstlich des Abstechers zum Kloster Angarathou liegt inmitten einer weiten Ebene **Thrapsanó** (Θραψανο). Ein vom Tourismus unberührtes

Dorf, in dem mehrere Berufstöpfer ihrer Arbeit nachgehen. Allerdings ist nicht Kunsthandwerk ihr Geschäft: In großen Töpfereien produziert man hier noch heute mannshohe Tonkrüge (*Pithoi*), die wie in minoischer Zeit als Vorratsgefäße dienen. Töpferläden sind dagegen Mangelware.

Ver-winkelte Gassen

Kurz vor Kastélli führt links eine Straße zum 5 km entfernten **Smarí** (Σμαρι), einem interessanten kleinen Dorf, in dem die Zeit scheinbar stillsteht. Ein Fotobummel durch die verwinkelten Gassen lohnt sich. Am Platz unterhalb des Dorfes finden Sie den kleinen Töpferladen CERAMOS von *Elias Vitsaxakis*, der im Winter im Oberdorf eine kleine Taverne betreibt. Westlich von Smarí erhebt sich ein imposanter, 590 m hoher Kalksteingipfel, auf dem man derzeit die Reste einer geometrischen Akropolis freilegt.

In Smarí

Kastélli, Pediáda (Καστελλι)

Am Fuße des Díkti-Gebirges gelegenes Provinzstädtchen mit lebhaftem Samstagsmarkt. In seiner grünen Ebene erstrecken sich Weinfelder, Olivenhaine und wegen der strategisch günstigen Flachlage auch ein Militärflughafen. Das Zentrum der unscheinbaren Agrarmetropole bildet eine große Straßenkreuzung. Von hier führt die Hauptstraße nördlich bis nach Limín Chersónissos (ca. 20 km), doch in Kastélli spürt man vom Rummel der Küste nichts. Um die Kreuzung, an der auch der Bus aus Iráklion hält, finden sich ein paar Tavernen und Kafeneia. Die übrigen Straßen erschließen die umliegenden Dörfer und laden zu individuellen Entdeckungstouren ein. Vom antiken **Lythos**, das westlich von Kastélli gelegen haben soll, findet man jedoch kaum noch eine Spur, ebenso wie vom venezianischen Kastell, das dem Ort seinen Namen gab.

Individuelle Entdeckungstouren

Kastélli, Pediáda

Die Straße hinab nach Limín Chersónissos ist üppig begrünt, Platanen und Granatapfelbäume säumen den Weg. Etwa 1 km hinter Kastélli zweigt rechts eine schmale Schotterpiste in Richtung des Weilers Tsikouná ab. Sie mündet nach etwa 1,5 km an der byzantinischen Kirche **Agios Pandeleimon**, die verträumt im Schatten hoher Bäume liegt. Im Inneren des architektonisch reizvollen Gotteshauses sind Reste von Fresken aus dem 13.-14. Jh. zu sehen. Die Glocke vor dem Portal wurde aus einer Bombe des 2. Weltkriegs gefertigt. Sollte die Kirche geschlossen sein, so fragen Sie nach dem Schlüssel in der nahegelenen, ausgeschilderten *Taverne Paradise*.

Zur Hauptstraße zurückgekehrt, zweigt rechts eine Stichstraße zu den kleinen Orten **Áno und Káto Karouzána** ab. Vor wenigen Jahren noch fast zu Geisterdörfern verfallen, ist nun wieder neues Leben eingekehrt. Seine Bewohner, die in den 1960-80er Jahren noch in Scharen an die Küste hinabzogen, wo sie in den Touristenzentren ihr Einkommen such-

Agios Pandeleimon

ten, sind zurückgekehrt. Die Urlauber werden nun mit dem Bus hierhergefahren, um eine „Kretische Nacht" zu erleben. Doch vor und nach der Folkloreveranstaltung wartet der Weg durchs Dorf mit seinen Kafeneia, Tavernen und Souvenirläden.

Etwa 8 km unterhalb des Abzweigs nach **Káto Karouzána** trifft die Straße von Kastélli auf die Verbindung von Limín Chersónissos zur Lassíthi-Hochebene.

Auf der Weiterfahrt zur Küstenstraße holt einen der Rummel der Touristenzentren gänzlich ein. Links der Straße, etwa 8 km oberhalb von Limín Chersónissos, liegt weit oben das vielbesuchte 50.000 m² große **Spaßbad Aqua Splash**. *Informationen und Öffnungszeiten entnehmen Sie bitte den gelben Seiten von Límin Chersónissos (S. 276).*

Vielbesuchtes Spaßbad

Fahren Sie dagegen an der Kreuzung Richtung Osten, so führt die Strecke zunächst gemächlich ansteigend das landschaftlich reizvolle *Aposelemis-Tal* hinauf durch die Bergdörfer **Potamiés** (Ποταμιεζ), **Avdoú** (Αβδου) und **Goniés** (Γω–νιεζ). Nach 14 km treffen Sie auf die in Kapitel 7.2 beschriebene Route von Mália auf die Lassíthi-Hochebene.

In **Potamiés** liegt nordwestlich oberhalb des Dorfes, verlassen und verfallen, das **Kloster Gouverniotissa** (der Ausschilderung folgend über Piste erreichbar). Eine kleine Kreuzkuppelkirche birgt wertvolle Wandmalereien aus dem 14. Jh. (eventuell Schlüssel im Kafenion erfragen). In **Avdoú** und **Goniés** gibt es einige nette Tavernen und Kafeneia. Hinter Gonies geht es in steilen Serpentinen bergauf Richtung Krási oder bergab über Mohós (S. 406) in die Bucht von Mália.

Steile Serpentinen

6.3   Entlang der Nordostküste in die Bucht von Mália

Entfernungen
Iráklion - Goúrnes 16 km
Goúrnes - Limín Chersónissos 14 km
Limín Chersónissos - Mália 9 km

Amníssos (Αμνισοζ)

Direkt unterhalb des Flughafens von Iráklion gelegene Bucht, in der in minoischer Zeit der Haupthafen von Knossós lag. Der Legende nach kamen hier alle neun Jahre die dem Minotaurus zu opfernden Mädchen und Knaben aus Athen an.

Küste bei Amníssos

Heute erstrecken sich hier die östlichen Badestrände der Hauptstadt, Sonnenschirme und Liegestühle warten auf Gäste. Rund um den kleinen, unmittelbar am Meer gelegenen Hügel Paleóchora finden Sie die unscheinbaren Zeugnisse aus minoischer und antiker Zeit. Am östlichen Fuß des Hügels legte der griechische Archäologe *Spiridon Marinatos* in den 1930er Jahren die Grundmauern einer mittel- bis spätminoischen Villa frei. Ein besonders gut erhaltenes Lilienfresko (heute AMI Saal XIV), gab ihr den Namen „Villa der Lilien" (1550-1450 v.Chr). *Die aktuellen Öffnungszeiten entnehmen Sie bitte den gelben Seiten von Iráklion (S. 267).*

Etwas oberhalb der Bucht, an der Straße nach Episkopí, liegt der leider verschlossene Zugang der berühmten **Eileithyia-Höhle**. Sie ist eines der ältesten Heiligtümer des Mittelmeergebietes. Bereits zu Beginn der minoischen Zeit opferte man in ihr einer Fruchtbarkeitsgöttin. Dieser Kult setzte sich die gesamte Antike hindurch fort, bis ins 5./6. Jh. n.Chr. verehrte man die „Göttin der Geburt", *Eileithyia.*

Göttin der Geburt

Nur wenige Kilometer östlich, in **Nirou Cháni**, liegen direkt neben der Old Road die in einer ansprechenden Anlage präsentierten Reste einer ehemals zweigeschossigen Villa aus mittel- bis spätminoischer Zeit (1550-1450 v.Chr). Die Raumaufteilung ähnelt einem Palast in Miniaturausgabe, mit Megaron, Freskenschmuck, Hausheiligtum, Magazinräumen und Lichthof. *Spiridon Marinatos* sah in ihr den „Sitz eines Hohepriesters". *Die aktuellen Öffnungszeiten entnehmen Sie bitte den gelben Seiten von Iráklion (S. 266f).*

 Anópoli (Ανοπολη)

Etwa 4 km oberhalb von Nírou Cháni liegt Anópoli, ein ursprüngliches Dorf, in dem alltäglich Folklorevorführungen stattfinden, die ein wenig kretisches Lebensgefühl bewahren konnten. Kurz vor dem Ort liegt die gewaltige Anlage des **Spaßbades Water City** mit mehreren Pools, einem Wellenbad und Wasserrutschen. Nahebei steht der klotzige Baukörper des **Palladium**, in dem die „Dinner-Shows" für die Urlauber der Nordostküste veranstaltet werden. Eine amerikanisch anmutende Variante der Abendgestaltung und trotz des aufwendigen Folklore-Brimboriums nur leidlich kretisch.

Gewaltiges Spaßbad

> **Aktuelle Informationen zum Spaßbad Water City**
> *entnehmen Sie bitte den gelben Seiten von Limín Chersónissos (S. 276f).*

Nicht weit von Anópoli entfernt liegt **Moni Theologou**. Im Vergleich zu anderen Klöstern wirkt es unspektakulär und bietet im Trubel der Nordostküste einen willkommenen Ruhepol. Während der Befreiungskämpfe von 1821 und 1866 wurde die ursprüngliche Klosteranlage fast völlig zerstört. Einige kunsthistorisch herausragende Ikonen konnten zum Glück gerettet werden, sie befinden sich heute im byzantinischen Museum in Iráklion.

Ruhepol

 Goúrnes (Γουρνεζ)

> **Aktuelle regionale Reisetips zur Goúrnes und Káto Goúves**
> *entnehmen Sie bitte den gelben Seiten von Iráklion (S. 257f).*

Größerer Durchgangsort der Küstenstraße (1.500 Einwohner), der allmählich mit seinen Nachbarorten Kokkíni Cháni und Káto Goúves zusammenwächst. Straßenkarten sind in diesem Bereich meist hoffnungslos veraltet. Obwohl die Küste von Natur aus über keine herausragenden Strände verfügt, entwickelte sich ein Urlaubszentrum, das als Ausgangspunkt für Unternehmungen ins Umland dient. Früher lag in **Goúrnes** eine bedeutende **US-Air Force-Base**, die inzwischen aufgegeben wurde. Was mit dem Gelände in Zukunft geschieht, bleibt abzuwarten. Geplant ist u.a. der Bau eines großen Jachthafens (Marina). Im Bereich der ehemaligen Base breitet

Ehemalige US-Base

„Strandpromenade"

sich ein natürlicher Sandstrand aus (direkt neben dem **Campingplatz**), die übrigen Strandabschnitte entlang der Strandpromenade wurden aufgespült.

In **Káto Goúves** sind mehrere moderne Hotelressorts entstanden, darunter das **Grecotel Club Creta Sun**. Hier finden Sie eine Station von **Hellas Bike Travel**, in der Sie Fahrräder mieten und geführte Touren ins Umland buchen können. Das traditionelle Dorf Goúves liegt etwa 2 km landeinwärts am Berghang. Wenn Sie von hier aus nochmals 2 km landeinwärts fahren (an der Kreuzung hinter Goúves rechts abbiegen), erreichen Sie das kleine Dorf Skotinó. Von hier aus sind es etwa 1,5 km Fußmarsch bis zur

Imposante Höhle **Skotinó-Höhle**, die vor Ort unter dem Namen *„Cave of Agia Paraskevi"* ausgewiesen ist. In 225 m Höhe über dem Meeresspiegel gelegen, gehört sie zu den imposantesten Höhlen Kretas. *Paul Faure*, Autor des Buches „Kreta – das Leben im Reich des Minos", glaubt, in ihr sogar das eigentliche Labyrinth von Knossós gefunden zu haben. Wenn Sie die geräumige Höhle erkunden wollen, brauchen Sie festes Schuhwerk und eine Taschenlampe!

Bucht von Mália

Etwa 6 km hinter Káto Goúves öffnet sich die weite Küstenebene der sanft geschwungenen Bucht von Mália. Am Fuße des kargen Dítki-Gebirges liegen die Zentren des kretischen Pauschaltourismus: *Limín Chersónissos*, *Stalída* und *Mália*,

Weißes Häusermeer ein weißes Häusermeer aus großen Hotelkomplexen, Bungalowanlagen und Apartmenthäusern. An den Stränden und in den Ortszentren tobt im Sommer das Leben. Die Nähe zum Flughafen der Hauptstadt Iráklion begünstigte bereits in den 1970er Jahren eine ausgedehnte touristische Infrastruktur. Als Urlaubsstandort ist die Region vor allem wegen ihres Nachtlebens und der zahlreichen Sport- und Freizeitmöglichkeiten beliebt.

Hinweis

Inzwischen ebenfalls touristisch erschlossen, jedoch bei weitem ursprünglicher und ruhiger, ist der Osten der Bucht rund um die kleinen Ortschaften Síssi und Mílatos (S. 400f). Weitläufige „Traumstrände" sind hier allerdings ebenfalls Mangelware.

Aus der Bucht von Mália durch Kreta

Wenn Sie ihren Urlaub in einem der Touristenzentren der Bucht von Mália gebucht haben, sollten Sie auf jeden Fall versuchen, das ursprüngliche Kreta zu erkunden. Am besten geht das mit einem Mietwagen. Doch auch per Fahrrad lassen sich in der näheren Umgebung nette Routen legen. Hellas Bike Travel bietet geführte Touren mit Begleitbus an, die weniger Geübten z.B. eine Abfahrt von der Lassithi-Ebene ermöglichen. Individualisten brauchen im steil ansteigenden Relief des Hinterlandes vor allem eines: gute Kondition. Aktuelle Tips und die Adressen entnehmen Sie bitte den gelben Seiten von Mália (S. 283).

Tagesausflüge
• Besuch des Archäologischen Museums und Stadtbummel in Iráklion (S. 332)
• Zum Palast von Knossós und in die Weinberge rund um Archánes (S. 358ff)
• Ins Kazantzakis-Museum nach Mirtià (S. 381ff) und quer durch die Pediáda nach Kastélli.
• Über die Lassíthi-Ebene nach Ágios Nikólaos (S. 406ff)
• Bootsausflug nach Spinalonga und Stadtbummel in Ágios Nikólaos (S. 416ff)

Limín Chersónissos

Aktuelle regionale Reisetips zu Limín Chersónissos
entnehmen Sie bitte den gelben Seiten (S. 273f).

Limín Chersónissos (in anderen Schreibweisen auch Λιμην Χερσονησοζ, Limani Hersónissos oder Limín Chersónissou) ist der lebhafteste unter den kretischen Bade- und Urlaubsorten. Noch in den 1960er Jahren ein verschlafenes Fischernest mit nicht mehr als 400 Einwohnern (Limín = „Hafen"), ist es heute die Hochburg des kretischen Pauschaltourismus. Rund 30.000 Betten soll es hier geben, wieviel es genau sind, weiß niemand.

Vom alten Ortskern ist kaum etwas zu erkennen. Limín Chersónissos entwickelte sich vor allem entlang der **Durchgangsstraße**, mehrere Stichstraßen verbinden diese mit der **Strandpromenade**, die zum alten **Hafen** führt. Unzählige Hotels, Apartments, Bars, Tavernen, Fastfood-Restaurants und Diskotheken liegen dicht beieinander. Eine geordnete Entwicklung ist ausgeblieben. Breite Sandstrände gibt es im Ort selbst nicht, alles ist restlos zugemauert, *Heißestes* doch dafür tobt in *Nacht-* LC das heißeste *leben der* Nachtleben der *Insel* Insel.

Ab und zu stößt man selbst hier auf die Spuren uralter Geschichte. Bereits in der Antike

Blick vom Hafen auf die Stadt

Frühe   als Hafen der landeinwärts gelegenen dorischen Siedlung *Lythos* (S. 382) gegrün-
Blüte   det, erlebte der Ort in römischer Zeit eine frühe Blüte und wurde Anfang des
5. Jh. n.Chr. Bischofssitz. Ein verloren wirkender, von der Strandpromenade ummauerter, pyramidenförmiger Brunnen aus römischer Zeit zeugt noch davon,
ebenso wie die stark strapazierten Fundamente zweier frühchristlicher Basiliken.
Die eine liegt auf einer kleinen Landzunge am Hafen, die andere etwa 2,5 km
östlich beim Hotel *Eri Beach*. Im 7. Jh. wurde der Ort jedoch wegen zunehmender
Piratenüberfälle aufgegeben. Die Menschen zogen sich ins Hinterland zurück, und
Limín Chersónissos wurde erst in der Neuzeit wieder besiedelt.

Baden

*Die Strände rund um Limín Chersónissos sind wahrlich keine Traumsträn-
de. In meist schmalen Buchten quetscht man sich Liegestuhl an Liegestuhl
zwischen Wasser und Hotelkomplex. Am besten – aber ebenfalls voll – ist der
Strand neben dem Hotel Creta Maris. In den Anlagen der großen Luxushotels
merkt man vom Rummel ringsherum natürlich wenig. Sehr beliebt sind auch die
modernen Bungalowsiedlungen und Hotelanlagen bei Anissáras, rund 2 km westlich
von Limín Chersónissos.*

Freilichtmuseum Lychnostátis

Am östlichen Ortsausgang, nahe dem *Star Beach Water Park* gelegen, bietet das
Freilichtmuseum *Lychnostátis* eine interessante Darstellung des traditionellen kretischen Lebens. Originalgetreu nachgebaute Gebäude und Werkstätten, vom Wohn-

haus, einer Kapelle, Windmühle
und Hirtenhütte (*Mitáto*) bis hin
zur Dreschtenne, Weberei, Färberei, Parfümerie oder Schnaps-
brennerei, können besichtigt
werden. Alles ist in liebevoller
Kleinarbeit gestaltet und wird
in informativen Führungen lebhaft aufbereitet. Ein Museum mit
„Erlebniswert"; Tanz- und Filmvorführungen sowie Hand-
werks- und Handarbeitsdemon-
strationen runden das Angebot
ab.

Freilichtmuseum Lychnostátis

Die Idee für das in Privatinitia-
tive errichtete Museum geht zu-
rück auf den Augenarzt, leidenschaftlichen Sammler und Volkskundler *Georgiós
Markákis*, dessen Familie das Museum zwischen 1986 und 1992 errichtete. Betrie-
ben wird es inzwischen vom „Verein der Freunde des Museums", der für die
Zukunft weitere Pläne hat.
*Die aktuellen Öffnungszeiten und Eintrittspreise entnehmen Sie bitte den gelben
Seiten von Chersónissos (S. 277).*

Limín Chersónissos/Hinterland

Direkt hinter Limín Chersónissos, am Unterhang des kargen Charákas-Massivs, liegen die Dörfer **Chersónissos, Piskopianó** und **Koutouloufári**. Im Gegensatz zu Limín Chersónissos handelt es sich um traditionell gewachsene Siedlungen mit historischen Ortskernen. Hier treffen sich die Alten noch auf der *Platiá* oder im *Kafenion*, um *Tavli* zu spielen und sich auszutauschen. Doch der Tourismus hat unwiderruflich Einzug gehalten. Tavernen, Bars und Apartments buhlen um die Gunst der Gäste.

Traditionell gewachsen

Vor allem am Abend zieht es die Urlauber aus der Küstenebene in die hochgelegenen Dörfer mit der prächtigen Aussicht.

Im Heimatmuseum von Piskopianó

Auf der fein rausgeputzten Platiá von **Piskopianó** finden häufig Folklorevorführungen statt. In den umliegenden Tavernen hat man einen guten Platz und genießt zugleich das stimmungsvolle Panorama.

Tagsüber lohnt der Ausflug nicht zuletzt wegen des kleinen **Heimatmuseums von Piskopianó**: Im „*Agrótiko Museío*", einer restaurierten Olivenölfabrik aus türkischer Zeit, werden seit 1988 in alten Gebäuden lebensnah die Werkzeuge und Arbeitsplätze der Handwerker und Bauern vergangener Zeiten dargestellt – Schmiede, Ölpresse, landwirtschaftliche Geräte, Webstuhl, Raki-Destillator ...
Öffnungszeiten und Eintrittspreise entnehmen Sie bitte den gelben Seiten von Limín Chersónissos (S. 277).

Lebensnah

Stalída (Σταλιδα)

Aktuelle regionale Reisetips zu Stalída
entnehmen Sie bitte den gelben Seiten von Mália (S. 280f).

Direkt zwischen Limín Chersónissos und Mália gelegene Feriensiedlung ohne eigenen Charakter, doch weitaus beschaulicher und schöner als die beiden Nachbarorte. Ihre Strände und Tavernen gelten innerhalb der Bucht von Mália als beliebte Ausflugsziele. Das Publikum ist gesetzter und deutlich mehr von Familien bestimmt. Noch vor wenigen Jahren war Stalída (auch „Stalís genannt) unter Pauschaltouristen ein echter Geheimtip. In-

Stark expandiert zwischen ist der Ort stark expandiert und geht entlang der Küste fließend in Mália über.

Blick auf Stalida

Mália (Μαλια)

Aktuelle regionale Reisetips zu Mália entnehmen Sie bitte den gelben Seiten (S. 280f).

Mália, ein ehemaliges Straßendorf unweit der Küste, ist eines der wichtigsten Touristenzentren Kretas und berühmt-berüchtigt für sein exzessives Nachtleben. Innerhalb des Ortes gibt es wenig Sehenswertes. Lediglich im alten, verwinkelten Dorfkern, der sich auf den Bereich oberhalb der Durchgangsstraße konzentriert, finden Sie ein paar stimmungsvolle Ecken. In der Hauptkirche *Panagía Gelatiáni* kann man abends eine kleine Ikonensammlung besichtigen. Von der Durchgangs-

Exzessives Nacht- leben straße führt eine rund 2 km lange Stichstraße hinab zum Strand, an dem gute Wassersportmöglichkeiten locken. Unzählige Hotels, Restaurants, Souvenirläden, Pubs, Video-Bars und Diskotheken reihen sich hier dicht aneinander.

Dem langen, meist überfüllten Strand vorgelagert (ca. 200 m) ist eine kleine Insel, auf der eine alte Kapelle steht und die griechische Flagge weht. Ansonsten scheint Mália fest in ausländischer Hand. Es dominieren Engländer und Niederländer, doch auch andere Europäer sind vertreten. Freizügig und kontaktfreudig feiert man jede Nacht bis in die frühen Morgenstunden. Und noch immer scheint der Zenit dieses Booms nicht erreicht: Östlich der Stadt, im Bereich des alten Fischerhafens, entsteht mit Hilfe von EU-Geldern Kretas bisher größte Marina.

Strände und Hinterland

Restaurant in Mália

Die feinsandigen Strände Málias sind in der Hauptsaison grundsätzlich überfüllt. Der relativ lange, aber schmale **Ortsstrand** wird immer

wieder von flachen Sandsteinklippen unterbrochen. Ein breites Wassersportangebot lockt Freunde des nassen Elements. Erst östlich des Fischerhafens wird es
etwas ruhiger. Im Hinterland liegen zunächst einige unscheinbare Dünen, dann
folgen weitläufig kleinere Felder. Die Landwirtschaft bringt auf den tiefgründigen
und fruchtbaren roten Böden der Küstenniederung relativ gute Erträge. In Plastikgewächshäusern reifen hier u.a. Bananen und Tomaten für den griechischen   *Fruchtbare*
und europäischen Markt. Noch vor wenigen Jahren war die **Küstenebene** in   *Böden*
diesem Abschnitt nahezu unbebaut und ausschließlich von Bauern genutzt. Inzwischen finden sich auch hier zunehmend die typischen griechischen Apartmentbauten.

Einer der schönsten Strände Málias ist der sanft geschwungene und flache **Mill
Beach** in der Nähe des minoischen Palastes. In der Hauptsaison wird es auch
hier zwischen Sonnenschirmen, Liegestühlen, Tretbooten und Surfbrettern sehr
voll.

Palast von Mália

Inmitten der fruchtbaren Küstenniederung, eingebettet in Felder und Olivenhainen, liegt rund 3 km östlich des Ortszentrums das archäologische Gelände von
Mália. Von der New Road sind es nur etwa 300 m, hier halten auch die Busse
nach bzw. aus Ágios Nikólaos. Zu Fuß benötigen Sie aus Mália etwa 30-40 Minuten. Eine Besichtigung des Palastes lohnt vor allem wegen des unverfälschten
Zustandes. Rekonstruktionen wie in Knossós fehlen gänzlich, dafür breitet sich   *Leicht*
ein recht leicht zu überschauender Palastgrundriß aus. Das *Französische Archäolo-*   *über-*
gische Institut in Athen, das seit den 1920er Jahren die Grabungen durchführt,   *schaubar*
beließ alle Grundmauern so, wie die Ausgräber sie vorfanden. Wenn Sie sich
bereits ein wenig mit den Grundprinzipien der minoischen Architektur vertraut
gemacht haben, finden Sie hier eine gute Gelegenheit, Ihr Wissen anzuwenden
und zu vertiefen. Suchen Sie z.B. nach den erhaltenen Spuren der Feuersbrunst,
die den mindestens zweistöckigen Palast kurz nach 1450 v.Chr. zerstörte, oder
versuchen Sie, die unterschiedlichen Orte der Kulthandlungen miteinander in
Beziehung zu setzen.

Besonders empfindliche Bauten sind
mit Schutzdachkonstruktionen aus
Holzträgern und Plexiglas überdacht,
und im Eingangsbereich ist eine kleine instruktive Ausstellung mit Luft-
bildern vom Gelände zu sehen.
Öffnungszeiten, Eintrittspreise und ak-
tuelle Tips bezüglich Führungen ent-
nehmen Sie bitte den gelben Seiten
von Mália (S. 283).

Mit einer Grundfläche von 7.500 m²
ist der Palast von Mália der drittgrößte der bisher vollständig erkun-

Zeitgemäß geschützte Grabung

deten Paläste Kretas. Auch er lag inmitten einer ausgedehnten Stadt, die bis heute erst ansatzweise freigelegt wurde. Große Teile ruhen noch immer im Boden, dicht unter der Oberfläche der inzwischen brachgelegten Felder ringsherum.

Provin-
zieller
Charakter
Der Legende nach herrschte hier *Sarpedon*, der jüngere Bruder von *Minos* und *Rhadamanthys*. Im Vergleich zu den anderen minoischen Palästen zeigt Mália, was Bauausführung, -material und die hier gemachten Funde angeht, eher provinziellen Charakter; Fresken wurden nicht gefunden. Auch eine eigene Keramikproduktion fehlte. Hochwertige Keramikwaren wurden aus Knossós und Féstos importiert.

Der heute zu besichtigende Palast entstand in der Jüngeren Palastzeit (1700-1450 v.Chr.) auf den Trümmern eines älteren Palastes (1900-1700 v.Chr.) und wurde nach seiner Zerstörung um 1450 v.Chr. nicht wieder aufgebaut.

Goldgrube
Trotzdem war diese minoische Hafenstadt ohne Frage ausgesprochen wohlhabend, wie nicht zuletzt auch die Funde aus der nahe der Küste gelegenen Nekropole *Chrysolakkos* zeigen. Ihr Name bedeutet übersetzt „Goldgrube". Hier fand sich u.a. ein besonders aufwendig gearbeitetes goldenes Halsgeschmeide, das zwei Bienen zeigt, die einen Tropfen Honig in einer Wabe deponieren (heute im AMI Saal VII).

Rundgang

• Vor dem Palast:
Auf dem Westhof sind die Reste des ehemals erhöht liegenden **Prozessionsweges (1)** zu erkennen. Er verlief parallel zur Westfassade, die einst durch deutliche Vor- und Rücksprünge die lebhaft untergliederte Hauptansicht des Palastes bildete. Auf Höhe der **Getreidespeicher (2)** beschreibt er ein Dreieck, wie es auch in Knossós und Féstos der Fall ist. Direkt dahinter liegt das kleine **Südheiligtum (3)**, das ausschließlich von außen zugänglich war und keinerlei Verbindung zu den übrigen Palasträumen hatte.

• Südeingang und Zentralhof:
Schlicht
und
weiträumig
Der schlicht und weiträumig gestaltete **Südeingang (4)** diente wohl hauptsächlich dem Transport von Waren. An seinem inneren Ende wurde er durch ein großes Holztor verschlossen. Besucher betraten den Zentralhof vermutlich über einen auf der linken Seite an-

Kernos

grenzenden Korridor. Rechts neben dem Eingang lagen die **Werkstätten (5)**. Der ehemals gepflasterte Zentralhof mißt 48 x 23 m. Seine Achse ist exakt auf die kleine Bergkapelle des *Profitis Elías* ausgerichtet, wo sich in minoischer Zeit

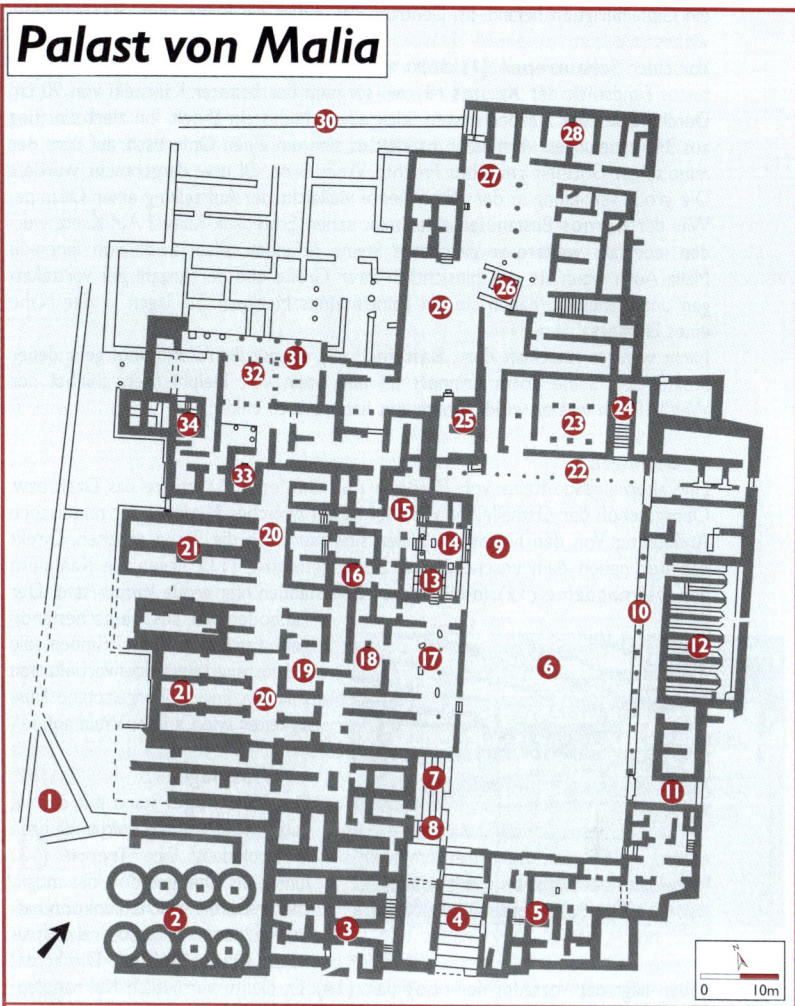

Palast von Malia

1 Prozessionsweg	13 Treppe ins Ober-	23 Pfeilerhalle
2 Getreidespeicher	geschoss Lodggia	24 Treppe ins Obergeschoss
3 Südheiligtum	14 Eingangsbereich	25 Turmartiges Gebäude
4 Südeingang	der Lodggia	26 Tempel aus griechischer Zeit
5 Werkstätten	15 Schatzkammer	27 Nordhof
6 Brandopferaltar	16 Raum mit Bänken	28 Nordmagazin
7 Schautreppe	17 Vorhalle der Pfeilerkrypta	29 Nordwesthof
8 Kernos	18 Pfeilerkrypta	30 Weg zur Agora
9 Baitylos	19 Heiligtum	31 Säulenhalle
10 Pfeiler u. Säulen der Osthalle	20 Westkorridor	32 Hauptraum
11 Südosteingang	21 Westmagazine	33 Archiv
12 Ostmagazin	22 Säulenreihe	34 Lustralbassin

© i graphic

ein Gipfelheiligtum befand. Im Zentrum des Hofes die Reste eines **Brandopfer-altars (6)**.

Vor einer **Schautreppe (7)** direkt am Südeingang liegt Málias vielleicht berühm-testes Fundstück: der **Kernos (8)**, ein sorgsam bearbeiteter Kalkstein von 90 cm Durchmesser, der auf den ersten Blick einem Mühlstein ähnelt. Ihn ziert ein Ring aus 34 Vertiefungen. Vermutlich handelt es sich um einen Opfertisch, auf dem der minoischen Gottheit geweihte Früchte, Wein, Brot, Öl usw. dargebracht wurden. Die große Vertiefung in der Mitte diente vielleicht der Aufstellung einer Öllampe.

Rätsel-
haftes
Fundstück

War der **Kernos** Bestandteil eines minoischen Erntedank-Kultes? Auf Kreta wur-den jedenfalls weitere vergleichbare Steine gefunden, allein zwölf von ihnen in Mália. Auch wenn sie sich hinsichtlich ihrer Größe und der Anzahl der Vertiefun-gen unterscheiden, haben sie ein gemeinsames Merkmal: Sie lagen in der Nähe eines Eingangs.

Nicht weniger rätselhaft der **„Baitylos" (9)**, ein auf dem Zentralhof gefundener Steinfetisch. Seine Form erinnert an den Stein von Delphi (den „Nabel der Welt"). Doch was er wirklich bedeutet hat, ist noch unklar.

• **Ostflügel:**

Eine alternierende Reihe von **Pfeilern und Säulen (10)** stützte das Dach bzw. Obergeschoß der Osthalle. Ihr Wechsel ist ein typisches Merkmal der minoischen Architektur. Von den hölzernen Säulen sind nur noch die Basen erhalten. Direkt dahinter, neben dem unscheinbaren **Südosteingang (11)**, liegen die Kammern der **Ostmagazine (12)**. In minoischer Zeit standen hier große *Vorrats-Pithoi*. Der Fußboden war aus wasserbeständi-gem Estrich gefertigt. Rinnen, die auf kistengroße Bodenvertiefungen zulaufen, fingen übergelaufene Flüs-sigkeiten wie Öl oder Wein auf.

Ostmagazine

• **Westflügel:**

Der **Westflügel** stand mit den im Palast vollzogenen Kulthandlungen in Verbindung. Eine **Treppe (13)** führte ins Obergeschoß, das mögli-cherweise die gleiche Funktion hat-te wie der in Knossós rekonstru-ierte **„Piano Nobile"**. Direkt da-

Kulthand-
lungen

neben liegt der Vorraum der **„Loggia" (14)**. Er diente vermutlich Kulthandlun-gen, die mit der Erscheinung der Gottheit („Epiphanie") in Verbindung standen. Vom Hof aus konnten sie leicht beobachtet werden. Im rückwärtigen Teil liegt die **„Schatzkammer" (15)**. Hier fand man ein 1 m großes Prunkschwert, dessen vergoldeter Griff mit einem Knauf aus Bergkristall geschmückt war, sowie eine aus Chlorit gefertigte, leopardenförmige Ritualaxt (heute im AMI Saal IV). Der benachbarte **Raum mit Wandbänken (16)** diente möglicherweise einer Prie-sterversammlung als Sitzgelegenheit oder zum Aufstellen von Kultgeräten. Die Räume südlich der **Treppe (13)** spielten im kultischen Leben ebenfalls eine wichtige Rolle. Durch eine **große Vorhalle (17)** gelangt man in einen ehemals fensterlosen Raum, die **Pfeilerkrypta (18)**. Hier wurden die im Hof verbrannten Tieropfer vorbereitet bzw. abgeschlossen. Durch das rückwärtige „**Heilig-tum**" **(19)** (hier fand man eine Sitzbank und eine Opfergrube) gelangen Sie auf einen **Korridor (20)**, der einst die **Westmagazine (21)** erschloß. Durch eine Trennmauer in eine nördliche und südliche Raumgruppe unterteilt, standen sie *Verwinkel-* ausschließlich über den engen und verwinkelten Zugang des Heiligtums miteinan- *ter Zugang* der in Verbindung.

• **Nordflügel:**

Am Nordende des Zentralhofes sind deutlich die Basen einer **Säulenreihe (22)** zu erkennen. Die Säulen waren aus Holz gefertigt und verjüngten sich nach unten. Dahinter die Reste einer **Pfeilerhalle (23)**. Die **Treppe (24)** führte einst ins Obergeschoß. Möglicherweise lag hier ein großer Saal für kultische Festgelage. Auffallend massiv sind die Grundmauern eines vermutlich **turmartig gestalteten Gebäudes (25)**.

Im Norden versperren Reste eines in **griechischer Zeit errichteten Tempels (26)** den Weg. Hinter ihm liegt der **Nordhof (27)** mit den **Nordmagazinen (28)**. Dort, wo heute ein riesiger, restaurierter *Pithoi* steht, lag vermutlich in minoischer Zeit der **Haupteingang**.

Brandspuren und Säulenbase

Über den **Nordwest- bzw. „Turmhof" (29)** gelangt man zu den **„Königlichen Gemächern"**. Vor dem Palast liegen die Reste einer ebenfalls als **Prozessionsweg (30)** gestalteten Straße, die in die Stadt Richtung *Agorá* führte.

• **„Königliche Gemächer":**

Eine **Säulenhalle (31)** bildete den Lichthof des auch als *Megaron* bezeichneten **Hauptraums (32)**. Zwischen den Säulenbasen verspürt man in der Regel einen angenehm kühlen Luftzug, der vom nahegelegenen Meer landeinwärts weht. Im „**Archiv" (33)** fanden sich Siegelabdrücke und Tontäfelchen mit minoischer *Line-* *Rituelle* *ar-A-Schrift*. Nicht weit entfernt die Reste eines **Lustralbassins (34)**, das ver- *Waschun-* mutlich rituellen Waschungen diente (vgl. Knossós S. 365). *gen*

Buchtip
Weitere Informationen können Sie einem gut bebilderten, deutschsprachi-gen Ausgrabungsführer entnehmen (31 Seiten; vor Ort zu kaufen). Er enthält auch ein für die Orientierung hilfreiches, großes Luftbild.

7. AUS DER BUCHT VON MÁLIA AN DEN GOLF VON MIRAMBÉLLOU

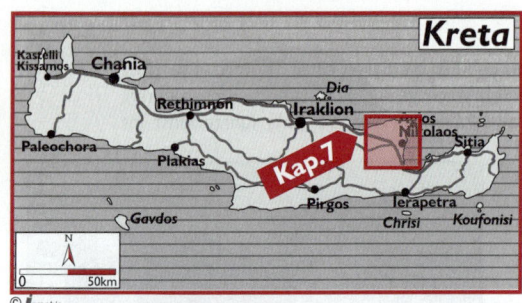

Kreta

© **i**graphic

Überblick

Ohne Zweifel bilden die nördlichen Ausläufer des Díkti-Gebirges eine der landschaftlich reizvollsten Gegenden der gesamten Insel: wild, gebirgig und doch romantisch. Das Díkti-Gebirge ist das dritte große Bergmassiv Kretas und weitgehend unzugänglich. Doch nur wenige Kilometer südlich der sonnigen Bucht von Mália liegt in über 800 m Höhe die fruchtbare Lassíthi-Hochebene, mit ihren weißen Dörfern und der mythischen Geburtshöhle des Zeus ist sie eine der Hauptattraktionen des kretischen Ostens. Östlich davon machen Kretas viertgrößte Stadt Ágios Nikólaos und das nördlich gelegene Eloúnda (Jet-Set-Badeort

Beliebte Urlaubsregion

mit traumhafter Umgebung) den Golf von Mirambellou zur beliebten Urlaubsregion. Die Hotels können sich mit den höchsten internationalen Standards messen, und in Ágios Nikólaos tobt abends um den Voulismeni-See das Leben. Zum Baden gibt es vielleicht bessere Abschnitte auf Kreta, da die wenigen Buchten an der Nordküste nur schwer zugänglich und die Strände zwischen Ágios Nikóalos und Eloúnda schnell überfüllt sind. Doch dafür finden Wanderer und Radfahrer auf dem Landvorsprung nordwestlich von Eloúnda wenig befahrene Straßen und ursprüngliche Dörfer. Mit der ehemaligen Lepra-Insel Spinalonga, den dorischen Städten Dríros und Lató, der byzantinischen Kapelle Panagia i Kera und dem Archäologischen Museum in Ágios Nikólaos kommen Kulturliebhaber in dieser Ecke Kretas auf ihre Kosten, das Publikum ist deshalb durchschnittlich auch etwas gesetzter als in den reinen Badeorten der Bucht von Mália.

7.1   Die schnelle Route über Neápoli

Entfernungen
Mália - Ágios Nikólaos 28 km
Ágios Nikólaos - Eloúnda 11 km

Über die New Road ist Ágios Nikólaos von Mália aus problemlos in einer halben Stunde zu erreichen. Links und rechts der Hauptstraße liegen jedoch reizvolle

Reizvolle Nebenstrecken

Dörfer an Nebenstrecken, die einen Abstecher oder Tagesausflug lohnen. Kurz hinter der Abzweigung nach **Mílatos** (S. 401) verläßt die New Road die fruchtbare Küstenebene von Mália und erklimmt die unvermittelt steil ansteigende **Sele-**

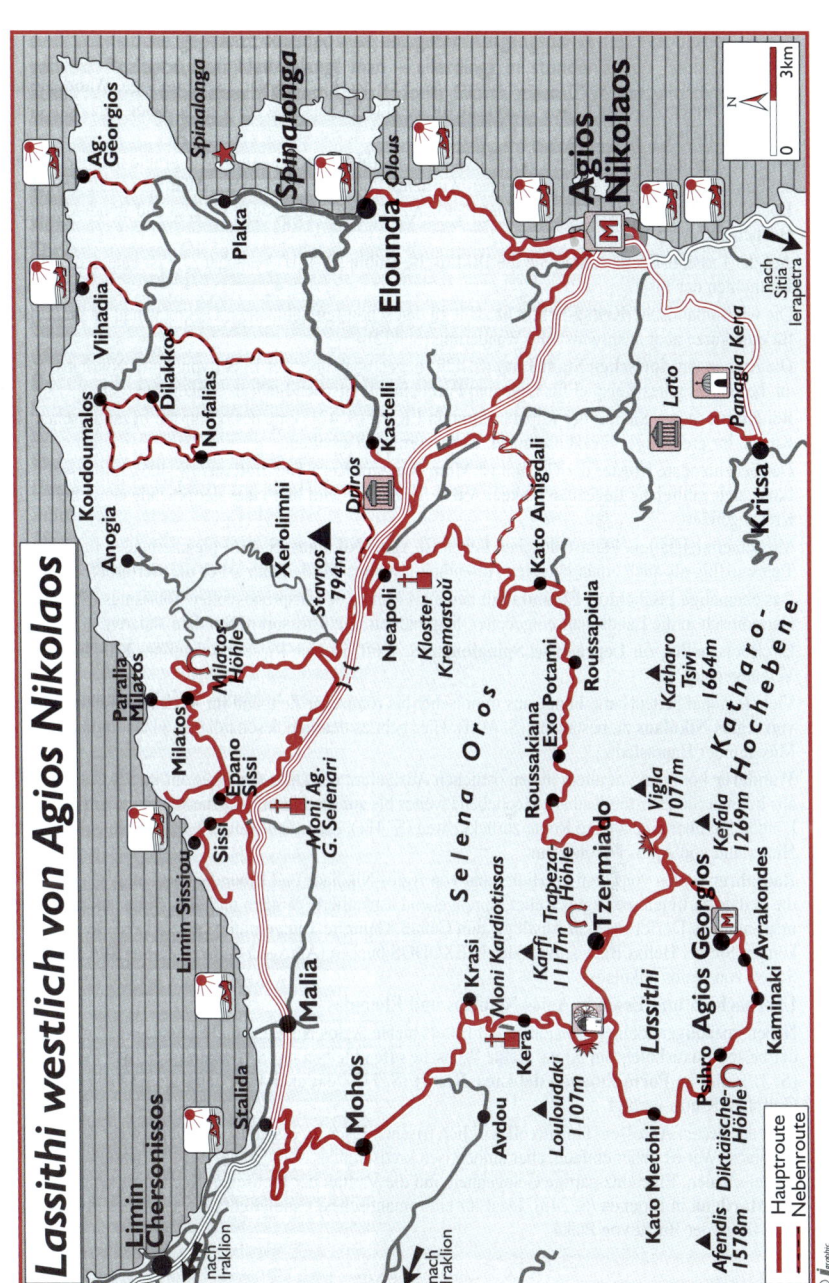

Lassithi westlich von Agios Nikolaos

Redaktions-Tips

- Die Landschaften der westlichen Lassíthi eignen sich hervorragend für **Tagesausflüge**, **Wanderungen** und **Fahrradtouren**. Die **Bucht von Mirambellou** rund um Ágios Nikólaos und Eloúnda gehört zu den reizvollsten Urlaubsregionen Kretas.

- Machen Sie auf jeden Fall einen Ausflug in die **Lassíthi-Ebene** (S. 408ff), die größte und beeindruckendste Polje Kretas. Bei der Anfahrt über den **Ambelos-Paß** haben Sie einen großartigen Blick zurück auf die Bucht von Mália, danach öffnet sich das Panorama der von rechteckigen Feldern und Windrädern geprägten Hochebene.

  Auf der Lassíthi-Ebene sollten Sie die **Diktäische-Höhle** (S. 411f) besuchen, sie ist eine der wichtigsten Kulthöhlen der Insel.

- Die wildromantische **Kritsá-Schlucht** zählt zu den schönsten Schluchten Ostkretas und ist ideal geeignet für eine kurze aber anspruchsvolle Wanderung (S. 422).

- Die Ruinen der **dorischen Stadt Lató** (S. 422) liegen hoch über der Bucht von Ágios Nikólaos, sie sind ein besonders gutes Beispiel für Lage und Form einer kretischen Stadt in antiker Zeit.

- Bei **Kritsá** finden Sie mit der Kapelle **Panagía i Kerá** (S. 421) eine der schönsten byzantinischen Kapellen Kretas. Ihr großartiger Freskenschmuck ist hervorragend erhalten.

- Das bedeutendste Kloster der Gegend ist **Moni Panagía Kerá Kardiotissas** (S. 406), um dessen Panagía-Ikone sich zahlreiche Legenden ranken. Am 8. September wird hier eines der prächtigsten Kirchweihfeste Kretas gefeiert.

- Mit seinem lebhaften, kleinstädtischen Leben ist **Ágios Nikólaos** (S. 416) gleichermaßen für einen Tagesausflug als auch einen längeren Aufenthalt geeignet. Mittlerweile ist es die viertgrößte Stadt Kretas.

- Das ehemalige Fischerdorf **Eloúnda** gilt heute als Mekka des anspruchsvollen Tourismus (S. 424f). Harmonisch in die Landschaft eingebettet, liegt hier ein Luxusresort neben dem anderen.

- Ein Bootsausflug zur **Lepra-Insel Spinalonga** (S. 426ff) ist eine Reise in schauriges Kapitel der kretischen Vergangenheit.

- Viele regional bedeutsame Funde aus minoischer bis römischer Zeit sind im **Archäologischen Museum von Ágios Nikólaos** zu bestaunen (S. 419f). Hier geht es deutlich beschaulicher zu als im überlaufenen Museum der Hauptstadt.

- **Wanderer** kommen vor allem in den östlichen Ausläufern des Díkti-Gebirges auf ihre Kosten. Von Kritsá aus können Sie über die Katharo-Hochebene weiter bis auf die Lassíthi-Ebene wandern. Am nächsten Tag können Sie über eine andere Route zurückkehren (S. 411). Zahlreiche kürzere Touren bieten sich zudem im Hinterland von Ágios Nikólaos an.

- **Radfahrer** finden vor allem im Hinterland von Ágios Nikólaos und Eloúnda gute Gelegenheiten, kräftig in die Pedale zu treten: bewegtes Relief, durchgehend asphaltierte Straßen und dicht beieinander liegende, ursprüngliche Dörfer machen Ausflüge zum Genuß. Geführte Touren unterschiedlicher Schwierigkeitsgrade können Sie bei Hellas Bike Travel oder DIEXODOS buchen (Adressen entnehmen Sie bitte den gelben Seiten von Ágios Nikólaos).

- **Übernachten und Essen in Ágios Nikólaos und Eloúnda**

- Neben unzähligen kleinen Pensionen und Hotels bieten Ágios Nikólaos und Eloúnda eine große Auswahl der besten Luxushotels auf Kreta. Keine Wünsche offen bleiben mit Sicherheit im **Minos Beach Art ´Otel** (S. 219) und im **Porto Elounda del Luxe Resort** (S. 247), das auch über den derzeit einzigen 9-Loch-Golfplatz Kretas verfügt.

- Eine der besten Adressen, um stilvoll wirklich frischen Fisch zu essen, ist das **Pelagos** (S. 222) in Ágios Nikólaos. Wer es lieber einfach, aber authentisch kretisch mag, sollte in der Taverne **Itanos** (S. 222) vorbeischauen. Eine einzigartige Gelegenheit, um die Vielfalt der kretischen Kochkunst kennenzulernen, ist das **Marilena** in Eloúnda (S. 248). Ideal für ein romantisches "candlelight dinner" ist die Taverne **Driros** (S. 248) in der Bucht von Pláka.

nari-Schlucht. Hier liegt **Moni Agios Georgios Selinari**, ein beliebter Rastplatz und Wallfahrtsort (Vorsicht: querende Fußgänger). Im Innenhof des 1961 wiedergegründeten Klosters befindet sich eine alte Kapelle, um die sich zahlreiche Legenden ranken. Kein kretischer Reisender fährt vorbei, ohne vor der Ikone des Heiligen Georg eine Kerze zu entzünden. Spätestens am 23. April, dem Namenstag des Schutzpatrons, herrscht riesiger Andrang. Vor dem Bau der autobahngleichen New Road muß die Lage am Eingang der Schlucht sehr malerisch gewesen sein, noch 1963 wurde hier sogar ein Altenheim gebaut.

Das Kloster Selinari direkt an der New Road

Weiter geht die Fahrt den Berg hinauf. Bei Vrahási durchbricht die New Road den Gebirgsriegel in einem 300 m langen **Straßentunnel** (einer von zweien auf Kreta) und gelangt hinüber in das weite, sattgrüne und sanft geböschte Tal von Neápoli. Old und New Road verlaufen ab hier parallel zueinander. Wenn Sie ohne Zeitdruck reisen, sollten Sie spätestens ab Neápoli die Fahrt auf der landschaftlich reizvolleren Nebenstrecke fortsetzen.

Neápoli (Νεαπολη)

Neápoli ist eine vom Tourismus unberührte kretische Kleinstadt ohne Sehenswürdigkeiten, doch allemal geeignet für eine kleine Rast. Schon von weitem sichtbar bildet die ockerfarbene Marien-Kathedrale den Mittelpunkt der Stadt, vor ihr liegt ein großer, idyllischer Platz mit Tavernen, Kafenia, Banken, Post und dem schattigen Stadtpark. Seit 1868 **Bischofssitz**, war Neápoli in den ersten Jahren der Unabhängigkeit sogar die Hauptstadt der Präfektur Lassíthi, doch schon 1904 verlegte man den Sitz der Verwaltung in das bis dahin völlig unbedeutende Ágios Nikólaos. Neápoli hat einen berühmten Sohn: 1340 wurde hier *Petros Philargos* geboren, ein mittelloses Waisenkind, des-

Unberührte Kleinstadt

Neápoli in grüner Umgebung

sen sich venezianische Mönche annahmen. 69 Jahre später wurde aus *Philargos* der römische *Papst Alexander V.*

Tip

Bei Weiterfahrt über die Old Road, gelangen Sie bei Nikithianós an die Abzweigung nach Kastélli, die über eine malerisch Nebenstrecke (S. 403) nach Eloúnda führt.

Entlang der Old Road stehen kurz vor Nikithianós die Ruinen mehrerer alter **Getreidemühlen**. Wenig später erreichen Sie das kleine Dörfchen **Límnes**, das in der Hochsaison viele Ausflügler anzieht. Noch vor wenigen Jahren fast ausge-
Museums- storben, haben die Einwohner ihren Ort in ein kleines Museumsdorf verwandelt.
dorf Während der Nachmittagsstunden erwachen die alten Werkstätten und Läden zu neuem Leben. Schuster, Sattler, Schneider, Barbier, Raki-Brenner und Weberinnen demonstrieren ihre Handwerkskunst den staunenden Touristen, an der Straße stehen die Reisebusse Schlange.

Abstecher ans östliche Ende der Bucht von Mália

Nördlich der New Road, kurz hinter der Einfahrt zum Palast von Mália, führen zwei schmale, aber gut ausgebaute Straßen an das östliche Ende der Bucht von Mália, in die Ortschaften Síssi und Mílatos. Aus Richtung Ágios Nikólaos kommend, sind sie problemlos auch über Neápoli zu erreichen.

Aktuelle regionale Reisetips zu Síssi und Mílatos

entnehmen Sie bitte der gelben Seite 314.

Síssi (Σισι)

Síssi (auch Sísi oder Síssion) ist ein ehemaliges Fischernest, das sich zu einem kleinen Badeort gemausert hat. 1992 öffnete unweit des Ortes das gigantische Luxusresort **Kalimera Kriti** seine Tore. In seinem Sog zogen viele touristische Kleinunternehmen nach Síssi, das seither einen wahren Boom erlebte. Hotels,
Einladende Tavernen, Apartments, Bars, Postcontainer und Autovermietungen, ja sogar einen
Tavernen Campingplatz und eine Minigolfanlage finden Sie hier. Über allem schwebt, typisch griechisch, der Charme des Halbfertigen, doch dafür hat sich Síssi einiges von seiner Ruhe und Beschaulichkeit bewahren können. Im Mittelpunkt des Lebens steht noch immer der alte Fischerhafen, um dessen idyllisches Felsenbecken sich die einladenden Tavernen gruppieren.

Bademöglichkeiten

sind an der felsigen Küste leider rar. Östlich des Ortes (Richtung Kalimera Kriti) schmiegen sich zwei kleine, sandige Buchten zwischen die Klippen, die gut besuchten Strände sind von Liegestühlen und Sonnenschirmen geziert.

Über Epáno Síssi führt eine serpentinenreiche Strecke hinüber in die **Bucht von Mílatos**, auf dem Weg prägen Olivenhaine und Foliengewächshäuser das Bild.

Die Bucht von Mílatos

Mílatos
(Μιλατοζ)

Ein noch immer sehr ursprüngliches Dorf mit engen und verwinkelten Gassen. In der Antike war Mílatos eine bedeutende Stadt, die laut *Homer* sogar am Trojanischen Krieg teilnahm – davon ist heute jedoch kaum etwas zu sehen. Touristen ver- *Ursprüngliches Dorf*

irren sich nur selten hierher. Für die meisten Urlauber ist Mílatos lediglich Durchgangsstation auf einem Ausflug zum nahegelegenen Strand (Parália Mílatos) oder zur rund 3 km östlich des Ortes gelegenen Höhle, die durch die Tragik des kretischen Freiheitskampfes traurige Berühmtheit erlangte.

Höhle von Mílatos ("Milatos cave")

Der Weg zur Höhle ist bereits im Ort ausgeschildert und führt von hier aus 3 km über Serpentinen in die umliegenden Berge. Die letzten Meter führen über einen steinigen Fußweg. Der Blick fällt zurück auf Mílatos und die Bucht. Rechts unterhalb des Weges schneidet sich eine tiefe Schlucht in den Fels, Oliven- und Johannisbrotbäume säumen den Weg. Der ständig zugängliche Höhleneingang ist schmal und düster, die Decke niedrig. Ohne Taschenlampe muß man sich vorsichtig vorwärts tasten. Doch plötzlich fällt von einem Seiteneingang her diffuses Licht in die Höhle und lenkt den Blick auf eine kleine weißgekalkte Kapelle, Kränze und einen Schrein mit Knochen. Die Atmosphäre ist gespenstisch. Im Februar 1823 versteckten sich hier rund 2.000 Kreter, hauptsächlich Frauen, Kinder und Greise, vor den herannahenden türkisch-ägyptischen Truppen (nach anderen Quellen waren es sogar 3.600 Menschen). Nur wenige bewaffnete Männer waren zu ihrem Schutz zurückgeblieben. Fünfzehn Tage lang gelang es ihnen, die Höhle zu verteidigen. Erst als alle Hoffnung auf Rettung schwand, ergaben sich die unter Hunger und Durst Leidenden ihrem Schicksal. Die Rache der Türkenägypter war grausam. Die Alten und Schwachen wurden noch an Ort und Stelle niedergemacht und in die Schlucht gestürzt, alle anderen in einem Triumphzug durch die Dörfer der Region geführt, bevor man schließlich die wehrfähigen Männer erschoß und die übriggebliebenen Frauen und Kinder versklavte. *Gespenstische Atmosphäre*

Parália Mílatos (Mílatos Beach): Etwa 1 km unterhalb von Mílatos gelegener Fischerhafen mit langem, von Tamarisken gesäumtem Kiesstrand. Sein "Zentrum" bilden eine kleine Kapelle und ein Supermarkt, davor liegt eine Reihe gemütlicher

Fischtavernen direkt am Meer. Ein idealer Ort, um auszuspannen. Leider ist der Strand deutlich verschmutzt, neben dem üblichen Treibgut finden sich auch unangenehme Teerklumpen.

Abstecher zur dorischen Siedlung Dríros

Nur wenige Kilometer nördlich von Neápoli liegen die unscheinbaren Reste von **Dríros,** einer dorischen Bergfestung aus dem 8. Jh. v.Chr. Einzelheiten sind nur äußerst schwer zu erkennen, doch ein Ausflug lohnt sich der Atmosphäre und des tollen Ausblicks wegen. Inmitten eines Dickichts aus Kermes-Eichen liegen zwischen zwei kargen Berggipfeln die Reste der einstigen **Agora,** mit Zisterne und benachbartem **Apollon-Tempel.**

Karge Berggipfel

Und so finden sie hin

In Neápoli von der Abfahrt der New Road aus rund 1,5 km in Richtung Kouroúnes fahren, dann rechts der Ausschilderung "Archaeological Site" folgen. In einer von Olivenhainen bestandenen Ebene wird die Ausschilderung stellenweise widersprüchlich. Halten Sie sich rechts, um an den Berg zu gelangen. Von einem kleinen Parkplatz aus führt ein markierter Trampelpfad hinauf (festes Schuhwerk empfehlenswert!). Nach ca. 10 Minuten erreichen Sie den Bereich der Agora.

1935 fand der Archäologe *Spyridon Marinatos* hier drei aus gehämmertem Bronzeblech gearbeitete **Götterstatuen,** die *Apollon, Artemis* und *Leto* darstellen (diese stehen heute im AMI). Der Tempel selbst, ein überdachtes

Ruinen des dorischen Dríros

eckiges Gebäude von 11 x 7 m Grundfläche mit rechteckigem Brandopferaltar, ist kaum von einem Schafstall oder einer Hirtenbehausung zu unterscheiden. Steigt man den Pfad weiter hinauf zur östlichen **Akropolis,** so gelangt man zur weiß getünchten Kapelle Agios Antonios. Im Baum neben dem Kirchlein hängt eine Schiffsglocke. Von hier aus bietet sich ein toller Ausblick auf die von unzähligen Terrassen und Bruchsteinmauern geprägte Gesamtanlage, das weite Neápoli-Tal und den Golf von Mirambellou.

Toller Ausblick

Von Dríros an die Küste bei Eloúnda

Fahren Sie die Straße **Richtung Kouroúnes** weiter, so gelangen Sie in den abgelegenen Nordosten der Halbinsel. Es ist eine kurvenreiche und abgeschiedene Nebenstrecke, auf die sich – obwohl durchgehend geteert – nur wenige Ausflügler verirren. Spätestens hier findet man Einsamkeit und abgeschiedene Bergdörfer. Die Zeit scheint angehalten. Über Nofaliás, Koudoúmalos, Skinías, Loúmas, Selles und Vrouhás führt die Strecke nach 34 km hinab nach **Pláka**, in die atemberaubend schöne Bucht von Eloúnda. Die felsige Nordküste ist weitgehend unzugänglich, nur bei Vlihádia und Ágios Geórgios öffnen sich zwei kleine, steinige Buchten.

Noch schneller führt die Straße östlich von Dríros nach Eloúnda. Über **Kastélli und Fourní** geht es durch eine kleine, von Bergen gesäumte Ebene. Eukalyptusbäume, Olivenhaine und Obstplantagen prägen das Bild. Vor allem in den Abendstunden ist diese Strecke stimmungsvoll. Von

Venezianische Windmühle

Tourismus kaum eine Spur, lediglich in Foúrni wurde inzwischen ein kleines Folkloremuseum eröffnet, das in einer alten Olivenölfabrik untergebracht ist. Hinter Pínes windet sich die Straße dann in langen Kehren hinab nach **Eloúnda** und bietet einen wunderbaren Blick über den Golf von Mirambéllou.

Kleines Folkloremuseum

INFO ## Karst – der Schlüssel zu Kretas Untergrund

Weite Teile Kretas, vor allem der Gebirge, bestehen aus mächtigen Kalksteinformationen, die sich im Laufe der Jahrtausende zu beeindruckenden **Karstlandschaften** entwickelt haben. Großflächig liegen die von Vegetation und Boden entblößten Kalksteine direkt an der Oberfläche, so daß das Regenwasser auf ihnen bizarre **Lösungsformen** hinterlassen kann.

Schroffe Rillen und Rinnen zeichnen die Abflußbahnen des Niederschlagwassers nach, während ebene Gesteinsschichten oft von napf- oder lochförmigen Hohlformen zernarbt sind, in denen stehendes und versickerndes Wasser den Kalkstein allmählich auslaugt. So auffällig und bizarr diese als **Karren** bezeichneten **Kleinformen** des Karstes auch sein mögen, sie stellen nur eine sehr frühe Form der Verkarstung dar.

Die wirklich spektakulären Formen des kretischen Karstes warten mit anderen Dimensionen auf und sind nur z.T. sichtbar. Die Entwässerung in den Kalksteinlandschaften findet nämlich bevorzugt unterirdisch statt. Ein Großteil der winterlichen Niederschläge und des im Frühjahr in den Bergen anfallenden Schmelzwassers verschwindet schon nach kurzer Zeit in schmalen Klüften oder großen Schlucklöchern; letztere werden von Geologen als **Ponore** bezeichnet. Kein Wunder also, daß die Bodenoberfläche verkarsteter Gebiete selbst bei reichlichen Niederschlägen oft unter

Trockenheit leidet, da das Wasser schneller verschwindet, als man es in den Höhenlagen abfangen kann.

Ursache der Verkarstung ist die leichte chemische Verwitterbarkeit des in den Kalken, Mergeln und Dolomitgesteinen oder kalkhaltigen Sandsteinen enthaltenen Calciumcarbonats ($CaCO_3$). Regenwasser ist von Natur aus leicht sauer, denn das in der Atmosphäre enthaltene Kohlendioxid (CO_2) bildet im Regenwasser Kohlensäure (H_2CO_3), Diese reagiert mit Calciumcarbonat zu Calciumhydrigencarbonat ($Ca(HCO_3)_2$), das etwa 10mal leichter löslich ist als das ursprüngliche Calciumcarbonat.

Das in den Kluftsystemen zirkulierende Wasser löst im Laufe der Zeit immer mehr Gesteinsmaterial, so daß allmählich große **Hohlräume**, ja sogar weit verzweigte **Höhlensysteme** entstehen können. Die Bildung von Hohlräumen führt in geringerer

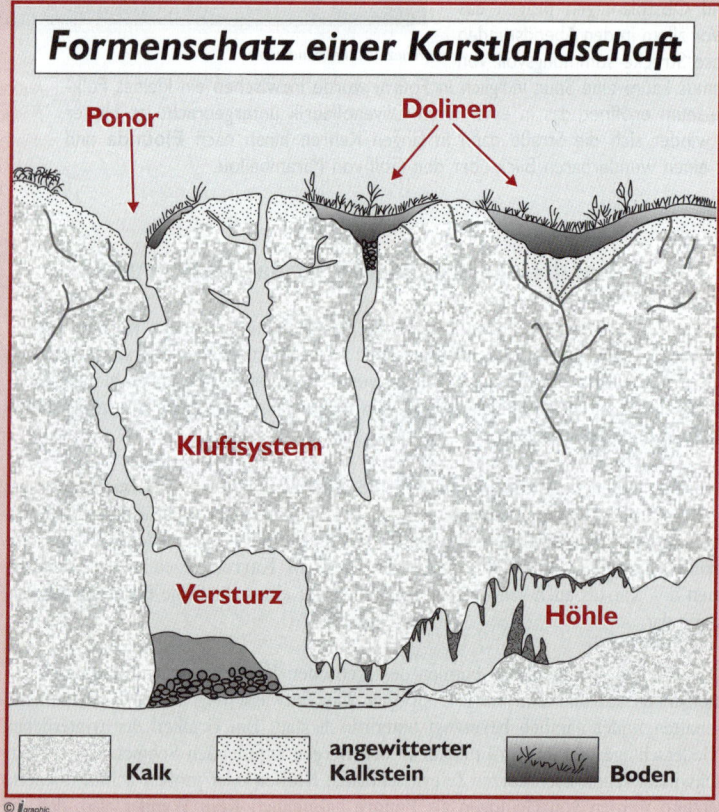

Formenschatz einer Karstlandschaft

Ponor

Dolinen

Kluftsystem

Versturz

Höhle

Kalk   **angewitterter Kalkstein**   **Boden**

© *graphic*

Tiefe nicht selten zu Einbrüchen, die an der Erdoberfläche als sog. Erdfälle zu erkennen sind. Man bezeichnet sie auch als **Einsturzdolinen**, um sie von Hohlformen zu unterschieden, die sich durch Oberflächenlösung bilden (**Lösungsdolinen**).

In Karsthöhlen führt das stetige Abtropfen des kalkgesättigten Wassers bei Abgabe von CO_2 an die Höhlenluft zur Ausfällung von Calciumcarbonat und damit zum langsamen Wachstum von **Tropfsteinen**. Unterschieden werden **Stalaktiten**, die vom Höhlendach nach unten wachsen, und **Stalagmiten**, die vom Höhlenboden aufwärts ragen. Beide sind schalenförmig konzentrisch aufgebaut und wachsen nur wenige Millimeter im Jahr. Manchmal entstehen durch das Zusammenwachsen von Stalaktiten und Stalagmiten **Tropfsteinsäulen**, die sog. Pilare. Bei andauernder Überrieselung eines Hanges durch kalkgesättigtes Wasser bildet sich ein Kalküberzug (Sinterbildung).

Die größten Oberflächenformen des Karstes sind **Poljen**, fruchtbare Hochebenen in den Kalkgebirgen, die durch Lösung in einen Gesteinskomplex gewissermaßen eingesenkt werden (lesen Sie dazu den Infokasten auf S. 412ff). Sie haben auf Kreta eine große Bedeutung für die Landwirtschaft (z.B. Lassíthi- und Omalos-Hochebene).

Die Karstformen sind besonders reichhaltig in **Höhenlagen** zwischen 300 und 1.600 m. Die flächigen Karrenfelder enden auf Kreta bei 1.400 bis 1.500 m, d.h. in der Nähe der ehemaligen Waldgrenze. In größeren Höhen treten nur einzelne Karren sowie kleine Näpfe und Rillen auf. Dafür sind Großdolinen häufig noch oberhalb von 1.800 m zu finden.

Ein **Problem** ist allen Karstgebieten gemeinsam: Es gibt keinen geschlossenen größeren Grundwasserleiter (Aquifer), sondern nur relativ kleine, voneinander isolierte **Grundwasservorkommen**, die in sehr unterschiedlicher Tiefe liegen können und deren Ergiebigkeit nicht voraussehbar ist. Wegen der langen und kaum nachvollziehbaren Wege des Wassers im Untergrund ist die Verseuchung des Oberflächenwassers in den Gebirgen besonders gefährlich (z.B. durch verwesende Tiere oder Müll in Dolinen).

Eine der stärksten Karstquellen der Insel entspringt übrigens im **Kournas-See**: Die Quellschüttung beträgt 10 m³/sec!. Der am Südende des Sees gelegene Quelltopf ist gut zu erkennen, da er deutlich durch einen Algenstreifen abgesetzt wird (siehe S. 615).

7.2 Über die Lassíthi-Hochebene nach Ágios Nikólaos

Entfernungen
Mália - Tzerminádo 30 km
Tzerminádo - Ágios Nikólaos 45 km

Von der Nordküste auf die Lassíthi-Hochebene

Um von der Nordküste auf kürzestem Weg in die Lassíthi-Hochebene zu gelangen, nimmt man am besten den Weg von Stalída aus (hier New Road verlassen). Schon nach 24 km befindet man sich dann in einer schier anderen Welt.

Zunächst geht es in Serpentinen die kahlen Hänge hinauf, in den Kurven hat man immer wieder einen weiten Überblick über die Bucht von Stalida und Mália. Nach

Brunnen in Krási

9 km wird **Mohós** (Μοχος) erreicht, ein kleines Dorf, das für seine "Cretan Nights" bekannt ist, die allabendlich hier stattfinden (Tavernentips in den gelben Seiten Mália, S. 282). In Mohós hatte der ehemalige schwedische Premierminister Olof Palme ein Ferienhaus und verbrachte mehrere Sommer im Ort. Nach seiner Ermordung 1986 in Stockholm, wurde sein Haus – die Villa Palme – nahe der Kirche zu einem Wallfahrtsort vor allem für schwedische Urlauber.

Bei der Weiterfahrt von Mohós nach Südosten geht der Blick bald auf die Ebene von Avdoú und die Schlucht von Goniés, die sich zwischen dem Berg Louloudaki (1.107 m) und dem noch zu querenden Ambélos-Paß (900 m) eingeschnitten hat. Von Westen stößt die Straße von Chersónissos hinzu, die Strecke ist eine **alternative Anfahrtsmöglichkeit** von der Nordküste und von Kastélli aus (S. 383).

Im Dorf **Krási**, das an einer kurzen Umwegschleife liegt, lohnt sich eine Rast. Unterhalb der Straße spendet eine uralte Riesenplatane (angeblich die größte Europas!) Schat-

Uralte Riesenplatane

ten, den auch die *Taverna Platanos* für ihre Gäste nutzt. Gegenüber faßt ein venezianischer Brunnen eine Quelle, aus der sich noch immer Dorfbewohner ihr Wasser holen.

Moni Panagia Kera Kardiotissas

Kurz hinter Krási liegt rechts unterhalb der Straße das berühmte Kloster Moni Panagia Kera Kardiotissas, ein uraltes byzantinisches Kloster, dessen Gründungszeitpunkt nicht mehr bekannt ist. Es verfügt über beeindruckende Fresken aus dem 14. Jh. und eine schöne, mit Votivtafeln geschmückte Ikonostase.

Wenn am 8. September hier das **Weihefest** gefeiert wird, befindet sich die Gegend um Krási und Kerá im Ausnahmezustand: Tausende von Gläubigen pilgern zum Kloster. Schon in venezianischer Zeit war das Kloster eine bedeutende Wallfahrtsstätte. Später, unter der Herrschaft der Türken, wurden hier in einer Art „Geheimer Schule" Kinder von Priestern im griechisch-orthodoxen Sinne erzogen und unterrichtet. Mehrmals haben die Türken darauf das Kloster zerstört.

Säule im Klosterhof

Um eine Marienikone des Klosters rankt eine interessante Geschichte – die **Legende der wundertätigen Ikone der Gottesgebärerin**. Diese war angeblich ein Werk des *Heiligen Lazarus*. Ein venezianischer Weinhändler stahl die schon damals berühmte Ikone und brachte sie 1498 nach Rom. Heute wird sie in der Kirche San Alfonso auf dem Esquilin aufbewahrt. Ihr zu Ehren wurde auf päpstlichen Geheiß ein bedeutender Klosterorden gegründet (Orden der immerwährenden Hilfe). Obwohl die heute im Kloster verehrte Ikone nicht viel Ähnlichkeit mit der in Rom verwahrten hat, steht für die gläubigen Kreter natürlich außer Zweifel, daß es sich bei der im Kloster befindlichen Ikone um das Original handelt. Die Türken sollen dreimal versucht haben, sie aus der Kirche zu entfernen: Sie stahlen die Ikone und brachten sie nach Konstantinopel. Die Ikone aber entkam und kehrte auf wundertätige Weise (ohne menschliche Hilfe!) ins Kloster zurück. Beim dritten Mal beschlossen die Türken, sie an einer **Mamorsäule** anzuketten. In der Nacht jedoch flog die Ikone mitsamt der Mamorsäule von Konstantinopel zurück nach Kreta.

Die Ketten der Säule – die als wundertätig gelten – befinden sich heute am Templon des Klosters. Gläubige legen sich kurz die Ketten um, um sich von Krankheit und Leiden zu befreien. Die Säule steht im Klosterhof. Die Ikone jedoch kam noch nicht zur Ruhe: Zuletzt **1982** wurde sie von einem Jugendlichen gestohlen, nach wenigen Tagen jedoch in einer nahen Höhle gefunden. Der Dieb hatte keine Zeit gehabt, die Ikone von der Insel zu schaffen. Nachdem die Polizei die Ikone dem Erzbischof von Iráklion übergeben hatte, wurde sie auf dem über 50 km langen Weg zurück ins Kloster von einer Prozession aus über 1.000 Gläubigen begleitet. *(Wundertätige Ketten)*
Öffnungszeiten und Infos s. gelbe Seiten Lassíthi-Ebene (S. 273).

Minoische Siedlung Karfí

Östlich von Krási ragt in Sichtweite der einzeln stehende Berg **Karfí** (1.100 m) auf. Karfí (καρφι) bedeutet im griechischen „Nagel". Tatsächlich ragt die kahle Felsspitze wie ein Dorn aus dem umgebenden Massiv. Der Berg war um 1200 v.Chr. eines der letzten Rückzugsgebiete der minoischen Kultur vor den sich ausbreitenden Dorern. Reste der über 3.000 Jahre alten **Siedlung** sind noch heute direkt unterhalb des Kalksteingipfels auszumachen. Von 1937-39 wurden *(Kahle Felsspitze)*

Windmühle am Ambélos-Paß

von dem britischen Archäologen *Pendlebury* immerhin 150 Räume freigelegt. Erstaunlich ist die Höhe, die im Winter lebensfeindliche Temperaturen mit sich gebracht haben muß, auch wenn die Siedlung im Schutze des kalten Nordwinds angelegt war. Die markierte **Wanderung** zum Gipfel des Karfí dauert einfach rund 1,5 Stunden und beginnt etwa 2,5 km hinter Kerá. Vom Karfí ist dann auch ein Abstieg Richtung Tzermiádo möglich (ca. 1 Std. 20 min).

Kerá ist der letzte Ort vor dem 900 m hohen **Ambélos-Paß** (*Ambelos Afhin*), der nun am Westrand der Gonies-Schlucht den Einstieg in die Lassíthi-Hochebene markiert. Hinter den letzten Steigungen öffnet sich plötzlich die weite, mit bunten Feldern gescheckte Lassíthi-Hochebene aus. Links und rechts der Straße stehen hier am Paß aufgereiht die **Ruinen steinerner Windmühlen**, die einst die windreiche Lage über den Hängen zum Mahlen von Getreide nutzten. Heute macht fast jeder Reisende hier einen Stopp, fotografiert die Windmühlen vor dem Hintergrund der weit entfernten Küstenebene oder genießt ein Stück geröstetes Lamm in der gut besuchten Taverne. Geschäftstüchtige Kreter verkaufen Souvenirs und Keramik an die unzähligen Busreisenden oder lassen sich für ein Foto mit einem Esel vor einer der Windmühlen entlohnen.

Lassíthi-Hochebene – Fruchtkorb des kretischen Ostens

 Aktuelle regionale Reisetips zu den Ortschaften der Lassíthi-Hochebene entnehmen Sie bitte der gelben Seite 272.

Ovaler Kessel

Die rund 12 km lange und 6 km breite Lassíthi-Hochebene wirkt wie ein riesiger ovaler Kessel, mit einem platten Inneren aus bunt gescheckten Feldern und einem Saum aus 16 weißen Dörfern an den Rändern. Berühmt ist die Hochebene für ihre mit hellem Segeltuch bespannten **Windräder**, die unermüdlich das Wasser über komplizierte Schlauchsysteme in die fruchtbaren Böden leiten. Leider sind sie durch Motorpumpen weitgehend verdrängt worden.

Schmelz-wasser

Geologisch betrachtet ist die rund 850 m hoch gelegene Karstebene eine **Polje**, die größte Kretas sogar (lesen Sie dazu auch den Infokasten auf S. 412ff). Im Frühjahr überschwemmen Schmelzwasser des Díkti-Gebirges Teile der Böden und lagern dabei wertvolle Sedimente ab, die Grundlage für die erfolgreiche **Landwirtschaft**. Kartoffeln, Gemüse, Weizen, Äpfel, Pfirsiche und vieles andere

In der Lassíthi-Ebene

wird hier angebaut und in alle Teile der Insel exportiert.

Auch wenn die Hochebene so freundlich wirkt, im Winter wird es hier oben sehr kalt und das Leben hart. Dennoch war die Lassíthi-Ebene mit ihren Dörfern wegen der geschützten Lage immer heiß umkämpft. Bereits nach der Eroberung Kretas durch die Venezianer *Immer heiß umkämpft* kristallisiert sich die Lassíthi-Hochebene als ein **Zentrum des kretischen Widerstandes** heraus, denn ihre schmalen Zugänge sind leicht zu kontrollieren und verteidigen. Um der permanenten Aufstände Herr zu werden, beschließen die Venezianer im 14. Jh., die Hochebene vollständig zu entvölkern und zum **Sperrgebiet** zu erklären. Nicht nur die Besiedlung der Hochebene und das Bestellen ihrer fruchtbaren Böden wird unter Strafe gestellt, sondern auch das Betreten der Gegend an sich. Wer immer es dennoch wagen sollte, den würden die Fremdherrscher hinrichten oder ihm zumindest die Beine abhacken. 1463 wird das Verbot wieder aufgehoben. Im November 1822 kommt es zu einem Massaker: Der ägyptische Feldherr *Hassan Pascha* verwüstet mit seiner Truppe die Dörfer der Lassíthi-Ebene, die zum Stützpunkt der östlichen Revolutionäre geworden ist, und zieht weiter Richtung Mílatos (S. 401). Die kretische Revolution gerät dadurch ernsthaft in Gefahr.

Bike-Tip

Mit dem Fahrrad rund um die Lassíthi-Ebene zu fahren, ist ein leichter Genuß. Leider ist die Anfahrt von Stalída oder Ágios Nikólaos eine einzige Tortur. Hellas Bike Travel bietet jedoch geführte Touren an, bei denen das Fahrrad bequem hinauftransportiert wird. Die Abfahrt ist zwar ebenfalls nichts für Ungeübte, läßt Könnern aber so richtig den Wind um die Nase wehen.

Archaische Form der Landwirtschaft

Einmal rund um die Lassíthi-Hochebene

Ob Sie nun im oder gegen den Uhrzeigersinn die Hochebene umfahren, ist letztlich egal, eine durchgehend asphaltierte Straße verbindet alle Dörfer an ihrem Rand. Unsere Beschreibung folgt einer Tour im Uhrzeigersinn, führt also zunächst nach Osten.

Pinakianó ist das erste Dorf, das nach der kurzen Abfahrt vom Ambélos-Paß erreicht wird. Hier östlich halten, bis nach 3 km Tzermiádo erreicht wird.

• Tzermiádo (Τζερμιαδο) und Trapeza-Höhle

Web- und Strick- waren- zentrum

Tzermiádo ist der Hauptort der Lassíthi-Hochebene und eine Art touristisches "Web- und Strickwarenzentrum". Im Ort gibt es unzählige Geschäfte, in denen meist ältere Frauen z.T. handgearbeitete Tücher, Decken und Teppiche anbieten. Ein Vergleich der Waren lohnt durchaus, die Preise sind wegen der vielen Busreisenden aber nicht besonders günstig. Mitten im lebhaften Ort ist die **Trapezahöhle** ausgeschildert, folgen sie den Hinweisen „Archaeological Site" und „Trapezahöhle" etwa 300 m weit nördlich aus dem Dorf heraus. Die Höhle liegt ca. 30 m oberhalb der Ebene und ist über einen Trampelpfad zu erreichen. Meist steht ein einheimischer Führer bereit, der gegen eine geringe Bezahlung auch Taschenlampen ausgibt. Den radebrechenden Erläuterungen nach soll sich in der Höhle ein Familiengrab befinden, in den Nischen sichtbare Knochenreste – angeblich von Menschen – sollen der Beweis sein. Tatsächlich war die Höhle bereits im Neolithikum, also vor rund 7.000 Jahren, bewohnt. Kurz hinter dem Eingang liegen Brocken eines größeren Versturzes, die Stalagmiten und Stalaktiten der kleinen Höhle sind leider stark beschädigt.

Von Tzermiádo sind es nur 4 km bis zum **Ostausgang** der Lassíthi-Hochebene bei Mesa Lassíthi. Am Abzweig liegt eine gute Taverne, in der auch Reisebusse ihre Gäste speisen lassen.

• Kloster Moni Kroustallenia

Wieder- holt zerstört

Eine 15 m hohe Felsanhöhe beim Abzweig nach Mesa Lassíthi. Das Kloster selbst ist recht unspektakulär. Vermutlich bestand es schon in der Zeit der venezianischen Besatzung, nähere Angaben sind jedoch wegen der Entvölkerung der Hochebene nach 1293 nicht überliefert. Erst mit der Ansiedlung von Flüchtlingen vom Peloponnes (1543) wurde das Kloster zu neuem Leben erweckt. Während der blutigen Aufstände gegen die Türkenherrschaft wurde es wiederholt von türkischen Truppen überfallen, geplündert und zerstört. 1866 galt es als Zentrum des Widerstandes der Gegend, außerdem unterhielt man im Kloster die erste Schule der Hochebene.

Die Straße quert nun den Torrent *Hauga*, der im Winter die östlich gelegene Katharo-Hochebene entwässert.

Die **Katharo-Hochebene bzw. das Katharoplateau** ist ebenso wie die Lassíthi-Hochebene eine Polje. Die umgebenden, bis zu 2.000 m hohen Berge sind aus massiven Kalksteinen und leicht erodierbarem Flysch (S. 24) aufgebaut. Das Plateau wird heute von einem kleinen Fluß zerschnitten, der hinab zur Lassíthi-Hochebene entwässert. Fossilienfunde deuten darauf hin, daß Teile des Katharoplateaus im Verlauf des Eiszeitalters von einem See bedeckt waren. Man fand als Zeugnisse der Tierwelt des Tertiärs u.a. Knochen von Zwergelefanten (*Elephas creutzburgi*) und Schildkröten. Die Katharo-Hochebene ist nur sehr dünn besiedelt, Fahrstraßen (unbefestigt) führen nur vom östlich gelegenen Kritsá (rund 16 km) hinauf nach Avdelíakos, dem "Hauptort" des Plateaus.

Tip

Geübte **Wanderer** *können auf einem markiertem Weg das Katharo-Plateau von der Lassíthi-Hochebene nach Kritsá queren, ein einmaliges Erlebnis (unbedingt genügend Wasservorrat mitführen).*

Die Straße um die Lassíthi-Hochebene führt hinter Agios Konstantinos nun nach Südwesten. Im zweitgrößten Ort des Plateaus, **Ágios Geórgios** (Αγιος Γεωρ–γιος), haben gleich zwei kleine Museen ihr Domizil. Das **Venizelou-Museum**, das sich mit dem kretischen Staatsmann *Eleftherios Venizelos* (siehe S. 102) und den letzten Tagen des Freiheitskampfes beschäftigt (viele originale s/w-Fotos), und das nahe **Folkloremuseum**. Hier finden Sie eine sehr ursprüngliche Atmosphäre mit rußgeschwärztem Gemäuer, einer nachgebauten Schlafstätte, Backofen, Webstuhl, Ton-Pithoi, Schusterbank usw.

Über die winzigen Dörfer Koudoumaliá, Avrakóndes, Kamináki und Magoulás erreicht man schließlich Psihró, das Hauptziel der vielen Mietwagenfahrer, die im Sommer die Hochebene „erfahren".

- **Psihró** (Ψυχρο) **und die Diktäische Höhle**

Der Ort selbst bietet eigentlich nur Geschäfte, in denen von Keramik bis Kitsch (z.B. Fußmatten mit der minoischen Doppelaxt) alles feilgeboten wird, was Urlauber spontan kaufen. Eigentliches Ziel und die Attraktion der ganzen Hochebene ist natürlich die Diktäische Höhle (*Dikteo Andro*), einem Mythos nach die **Geburtsstätte des griechischen Göttervaters** *Zeus*.

Venizelos-Büste vor dem Museum

Die Diktäische Höhle ist eine der wichtigsten prähistorischen Stätten Kretas und zugleich eine der schönsten der rund 3.400 Grotten und Höhlen der Insel. Ihr Eingang liegt auf **1.025 Meter über NN**, deshalb geht es vom Parkplatz noch ein gutes Stück hinauf. Die Höhle ist leicht begehbar, festes Schuhwerk ist aber empfehlenswert.
Aktuelle Öffnungszeiten und Infos entnehmen Sie bitte den gelben Seiten Lassíthi (S. 272f).

In der Höhle liegt rechts ein kleiner "oberer Raum", an dessen Ende eine unregelmäßige Umfassungsmauer einen, stellenweise mit grobem Plattenpflaster gedeckten, heiligen Bezirk (*Temenos*) abgrenzt. Daneben stand früher ein viereckiger Altar aus unbehauenen Steinen. Hier wurden die meisten Funde gemacht, die

Zwerg-elefanten

Heiliger Bezirk

heute im AMI ausgestellt sind. Von dieser Stelle aus geht es auf rutschigem, stark abschüssigem Boden 60 m in die Tiefe zum **Höhlenteich** und zu mehreren Räumen mit Tropfsteinschmuck. Hier unten soll Zeus nach seiner Geburt geschlafen haben.

Die vielen Spuren archäologischer Grabungen zeigen, daß diese Höhle zu den bedeutendsten heiligen Stätten des minoischen bis archaischen Kreta gehörte.

Schwerter,
Messer,
Dolche, ...

Hier eine **Auswahl der Funde**: eine große Anzahl von Bronzeäxten und Bronzeidole, die Frauen, Männer und Tiere darstellen. Schwerter, Messer, Dolche, Pfeilspitzen, Gefäße, Öllampen und Siegelsteine sowie Gegenstände, die zu Kleidung und Schmuck gehörten, bezeugen eine kultische Nutzung, die mindestens bis in mittelminoische Zeit (um 1800 v. Chr.) zurückreicht und bis in die geometrische und orientalisierende-archaische Epoche ununterbrochen anhielt. Doch schon vorher hatte die Höhle als Wohnort und Begräbnisstätte gedient. Ein Großteil der Funde befindet sich leider fernab Kretas im *Ashmolean Museum* in Oxford, einige auch im AMI in Iráklion.

Sollte man Ihnen übrigens von einer zweiten Geburtshöhle des Zeus berichten, der Idäischen Höhle am Rand der Nida-Hochebene (siehe S. 544) – diese gilt heute eher als Kinderstube des jungen Zeus!

Wer die Hochebene vollständig umrunden oder wieder zum Westausgang bei Pinakiano gelangen möchte, fährt in westlicher Richtung. Ganz am Nordwestrand der Hochebene, kurz hinter Káto Metóhi, sieht man links ein stark mäandrierendes Bachbett auf den Fuß der Berge zulaufen. Es läuft geradewegs in den **Ponor der Hochebene** hinein, ein Schluckloch, in dem das Richtung Westen strömende Grund- und Oberflächenwasser nach starken Regenfällen in den Untergrund verschwindet. Wenn dieses Schluckloch verstopft, kommt es zu zeitweisen Überschwemmungen weiter Teile der inneren Hochebene.

Zeitweise
Über-
schwem-
mungen

INFO   Kretas Hochebenen (Poljen) und ihre Entstehung

Die faszinierendste Großform der Karstlandschaft sind die nahezu tischebenen, mehrere Quadratkilometer großen **Hochflächen**, die Geologen als „Poljen" bezeichnen. Der Ausdruck „Polje" entstammt dem Serbokroatischen und bedeutet Feld, was schon auf die Bedeutung für die landwirtschaftliche Nutzung hinweist.

Poljen sind an allen Seiten von Bergen umschlossen und mehr oder weniger rund bis oval. Auffällig sind die scharf gegen den ebenen Beckenboden abgesetzten **Ränder**, an denen der fruchtbare Boden oft unvermittelt in die steilen und felsigen Hänge der umliegenden Berge übergeht. In der Lassíthi-Hochebene, Kretas größter Polje, liegen alle Dörfer an diesen Rändern, während sich in der Ebene ein bunter Teppich aus landwirtschaftlichen Feldern ausbreitet.

Vor allem im März führen die hohen Niederschläge zusammen mit der Schnee-schmelze dazu, daß von den umliegenden Bergen große Wassermassen in die Hoch-ebenen strömen, die nicht alle sofort in den Schwinden und Schlucklöchern abflie-ßen können. Dann kommt es zu lokalen **Überschwemmungen** der Poljen. Dabei wird aus den Bergen mitgeführtes Feinmaterial abgelagert, das mit seinen Mineralien den Boden so fruchtbar macht. In den folgenden Monaten fallen die Poljenböden dann wieder trocken und können landwirtschaftlich genutzt werden. In der Lassíthi-Ebene wird in dieser Zeit zur Bewässerung das Grundwasser mit Hilfe von Windrä-dern oder Motorpumpen aus der Tiefe gefördert.

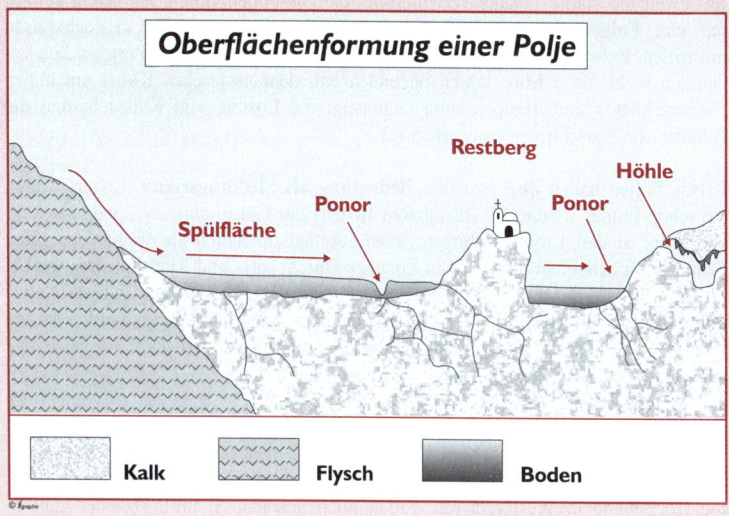

Wie kommt es zur **Entstehung** solcher Poljen oder Hochebenen? Bei der Erklärung kommt man leider nicht ohne die Erläuterung geologischer Prozesse aus. In den Kalkgebirgen werden vorhandene tonig-sandige Schichtkomplexe durch Lösungs-verwitterung in verkarsteten Tälern angeschnitten. Die unlöslichen abgetragenen Ge-steinsmassen werden in die dabei entstandene Wanne hineingespült, dringen in die Karstklüfte ein und dichten sie wie ein Pfropfen ab. Dadurch werden Abfluß und Tiefenverwitterung verhindert, und nun wird die Wanne bei stehendem Wasser durch die Seitenerosion (Korrosion) langsam breiter. Besonders wenn die **Schlucklöcher** (Ponore), die am niedrigsten Rand der Polje die Wassermassen in die Tiefe führen, verstopft sind, kommt es zur Bildung eines Sees über einen längeren Zeitraum. Es entsteht die für die Poljenböden charakteristische flache Abtragungsfläche im Kalk, auf der eine dünne, aber fruchtbare Lehmdecke aufliegt. Die Ursache für die Poljen-bildung ist also nach dieser Theorie eine lokale Verstopfung der unterirdischen Was-serzirkulation im Karst.

Inwieweit Poljen auch aus ehemaligen Tälern oder zusammengewachsenen Dolinen entstanden sind und inwiefern ob ihre Bildung durch **tektonische Vorgänge** begünstigt wird, ist umstritten und vom Einzelfall abhängig. Auf jeden Fall nehmen die Poljen große Mengen Schutt und Feinmaterial von den umliegenden Berghängen auf. Wenn man genau hinsieht, erkennt man auch in der vermeintlichen Ebene die feinen Reliefunterschiede des Beckenbodens. An den Rändern z.B. die geschwungenen, manchmal terrassierten Gewässerbetten und von den Hängen hinabreichende **Schwemmkegel**. Besonders auffällig sind **Kalkfelsen**, die als Verwitterungsreste aus der Ebene ragen.

Inwieweit die starke Lösungsverwitterung, die zur Poljenbildung auf Kreta geführt hat, eine **Folge wärmerer Klimate** vor dem Eiszeitalter war, ist in Fachkreisen umstritten. Es weist aber einiges darauf hin, daß die Entstehung der Poljen schon vor deutlich mehr als 2 Mio. Jahren begonnen hat, denn tropisches Klima mit hohen Niederschlägen und Temperaturen begünstigt die Lösung von Kalkstein und die Bildung von Karstformen ganz erheblich.

Kretas Poljen haben eine wichtige **Bedeutung als Siedlungsraum**. Erstens waren sie schon immer wegen des fruchtbaren Bodens ein Gunstraum der Landwirtschaft, besonders in den kargen Gebirgsregionen. Außerdem hatten sie wegen der guten Kontrollmöglichkeiten der wenigen Zugänge eine Schutz- und Rückzugsfunktion bei kriegerischen Verwicklungen. Vergleicht man die Hochebenen mit anderen Naturräumen dieser Höhenstufe, sind sie relativ dicht bevölkert. Allerdings wird es in den Hochebenen auch auf Kreta im Winter bei Schneefall ziemlich kalt, so daß einige lediglich im Sommer bewohnt sind.

Die größten Poljen Kretas sind die **Lassíthi-Hochebene** in Ostkreta (ca. 800 m hoch gelegen), die **Omalos-Hochebene** in den Weißen Bergen (ca. 1.000 m hoch; S. 660), die **Nida-Hochebene** im Psiloritis-Massiv (ca. 1.400 m hoch; S. 544) und die **Askifou-Hochebene** in Westkreta (ca. 750 m hoch gelegen; S. 589). Daneben gibt es zahllose kleinere Hochebenen auf der ganzen Insel. Je nach Höhenlage werden die Hochebenen **unterschiedlich genutzt**: Während auf der Lassíthi-Ebene u.a. intensiv Weizen und Kartoffeln angebaut werden und 16 Dörfer dauerhaft bewohnt sind, findet auf der Nida-Hochebene in den wärmeren Monaten Weidewirtschaft statt, das ganze Jahr über bewohnte Siedlungen gibt es hier nicht.

• Moni Vidianis

Letzte Station   Das Kloster ist die letzte Station auf der Rundtour. Allerdings ist die Geschichte interessanter als die Bauten vor Ort. Das Kloster wurde erst Mitte des 19. Jh., noch während der Zeit der kretischen Aufstände, gegründet. 1856 hatte die türkische Regierung die Freiheit der Religionsausübung erlassen. In der Folge wurden viele Klöster neu gegründet oder wieder aufgebaut. Erst 1968 fand man in einer Höhle neben dem Kloster eine **Kirchenglocke** aus dem Jahre 1620, die vermutlich vom Vorgängerkloster oder der Vorgängerkirche stammte (sie ist heute im Historischen Museum Iráklion zu besichtigen). Die islamische Religion verbot Glocken. 1867 trotz Religionsfreiheit von den Türken zerstört und danach wieder instandgesetzt, spielte das Kloster im 2. Weltkrieg eine wichtige Rolle als Widerstandszelle. Der **Abt** *Dorotheos Tsagkarakis* wurde wegen Kollaboration mit den Alliierten von der Deutschen Wehrmacht hingerichtet. Seit den 1960er Jahren verfiel das Kloster, bis in den 1990er Jahren mit seiner Restauration begonnen wurde.

Von der Wehrmacht hingerichtet

Abfahrt von der Lassíthi-Hochebene Richtung Ágios Nikólaos

Wer mit dem eigenem Fahrzeug von Westen auf die Lassíthi-Hochebene gekommen ist, sollte die östliche Route hinabfahren. Sie stößt nach rund 31 km auf die New Road, die bequem zurück an die Urlaubsorte der Nordküste führt. Ab **Mésa Lassíthi**, ganz im Nordosten der Hochebene, führt die Straße zunächst in nördlicher Richtung hinauf. Etwa auf Höhe des Berges Vigla (1.077 m, rechts der Straße) liegt eine Taverne mit schöner Aussicht auf die Hochebene – gute Gelegenheit für einen letzten Kaffee.

Schöne Aussicht

Auf 1.012 m Höhe wird der Paß *Selia Afhin* gequert, von nun an geht es fast nur noch bergab. Links liegt das unzugängliche Selena-Massiv mit Sturzhalden und spärlicher Phrygana. Bei Mésa Potamí wird das **Tal des Potamos** erreicht, eines der größten Waldgebiete der Insel (u.a. Platanen, Eichen, Kastanien, Obstbäume). Die Straße führt recht steil über Roussapidiá und Zenia hinab, wegen der geringen Breite und vielen Serpentinen sollten Sie vorsichtig fahren. Ab Áno Amigdáli ist der Ausbauzustand wieder besser.

Vorsichtig fahren

Beim winzigen Nest Drassi teilt sich die Straße. Wer an die Urlaubsorte in der Bucht von Mália möchte, wählt den linken Weg über Neápoli, das Ziel Ágios Nikólaos erreicht man schneller auf der rechten Straße über Agios Konstantinos. Beide führen auf die New Road.

An der Strecke nach Neápoli liegt etwa 2 km vor dem Ort das Kloster **Moni Kremastou**. Es bestand bereits in der venezianischen Zeit als Wehrkloster, wovon heute wenig zu sehen ist. 1840 wurde hier die erste griechische Schule der Gegend um Neápoli eingerichtet.

7.3   Ágios Nikólaos und Umgebung

Aktuelle regionale Reisetips Ágios Nikólaos
entnehmen Sie bitte den gelben Seiten (S. 217f)

Überblick

Ágios Nikólaos (Αγιος Νικολαος) ist die Hauptstadt der Präfektur Lassíthi und eines der beliebtesten Urlaubzentren Kretas. In traumhafter Lage auf einem Vorsprung am Golf von Mirambellou gelegen, verfügt Ágios Nikólaos über hoch-*entwickelte* Hotellerie und eine lebhafte Innenstadt. Anders als in den Städten Westkretas gibt es aber keine historische Altstadt, denn Ágios Nikólaos ist erst im letzten Drittel des 20. Jh. so rasant gewachsen. Heute leben rund 9.500 Einwohner dauerhaft in der Stadt. Die Topographie ist bewegt, die Haupteinkaufs-straßen laufen parallel aufwärts vom Hafen zur Platia Eleftherios Venizelou und von dort wieder hinab Richtung moderner Marina und Busbahnhof. Von hier starten die KTEL-Busse in den äußeren Osten Kretas. Ágios Nikólaos ist deshalb ein beliebter Knotenpunkt und Ziel vieler Kurzurlauber. Ursprünglichen Charme und alte Bausubstanz werden Sie vergeblich suchen, ebenfalls das Einkaufsangebot der großen Metropolen, dafür fasziniert Ágios Nikólaos mit der Atmosphäre einer geschäftigen Kleinstadt und einer traumhaften Umgebung.

Kleinstadt mit traum- hafter Umgebung

*Die **Bademöglichkeiten***
*sind leider mäßig, in der Stadt gibt es nur sehr wenige und kleine Strand-abschnitte. Direkt unterhalb des Busbahnhofs liegt zunächst der schmale Sandstrand **Akti Nearchou**, der etwas weiter südlich in den kiesigen aber sauberen Gemeindestrand **Ammos** übergeht (Breites Sport- und Wassersportangebot, Mini-golf und Kinderschwimmbecken). Nördlich der Marina liegt in einer geschützten Bucht, von Hotels, Bars und Tavernen umgeben, der kiesig bis sandige Stadtstrand **Kitroplatia** (Sonnenschirme, Liegestühle, Blaue Flagge). Wer Sonne und Sand pur will, muß in die Bucht von Eloúnda ausweichen, z.B. zwischen **Eloúnda** und **Pláka** (S. 425), oder an die beliebten Sandstrände südlich von Ágios Nikólaos fahren, z.B. **Almyros Beach**, Bucht von **Amoudára** oder **Istró** (S. 431f).*

Zur Geschichte der Stadt

Ágios Nikólaos ist eine junge Stadt mit langer Siedlungsgeschichte. In archaischer bis hellenischer Zeit (8.-3. Jh. v.Chr.) liegt hier der **Hafen der dorischen Stadt Láto** (siehe S. 422). Funde aus dem **1. Jh. v.Chr.** beweisen, daß diese als *Láto pros Kamara* oder kurz *Kamara* bezeichnete Siedlung auch in römischer Zeit noch als Handelshafen existiert. Im Zuge der Christianisierung Kretas wird *Kamara* Bi-schofssitz und gewinnt im Verlauf der ersten byzantinischen Epoche an Bedeu-tung. Mit der Eroberung Kretas durch das Sarazenenheer des *Abu Chafs Omar* und die anschließende Zeit der Araberherrschaft (824–961 n.Chr.) wird dieser Blüte ein jähes Ende bereitet. Erst im Zuge der Wirren des 4. Kreuzzuges (1204) taucht die Bucht des heutigen Ágios Nikólaos wieder im Bewußtsein der Strategen und Geschichtsschreiber auf. **1206 bis 1212** begründen genuesische Korsaren unter

Lange Siedlungs- geschichte

Henrico Piscatori einen befestigten Stützpunkt, dessen Fort sie **Castello di Mirabelo** taufen. Als es den Venezianern um 1212 gelingt, Kreta zu erobern, bauen sie die Festungsanlagen der gesamten Insel aus. So wird das genuesische Fort erweitert und von nun an als Versorgungsstützpunkt für die **Festungsinsel Spinalonga** (S. 426) genutzt. Im Zuge des türkisch-venezianischen Krieges um Kreta wird das Fort **1645** von seinen Verteidigern selbst zerstört. In den ersten Jahrhunderten der Türkenherrschaft verödet der Ort. Erst **1869** siedeln sich erneut einige Kreter aus der Region Sfakia an. Doch nun, am Anfang des 20. Jh., durchläuft das winzige Fischerdorf Ágios Nikólaos einen schwunghaften Aufstieg. Denn im Juni

Schwunghafter Aufstieg

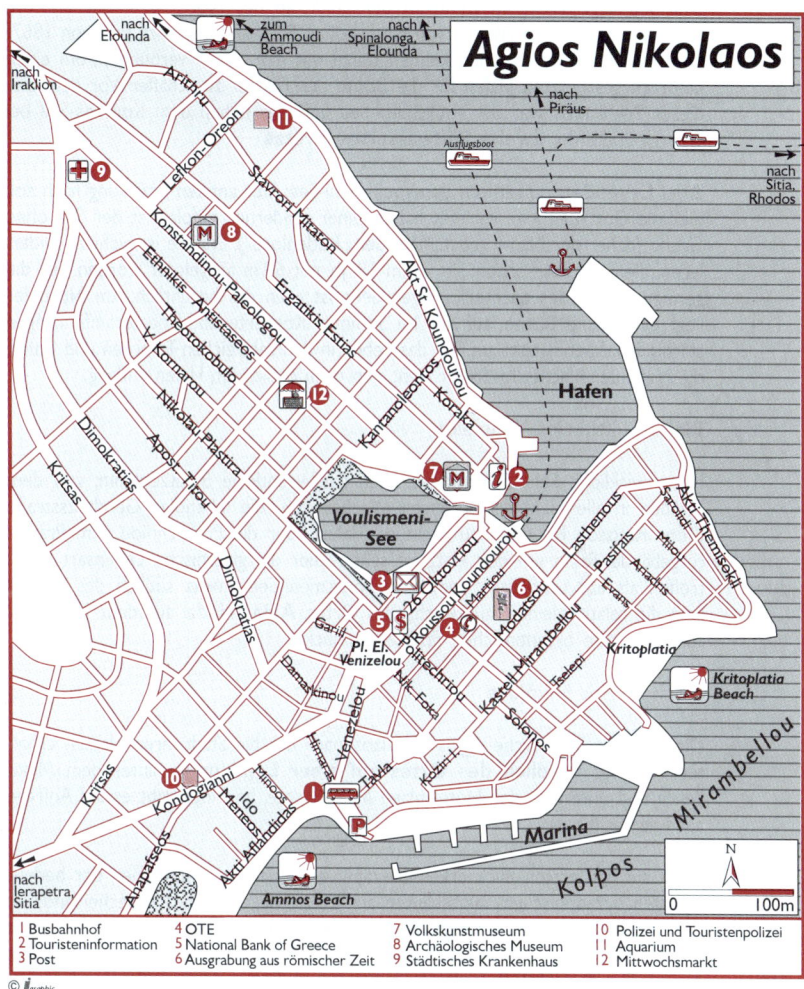

Agios Nikolaos

1 Busbahnhof	7 Volkskunstmuseum	10 Polizei und Touristenpolizei
2 Touristeninformation	8 Archäologisches Museum	11 Aquarium
3 Post	9 Städtisches Krankenhaus	12 Mittwochsmarkt
4 OTE		
5 National Bank of Greece		
6 Ausgrabung aus römischer Zeit		

© *il graphic*

1903, rund fünf Jahre nach der Befreiung Kretas, wird Ágios Nikólaos zum **Sitz des Präfekten des Nomos Lassíthi** auserkoren, und damit zum regionalen Verwaltungszentrum. Seinen Namen hat der Ort übrigens von der kleinen byzantinischen Ágios Nikólaos-Kirche erhalten, die nördlich des Stadtzentrums auf dem Gelände des Hotels *Minos Palace* liegt.

Sehenswürdigkeiten

Voulismeni-See

Von Tavernen flankiert

Der See liegt direkt im Zentrum der Stadt, an der Nord- und Ostseite von Tavernen flankiert, im Westen von einer hohen Felswand begrenzt. Erst von 1867-1871 wurde er durch einen kleinen Kanal mit dem Meer verbunden, um einen natürlich geschützten Hafen für die Boote der Fischer zu schaffen. Vor dem Bau dieses Stichkanals war der Voulismeni-See übrigens neben dem Kournas-See bei Georgioupolis der **zweite Süßwassersee Kretas**.

Zwei **Legenden** ranken um den Voulismeni-See: Der antiken Erzählung nach soll hier die Göttin Athene gebadet haben, einer modernen zufolge ist der See ohne Grund (daher der Name *xepatoméni*, der „Bodenlose"). Erstere ist nicht zu widerlegen, die Tiefe aber schon, sie ist im 19. Jh. mit 64 m ausgelotet worden. Für die geringe Größe des trichterförmigen Sees ist auch das beachtlich. Am Nordufer liegt eine kleine Bühne, auf der im Sommer Konzerte und Theateraufführungen stattfinden. Abends tobt am See das Leben in den zahlreichen Tavernen und Cafés, die Meile der Nachtschwärmer zieht sich dann östlich am Hafen entlang.

Platia Eleftherios Venizelou

Griechische Lebensart

Keine wirkliche Sehenswürdigkeit, aber das eigentliche Stadtzentrum, von dem Straßen in alle Himmelsrichtungen abgehen, z.B. die lebendige Geschäftsstraße Odos Roussou Koundourou Richtung Hafen oder die Politechniou zum Präfekturgebäude. Rund um den Platz ist schon eher die griechische Lebensart anzutreffen als am touristisch geprägten Voulismeni-See. Etwas südlich des Platzes liegt die relativ kleine Hauptkirche des Ortes, **Agia Triada**, aus dem 14. Jh. mit sehenswertem byzantinischen Freskenschmuck.

Kirche Ágios Nikólaos

Die schlichte Steinkirche Ágios Nikólaos, nach der die Stadt ihren Namen erhalten hat, liegt **nördlich des Ortes auf einer Landzunge** hinter dem *Minos Beach* und unterhalb der Hotelanlage *Minos Palace*. Im Hotel gibt es auf Anfrage auch den Schlüssel.

Nicht auf den ersten Blick erkennbar, aber es handelt sich um einen der bedeutendsten byzantinischen Sakralbauten auf Kreta, vielleicht ganz Griechenlands. In der Kuppelhalle ist das **einzige Beispiel ikonoklatischer Malerei auf Kreta** erhalten (die Datierung schwankt zwischen der 1. Hälfte des 10. Jh. und der Mitte des 11. Jh.). Die 1968 freigelegten anikonischen Fresken zeigen florale und geo-

Ágios Nikólaos

metrische Motive und kommen ohne Bilder aus. Zu ihrer ornamentalen Ausschmückung gehören in Quadrate eingelassene Kreuze, Dreiekke mit blattförmigen Verzierungen und andere Muster. Ursache für das Fehlen von figuralen Motiven ist der **Bilderstreit**, der in Byzanz zu Beginn des 8. Jh. ausbrach und zu einem Bürgerkrieg ausartete. Es ging um die Frage, ob Bilder und Ikonen mit Figuren und Szenen die Kirchen schmücken sollten. Die einen hielten z.B. Ikonen mit Heiligendarstellungen für anbetungswürdig, die anderen lehnten dies strikt ab.

Bilderstreit des 8. Jh.

Im 14. Jh. ist die anikonische Innengestaltung der Kirche durch figurale Fresken teilweise übermalt worden.

Volkskundemuseum

Das kleine Volkskundemuseum von Ágios Nikólaos liegt in einem der ältesten Gebäude der Stadt, direkt neben der Seebrücke. Es wurde 1978 von der Kulturstiftung Ostkretas gegründet, die es bis heute leitet. Grundlage des Museums waren Spenden des Reiseclubs von Ágios Nikólaos, die später durch angekaufte Stücke ergänzt wurden. Das Museum beherbergt zahlreiche Gegenstände des täglichen Gebrauchs eines traditionellen kretischen Haushalts: Webarbeiten und Handstickereien, eine Sammlung alter Ikonen, Holzschnitzereien, landwirtschaftliche Werkzeuge, einen Webstuhl, alte Koffer, Münzen, Fotos, traditionelle Musikinstrumente sowie eine Waffensammlung aus der Zeit der Freiheitskämpfe. Außerdem alte handgeschriebene Manuskripte und Kirchenbücher. Eine echte Rarität ist ein 2,15 x 1,75 m großes, besonders kunstvoll und farbenprächtig gewebtes Kilimi (eine Art Wandteppich) aus Kritsá, das Ende des 18. Jh. gefertigt wurde und heute als eines der bedeutendsten Stücke des neugriechischen Kunsthandwerks gilt.

Eine echte Rarität

Öffnungszeiten entnehmen Sie bitte den gelben Seiten Ágios Nikólaos, S. 224

Archäologisches Museum Ágios Nikólaos

Das Museum liegt im oberen Abschnitt der Odos Konstantinou Paleologou, vom See aus ca. 250 m den Hügel hinauf auf der rechten Seite. Sie finden hier die wichtigste archäologische Sammlung auf Kreta nach dem AMI in Iráklion. Gegründet erst 1970, zeigt es chronologisch angeordnet wertvolle Funde aus Ostkreta vom Neolithikum bis zur griechisch-römischen Periode. Die als großes Quadrat um einen als Atrium gestalteten Innenhof angeordneten Ausstellungsräume sind angenehm licht.

Ganz kurz stellen wir Ihnen **die wichtigsten Fundstücke** vor:
• EINGANG/RAUM 1: Neolithische und frühminoische Epoche: Funde aus der Nekropole bei Agía Fotiá nahe Sitía. Außerdem phallusartiges, neolithisches Steinidol aus der Pelekita-Höhle bei Zákros, das aber auch als stark abstrahierte Gottheit gedeutet werden kann.

Das interessanteste Stück

• RAUM 2: Frühminoische Funde: Steingefäße, Bronzewaffen, Goldschmuck aus Móhlos, Keramik im flammenden Stil. Zudem das interessanteste Stück des Museums, die sog. **„Göttin von Myrtos"**. Die ca. 2500 v.Chr. entstandene Figur hat einen recht plumpen Unterkörper mit schlankem v.Hals und kaum abgesetztem Kopf. Unter dem Arm trägt sie eine Schnabelkanne.
• RAUM 3: Mittel- und spätminoische Funde: spätminoische Tonsarkophage (*larnakes*), Keramik und Kleinkunst. Wunderschön ist eine steinerne **Tritonmuschel**, die in Mália gefunden wurde.
• RAUM 4: Spätminoische, protogeometrische und geometrische Keramik
• RAUM 5: Geometrische und archaisch-orientalische Keramik aus Sitia. Dädalische Terrakotta-Votivfiguren, griechische, römische, spätantike und venezianische Münzen.
• RAUM 6: Archaische Keramik und Votivfiguren aus Terrakotta (vor allem aus dem versunkenem Oloús bei Eloúnda, 6. und 5. Jh. v.Chr.).
• Raum 7-9: Klassische, hellenische und römische Zeit. Hier sind auch Funde der Siedlung Kamara, die früher im Stadtgebiet von Ágios Nikólaos lag, ausgestellt. Besonders sehenswert: ein Totenschädel aus der römischen Nekropole Kamara, der zwischen seinen Zähnen eine Silbermünze aus Polyrínia (Westkreta, S. 686) hält. Diese war ihm als Eintritt in das Totenreich mitgegeben worden.
• INNENHOF: Weihesteine, Pithoi, Amphoren und antike Architekturteile.

Südlich von Ágios Nikólaos – Kritsá und Lato

Kritsá (Κριτσα)

Aktuelle regionale Reisetips zu Kritsá
entnehmen Sie bitte den gelben Seiten Ágios Nikólaos (S. 217f)

Wer länger als einen Tag in Ágios Nikólaos weilt, sollte unbedingt den kurzen Abstecher (10 km) ins südwestlich gelegene Dorf **Kritsá** machen. Neben dem

Schönes Dorf

schönen Dorf mit fast 3.000 Einwohnern, das Schauplatz der Verfilmung des Kazantzakis-Romans „Griechische Passion" war (Filmtitel "Der Mann, der sterben mußte"), lohnt der Besuch der Kirche Panagia i Kera und der dorischen Ruinenstadt Láto. Kritsá ist tagsüber sehr lebendig und verfügt über ein breites Angebot an Tavernen und den unvermeidlichen Geschäften mit Webwaren und Leder. Wer sich bislang noch nicht eindecken konnte, findet eine große Auswahl – die Preise liegen geringfügig unter denen in Ágios Nikólaos.

• Panagia i Kera bei Kritsá

Die kleine Kirche liegt direkt rechts neben der Straße, kurz vor dem Ortseingang von Kritsá. Meist warten hier mehrere Reisebusse.

Die Panagia i Kera gilt als die Kirche mit dem am besten erhaltenen Freskenschmuck Kretas überhaupt und gehört deshalb zum „Pflicht-programm" der Urlauber am Golf von Miram-béllou. Vor der Kirche stehen mehrere sehr hohe Zypressen, die als beliebtes Fotomotiv dienen. Nicht wenigen Besuchern scheint die Besichtigung der Fresken zu anstrengend und sie vergnügen sich lieber in der Snackbar oder kaufen kopierte Ikonen, Bücher, Postkarten und Stickereien.

Die dreischiffige, in drei Bauphasen errichtete Kirche besitzt eine einprägsame Architektur.

Mit ihren schrägen Stützmauern in die Breite strebend, ruht die Kirche unumstößlich auf der Erde, kaum der Höhe zugewandt. Die rie-sigen Zypressen überragen das Dach bei wei-tem. Der ursprüngliche Bau aus dem 12. Jh.

Kirche Panagia i Kera

(das heutige Mittelschiff der Gottesgebärerin) besaß nur ein Schiff, das von einer Kuppel überspannt wurde, die beiden übrigen Schiffe wurden im 14. Jh. angebaut.

Eigentliche Attraktion ist die gut erhaltene und farbenfrohe **Ausmalung des Inneren mit byzantinischen Fresken**. Da die Kirche in verschiedenen Phasen ausgebaut wurde kann man hier die verschiedenen Strömungen in der kretischen Malerei und ihre Entwicklung verfolgen.

Das im 13 Jh. ausgemalte **Mittelschiff** mit der Kuppelhalle ist der Himmelfahrt Marias gewidmet und folgt traditionellen bis paläologischen Vorbildern aus Kon-stantinopel. Es enthält u.a. auch Szenen aus dem Leben Jesu. Bemerkenswert ist die Ausstattung der Kuppel.

Im 13. Jh. ausgemalt

Hier findet sich nicht, wie so oft in byzantinischen Kirchen, eine Pantokratordar-stellung, sondern: a) im Zentrum: vier Engel, b) mittlerer Kranz: Palmträger, *Agios Lazaros*, Taufe *Christi*, Lichtmesse, *Christus* vor dem Tempel in Jerusalem, c) äußerer Kranz: Darstellung der zwölf Propheten, d) in den "vier Ecken", die das Gewölbe tragen: Darstellungen jeweils eines der 4 Evangelisten.

Das **südliche Seitenschiff** ist der Heiligen Anna geweiht und zeigt Bilder aus dem Leben der Mutter der *Jungfrau Maria*, wie sie uns durch die Bibel vermittelt werden. Dabei handelt es sich um weitaus plastischere und porträthafte Darstel-

Fresken aus dem 14. Jh. lungen (*Heilige Anna* in der Apsis) aus der ersten Hälfte des 14. Jh. Das **Nordschiff** ist dem *Heiligen Antonios* geweiht und mit venezianisch beeinflußten, hochwertigen Fresken aus der Mitte des 14. Jh. geschmückt. Sie zeigen Vorstellungen des Jüngsten Gerichts mit den Höllenqualen und dem Paradies sowie zahlreiche Heilige und Märtyrer.

Öffnungszeiten entnehmen Sie bitte den gelben Seiten von Ágios Nikólaos, S. 225.

Buchtip
Ausführliche Beschreibungen und hervorragende Fotografien der Fresken finden Sie im Buch "Panagia i Kera, Byzantinische Fresken in Kritsa", von Manolis Borboudakis, *das vor Ort erhältlich ist.*

Wanderung durch die Krítsa-Schlucht nach Tápes
Ohne Zweifel gehört die Krítsa-Schlucht zu den schönsten Schluchten Ostkretas. Wenn Sie über festes Schuhwerk verfügen, Hitze gut vertragen und auch gegen kleinere Klettereinlagen nichts einzuwenden haben, bietet sich die extrem enge Krítsa-Schlucht für eine etwas anspruchsvollere Wanderung nach Tápes an (hinauf ca. 2 ½ Std., zurück ca. 1 ¾ Std.).

Wegbeschreibung: *Kurz hinter Krísta quert die Straße Richtung Láto ein in den Sommermonaten trockenfallendes Bachbett. Von hier aus führt ein markierter Weg in die bereits ausgeschilderte Schlucht. Nach wenigen Metern führt der Pfad hinab ins Bachbett, das Ihnen als Einstieg und Wanderweg durch die Schlucht dient. Die Schluchtwände rücken beindruckend eng aneinander; immer wieder müssen die Hände zu Hilfe genommen und glattgeschliffene Felsbrocken und Felswände überklettert werden. Zäune, die den Weg versperren, können überstiegen oder durch Gatter umgangen werden (bitte unbedingt wieder schließen). Nach ca. 1 Std. erreichen Sie eine Gabelung, halten Sie sich hier rechts (wieder versperren stellenweise Zäune den Weg). Nach etwa 15 Minuten wird das Gelände offener, folgen Sie weiter dem Bachbett. Nach etwa 2 Std. Wanderung sind dann bereits die Häuser von Tápes zu erkennen. Wenn das Flußbett sich wieder verzweigt, halten Sie sich rechts. Neben dem Bachbett verläuft nun ein Fahrweg, der das Bachbett durch eine Furt quert. Wenige Minuten später führt linker Hand ein unscheinbarer Weg hinauf nach Tápes, er endet am kleinen Kafeníon "O Prinos".*

Dorische Stadt Lató

Dorische Stadt Lató

3 km nördlich von Kritsá (am Ortseingang rechts halten) liegen die Ruinen der dorischen Stadt Lató, die ein gutes Bild von Lage

und Anlage einer antiken Stadt auf Kreta vermitteln. Vom Parkplatz unterhalb des Ausgrabungsgeländes führt ein leicht holperiger Pfad hinauf.

Lató war eine **dorische Stadtsiedlung des 8. Jh. v.Chr.** Auch wenn es sich nicht auf den ersten Blick erschließt, es handelt sich um eine der am besten erhaltenen antiken Stadtsiedlungen auf Kreta. Nachdem weder *Heinrich Schliemann* noch *Arthur Evans* die Ausgrabung vornehmen konnten, legte ab 1901 ein französisches Team die schon länger bekannten Ruinen frei.

Durch eine mit wuchtigen Steinquadern gesicherte Toranlage geht man in die Stadt hinein. Wehrhafte, recht grob behauene Mauern kennzeichnen mehrere, vor 2.800 Jahren gut bewaffnete Bollwerke. Der Weg windet sich als gepflasterte Gasse den Hügel zur Agora hinauf und gibt den Blick auf eine Art Doline frei. Auf dem Ausgrabungsgelände wachsen Olivenbäume, Mandelbäume und Steineichen, der wunderschöne Ausblick auf den Golf von Mirambéllou entschädigt auch jene, die zu Fuß von Kritsá hinaufgewandert sind. Der Hafen der Stadt lag beim heutigen Ágios Nikólaos und hieß *Kamara*, wegen der exponierten Lage von Lató konnte man ihn ständig beobachten. Nachteil der Lage auf dem Sattel zwischen zwei Bergkuppen: Auf dem Siedlungsgelände gab es keine Quelle, die Wasserversorgung wurde einzig durch Zisternen zum Sammeln des Regenwassers sichergestellt.

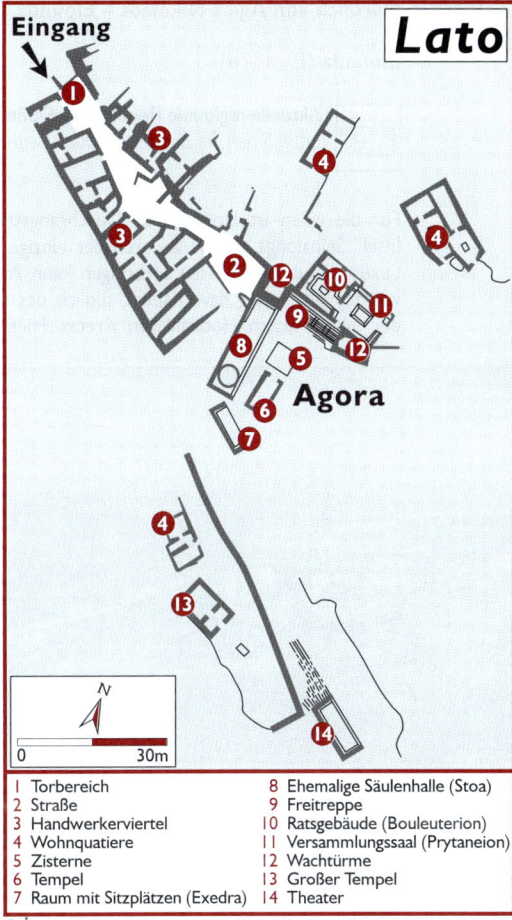

Lato

Eingang

1 Torbereich	8 Ehemalige Säulenhalle (Stoa)
2 Straße	9 Freitreppe
3 Handwerkerviertel	10 Ratsgebäude (Bouleuterion)
4 Wohnquatiere	11 Versammlungssaal (Prytaneion)
5 Zisterne	12 Wachtürme
6 Tempel	13 Großer Tempel
7 Raum mit Sitzplätzen (Exedra)	14 Theater

© graphic

Zwischen zwei Bergkuppen

Seinen Namen hat Lató übrigens von der gleichnamigen Göttin, die in dieser Gegend verehrt wurde.
Öffnungszeiten entnehmen Sie bitte den gelben Seiten von Ágios Nikólaos, S. 225.

Nördlich von Ágios Nikólaos – Eloúnda und Spinalonga

Eloúnda (Ελουνδα)

Aktuelle regionale Reisetips zu Eloúnda
entnehmen Sie bitte den gelben Seiten Ágios Nikólaos, S. 217f

*Luxus-
urlaub*
Für die einen ist Eloúnda nur Durchgangsstation auf dem Ausflug zur "Lepra-Insel" Spinalónga, für die anderen der einzige Platz auf Kreta, an dem man einen Luxus-Urlaub angemessen verbringen kann. Auch wenn man rund um den Hafen von Eloúnda wenig davon spürt, südlich des Ortes liegt ein einzigartiges Mosaik der luxuriösesten Hotelanlagen Kretas. Hier bleiben keine Wünsche offen. Auf

dem Gelände des *Porto Eloúnda del Luxe Resorts* gibt es sogar einen kleinen **Golfplatz** mit 9 Löchern. Das Publikum ist entsprechend der umgebenden Infrastruktur etwas älter und internationaler als sonst auf Kreta.

Ehemals ein verträumtes Fischerdorf, ist Eloúnda heute ein fein herausgeputzter, tagsüber sehr lebhafter Ort. Gegen Abend wird es deutlich ruhiger, denn

Blick auf Eloúnda

dann sind die Tagesausflügler nach Spinalónga längst wieder in ihren Urlaubsquartieren. Unzählige schaukelnde Boote prägen die Hafenseite der Platia. Um die **Platia** herum sammeln sich gastronomische Angebote aller kulinarischen Niveaus, vom einfachen Pita-Grill bis zur feinen Cocktail-Bar. Mini-Markets, Banken, Mode-, Schmuck- und Souvenirgeschäfte liegen gut erreichbar an der Hauptstraße. Die kurze **Strandpromenade** ist von gußeisernen Laternen und einer dekorativen Windmühle gesäumt. Wenige Meter vom Hafen entfernt ragt der Glokkenturm der Dorfkirche empor, an manchen Tagen findet hier ein kleiner **Wochenmarkt** mit frischem Obst und Gemüse statt. Die Einheimischen scheinen sich bei all dem Trubel in ein schlichtes *Kafenion* gegenüber des Glockenturms zurückgezogen zu haben. Folgt man hier der Straße nach Nordwesten, wird es schnell beschaulicher. Eine ganze Reihe von Pensionen und Apartments bietet am Rande Eloúndas Übernachtungsalternativen zu den teuren Luxushotels.

Die **Straße in westliche Richtung** führt hinauf in das auch heute noch ursprünglich erscheinende Epáno Eloúnda und weiter in die Berge über die Ebene von Foúrni (S. 403) nach Neápoli (etwa 16 km bis zur New Road).

Auf der **Straße am Hafen entlang** erreichen Sie nach knapp 5 km **Pláka**. Der kleine Fischerort hat sich bisher im Schatten von Eloúnda nur wenig entwickelt. Es gibt aber einige Übernachtungsmöglichkeiten und Tavernen. Auch von Pláka aus fahren Boote hinüber nach Spinalónga. Der Bus aus Ágios Nikólaos endet ebenfalls in Pláka. Zwischen Eloúnda und Pláka liegen einige schmale, aber sehr schöne Strände. Diese können neben dem flachen Wasser noch mit einem einzigartigen Panorama der Bucht mit der Felseninsel Spinalónga im Hintergrund aufwarten.

Schöne Strände

Bademöglichkeit in Eloúnda

An der Straße nach Pláka liegt direkt angrenzend an den Hafen und den Busparkplatz ein rund 200 m langer Sandstrand ("Municipial Beach"), der auch bei wenig Zeit zum Sonnenbaden einlädt. An dem sehr sauberen Strand (Blaue Flagge!) gibt es einen Kinderspielplatz, Umkleidekabinen, Duschen und den üblichen Verleih von Sonnenliegen und Tretbooten. Auch Wasserski und Banana-Riding werden angeboten.

Oloús – Salinen, antike Siedlung und Basilika

Gehen Sie in Eloúnda von der Platia ein Stück die Straße Richtung Ágios Nikólaos zurück und folgen der Ausschilderung Richtung Oloús ans Wasser hinunter. Am Weg liegen mehrere Tavernen. Die Straße geht in einen geschwungenen Damm über, der von flachen Seen begleitet wird, den ehemaligen **Salinen** zur Salzgewinnung. Gegen Ende des Damms, kurz vor den drei runden Windmühlentürmen, ist ein schmaler Verbindungskanal zum Golf von Mirambellou durchgestoßen. Dieser 1898 von den Schutztruppen der französischen Marine erbaute Kanal ist zwar nur für äußerst schmale Boote passierbar, doch machte er aus der großen Halbinsel Spinalónga überhaupt erst eine echte Insel.

Rund 500 m oberhalb der Windmühlen an der Saline liegt ein prächtiges Bodenmosaik. Es gehört zu einer dreischiffigen **Basilika** aus dem 5. Jh., die einst hier gestanden hat. Figurale und geometrische Motive, Meerestiere sowie drei Inschriften machen das Mosaik zu einem der interessantesten auf ganz Kreta. Zum Schutz ist es eingezäunt.

Prächtiges Bodenmosaik

Die **Reste der antiken Hafenstadt Oloús** auszumachen, ist schon etwas schwieriger. Sie

Windmühlenruine in Oloús

liegen etwa unterhalb der kleinen Kapelle im Wasser. Am besten sind sie vom Boot aus zu sehen, wenn man direkt durch das klare Wasser darauf blickt. Oloús war bis in die Zeit der Dorer wegen seiner vor Wind und Feind geschützten Lage eine bedeutende Hafenstadt. Wahrscheinlich haben tektonische Einflüsse zu einem Absinken der Landmasse in der Umgebung geführt und somit den Hafen überflutet. Im Gegensatz dazu liegt der Hafen von Phalássarna an der Westküste Kretas heute auf dem Trockenen (s. S. 687).

Spinalónga

Eigentlich wird mit dem Namen Spinalónga die große, unbewohnte Insel bezeichnet, die der Küste zwischen Eloúnda und Pláka vorgelagert ist. An ihren Hängen weisen Terrassierungen in den flachen Hängen noch auf eine frühere landwirtschaftliche Nutzung hin. Doch viel bekannter ist unter den Namen Spinalónga ein kleiner Felsen am Eingang zur natürlichen Bucht, der eigentlich Kalidón heißt. Dies ist die berühmte „Lepra-Insel". Sie ist heute das touristische Kapital Eloún-

„Insel der Tränen" das. Kaum ein Besucher Ostkretas, der nicht mit dem Schiff auf die „Insel der Tränen" oder die „Insel des Todes" übersetzt und ein leichtes Schauern beim Rundgang durch die Ruinenstadt verspürt. Spinalónga ist eine Attraktion und wird entsprechend vermarktet. Hunderte von Besuchern werden täglich durch die Ruinen geschleust. Lediglich ein frühes oder spätes Übersetzen verschafft Individualurlaubern ein wenig Freiraum.

Hinweis

*Es gibt drei Möglichkeiten, mit dem Schiff nach Spinalónga zu gelangen: Von **Ágios Nikólaos** ist die Anfahrt am längsten, teuersten, aber landschaftlich auch am reizvollsten; die Ausflugsboote liegen dort an der östlichen Hafenmole. Von **Eloúnda** aus verkehren die Boote mindestens alle halbe Stunde. Am schnellsten und günstigsten ist die Überfahrt vom kleinen Ort **Pláka**, von wo aus die Boote zur historischen Anlegestelle an der Westseite Spinalóngas übersetzen; hier wird aber erst abgelegt, wenn das Schiff voll ist.*

Geschichte

Die kleine Felsinsel wurde 1579 unter *Jacobo Foscarini* zu einem venezianischen Kastell ausgebaut, das die Einfahrt in den Golf von Mirambéllou kontrollierte. Die Befestigung war so gut, daß die Türken erst am 4. Oktober 1715, rund 45 Jahre

Auf Sklavenmärkten verkauft nach den ersten Angriffen und 70 Jahre nach ihrer Landung auf Kreta, den Stützpunkt von den Venezianern übernehmen konnten. Die dabei in Gefangenschaft geratenen Verteidiger wurden auf Sklavenmärkten der Insel verkauft. Mit dem Verlust Spinalóngas mußten die Venezianer jede Hoffnung auf die Rückeroberung Kretas aufgeben.

Bis Ende des 19. Jh. siedelten die Türken auf Spinalónga zahlreiche moslemische Familien an. Doch 1903, Kreta war schon 5 Jahre unabhängig, entschied *Prinz Georg* persönlich, daß hier eine Leprastation für Aussätzige von Kreta und aus anderen Teilen Griechenlands eingerichtet werden sollte. Aus vielen Inselteilen wurden sie nach Spinalónga deportiert. Die Lepra-Kranken lebten isoliert in einer eigenen Welt, die dem Festland zum Greifen nah war, aber für die Betroffenen doch unerreichbar entfernt. Auf der Grundlage der bereits vorhandenen türkischen Häuser errichteten sie ihre eigene Stadt. Natürliche Wasservorkommen gab es nicht, so befüllte man die alten venezianischen Zisternen mit gesammeltem Regenwasser. Viele Bewohner gingen normalen Handwerksberufen nach, bis sie von der schrecklichen Krankheit zu sehr geschwächt und endgültig besiegt wurden. Mehrere hundert Menschen starben auf der winzigen Insel. Erst nach dem 2. Weltkrieg gab es Strom und eine Desinfektionskammer, die auch den Besuch von Angehörigen zuließ, die seitdem mit dem Boot von Pláka aus übersetzen konnten.

Zum Greifen nah ....

In den 50er Jahren gelang es Ärzten erstmals, ein wirksames Mittel gegen die Lepra zu entwickeln. 1957 wurden die letzten Kranken Spinalóngas auf Beschluß der Regierung nach Athen gebracht und die Leprastation endgültig aufgegeben.

Rundgang

Die Boote aus Eloúnda und Ágios Nikólaos legen an der Südmole der Insel an. Man geht links hinauf durch zwei Durchgänge in die früher von den Leprakranken bewohnte Siedlung. Es sind die Ruinen einer Kleinstadt, die die Bewohner nach der Umsiedelung der Türken errichtet und bewohnt haben. Oft stehen nach Jahrzehnten des Verfalls nur noch die Außenwände der Häuser, mit gähnend leeren Fensterhöhlen; Geschoßdecken und Dächer sind nur in Einzelfällen erhalten. Dazwischen immer wieder wilder Pflanzenwuchs mit Feigenkakteen. Die schlichte **Kapelle Ágios Pandeléimon** ist mittlerweile restauriert worden, daneben liegen die tonnenförmig überdachten, unterirdischen Gewölbe der **Zisternen**. Eine gespenstische Atmosphäre, wären nicht die vielen anderen Besucher, die kein Gefühl von Einsamkeit aufkommen lassen.

Gespenstische Atmosphäre

"Lepra-Insel" Spinalonga

In einem hallenartigen Bau, neben der Anlegestelle der Boote aus Pláka, dem ehemaligen **Desinfektionsraum**, weist eine Ausstellung auf die interessante historische Funktion der Bucht von Eloúnda in den 1930er Jahren hin. Damals legten die Wasserflugzeuge der British Imperial Airways auf dem Weg nach Indien in der Bucht einen Zwischenstopp ein, um nachzutanken und Proviant aufzunehmen. Das Schiff Imperia M.V. war von 1930-40 die

Basisstation der Fluggesellschaft. Am 22. August 1936 verunglückte eines der Wasserflugzeuge in der Bucht.

Gut erhaltene Festung

Zum **Anleger von Pláka**, dem früheren Hauptzugang der Insel, führt ein prächtiges venezianisches Eingangstor. Der Rundweg führt nun außen um die Insel, man geht ca. 1 km, wenige Tamarisken spenden Schatten. An der Nordostseite ist die Insel als Festung ausgebaut, die recht gut erhalten ist. Aus den Bastionen konnten angreifende Schiffe mit Kanonen beschossen werden. Im Südosten liegt unweit der winzigen, zweischiffigen Agios Georgios-Kapelle (orthodox/katholisch) der **Friedhof** Spinalóngas, auf dem die Gebeine von rund 400 auf der Insel verstorbenen Lepra-Kranken beerdigt wurden. Diese sind aber heute im Beinhaus mit dem pyramidenförmigen Dach untergebracht. Der **obere Festungsteil** ist auf schmalen, steinigen Wegen (festes Schuhwerk!) zu erreichen, etwa 20 m hinter dem 2. Durchgang von der Anlegestelle führt rechts ein Weg durch schmale Ruinengassen an Feigenkakteen vorbei hinauf.

Spinalónga
2000 Jahre

Buchtip

"Auf den Spuren des Fährmanns" von Ron Stratford. *Das vor Ort erhältliche Buch enthält neben der Darstellung zweier Einzelschicksale Lepra-Kranker auf Spinalónga auch einen guten Überblick zur Geschichte Kretas von der byzantinischen Zeit bis zum Beginn des 20. Jh.*

8. KRETAS SONNIGER OSTEN – EIN HAUCH VON AFRIKA

Überblick

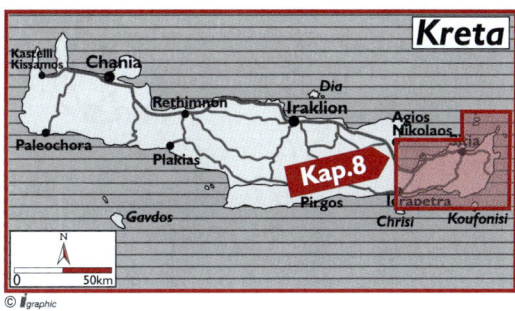

Die Fahrt entlang der Nordküste zwischen Ágios Nikólaos und Sitía ist einer der
schönsten Tagesausflüge Kretas. Die Felsküste am Golf
von Mirambéllou wird unterbrochen vom Isthmus von
Ierápetra, der mit 14 km die
schmalste Stelle der Insel bildet. Dann ragen die schroffen Gebirge Orno Thriptis
und Orno Oros noch einmal über 1.400 m aus dem Meer und trennen den
äußeren Osten Kretas vom Rest der Insel ab. Auf einer Route hoch über der
Küste führt die Europastraße 75 auf ihren letzten Kilometern in die Bucht von
Sitía hinab.

In keiner Region der Insel sind so viele Spuren minoischer Besiedlung zu finden
wie in den Niederungen rund um Sitía. Doch darunter ist nur einziger Palast, der
von Káto Zákros, im äußeren Osten der Insel. Südostkreta ist noch einmal eine
Welt für sich. Man kann die Nähe zu Nordafrika in der kargen, von der Hitze
gebeutelten Landschaft förmlich spüren. Die Insel Chrísi ist neben Gávdos der
südlichste Vorposten Europas Richtung Afrika und besteht aus einsamen Stränden   *Früh-*
mit absolut sauberem Wasser. Rund um die Stadt Ierápetra erstreckt sich nicht   *gemüse*
nur eines der wichtigsten Anbaugebiete für Frühgemüse in Europa, die über 300   *und*
Sonnentage im Jahr lassen auch in den Wintermonaten die Temperaturen kaum   *Tourismus*
unter 12 °C fallen. Damit könnte der Südosten eine Konkurrenz zu anderen
Überwinterungsgebieten, etwa den Kanarischen Inseln, werden.

8.1 Von Ágios Nikólaos in den Nordosten Kretas

Entfernungen
Ágios Nikólaos - Pachía Ámmos 21 km
Pachía Ámmos - Ierápetra 14 km
Pachía Ámmos - Sitía 49 km

An der Ampelkreuzung am südlichen Ortsausgang von Ágios Nikólaos fahren Sie
auf der E75 Richtung Sitía/Ierápetra. Die bis Ágios Nikólaos als Schnellstraße
ausgebaute E75 (New Road) wird zu einer gemütlichen Landstraße.

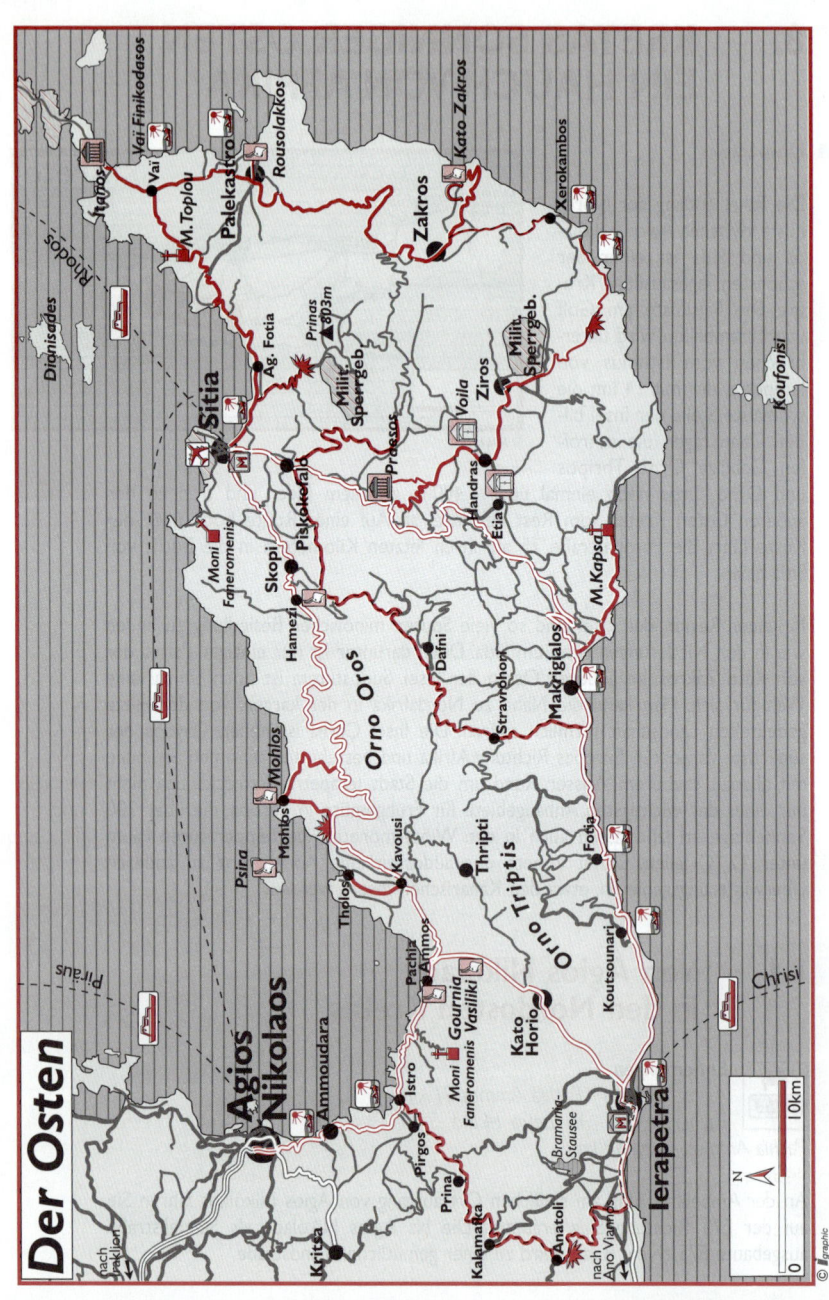

Der Osten

Ágios Nikólaos

Ierapetra

Sitia

Zakros

Orno Oros

Orno Triptis

nach Neápoli
Kritsa
Prina
Kalamafka
Anatoli
nach Áno Viánno
Ammoudara
Pirgos
Istro
Pachia Ámmos
Moni Faneromenis
Gournia
Vasiliki
Kato Horio
Bramaná-Stausee
Koutsounari
Chrisi
Tholos
Kavousi
Thripti
Fotia
Psira
Mohlos
Móhlos
Faneromenis
Moni
Skopi
Hamezi
Piskokefalo
Dafni
Stravrohori
Makrigialos
M.Kapsa
Etia
Handras
Voila
Ziros
Prassas
Milit. Sperrgeb.
Milit. Sperrgeb.
Prinas ▲ 1293m
Ag. Fotia
M. Toplou
Palekastro
Rousolakkos
Kato Zakros
Xerokambos
Vai
Vai Finikodasos
Ítanos
Rhodos
Dragasádes
Koufonísi
Piráus

N

0 ————— 10km

© graphic

- Eine Wanderung durch die **„Tal der Toten"** (S. 452f) genannte Zákros-Schlucht gehört zu den eindrucksvollsten Naturerlebnissen Kretas. Schroffe, rötlich schimmernde Felswände mit Grabhöhlen aus minoischer Zeit säumen den Weg.

- Der **Palast von Káto Zákros** (S. 453ff) ist der viertgrößte der bisher vollständig ausgegrabenen minoischen Paläste. Dank seiner landschaftlich reizvollen Lage direkt am Meer lohnt sich ein Besuch nicht nur der Archäologie wegen.

- **Goúrnia** (S. 433ff) ist die einzige bislang vollständig ausgegrabene Stadt Kretas. Sie ist von Ágios Nikólaos und Ierápetra aus schnell zu erreichen.

- **Kloster Toploú** (S. 448f) ist das bedeutendste orthodoxe Zentrum Ostkretas. Wie eine Festung liegt es inmitten eines einsamen, vom Wind gepeitschten Sandsteinplateaus. Sein Museum beherbergt sehenswerte Kirchenschätze.

- **Móhlos** (S. 441f) ist ein verträumtes Fischernest in idyllischer Lage. Die fast kreisrunde Insel direkt vor der Küste läßt sich sogar schwimmend erreichen.

- Am besten geeignet als Standort für Touren in den Osten ist die beschauliche Hafenstadt **Sitía** (S. 443ff), die als Zentrum des ostkretischen Weinbaus im August ihr großes Sultana-Festival (S. 320) feiert.

- Die meisten Sonnentage in Europa hat **Ierápetra** (S. 461ff). Die Stadt hat vom touristischen Aufschwung der Südostküste am meisten profitiert.

- Keine Frage, der Traumstrand des kretischen Ostens heißt **Vái** (S. 449f). Um das einmalige Wäldchen aus kretischen Dattelpalmen zu schützen, wird die Besucherzahl begrenzt.

- Ein Hauch von Afrika – das ist die kleine Insel **Chrisí** (S. 465f) südlich von Ierápetra. Von dort können Sie per Boot einen unvergeßlichen Tagesausflug zu den traumhaften Stränden des Eilands unternehmen.

- Der kilometerlange **Kourménos-Strand** (S. 451) bei Palékastro ist das beste Surfrevier Ostkretas. Ein renommierter Surfclub verleiht Ausrüstung und erteilt Unterricht.

- Übernachtungsempfehlungen für Ostkreta sind die **Hamlet Cottages in Makrigialós** (S. 280), das **Hotel Arhontico in Sitía** (S. 317) und – etwas höherpreisig – das **Istron Bay** am Golf von Mirambéllou (S. 221).

1 km hinter der großen Ampelkreuzung liegt der **Strand von Almirós**, einer der beliebtesten Badestrände in der Nähe von Ágios Nikólaos. Er muß früher ein kleines Naturparadies gewesen sein. Denn in der gut 250 m langen Bucht breitet sich ein sanft ins Meer abfallender Sandstrand mit einem brackigen Sumpfgebiet an seinem südlichen Ende aus. Hier mündet eine nahe Süßwasserquelle ins Meer. Hohe Schilf- und Riedgräser säumen den geschwungenen Flußlauf und schirmen den Strand von der Straße ab. *Natur-paradies*

Das Biotop ist im Winterhalbjahr ein wichtiges Rastgebiet für Zugvögel, in den Sommermonaten haben die nordeuropäischen Sonnenanbeter Almirós in ihrer Hand. An Sonnenschirmen und Liegestühlen mangelt es nicht, außerdem verschönern eine Snackbar mit Toiletten, ein Kinderspielplatz und ein breites Wassersportangebot das Strandleben. *Sonnen-anbeter*

Amoudára (Αμουδαρα)

> **Aktuelle regionale Reisetips zu Amoudára**
> *entnehmen Sie bitte den gelben Seiten von Ágios Nikólaos (S. 217ff)*

Rund 1,5 km hinter Almirós erreichen Sie die Bucht von Amoudára. Ein schmaler und nur 100 m langer Sandstrand quetscht sich in einer Linkskurve zwischen Straße und Meer. Obwohl diese Lage nun wirklich nicht sonderlich erholsam

wirkt, ist der Strand gut besucht und mindestens zur Hälfte mit Sonnenschirmen und Liegestühlen zugestellt. In der Umgebung gibt es einige Tavernen, Hotels und Apartments. Den Übergang über die Hauptstraße ermöglicht einer der wenigen (beachteten) Zebrastreifen Kretas.

Bis zu den nächsten größeren Badeständen sind es von Amoudára rund 7 km. Sie liegen in der Bucht von Kaló Horió bzw. Istró und

Strand von Amoudára

schmiegen sich an den Saum steiler Felsklippen. Wenn Sie auf der hier abzweigenden **Seitenstraße nach Kaló Horió** weiter in die Berge fahren, gelangen Sie auf einer 35 km langen, gut ausgebauten Nebenstrecke nach **Ierápetra**. Diese abgelegene Route ist mit Sicherheit einer der landschaftlichen Höhepunkte Kretas. Wir empfehlen die Strecke als Rückfahrtvariante von Ierápetra aus.

Istró (Ιστρο)

> **Aktuelle regionale Reisetips zu Istró**
> *entnehmen Sie bitte den gelben Seiten von Ágios Nikólaos (S. 217ff)*

In den letzten Jahren hat sich in Istró eine bescheidene touristische Infrastruktur entwikkelt. Neben Hotels, Apartments und Tavernen gibt es eine kleine OTE-Station, einen Postcon-

Strand bei Istró

Felsklippen

tainer und einen Mini-Markt. Auch wenn der Ort selbst nicht unbedingt begeistert, die Strände am Fuße der Felsklippen sind wirklich schön. Hauptstrand ist der etwa 500 m lange, feinsandige und von Tamarisken beschattete **Kaló Horió Beach**. Sie können Sonnenschirme und Liegestühle mieten, für Ihr leibliches Wohl sorgen zwei Cantinas. Etwas östlich liegt der **Golden Beach**, ein wunderschöner, goldgelber Sandstrand, der sanft in das türkisgrün bis azurblau schimmernde Meer übergeht. Die Schönheit ist nicht verborgen geblieben, die Parkplätze sind voll, und auch am Strand wird es eng. Wer auf ein gutes Angebot an Funsportarten Wert legt, ist hier richtig: Von „Jetskiing" über „Bananariding" bis Wasserski wird alles geboten, was Spaß und Krach macht; konservativere Gemüter begnügen sich mit Kanus und Tretbooten. *Wassersport*

Kurz hinter dem Ort Istró thront unterhalb der Straße das **Istron Bay Hotel**. Ohne Zweifel ist diese Anlage wegen ihrer traumhaften Lage und des gepflegten Sandstrandes eines der empfehlenswertesten Luxushotels auf Kreta.

Istron-Bay-Hotel

Etwa 2 km hinter dem Istron Bay kurz vor dem Campinglpatz **Goúrnia Moon** macht die Küstenstraße eine scharfe Rechtskurve. Hier führen zwei Stichstraßen die Berge hinauf.

Die erste führt auf den 313 m hohen, schroffen Kalksteingipfel des **Vrokastro**. Im 12. Jh. v.Chr. entwickelte sich hier oben eine spätminoische Siedlung. Zuvor hatte man die nahegelegene minoische Stadt Goúrnia nach jahrhundertelanger Besiedlung aufgegeben. In geometrischer Zeit lag hier das **antike Istró**, dessen Besiedlung bis ins 7. Jh. v.Chr. belegt ist.

Die zweite Stichstraße führt zum ca. 6 km oberhalb der E75 gelegenen **Kloster Faneroménis**. Die Strecke ist durchgehend betoniert und bietet ein phantastisches Panorama, das von Eloúnda bis Móchlos reicht. Doch Vorsicht, in den engen Kurven der Strecke ist mit Steinschlag zu rechnen! Das Kloster selbst ist ein altes Wehrkloster, das schon zur Zeit der Venezianerherrschaft existierte. Faneroménis heißt frei übersetzt soviel wie „die Erschienene". Die Erklärung liegt auf der Hand: Kultischer Mittelpunkt der abgelegen Anlage ist die sehenswerte Höhlenkirche der Panagía („Mutter Gottes"). Wie so oft auf Kreta, erzählt man sich auch hier die Legende, daß ein Schäfer in dieser Höhle eine Ikone der „Gottesgebärerin" gefunden hat. Das erinnert an die Kulthöhlen der Fruchtbarkeitsgöttin aus minoischer Zeit. Falls Sie sich über das große Gästehaus des Klosters wundern sollten: Am 15. August zu Mariä Himmelfahrt steigt hier oben das Fest der Panagía. *Höhlenkirche*

Öffnungszeiten und aktuelle Infos entnehmen Sie bitte den gelben Seiten Ierápetra, S. 256.

Goúrnia

Kurz vor Pachía Ámmos liegt Goúrnia, die bislang einzige vollständig ausgegrabene **minoische Stadt** auf Kreta. 1908 nahmen amerikanische Archäologen die Arbeiten auf und legten bis heute ein Areal von nahezu 15.000 m² frei. Goúrnia bietet interessante Einblicke in die Alltagswelt der minoischen Gesellschaft, die *Interessante Einblicke* wegen der prunkvollen Palastzentren häufig vernachlässigt wird.

In Goúrnia spannt sich ein auf den ersten Blick verwirrendes Gerippe wild verschachtelter Grundmauern über einen sanft gebößchten Kalksteinhügel. Doch noch heute erschließt das Originalnetz schmaler Pflasterstraßen und Treppenwege den Hang. Es gliedert die Anlage in Häuserkomplexe und vermittelt einen lebendigen Eindruck von der engen Sozialgemeinschaft, in der die Menschen der minoischen Zeit lebten.

Die **Gebäude**, von denen Sie heute ausschließlich noch die groben, aus Bruchsteinen gefertigten Grundmauern vorfinden, trugen einst zwei oder drei Stockwerke und verfügten über verputzte Fassaden, die aus getrockneten Lehmziegeln gemauert waren. So zeigen es jedenfalls minoische Darstellungen (z.B. das aus Fayence gearbeitete Stadtmosaik aus Knossós, s.S. 345) oder die phantastisch erhaltenen Gebäude der Siedlung Akrotiri auf Santorin (dem Pompeji der Bronzezeit). Die engen Wege, in denen

Minoische Straße Goúrnia

Enge Wege zwei ausgewachsene Menschen gerade bequem aneinander vorbei gehen können, waren schattige Gäßchen, deren dicht aneinander gefügte Häuser sich – wie in einem traditionellen kretischen Dorf – an den Hang schmiegen. Untereinander waren die abgestuften Gebäude über Innenhöfe und Flachdächer miteinander verbunden. In den Räumen des Erdgeschosses befanden sich die Werkstätten und Vorratsräume, und über eine Holztreppe gelangte man ins Obergeschoß, in dem sich die 2-3 Wohnräume der minoischen Familien befanden. Die Feuerstelle lag vermutlich im Hof, was die Gefahr von Bränden verminderte.

Goúrnia wurde nicht auf dem Reißbrett entworfen, die Stadt ist organisch gewachsen. Und trotzdem verfügte sie über ein ausgetüfteltes **Wasserleitungssystem**. Die Menschen, die hier in Familienverbänden lebten, waren wohl einfache Handwerker, Bauern und Fischer. Das legen jedenfalls die archäologischen Funde nahe, die heute in den Museen von Ágios Nikólaos und Iráklion ausgestellt sind.

Die ganze Siedlung richtete sich auf das künstlich eingeebnete Plateau des Kalksteinrückens aus. Hier oben lagen die zentralen und repräsentativen Gebäude der Stadt, die als Sitz des Stadtoberhauptes gedeutet werden. In ihrer Gesamtanlage *Wie ein* wirken sie jedenfalls – ebenso wie die „Herrenhäuser" anderer Ausgrabungen – *Miniatur-* wie ein Miniaturpalast. Neben **Magazinen (4)**, einem **Heiligtum (5)** und den *palast* auf Repräsentationszwecke ausgerichteten **Haupträumen (3)** bildet dabei der rechteckige **Zentralhof (1)** das Herz der Anlage. Er diente vermutlich als Mittelpunkt des gesellschaftlichen Lebens, d.h. als Marktplatz, Ort für Versammlungen, Theatervorführungen und religiöse Rituale.

Die meisten Gebäudereste stammen aus der spätminoischen Zeit (1600 - 1450 v.Chr.). In den großstädtischen Zentren des bronzezeitlichen Kreta war es die

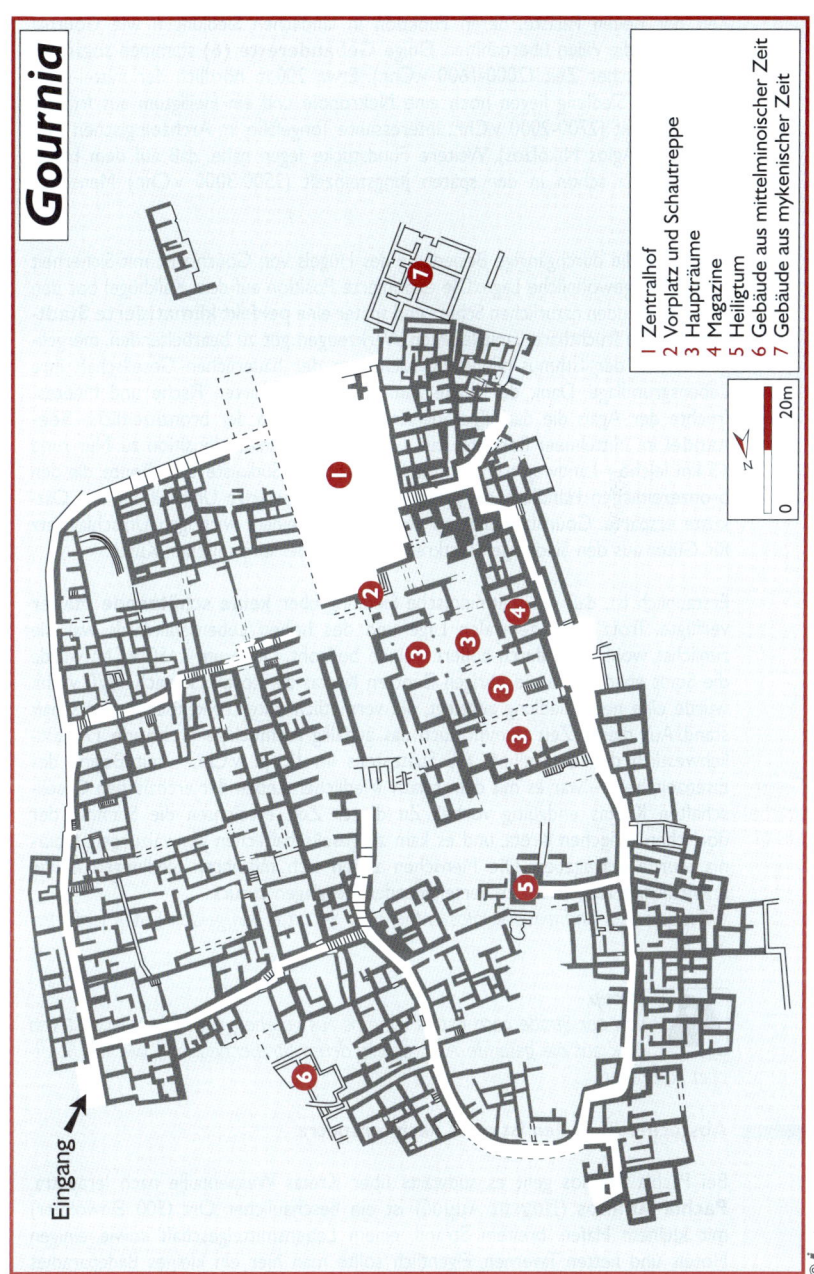

Gournia

1 Zentralhof
2 Vorplatz und Schautreppe
3 Haupträume
4 Magazine
5 Heiligtum
6 Gebäude aus mittelminoischer Zeit
7 Gebäude aus mykenischer Zeit

0   20m

N

Eingang

Zeit der neuen Paläste, deren Funktion in ländlichen Siedlungen wie Goúrnia vermutlich die Villen übernahmen. Einige **Gebäudereste (6)** stammen sogar aus mittelminoischer Zeit (2000-1600 v.Chr.). Etwa 200 m nördlich der mittel-spätminoischen Siedlung liegen noch eine Nekropole und ein Heiligtum aus frühminoischer Zeit (2700-2000 v.Chr.; interessante Tongefäße im Archäologischen Museum von Ágios Nikólaos). Weitere Fundstücke legen nahe, daß auf dem Hügel von Goúrnia schon in der späten Jungsteinzeit (3500-3000 v.Chr.) Menschen siedelten.

Grund für die durchgängige Besiedlung des Hügels von Goúrnia ist mit Sicherheit seine außergewöhnliche Lage. Die exponierte Position auf dem Kalkhügel bot den ersten Gebäuden natürlichen Schutz und später eine **perfekt klimatisierte Stadtanlage**. Die fruchtbaren, mit leichten Werkzeugen gut zu bearbeitenden, mergeligen Böden der Isthmus-Niederung sicherten der bäuerlichen Gesellschaft ihre Lebensgrundlage. Dank der Nähe zum Meer bereicherten Fische und Meeresfrüchte der Ägäis die damalige Speisekarte. Als dann der bronzezeitliche **Seehandel** im Mittelmeer florierte, kam Goúrnia eine Schlüsselposition zu. Nur rund 15 km leichter Landweg trennten die Stadt von der Südküste. Eine Route, die den bronzezeitlichen Händlern die gefährliche und langwierige Umschiffung der Ostküste ersparte. Goúrnia wurde so vermutlich zu einem wichtigen Umschlagplatz für Güter aus den Siedlungen Ostkretas und von der afrikanischen Küste.

Strategische Schlüsselposition

Erstaunlich ist, daß die spätminoische Siedlung über **keine schützende Mauer** verfügte. Trotz ihrer zentralen Lage und des hohen Lebensstandards war sie zunächst wohl nicht durch äußere Feinde bedroht. Doch um 1450 v.Chr. wurde die Stadt ebenso wie die übrigen Zentren Kretas zerstört. Erst nach 1370 v.Chr. wurde eine neue Siedlung angelegt, die vermutlich unter mykenischer Herrschaft stand. Aus dieser Zeit stammt auch das auffällig rechteckige **Gebäude (7)** südlichwestlich des **Zentralhofs (1)**. Spätestens im 12. Jh. v.Chr. – mit Beginn des Eisenzeitalters – war es mit dem relativ friedlichen Leben der archaischen Gesellschaften Kretas endgültig vorbei. Zu dieser Zeit erreichten die Stämme der dorischen Griechen Kreta, und es kam zu gesellschaftlichen Umwälzungen. Goúrnia wurde aufgegeben. Die Menschen zogen sich mit ihren Siedlungen in die unwirtlichen, aber leicht zu verteidigenden Berglagen zurück.

Gesellschaftliche Umwälzungen

Öffnungszeiten und aktuelle Infos entnehmen Sie bitte den gelben Seiten Ierápetra, S. 256.

Fototip
Von der Straße nach Pachía Ámmos aus gesehen, hat meinen einen tollen Blick auf die gesamte Ausgrabung, deren Straßennetz sich wie ein Stadtplan ausbreitet.

Abstecher über den Isthmus nach Ierápetra

Bei Pachía Ámmos geht es südwärts über Kretas Wespentaille nach Ierápetra. **Pachía Ámmos** (Παχεια Αμμοζ) ist ein beschaulicher Ort (500 Einwohner) mit kleinem Hafen, breitem Strand, einem Lebensmittelgeschäft sowie einigen Hotels und netten Tavernen. Eigentlich sollte man hier ein kleines Badeparadies vermuten, doch macht der in den Sommermonaten beständig wehende Meltemi-Wind der kleinen Gemeinde einen Strich durch die Rechnung. Aus nördlicher Richtung jagt er über den Golf von Mirambéllou und drückt sich durch die flache Niederung des Isthmus zur Südküste. Die Bucht von Pachía Ámmos wirkt wie ein riesiger Siphon, und am Strand sammelt sich der Müll der Schiffe und Touristenzentren. In der Hauptsaison wird der Strand aber kurzfristig von Teerklumpen, Plastikflaschen und -planen gereinigt.

Pachía Ámmos

Daß die gut ausgebaute, 14 km lange Landstraße, die an dieser Stelle Nord- und Südküste miteinander verbindet, auf einer antiken Handelsroute verläuft, wird nach 3 km deutlich. Ein Schild weist zur abseits der Straße gelegenen Ausgrabung von Vasilikí.

Ausgrabung Vasilikí

Bereits 1905 begannen amerikanische Archäologen hier Grabungen, die bis heute nicht abgeschlossen sind. Nur wenige Besucher verirren sich in die inmitten eines Olivenhaines gelegene Ausgrabung. Im Schatten der Bäume öffnet sich eine überschaubare Anlage aus groben Bruchsteinmauern, die sich in der südwestlichen Ecke um einen kleinen, mit schweren Steinquadern gepflasterten Platz gruppieren. Die Ruinen wirken wuchtig, die phantastische Kulisse der **Monastiráki-Schlucht** verstärkt diesen Eindruck noch.

Wuchtige Bruchstein-mauern

Vasilikí war eine **frühminoische Siedlung**. Bereits zwischen 2700 und 2250 v.Chr. lebten hier Menschen von der Landwirtschaft. Sie schufen **Töpferwaren**, die noch heute modern, ja sogar futuristisch wirken. Krüge und Schnabelkannen im „geflammten" *Vasiliki-Stil*, die über den frühbronzezeitlichen Handel weit verbreitet wurden, ließen die Archäologen anfangs glauben, hier den ältesten Palast Kretas gefunden zu haben. Moderne Forschungen deuten jedoch darauf hin, daß Vasilikí nur eine Bauernsiedlung war, in der nie mehr als 100 Menschen lebten. Brandspuren in den Bodenhorizonten zeigen, daß das Dorf mehrfache Zerstörungen erlitt, aber bis in die spätminoische Zeit (vermutlich 1450 v.Chr.) immer wieder neu aufgebaut wurde.

Brand-spuren

Ausgrabung Vasilikí

Besonders schöne Töpferwaren des *Vasilikí-Stils* wurden übrigens in der frühminoischen Nekropole auf Móhlos gefunden, sie sind in den archäologischen Museen von Iráklion und Ág. Nikólaos ausgestellt.
Öffnungszeiten und aktuelle Infos entnehmen Sie bitte den gelben Seiten Ierápetra, S. 256

Auf der gegenüberliegenden Seite der Hauptstraße geht es zum I km östlich gelegenen Dorf **Monastiráki**: Wenn Sie sich in dem kleinen Ort links halten, gelangen Sie über eine gut befahrbare Piste in die Nähe der gleichnamigen oder
Schlucht einfach **Chá** (Χα) genannten **Schlucht** (ca. I km vom Ort). Die letzten Meter muß man über einen schmalen Trampelpfad zurücklegen, dann säumen links und rechts mächtige, nur stellenweise bewachsene Sturzhalden den Schluchtausgang, an dessen Grund ein kleiner ausgespülter Kolk liegt. Er zeugt von der Kraft der Wassermassen, die in den Wintermonaten oder nach den seltenen (aber heftigen) sommerlichen Platzregen aus den verkarsteten Höhenlagen herabstürzen. Die Schlucht ist an dieser Stelle nur wenige Meter breit und auch bei stabilen Schönwetterlagen für eine Wanderung ungeeignet. Den Einstieg über die steile Wand aus Plattenkalken wagen nur Ziegen und kletterbegeisterte Alpinisten.

INFO **Kretas Schluchten – Naturgewalt und Lebensraum**

Schluchten (engl. gorges, gr. farangi) gehören zu den schönsten Landschaftsformen Kretas, die sich fast immer für eine **Wanderung** anbieten. Sie sind atemberaubende und geheimnisvolle Gegenden, die ihr Erscheinungsbild auch auf kurzen Wegstrecken wandeln: eben noch breit und ausladend, dann eng und kaum zu passieren. Schwindelerregende Abgründe, an deren Grund sprudelnde Bäche mit glattgeschliffenen Steinstufen und glasklaren Kolken (Wasserbecken) auf engem Raum übergehen in offene Täler mit breiten Schotterflächen und ruhigen, verspielten Wasserläufen.

Biologisch betrachtet, sind Schluchten komplexe Mosaike unterschiedlichster **Lebensräume**, die seltene und bedrohte Pflanzen- und Tierarten beherbergen. Besonders stimmungsvoll sind die Überbleibsel der Schluchtwälder, die sich vor allem im Westen der Insel finden. Dank des relativ kühl-feuchten Lokalklimas können hier die Baumarten der Bergregionen weit in die tieferen Lagen hinab steigen. Es sind lianenreiche Buschwälder, in denen sich je nach Standort *Zypressen*, *Zedern* oder der *Immergrüne Ahorn* finden, letztere sind häufig mit der *Terpentin-Pistazie* oder (auf schattigen Standorten) mit Feigenbäumen vergesellschaftet. Entlang den **Wasserläufen**, die im Hochsommer oft versiegen, wächst in niedrigen Lagen häufig ein sommergrüner Platanen-Auenwald. In ihm spenden mächtige Bestände der *Morgenländischen Platane* Schatten, dazwischen stehen farbenfrohe *Oleander*- und *Mönchspfeffer-Büsche*. Aufgrund der starken Beweidung durch Ziegen und Schafe sind sie oft durch die duftenden, kräuterreichen Beständen der Garigue und Phrygana verdrängt (S. 29). *Lavendel*, *Thymian* und *Oregano* finden sich hier ebenso wie *Zistrosen* oder *Asphodill*. Nicht selten stehen an Wegrändern wunderschöne Exemplare der *Kretischen Osterluzei* oder Aronstabgewächse, wie die auffällige *Drachenwurz*.

In **Felsspalten**, auf Rohböden und Geröllhalden wachsen dagegen farbenfrohe Lithophyten (Steingewächse). Die Pflanzen dieses Vegetationstyps sind die endemitenreichsten Pflanzengesellschaften Kretas, die sich dank ihrer isolierten Lage, vor Mensch und Tier geschützt, bewahren konnten. An einigen Schluchtausgängen der Süd- und Ostküste finden sich noch Restbestände des Kretischen Dattelpalmenwaldes (S. 32).

Entstehung der Schluchten

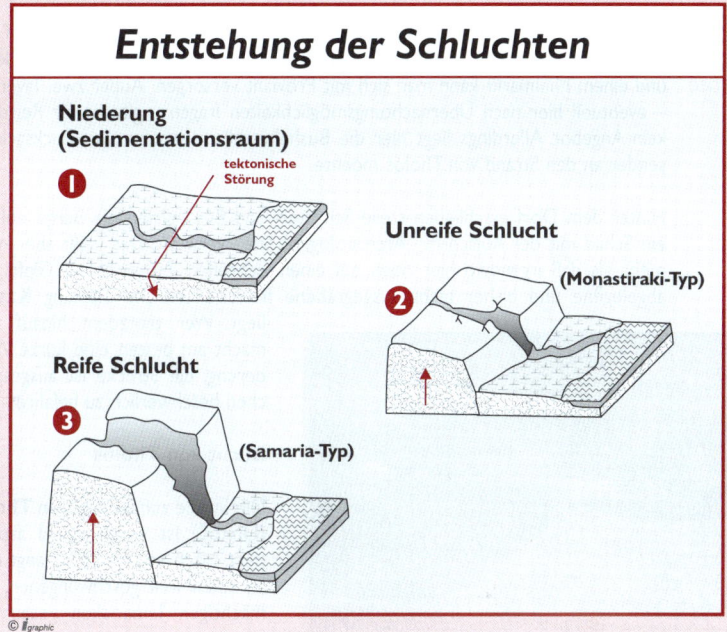

Niederung (Sedimentationsraum)

tektonische Störung

❶

Unreife Schlucht

(Monastiraki-Typ)

❷

Reife Schlucht

❸

(Samaria-Typ)

© ifgraphic

Geologisch betrachtet, sind Kretas Schluchten relativ alt. Ihre **Entstehung** begann vor rund 24 Mio. Jahren, als die Gesteinsdecken der kretischen Hochgebirge schon starken Abtragungen ausgesetzt waren. Zu diesem Zeitpunkt setzte eine neue Phase der Gebirgsbildung ein, da sich das Spannungsfeld in den Lithosphärenplatten des östlichen Mittelmeeres deutlich änderte (S. 20ff). Aufgrund der dadurch verursachten Beanspruchung der Gesteinskörper bildete sich auf Kreta ein komplexes Netz tektonischer Störungen, die sich wie Risse durch die Gebirge zogen. Sie waren die Leitbahnen, entlang derer sich die Schluchten entwickelten.

Noch heute haben die in den Wintermonaten zum Meer hinabstürzenden **Wassermassen** wegen des großen Höhenunterschiedes eine ungeheure Kraft. Ganz allmählich schneiden sie sich immer tiefer in den anstehenden Kalkstein ein, sogar tonnenschwere Felsbrocken können bewegt und bis zur Größe eines Kieselsteins verarbeitet werden. Die Samaria-Schlucht z.B. überwindet auf nur 18 km Länge rund 1.227 Höhenmeter bis zum Meer!

Zwischen den Ortschaften Episkopí und Kato Horió hindurch gelangen Sie nach Ierápetra. Die gesamte Ebene wird geprägt von hellen, staubigen Böden, Olivenhainen, Foliengewächshäusern und Grundwasser pumpenden Windrädern. Am Horizont öffnen sich plötzlich die tiefblaue Libysche See und der zersiedelte Rand der südlichsten Stadt Europas (S. 461ff).

Von Pachía Ámmos nach Sítia

Verwinkelte Gäßchen

5 km hinter Pachiá Ámmos erreicht man **Kavoúsi**, ein ursprüngliches Dorf mit malerisch verwinkelten Gäßchen, einer Kirche und 6 Kapellen. In der Bäckerei und einem Minimarkt kann man sich mit Proviant versorgen. Außer zwei Tavernen – eventuell hier nach Übernachtungsmöglichkeiten fragen – gibt es für Reisende kein Angebot. Allerdings liegt hier die Bushaltestelle, wenn man als Rucksackreisender an den Strand von Tholós möchte.

Hinter dem Dorf erschließen steile Schotter- und Betonpisten die Berge, auf die ein Schild mit der Aufschrift „Archaeological Site" verweist. Das heißt aber nicht mehr, als daß irgendwo hier oben, auf einem schroffen, 710 m hohen Gipfel, die abgelegene und bisher nicht ausgegrabene früheisenzeitliche Siedlung **Kastro**

liegt. Wer trotzdem hinauf will, macht am besten eine kurze Wanderung, die Strecke ist ausgesprochen beschwerlich zu befahren.

Bucht von Tholós

Die Straße zur **Bucht von Tholós** (Θολος) ist durchgehend asphaltiert. Nach etwa 4 km gelangt man an einen weit geschwungenen, von mächtigen Tamarisken gesäumten Kiesstrand mit kristallklarem Wasser. An den Klippen klebt rechts

Bucht von Tholós

eine Taverne, und 2,5 km vor der Küste liegt die **Insel Psíra**. Daß hier selbst an Wochenenden im Hochsommer nur wenig los ist, liegt vielleicht an den Teerbatzen und anderem Zivilisationsmüll, den die Strömung in die Bucht treibt.

Hinter Kavoúsi steigt die Küstenstraße die Nordflanke der Orno Oros hinauf. In rund 400 - 500 m Höhe sollte man am **Aussichtspunkt Plátanos** einen kurzen

Toller Ausblick

Halt einlegen. Über die Bucht von Tholós hinweg können Sie hier, im Schatten einer großen Plantane, den gesamten Golf von Mirambéllou überblicken. Neben der obligatorischen kleinen Kapelle (dem Ágios Nektários geweiht) laden gleich zwei Restaurants zur Einkehr ein.

Insel Psíra

Auch auf **Psíra** liegen Überreste einer minoischen Siedlung. Neben einer früh- bis mittelminoischen Nekropole fand man hier die Grundmauern einer wohlhabenden mittel- bis spätminoischen Hafenstadt. Vermutlich war die Insel von 2600 bis 1450 v.Chr. kontinuierlich besiedelt, dann wurde sie zusammen mit den übrigen Zentren des minoischen Kreta zerstört. Kostbare Keramikgefäße, Goldschmuck und Idole, die man bei Ausgrabungen fand, zeigen die Bedeutung Psíras als Handelsstützpunkt der frühminoischen Zeit (Funde heute im AMI, Saal I).

Bucht von Móhlos

Aktuelle regionale Reisetips zu Móhlos
entnehmen Sie bitte den gelben Seiten 290f

Östlich von Plátanos gelangt man über eine durchgehend asphaltierte Straße in die Bucht von Móhlos (4 km). Auf der linken Seite liegt ein Steinbruch, zur Rechten öffnet sich eine schmale, teils mit Weinreben bestellte Küstenniederung, die sich durch eine niedrige Steilküste vom Strand absetzt. Sie bildet einen schönen Kontrast zu den in diesem Bereich der Orno Oros durchgehend terrassierten Hängen.

*Terras-
sierte
Hänge*

Móhlos (Μοχλοζ) ist ein verträumt wirkendes Fischerdorf, dessen weiße Häuser sich locker um einen kleinen Hafen gruppieren, an dem eine Handvoll Tavernen, Hotels und Pensionen zum Bleiben einladen. Nur 150 m gegenüber erhebt sich ein nahezu kreisrunder, 45 m hoher Inselrumpf aus dem Meer, dazwischen dümpeln unzählige kleine Fischerbote. In der Nebensaison ist Móhlos noch immer ein Ort der Ruhe. Ein winziger Kiesstrand mitten im Ort und ein etwas größerer in der westlich gelegenen Bucht, das ist alles. Zum Baden bleibt man hier nicht hängen, wohl aber wegen der entspannten Atmosphäre.

Móhlos

• Insel
Die Insel vor Móhlos ist nicht viel größer als 250 x 300 m, und trotzdem lag auf ihr vor mehr als 3.000 Jahren eine bedeutende **minoische Siedlung**. Zu dieser Zeit gab es eine Landverbindung hinüber, heute ist das Wasser durch die Landsenkung bis zu 2,50 m tief. Da die Insel keine 200 m vor der Küste liegt, kann man gut **hinüberschwimmen** und das bis zu 45 m hohe, idyllische Eiland erkunden. Am Südrand – gegenüber dem Ort auf dem Festland – liegen die Ruinen der 1908 und 1971 ausgegrabenen minoischen Siedlung, etwas weiter westlich mehrere Gräber (Nekropole). Hier wurden interessante Funde gemacht, neben Goldschmuck mehrere schöne Steinvasen aus Steatit, Alabaster und Marmor. Auch die Siedlung in Móhlos wurde gegen 1450 v.Chr. zerstört, ausnahmsweise fand man hier auch die Skelette von Opfern. Später nutzten die Römer die Insel und legten hier Fischbecken an. Die römische Siedlung wurde bis in die byzantinische Zeit weiter bewohnt und sogar noch befestigt. An der höchsten Stelle befand sich eine Art Burg.

Skelette

Von Móhlos bis Sitía

Bei **Sfáka** gelangt man wieder auf die Hauptstraße nach Sitía. *Sanddorn, Oleander* und *Eukalyptusbäume* säumen die Straße, an den Hängen wachsen *Zedern* und *Zypressen*.

Ausgrabung Hamézi

Hamézi

Hamézi ist ein verwinkeltes Bergdorf mit weiß gekalkten Häusern, engen Gassen und einem üppigen und farbenfrohen Blumenmeer. Seit 1978 existiert hier das von der Dorflehrerin *Irene Papadaxis* ins Leben gerufene **Folkloremuseum „I Kamara"** (Einrichtung des 19. Jahrhunderts: Ölpresse und Raki-Destille, alte Küche mit Feuerstelle; Schlafzimmer, Webstuhl mit allem Ambiente; Trachten). Von der Hauptstraße am Brunnen links ins Dorf hinauf gehen, an der strahlend weißen Kirche vorbei, dann die kleine Treppen-Gasse bergauf. Das Museum liegt oben auf dem Hügel auf der rechten Seite. Sollte es geschlossen sein, können Sie im unterhalb gelegenen Kafenion nach dem Schlüssel fragen.

*Spekula-
tionen*

Etwa 2 km vor dem Ortseingang liegen rechter Hand auf einem kleinen Hügel die Grundmauern einer **eigenwillig gestalteten minoischen Villa** aus der Vorpalastzeit (2050-1800 v.Chr.). Ihre ovale Form und die brunnenartige Vertiefung im Zentrum der Anlage gaben Anlaß zu Spekulationen. Zunächst hatte man in ihr ein Gipfelheiligtum gesehen, doch die umfangreiche Erforschung im Jahr 1971 durch *Kostis Davaras* ergab, daß es sich wohl doch um einen einfachen Landsitz handelte. Bemerkenswert sind die massiven Außenmauern, die in Kombination mit der Lage auf Verteidigungszwecke hinweisen. Die Ausgrabung ist an der Straße ausgeschildert und über eine schlechte Piste erreichbar (zu Fuß ca. 20 Min.).

Moni Faneroménis

*Felsen-
bucht*

Etwa 3 km hinter Skopí führt links der Hauptstraße eine 5 km lange, abschnittsweise asphaltierte Piste in eine kleine Felsenbucht mit Kiesstrand und Taverne. Von ihr gelangt man zu Fuß in etwa 30 Min. zu den Überresten des mittelalterlichen Klosters Faneroménis. 1829 wurde es während des Freiheitskampfes von den Türken geplündert und zerstört.

Gasse in Hamézi

8.2 Sitía

Aktuelle regionale Reisetips zu Sitía
entnehmen Sie bitte den gelben Seiten 315ff

Überblick

Sitía (Σητεια), die östlichste Stadt Kretas, ist nach wie vor eine recht verträumte Provinzstadt. Darüber kann auch der Flughafen, der dritte der Insel, nicht hinwegtäuschen. Als Zentrum und Hafen für sein ansonsten recht abgelegenes Hinterland hat das moderne Sitía an der Westseite einer breiten Bucht mittlerweile rund 9.000 Einwohner. Gemütlichen Charme dürfen Sie hier nicht erwarten, aber das den Hang nachzeichnende, bunte Häusermeer am Wasser hat seinen eigenen Reiz. Pluspunkte sind die lange Uferpromenade für Fußgänger und der Hafen mitten in der Stadt. Näher zum Zentrum (an der Platia Iroon Politechniou) liegen Yachten und Fischerboote, an

Buntes Häusermeer

Strand von Sitía

der Nordmole die Fähre Richtung Rhodos (Dodekanes). Sitía ist ein idealer Standpunkt, um den kretischen Osten zu bereisen und deshalb auch für einen längeren Aufenthalt geeignet. Das Leben in Sitía ist einfach, das Nachtleben ruhiger, und gerade deshalb bietet die Stadt einen angenehmen Kontrast zur eher lauten und vollen Nordostküste um Maliá oder Ágios Nikólaos.

Geschichte

Das heutige Stadtgebiet von Sitía war schon in **minoischer Zeit** besiedelt, wie Ausgrabungen im Vorort Petras gezeigt haben. Eventuell hieß der Ort *se-to-i-ja*, dieser Name wurde auf Tontafeln gefunden, die aus der Gegend stammen. Aus der griechischen und römischen Antike sind kaum Spuren vorhanden, eine Ausnahme sind die Fischbecken im Wasser etwa unterhalb des Kastells. In byzantinischer Zeit wurde Sitía Bischofssitz. Die **Venezianer** bauten Sitía ab dem 13. Jh. aus und schenkten *La Sitia* eine Festung (Kastell) zum Schutz des Hafens. Im 16. Jh. wurde die Stadt erst durch ein schweres Erdbeben (1508) und später durch Piratenüberfälle schwer angeschlagen, im 17. Jh. dann wie die ganze Insel von den **Türken** übernommen. Diese machten Sitía 1870 zu ihrer Verwaltungshauptstadt

Lange Geschichte

in Kretas Osten (und nannten sie Avnie) und legten damit den Grundstein für die heutige Stadt. Im 2. Weltkrieg war Sitía von italienischen Truppen besetzt.

Berühmtester Sohn der Stadt ist **Vicenzos Kornaros**, der in der ersten Hälfte des 17. Jh. den Epos „Erotokritos" geschrieben hat (siehe S. 106).

Baden

Ein schmaler, aber kilometerlanger Sandstrand säumt die Bucht von Sitía,
leider liegt er direkt unterhalb der zeitweise stark befahrenen Straße nach

Reichlich *Vái/Palékastro. Im stadtnahen Bereich – gut besucht mit Sonnenschirmen und Liege-*
Freiraum   *stühlen – bieten die weiter außerhalb gelegenen Abschnitte reichlich Freiraum und*
in den Morgenstunden ein traumhaftes Joggingrevier. Auch für Kinder ist der Strand
gut geeignet, da es lange flach ins Wasser geht. Wer idyllische Strände sucht, fährt
mit dem Bus oder Mietwagen nach **Vái** *oder* **Palékastro**.

Sehenswertes im Stadtzentrum

Aktuelle Infos und Öffnungszeiten zu den Museen und Sehenswürdigkeiten entneh-
men Sie bitte den gelben Seiten Sitía, S. 320f.

Weinprobe

Die stimmungsvoll gestalteten Kellergewölbe der **Union der Agrargenos-**
senschaften von Sitía *(am westlichen Ortseingang an der Straße von*
Ágios Nikólaos) bieten eine gute Gelegenheit für eine ausgedehnte Weinprobe,
auch Raki und Olivenöl sind im Angebot. Für die Betriebsführungen wird ein kleiner
Obolus erwartet, die Weinprobe ist natürlich kostenlos. Ein kleines Kino informiert
über den Weinanbau der Region und die Kooperative von Sitía. Die Räumlichkeiten
wurden erst 1999 sehr ansprechend renoviert und gestaltet.

Venezianisches Kastell (7)

Oberhalb des Hafens thronen die Reste eines venezianischen Kastells. Leider ist es meist verschlossen und lediglich im Rahmen von Theater- und Musikaufführungen geöffnet, die in den Sommermonaten häufig stattfinden. Der Name „**Kazar-**
Drei-   **ma**" ist eine Verballhornung des italienischen „casa di arma" und bedeutet nichts
geschos- anderes als „Waffenhaus". Sein heutiges Erscheinungsbild, ein wuchtiger dreige-
siger Turm schossiger Turm mit zinnenbekrönter Mauer, ist nur der spärliche Rest einer deutlich größeren Festungsanlage, die die Venezianer bei ihrem Rückzug im Jahre 1651 demontierten.

Spuren aus römischer Zeit (8)

Unterhalb der Festung sind im Meer – knapp unter der Wasseroberfläche – noch die Reste ehemaliger Fischbecken zu erkennen, die in römischer Zeit in den Fels geschlagen wurden.

Archäologisches Museum Sitía (5)

Erdbebensicherer Flachbau an der Ausfallstraße Richtung Ierápetra. Der Schwerpunkt des 1984 eröffneten Museums liegt auf den unzähligen Ausgrabungen in Ostkreta, ein Besuch ist daher unbedingt empfehlenswert, wenn Sie die archäolo-

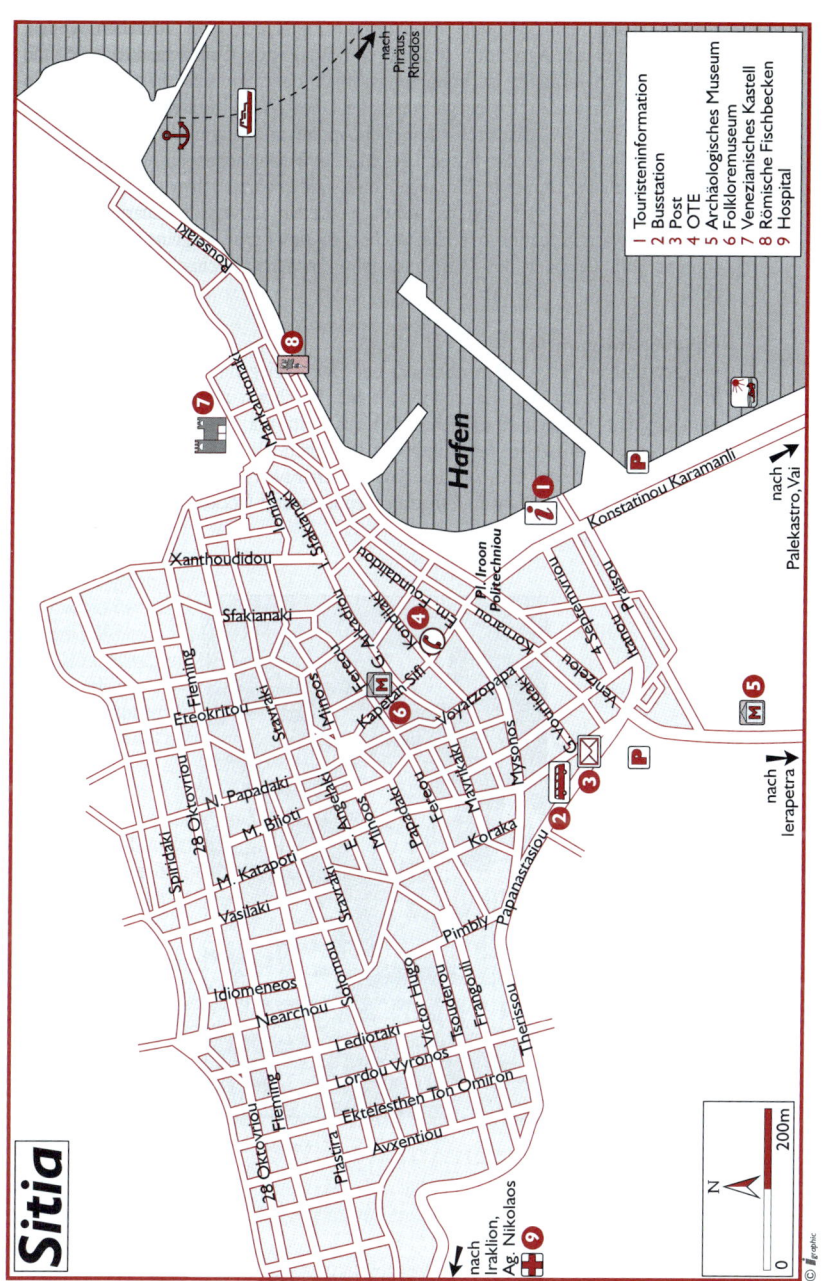

Sitia

Hafen

nach
Piräus,
Rhodos

Pouselaki

1 Touristeninformation
2 Busstation
3 Post
4 OTE
5 Archäologisches Museum
6 Folkloremuseum
7 Venezianisches Kastell
8 Römische Fischbecken
9 Hospital

Konstantinou Karamanli

nach
Palekastro, Vai

Xanthoudidou

Sfakianaki

Ereokritou

Fleming

28 Oktovriou

Spiridaki

N. Papadaki

M. Biloti

M. Katapoti

Vasilaki

Idiomeneos

Nearchou

Lediotaki

Lordou Vyronos

Ektelesthen Ton Omiron

Avxentiou

28 Oktovriou

Fleming

Plastira

nach
Iraklion,
Ag. Nikolaos

Ionias

Kapetan Sifi

Stavrou

Minoos

Xanthou

Kornarou

Koraka

Papadaki

Feleou

Mavrikaki

L. Angelaki

Minoos

Stavrou

Solomou

Victor Hugo

Tsouderou

Frangouli

Pimbly

Papanastasiou

Therissou

P. Iroon
Politechniou

Kornarou

4 Septemvriou

Venizelou

Jossif Itsen

Ioatzzopapa

nach
Ierapetra

Hafen

N

200m

0

gischen Stätten um Sitía und im östlichen Zipfel der Insel besuchen wollen. Vertreten sind z.B. Agía Fotiá, Móhlos und Palékastro (Statuette aus Gold und Elfenbein). Schwerpunkt ist erwartungsgemäß der minoische Palast von Kato Zakros, aus dessen Archiv einige wertvolle Linear A-Schrifttafeln stammen, aber auch Funde aus der griechisch-römischen Antike sind ausgestellt. Dank des modernen, hellen Baus ist der Besuch des Museums sehr angenehm, die Funde sind *Optischer* chronologisch im Uhrzeigersinn angeordnet und mehrsprachig beschriftet. Opti-
Höhepunkt scher Höhepunkt – vor allem für Kinder – ist ein Salzwasser-Aquarium, in dem eine Unterwassersituation mit überwachsenen Amphoren aufgebaut ist. Die Idee stammt vom Gründer des Museums, dem kretischen Archäologen *Nikos Papadakis.*

Folkloremuseum (6)
Im Ortszentrum, etwa 100 m oberhalb der Platia gelegenes Museum. Kleine, aber interessante Ausstellung von folkloristischen Trachten und Webarbeiten, außerdem typische Möbel und Einrichtungen aus Ostkreta, die einen Einblick in die vergangene Lebensweise des frühen 20. Jh. geben. Das meiste wurde seit 1975 von Privatleuten dem Museum überlassen. Sehenswert ist der alte Webstuhl, an dem einst Frauen stunden- und tagelang Teppiche und Decken geknüpft haben.

Kastell Kazarma

8.3 Von Sitía in den äußersten Osten

Entfernungen
Sitía - Vái 24 km
Sitía - Palékastro 18 km
Palékastro - Káto Zákros 25 km

Abstecher nach Roussá Ekklisía

Eine asphaltierte Straße führt ca. 5 km hinauf zum malerisch gelegenen und wasserreichen Ort: Am Dorfplatz steht eine große Platane, außerdem die alte Kirche Ágios Nikólaos und ein hübscher, erst gegen Ende des 19. Jh. erbauter Brunnen, an dem sich mancher Dorfbewohner noch mit Wasser versorgt. Die Straße führt weiter hinauf zu den abgelegenen Siedlungen der **Hochebene**, stellenweise hat man einen tollen Ausblick auf die Bucht von Sitía und die Gruppe der Dionisades-Inseln. *Toller Ausblick*

Auf den felsigen **Inseln des Dionisades-Archipels** befindet sich übrigens mit rund 300 Brutpaaren eines der weltweit größten Brutgebiete des **Eleonorenfalken**, eine Falkenart, die nur auf den Inseln des Mittelmeeres vorkommt. Da Eleonorenfalken auf ihrer Nahrungssuche weit umherschweifen, haben Sie vielleicht das Glück, einen der seltenen, bis 38 cm großen Greife zu Gesicht zu bekommen.

Griechisches Sitía

2,5 km außerhalb von Sitía liegt auf der kleinen Halbinsel Trypitos die (ausgeschilderte) Ausgrabung einer Siedlung aus hellenistischer Zeit. Etwa 200 m abseits der Straße ist sie zwar umzäunt, aber zugänglich. Die Gebäudegrundrisse sind sehr gut erhalten, auch die Mauern aus Feldsteinen oder bearbeiteten Sandsteinquadern. Schöne Lage über dem Meer. *Schöne Lage*

Agía Fotiá

Das Dorf liegt rund 5 km östlich von Sitía. Gegenüber der *Taverne Panorama* liegt die Töpferei von *Giannis Kafedzakis*, der in Sitía das Geschäft *Sitía Arts* betreibt.

Unterhalb der Hauptstraße, nur über eine sehr schlecht befahrbare Piste zu erreichen, liegen die derzeit leider nicht zugänglichen **Ausgrabungen von Agía Fotiá**. Doch die interessanten Funde sind in den Museen von Ágios Nikólaos und Sitía zu besichtigen.

Agía Fotiá ist mit angenommenen 300 Gräbern (davon 252 erhalten) die größte bisher gefundene frühminoische **Nekropole** (3000 - 2300 v.Chr.). Die Gräber sind in das anstehende Gestein gehauen und bargen bei ihrer Freilegung unermeßliche Schätze: Annähernd 1.800 Steingefäße, Bronzeobjekte und Amulette (Grabbeigaben für die Toten) wurden ans Tageslicht gebracht (archäologische *300 Gräber*

Museen von Sitía und Ágios Nikólaos). Etwa 150 m westlich liegen nahe dem Meer noch die Fundamente einer rund 500 qm großen **minoischen Villa** mit 37 Zimmern, die um einen zentralen, länglichen Hof angeordnet sind. Erbaut wurde sie gegen 2100 - 2000 v.Chr. Erkundungen in den 1980er Jahren haben ergeben, daß in dem gesamten Areal noch weitere Siedlungsspuren und Funde zu erwarten sind.

Bucht von Ammolákos

Je weiter Sie nach Osten kommen, umso karger wird die Landschaft. Etwa 5 km hinter Agía Fotiá in der Bucht von **Ammolákos** fällt der Blick auf eine befremdlich wirkende Szenerie. Am kargen Hang eines Bergrückens liegen die bun-

Wie ein Puppendorf ten, pastellfarbenen Häuserkomplexe der Feriensiedlung *Dionysos*. Die wie ein Puppendorf wirkende Anlage ist eine Mischung aus *Time-Sharing*-Appartementblocks und Hotel, die sich vor allem auf griechische Kundschaft ausrichten.

Kurz dahinter erreichen Sie eine Kreuzung: Rechts geht es direkt nach Palékastro (ca. 6 km), links über Moni Toploú nach Vái und Ítanos.

Kloster Moni Toploú

Das Kloster, dessen Name entweder vom türkischen Wort „top" (= Kanone) oder von der griechischen Bezeichnung „plusios" (= reich) stammt, hat eine lange Geschichte. Wohl schon im 14. Jh. errichtet, wurde es 1612 durch ein Erdbeben zerstört und wenige Jahre später (1645) von der Türken erobert. Trutzig steht es in seiner kargen Umgebung, als wäre es eine **Schutzburg** oder ein Nest für Glauben und Widerstand in einer ansonsten unwirtlichen Landschaft. Meterdicke Mauern, Vorrichtungen zum Ablassen von heißem Pech und Schießscharten deuten auf die immer wieder notwendige Verteidigung gegen Piratenüberfälle und fremde Besatzungsmächte hin. Während des 2. Weltkriegs war Moni Toploú, wie z.B.

Moni Toploú

auch Moni Preveli (S. 600f), ein Posten der kretischen Partisanen, die von hier aus mit den Engländern zusammenarbeiteten.

Vor wenigen Jahren aufwendig restauriert, ist Moni Toploú heute eine der touristischen Attraktionen Ostkretas und zählt in der Hauptsaison täglich mehrere hundert Besucher. Die wenigen Mönche können von ihnen leben, auch wenn sie dank des umfangreichen Grundbesitzes des Klosters wohl kaum darauf angewiesen sind. Im Innern verwandelt sich der von außen so weltabgewandt wirkende Bau in eine **idyllische Hofanlage** mit schattigen Arkaden.

Die **Panagía-Kirche** ist mit wertvollen Ikonen geschmückt und bewahrt in der Außenwand eine **Inschriftenplatte** aus dem Jahre 70. v.Chr. Kaum noch lesbar ist auf ihr der Vertragstext eines Städtebündnisses festgehalten, das die ostkretischen Städte Itanos und Hierapytna (Ierápetra) mit der in Ägypten gelegenen Stadt Magnesia schlossen. Bis der Engländer *Robert Pashley* 1834 entdeckte, wie alt die Platte wirklich ist, wurde sie als Grabplatte genutzt. Achten Sie in der Kirche unbedingt auf die **Ikone Megas i Kyrie** (*„Oh Herr, Du bist allmächtig"*) vor der Ikonostase: Sie ist eine der schönsten Ikonen Kretas und wurde 1770 von *Ioannis Kornaros* geschaffen. Im Gegensatz zur sonst üblichen Einzeldarstellung von Heiligen vereint sie auf engstem Raum 61 winzige Szenen des Alten und Neuen Testaments.

Wertvolle Ikonen

Ein gut gemachtes **Museum** zeigt Ikonen, Schriftrollen und liturgisches Gerät, auch die Klostergeschichte der jüngeren Zeit ist dargestellt.
Öffnungszeiten entnehmen Sie bitte den gelben Seiten von Palékastro, S. 293.

Vái am frühen Morgen

Palmenstrand von Vái

Bereits kurz nach dem Abzweig in das Tal von Vái führt die Fahrt vorbei an Palmen und blühenden Oleanderbüschen, dann öffnet sich das Tal dem Meer, und die schmale, von kargen Felshängen gesäumte Ebene ist übersät mit Palmen. Davor liegt ein breiter Sandstrand der feinsten Sorte. Ein Hauch von Karibik, auch das ist Kreta. Einsamkeit werden Sie hier nur noch in den frühen oder späten Abendstunden finden, denn Vái ist inzwischen **eine der Topattraktionen Kretas**. Mit gebührenpflichtigem Parkplatz, mehreren Tavernen, Sonnenschirmen, breitem Wassersportangebot und Holzstegen, die den Weg zum angemieteten Liegestuhl erleichtern.
Geöffnet ist Vái nur von 7-21 Uhr, Wildcampen am Strand ist inzwischen streng verboten.

Top-attraktion

Der Palmenhain selbst wurde größtenteils eingezäunt und steht unter **Naturschutz**. Zu sehr hat er in der Vergangenheit unter achtlos weggeworfenem Müll und der Zerstörung durch wild campende Rucksacktouristen gelitten. Besucher werden heute nur noch in begrenzter Zahl eingelassen.

Dattel-
palmen

Der **Legende** nach kamen die Palmen im Reisegepäck der Araber nach Kreta, als die Männer des *Abu Cafs Omar* achtlos die Kerne mitgebrachter Datteln auf den Boden spuckten. In Wahrheit hat die Wissenschaft längst herausgefunden, daß es sich bei der **Kreta-Dattelpalme** (*Phoenix theophrasti*) um eine eigenständige Art handelt, die vermutlich bereits vor der letzten Eiszeit im östlichen Mittelmeer zu Hause war. Auf Kreta überlebte sie die Klimaschwankungen in wenigen geschützten Küstenlagen. Auch auf Rhodos und an der Südwestküste Anatoliens hat man inzwischen Palmen der Art *Phoenix theophrasti* nachgewiesen. Im Gegensatz zur *Echten Dattelpalme* bildet sie häufig mehrere Stämme aus, wird weniger groß und trägt deutlich kleinere, fleischarme Früchte, die sich kaum als Wegzehrung der arabischen Eroberer geeignet hätten.

Bucht von Ítanos

Verlassene
Stadt

Nördlich von Vái ist die Welt fast zu Ende, denn der nordöstlichste Zipfel Kretas (rund um Kap Síderos) ist militärisches Sperrgebiet. Kurz davor kommt noch die Bucht der antiken Hafenstadt **Ítanos**, die die Kreter „**Erimoupolis**" nennen („die verlassene Stadt"). Viele antike Ruinen stehen herum, der größte Teil ist noch nicht ausgegraben. Die **drei kleinen Strände** der Bucht laden zum Baden ein und sind stellenweise ein wahres Idyll, mit Palmen und Tamarisken und den Ruinen der byzantinischen Stadt als Kulisse. Ein Angebot für Reisende fehlt bisher.

Daher ist Ítanos ein beliebtes Ziel für Wildcamper, die leider häufig im Umfeld der Buchten ihre Spuren hinterlassen. Da teilweise auch die archäologischen Stätten betroffen sind, ist es wohl nur noch eine Frage der Zeit, bis die derzeitige Duldung durch die kretischen Behörden endet.

Bis heute ist das **Gelände kaum erforscht**, zahlreiche wissenschaftliche Schätze dürften noch meter-

Bucht von Ítanos

tief im Boden schlummern. Die Ruinen gehören zu einer der wichtigsten antiken Städte Kretas. Besiedelt war die Bucht nachweislich schon in minoischer Zeit. Seine Blüte erlebte der Ort jedoch erst in hellenistischer und römischer Zeit, als Ítanos dank seiner guten Handelsbeziehungen zu einer der mächtigsten Städte Kretas aufstieg. 795 n.Chr. wurde die Stadt durch ein schweres Erdbeben zerstört, doch wieder aufgebaut. Erst in venezianischer Zeit gab man Ítanos endgültig auf, weil die Piratenüberfälle an der kretischen Küste überhand nahmen.

Palékastro (Παλικαστρο)

> ***Aktuelle regionale Reisetips zu Palékastro***
> *entnehmen Sie bitte den gelben Seiten 292f*

Palékastro ist ein 20 km östlich von Sitía inmitten einer weiten, von Olivenhainen übersäten Küstenebene gelegenes Provinznest mit guten Sand- und Kiesstränden in der näheren Umgebung. Dank seiner Nähe zu Vái und dem Palast von Kato Zákros entwickelte sich das erst 1850 als Landwirtschaftssiedlung gegründete Palékastro in den letzten Jahren zu einem beliebten **Standort für Individual-** *Beschau-* **touristen**. Palékastro hat noch nichts von seiner beschaulichen Atmosphäre *liche* eingebüßt. Im Ortskern gibt es einige kleine Hotels, Pensionen und Tavernen, *Atmo-* Reiseagenturen, Autovermietungen, Banken und Souvenirgeschäfte. Große Hotel- *sphäre* anlagen fehlen, da für die gesamte Küstenregion wegen der vielen unerforschten archäologischen Stätten ein Baustopp für größere Projekte verhängt wurde.

> ***Strände in der näheren Umgebung***
> *Über das kleine Nachbardörfchen Anagathiá führt ein asphaltierter Weg hinab zum Strand von* **Chióna** *(etwa 2 km von Palékastro). Am Fuße des 215 m hohen Tafelberges Kastri, auf dem früher ein venezianisches Kastell lag, dem Palékastro seinen Namen verdankt (palaio kastro = altes Kastell), öffnet sich eine sanft geschwungene, sandig bis kiesige Badebucht. Drei Fischtavernen sorgen für das leibliche Wohl. Direkt hinter dem mit Tamarisken bewachsenen Strandwall liegen mehrere Salinen. Links des Kastri – zu erreichen über die Straße Richtung Vái –* *Bestes* *wartet der 2 km lange Sandstrand von* **KZmenós***, das* **beste Surfrevier Ost-*** *Surfrevier* **kretas***! Bisher hält sich der Andrang in Grenzen, nur wenige Appartements und* *Ostkretas* *Tavernen haben die Bucht erobert.*

Die Ausgrabungen von Palékastro

Außerhalb Palékastros, nahe der Badebucht bei Chióna, liegt das weitläufige Gra-bungsgelände von **Roussólakos („rote Erde")**. Zwischen 1902 und 1906 legten britische Archäologen hier die Reste einer bedeutenden minoischen Stadt frei. Obwohl bis heute nur ein Bruchteil ausgegraben wurde, deutet vieles darauf hin, daß in dieser Bucht eine der größten Städte des minoischen Kreta lag. Bereits in frühminoischer Zeit (zwischen 2200 und 2000 v.Chr.) gegründet, wurde sie um 1450 v.Chr. durch Brände zerstört und gegen 1200 v.Chr. endgültig aufgegeben.

Die meisten Besucher sind von den spärlichen Resten enttäuscht, denn weite Teile der Siedlung wurden aus Konservierungsgründen nach der Freilegung wie-der zugeschüttet. Deshalb ist es auch schwer, einen Gesamtüberblick über die Dimensionen zu gewinnen. Einige provisorisch überdachte Bereiche aus jüngeren Grabungen liegen offen und werden durch Schautafeln erläutert. Mit etwas Phan- *Mit etwas* tasie kann man den Verlauf der Straßen erahnen, die im Gegensatz zu Goúrnia *Phantasie* meist geradlinig angelegt waren. Die Stadt teilte sich in mehrere Quartiere, deren verschachtelt ineinander gebaute Häuser 2 bis 3 Stockwerke trugen. Außer den Grundmauern kann man stellenweise noch Sitzbänke, Herdstellen und Zisternen erkennen. Neben einfachen Bauernhäusern standen in Roussólakos auch repräsentative Herrenhäuser.

Die Öffnungszeiten der eingezäunten Grabung entnehmen Sie bitte den gelben Seiten Palékastro, S. 293.

Gipfel-heiligtum

Südlich der Ausgrabung ragt die felsige Landzunge des Kap Plakos ins Meer. Auf dem rund 215 m hohen **Petsofás** wurde ein minoisches Gipfelheiligtum entdeckt. Von **Anagathiá** führt eine Piste hinauf. Der Blick über die Bucht entschädigt für den Aufstieg.

Von Palékastro in die Bucht von Káto Zákros

Aktuelle regionale Reisetips zu Áno und Káto Zákros
entnehmen Sie bitte der gelben Seite 323

Hinter Palékastro windet sich die Straße über ca. 17 km durch eine karge und unfruchtbare Berglandschaft nach **Áno Zákros** (Ανω Ζακρος). Hinab zum Strand und zum minoischen Palast von Káto Zákros sind es dann nochmals etwa 8 km. Aufgrund der natürlichen Trockenheit und der vom Menschen verschuldeten

Aufforstungsversuch bei Áno Zákros

Entwaldung und Bodenzerstörung (S. 27ff) ist diese Gegend eines der ärmsten Gebiete Kretas. Nicht wenige Dörfer sind verlassen und verfallen. Lediglich Áno und Káto Zákros haben es dank des Tourismus und einer ergiebigen Quelle zu bescheidenem Wohlstand gebracht. Genutzt wird ihr Wasser zur Limonadenherstellung und in der Bananenzucht.

Kurz hinter Áno Zákros liegen direkt an der Straße die unscheinbaren Reste einer minoischen Villa aus der Zeit der jüngeren Paläste (vermutlich 1500 - 1450 v.Chr.), darin wurde eine Weinpresse gefunden, die im Archäologischen Museum von Sitía ausgestellt ist.

Durch das „Tal der Toten" zum Palast von Káto Zákros

Stimmungsvolle Schlucht

*Eine **Wanderung** durch die Zákros-Schlucht zum minoischen Palast von Káto Zákros gehört zu den schönsten Strecken Kretas. Die Stimmung ist einzigartig: Schroffe, rötlich schimmernde Felswände säumen den Weg, der im Frühsommer stellenweise einem Blumenteppich gleicht. In den Felswänden liegen zahlreiche höhlenartige Vertiefungen, die bereits in frühminoischer Zeit als Grabkammern genutzt wurden. Einige der Höhlen sind zugänglich, von ihrer ehemaligen Funktion fehlt heute jedoch jede Spur. Die wichtigsten Fundstücke befinden sich im AMI in Iráklion (Saal I). Kurz vor Káto Zákros weichen die steilen Wände der Schlucht zurück und münden in eine fruchtbare Schwemmlandebene mit Bananen-*

plantagen, Orangen- und Zitronenbäumen. Von hier aus sind es nur noch wenige hundert Meter bis zum Palastareal und zum Strand von Káto Zákros.

Ausgangspunkt der Wanderung *ist entweder die Ortsmitte von Áno Zákros (E4-Schild folgen: 2,5 Std.) oder ein etwa 2 km hinter dem Ort gelegener Parkplatz mit Buswartehäuschen (Schlucht ist ausgeschildert, Gehzeit 1 Std.). Der Weg durch die im Sommer trockenfallende Schlucht ist gut begehbar, erfordert jedoch festes Schuhwerk, Sonnenschutz und ausreichenden Wasservorrat. Im Frühjahr kann der Wasserspiegel im unteren Schluchtabschnitt für eine Durchquerung noch zu hoch stehen. Von Áno Zákros kommend, können Sie dann über einen gut markierten Abzweig (Einstieg vom Parkplatz aus) auf die alte Verbindungsstraße nach Káto Zákros ausweichen. Diese bietet sich auch für eine kurze Wanderung auf dem Rückweg an: Hoch über der grünen Schlucht führt der Weg hier durch eine einsame, karge Felslandschaft und gibt immer wieder atemberaubende Ausblicke frei.*

Bucht von Káto Zákros

Káto Zákros besteht nur aus einem kleinen Sand-/Kiesstrand mit einigen wenigen *Strand* Tavernen und Pensionen. Direkt hinter dem Strandwall liegen inmitten fruchtbarer Felder die Überreste der minoischen Stadt und des Palastes von Káto Zákros. Die Kulisse ist einzigartig: Die trichterförmige Einebnung des Schluchtausgangs säumen schroffe Felshänge, bei denen es sich um über 2 Millionen Jahre alte Strandterrassen handelt. Sie lagen ursprünglich auf der Höhe des Meeresspiegels und sind durch die Hebung der ostkretischen Küste entstanden.

Derzeit sinkt die Ostküste allerdings allmählich wieder ab. Noch in minoischer Zeit lag der Meeresspiegel in der Bucht von Káto Zákros rund 2-3 m tiefer als heute. Davon zeugt der Anstieg des Grundwassers, das bereits die Randbereiche des Palastes überflutet (lesen Sie dazu auch den Infokasten auf Seite 697).

Palast von Káto Zákros

Lage und Übersicht

Ganz im Osten Kretas, am Ausgang der imposanten Zákros-Schlucht („Tal der Toten"), liegt an einer kleinen Kiesbucht der minoische Palast von Káto Zákros. Er hat von allen minoischen Palästen Kretas gewiß die ungünstigste Lage, ist er doch durch die Senkung der Insel im äußeren Osten dem Strand schon so nah *Wasser-* gerückt, daß Teile der Ruinen vom Grundwasser überflutet sind. Doch vor über *nahe Lage* 3.600 Jahren, als der Palast errichtet wurde, war die wassernahe Lage (Naturhafen) natürlich ein immenser Vorteil für den Handel, den Káto Zákros mit Kleinasien führte. Die vielen Quellen in der Umgebung machten den Palast zu einer **Oase** in der ansonsten kargen und trockenen Umgebung.

Káto Zákros ist kleiner als die Paläste von Knossós oder Féstos und liegt von allen anderen Palästen – auch denen in Mália, Archánes und Galatas – weit entfernt. Da der Palast niemals geplündert wurde, verfügt er über wunderschöne und aufschlußreiche Funde, die aber fast alle in archäologischen Museen gezeigt werden (z.B. in Sitía und im AMI Iráklion). Zu den wichtigsten Funden gehört

zweifellos das **Bergkristall-Rhyton**, das im AMI steht und vor seiner Wiederherstellung aus rund 300 Einzelsplittern bestand.

Öffnungszeiten und aktuelle Infos entnehmen Sie bitte den gelben Seiten Káto
Zákros, S. 323.

Grabungsgeschichte

Der Palast von Káto Zákros hat eine recht kurze Grabungsgeschichte. Zwar stieß
schon der britische Archäologe *David G. Hogarth* 1901 südwestlich in einem Hang
auf die Ruinen einer minoischen Siedlung und im „Tal der Toten" auf eine Nekro-
Archäo- pole, doch erst 1961 wurde der dazugehörige Palast entdeckt. Der damalige
logische Direktor des Archäologischen Museums in Iráklion, *Nikolaos Platon*, wurde auf den
Schatz- „Schatz von Zákros" aufmerksam, den ein kretischer Arzt vor Ort „erworben"
kammer hatte. Das Interesse *Platons* war geweckt und er begann mit der systematischen
Ausgrabung des glücklicherweise niemals geplünderten Palastes.

Geschichte

Die Bucht bei Zákros war schon 2500 v.Chr. besiedelt, davon zeugen Felsgräber
in der nahen Schlucht. Wie auch in Knossós, Féstos und Mália entstand dann um
1900 v.Chr. eine **erste Palastanlage**, die gegen 1700 v.Chr. vermutlich einem
schweren Erdbeben zum Opfer fiel. Die heute sichtbaren Ruinen stammen meist
vom neuen Palast, der kurz nach der ersten Zerstörung auf den Ruinen seines
Vorgängers errichtet wurde. Wie alle anderen Zentren des minoischen Kreta fiel

Ausgrabung Káto Zákros

dann auch der Palast
von Káto Zákros um
1450 v.Chr. einer verheerenden **Brandkata-
strophe** zum Opfer.
Unzählige wertvolle Ge-
genstände der Minoer
wurden dabei verschüt-
tet und blieben bis zur
Entdeckung im 20. Jh. er-
halten.

Káto Zákros unterhielt
in seiner Blütezeit enge
Beziehungen nach Knos-
sós und war vielleicht
eine Art Vorposten des
mächtigen, zentralkreti-

Reger schen Palastes. Viele Funde, z.B. Bronzebarren aus Zypern und Elfenbein aus
Handel Syrien, zeugen von einem regen **Handel mit Kleinasien**. Für ankommende
Schiffe war Káto Zákros an der äußeren Ostküste erste Station nach vielen Tagen
auf See, willkommene Gelegenheit für die Aufnahme von Proviant für die letzten
beiden Tage bis Amnissós (Knossós).

Rundgang

• Eingang

Über den Südflügel der Anlage, in dem sich Werkstätten und **Magazine (1)** befanden, gelangt man direkt auf den 30 x 12 m großen **Zentralhof (2)** des Palastes, in dessen nördlicher Ecke noch der Sockel eines ehemaligen Altars zu sehen ist.

• Ostflügel

Im Ostflügel lagen vermutlich die „Königlichen Gemächer" und das Verwaltungszentrum. Parallel zum Hof sind die Grundmauern zweier Säle zu erkennen, von denen der größere als **„Megaron des Königs" (3)**, der kleinere als **„Megaron der Königin" (4)** gedeutet wurde. Daß sich im Geschoß darüber die „Königlichen Schlafzimmer" befanden, ist reine Spekulation. Auch die Beweislage zur Funktion der östlich an die „Königlichen Gemächer" angrenzenden Raumgruppe ist nicht besser. In der Südwestecke des Palastes (dieser Teil steht heute meist unter Wasser) lag ein rechteckig eingefaßtes Quellbecken, das als kultisches **Bad (5)** gedeutet wird. Durch eine kleine Kammer war es mit einer Halle verbunden, die sich direkt an die „Königlichen Gemächer" anschloß. In der Mitte dieses Raumes war eine große, kreisrunde **Zisterne (6)** in den Boden eingelassen, in die ebenfalls eine Treppe hinabführte. Auf vielfältige Weise hat man den Gebrauch der Zisterne zu erklären versucht und sie als Schwimmbecken, Atrium oder Kultanlage gedeutet. *Nikolaos Platon* vermutete hier die Lage des Thronsaales.

Rätselhafte Becken

• Nordflügel

Ebenerdig lagen rechter Hand zwei **Magazinräume (7)**. Über einen schmalen gepflasterten Gang gelangt man in eine große, ehemals von 6 Pfeilern gestützte **Halle (8)**. Die hier gemachten Funde (eine Herdstelle und Kochgeschirr) deuten darauf hin, daß es sich um eine ehemalige Küche handelt, die zugleich auch Speiseraum des Personals war. Man nimmt an, daß von hier aus die Repräsentationsräume im Westflügel bedient wurden.

Ehemalige Küche

• Westflügel

Vom Zentralhof aus gelangt man in einen kleinen Vorraum. Es handelt sich um ein **Treppenhaus (9)**, das in die oberen Stockwerke des Westflügels führte. Von seiner hölzernen Treppe fehlt jede Spur. Durch einen Zugang in der Westwand kommt man in eine große **Zeremonienhalle (10)**. Hier fand *Platon* zwei wunderschöne steinerne Rhyta (Spendengefäße) (heute im AMI in Iráklion). Das eine hat die Form eines Stierkopfes, das andere ist mit Reliefdarstellungen eines Bergheiligtums versehen (AMI, Saal VIII). An der Südseite schließt sich ein geräumiger Saal an, den *Platon* als **Gelagezimmer (11)** deutete.

Im hinteren Teil des Westflügels lag das **Hauptheiligtum** des Palastes, das insgesamt elf verschieden große Räume umfaßte. Charakteristisch ist das **Lustralbassin (12)**, wie es auch in den Palästen von Knossós, Féstos und Mália gefunden wurde. Eine Stiege mit acht Stufen führte in das Becken hinunter, das vermutlich kultischen Reinigungen diente. An seiner Rückwand lag ein kleiner **Raum mit Bänken (13)**, auf denen vielleicht Kultgegenstände abgestellt wurden. Direkt

Hauptheiligtum

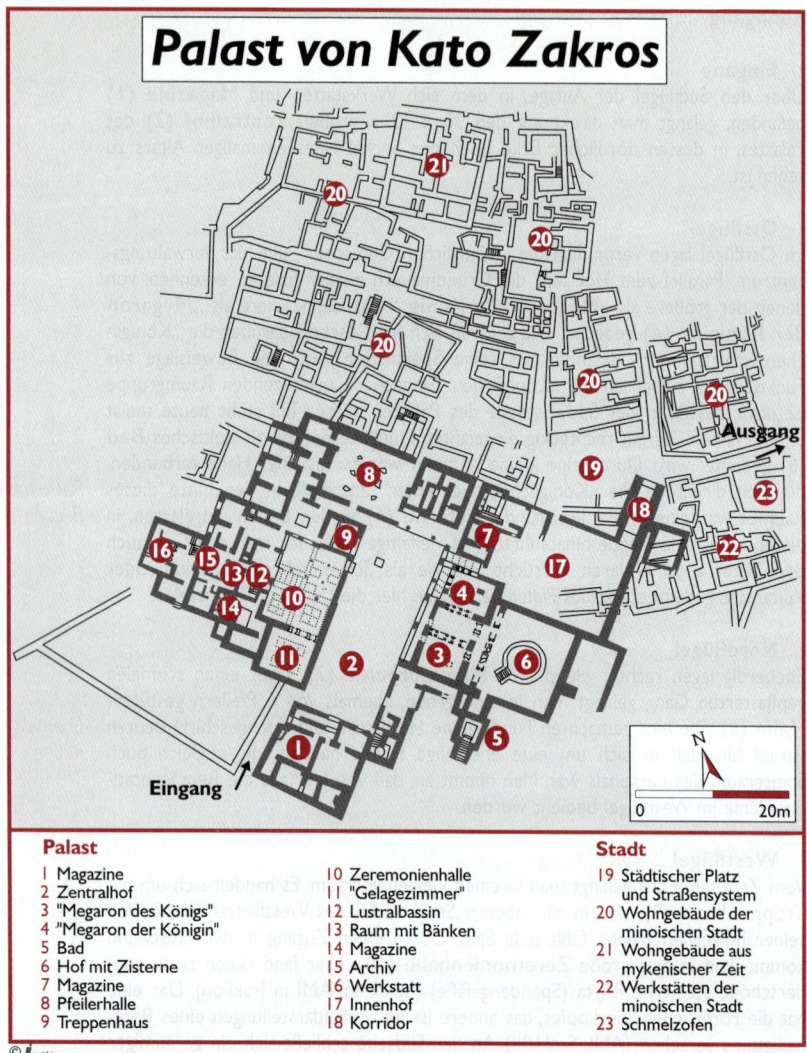

Palast von Kato Zakros

Ausgang

Eingang

0 ——————— 20m

N

© igraphic

Palast

1 Magazine
2 Zentralhof
3 "Megaron des Königs"
4 "Megaron der Königin"
5 Bad
6 Hof mit Zisterne
7 Magazine
8 Pfeilerhalle
9 Treppenhaus
10 Zeremonienhalle
11 "Gelagezimmer"
12 Lustralbassin
13 Raum mit Bänken
14 Magazine
15 Archiv
16 Werkstatt
17 Innenhof
18 Korridor

Stadt

19 Städtischer Platz
und Straßensystem
20 Wohngebäude der
minoischen Stadt
21 Wohngebäude aus
mykenischer Zeit
22 Werkstätten der
minoischen Stadt
23 Schmelzofen

daneben gelangt man von der Zeremonienhalle (10) aus in einen **Magazinraum (14)**, in dem sich wertvolle Kultgeräte fanden, darunter ein faszinierend schönes Rhyton aus Bergkristall, mehrere Kelche und eine Doppelaxt aus Bronzeblech (zu sehen im AMI, Saal VIII). Bei diesem Reichtum ist es kein Wunder, daß der Raum auch gerne als „Schatzkammer" bezeichnet wird.

Auf den ersten Blick weniger spektakulär, für die Wissenschaft jedoch mindestens genauso wertvoll, sind die Funde, auf die Ausgräber in einem unscheinbaren

Nebenraum des Haupteiligtums stießen: 13 beim Brand des Palastes gehärtete Linear-A-Täfelchen aus luftgetrocknetem Ton, das **Archiv (15)** des Haupteiligtums.

Vor der Westfassade wurde in einer späten Bauphase ein von Süden her zugänglicher Raumkomplex hinzugefügt, in dem sich neben **Werkstätten (16)** vermutlich auch eine Färberei befand.

• Vom Palast in die Stadt

Quert man den Zentralhof Richtung Nordwesten, gelangt man zwischen West- und Nordflügel hindurch auf einen deutlich kleineren **Innenhof (17)**, in dessen südlicher Ecke das Kanalsystem des Palastes sichtbar ist. Von hier aus geht es über einen **Korridor (18)** hinauf in die Stadt, wo man auf einen kleinen **gepflasterten Platz und eine Straße (19)** trifft, die in minoischer Zeit Richtung Hafen führte. Bemerkenswert, wie eng der ehemalige Haupteingang des Palastes mit den städtischen Gebäuden verzahnt ist. Nicht weniger verwunderlich ist die Lage des Palastes: deutlich tiefer als die am Hang erbauten **Wohnquartiere (20)** der minoischen Stadt, von denen man auf die Palastanlage herabblickt. Wer in die Stadt hinaufsteigt, entdeckt vielleicht die Grundrisse eines **mykenischen Wohngebäudes (21)**, das erst nach der Zerstörung des Palastes entstand, sein geometrischer Grundriß hebt sich deutlich von den organisch gewachsenen Strukturen der minoischen Gebäude (20) ab.

Kanalisation

Der Weg zum Ausgang führt über die alte minoische „Hafenstraße" (19), vorbei an einem Viertel, in dem mehrere **Werkstätten (22)** lagen. In ihren Lagerräumen fand man wertvolle Rohstoffe, die die Bedeutung Káto Zákros als Handelsstützpunkt verdeutlichen: darunter drei Elefantenstoßzähne (vermutlich von syrischen Elefanten) sowie Bronzebarren und Bergkristallbrocken. Außerdem entdeckte man an dieser Stelle die Reste eines **Schmelzofens (23)**.

Wertvolle Rohstoffe

Buchtip
Zu den Ausgrabungen in Káto Zákros hat das Griechische Kultusministerium den reich bebilderten Führer „Der Palast von Zákros" von Costis Davaras herausgegeben. Er ist vor Ort, aber auch in anderen großen Ausgrabungen erhältlich.

Über die Berge in die Bucht von Xerókambos

Bisher ist Áno Zákros lediglich durch eine 10 km lange Piste mit der Bucht von Xerókambos verbunden. Die Fahrt hinunter ist atemberaubend – nicht nur wegen des Panoramas. Die Strecke ist stellenweise halsbrecherisch und nur erfahrenen Offroad-Fans mit geeignetem Fahrzeug und vollem Tank zu empfehlen. Ansonsten muß von diesem Abenteuer dringend abgeraten werden! Mittlerweile führt über Zíros auch eine ausgebaute Straße hinunter in die Bucht (S. 460).

Halsbrecherisch

8.4 Von Sitía an die Südküste nach Ierápetra

Von Sitía gibt es zwei Möglichkeiten, an die Südküste bei Makrígialos und Koutsounari (siehe S. 467) zu gelangen: a) durch das Landesinnere, südlich des Orno Oros, b) auf der Fernstraße Sitiá-Ierápetra. Zunächst führt die Straße bis ins 3 km südlich gelegene **Piskokéfalo**, eines der größten Dörfer der Region. Hier soll die Familie von *Andreas* und *Vincenzos Kornaros* (siehe S. 106) gelebt haben.

a: Route südlich der Orno Oros

Im südlichen Teil von Piskokéfalo zweigt eine **Nebenstrecke** ab, die rund 38 km durch eine der aufregendsten Landschaften Kretas an die Südküste führt. Sie passieren nur wenige winzige Dörfer und fahren direkt an den steilen Südhängen der Orno Oros entlang.

Beim ersten Dorf **Achládia** liegen eine **minoische Villa** (von der Straße ausgeschildert) und ein sehenswertes **Tholos-Grab** (Grab von Platyskinos; bei der Villa ausgeschildert). Während die repräsentative minoische Villa wohl nur Teil einer noch nicht ausgegrabenen Siedlung ist, konnte das mykenische Rundgrab vollständig erhalten mit Kuppel freigelegt werden – ein ganz seltener Glücksfall.

b: Direkte Strecke Sitiá – Südküste durch die Täler

Kreuz-kuppel-kirche

Bleiben Sie in Piskokéfalo auf der Hauptstraße und fahren weiter nach Süden. Mit etwas Zeit sollten Sie aber noch den Abstecher ins nahe Kato Episkopi zur **Kirche Agíi Apóstoli** machen. Die unscheinbare Kreuzkuppelkirche steht in einem modernen Friedhof und ist ein für Kreta wichtiges Bauwerk. Schließlich wurde sie schon kurz nach der Befreiung der Insel von der Araberherrschaft im 10. oder 11. Jh. als Bischofssitz eingerichtet. An Minoik Interessierte können noch rund 7 km weiterfahren bis **Zoú**. Dort sind kurz vor dem Ortseingang, etwas versteckt oberhalb der Straße, in den 1950er-Jahren die spärlichen Reste einer großen minoischen Villa ausgegraben worden.

Die gut ausgebaute Straße von Piskokéfalo nach Makrigialos führt immer **nach Südwesten** und erreicht bei Analipsi das ersehnte Libysche Meer.

Über die Chandrás-Hochebene nach Xerókambos

Kurz vor dem Dörfchen Epáno Episkopí zweigt auf der eben beschriebenen Strecke links eine asphaltierte Straße ab, die über Nea Presós nach Zíros führt. Von dort hat man die Möglichkeit zur Weiterfahrt an die Küste bei Xerókambos. Zunächst geht es den terrassierten Hang hinab. Kurz nachdem man einen von Platanen überwucherten Bachlauf quert, zweigt rechts ein Weg ab, der zur Ausgrabung der **minoischen Villa bei Agios Georgios** führt. Anfangs gut befahrbar, wird die staubige Piste bald eine Tortur für Unterboden und Stoßdämpfer. Lassen Sie ihren Wagen lieber stehen und gehen die letzten 500 m durch den

Olivenhain zu Fuß. Die frei zugänglichen Reste der minoischen Villa liegen auf einem Hügel, auf den ein Trampelpfad führt. Die Gebäudereste selbst sind weniger spektakulär als die idyllische Lage. In der Umgebung von Agios Georgios gibt es zwei interessante Höhlen (Micro Katofygi- und Megalo Katofygi-Höhle). Lassen Sie sich den Weg am besten von Einheimischen beschreiben.

Höhlen

Die Straße **Richtung Zíros** führt in engen Serpentinen bis nach **Nea Presós**, von dort führt ein ausgeschilderter Fahrweg zu den Ruinen des antiken Praesos (die ca. 2 km lange Piste zur Ausgrabung ist stellenweise schlecht befahrbar; zu Fuß ca. 30 Minuten).

Reste des antiken Praesos

Der nahezu vollständig terrassierte Burgberg des antiken Praesos bildet eine wild-romantisch Macchie-Landschaft mit eingestreuten Mandelbäumen. Leicht fällt es nicht, im Dornengestrüpp der Disteln die Spuren der antiken Stadt zu finden, dafür entschädigt auf der 500 m hohen Akropolis ein tolles Panorama.

Tolles Panorama

Glaubt man den Erzählungen der antiken Historiker und Geographen *Herodot* und *Strabon,* so war Praesos in griechischer Zeit eine **Stadt der Eteokreter**. Sie gelten als Nachfahren der Minoer, die sich in archaischer Zeit Kreta mit 4 griechischen Stämmen teilen mußten. Tatsächlich weisen in der Nähe der Akropolis gefundene Inschriften darauf hin, daß die **Sprache** von Praesos kein Griechisch war. Die Zeichen, die verwendet wurden, erinnern stark an das minoische Linear-A. Das wehrhaft angelegte Praesos führte bis in die hellenistische Zeit zahllose Kriege mit seinen Nachbarstädten Ítanos (S. 450) und Hierapyhtna (Ierápetra). Zwischen 145 und 140 v.Chr. wurde es endgültig von Hierpapythna zerstört. Übrigens war in Praesos die ganze Elite der Archäologen tätig: vom Italiener *Frederico Halbherr* (1884) über *Arthur Evans* 1894-96) und *Nikolaos Platon*, der in den 1950/60er-Jahren halb Ostkreta umgegraben haben muß.

Weiterfahrt auf die Chandras–Hochebene

Auf der Weiterfahrt Richtung Zíros wird die Landschaft allmählich karger. Kalkfelsen und schüttere Phrygana prägen das Bild. Auf der wenig besiedelten Chandrás-Hochebene wachsen saftig-grüne Weinreben. An

Voilá auf der Chandrás-Hochebene

den Hängen der Hochebene, bei der es sich geologisch betrachtet um eine Polje (S. 412ff) handelt, kann man neben einigen Aufforstungen mit Kiefern einen Windkraftpark sehen.

Windkraftpark

Etwa 1 km vor der Ortschaft Chandrás liegen am Fuße eines felsigen Hügels die Ruinen des verlassenen mittelalterlichen Dorfes **Voilá,** das heute unter Denkmalschutz steht. Neben einem Wohnturm und einer Kapelle aus venezianischer Zeit stößt man auf einen türkischen Brunnen, aus dem frisches Quellwasser sprudelt. Zu erreichen ist Voilá am einfachsten von der Ortschaft **Chandrás** aus. Biegen Sie am Spielplatz links ab.

Von Chandrás führt über Arméni und Ethiá eine Verbindung zur Straße Sitía-Ierápetra.

Ethiá besteht heute nur noch aus Ruinen. Direkt neben der Straße liegen die Reste eines dreistöckigen **Herrenhauses** der venezianischen Familie *Dei Mezzo*, von dem nur die untere Hälfte erhalten ist (Ende 15. Jh.). Zur Zeit der venezianischen Volkszählung von 1583 hatte Ethiá noch 564 Einwohner, und auch in türkischer Zeit wurde der völlig entvölkerte Ort bewohnt. Während der Revolte von 1828 sollen sich hier 3.000 türkische Verteidiger vor den herannahenden Kretern verschanzt haben.

Verlassener Ort

Von Zíros in die Bucht von Xerókambos

Lassen Sie sich das Panorama der Bucht von Xerókambos nicht entgehen. Von Zíros führt eine ausgebaute und geteerte Serpentinenstrecke über rund 700 Höhenmeter hinab zu einem der abgelegensten Küstenabschnitte Kretas.

Xerókambos (Ξερόκαμπος)

Eine **Oase der Ruhe** ganz im Südosten Kretas erwartet all diejenigen, die dem Zivilisationstrubel entfliehen wollen. Der „Ort" besteht nur aus wenigen Häusern, Zimmer sind über die 2-3 Tavernen an der zentralen Straße zu erhalten. Materiellen Luxus darf man in Xerókambos aber wirklich nicht erwarten. Den Tag verbringt man am **endlosen Sandstrand**, der vor allem im Süden kleine Buchten hat, die man sich nicht mit anderen Sonnenanbetern teilen muß. Der Blick aufs Wasser bleibt an den winzigen Kaváli-Inseln gleich südlich hängen. Wer des faulen Strandlebens überdrüssig wird, kann entweder ausgiebig schnorcheln (Ausrüstung im Mini-Markt) oder eine Wanderung ins verlassene Dorf Agia Irini machen, das 4 km südlich von Xerókambos liegt. Noch weiter führt ein Pfad zum ehemaligen minoischen Gipfelheiligtum auf den 627 m hohen Hügel Agridomouri. Der Weg ist bei praller Sonne aber nicht zu empfehlen.

Ausgiebig schnorcheln

Auch Xerókambos selbst hat einige antike Ruinen zu bieten. Spekulationen, daß hier die minoische Hafensiedlung Ambelos gelegen hat, gelten aber mittlerweile als widerlegt.

Küste bei Xerókambos

8.5 Ierápetra

Aktuelle regionale Reisetips zu Ierápetra
entnehmen Sie bitte den gelben Seiten 252f

Überblick

Ierápetra (Ιεραπετρα) ist die fünftgrößte Stadt Kretas und die einzige bedeutende Hafenstadt der Südküste. Ein schneeweißes Häusermeer, in dem rund 9.000 Menschen leben, erhebt sich aus einer weiten und fruchtbaren Küstenebene. Dahinter azurblau das warme Libysche Meer. Das touristische Potential der Lage ist kaum zu übersehen: Ein kilometerlanger grauer Sandstrand säumt die Bucht gen Osten, die Sonne scheint über 300 Tage im Jahr, und selbst in den Wintermonaten fallen die Temperaturen nur selten unter 12 °C. Doch Ierápetra ist keine Schönheit und bietet eher den Charme einer typisch griechischen Kleinstadt. Historische Bauten sind die Ausnahme und beschränken sich auf das kleine Areal *Typisch griechische Kleinstadt* der am Hafen gelegenen Altstadt. Ansonsten bestimmen nichtssagende, mehrgeschossige Betonbauten das Bild der Stadt, deren staubige Neubauviertel allmählich weiter in die Ebene hinauswachsen.

Fischer an der Hafenpromenade

Noch bis Ende der 1980er Jahre führte der Tourismus hier ein Nischendasein, vor allem jüngere Rucksackreisende kamen nach Ierápetra. Das Interesse an einer Ausweitung der touristischen Infrastruktur war zunächst gering, war die Landwirtschaft doch ein ertragreicher Wirtschaftszweig.

Erst in den 1990er-Jahren setzte ein unübersehbarer Tourismusboom ein. Seitdem hat sich Ierápetra zu einem beliebten Urlaubsziel entwickelt, das seinen Gästen neben Sonne, Meer und einem attraktiven Hinterland auch ein lebhaftes Nachtleben bietet. Zahllose Cafés, Bars und Restaurants säumen die belebte **Uferpromenade**, die in ihrem weiteren Verlauf Richtung Hafen in eine lange Zeile von Tavernen übergeht. Der Innenstadtbereich wurde baulich erheblich aufgewertet, und das kulturelle Angebot erfuhr eine beachtliche Ausweitung. Sogar eine kleine Fußgängerzone gibt es inzwischen. Immer wieder vermischt sich Traditionelles mit Modernem und verleiht Ierápetra einen ganz eigenen Reiz. In der Hauptsai- *Cafés, Bars und Restaurants* son pulsiert hier das Leben, während es in der ausgedehnten Nebensaison (auch im Winter) nach wie vor eher beschaulich zugeht.

Baden

Unterhalb der **Hafenpromenade** *liegt ein langer, stellenweise kiesiger grauer Sandstrand, der flach ins Meer abfällt. Nicht gerade ein Traumstrand, doch zum Baden durchaus gut geeignet. Der Strandabschnitt* **westlich der Hafenfestung** *ist wegen der Felsplatten und Felsvorsprünge weniger beliebt. Weitaus besser ist dagegen der kilometerlange Sand-/Kiesstrand, der sich am östlichen Ende der Bucht erstreckt. An ihm liegen auch die Strandhotels und Badeorte der Südostküste Richtung Makrigialós. Wer einen echten Traumstrand sucht, sollte mit dem Ausflugsboot übersetzen auf die* **Insel Chrisí** *(S. 465f).*

Geschichte

Auch wenn man es der Stadt nicht unbedingt ansieht, sie hat eine Geschichte, die bis in die minoische Zeit zurückreicht. Die Lage an der Südküste am Ende der flachen Landpassage von den minoischen Siedlungen Gournia und Vasiliki präferierte diese Stelle für einen **Hafen**, von dem aus Handel mit Kleinasien und Afrika betrieben werden konnte. Nach den Minoern unterhielten die Dorer hier ihre Stadt **Hierapytna** und führten sie zur Blüte und Macht über ganz Ostkreta. Lediglich Ítanos an der Nordostküste blieb ein erbitterter Konkurrent, was zu bewaffneten Konflikten führte.

*Bedeuten-
der Hafen*

Als dann die **Römer** im Jahr 67 v.Chr. die Insel vollständig einnahmen, erledigte sich der Streit um die Vormachtstellung im Osten, Ierápetra wurde die wichtige Handelsstadt der Römer. Die **Venezianer** wiederum machten Sitía zu ihrer östlichen Hauptstadt, deshalb fehlt es Ierápetra auch an einer größeren Altstadt, wie etwa in den Städten der Nordwestküste. Das relativ kleine Kastell im Hafen kann darüber nicht hinwegtäuschen.

Sehenswertes im Stadtzentrum

Aktuelle Infos und Öffnungszeiten zu den Museen und Sehenswürdigkeiten entnehmen Sie bitte den gelben Seiten von Ierápetra, S. 256.

Archäologisches Museum Ierápetra (4)

Das Archäologische Museum Ierápetra besteht schon seit dem Ende des 19. Jahrhunderts. Untergebracht ist es in der ehemaligen türkischen Schule des Ortes, die sich direkt gegenüber der Platia Kanoupaki befindet. Ausgestellt sind Fundstücke von Ausgrabungen an Kretas Südostküste aus minoischer und griechisch-römischer Zeit.

*Sarko-
phage*

Besonders schön sind die spätminoischen Sarkophage aus Ton (*larnakes*), die aufwendig mit Kultszenen und Mustern bemalt sind. Die Knochen der Bestatteten liegen noch darin! Sie stammen u.a. aus dem nördlich von Ierápetra gelegenen Episkopí.

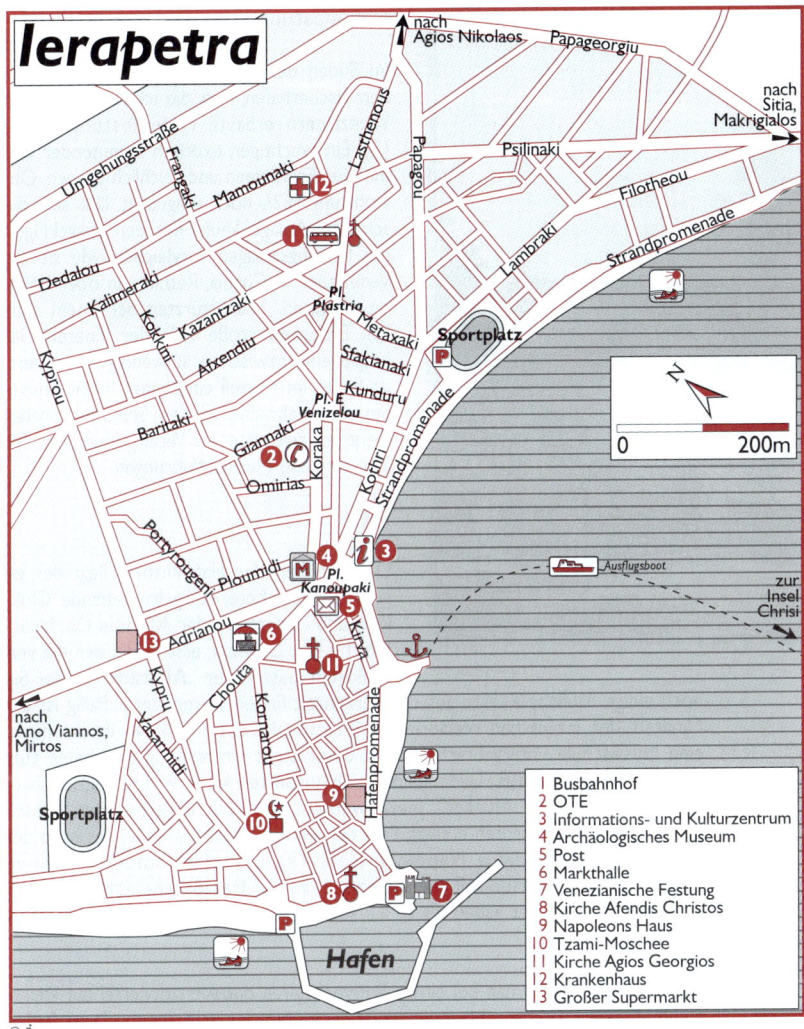

Ierápetra

nach Agios Nikolaos
Papageorgiu
nach Sitia, Makrigialos
Umgehungsstraße
Franzaki
Lasthenous
Papagou
Psilinaki
Mamounaki
Filotheou
Lambraki
Strandpromenade
Dedalou
Kalimeraki
Kazantzaki
Pl. Plastria
Metaxaki
Sportplatz
Kokkini
Kyprou
Afxendiu
Sfakianaki
Baritaki
Giannaki
Kunduru
Pl. E. Venizelou
Omirias
Koraka
Kothri
Strandpromenade
Portvrousen
Ploumidi
Pl. Kanoupaki
Ausflugsboot
zur Insel Chrisi
nach Ano Viannos, Mirtos
Adrianou
Kina
Kyprou
Vasurnidi
Choura
Kornarou
Hafenpromenade
Sportplatz
Hafen

© **i** graphic

1 Busbahnhof
2 OTE
3 Informations- und Kulturzentrum
4 Archäologisches Museum
5 Post
6 Markthalle
7 Venezianische Festung
8 Kirche Afendis Christos
9 Napoleons Haus
10 Tzami-Moschee
11 Kirche Agios Georgios
12 Krankenhaus
13 Großer Supermarkt

Ein anderer Blickfang ist die Statue der Fruchtbarkeitsgöttin *Demeter*, die rund 2.200 Jahre alt ist und sehr anmutig aus dem Stein herausgearbeitet wurde. Andere Statuen sind zumeist kopflos, da die frühen Christen Feinde von figürlichen Darstellungen waren und den fremden Gottheiten einfach die Häupter abschlugen.

Tzami-Moschee

Hafenfestung

Im Süden der Stadt, direkt neben dem kleinen Fischerhafen, liegt die im 13. Jh. von den Venezianern erbaute **Hafenfestung Kales (7)**. Ein wuchtiger, exotisch anmutender Bau mit vier Ecktürmen und reichlich Zinnen. Obwohl um 1626 noch umgebaut, läßt sich die schlichte Anlage kaum mit den ausgeklügelten Festungsanlagen vergleichen, wie sie die Venezianer in Chaniá, Réthimnon oder Iráklion erbauten. 1780 stürzten bei einem starken Erdbeben große Teile der inneren Gebäude ein. Inzwischen aufwendig restauriert, ist heute im Kastell ein kleines Heimatmuseum untergebracht, in den Sommermonaten dient es zeitweise als Veranstaltungsort für Theater- und Musikaufführungen.

Altstadt

Direkt neben der Hafenfestung liegt der eigenwillig gestaltete, völlig freistehende Glokken- und Uhrenturm der **Aféndis Christós-Kirche (8)**. Dahinter erstrecken sich die verwinkelten Gassen der „**Altstadt**", in der Sie noch einige bauliche Relikte aus der Türkenzeit finden. Besonders auffällig ist das Minarett der inzwischen restaurierten **Tzami-Moschee (10)**. In ihr ist heute eine Musikschule untergebracht. Direkt davor steht ein anmutig gestaltetes **türkisches Brunnenhaus**. Leider finden sich ansonsten kaum wirklich alte Gebäude im Bereich der „Altstadt", meist wurden sie durch einfache, aber hübsch hergerichtete Betonbauten ersetzt. Eine der wenigen Ausnahmen ist das nahe der Hafenpromenade gelegene **Napoleon-Haus (9)**. Laut einer historisch nicht zu belegenden Lokallegende soll hier im Jahre 1798 der französische *Kaiser Napoleon Bonaparte* übernachtet haben, als er auf seinem Ägyptenfeldzug in Ierápetra Station machte.

Anmutiges Brunnenhaus

Immer wieder stößt man bei einem Bummel durch das Altstadtviertel auf kleine, stimmungsvolle Kirchlein. Hauptkirche ist die im Norden gelegene moderne **Ágios Geórgios-Kathedrale (11)**

8.6 Insel Chrisí

Die **Insel Chrisí**, von den Einheimischen auch Gaidaronísi (Eselsinsel) genannt, liegt rund 15 km südlich der kretischen Küste im Libyschen Meer. Neben einem **traumhaft schönen Badestrand** und drei Tavernen gibt es vor allem eines: viel Natur! Obwohl Chrisí lediglich 5 km² groß ist und seine höchste Erhebung nicht über 27 m reicht, ist die Landschaft ausgesprochen abwechslungsreich. Im Osten, wo sich auch die Anlegestelle befindet, gibt es größere **Dünenfelder** und ausgedehnte **Wacholderwäldchen**. Im Westen gehen sie allmählich über in eine **weite, steinige, Ebene**. Geologisch betrachtet, ist Chrisí ausgesprochen interessant, da stellenweise vulkanische Gesteine eines uralten Ozeanbodens anstehen (lesen Sie dazu auch den Infokasten auf S. 478).

Abwechslungsreiche Landschaft

Obwohl Chrisí vermutlich in minoischer und römischer Zeit besiedelt war, ist davon heute nicht mehr viel zu sehen. Zwar schmücken sich die Ticketverkaufsstellen in Ierápetra gerne mit Karten, auf denen ein „minoan village" und „roman settlement" eingezeichnet sind, vor Ort fehlt von ihnen jedoch nahezu jede Spur. Die spärlichen Siedlungsreste, auf die man auf der Insel trifft, sind jüngeren Datums, so wurden die **Ruinen am alten Hafen** im Nordwesten der Insel noch bis in die 1990er Jahre hinein bewohnt. Wer genau hinschaut, kann an einigen Stellen noch die Spuren der ehemaligen Landbewirtschaftung erkennen, inzwischen ist die Insel jedoch großflächig wüst gefallen (Landwirtschaft wird hier schon seit mehreren Jahrzehnten nicht mehr betrieben). Heute ist Chrisí ein beliebtes Ausflugsziel für Badeurlauber, doch sollte man nicht versäumen, die zur Verfügung stehende Zeit auch für eine kleine Wanderung zu nutzen.

Strände

Direkt am Anlieger, neben einer Taverne, liegt ein sauberer, kleiner Sandstrand. Weitaus beliebter ist jedoch der im Norden der Insel gelegene Golden Beach, ein breiter goldgelber Sandstrand der feinsten Sorte, der flach ins türkisgrüne Meer abfällt. Über einen markierten Weg, der durch die Dünen führt, ist er in etwa 5 Minuten zu erreichen. Während sich im Südwesten eine flache Felsküste ausdehnt, liegen an der sandigen Nordküste mehrere einsame, kleine Buchten

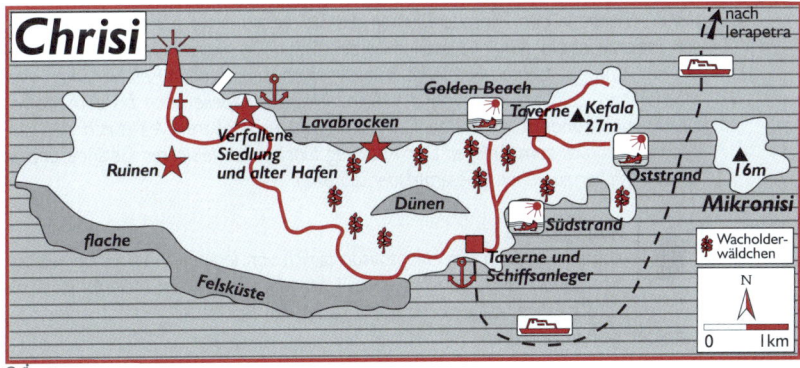

Am „Golden Beach"

(FKK üblich). An den Sandstränden der Nordküste werden große Mengen winzig kleiner **Schneckenhäuser** *angespült, die nicht nur bei Kindern einen begeisterten Sammeltrieb auslösen können.*

Wanderung

Als Wanderung bietet sich eine Erkundung des Nordstrandes bis zum Leuchtfeuer am˙ nordwestlichen Inselende an. Vom Golden Beach aus geht es zunächst den Strand entlang Richtung Westen, am Horizont liegt Kreta, über dessen mächtigen Gebirgen sich meist eine markante Wolkenfront staut. Direkt hinter dem Strand erstrecken sich zunächst noch ausgedehnte Dünenfelder, die ein lichter Wacholderwald bedeckt. Einige der knorrigen **Zedernholz-Wacholder** sollen über 200 Jahre alt sein. Wer Glück hat, bekommt in den felsigeren Bereichen vielleicht eines der seltenen **Churkarhühner** zu Gesicht, die ein wenig einem Rebhuhn gleichen. Die Robinson-Atmosphäre der Wacholderwäldchen zieht jedoch leider immer mehr Wildcamper auf die Insel (trotz akuten Wassermangels), was der Fauna und Flora des geschützten Dünenwäldchens nicht gerade zuträglich ist. Ebenfalls bedroht sind heute die Bestände der prächtigen **Strandnarzissen** bzw. -lilien (Pancratium maritimum), deren stark duftende Blüten (August bis Oktober) schon die Minoer faszinierten (bitte auf keinen Fall pflücken!!).*

Der Westen der Insel bietet ein gänzlich anderes Bild, rund um die kleine strahlend weiße Ágios Nikólaos-Kapelle dehnt sich eine weite, karge Landschaft aus, die im ersten Moment mehr an die Kulisse eines Italowestern erinnert als an Kreta. Die Ebene ist übersät mit Steinen, denn jegliches Feinmaterial wurde inzwischen vom Wind verweht. In den Zwischenräumen des Steinpflasters wachsen die hochwüchsigen **Meerzwiebeln** *(Urginea maritima), deren auffällige, kerzenförmige, weiße Blüten der windgepeitschten Ebene im Frühjahr einen ganz eigenen Reiz verleihen. Wer möchte und Zeit hat, kann von der Ágios Nikólaos-Kapelle noch bis zum kleinen Leuchtfeuer wandern, ansonsten führt der leicht erkennbare Weg durch das Landesinnere zurück zum Anleger. Der Rückweg führt durch felsiges Gelände und ist beschwerlicher zu gehen (Gesamtdauer 2,5 Std.).*

Ausflugsboote

steuern Chrisí in der Hauptsaison täglich von Ierápetra aus an. Bei leichter See dauert die Überfahrt etwa 1 Stunde, bei starkem Meltemi kann die Rückfahrt etwas länger dauern. Aktuelle Tips zu den Bootsausflügen entnehmen Sie bitte den gelben Seiten von Ierápetra S. 256.

Durch die Dünen (margin note)

8.7   Von Ierápetra in den Osten

Entfernungen
Ierápetra - Makrigíalos 24 km
Makrigíalos - Moni Kapsá 8 km
Makrigíalos - Xerókambos 38 km
Makrigíalos - Sitía 35 km

Die Route von Ierápetra nach Sitía (59 km) führt zunächst am Meer entlang. Die Region versucht sich dem Tourismus zu öffnen, hier finden sich relativ **neue Stützpunkte des Pauschaltourismus**, schließlich könnte dank der klimatisch günstigen Lage eigentlich das ganze Jahr hindurch Saison sein. Das Wasser bleibt bis weit in den November warm, die Strände sind gut und warten mittlerweile mit einem breitem Angebot an Hotels, Tavernen und Wassersport auf. Wer hier ein Hotel bucht, sollte aber bedenken, daß nicht selten kilometerlange Wege ins Zentrum von Ierápetra zurückzulegen sind.

Gute Strände

Koutsounári

Aktuelle regionale Reisetips zu Koutsounári
entnehmen Sie bitte der gelben Seite 279

Der Ort, der eigentlich etwas zurückgesetzt von der Küste liegt, hat nur wenig Charme. Am weitläufigen Kiesstrand reihen sich Hotels, Tavernen, Supermärkte und Autovermietungen aneinander. Immerhin gibt es hier einen Campingplatz, einen der wenigen der kretischen Südküste. Für eine Übernachtung an dieser Küste sind auch die schönen (und nicht ganz billigen) *Traditional Cottages Koutsounári* zu erwägen.

Interessant sind die **römischen Fischbecken**. Am *Kakkos Bay Hotel* rechts abbiegen, sofort links halten Richtung Badebucht. Wenn es mit dem Auto nicht mehr weiter geht, führt ein kurzer Trampelpfad zu den linker Hand liegenden *römischen Fischbecken*. In dem scharfkantigen,

Römisches Fischbecken

von der anbrandenden Libyschen See zerfressenen Sandstein läßt die Sonne dicke Salzkrusten entstehen. In Felsnischen wächst stellenweise der salztolerante **Meerfenchel** (*Chrithmum maritimum*), ein 10 bis 60 cm hoher Korbblütler, der leicht an seinen fleischigen, eiförmig-länglichen Blättern und den goldgelb gekrönten Dolden zu erkennen ist. Er gehört zu der charakteristischen Vegetation der von der Meeresgischt beeinflußten Felsklippen Kretas. In den Winter- bis Frühsommermonaten, vor der Blüte, werden seine fleischigen Blätter, die reich an Vitamin C, Jod und Mineralsalzen sind, gesammelt. In der traditionellen kretischen Küche werden sie als aromatische, säuerlich-bittere Würze in Salaten oder Eingelegtem verwendet.

Meeresgischt

Férma

Auch Férma ist ein weiträumig zersiedelter Ort mit Hotels, Appartements und Supermärkten. Hinter Férma prägen auffällig verwitterte Sandsteinformationen die mit Kiefern bewachsenen Hänge. Im Hintergrund erheben sich die steilen, grauen Höhenzüge des Triptis-Gebirges, die der ganzen Szenerie eine wild-romantische Note verleihen.

Ein Ausflug in die Schmetterlingsschlucht

Unzählige Schmetterlinge

Kurz vor Koutsourás – ca. 3 km hinter dem Dorf Mávros Kólimbos – liegen links der Straße ein Parkplatz und das Restaurant „*Dasáki Butterfly Gorge Spring*". Sein Name ist Programm, denn hier finden Sie den Einstieg in eine wild anmutende Schluchtlandschaft. Rund 500 m vom Parkplatz können Sie nach leichtem Gekletter über Stock, Stein und Leitern in den Sommermonaten unzählige Schmetterlinge beobachten, von denen es auf Kreta übrigens rund 45 Arten gibt. 1993 vernichtete ein Feuer weite Teile des sog. Koutsourás Communal Park, mittlerweile hat sich der Baumbestand wieder erholt, und neben den Schmetterlingen sind auch die Vögel wiedergekommen.

Das in einer größeren Ebene gelegene **Koutsourás** besteht aus Olivenhainen, Gewächshäusern, einigen Tavernen, einer Schule und geht nahezu nahtlos in den Ort Makrigíalos über, der anfangs ebenfalls ausschließlich aus Folien-Gewächshäusern zu bestehen scheint.

Makrigíalos

Aktuelle regionale Reisetips zu Makrigíalos
entnehmen Sie bitte der gelben Seite 279

Kleiner Hafen

Makrigíalos ist mit seinem östlichen Nachbarn, Análipsi, zusammengewachsen. Das Potential ist ganz klar der Strand. Flach geht es in das kristallklare Wasser hinein, Baden ist bis spät in den November möglich. Das haben auch die Hoteliers gemerkt und ordentlich Übernachtungsmöglichkeiten hochgezogen. Der Ort mit den langgezogenen Straßen hat nicht viel zu bieten, gemütlich ist es allerdings am kleinen Hafen mit einigen Fischtavernen.

Minoisches Landhaus

In einer Straßenkurve weist ein Schild zu der 200 m entfernten, etwas erhöht liegenden, spätminoischen Villa. Das Gelände wurde 1973 vom griechischen archäologischen Dienst freigelegt, ist eingezäunt, aber zugänglich.

Der Grundriß dieses Landhauses aus der Zeit der neuen Paläste fällt recht groß aus, und auch die Funde deuten darauf hin, daß es sich um einen bedeutenden Gebäudekomplex handelte. Die exponierte Lage über der Küste und der kleinen, mit Wein bestellten Talsohle vermittelt einen Eindruck davon, wie traumhaft dieses Herrenhaus einstmals gelegen haben muß. Wenn Sie die Überreste dieser Anlage in der südlichen (linken) Ecke des Geländes betreten, gelangen Sie bequem zwischen den schweren aus Bruchsteinen gearbeiteten Grundmauern hindurch in den ehemaligen Innenhof. Im Zentrum der Anlage befinden sich die gewinkelten **Überreste eines Altars**, an der Mauer westlich daneben eine steinerne Bank. Hier fand man Kultgegenstände, d.h. Weihefiguren und Teile einer Statuette, die wohl eine Fruchtbarkeitsgöttin darstellt. Spektakulärstes Stück war ein Siegelstein, der ein rituelles Schiff mit Altar, Heiligem Baum und Priester (oder Krieger) zeigt. Es war der erste Fund, der die Existenz dieses **maritimen Kultes** in der minoischen Kultur belegte.

Zahlreiche Kultgegenstände

Römische Villa bei Análipsi

Auf dem Berg bei der OTE-Station geht es rechts an Appartements und einer Kirche vorbei zu den Resten der 150 m von der Hauptstraße gelegenen eingezäunten, aber zugänglichen Resten der römischen Villa. Ebenfalls schöne Lage oberhalb des Strandes schräg gegenüber der minoischen Villa. Mosaikfragmente sind zum Teil unter Planen geschützt.

Kloster Moni Kapsá

Kurz hinter Análipsi führt eine gut ausgebaute Straße rechts zum 8 km entfernten Kloster Kapsá. Es liegt ehrfurchtgebietend auf einer Anhöhe am Ausgang der steilen und dunklen Kapsá-Schlucht über dem Libyschen Meer.

Die venezianische Klostergründung geht vermutlich auf eine Kulthöhle zurück, in der in byzantinischer Zeit Eremiten lebten. Piratenüberfälle führten zur Zerstörung des Klosters im Jahr 1471. Danach wurden die Klöster dieser Gegend aufgegeben, erst im 19. Jh. erwachte Kapsá zu neuem Leben, als der von den Türken verfolgte Asket **Gerontojannis** (bürgerlich *Ioannis Jerontakis*) hier lebte. In der Region wird er heute fast wie ein Heiliger verehrt, denn um das Leben des Mönches ranken sich zahlreiche wundersame Geschichten, die ihn als edlen Heiligen und Heiler erscheinen lassen.

Wunderheiler

Moni Kapsá

Im Kloster kann die sehenswerte, stimmungsvolle **Höhlenkirche** besichtigt werden, in der *Gerontogiannis* häufig gebetet hat. Die Felsen sind weiß gekalkt, der Fußboden ist mit Mosaik aus Kieselsteinen (Dekormotive und religiöse Symbole) ausgelegt. Die wunderschöne alte Ikonostase ist mit Votivtafeln der Gläubigen geschmückt.

Der **schattige Innenhof** des Klosters ist von Weinreben überwuchert, überall plätschert das aus dem Berg abgezapfte Quellwasser und macht diesen Ort zu einer grünen Oase inmitten der flirrend heißen Küstenebenen.

8.8 Von Ierápetra über Klamáfka zurück an den Golf von Mirambéllou

Fahren Sie von Ierápetra aus westwärts in Richtung Mírtos/Áno Viannos und biegen Sie bei Gra Ligiá (etwa 3 km hinter Ierápetra) Richtung **Anatolí** rechts ab. Sollten Sie im Gewirr der zersiedelten Küstenlandschaft den Abzweig verpassen,

führt auch in Stómion (ca. 2 km dahinter) eine gut befahrbare Straße nach Anatolí hinauf. Die Straßen treffen sich in **Kalamáfka**, von wo Sie über Prína hinab in die Nordküsten-Bucht von Kaló Horió gelangen. Die gesamte Strecke ist ca. 35 km lang, denken Sie an einen ausreichend gefüllten Tank.

Ab Kalogerí windet sich die Straße in engen Kurven rund 550 Höhenmeter die Berge hinauf, dabei fällt der Blick zurück auf das strahlendblaue Libysche Meer und die frucht-

Berglandschaft bei Kalamáfka

baren gelblich-weißen Böden der Westküste bei Ierápetra. Zwischen den dunklen Olivenhainen der Küstenniederung breitet sich ein Meer aus Foliengewächshäusern aus, deren Planen in den Abendstunden das Licht der tiefstehenden Sonne spiegeln. In rund 70 m Höhe liegt rechts der Straße der **Stausee von Bramianá**, der die Wasserversorgung der durstigen Gewächshauskulturen sichern soll. Besonders reizvoll und einladend ist die wilde Gebirgslandschaft in der Umgebung des noch ursprünglichen, strahlendweißen Bergdorfes **Kalamáfka**.

Wilde Gebirgslandschaft

9. VON IERÁPETRA ÜBER DAS BERGLAND VON ÁNO VIÁNNOS IN DIE MESSARÁ-EBENE

Entfernungen
Ierápetra - Mírtos 15 km
Mírtos - Pírgos 63 km
Ierápetra - Iráklion 106 km
Ierápetra - Mátala 136 km

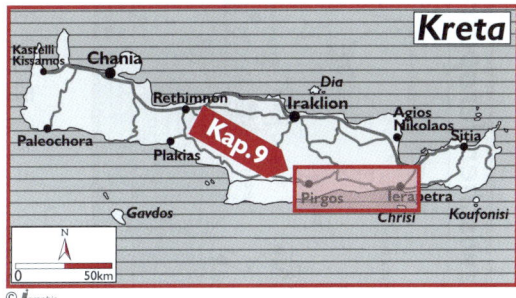

Überblick

Die Südküste westlich von Ierápetra gehört zu den abgelegensten Küstenregionen Kretas.
Wie ein gewaltiger Felsriegel schieben sich die südlichen Ausläufer des Díkti-
Gebirges zwischen die fruchtbare Küstenniederung von Ierápetra und die Messará-Ebene; im Südwesten schließen sich die 500 bis 1.200 m hohen Asteroússia-
Berge an.

Bis vor wenigen Jahren waren die meisten Dörfer der gebirgigen Südküste ausschließlich über halsbrecherische Pisten erreichbar. Nach wie vor ist die Landwirtschaft hier der Haupterwerbszweig, doch seit der Straßenbau mit Hilfe von
EU-Geldern forciert vorangetrieben wurde, rücken nun auch die ehemals abge-   *Abgeschie-*
schiedenen Buchten und Bergdörfer entlang der Fernstraße nach Iráklion in den   *dene*
Blickpunkt zahlreicher Kretareisender.   *Buchten*

Die touristische Infrastruktur ist bisher rar gesät, die meisten Besucher sind
Tagesausflügler aus Ierápetra, die der Hitze der Küstenniederung entfliehen und
das gebirgige Umland erkunden wollen.

Hinweis
Als Verbindungsstrecke in den Westen ist diese Route ausgesprochen reiz-
voll, doch sollten Sie daran denken, genügend Zeit einzukalkulieren, da Sie
auf der kurvigen Gebirgsstraße nur sehr langsam vorankommen. Die schnellste
Verbindung nach Iráklion ist auch von Ierápetra aus die New Road entlang der NO-
Küste.

Küste von Ierápetra bis Mírtos

Bis Mírtos prägen vor allem Olivenhaine, Foliengewächshäuser und farblose Land-
wirtschaftssiedlungen das Bild, die Strände sind schmal und kiesig, von touristischer Infrastruktur kaum eine Spur.

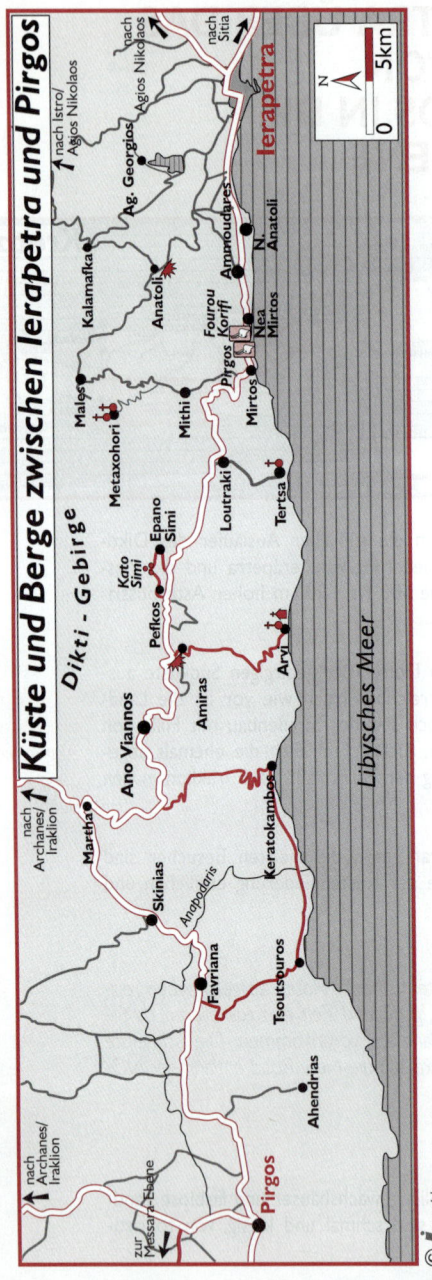

Küste und Berge zwischen Ierapetra und Pirgos

nach Archanes/Iraklion

Dikti - Gebirge

nach Istro/Agios Nikolaos

nach Agios Nikolaos

nach Sitia

Ierapetra

N   0   5km

nach Istro/Agios Nikolaos

Ag. Georgios

Kalamafka

Anatoli

Ammoudares

N. Anatoli

Maless

Metaxohori

Fourou Korifi

Nea Mirtos

Pirgos

Mirtos

Mithi

Loutraki

Tertsa

Kato Simi

Epano Simi

Pefkos

Ano Viannos

Amiras

Aryi

Martha

Keratokambos

Libysches Meer

Skinias

Anatoli

Anabodaris

Favriana

Tsoutsouros

Ahendrias

nach Archanes/Iraklion

Pirgos

zur Messará-Ebene

© igraphic

Foúrnou Korifí

Etwa 500 m hinter dem Ortsausgang von Nea Mírtos weist ein braunes Schild („„Minoan Settlement") die staubige Böschung empor, doch zu sehen gibt es nicht viel. Wer sich den unbequemen Weg hinauf begibt, den erwartet eine von Disteln und Sträuchern durchsetzte steinige Einöde. Nur schwer sind die Grundmauern einer **frühminoischen Siedlung** auszumachen, die auf einem 66 m hohen Hügel liegt (10 Min. Fußmarsch), größtenteils ist sie eingezäunt.

In einem eng verschachtelten Gebäudekomplex (90 Räume waren hier Mauer an Mauer gebaut) lebte vermutlich eine Sippe von 100 bis 120 Menschen. Zum Schutz war die gesamte Siedlung von einer Mauer umgeben. Zahlreiche Funde belegen, daß die Kreter der frühminoischen Zeit bereits Oliven und Wein kultivierten, Ziegen und Schafe züchteten, Töpferwerkstätten betrieben und mit kunstvoll gefertigten Siegeln ihr Eigentum verwalteten. In einem kleinen Heiligtum fand sich hier die berühmte „Göttin von Mirtos", ein Spendengefäß in Gestalt einer weiblichen Tonfigur (heute Archäologisches Museum. Ag. Nikólaos).

Bereits um 2200 v.Chr. zerstört, wurde Foúrnou Korifí in späteren Jahren nicht mehr aufgebaut.

Mírtos Pírgos

Nicht weit entfernt von Foúrnou Korifí liegen die Reste eines erst 1970 freigelegten **minoischen Landsitzes**. Auch wer sich nicht für minoische Trümmer interessiert, mag der reizvollen Lage des Gebäudes etwas abgewinnen können. Direkt an der Brücke über den Torrenten Mírtos weist ein Schild

- Die fruchtbare **Küstenniederung** rund um Ierápetra gehört zu den ältesten Siedlungsräumen Kretas, die spärlichen Überreste der frühminoischen Siedlung **Foúrnou Korifí** und des minoischen Landhauses bei Mírtos **Pírgos** (S. 472) zeugen noch heute davon.
- Nur wenige Kilometer oberhalb von Mírtos liegt die kleine **Sarakina-Schlucht** (S. 475), im Hochsommer ist ihre Durchquerung eine herrlich erfrischende Alternative zum Strandurlaub.
- Die Fahrt von Mírtos nach Áno Viánnos bietet immer wieder traumhaft schöne Ausblicke auf die rauhen **Südhänge des Díkti-Gebirges** (S. 476ff) und die tief unterhalb der Straße liegende Libysche See.
- Zahlreiche ursprüngliche Dörfer säumen die Fahrt durch die Berge, dicht gedrängt und gestaffelt schmiegen sich ihre weißen Häuser an die Hänge; besonders eindrucksvoll und idyllisch ist **Áno Viánnos** (S. 479).
- Die Küstenorte **Arví** (S. 478) und **Keratókambos** (S. 480) sind von der Hauptstraße aus nur über lange Serpentinenstraßen erreichbar, erst ganz allmählich hält der Tourismus Einzug.
- Die **weitläufigen Kiesstrände** (S. 480) zwischen Keratókambos und Tsoutsoúros werden erst seit wenigen Jahren von einer befestigten Straße erschlossen, in der Nebensaison herrscht an ihnen noch Einsamkeit pur.
- Landschaftlich besonders einrucksvoll ist eine Fahrt über die östlichen Ausläufer der **Asteroússia-Berge** (S. 481), von Tsoutsoúros aus kommend, eröffnet sich dabei ein toller Blick über das fruchtbare Hügelland der oberen Messará-Ebene.
- **Mírtos** (S. 475) hat sich in den letzten Jahren zu einem netten kleinen **Badeort** gemausert, der sich gerade unter deutschen Individualreisenden wachsender Beliebtheit erfreut.
- Auch in den kleineren Orten bieten sich einige **einfache Übernachtungsmöglichkeiten** (am besten vor Ort in den Tavernen fragen), in der Hauptsaison können die Zimmer jedoch knapp werden.

INFO Ierápetra und der Boom der Foliengewächshäuser

Nahezu die gesamte Küstenniederung rund um Ierápetra ist heute übersät von einem Meer aus Plastikgewächshäusern, in denen man Frühgemüse und Obst für den europäischen Markt produziert. Bei der Frühgemüseproduktion stehen Gurken und Tomaten an der Spitze, außerdem werden noch Bohnen, Artischocken, Auberginen, Paprika und Zwiebeln angebaut. In der Landwirtschaftschule von Míres (Messará-Ebene) experimentiert man darüber hinaus auch mit dem Anbau tropischer Früchte wie Kiwis und Avocados, nachdem die Produktion kretischer Bananen schon seit Jahren gute Erträge erzielt.

Die Idee, auf Kreta Treibhauskulturen zu errichten, hatte ursprünglich ein junger Holländer namens *Paul Coopers*, der 1965 als Aussteiger in das zu Ierápetra gehörige Dörfchen Gra Ligiá kam. Die tiefgründigen und fruchtbaren Böden der Küstenniederung und das milde Winterklima der Südostküste erschienen ihm wie geschaffen für den Anbau von Gurken und Tomaten unter Folienkulturen. 1966 errichtete er das erste Treibhaus Kretas.

Intensive Anbaumethoden, künstliche Bewässerung und die massenhafte Einrichtung billiger Folienkonstruktionen ließen den Frühgemüsesektor seither zum dynamischsten Zweig der kretischen Landwirtschaft werden und zur wichtigsten Einkommensquelle der Dörfer rund um Ierápetra und der Messará-Ebene.

In den 1970er und 1980er Jahren verdienten hier noch zahlreiche europäische Aussteiger als Saisonarbeiter ihr geringes Einkommen, das sie zum Überwintern auf Kreta benötigten. Inzwischen sind sie vor allem südosteuropäischen Wanderarbeitern gewichen. Wer frühmorgens in Ierápetra Richtung Westen aufbricht, sieht sie am großen Supermarkt *Marinopoulos* stehen, direkt an der Ausfallstraße Richtung Mírtos, denn hier befindet sich der regionale Arbeitsmarkt für Tagelöhner.

Paul Coopers sollte diese Entwicklung nicht mehr erleben, er starb 1968 bei einem Motorradunfall, gerade als seine Idee begann, Früchte zu tragen. Die kretischen Landwirte vergaßen jedoch nicht, wem sie ihren neuen Wohlstand zu verdanken hatten. In Gra Ligiá errichteten sie *Coopers* ein Denkmal, an der Stelle, wo sein erstes Treibhaus stand.

(„Pirgos Archaeological Site") die Ostflanke des Mírtos-Tales empor (15 Min. Fußmarsch über einen leicht erkennbaren Trampelpfad). Auf dem Hügel liegen in

77 m Höhe, unweit vom Meer, die Reste einer mehrfach zerstörten und wieder aufgebauten minoischen Villa (2200 bis 1450 v.Chr.). Zu ihr gehörte auch eine Siedlung, die sich unterhalb des Hügels erstreckte.

Ihre Lage war äußerst günstig. Die Böden des Mírtos-Tales, das in minoischer Zeit noch ganzjährig Wasser führte, sind von Natur aus ausgesprochen fruchtbar, außerdem ließen sich von hier aus hervorragend die Straßenverbindungen zu den minoischen Zentren Zentralkretas kontrollieren.

Mírtos Pírgos

Am leichtesten ist auf dem Plateau noch die kreisrunde Struktur der ehemaligen Zisterne zu erkennen, ansonsten beeindruckt die Qualität der Architektur: rote Säulenbasen und Steinplatten sowie weiße Wandvertäfelungen aus Gips, an denen stellenweise noch Brandspuren zu sehen sind.

Mírtos (Μιρτοζ)

Aktuelle regionale Reisetips zu Mírtos
entnehmen Sie bitte den gelben Seiten (S. 289)

Kleiner Badeort in idyllischer Lage, kurz vor dem Anstieg der Küstenstraße in die Berge.

Wer zuvor auf den staubigen Hügeln vor Mírtos die minoischen Ausgrabungen besichtigt hat, dem wird dieser Ort vorkommen wie eine kleine Oase: weiß getünchte Häuser, enge Gassen und Treppenstiege, dazwischen überall üppiges Grün. Oberhalb einer kiesigen Bucht erstreckt sich eine kleine Promenade mit diversen Tavernen, Cafés und Bars, am Wochenende spielt man hier öfters griechische Live-Musik. Ohne Zweifel, dieser rund 450 Einwohner zählende Ort hat Atmosphäre, leider ist er in der Hauptsaison inzwischen sehr voll. Früher war Mírtos vor allem unter Rucksacktouristen beliebt, in den letzten Jahren kommen vor allem einkommensstarke (deutsche) In-

Waschsalon in Mírtos

dividualreisende hinzu. Seiher sind zahlreiche gehobene Apartments und Pensionen entstanden, und in der Nähe zur Landstraße entstehen bereits die ersten größeren Hotelneubauten.

Wanderung durch die Sarakinas-Schlucht
Herrlich erfrischend ist an einem heißen Hochsommertag eine Wanderung durch die enge Sarakinas-Schlucht bei Míthi. Das ganze Jahr über wird sie vom kühlen Mírtos-Bach durchflossen, der im nahen Díkti-Gebirge entspringt. Wer diese Schlucht durchwandern will, sollte seine Schuhe ausziehen und

durch das kiesige Bachbett waten. Immer wieder müssen dabei große, von den Winterhochwässern glattgeschliffene, aber rutschige Felsbrocken überklettert werden, deshalb empfiehlt sich diese Tour nur geübten Wanderern. Im Frühjahr kann es sein, daß die Strömung noch zu stark ist! Erst an seinem Unterlauf

Glattgeschliffene, aber rutschige Felsbrocken

Mírtos-Tal

versiegt der Mírtos-Bach inzwischen in den Hochsommermonaten, was vor allem als Folge der intensiven Bewässerungskulturen zu sehen ist.

Wegbeschreibung: Biegen Sie an der Straße von Ierápetra nach Áno Viánnos kurz hinter Mírtos Richtung Máles ab, nach 6 km erreichen Sie Míthi. Etwa 1 km hinter dem Ort gelangen Sie an das Bachbett des Mírtos. 50 m davor führt ein Weg zur Staumauer eines alten Mühlenkanals, ihm folgt man hinauf zum Schluchteinstieg. Die Tour durch die Schlucht dauert etwa 1 Stunde, zurück geht es über die Straße von Máles nach Míthi (etwa ½ Stunde).

Von Mírtos in die Berge

Hinter Mírtos windet sich die Straße die staubigen Berge hinauf, der Blick fällt zurück auf die zerfurchten Hänge des Mírtos-Tales, hier stehen vereinzelt Sträucher, Kiefern und Olivenbäume. Bereits nach wenigen Kilometern ändert sich der Charakter der Landschaft deutlich: Graue und rötlich schimmernde Kalkfelsen, Schluchten sowie Kiefern- und Eichenwälder verleihen ihr deutlich alpine Züge. *Traumhafte Ausblicke* Immer wieder eröffnen sich traumhafte Ausblicke auf die Libysche See, die steile Südküste und die am Hang liegenden Bergdörfer.

Am westlichen Ortsausgang von **Amirás** (Αμιραζ) befindet sich direkt an der Hauptstraße ein ergreifendes Mahnmal für die Opfer des Naziterrors. Am 14. September 1943 wurden von der Deutschen Wehrmacht, in einer groß angelegten Vergeltungsaktion gegen den kretischen Widerstand, in dieser Gegend 440 Menschen hingerichtet.

Kaum ein Dorf zwischen Áno Viánnos und Mírtos konnte dem Massaker entgehen.

Nikos Kazantzakis, der direkt nach Kriegsende die Gegend bereiste, sammelte die Eindrücke der Überlebenden. Nach seinen Schilderungen töteten die Vergeltungskommandos schon auf ihrem Weg in die Dörfer alle Menschen, die ihnen begegneten, egal ob Männer, Frauen oder Kinder. Im Dorf angekommen, trieben sie alle Männer zusammen und exekutierten sie in Gruppen. Anschließend brannten sie die Dörfer nieder. Zur Abschreckung sollen sogar Frauen in ihre brennenden Häuser gestoßen worden sein.

Direkt vor den Gedenktafeln, die in menschlicher Gestalt die Namen der Exekutierten tragen, stehen 4 Steintafeln, auf denen in griechischer, englischer, französischer und deutscher Sprache die folgenden Worte festgehalten wurden:

Denkmal in Amirás

„*Vorbeigehender Achtung!*
Hier unten befinden sich Leichen,
die nie betrogen haben,
die nie gelogen haben,
die Tyrannen nie geachtet haben.

Vorbeigehender Achtung!
Mit reinen Gedanken denke über Sie,
wenn Du dieses schöne Licht genießt
und ohne Angst hier wandern kannst,
und wenn Du geliebt wirst und selber liebst
und alles Gute das Du im Leben hast
haben Dir diese Toten geschenkt."

Abstecher nach Káto und Epáno Sími

Nur wenige Kilometer östlich von **Amirás** ist der Schatten der Vergangenheit noch gegenwärtig. Der Weg zum „**Battlefield of Kato Simi**" ist an der Hauptstraße ausgeschildert. Wiederaufgebaute Häuser ohne Dächer mahnen an die Zerstörungen des 2. Weltkriegs, kurz vor dem Ortseingang steht ein kleiner Gedenkstein. **Káto Sími**, das in einem üppig grünen, wasserreichen Tal liegt, ist heute fast verlassen. Rund 1,5 km dahinter liegt **Epáno Sími**, das seit dem *Schatten der Vergangenheit*

Massaker vom 14. September 1943 einer „Geisterstadt" gleicht. Schreitet man auf der ehemaligen Dorfstraße in den verwüsteten Ort, so sind Krieg, Zerstörung und Leid auf einmal gegenwärtig: überall ausgebrannte Ruinen, von denen nur wenige notdürftig wieder hergerichtet wurden. Außer den Glocken der

Dorfstraße Káto Sími

Ziegen und dem Summen der Bienen herrscht absolute Stille; Grabesruhe. Wer diesen Ort erlebt hat, wird die Gastfreundschaft der Kreter mit neuen Augen sehen, denn selbst unter den alten Menschen der umliegenden Dörfer findet sich bei aller Betroffenheit von Deutschfeindlichkeit keine Spur. Epáno Sími ist von K. Sími am besten zu Fuß zu erreichen. Hinter der Friedhofskapelle verläuft eine Piste in Serpentinen die Berge hinauf, bei der ersten Gelegenheit den Abzweig nach rechts wählen. Nach etwa 600 m erreicht man eine kleine, idyllische, von Platanen gesäumte Quelle, dahinter beginnt die ehemalige Dorfstraße.

Abstecher nach Arví (Αρβη)

Aktuelle regionale Reisetips zu Arví
entnehmen Sie bitte den gelben Seiten von Mírtos (S. 289f)

Von Amirás aus windet sich eine gut ausgebaute Straße über etwa 13 km Länge die 650 m Höhenunterschied nach **Arví** hinab. Karge, von der Sonne ausgebrannte Hänge säumen den Weg. Obwohl diese Bucht dank ihrer extrem südlichen Lage und lokalklimatischer Besonderheiten der wärmste Ort Kretas sein soll, blieb Arví bisher vom Tourismusboom weitgehend verschont. Nach wie vor lebt man hier vor allem vom Obst- und Gemüseanbau, wie die zahlreichen Treibhäuser unschwer verraten. Doch auch in Arví gibt es einige Tavernen, Pensionen und kleine Hotels, die versuchen, die Tagesausflügler zum Verweilen einzuladen. In der Hauptsaison kann das Zimmerangebot daher schon mal knapp werden. Spätestens in der Nachsaison haben Sie den weitläufigen, stellenweise felsigen Kiesstrand jedoch beinahe für sich alleine.

Wärmster Ort Kretas

Arví-Schlucht: Die zum Ort hinabführende Schlucht ist landschaftlich ausgesprochen reizvoll und beherbergt zahlreiche endemische Pflanzen; sie bietet sich an für einen kleinen Naturspaziergang.

INFO   Ein Spaziergang auf dem Boden der Tiefsee

In der Gegend rund um Arví säumen immer wieder stark ineinander verwürgte rote, grüne, braune und graugelbe Gesteine den Weg. Es sind **Ophiolithe**, d.h. Reste eines uralten Ozeanbodens, der einstmals an einem mittelozenaischen Rücken der *Tethys* entstanden ist. Durch die Kollision der Kontinente Afrika und Europa wurden sie an dieser Stelle ins kretische Gebirge eingebaut (S. 20).

Mittelozeanische Rücken sind ein erdumspannendes **Vulkansystem**, an dem unentwegt neue Erdkruste gebildet wird, welche die Kontinente auseinanderdrückt. Wenn Sie genau hinschauen, erkennen Sie stellenweise noch kissenförmig erstarrte **Lava-Brocken** (*Pillow-Laven*) und die vom Eisenoxid der Tiefseevulkane ebenfalls rot gefärbten Sedimentgesteine. Weltweit ist das ein äußerst seltener Glücksfall, denn normalerweise wird die ozeanische Kruste an den Rändern der Kontinente wieder verschluckt und aufgeschmolzen (S. 20). Der Grund dafür ist ihre hohe spezifische Dichte (g/cm³). Wenn Sie so einen der Basaltbrocken hochheben, werden Sie merken, was gemeint ist: Das Zeug ist auffallend schwer, denn es kommt direkt aus dem Erdmantel und ist ziemlich reich an Eisenerz. Auch an anderen Stellen der Südküste sind noch Reste der **Ophiolithe** zu finden, so etwa bei Áno Viánnos, Tsoutsoúros oder Léndas. Vielleicht bekommen Sie ja ein Gespür dafür.

Besonders schöne und keinesfalls zu übersehende Exemplare finden Sie übrigens auf der Insel Chrisí (S. 465), etwa 15 km vor der Küste von Ierápetra.

Kloster Arvís: Kleines, etwa 500 m oberhalb des Ortes, am Ausgang der Schlucht gelegenes Kloster. Korrekt heißt es eigentlich **Moni Agios Antonios**. Gegründet wurde es im 19. Jahrhundert an der Stelle eines antiken Zeusheiligtums.

Von **Arví** nach **Keratókambos** führt eine 12 km lange, steinig-staubige Piste, die im derzeitigen Ausbaustand lediglich mit geländegängigen Fahrtzeugen befahren werden sollte. Entspannender ist der Umweg zurück nach Amirás und dann weiter die Hauptroute entlang über das malerische Bergdorf **Áno Viánnos**.

Áno Viánnos (Ανο Βιαννος)

Kurz hinter Amirás öffnet sich die fruchtbare Hochebene von Áno Viánnos. Ein tiefgrünes Meer aus Olivenbäumen prägt das Bild. Der Ort selbst, ein strahlend weiß getünchtes, noch immer ruhiges und ursprüngliches Bergdorf, schmiegt sich *Ursprüng-liches Bergdorf* sanft an einen steilen Südhang. Vor allem sonntagnachmittags scheint die gesamte männliche Dorfbevölkerung im *Kafenion* an der Straße zu sitzen. Nicht selten wird dabei noch stolz die kretische Tracht getragen, d.h. Fransenkopftuch, schwarzes Hemd, weite Hose und hohe Schaftstiefel.

Ein kleiner Spaziergang durch die engen Dorfgassen lohnt sich. Den gesamten Ort ziert üppiges Grün: Platanen, Oleandersträucher, Zitronen- und Feigenbäume verdeutlichen den Wasserreichtum dieses Bergdorfes. Im östlichen Ortsteil liegen die Kirchen *Agia Pelagia* und *Agios Georgios,* sie beherbergen einige bemer-

Áno Viánnos

kenswert gut erhaltene Fresken aus dem 14. Jahrhundert (Schlüssel ggf. im Kafenion). Für eine längere Rast bieten sich mehrere Tavernen an, hier können Sie auch nach einer Übernachtungsmöglichkeit fragen.

Historisches Volksmuseum: Am westlichen Ortsausgang liegt ein kleines Folkloremuseum, in dem zahlreiche traditionelle kretische Alltagsgegenstände wie Landwirtschafts- und Handwerksgeräte, Waffen, Websachen und vieles mehr ausgestellt sind. Die interessant aufgemachte Ausstellung bietet einen gelungenen Einblick in das harte und entbehrungsreiche kretische Landleben. *Interessant aufgemacht*
Aktuelle Öffnungszeiten entnehmen Sie bitte der gelben Seite von Mirtos (S. 290).

Weiterfahrt nach Pírgos

Für die Weiterfahrt nach Pírgos bieten sich ab Áno Viánnos zwei Alternativen. Entweder genießen Sie die abgelegene und malerische Küstenroute über **Keratókambos** und **Tsoutsoúros** oder Sie wählen den schnelleren Weg, die Berge hinab nach Mártha. In **Mártha** gabelt sich die Hauptstraße: Linker Hand führt die Strecke in die sanft geschwungene Hügellandschaft der oberen **Messará-Ebene** und damit weiter über **Pírgos** nach **Agií Déka** (S. 487). Rechts geht es dagegen über Arkalohóri (S. 381) bis ins 56 km entfernte **Iráklion** (S. 325). Beide Routenvarianten nach **Pírgos** treffen in **Káto Kastelliná** zusammen.

Hinter Áno Viánnos windet sich eine 12 km lange, geteerte Straße die Berge hinab an die Südküste nach **Keratókambos** (Κερατοκαμποζ), einem abgelegenen und touristisch bisher kaum erschlossenen Fischerdorf. Vor allem in der Nebensaison kann man hier noch in aller Ruhe das Licht und den erfrischenden Wind der Südküste genießen. Neben einem Lebensmittelgeschäft gibt es eine *Gelegenheit zum Fischessen* Handvoll Cafés und Tavernen, die eine nette Gelegenheit zum Fischessen bieten. Der Strand ist grobsandig bis kiesig und stellenweise von Tamarisken gesäumt. Im Ort selbst gibt es nur wenig Bademöglichkeiten, einige Meter weiter östlich wird

In Keratókambos

der Strand jedoch einladender. Wenn Sie spontan eine einfache Gelegenheit zum Übernachten suchen, fragen Sie einfach in den Tavernen oder einer der ausgeschilderten Privatpensionen.

Früher führte lediglich eine 10 km lange Staubpiste weiter nach Tsoútsouros, heute ist diese Strecke vollständig als Teerstraße ausgebaut. Noch finden sich entlang der Küste **einsame Strände und weite Buchten**, zum Teil mit feinem grauen Sand, abschnittsweise jedoch auch mit großen, abgeflachten Kieseln. Nur an wenigen Stellen spenden Tamarisken ein wenig Schatten. Wer genau *Eine Frage der Zeit* hinschaut, erahnt bereits neben den Olivenhainen das Bauspekulationsland. Es ist wohl nur noch eine Frage der Zeit, bis auch hier die Wildcamper Appartements und Pensionen weichen. In Tsoutsoúros ist diese Entwicklung bereits offensichtlich.

Tsoutsoúros (Τσουτσουροζ): Lediglich 100 Einwohner zählt der kleine Badeort, doch sind in den letzten Jahren zahlreiche Pensionen, Tavernen und Cafés entstanden, sogar eine von Laternen gesäumte Strandpromenade gibt es bereits. Den Reiz dieses abgeschiedenen Ortes, dessen Gesamtbild noch arg unter den Betonskeletten der typisch griechischen Etagenbauweise leidet, macht eher seine beschauliche Atmosphäre und die Einsamkeit der Umgebung aus. Am westlichen Ortsende befindet sich hinter einer Häuserreihe die berühmte Eleithyia-Höhle von *Inatos*, eine der bedeutendsten Kulthöhlen der archaischen und griechischen Zeit. Die spärlichen Reste des antiken *Inatos*, der Hafensiedlung von *Priansos*, finden sich nur etwa 15 Fußminuten weiter westlich, an der parallel zur Küste verlaufenden Schotterpiste nach Maridáki.

Bis vor wenigen Jahren verband Tsoutsoúros lediglich eine 12 km lange Gebirgspiste mit den Verkehrsanbindungen der oberen Messará-Ebene. Inzwischen windet sich hier eine gut ausgebaute, mit Leitplanken gesicherte Paßstraße die 435

Höhenmeter hinauf durch die wilde Landschaft der **östlichen Asteroússia-Berge**. In **Káto Kastelliná** trifft sie auf die Verkehrsverbindungen der oberen Messará-Ebene.

Kaum zu übersehen erhebt sich nördlich des Ortes **Káto Kastelliná** ein 420 m hoher Tafelberg, den eine kleine Kapelle krönt. In der Antike lag hier die dorische Stadtgründung **Príansos**, die noch in byzantinischer Zeit besiedelt war. Zu se-

Einsame Südküste

hen sind Mauerreste, Zisternen, zwei Kapellen und eine Kirchenruine. Das Schönste ist jedoch der tolle Blick über das sanft gewellte Hügelland der nördlichen Messará-Ebene. Von Káto Kastelliná aus ist *Príansos* problemlos in Form einer kleinen Wanderung erreichbar (hin und zurück insgesamt 2 Stunden); näher heran kommen Sie über die Verbindungsstraße von Káto Kastelliná nach Arkalohóri.

Dorisches Príansos

Pírgos (Πιργοσ)

Am Fuße der Asteroússia-Berge gelegenes traditionelles Dorf, mit rund 1.100 Einwohnern. Viel zu sehen gibt es nicht, interessant ist jedoch die kleine Ag. Georgios und Ag. Konstantinos-Kapelle, in der noch Freskenfragmente aus dem frühen 14. Jahrhundert erhalten sind. Das nördliche Schiff der ehemaligen Dreiraumkapelle fehlt inzwischen, da es der Verbreiterung der Dorfstraße weichen mußte. Der Ort selbst bietet mehrere Gelegenheiten, wenn Sie sich mit Proviant und Erfrischungen versorgen möchten. Vielleicht kehren Sie ja auch in eine der ursprünglichen Dorftavernen oder Kafenia ein, denn bis Iráklion sind es von hier

Ursprüngliche Dorftavernen

aus noch rund 1,5 Stunden Fahrtzeit (53 km), und bis Mátala sollten Sie ebenfalls 1 Stunde einrechnen (43 km).

Straße nach Tsoutsoúros

10. MESSARÁ-EBENE UND SÜDKÜSTE

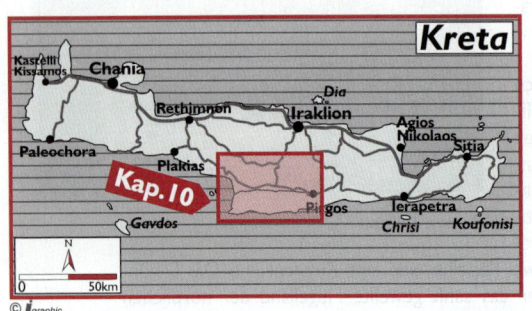

■■■■■ Überblick

Die Messará-Ebene ist die einzige echte Tiefebene Kretas und seit jeher das landwirtschaftliche Zentrum der Insel. 40 km lang und bis zu 12 km breit schiebt sie sich wie ein riesiger Keil zwischen das Psilorítis-Gebirge im Norden und die Asteroússia-Berge im Süden. Daher auch ihr Name, er leitet sich vom griechischen „mésa oroi" ab, was soviel bedeutet wie „zwischen den Bergen".

Intensive Landwirtschaft

Ihr fruchtbares Schwemmland, das vom Geropótamos durchflossen wird, ist nicht zuletzt dank seines milden Winterklimas eines der am intensivsten landwirtschaftlich genutzten Gebiete der Insel. Schon in minoischer Zeit vor 4.000 Jahren lag hier eine ausgedehnte Agrarlandschaft. Ein Ausflug in die Messará-Ebene gleicht daher einer Zeitreise. Auf engstem Raum liegen dicht beieinander einige der bedeutendsten Ausgrabungen der gesamten Insel. Doch nicht nur Kulturreisende kommen in der Messará-Ebene auf ihre Kosten. Im Westen, am Golf von Timbáki, öffnet sich die Ebene dem Meer. Kilometerlange Sandstrände ziehen sich die Küste entlang, immer wieder unterbrochen von Sandsteinkliffs. Gerade unter Individualisten sind die Dörfer im Hinterland von Mátala beliebte Urlaubsziele, auch wenn der ehemals so idyllische Hippietreff Mátala längst vom Pauschaltourismus eingenommen ist. Rucksacktouristen, die eine intime Atmosphäre ohne viel Trubel suchen, zieht es heute vor allem an die abgelegenen Ortschaften der Südküste, jenseits der kargen Hänge der Asteroússia-Berge.

Kilometerlange Strände

Hinweis

Planen Sie für ihren Ausflug in die Messará-Ebene genügend Zeit ein. Allein die Besichtigung der großen Ausgrabungen (Górtis, Féstos und Agía Triáda) verschlingt mehrere Stunden. Für beschauliche Momente oder ein Bad im Libyschen Meer bleibt dann kaum noch Zeit. Unsere Empfehlung: Nehmen Sie sich für 1-2 Tage ein Quartier in **Ágia Galíni** *(S. 567), ab dort läßt sich ein Ausflug auch bestens mit einer Tour entlang der Südhänge des Psilorítis-Massivs verbinden (S. 558).*

10.1 Von Iráklion in die Messará-Ebene

Entfernungen
Iráklion - Górtis 48 km   Féstos - Mátala 10 km
Iráklion - Féstos 67 km   Iráklion - Agia Galiní 83 km

Iráklion durch das Chaniá-Tor verlassend, gelangt man auf der gut ausgebauten und viel befahrenen Hauptstraße 97 auf direktem Weg in die Messará-Ebene.

Als wichtigste Nord-Südverbindung der Insel hat sie einen sehr guten Ausbaustand, der der New Road in einigen Abschnitten in nichts nachsteht. Auf dem Weg nach Süden müssen zunächst die ausufernden Vororte Iráklions durchquert werden, in denen sich triste Gewerbebetriebe, Auto- und Möbelhäuser die Straße entlangziehen. Schon bald jedoch werden diese von ausgedehnten Weinfeldern und Olivenhainen abgelöst.

In **Veneráto**, rund 20 km hinter Iráklion, führt links eine ausgeschilderte Straße zum oberhalb der Ortschaft gelegenen **Kloster Palliani**.

Moni Palliani

Moni Palliani ist eines der ältesten und bedeutendsten Klöster der Insel. Noch heute leben hier viele Nonnen. Wie die meisten Klöster auf Kreta wurde es im Verlauf seiner Geschichte mehrfach zerstört und wiederaufgebaut. Hinter

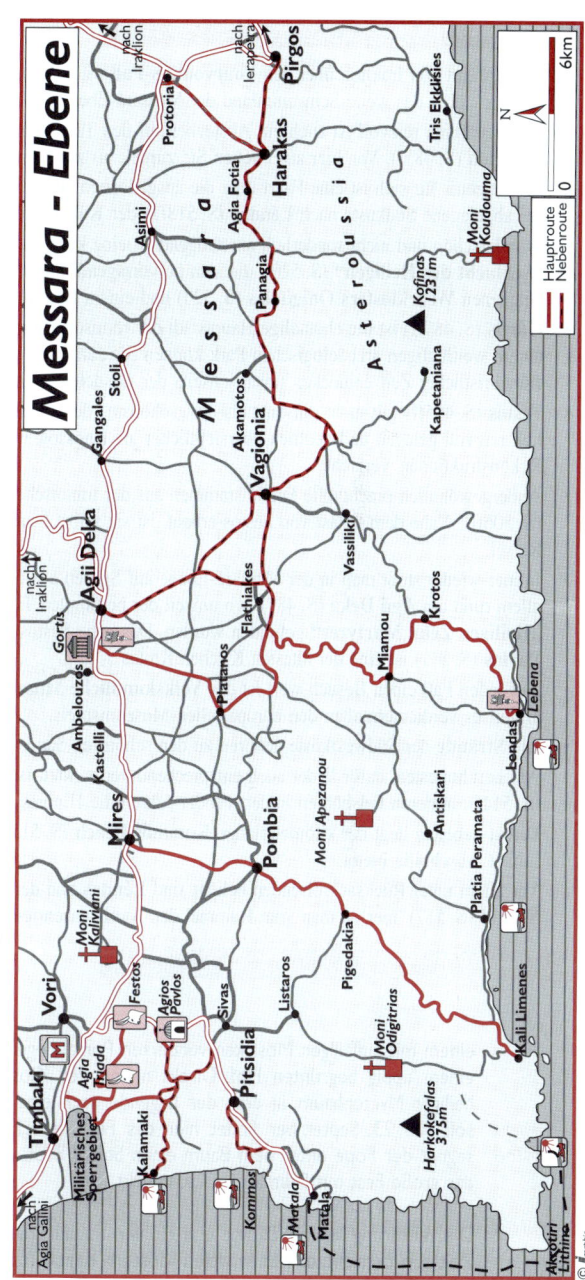

Redaktions-Tips

- Die Anfahrt von Iráklion über den **Vourvoulitis-Paß** (S. 486) bietet einen eindrucksvollen Ausblick über das weite Schwemmland der Messará-Ebene.
- Landschaftlich reizvoll ist auch ein Abstecher auf den Tafelberg der dorischen Stadtgründung **Rhizenía** (S. 485f). Von hier aus blicken Sie zurück bis zur Küste von Iráklion.
- Ein Erlebnis für sich ist eine Fahrt über die ausgedorrten Hänge der **Asteroússia-Berge** an die abgelegene Südküste nach **Léndas** (S. 518f) oder **Kalí Liménes** (S. 519).
- Wunderschön und nicht sonderlich anstrengend ist eine kurze Wanderung durch die „Schlucht der Heiligen" (S. 520), die sich hervorragend mit einem Besuch des einsam gelegenen **Wehrklosters Odigítrias** (S. 520) und einem Bad im Meer verbinden läßt.
- **Górtis** (S. 487ff) ist die ehemalige Hauptstadt der römischen Provinz *Creta et Cyrenae*. In einem weitläufigen archäologischen Park können Sie zahllose Spuren aus römischer und frühchristlicher Zeit entdecken (auch jenseits der Besucherströme!)
- **Féstos** (S. 495ff) gilt nicht umsonst als der „schönste" der minoischen Paläste. Landschaftlich reizvoll gelegen und deutlich übersichtlicher als Knossós, wurde hier auf spekulative Rekonstruktionen verzichtet.
- Außergewöhnlich prachtvolle Funde stammen aus der minoischen Villa von **Ágia Triáda** (S. 506ff). Nahe dem Palast von Féstos erbaut, ist sie selbst heute noch ein archäologisches Rätsel.
- Immer wieder stößt man in der Messará-Ebene auf Spuren aus frühchristlicher Zeit. Vor allem rund um **Agíi Deka** (S. 487), wo unweit der berühmten Titusbasilika die **Gräber der „Heiligen Zehn Märtyrer"** gefunden wurden. Das nahe Féstos gelegene Kirchlein **Ágios Pavlos** (S. 511) ist eine der ältesten Kirchen Kretas.
- Auf jeden Fall einen Besuch wert ist das **Volkskundliche Museum Vóri** (S. 478), 1992 erhielt es verdientermaßen den europäischen Museumspreis.
- Die **Strände** der Südwestküste gehören zu den schönsten Sandstränden der Insel:
- Am berühmtesten, dafür leider auch entsprechend vermarktet, ist die Bucht von **Mátala** (S. 514f), in deren Felshöhlen in den 1960er Jahren die Hippies hausten.
- Direkt nebenan liegt der kilometerlange **Kommós Beach** (S. 513f), der auch heute noch ruhige Abschnitte bietet.
- Vor allem unter Rucksackreisenden beliebt sind **Léndas** und der nahegelegene **Dytikós-Strand** (S. 517), hier ist man vom Rummel der Touristenzentren weit entfernt.

Heilige Myrthe

einem mit auffälligen Mosaiken verzierten Portal liegen die modernen Gebäude in einem üppig begrünten Hof. Direkt neben der Klosterkirche steht ein uralter, heiliger Myrtenbaum, in dem der Legende nach eine Marienikone versteckt sein soll. Am 23. September findet hier das Fest der „heiligen Myrthe" statt, dann segnet der Pope unter dem Baum einen Stapel Brot, während man die Kirche für das große Fest mit Palmzweigen schmückt.

Die Verehrung heiliger Bäume und Höhlen ist ein Brauch, der bis in die minoische Zeit zurückreicht; er lebt in vielen Klöstern Kretas fort.

Tip
*Im Kloster kann man schö-
ne, von den Nonnen ange-
fertigte Stickereien kaufen.*

Auf der Weiterfahrt nach Agia Varvára wird die Landschaft allmählich
wilder, die steile Ostflanke des Psilorítis-Massivs rückt immer näher an
die Straße heran. Ihr vorgelagert ist
eine schmale Zone von Vorbergen.
Auf einem markanten, Patéla genannten Tafelberg nahe Priniás lag in antiker Zeit die dorische Stadtgrün-

Eingang zum Kloster Palliani

dung Rhizenía. Heute krönt ihn, bereits von weitem sichtbar, die strahlend weiße
Kapelle Ágios Pandeleímonas. Sie markiert die Stelle eines antiken Heiligtums und
zugleich eine besondere geographische Marke: Auf einer kurzen Säule neben der
Kapelle ist eine Plakette angebracht, die angibt, daß genau an dieser Stelle der

Kapelle auf dem Patéla

25° östlicher Länge die Insel
durchschneidet. An den Hängen
des Tafelberges **Patéla** können Sie
mit etwas Glück kreisende **Geier** beobachten, immer zu sehen
ist der westlich aufragende Berg
Giristi (1.779 m), der den Rand
des Psilorítis-Massivs kennzeichnet.

*Kreisende
Geier*

Um auf den Berg bis zur Kapelle
zu gelangen (fantastische Aussicht!), müssen Sie in Ágia Varvára
hinter der Ortskirche in eine et-

was versteckt liegende Straße rechts abbiegen (braunes Schild „*Archaeological
Site*") und von dort durch Priniás hindurch nach Norden zurückfahren. Am Fuß
des Patéla können Sie Ihr Fahrzeug direkt neben der Straße abstellen und in
wenigen Minuten hinaufsteigen.

Spuren des antiken Rhizenía

Vom antiken Rhizenía ist heute ist heute nicht mehr viel zu sehen. Der italienische Archäologe *Luigi Pernier* legte 1906-1908 auf dem Tafelberg die Ruinen zweier frühgriechischer Tempel frei, die er anhand ihres Grundrisses und des fragmen-
tarisch erhaltenen Bauschmucks ins frühe 7. Jh. v.Chr. datierte. Die Überreste
dieses Bauschmucks, es handelt sich um Reliefplatten und Skulpturen im spätdä-
dalischen Stil (S. 75), befinden sich heute im Archäologischen Museum von Iráklion (AMI, Saal XIX). Die eingezäunten Grundmauern der Tempel sind vor Ort nur
schwer auszumachen, sie liegen etwa 200 m südlich der Kapelle. Die meisten der
zugewucherten Grundmauern, die man auf dem Gipfelplateau ausmachen kann,

*Frühgrie-
chische
Tempel*

stammen von einer Siedlung aus hellenistischer Zeit. Es fällt nicht schwer, sich vorzustellen, welche Bedeutung diesem Ort in der Antike zukam. Von hier aus ließ sich eine der wichtigsten Verkehrsverbindungen der Insel kontrollieren.

Ebenfalls aus hellenistischer Zeit stammen die beiden in den Fels gehauenen Grabhöhlen an der Straße Richtung Ágios Míronas, die in rund 500 m Entfernung vom Parkplatz der Ausgrabung aus zu erkennen sind. Sie sind Teil der ehemaligen Nekropole von Rhizenía.

Weiterfahrt in die Messará-Ebene

Geographischer Mittelpunkt

Das unscheinbare Straßendorf **Agia Varvára** gilt als der geographische Mittelpunkt der Insel. Kurz vor dem Ortsausgang trifft man auf die reizvolle Landstraße nach Ano Zarós (S. 560), die die Dörfer am Südhang des Psiloritís-Massivs erschließt.

Nicht weit hinter Agia Varvára erklimmt die Fernstraße nach Míres ihren höchsten Punkt, den **Vourvoulitis-Paß** bei Áno Moúlia. Aus rund 600 m Höhe hat man hier einen phantastischen Rundblick auf das weite Schwemmland der Messará-Ebene und die im Hintergrund aufsteigenden Asteroússia-Berge. In endlos scheinenden Serpentinen geht es nun hinab nach Agii Déka.

10.2 Quer durch die fruchtbare Messará-Ebene

Agíi Déka (Αγιοι Δεκα)

Viel hat Agíi Déka dem Reisenden auf den ersten Blick nicht zu bieten. Für die meisten Urlauber ist die unscheinbare Landwirtschaftssiedlung lediglich Durchgangstation auf dem Weg zur Ausgrabung von Górtis. Die gesamte Infrastruktur – Geschäfte, Cafés, Tavernen, OTE und Post – konzentriert sich entlang der Hauptstraße, an der auch die Busstation liegt. Auch mehrere private Zimmervermietungen gibt es im Ort. Für Reisende, die das „authentische Kreta" suchen, eine gute Gelegenheit für einen Zwischenstopp. *Unscheinbare Landwirtschaftssiedlung*

Seinen Namen verdankt Agíi Déka („*Heilige Zehn*") 10 kretischen Bischöfen, die am 23. Dezember 250 n.Chr. in Górtis im Zuge einer vom römischen Kaiser **Decius** (249-251) befohlenen Christenverfolgung als Märtyrer starben. Spuren der auf Kreta hoch verehrten Heiligen finden sich an zwei Stellen im Ort:

In der noch aus byzantinischer Zeit stammenden **Dorfkirche**, die ca. 300 m südlich der Hauptstraße liegt, wird die als Reliquie verehrte steinerne **Grabplatte der „Heiligen Zehn"** bewahrt. Sie befindet sich heute hinter Glas, da die Dorfbewohner in der Vergangenheit wiederholt den Stein abschabten, um das gewonnene Pulver als Heilmittel zu verwenden. Ein Besuch der stimmungsvollen Kirche lohnt sich allein der Atmosphäre wegen. Die aufwendig gearbeitete Ikonostase aus Zypressenholz stammt aus dem späten 19. Jh., weitaus älter sind die noch zu sehenden Freskenfragmente. *Verehrte Grabplatte*

Kapelle über dem Märtyrergrab

Das Grab der Märtyrer liegt östlich des Dorfes, am Rande des archäologischen Geländes von Górtis (s.h. Ausgrabungsplan Górtis). Über ihm wurde 1927 eine kleine Kapelle erbaut. Wenn man links um die Kirche herumgeht, kann man unter dem Gebäude einen Blick in die Gruft werfen. Zu sehen sind allerdings nur sind nur 6 der Gräber, 4 liegen unter dem Fundament.

Die antike Stadt Górtis (Γορτψν)

Etwa 1,5 km westlich des Dorfes Agíi Déka liegt direkt an der Hauptstraße 97 nach Míres die Ausgrabung der antiken Stadt Górtis. Busse auf der Route von Iráklion nach Süden halten z.T. direkt am Eingang. Die Landstraße von Iráklion nach Míres teilt das großflächige Gelände in einen nördlichen (kostenpflichtigen) und einen südlichen (frei zugänglichen) Besichtigungsabschnitt. Im Westen fließt der – im Sommer meist ausgetrocknete – Fluß Mitropolianós vorbei. Eine gut ausgebaute Straße führt hier südwärts über die Asteroussia-Berge nach Léndas, einem der ehemaligen Häfen von Górtis (S. 517).

Aktuelle Öffnungszeiten und Infos entnehmen Sie bitte den gelben Seiten Messará-Ebene, S. 289.

Lage und Überblick

Spannende Einblicke

Das antike Górtis wurde am nördlichen Zugang zur Messará-Ebene, auf halber Strecke zwischen dem nördlich gelegenen Psilorítis-Massiv und den Asteroussia-Bergen an der Südküste, angelegt. Seine Ruinen geben dem Besucher einem archäologischen Park gleich spannende Einblicke in ein langes Kapitel der Geschichte Kretas. Górtis oder Gortyn war eine der mächtigsten Siedlungen und viele Jahrhunderte lang die Hauptstadt der Insel. Heute gilt sie als eine der am besten erforschten Ausgrabungen. Wandeln Sie hier innerhalb kurzer Zeit von der hellenistischen bis in die byzantinische Zeit. Über Kreta hinaus berühmt ist Górtis durch seine 1884 gefundenen und rund 2.500 Jahre alten **Gesetzestexte**, die ersten Schriftgesetze Europas. Sie bilden zusammen mit der Titus-Basilika die wichtigsten Sehenswürdigkeiten von Górtis.

Geschichte

Keimzelle der Besiedlung

Die Gründung der Siedlung Górtis (auch Gortyn oder Gortyna) liegt im dunkeln, eingebunden in die Welt der Mythen. Eine erzählt davon, daß *Zeus* und *Europa* an dieser Stelle *Minos* gezeugt hätten. Dieser habe dann die Stadt gegründet. Auch wenn der Zeitpunkt der ersten Besiedlung Jahrtausende zurück reicht, eine wirkliche Stadt wurde Górtis erst durch die Hand der Dorer. Keimzelle der Besiedlung ist die Akropolis auf dem Hügel westlich der späteren römischen Stadt. *Homer* führt Górtis später schon als **eine der berühmten 100 Städte**, *Platon* rühmt in seinen „Gesetzen" die Macht, den Wohlstand und die Gesetzgebung der Stadt.

Durch den Aufschwung von Górtis kommt es zu einer gewalttätigen Konkurrenz mit dem nahen Knossós, die erst 220 v.Chr. durch einen Friedensvertrag beendet wird. Ab dem 2. Jh. v.Chr. werden gute Beziehungen nach Rom und zum späteren *Kaiser Augustus* geknüpft, was der Stadt nach der Eroberung Kretas durch *Quintus Metellus Creticus* das Wohlwollen der Besatzer einbringt. Sie machen Górtis 27 v.Chr. zu ihrer **Hauptstadt der römischen Provinz Creta et Cyrenae**. Górtis ist nun eine *maxima civitas* mit annähernd 400 Hektar Ausdehnung.

Zentrum der Christianisierung

Dennoch wird Górtis später ein Zentrum der Christianisierung, was dem römischen *Kaiser Decius* nicht gefällt. Im Dezember 250 n.Chr. werden in Górtis 10 Bischöfe hingerichtet, sie gehen als die **Märtyrer Agíi Deka** („Die heiligen Zehn") in die Geschichte Kretas ein (siehe S. 487). Dennoch entstehen nicht weniger als sechs Basiliken in Górtis, alle südlich der Titus-Basilika. Später setzen schwere Erdbeben und im 7. und 8. Jh. die Araber der Stadt schwer zu. Die Bewohner ziehen sich in die mittlerweile befestigte Akropolis zurück, die im 10. Jh. endgültig verlassen wird. Ein Wiederaufbau hat nie stattgefunden, statt dessen legte man etwas östlich das Dorf Agíi Déka an.

Nachdem Górtis jahrhundertelang in einem weitläufigen Olivenhain schlummerte, wurde es 1884-1887 zuerst durch italienische Archäologen freigelegt und erforscht (u.a. *Frederico Halbherr*, der kurz darauf in Féstos arbeitete).

Sehenswertes

Górtis hatte eine erhebliche Ausdehnung, die vielen einzelnen Ausgrabungsstätten verteilen sich auf eine große Fläche. Die Landstraße von Iráklion nach Míres teilt das Ruinenfeld in zwei Bereiche: Der vielbesuchte nördliche mit der Titus-Basilika und den Gesetzestexten kostet Eintritt, während man im südlichen Bereich im lichten Olivenhain frei umherwandeln kann.

Große Fläche

Für die Besichtigung sollten Sie mindestens 2 Stunden einplanen.

• Nördlicher Teil der Ausgrabungen

Basilika Agios Titos (1): Die frühchristliche Basilika des *Heiligen Titus* stammt aus dem 6. Jh. n.Chr. und zeugt von der ersten christlichen Gemeinde Kretas, die in Górtis ihren Sitz nahm. Die Kuppelbasilika hatte drei Schiffe, ihr Grundriß die Form eines Kreuzes. Erhalten sind allein die Seitenwände der Schiffe und das aus sauber behauenen Blöcken errichtete Gewölbe (die Blöcke sind paßgenau ohne Mörtel aneinander gefügt!). Über dem Kreuzungspunkt der Kreuzarme erhob sich einst eine flache Kuppel. 824 n.Chr. wurde die Kirche von den einfallenden Sarazenen geplündert und zerstört. An der Südseite der Basilika hat man eine Grube mit liturgischem Gerät, Kerzenständern und anderen Gegenständen gefunden, die sich heute im Historischen Museum von Iráklion befinden.

Frühchristliche Basilika

Mit der Geschichte der Basilika untrennbar verbunden ist die **Legende des Heiligen Titus**, einem Reisegefährten des *Heiligen Paulus* und ab 65 n.Chr. erster Bischof der Insel mit Sitz in Górtis. 105 n.Chr. wurde der christliche Missionar in der Stadt enthauptet, sein Schädel ist seitdem als Reliquie in der Basilika aufbewahrt. Später brachte man ihn nach Chandrax (Iráklion) und verehrte ihn in der dortigen Apostel-Titus-Kirche (mehr zum Schicksal der Reliquie auf S. 337).

Agora: Die Ruinen des Marktplatzes (*Agora*) der griechischen und der römischen Stadt liegen zwischen der Titus-Basilika und dem Odeon. Einst stand hier ein Asklepios-Tempel.

Odeon (2): Das Odeon ist ein römisches Gebäude aus der Mitte des 1. Jh. v.Chr., in dem musikalische und Theater-Aufführungen stattfanden. Der Boden liegt ca. 2 m über dem Flußbett des Mitropolianós und war bis zu seiner Freilegung im Jahre 1912 unter den Ablagerungen des Flusses begraben.

Der Grundriß des Odeons umfaßt den größten Teil eines Kreises, der im Südwesten durch das Bühnengebäude geschlossen wurde. Gut erhalten sind der mit weißen und schwarzen Mamorplatten gepflasterte Boden des Bühnenraums (Orchestra) und die Fundamente des Bühnengebäudes.

Gut erhalten

Der Zuschauerraum wird durch zwei Treppenläufe in vier Segmente gegliedert. Hinter den Sitzreihen liegen zwei Gänge mit Bogenführungen, auf deren Mauern die leider nicht erhaltenen Sitzreihen ruhten. In der Wand des äußeren Ganges,

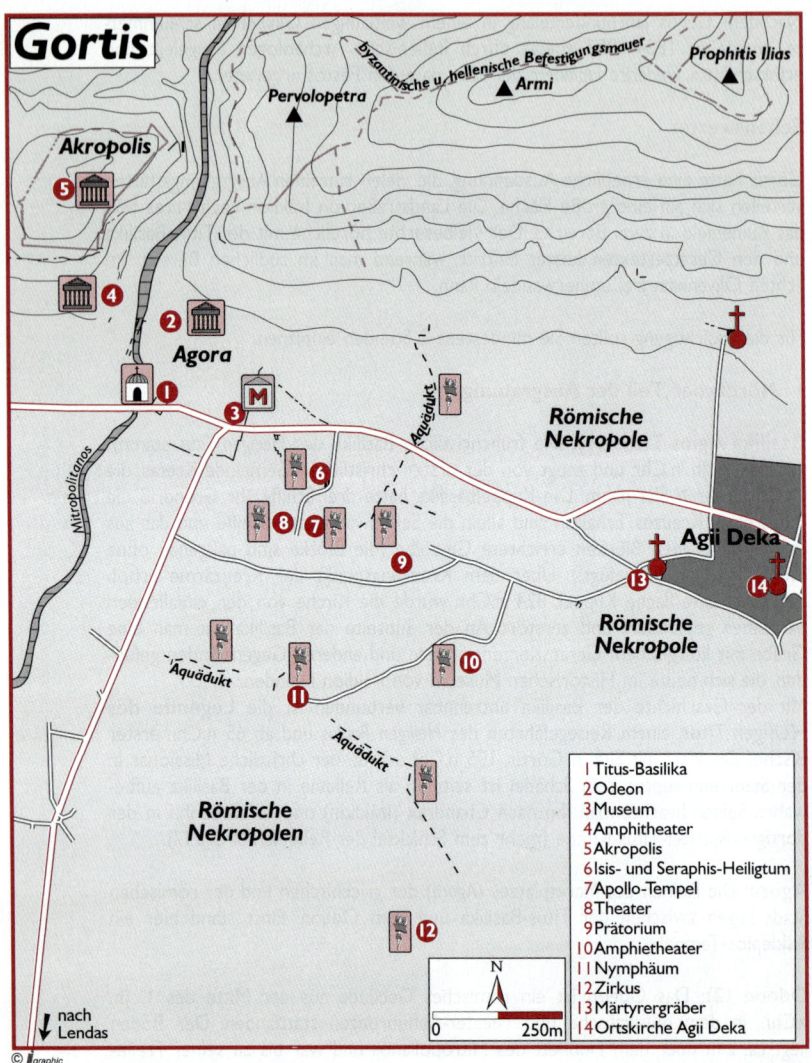

Gortis

Prophitis Ilias ▲

byzantinische u. hellenische Befestigungsmauer

Armi ▲

Pervolopetra ▲

Akropolis

⑤

④

②

Agora

①

③ Ⓜ

Mitropolitanos

⑥

⑧ ⑦

⑨

**Römische
Nekropole**

Aquädukt

✝

Agii Deka ✝

⑬ ✝ ⑭

**Römische
Nekropole**

Aquädukt

⑩

⑪

Aquädukt

**Römische
Nekropolen**

⑫

1	Titus-Basilika
2	Odeon
3	Museum
4	Amphitheater
5	Akropolis
6	Isis- und Seraphis-Heiligtum
7	Apollo-Tempel
8	Theater
9	Prätorium
10	Amphietheater
11	Nymphäum
12	Zirkus
13	Märtyrergräber
14	Ortskirche Agii Deka

N

0   250m

↓ nach
Lendas

© graphic

der sich dahinter befindet – dem Theaterrundgang –, sind die Blöcke mit den
berühmten **Gesetzestexten des Stadtrechtes** von Górtis eingebaut. Sie sind
auf der linken Seite überdacht und durch ein Gitter geschützt, dennoch sehr gut
zu sehen.

INFO Europas erstes Schriftgesetz – das Stadtrecht von Górtis

Neben den berühmten Linear A- und B-Schriften ist das Stadtrecht von Górtis wohl das berühmteste Schriftzeugnis Kretas und die **früheste Gesetzesschrift Europas** überhaupt. Auf einer Mauer aus 42 Kalksteinblöcken, annähernd 9 m breit und mannshoch, sind die 637 Verse umfassenden antiken Gesetzestexte in den Stein gemeißelt. Das Verwirrende daran: Jede zweite Zeile ist in **Spiegelschrift** verfaßt! So muß man die Texte der 12 Kolumnen jeweils eine Zeile normal von links nach rechts lesen, die nächste jedoch von rechts nach links – *bustrophedon*, „wie der Weg des Ochsen beim Pflügen", wird diese Anordnung genannt.

Schon im späten 5. Jh. v.Chr. waren die Steinquader mit den Texten in einen Rundbau integriert worden, bis sie im 1. Jh. v.Chr. ihren heutigen Standort fanden. Auch bei der „Renovierung" des Odeons im 4. Jh. n.Chr. blieben sie erhalten. Damit beim Umzug nichts durcheinander geriet, wurden die Blöcke gekennzeichnet. 1884 entdeckte sie der italienische Archäologe *Frederico Halbherr* in der heutigen Anordnung, lesbar wie vor 2.500 Jahren. Erforscht wurden sie seit Beginn des 20. Jh.

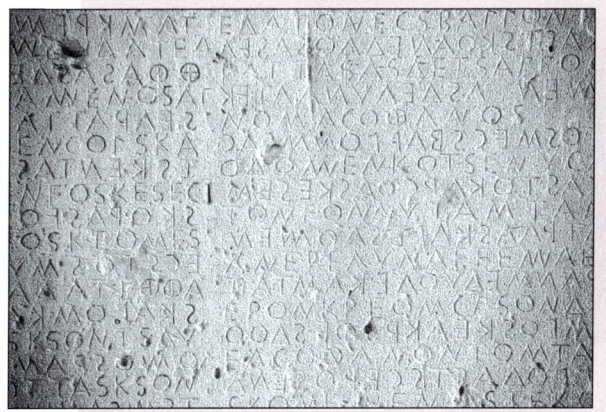
Steinquader mit Gesetzestexten

durch das Italienische Archäologische Institut und die Direktion der Klassischen und Byzantinischen Altertümer Kretas.

Doch was beinhalten die Gesetzestexte von Górtis, die ein archaisches Alphabet mit 18 Buchstaben in dorischem Dialekt benutzen ? Die meisten Abschnitte erwähnen **zivilrechtliche Verhältnisse**, erstaunlich oft ist von der Ehe (und ihrem Bruch...), von Erbfällen und Schulden die Rede. Auch der Rechtsstatus der Sklaven, die in verschiedene Ränge eingeordnet wurden, ist hier geregelt. Schwere Strafen kommen so gut wie nicht vor.

Da es noch für viele Jahrhunderte keine Bücher geben sollte, übernahmen die Gesetzestexte die Funktion eines öffentlichen Nachschlagewerks in Sachen Rechtsbelehrung. Sie standen wahrscheinlich auf dem benachbarten Marktplatz (*Agora*).

Übrigens: Ein Teil der Gesetzestexte befindet sich heute im Pariser Louvre.

Museum (3)

Vom Parkplatz führt rechts ein Weg zum modernen Museum, das aus einem Raum in Form einer vergitterten Halle besteht, an deren Rückwand römische Marmorstatuen aufgestellt sind, die aus dem südlichen Ausgrabungsteil stammen. Außerdem lädt hier eine kleine Cafeteria zu Erfrischungen ein.

Am **Westrand** der Ruinenstadt verläuft der im Sommer ausgetrocknete **Fluß Mitropolianós**, ein Zufluß zum Geropotamos. In seiner Schlucht gibt es einen Quellhorizont, der eventuell einmal die Wasserversorgung der Siedlung gesichert hat. Tektonisch betrachtet ist diese Lage aber riskant, da sie durch eine große in Ost-West-Richtung verlaufende Verwerfung gekennzeichnet ist. Diese verläuft mitten durch das Odeon und birgt die Gefahr von Erdbeben.

Legendenumwobene Platane

Auf dem Weg zum Fluß passiert man eine **venezianische Wassermühle**, die noch bis zur Mitte des 20. Jh. in Betrieb war. Am Ufer des Mitropolianós wächst eine angeblich **immergrüne Platane**. Als eine von nur 20 solchen „Launen der Natur" auf Kreta soll sie auch im Winter ihre Blätter tragen. Der Legende nach wurde unter dem Baum *Minos* als einer der drei Söhne von *Zeus* und *Europa* gezeugt.

Blick über Górtis

Westlich des Flusses (Brücke an der Hauptstraße nehmen) liegt an dem Hügel Orthi Petra (505 m) die **Akropolis (5)**. Sie wurde während der Bronzezeit (Minoer) und der sogenannten dunklen Jahrhunderte (11.-9. Jh. v.Chr.) als Fluchtburg genutzt und bildete auch die erste Besiedlung in der nachminoischen Zeit. Im 7. Jh. v.Chr. wurde hier ein Tempel errichtet, dessen Skulpturenschmuck im AMI in Iráklion ausgestellt ist. Am Hang des Hügels fanden Archäologen einen langgestreckten Altar, der *Athene Poliouchos* geweiht war, und eine Grube mit Weihegeschenken, die Reliefs, Statuetten, Opfergefäße und andere Votivgaben enthielt. Dies waren **die ältesten Funde** aus Górtis. Auf den Ruinen des Tempels errichtete man später eine christliche Kirche.

Guter Panoramablick

Auf dem höchsten Punkt des Hügels erhebt sich ein großes römisches Ziegelgebäude, das „Kastro" genannt wird. Jüngere, in byzantinischer Zeit errichtete Befestigungsmauern umgeben den ganzen Hügel. Zu sehen sind heute allenfalls ein paar schwer zuzuordnende Ruinen, dafür hat man von der Akropolis einen sehr guten **Panoramablick** über die Landschaft und das Ausgrabungsgelände. Am besten kommen Sie von Ambelóuzos aus hin (rund 1,7 km ab der Hauptstraße):

nach dem Ortsschild rechts ab, Richtung Gegeri, fahren (die Straße ist noch nicht auf allen Karten eingezeichnet).

Römisches Amphitheater (4): Am südöstlichen Hang des Akropolishügels finden sich die schlecht erhaltenen Überreste der größten römischen Theateranlage von Górtis. Ihr Bühnengebäude, das mindestens bis ins 16. Jh. aufrecht gestanden haben soll, ist heute leider zerstört.

- **Südlicher Teil der Ausgrabungen**

Das Gelände südlich der Landstraße (Vorsicht beim Überqueren der Fahrbahn!) ist frei zugänglich. Die einzelnen Fundstätten liegen verstreut in einem spärlichen Olivenhain (teilweise sehr alte Bäume) und sind nur z.T. von der Straße ausgeschildert, zudem leider meist eingezäunt. Ursprünglich lagen die oft durch Erdbeben zerstörten, fast ausschließlich römischen Gebäude unter einer dicken Schicht aus Sedimenten, die der Fluß Metropolianos hierher gespült hatte. Die kleineren Steine der Ruinen verwendeten die Bauern für die Begrenzungsmauern ihrer Felder. *Zwischen uralten Olivenbäumen*

Isis- und Seraphis-Heiligtum (6): An dem ersten Stichweg, etwa 200 m östlich der Straße nach Léndas, liegen die Überreste eines kleinen Tempelheiligtums aus römischer Zeit. Seine Weiheinschrift weist darauf hin, daß hier ab dem 2. Jh. v.Chr. die ägyptischen Gottheiten *Serapis, Isis* und *Hermes-Anubis* (als Jüngling mit Hundekopf) verehrt wurden. Sie fanden nach den Feldzügen der Römer durch Ägypten Aufnahme ins „Götterinventar".

Apollo-Tempel (7): Etwas südlich liegt das Heiligtum des *Apollon Pythios*. Es ist der größte und bedeutendste Tempel von Górtis. Unter seinen Fundamenten hat man die Überreste eines minoischen Gebäudes gefunden und damit den Beweis einer durchgehenden Besiedelung von Górtis erhalten. Der erste, aus Kalksteinblöcken errichtete Tempel stammte bereits aus der 2. Hälfte des 7 Jh. v.Chr. In römischer Zeit wurde die Anlage mehrmals umgebaut und erweitert. *Bedeutendster Tempel*

Amphitheater (8): Etwas südwestlich vom Apollo-Tempel liegt ein im 2. Jh. n.Chr. errichtetes, ovales Bauwerk, das nur noch als Hügel und durch einzelne Brocken seiner Umfassungsmauer als Amphitheater zu identifizieren ist. Die Außenfassade war aufwendig durch Bögen und Nischen gegliedert. Vom Amphitheater haben Sie einen guten Überblick.

Prätorium (9): Das Prätorium liegt etwas östlich, am Rand stehen einige sehr alte Olivenbäume. Leider trüben Stromleitungen und Zäune das Bild.

Reste des Prätoriums

Das Prätorium war der Sitz der römischen Verwaltung und zugleich der Palast des Provinzgouverneurs. Der Gesamtkomplex umfaßte mit einer Grundfläche von 120 x 100 m sowohl öffentliche Gebäude als auch die Privaträume des Gouverneurs (Prätors). Das erste Prätorium wurde vermutlich bereits unter *Kaiser Augustus* errichtet, danach jedoch mehrfach umgestaltet. Die heute sichtbaren Mauerreste entstammen vor allem dem 2. und 4. Jh. n.Chr.

Eindrucks-
volles
Trümmer-
feld

Das Prätorium ist ein eindrucksvolles Trümmerfeld aus Steinplatten, Säulenfragmenten, Wasserleitungen, Heizungsrohren und Mauerresten. Die im Westen zur Straße hin gelegene Fassade war ursprünglich mit einer Säulenstellung monumental ausgestaltet. Weiterhin kann man ein öffentliches Gebäude im Basilika-Stil erkennen, östlich davon das aus Ziegeln errichtete Thermen (vermutlich die Privatbäder des Prätors) und daneben eine vermutlich dem Kaiser bzw. dem römischen Staatskult geweihte Tempelanlage und zwei Säulenhallen.

Amphitheater (10): Die Ruinen eines weiteren Amphitheaters liegen am Ostrand der Ausgrabung, ca. 350 m südöstlich vom Prätorium.

Römische Thermen („Großes Tor"): Etwa 300 m westlich des Amphitheaters und 500 m südlich des Prätoriums lagen einst römische Thermen. Ihre aus Ziegelsteinen aufgebauten Mauern sind noch in beträchtlicher Höhe erhalten. Deshalb haben Einheimische ihnen zu Beginn des 20. Jh. den irreführenden Namen „Großes Tor" gegeben.

Aufwen-
dige
Brunnen-
anlagen

Nymphäum (11): Gleich nördlich der Thermen finden sich die Ruinen eines Nymphäums aus der Mitte des 2. Jh. n.Chr. Nymphäen sind architektonisch sehr aufwendig gestaltete Brunnenanlagen, die als Heiligtum der Nymphen verehrt wurden. Nymphen „sind" gutmütige z.B. auf Feldern und Quellen lebende Wasser- und Fruchtbarkeitsgöttinen.

Ein weiteres, größeres Nymphäum befand sich nördlich des Prätoriums. Es hatte Reihen ionischer Säulen und war ursprünglich mit mehreren Nymphenstatuetten geschmückt. In byzantinischer Zeit wurde die öffentliche Anlage unter *Heraclius* zu einer geschlossenen Zisterne umgebaut, als Wassertröge dienten nun große Sarkophage aus Stein.

Zirkus/Stadion (12): Rund 400 m südwestlich des Amphitheaters liegen die Ruinen des gegen Ende des 2. Jh. n.Chr. errichteten 400 x 68 m großen Stadions. Die Bögen der Mauern, die die Zuschauerreihen getragen haben, sind noch erhalten. Den oberen Abschluß bildete eine Säulenstellung, Fragmente dieser Säulen sind heute überall im Gelände verstreut.

■ Weiterfahrt Richtung Féstos

Míres (Μοιρεζ)

Aktuelle regionale Reisetips zu Míres
entnehmen Sie bitte den gelben Seiten Messará-Ebene, S. 288f.

Die rund 5.000 Einwohner zählende Kleinstadt Míres ist das geschäftige Zentrum der Messará-Ebene mit Schule, Polizeistation und Krankenhaus. Rucksackreisende nehmen von hier aus den Bus nach Léndas. Entlang der Hauptstraße, nahe der Busstation, findet man alles, was man braucht: Eine Bank, Post, Apotheken, einen großen Supermarkt und inzwischen sogar ein Internet-Café. Taxen stehen an der unteren Hauptstraße, in der auch die OTE-Station liegt.

Außer typisch griechischem Kleinstadtleben hat Míres nicht viel zu bieten. Das Interessanteste am Ort ist ohne Zweifel sein Markt. Am Samstagvormittag strömen die Bewohner aus der gesamten Region in die Provinzmetropole, um Handel zu treiben und Neuigkeiten auszutauschen. Die Bauern verkaufen ihre Ernte und decken sich zugleich mit Dingen des täglichen Bedarfs ein. Gehandelt wird alles Denkbare, von Obst, Gemüse, Fleisch und Vieh bis hin zu Werkzeugen, Kleidung, Schuhen und Stickereien. Im gesamten Ort herrscht dann lebhaftes Treiben.

Typisches Kleinstadtleben

3 km hinter Míres liegt rechts der Straße der Abzweig zum nahe der Hauptstraße gelegenen **Kloster Kaliviani**, einer ausgesprochen modernen und üppig begrünten Klosteranlage mit Waisenhaus, Mädchenpensionat, Handarbeitsschule, Geschäften, Krankenhaus und Altersheim. Das auch heute noch belebte Nonnenkloster gleicht eher einer Kleinstadt als einer Einsiedelei. Zu besichtigen ist ein Museum für „Kirchen- und Volkskunst" (liturgische Geräte, Ikonen, kretische Trachten, traditionelle Webarbeiten,...). In einer kleinen Kapelle hinter der Hauptkirche sind noch alte Fresken zu erkennen.

Tip
Im Kloster können Sie neben Ikonen und theologischer Literatur vor allem hochwertige Webarbeiten und Stickereien erwerben. Festtag ist der 15. August.

Panagia-Kirche, Kloster Kaliviani

Der minoische Palast von Féstos (Πηαιστοσ)

Lage und Überblick

Auf einem Hügel an der modernen Straße von Vori Richtung Pitsidia liegt Féstos, die aus archäologischer Sicht zweitwichtigste Ausgrabung nach Knossós. Die Ruinen gelten als die schönste minoische Palastanlage Kretas. Sie bedecken eine abgeflachte Anhöhe von 8.500 m² Grundfläche, die sich rund 70-90 m über die flache Messará-Ebene erhebt. Von hier reicht der Blick im Westen bis zum Liby-

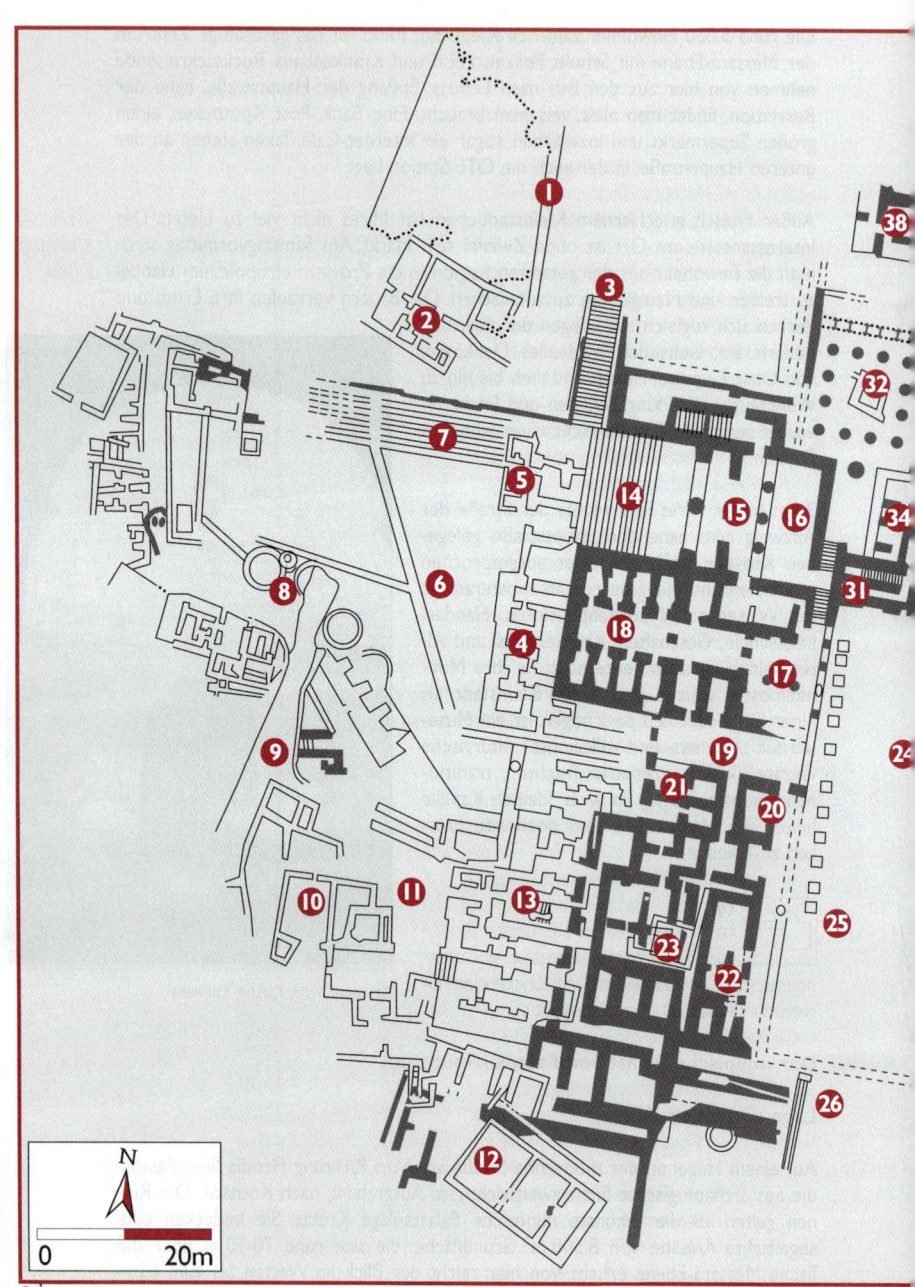

© *i*graphic

Palast von Festos

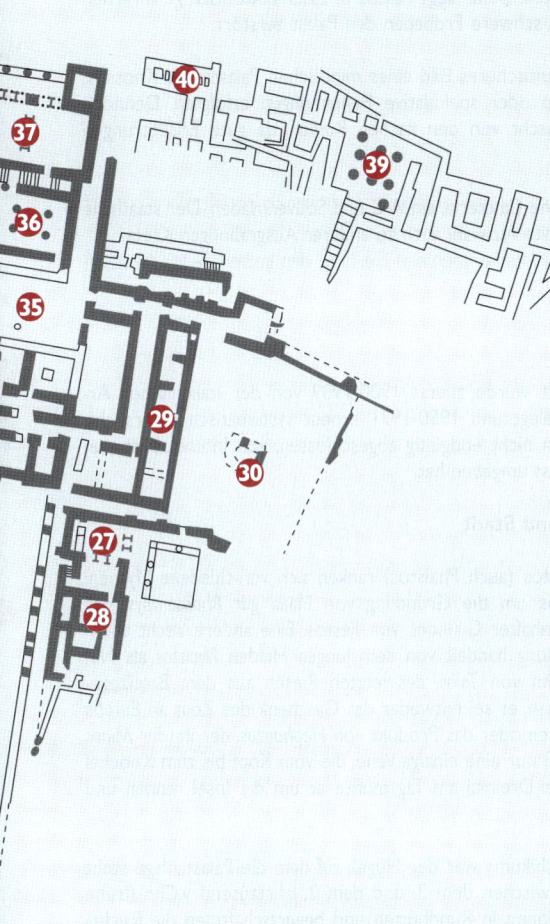

Oberhof
1 Prozessionsweg
2 Gebäude aus hellenistischer Zeit
3 Treppe zum Westhof

Theaterbezirk
4 Grundmauern des alten Palastes
5 Dreiteiliges Heiligtum
6 Westhof mit Prozessionsweg
7 Theatertreppe

Stadt
8 Getreidespeicher
9 Straße
10 Wohnhäuser der geometrischen Zeit
11 Kleiner Platz
12 Rheatempel
13 Grundmauern des alten Palastes

Westflügel des Neuen Palastes
14 Freitreppe des Westportals
15 Torgebäude
16 Lichthof
17 Vorhalle der Westmagazine
18 Westmagazin
19 Korridor
20 Kulträume
21 Kulträume
22 Pfeilerkrypta
23 Lustralbassin des alten Palastes

Zentralhof
24 Oberfläche des Zentralhofs aus der Zeit des alten Palastes
25 Vertiefungen einer Säulenreihe des alten Palastes
26 Abwasserkanal

Ostflügel des neuen Palastes
27 Säulenhalle
28 Bad und Toilette ?
29 Werkstätten
30 Osthof

Nordflügel des Neuen Palastes
31 Treppenhaus
32 Säulenhof
33 Korridor mit Abwasserkanal
34 Magazine
35 Nordhof
36 "Gemach der Königin"
37 "Megaron des Königs"
38 "Saal der Königin"

Gebäudekomplex aus der alten Palastzeit
39 Säulenhof
40 Archiv (Fundort des Diskos)

schen Meer, im Norden türmen sich die gewaltigen Berge des Psilorítis-Massivs auf, und im Südwesten wandert der Blick über die fruchtbare Messará-Ebene, die vom Geropotamos durchflossen wird. Geologisch betrachtet ist diese Lage günstig, weil in nahegelegenen Steinbrüchen Kalkstein, Mergel und Gips als Baumaterial abgebaut werden konnten. Dafür liegt Féstos in einer tektonisch gefährlichen Zone, immer wieder haben schwere Erdbeben den Palast zerstört.

Kaum Rekonstruktionen

Féstos gibt heute ein authentischeres Bild eines minoischen Palastes als Knossós, da kaum Rekonstruktionen oder spekulative Benennungen erfolgten. Dennoch sind viele Besucher enttäuscht von den flachen Ruinen, da gute Erläuterungen (noch?) fehlen.

Auf dem Gelände gibt es eine Caféteria, ein WC und Souvenirläden. Der staatliche Bücherladen bietet eine breite Auswahl auch zu anderen Ausgrabungen Kretas. *Aktuelle Öffnungszeiten und Infos entnehmen Sie bitte den gelben Seiten Messará-Ebene, S. 289.*

Grabungsgeschichte

Der länger bekannte Palast wurde zuerst 1900-1909 von der Italienischen Archäologischen Schule freigelegt und 1950-1971 erneut systematisch untersucht. Bis heute sind die Arbeiten nicht endgültig abgeschlossen, von Interesse ist nun die Stadt, die den Palast einst umgeben hat.

Geschichte von Palast und Stadt

Zahlreiche Mythen ...

Um die Gründung von Féstos (auch Phaistos) ranken sich verschiedene Mythen. Entsprechend dem **Mythos** um die Gründung von Mália gilt *Rhamanthys*, der Bruder von *Minos*, als sagenhafter Gründer von Féstos. Eine andere, recht abenteuerlich anmutende Erzählung handelt von dem jungen Helden *Phaistos* als Namensgeber. Er war ein Sohn von *Talos*, des letzten Riesen aus dem Bronzegeschlecht. Von diesem sagt man, er sei entweder das Geschenk des Zeus an *Europa* zum Schutz der Insel gewesen oder das Produkt von *Hephaistos*, der ihn für *Minos* geschaffen hatte. *Talos* besaß nur eine einzige Vene, die vom Kopf bis zum Knöchel lief und Götterblut enthielt. Dreimal am Tag mußte er um die Insel rennen und Eindringlinge verjagen.

Fakten

Bereits während des Neolithikums war der Hügel, auf dem die Palastanlage steht von Menschen besiedelt. Zwischen dem 3. und dem 2. Jahrtausend v.Chr. (frühe Bronzezeit) lebten sie in Sippen in Rundhütten und bewirtschafteten die fruchtbare Messará-Ebene, was einen recht hohen Lebensstandard ermöglichte (Hinweis sind z.B. die ansehnlichen Grabbeigaben in den Kuppelgräbern der Umgebung). Als man die Macht in wenigen Zentren konzentrierte, gehörte Féstos zu den aufblühenden Siedlungen und erhielt schon Mitte des 19. Jh. v.Chr. einen **ersten Palast**. Er war auf das Psilorítis-Massiv im Norden und dort auf den großen **Eingang zur Kamáres-Höhle** ausgerichtet, die man als schwarzen Punkt zwischen den fast 2.000 m hohen Gipfeln Mávri (rechts) und Skaroneró (links) mit bloßem Auge ausmachen kann. Aus dieser Frühzeit von Féstos stammt auch eines der Wohnquartiere, **Chalara**, das südlich des Palastes unterhalb des Hügels ausgegraben wurde.

Da die Gegend anfällig für Erdbeben ist, wurde der Palast in den 300 Jahren bis um 1625 v.Chr. dreimal schwer beschädigt. Unermüdlich baute man ihn auch nach der dritten und schwersten Naturkatastrophe prachtvoll wieder auf. Der **neue Palast** wurde nicht wie in Mália oder Knossós direkt auf den Ruinen des alten Palastes erbaut, die Minoer versetzten die Westfassade um 7 m nach Osten. Der neue Palast erreichte auch nicht ganz die Ausmaße des alten, eventuell ist er niemals vollständig fertiggestellt worden. Die beiden versetzt angeordneten Palastanlagen lassen sich daher gut voneinander unterscheiden. *Immer wieder Erdbeben*

Welche Funktion der neue Palast von Féstos neben dem ebenfalls großen und wohlhabenden Agía Triáda in nur 2 km Entfernung hatte, ist bis heute strittig (wo hatte z.B. der Herrscher der Region seinen Sitz?). Einige Archäologen nehmen an, daß Féstos noch vor seiner ersten Zerstörung die politische Funktion an das näher zur Südküste gelegene Agía Triáda abgab und der neue Palast „lediglich" Zentrum religiöser Kulte blieb.

1450 v.Chr. wurde der Palast von Féstos – wie alle minoischen Paläste Kretas – durch eine nicht endgültig geklärte Katastrophe (Erdbeben und anschließende Feuersbrünste) vollkommen zerstört und nicht wieder aufgebaut. Die Siedlung Féstos war allerdings bis zu ihrer Einnahme und Verwüstung durch die Rivalin Górtis ca. 200 v.Chr. (siehe S. 487ff) weiterhin bewohnt und eine nicht unbedeutende Stadt. Es gab eine enge Verbindung zum nahen Gortis, die unter anderem wegen eines Streites um die Stadt Lythos aufgegeben wurde. Eventuell gab es in Féstos sogar noch vor Górtis öffentliche Gesetzestexte, wie ein Zufallsfund von 1978 nahe dem Wohnquartier Chalara annehmen läßt. *1450 v.Chr. zerstört*

Die **wichtigsten Funde** in Féstos waren der Diskos (siehe S. 504), die annähernd 7.500 Tonsiegel und Linear-A-Schrifttafeln sowie die hochwertige Keramik im Kamares-Stil, die noch aus dem alten Palast stammt. Den besten Überblick gibt das AMI in Iráklion.

Kommós (Hafen von Féstos)

6 km südwestlich von Féstos und 2 km nördlich des heutigen Mátala lag der Hafen Kommós. Er war ein geschäftiger Handelshafen mit internationalen Beziehungen und durch ein vorgelagertes natürliches Riff bestens geschützt (lesen Sie zu Kommós mehr auf S. 513).

Ein Rundgang durch die Palastanlage

Wenn man vom Eingangsbereich aus (von Westen) das Grabungsgelände betritt, bietet sich ein guter Überblick über die Gesamtanlage und das Panorama der Messará-Ebene mit den Asteroussia-Bergen im Hintergrund. Vor Ihnen liegt der **Oberhof**, südlich davon, rund 6 m tiefer, der als **Theaterbezirk** gedeutete Westhof. Deutlich zu erkennen ist eine etwa 1 m hohe Verebnung, die zwischen West- *Guter Überblick* hof und Palastfassade hervorspringt: Dies sind die mit Beton gesicherten Grundmauern des alten Palastes. Hinter dem Theaterbezirk, nochmals ein deutliches Stück tiefer, liegen einige weitere Grundmauern des alten Palastes sowie der **Stadt**.

Blick auf den Zentralhof

Die **Westfassade des neuen Palastes** ist dank der großen Freitreppe leicht zu erkennen. Über die ehemalige Eingangshalle und die Magazinräume des **Westflügels** hinweg fällt der Blick auf den **Zentralhof**. Der **Ostflügel**, im Hintergrund flankiert von einer Baumgruppe, fällt deutlich bescheidener aus als in Knossós, möglicherweise ist er zum Teil einem Hangrutsch zum Opfer gefallen, dessen Abbruchkante bis an die Südostecke des Zentralhofes heran ragt. Wohn- und Repräsentationsräume konzentrieren sich vor allem im **Nordflügel**.

• Beschreibungen

Oberhof

Auf dem bereits aus der Zeit des alten Palastes stammenden Oberhof mit prächtiger Aussicht sind am Rand die Reste eines nach Süden verlaufenden **Prozessionsweges (1)** zu erkennen. Typisch minoisch sind seine Platten aus dem übrigen Pflaster hervorgehoben. Die Grundmauern des südlich angrenzenden **Gebäudes (2)** sind jüngeren Ursprungs, sie stammen aus hellenistischer Zeit. Eine längere **Treppe (3)** führt hinab zum Westhof.

Westhof und Westfassade

Niedriger Opfertisch

Am Ende der Treppe (3) stehen Sie am Rande des Westhofes vor einer Raumgruppe, die sich zu einem **dreiflügeligen Heiligtum (5)** ergänzt. Einige Räume liegen heute offen, andere sind überdacht (Sie stehen darauf!). Hier fanden die Ausgräber Wandbänke, auf denen vermutlich Kultgegenstände abgelegt wurden, und einen niedrigen Opfertisch mit Stierdarstellungen. Ein weiterer Raum enthielt einen rechteckig behauenen Stein mit einer Vertiefung in der Mitte. Auf ihm lagen Asche, Tierknochen und zerbrochene Vasen sowie Splitter von Obsidianklingen.

Um 7 m verschoben

Die **Grundmauern des alten Palastes (4)** sind zum Schutz nach ihrer Ausgrabung wieder abgedeckt worden. Der neue Palast wurde 7 m weiter östlich errichtet, um dem Westhof einen großzügigeren Eindruck zu geben.
Der imposante **Westhof (6)** liegt rund 6 m unterhalb des Oberhofes. Auf gesamter Länge verläuft ein **Prozessionsweg**, der diagonal von Nordwesten Richtung Palast führt (ein Dreieck bildend) und deutlich erhöht ist. Am Nordrand des Hofes liegt vor der Stützwand zum Oberhof eine **Theatertreppe (7)**, deren Stufen bei Theateraufführungen oder Kulthandlungen vermutlich als Sitz-, eher noch als Stehplätze genutzt wurden. Hier fanden in minoischer Zeit sicherlich Spiele, vielleicht sogar das berühmte Stierspringen, statt. Neben der Anlage in Knossós gilt es als einziges bekanntes Theater eines minoischen Palastes.

Der durch die Verschiebung gewonnene Platz vor dem neuen Palast wurde noch in minoischer Zeit zugeschüttet und erst im Zuge der Ausgrabung wieder freigelegt (4). Direkt im östlichem Anschluß an die Raumgruppe um das „Heiligtum" des alten Palastes (5), das ebenfalls zugeschüttet wurde, legte man als Höhepunkt der Westfassade des neuen Palastes den **Haupteingang (15)** an. Zu ihm führt ein monumentaler Treppenaufgang mit 12 Stufen von 14 m Breite.

Bevor Sie nun über diese große **Freitreppe des Westportals (14)** die Anlage des neuen Palastes betreten (siehe unten), möchten wir Ihnen noch ein paar Informationen über die Grabungsareale mitgeben, die Sie von hier oben zwar einsehen, aber nicht betreten können: Am Rande des Westhofes sehen Sie die Reste von **4 Rundbauten (8)**, die an die *Kouloures* von Knossós erinnern (siehe S. 364), hier aber wohl eher zur Aufbewahrung von Getreide dienten. Das mittlere Silo wird von einer jüngeren **Straße (9)** zerschnitten. Sie verband den Westhof mit einem weiteren, deutlich kleineren **Platz (11)** vor der Westfassade des alten Palastes. Hier lagen einige Räume, die ausschließlich von diesem Hof aus zugänglich waren. *Am Rande des Westhofs*

Die Straße führt weiter hinab in die **ehemalige Stadt**. Die grob gearbeiteten Bruchsteinmauern links und rechts des Weges sind wohl die Grundmauern von **Wohnbauten (10)**. Hier im Süden machen Grundmauern aus archaischer Zeit, darunter Reste eines **Rhea-Tempels (12)**, die Rekonstruktion auch für Archäologen kompliziert. Der größte Teil dieses südwestlichen Geländes umfaßt noch die **Fundamente des alten Palastes (13)**.

Westflügel des neuen Palastes (nördlicher Teil)

Über die mächtige **Freitreppe (14)** wird der neue Palast betreten. Sie gelangen zunächst zum ehemaligen **Torgebäude (15)** (Propylon), in dem noch die Basis einer großen Mittelsäule (Durchmesser ca. 1,3 m!) zu erkennen ist. Dahinter liegt ein **Lichthof (16)**, der von drei Säulen unterteilt wird. Von hier aus geht es über eine schmale Treppe in die **Vorhalle der Magazine (17)** und auf den **Zentralhof (24)**.

Von der **Vorhalle der Magazine (17)**, die mit Alabasterplatten ausgelegt ist, öffnete sich die Fassade des Palastes zum Zentralhof. Nach Westen gelangt man in den langgezogenen Korridor der **Westmagazine (18)**. Ein Pfeiler in der Mitte stützte das heute nicht mehr erhaltene Obergeschoß oder Dach. In den Magazinräumen waren Schränke in die Steinwände eingelassen. Darin lagerten wunderschöne, im Kamares-Stil bemalte, mittelminoische Vasen (zu sehen im Saal III des AMI in Iráklion). An einigen der Wände stehen Sitzbänke. Im westlichsten Magazin der nördlichen Reihe – es wurde mittlerweile überdacht – stehen zwei Pithoi, in denen Olivenöl oder Wein aufbewahrt wurde. *Ehemalige Wandschränke*

Südlicher Abschnitt des Westflügels

Der abgezäunte **Korridor (19)** verband den Prozessionsweg des Westhofes (6) mit dem Zentralhof (24). Er unterteilte den Westflügel in zwei Hälften und konnte von Zentralhof durch zwei Türen betreten werden. Von hier aus gelangte man auch in einige **Kulträume (21-24)**, die vermutlich sakralen Zwecken dienten. Archäologen fanden hier Opfertische, eine Steinlampe, einen Mörser, Kultgefäße aus Ton, eine weibliche Statuette sowie Pithoi mit verkohlten Getreideresten. In einige Wände ist das Symbol der Doppelaxt eingehauen. In der Mitte des Raumes, der am Korridor anliegt **(21)**, befindet sich ein **Tisch** aus Stuck mit einigen Vertiefungen: Die genaue Funktion ist unklar. Ganz im Süden liegt ein

Raum, in den man nur vom Zentralhof aus gelangen kann. Der Raum wurde in der nachfolgenden griechischen Zeit stark verändert, so daß seine ursprüngliche Funktion nicht mehr zu erschließen ist. Die Basen zweier Pfeiler im Inneren lassen auf eine **Pfeilerkrypta (22)** schließen, wie sie an gleicher Position im Palast von Knossós liegt.

Wie in Knossós

Im Zimmer daneben haben Archäologen das **Lustralbassin des alten Palastes (23)** identifiziert.

Am Südende des Westflügels liegen neben dem griechischen **Rhea-Tempel (12)** (gr. Muttergottheit; „magna mater") ein Gang in west-östlicher Richtung und zwei architektonisch interessante Räume, deren Fundament erst durch eine künstliche Erweiterung des Hügels möglich wurde.

Zentralhof

Der **Zentralhof (24)**, der schon im alten Palast vorhanden war, steht mit seinem Ausmaß von 23 x 43 m hinter dem Zentralhof der Paläste von Knossós und Mália zurück. Die Südostecke des Hofes scheint irgendwann mit einem Teil des bebauten Hügels abgestürzt zu sein. Ausgerichtet ist der 90 m hoch gelegene Zentralhof auf die Kamares-Höhle im Psilorítis-Massiv (siehe S. 540ff), deren riesiger Eingang als schwarzer Fleck im Norden zu erkennen ist. Die Höhle hatte eine wichtige kultische Bedeutung.

Der Eingang zum Zentralhof, der zwei Stockwerke hoch war, bestand aus zwei Pfeilern mit einer Säule in der Mitte (Ostseite von 17). Die langen Ost- und Westseiten des Hofs wurden flankiert von

Zentralhof, Blick nach Süden

Ehemalige Vorhallen

überdachten Vorhallen (Portiken), die abwechselnd durch Säulen und Pfeiler untergliedert waren. Den Fußbodenbelag des Hofes bilden Pflastersteine. Die eckigen Vertiefungen an der Westseite sind übrigens Teil einer **älteren Säulenreihe (25)**, die dem alten Palast zugeschrieben wird.

Möglicherweise fanden auch im Zentralhof Aufführungen statt, diese hatten jedoch im Gegensatz zum öffentlichen Westhof eher privaten Charakter. Gehen Sie auch ganz an das Südwestende des Zentralhofes und werfen einen Blick auf den gut erhaltenen **Abwasserkanal des Zentralhofes (26)**.

„Königliche Gemächer" im Nordflügel

Der **Nordflügel** des Palastes ist vom Zentralhof aus erschlossen. In der Mitte der Nordseite öffnet sich ein **Korridor mit Abwasserkanal (33)** in diesen

Königliche Gemächer

Gebäudetrakt. Das Tor war umrahmt von zwei Holzsäulen, deren Steinbasen erhalten sind. Links und rechts von diesen Säulen befanden sich Nischen mit **Fresken**, die als Kopien wiederhergestellt wurden. Es handelt sich um abstrakte Rhombenmotive. Geschlossen wurde das Tor durch zwei Türflügel. Links

Nischen mit Fresken

unter diesem Eingang befand sich eine ähnliche Nische, auf die ein Treppenaufgang folgt. Diese **Treppen (31)** führen zu einem Korridor und einem **Säulenhof (32)** (Peristyl) mit abwechselnden Säulen und Pfeilern und ehemals nach innen geneigten Dächern (Regensammler). Den Säulenhof kann man auch über eine Treppe vom Lichthof des Durchgangs (16) erreichen. Zur Rechten der Treppe befinden sich zwei kleine **Magazinräume (34)**, in deren Wände kleine Schränke eingelassen sind. Hier fanden die Ausgräber ebenfalls Reste von Fresken.

Geht man hingegen den Korridor vom Zentralhof weiter nach Norden, erreicht man am Ende durch eine Tür den umschlossenen **Nordhof (35)**, unter dessen Oberfläche der Plattenboden des alten Palastes mit polygonalem Muster freigelegt wurde. Eine hier angelegte Zisterne stammt aus griechischer Zeit. Eine Tür an der nordöstlichen Ecke des Nordhofes führt in einen geraden Gang, der den nördlichen **Wohnbereich** erschließt (durch eine Überdachung geschützt). Westlich vom Gang liegt etwas tiefer ein prachtvoller Raum mit einem Lichthof, der in ungewöhnlicher Weise in der Mitte des Raumes angelegt wurde. An seiner Ost- und Westseite stehen zwei Säulen. In der nicht überdachten Mitte steht ein rechteckiges Becken, das an ein *atrium* und *impluvium* aus römischer Zeit erinnert. Zur Schönheit des Raumes tragen Boden und Wandverkleidungen aus Alabasterplatten bei. Die luxuriöse Ausstattung brachte dem Raum die Bezeichnung **„Gemach der Königin" (36)** ein.

Luxuriös ausgestattet

Die Treppe im Norden des Raumes führt nach links zur Säulenhalle (32) und nach rechts zur ehemaligen Eingangstür in den Hauptsaal des Flügels, der unter der Bezeichnung **„Gemächer (Megaron) des Königs" (37)** bekannt ist. Der Saal wird durch eine Türfront in eine West- und eine Ostseite halbiert. Die Böden bestehen aus Alabasterplatten mit roten Stuckfugen, die Wände waren ursprünglich mit Fresken dekoriert. Die Türfront im Norden öffnet die Säle den kühlenden Winden entgegen, aber auch mit weiter Aussicht zur Kamares-Höhle hin. Durch einen kleinen Weg verbunden liegt im Westen ein Raum, dessen Wände

INFO Geheimnisvolle Tonscheibe – der Diskos von Féstos

Eine kleine **Tonscheibe** von 16,5 cm Durchmesser, 2 cm dick, auf beiden Seiten zusammen 241 eingestempelte winzige **Piktogramme**, viele davon mehrfach und in wechselnder Reihenfolge verwendet. Der Diskos von Féstos ist nicht nur ein einzigartiges Zeugnis der Minoer, sondern seit seinem Fund 1903 in den Palastruinen von Féstos immer noch eines der rätselhaftesten. Die einfachen Zeichen, die in 61 Abschnitten die Scheibe spiralförmig bis zum Rand hin ausfüllen, ähneln sowohl einer bekannten kretischen Hieroglyphenschrift als auch dem minoischen Linear A. Iden-

tisch sind sie aber mit keiner bekannten Schrift, was die Entzifferung so schwierig macht. Es gibt keinen vergleichbaren Fund, der Hinweise liefern könnte. Selbst die **Leserichtung** auf der Scheibe ist nicht endgültig geklärt.

Seltsam erscheint es, daß der Ton der um 1600 v.Chr. hergestellten Scheibe zwar mit Sicherheit aus der Gegend um Féstos stammt, die hieroglyphischen Zeichen jedoch nicht den bekannten minoischen entsprechen und nach Aufassung von *Arthur Evans*, dem Ausgräber von Knossós, vermutlich aus dem südwestlichen Kleinasien stammen. Die Stempel, die für die Prägung in dem noch frischen und erst später

Diskos von Féstos

gebrannten Ton verwendet wurden, hat man in Féstos nie finden können. Stammt die Idee für den Diskos von Féstos vielleicht gar nicht von Kreta, ist er gar „nur" ein Importprodukt? Die zahllosen **Deutungsversuche** reichen von wissenschaftlich nachvollziehbar bis absurd, einige halten ihn für einen astronomischen Kalender. Möglich ist auch, daß die Zeichenfolgen einen Ritus beschreiben. Ob dieser allerdings dem Ahnenkult oder der Beschwörung der Fruchtbarkeit diente, ist unter Archäologen umstritten. Die Spiralform des Textes ist jedenfalls ein guter Hinweis auf eine sakrale (religiöse) Funktion.

Solange es jedoch keine vergleichbaren Dokumente zur Entzifferung des Schriftsystems gibt und nicht bekannt ist, welche Sprache die Minoer sprachen, werden auch die Spekulationen nicht abreißen und der kleine Diskos nichts von seiner Faszination einbüßen. Zu besichtigen ist er im Archäologischen Museum von Iráklion (AMI, Saal III).

Tip

*Versuchen Sie sich zu Hause selbst am ungelösten Rätsel der minoischen Kultur. Auf der Insel erhalten Sie sehr schöne **Repliken des Diskos von Féstos**, die besten in den autorisierten Museumsläden. Achten Sie dabei auf die Originalgröße und -farbe!*

mit Fresken und Alabasterplatten verkleidet waren: Der sog. **Saal der Königin (38)**. Ein Raum daneben beinhaltet ein Reinigungsbecken, zu dem eine kleine Treppe hinabführt – vielleicht ein „Badezimmer".

Östlicher Bereich des Nordflügels
Durch den in der Nordostecke des Zentralhofes abgehenden Korridor gelangen Sie in den **Osthof (30)** der Palastanlage. Der eingezäunte, hufeisenförmige **Ofen** in der Mitte spricht dafür, daß es sich bei den seitlich angrenzenden Räumen im Nordosttrakt um **Werkstätten (29)** mit einem verbindenden Korridor gehandelt haben muß. Der Fund zweier Tonscheiben sowie Schlackestücke stützen diese Hypothese. Im Ofen könnte Keramik gebrannt oder aber Bronze geschmolzen worden sein.

Tonscheiben und Schlacken

Ostflügel des Palastes
Die Räume im Ostflügel könnten als Wohntrakt einer höhergestellten Persönlichkeit gedient haben. Wahrscheinlich sind sie aber nie ganz fertiggestellt worden. Der **Hauptsaal (27)**, über einen abgewinkelten Gang vom Zentralhof aus zu erreichen, hat eine Türfront im Süden. Im Westen sind zwei kleine Zisternen aus Stuck angelegt. Vom Saal führt in Richtung Süden ein Lichtschacht zu einem Vorraum, von dem aus man über eine kurze Treppe zu einem Reinigungsbecken gelangen kann. Ein angrenzendes, sehr kleines Zimmer, von dem nur spärliche Reste erhalten sind, könnte ein **Bad oder eine Toilette (28)** gewesen sein. In diesem Fall wäre der Wasserabfluß mit Hilfe eines in den Felsen gehauenen Kanalisationsrohres gesichert gewesen.

Kleine Zisternen

Gebäude nordöstlich des Palastes
Nordwestlich der sog. königlichen Gemächer im Nordflügel liegen etwas isoliert die Reste der mittelminoischen Stadt aus der Zeit des alten Palastes. Im westlichsten der Gebäude, wahrscheinlich einem **Archiv (40)**, wurde in einer Kammer neben einer Linear-A-Tafel ein 2 cm dicker Diskos aus Ton gefunden (siehe Infokasten). Östlich von diesem Bereich stand ein **Privathaus**, das über einen eleganten **Säulenhof (39)** verfügte, an dessen Seiten jeweils eine von zwei eckigen Pfeilern umgebene runde Holzsäule stand. Von der Südwand des Hauses führt eine Treppe zum Osteingang des Palastes. In dem Gebäude, das diesen Komplex im Osten abschließt, wurden viele unfertige und ungebrauchte Tonwaren entdeckt. Vielleicht war es ein Töpferatelier.

Fundort des Diskos

Buchtip
Zu den Ausgrabungen in Górtis, Féstos und Àgia Triáda hat die Adams Edition das wunderschön bebilderte Buch „Phaistos – Hagia Triada – Gortyn" von Athanasia Kanta *herausgegeben. Es ist z.B. in Féstos erhältlich.*

Minoischer Herrschaftssitz und Siedlung Agía Triáda

Anfahrt

Agía Triáda liegt nur 3 km nordwestlich des Palastes von Féstos und stand mit Sicherheit in funktionellem Zusammenhang mit diesem. Ähnlich beeindruckend ist auch der Ausblick. Die Fahrt nach **Agía Triáda** *ist landschaftlich wenig reizvoll, Wanderer brauchen ca. 45 Minuten. Nördlich der Bucht von Timbáki mit vielen Gewächshäusern liegt ein noch von den deutschen Besatzern angelegter* **Militärflughafen***, den heute schwere Transportmaschinen dicht über die Ausgrabung anfliegen. Mehrmals gab es Planungen, ihn in einen Charterflughafen für Kretas Südküste umzuwandeln, zum Glück wurde diese absurde Idee bislang nicht umgesetzt. Vom Parkplatz geht es über Treppen ca. 150 m hinab zur Ausgrabung, deren zentraler Bereich mit Dächern geschützt ist.*

Tip

Besuchen Sie Agía Triáda am besten vor Féstos, da das Gelände bereits am frühen Nachmittag schließt. Agía Triáda bietet deutlich mehr Ruhe bei der Besichtigung als das zeitweilig von Besuchern überlaufene Féstos. Aktuelle Öffnungszeiten und Infos entnehmen Sie bitte den gelben Seiten Messará-Ebene, S. 289.

Geschichte

Agía Triáda ist historisch eine der interessantesten Siedlungen der Insel. Anfangs als minoische Villa gedeutet, hatten die reichen Funde und die Architektur zu der Spekulation geführt, hier einen weiteren Palast ausgegraben zu haben. Nach aktueller Meinung der Archäologen aber war Agía Triáda wohl doch kein minoischer *Villa oder* Palast, sondern der – allerdings fast palastgleiche – Sitz wohlhabender Macht- *Palast?* haber der Region, um den sich eine Siedlung ausdehnte. Einige Archäologen nehmen auch an, daß noch vor der Zerstörung von Féstos dessen politische Funktion nach Agía Triáda verlagert wurde, während Féstos nur die religiöse Bedeutung als Kultzentrum behielt.

Der minoische Name ist übrigens verloren gegangen, die Bezeichnung Agía Triáda stammt von dem **Kirchlein Agía Triáda** (Heilige Dreifaltigkeit) aus dem 14. Jh., das auf einem Hügel neben der Ausgrabung gebaut wurde.

Agía Triáda war seit der frühen Bronzezeit durchgehend bewohnt, zwei Tholos-Gräber im Norden der Ausgrabung stammen aus frühminoischer Zeit. Vorwiegend stammt die Bebauung jedoch aus der Zeit, in der auch der neue Palast in Féstos entstand, und aus der Nachpalastzeit, als die Mykener die Minoer schon verdrängt hatten. Nicht nur aufgrund der ähnlich eindrucksvollen landschaftlichen Lage mit Aussicht Richtung Meer muß Agía Triáda im Zusammenhang mit Féstos betrachtet werden.

Mysteriöse Wie die anderen minoischen Zentren fiel auch Agía Triáda erst der mysteriösen *Kata-* Katastrophe von 1450 v.Chr. und im 13. Jh. v.Chr. einer weiteren Zerstörung zum *strophe* Opfer. Dennoch war die Stätte auch später noch Ort umfangreicher Kulte und Bauplatz für einen griechischen *Zeus-Velchanos*-Tempel. Die umfangreichen und wirklich schönen Funde lassen vermuten, daß Agía Triáda von Plünderungen weitgehend verschont blieb.

Die ersten Ausgräber kamen wie auch in Féstos vom Italienischen Archäologischen Institut (1902-14; u.a. *Frederico Halbherr*), auch in den 1970er-Jahren forschten hier italienische Wissenschaftler.

Interessantester Fund aus Agía Triáda ist der kunstvoll bemalte **steinerne Sarkophag** mit gemalten Szenen der minoischen Beerdigungs-Kulte und des Totenglaubens. Er wurde in einem Gräberfeld neben der eigentlichen Siedlung gefunden und steht heute im AMI in Iráklion. Dort sind auch zwei wunderschöne **Steinvasen (Rhyton) aus dunklem Chlorit** ausgestellt, das längliche sogenannte „Faustkämpfer-Rhyton" und das bauchige „Schnitter-Rhyton", das entweder eine Kultprozession oder einfach minoische Männer auf dem Heimweg von der Landarbeit zeigt. Berühmt ist Agía Triáda auch für sein großes Archiv an Linear-A-Schrifttäfelchen (über 200) und die insgesamt 551 kg Bronze, die man in 19 Barren hier gefunden hat.

Archäologische Schatzkammer

Die Lage Agía Triádas ist – wie auch die von Féstos – außerordentlich günstig, was das natürliche Vorkommen von Kalkstein und Gips als Baumaterial angeht. Dafür ist die Gegend in höchstem Maße **durch Erdbeben gefährdet**, die eine Stärke von bis zu 7 auf der Richter-Skala erreichen können.

Ein Rundgang durch die Ruinen von Agía Triáda

Agía Triáda besteht im wesentlichen aus einem in ost-westlicher Richtung verlaufenden Südteil (Verwaltung) und einem quer dazu angeordneten Nordteil (Siedlung). Gemeinsam bilden sie einen Winkel von rund 80° und sind durch den Nordhof und die sogenannte „Bastion" miteinander verbunden. Diese Anlage wäre untypisch für einen Palast, auch ein zentraler Hof fehlt.

• Südlicher Teil

Am Ende der Treppe vom Parkplatz steht rechts das Häuschen für die Ausgrabungsaufsicht. Links gelangen Sie in einen etwas isoliert liegenden **Wohntrakt (1)** aus der neuen Palastzeit mit schmalen Räumen, in denen vermutlich die Dienerschaft gelebt hat. Der Boden ist hier nur verfestigt, aber nicht mit Platten ausgelegt oder gepflastert. Die Wandmauern und das Obergeschoß im Zentrum der Raumgruppe sind so gut wie nicht erhalten. Etwas weiter westlich befindet sich der **Südhof mit einer gepflasterten Straße (3)** aus der Anlage heraus Richtung Féstos, und ganz im Südosten der bisher ausgegrabenen Anlage stehen zwei **mykenische Heiligtümer (2)**. Der Bereich des Südhofes wird aufgrund zahlreich gefundener Kultobjekte und Statuetten auch „Hof der Heiligtümer" genannt und wurde wohl nach der Zerstörung Agía Triádas als auch für Kulte unter freiem Himmel genutzt.

Zahlreiche Kultobjekte

Vom Südhof aus gelangt man über kurze Treppen in die eigentliche **Villa (5)**, die durch eine Überdachung vor Witterungseinflüssen geschützt ist. Hier im östli-

Villa von Agia Triada

Südliche Raumgruppe

1 Räume der Dienerschaft ?
2 Heiligtum aus mykenischer Zeit
3 Südhof mit Pflasterstraße
4 Treppe zum Nordhof
5 Reste der minoischer Villa
6 Mykenische Abwasserleitung
7 Magazine
8 Mykenisches Herrenhaus
9 Raum mit Wandbänken und -vertäfelung
10 Archiv
11 Terrasse
12 Südwestliche Magazine

Mittlere Raumgruppe

13 Straße ("Rampa del mare")
14 Nordhof
15 Pfeilerhalle

Nördliche Raumgruppe

16 "Bastion"
17 Agora
18 Stoa
19 Minoische und mykenische Siedlung
20 Kirche Agios Georgios

0   20m

© igraphic

chen Teil haben eventuell die etwas kleineren Frauengemächer gelegen. An ihrem Rand sehen Sie eine meterlange, ausgesprochen gut erhaltene mykenische **Wasserleitung (6)** aus Kalksteinblöcken.

Um die anderen Teile des Westflügels zu besichtigen, gehen Sie vom Südhof aus die große Treppe hinauf und dann nach der Straße links an den **Nordmagazinen (7-8)** der Villa vorbei (u.a. mit leidlich erhalten Pithoi der neuen Palastzeit). Ganz am Ende (nach ca. 100 m) stehen Sie oberhalb des Nordwestflügels, in dem prachtvoll ausgestattete, recht großzügige Räume liegen, die auf eine repräsentative Funktion hinweisen. Von der **Terrasse (11)** gelangt man durch einen Lichthof in einen mit Bänken aus Alabaster ausgekleideten Raum, in dem auch das berühmte „Schnitter-Rhyton" gefunden wurde (siehe oben). Es war aus dem zerstörten Obergeschoß herabgefallen. Auch das **Archiv (10)** direkt nördlich war ein ergiebiger Fundplatz: Neben rund 450 Siegelabdrücken kamen ein Rhyton in Form einer Tritonschnecke und das Modell eines Schiffes aus Alabaster zutage.

Repräsentative Funktionen

Der **südwestliche Teil** dieses Flügels ist bescheidener als die eben besuchten Räume. In ihm hat wahrscheinlich die Dienerschaft gearbeitet und gelebt. Der Fußboden ist nur an einigen Stellen befestigt, ein Obergeschoß hat wohl nicht existiert. Ein Teil der Räume diente als **Magazine (12)**, andere z.B. als Küche, in der auf verbrannten Terrakotta-Tellern noch Speisereste gefunden wurden. Sie ließen Rückschlüsse auf die Ernährung der Minoer zu. Nur rund 30 m östlich steht die byzantinische **Kirche Agios Georgios (20)**, die auf Wunsch besichtigt werden kann (Schlüssel bei der Aufsicht).

• Nördlicher Teil

Rechts vom Zugang und vom Südhof über die große Treppe (4) zu erreichen, bildet der **Nordhof (14)** mit der östlich abschließenden **Pfeilerhalle (15)** den Übergang zum Nordflügel Agía Triáda, die minoische Siedlung. Über der Pfeilerhalle lag ein Balkon, von dem aus möglicherweise Zeremonien und Sportwettkämpfe auf dem Nordhof verfolgt werden konnten. An der Nordseite des Hofes liegt die sog. **Bastion (16)**, die aber keine militärische Funktion hatte. Links an der Bastion vorbei führt der Weg auf die **Agora (17)**, den Marktplatz aus mykenischer Zeit. Es handelt sich um einen langgestreckten offenen Hof, der im Osten von gleichmäßig großen, rechteckigen Räumen begleitet wird. Sie sind als Ladengeschäfte gedeutet worden und hatten wahrscheinlich sogar noch ein Obergeschoß. Nicht zu übersehen sind davor die quadratischen Fundamente von Säulen, die ein Dach getragen haben dürften.

Mykenischer Marktplatz

Links der Agora lag die **minoische und mykenische Siedlung (19)**, deren kleinteilige Ruinen den Hang abwärts bedecken. Hier sind u.a. mehrere Häuser von Handwerkern anhand passender Funde (z.B. bronzene Kessel, Mühlsteine) identifiziert worden.

Noch nordwestlich der Ausgrabung liegen außerhalb der Umzäunung die Reste der beiden frühminoischen **Tholos-Gräber**, in denen auch der berühmte bemalte Sarkophag geborgen wurde.

Weiterfahrt nach Ágia Galiní

Die Region zwischen Féstos und Ágia Galiní hat wenig zu bieten, unzählige Gewächshäuser dominieren die Landschaft. Die meisten Urlauber starten hier durch nach Ágia Galiní (S. 567) bzw. Réthimnon. Auf keinen Fall versäumen sollten Sie jedoch einen kurzen Abstecher nach Vóri.

Vóri (Βωροι)

Aktuelle regionale Reisetips zu Vóri
entnehmen Sie bitte den gelben Seiten Messará-Ebene, S. 289

Allein die Atmosphäre dieses idyllischen Örtchens ist einen kurzen Aufenthalt wert. Ein kurzer Bummel durch die verwinkelten Gäßchen macht wirklich Spaß. Zu sehen ist noch viel von der alten Bausubstanz, die zurückreicht bis in venezianische Zeit. Die eigentliche Attraktion ist jedoch das Volkskundliche Museum, das in einem renovierten Gutshaus aus venezianischer Zeit untergebracht ist.

Volkskundliches Museum

Ende der 1970er Jahre auf private Initiative gegründet, gilt das „Ethnographische Museum Kretas", wie sein stolzer Titel korrekt lautet, heute als das didaktisch gelungenste Museum der ganzen Insel. 1992 erhielt es sogar den Europäischen Museumspreis. Kaum ein Aspekt des Alltagslebens vergangener Zeiten bleibt unberührt. Die meisten Ausstellungsstücke stammen aus der Zeit der türkischen Besatzung. In jahrelanger Kleinarbeit hat man sie zusammengetragen und in großzügig gestalteten Vitrinen zu einer einzigartigen Ausstellung arrangiert. Nach den Themenbereichen Landwirtschaft und Ernährung, Architektur, Webkunst, Handwerk und Handel, Sitten, Traditionen und Soziales geordnet, erfährt der Besucher hier weitaus mehr über das traditionelle kretische Leben als irgendwo sonst auf der Insel. Und das alles ohne sozialromantische Verklärung.

Selbst wer sonst vor Folkloremuseen eher zurückschreckt, wird dieser Ausstellung etwas abgewinnen können.
Aktuelle Öffnungszeiten und Infos s. gelbe Seiten Messará-Ebene, S. 289.

Timbáki (Τυμπακι)

7 km hinter Féstos gelegen, ist die Kleinstadt **Timbáki** nach Míres das zweite Landwirtschaftszentrum der Ebene. Jede Menge Obst- und Gemüseanbau prägt das Umland, von Tourismus fehlt nahezu jede Spur, da man ihn als Einnahmequelle nicht braucht. Wer eine kurze Rast einlegt und sich in einem der Kafenia am Hauptplatz südlich der Durchgangsstraße auf einen Frappé niederläßt, kann Távli spielen und die entspannte Atmosphäre genießen. Freitags ist Markttag.

Entspannte Atmosphäre

2 km hinter Timbáki liegt abseits der Hauptstraße der kleine Küstenort **Kókkinos Pírgos** (Κοκκινος Πιργοζ). Folientreibhäuser und Betongerippe, vielleicht

zukünftige „rooms for rent", liegen verstreut in der Ebene und säumen einen kilometerlangen grauen Sandstrand, der im Sommer inzwischen stark besucht wird. Um den kleinen Fischerhafen gruppieren sich Hotels und Tavernen. Südlich und nördlich des Ortes liegen militärische Sperrgebiete.

10.3 Abstecher in die Bucht von Mátala

Fährt man ab Féstos die Straße weiter in Richtung Pitsídia und Mátala, stößt man bereits 100 m hinter dem Dörfchen Ágios Ioánnis auf eine unscheinbare Friedhofskapelle. Die kleine, dem **Agios Pavlos** geweihte Kapelle ist mit Wandmalereien aus dem frühen 14. Jh. geschmückt. Zu sehen ist eine Darstellung der Höllenstrafen, der Evangelisten und Gottesmutter mit Christuskind. Insgesamt besteht der Bruchsteinbau aus 3 Bauphasen. Die älteste ist der Altarraum, bei diesem handelt es sich um eine frühchristliche Taufkapelle, die an einer Stelle errichtet wurde, an der vielleicht schon der *Apostel Paulus* mit seinem Begleiter *Titus* im Jahre 59. n. Chr. – von Kalí Liménes kommend – die ersten Kreter getauft hat. Die exakte Datierung unklar.

Agios Pavlos-Kapelle

Abstecher über Kamilári nach Kalamáki

 Aktuelle regionale Reisetips zu Kamilári und Kalamáki
entnehmen Sie bitte den gelben Seiten Messará-Ebene, S. 288

Biegt man an der Agios Pavlos-Kapelle rechts ab, so gelangt man nach Kamilári.

Kamilári (Καμηλαρι)

Auf drei Hügeln erbaut, liegt Kamilári in zentraler Lage zwischen Féstos, Pitsídia und den Stränden im Westen. Seit der Tourismus in der Region boomt, hat sich das Bauerndörfchen **Kamilári** zu einem beliebten Ausweichquartier zu Mátala, Pitsídia und Kalamáki entwickelt. Glücklicherweise hat es noch viel von seiner ursprünglichen Atmosphäre bewahren können. Vor allem Langzeiturlauber und

Beliebtes Ausweichquartier

Aussteiger zieht es hierher. Ein Hotel, mehrere Pensionen und Tavernen locken Gäste. Überall in den engen Gassen blüht und grünt es den ganzen Sommer hindurch.

Tholos-Grab von Kamilári

Mitten im Olivenhain

Etwa 1,5 km nordwestlich von Kamilári liegt ein anschaulich erhaltenes Tholos-(Rund)-Grab aus mittelminoischer Zeit (ca. 1900 v.Chr.). Der Weg dorthin ist an der Straße von Agios Pavlos nach Kamilári ausgeschildert. Via Feldweg geht es durch einen Olivenhain zur Ausgrabung auf einem sanften Hügel. Der 7,65 m durchmessende Rundbau hatte ursprünglich ein Steindach und wurde im Zuge der bis in die spätminoische Zeit andauernden Nutzung durch Anbauten erweitert. Im Grab und in den weiteren Räumen hat man rund 750 Keramikvasen und weitere 500 Tassen gefunden, die den Toten als Opfergaben mitgegeben wurden.

Strand von Kalamáki

Kalamáki
(Καλαμακι)

Noch bis zu Beginn der 1980er Jahre war Kalamáki ein unbedeutendes Nest, dann setzte der große Boom ein. Inzwischen sind zahlreiche Pensionen, Apartments, eine Strandpromenade, Tavernen und Bars entstanden. Sogar ein „Freibad" gibt es, in dem man sich am kleinen Süßwasserpool gegen Gebühr sonnen kann. Dem Ortsbild hat die Bauwut allerdings nicht gut getan, begeistern kann hier allenfalls der weitläufige Strand.

Weiterfahrt über Sívas und Pitsídia nach Mátala

Aktuelle regionale Reisetips zu Sívas und Pitsídia
entnehmen Sie bitte den gelben Seiten Mátala, S. 284

Einen Abstecher wert ist das kleine oberhalb der Hauptroute gelegene Dörfchen

Sívas (Σιβαζ)

Rund 600 Einwohner zählt der vom Massentourismus bisher noch gänzlich verschonte Ort, den das griechische Kultusministerium aufgrund seiner ursprünglichen Bausubstanz als schützenswertes, traditionelles Dorf einstufte. Ein Bummel

durch die fotogenen Gassen birgt interessante Motive. Um einen schönen schatti- *Schattiger*
gen Platz herum liegen zwei Kafenia. Darüber hinaus gibt es noch eine ausge- *Platz*
zeichnete Töpferwerkstatt und eine Handvoll Zimmer. Alles in allem ist Sívas ein
schönes, ruhiges Ausweichquartier zu Mátala.

Pitsídia (Πιτσιδια)

Pitsídia liegt nur wenige Kilometer vor Mátala. Mit rund 700 Einwohnern ist es
das mit Abstand größte Dorf der Gegend. Auch hier gibt es inzwischen zahlreiche
Sommergäste. Im Gegensatz zum benachbarten Mátala ist es hier, ein Stück im
Landesinneren, aber nach wie vor ruhig ge-
blieben. Teils schmucke Häuser mit vielen Bou-
gainvilleen und grünen Gärten prägen das
Ortsbild, daneben einige gemütliche Tavernen.
Vor allem Individualisten zieht es nach Pitsídia, viele von ihnen sind inzwischen Stammgäste. Zum weitläufigen Kommós-Strand sind es
von Pitsídia aus rund 2 km.

Kommós-Strand

Der kilometerlange, graue Sandstrand von
Kommós ist einer der schönsten Sandstrände
Kretas. Wer möchte, kann bis Kalamáki am
Meer entlang wandern. Stellenweise wachsen
schattenspendende Tamarisken, doch auch Sonnenschirme und Liegestühle haben an den zentralen Abschnitten bereits Einzug gehalten. Von
Pitsídia aus führt eine größtenteils geteerte
Straße zum südlichen Strandabschnitt, an dem
sich auch die Ausgrabungen der antiken Hafenstadt Kommós befinden.

Hinweis
*Der Strand zwischen Kommós und
Kókkinos Pírgos ist einer der wichtigsten Eiablageplätze der* Unechten Karettschild-
*kröte auf Kreta. Wildcampen ist daher strengstens verboten, auch Lichtquellen dür-
fen nachts nicht am Strand benutzt werden (lesen Sie dazu auch den Infokasten auf
Seite 582).*

Ausgrabung Kommós-Strand

Ausgrabung Kommós

Seit 1976 erforschen kanadische Archäologen die Reste der antiken Hafenstadt
Kommós, die bereits in minoischer Zeit als Hafen von Féstos diente. Vieles deutet *Lange*
darauf hin, daß der Ort bis in die byzantinische Zeit bewohnt war und erst um *besiedelt*
1200 n.Chr. nach Piratenüberfällen aufgegeben wurde. Danach verschwand die
Stadt allmählich im Dünensand.

Da die Ausgrabungen noch andauern, ist das eingezäunte Grabungsgelände (das sich in drei Areale teilt) zur Zeit nicht zugänglich. Es kann jedoch problemlos von außen eingesehen werden. Interessant ist das am tiefsten gelegene Areal im Süden. Hier entdeckte man neben spätminoischen Grundmauern (tiefere Schichten) einen frühgriechischen Tempel aus der Zeit um 1000 v.Chr. sowie einen weiteren Tempel aus dem 8. Jh. v.Chr. Das jüngere Heiligtum ist an seinen zwei Mittelsäulen, den umlaufenden Sitzbänken und einem Opferaltar zu erkennen. Die Funktion des runden Gebäudes ist unbekannt.

Aktuelle Informationen zur Ausgrabung entnehmen Sie bitte den gelben Seiten Mátala, S. 287.

Mátala (Ματαλα)

Aktuelle regionale Reisetips zu Mátala
entnehmen Sie bitte der gelben Seite 287

4 km südwestlich von Pitsídia erreicht man das Meer bei Mátala. Das Tal öffnet sich einer breiten Bucht, die im Norden und Süden steile Felshänge begrenzen, deren sandige Schichten sanft im Meer abtauchen. Das ehemalige Fischerdorf Mátala wurde während des Vietnamkrieges als Hippie-Treffpunkt weltberühmt. Heute ist es ein perfekt vermarkteter Ferienort, den längst auch der Pauschaltourismus für sich entdeckt hat. Zahlreiche neue Appartements, Pensionen und Hotels entstanden, die sich weit ins Hinterland ausdehnen.

Ehemaliger Hippie-Treff

Mátala ist inzwischen der wohl beliebteste Urlaubsort der Südküste, und noch immer zieht es vor allem junge Menschen hierher. Wer ein ruhiges Quartier sucht, weicht besser auf die Dörfer im Umland aus.

Geschichtliches

Die Bedeutung der Bucht von Mátala reicht weit zurück, bis in die mythologische Vergangenheit. Hier soll Zeus in Stiergestalt mit der aus Phönizien geraubten Europa an Land gegangen sein. Auch die Flotte des Menelaos soll auf ihrem Rückweg von Troja vor Mátala Schiff-

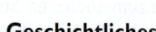
Strand von Mátala

Bedeutende Bucht

bruch erlitten haben. In klassischer Zeit diente die Bucht neben Kommós vermutlich als zusätzlicher Hafen für Féstos, während sie unter römischer Herrschaft an Górtis fiel. 824 landete in Mátala die arabische Flotte unter Abu Chafs Omar und eroberte von hier aus den Rest der Insel.

Am östlichen Ortsrand (auf dem Weg zum „Red Beach") liegen die erst vor wenigen Jahren freigelegten Ruinen der antiken Stadt. Zu sehen ist allerdings nicht sehr viel, nähere Informationen fehlen.

 Baden
*Die sandig-kiesige **Höhlenbucht** von Mátala (mit blauer Flagge, Sonnen- schirmen, Liegestühlen, Volleyballfeld, Tretboot- und Kanuverleih) ist in der Hauptsaison hoffnungslos überlaufen. Hunderte Tagesausflügler kommen mit Reise- bussen aus den großen Touristenzentren im Norden. Weitaus empfehlenswerter sind der nahegelegene **Strand von Kommós** (S. 513), der am einfachsten motori- siert zu erreichen ist (Laufzeit ca. 1 Std.!), oder auch der Kókkino Ámmos genannte „**Red Beach**". Letzterer ist nach ca. 30 Min. Fußweg in einer abgelegenen Bucht südlich von Mátala zu erreichen. Der Weg führt zunächst die Straße beim Hotel Zafíria hinein, danach geht es über Stock und Stein (festes Schuhwerk!).*

Rätselhafte Wohnhöhlen

Die Schichten des am nördlichen Strandende gelegenen Sandsteinfelsens sind durchlöchert wie ein Schweizer Käse. Wer genau diese Höhlen grub, weiß nie- mand genau. Größere Höhlen sind unterteilt, hier sind sogar Tische, Liegen, *Gräber* Fenster und Herdstellen in den weichen Sandstein gehauen. Angeblich sollen sie *oder* bereits in Jungsteinzeit entstanden sein, um den Steinzeitmenschen als Wohnstadt *Wohn-* zu dienen. Vieles deutet jedoch darauf hin, daß sie ihre heutige Form erst später *höhlen?* erhielten, als man sie in römischer bis spätchristlicher Zeit als Nekropole nutzte, mit Bänken und Nischen, auf denen die Verstorbenen ruhten.

In den 1960er Jahren entdeckten einige Hippies Mátalas Höhlen als Wohn- und *Verblichene* Schlafstätte (vereinzelt kann man noch die verblichenen Mandalas und andere *Mandalas* Malereien erkennen, die die Flower-Power-Generation an den Höhlenwänden hinterließ). Mátala wurde zur Legende und kurz darauf zu einem beliebten Szene- treff internationaler Rucksacktouristen. Um Nacktbaden, Drogenkonsum, Bettelei und Diebstahl Herr zu werden – ein wenig wohl auch, um die aufkeimende touristische Infrastruktur zu unterstützen –, wurden die Höhlen kurzerhand zur archäologischen Ausgrabungsstätte deklariert, eingezäunt und das Übernachten am Strand verboten. Tagsüber geöffnet, sind die ehemaligen Wohnhöhlen der Hippies heute die Attraktion des Ortes und beliebtes Ausflugsziel der Reisebusse aus den großen Touristenzentren im Norden.

10.4 Abstecher in die Bucht von Léndas

Entfernungen
Górtis - Léndas 30 km

Direkt am archäologischen Gelände von Górtis zweigt eine gut ausgebaute Landstraße nach Süden ab. Wer mit dem eigenen Fahrzeug unterwegs ist, kann von
hier aus einen Abstecher zur Südküste machen. Rucksackreisende nehmen den
Bus ab Míres (S. 494f). Zunächst führt die Strecke über 10 km durch die Olivenhaine und Felder der Messará-Ebene.

Minoische Kuppelgräber

*Über
Genera-
tionen
genutzt*

Bei **Plátanos** können die Überreste minoischer Kuppelgräber besichtigt werden,
die bereits an der Straße ausgeschildert sind („*Minoan Tholos Tomb*"). Der Abstecher lohnt aber nur für Interessierte. Die leidlich erhaltenen Rundgräber liegen
direkt neben der Straße von Plátanos Richtung Pómbia (eingezäunt). Von ur-

sprünglich drei Gräbern sind nur
noch 2 erhalten, bei einem davon
der ganze Rundkreis der Außenmauern, beim größeren nur ein Teil
davon. Die Gräber wurden fast die
gesamte minoische Epoche hindurch genutzt. Die äußerst interessanten Funde – einige der Grabbeigaben stammten aus Ägypten –
sind z.T. im AMI in Iráklion ausgestellt.

Minoisches Kuppelgrab

Ein weiteres minoisches Kuppelgrab
befindet sich hinter **Apessokári**
(an der Straße nach Léndas ausgeschildert, links ca. 500 m den Hang hinauf). Auch
hier wurden über Jahrhunderte hinweg die Mitglieder einer minoischen Sippe
beigesetzt. Gut zu erkennen sind noch die eckigen, vor dem Eingang zum eigentlichen Grab gelegenen Kammern. Sie dienten der Umbettung der Gebeine und
Grabbeigaben älterer Beisetzungen und wurden vermutlich zugleich als Kultstätte
genutzt.

*Grandiose
Ausblicke*

Hinter Apessokári windet sich die Straße in unzähligen Serpentinen über 10 km
die kargen Hänge der Asteroussia-Berge hinauf bis Miamoú. Immer wieder bieten
sich grandiose Ausblicke auf die weite Messará-Ebene und das im Hintergrund
gelegene Psilorítis-Massiv. Auf dem Paß angekommen, bietet sich ebenfalls ein
herrliches **Panorama**. Im Osten erhebt sich der 1.231 m hohe Kofinas (der
höchste Gipfel der Asteroússia-Berge) und in der Tiefe liegt das Libysche Meer. In
steilen Kurven geht es über 13 km hinunter in die Bucht von Léndas.

Léndas

Aktuelle regionale Reisetips zu Léndas entnehmen Sie bitte den gelben Seiten Messará-Ebene, S. 288f

Dank seiner Abgeschiedenheit ist Léndas vor allem unter Rucksackreisenden beliebt. Auf den ersten Blick wirkt der kleine Ort nicht besonders einladend. Der Ortsstrand ist schmal, kiesig und nicht immer der sauberste. Im Westen begrenzt

Bucht von Léndas

ihn **Kap Léontas**, das mit etwas Phantasie die Gestalt eines liegenden Löwen zeigt. Ein echter Ortskern fehlt, die Häuser liegen verstreut am Hang. Scheinbar jeder, der ein Haus besitzt, vermietet auch private Zimmer, die in der Hauptsaison trotzdem knapp werden können. Eine echtes Angebot an Läden und Unterhaltung fehlt, doch es gibt einige Tavernen, zwei kleine Supermärkte, eine Auto- und Zweiradvermietung sowie eine Disco-Bar.

Bei Rucksackreisenden beliebt

Der eigentliche Reiz des Ortes ist der westlich des Kaps gelegene **Dytikós-Strand**, den man über einen schmalen Fußpfad in 15 Minuten erreichen kann. Mit dem Auto geht es über die Zufahrt oberhalb des Ortes (ca. 1 km). Für einige ist der „Dytikós-

Dytikós-Strand

Beach" der Inbegriff eines gelungenen Kreta-Urlaubs. Ein feinsandiger, stellenweise kiesiger grauer Sandstrand lädt kilometerlang zum Baden ein. Direkt oberhalb des Strandes liegen einige Tavernen, in denen man günstig bei relativ großer Auswahl essen kann. Die Taverne *Odysseas* ist inzwischen selbst zur Legende geworden. Wer die Erlaubnis des Wirtes einholt, kann sein Zelt auch direkt am Strand zwischen den Tamarisken aufschlagen. Vor allem deutsche Urlauber zieht es hierher, um alte Freunde zu treffen. Den Tag verbringt man am Strand oder in geselliger Runde in der Taverne. Abends gehören gemütliche bis ausgelassene Strandpartys zum Pflichtprogramm.

Inzwischen Legende

Westlich des *Dytikós-Strandes* führt eine schlecht befahrbare Küstenpiste weiter nach Kalí-Liménes (S. 518).

Ausgrabungen in Léndas

Léndas, das in der Antike auch die Namen Lévin oder Lében trug, war bereits in minoischer Zeit besiedelt, was unter anderem zwei bedeutende Kuppelgrabfunde

Reste des Asklepios-Heiligtums

westlich und östlich der Bucht belegen. Seine Blüte erlebte der Ort jedoch in griechisch-römischer Zeit, als er Górtis als Hafen diente. Dank einer als heilkräftig angesehenen Quelle war Léndas damals ein beliebter Kurort, der über ein bedeutendes Asklepios-Heiligtum und Thermen verfügte.

Im Prinzip schlummern im Boden der gesamten Bucht noch die Reste der antiken Stadt, die sich deutlich über das Siedlungsgebiet des heutigen Dörfchens hinaus ausdehnte. Zu sehen sind davon die eingezäunten Reste des **Asklepios-Heiligtums**, die aus dem 2. Jh. n.Chr. stammen. Sie liegen etwas oberhalb der Siedlung an der Straße zum Dytikós-Strand.

Deutlich zu erkennen sind die Ruinen des in den Hang hineingebauten **Asklepios-Tempels**. Zwischen zwei Säulen, direkt vor der aus Ziegelsteinen errichteten Wand, befindet sich ein bankartiges Postament, vermutlich stand hier früher eine Kultstatue. Direkt daneben liegen die Grundrisse eines Gebäudes mit auffälligem **Fußbodenmosaik**, in dem eine kreisrunde, brunnenartige Vertiefung eingelassen ist. Höchst-

Ummauerte Quelle
wahrscheinlich handelt es sich um eine Grube für Votivgaben. Die **Heilige Quelle**, die Léndas einst zu Wohlstand verhalf, ist inzwischen versiegt. Ihr ummauerter Austritt ist noch im unteren Bereich der umzäunten Ausgrabung zu erkennen. Gleich nebenan liegen die Ruinen einer frühchristlichen Basilika, auf deren Trümmern man im 15. Jh. eine deutlich kleinere, dem Heiligen Johannes geweihte Kapelle erbaute.

Öffnungszeiten entnehmen Sie bitte den gelben Seiten Messará-Ebene, S. 289.

Buchtip
Wer mehr über die Bedeutung des antiken Léndas erfahren möchte, sollte sich den kleinen, reichlich bebilderten Ausgrabungsführer „Lebén – die antike Stadt und das Heiligtum des Asklepios" besorgen. Vom Kultusministerium herausgegeben, ist er z.B. an den Bücherständen von Féstos oder Górtis erhältlich.

10.5 Abstecher in die Bucht von Kalí Liménes

Entfernung
Míres - Kalí Liménes 25 km

Wer mit eigenem Wagen unterwegs ist, kann von Míres (S. 494f) aus einen Abstecher an die abgelegene Südküste machen. Hinter Pómbia schraubt sich eine asphaltierte Straße über 8 km die kargen Berghänge hinauf bis Pigedákia, von dort geht es über 12 km hinab in die Bucht von Kalí Liménes. Auf dem Paß angelangt, führt eine abenteuerliche Schotterpiste auf den 659 m hohen Vigla und zum abgelegenen Kloster Apezanou. *Karge Berghänge*

Moni Apezanu
liegt einsam in karger Landschaft. Farben und Stil der Gebäude sind wild vermischt. Der Innenhof gleicht einer kleinen Oase, mit Lorbeerbaum, Araukarien und Säulenzypressen.

Kalí Liménes
Der Legende nach soll hier einst der *Apostel Paulus* an Land gegangen sein. Die kleine, sanft geschwungene, sandig-kiesige Bucht, deren Name wörtlich übersetzt „guter Hafen" lautet, ist auch in der Hauptsaison wenig besucht. Schuld daran sind 4 große Öltanks, die sich auf einer Mini-Insel vor dem Westende der Bucht befinden. In ihnen lagert Rohöl aus Nordafrika, das vor der kretischen

Bucht von Kalí Liménes

Südküste auf griechische Tanker umgeladen wird. Nur einige Rucksacktouristen verirren sich hierher und schlagen zwischen den Tamarisken ihre Zelte auf. *Rohöl aus Nordafrika*

Alltagsleben in Platiá Perámata

Von Kalí Liménes aus führt eine schlecht befahrbare Piste die Küste entlang über Platiá Perámata nach Léndas (nur mit geländegängigem Fahrzeug zu befahren!).

Obwohl **Platiá Perámata** – eine abgelegene sandige Küstensiedlung, deren Einwohner vom Tomaten- und Gemüseanbau leben – außer einer Taverne nicht viel zu bieten hat, verirren sich immer mehr Touristen hierher.

Vor allem Rucksackreisende, die an der abgelegenen Südküste Richtung Léndas noch einen einsamen Strandabschnitt suchen. Entlang der schwer zu erreichenden Küste sind inzwischen sogar die ersten Apartmentbauten entstanden.

Im Westen der Bucht von Kalí Liménes führt eine weitere Piste die Berge hinauf zum 7 km entfernten Kloster Odigítrias. Nach weiteren 8 km durch die Berge erreicht man bei Sívas wieder das normale Straßennetz.

Moni Odigítrias

Altes Wehr-kloster Sehenswertes altes Wehrkloster, das einst zum Schutz gegen Piratenüberfälle befestigt wurde. Der Blick vom Wehrturm über die Flachdächer der Klosteranlage und die kargen, stellenweise mit Olivenhainen bestandenen Berghänge erinnert bereits ein wenig an eine nordafrikanische Siedlung. Über dem Eingang zum Turm sieht man noch die Reste einer alten Pechnase. Angreifer wurden an dieser Stelle mit siedendem Öl oder flüssigem Blei übergossen. Auch während der Türkenzeit diente das abgelegene Kloster immer wieder Freiheitskämpfern als Unterschlupf. Zur Legende wurde der Mönch und Freiheitskämpfer *Ioasaf*.

1828 sollen die Türken „eine ganze Armee" ausgesandt haben, um ihn gefangenzunehmen. *Ioasaf* verbarrikadierte sich jedoch im Turm des Klosters und fügte den Angreifern schwerste Verluste zu. Erst nachdem ihm die Munition ausgegangen war, soll es den Türken gelungen sein, ihn im Nahkampf zu überwältigen.

150 Begräb-nisse Nur rund 100 m nördlich des Klosters liegen zwei **minoische Tholos-Gräber** aus frühminoischer Zeit (2700 –1900 v.Chr.), die 1979/80 vom Archäologischen Dienst freigelegt und untersucht wurden. Die Funde an Siegeln, Vasen und Schmuck ließen die Wissenschaftler auf rund 150 Begräbnisse schließen, die hier von früh- bis in die mittelminoische Epoche stattgefunden haben müssen.

Wanderung durch die „Schlucht der Heiligen"

Agiofárango, die „Schlucht der Heiligen", führt hinab zu einer kleinen kiesigen Meeresbucht, die im Sommer auch von Badebooten aus Mátala angelaufen wird.

Auf dem Weg zum Meer *Auf halbem Wege zwischen Kalí Liménes und Kloster Odigítrias führt linker Hand eine Schotterpiste in ein Flußtal hinab. Lassen Sie ihr Fahrzeug hier oben stehen und gehen Sie den Rest zu Fuß. Der Weg bis zum Meer dauert etwa eine Stunde (zurück 1,5 Std.). Auf der Hälfte der Strecke verengt sich das Tal zu einer eindrucksvollen Schlucht, in der seit byzantinischer Zeit noch bis zu Anfang des 20. Jh. viele* **Eremiten** *lebten. In ihre Höhlen, die in den seitlichen Felshängen liegen, kann man hinaufklettern. Heute nisten hier Schwalben, die dank der südlichen Lage selbst im Winter nicht weiter Richtung Afrika ziehen. Der Legende nach handelt es sich bei ihnen um die Seelen der verstorbenen Asketen. Kurz bevor sich die Schlucht zum Meer hin öffnet, liegt an ihrer engsten Stelle die Agios Antónios-Kirche, eine kleine Kreuzkuppelkirche aus dem 14. Jh., deren Altarraum zum Teil in einer ehemaligen Eremitenhöhle liegt.*

11. VON RÉTHIMNON IN DIE HAUPTSTADT IRÁKLION

Überblick

Die zentrale Nordküste gehört zu den eindrucksvollsten Landschaften Kretas. Im Psilorítis-Gebirge (Ida) mit Gipfelhöhen weit über 2.000 m und der einzigartigen Karstlandschaft liegt die platte Nída-Hochebene, ein sommerliches Zentrum der kretischen Viehzucht. Das nahe Bergdorf Anógia ist berühmt für seine wehrhaften Bewohner und

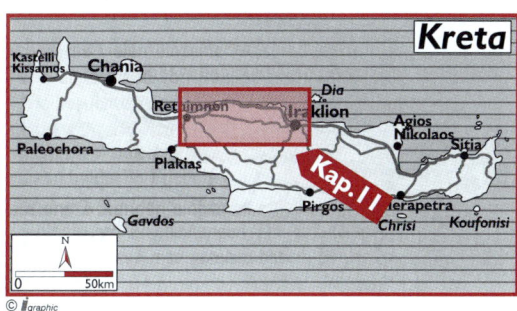

die Tradition der *Mandinaden*, leidenschaftlich gesungene Mehrzeiler. Weiter nördlich schiebt sich das Küstengebirge Kouloúkonas gegen das Ägäische Meer und läßt in den engen Buchten nur wenig Platz für die kleinen Bade- und Fischerorte wie Agía Pelagía und Balí. Diese Felsküste ist eines der schönsten Tauchreviere Kretas. Je weiter man westlich Richtung Réthimnon gelangt, desto sanfter wird die Landschaft, ab Pánormo beginnen kilometerlange, breite Sandstrände, die sich bis in die venezianisch-türkisch geprägte Stadt ziehen. In Réthimnons Hinterland liegt das Kloster Arkádi, Kretas Nationalsymbol, in dem sich in einem aussichtslosen Kampf gegen die Türken 1866 mehrere hundert Kreter selbst in die Luft gesprengt haben. Unweit davon warten die Ausgrabungen von Eléftherna, die sich mit der Zeit als die wichtigsten in Westkreta entpuppt haben. Von der minoischen Zeit bis in die byzantinische Epoche ist der Siedlungsplatz genutzt worden. Die Landschaft um Eléftherna und Margarítes, das westkretische Töpferdorf, ist ein Paradies für Radfahrer und Wanderer.

Felsige Küste

11.1 Schnelle Route entlang der Felsküste

Entfernungen

Réthimnon-Iráklion 85 km   Iráklion-Balí 54 km
Réthimnon-Pánormo 22 km   Iráklion-Agía Pelagía 23 km
Réthimnon-Balí 32 km

Von Réthimnon fahren Sie auf einer der Zufahrten auf die **New Road**, die Schnellstraße nach Iráklion entlang der Küste. Hinter **Skaletá** führt sie dicht an das Meer heran, der lange touristische Strandabschnitt, der sich von Réthimnon über 12 km bis hierher erstreckt, endet abrupt. Bei Lavris wird der Fluß **Geropotamós** gequert. Dieser hat im Inselinneren Pérama durchflossen und mündet, kurz nachdem er den Nebenarm Vouliasmeni aufgenommen hat, hier in das Meer. 8 km nach Skaletá wird der Fischer- und Badeort Pánormo erreicht.

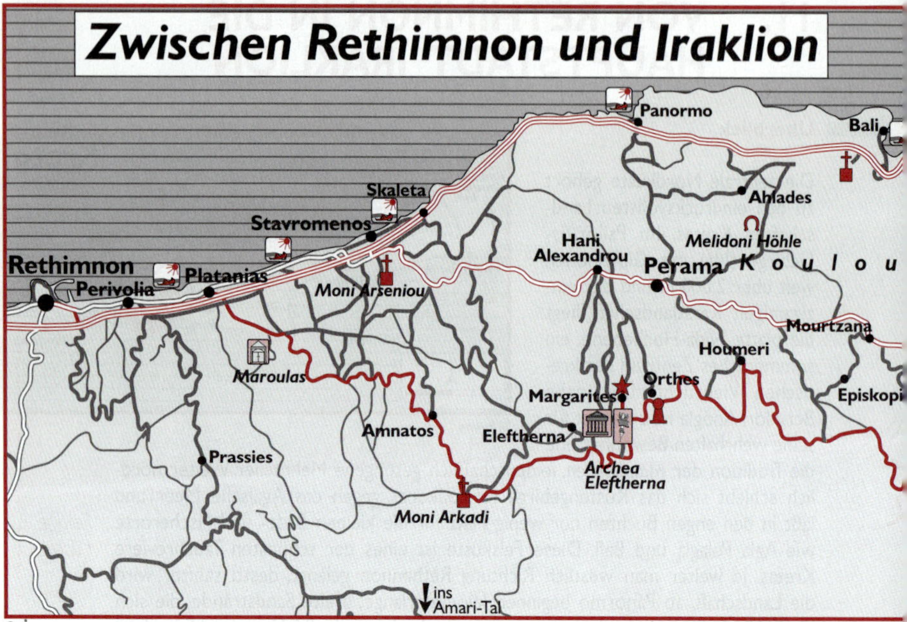

Zwischen Rethimnon und Iraklion

Panormo

Bali

Skaleta

Ahlades

Stavromenos

Melidoni Höhle

Hani
Alexandrou

Perama *K o u l o u*

Rethimnon

Perivolia Platanias

Moni Arseniou

Mourtzana

Houmeri

Mároulas

Orthes

Margarites

Episkopi

Amnatos Eleftherna

Prassies

Archea
Eleftherna

Moni Arkadi

↓ ins
Amari-Tal

© *graphic*

Pánormo (Πανορμο)

Aktuelle regionale Reisetips zu Pánormo
entnehmen Sie bitte den gelben Seiten 296f

Pánormo ist an der Stelle des venezianischen Kastells Milopotamos entstanden und heute ein schöner, mittelgroßer Ort mit rund 400 Einwohnern. Die Hauptstraße schlängelt sich, von dichter Bebauung gesäumt, von der New Road bis zum Hafen hinunter. Da der Ortsstrand nicht allzu groß ist, hat sich der Tourismus den vorgefundenen Strukturen angepaßt. In Pánormo verbringen viele Griechen ihren Urlaub, die **Atmosphäre** in den engen Gassen ist unzweifelhaft kretisch. Jedes Jahr am Rosenmontag findet in Pánormo ein farbenfroher **Karnevalsumzug** statt.

Fassaden und Türen der teils neoklassizistischen Häuser sind auffällig farbenfroh gestrichen. Die meisten Bauten sind restauriert und beherbergen im Erdgeschoß kleine Geschäfte. So finden Sie in Pánormo Supermärkte, eine Post, mehrere *Kretische* Tavernen, Bäcker, Reiseagenturen und Zeitungsläden mit internationaler Presse. In *Atmo-* der kleinen Bucht unterhalb des Ortes kann man an einem aufgeschütteten *sphäre* Sandstrand liegen, blickt dabei jedoch auf die Hafenmole und steinerne Tetrapoden, auch das Wasser macht nicht den saubersten Eindruck. Mehrere Tavernen laden dafür erhöht über dem Wasser zum Essen ein, auf den Freiterrassen sitzen Sie gemütlich, die Badenden und die wenigen verbliebenen Fischerboote überblickend.

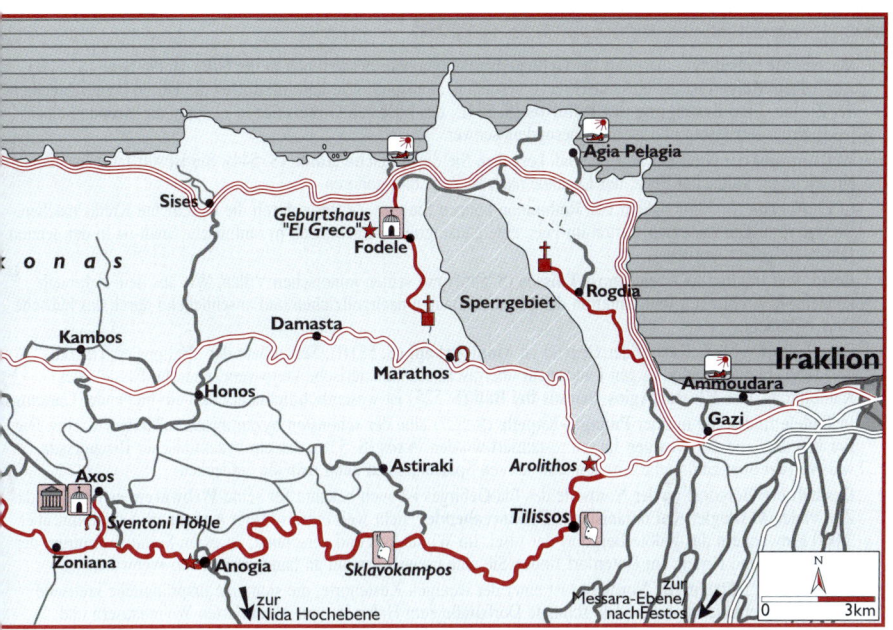

Besser zum Schwimmen geeignet sind die **Buchten westlich des Ortes**, hier liegen auch die meisten Pensionen und Hotels. Östlich des Ortes erschweren Tonschieferklippen den Zugang zum Meer, der nahe Hügel Kámbias ragt immerhin 174 m aus dem Meer.

Einen halben Kilometer südlich von Pánormo liegt die **Ruine der frühchristlichen Basilika Agía Sofía** aus dem 5. Jh. Auf den Fundamenten eines älteren hellenistischen Heiligtums errichtet, war sie bis zu ihrer Zerstörung durch ein Feuer die größte Basilika auf Kreta.

Die weitere **Strecke Richtung Balí** ist recht ereignislos, die autobahnähnliche New Road führt mehrspurig hinauf und hinab. Der dichte Verkehr und die sich bergauf quälenden Lastzüge erfordern die volle Konzentration des Fahrers. Obst- und Gemüsestände direkt an der Straße verführen gelegentlich die Vorausfahrenden zu gefährlichen Bremsmanövern.

Verkehr auf der New Road

Auf Höhe der Ortschaft **Siripidianá** ist die Melidóni-Höhle ausgeschildert, die 7 km entfernt oberhalb des gleichnamigen Dorfes liegt. Eine schmale, asphaltierte Straße führt bis unterhalb des 376 m hohen, isoliert aufragenden Gipfels des Spiläu hinauf. Sie endet an einem Parkplatz direkt unterhalb des Höhleneingangs.

- Machen Sie unbedingt eine Fahrt ins **Gebirge** bis Anógia oder besser noch in die **Nída-Hochebene** (S. 544f). Am frühen Morgen ist die einsame Strecke besonders atmosphärisch, und Sie treffen die Hirten beim Abmelken der Ziegen. Eine **Besteigung des Psilorítis** (S. 544f), des höchsten Gipfels der Insel, kann die Krönung einer jeden Kreta-Reise sein und ist nicht besonders schwer.

- Wenn Sie auf der Nída-Hochebene sind, besuchen Sie die **Idäische Höhle** (S. 544). Sie ist seit Jahrtausenden ein wichtiger kultischer Platz, der Legende nach ist Zeus hier geboren.

- In **Eléftherna** (S. 534f) östlich von Réthimnon können Sie eine Zeitreise durch die Geschichte Kretas machen. Riesige römische Zisternen warten im Fels, eine ganze griechisch-römisch-byzantinische Stadt ist in den letzten Jahren freigelegt worden.

- Besser von Iráklion zu erreichen ist **Tílissós** (S. 546f) mit seinen minoischen Villen. Wie aus dem Lehrbuch können Sie Architektur und Funktion der Megaron-Bauten nachvollziehen und anschließend durch das hübsche Dorf bummeln.

- Das eindrucksvollste Kloster der Gegend ist **Moni Arkádi** (S. 531ff), Schauplatz der „Nationalen Tragödie" von 1866. Inmitten einer kargen Landschaft überrascht die künstlerische kreto-venezianische Fassade des Katholikons. Das **Kloster Ágios Ioánnis bei Balí** (S. 525) ist wesentlich lieblicher und ein blühender Garten.

- In **Fódele** finden Sie mit der **Panagía-Kapelle** (S. 527) eine der schönsten byzantinischen Kirchen Kretas. Die Fresken sind erst vor wenigen Jahren restauriert worden. **Axós** (S. 538), das ein byzantinischer Bischofssitz war, verfügt über zahlreiche Kirchen. Auf kurzen Spaziergängen kann man sie entdecken.

- Das hübsche Bergdorf an der Nordseite des Ida-Gebirges ist auch bekannt für seine **Webwaren**, es ist heute das Ziel vieler Ausflügler und organisierter **Folkloreabende**. Nicht weit entfernt liegt **Anógia** (S. 538ff), mit über 2.000 Einwohnern das größte Bergdorf der Insel. Im Winter kalt und verschneit, ist es im Sommer Zentrum der Viehzüchter und Hirten. Im Unterdorf finden Sie eine breite Auswahl an handgearbeiteten Webwaren.

- **Pánormo** (S. 522f) an der Nordküste ist einer der wenigen Küstenorte, die sich eine ursprüngliche kretische Atmosphäre erhalten konnten. Die schmale Dorfstraße zum Hafen ist von restaurierten Wohnhäusern und Geschäften gesäumt.

- **Margarítes** (S. 536) ist das Töpferdorf der Region. Recht beschaulich geht es zu, auch wenn die meisten Geschäfte ihr günstiges Angebot klar auf Urlauber ausgerichtet haben.

- In **Anógia** betreibt der Sohn des naiven Künstlers *Alkis Skoulas* ein kleines **Museum** (S. 539) mit Ölbildern und Holzschnitzereien des Vaters.

- Echte Werke des wichtigsten Malers der Insel, *El Greco*, hängen in seinem **Geburtshaus in Fódele** (S. 527) zwar nicht. Dafür aber gut gemachte Kopien, die einen Einblick in das Werk eines der bedeutendsten Vertreter des Manierismus geben.

- Die Nordküste ist felsig und läßt nur wenig Platz für Badestrände. Dafür kann man in den kleinen Buchten besonders gut schwimmen und tauchen. **Balí** (S. 526) hat einen schönen Sandstrand, der wegen der geschützten Lage und des flachen Untergrundes auch für Kinder gut geeignet ist.

- Breite, goldene **Sandstrände** mit hervorragendem Wassersportangebot finden Sie **östlich von Réthimnon** bis Pánormo und **westlich von Iráklion** bei Ammoudára. Hier liegen auch die großen Resort-Hotels der Insel.

- **Wanderer** werden im Psilorítis-Gebirge auf ihre Kosten kommen. Ab Anógia können Sie über die Nída-Hochebene und weiter durch die Rouvas-Schlucht oder die Kamáres-Höhle das Massiv queren und bis Zarós gelangen.

- Nicht umsonst liegen viele **Tauchschulen** Kretas an der Felsküste zwischen Réthimnon und Iráklion. Während man an den Stränden bis Pánormo sehr gut schnorcheln kann, kommen weiter östlich um Balí und Agía Pelagía auch Könner auf ihre Kosten, es gibt zahlreiche Unterwasserhöhlen.

- **Radfahrer** sollten rund um die Orte Eléftherna und Margarítes in die Pedale treten. Bewegtes Relief, asphaltierte Straßen mit vielen Kurven und dicht beieinander liegende Dörfer mit urigen Tavernen garantieren erlebnisreiche Ausflüge.

- Sollten Sie im Winter auf Kreta verweilen, fahren Sie doch mal ins einzige **Ski-Gebiet** (S. 543) der Insel am Westrand der Nída-Hochebene. Nicht gerade eine alpine Abfahrt, aber immerhin viel Schnee und ein kurzer Lift.

Melidóni-Höhle

Die Melidóni-Höhle (auch *Gerospílios*) ist seit neolithischer Zeit bekannt und diente seit 4.000 Jahren als **Wohnraum und Kultstätte**. In antiker Zeit wurde hier der Gott *Hermes* verehrt. Funde aus der Höhle, die bei französischen Grabungen 1954 und seit 1987 ans Tageslicht gebracht wurden, sind im Archäologischen Museum von Réthimnon ausgestellt. Tragische Berühmtheit erlangte die Höhle, als hier im **Oktober 1823** über 300 Kreter unterirdische Zuflucht vor den Türken suchten. Diese entzündeten nach dreimonatiger, erfolgloser Belagerung ein Feuer am Höhleneingang. Durch den Rauch und den Mangel an Sauerstoff starben die in der Höhle Gefangenen einen qualvollen Erstickungstod. Ihre Gebeine werden noch heute zur Mahnung in der Höhle verwahrt.

Beschreibung: Hinter einer großen Doline betritt man die Höhle, Stufen führen hinab in einen beeindruckenden, 13 Meter hohen Saal. **Tropfsteinformationen** sind dezent ausgeleuchtet, Sie können in der leicht zu begehenden, rund 3.000 qm großen Höhle frei umhergehen. An einigen Stellen ist der Untergrund etwas rutschig. Aber Vorsicht im nördlichen, linken Gang: Am Ende lauert ein mehr als 20 m tiefes Loch! Das **Beinhaus** mit den Knochen der Opfer der Tragödie von 1823 ist in Form eines riesigen Sarkophags gestaltet und steht in der Mitte der Haupthalle.

Großer Höhlensaal

Öffnungszeiten entnehmen Sie bitte den gelben Seiten unter Balí.

Noch bevor auf der New Road Balí erreicht wird, führt eine kurze Stichstraße hinauf zum Kloster Ágios Ioánnis (Vorsicht, bei Ausfahrt auf nachfolgenden Verkehr achten!).

Kloster Ágios Ioánnis (Kloster Atalis, Kloster Balí)

Die überschaubare Klosteranlage liegt geschützt in 200 m Höhe an den nordwestlichsten Ausläufern des Küstengebirges Koulóukonas. Bevor die New Road in die Felsen gesprengt wurde, lag es seit seiner **Gründung 1635** sehr einsam, versorgt nur über den Fischerort Balí. Seine Blütezeit hatte Moni Ágios Ioánnis im späten 17. und 18. Jh., die Mönche waren am Freiheitskampf gegen die Türken beteiligt. 1866 griffen die Türken das Kloster an, das in den Jahrzehnten danach nur noch von wenigen Mönchen bewohnt wurde. Der letzte von ihnen starb 1941.

Das kleine **Katholikon** besitzt eine schöne Fassade im Renaissancestil. Man ist fast geneigt, das Mitte der 1980er Jahre restaurierte und wieder bewohnte Kloster mit einer Finca zu vergleichen, zudem blüht hier von Granatapfel, Hibiskus, Oleander, Kakteen, Nachtschattengewächsen bis zu Wein ein guter Querschnitt der mediterranen Flora. Ein Mitreisender nannte es treffend das „Kloster der Mönche mit dem grünen Daumen". Ein Brunnen liefert erfrischendes Trinkwasser, beim Katholikon können Kopien von Ikonen und Literatur zur Orthodoxie erworben werden. Mit den Einnahmen werden die Restaurationsarbeiten am Kloster finanziert.

Blühender Kloster-garten

Öffnungszeiten entnehmen Sie bitte den gelben Seiten unter Balí.

▬▬ **Balí** (Μπαλι)

> **Aktuelle regionale Reisetips zu Balí**
> *entnehmen Sie bitte den gelben Seiten 229f*

Wer auf der New Road von Westen kommt, sieht Balí in der felsigen Küstenlandschaft erst spät. Der Ort schmiegt sich in die westlichen Hänge einer kleinen Bucht, die durch das Kap Akrotíri Korakias gebildet wird. Von der New Road führt die Straße 1 km hinab in den Ort. Der hübsche **Fischerhafen** und mehrere **schmale Buchten**, die schon fast intim wirkende Strände beherbergen, liegen am Ende der Straße und ihren Abzweigern. Die zwei- bis dreistöckigen Gebäude zeichnen die geschwungene Topographie der Felsküste nach.

Schnell gewachsener Ort

Erst seit türkischer Zeit gibt es den Ort, der anfangs *Meli* (Honig) hieß. Allerdings lag in der Bucht in antiker Zeit wahrscheinlich schon der Hafen *Astáli*, der der dorischen Stadt *Oaxós* (heute Axós) zugeordnet war. Balí ist in den letzten Jahren kräftig gewachsen, ohne daß man eine klare Ortsplanung erkennen kann. Während Pánormo schon länger ein größeres Dorf war, hat Balí erst durch den Tourismus an Bedeutung gewonnen. Deshalb fehlt ein Zentrum mit Platia und Gassen, die zum Bummeln und Entdecken einladen. Im Gegensatz zu Pánormo sieht man in Balí außer in Tavernen kaum einheimische Kreter.

Die Hafenbucht von Balí

Hotels und Apartmentanlagen ziehen sich an der Hauptstraße zwischen New Road und Hafen entlang. Je weiter oben ein Hotel gelegen ist, desto besser die Aussicht, aber um so weiter der Weg zum Strand und zum kleinen Fischerhafen mit seinen gemütlichen Tavernen und Café-Bars. Hier trifft man sich abends und schaut vom Ende der Mole auf das Meer hinaus. Einige Hotels besitzen Treppen zu winzigen Privatbuchten, in denen nur wenige Liegestühle Platz finden. Durch die Lage im Westhang verschwindet in Balí die Sonne relativ früh am Abend hinter den Felsen.

Tavernen am Fischerhafen

Die **Umgebung Balís** ist karg und weitgehend unbesiedelt, Ausflüge zu Fuß oder mit dem Fahrrad sind nur begrenzt lohnend. Schon wenige Kilometer südlich von Balí erreichen die Gipfel des Küstengebirges Kouloúkonas fast 1.100 m Höhe.

Abstecher nach Fódele (Φοδελε)

Etwa 7 km nach Síses wird die kleine **Bucht von Fódele** erreicht, in der Ende der 1990er Jahre ein großes Resorthotel entstanden ist. Ein Badestrand lädt zum Verweilen ein, allerdings rauscht im Hintergrund permanent der intensive Verkehr auf der New Road.

Zum **Dorf Fódele** sind es von hier noch 3 km in das fruchtbare Tal des Pantomantris hinein. Dieser Fluß fließt mitten durch die Siedlung hindurch, die weißen Häuser liegen an den beiden grünen Ufern. Im Ort bietet man in unzähligen Geschäften Keramik und vor allem handgearbeitete Webwaren an, Fódele ist bekannt für das große Angebot an Decken und Tüchern. Die Verkaufsstrategien sind manchmal etwas aufdringlich. Mehrere Tavernen und Kafenia laden in der Ortsmitte zur Rast ein. Der Gedenkstein an der Platia wurde 1934 von der Universität von Valladolid aus dem spanischen Kastilien dem Dorf übergeben. In Toledeo hatte der aus Fódele stammende Maler El Greco gewirkt, und dort war er 1614 auch gestorben. Zu seinen Geburtshaus und zur kleinen Panagía-Kirche müssen Sie die Brücke im Ort überqueren und am anderen Ufern wieder in nördliche Richtung bis in die heute verlassene Siedlung Lumbiniés fahren.

Geburts- ort El Grecos

Panagía-Kirche

Das architektonische Kleinod ist erst seit dem Ende der 1990er Jahre wieder zu besichtigen, nachdem aufwendige Restaurierungsarbeiten an den Fresken abgeschlossen wurden. Die aus Bruchstein errichtete Panagía ist eine **Kreuzkuppelkirche** mit schöner Tambourkuppel aus dem *13. Jh.*, die auf die Fundamente einer frühchristlichen, dreischiffigen **Basilika** aufgesetzt wurde. Diese hatte eine größere Grundfläche und wurde schon im *8. Jh.* errichtet. Die hüfthohen Mauerreste umgeben noch heute den neueren Kirchenbau. Teilweise wurden ihre Bruchsteine beim Aufbau der Panagía wiederverwendet (z.B. die zwei Marmorsäulen am neuen Altar). Die **Fresken** im Inneren stammen aus dem 13. Jh. und dem frü-

Kreuzkuppelkirche Panagía bei Fódele

hen 14. Jh. (Stifterinschrift 1323 im südlichen Kreuzarm). Die künstlerische Qualität ist herausragend. Die Naturfarben wurden ursprünglich aus Wasser, Kalk und Kräutern angemischt und naß auf die Wände aufgetragen. Im Zuge der Restaurierungsarbeiten wurden die Malereien gewaschen, teilweise ergänzt und mit Silikon hinterspritzt, um sie gegen Erdbeben (Gefahr des Abfallens von Putz) zu schützen.

Schräg gegenüber der Panagía steht das (angebliche) **Geburtshaus El Grecos mit dem El Greco-Museum**. Da die wertvollen Originalbilder des Malers in

Museen in der ganzen Welt verstreut sind, zeigt das noch junge Museum die berühmtesten Werke El Grecos nur als hinterleuchtete Kopien. Durch diese Lichtführung kommen sie sehr plastisch zur Geltung, einzelne Details und Farbnuancen sind ausgezeichnet zu erkennen. In einem Raum des Museums ist ein Atelier nachgebildet, in dem die Naturfarben und ihre Vermaltechniken anschaulich gezeigt werden.

Öffnungszeiten entnehmen Sie bitte den gelben Seiten unter Agía Pelagía.

Hinweis
Eine ausführliche Darstellung des Malers El Greco finden Sie im Kapitel 3.5 ab S. 101.

Fährt man von Fódele östlich der Brücke weiter durch die großflächigen **Orangenhaine** das Tal hinauf, erreicht man nach rund 5 km das winzige Kloster **Moni Pandeleimnon**. Ein Besuch der Klosteranlage lohnt sich jedoch kaum, der Weg ist das Ziel. Es ist nur eine Frage der Zeit, wann auch dieses von einem alten Mönch bewohnte Kloster vereinsamt und damit dem Verfall preisgegeben wird. Mit einem geländegängigen Wagen, dem Fahrrad oder zu Fuß kann vom Kloster weiter in kurzer Zeit die Old Road bei Márathos erreicht werden.

Abgelegenes Kloster

Agia Pelagía (Αγ. Πελαγια)

Aktuelle regionale Reisetips zu Agía Pelagía
entnehmen Sie bitte den gelben Seiten 215f

Agía Pelagía liegt im Westen einer feinsandigen Bucht. Wie das weiter westlich gelegene Balí ist auch Agía Pelagía einst nur ein kleiner Fischerort gewesen, bis der Tourismus das Lagepotential unweit Iráklions entdeckte. Man nimmt an, daß an der Stelle Agía Pelagías die antike Siedlung *Apollonia* gelegen hat (beim heutigen Hotel *Capsis*). Der Name Agía Pelagía stammt von einer kleinen Kirche im Kloster des Sebbathian, dessen Ruinen westlich des heutigen Ortes standen. Jährlich am Namenstag, dem 8. Oktober, wird im Ort ein religiöses Fest gefeiert.

Mittlerweile ziehen sich entlang der Straße zum Strand hinab unzählige Hotels und Pensionen, besonders schön ist die seitlich von **Felsklip-**

Ruhige Stunden in der Bucht von Agia Pelagia

pen eingerahmte, mehrere hundert Meter lange **Strandbucht** mit winzigen Booten und einer befestigten „Promenade". Durch die natürlich geschützte Lage gibt es so gut wie nie stärkeren Wellengang. Es geht flach ins Wasser hinein, so daß Sie hier auch mit kleinen Kindern baden können. Abends sitzt man in den Tavernen romantisch auf Terrassen direkt am Wasser.

Agía Pelagía eignet sich gut zum Ausspannen, wenn man auf ein überschaubares Angebot an Tavernen und Nachtleben nicht verzichten möchte. Zudem liegt es nicht weit von Kretas Hauptstadt Iráklion entfernt. Wem das Baden im Ort zu langweilig wird, der kann auch östlich in die nahe Bucht von Lígaria oder westlich an den Strand von Mononaftis ausweichen.

Flache Strandbucht

Von Agía Pelagía sind es noch etwa 23 km bis **nach Iráklion**, davon führen die ersten 15 Kilometer weiter oberhalb der Felsküste entlang. An der Straße liegen keine größeren Orte mehr, lediglich Rogdía kann auf einer Stichstraße erreicht werden.

Nordwestliche Vororte von Iráklion

Rogdía (Ρογδια) und **Kloster Savathianón**

Rogdía ist auf zwei Wegen zu erreichen. Von Agía Pelagía führt eine nicht durchgehend asphaltierte Straße von der Kreuzung an der New Road hinauf (ca. 5 km). Von Iráklion aus verläßt man dort, wo die New Road hinter dem Kraftwerk die Küste erreicht, die Schnellstraße und steigt kurvenreich ebenfalls 5 km hinauf. Dabei hat man immer wieder einen fantastischen **Rundblick** zurück auf die weite Küstenebene, auf der sich das Häusermeer der Metropole Iráklion immer breiter macht. Vereinzelt sind neben der Straße Villen wohlhabender Kreter gewagt in den Hang gebaut.

Rogdía ist fast schon ein Vorort von Iráklion. An vielen Stellen des Dorfes hoch über dem Meer wird gebaut. Eine schmale Straße führt durch das Dorf, gleich am Eingang liegen zwei beliebte **Ausflugstavernen** (S. 263), die eine große Anzahl Gäste bewirten können und von ihren Terrassen Aussicht auf Iráklion und das Meer bieten. In der Ortsmitte von

Ausflugstavernen

Rogdía finden Sie direkt rechts unterhalb der Durchgangsstraße die Reste einer venezianischen Villa.

Im Ort führt links eine steile Asphaltstraße zum 5 km entfernten Kloster Savathianón (5 km). Der Weg ist an den Abzweigern beschildert (für die Rückfahrt merken!) und führt an einem auffälligen Neubau der orthodoxen Kirche vorbei. Das **Kloster Moni Savathianón** liegt direkt unterhalb eines militärischen

Häusermeer am Hang – Rogdía

Sperrgebietes. *1946* wurde es von der Nonne *Melani Wrionaki* gegründet und zu einer grünen Oase inmitten der kargen Nordosthänge des Vassiliko verwandelt. Dieser thront etwas westlich, 734 m hoch und von einer Funk- und Radarstation „gekrönt". Die Zufahrt ist von dieser Seite nicht möglich.
Öffnungszeiten entnehmen Sie bitte den gelben Seiten unter Agía Pelagía.

Ammoudára

Rund 8 km vor dem Stadtkern von Iráklion endet die Felsküste abrupt und geht in einen breiten Sandstrand über, der heute vollständig be- und zersiedelt ist.

Resort-Hotels und Wasser-sport
Am Sandstrand von Ammoudára liegen einige der besten Hotels Kretas, große **Resort-Anlagen** mit jedem erdenklichen Komfort (*Candia Mare, Creta Beach, Grecotel Agapi Beach und andere*). Der Strand eignet sich für **Wassersport** jeglicher Art, und fast alle Hotels haben eigene Angebote. Die Umgebung dagegen bilden wild wachsende Vororte aus Gewerbeflächen, Supermärkten, Autohändlern und Tavernen. Am westlichen Ende des rund 5 km langen Strandes von Ammoudára liegt das Kraftwerk „Linopéramata", das mit seinen drei rot-weiß gestreiften Schornsteinen von weitem erkennbar ist. Hier führt die Strandstraße an die New Road heran. Etwas weiter reicht das Förderband einer Verladestation der Titan Zement, einem der großen Zementproduzenten Griechenlands, weit ins Meer hinaus.

Oberhalb des Kraftwerkes liegt am Osthang des 432 m hohen Keri die **stärkste Quelle Kretas**. Ihr Wasser, das mit einer Schüttung von maximal 30 cbm je Sekunde austritt, wird in einem kleinen Stausee gesammelt. Unterhalb dieses Beckens schafft es immer noch ein wertvolles **Feuchtgebiet**, das sich bis zum Strand erstreckt. Erstaunlicherweise ist das Wasser der Quelle mitunter salzhaltig. Grund dafür ist das durch **unterseeische Höhlen** an der Nordküste eindringende Meerwasser, das sich bei geringem Süßwasserstand in den unterirdischen Hohlräumen beimischt.

11.2 Auf der Old Road hinter dem Kouloúkonas nach Iráklion

Entfernungen
Réthimnon - Eléftherna 25 km
Réthimnon - Anógia 52 km
Anógia - Iráklion 32 km

Hinter dem Küstengebirge Kouloúkonas entlang führt die **alte Straße nach Iráklion** über Pérama. Diese beschreiben wir weiter hinten in einem kurzen Abschnitt, da sie nur wenig Sehenswürdigkeiten bietet. Lohnender ist die Strecke noch weiter südlich, die **über Anógia** führt und die wir ausführlich beschreiben. Spätestens bei Mourtaná müssen Sie sich für eine Route entscheiden. Natürlich können Sie sie auch für Hin- und Rückweg kombinieren. An einem Tag ist eine solche Tour allerdings bei mehreren Stopps nicht zu schaffen. *Strecken- alterna- tiven*

11.2.1 Über Eléftherna und Anógia Richtung Iráklion

Anfahrt zum Kloster Moni Arkádi
Arkádi liegt rund 23 km südöstlich von Réthimnon und ist von den Strän- den zwischen Réthimnon und Skaletá leicht per Auto oder Fahrrad zu erreichen. Von Réthimnon aus verkehrt mehrmals täglich ein Linienbus. Fahren Sie von der New Road bei Missiriá ab, durch Adéle hindurch bis Loutrá. Dort rechts abbiegen und über Kiriána und Amnátos (südlich halten) bis Arkádi. Wer von Osten anreist, kann auch schon bei Stavroménos die New Road verlassen und über Magnisiá und Viranepiskopí nach Amnátos und weiter zum Kloster fahren.

Kloster Moni Arkádi (Μ. Αρκαδιου)

Arkádi wird wegen zweier Eigenschaften eine fast mystische Bedeutung zugespro- chen. Da ist zum ei- nen die einsame Lage am Rande eines kar- gen Hochplateaus unterhalb der äußers- ten Nordwestaus- läufer des Psilorítis. Trutzig steht das Kloster, wehrhaft von einer hohen Mauer umgeben, östlich ei- ner nicht allzu tiefen Schlucht. Zum ande-

Katholikon des Klosters Arkádi

Pilgerstätte
Arkádi

ren die „**Nationale Tragödie**" von *1866*, als sich mehrere hundert, von türkischen Truppen eingeschlossene kretische Frauen, Kinder und Mönche selbst in die Luft sprengten und damit den Freiheitskampf Kretas auf die weltpolitische Bühne brachten. Der 9. November ist seitdem eine Art „Kretischer Nationaltag", viele Menschen pilgern zwischen dem 7. und dem 9. November an die heroische Stätte nach Moni Arkádi. Die genaue Entstehungszeit des Klosters ist noch ungeklärt, die heutigen baulichen Anlagen stammen aus dem 16. und 17. Jh., doch Arkádi existiert wohl schon seit dem 5. Jh. Das zweischiffige Katholikon stammt von 1587 und ist das älteste Bauwerk. Das Refektorium wurde 1670 angebaut.

Westlich vom Klostervorplatz, oberhalb der Schlucht, werden in dem kleinen Turm einer ehemaligen Windmühle die Gebeine der 1866 in Arkádi Gestorbenen aufbewahrt. Achten Sie auf die vielen kleinen Schädel von Kindern und Frauen und deren schwere Verletzungen. Durch das Haupttor Arkádis, die **Porta Réthimnon**, hindurch geht man direkt auf das mittig gelegene Katholikon mit der prächtigen kreto-venezianischen Fassade aus dem 16. Jh. zu. In der Kirche des Klosters sind die wertvollsten Schätze ein aus dunklem Zypressenholz geschnitzter Altar von 1927, eine großformatige, versilberte Ikone und rechts eine riesige hölzerne Ikone mit dem Bildnis Christi, die einst zur 1866 verbrannten Altarwand gehörte.

Die 1866 zerstörte Zypresse

Rechts des Katholikons liegt im 1. Stock ein **Museum** mit Reliquien des Klosters und des kretischen Freiheitskampfes um 1866 (z.B. Fahnen des Widerstands, die Haarlocken eines Arkádi-Opfers, aufwendig verzierte Bibeln des 16.-18. Jh. und die Meßgewänder des Abtes *Gabriel Marinakis*). Links vom Katholikon steht der zersplitterte Stumpf einer Zypresse, die die Sprengung 1866 so zugerichtet haben soll. In den Räumen dahinter das karge **Refektorium**, der Gemeinschaftsspeisesaal der Mönche. Schwere hölzerne Tische und Bänke dominieren den düsteren Raum. Das **Pulvermagazin**, von dem die Explosionen 1866 ihren Ausgang nahmen, liegt in der hinteren (nordwestlichen) Ecke des Klosters. Immer noch fehlt die herausgerissene Decke des Gewölbes. Andere Klosterteile wurden wieder aufgebaut, so z.B. 1870 das Haupteingangstor.

Fototip
Blickfang ist die Vorderfront der Kirche, die man gut aus dem offenen Gang im 1. Stock oder durch das Haupttor hindurch in Szene setzen kann. In s/w ergibt sich ein besonders atmosphärisches Bild.

Öffnungszeiten und Infos
entnehmen Sie bitte den gelben Seiten unter Réthimnon (S. 313)

INFO **Die „Nationale Tragödie" von Arkádi**

1866 war das Jahr eines erneuten Aufbäumens der Kreter gegen ihre türkischen Besatzer. Am 1. Mai versammelten sich 15.000 kampfbereite Männer unter der Führung von *Hatzi Michalis Giannaris* beim Kloster Arkádi und berieten über das weitere Vorgehen. Für die Inselteile wurden eigene Revolutionskomitees gebildet, dem von Réthimnon stand der Abt von Arkádi, *Gabriel Marinakis*, vor. Die Türken drohten daraufhin, das Kloster zu zerstören, sollte sich dieses Komitee nicht auflösen. Doch *Marinakis* blieb auch nach zwei ersten Angriffen auf Arkádi hart. Am 8. November erteilte der türkische Führer *Mustafa Pascha* den Befehl zum Sturm. Zu diesem Zeitpunkt waren über 950 Menschen in Arkádi, davon über 600 Frauen und Kinder, die innerhalb der schützenden Klostermauern Zuflucht gesucht hatten. Es kam zu ersten Gefechten, doch die Türken konnten das Kloster vorerst nur belagern, nicht erobern. Die Eingeschlossenen wußten um ihre aussichtslose Lage und empfingen auf einer nächtlichen Messe ihre letzten Sakramente, um sich danach ihrem Schicksal zu stellen und zu verteidigen.

Wie viele Menschen diese letzten Stunden in Todesangst statt in Heldenmut verbrachten, verschweigt die heroisch überlieferte Geschichte. Am Morgen des 9. November griffen die Türken erneut an und zerstörten mit schweren Kanonen das Westtor. Der Weg ins Kloster war frei. Der folgenden Schlacht waren die Kreter nicht gewachsen, ihre Munition reichte nicht aus, und die Türken waren in deutlicher Überzahl. *Abt Marinakis* fiel in der Schlacht. Als die Lage endgültig aussichtslos geworden war, eilten alle wie abgesprochen in das Arsenal in der Nordostecke des Klosters. Hier wartete Sprengmeister *Konstantinos Giaboudakis*. Ein letztes Mal fragte er die anwesenden Männer und Frauen, ob sie bereit seien, gemeinsam in den Tod zu gehen, um nicht lebend in die Gefangenschaft der Türken zu geraten. Als genügend türkische Soldaten beim Arsenal waren, setzte er mit einem Pistolenschuß die im Arsenal gelagerten Pulvermengen in Brand. Gewaltige Explosionen erschütterten das Kloster, eine Ballade hält diesen Moment in Worten fest: *„Das Kloster stürzte zu einem Steinhaufen zusammen, und der Psilorítis erschauderte sowie alle Gebirge, und das gesamte Kreta, von einem Ende zum anderen, erwiderte das Echo".*

Die genaue Zahl der Opfer dürfte unbekannt bleiben, doch mehrere hundert kretische Männer, Frauen und Kinder ließen ihr Leben, dazu wohl die gleiche Anzahl türkischer Soldaten. Der Abt von Arkádi, *Gabriel Marinakis*, im Kampf erschossen, wurde später enthauptet und sein Kopf von den Türken triumphierend durch das nahe Perivólia getragen.

Diese „Nationale Tragödie", die als Legende des unbeugsamen Freiheitsdranges des kretischen Volkes in die Geschichte einging, brachte den Konflikt um Kreta auf die weltpolitische Bühne und war insofern ein Opfer, das zumindest die Lösung der Befreiung Kretas näher brachte. Zahlreiche einflußreiche Philhellenen in der ganzen Welt sympathisierten nun mit der kretischen Bevölkerung. Jedes Jahr im November erinnern Feierlichkeiten im Kloster an die Ereignisse von 1866.

Vom Kloster Arkádi führen zwei Straßen weiter nach Eléftherna. Wir empfehlen die südlichere, um direkt zu den Ausgrabungen bei Archea Eléftherna zu gelangen (5 km).

▰▰▰ Eléftherna (Ελευθερνα)

Eléftherna ist mittlerweile die bedeutendste archäologische Stätte der Präfektur Réthimnon. Wie an kaum einem anderen Ort auf Kreta kann man hier den Bezug des Siedlungsplatzes zur umgebenden Landschaft nachvollziehen. Eindrucksvoll der hohe, schmale **Grat** Pyrgi aus hellem Kalkstein, der auf beiden Seiten von tiefen, an den Hängen terrassierten Tälern umgeben ist. Darin fließen die schmalen Bäche Chalopota und Kyriaki, die sich hinter dem Grat vereinen. Die Besichtigung der verstreut liegenden Ruinen von Eléftherna ist gut zu Fuß möglich, dauert jedoch etwa 2 Stunden.

Eindrucks-
volle Lage

Von der minoischen Zeit bis in das Mittelalter hinein war die Siedlung Eléftherna bewohnt. Eine bedeutende Rolle spielte Eléftherna in der antiken und byzantinischen Epoche Kretas. In archaischer Zeit war es Geburtsort der Musiker *Ametor* und *Linos*. Im 2. Jh. v.Chr. bestanden Handelsbeziehungen bis nach Ägypten. **67/68 v.Chr.** wurde Eléftherna vom Römer *Quintus Caecilius Metellus* mit einem Trick eingenommen: Mit Essig weichte er die Befestigungswälle so lange auf, bis sie nachgaben. In römischer Zeit wurde Eléftherna ausgebaut und trieb regen Handel. Sein Hafen wird beim heutigen Pánormo vermutet.

Antikes Eleftherna

Ant. Brücke und Nekropole

Kyriaki

N
0 — 200m

Chalopota

† Agia Anna

Ausgrabung der Röm./ Byz. Siedlung

Dor.
Akropolis ★

riesige ● ★ Turmruine
Zisternen ● ★ Rillen im Fels

■ Taverne

Archea
Eléftherna
(heutiger Ort)

† Agia Irini

nach
Eléftherna ↙

nach
Margarites ↘

© Ilgraphic

1. Besichtigungsabschnitt: Die umfangreichen Ausgrabungen östlich des Pyrgi sind über einen Fahrweg, der hinter dem Dorf Archea Eléftherna (Prínes) in das Tal abzweigt, zu erreichen. Die venezianisch-byzantinische **Kapelle Agía Iríni** passierend, sieht man nach einigen Minuten rechter Hand die Fundamente der vorwiegend römisch/byzantinischen **Stadtsiedlung aus dem 2.-4. Jh. n.Chr.** Arthur Evans hielt die Grabungsstätte 1902 nicht für lohnend, und auch britische Archäologen, die 1929 kurze Zeit hier gruben, fanden die Fundstelle wenig bedeutend. Sie haben sich geirrt. Seit 1985 wird von der Universität von Kreta unter Leitung von *Prof. Christos Stampolides* gegraben und konserviert, und es sind Mitte der 1990er Jahre spektakuläre Funde gemacht worden. In der bis in die archaische Zeit genutzten **Nekropole von Orthi Petra** an der Westseite des Grates entdeckte das Grabungsteam den Scheiterhaufen eines Kriegers, der nach üb-

Ausgrabung der antiken Stadt

lichem Ritus brandbestattet worden war. Die Knochen wurden eingesammelt, gereinigt und in Urnen endgültig bestattet. Doch am Rand lag ein weiteres Skelett, unverbrannt und ohne Schädel. Man nimmt an, daß hier ein gefangener junger Mann während der Verbrennung des Kriegers hingerichtet wurde.

In der **Hauptgrabungsstelle Katsivelos** an der Ostseite des Grates sind neben den frühen hellenistischen Fundamenten Gebäudereste – u.a. eine römische Villa mit gut erhaltenen Mosaiken –, befestigte Straßen mit Entwässerungsleitungen und die Fundamente einer dreischiffigen Basilika zu sehen. Eléftherna war in der ersten byzantinischen Epoche einer von 12 kretischen Bischofssitzen, später residierte der Bischof von Eléftherna in Viran Episkopí, rund 12 km nordwestlich. *Antike Siedlungsreste*

Der Weg führt weiter in das Tal hinab zu einer eindrucksvoll erhaltenen **Brücke** aus hellenistischer Zeit. Oberhalb der Brücke sind einige **Kammergräber** zu besichtigen. Die Brücke ist aber schon besser vom Ort Eléftherna aus zu erreichen (ca. 700 m von dort).

2. Besichtigungsabschnitt: Landschaftlich reizvoller ist der Weg über den Grat zu den römischen Zisternen und anschließend hinab ins Tal. Dazu schon im Ort Archea Eléftherna zur Taverne *Acropolis* abbiegen (Ausschilderung „Ancient Eléftherna"). Von hier führt ein Pfad auf den Grat. Schnell erreicht man die Re-

Die Akropolis auf dem schmalen Grat

ste eines hellenistischen Turmes bei der **Akropolis**, davor finden sich rätselhafte, längliche Rinnenstrukturen im Felsplateau, die wahrscheinlich dem exakten Zuschnitt von Steinquadern gedient haben.

Der Blick geht geradeaus bis zum Meer, auf dem kleinen Hochplateau wachsen Kermeseichen und Johannisbrotbäume. Nehmen Sie den Pfad am Westhang hinab zu den **Zisternen** unterhalb der Akropolis (ca. 200 m). Durch eine kleine Öffnung kann man gefahrlos ins dämmrige Innere der rund 10.000 m³ fassenden Wasserreservoirs gelangen. Sobald sich die Augen an das Halbdunkel gewöhnen, werden die enormen Ausmaße deutlich. Problemlos fänden mehrere Lkw Platz im Innenraum, der von wenigen Pfeilern gestützt wird. Doch die Ausbildung im *Unterirdische Zisternen* relativ weichen Kalkstein dürfte nicht allzu aufwendig gewesen sein. Die Zisternen waren z.T. durch Überläufe miteinander verbunden und schickten ihr Wasser über unterirdische Leitungen unter dem Akropolis-Berg hindurch zur Stadt.

Der Hauptpfad auf dem Grat führt weiter zu den Überresten eines Heiligtums bei dem **Kirchlein Agía Ánna**.

Von Eléftherna weiter nach Osten

Von Archea Eléftherna führt die Straße östlich über Kinigianá und dann nördlich nach Margarítes (6 km) am Tal des Margaritsanos entlang.

Margarítes (Μαργαριτεζ)

Margarítes ist eines der bekanntesten **Töpferdörfer** auf Kreta. Eine Reihe von Geschäften bietet hier schöne Gebrauchskeramik, vom Eierbecher bis zum Pithoi, an. Traditionell waren die Tonarbeiten weniger Kunst als schlichtes Handwerk, denn große und schwere Gebrauchsgegenstände wie Vorratsgefäße mußten mangels Transportmöglichkeiten in den Dörfern selbst hergestellt werden. Überall

erhältliche Importware aus neuen Materialien hatte das Töpferhandwerk fast überflüssig gemacht, doch der Tourismus hat das Geschäft wieder belebt. Durch die direkte Nachbarschaft der Werkstätten können Sie Preise, Qualität und Designs vergleichen. Die Waren sind fast immer günstiger als in den Küstenorten.

An der Straße zur Platia hin finden Sie bei *Ilias E. Maroulis* sehr schöne Geschirrserien, Vasen und auch

Töpferdorf Margarítes

Günstige Töpferwaren

Schmuck. Aus länglichen übereinandergelegten Tonstreifen werden z.B. Brotkörbe hergestellt. Nur noch von wenigen Manufakturen werden die großen Tonpithoi zur Vorratshaltung hergestellt. Am oberen Ortsausgang bei *Ceramic Art* finden Sie einige davon, außerdem Amphoren und anmutig lasierte Schüsseln in allen Größen.

Von der Platia im unteren Ortsteil führt ein 5-minütiger Fußweg hinauf zum verfallenen **Kloster Moni Sotiros**. Ein großer Friedhof mit prächtigen Sarkophagen zeugt von einer wohlhabenden Zeit Margarítes, duftend zieht Weihrauch über den stillen Ort.

Fahren Sie von Margarítes zurück bis zur Kreuzung nach **Orthés** und biegen nach Osten ab. Oberhalb des Ortes an der Straße nach Osten liegt links in einem verwilderten Vorgarten ein merkwürdiges **Denkmal**. Es wurde von einem Privatmann in Erinnerung an den Befreiungskampf gegen die Türken aufgebaut.

Weiter führt die schmale Landstraße östlich nach **Kalamás**, wo Sie im Ort die kleine **Kirche Ágios Geórgios** etwa 100 m von der Straße finden. Sie steht meist offen. Als ehemalige Bischofskirche von Kalamon blickt sie auf eine lange Baugeschichte zurück. Ursprünglich wohl zum Ende des 11. Jh. errichtet, wurden nachträglich zwei Vorhallen angebaut, so daß sich eine interessante Dachlandschaft ergeben hat. Die Fresken sind sehr hochwertig, man vermutet deshalb einen aristokratischen Hintergrund des Malers.

Den Schlenker über Melísourgaki und Garipás nehmend, kann man durch **Houméri** hindurch in die Landstadt Pérama (S. 548) gelangen. Um aber auf die richtige Straße Richtung Anógia zu gelangen, in Houméri rechts Richtung Ag. Mamás und Zonianá abbiegen. Die Straße steigt jetzt an und zeichnet die bewachsenen Schotterkegel der Nordhänge des Psilorítis nach. Durch die winzigen, ursprünglichen Dörfer Agias Mamás, Ágios Ioánnis, Kálivos, Livádia und Krána hindurch wird **Zonianá** nach rund 18 km erreicht. Das Dorf selbst ist nicht besonders schön, das Bachbett in der Ortsmitte

Denkmal in Orthés

dient als Müllkippe. Die unzähligen Pick-ups japanischer Hersteller zeugen von intensiver Viehzucht direkt unterhalb des Psilorítis-Gebirges.

Um zur Sventóni-Höhle zu gelangen, am Ortausgang hinter einer Kapelle links abbiegen bis zu einem riesigen Schotterparkplatz.

Sventóni-Höhle

Die reich mit Tropfsteinschmuck ausgestattete, 3.000 m² große Höhle ist nur knapp 150 m lang. Dennoch werden auf dem Rundgang nacheinander **14 Säle** durchschritten, die unterirdischen Räume sind 2 bis 6 m hoch. Auf einer rund 300 m langen Strecke werden halbstündlich Besichtigungen in der Höhle veranstaltet. Am Eingang müssen Sie auf die nächste Führung warten, Einzelpersonen werden nicht eingelassen.

Besichtigung der Höhle

1950 wurde die **Griechische Höhlenkundliche Vereinigung** gegründet, 1962 ihr lokaler Ableger auf Kreta. Die Sventóni-Höhle ist eine von über 3.500 Höhlen auf Kreta, die nach und nach systematisch erforscht wurden. Der karstige Untergrund hält für die Speläologen immer wieder Überraschungen bereit, längst dürften nicht alle Höhlen Kretas entdeckt sein. Als Schauhöhle ausgebaut sind aber nur wenige von ihnen.
Öffnungszeiten entnehmen Sie bitte den gelben Seiten unter Anógia.

Axós (Αξος)

Von der Straße nach Anógia ist Axós nur ca. 1,5 km nördlich entfernt (Beschilderung Réthimnon folgen). Neben der Straße stehen noch aktive Köhlerhütten, in denen Holzkohle hergestellt wird (siehe Infokasten S. 549).

Gleich am oberen Eingang von Axós liegt eine der großen **Folklore-Tavernen**, die unzählige Gäste zur abendliche Unterhaltung und zu Weinfesten in das hübsche Bergdorf locken. Außerdem werden in Axós beliebte Produkte aus Schafswolle verkauft, zahlreiche Geschäfte um den Dorfplatz bieten den Urlaubern ihre Waren an. In den Dorfstraßen präsentieren sich einige ältere Männer noch in der traditionellen kretischen Kleidung mit Schaftstiefeln, Pumphosen und dem schwarzen Stirntuch der Freiheitskämpfer.

Einst hatte Axós 50 Kirchen

Axós war einst wesentlich bedeutender als heute: In der Antike hieß die Siedlung *Oaxós*, nach einem Enkel des *König Minos*. Auf dem Hügel über dem Ort finden sich die Reste der um 1900 ausgegrabenen dorischen **Akropolis**. Der Hafen lag beim heutigen Balí an der Nordküste. Teile von *Oaxós* erstreckten sich bis in den Nachbarort Livádia, ein Apollo-Tempel stand in Kefáli, rund 10 km nordwest-

Byzanti-
nische
Kirchen

lich. Im Jahr *535* wurde Axós **Bischofssitz**, in venezianischer Zeit hatte es fast 50 Kirchen! Knapp ein Dutzend ist erhalten, so **Àgia Iríni** neben der modernen Kirche an der Hauptstraße zum oberen Ortsende. An eine idealtypische Kreuzkuppelkirche ist eine schlichte Einraumkapelle angesetzt. Architektonisch bemerkenswert sind die 12 Blendarkaden an der Tambourkuppel. Geht man von hier rechts einen Pfad den Hang aufwärts, gelangt man nach einigen hundert Metern zur Kirche Ágios Ioánnis. Auf den Fundamenten einer frühchristlichen Basilika steht die kleine Einraumkapelle mit Fresken aus dem 14./15. Jh.

Wollen Sie nun schon nach Réthimnon zurückkehren, können Sie die fast schnurgerade Strecke bergab Richtung Mourtzána nehmen (weiter nach Pérama/Réthimnon). Unsere Strecke führt zurück zur Straße nach Anógia (6 km).

Anógia (Ανωγεια)

Aktuelle regionale Reisetips zu Anógia
entnehmen Sie bitte den gelben Seiten 226f

Anógia ist einer der wenigen größeren Orte auf Kreta, die sich trotz des zunehmenden Tourismus ihre Eigenart bewahren konnten. Als Einfallstor zur Nída-Hochebene liegt es in rund 800 m Höhe recht abgelegen von den Küstenstädten und ist mit rund 2.500 Einwohnern **Kretas größtes Bergdorf.** Die Gemeindefläche dehnt sich bis zum Südrand der Nída-Hochebene aus und reicht von 600 bis in 2.000 Meter Höhe. Über 90 % davon sind potentielles Weideland.

In den Jahrhunderten des Freiheitskampfes war Anógia eine bedeutende Basis des Widerstandes. Traditionell wurde es von Schäferfamilien bewohnt, die von April bis Oktober mit ihren Herden durch die Nída-

Naive Kunst von Álkis Skoúlas

Hochebene und die umliegenden Berge zogen. Dann war auch Anógia lebendig, und die Bewohner sangen die **Mandinaden,** spontan gereimte Zweizeiler mit 15 Silben, die im Kreis von Freunden leidenschaftlich vorgetragen wurden und von Liebe, Schmerz und den Härten des Alltags berichteten. Im Winter war die Hochebene unzugänglich und auch Anógia eingehüllt von Nebel und Schnee ein unwirtlicher Ort. Das Leben der Anógianer war immer bestimmt von diesen beiden Jahreshälften.

Mandinaden

Heute ist Anógia das Ziel vieler Wanderer und Ausflügler, die hier auf dem Weg zur Nída-Hochebene rasten oder sich für die riesige Auswahl an **Webwaren** begeistern. Im **Unterdorf** reihen sich um die zentrale Platia die Kafeneia, vor denen im Sommer die älteren Einwohner sitzen. Während die Frauen bemüht sind, vor den Geschäften ihre Webwaren anzupreisen oder neue herzustellen, treffen sich die Männer auf ein Schwätzchen und lassen das Komboloi zwischen den Fingern klicken.

> **"Mitsos Stavrakakis** beschreibt in einem **Gedicht** die Einsamkeit einer Hirtenfrau, während ihr Mann noch mit den Tieren auf der Winterweide fort ist:
>
> *"Ach – kalt ist´s Wetter und der harte Winter kam,*
> *und die Berge verwaisen und am Fuße wird es einsam,*
> *und die Hirten ziehen von der Alp zur Winterweide,*
> *auch mich verläßt er, mein Gefährte, Vielgeliebter.*
> *Winter halt´ dein Wüten ein, und Frühling eil´ dich,*
> *daß das Eis zerbricht und er zur Höhe aufsteigt,*
> *denn mir sind die Tage schwer, und endlos sind die Nächte,*
> *und ich bin achtzehn Jahre alt, bin just getraut*
> *und kann mich nicht gedulden..."*

Am Platz ausgeschildert ist das kleine, zweistöckige **Museum** mit den Arbeiten von **Álkibiades (Álkis) Skoúlas.** Der Kreter, der erst im hohen Alter die Kunst als Autodidakt für sich entdeckte, hat als Maler und Bildhauer naive Ölbilder und Holzschnitzereien geschaffen. Sie erzählen vom Freiheitskampf Kretas und Anógias. Manchmal ist das Wurzelholz nur grob behauen und ein stilisiertes Gesicht herausgearbeitet, dessen Züge die Unterdrückung der Kreter widerspiegeln sollen. Nach dem Tod von Skoulas führt heute sein Sohn das Museum. Er ist Lyra-Spieler und hält die Tradition der erzählenden Volksballaden Anógias am Leben. Vergessen Sie nicht, eine kleine Spende in den Korb neben dem Eingang zu legen, der Eintritt ist frei.

Naive Kunst von Álkis Skoúlas

Anógias Frauen bieten Webwaren an

Im **Oberdorf** liegt das Rathaus, auf dem Platz davor steht ein Denkmal für den Freiheitskampf, und an der Wand hängt eine Gedenktafel aus Alabaster. In Form eines aufgeschlagenen Buches ist als Mahnung der Befehl des deutschen Kreta-Kommandeurs *Müller* zur Vernichtung Anógias festgehalten. Die **Zerstörung am 13. August 1944** durch die Wehrmacht war für Anógia schon die dritte nach 1821 und 1866. Die Deutschen ruinierten als Vergeltungsaktion für die Entführung ihres Generals Kreipe in einem Massaker nicht nur das Dorf, sondern töteten auch alle auffindbaren Dorfbewohner. Die Entführung eines einzigen gegen Hunderte von Leben – eine maßlose Gewaltaktion.

Unterhalb der Treppe in Form eines Amphitheaters liegt die restaurierte **Kirche Ágios Ioánnis**. Die Zweiraumkapelle besitzt Fresken aus der 1. Hälfte des 14. Jh. Auch das Oberdorf ist sehr lebendig, das Leben spielt sich im Sommer auf der Straße ab, im Winter dagegen wird es kalt und ungemütlich in Anógia.

Abstecher: von Anógia in die Nída-Hochebene

Das Psilorítis-Massiv

In den meisten Kreta-Karten werden Sie beide Namen – **Psilorítis** (Ψηλορειτης) und **Ida-Gebirge** (dorisch: Waldgebirge) – finden. Der Gebirgszug erreicht an seiner höchsten Stelle 2.456 m, dieser Berg heißt Psilorítis, der Name wird heute eben auch für das gesamte Massiv verwendet.

neunthöchster Berg Griechenlands
Der Psilorítis ist der neunthöchste Berg Griechenlands, der Spitzenreiter Olymp allerdings mit 2.917 m nicht sehr viel höher. Der eigentliche Gipfel des Psilorítis wiederum ist der **Tímios Stavrós** mit der gleichnamigen Kapelle, von der man bei klarer Sicht in die Gebirgszüge Lefká Óri (im Westen) und Dikti (im Osten) blicken kann.

Hier, auf dem Dach Kretas, ist man der griechischen Mythologie besonders nah. *Zeus* soll hier geboren und aufgewachsen sein. Zu dieser Stätte, genauer der Idäischen Höhle am Westrand der Nída-Hochebene, soll auch *König Minos* alle 7 Jahre gekommen sein, um von *Zeus* die Gesetze entgegenzunehmen.

Karst prägt den Psilorítis

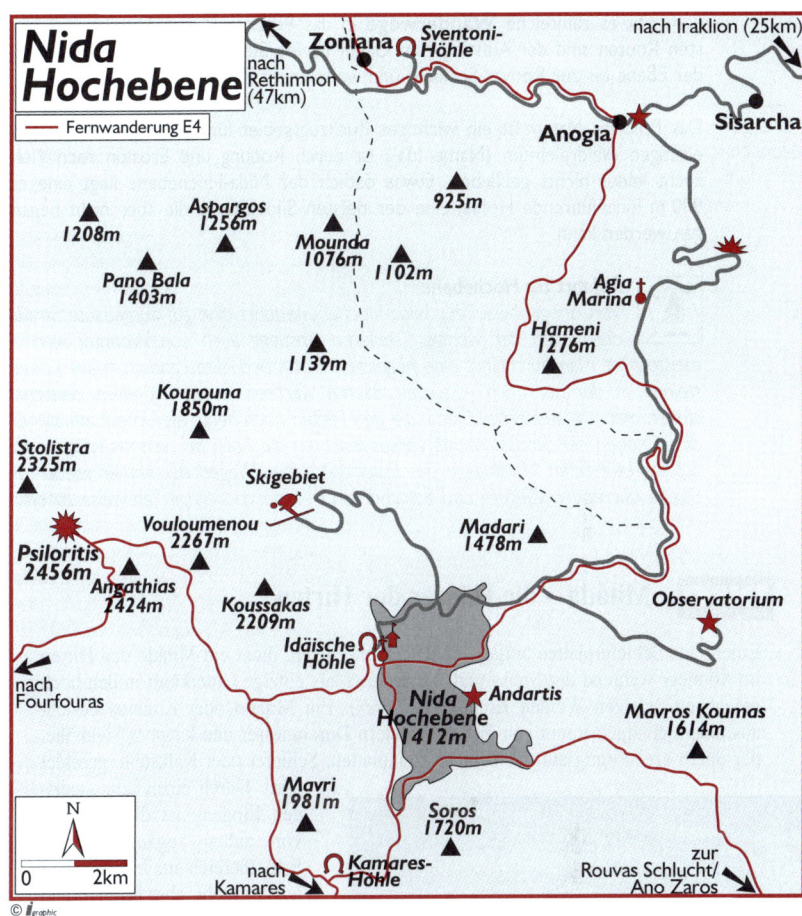

In der Antike war die Höhle ein wichtiges Heiligtum, zu dem Pilger aus dem gesamten östlichen Mittelmeerraum strömten, darunter auch der Gelehrte *Pythagoras*.

Das weitgehend aus Plattenkalken aufgebaute Psilorítis-Massiv ist karg, karstig und bis weit in das Frühjahr schneebedeckt. Doch es besitzt ein grünes Herz: die **Nída-Hochebene**. Als Polje ist sie fast völlig eben und nur von niedrigem Gras bewachsen (lesen Sie dazu den Infokasten auf S. 412f). Sie ist das Zentrum für die Schaf- und Ziegenherden, die die Hirten jedes Jahr im Frühjahr herauftreiben und mit ihnen den Sommer verbingen. Sie leben dann in einfachen Bruchsteinhütten, den **Mitáda**, die in gewisser Weise den Tholos-Bauten der Minoer nachempfunden sind. Ein Besuch der Nída-Hochebene ist ein einmaliges Landschaftserlebnis, zu-

Karge Hochebene

dem gibt es zahlreiche **Wanderwege** in das Psilorítis-Massiv. Die interessantesten Routen sind der Aufstieg zum Gipfel Tímios Stavrós und die Durchquerung der Ebene bis zur Rouvas-Schlucht und weiter nach Zarós.

Einstiger Waldreichtum

Das Psilorítis-Massiv ist ein wichtiges Rückzugsgebiet für Greifvögel, von seinem einstigen Waldreichtum (Name Ida!) ist durch Rodung und Erosion nach Viehzucht leider nichts geblieben. Etwas östlich der Nída-Hochebene liegt eine ca. 900 m hinabführende Höhle, eine der tiefsten Südeuropas, die aber nicht begangen werden kann.

Anfahrt zur Hochebene

Von Anógia hinauf zur Nída-Hochebene führt eine gut ausgebaute Straße, die wegen der wenigen steileren Anstiege auch von Wohnmobilen zu meistern ist. Man durchfährt eine hügelige, schotterbedeckte Landschaft aus Kalkgesteinen, in der nur noch vereinzelt Bäume wachsen. In den höheren Bereichen stehen mehrere steinerne Mitáda, die den Hirten noch heute als Unterkunft dienen, direkt neben der Straße. Rechts voraus leuchten die noch bis weit ins Frühjahr mit Schnee bedeckten Nordhänge des Psilorítis-Massivs. Wegen der immer wieder die Straße querenden Ziegen- und Schafherden ist eine vorsichtige Fahrweise zu emp-

---

INFO Mitáda – die Häuser der Hirten

Einem aus Schieferplatten aufgeschichteten Iglu gleich, dient ein Mitádo den Hirten im Sommer während der Melk- und Weidezeiten als einzige Unterkunft in den hoch gelegenen, felsigen Weiden Kretas (*madháres*). Ein Mitádo oder *Koúmos* besteht aus einem einzigen Raum von wenigen Metern Durchmesser und knapper Stehhöhe, der durch kreisförmig aufgeschichtete Steinplatten, Schiefer oder Kalkstein, gebildet wird. Durch einen sehr niedrigen Eingang ist dieser Raum von außen zugänglich. Der Schlafbereich im Inneren liegt leicht erhöht, aber bequem und rückenfreundlich ist die früher nur mit Reisig bedeckte Schlafstelle sicherlich nicht. Damit der Hirte etwas kochen kann und nicht am entstehenden Rauch erstickt, ist an der höchsten Stelle der Decke ein Loch frei gelassen (das *aniphorás*),

Hirten-Mitádo bei Nída

das bei Regen schnell abgedeckt werden kann. Nur wenige Mitáda der Nída-Hochebene werden noch heute genutzt, da der Weg hinunter in die Ortschaften mit dem allgegenwärtigen Pick-up schnell und bequem ist und kaum ein Kreter freiwillig den Sommer allein in einer solch kargen Steinhütte verbringen mag.

fehlen. 10 km hinter Anógia wird das Kirchlein Agía Marína passiert. Etwa 500 m östlich davon lag vor über 3.600 Jahren das **minoische Dorf Zominthos**. *Zu dieser Zeit waren weite Teile des Gebirges noch bewaldet, dennoch verwundert die untypische Lage in dieser unwegsamen, hochgelegenen Gegend. Die Ausgrabung wird vom Archäologen Sakellarákis geleitet und verspricht weiterhin aufschlußreiche Funde zu den rituellen Handlungen der Minoer.*

Abstecher zum Observatorium

An einer kleinen Kreuzung zweigt eine asphaltierte Straße zum **Observatorium auf dem Skinákas** ab (5,5 km). Durch eine faszinierende Landschaft aus zerklüftetem Karst und Schutt windet sich die schmale Straße hinauf und führt um den 1.752 m hohen Berg herum. Unsichere oder nicht schwindelfreie Fahrer sollten diese Passage nicht angehen, denn das Passieren von Gegenverkehr ist Zentimeterarbeit, und es gibt bis zum Gipfel keine Wendemöglichkeit!

Futuristische Sternwarte

Weithin sichtbar leuchten die drei Kuppeln des Observatoriums. Bis auf den Generator zur Stromerzeugung ist es herrlich still. Betreiber des Observatorium ist die Abteilung für Physik der Universität von Kreta in Iráklion, aber auch das Max-Planck-Institut für Extraterrestrische Physik in München führt hier Forschungsprojekte durch.

Das größte **Teleskop** des Observatoriums (Spiegel von Zeiss) hat einen Spiegeldurchmesser von 1,3 m,

Futuristisch – Obervatorium Skinakás

die Beobachtung findet auf dem Computerbildschirm statt. Ein akutes Problem für das 1995 errichtete Observatorium, an dem Wissenschaftler aus mehreren europäischen Ländern arbeiten, sind die hellen Lichter der nahen Großstadt Iráklion. Sie überstrahlen viele lichtschwache Objekte im All und erschweren die Forschungsbeobachtung.

Jeweils am Sonntag vor Vollmond (Mai-September) werden **Mondbeobachtungen** angeboten, Informationen dazu erhalten Sie auf dem Hinweisschild an der Kreuzung an der Hauptstraße und beim Sekretariat des Institutes in Iráklion (siehe gelbe Seiten Anógia). Auch im Hochsommer wird es auf dem Skinákas abends sehr kalt, und an entsprechende Kleidung muß gedacht werden.

Kurz vor Erreichen der Nída-Hochebene zweigt rechts eine schlechte Schotterpiste zu Kretas einzigem **Ski-Resort** ab (ca. 2 km). Am Nordosthang des Koussakas steht ein kurzer Schlepplift, die Piste ist aber nur wenige hundert Meter lang und wenig anspruchsvoll. Alpenverwöhnte Skifahrer werden hier kaum Spaß haben. Die Gebäude des Ski-Resorts sehen zudem vernachlässigt aus.

Skifahren auf Kreta!

Nída-Hochebene

Endlich wird die Nída-Hochebene erreicht, die noch platter und kahler als die Omalós- oder die Lassíthi-Hochebene wirkt. Als Ansammlung winziger weißer Punkte sind Schafherden auf dem grünen Plateau zu erkennen. An der einzigen Taverne können Sie das Auto parken, wenn Sie die Idäische Höhle besichtigen (Pfad hinauf ca. 20 Minuten) oder den Aufstieg zum Tímios Stavrós angehen wollen (rund 4 Stunden).

Idäische Höhle (Höhle des Zeus)

Der 27 m breite und 9 m hohe Höhleneingang ist von der Ebene aus nicht zu sehen, da er sich in den Berg hinab hinter einem Felsvorsprung öffnet. Die verrosteten Schienen einer aufgegebenen Lorenbahn führen in ein klaffendes Loch von rund 30 m Durchmesser hinein, noch im Frühjahr muß auf einer Schneewächte hinabgestiegen werden. In der Höhle sind Bohlen ausgelegt, eine Taschenlampe ist bei der weiteren Erkundung zu empfehlen. Die Höhle ist nicht sehr tief, nur rechts führt ein Saal etwas in den Berg hinein. Geradeaus liegt ein länglicher, schmaler Saal, der in erhöhter Lage das Allerheiligste der Idäischen Höhle war. Die Minoer verehrten hier eine Gottheit der Vegetation, in der Antike war es *Zeus*, der dem Mythos nach hier von der Berggöttin *Rhea*, Tochter des *Uranus* und der *Gaia*, Gattin des *Kronos*, geboren worden ist. Vor diesem versteckt und *Jugendzeit* von Kureten (kretische Jünglinge) beschützt, soll er seine Jugendzeit hier ver- *des Zeus* bracht haben, aufgezogen durch die Milch der Ziege *Amaltheia* und den Honig der Biene *Melissa*. Später soll *Zeus* dem *König Minos* in der Höhle Anweisungen zu dessen Herrschaft auf Kreta gegeben haben. Die Idäische Höhle ist seit der Antike bekannt und wurde im 6. Jh. v.Chr. sogar von dem griechischen Gelehrten *Pythagoras* besucht. *1884* wurden erste Funde von Hirten und Dorfbewohnern gemacht, woraufhin *Chatzidakis* im folgenden Jahr die wissenschaftlichen Grabungen aufnahm. 1956 grub auch der berühmte *Marinatos* in der Höhle und wies die kultische Bedeutung von der minoischen bis in die römische Zeit nach. Die Höhle ist aufgrund ihrer Bedeutung als **Kultstätte** sicherlich zusammen mit der Diktäischen Höhle (S. 411) die bedeutendste Kretas.

Der Archäologe *Sakellarákis* bemühte sich seit 1982 um die Erforschung und brachte zahlreiche aufschlußreiche Funde wie Votivgaben, Speere und Bronzearbeiten des 8. Jh. v.Chr. zu Tage. Der Vorplatz zur Höhle war ein Altarbereich, hier *Langjährige* wurden die kultischen Gaben aufgestellt und Brandopfer dargebracht. *Sakellarákis* *Grabungen* konnte einen intensiven Kuretenkult nachweisen. 1999 stellte der Regisseur *Lefteris Haronitis* seine Filmdokumentation „*Idaiou Mithi*" über die 12 Jahre dauernden Grabungen fertig. Eindrucksvoll wird das für die Archäologen harte Leben während der Arbeiten vor Ort gezeigt.

Psiloritís-Besteigung

Eine Psilorítis-Besteigung kann die Krönung einer jeden Kreta-Reise sein. Neben den körperlichen Strapazen ist der Aufstieg technisch nicht besonders anspruchsvoll und damit auch Nicht-Bergsteigern möglich. Vor dem Aufstieg unbedingt nach dem Wetter erkundigen, bei einsetzendem Nebel auf keinen Fall mehr losgehen. Nach unseren Erfahrungen hat man zumindest im oberen Teil der Wanderung Empfang im Mobilfunknetz, was etwas Sicherheit gibt.

Am besten am Vorabend in Anógia oder in der Nída-Hochebene übernachten und bei Sonnenaufgang den Aufstieg beginnen. Bei der kleinen Kapelle Analipisi links aufsteigen und den Markierungen des Fernwanderweges E4 folgen. Vorbei an der Alm Kotila, die aber nur mit einer gelben Blechtafel markiert wird und nichts mit einer Alm gemein hat, geht es in rund 4 Stunden auf markiertem Weg hinauf, im oberen Teil an kleinen Schneefeldern vorbei. Der Weg ist zwar technisch nicht besonders anspruchsvoll, aber es sind mehr als 1.100 Höhenmeter zu überwinden, und gute Kondition ist erforderlich. Auf dem **Gipfel Tímios Stavrós** steht die gleichnamige Bruchsteinkapelle. Der Blick geht über das karge Massiv des

Gipfel des Psilorítis

Psilorítis und weit über die Insel. Meist weht ein angenehmer bis kräftiger Wind. Für den Fall eines Wetterumsturzes ist eine **Schutzhütte** vorhanden. Der Abstieg auf gleichem Weg dauert etwa 3,5 Stunden.

Die Besteigung des Gipfels ist auch von Westen von Foufouras aus dem Amári-Tal und von Süden von Kamáres aus

Nída-Hochebene im Frühjahr

möglich. Die Gehzeiten sind aber länger, so daß von Kamáres eventuell eine Übernachtung (im eigenen Zelt) eingeplant werden muß, auf halbem Weg von Foufouras liegt hingegen die Berghütte Toupotos Prínos.

Andartis

Am südöstlichen Rand der Nída-Hochebene können Sie mit dem Fernglas eine große **Figur** ausmachen, die aus großen, unbearbeiteten Geröllbrocken auf dem ebenen Poljenboden zusammengesetzt ist. Mit etwas Zeit können Sie auf einem der Pfade von der Taverne aus hinüberwandern. Es handelt sich um den Andartis, den Partisanen, ein Mahnmal des Friedens, wie ihn seine Schafferin **Karina Raeck** genannt hat. Die Figur ist aus bis zu 300 kg schweren Steinbrocken zusammengesetzt, über 30 m lang und stellt einen geflügelten Partisanen im tänzerischen Sprung dar. Von den ersten Skizzen 1989 bis zur feierlichen „Einweihung" am **23. Juni 1991** dauerten die schweren Arbeiten, die die Berliner Künstlerin mit Hilfe zahlreicher Bewohner von Anógia leistete. Unzählige Steine mußten mühsam über die Hochebene bewegt werden und ihren Platz im Mahnmal finden. Allein die Familien *Sbokos* und *Stavrakakis* stellten jeweils 5 Männer aus zwei Generationen.

Partisan aus Steinbrocken

So wurde hier kein volksfernes Kunstwerk geschaffen, sondern ein Ort und ein Ereignis (die Zerstörung Anógias) in eine Idee verwandelt und mit den betroffenen Menschen umgesetzt. Langsam nimmt die Natur durch Bewuchs und Verwitterung wieder Besitz vom steinernen Andartis. Das ist von der Künstlerin so beabsichtigt, denn die „Metapher der Natur bleibt ... irgendwann nur noch die Spur einer Idee, als immerwährende Erinnerung hinterlassend" (*Karina Raeck*). Die Entstehung des Andartis und Augenzeugenberichte der deutschen Vernichtungen in kretischen Dörfern sind in der **Dokumentation** „Andartis – Monument für den Frieden" (S. 177) beschrieben.

Von Anógia in die Inselhauptstadt Iráklion

Abfahrt nach Iráklion

Die Fahrt von Anógia nach Iráklion ist eine kurvige Angelegenheit. Planen Sie rund eine Stunde Zeit ein, man kommt nicht sehr schnell voran, und die Einfallstraßen ins Zentrum Iráklions sind fast immer verstopft. Nach 7 km wird Gónies erreicht, dahinter thront oberhalb einer Straßenschleife auf einem Hügel ein landwirtschaftliches Gut. Etwa 1,3 km hinter dem Abzweig nach Kamaráki liegen rechts der Straße (auf Beschilderung achten) die **Reste einer minoischen Villa (Sklavokámbos)**. Das rund 20 x 20 m große, zweigeschossige Gebäude stammt aus dem 15. Jh. v.Chr. und war vermutlich ein Kontrollposten am Handelsweg von Knossós in den Westen Kretas. Die Steine, die als Fundamentreste erhalten blieben, sind recht grob behauen.

Nachdem auf einer Betonbrücke das Flußbett gequert wurde, führt die Straße oberhalb einer tiefen, kargen Schlucht hinunter nach Tílissós.

Tílissos (Τυλισοζ)

Das große Bauerndorf ist geprägt vom **Weinbau**, der überall in der Umgebung betrieben wird. Zur Lese im Spätsommer ist Hochbetrieb im Ort, anschließend wird unter der warmen Sonne ein Teil der Trauben zu Rosinen oder Sultaninen getrocknet. Die Beeren werden im vollen Reifestadium gepflückt und in großen Holzkästen oder auf Tüchern ausgelegt. Die im Schatten getrockneten Rosinen sind dabei aromatischer als die in der direkten Sonne getrockneten. In den verwinkelten Gassen finden Sie noch viel vom ursprünglichen Kreta, und der Besuch einer der Dorftavernen ist unbedingt empfehlenswert.

4.000 Jahre Siedlungsgeschichte

Tílissos ist schon seit rund 4.000 Jahren besiedelt. Auf dem Berg Pirgos, nordwestlich des Ortes, befand sich in über 600 m Höhe ein **Gipfelheiligtum** der Minoer. In den Ascheresten einer Feuerstelle wurden über 4.000 Jahre alte weibliche und männliche Votive gefunden. Ganz in der Nähe liegt die Trapeza-Höhle, ebenfalls ein Heiligtum, das zur ersten Blütezeit der Siedlung während der jüngeren Palastzeit benutzt wurde. Aus dieser Zeit stammen auch die drei Megaronbauten, deren Reste im Ort heute zu besichtigen sind. Es wird vermutet, daß unter dem modernen Tílissós noch weitere minoische Gebäude liegen, die eine größere Siedlung nachweisen würden. Die Annahme wird durch den minoischen Ursprung des Ortsnamens gestützt, der auf in Knossós gefundenen Linear-B-Tontafeln auftaucht. Der Ausgräber von Tílissos, *J. Chatzidakis* (1912-15), vermu-

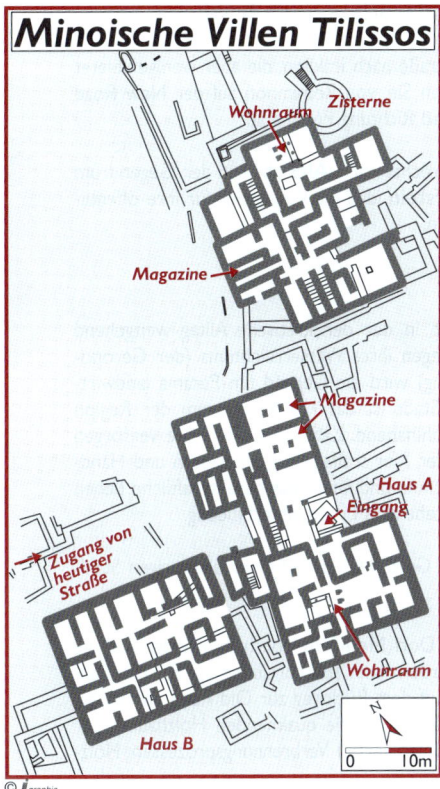

Minoische Villen Tilissos

Wohnraum
Zisterne
Magazine
Magazine
Haus A
Eingang
Zugang von heutiger Straße
Wohnraum
Haus B

N
0   10m

© graphic

tete gar, es sei einstmals eine Siedlung von 20.000 Einwohnern gewesen. Sicher war Tílissos eine **Außenstelle von Knossós**, die zur Kontrolle des Durchgangs nach Westkreta geschaffen wurde. In der Antike hatte Tílissos Bündnisse mit Knossós, Milet und Argos auf dem Peloponnes geschlossen. Tílissos prägte bis in die byzantinische Zeit hinein eigene Münzen, hatte aber seine Bedeutung eingebüßt. Die Venezianer nannten den Ort Telese, die Türken Tiliso.

Minoische Bündnisse

Die Ausgrabung

Die **minoischen Villen** sind von der Hauptstraße ausgeschildert, vor dem Eingangsgebäude liegt ein kleiner Parkplatz. Die Ausgrabung ist von mächtigen Kiefern umgeben.

Streng geometrisch sind drei große Gebäude angelegt, die Mauern sind noch etwa hüft- bis mannshoch erhalten. Die Megara stammen aus der **jüngeren Palastzeit** (ca. 16. Jh. v.Chr.) und sind nach der Zerstörung im 15. Jh. v.Chr. von den Mykenern neu errichtet und wieder bewohnt worden. Knossós siedelte hier Kriegeradel an. In der Architektur sind die Villen von Tílissos den Megaronbauten in Knossós sehr ähnlich. Das am besten erhaltene **Megaron A** war zweistöckig und hatte 24 Zimmer. Die Magazinräume lagen im Erdgeschoß, während die Wohnräume darüber angeordnet waren. Deutlich erkennbar sind die glatten Schwellen an den Zimmerübergängen, während die Innenmauern recht grob behauen sind. Selbst die Außenwände sind mit Meißeln stärker geglättet worden. Bemerkenswert ist die 5 m durchmessende, gemauerte und verputzte **Zisterne** neben dem Megaron C, eine Leitung aus Stein verläuft zum rechteckigen Becken der sog. Wasserraffinerie.

3 Megaron-Bauten

Bedeutende Funde aus Tílissos sind z.B. drei große **Kupferlebeten** (Kessel, der größte wiegt 52 kg!), ein Bronzeidol aus dem 16. Jh. v.Chr. und Tontafeln mit Linear-A-Inschriften aus Haus A.
Öffnungszeiten entnehmen Sie bitte den gelben Seiten Iráklion.

Von Tílissos bis zur Straßenkreuzung der Old Road nach Iráklion sind es nur noch 2 km. Die Strecke ab dort finden Sie auf S. 550.

11.2.2 Über Pérama und Márathos nach Iráklion

Alternativstrecke auf der alten Hauptstraße nach Iráklion, die aber weniger bietet als die eben beschriebene Route. Biegen Sie, von Réthimnon auf der New Road kommend, bei Plataniás auf die Old Road Richtung Pérama ab.

2 km vor Pérama zweigt eine Straße rechts nach **Alfá** ab. Aus der Gegend um den Ort stammt fast der gesamte **Tuffstein**, den die Venezianer für ihre öffentlichen Bauten in Réthimnon verwendeten.

Pérama (Περαμα)

Ländliches Zentrum

Pérama ist eine lebendige **Landstadt**, in der der kretische Alltag weitgehend ohne Einfluß des Tourismus abläuft. Wegen ihres Wasserreichtums (der Geropotamós fließt nordöstlich am Ort entlang) wird die Gegend um Pérama landwirtschaftlich intensiv genutzt, die kleine Stadt ist das Handelszentrum der Region und für kretische Verhältnisse recht wohlhabend. Zahlreiche Geschäfte versorgen die Bevölkerung der umliegenden Dörfer, hier treffen sich die Bauern und Händler, gehen die Kinder der Dörfer zur Schule und findet das gesellschaftliche Leben der Region statt. Nach Réthimnon besteht eine Linienbusverbindung.

Am Ortsausgang von Pérama wird der Geropotamós auf einer einspurigen Stahlbrücke gequert.

4 km nordöstlich von Pérama liegt das Dorf **Melidóni**, oberhalb befindet sich die gleichnamige **Höhle**, die besichtigt werden kann (Beschreibung auf S. 525). Sollten Sie diesen Abstecher machen und auf dem Rückweg zur Old Road durch Agía fahren, sehen Sie manchmal schon von weitem die qualmenden Holzhaufen der **Köhler**, in denen nach tagelangen, kontrollierten Verbrennungsprozessen Holzkohle entsteht.

Von Pérama Richtung Iráklion

Hinter dem Küstengebirge

Die Straße führt immer am Südrand des **Küstengebirges Kouloúkonas** entlang, dessen benachbarte, kahle Gipfel Kouloúkonas und Koutsoutroulis immerhin eine Höhe von 1.078 m erreichen. Ein Zufluß zum Geropotamós, der bei Lavris ins Meer mündet, begleitet die Straße auf halber Länge hinauf. Anfangs ist das breite Tal noch recht fruchtbar, werden kleine Dörfer mit schattigen Tavernen durchquert. Der Verkehr ist spärlich, denn die New Road an der Küste wickelt den Durchgangsverkehr ab, und die Südhänge des Kouloúkonas-Gebirges waren nie ein bevorzugter Platz für Siedlungen. Beim Abzweiger nach Kambós ist das **Kloster Vosakou** ausgeschildert („*Monastery of Tímios Stavrós*"), das rund 5 km nördlich einsam inmitten des Gebirges liegt. 3 km nach dem Abzweiger nach Theodóra führt eine Straße links über Alóides zur New Road nach Síses (9 km). Sie ist aber nur schlecht zu befahren. Bei Damásta wird ein fruchtbares Tal mit blutroter Terra Rossa-Erde und Oliven und Weinanbau erreicht. Nachdem der im Sommer meist ausgetrocknete Pandomutrios gequert wurde, der hinter Fódele ins Meer fließt, wird **Márathos** (Μαραθος) erreicht. Einige Tavernen laden zur

INFO ## Arbeitsplatz aus Rauch und Schweiß – die letzten Köhler Kretas

Nur noch an wenigen Stellen Kretas – östlich von Pérama, bei Axós oder in Agioi Pantes bei Vrýsses – sieht man die weißen Rauchsäulen der Köhlerhaufen, in denen auf archaisch anmutende Weise Holzkohle hergestellt wird. Um ein Kilo Holzkohle zu gewinnen, muß ein Mehrfaches (3-8 Kilo) an Holz eingesetzt werden. Das gesammelte oder eingekaufte Holz wird im Sommer sorgfältig zu bis 10 m hohen Haufen aufgeschichtet. Diese werden mit Erde luftdicht abgedeckt. Das Holz muß nun unter möglichst geringer Sauerstoffzufuhr verbrennen, es darf kein offenes Feuer entstehen. Immer wieder müssen deshalb Lükken abgedeckt werden, der Verkohlungsprozeß bedarf ständiger, aufmerksamer Kontrolle durch den Köhler. Nach 3-5 Tagen kann die Holzkohle geborgen werden. In Nordeuropa gibt es heute keine Köhler mehr. Auf Kreta können einige wenige aufgrund der hohen Nachfrage nach Holzkohle für die unzähligen Grilltavernen der Insel mehr schlecht als recht von dieser Arbeit leben.

Köhler bei der Arbeit

Rast ein, der Ort selbst ist hübsch, aber unspektakulär.

Tip für Biker

Ca. 1 km vor Márathos (von Iráklion kommend dahinter) führt eine Piste hinunter bis nach Fódele. Davon sind nur die ersten 5 km nicht asphaltiert. Kurz bevor hinter Fódele (S. 527) die New Road erreicht wird, kann man rechts über Ahlada und Rogdía (S. 529) Richtung Iráklion fahren (von Márathos bis Iráklion rund 33 km). Urlauber, die in den Hotels bei Ammoudára wohnen, können so eine schöne und anstrengende Halbtages-Rundtour fahren.

Kurz hinter Márathos liegt links unterhalb eines kleinen Cafés die **Tropfsteinhöhle** *Doxa*, die besichtigt werden kann. Im Café werden geschäftstüchtig Lampen ausgeliehen, die Begehung erfolgt auf eigene Faust. Rund 30-40 m klettert man über rutschige, lehmige Felsen in den Berg hinein, am Ende liegt links ein tiefer Spalt. Der reiche Sinterschmuck ist stark beschädigt, aber es zählt das Erlebnis der kaum ausgebauten Höhle. Im Café können Sie selbst hergestellten Thymian-Honig kaufen. Hinter Márathos verläuft die schmale Straße noch 10 km

Höhle erkunden!

Stalagmit in der Höhle Doxa

entlang eines militärischen Sperrgebietes durch unbesiedelte Felshänge und später oberhalb eines Tals. Es geht rasant bergab. In einer engen Kurve, rund 7 km hinter Márathos, liegt links unterhalb der Straße eine große Doline. Kurz vor Arolithos wird der Berg Keri passiert, auf dessen Ostseite die stärkste Quelle Kretas, Almirós, bis zu 30 m³ Wasser je Sekunde schüttet. Oberhalb des Kraftwerkes bei Ammoudára auf der anderen Bergseite ist das Wasser aufgestaut.

Weiterfahrt nach Iráklion

Die Old Road von Márathos und die Straße von Anógia treffen bei Arolithos wieder aufeinander, hier liegt ein auf Kreta einzigartiges Tourismusprojekt.

Arolithos

Als Mosaik aus landwirtschaftlichem **Freiluftmuseum**, ursprünglicher Dorfkulisse und modernem **Hotelbetrieb** ist Arolithos Mitte der 80er Jahre entstanden und stetig erweitert worden. In einem idealtypischen Dorf als Museum werden kretische Hauseinrichtungen und Kunsthandwerk der letzten Jahrhunderte gezeigt. Ein Mitado, die Steinunterkunft der Hirten (siehe S. 542), ist in den Außenanlagen nach-

Kretische Abende

gebaut. Mehrmals wöchentlich werden **kretische Abende** mit Lyra-Musik und griechischen Tänzen veranstaltet, zu denen die Touristen aus den Hotels um Iráklion mit Bussen anreisen. Aber auch Individualreisende können in Arolithos übernachten. Nach dem Willen seines Leiters soll Arolithos die Hemmschwelle der Gäste gegenüber Kontakten mit der kretischen Dorfbevölkerung überwinden helfen. Viele ansonsten fast ausgestorbene Handwerkszweige wie Töpferei, Schmiedekunst und Weberei können hier erlebt werden, die Techniken werden ausführlich erklärt. Die Anlage ist sehr gelungen gestaltet, aus allen Teilen der Insel sind Antiquitäten für die Möblierung zusammengetragen worden.

Aktuelle Informationen zu Arolithos
entnehmen Sie bitte den gelben Seiten Iráklion.

Altes Rast-gebäude

Kurz vor **Gázi** (Γαζι) stehen links der Straße zwei mit Mitteln der EU restaurierte Kuppeln. Diese sind während der türkischen Besatzungszeit auf das venezianische Restgebäude aufgesetzt worden. Reisende, die nicht rechtzeitig die Stadttore Candias (heute Iráklion) erreicht hatten, konnten hier übernachten und morgens in die Stadt einreisen. Doch bis ins Zentrum Iráklions sind es nur mehr rund 7 km, und Torschließzeiten gibt es schon lange nicht mehr. Nach den gesichtslosen Vororten Gázi und Agía Marína wird bald die westliche Einfallstraße in die Stadt erreicht, auf der sich der Verkehr fast den ganzen Tag über staut. So können Sie auf den letzten Kilometern ausgiebig das lebendige Treiben vor den Geschäften der Stadt beobachten.

12. VON RÉTHIMNON DURCH DAS AMÁRI-TAL UND AN DIE SÜDKÜSTE

▌ Übersicht Amári-Tal

Das Amári-Tal oder Amári-Bek-ken ist eine der wasserreich-sten Gegenden Kretas. Aus dem westlich aufragenden Psilorítis-Massiv (S. 540) bringen die Flüs-se vor allem im Frühling Nie-derschläge und Schmelzwasser ins Tal. Beste Grundlage für den **Obstbau**, der rund um die Dörfer intensiv betrieben wird. Auf ganz Kreta ist das Amári-

Tal für seine Kirschen bekannt. Rund 40 Dörfer, von denen aber keins überhaupt 1.000 Einwohner erreicht, liegen verstreut im Talbecken, verbunden durch ein verzweigtes System schmaler Landstraßen und Pfade. Die Lage genau zwischen Nord- und Südküste und die klimatische Gunst haben das Amári-Tal zu einem wichtigen **Siedlungsplatz der Minoer** (Monastiráki, Apodoúlou) und Dorer (Syvritos) gemacht. Heute liegt das Tal abseits der touristischen Hauptrouten und ermöglicht einen Ausflug in ein ländliches, nur wenig verfälschtes Kreta. Das geeignete Verkehrsmittel dafür ist eigentlich das Fahrrad. Wirklich anstrengende Steigungen sind nur bei der Anfahrt von Agía Galíni oder Réthimnon zu bewälti-gen, nicht aber auf den sanften Hügeln zwischen den Dörfern rund um den zentralen **Berg Samitos** (1.014 m), der in der Talmitte isoliert und gleichmäßig ansteigend in die Höhe ragt.

Frucht-bares Tal

Entfernungen
Réthimnon - Spíli 28 km
Réthimnon - Agía Galíni 54 km
Réthimnon - Gerakári 40 km
Réthimnon - Zarós 77 km

12.1 Durch das fruchtbare Amári-Tal

Anfahrt von Réthimnon in das Amári-Tal

*Biegen Sie bei Perivólia von der New Road ab und fahren rund 9 km hinauf bis nach **Prassiés**, das schon in 400 m Höhe liegt. Hinter dem Dorf geht es wieder hinab in einen weiten, fruchtbaren Talkessel, in dem der Fluß Potami-da in den Tsirita mündet. Dessen Bett begleitet die Straße. Auf einem Hügel in der Ebene stehen die einsamen Reste eines Kastells. Phrygana bedeckt fast geschlossen*

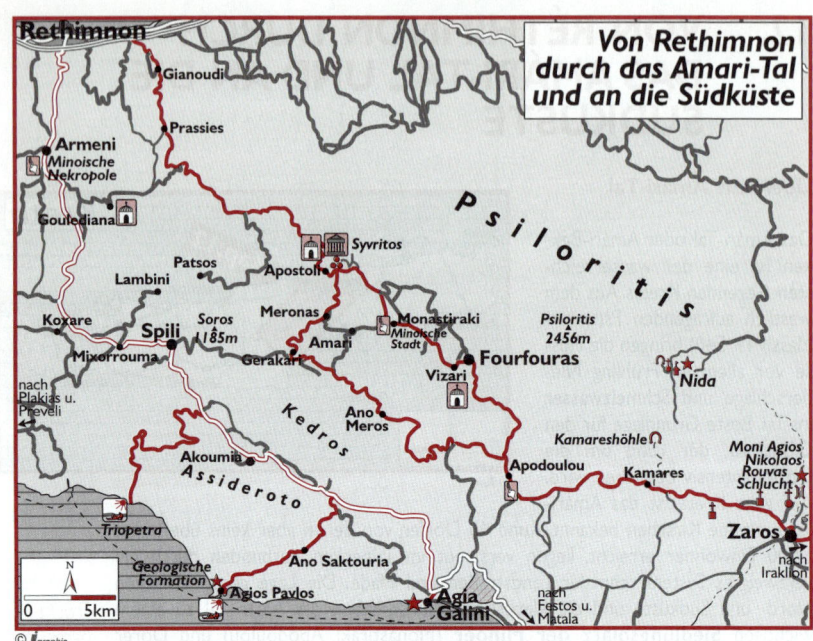

die Hügel aus gelblich-rotem Gesteins-Konglomerat. Ein Zementwerk frißt sich zur
Gewinnung seiner Baurohstoffe tief in die umliegenden Berge.

Apostóli (Αποστόλοι) ist das Eingangstor in das Amári-Becken, der Ort ist
benannt nach den Zehn Heiligen Märtyrern (*Ágii Déka*), die hier von römischen
Soldaten gefangen und in der Messará-Ebene hingerichtet wurden (siehe S. 487).
Da die Heiligenjagd lange vorbei ist, können Sie gerne in einer der Tavernen des
Dorfes Platz nehmen.

*Frühere
Heiligen-
jagd*

Streckenvorschläge durch das Amári-Tal

*Da die Dörfer des Amári-Tals verstreut in dem ebenen Becken liegen und
durch zahlreiche schmale Asphalt- und Schotterbänder und den Fernwanderweg E4 miteinander verbunden sind, schlagen wir ab Apostóli zwei Routen
jeweils bis Níthavris am Südende des Tals vor. Die beiden Routen können auch zu
einer Rundfahrt kombiniert werden. Ein Bus fährt werktags dreimal von Réthimnon
über Apostóli nach Amári, am Wochenende seltener.*

Westroute – sanfte Landschaft und die Spuren deutscher Besatzung

Nach dem Durchfahren von Apostóli steht nahe der Straße die Kapelle Agia
Fotini. Bald danach biegen Sie rechts Richtung Méronas/Ano Méros ab und errei-
chen **Méronas** (Μερωνας) nach 4 Kilometern. Ein großer Quellbrunnen mit 3
Speiern an der unteren Dorfstraße lädt ein, sich das erfrischende Naß über

- Eine Fahrt mit dem Auto oder dem Fahrrad durch die Dörfer des **Amári-Tals** gibt einen guten Einblick in das Leben im ländlichen Kreta. Dabei hat man immer die kargen Westhänge des Ida-Gebirges im Blick, die das Wasser für das fruchtbare Becken liefern.

- Der **Kédros** (S. 554) ist ein kahler Felsklotz, der das Amári-Tal nach Südosten zum Meer abgrenzt. Wanderpfade führen auf seinen fast 1.800 m hohen Rücken, über dem Geier auf der Suche nach Beute kreisen.

- Technisch nicht allzu schwierig ist eine Querung der **Rouvas-Schlucht** (S. 561f) oberhalb von Zarós. Sie wird nur von wenigen Wanderern begangen, was im Gegensatz zu den Schluchten Westkretas individuelle Erlebnisse garantiert.

- Die bizarre **Südküste bei Triopétra und Ágios Pávlos** (S. 565f) ist eine heiße, trockene Landschaft mit eigenartigen geologischen Erscheinungen. Die gefalteten Felsen und riesigen Sanddünen bei Ágios Pávlos muß man gesehen haben. Leider ist die Anfahrt etwas umständlich.

- Die minoische Nekropole bei **Arméni** (S. 563) ist das eindrucksvollste Gräberfeld auf Kreta. Hunderte von Einzelgrabkammern sind in den weichen Fels geschlagen, die größte von ihnen können Sie aufrecht begehen.

- Das Amári-Tal war schon bei den Minoern als Siedlungsplatz beliebt. **Monastiraki** (S. 555f) war eine ihrer größten Städte, und es scheint möglich, daß auch hier noch ein Palast gefunden wird.

- Typisch dorisch: **Syvritos** (S. 555) liegt auf einer windumtosten Bergkuppe, von der man das südliche Amári-Tal und potentielle Feinde im Blick hatte. Die Lage ist faszinierender als die Grabungen selbst.

- Zwischen Kamáres und Zarós liegen zwei auf ganz Kreta bekannte und sehenswerte Klöster, **Moni Valsamónero** und **Moni Vrondissiou** (S. 559).

- **Agía Galíni** (S. 567) ist einer der schönsten Orte der Südküste. Die Häuser schmiegen sich wie in einem Amphitheater in den Hang, im kleinen Hafen dümpeln bunte Fischerboote. In den schattigen Gassen können Sie herrlich bummeln oder sich in einer der vielen Tavernen und Bars niederlassen.

- **Zarós** (S. 560f) südlich des Ida-Gebirges ist ein ländlicher Zentralort ohne besonderen baulichen Reiz. Doch seine grüne Umgebung, die freundlichen Menschen und vor allem die Spezialität der Gegend, gegrillte Forellen, sind gute Argumente für einen Besuch. Vergessen Sie nicht, einen Blick in die **Werkstatt des Instrumentenbauers Stefanakis** zu werfen.

- Die Südküste ist heiß, trocken und nur auf langen Stichstraßen zu erreichen. Deshalb sind die **Strände bei Triopétra und Ágios Pávlos** (S. 565f) noch nicht so überlaufen wie Plakiás und Préveli weiter im Westen. Baden und Faulenzen sind die Hauptbeschäftigungen, während am schönen **Strand** gleich **östlich von Agía Galíni** Wassersportangebote und Kontakte in einer der Strandbars locken.

- Das **Amári-Tal auf dem Fahrradsattel** zu erleben, ist die beste Möglichkeit, Kontakt zu den Bewohnern der winzigen, ländlich geprägten Dörfer zu finden. Damit der sportliche Aspekt nicht zu kurz kommt, ist die Anfahrt jeweils von Réthimnon oder Agía Galíni mit einem langen Anstieg verbunden.

Auf dem Weg zur Tränke

Hände, Arme und Gesicht laufen zu lassen. Erkunden Sie danach den schönen Ort auf der ansteigenden Hauptgasse, die zur modernen, prächtig ausgemalten Dorfkirche führt. In Méronas ist der Esel noch nicht in allen Familien durch das Auto abgelöst worden, und mit Glück treffen Sie einige Tiere beim Gang zur Tränke.

Den 1.108 m hohen Berg Katsonissi rechts passierend, überqueren Sie einen ausgetrockneten Zufluß zum Platis, der im Winter und Frühjahr bei Agía Galíni ins Meer mündet. Nach 4 km beginnt **Gerakári** (Γερακαρι), das Zentrum des Kirschen-Anbaus im Amári-Tal. So friedlich und ruhig sich das Dorf heute präsentiert, es war vor wenigen Jahrzehnten noch Schauplatz einer grausamen Strafaktion durch die deutschen Besatzer. An dem großen Denkmal in der Ortsmitte sind die Namen der erschossenen und anschließend verbrannten männlichen Dorfbewohner eingraviert, daneben – wie auch im Nachbarort Kardáki – das Datum **22. August 1944.** An diesem Tag wurden 7 Dörfer im Amári-Tal als Vergeltung für die Entführung des Generals Kreipe zerstört und angezündet, die Aktion erlangte unter dem Stichwort „Der Kédros brennt" traurige Berühmtheit.

Gerakári ist bekannt für seine **Kirschen.** Im Ort finden Sie im Laden von *Despina* viele Produkte aus den leckeren Früchten, z.B. eingelegte Kirschen, Sirup und Brandy. Außerdem werden hier auch Zimmer vermietet.

Auf dem weiteren Weg durch die kleinen Dörfer Kardáki, Vríses und Drigiés fahren Sie parallel zum **Gebirgszug des Kédros.** Er begrenzt das Amári-Becken nach Südwesten und steigt bis zu 1.776 m an. Seine kahle Nordostflanke wirkt wie ein Skigebiet, dem der Schnee fehlt. Seine Südwesthänge dagegen fallen steil nach Akoúmia ab, das nur 6 km Luftlinie entfernt liegt. Von Gerakári oder Ano Méros führen Pfade bis zum kahlen Gipfel hinauf. Der Kédros ist ein wichtiger *Geier über* Lebensraum für den **Bart- oder Lämmergeier** *(Gypaetus barbatus),* der sich vor- *dem* wiegend von tierischem Knochenmark ernährt. Dazu fliegt er mit den Knochen in *Kédros* die Höhe und läßt sie auf Steinen zerschmettern, bis er an das begehrte Mark herankommt.

Durch das größere Dorf **Ano Méros** (Ανω Μερος) und Hordaki hindurch führt die Straße nun in zahllosen Kurven hinab ins Tal des Platis. Vor Agios Ioanis haben Sie die Möglichkeit, geradeaus durch den Ort zur Straße Richtung Ano Zarós und nach Níthavris zu gelangen oder rechts auf schnellstem Wege (12 km) über Agía Paraskeví den Küstenort Agía Galíni anzufahren.

Ostroute – minoische, antike und byzantinische Spuren im Amári-Tal

Hinter der kleinen Kirche Agia Fotini zweigt die Straße nach **Thrónos** (Θρονος) ab (2 km). Das überschaubare Dorf mit seinen engen Gassen hat eine wunderschöne Panagía-Kirche und eine interessante antike Siedlung auf der windumtosten Kuppe in 618 m Höhe. Thrónos war einst Sitz des Bischofs von Lambis. Die **Panagía-Kirche** aus dem 11. Jh. liegt im Dorfkern an der Straße. Daneben finden Sie die traurigen Reste eines ehemals prächtigen, römischen Bodenmosaiks, auf dem später eine frühchristliche Basilika entstand. In der Panagía-Kirche sind Fresken aus dem 14. Jh. erhalten.

Ausgrabung Syvritos auf dem Kefalás-Hügel

Auf einer freistehenden Bergkuppe hat man die Reste der antiken Stadtburg **Syvritos** („Süßwasser", von Quellen der nahen Umgebung) gefunden, die an exponierter Stelle eine weitgehende Kontrolle des Amári-Beckens ermöglicht haben muß. Die griechisch-italienische Ausgrabung ist auf einem steilen Pfad in etwa 10 Minuten zu erreichen. Ursprünglich gab es eine minoische Siedlung etwas weiter westlich, die wohl schon von den Mykenern etwa 1.400 Jahre v.Chr. auf den Kefalás-Hügel in über 600 m Höhe verlegt wurde. Die autonome Stadt prägte in der Antike eigene Münzen mit den Bildnissen von *Hermes* und *Dionysos* und hatte einen Hafen an der Südküste, dort wo heute Agía Galíni liegt. In klassischer und römischer Zeit durchlebte sie ihre Blüte. Die Grabungen sind noch nicht abgeschlossen, doch man hat Befestigungs- und Gebäudegrundmauern und zahlreiche Zisternen (Wasserspeicher) freigelegt. Fantastisch ist der Rundblick über Thrónos hinweg, südlich am 1.014 m hohen Samitos vorbei bis zum Südende des Amári-Beckens bei Fourfourás.

Grabung mit Aussicht

Fahren Sie zurück zur Hauptstraße und dort weiter nach Südosten. An der Abzweigung beim **Kloster Assomaton**, das ein landwirtschaftliches Gut beherbergt, nehmen Sie den Weg nach Monastirakí (1 km).

Unweit des Dorfes **Monastirakí** (Μοναστιρακη) lag seit der mittelminoischen Zeit ein weiteres **Siedlungszentrum der kretischen Hochkultur**. Im wasserreichen Amári-Tal, an einem der Hauptwege von der Nord- zur Südküste (Messará-Ebene mit Féstos), wurde die Stadt auf dem niedrigen Hügel Charakas angelegt. Dieser besteht aus Kalkstein, der auf einem Flyschuntergrund aufliegt. Eine Quelle entspringt an der Schnittstelle der beiden Gesteinsmassen. Während der Besatzungszeit haben die deutschen Archäologen *E. Kirsten* und *K. Grundmann* in Monastirakí nach der Entdeckung durch *Kirsten* 1942 kurze Zeit mit Grabungen begonnen. Diese werden seit 1980 unter griechisch-italienischer Leitung weitergeführt. Mittlerweile ist eine ganze **minoische Stadt** freigelegt. Große Lagerräume mit 40 Pithoi, 2 Archive für Tonsiegel, Töpfergegenstände des Kamáres-Stils

Minoische Stadt

und ausgedehnte Wohnquartiere lassen auf eine große Bedeutung Monastirakís vor etwa 3.800 Jahren schließen. Nicht auszuschließen, daß auch hier zukünftig ein Palast nachgewiesen werden kann. Vor rund 3.700 Jahren wurde die Siedlung anscheinend durch Erdbeben und anschließende Brände zerstört. Erst in hellenistischer Zeit gab es wieder eine Besiedlung Monastirakís.

Im Ort ist die Grabung etwas umständlich ausgeschildert, sie liegt unterhalb des neuen Dorfes und kann zu Fuß in 10 Minuten von dort erreicht werden. Die

noch aktive Grabungsstätte ist eingezäunt, bewacht und kann zu den üblichen Zeiten besucht werden. Funde sind in den Archäologischen Museen von Chaniá und Réthimnon ausgestellt.

Von Monastirakí führt eine kurze Stichstraße wieder zur Hauptstraße zurück. Noch 3,5 km sind es bis Vizári. Eindrucksvoll leuchten im Nordosten über den Dörfern Vistagí und Pla-

Vor den Westhängen des Psilorítis

tánia (südlich) die hellgrauen, vollkommen kahlen Südwesthänge des Psilorítis-Massivs. Sie wirken wie von Beton übergossen und sind weitgehend unzugänglich.

Vizári (Βιξάρι): Um die Reste einer Basilika zu besichtigen, fahren Sie in Vizári gegenüber der Post rechts hinab (Ausschilderung). Der Asphaltpiste folgen und an einer weiteren Beschilderung rechts in einen Schotterweg einbiegen (oder Wagen hier parken und zu Fuß gehen). Neben einem modernen Wasserreservoir liegen eingezäunt die Reste der Basilika. Die Außenmauern sind etwa mannshoch

*Früh-
christliche
Basilika*

erhalten. Die dreischiffige **Bischofsbasilika** wurde wahrscheinlich in der 2. Hälfte des 9. Jh. nach den ersten Arabereinfällen wiederaufgebaut, erstmals errichtet wurde sie wohl schon im 5. Jh. Im Altarraum des Südschiffes ist noch das im Boden eingelassene Taufbecken zu erkennen.

Mit der Gebietsbezeichnung **Ellinika**, die viele Karten auch als archäologische Stätte ver-

Ruinen der Basilika bei Vizári

zeichnen, ist wohl eine römische Siedlung gemeint, die in der Umgebung der Basilika existiert hat.

Gleich hinter Vizári liegt **Foufourás** (Φουρφουραζ). Im Dorf gibt es einen kleinen Supermarkt, in dem der Proviant wieder aufgefüllt werden kann. Foufouras ist Ausgangspunkt für Wanderungen in das Psilorítis-Massiv und auf dessen 2.456 m hohen Gipfel Tímios Stavrós. Der Fernwanderweg E4 erreicht in Foufouras nach Durchquerung des Amári-Beckens das zentrale Gebirge Kretas und führt zu der Hütte Toupotos Prínos in 1.400 m Höhe (Übernachtungsmöglichkeit) und weiter auf den Tímios Stavrós hinauf. *Fernwanderweg E4 kreuzt*

Beim kleinen Dorf **Níthavris** treffen die beiden Routen durch das Amári-Tal aufeinander, und es besteht die Möglichkeit, entweder nach Agía Galíni an der Südküste (13 km; S. 567) oder nach Ano Zarós südlich des Psilorítis (24 km; S. 560) weiterzufahren. Über die letztere Strecke erreichen Sie auch Iráklion (71 km).

Weiterfahrt ab Foufourás nach Agía Galíni

Etwa 1 km hinter Foufouras haben Sie von einem kleinen Betonhäuschen neben der Straße einen herrlichen Blick zurück in das Amári-Becken. Vor Apodoúlo liegt links der Straße ein 1962 entdecktes **spätminoisches Tholos-Grab** (13. Jh. v.Chr.). 3 Tonsarkophage daraus stehen heute im Museum von Réthimnon.
Im 450 m hoch gelegenen **Apodoúlou** (Αποδουλου) zweigt eine kleine Straße zu der einsam gelegenen **Einraumkapelle Ágios Geórgios** ab (ca. 1,5 km). Die Fresken des Malers *Hiereus Anastasios* aus dem 14. Jh. sind leider nur in Fragmenten erhalten, da der bauliche Zustand der Kapelle erbärmlich ist. Doch die einsame, idyllische Lage entschädigt dafür.

Ebenfalls beim Ort liegt die 1934 begonnene und seit Ende der 80er Jahre wieder aktive Ausgrabung einer minoischen Siedlung (Ausschilderung). Nachdem durch Zufall Bruchstücke eines mit Linear-A beschrifteten Steatit-Bechers gefunden wurden, konnte man an dieser Stelle 3 **Herrenhäuser aus mittelminoischer Zeit** rekonstruieren. Der Archäologe *Marinatos* begann 1930 mit Grabungen, die seit 1985 in griechisch-italienischer Gemeinschaftsarbeit wieder aufgenommen wurden. Es gibt bislang keine festen Öffnungszeiten, aber mit etwas Glück ist jemand anwesend und kann Ihnen Erläuterungen geben. *Reste minoischer Villen*

Hinter Apodoúlou zweigt die Straße nach **Agía Galíni** rechts ab und erreicht nach 10 km Abfahrt von 400 m auf Meeresniveau den Küstenort. Weiter südwestlich dämmern im Meer die Schatten der beiden unbewohnten **Paximadi-Inseln**, die aus dieser Entfernung wie Siamesische Zwillinge beieinander zu stehen scheinen.

Hinweis
Die Beschreibung von Agía Galíni finden Sie auf S. 567.

12.2 An den Südhängen des Psilorítis nach Zarós

Aus dem Amári-Tal führt eine Straße südlich am Psilorítis-Massiv vorbei durch eine wasserreiche, wenig besuchte Gegend Kretas. Über Kamáres und Ano Zarós gelangt man nach Agía Varvára, wo nun die weite Messará-Ebene im Süden oder Iráklion im Norden in kurzer Zeit zu erreichen sind.

Anfahrt aus dem Amári-Tal

*Hinter Apodoúlou die Straße nach Osten nehmen (Richtung Plátanos/ Lohria). Im nächsten Dorf **Vathiakó** kann man die **Kirche Ágios Geórgios** besichtigen, die nur 100 m rechts der Straße liegt. Die Einraumkapelle beherbergt Fresken aus dem 13. und 14. Jh. im volkstümlichen Malstil.*

*Die Straße verläuft in rund 500 m Höhe zwischen den Südhängen des Psilorítis und seinen vorgelagerten Schuttkegeln. Kurz vor Kamáres geht der Blick das erste Mal in die fruchtbare, im Frühjahr saftig grüne **Messará-Ebene** weit voraus im Osten. Noch bevor das Dorf erreicht wird, kann man links der Straße ein kurzes Stück auf einer Treppe in eine enge **Schlucht** hineingehen. Die tiefe Stille, nur unterbrochen durch die Flügelschläge hier brütender Schwalben, schafft ein mystisches Naturerlebnis. Wegen der Steinschlaggefahr – besonders nach Niederschlägen – ist der Weg nach ca. 150 m gesperrt.*

Kamáres (Καμαρεζ) und Höhle

Das kleine Bergdorf Kamáres liegt im Schatten des fast 2.000 m hohen Mavri, einem Gipfel des südlichen Psilorítis-Massivs. Fast genau nördlich von Kamáres liegt in 1.400 m Höhe und 7 km Entfernung die Nída-Hochebene, die von hier unten nur zu erahnen ist. Von einer Taverne noch vor dem Ortsschild führt ein erster Pfad hinauf in 1.520 m Höhe zum riesigen Eingangsportal der **Kamáres-Höhle**, einer seit minoischer Zeit bekannten Kultstätte. Der offizielle Fernwanderweg E4 steigt hinter dem Ort (Taverne; „es wird deutsch gesprochen") hinauf. Gehzeit etwa 2,5 Stunden mit gutem Schuhwerk, in der Höhle ist eine Taschenlampe erforderlich. 1894-1896 wurde die Höhle nach dem Hinweis eines Hirten erstmals von *Chatzidakis* untersucht. Er fand lediglich keramische Gefäße, die meisten davon zerstört, da die Höhle wohl früher geplündert worden war. Doch die Keramik-Vasen gaben einer ganzen Gattung minoischer Töpferei ihren Namen: **Kamáres-Stil**; mit abstrakten, dekorativen Motiven, hell auf dunkel gemalt. Die Waren mußten stundenlang bei hohen Temperaturen gebrannt werden und waren Kretas Exportschlager in der Zeit der alten Paläste. Gefertigt wurde die Keramik im Palast von Féstos, die Kulthandlungen in der Höhle begannen fast gleichzeitig mit dessen Bau. Bei klarem Wetter kann man von den heutigen Palastruinen den großen, dunklen Höhleneingang mit bloßem Auge erkennen.

Gebirgs-Höhle

Von der Kamáres-Höhle führt ein Wanderpfad weiter zur Nída-Hochebene oder zur Alm Kotila auf den Psilorítis-Gipfel Tímios Stavrós. Vom Ort Kamáres verläuft eine asphaltierte Straße nach Süden über Grigoriana Richtung Féstos. Bleiben Sie aber auf der Straße Richtung Zarós.

Der Dorf **Vorízia** (Βοριζια) ist eine unansehnliche Ansammlung halbfertiger, teils unverputzter Häuser. Im 2. Weltkrieg ist der Ort vollständig von deutschen Soldaten vernichtet worden. Gleich am Ortsanfang führt rechts eine anfangs asphaltierte Straße zum **Kloster Moni Valsamónero** (an der Gabelung hinter dem Ort links der blauen Beschilderung „*Monastery of Ayios Phanourios*" folgen). Es war eines der bedeutendsten Klöster Zentralkretas. Die venezianische Gründung war Zentrum des Phanurios-Kultes, der vom Klosterabt *Palamas* von der Dodekanes-Insel Rhodos nach Kreta gebracht worden war.

Phanurios-Kult

Die Klosterkirche Agios Phanurios ist heute letztes Zeichen des Klosters. Das Nordschiff der Kirche geht auf das Jahr 1328 zurück, später wurden die Südkapelle und zwei Vorhallen angefügt. Die Fresken spiegeln unterschiedliche Stile wieder. Das Querschiff, das 1426 für den Heiligen Phanurios gebaut wurde, ist von *Konstantinos Rikos* ausgemalt worden und richtungweisend für die byzantinische Kunst der Insel. In der Nähe des Klosters finden sich angebliche Heilquellen. Nach Nordwesten blickend, kann man den 1.981 m hohen Gipfel Mavri und das Portal der Kamáres-Höhle erkennen.

Öffnungszeiten entnehmen Sie bitte den gelben Seiten Zarós.

Buchtip

Wer sich intensiver mit den Fresken der Kirche beschäftigen will, kann im Buch: „Byzantinisches Kreta" von Klaus Gallas (nur noch antiquarisch erhältlich) ausführliche Beschreibungen zum Bildprogramm Moni Valsamóneros und zu anderen Kapellen Kretas finden.

Katholikon des Klosters Vrondissiou

Am Ortsausgang von Vorízia steht ein **Denkmal** für die 1942/43 gefallenen Männer des Ortes: Ein Engel hält einen gefallenen Kreter in den Armen. Von der Straße ist das Kloster Moni Valsamónero rechts im Tal des Koutsolidi gut zu erkennen.

Etwa 3 km hinter Vorízia zweigt links eine Straße zum **Kloster Moni Vrondissiou** ab. Südlich der Kreuzung stehen mehrere Hausruinen und ein Schild, das auf die Anlage eines von der UNESCO unterstützten internationalen Jugenddorfs hinweist. Nach Auskünften vor Ort wird dieses nun in der Klosteranlage entstehen. Vor dem Eingang stehen zwei mächtige, uralte Platanen, und aus einem venezianischen Brunnen mit Relief (*Adam* und *Eva* im Paradies) und 3 Wasserspeiern fließt frisches, kühles Trinkwasser. Der Blick geht von hier oben weit nach Südosten über Ano Zarós (vorn), Ágii Déka (links) und Míres (rechts) in die Messará-Ebene hinein, die wellige Landschaft ist von Tausenden von Olivenbäumen bestanden.

Kloster mit Quelle

Die venezianisch geprägte Klosteranlage ist ab 1630 um die Zweiraumkapelle Agios Antonios entstanden. Deren Fresken sind von großer künstlerischer Qualität und im Stil angelehnt an die Gebieterkirche (1311) in der byzantinischen Kirchenstadt Mistrá auf dem Peloponnes.

Weitere 3 km hinter dem Abzweig zum Kloster wird auf der Hauptstraße nach Osten Zarós erreicht.

(Ano) Zarós (Ανω Ζαρος)

Aktuelle regionale Reisetips zu Zarós
entnehmen Sie bitte den gelben Seiten 323f

Sommerliche Oase

Ano Zarós oder kurz Zarós ist ein größeres Dorf an der Schnittstelle zwischen dem unzugänglichen Psilorítis-Massiv und der flachen und fruchtbaren Messará-Ebene. Verkehrsgünstig ist die Lage auf halber Strecke zwischen Nord- und Südküste. Zarós ist umgeben von einer grünen, wasserreichen und sanft gewellten Landschaft. Im Sommer herrscht ein angenehmeres Klima als an der heißen Südküste, und so wird manch ein Besucher Zarós als Oase in der Hitze des Südens erleben und seine Unterkunft hierher verlegen wollen. Doch das Angebot an Übernachtungsmöglichkeiten ist begrenzt, die wenigen Hotels oder Pensionen aber empfehlenswert.

Zarós selbst ist ein typisch kretisches **Regionalzentrum**, weitgehend ohne touristische Sehenswürdigkeiten. Dafür lädt die Umgebung zum Wandern ein, und die Rouvas-Schlucht ist ein Geheimtip für einen schönen Bergausflug ohne Menschenmassen. Durch seinen **Wasserreichtum** am Südrand des Psilorítis war Zarós schon in der Antike bekannt. Im Ort finden Sie an mehreren Stellen die Überreste von Zisternen und Aquädukten aus römischer und byzantinischer Zeit. Am Westrand des Dorfes liegt die moderne Abfüllstation für das **Quellwasser aus Zarós**, das auf der ganzen Insel getrunken wird. Auch einheimische Limonaden werden hier produziert, aber selbst auf Kreta zunehmend von den globalen Marken verdrängt.

Antonios Stefanakis in seiner Werkstatt

In Zarós hat der weit über Kreta hinaus bekannte **Instrumentenbauer** *Antonios Stefanakis* seine kleine Werkstatt. In Handarbeit fertigt er hier neben der Lyra auch Bouzouki, Geigen und Gitarren. Ein Besuch bei *Stefanakis* gibt Einblicke in die Arbeitsprozesse im Entstehen der Instrumente. Nur ausgesuchte Hölzer des Maulbeerbaums und der libanesischen Zeder werden für Korpus bzw. Decken der Instrumente verwendet. Der 1938 geborene *Stefanakis* spricht gut deutsch, da er unter anderem in Neumarkt/Bayern ausgebildet wurde. Gefertigt wird auf Bestellung, doch eine kleine Auswahl an Instrumenten ist in der Werkstatt, die zugleich auch als Verkaufsladen dient, ständig erhältlich. Die einfachen Ausführungen einer Lyra sind inklusive Bogen ab ca. 200-300 Euro zu erstehen, Instrumente mit aufwendigen Einlegearbeiten sind entsprechend teurer. Zu *Stefanakis* Kunden gehört z.B. der deutsche Musiker *Sigi Schwab*. Weitere Infos finden Sie auf S. 324.

Geht man die Nebenstraße, in der die Apartments *Kerames-Studios* liegen, etwas weiter, gelangt man zu der schönen, rötlich verputzten zweischiffigen **Dorfkirche**.

Parkartige Landschaft am Forellensee

Nördlich von Zarós liegt ein auf ganz Kreta bekannter **See mit Forellenzucht (*Límni Boutoumou*)**, um den sich mehrere Restaurants drängen, die von der vor Jahrzehnten eingeführten kulinarischen Spezialität leben. Rund um den See ist eine Art Erholungslandschaft mit Kinderspielgeräten, Picknickplätzen und Wanderwegen entstanden. Olivenbäume ziehen sich den Hang hinter dem See hinauf, Schwalben fliegen dicht über der Wasseroberfläche. Der kleine, kühle See kann in 5 Minuten umgangen werden. Fast fühlt man sich an einen Kurort erinnert, wäre es nicht doch wesentlich wärmer als in deutschen Mittelgebirgsgefilden. Vom See aus führt ein Wanderweg hinauf zum Kloster Ágios Nikólaos am Ausgang der Rouvas-Schlucht (vom See aus ca. 900 m).

Spezialität Forelle!

 Tip
Das Fahrzeug beim Hotel Idi parken, nebenan kann eine alte Wassermühle besichtigt werden. Gleich dahinter laden die ersten Tavernen zum Forellen-Essen ein, die Fische schwimmen zu Hunderten in den von frischem Wasser durchströmten Becken. So wird die Strömung eines Bachlaufes simuliert, die die Tiere in Bewegung halten soll.

Wanderung in die Rouvas-Schlucht

Rund 500 m westlich von Zarós führt die anfangs asphaltierte Straße zum Kloster Ágios Nikólaos sanft einen mit Oliven bestandenen Hang hinauf. Auch vom Forellensee aus führt ein Wanderpfad herauf. Die eindrucksvolle Rouvas-Schlucht hat sich tief in den Kalkstein eingeschnitten und führt zwischen den Bergen Samari (1.417 m; westlich) und Ambelakia (1.471 m; östlich) hindurch. Wie die meisten kretischen Schluchten ist auch sie ein wichtiges Refugium für Flora und Fauna und bedarf besonderen Schutzes.

Die noch bewohnte **Klosteranlage Ágios Nikólaos** mag architektonisch und kunsthistorisch Interessierte enttäuschen, doch die Lage am Ausgang der Rouvas-Schlucht mit dem weiten Ausblick nach Süden ist einzigartig. In der alten Kirche Ágios Nikólaos finden sich zahlreiche interessante Fresken aus dem 14. und 15. Jh., zudem einige Ikonen, darunter die der 10 Heiligen (*Ágii Déka*). Mit etwas Glück bekommen Sie vom Mönch einen Raki (tsikoudiá) und süßes Gebäck (koulourákia) gereicht.

Wanderpause am Kloster

Der Weg die Schlucht hinauf beginnt links vom Kloster und führt zunächst am westlichen Hang entlang. Zahlreiche Baumstümpfe zeugen noch von einem verheerenden **Waldbrand**, der hier *1994* wütete und einen Großteil der Vegetation vernichtete. Verkohlte Stämme von Zypressen, Kiefern und Kermes-Eichen prägten in den Jahren darauf ein trostloses Bild. Doch die Natur beseitigt langsam die Spuren und regeneriert sich auf ihren alten Stand.

Blicken Sie zurück auf die Felswand östlich oberhalb des Klosters: Direkt unterhalb der Hangkante ist eine Mauer mit Rundbogen zu erkennen. Hier liegt die **Höhlenkapelle Agios Efthimios**, die auf einem Pfad vom Kloster aus erreicht werden kann. Der *Heilige Efthimios*, ein Eremit, soll hier im 15. Jh. einige Jahre gelebt haben.

Ziel der Wanderung

Für die **Schluchtwanderung** von rund 5 km Länge ist gutes Schuhwerk erforderlich, denken Sie an einen ausreichenden Wasservorrat, es werden keine Dörfer passiert. An einigen Stellen sind Bänke aufgestellt, hier darf gerastet werden. Technisch schwierig ist die Begehung der Schlucht nicht, Wegmarkierungen sind überall vorhanden. Nach etwa 1,5-2 Stunden wird die Kapelle Ágios Ioánnis auf einer kleinen Hochebene erreicht. Leider muß man die Schlucht auf gleichem Weg zurück durchqueren. Einzige Alternative ist die Wanderung hinauf zur Nída-Hochebene (S. 544f).

Weiterfahrt ab Zarós Richtung Iráklion

Von Zarós führt eine Straße zur antiken Stadt **Górtis** (13 km; S. 487ff) und ins Dorf **Ágii Déka**. Auf der Landstraße 97, auf die man kurz vor Górtis trifft, sind nach Westen **Timbáki**, **Mátala** (S. 514) und **Agía Galíni** (S. 567) zu erreichen, nach Osten durchquert diese Verbindung die gesamte **Messará-Ebene**.

Kretische Wildkatze

Von Zarós bis **Agía Varvára** (17 km) führt die Straße durch eine fruchtbare Gegend, die von Weinanbau und Olivenhainen geprägt wird. Bei Gérgeri liegt ein Kermeseichen-Wald, in dem Mitte der 1990er Jahre die ausgestorben geglaubte **Kretische Wildkatze** entdeckt wurde. Eine stabile Population konnte man allerdings nicht nachweisen, so daß die Zukunft dieser Art auf Kreta mehr als ungewiß ist. Auf den letzten 4 Kilometern von Panasós bis Agía Varvára führt die Straße in unglaublich vielen Kurven hinunter, am Ende weiß man nicht, in welche Himmelsrichtung man gerade unterwegs ist. Von Agía Varvára führt die Hauptstraße 97 in die Inselhauptstadt **Iráklion** (30 km; S. 325ff).

12.3 Von Réthimnon an die Südküste bei Agía Galíni

In Réthimnon nehmen Sie die Straße am Stadtpark vorbei in südlicher Richtung. In einem Flußtal zieht sich das moderne Réthimnon hinauf. An einem Aussichtspunkt mit Bänken und Rundblick über Réthimnon vorbei wird die Zufahrt zur New Road erreicht (wer nicht aus Réthimnon abfährt, verläßt hier die New Road). Nach 8 km wird die Nekropole Arméni erreicht, die rechts der Straße liegt (Schild „*Late Minoan Tombs*").

Nekropole Arméni

Ein einzigartiger **Friedhof aus spätminoischer Zeit** (etwa 1390 -1190 v.Chr.). Angeblich wurde er von einem Lehrer entdeckt, der Kinder mit einer minoischen Vase Fußball spielen sah. Daraufhin wurden Ausgrabungen nördlich des Dorfes Arméni vorgenommen. Auf einer Fläche von rund 4 ha sind seit 1969 bislang über **210 Einzelgräber** und ein dominierendes Tholos-Grab freigelegt worden. Die Gräber sind unterschiedlich groß und in Gruppen angeordnet. Allen gemeinsam ist die abgesenkte Passage, die zu einem engen Durchlaß hinunterführt. Hinter diesem liegt die eigentliche Grabkammer, die mal rechteckig, mal halbkreisförmig in das anstehende Gestein gehauen ist. Die ursprünglichen Verschlußplatten aus Stein sind entfernt worden. Gefunden wur-

Minoischer Friedhof

den in den Gräbern Bronzekessel, Steinvasen und Schmuck aus Halbedelsteinen. **Tonsärge** (*larnakes*) wurden mit der minoischen Doppelaxt und Szenen rituellen Jagens bemalt und sind damit ein wichtiger Hinweis auf das Leben in der Nachpalastzeit. Die weit über 500 Skelette junger Minoer, die bei ihrem Tod durchschnittlich 30 Jahre alt waren, lassen zudem Rückschlüsse auf eine fleischarme, entbehrungsreiche Ernährung zu. Es ist bis heute nicht klar, zu welcher Siedlung der Friedhof gehört hat.

Man kann sich auf dem weitläufigen Friedhof, der von zahlreichen Wallonen-Eichen bestanden wird, frei bewegen und die etwa 4 x 4 m messende **Kammer des großen Tholos-Grabes** im Südwesten sogar aufrecht begehen. Achten Sie auf die räumlich sortierte Größenabstufung der Gräber, die übrigens alle nach Westen zeigen. Funde aus Arméni sind in den Archäologischen Museen von Chaniá und Réthimnon ausgestellt. Geöffnet ist zu den für Archäologische Stätten üblichen Zeiten.

Das begehbare Hauptgrab

Abstecher zu einer Basilika bei Gouledíana

Etwa 2 km hinter dem Ort Arméni zweigt links eine Straße Richtung Gouledíana (3 km) ab. Sie können hier die Reste einer frühchristlichen Basilika mit Mosaikboden besichtigen, die Route bietet sich aber vor allem als **Zufahrt von Westen in das Amári-Tal** (siehe S. 552f) an.

In **Gouledíana** (Γουλεδιανα) sind die „*Gouledíana Antiquities*" ausgeschildert, auf einem schmalen Fahrweg geht es hinauf bis zu den Resten einer antiken Siedlung (*Phalanna*). Die genaue Lage ist aufgrund der intensiven Viehhaltung und der zahlreichen neuen Mauern nicht auszumachen. Die steinernen Reste der Siedlung dürften in diesen Mauern verbaut sein. Besser erhalten ist der Mosaik-

Selten boden der frühchristlichen **Basilika Panagía i Kera** aus dem 5./6. Jahrhundert,
besuchte die rund 1 km weiter am Ende des Fahrweges liegt (Wagen am Ziegentor stehen
Basilika lassen). Nur die Fundamente des dreischiffigen Baus mit Vorhalle (Narthex) sind erhalten, er ist eines der wenigen Beispiele für eine im Binnenland gelegene Basilika. Zum Schutz des gut erhaltenen Mosaikbodens vor Witterung sind Teilflächen mit einer dünnen Kiesschicht versehen worden.

Über **Seli** (Ágios Ioánnis Theologos-Kirche mit interessanten Fresken von 1411) und **Mírthios** gelangt man durch eine hügelige Landschaft bis zu einem weiten Talkessel, der von oben wie ein riesiger, fruchtbarer Garten wirkt. In der Mitte fließt der Potamida in den Tsirita, der dann die enge Prassano-Schlucht durchquert und zwischen Plataniás und Perivólia ins Meer mündet. Fahren Sie rechts Richtung Apostóli (15 km), um in das Amári-Tal zu gelangen (weiter siehe S. 552f).

Von Arméni nach Agía Galíni

Hinter Arméni führt die Straße durch eine dünn besiedelte Landschaft. Der 596 m hohe Viglotopi markiert nach rund 9 km die höchste Stelle der Strecke. Diese führt nun bis Koxaré und knickt dort im Hochtal des Megalopótamos nach Osten ab.

Sowohl auf der Höhe von **Ágios Vásilios** als auch bei **Koxaré** zweigen **Straßen Richtung Plakiás und Préveli** ab, wobei der letztere Weg durch die Kourtaliótiko-Schlucht nach Plakiás länger (15 statt 11 km), nach Préveli aber kürzer ist (18 statt 22 km). Aus Richtung Agía Galíni kommend, biegt man schon in **Mixórrouma** nach Südwesten zu beiden Zielen ab.

Die Straße nach Agía Galíni folgt bis hinter Spíli dem Tal des Kíssamos. Die Kleinstadt **Spíli** (Σπηλι) liegt ungefähr auf halber Strecke zwischen Réthimnon und Agía Galíni inmitten einer wasserreichen und fruchtbaren Hügellandschaft.
Lebendige Das ländliche Zentrum ist recht ursprünglich geblieben, die Touristen kommen
Landstadt hauptsächlich zur Rast und um den venezianischen Brunnen mit den wasserspeienden Löwenmäulern zu besichtigen. Zahlreiche Geschäfte und Kafeneia liegen direkt an der Durchgangsstraße, und in der engen Kurve in der Ortsmitte müssen die Lastwagen so manches Mal zurücksetzen, um nicht an die Stühle der Cafés zu stoßen. Direkt am **Löwenbrunnen** liegen mehrere Tavernen und ein

Supermarkt, auch internationale Presse ist hier erhältlich. In Spíli können Sie besonders gut Wein, Raki und Honig aus der Umgebung, aber auch Web- und Strickwaren kaufen.

Der große Gebäudekomplex am Ortseingang ist nicht etwa ein Grand-Hotel, sondern das **Priesterseminar der orthodoxen Kirche**, und so prägen viele junge Geistliche das Bild Spílis. Über Nachwuchsprobleme scheint man sich nicht beklagen zu können, 1999 wurde das

Der venezianische Löwenbrunnen in Spíli

Seminar erheblich erweitert. Am besten setzt man sich in Spíli in eines der Cafés, z.B. ins *Cafe Bar Babi´s* in der Kurve in der Ortsmitte, und beobachtet das lebhafte Treiben.

Priesterseminar

Rund 5 km hinter Spíli erreicht die Straße bei **Kissoú Kámbos** die Südhänge des **Kédros**, dessen langer Grat bis zu 1.776 m hinaufsteigt. Unterhalb der kahlen, stark verwitterten Abhänge kleben als weiße Tupfer winzige Siedlungen wie Platanés und Kría Vrísi, die über Stichstraßen aus dem Tal erschlossen werden.

8 km hinter Spíli liegt eingeklemmt zwischen den Bergzügen Kédros und Assideroto (bis 1.162 m) der Ort **Akoúmia** (Ακουμια). Hier zweigt eine interessante Nebenroute ab, die auf mittlerweile asphaltierter Piste bis an die Küste bei Triopétra führt (rund 10 km).

Abstecher nach Triopétra

In Akoúmia hinter dem Ortseingangsschild rechts und im Ort hoch fahren. Die Straße führt östlich um den Bergzug Assideroto herum. **Triopétra** (Tris Petres, Τρις Πετρες, „Drei Felsen") ist eine **weitläufige Bucht**, schattenlos der gnadenlosen Hitze der Südküste ausgeliefert. Im Westen wird der Sand-/Kiesstrand von bizarr geformten Felsen abgeschlossen (Name!), vor dem Strand ist ein winziger Hafen befestigt worden, damit Fischer- und Ausflugsboote ankern können. Das Schwimmen wird durch großflächige, glatte Unterwasserfelsen erschwert. Einige Bastschirme stehen bereit, um vor der direkten Sonne zu schützen. Mittlerweile gibt es zwei Übernachtungsmöglichkeiten in der Bucht, doch es bleibt meist einsam, vor allem abends oder in der Nebensaison. Der richtige Ort zum Ausspannen fernab des Touristenrummels, allerdings sollte man nicht zu hitzeempfindlich sein.

Triopétra – Sonne satt!

Eine schlechte Schotterpiste führt **weiter Richtung Ágios Pávlos** (mit normalem Fahrzeug nicht zu empfehlen). In einem breiten, flachen Tal mündet der Akoúmianos ähnlich der Situation in Préveli ins Meer, dahinter erstreckt sich vor den Felshängen ein traumhafter, einsamer Sandstrand. Er reicht bis zu einer kreisrunden Bucht unterhalb von Ágios Pávlos. Durch seine Abgeschiedenheit

Südküste östlich von Triopétra

(keine befestigte Straße) kann man hier recht unbeobachtet allein am Strand liegen, auch FKK ist kein Problem. Über einen Fußweg am Strand kann man bei guter Kondition sogar von Préveli bis Ágios Pávlos gelangen (Wasservorrat mitnehmen!). Mit dem Fahrzeug muß auf einer Brücke der Fluß gequert werden, nach etwa 15-20 Minuten gelangt man dann auf die Asphaltstraße nach Ágios Pávlos.

Abstecher nach Ágios Pávlos

Kurz hinter Néa Kría Vrísi verläßt eine asphaltierte Straße nach Süden den Talgrund. Gleich am ersten Abzweig rechts halten. Im Frühjahr steht die Vegetation hier in voller Blüte, am Straßenrand wiegen sich die Blüten des gelben *Riesenfenchels*. Über die weißen Dörfer **Ano und Káto Saktoúria** mit engen Durchfahrten führt die durchgehend asphaltierte Straße 12 km bis ins abgelegene Ágios Pávlos (Αγιος Παυλος). Eine kleine felsige Bucht mit dunklem Sand-/Kiesstrand und 2 Tavernen lädt für Tagesausflüge oder längeren Aufenthalt abseits der Urlauberströme

ein. Auf glatten Felsplatten gelangt man ins Wasser und blickt beim Schwimmen auf die südlich liegenden, unbewohnten Paximadi-Inseln, zwei große Felsbrocken im Libyschen Meer. Westlich der Bucht kann man auf steilen, dunklen Sandaufwe-

Bizarre Fels-formation

hungen hinaufsteigen zu der **geologischen Attraktion** *Diplono Petris*. Das Gestein ist an dieser Stelle bizarr gefaltet, die Schichtungen wie eine Welle mehrfach angehoben. Daneben hat sich zum Wasser hin ein Felsbogen ausgebildet. Auf dem Plateau oberhalb des Meeres, das mit seinen verwitterten Felsresten und den wenigen Graspolstern einer Mondlandschaft gleicht, kann man zu einer westlich

gelegenen, kreisrunden Bucht gelangen, auch hier reichen Sandaufwehungen den Hang hinauf. Das ebene **Felsplateau**, das an der Spitze ins Meer ragt, hat den Charakter eines Kultplatzes, ein Picknick bietet sich an. Nach Westen blickt man die Küste entlang über Triopétra bis nach Préveli, wo das Kloster als heller Fleck zu erkennen ist. Nach Osten ist die Küste schroff und kaum zugänglich.

Diplono Petris – gefaltete Felsen

Eine Busverbindung existiert nicht, doch Ágios Pávlos wird von Badebooten aus Agía Galíni angefahren.

Von Akoúmia nach Agía Galíni

Etwa 5 km hinter Akoúmia haben Sie im Dorf Néa Kría Vrísi die Möglichkeit, anstelle der direkten, 10 km langen Schnellstraße auch den landschaftlich schönen Umweg über **Mélambes** unterhalb des 947 m hohen Berges Vouvala zu nehmen. Er ist nur 3 km länger, führt aber in engen Kurven durch eine einsame Landschaft und eröffnet noch weit vor dem Ort den Blick auf Agía Galíni.

 Agía Galíni (Αγ. Γαληνη)

> *Aktuelle regionale Reisetips zu Agía Galíni / Ágios Pávlos und Triopétra*
> *entnehmen Sie bitte den gelben Seiten 212f*

Agía Galíni ist aufgrund seiner Lage in einem Hang einer der schönsten Orte an der kretischen Südküste. Ohne Touristen zählt der Ort knapp über 1.000 Einwohner. Agía Galíni ist erst *1884* von Bewohnern aus Mélambes gegründet worden. Doch in antiker Zeit lag hier der Hafen *Soulia* der Stadt *Syvritos* im Amári-Tal. Die Häuser des heutigen Ortes scheinen den Hang oberhalb des Hafens hinaufzuwachsen. **Schattige Gassen** führen durch den unteren Ortsteil, der durch *Gassen zum Bummeln* zahllose Tavernen, Bars, Geschäfte und Reiseagenturen bis tief in die Nebensaison lebendig bleibt. Hotels finden Sie entlang der Hauptstraße im oberen Ortsteil, von hier aus haben Sie einen fantastischen Weitblick auf die Bucht von Messará, die beiden Paximadi-Inseln und das südöstlich gelegene Kap Akrotíri Lithino.

Unten am Hafen herrscht lebhaftes Treiben, hier liegen die kleineren Pensionen und Café-Bars, bummeln die Touristen abends durch die autofreien Straßen. Das kleine **Hafenbecken** mit Fischer- und Ausflugsbooten wird westlich von bizarren Klippen begrenzt, gegen die die Brandung schlägt. Vom Ende der langen Betonmole hat man einen guten Überblick zurück auf den Ort (Fototip!). Wie andere schnell am Hang gewachsene Küstenorte hat Agía Galíni ebenfalls das Problem, daß winterliche Regenfälle immer wieder schwere Schäden anrichten. Ein schöner **Strand** mit Sonnenliegen, Café-Bars und Wassersportmöglichkeiten liegt direkt östlich am Ort.

Strand bei Agía Galíni

Agía Galíni ist ein guter **Ausgangspunkt für Ausflüge** entlang der Südküste (Plakiás und Préveli im Westen, Mátala im Osten), in die Messará-Ebene (am Nordwestrand Ausgrabungen von Féstos und Agía Triáda), ins Amári-Tal und an den Südrand des Psilorítis (Zarós).

13. RÉTHIMNON UND SEIN HINTERLAND

13.1 Réthimnon – venezianisch-türkische Altstadt mit Atmosphäre

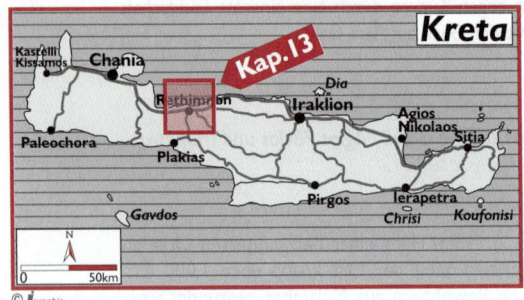

Übersicht

Réthimnon (PEΘYMNO) ist die **drittgrößte Stadt Kretas** und Hauptstadt der gleichnamigen Provinz. Östlich beginnt ein kilometerlanger, breiter Sandstrand, der von allen denkbaren touristischen Angeboten begleitet wird. Im Westen dagegen ist die felsige Küste einsam und nur in wenigen Buchten zugänglich. Der rethymnotische Schriftsteller *Pandelis Prevelakis* beschreibt die Lage in seiner *„Chronik einer Stadt"*: „Rethymno ist genau auf der Grenze zwischen der sanften und der wilden Küste gebaut".

Auf halber Strecke zwischen Chaniá und Iráklion gelegen, ist Réthimnon eins der touristischen Zentren der Insel. Die Kombination aus Kultur- und Einkaufserlebnissen in der **venezianisch-türkischen Altstadt** und sonnigem Badeurlaub machen es zu einem der beliebtesten Ferienorte auf Kreta. Gerade deutsche Urlauber reisen gerne hierher.

Ursprünglich an die felsige Landzunge mit der Fortezza geschmiegt, hat sich die Stadt mittlerweile in die rückwärtigen Flußtäler ausgedehnt. Neben Iráklion und Chaniá ist auch Réthimnon Sitz der Universität von Kreta, es beherbergt die geisteswissenschaftlichen Fakultäten. So wird die Tradition der Stadt als geistigem Zentrum der Insel fortgeführt. Zudem wird gerne gefei-

Geistiges Zentrum Kretas

Rundblick auf Réthimnon

ert in Réthimnon: der **Karneval** zu Beginn der Fastenzeit im Frühjahr, das Weinfest im Stadtgarten (2 Wochen lang im Juli) und als bedeutendes kulturelles Ereignis das Renaissance-Festival, das Theater, Filmvorführungen und Konzerte bietet (im Sommer und Herbst). Die lokalen religiösen Feste liegen leider außerhalb der Saison: am 21. November der Tempelgang der Gottesmutter und am 4. Dezember der Namenstag der heiligen Barbara.

Sehenswürdigkeiten, die man nicht verpassen darf

* Von der **Fortezza** (S. 574f) hat man einen tollen Blick hinaus auf das Meer, wenn man innerhalb der trutzigen Festungsmauern steht, vergißt man für einen kurzen Moment die Hektik der Stadt.

* Die zahlreichen **Moscheen und Altstadthäuser** zeugen von der türkischen Besatzungszeit, die lange die Kultur der Stadt bestimmte. Ein Gang entlang der Straßen Arkádiou und P.Koroneou führt Sie durch zwei ganz gegensätzliche Viertel der Altstadt.

* Der **Rimondi-Brunnen** und die **Loggia** (S. 576/577) sind wichtige und schöne Zeugnisse der venezianischen Epoche Kretas. In den Gassen um den Rimnondi-Brunnen tobt das Leben. Morgens, mittags und abends sowieso.

Übernachten (S. 305ff)

* Östlich der Stadt liegen die **luxuriösen Hotelanlagen**, von denen die Grecotels El Greco und Rithymna Beach mit zum Besten gehören, was Kretas Hotellerie zu bieten hat. In der Altstadt ist eine Übernachtung im **Palazzo Rimondi** (S. 305) in einem alten venezianischen Palast mit kleinem Pool direkt neben den lebendigen Gassen sicherlich eine gute Möglichkeit, seinen Urlaub zu genießen.

Essen & Trinken (S. 309f)

* Der **venezianische Hafen** mit seinen Tavernen ist abends die erste Adresse zum Essen. Die Kellner buhlen schlagfertig um die Gunst der Gäste, man blickt auf das romantische Hafenrund. Mehrere gute Restaurants liegen in der **Gasse Radamanthios**, die parallel zur Haupteinkaufsgasse Arabatzoglou verläuft. Ruhig und geborgen sitzt man bei der weißen Kirche Kyrias tou Angelou z.B. in der einfachen Taverne O ΨΑΡΑΣ.

Einkaufen (S. 310f)

* Die **Haupteinkaufsstraßen** sind die **Arabatzoglou** und ihre Seitengassen in Altstadtmitte mit vielen Schmuckgeschäften und Souvenirläden. Geschäfte mit Mode, hochwertigem Schmuck und Lebensmitteln reihen sich in der **Arkádiou** östlich der Loggia und in der **Antistasseos** Richtung Platia Martiron aneinander.

Außergewöhnliche Erlebnisse

* Den **Karneval von Réthimnon** im Februar werden leider nur die wenigsten Urlauber erleben. Wer um diese Jahreszeit auf Kreta weilt, sollte aber unbedingt an dem bunten Spektakel teilnehmen. Als Entschädigung für alle, die während des Karnevals noch arbeiten mußten, wird ab Mitte Juli im Stadtgarten ein zweiwöchiges **Weinfest** veranstaltet.

* Einen guten Überblick über die moderne griechische Kunst gibt die **Kanakakis-Galerie** (S. 576) in der Chimaras auf dem Weg zur Fortezza. Auf Kreta ist eine solche Ausstellung zeitgenössischer Künstler der Insel einzigartig.

* Mit Kindern sollten Sie einen **Ausflug auf einem der Piratenschiffe** (S. 311) machen, die im venezianischen Hafen morgens zu einer Fahrt an die Felsküste Nordwestkretas starten.

Aktuelle Reisetips zu Réthimnon
entnehmen Sie bitte den gelben Seiten 304f

Geschichte

Anders als Chaniá kann Réthimnon nicht auf eine Jahrtausende währende Geschichte zurückblicken, wahrscheinlich gab es eine Siedlung *Ríthimna* erst in antiker Zeit. Keimzelle war der ins Meer vorspringende Felshügel, auf dem heute die Fortezza steht. In der hellenistischen Zeit war eine Kleinstadt entstanden, die eigene Münzen prägte. Diese Siedlung blieb bis zur Zeit der venezianischen Einnahme Kretas jedoch unbedeutend, die byzantinischen Bischofssitze lagen in Lappa und Eléftherna, jeweils rund 20 km von Réthimnon entfernt. **1307** wurde *Venezianische Befestigung* Réthimnon dann aber Verwaltungssitz einer der 14 venezianischen Bezirke auf Kreta. Die **erste venezianische Befestigung** erhielt die Stadt im **13. Jh.** hinter dem Hafen, eine äußere Mauer kam von 1540-70 hinzu. Sie grenzte die Siedlung dort nach Süden ab, wo heute die Straßen Dimakopoulou und Gerakiri parallel zur Durchgangsstraße verlaufen. Venezianische und kretische Adelsfamilien beherrschten die Stadt, die mit rund 10.000 Einwohnern ihre historische Blütezeit durchlebte. **1561** wurde in Réthimnon vom Gelehrten *Barozzi* die erste Akademie der Insel, die „Akademie der Vivi (Lebenden)" gegründet. Réthimnon galt als

Händler in der Altstadt

geistiges Zentrum der Insel, viele Rethimnoten studierten an der Universität von Padua und trugen nach ihrer Rückkehr zur Ausbreitung der sog. Kretischen Renaissance in den Bereichen Malerei, Literatur und Architektur bei. **1571** griffen die Türken unter *Bey Uluz Ali* erstmals Réthimnon von der Meerseite aus an und brannten die halbe Stadt nieder. Kaum ein venezianischer Bau blieb unbeschädigt. Erst gegen **Ende des 16. Jh.** wurde nun auch der antike Felshügel, den die Venezianer *Palaiokastro* nannten, zur **Fortezza** ausgebaut. Das Zentrum der venezianischen Stadt blieb aber der Bereich um den Rimondi-Brunnen. **1646** eroberten die Türken nach 23 schrecklichen Tagen der **Belagerung** die Stadt, die ihnen am 13. November übergeben wurde. Réthimnon wurde ein Handelszentrum der Türken, die meisten christlichen Kreter aus Stadt und Umgebung verließen die Gegend oder konvertierten aus verschiedenen Gründen zum Islam. Anders als in Chaniá wurden wesentlich mehr Gebäude während der türkischen Besatzungszeit neu- oder umgebaut, das architektonische Gesicht der Altstadt Réthimnons ist heute orientalischer als irgendwo sonst auf der Insel.

Noch im 19. Jahrhundert bildeten die Muslime die Mehrheit der Bevölkerung Réthimnons. Als Kreta **1898** autonom wurde, lebten 2.500 stationierte russische Soldaten in der Stadt, die Präfektur stand unter russischer Aufsicht. Die kurze *Das Ende der Blütezeit* Zeit der Autonomie war eine wirtschaftliche Blütezeit, und auch das kulturelle Leben blühte auf. 6 Zeitungen wurden in Réthimnon herausgegeben. Doch mit der **Abwanderung der islamischen Bewohner** im Zuge der Umsiedlung **1923** sank die Einwohnerzahl dramatisch auf knapp über 5.000 Menschen. Über den damit verbundenen wirtschaftlichen Abschwung schreibt **Pandelis Prevelakis** in seinem Buch: „*Die Chronik einer Stadt*" (dazu auch S. 105 und S. 178).

Zur Zeit der deutschen Besatzung Kretas war Réthimnon eine der drei Schau-plätze der Fallschirmjägerangriffe, da sich östlich der Stadt eine Landepiste be-fand. Von Bombardierungen blieb es aber weitgehend verschont. **Mitte der 50er Jahre** setzte ein erneuter **wirtschaftlicher Aufschwung** ein, der aber nur kurze Zeit anhielt, da Chaniá und Iráklion für die Industrie bessere Standortbe-dingungen boten. Réthimnon entdeckte den Tourismus und investierte in diesen Bereich. Zudem wurde die Philosophische Fakultät der Universität in Réthimnon etabliert, die junge Menschen und Kulturveranstaltungen in die Stadt brachte. Der **Tourismus** boomte und ist heute fester Bestandteil der Stadt. Er schafft zahlreiche Arbeitsplätze und prägt die Stadtentwicklung Réthimnons nach Osten.

Urlaubs-zentrum Westkretas

Sehenswürdigkeiten

Réthimnons Altstadt ist im besten Sinne unübersichtlich. Um sich in den engen Gassen zurechtzufinden und die versteckten Sehenswürdigkeiten zu entdecken, empfiehlt sich ein stetiger Blick in den Stadtplan. Im folgenden haben wir die **Besichtigungsroute** als Rundgang angelegt. Er beginnt an der lebhaften Platia Martiron, die den Vorhof zur Altstadt bildet.

Aktuelle Öffnungszeiten der Museen und Sehenswürdigkeiten
entnehmen Sie bitte den gelben Seiten, S. 312f
Einen detaillierten Stadtplan und den Rundgang finden Sie als Farbkarte im hinteren Umschlag dieses Buches.

An der Ostseite der Platia Martiron steht die Hauptkirche der Stadt, die **Tessa-ron Martiron Kirche (1)**. Der Name bedeutet „Vier Märtyrer". Der große Sakralbau ist innen prachtvoll ausgemalt, Sitzbänke und der Altarbereich sind vollständig aus ·Holz geschnitzt. In der Kirche herrscht tagsüber ein ständiges Kommen und Gehen, die Gläubigen küssen kurz die Ikonen vor dem Altar und verschwinden dann wieder auf der Straße, um den alltäglichen Aufgaben nachzu-gehen. Gelebte Orthodoxie finden Sie in solchen Stadtkirchen eher als in den byzantinischen Kapellen auf dem Lande.

Die **Platia Martiron** vor der Kirche ist ein lebendiger Platz, an dem zahlreiche *periptera* ihre Waren anbieten und die Taxis in die nahe gelegenen Dörfer abfah-ren. In den kleinen Kafenia in der begrenzenden Gebäudezeile sitzen Ältere und Familien und beobachten scheinbar entspannt das hektische Treiben. Auf der mit Akazien bewachsenen Mittelinsel des Platzes steht das Denkmal des *Konstantinos Giaboudakis*, Sprengmeister des Klosters Arkádi im Jahr 1866 (S. 533).

Platz zwischen Alt- und Neustadt

Am nördlichen Ende der Platia Martiron führt eine Straße durch das Guora-Tor **(Porta Guora, Megali Porta) (2)** in die Altstadt hinein. Weder die Stadtmauer aus venezianischer Zeit noch die in ihr integrierte Profítis Ilías-Bastion sind erhalten geblieben. Doch das ehemalige Haupttor Guora deutet den früheren Verlauf der Mauer an. Es ist Schnittstelle zwischen dem historischen und dem

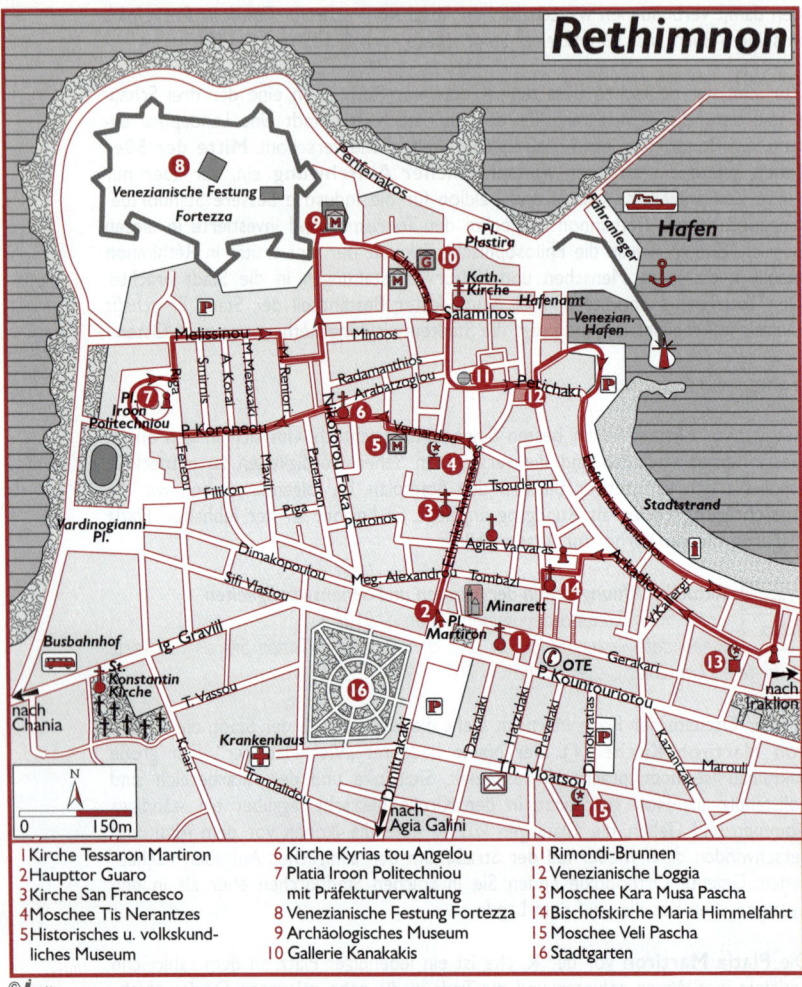

Rethimnon

1 Kirche Tessaron Martiron
2 Haupttor Guaro
3 Kirche San Francesco
4 Moschee Tis Nerantzes
5 Historisches u. volkskundliches Museum
6 Kirche Kyrias tou Angelou
7 Platia Iroon Politechniou
 mit Präfekturverwaltung
8 Venezianische Festung Fortezza
9 Archäologisches Museum
10 Gallerie Kanakakis
11 Rimondi-Brunnen
12 Venezianische Loggia
13 Moschee Kara Musa Pascha
14 Bischofskirche Maria Himmelfahrt
15 Moschee Veli Pascha
16 Stadtgarten

© i graphic

modernen Réthimnon. Etwas östlich vom Tor liegt in der Seitenstraße Tobazi die
Megali-Porta Moschee (auch Valide Sultana-Moschee) mit vollständig erhalte-
nem Minarett.

Folgen Sie der Hauptgasse Ethn. Antistasseos, bis Sie nach 200 m links auf die
Kirche San Francesco (Heiliger Franziskus) (3) stoßen. Die einschiffige
Basilika stammt aus dem 16./17. Jh. und war das Katholikon eines Klosters. Gehen
Sie in die kurze Sackgasse neben der Kirche hinein und betrachten Sie das
prächtige Mittelportal im Renaissance-Stil in der Nordfassade. Am Ende der Sack-

gasse schließt ein venezianisch-türkisches Rundbogenportal den Weg ab. San Francesco wird nicht mehr als Kirche genutzt, sondern dient heute als Versammlungsraum.

Nach etwa 50 m links in die E.Vernardou einbiegen. Gleich links ragt das Minarett der **Tis Nerantzes-Moschee (4)** in die Höhe. Die Moschee kann besichtigt werden, heute ist eine Musikschule hier untergebracht. Das grob verputzte Innere ist ohne Ausschmückungen, es wirkt allein die sachliche Architektur in dem großen Raum unter den drei Kuppeln. 1646 entstand die Moschee aus einem Umbau der venezianischen Kirche Santa Maria, die rund 100 Jahre lang eine Klosterkirche von Augustinermönchen gewesen war. Das hohe Minarett ist erst 1890 vom Baumeister *Daskalakis* aus Réthimnon ausgeführt worden, nachdem er monatelang durch die Türkei gereist war, um Anregungen zu sammeln. Leider ist es nicht mehr zugänglich. Die Moschee wurde übrigens 1925 wieder zu einer orthodoxen Kirche geweiht.

Minarett der Tis Nerantzes-Moschee

Unser Fototip

Gehen Sie durch die Seitenstraße an der Kirche San Francesco vorbei auf den großen Schulhof und werfen Sie von hier einen freien Blick auf die Kuppeln und das Minarett der Moschee.

Etwas weiter in der Straße (Nr. 28/30) stoßen Sie auf das **Historische und Volkskundliche Museum (5)**. Das Museum ist seit 1994 in den Räumen eines venezianischen Herrenhauses untergebracht. Angeschlossen sind eine kleine Bibliothek und ein schöner Innenhof, in dem Theaterstücke aufgeführt werden. Im ersten Stock befindet sich der große Ausstellungsraum. Thematische Schwerpunkte des Museum sind die Töpferei mit zahlreichen Vorratsgefäßen und die Herstellung von Textilien aus Baumwolle, Seide und Flachs. **Trachten** kretischer Frauen und Männer geben ein Bild davon, welche Kleidung auf der Insel getragen wurde. Die Männertracht, bei der die *vraka*, eine weite Hose, die *meidani*, eine kurze Jacke, und das schwarze Stirntuch nicht fehlen dürfen, sieht man noch heute in den Bergdörfern, die Frauentracht wird nur noch bei besonderen Anlässen getragen. Sehenswert ist auch die im Museum zusammengetragene **Werkstatt des letzten Kupferschmiedes** von Réthimnon.

Tradition und Trachten

Sobald Sie auf die Gasse Nikeforou Foka (Kretas Befreier von den Arabern im Jahr 961) stoßen, folgen Sie dieser rechts bis zur **Kirche Kyrias tou Angelou (6)** (Herrin der Engel). Wie fast alle Kirchen aus venezianischer Zeit wurde auch sie von den Türken als Moschee genutzt. An der platzartigen Erweiterung, an der die Straßen Nikeforou Foka, Vernardou und Thessalonikis zusammenlaufen, sitzt man abends in den Tavernen besonders schön. Für viele Flaneure ist dieser Platz das Westende ihrer Route durch die Altstadt.

Gehen Sie gegenüber der Kirche in die lange **Gasse P. Koroneou**. Sie durchquert von der Nikeforou Foka bis zum Platz Iroon Politechniou einen verschachtelten Altstadtteil, der touristisch kaum berührt ist. Viele der kleinteiligen venezianisch-türkischen Häuser sind halb verfallen, fast alle aber bewohnt. Es gibt viele architektonische Details zu entdecken (z.B. der überdachte Holzbalkon in der Metaxaki Nr. 4). Dieses vernachlässigte Quartier der Altstadt hat einen sehr ursprünglichen Charme und bietet zahlreiche Fotomotive. An der Straßenecke Koroneou/Smirnis befand sich einst die Agía Sofía-Kirche, die später als Ibrahim-Moschee diente. Heute ist von diesen Nutzungen nichts mehr zu erkennen, das hölzerne Minarett ist längst abgebaut. Das geübte Auge erkennt von außen den zweischiffigen Aufbau, der von zwei Gewölben bedeckt wird.

Charme der Altstadt

Charme des Verfalls

Das repräsentative **Präfekturgebäude**, die Polizei und ein Sportstadion liegen rund um den Platz **Iroon Politechnioiu (7)**, eine Wasserfontäne versprüht in der parkartigen Mitte kühles Naß. Das Präfekturgebäude (*Nomarchia*) wurde 1866 im neoklassizistischen Stil gebaut und war u.a. Wohnsitz des kretischen Hochkommissars *Prinz Georg*.

Das Westende der Altstadt ist erreicht und ein Blick auf die Felsküste westlich von Réthimnon allemal lohnend. Queren Sie den Platz Richtung Fortezza und biegen Sie unterhalb dieser auf der Straße Melissinou wieder in die Altstadt ein.

Wer sich für Architektur interessiert, sollte einen Abstecher in die Seitengasse M. Renieri (4. Gasse rechts) und gleich wieder links in die Gasse Klidi machen. In der **Klidi 13** steht ein venezianisches Privathaus, das sehr typisch für die Bauten der Altstadt ist. Prachtvoll das Portal mit zwei Säulenpaaren und der lateinischen Inschrift, die übersetzt etwa lautet: „Wer an Gott glaubt, dem wird geholfen werden".

Den Aufgang zur Fortezza von der Straße Melissinou können Sie nicht verpassen. Am Ende der Gasse Katechaki führt eine Treppe hinauf.

Fortezza (8)

Die Fortezza ist der älteste Siedlungsplatz der Stadt. Der felsige, ins Meer ragende Dorn bot sich für eine Wehranlage geradezu an. Eine Akropolis mit Artemis-Tempel und Athena-Heiligtum entstand in der klassisch/hellenistischen Epoche. Ausgebaut zur Fortezza wurde der Hügel erst **ab 1571** durch die Venezianer. Die Türken griffen Kreta immer häufiger an, und die bestehende Stadt am Hafen war schwierig zu verteidigen. Auf den Entwürfen *Michele Sanmichelis* fußend (er ent-

Venezianische Wehranlage

warf auch die Befestigungen von Iráklion und Chaniá), dauerte der Bau unter Leitung von *Ioannis Therari* rund 30 Jahre. Die mächtigen **Außenmauern** der Fortezza sind rund 1,3 km lang, vier **Bastionen** sind nach Süden und Osten als Verteidigungsbollwerke ausgebaut. An klaren Tagen blickt man von der Fortezza nach Westen bis in die Weißen Berge. Fast immer öffnet sich der Panorama-Blick auf Réthimnon, der den recht hohen Eintrittspreis verschmerzen läßt. *Pendelis Prevelakis* schrieb dazu: „Eine Art Sorglosigkeit überkommt jeden hier oben, die Frische kühlt ihm die Augen, und er empfindet Stolz bei den Erinnerungen, die in ihm wach werden."

Durch das in die Mauer eingelassene östliche Haupttor tritt man in die Fortezza ein. Besterhaltenes Bauwerk auf der Fortezza ist die 1646 aus venezianischen Kirche Ágios Nikólaos umgebaute **Sultan Ibrahim-Moschee**. Sie steht unge- *Die* fähr im Zentrum der Wehranlage. Eine außergewöhnlich dimensionierte Kuppel *Fortezza* mit einem Durchmesser von 11 m krönt den quadratischen, weißgekalkten Bau. *als eigene* Das Minarett ist nicht erhalten. Weitere Gebäude, von denen meist nur Teile *Stadt* erhalten sind: Waffenlager (vom Eingang aus gleich links, davor Kanonen), Privat- häuser (rechts vom Eingang), der ehemalige Bischofspalast (links der Sultan-Ibra- him-Moschee), Haus des Statthalters (nördlich hinter der Moschee), Lagerräume und das ehemalige Rathaus (am Nordrand). Tip: Bei der nach Süden weisenden Bastion Agias Elias kann man in ein Zisternengewölbe hinabsteigen.

Gleich neben dem Eingang zur Fortezza ist in einem ehemaligen venezianischen Gefängnis das **Archäologische Museum Réthimnon (9)** untergebracht. Das überschaubare Museum zeigt in einem modernen und sachlichen Hauptraum eine Reihe wertvoller Funde, die größtenteils aus der Präfektur Réthimnon stammen. Die Vitrinen mit den Ausstellungsstücken stehen an den Außenwänden, während innen u.a. die großen Tonsarkophage aus der Nekropole Arméni (S. 563) aufge- stellt sind. Die chronologische Reihenfolge der Vitrinen wird leider nach der geometrischen Zeit unterbrochen. Früheste Fundstücke, einfache Keramik, (Kno- chen-)Werkzeuge und figürliche Darstellungen der neolithischen Zeit, stammen aus der nahen Geráni-Höhle (S. 603) und der Melidóni-Höhle (S. 525). Aus der mittelminoischen Zeit sind Keramikgefäße, z.B. aus Monastiráki (S. 555) und Apo- doúlou (S. 557), ausgestellt. Zudem die für die minoische Kultur typischen **Siegel** (aus Ton) und Statuetten, die im Rahmen von Kulthandlungen geweiht wurden. Fundstücke der spätminoischen Zeit sind vorwiegend aus Gräbern der Präfektur geborgen worden. Aus Arméni stammen zwei besondere und seltene Gegenstän- *Helm mit* de: ein geflochtener Korb und ein **lederner Helm**, der mit 93 Wildschweinzäh- *Wild-* nen geschmückt ist. In den folgenden Vitrinen läßt sich die Entwicklung der *schwein-* bevorzugten Muster auf Keramik nachvollziehen. Gefäße und Statuetten aus geo- *zähnen* metrischer, archaischer, klassischer und hellenistischer Zeit sind ausgestellt, dar- unter Funde aus Argiroúpolis (antikes Lappa) (S. 613f), Stavroménos und aus einem Schiffswrack bei Agía Galíni.

Besonders auffällig sind die freistehenden, großen **Tonsarkophage** (*larnakes*), in denen die Toten auf den minoischen Nekropolen beigesetzt wurden. Die Särge sind kürzer als ein menschlicher Körper, die Toten wurden deshalb in einer Art embryonaler Sitzhaltung bestattet. Die meisten Särge stammen aus der Nekropo-

le Arméni, nur wenige Kilometer südlich der Stadt. Aus
Eléftherna kommen u.a. geometrische Keramik und Idole und
eine Marmorskulptur des Dionysos, aus Lappa eine Marmorstatue der römischen Göttin
der Jagd, Artemis. Das Museum beherbergt zudem eine
wertvolle **Sammlung von
Münzen** aus fast allen antiken
kretischen Siedlungen.

Ausstellung in der Galerie Kanakakis

Gehen Sie die geschwungene
Gasse Chimaras hinunter Richtung Altstadt. Gegen Ende liegt auf der linken Seite
die **Kanakakis Gallerie – Center of Contemporary Art (10)**.

*Moderne
Kunst-
galerie*

In zwei langgezogenen, flachen und gekühlten Räumen und im Obergeschoß ist
seit 1992 eine auf Kreta einzigartige Dauerausstellung zeitgenössischer griechischer Kunst von 1950 bis in die Gegenwart untergebracht. Die Materialien sind
vielfältig, wie auch Stile und Themen der annähernd 160 Werke zumeist jüngerer
Künstlerinnen und Künstler, die teilweise aus Réthimnon stammen. Gewidmet ist
die Galerie dem in Réthimnon geborenen Maler **Lefteris Kanakakis** (1934-85),
der in traditioneller Malweise figürliche und klare Stilleben und Portraits schuf.
Sie zeigen oft einen Ansatz von metaphysischem Realismus. Später wechselte er
zu Frauenakten. Kanakakis Anspruch war der Zugang einfacher Menschen zu
seinen Werken. Eine große Zahl seiner Bilder ist in der Galerie zu sehen. Der
Besuch lohnt, zeigt er doch, daß
kretische Kunst nicht bei byzantinischen Ikonen endet.

Der unscheinbare Rimondi-Brunnen

Ebenfalls in der Straße Chimaras
findet sich etwas zurück auf der
anderen Straßenseite das kleine
Volkskunstmuseum, das wechselnde Ausstellungen zur Volkskun-
de aus allen Kulturkreisen der Erde
zeigt.

Sie stoßen nun wieder auf die Straße Melissinou und sehen etwas links
die **Katholische Kirche Agios Antonios**. Sie ist eine auffällige Einraumkapelle
mit neoklassizistischer Fassade von 1890 und einem angesetzten Priesterhaus.
Die Kirche wurde den katholischen Christen als Ersatz für die Kirche San Francesco gebaut (Odos Messolongiu 25). Gehen Sie gegenüber durch die Gasse
Messlogiou in die quirlige Altstadt hinein. An ihrem Ende liegt der **Rimondi-
Brunnen (11)**. Der Rimondi-Brunnen ist das eigentliche Zentrum der Stadt. Der
venezianische Brunnen an der Nordseite der Platia Titou Petichaki stammt von

1629 und wurde nach dem damaligen Statthalter (Rettore) *Rimondi* benannt. Zu dieser Zeit dienten die Brunnen noch der Trinkwasserversorgung der Stadt. 4 Säulen mit korinthischen Kapitellen rahmen drei Wasserbecken ein. Wiederum drei Löwenköpfe speien das Wasser aus dem Brunnen zu Tage. Während der türkischen Besatzungszeit war der Brunnen mit einer Kuppel überdacht, einer der Pfeiler steht noch.

Tip
Der Rimondi-Brunnen ist ein guter Treffpunkt für Verabredungen in der Altstadt.

In der **Platia Titou Petichaki** zwischen Rimondi-Brunnen und der Moschee Tis Nerantzes drängen sich die Tavernen und buhlen um die Gunst der vielen Gäste. Die Preise sind durch die starke Konkurrenz recht moderat. Abends sind die Gassen der Laufsteg der Flaneure.

Die **Gasse Arabatzoglou** ist eine der Haupteinkaufsstraßen der Stadt. Sie führt vom Rimondi-Brunnen bis zur kleinen Kirche Kyrias tou Angelou (siehe oben). In den schmalen Seitengassen finden Sie gemütliche Tavernen. Im Haus Nr. 50 liegt das **Museum für Meeresbiologie**, ein Ableger des privat gegründeten Moscha-kino-Museums in Athen. Es zeigt eine sehr schöne Sammlung von Muscheln, Schnecken und anderen Meeresbewohnern. Schwerpunkt sind Mollusken (Weich-tiere). Besonders interessant: Von jeder Art werden Variationen gezeigt, die einen Einblick in die Wuchsformen unter unterschiedlichen Umweltbedingungen geben. Neben dem Eingang lauert ein Exemplar der Riesenmuschel ΤΡΙΔΑΚΝΑ. Das kleine Museum ist spannend für Kinder und, da es aus nur einem Raum besteht, schnell geschafft.

Schöne Muschel-sammlung

Durch die K. Paleologou Richtung Wasser kommen Sie zur **Loggia (12)**. Die um 1600 entstandene Loggia war einst eine Art geselliger Club für venezianische Beamte und den Inseladel, ein Ort für Austausch, Entspannung und nicht selten auch Glücksspiel. Die Türken verwandelten die Loggia mit ihrem Terrassendach in eine Moschee und setzten an der Südseite ein Minarett an, das 1930 zerstört wurde. Heute beherbergt die annähernd quadratische Loggia ein **Museumsge-schäft**, das hochwertige Nachbildungen der berühmtesten Funde aus der antiken griechischen Welt verkauft. Rund um die Loggia herrscht ein lebendiges Treiben, in dem die Einwohner der Stadt in der Hauptsaison fast in der Unterzahl sind. Neben unzähligen Geschäften und *periptera* bieten fliegende Händler Gebäck, Nüsse, Postkarten und Lotterielose an. Schräg gegenüber der Loggia stand bis nach dem 2.Weltkrieg ein Turm mit einer Sonnenuhr, der aber dem Ausbau der Straße Arkádiou zum Opfer fiel.

Geradeaus führt die Straße I.Petichaki zum **Venezianischen Hafen**. Er liegt am nordöstlichen Altstadtrand und wird von einer langen Hafenmole mit einem Leuchtturm am Ende vor dem offenen Meer geschützt. Durch die Jahrhunderte hindurch sind weite Teile des ursprünglichen Hafens stetig versandet. Das heutige Becken ist wesentlich kleiner als das von Chaniá und mißt im Durchmesser gerade 80 m. Der **Leuchtturm** am Ende der Mole entstand während der türki-

Hafenrund mit vielen Tavernen

Gewitterstimmung am Venezianischen Hafen

schen Besatzungszeit, wurde aber mehrere Male umgebaut. Wie auch in Chaniá scharen sich zahlreiche Tavernen um das pittoreske Hafenrund, in dem bunte Fischerboote schaukeln. Wer vor den Häusern entlang bummelt, kann in die langen, schmalen Innenräume der Tavernen blicken; nur wird er oder sie dabei kaum den Lockangeboten der Kellner entgehen können. Freundliche Bestimmtheit sichert Ihnen den Weg, andererseits sitzt man am Hafenbecken ausgesprochen schön und romantisch.

Gehen Sie vom Hafen die **Strandpromenade E. Venizelou** mit ihren Café-Bars entlang bis zur **Platia Iroon**. Dieser lebendige Platz markiert das Ende der Altstadt Réthimnons nach Osten, dahinter beginnt mit dem Hotel *Kyma Beach* die touristische Zone entlang des langen Strandes (siehe S. 581). Eine Besichtigungsbahn auf Rädern hat ihre Station an der Wasserseite des Platzes. Biegen Sie in die Straße Arkádiou ein und gehen Sie diese zurück Richtung Altstadtzentrum. Gleich links liegt auf der rechten Seite die unscheinbare, von Palmen und Sträuchern umgebene **Kara Musa Pascha Moschee (13)**. Sie beherbergt heute eine Werkstatt des Amtes für Denkmalpflege und kann deshalb nicht von innen besichtigt werden. Ursprünglich stand an der Stelle der Moschee das venezianische Kloster Agía Varvára. Die Türken wandelten auch dieses Kloster in einen Moschee um, die den

Café-Bars an der Strandpromenade

Kara Musa Pascha-Moschee

Namen ihres Flottenkommandanten bei der Eroberung Réthimnons erhielt. An der Ostseite sind zwei Reinigungsbrunnen erhalten, an der Nordseite die Reste eines Minaretts. Bei der Moschee stand einst auch das östliche Stadttor Réthimnons.

Die **Odos Arkádiou**, die in zweiter Reihe parallel zur Strandpromenade verläuft, beherbergt eine Mischung aus modischen und traditionellen Geschäften. Sie lädt zum Bummeln ein. Außerdem stehen hier einige der bemerkenswertesten Bauten (Bürgerhäuser) der Altstadt Réthimnons. Z.B. das dreistöckige neoklassizistische Gebäude an der Ecke Chatzigrigoraki mit 2 zentral angeordneten Balkonen und reichlich schmiedeeisernen Verzierungen. Obwohl im Erdgeschoß zwei Geschäfte liegen, ist der obere Teil des Hauses vom Verfall bedroht. **Nr. 50**, ein Renaissance-Palast aus dem 16./17. Jh., trotz der Umbauten der letzten Jahrhunderte ist die strenge Gliederung in vier horizontale Zonen zu erkennen. **Nr. 60**, der „Palazzo in via dello Zar" mit zweiteiliger, horizontaler Fassadengliederung und kleinteiligem Mauerwerk im Obergeschoß. Bemerkenswert die **Nr. 154**, ein dreistöckiges Haus mit hohem Portal, das einst das größte private Haus Réthimnons war. Die **Nr. 186** ist ein kleines, schiefes Haus mit einem dominierenden hölzernen Vorbau (*kióska*) im Obergeschoß.

Historische Häuser in der Odos Arkádiou

Etwa auf halbem Weg zur Loggia liegt links der Straße an der Gasse Moussourou die **Bischofskirche Maria Himmelfahrt (14)**. Sie wurde 1834 nach dem Vorbild der Evangelista-Kirche auf der Kykladeninsel Tinos gebaut. Diese gilt als das wichtigste Gotteshaus der Orthodoxie in ganz Griechenland. Der prächtige Glockenturm wurde erst 1889 nachträglich an den Sakralbau angesetzt. Anlaß für seinen Bau war der türkische Plan für das hohe Minarett der Tis Nerantzes-Moschee (siehe 4). So errichteten die Christen einen Tuffsteinbau, der u.a. durch die Herausgabe einer Briefmarke durch den Kommandanten der russischen Besatzungsmacht, *Theodor De Chiostak*, finanziert wurde. Die bis zu 250 kg schweren Glocken wurden in Venedig gegossen, die Uhr in Mailand gefertigt.

Sie können nun von der Bischofskirche durch die Gasse Tombazi wieder zur Platia Martiron gelangen oder die Odos Arkádiou bis zur Loggia weitergehen und weiter in die Altstadt Réthimnons eintauchen.

Zwei weitere Sehenswürdigkeiten liegen etwas abseits südlich der Durchgangsstraße, die Alt- und Neustadt trennt:

Veli Pascha Moschee (15): Wie ein romantisches Relikt wirkt diese recht große Moschee aus der zweiten Hälfte des 17. Jh. mit Minarett in ihrer modernen Umgebung unweit der Ausfallstraße N.Kazantzaki. Der quadratische Bau war einst Teil eines türkischen Klosters. Zahlreiche Kuppeln schaffen eine schöne Dachlandschaft über dem Zentralraum und der Gebetshalle. Das Hauptportal wurde einem venezianischen Haus in der Stadt entnommen, das Minarett schon im 18. Jh. gebaut. 1941 wurde die Moschee durch Bombardierungen schwer beschädigt. Geplant ist, das Botanische Museum Kretas, eine Abteilung des Naturgeschichtlichen Museums in Iráklion, in der in Restaurierung befindlichen Moschee unterzubringen.

Stadtgarten (16): Der Stadtgarten von Réthimnon liegt südlich der Durchgangsstraße Igoumenou Gavriil schräg gegenüber der Platia Martiron. Er ist eine schattige Oase mit schönem Baumbestand, viele ältere Rethimnoten treffen sich hier zu Gesprächen, einem Schachspiel oder genießen einfach die vielen Pflanzen in der ansonsten so steinernen Stadt. Neben einem großen Kinderspielplatz gibt es auch einige Tiergehege, die allerdings einen deprimierenden Anblick bieten.

Entspannung im Stadtgarten

Affen und Falken sind in viel zu kleinen Käfigen eingepfercht und fristen hier ihr kümmerliches Dasein.

Auf dem großen Parkplatz gegenüber dem Stadtgarten an der Dimitrakaki Str. findet einmal wöchentlich ein **Markt** statt.

Baden in Stadtnähe

*Der **Stadtstrand** von Réthimnon beginnt unmittelbar östlich des Hafens und zieht sich über viele Kilometer nach Osten. Er ist auf gesamter Länge breit und feinsandig, es gibt Strandliegen, Snack-Bars, Beach-Volleyballfelder und vielfältige Wassersportmöglichkeiten. Der Strand wird täglich gesäubert, die Sonne scheint gegen Abend noch lange von Westen auf den Sand. Vorsicht bei roter Fahne: Baden verboten! Vor Réthimnon können Unterwasserströmungen auch gute Schwimmer aufs Meer hinaustreiben.*

Ausflugtips

- *Kournás-See (½ Tag) (S. 615f)*
- *Nekropole Arméni (3 Stunden) (S. 563)*
- *Tal der Mühlen (3 Stunden) (S. 585)*
- *Argiroúpolis mit Lappa (½ Tag) (S. 613f)*
- *Eléftherna (½ Tag) (S. 534f)*

Kloster Arkádi (½ Tag) (S. 531ff)
(Zeitangaben bei Anreise mit dem PKW. Mit dem Bus oder dem Fahrrad muß entsprechend der Fahrpläne bzw. eigenen Kondition mehr Zeit eingeplant werden).

Literaturtips

- *„Chronik einer Stadt" von Pandelis Prevelakis, Bibliothek Suhrkamp. Der 1909 in Réthimnon geborene Lyriker Prevelakis erzählt Geschichten aus seiner Stadt, zu einer Zeit wirtschaftlichen Niedergangs, verbunden mit der melancholischen Erinnerung an die Blütezeiten als Handelszentrum und geistigem Mittelpunkt der Insel. Rund 130 Seiten, vor Ort erhältlich.*
- *„Rethymno – Ein Führer durch die Stadt und den Regierungsbezirk", A. Malagari und Ch. Stratidakis. Für einen längeren Aufenthalt bietet das Buch vertiefende Informationen zu Architektur und Kultur der Stadt Réthimnon durch die Jahrhunderte. Wegen der guten Karten auch als Stadtführer nutzbar. Nur vor Ort erhältlich.*

13.2 Sand und Sonne pur – der lange Strand östlich von Réthimnon

Über rund 12 km erstreckt sich ein wirklich **schöner Sandstrand** von der Altstadt Réthimnons über Perivólia, Plataniás, Stavroménos bis nach Skaletá. Die Wassertemperaturen liegen von Juni bis August über 24 °C und noch im Oktober bei 22 °C. Die Schluchten Agía Iríni (Fossilienfundstätte!) und Prassano öffnen sich zwischen Perivólia und Skaletá zum Strand hin. Der Abschnitt ist **eines der großen Touristenzentren Kretas**. Hotels, Snack-Bars, Tavernen, Souvenirgeschäfte und Motorradverleihe reihen sich aneinander hinter der Strandpromenade. Dabei werden

Endloser Sandstrand

die Hotelkomplexe zwar aus der Stadt heraus kleiner, doch auch hier gibt es noch Strand- und Nachtleben, Kontakte und vor allem einen voll erschlossenen Badestrand mit vielfältigen Wassersportangeboten.

Moderne Bars wie das *Jacksons* oder *Bobos Planet* sorgen am Abend für Unterhaltung bis zum Son-

Sonne, Sand und Wassersport

nenaufgang. Schön ist die Gegend nicht, die Architektur setzt nur selten Akzente, ursprüngliches Kreta sucht man vergebens. Zwar liegen einige der besten Hotels Kretas östlich der Stadt (5-Sterne), doch die umgebende Landschaft hat dieses Attribut – bis auf den Strand – sicherlich nicht verdient.

Der rückwärtige Bereich hinter der ersten Gebäudereihe bis hin zur Hauptstraße ist ein konturlos **zersiedelter Bereich** aus Gewerbe, Apartments und Bauruinen. Und je weiter man im Osten wohnt – die Straße endet hinter Skaletá in einer Sackgasse –, desto weiter ist man als Urlauber von Réthimnon und seiner wunderschönen Altstadt entfernt. Dann ist man entweder auf den häufig pendelnden Bus oder den eigenen fahrbaren Untersatz angewiesen.

Schattenseiten des Baubooms

Die Ballung an touristischer Infrastruktur bleibt nicht ohne Folgen für die Umwelt. Die Wasserversorgung von Réthimnon gelangt permanent im Sommer an die Grenze ihrer Kapazität. Bitte gehen Sie deshalb sparsam mit dem Trinkwasser um.

Von Stavroménos führt eine Straße zum nahegelegenen **Kloster Arseníou**. Es handelt sich um eine sehr schlichte Anlage mit einem kleinen Museum. Das

INFO Meeresschildkröten und ihr Kampf um die Eiablage

Fast der gesamte Strandabschnitt östlich von Réthimnon ist einer der wichtigsten Eiablageplätze der **Meeresschildkröte Caretta caretta** auf Kreta. Weitere liegen westlich von Chaniá, östlich von Iráklion und an der Südküste bei Mátala, also immer genau dort, wo auf Grund der langen, flachen Sandstrände auch Urlauber bevorzugt verweilen. Die Eiablagezeit der Meerestiere fällt zudem von Juni bis September genau in die Hauptsaison des Mittelmeerraums. Durch die intensive touristische Nutzung der Strände werden die Schildkröten bei der **Eiablage** gestört, von Lichtern irritiert und ihre Sandnester durch Unachtsamkeit zerstört. Damit wird der Bruterfolg erheblich eingeschränkt. Andererseits ist die Eiablage ein faszinierendes Naturschauspiel: Die Muttertiere schleppen sich nachts aus dem dunklen Meer an

den Strand, um die Eier in eilig geschaufelten Löchern abzulegen. Jeder, der dieses Spektakel einmal miterlebt, wird es als Zeitreise in das Frühstadium der Evolution empfinden, als das Leben erstmals aus dem Meer an Land kam. Die Nester der Meeresschildkröten müssen lange Zeit möglichst ungestört bleiben. Fast zwei Monate später krabbeln Hunderte von frisch geschlüpften, winzigen Jungtiere zurück zum Wasser.

Nur wenige von ihnen werden ausgewachsene Schildkröten, die Mehrheit ein Opfer der natürlichen Feinde, die ihnen gleich nach der „Geburt" in Form der sengenden Sonne, Vögel und großer Fische auflauern. Deshalb ist die hohe Individuenzahl jeder Brut auch so wichtig für das Überleben der Art. Die *Sea Turtle Protection Society of Greece* versucht seit Jahren – nicht nur auf Kreta –, durch Informationsveranstaltungen in den Hotels, an den Stränden und in den Städten den Schutz der Nester zu gewährleisten. Die Mitarbeiter, meist junge Volontäre oder Freiwillige aus ganz Europa, leisten auch die Schutzarbeit vor Ort. Etwa indem sie identifizierte Nester einzäunen, kontrollieren und bewachen. Doch der Konflikt zwischen Artenschutz und Tourismus bleibt im Grunde an den dicht besiedelten Stränden unlösbar.

Kapelle Zoodochos Pigi

Kloster ist noch von Mönchen bewohnt, deren Aufenthaltsräume oberhalb der Kirche und des gefliesten Vorplatzes liegen.

Wenn Sie die New Road durch Skaletá hindurchfahren, zweigt kurz vor dem Ortsausgang rechts eine Straße zur 1 km entfernten **Kapelle Zoodochos Pigi** ab (Richtung Prínos fahren). Sie liegt am Westhang oberhalb einer grünen Schlucht. Der idealtypische Kreuzkuppelbau aus behauenen Natursteinen ist sehr gut erhalten.

Ideal-typische Kreuzkuppelkirche

13.3   Ins Hinterland von Réthimnon

Das Hinterland südlich von Réthimnon bietet viele Ausflugsmöglichkeiten. Ursprüngliche Dörfer mit venezianischer Bausubstanz und byzantinischen Kapellen können innerhalb kurzer Zeit von den Stränden östlich Réthimnons erreicht werden. Mit dem Fahrrad machen die Ausflüge besonders viel Spaß, allerdings führt zumindest der Hinweg immer bergauf.

Nach Chromonastíri

Romantischer Platz mit Aussicht

In Réthimnon ist von der Hauptstraße die Strecke nach Rousospíti und zum Kloster Agía Iríni ausgeschildert. Unter der New Road hindurch wird schnell die kleine Kapelle Prophítis Ilías auf einem Plateau rechts der Straße erreicht. Von hier liegt Ihnen die ganze Stadt Réthimnon zu Füßen (**Fototip!**). Viele junge Rethimnoten nutzen diese Stelle abends für romantische Stunden zu zweit.

Nach 5 km wird das rechts der Straße liegende **Kloster Agía Iríni** erreicht. Das wieder aktive Nonnenkloster ist nach dem koinobitischen System organisiert, d.h. die Nonnen leben, essen und arbeiten gemeinsam, Einkünfte kommen der Gemeinschaft zugute. Von einem schönen Innenhof gehen die Wohnkammern der

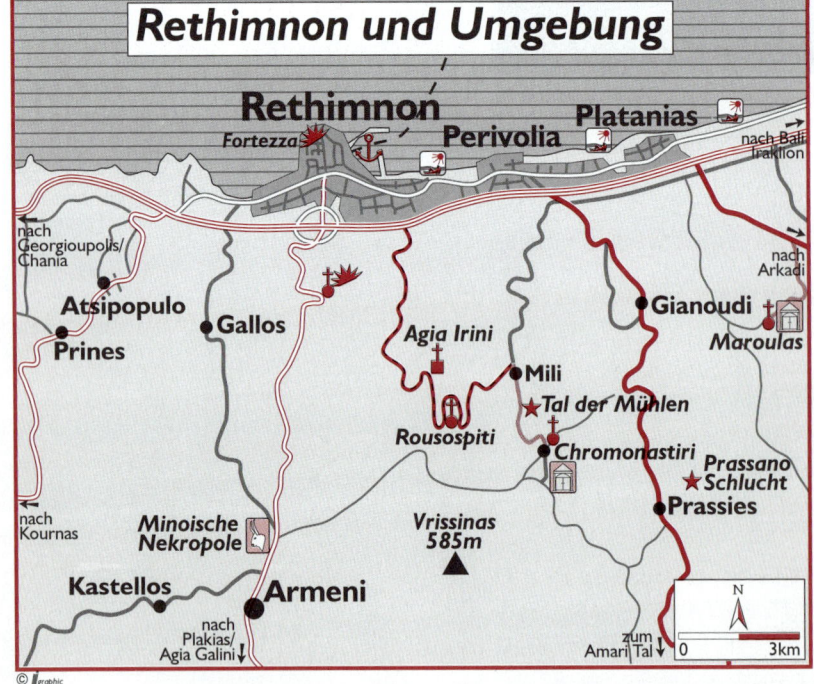

Nonnen ab, im hinteren Teil finden sich die Ruinen der älteren Klosterkirche, einer dreischiffigen Basilika. Häufig finden im Kloster private Feierlichkeiten statt, zu denen die Gläubigen aus Réthimnon mit der ganzen Familie im Auto herauf-kommen.

Öffnungszeiten entnehmen Sie bitte den gelben Seiten Réthimnon.

Wenn Sie vom Kloster weiterfahren und Rousospiti passiert haben, biegen Sie rechts nach Chromonastíri ab. Links unterhalb der Straße liegt nun kurz nach dem Ort Míli das **Tal der Mühlen**. Nach Regenfällen dringt das Rauschen des Baches bis zur Straße hinauf. In einem dicht bewachsenen, engen Tal liegen meh-

Wande-rung durchs Tal der Mühlen

rere alte Wasser-mühlen. In einer von ihnen ist ein Aus-flugscafé eingerichtet, das Sie in wenigen Minuten von der Straße aus erreichen. Außerdem führt ein markierter Weg durch das Tal.

Die Straße quert nun den Bach und endet in **Chromonastíri** (Χρομοναστηρι). Wochentags fahren früh morgens und mittags auch Busse

Das Tal der Mühlen

von Réthimnon herauf, dieser kehrt gleich wieder zurück. Gleich am Ortseingang ist links die **Kapelle Ágios Eftíchios** ausgeschildert. Ein schlechter Weg führt steil rund 1,5 km in die Haine hinab, das letzte Stück muß man entlang verwilder-ter Gärten zu Fuß zurücklegen. Die Kapelle liegt einsam und wildromantisch zwischen Granatapfelbäumen. Der halbverfallene Kreuzkuppelbau ist bedeuten-der, als es der ruinöse Zustand vermuten läßt. Möglicherweise ist er von *Johannes o Xenos* (S. 105) schon im 10. Jahrhundert geschaffen worden. Durch die Fenster-öffnungen des langgezogenen, in 5 Teile gegliederten Baus fällt ein unwirkliches Licht in den Altarraum. Die Fresken sind fast vollständig zerstört.

Verfallene Kapelle des Johannes o Xenos

Zurück im Dorf, lohnt ein Spaziergang zur **Villa Claudio** am Südende. Der bis auf die Wände verfallene venezianische Bau hat riesige Ausmaße und umschließt einen großzügigen Innenhof. Am Ortsausgang ist die **Panagía-Kirche** ausgeschil-dert, die östlich von Chromonastíri bei der verlassenen Siedlung Kera liegt.

Südwestlich von Chromonastíri liegt der **Berg Vrissinas** (858 m), der von Rous-sopíti aus bestiegen werden kann. Auf dem Gipfel befand sich in mittelminoischer Zeit ein bedeutendes Heiligtum, zahlreiche Tonidole und Tierfiguren wurden hier gefunden. Am Pfingstmontag pilgern Gläubige zur Messe in die kleine Heiliggeist-Kirche auf dem Gipfel.

Prassano-Schlucht

Leider gibt es von Chromonastíri keine Straßenverbindung nach Maroulás, Rad-fahrer oder Wanderer können immerhin noch bis Prassiés gelangen, doch dann stellt die enge, tiefe Prassano-Schlucht unterhalb des Gaspari (481 m) ein unüber-windliches Hindernis dar. Von Juni bis Oktober kann man die Schlucht in Süd-Nord-Richtung in insgesamt rund 4-5 Stunden durchwandern. Der Einstieg liegt südlich von Prassiés an der Straße ins Amári-Tal (hinter dem Abzweig nach Mírthios; Busfahrer auf Haltewunsch ansprechen). Platanen und Oleander be-wachsen die dunkle Schlucht, die noch im Frühjahr viel Wasser führt und unpas-sierbar ist. Zahlreiche seltene Pflanzen und Tiere haben in den Felswänden ein weitgehend ungestörtes Refugium gefunden, so z.B. die Kaspische Wasserschild-kröte, mehrere Reptilienarten, der Gänsegeier und der Habichtsadler. Bitte ver-halten Sie sich bei der Durchwanderung ruhig und scheuchen nicht unnötig Tiere auf. Durch die Schlucht selbst laufen Sie ca. 3 Stunden, bis zum Ausstieg ist es eine weitere Stunde Gehzeit.

Maroulás (Μαρουλαζ)

Nur wenige Kilometer südlich der Urlaubszentren östlich von Réthimnon liegt wunderschön auf einem Hügel das Dorf Maroulás mit bemerkenswerten alten Gebäuden. Maroulás war ein beliebter **Landsitz venezianischer Familien**. Nach der „Kleinasiatischen Katastrophe" 1923 siedelten sich etwa 100 Familien aus Ionien hier an. Von Plataniás aus kommend, zweigt die Straße nach Maroulás noch vor dem Ort Adéle ab. Da zwischen der Küste und Ma-roulás nur knapp 5 km liegen, ist der Weg auch gut mit dem Fahrrad oder zu Fuß zu bewältigen. Werktags besteht früh morgens und mittags eine Busanbindung von Réthim-non. In Maroulás das Fahrzeug an der zentra-len Platia oder besser noch davor abstellen.

Wohnturm in Maroulás

Markantestes Gebäude in Maroulás ist der alles überragende venezianisch/türkische **Wohnturm** in der Mitte des Ortes. Der Eingang lag im ersten Stock und war über eine Außentreppe zu erreichen. Der obere Teil dieser Treppe war abnehmbar, so daß bei Gefahr eine unzugängliche Festung geschaf-fen werden konnte. In den Untergeschossen fensterlos und mit einer hohen Terrassenbrü-stung versehen, wirkt er so schmal und recht-eckig eher wie eine Befestigungsanlage.

Direkt daneben steht die Ruine einer groß-flächige **Ölmühle**. Noch ist Maroulás vom

Tourismus nicht so entdeckt wie z.B. Argiroúpolis, doch in den letzten Jahren sind viele der halbverfallenen Gebäude restauriert und wieder mit Leben gefüllt worden. Im Nordwestteil – unweit des Turms – liegt eine Taverne mit Panoramablick auf die Küste.

Unser Rast- und Fototip

Südlich oberhalb des Ortes steht eine kleine Kapelle auf einem Felsvorsprung. Davor laden Bänke unter Kiefern und Johannisbrotbäumen zur Rast ein. Sie haben einen schönen Blick auf das malerische Gebäudeensemble von Maroulás und die weit dahinterliegende Küste.

Bike-Tip

*Für **Tagesausflüge mit dem Fahrrad** bieten sich von Réthimnon aus folgende Strecken an:*
1. Réthimnon-Arméni-Gouledíana-Mírthios-Prassiés-Réthimnon (Auto ca. 3 Stunden, Fahrrad 5 Stunden; ca. 40 km; Beschreibungen unter den Orten).
2. Von Réthimnon zum Kloster Arkádi (hin und zurück ca. 46 km, kürzer von den östlichen Strandhotels; Kloster Arkádi siehe S. 531ff).
3. Von Réthimnon über Roústika nach Argiroúpolis und über Episkopí zurück (ca. 55 km, länger von den östlichen Strandhotels; Beschreibungen unter den Orten)
Fahrräder können bei vielen Auto- und Motorradverleihstationen oder bei Hellas Bike Travel im Grecotel Rithymna Beach gemietet werden. Letztere bieten auch geführte Touren in der Gruppe ins Hinterland von Réthimnon an.

14. SFAKIÁ UND DIE SÜDKÜSTE ZWISCHEN CHÓRA SFAKÍON UND PLAKIÁS

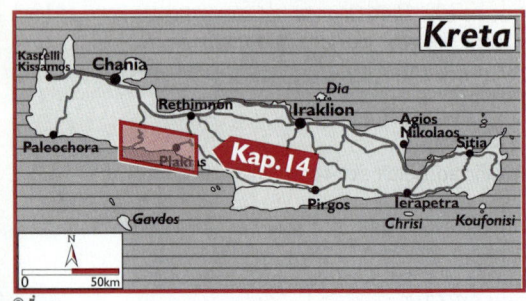

Kreta

Kastélli Kissamos · Chaniá · Dia · Rethimnon · Iraklion · Agios Nikolaos · Sitia · Paleochora · **Kap. 14** · Plakiás · Pirgos · Ierápetra · Chrisi · Koufonisi · Gavdos

N
0   50km

© Ilgraphic

Übersicht

Die Südküste zwischen Chóra Sfakíon und Plakiás gehört zu den wildesten Landschaften Kretas und hat einen ganz eigenen Menschenschlag, die hochgewachsenen und stolzen Sfakioten, hervorgebracht. Im Westen geht die Sfakiá über in die Weißen Berge, im Osten schirmen mehr als 1.200 m hohe Bergzüge die Küste gegen das Hinterland ab. Enge Schluchten stellten früher die einzige Verbindung zu den Hochebenen und an die Nordküste dar, und noch heute ist die kurvenreiche Landstraße von Chóra Sfakíon nach Vrýsses die einzige Strecke *Heiße* gen Norden. Im Frühsommer wird die Region vom trocken-heißen Schirokko *Südküste* (*notiá*) heimgesucht, der den Aufenthalt am Meer für Wetterempfindliche nicht gerade angenehm macht. Häufig sind Bäume, Häuser und Autos von einem rötlichen Staub überzogen, feinem Sahara-Sand, der über 1.000 km über das Mittelmeer nach Norden geweht wurde.

Die Südküste der **Sfakiá** zwischen Chóra Sfakíon und Plakiás läßt sich mit dem Fahrzeug an einem Tag bereisen. Richtig erleben können Sie die wilde Landschaft des kretischen Südens aber besser, wenn Sie 2 Übernachtungen, etwa in Chóra Sfakíon und Mírthios, einplanen. Zudem bringt der Sommer sehr viel Hitze am Libyschen Meer, und wer möchte dann den ganzen Tag im Auto sitzen oder in der Motorradkluft schwitzen?

0463

Entfernungen
Chaniá - Chóra Sfakíon 75 km
Chóra Sfakíon - Plakiás 50 km
Plakiás - Réthimnon 36 km

14.1   Von Chaniá über die Askífou-Hochebene an die Südküste

Von Chaniá kommend, verlassen Sie hinter Vrýsses die New Road, durchqueren den schönen Ort (siehe S. 607) und fahren dort in südliche Richtung. **Von Georgioúpolis oder Réthimnon** kommend, fahren Sie noch vor Vrýsses von der New Road ab. Eine zweite Möglichkeit ist, schon in Georgioúpolis auf die Old

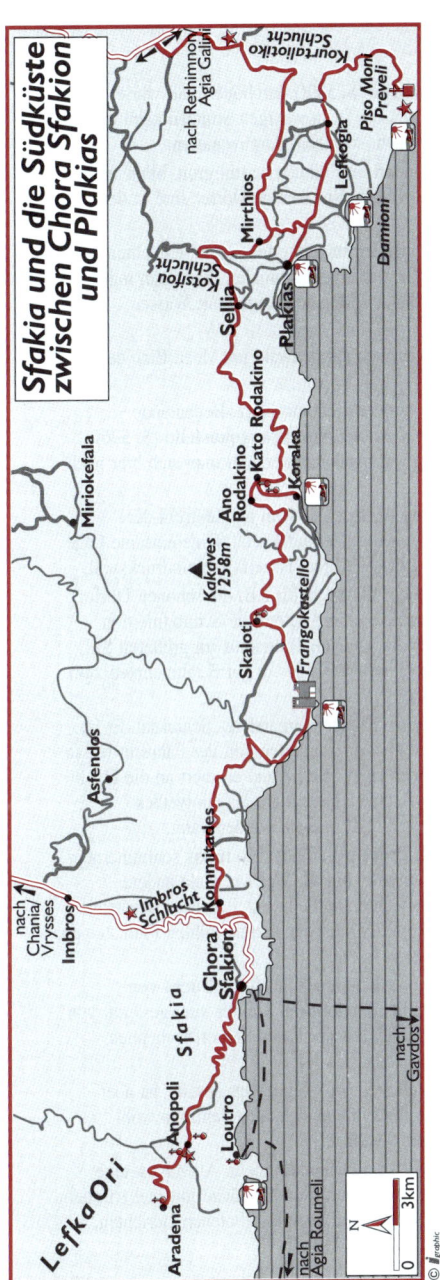

Sfakia und die Südküste zwischen Chora Sfakion und Plakias

Road zu wechseln und dann einige Kilometer später links nach **Fonés** (Φονες) abzubiegen. Dort rechts halten nach **Máza**, noch vor dem Ortseingangsschild wieder links und weiter nach **Alíkámbos** (Αλικαμ–πος). Ein schönes, ursprüngliches Dorf; an der Platia herrscht Beschaulichkeit, nur wenige Urlauber halten überhaupt an. Hinter dem Ort finden Sie in einer Serpentine den Hinweis auf die **Kirche der Koinesis**. Ein befestigter Pfad mit Geländer führt hinab. Die verputzte Einraumkapelle ist meist verschlossen, einen Schlüssel erhalten Sie beim Popen in Alíkámbos. Die 11 Löcher oberhalb der Eingangstür symbolisieren die 11 „guten" Apostel. Im Inneren der Kapelle sind aus dem Jahr 1315/16 Fresken des Malers *Ioannis Pagomenos* erhalten. In der Umgebung stehen mehrere Walnußbäume, die einen schattigen, idyllischen Platz z.B. für eine Rast bilden.

Idyllisch gelegene Kapelle

Die Straße erreicht nach kurzer Fahrzeit die Hauptroute nach Chóra Sfakíon (dort links abbiegen).

Die Landstraße nach Chóra Sfakíon ist breit und bestens asphaltiert. Zwischen Vrýsses und Askífou führt sie abseits von Dörfern durch eine menschenleere Landschaft, in den breiten Tälern sind Olivenhaine gepflanzt. Nur einmal steht ein winziges *Kafenion* rechts am Fahrbahnrand. Bald wachsen nur noch vereinzelt Bäume, z.T. *Kermes-Eichen,* auf den schuttbedeckten Hängen. 18 km hinter Vrýsses taucht man dann unvermittelt über einen Rand in die fruchtbare **Askífou-Hochebene** hinab. Sie ist, wie die anderen Hochebenen Kretas, eine natürliche Polje (lesen Sie dazu den Infokasten

Einsame Landstraße

• Nachdem man den runden Kessel der **Askífou-Hochebene** (S. 589f) durchquert hat, wartet wenige Kilometer südlich die enge **Ímbros-Schlucht** (S. 591f). In wenigen Stunden kann man die Schlucht, die Kenner als Alternative zur Samariá-Schlucht schätzen, durchwandern.

• Die **Küste um Káto und Ano Rodákino** (S. 597) erinnert im Frühjahr, saftig grün, blühend und von einer kurvenreichen Küstenstraße durchzogen, an Irland. Nur wenige Dörfer sind in der urtümlichen Landschaft errichtet worden.

• Die **Kourtaliótiko-Schlucht** (S. 602) ist eine der am bequemsten zu erlebenden Schluchten Kretas. Die Landstraße führt mitten durch sie hindurch. Auf einem schmalen Pfad kann man hinabsteigen und mächtige Quellen rauschen hören, die den Megalopótamos mit Wasser versorgen.

• Dieser fließt beim **Strand von Préveli** (S. 599f) durch einen Palmenwald ins Meer. Eine der schönsten Flußmündungen und Strände Kretas.

• Die Südküste der Sfakiá war in der Antike kein bevorzugter Siedlungsplatz. Bedeutende Ausgrabungen fehlen hier völlig. Dafür können Sie das **Kastell von Frangokástello** (S. 596) besichtigen, das früher die Fluchtburg der Umgebung war. Außerdem erzählt man sich hier noch eine schöne **Gespenstergeschichte**...

• Das **Kloster Préveli** (S. 600f) ist eines der wichtigsten der Insel, sowohl als Zentrum der Orthodoxie als auch des Widerstands gegen die fremden Besatzer auf Kreta. Seine einsame Lage oberhalb des Strandes von Préveli mit Blick auf das Libysche Meer ist wirklich eindrucksvoll.

• Städte werden Sie an der mittleren Südküste Kretas nicht finden, dafür z.B. die schönen Dörfer **Mírthios, Ano** und **Káto Rodákino**. Ihre geschlossene Bebauung betont die Schutzfunktion gegenüber der Küste und den gleich dahinter aufragenden Bergen. Tourismus im größeren Stil findet nur in **Plakiás** (S. 598) statt, einem ehemaligen Fischernest, das in nur 3 Jahrzehnten zum Ferienzentrum der mittleren Südküste aufgestiegen ist.

• Den kleinen Hafenort **Chóra Sfakíon** (S. 592f) erwartete dagegen ein anderes Schicksal. Er ist Durchgangsstation der Samariá-Schluchtwanderer, die hier zu Hunderten von der Fähre in Busse an die Nordküste umsteigen. Trotzdem hat der Ort einen eigenen Reiz und erinnert an die Inseln der Kykladen. Eine Perle ist der Nachbarort **Loutró** (S. 667f), nicht mehr als ein weißes Häuserensemble in einer kleinen Bucht, die nur mit der Schiff erreicht werden kann.

• Kein Kreta-Prospekt ohne ein Bild des **Strandes von Préveli** (S. 599f). Ein türkis schimmernder Fluß mündet von Palmen umgeben direkt in den Strandsaum hinein. Wer wie viele andere Besucher auch an dem schmalen Sandstreifen liegen möchte, muß einen steilen Pfad hinabsteigen. Dann allerdings kann man entweder ins Libysche Meer oder den klaren, kühlen Fluß steigen, um die Hitze der Südküste abzukühlen.

• Die **Bucht von Plakiás** (S. 598) besitzt im Osten schöne Sanddünen, auch die **Bucht von Damnóni** (S. 599) lädt zum Badespaß ein. Beide familienfreundlichen Strände sind gesäumt von Tavernen und Strandbars, die die Siesta zur heißen Mittagszeit mit Essen und erfrischenden Getränken versüßen.

• Der **Strand unterhalb des Kastells von Frangokástello** (S. 596) liegt etwas abseits, ist aber trotzdem stark besucht. Flach geht es ins Meer hinein, hier fühlen sich auch Familien wohl. Kenner bezeichnen den Strand als einen der besten der Südküste.

• Die **Taverne Panorama in Mírthios** (S. 300) ist leider kein Geheimtip mehr. Abends ist eine Reservierung dringend angeraten. Dafür entlohnt eine excellente Regionalküche mit viel frischem Gemüse und einfachen, aber leckeren und auf Kreta sonst kaum noch angebotenen Gerichten.

S. 412f) und gehört zu den nieder-
schlagsreichsten Gegenden der Insel (über 2.000 mm/Jahr).

Am nördlichen Zugang steht auf einem Schuttkegel ein altes Kastell
und überblickt die 740 m hoch gelegene, fruchtbare Ebene. Im Winter
ist sie vollständig von Schnee bedeckt. Die rund 700 Bewohner leben ausschließlich von Gemüseanbau und Viehzucht. Käse ist darum
eine besondere Spezialität der Hochebene. Noch am Nordrand der

Die niederschlagsreiche Askífou-Hochebene

Hochebene bieten zwei Tavernen Panoramablick. In der winzigen Siedlung Kares
liegt ein privates Militärmuseum zum 2. Weltkrieg. Im einzigen größeren Dorf
Askífou finden Sie eine Tankstelle, einen Supermarkt und mehrere Tavernen. Probieren Sie die lokale Spezialität *siglina*, geräuchertes Schweinefleisch mit Kräutern. *Spezialitä-*
Askífou ist ein hervorragender Ausgangspunkt für Bergwanderungen in die Wei- *ten der*
ßen Berge oder nach Ásfendos und Asigoniá. Etwas westlich der Hochebene liegt *Askífou-*
die Berghütte Tavri des griechischen Bergvereins EOS. *Hoch-*
ebene

Nun beginnt der landschaftlich schönere Teil der Fahrt bis zur Südküste. Nach 4
km wird **Ímbros** (Ιμπρος) erreicht, das durch die gleichnamige Schlucht einen
kleinen Aufschwung erfahren hat. Hier können Sie einfache Zimmer mieten, um
am nächsten Morgen in die Schlucht einzusteigen. Noch vor dem Ort zweigt in
östlicher Richtung eine Straße nach **Asféndos** (Ασφενδος) ab, von dem aus die
schwieriger zu begehenden Schluchten Asfendoú und Kallikratis (Durchwanderung bis Patsianós auf Wanderweg E4 ca. 2,5 h) beiderseits des Perissinaki (1.085 m)
zu erreichen sind.

Ímbros-Schlucht

Die 8 km lange Ímbros-Schlucht ist mittlerweile bei Individualurlaubern, aber
auch den Tourenveranstaltern eine echte Alternative zur überfüllten Samariá-
Schlucht geworden. Sie ist wesentlich kürzer, leichter zu begehen, führt kaum *Gut zu*
Wasser, die Rückfahrt ist unkomplizierter, und das **Naturerlebnis** ist ähnlich der *begehende*
längeren Schwester. Früher war die Ímbros-Schlucht der einzige Weg aus der *Schlucht*
fruchtbaren Askífou-Hochebene hinunter ans Meer, und man hatte den Talboden
auf langer Strecke befestigt.

Der **Einstieg** liegt etwas südlich vom Ort Ímbros, deutlich gekennzeichnet links
der Straße. Hier halten auch die Linienbusse auf der Route von Chaniá nach
Chóra Sfakíon. Man läuft zunächst durch Phrygana-Vegetation auf die Schlucht zu.
Bis zu einem Rastplatz mit Wasserstelle braucht man ca. 1 Stunde, abhängig
davon, wie häufig man wegen der spannenden Tier- und Pflanzenwelt der Schlucht
gestoppt hat. Ein Fernglas ist unbedingt zu empfehlen! Erst im unteren Teil rücken
die Felswände dann ganz eng zusammen. An ihrer **schmalsten Stelle** ist die

Schlucht ca. 2 m breit, während die Seitenwände bis zu 300 m in die Höhe ragen! Kurz vor dem Ausgang spannt sich ein natürlicher Felsbogen. **Zielort** ist Kommitádes an der Straße von Chóra Sfakíon (5 km) nach Frangokástello (siehe S. 596).

*Abfahrt
nach
Chóra
Sfakíon*
Die Straße nach Chóra Sfakíon verläuft am Westrand der Ímbros-Schlucht auf gleichbleibender Höhe, dadurch reicht der Blick immer tiefer in die Schlucht hinein. Nur eine kleine Mauer trennt das schmale Asphaltband von den steilen Abhängen. Bald beginnen schier **endlose Serpentinen**, in denen sich die Fahrbahn rund 700 m hinunterschraubt. Fahren Sie aufmerksam: Es besteht zwar kaum die Gefahr, in die Schlucht zu stürzen, aber wegen des atemberaubenden Ausblicks – voraus taucht nun das Libysche Meer auf – hat schon so mancher Fahrer unvermittelt in die Bremse getreten. Vermeiden Sie es möglichst, diese Strecke im Dunkeln zu fahren.

Die Südküste empfängt Sie mit einer kargen Mondlandschaft aus Schuttkegeln, die in Jahrtausenden am Schluchtende aufgeschichtet wurden. Besonders im Herbst, wenn die wenigen Pflanzen verblüht und vertrocknet sind, wirken sie bizarr und unnatürlich. Nach dem Erreichen der schmalen Küstenebene sind es noch 3 km westlich bis Chóra Sfakíon.

Chóra Sfakíon (Χωρα Σφακιων)

Aktuelle regionale Reisetips zu Chóra Sfakíon
entnehmen Sie bitte den gelben Seiten 592f

Den wunderschön in einer Bucht gelegenen Ort, der durch seine Farben Weiß und Blau an die Kykladen erinnert, lernen viele Besucher nur als Umsteigepunkt nach der anstrengenden Samariá-Durchquerung kennen. Hier klettern die ermüdeten Wanderer vom Schiff in die wartenden Busse, die sich dann in einer langen Schlange die Strecke an die Nordküste hinaufquälen. Abends erhält der kleine **Fischerort** seine beschauliche Ruhe zurück. Seine Blütezeit erlebte Chóra Sfakíon im 16. Jh. als venezianischer Hafen, als hier mehrere tausend Menschen lebten. Im 2. Weltkrieg erlangte Chóra Sfakíon kurzfristig Berühmtheit. Von hier wurden am 28. Mai und 1. Juni

Blick auf die Südküste bei Chóra Sfakíon

1941 die letzten australischen, englischen und neuseeländischen Soldaten von der Insel evakuiert. Ein Denkmal erinnert daran.

Die meisten Häuser sind modern und mehrstöckig, ohne die romantische Hafenbucht wäre Chóra Sfakíon ein Dorf wie viele andere auf Kreta. Östlich dieses pittoresken alten Hafens, der von Tavernen gesäumt ist, liegt der fast kreisrunde neue Wirtschaftshafen, in dem die wenigen Fischer ihre Boote warten. Einen kleinen **Kiesstrand** mit sauberem Wasser finden Sie am Westende des Ortes („Vrissi Beach"), geschützt von der kurzen Hafenmole. Nur 150 m entfernt öffnet sich eine vom Wasser aus per Boot zu erreichende Höhle, in der der Freiheitskämpfer *Daskalojannis* ein Versteck eingerichtet haben soll. Oberhalb des Ortes ist eine Grotte zu erkennen, hier liegt die kleine Kapelle Agios Antonios.

Essen am alten Hafen

Die kretische Küste um Chóra Sfakíon ist immer wieder von starken Regenfällen bedroht, die als **Wassermassen** durch die engen Schluchten zum Libyschen Meer hinabrasen und auch Gebäude und Straßen zerstören. Am 5.-6. Dezember 2000 kam es nach einem Wirbelsturm wieder einmal zu starken Fluten, bei dem der beliebte Sweetwater-Beach völlig verschwand und in Chóra Sfakíon mehrere Häuser beschädigt wurden. Schlammmassen bedeckten weite Teile der Ebenen am Meer und die Hochfläche von Anópolis.

Abstecher von Chóra Sfakíon nach Anópoli und Arádena

Westlich von Chóra Sfakíon windet sich eine Asphaltpiste in engen Serpentinen die Steilküste hinauf. Karge, dornige Phrygana-Polster bewachsen die grauen Plattenkalke. Der Blick auf das die gleißende Sonne reflektierende Meer ist atemberaubend, bald befindet man sich 600 Meter über dem Wasser. **Anópoli** (Ανο– πολη) ist eine langgezogene Streusiedlung auf einer Hochfläche (650 m) am Fuße des imposanten Troharis/Páchnes-Massivs. Wahrscheinlich war Anópoli schon in römischer Zeit eine florierende Stadt und hatte ihren Hafen beim heutigen Loutró. Sie wehrte sich heftig gegen die venezianische Besetzung und wurde dafür 1365 zerstört. Später war Anópoli die Sommersiedlung von Chóra Sfakíon.

Abgelegene Streusiedlung Anópoli

Der bedeutende Freiheitskämpfer *Daskalojannis* (S. 106) wurde hier geboren, woran ein überlebensgroßes Denkmal erinnert. Unterhalb des Dorfes am Meer liegt, nur über einen Pfad erreichbar, das malerische Loutró (siehe S. 667f).

Von Anópolis führt eine nicht befestigte Piste nordwärts, bis einige Kilometer unterhalb des höchsten Gipfels Westkretas, den **Páchnes**. Vom Ende der Straße kann man in 1,5 bis 2 Stunden aufsteigen und den Blick über das gesamte Gebirgsmassiv der Lefká Óri und westwärts bis zum Psiloritis genießen. Ohne geländegängiges Fahrzeug geht es nicht, und die Tour ist wegen der notwendigen Orientierung an Markierungen nur im Sommer (Juni-September) bei gutem Wetter zu empfehlen. Erkundigen Sie sich in Anópolis.

Aufstieg zum Páchnes

Hinter dem Ortsausgangsschild von Anópoli öffnet sich der Blick auf die aufgelockerten Kiefernwälder an den Südhängen der Lefká Óri, und man gelangt nach 2 km zur **Arádena-Schlucht,** die westlich von Loutró ins Meer mündet. Die abenteuerliche Eisenbrücke über die mehrere hundert Meter tiefe Schlucht ist mit Holzbohlen belegt und macht nicht gerade einen vertrauenerweckenden Eindruck. Kurzes Stoßgebet und darüber hinweg! Immerhin gab es diese Verbindung bis 1986 gar nicht.

Auf der anderen Seite warten Olivenhaine und ein Meer aus Kalksteinbrocken. Einst soll hier eine große minoische Siedlung gelegen haben. Das Dorf Arádena ist so gut wie verfallen, sehenswert ist die westlich über der Schlucht gelegene **Kapelle Michail Archangelos**. Die weiß verputzte Kirche steht auf dem Fundament einer frühchristlichen Bischofs-Basilika und ist im volkstümlichen Stil des

14. Jh. ausgemalt. Der Blick nach Nordosten reicht zu den noch im Frühsommer schneebedeckten Hauptgipfeln der Weißen Berge.

Mit dem Auto sind Sie von Chóra Sfakíon nach Arádena und zurück gut 2 Stunden unterwegs, zu Fuß rund 5 Stunden. Der Weg ist in diesem Fall das Ziel, in Anópoli warten einige Tavernen auf durstige Wanderer.

Brücke über die Arádena-Schlucht

14.2 Durch die wilde Sfakiá nach Plakiás

Anfahrt von Chóra Sfakíon

Um an der Südküste entlang zu reisen, müssen Sie von Chóra Sfakíon die Straße zurück zur Ímbros-Schlucht fahren und vor dem Anstieg rechts Richtung Kommitadés und Frangokástello abbiegen.

Das Dorf **Kommitadés** *(Κομιταδες) ist Endpunkt der Wanderung durch die Ímbros-Schlucht und hat in den letzten Jahren neue Übernachtungsmöglichkeiten und Tavernen eingerichtet. Eine davon* (The Cave) *ist in eine natürliche Felshöhle hineingebaut. 1821 war Kommitadés Ausgangspunkt für die große Revolution, die schnell ganz Kreta erfaßte.*

INFO ## Die stolzesten Kreter – der Mythos der Sfakiá

Den Sfakioten haftet auf ganz Kreta ein legendärer Ruf an: wehrhaft, unbeugsam, freiheitsliebend, aber auch gesetzlos und selbstherrlich. Sie gelten als direkte Nachfahren der eingewanderten, hochgewachsenen und blonden Dorer. Wie die Landschaft, so die Menschen! Die unzugängliche, kaum durch Wege zu erschließende Sfakiá war die einzige Gegend Kretas, die die Venezianer nie vollständig unterwerfen konnten. 1319 brach hier eine lokale Revolte aus, nachdem ein venezianischer Kommandant der Tochter einer einheimischen Adelsfamilie zu nahe getreten war. Da das venezianische Feudalsystem in so abgelegenen Gegenden wie der Hochebene von Anópoli nicht griff, verbot man fast zwei Jahrhunderte lang das Bewohnen der Dörfer und Beweiden der Hochflächen. Immer wieder lehnten die Sfakioten sich gegen ihre Besatzer auf, auch gegen die Türken, die die Provinz 1658 den heiligen muslimischen Städten Mekka und Medina widmete. Der Preis für die politische Unabhängigkeit der Sfakiá war eine Sondersteuer, die als „Heiliges Geschenk" gezahlt werden mußte. Die Gegend war nämlich ursprünglich waldreich, daraus begründete sich ein reger Schiffbau auf eigenen Werften (z.B. in Agía Rouméli). Sfakiotische Schiffe fuhren im ganzen Mittelmeer und verhalfen den einheimischen Familien zu Reichtum. Es kann kaum verwundern: Natürlich aus der Sfakiá stammt der Politiker und Freiheitskämpfer *Daskalojannis*, der 1770 mit russischer Hilfe die Insel vom türkischen Joch befreien wollte und dafür mit einem grausamen Tod bezahlte (zur Person lesen Sie S. 106). Sein Aufstand schlug fehl, und die Provinz Sfakiá wurde geplündert und geschändet. Trotzdem war die Gegend bei der großen Revolution von 1821 erneut die Keimzelle der Kämpfe gegen die Türken. Diese sahen sich gezwungen, gegen die Sfakioten vorzugehen, und verwüsteten im September 1821 erneut den gesamten Landstrich. Auch die letzte und schließlich zum Erfolg führende Auflehnung Kretas gegen die Türken kann auf die Sfakiá zurückgeführt werden. Hier gründete man einen einflußreichen Geheimbund, der Sfakiote *Koundouros* konnte 1895 auf diplomatischem Weg die Schaffung des autonomen Staates Kreta mit vorbereiten. Über 100 Jahre später, 1998, haben sich alle kleinen Dörfer zu einer großen Gemeinde Sfakiá innerhalb der Präfektur Chaniá zusammengeschlossen und einen gemeinsamen Bürgermeister gewählt.

Man fährt nun oberhalb des Schwemmfächers der rund I km breiten Küstenebene. Die Dörfer wurden wegen der Piratenüberfälle und der Quellen am Fuß der *Enge* Gebirgshänge angelegt und nicht direkt am Meer. Bei Agios Nektários endet die *Schlucht-* enge **Schlucht von Asfendoú**, man kann von der Straße nur ein Stück hineinse-*ausgänge* hen. Rund 9 km hinter Kommitádes gabelt sich die Straße. Wenn Sie Frangokástello besuchen wollen, wählen Sie den rechten Weg, sonst können Sie auch links weiter fahren, die Straßen treffen sich später wieder. Die Küstenebene wird breiter und flacher, leider ist die von Phrygana-Polstern bewachsene Landschaft durch Ferienhäuser zersiedelt. An den Hängen beiderseits der Kallikratis-Schlucht leuchten weiß die Dörfer Patsianós und Kapsodássos.

Frangokástello (Φραγκοκαστελλο) ist ein mittelmäßig erhaltenes **Kastell aus venezianischer Zeit (1371)** und liegt oberhalb eines schönen Badestrandes mit kleinem Fischerhafen. Ursprünglich wurde das Kastell von den Venezianern zum Schutz vor Piraten und den aufständischen Einwohnern der Sfakiá angelegt (Castel Franco; die Frankenburg). Später diente es als Fluchtburg für die Bevölkerung der Umgebung vor Piraten. Der Innenhof ist im Gegensatz zu den gelblichen Außenmauern verfallen, die Türme können derzeit nicht bestiegen werden.

Frangokástello – Schauplatz der Geisterprozession

Direkt gegenüber dem Kastell wartet die große Musik-Bar *Kriti* auf Gäste. Daneben erinnert ein Denkmal an *Chatzimichalis Italianis Stratigos*, der am 17. Mai 1828 in einem blutigen Gemetzel mit fast 400 Männern im Kampf gegen die Türken getötet wurde. Angeblich ziehen die getöteten Griechen als **Geisterprozession** (die „Drossoulites") jedes Jahr erneut in den Morgenstunden des 17. *Alljährli-* Mai an der Küste entlang. Von den Ruinen der Kapelle Agios Charambálos führt *cher Spuk* der Zug schwarzgekleideter, bewaffneter Männer am Fort vorbei ins Meer, wo sie *im Mai* sich dann aufzulösen scheinen. Nur 10 Minuten soll der Spuk dauern und so real sein, daß Türken und Deutsche auf der vermeintlichen Rebellen schossen. Tatsächlich gab es zeitweise ein unerklärliches optisches Phänomen, das mit besonderen atmosphärischen Situationen erklärt wurde. Fata Morganen sollen Bilder aus dem rund 300 km entfernten Nordafrika vor die Küste Kretas projizieren. Überzeugen Sie sich am besten selbst ... am 17. Mai!

Am schönen **Badestrand** unterhalb des Kastells mit dem kleinen Fischerhafen liegen mehrere Tavernen. In der umgebenden Ebene gibt es eine Reihe von Privatunterkünften. Der Strand fällt flach ins Wasser ab, so daß auch Familien mit Kindern hier sehr gute Bademöglichkeiten vorfinden.

Die Straße wendet sich wieder vom Meer ab und schlängelt sich durch karge Schuttkegel am Hang entlang nach Argoulés. Die Gegend ist kaum besiedelt. Fast scheint es so, als ob hinter der Grenze der Sfakiá die Landschaft wieder sanfter wird. Man kommt nur langsam voran, da die Straße immer wieder Taleinschnitte nachzeichnet. Etwa 13 km hinter Frangokástello wird **Rodákino** (Ροδάκινο) erreicht. Dieser zweigeteilte Ort ist noch sehr ursprünglich und liegt beiderseits einer engen Schlucht, die auf einer Brücke gequert wird. Rodákino ist ein- bis zweimal am Tag per KTEL-Linienbus an Chóra Sfakíon, Plakiás und Réthimnon angebunden.

Dachlandschaft von Rodákino

Von Káto Rodákino führt ein Abzweiger 2 km hinab zum **Strand Kóraka**. An dieser Stelle wurde der am 26. April 1944 von den Briten in einer spektakulären Aktion in seiner eigenen Limousine entführte deutsche *General Kreipe* nach einer 18-tägigen Fahrt durch die deutschen Linien als Kriegsgefangener von der Insel gebracht. Noch ist der Strand wenig besucht, und nur wenige Hotels und Pensionen stehen am durchgehend bewachsenen Küstenstreifen hinter der Straße. Der Kiesstrand und das Wasser sind sauber, wegen der Felsen im Wasser ist das Baden allerdings etwas erschwert (besser im Ostteil des Strandes). Das Hotel *Polyrizos* am westlichen Ende Kórakas bietet eine alternative Form des Urlaubs, die auf die Regeneration und Einheit von Körper und Geist zielt. *Entführung des Generals Kreipe*

 Übernachtungsmöglichkeiten bei Kóraka
entnehmen Sie bitte den gelben Seiten unter Plakiás.

Von Káto Rodákino sind es noch 11 km nach Séllia, doch schon lange vorher öffnet sich nach dem Umfahren eines Felsrückens ein Panoramablick auf Plakiás und das oberhalb liegende Mírthios. Bevor diese erreicht werden, führt die Straße noch ein Stück in die **Kotsifou-Schlucht** hinein, um das Flußbett des Kotsifos zu überqueren. Die Schlucht zwischen den rund 800 m hohen Bergen Xilis Korifi (westlich) und Kirrimianou kann auf der Straße Richtung Kanevos durchfahren werden.

14.3   Die Südküste um Plakiás und Préveli

Dorf mit Panorama-blick

Als nächster Ort wird das Dorf **Mírthios** (Μυρθιος) erreicht. Mírthios ist wunderschön am Hang gelegen und bietet aus 200 m Höhe einen Panoramablick auf die weit geschwungene Bucht von Plakiás (*Ormos Plakiás*). Das Dorf existiert seit venezianischer Zeit und hat heute rund 230 Einwohner. Diverse Übernachtungsmöglichkeiten, zwei sehr gute Tavernen und Geschäfte mit Kunsthandwerk locken zum Aufenthalt. Streifen Sie einmal durch die engen Gassen des Dorfes oberhalb der Durchgangsstraße, auch einige Deutsche haben sich hier niedergelassen.

Die Entfernung zwischen Mírthios und Plakiás beträgt auf der Straße rund 4 km, zu Fuß sind es über die direkte Verbindung lediglich 2 km.

Plakiás (Πλακιας)

Aktuelle regionale Reisetips zu Plakiás / Mírthios / Kóraka und Préveli
entnehmen Sie bitte den gelben Seiten 297f

Strandpromenade in Plakiás

Geschützt liegt der Ort in einer langgezogenen Bucht mit rückwärtiger Schwemmebene, begrenzt an beiden Seiten durch die hohen Vorsprünge des Kastrí (westlich, 403 m) und Korifi (östlich, 230 m).

Plakiás hat sich seit den 1980er Jahren zu einem der wichtigsten Touristenorte der Südküste gemausert. Noch 1960 lebten hier gerade mal 6 Fischerfamilien! Plakiás kann mit einer langen **Strandpromenade** aufwarten, die von gußeisernen Laternen gesäumt wird. So sollen die städtebaulichen Mängel kaschiert werden, die das ungeplante Wachstum und die Dominanz touristischer Nutzungen mit sich gebracht haben. Der Kotsifos, der eben noch die eindrucksvolle gleichnamige Schlucht durchflossen hat, mündet mitten im Ort in einem schmutzigen Betonkanal ins Meer. Der Badestrand ist von Kieselsteinen durchsetzt, wird nach Osten aber feinsandiger

Sandstrand mit Dünen

und sauberer. Am Ostende der Bucht liegt man zudem ohne den Parkplatz im Rücken wesentlich schöner. In den welligen **Sanddünen**, die von einer fast senkrecht abfallenden, dunklen Wand begrenzt werden, duldet man auch FKK. In der Felswand sind zwei riesige unterirdische Gänge auf einem Pfad zu erreichen, man kann sogar mit der Taschenlampe ein Stück hineingehen.

Abends bietet Plakiás ein buntes Angebot an Tavernen und Bars, fast alles spielt sich im Ortsteil westlich der Brücke ab. Aus der gesamten Küstenebene zwischen dem Ort und Préveli strömen dann Besucher auf die Freiterrassen der Tavernen. Westlich über Plakiás thronen der nahe Felshang des Xilis Korifi und die Kirche von Séllia, die nachts hell angestrahlt werden. In Plakiás kann es ziemlich windig werden (sommerliche Fallwinde), außerdem bringt der Regen häufig feinen Sandstaub aus der Sahara mit, der sich dann als rotbrauner Film auf Gebäude, Autos und im Freien hängende Kleidung legt...

Bucht von Damnóni

Östlich von der großen Bucht von Plakiás liegt hinter den Felsen des Korifi eine geschützte, kleinere Bucht – Damnóni. An dem langen Sandstrand thront hier neben mehreren Tavernen die 1993 gebaute riesige Ferienanlage des Schweizer Hapimag-Konzerns. Urlauber aus vielen Ländern verbringen in einem der fast 200 Apartments ihren Urlaub, nachdem sie Anteile gekauft haben, die ihnen in den Hapimag-Anlagen begrenzte Aufenthalte ermöglichen. An manchen Tagen entsteht am Strand eine ansehnliche Brandung, je nach Windrichtung und -stärke.

Badebucht Damnóni

An den Felsen, die die Bucht begrenzen, läßt sich der frühere Stand des Meeresspiegels ablesen. Deutlich ist zu erkennen, daß sich die ganze Insel im Westen gehoben haben muß (S. 697). Noch weiter östlich liegen die kleineren Badebuchten Amoudi Beach und Skinaria Beach, zwischen Damnóni und dem Amoudi Beach zudem ein Strand für die Anhänger der Freikörperkultur.

Strand und Kloster Préveli (Πρεβελι)

Das Kloster Préveli und der gleichnamige Badestrand liegen etwa 12 km östlich von Plakiás. Die asphaltierte Straße führt über Lefkogia zuerst zum älteren Klosterteil **Káto Moni Préveli** (auch Timou Prodromou, Moní Mégha Potamú; Kloster des Heiligen Johannes des Täufers), dessen Ruine aus dem 16./17. Jh. fast gespenstisch unterhalb einer Straßenkurve liegt. Die Anlage war später das Nebenkloster von Préveli und bewirtschaftete große Ländereien, so daß es zwischen den zahlreichen Zerstörungen immer sehr wohlhabend war. Über die schlichten, halbverfallenen Gebäude blickt man hinweg bis nach Asómatos und den südlichen Ausgang der Kourtaliótiko-Schlucht. Die Anlage ist zur Zeit nicht zugänglich und mit einem Zaun gesichert. Die Straße führt nun hinauf und wird immer wieder von Gesteinsaufschlüssen begleitet, die verdeutlichen, daß der Druck der afrikanischen auf die europäische Platte das Aussehen Kretas mitbestimmt. Deutlich kann man die Verwürgungen mit rötlichen und grünlichen Schlieren im Gestein erkennen. Etwa 2 km nach Káto Moni Préveli zweigt links eine Asphaltstraße ab, die zu einem gebührenpflichtigen Parkplatz führt. Von diesem führt zum Strand von Préveli ein steiler Abstieg (zu Fuß ca. 10 Min hinab, 15 Min aufwärts).

Unteres Kloster Préveli

Palmenstrand von Préveli

Die Lage des Strandes im Trichter einer engen Schlucht und quasi inmitten der Mündung des grünlich-türkis schimmernden Flusses **Megalopótamos** ist wirklich einzigartig. Der Fluß macht kurz vor Erreichen des Strandsaums eine kleine Schleife nach Westen und sickert dann unter dem Strandwall hindurch in das Meer. Der **dunkle Sandstrand** selbst ist nur ein schmales Band, das vor allem in der Hochsaison schnell mit Badegästen überfüllt ist. Häufig muß man das Wasser durchwaten, um zu den Liegen und Bastschirmen zu gelangen. Diese tragen zur karibischen Atmosphäre Prévelis bei. In der kleinen Strandbar von *Stavrós* und seiner Frau können Sie Getränke und Snacks kaufen (teuer). Sogar ein Beachvolleyball-Feld gibt es am Strand von Préveli. Préveli wird sowohl von Plakiás als auch von Agía Galíni mit Badebooten angelaufen, die meist aber schon gegen

Palmenstrand von Préveli

Nachmittag den Strand wieder verlassen. Schade, denn im langen Abendlicht und mit wenigen Besuchern wirkt der Strand besonders paradiesisch und zeitlos.

Fluß- Entlang des Flusses, den man an den Uferwegen oder im Wasser erkunden kann,
mündung wachsen **Kretische Dattelpalmen** (Phoenix theophrasti). Man kann den Fluß entlang
mit Palmen in die Schlucht hineinwandern, in Plakiás werden auch „Abenteuer"-Ausflüge angeboten, bei denen Sie in kleinen Gruppen bis zum Strand von Préveli laufen. Leider werden auch heute noch die Büsche als Toiletten benutzt, wenn Camper über Nacht verbotenerweise ihre Zelte aufschlagen.

 Unser Tip: der Strand östlich von Préveli
Über eine lange Schotterpiste (15-20 Minuten Fahrzeit), die hinter der 1852 fertiggestellten Bogenbrücke (links vor Káto Moni Préveli) rechts abzweigt, gelangen Sie an einen einsamen Sand-/Kiesstrand. Er bietet zwei Übernachtungsmöglichkeiten und liegt nahe beim Préveli-Strand, so daß Sie hier die Abendstunden voll ausgekosten können. Man kann zu Fuß, ein paar Felsen umrundend, dorthin gelangen (Übernachtung s. S. 299).

Kloster Préveli

Der obere und aktive Teil des berühmten Klosters Préveli (Piso Monastiri, Kloster des Heiligen Johannes des Evangelisten) steht etwa 3 km südlich von Káto Moni Préveli, hier endet die Straße. Die einsame, beherrschende Lage auf einem künstlichen Plateau hoch über dem Meer, umgeben von Phrygana-Polstern, unterscheidet das Kloster deutlich von anderen Anlagen auf der Insel.
Öffnungszeiten entnehmen Sie bitte den gelben Seiten unter Plakiás.

Eine Tafel neben dem Eingang erinnert an die Mitwirkung der Klostermönche an der Evakuierung von Soldaten des Commonwealth von der Insel im 2. Weltkrieg.

Die Klosteranlage öffnet sich zum Meer, die Wohnkammern der Mönche liegen nordseitig am Hang. Direkt geradeaus blickt man auf das zweischiffige **Katholikon Ágios Ioánnis** (erbaut 1835). Von der Terrasse reicht der Blick weit auf das Meer, im Hof steht ein Granatapfelbaum, in einer Voliere werden Fasane und Nymphensittiche gehalten. Sehenswert ist das gewölbeartige **Museum** des Klosters, das wertvolle Stücke aus der langen Klostergeschichte verwahrt, z.B. das ***Wunder-*** **wundertätige Kreuz des** *Efraim Prévelis*, Abt von 1769-1800. Die Legende ***tätiges*** berichtet, daß das Kreuz, nachdem es im Kampf 1821 verloren ging und 1823 von ***Kreuz*** genuesischen Matrosen in Iráklion gekauft wurde, auf wundersame Weise wieder zum Kloster gelangte. Als nämlich das Schiff der Matrosen auf der Fahrt durchs Libysche Meer das Kloster Préveli passierte, stand es plötzlich wie von Geisterhand still. Es konnte erst weitersegeln, nachdem die Besatzung das Kreuz den Mönchen übergeben hatte.

In eine Wand neben dem Museum ist ein **Brunnen** eingelassen, aus dem mit einem Becher frisches Wasser geschöpft werden kann. Eine 1701 angebrachte Inschrift empfiehlt:

Das untere Kloster Káto Moni Préveli

„Wasche nicht nur dein Gesicht, reinige dich auch von den Sünden, die Quelle fließt reichlich". Am frühen Abend, wenn die Touristenbusse fort sind und die Mönche auf der Mauer zum Meer sitzen, liegt ein tiefer Frieden über der hellen, freundlichen Klosteranlage. Dabei ist die **Geschichte des Klosters** Préveli und seiner Mönche eine sehr wehrhafte. In venezianischer Zeit weitgehend unbekannt und erst im 17. Jh. durch die Familie Prévelis (Name!) gefördert und erneuert, wurde das Kloster während der türkischen Besatzungszeit ein religiöses und vor allem gesellschaftliches Zentrum. Der Abt *Melchisedek Tsouderos* (1769-1823), Mit- *Geheim-* glied des Geheimbundes „*Filiki Eteria*" zur Befreiung von den türkischen Unter- *bund* drückern, war eine der Leitfiguren des Aufstandes von 1821. Viele Schätze des *gegen* Klosters wurden zur Unterstützung des Freiheitskampfes verkauft, und die Mön- *türkische* che kämpften bewaffnet an der Seite des Volkes an vielen Stellen der Insel. Nach *Unter-* der Befreiung Kretas besuchte *Prinz Georg* zweimal das Kloster, das sich nun *drücker* wieder seinen religiösen Aufgaben widmen konnte. 1936 wäre Moni Préveli fast aufgelöst worden, doch die lokale Bevölkerung erkämpfte den Bestand.

Auch während der deutschen Besatzungszeit war das Kloster wiederum ein Versorgungszentrum im Kampf der kretischen Bevölkerung und unterstützte aktiv die alliierten Truppen, die sich in den mittleren Osten Kretas zurückgezogen hatten. Die deutsche Wehrmacht zerstörte dafür weite Teile des unteren Klosters (Káto Monastiri) im August 1941. In den letzten Jahren ist das Kloster Préveli neu geordnet, restauriert und als gesellschaftliches Zentrum wiederbelebt worden.

Literaturtip
„Das Heilige Kloster Préveli" von Mihalis Andrianakis *ist eine spannende Lektüre der Klostergeschichte mit hochwertigen Abbildungen und Fotografien. Das Buch ist im Klostermuseum erhältlich.*

Von Plakiás zur Hauptstraße nach Réthimnon und nach Agía Galíni

Fahren Sie aus Plakiás hinaus Richtung Mírthios. Vor Erreichen des Ortes rechts abbiegen Richtung Réthimnon. Die Straße führt südlich am 984 m hohen Kouroupa entlang nach **Asómatos** (Ασωματος) (9 km ab Plakiás). Am Ortsbeginn liegt rechts in einer parallelen Seitengasse ein kleines Museum, das sich selbst **„das etwas andere Museum"** nennt und ein liebevolles Sammelsurium kretischer Volkskunst ausstellt. Durch eine Gasse von Weihrauchschwenkern und Kerzenständern erreicht man einen schönen Innenhof und die Räume des Museums.

Museum in Asómatos

Öffnungszeiten entnehmen Sie bitte den gelben Seiten unter Plakiás.

Kurz hinter Asómatos fährt man in die beeindruckende **Kourtaliótiko-Schlucht** ein, die sich tief in die umliegenden Felshänge geschnitten hat. Geröllfächer reichen Hunderte von Metern bis zum Wasser hinunter, in den zerklüfteten Wänden finden Greifvögel wie der *Steinadler*, der *Wanderfalke* oder der *Gänsegeier* ausreichend versteckte Nistplätze. Mehrere **starke Quellen** entspringen in der Schlucht, die speisen den Megalopótamos, der beim Préveli-Strand ins Meer mündet. Die Landstraße führt etwa 80 m oberhalb des Flußbettes entlang, an mehreren Stellen sind Haltepunkte ausgebaut und mit Picknick-Tischen ausgestattet. Kurz nach der Einfahrt in die Schlucht ist eine der Haltebuchten aufwendig mit Steinmauern gefaßt. Von hier geht es in rund 10 Minuten auf gut ausgebauten Stufen hinab zum Schluchtgrund. Wählen Sie den linken Weg, der zur kleinen **Kapelle** *Quellen am Schluchtgrund* **Ágios Nikólaos** und einer Raststelle führt. Mehrere Meter hohe Wasserfälle laufen rauschend in einem engen Spalt zusammen. Leider nehmen die vielen Rohre im Wasserlauf den Reiz urtümlicher Naturgewalt, sie sammeln das Wasser für die umliegenden Ortschaften.

Um Richtung Réthimnon zu gelangen, fahren Sie hinter der Schlucht geradeaus nach **Koxaré** und von dort weiter auf die Hauptstraße nach Norden. Wollen Sie nach Spíli und Agía Galíni, gleich nach dem Schluchtausgang den Abzweiger rechts nach **Fratí** nehmen. Entlang eines fruchtbaren, mit Olivenbäumen und Wein bepflanzten Talkessels nördlich des Xiron (904 m) bis nach Mixórrouma fahren und dort rechts auf die Hauptstraße abbiegen (Tankstelle). Nach Agía Galíni sind es von hier noch 28 km.

Die Weiterfahrt nach Spíli und Agía Galíni finden Sie ab S. 564

15. DIE NORDKÜSTE ZWISCHEN RÉTHIMNON UND CHANIÁ

Übersicht

Die Nordküste zwischen den Städten Réthimnon und Chaniá wird geprägt von zwei Buchten. Der weitläufigen von Almirós (*Ormos Almirou*) mit kilometerlangen Sandstränden im Osten und einer fast unzugänglichen Steilküste im Westen und der engen von Soúda (*Ormos Soúdas*), einem der größten natürlichen Häfen des Mittelmeerraums.

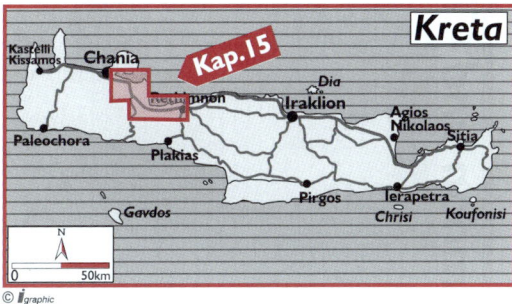

Dazwischen liegt die Halbinsel Drápanon, ein dreieckiger Landvorsprung, deren sanft gewellte, fruchtbare Landschaft an die Toskana erinnert. In den traditionsbewußten Dörfern leben heute viele Auswanderer, darunter zahlreiche Künstler, aus ganz Europa. Im wasserreichen Hinterland, das in die unerschlossenen Nordosthänge der Lefká Óri übergeht, liegt der Kournás-See, Kretas einziger natürlicher Süßwassersee. Nur unweit nördlich davon erstreckt sich Georgioúpolis, der touristische Hauptort der Provinz Apokoronas, wie das Kerngebiet dieser Küste um Kalíves, Vámos, Vrýsses bis kurz vor Réthimnon genannt wird.

Abwechslungsreicher Küstenabschnitt

Entfernungen

Réthimnon - Chaniá 58 km	*Chaniá - Georgioúpolis 36 km*
Réthimnon - Georgioúpolis 23 km	*Réthimnon - Argiroúpolis 27 km*

15.1 Küste der Gegensätze – von Réthimnon nach Chaniá auf der New Road

Nur 5 km westlich von Réthimnon liegt versteckt in einer dem Meer zugewandten Felswand unterhalb der New Road die **Geráni-Höhle**. Am Ende einer Schlucht öffnen sich die Plattenkalkwände zu einer kleinen Bucht mit Kiesstrand (Badestelle) und Taverne. Die Tropfsteinhöhle ist für die Öffentlichkeit nicht zugänglich, eine Stahltür mit Kette sichert den Eingang. Im Neolithikum war die Höhle bewohnt, doch mehrmals verschütteten Erdbeben die darin lebenden Menschen. Wissenschaftler haben bedeutende Funde aus dieser Epoche aus der Geráni-Höhle ans Licht gebracht, u.a. kleine Idole (figürliche Darstellungen). Sie sind im Archäologischen Museum von Réthimnon ausgestellt (siehe S. 575). In der steilen Felsküste direkt am Wasser liegt eine weitere Höhle. In beiden Höhlen wurden Säugetierknochen aus dem Pleistozän gefunden, u.a. von *Elefanten (Elephas creutzburgi)* und

Prähistorische Funde

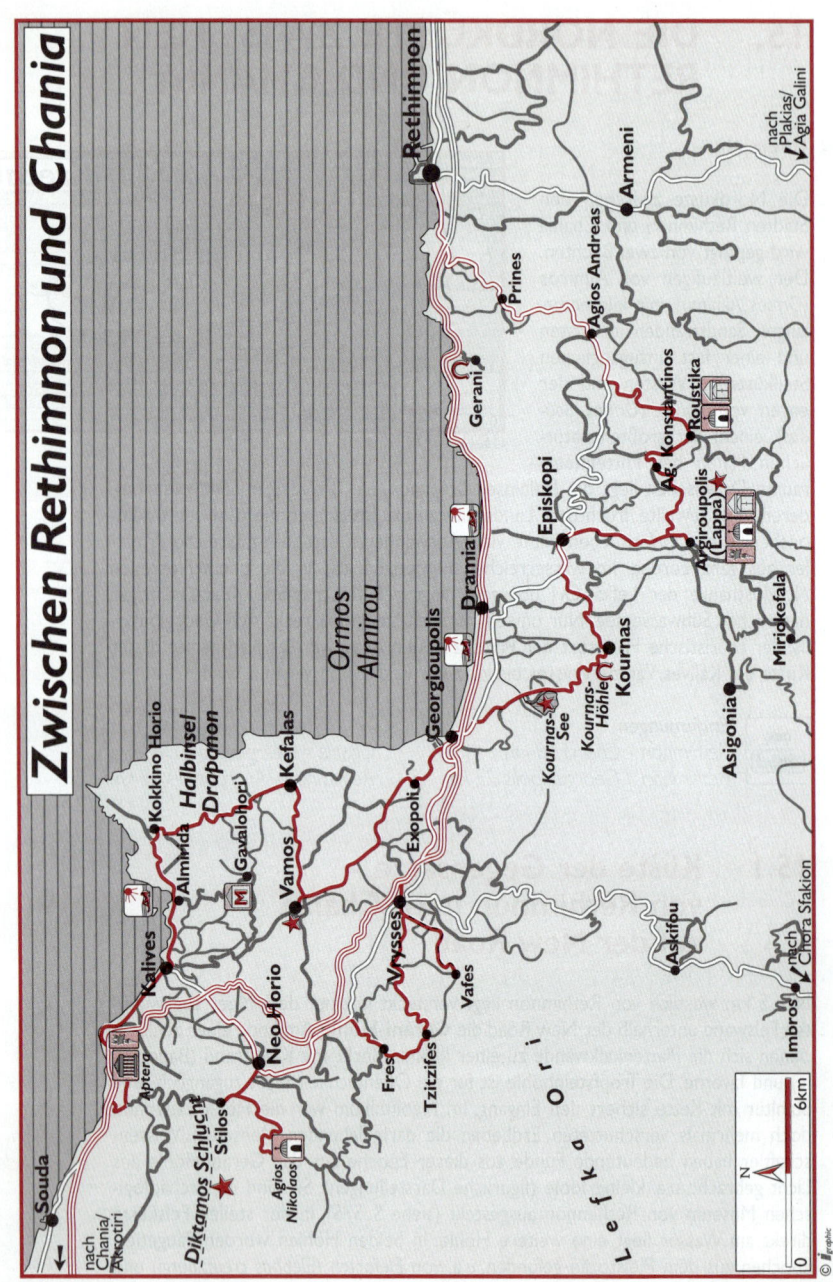

Zwischen Rethimnon und Chania

Rethimnon

Armeni

nach
Plakias/
Agia Galini

Prines

Agios Andreas

Gerani

Ag. konstantinos

Roustika

Episkopi

Argiroupolis
(Lappá)

Dramia

Ormos
Almirou

Mirokefala

Georgioupolis

Kournas

Asigonia

Kournas-
See

Kournas-
Höhle

Kokkino Horio

Halbinsel
Drapanon

Kefalas

Exopoli

Almidda

Gavalohori

Vamos

Askifou

Kalives

Vrysses

Vafes

Aptera

Neo Horio

Fres

Tzitzifes

Imbros

nach
Chora Stakion

Souda

nach
Chania/
Akrotiri

Diktanos Schlucht
Stilos

Agios
Nikolaos

Lefka Ori

N

0   6km

© i.graphic

Redaktions-Tips

- Die **Halbinsel Drápanon** (S. 617ff) läßt sich am besten mit dem Fahrrad oder zu Fuß erkunden. Besonders schön sind die **Dörfer Vámos** und **Gavalochóri** und die **Küste bei Almirída oder Kalíves**.
- Mit dem Tretboot kann man den Quelltopf des **Kournás-Sees** (S. 615) erkunden und anschließend in die nahe, gleichnamige Höhle kraxeln.
- Von der geschichtsträchtigen **Ruinenstadt Áptera** (S. 609f) haben Sie einen einzigartigen Blick auf die enge Bucht von Soúda. Die Baureste der antiken Siedlung stammen aus den unterschiedlichsten Epochen.
- Das antike **Lappa** (S. 613f) heißt heute Argiroúpolis. Wie in einem Freiluftmuseum sind rund um den alten Dorfkern römische Zisternen, Mosaike, byzantinische Kapellen und venezianische Villen erhalten. Der alte Dorfkern ist verwinkelt und ursprünglich.
- Die **Kirche Ágios Nikoláos** (S. 609) südlich von Stílos gehört zu den schönsten der Insel. Der Kuppelbau liegt wildromantisch in einem Tal, abseits des nächsten Dorfes.
- Mitten in **Roústika** steht die restaurierte **Kapelle Panagía und Sotiru-Christos** (S. 612), am Rande des venezianischen Dorfes das helle **Kloster Profítis Ilías**.
- **Roústika** (S. 612) besitzt noch zahlreiche venezianische Häuser und ist von Réthimnon aus auch mit dem Fahrrad zu erreichen.
- **Georgioúpolis** (S. 606f) an der Mündung des Almirós ist der touristische Hauptort der Region. Hier finden Sie die meisten Tavernen und Geschäfte. Mit kleinen Booten können Sie das Mündungsdelta eines klaren Flusses befahren.
- **Vámos** (S. 620) ist der Hauptort der Halbinsel Drápanon. Das kretische Großdorf legt Wert auf Tradition und hat Häuser, Cafés und Ferienwohnungen für Touristen im alten Stil hergerichtet.
- **Gavalochóri** (S. 618f) ist ein zauberhaftes, blühendes Dorf mit venezianischer und türkischer Besatzungsgeschichte.
- Das **Volkskundemuseum in Gavalochóri** (S. 618f) gehört zu den besten der Insel. Liebevoll werden auf 2 Etagen das Leben im ländlichen Kreta, die Volkskunst und die Arbeit in den Steinbrüchen um den Ort dokumentiert.
- Die **Strände bei Kalíves und Almirída** (S. 618) laden zu einem Bad in der Bucht von Soúda ein und werden bei Ausflüglern aus Chaniá zunehmend beliebter.
- **Georgioúpolis** (S. 606f) hat den breitesten und längsten Sandstrand der Gegend, der sich bis weit über Drámia hinzieht. Nahe beim Ort finden Sie alle Wassersportmöglichkeiten, weiter westlich einsame Dünen und provisorische Strandtavernen.
- Eine **Fahrradtour zum Kournás-See** (S. 615) von Georgioúpolis aus macht auch Untrainierten Spaß, und als Belohnung geht's auf dem Rückweg fast nur bergab.
- Eine längere Fahrradtour können Sie sich über die Drápanon-Halbinsel zusammenstellen, die Verbindungen zwischen den Dörfern garantieren viele Fahrtmöglichkeiten.
- Von Almirída aus können Sie **in der Bucht von Soúda segeln**, z.B. in schnellen, kleinen Katamaranen.
- Auf der Halbinsel Drápanon leben eingewanderte Künstler aus ganz Europa, besuchen Sie z.B. die **Werkstatt von Antonios Santorinios-Santorinakis** (S. 618), der die alte Kunst der Hinterglasmalerei weiterentwickelt hat.

Flußpferden. Kreta bestand zu dieser Zeit noch aus vier Landmassen und beherbergte eine reiche Großwildfauna. Als die ersten Menschen vor über 8.000 Jahren nach Kreta kamen, waren diese Arten aber schon lange ausgestorben.

Die Landschaft entlang der New Road, die in geringer Höhe dicht am Meer entlang führt, ist felsig und karg. Die Nordhänge des Nippi (389 m) sind der Witterung direkt ausgesetzt, nur wenige Pflanzen können sich an diesem Standort behaupten. Nachdem die Mündung des Petres gequert ist (Blick in die Schlucht), beginnt ein flacher Schwemmfächer und damit ein **langer Sandstrand**, der sich nun kilometerlang bis Georgioúpolis hinzieht. Immer wieder locken Schilder mit der Aufschrift „*To the beach*". Provisorische Strandbuden sorgen für Snacks, Getränke und Sonnenschirme, richtig organisiert wird der Strand erst bei Drámia und Asprouliani. In Drámia besteht die Möglichkeit, nach Kournás und zum gleichnamigen Süßwassersee abzufahren. Wollen Sie nur den See besuchen, ist es aber günstiger, über Georgioúpolis zu fahren.

Einsame Sandstrände

Baden

Der Strandabschnitt von Drámia bis Georgioúpolis ist fest in der Hand größerer Hotelanlagen, die Bebauung ist aber aufgelockert und lange nicht so massiv wie östlich von Réthimnon. Der Strand ist breit und feinsandig und deshalb mittlerweile im Angebot aller großen Reiseveranstalter. Viele Hotels besitzen eigene Strandabschnitte sowie Kleinbus-Shuttle in den Ort.

Georgioúpolis (Γεωργιουπολη)

Aktuelle regionale Reisetips zu Georgioúpolis
entnehmen Sie den gelben Seiten 249f

Georgioúpolis ist für kretische Verhältnisse ein junger Ort. Das **Mündungsgebiet des Almirós** war jahrhundertelang eine sumpfige Ebene, in der die Malaria die Menschen von einer Besiedelung abhielt. Erst 1880 wurden von *Miltiades Papadogiannakis* die ersten Häuser errichtet, zusammen mit anderen Pionieren begann er, Teile der Sümpfe trockenzulegen. Aus dieser Zeit stammen auch die meisten Eukalyptus-Bäume, die mit ihren tiefen Wurzeln das Wasser aufsaugen und schnell wachsen. Benannt wurde Georgioúpolis nach *Prinz Georg*, der ab 1898 das Oberhaupt des autonomen Kretas war. Auf seine Initiative ging letztlich die Ortsgründung zurück.

Früheres Malaria-Gebiet

In Georgioúpolis fehlt die einheimische jüngere Generation fast vollkommen. Viele sind zum Studieren in die nahegelegenen Städte Chaniá oder Réthimnon oder nach Athen gegangen. Dafür leben im Ort viele Frauen, die aus dem Ausland in kretische Familien eingeheiratet haben und für immer auf die Insel gezogen sind. Georgioúpolis ist mittlerweile in der Hand des Tourismus, hat dabei aber eine eigene Identität entwickeln können. In einer langgezogenen Bucht gelegen, bietet es flache Sandstrände und mit dem Mündungsdelta des wasserreichen, klaren Almirós-Potamos eine einzigartige Naturlandschaft. Der Almirós-Potamos fließt durch einen breiten Schilfgürtel direkt nördlich des Ortskerns in den Golf von Almirou (*Ormos Almirou*). Beiderseits liegen an den Kaimauern Fischer- und Ausflugsboote. Die weitgehend unzerstörte Wasserlandschaft des Deltas können Sie mittels Tretbooten erkunden. Das Gewässer ist klar und kühl, mit etwas Glück können Sie seltene Vögel und Wasserschildkröten beobachten. Bedenken Sie aber, daß Sie sich in einem emp- *Flußerkun-dung mit dem Tretboot*

findlichen Biotop bewegen. Verhalten Sie sich ruhig und scheuchen Sie Tiere nicht vorsätzlich auf.

Der Strand direkt am Ostrand von Georgioúpolis ist sandig, aber mit Steinen durchsetzt und ziemlich schmal. Am Westende kann man vor den Strandbars auch auf Gras liegen. Die im Wasser liegende schneeweiße **Kapelle Ágios Nikólaos** ist trockenen Fußes auf einer langen Steinmole zu erreichen. Das abend-

Mündungsdelta des Almirós-Potamos

liche Leben spielt sich rund um die rechteckige Platia ab, die von Tavernen, Bars, Läden und Agenturen gesäumt ist. Leider fungiert sie zugleich als Parkplatz für Autos und Busse. Am 5. Mai findet hier alljährlich das Fest der Heiligen Irini statt, zu dem auch Gäste willkommen sind.

Von Georgioúpolis bis Áptera

Vor der Brücke über den Almirós führt eine Allee mit hohen, schattenspenden-den Eukalyptusbäumen aus Georgioúpolis hinaus. Dies ist die alte Straße nach Chaniá, die nach 8 km Vrýsses erreicht.

Vrýsses (Βρυσες)

ist ein größeres Dorf, das als Versorgungs- und Handelszentrum der Umgebung dient. Erst 1925 ist der Ort an der Kreuzung der Straßen nach Chaniá, Réthimnon und nach Süden in die Sfakiá entstanden. Tourismus spielt wegen der wenig attraktiven Lage im Inland kaum eine Rolle, die meisten Besucher stoppen nur zum Essen in einer der zahlreichen Tavernen und fahren dann weiter an die Nordwest- oder Südküste. Dennoch ist der ländliche Ort durch die vielen Geschäfte und zentrale Einrichtungen wie Ärzte, Post und Banken recht lebhaft. Vrýsses liegt in einer wasserreichen Umgebung (Name!), durch die Ortsmitte fließt der im Sommer ausgetrocknete Voutakas, der bald in den Almirós-Potamos fließt. Hohe Platanen säumen seinen Weg, und in ihrem Schatten läßt es sich in den Tavernen längere Zeit aushalten. Ob nun im *Protoulis* oder am Wasserrad bei *Spiridakis in Vrýsses*, fast alle Tavernen bieten als Spezialität Hammelfleisch an. Wer sich mit dem geschmacklich gewöhnungsbedürftigen Fleisch nicht anfreunden kann, sollte aber auf jeden Fall den frischen Schafsjoghurt mit Honig probieren. *Wasser-reiches Vrýsses*

Etwa 4 km südlich von Vrýsses liegt am Rand der Weißen Berge die Ortschaft **Vafes** (Βαφες). Hier hat sich der „Verein für Tradition, Expansion und soziale

Die moderne Kirche von Frés

Interessen VAFES A.E." gegründet. Hinter dem schnöden Namen verbirgt sich eine lebhafte Initiative der Gemeinde und ihrer Bewohner, kretische Lebensweise zu erhalten und den ausländischen Gästen nahezubringen. Eine Taverne, ein Krämerladen mit biologisch erzeugtem Olivenöl, Käse, Wein und Raki vom Faß und seit 2001 auch Gästehäuser im traditionellen Stil machen einen Besuch von Vafes zu einem (kulinarischen) Erlebnis. Infos in den gelben Seiten unter Drápanon.

Die Old Road von Vrýsses Richtung Chaniá führt durch wasserreiche, mit großflächigen Nadel- und Mischwäldern (Zypressen und Kermes-Eichen) bestandene Täler, etwa bei Agioi Pantes liegt die Wasserscheide zwischen den Zuflüssen zum Voutakas und zum Kiliaris, der westlich Kalíves in die Soúda-Bucht mündet.

Eine schöne Fahrtalternative ist der 11 km lange Umweg von Vrýsses über Níppos, **Tzitzifés** (Τζιτζιφές) und **Frés** (Φρές). Bei Tzitzifés wächst einer der wenigen und letzten **Lorbeerwälder** Kretas. Frés ist ein kleines,

Einer der letzten Loorbeerwälder wohlhabendes Dorf, die mit roten Ziegeln gedeckten Häuser sind aufwendiger gestaltet als andernorts. Auf den Gartengrundstücken wachsen Feigen, Zypressen, Olivenbäume und Granatäpfel, die im Spätsommer pralle, dunkelrote Früchte tragen.

Die moderne Kirche überragt die Umgebung, eine Gedenktafel weist auf die Bombardierung von Frés durch deutsche Einheiten am 30. Oktober 1944 hin.

Im westlichen Nachbardorf von Frés, **Pemónia**, finden Sie noch einen letzten **Korbflechter**, der die wirtschaftliche Tradition dieses Dorfes am Leben erhält. Zwischen Pemónia und Agioi Pantes können Sie die **Stuhlwerkstatt von Jorgos Nikiforakis** besichtigen, in der aus Zypressenholz u.a. die kretischen Tavernenstühle gefertigt werden.

Von Pemónia sind es noch 2 km zurück zur Old Road. Diese führt nun über **Neo Hório** und **Arméni** zur New Road nach Chaniá. Zwischen den beiden noch recht ursprünglichen Dörfern verläuft eine prächtige Eukalyptusallee.

Bike-Tip
Die flache Ebene um Arméni ist sehr gut zum Radfahren geeignet (auch für Untrainierte).

Abstecher von Neo Hório nach Stílos und in die Diktamos-Schlucht

In **Stílos** (Στυλος) weist ein braunes Schild auf die **Kirche Ágios Nikólaos** hin, die 7 km südlich des Ortes bei Kiriakoselia liegt. Der Abstecher lohnt wirklich, entschädigt doch der wunderschöne Kreuzkuppelbau unterhalb von Hiliomoudo am Rande eines uralten Olivenhains mit Besinnlichkeit pur. Auf dem Weg dorthin bietet sich immer wieder ein Rundblick auf die Halbinsel Drápanon. Die einsam stehende Kirche Ágios Nikólaos aus dem 11./12. Jh. mit Kuppelhalle und aufgesetzter Tambourkuppel gehört zu den schönsten Kirchenbauten auf Kreta. Leider ist die vollständig ausgemalte Kirche (Fresken im aristokratischen Stil aus der ersten Hälfte des 13. Jh.) eingezäunt und meist abgeschlossen. Ein Schlüssel ist eventuell

Einsame Kirche Ágios Nikólaos

im nahen Samonas erhältlich. Von der Kirche kann man eine weiter oben gelegene Kapelle in einem Höhleneingang erkennen. Ein Pfad durchquert den Olivenhain mit uralten, knorrig gewachsenen Bäumen.

Fototip

Während der Anfahrt hinter Hiliomoudo ist die Kirche im grünen Tal besonders gut in Szene zu setzen.

Diktamos-Schlucht

Zwischen Stílos und Kátohóri verläuft in Ost-West-Richtung südlich unterhalb des Mongila (444 m) die wunderschöne und einsame Diktamos-Schlucht. Um sie zu erreichen, in Neo Chório die Old Road verlassen und durch Stílos hindurchfahren. Nach rund einem Kilometer liegt links der Einstieg in die Schlucht. Von Chaniá kommend, kann man noch vor Kalámi rechts von der New Road nach Megali Horafia abbiegen (auch Áptera ist hier ausgeschildert). Auf der Straße nach Stílos bleiben, nach rund 6 km rechts der Schluchteinstieg. Zweimal täglich ist Stílos auch mit dem Linienbus aus Chaniá angebunden (Fahrer auf Stopp an der Schlucht ansprechen!).

Wanderung durch eine grüne Schlucht

Die **Durchwanderung** der grünen Diktamos-Schlucht dauert etwa 3 Stunden und ist mäßig schwierig. Zielpunkt ist das Dorf Kátohóri, von dort müssen Sie ein Taxi nach Chaniá oder Georgioúpolis rufen.

Das antike Áptera (Απτερα)

Nachdem auf der New Road der Fluß Kiliaris gequert und das Kap Akrotíri Soúda mit Blick in die Bucht von Soúda passiert wurde, führt links eine Straße Richtung Stílos (s.o.). Doch schon im ersten Dorf Megali Horafia zweigt eine asphaltierte Piste zur Ausgrabung von Áptera ab. Sie können direkt bis an das Grabungsgelände heranfahren (Parkplatz).

Hoch über dem Meer liegt auf einem von steilen Hängen gesäumten Plateau die verfallene Siedlung Áptera. Sie war in der Antike einer der wichtigsten Stadtstaaten Westkretas. Von hier ließ sich der Zugang zur Bucht von Soúda kontrollieren, der Standort war für eine Siedlung geradezu ideal, bot das 230 m hoch gelegene Plateau doch ausreichend Platz für eine ganze Stadt. In Áptera sind bauliche **Zeugnisse aus vielen Epochen** erhalten. 1942 begannen die Grabungen und wurden in den 1990er Jahren systematisch fortgesetzt. Mit finanzieller Förderung der EU wurden einige Gebäude freigelegt und restauriert. Auf engstem Raum läßt sich somit eine jahrhundertelange Geschichte erleben.

Stadtsiedlung mit Geschichte

Mindestens seit spätminoischer Zeit ist Áptera besiedelt gewesen, die **Blütezeit** lag aber in der hellenistischen Epoche um das **3. Jh. v.Chr.**, als der Seehandel aufblühte. Man errichtete eine fast 4 km lange **Befestigungsmauer,** um die Stadt vor feindlichen Angriffen zu schützen. Reste dieser Mauer sind im Westen zu sehen. Bis in die römische und byzantinische Epoche hinein war Áptera bewohnt, allerdings nicht unbedingt als Stadtsiedlung, sondern eher als Fluchtburg für die Umgebung. Schon zu venezianischer Zeit hatten die arabischen Invasionen im 9. Jh. und vorangegangene Erdbeben Áptera zum baulichen Ruinenfeld degradiert. Die erhaltenen Reste liegen verstreut auf dem Plateau. Besonders eindrucksvoll ist die riesige L-förmige **römische Zisterne** vor dem Klosterbau.

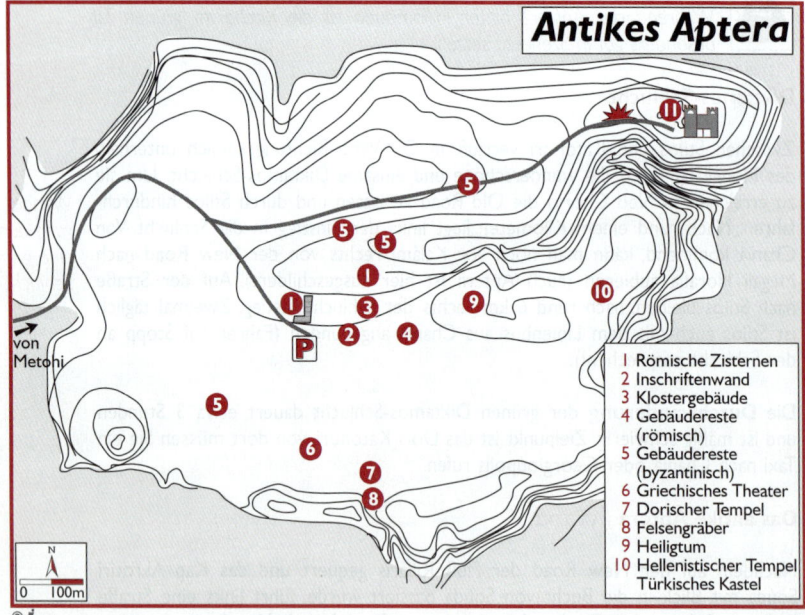

Antikes Aptera

von Metohi

1 Römische Zisternen
2 Inschriftenwand
3 Klostergebäude
4 Gebäudereste (römisch)
5 Gebäudereste (byzantinisch)
6 Griechisches Theater
7 Dorischer Tempel
8 Felsengräber
9 Heiligtum
10 Hellenistischer Tempel
11 Türkisches Kastel

N

0 100m

© i.graphic

Auf dem Grabungsgelände von Áptera stehen auch die **Überreste des Klosters Ágios Ioánnis Theologos**, Dependance eines großes Klosters auf der Dodekanes-Insel Patmos. Am Ende der Straße schließt eine **türkisches Festung** aus dem frühen 19. Jh. das Plateau nach Nordosten ab. Von hier bietet sich ein Panoramablick auf die nördlich

Blick von Áptera auf Akrotíri

der Soúda-Bucht gelegene Akrotíri-Halbinsel mit dem 528 m hohen Sklocha. Ihr vorgelagert ist die kleine Insel Nisos Soúda mit den Resten eines venezianischen Kastells, das erst 1715 als vorletzte Festung der Insel von den Türken erobert wurde. Der Legende nach ist sie aus einem Flügel der Sirenen entstanden, die nach einem Singstreit mit den Musen hier ins Meer stürzten. Rechts ist die Halbinsel Drápanon zu erkennen. Westlich Richtung Chaniá geht der Blick auf den Zoúrva (610 m), der zum Meer hin steil abfällt.

Fernblick nach Akrotíri

Fototip
Zur besten Fotozeit am frühen Abend hat die Ausgrabung zwar geschlossen, der Weg zur Festung bleibt aber zugänglich.

Öffnungszeiten entnehmen Sie bitte den gelben Seiten Drápanon.

Durstig? In Metohi, das Sie auf dem Hinweg durchfahren haben, finden Sie zwei Tavernen, um zu rasten. Unbedingt besuchen sollten Sie auch das nahegelegene schöne Dorf Megala Horafia, in dem Übernachtungsmöglichkeiten angeboten werden.

15.2 Von Réthimnon durch das fruchtbare Hinterland nach Georgioúpolis

Bike-Tip

Von Réthimnon führt die Old Road Richtung Chaniá vorbei an sehenswerten Dörfern, stillen Klöstern und dem einzigen natürlichen Süßwassersee der Insel. Bei Georgioúpolis trifft die Straße dann wieder auf die New Road (je nach Fahrstrecke zwischen 35 und 60 km). Die Gegend eignet sich wegen der sanften Steigungen und des geringen Verkehrs hervorragend für Fahrradtouren von Réthimnon oder Georgioúpolis aus. Fahrräder können dort gemietet werden, Hellas Bike Travel bietet zudem geführte Touren an (siehe gelbe Seiten 251 und 312).

Fahren Sie über die große Kreuzung der New Road westlich von Réthimnon geradeaus hinweg. Über Prínes, Gonía (Tankstelle) und Ágios Andréas kommen Sie bis zum Abzweiger nach Kaloníktis. Noch 5 km sind es von hier bis Roústika. Die üppige Vegetation, durchsetzt von Felsen und Hängen mit hellem, lockerem Sediment, erinnert an die Fränkische Schweiz. Nach dem Trubel von Réthimnon ist es entspannend, anzuhalten und die Stille zu genießen.

Beschauliches Roústika

Venezianisches Dorf

Roústika (Ρουστικα)

Im alten Dorf Roústika sind zahlreiche **venezianische Gebäude** erhalten und restauriert. Der Ort ist noch heute als Heimat vieler gebildeter Kreter bekannt. Vom Platz unterhalb der Kirche bietet sich ein Spaziergang durch die schmalen Gassen an. Im unteren Dorf steht an der Platia Panagía, die alle ankommenden Straßen aufnimmt, die wunderschöne **Panagía und Sotiros Christu-Kirche**. Die Fresken der Zweiraumkapelle stammen aus den Jahren 1381/82. Eine kleine Snack-Bar daneben bietet Erfrischungen an. Leider fahren immer wieder Jeep-Safaris mit bis zu 15 Wagen in die engen Gassen des Ortes hinein und stören die Ruhe der hier lebenden Menschen. Dabei drängt sich die Erkundung Roústikas zu Fuß wegen der geringen Ausdehnung geradezu auf.

Am südlichen Ortsausgang liegt das **Kloster Profítis Ilías**, das noch von einem alten Mönch bewohnt wird. Die weißgekalkte Gebäudegruppe umschließt einen stillen Innenhof, der von Zitronen, Orangen, Wein, Oleander und Avocados bewachsen ist. Rechts an einem langen Gang liegen die Mönchszellen. Wahrscheinlich wurde der Bau 1637 begonnen, bis zur ersten Zerstörung durch die Türken 1823 entwickelte sich ein blühendes Klosterleben. Mehrmals wurde das Kloster im 19. Jh. zerstört und wieder aufgebaut. Die Zukunft von Profítis Ilías ist wie die vieler anderer Klöster ungewiß, da Nachwuchs für das aktive orthodoxe Leben fehlt. *Öffnungszeiten entnehmen Sie bitte den gelben Seiten Réthimnon.*

Um nach Argiroúpolis zu gelangen, hinunter nach Ágios Geórgios fahren, dort nach Ágios Konstantínos abbiegen und den Fluß Lakkou überqueren. In seinem Tal wachsen dicht an der Straße Zypressen, Platanen, Eichen, Oleanderbüsche, Wilder Wein und Brombeeren. An der Straßenkreuzung nach Episkopí / Asigoniá / Argiroúpolis dann links abbiegen.

Argiroúpolis (Αργυρουπολις)

Geschlossenes, wunderschönes Bergdorf, das an der Stelle der antiken Siedlung Lappa errichtet worden ist. Mittlerweile kommen zahlreiche Ausflugsbusse nach Argiroúpolis, sogar der Talos-Express aus Georgioúpolis quält sich bisweilen hinauf.

Lappa war in der Antike etwa seit dem *4. Jh. v.Chr.* eine der wichtigsten Städte Kretas und hatte sowohl an der Nordküste (bei Drámia) als auch an der Südküste (Finix beim heutigen Loutró) eigene Häfen. 68 v.Chr. wurde Lappa von den Römern eingenommen und wiederaufgebaut. Sie legten das kilometerlange Wasserleitungssystem der Stadt an. 828 zerstörten Araber die Siedlung. In der zweiten byzantinischen Epoche wurde Lappa neu errichtet und zum **Bischofssitz** ernannt.

Der Name Argiroúpolis entstand erst 1822 und geht auf die Prägung von Silbermünzen zurück (*argiro* = Silber; *polis* = Stadt).

Im Dorf leben heute rund 500 Menschen, doch im Sommer kommt ein Vielfaches an Tagesausflüglern in das Bergdorf.

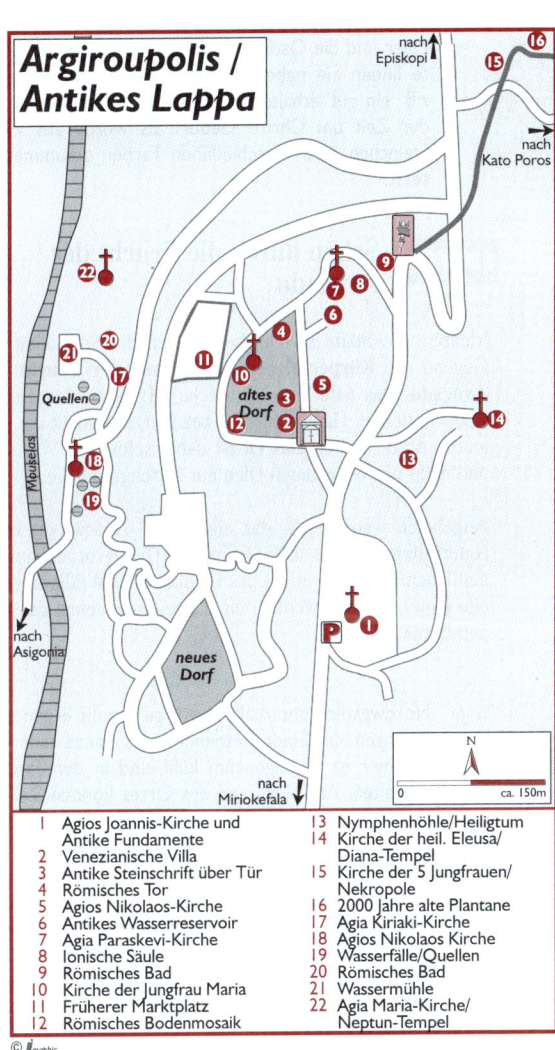

Argiroupolis / Antikes Lappa

nach Episkopi
nach Kato Poros
Quellen
altes Dorf
Moukelos
nach Asigonia
neues Dorf
nach Miriokefala

N
0   ca. 150m

1	Agios Joannis-Kirche und Antike Fundamente	13 Nymphenhöhle/Heiligtum
2	Venezianische Villa	14 Kirche der heil. Eleusa/ Diana-Tempel
3	Antike Steinschrift über Tür	15 Kirche der 5 Jungfrauen/ Nekropole
4	Römisches Tor	16 2000 Jahre alte Plantane
5	Agios Nikolaos-Kirche	17 Agia Kiriaki-Kirche
6	Antikes Wasserreservoir	18 Agios Nikolaos Kirche
7	Agia Paraskevi-Kirche	19 Wasserfälle/Quellen
8	Ionische Säule	20 Römisches Bad
9	Römisches Bad	21 Wassermühle
10	Kirche der Jungfrau Maria	22 Agia Maria-Kirche/ Neptun-Tempel
11	Früherer Marktplatz	
12	Römisches Bodenmosaik	

© graphic

Auf einer großen Tafel an der zentralen Platía sind die Sehenswürdigkeiten des Ortes übersichtlich verzeichnet, nicht weniger als 18 Kirchen und Kapellen stehen in der nahen Umgebung! Zahlreiche Relikte aus der Antike, der byzantinischen und venezianischen Zeit sind erhalten und wie in einem Freiluftmuseum zu besichtigen. Folgen Sie der Route um den alten Ortskern, vorbei an einer venezianischen Villa, dem römischen Tor mit Inschrift und den kleinen Kapellen Ágios Nikólaos und Agía Paraskeví. Vom Nordende des Dorfes geht der Blick bis auf das 7 km entfernte Meer und die Ostflanke Drápanons. An der Rückseite finden Sie neben niedrigen, bewohnten Häusern z.B. ein gut erhaltenes römisches Bodenmosaik aus der Zeit um Christi Geburt. Es wurde aus 7.000 Steinchen in 6 verschiedenen Farben zusammengesetzt.

Spaziergang um den Ortskern

Das Inschriftentor in Argiroúpolis

Schön durch die Frucht der Avocado

Mehrere Geschäfte im Dorfkern bieten die Spezialität der Gegend an: **Körperpflegeprodukte aus der Frucht der Avocado**. Das natürliche, fettreiche Öl ist seit langem als Pflegemittel bei Hautproblemen bekannt, es enthält die Vitamine A, B, und E. Das Öl ist dabei selbst der Wirkstoff und nicht wie bei anderen Ölen nur Mischgrundlage.

Angeboten werden z.B. das eigentliche Avocadoöl, Emulsionen (35 % Ölgehalt), Naturseifen, Cremes und Shampoos. Die Avocadobäume werden um Argiroúpolis gepflanzt, angeblich erhält das Öl durch die Wildkräuter der Gegend seine individuelle Note. Geerntet werden nur die reifen Früchte, das Öl wird weder entfärbt noch geruchsneutralisiert.

Kühle Quellen am Dorfrand

Nordwestlich unterhalb von Argiroúpolis liegen **starke Quellen**, die über Rohrleitungen die Stadt Réthimnon das ganze Jahr über mit Wasser versorgen. Im Sommer ist es angenehm kühl, und in den Tavernen kann man es längere Zeit aushalten. Am Nordrand des Ortes können Sie eine römische Zisterne besichtigen, die auf ein Fassungsvermögen von 1.000 Kubikmeter Wasser ausgelegt war. Hinweis auf die hohe Einwohnerzahl des Ortes in römischer Zeit.

Die Straße zurück nach Episkopí ist ein Traum für Radfahrer. Fast ohne Tritt in die Pedale geht es auf gerader Strecke nur bergab. **Episkopí** (Επισκοπη) war einer der vielen Bischofssitze der Insel, wie der Name verrät. Fahren Sie durch den Ort hindurch und nehmen dann den zweiten Abzweig nach links Richtung Kournás. Gleich darauf wird der Fluß Mouselas, der östlich von Drámia ins Meer mündet, gequert.

Kournás-See / Kournás-Höhle / Kournás (Κουρνας)

Kournás ist ein gemütliches Dorf auf einem Hügel, in dem die älteren der rund 900 Bewohner rund um die Platia unter einer Platane sitzen und die Touristen freundlich beobachten und aufnehmen. Die Taverne *Agrimia* verfügt über eine eigene Hausschlachterei. Das in Ortsmitte gelegene Denkmal erinnert an den Freiheitskampf gegen die Türken und die letzten Aufstände vor der Autonomie vom 3.-18. Mai 1896. Sehenswert sind die Kirchen **Agía Iríni** (14. Jh.) und **Ágios Geórgios**, die sich aber in einem wenig guten Zustand befindet. Am 23. April wird der Namenstag der Kirche gefeiert. Man blickt hier vom östlichen Dorfende ins rund 4 km Episkopí. An der Hauptstraße von der Ortsmitte Richtung Kournás-See liegt der Laden von *Costas Tsakalakis*, in dem er neben Keramik auch Olivenöl und Wein aus der Gegend um Kournás anbietet.

In der Kournás-Höhle

An der Straße zum niedriger gelegenen Kournás-See können Sie gegenüber einer modernen Taverne die **Kournás-Höhle** (*Spiläu Kournás*) besichtigen. Der Eintritt ist in der Taverne zu zahlen, dort erhalten Sie Taschenlampen und auf Wunsch eine Führung von Tavernenwirt *Elias*. Man steigt durch einen schmalen Schacht über zwei Holzleitern ein. Auf dem schluffigen Sinter bewegt man sich kletternd und kriechend auf dem Gang in die Tiefe. Nur bitte jetzt kein Erdbeben, mag mancher denken, wenn er den engen, vom Wasser geformten Gang hinabsteigt. Der prächtige Schmuck aus Stalagmiten, Stalagtiten, Säulen und Sinterfahnen ist gut erhalten. Feste Schuhe und eine Hose zum Wechseln (Schluff!) sind von Vorteil. In der Taverne vermietet *Elias Kaniadakis* auch Zimmer, zahlreiche Bilder in seinem Album zeigen ihn mit Besuchern der Höhle.

Kurz hinter dem winzigen Dorf Kavallos taucht links unterhalb der Straße in tiefem Blau der **Kournás-See** *(Límni Kourna)* auf. Oberhalb des Ostufers steht das Café *Emarie*, von dem man auf die südöstlichen Quelltöpfe und den runden See blickt. Der Kournás-See ist der einzige natürliche Süßwassersee Kretas, die Seen bei Agiá und Zarós sind künstlich aufgestaut. An den abgestuften Blauschattierungen des Wassers kann man die Tiefenstaffelung des Sees ablesen (bis zu 45 m!). Es wird vermutet, daß unterhalb des **Quelltopfes** Höhlen weit in den Berg hineinreichen, ähnlich der Höhlensystem unterhalb des Blautopfes am Rande der Schwäbischen Alb. Auch im Kournás-See sind schon mehrere Taucher bei dem Versuch umgekommen, diese Höhlen zu erkunden. Die Schüttung der Quelle erreicht bis zu 10 cbm je Sekunde, das Wasser hat Trinkwasserqualität.

Geheimnisvoller Quelltopf

Badebucht am Kournás-See

Zugänglich ist der See nur am flachen Nordteil. Hier kann man im türkis-grünlichen Wasser baden und Tretboot fahren, mehrere Tavernen bieten neben Speisen auch Zimmer zur Übernachtung an. Der Blick schweift dabei in die bis zu 1.500 m hohen, unerschlossenen Berge im Süden, von denen der See unterirdisch sein Wasser erhält. Man fühlt sich unweigerlich in die Alpen versetzt. Die **Fauna des Kournás-See** ist außergewöhnlich: *Wasserschlangen (Würfelnatter)*, große *Krebse* und *Süßwasserschildkröten* sind eindrucksvoll, aber sämtlich ungefährlich. Der See ist zudem Lebensraum vieler Vogelarten und seltener Pflanzen, u.a. der auf Kreta endemischen *Rutenglockenblume*.

Tip

In Georgioúpolis können Sie den Talos-Express besteigen, der Sie bequem zum Kournás-See fährt. Entfernung Georgioúpolis-Kournás-See 4 km.

15.3 Die Halbinsel Drápanon – Kretas mediterranes Kleinod

Aktuelle regionale Reisetips zur Drápanon-Halbinsel
entnehmen Sie bitte den gelben Seiten 244ff

Die Halbinsel Drápanon, die einem dreieckigen Vorsprung zwischen den Buchten *Ormos Almirou* und *Oramos Soúdas* gleicht, ist landschaftlich eine der schönsten Gegenden Kretas. Während die Nordküste flach ins Meer übergeht und die Dörfer hier Badestrände und kleine Häfen besitzen, fällt die Ostküste Drápanons steil und unzugänglich in den *Ormos Almirou* ab. Die winzigen Siedlungen liegen oben am Hang, nur wenige Pfade führen zum Meer hinab. Die Landschaft im Inneren Drápanons ist sanft gewellt, fruchtbar und grün und lieblicher als alle *Liebliche* anderen Gegenden Kretas. Im Frühjahr blüht die Vegetation farbenfroh auf. Ken- *Landschaft* ner und Liebhaber bezeichnen Drápanon gern als die **Toskana Kretas**. Wohl aus *Drápanons* diesem Grund und wegen der Nähe zu Chaniá ist Drápanon seit einigen Jahren beliebter Feriensitz von Griechen und Ausländern geworden. Auch Deutsche haben hier Häuser gekauft und leben zumindest einen Teil des Jahres in einem der Dörfer. Ein tüchtiger Bayer hat sogar den Leberkäse eingeführt, nach eigenen Aussagen sind Kreter auf den Geschmack gekommen. Künstler haben sich z.B. in Kámbia und Kokkino Chorio niedergelassen und Werkstätten eröffnet.

Anfahrt
Von Réthimnon fahren Sie entweder durch Georgioúpolis und dann steil hinauf über Exópoli ins Innere der Halbinsel oder erst bei Agioi Pantes von der New Road ab zum Hauptort Vámos. *Von Chaniá* kommend, biegen Sie bei Kalámi (Καλαμι) von der New Road ab und fahren Richtung Kalíves an Drápanons Nord- und Badeküste. An der Abfahrt steht trutzig die **Festung Izzedin**. Während der türkischen Besatzungszeit errichtet, diente sie in der Zeit der griechischen Junta als Gefängnis für politische Gefangene. Heute wird sie vom Militär genutzt.

Unsere Beschreibung Drápanons folgt der Anfahrt aus Richtung Chaniá. Nachdem Sie die Mündung des Kiliaris passiert

Mündung des Meso-Potamos in Kalíves

haben, bei der ein Badestrand liegt, erreichen Sie **Kalíves** (Καλυβες). Es ist ein langgezogenes Straßendorf, die Häuser bilden eine schmale Gasse, und nur schwer können zwei größere Fahrzeuge einander passieren. An der platzartigen Erweiterung mit der Dorfkirche liegen zahlreiche Tavernen und Geschäfte, der **Fluß Meso-Potamos** mündet mitten im Ort am großen *Kalíves Beach Hotel* ins Meer. Kalíves ist wahrscheinlich aus einer kleinen Bauernsiedlung entstanden, der Name bedeutet soviel wie „Hütten". Dennoch war Kalíves der erste Ort der Provinz Apokoronas, der über eine eigene Stromversorgung verfügte. Die restaurierte Mühle am Fluß erzeugt seit 1928 elektrische Energie. Im westlichen Ortsteil von Kalíves liegt ein kleines Fossilien- und Mineralienmuseum, neben der Brücke über den Fluß hat ein Faßmacher seine Werkstatt.

Flußmün-dung in Ortsmitte

Östlich von Kalíves

Das im Sommer lebendige **Almirída** (Αλμυριδα) ist die **beste Badestelle Drápanons**, eine etwa 500 m lange Bucht mit Sand-/Kiesstrand, und mehrere Tavernen laden zu einem längeren Aufenthalt ein. In der Bucht liegt die kleine Insel Nisos Karga. Dahinter ist in rund 6 Kilometern Entfernung die Südostspitze Akrotíris zu erkennen. Am Strand von Almirída können Sie Surfbretter und Katamarane ausleihen. Eine Reihe kleinerer Übernachtungsmöglichkeiten und Geschäfte ist in den letzten Jahren entstanden, und zunehmend kommen auch deutsche Touristen als Stammgäste in den kleinen Ort. Noch vor dem Ortseingang liegen links der Straße die Gräber, Mauer- und Bodenmosaikreste einer frühchristlichen **Basilika** des 5. Jh.

Pláka (Πλακα) liegt an der Straße nach Kókkino Horió und hat durch den Roman *„Wind auf Kreta"* von *David McNeil Doren* Berühmtheit erlangt. Durch einen ungewöhnlich starken Wirbelsturm wurde das Dorf in den 1960er Jahren nahezu vollständig zerstört. Fast alle Häuser mußten neu errichtet werden. Von Pláka führt hinter der Platia rechts eine schmale Asphaltstraße ins 1,5 km entfernte **Kámbia** (Καμπια). Gleich rechts am Ortseingang liegt das „*House of the Olives*", in dem der Kunstmaler **Antonios Santorinios-Santorinakis** seine Werkstatt und Ausstellungsräume eingerichtet hat. Der 1941 unter dem bürgerlichen Namen *Wernhard Pittinger* in Regensburg geborene Künstler lernte auf der griechischen Kykladen-Insel Santorin die Hinterglasmalerei kennen und widmete sich fortan dieser fast vergessenen Maltechnik. Figurenreiche, typisch griechische und kretische Motive in kraftvollen Farben entstehen in naiver, aber beeindruckend detailverliebter Technik. In vielen Ausstellungen auch in Deutschland sind die Bilder gezeigt worden. Nun hat sich *Santorinios-Santorinakis* auf Kreta in einem eigenen Haus mit Atelier niedergelassen und arbeitet weiterhin an Hinterglasbildern und Radierungen, deren Originale und Druckserien auch verkauft werden *(Infos finden Sie in den gelben Seiten Drápanon)*.

Hinterglas-malerei

Gavalochóri (Γαβαλοχωρι)

Das sehenswerte Dorf mit langer Geschichte liegt 3 km südöstlich von Almirída und verfügt über gut erhaltene Gebäude venezianisch und türkisch geprägter Architektur. Auch in Gavalochóri ist ähnlich wie in Vámos ein Kulturverein der

Gemeinde zur Pflege von Traditionen und Handwerkstechniken sehr aktiv. An der zentralen Platia gegenüber vom Denkmal haben die einheimischen Frauen einen kleinen Laden mit textilen Produkten eingerichtet (*Womens Agrotourism Cooperation of Gavalohori*). Das Dorffest Panigiri findet am 8. September in Gavalochóri statt.

Machen Sie einen Spaziergang durch die Gassen, vorbei an traubengeschmückten Innenhöfen und byzantinischen Kirchen. Die Hauptsehenswürdigkeit, das **Volkskundemuseum Gavalochóri**, ist von der zentralen Platia in kurzer Zeit zu erreichen (Wegweiser). Das Gebäude des Museums ist selbst ein Zeugnis der lebendigen Geschichte des Ortes. Das Erdgeschoß wurde noch von den Venezianern gebaut, während das obere Stockwerk erst später von den türkischen Besatzern aufgesetzt wurde. Die Familie *Stilianaki* schenkte der Gemeinde das Wohnhaus zur Einrichtung des Museums. Das didaktisch gut gestaltete Museum zeigt

Gut gestaltetes Museum

einen repräsentativen und spannenden Querschnitt durch die Historie und die kulturellen Traditionen der Umgebung. Neben naiver Malerei, örtlichen Trachten, originalen Hauseinrichtungen, Waffen und Münzen gibt es im Erdgeschoß eine interessante Ausstellung über den beschwerlichen Abbau in den umliegenden Steinbrüchen. Die **Steinmetzkunst** war früher ein Haupterwerbszweig der Bewohner von Gavalochóri. Wertvolle Stücke des Museums sind zudem ein geschnitzter

Im Volkskundemuseum Gavalochóri

Altar aus Zypressenholz von 1810 und ein geklöppeltes Brautkleid von 1966. 2 Jahre lang sind jeden Tag 8 Stunden Arbeit nötig, um ein solches Kleid herzustellen!
Öffnungszeiten entnehmen Sie bitte den gelben Seiten Drápanon.

Von Almiráda führt die Straße über Pláka insgesamt 5 km bis nach **Kókkino Chorió** (Κοκκινο Χωριο). Es ist das nordöstlichste Dorf der Halbinsel und liegt auf halber Strecke zwischen dem Meer und dem 527 m hohen, ellipsenförmigen Hügel Drapanokefala. Auf dem Untergrund blutroter Terras Rossa-Erde ist Kókkino Horió ein sehr urspüngliches, verwinkeltes Dorf mit flachen, oftmals halbverfallenen Bauten. Nur noch 100 meist ältere Menschen leben hier, zur Mitte des 20. Jahrhunderts war es noch die sechsfache Anzahl. Parken Sie vor dem Ort.

Kókkino Chorió erlangte weltweite Berühmtheit durch den **Film „Alexis Zorbas"** (lesen Sie dazu S. 645f). Es bildete die Kulisse für die Szenen, in denen die Bewohner die schöne Witwe des Dorfes nach ihrer Liebesnacht mit dem Engländer Basil steinigen und schließlich umbringen. Viele Einwohner des Ortes waren damals als Statisten an den Dreharbeiten beteiligt. Auf die Teilnahme am Film ist man stolz, und gern erzählt der ehemalige Bürgermeister *Georgios Orfonodakis* humorvoll und in flüssigem Deutsch von dieser Zeit. Die kleine Ouzeri *Alexis*

Dorfkulisse des „Alexis Zorbas"

Zorbas in der Ortsmitte war nicht das Film-Kafenion, in diesem befindet sich heute ein kleiner Dorfladen. Fragen Sie am besten im Ort nach den Original-schauplätzen des Films.

In Kókkino Chorió arbeitet seit Mitte der 1980er Jahre der **Recycling-Betrieb Cretaglas** mit dem gesammelten Altglas der Umgebung. Mundgeblasene Vasen, Lampen und mehr entstehen aus bei 1.500 °C eingeschmolzenem Glas. Durch die Beimischung von Kobalt oder Kupfer und die Variation aus deren Oxydgehalten entsteht die Farbpalette von Blau bis Rot. Die Werkstatt kann besichtigt werden, alle Artikel werden auch verkauft. Das unauffällige Gebäude am Ortseingang ist am Glaslager davor zu erkennen.

Nordost-
spitze
Drápanons

Auf dem Weg zur Kirche Ágios Geórgios oberhalb des Ortes befindet sich ein alter, teilweise begehbarer unterirdischer Wehrmachtsbunker, vor dem eine riesi-ge Kanone den Eingang zur Bucht von Soúda überwacht hat. Die äußerste Nord-ostspitze **Akrotíri Drápanon** ist auf einem 3 km langen befestigten Weg zu erreichen.

Von Kókkino Chorió nehmen Sie die Straße am Drapano-Kefalás vorbei Richtung Kefalás (6,5 km). **Kefalás** (Κεφαλας) liegt hoch über dem östlichen Steilabfall der Halbinsel Drápanon in den Golf von Almirou. Noch rund 400 Einwohner leben in dem langgezogenen Dorf, das wie alle Kreter alljährlich am 15. August Maria Himmelfahrt feiert. In der Ortsmitte zweigt die Straße Richtung Vámos ab. Mehrmals kommt man auf den folgenden 4 km an alten, kreisrund befestigten Dreschplätzen vorbei.

Vámos (Βαμος)

Initiative
zur
Dorfer-
neuerung

Den Hauptort Drápanons erreichen Sie buchstäblich aus allen Himmelsrichtun-gen, entweder direkt von Kalíves (7 km), von Vrýsses (8 km), über den steilen Anstieg von Georgioúpolis (13 km) oder nach der Rundtour von Kefalás (3 km). Vámos ist ein **ländliches Kleinstädtchen** mit Post, Läden, Tavernen und einigen Cafés, noch rund 600 Menschen leben hier. Der Stadtgrundriß ist anders als im typisch kretischen Dorf quadratisch angelegt. Nach der Gründung durch arabi-sche Piraten im 9. Jh. war Vámos während der Besatzungszeit immer ein Verwal-tungsort, mehrere prächtige Kaufmannshäuser sind erhalten. 1868 wurde Vámos Hauptstadt des türkischen Verwaltungsbezirkes Sfakiá, der die Provinzen Sfakiá, Apokoronas und Agios Vasillios umfaßte. Vámos hat sich heute auf seine Qualitä-ten als agrotouristisch interessantes Reiseziel besonnen und in und um den Ort mehrere Projekte gestartet. Die **Vámos A.E.** wurde Mitte der 1990er Jahre gegründet und hat sich die Entwicklung des Ortes und der Provinz Apokoronas zur Aufgabe gemacht. So ist in der ehemaligen Mädchenschule von Vámos mit EU-Zuschüssen ein Hotel entstanden, das ganzjährig geöffnet ist. Mehrere Gästehäu-ser im traditionellen Stil wurden unter Verwendung lokaler Materialien restau-riert und anspruchsvoll ausgestattet (u.a. mit Kamin). Die Taverne *I Sterna tou Blumosifi* (*Die Zisterne des Blumosifi*) und das Café *Liakoto* mit wechselnden Aus-stellungen lokaler Künstler gehen ebenfalls auf die Initiative der Vámos A.E. zu-rück (*Infos zu den Gästehäusern in den gelben Seiten Drápanon*).

Von Vámos nach Georgioúpolis

Auf dem Weg nach Kalamítsi Alexandrou liegt bald nach Vámos das **Kloster Moni Karidi**, das einst der größte der 12 Gutshöfe des Klosters Agía Triáda auf Akrotíri war (S. 647). Die Ruinen der Anlage und eine Ölmühle von 1862 können besichtigt werden.

Seidenraupenzucht bei Kalamítsi Amigdalí (Καλ. Αμυγδαλι)

Das kleine Dorf mit rund 100 Einwohnern würde nicht weiter auffallen, gäbe es nicht hier ein außergewöhnliches Betätigungsfeld der Frauen aus Kalamítsi Amigdalí und den umliegenden Orten. Eine **Seiden-Kooperative** züchtet im Sommer Seidenraupen bis zur Verpuppung und erntet dann aus den getrockneten Kokons die wertvollen Seidenfäden. Für ein Kilo Seidengarn müssen 3 Kilo Kokons einge- *Seiden-*
sammelt werden. In einem Laden an der Hauptstraße durch den Ort verarbeiten *herstellung*
die Frauen die Seidenfäden, von denen einer über 1.000 Meter lang sein kann. Die *auf Kreta*
hergestellten Produkte, wie z.B. Tischtücher, werden tagsüber verkauft. Da das „Reifestadium" der Seidenraupen, deren Eier übrigens aus China und Japan importiert werden, Ende Juni/Anfang Juli erreicht ist, empfehlen wir diese Zeit besonders für einen Besuch. Treffpunkt des Ortes ist das Kafenion *Emeis kai Emeis*, in dem Bilder der englischen Malerin *Josy-Maria Connely* ausgestellt sind, die Szenen aus Kalamítsi Amigdalí und seiner Umgebung auf die Leinwand bringt.

Exópoli (Εξωπολη)

Das Dorf oberhalb der steilen Abfahrt nach Georgioúpolis ist bekannt für seine **Rosinenproduktion** und hat eine fantastische Aussicht auf die Weißen Berge, *Urlaub mit*
die hinter der südlichen Talseite aufsteigen. Einige kleinere Hotels nutzen diese *Fernblick*
Lage innerhalb und unterhalb des Ortes. Ein Aufenthalt hier ist wirklich empfehlenswert. Vor allem im frühen August, wenn in der kleinen Kapelle Agia Eleousa zwischen Kalamítsi Amigdalí und Exópolis ein Fest mit Lamm am Spieß und lokalem Wein gefeiert wird. Fragen Sie in einer der Tavernen des Ortes nach dem genauen Ablauf.

In Serpentinen geht es auf gut ausgebauter Straße hinter Exópoli hinab nach Georgioupoulis (4 km).

16. CHANIÁ UND DIE HALBINSEL AKROTÍRI

16.1 Chaniá – romantische Hauptstadt des kretischen Westens

Aktuelle regionale Reisetips zu Chaniá
entnehmen Sie bitte den gelben Seiten 230f

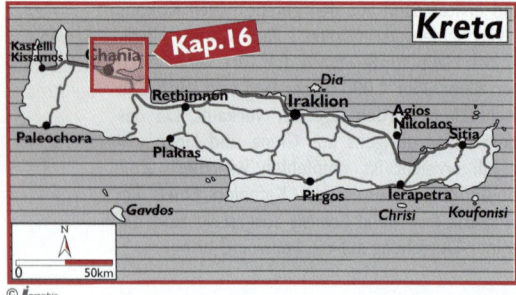

██████ **Übersicht**

Chaniá (auch Cania, Hania, Xania oder Khania) ist die pulsierende **Metropole des kretischen Westens**. Als Hauptstadt der gleichnamigen Präfektur und Sitz der Technischen Hochschule von Kreta ist Chaniá mit rund 65.000 Einwohnern nach Iráklion die zweitgrößte Stadt Kretas und ihr ewiger Konkurrent. Im direkten Vergleich ist Chaniá aber viel reizvoller und als Standort für einen längeren Urlaub ohne Zweifel der klare Favorit. Die **Altstadt** ist durch venezianische Einflüsse geprägt, aber auch türkische und neoklassizistische Bauten sind zahlreich vertreten und schaffen ein nahezu einzigartiges bewohntes Ensemble. Wer sich für den Westteil Kretas entschieden hat, wird über kurz oder lang in Chaniá verweilen oder wenigstens einmal an der abendlichen *Volta* am venezianischen Hafen teilnehmen. Aber auch von Zentralkreta aus lohnt der Besuch. Lassen Sie sich nicht abschrecken von der verkehrsreichen, quirligen Neustadt – tauchen Sie ein in Chaniás Altstadt beiderseits des Hafenbeckens, eine fast orientalisch anmutende Welt mit schmalen Gassen und einem vielseitigen Angebot an stilvollen Geschäften und Tavernen. Die Stadt wächst seit Jahren in die Umgebung und die westlichen Hügel Akrotíris hinein, und so verstärkt sich der aufregende **Kontrast** zwischen aufstrebender, moderner City und pittoresker Altstadt von Jahr zu Jahr. Die Übernachtungs- und Einkaufsmöglichkeiten sind hervorragend, das kulinarische Angebot vielfältig und im Inselvergleich auf überdurchschnittlichem Niveau. Zudem ist Chaniá ein hervorragender Standort zur Erkundung des kretischen Westens. Busverbindungen bestehen zu fast allen interessanten Zielen bis hinunter an die Südküste.

Schönste Altstadt Kretas

██████ **Chaniá sehen und erleben**

Chaniá empfiehlt sich sowohl für einen Tagesausflug als auch für einen mehrtägigen Aufenthalt. Sollten Sie die Stadt nur für einen Tag besuchen, bleiben Sie am besten im Bereich der Altstadt rund um die beiden venezianischen Hafenbecken.

Sehenswürdigkeiten, die man nicht verpassen darf

* Das *Altstadtviertel Topanas* mit seinen engen Gassen (S. 633), venezianischen Palazzi und kleinen Geschäften. Das *Archäologische Museum* in einer venezianischen Klosteranlage in der lebhaften Straße Chalidon (S. 630). Die 1913 errichtete *Markthalle* als Fest für die kulinarischen Sinne (S. 629). Die *Janitscharen-Moschee* (S. 634) und das fast kreisrunde *venezianische Hafenbecken* (S. 631) mit den unzähligen *Tavernen*.

Übernachten (S. 232ff)

* Wohnen Sie in einem der zu Hotels oder Pensionen umgebauten venezianischen Palazzi, die Altstadtgassen direkt vor der Tür. Für den großen Geldbeutel ist das *Casa Delfino* wohl die beste Adresse der Stadt, aber auch günstigere Unterkünfte, wie z.b. das *Ifigenia* oder das *Nostros Hotel*, bieten stilvolle Zimmer mit Top-Ausstattung und romantisches Flair für Verliebte. Sehr intim sind die kleinen Pensionen mit Frühstück, die meist nur wenige Zimmer anbieten, so z.b. *Meltemi* oder *Lena*.

Essen & Trinken (S. 236f)

* Suchen Sie sich eine *Taverne in den Seitenstraßen der Altstadt*, wo man bei Kerzenschein zwischen den Häusern oder in einem Innenhof sitzt. Aus den unzähligen Restaurants und Tavernen empfehlen wir das *Well of the Turks* in der östlichen Altstadt mit arabischen Speisen, das *Tamam* in einem alten türkischen Bad und als Abwechslung mit mitteleuropäischer Küche das kleine *Arti*. Die *Tavernen am Hafenbecken* sind zwar recht teuer, dafür ist man mittendrin im abendlichen Leben Chaniás und kann auf das von den Lichtern der Altstadt glitzernde Wasser schauen.

Einkaufen (S. 237f)

* Für Modebewußte sind die *Einkaufsgassen nordöstlich der Markthalle* Pflicht, hier sind aktuelle Kleidung und Schuhe von internationalen und griechischen Labels erhältlich. Besonders hochwertiges Kunsthandwerk bieten die *Läden im Altstadtviertel Topanas*, so z.B. *Roka Carpets* handgewebte Teppiche. In der *Ledergasse Skridlof* sind vor allem Gürtel und Taschen in allen Lederqualitäten zu finden, einige der Geschäfte fertigen auch auf Wunsch Einzelstücke an. Kulinarisches aller Geschmacksrichtungen in besonders breiter Auswahl und mit der Möglichkeit zum Preisvergleich bietet die *Markthalle*. Wer kurz vor der Abreise noch die Urlaubskasse leeren möchte, findet hier leckere Mitbringsel, die zu Hause die kretischen Erinnerungen verlängern.

Außergewöhnliche Erlebnisse

* Die abendliche *Volta* rund um das venezianische Hafenbecken (S. 631), „Sehen und gesehen werden" gilt für jung und alt, das Gefühl von Geborgenheit in der Menge stellt sich an den warmen Sommerabenden wie von selbst ein. Der *Wochenmarkt* an der östlichen Stadtmauer in der Straße Minoos, kretische Originale und Gemüseverkauf vom Pick-up im dichten Gedrängel der Kunden. Die *Karfreitagsprozession* mit dem geschmückten Sarg Jesu (*epithafio*) durch die Straßen am Rande der Altstadt. Vorweg der Bischof, seine kirchlichen Würdenträger mit dem geschmückten Sarg und die Militärkapelle, dahinter die halbe Stadt mit Kerzen und in feierlicher Kleidung. Ein Abend zwischen Einheimischen und Touristen bei kretischer Live-Musik im *Cafe Kriti* (S. 237), nach dem dritten Retsina feiern auch die Nordlichter.

Chania
Übersicht

N
0 — 300m

Rundgang durch die
Neustadt
1 Ehem. Diplomaten-
   viertel Chalepa
2 Platía Eleftherías mit
   Präfekturverwaltung
   und Gericht
3 Historisches Museum
   und Stadtarchiv
4 Kriegsmuseum
5 Stadtpark
6 Sportstadion

© [f]graphic

Es gibt genügend zu entdecken, und Sie werden sich beim Herumstreifen unzählige Male in den vorwiegend autofreien Straßen und engen Gassen verlaufen und dabei auf Verstecktes stoßen. Sollten Sie mehrere Tage in Chaniá bleiben, verlassen Sie auch die Altstadt und gehen zu Fuß in die östlichen Stadtteile, z.B. ins alte Diplomatenviertel Chalepa mit seinen neoklassizitischen Villen oder in den schönen Stadtpark, gar nicht so weit entfernt von der Markthalle. Lernen Sie den Alltag der städtischen Kreter kennen, er ist anders als das geruhsame Leben der Dorfbewohner, Chaniá ist eine aufstrebende, junge Stadt.

- **Von Chaniá aus durch Kreta**
Chaniá ist idealer Ausgangspunkt für kurze und längere Ausflüge in Westkreta. Gut ausgebaute Hauptstraßen führen in den äußeren Westen und Süden der Präfektur. Alle größeren Orte und auch die schönen Strände von Elafonísi oder Phalássarna sind mit dem Bus erreichbar.
- **½-Tages-Ausflüge**: zu den Ruinen des antiken Áptera (S. 609f) • zum ruhigen See von Agiá und nach Alikianós (auch mit dem Fahrrad) (S. 654f) • in die Schlucht von Thériso (auch mit dem Fahrrad) (S. 657) • ins geschichtsträchtige Kloster Gouniá (S. 676) • in die kretische Provinzstadt Kastelli Kíssamos (S. 683f)
- **Tagesausflüge**: an den Strand von Phalássarna und in die antike Bergstadt Polyrhínia (S. 686f) • auf die einsame Halbinsel Gramvoúsa (S. 684f) • nach Akrotíri – Strände und Klöster (auch mit Fahrrad) (S. 642ff) • in die fruchtbare Omalós-Hochebene an den Rand der Samariá-Schlucht (S. 661ff) • auf die liebliche Halbinsel Drápanon (dort auch mit Fahrrad) (S. 617ff) • nach Georgioúpolis und zum klaren Kournás-See (S. 615f)
- **Am Ende einer Kreta-Reise**
Wenn Sie einen Charterflug von Chaniá aus in die Heimat gebucht haben, sollten Sie auf jeden Fall den letzten Tag in der Stadt verbringen. Es gibt genügend Möglichkeiten, das restliche Geld noch in Schmuck, Keramik oder vielleicht in kulinarischen Spezialitäten anzulegen. Dafür empfehlen wir besonders den Bummel durch die Markthalle.

 Unser Tip
Reservieren Sie sich für die letzte Nacht eines der schönen Altstadtzimmer. So wird Ihr Kreta-Aufenthalt unvergeßlich. Der Flughafen befindet sich rund 12 km östlich von Chaniá auf Akrotíri und ist mit dem Taxi in ca. einer halben Stunde zu erreichen.

 Baden in Stadtnähe
*Der recht saubere **Stadtstrand von Chaniá** mit feinem Sand und flachem Wasser ist von der Altstadt aus in ca. 15 Minuten zu Fuß zu erreichen. Um das Fort Firkas herum die Akti Kanari am Wasser entlang gehen. Am Schwimmstadion und einem kleinen Fischerhafen vorbei. Der Strand ist mehrere hundert Meter lang, an der Uferpromenade liegen mehrere Tavernen, Mini-Märkte und einfache Hotels. Sonnenschirme, Tretboote und Kanus können ausgeliehen werden. Hunde sind nicht erlaubt. Persönlich gefällt uns der Strandabschnitt am Ende der Straße am besten. Der Küste vorgelagert ist die winzige Insel Lazarétta, die früher Quarantänestation der Stadt Chaniá war. Weitere Strände etwa 3 km westlich der Stadt können auch mit dem Stadtbus erreicht werden.*

Geschichte

Chaniá blickt auf eine lange Stadtgeschichte zurück. Es gehört zu den ältesten Städten der Welt überhaupt, für rund 6.000 Jahre kann eine durchgehende Besiedlung nachgewiesen werden. Die frühesten Hinweise durch Funde gibt es für die **neolithische Zeit** etwa **4000 v. Chr.** Fundorte sind die Höhle Ágios Ioánnis in der Nähe des heutigen psychiatrischen Krankenhauses, aus frühminoischer Zeit der Kastelli-Hügel in der östlichen Altstadt und eine mittel-minoische Siedlung beim heutigen Vorort Nerokoúrou. Die auf dem Kastelli-Hügel ausgegrabene *Kydonia –* **minoische Siedlung Kydonia** lag günstig am Wasser und hatte ein fruchtbares *ein* Hinterland. Auch wenn endgültige Beweise noch fehlen, vermuten die Archäolo-*minoischer* gen, daß sich hier ein weiterer minoischer Palast befunden hat. So wurde 1989 im *Palast?* östlichen Altstadtteil Splantzia überraschend ein Adyton gefunden, das ein typisches Element der Neueren Palastzeit ist. Weitere Ausgrabungen könnten Klarheit bringen, doch die Altstadt ist für systematische Flächengrabungen viel zu dicht besiedelt, und so sind die Archäologen auf Zufälle angewiesen.

In der spätminoischen Zeit wird Chaniá ein bedeutendes Handelszentrum, und in der sog. **Nachpalastzeit des 14.-12. Jh. v.Chr.** ist der mögliche Palast von Chaniá als einer der wenigen der Insel wieder aufgebaut. Man nimmt heute an, daß Kydonia zu dieser Zeit das zweite große palatiale Verwaltungszentrum neben Knossós war. Beziehungen bestanden nach Mykene, Zypern, Syrien, Italien und Ägypten. Auch *Homer* erwähnt das damalige Kydonia in einer seiner Schriften: Der Legende nach ist die Stadt von *Kydon*, dem Sohn des *Minos* und der Nymphe *Akakkalis*, gegründet worden. **74 v.Chr.** wird die römische Flotte zwar noch vor Kydonia zurückgeschlagen, aber **69 v.Chr.** muß die Siedlung wie so viele andere kretische Städte vor dem *Konsul Metellus* kapitulieren.

Die Römer errichten in Kydonia sogar ein Amphitheater, doch Spuren der **römischen Besatzungszeit** werden Sie in Chaniá vergeblich suchen. In der frühbyzantinischen Zeit, genauer im **4. Jh.**, wird die Stadt dann **Bischofssitz**, verliert nach zahllosen Angriffen arabischer Piraten und während der Sarazenenherrschaft (**823-961 n.Chr.**) aber an Bedeutung. Die **Venezianer** benennen Kydonia dann in **La Canea** um, nachdem sie als Kolonisten die Stadt am 29. April **1252** übernehmen. Sie wollen den bekannten Wohnstandard auch in La Canea genießen und bauen die zahlreichen Palazzi, von denen viele noch erhalten sind.

Die katholischen Venezianer haben anfangs große Probleme, sich gegen die nach Konstantinopel (das heutige Istanbul) orientierten orthodoxen Christen durchzusetzen. Die Eroberung Konstantinopels durch die Türken **1453** bringt eine gewisse Annäherung nach dem Schock des Verlustes des geistlichen Zentrums. Die *Befestigung* mehrere Kilometer lange **Befestigungsmauer**, die Chaniá noch heute in Teilen *und* umgibt, wird von den Venezianern im **16. Jh.** geschaffen. La Canea tritt aus dem *Auf-* Schatten von Candia, dem heutigen Iráklion, und wird nun eine der wichtigsten *schwung* Siedlungen im Mittelmeerraum, ein reges kulturelles Leben entwickelt sich.

Die **Blütezeit der Stadt** im **16./17. Jh.** bestimmt noch heute die Stadtstruktur und zahlreiche Bauten. Am **22. August 1645** wird die Stadt nach zweimonatiger und verlustreicher **Belagerung** von den **Türken** erkämpft, die von hier aus die Insel erobern. Sie wandeln fast alle Kirchen in Moscheen um, in den Palast des Statthalters zieht der Pascha ein. Neben neuen Moscheen werden auch zahlreiche öffentliche Brunnen und türkische Bäder (*hamam*) gebaut. 1821 führt die **große Revolution** auch in Chaniá, das Zufluchtsort vieler Islamisten wurde, zu blutigen Gemetzeln gegen die christliche Bevölkerung. 1850 ernennen die Türken die Stadt zur neuen Hauptstadt Kretas. 1878 bringt der Vertrag von Chalepa endlich eine Verbesserung der Lebenssituation der Christen, Kreta war zu einer außenpolitisch wichtigen Frage zwischen Griechenland und der Türkei geworden. Durch ein letztes Aufbäumen der Türken mit einem Gemetzel 1897 wird die Autonomie Kretas nur beschleunigt.

1898 ist es so weit, Kreta nach dem Eingreifen europäischer Truppen autonom, Chaniá als **Hauptstadt** erlebt eine neue Blüte. Zahlreiche klassizistische Bauten – ein Stil, den die Bayern nach Griechenland brachten – zeugen heute davon. Die Stadt dehnt sich in neue Bezirke außerhalb der Befestigungsmauern aus. Diese werden teilweise abgerissen, um mehr Platz und neue Bauten (z.B. die Markthalle) in der Altstadt zu schaffen. Nur 15

Hauptstadt des autonomen Kreta

Jahre nach der Befreiung von den Türken wird ein weiterer Wunsch der Kreter Realität. Nach einem Putsch *Eleftherios Venizelos* 1905 (siehe S. 59) und seiner Einsetzung als griechischer Premierminister 1910 schließt sich Kreta 1913 – nach 2.000 Jahren – Griechenland an.

Doch auch Chaniá kommt nur wenige Jahrzehnte zur Ruhe. 1941 landen die Deutschen mit Fallschirm-

Fort Firkas – 1898 wurde hier die kretische Flagge gehißt

springern westlich der Stadt bei Máleme und bombardieren mit Kampfflugzeugen die Altstadt, dabei werden vor allem in Kastelli bedeutende Bauten venezianischer und türkischer Zeit zerstört. Bis 1945 bleibt die Stadt durch die Deutschen besetzt. In der Nachkriegszeit fallen der **Stadtplanung des Wiederaufbaus** weitere Teile der Altstadt zum Opfer, bis man 1965 in rechtzeitiger Einsicht den von der Stadtmauer eingeschlossenen Teil Chaniás zu einem historischen Baudenkmal erklärt. Den Hauptstadtstatus behält Chaniá dann noch bis 1971, zahlreiche neoklassizistische Villen für Diplomaten im Viertel Chalepa sind Zeugnis dieser Periode. 1991 treffen sich der deutsche Bundeskanzler *Helmut Kohl* und der griechische Ministerpräsident *Kostas Mitsotakis* in Chaniá zum 50. Jahrestag der Schlacht um Kreta.

Helmut Kohl in Chaniá

Seit Jahrzehnten wächst Chaniá in einem Suburbanisierungsprozeß immer weiter in sein Umland hinein. Die Stadt wird dabei jenseits der Altstadt nicht unbedingt schöner. Die meisten Touristen aber verbinden mit der Metropole in Kretas Westen lediglich den Bereich der Altstadt um das Hafenbecken, und der putzt sich von Jahr zu Jahr mehr heraus.

INFO   Altstadtsanierung in Chaniá

Chaniás Altstadt ist ein bauhistorisches Juwel von europaweiter Bedeutung. Die zahlreichen venezianischen und türkischen Bauten vermitteln uns ein Bild von Architektur, Bautechniken und Lebensweisen seit dem 13. Jahrhundert. Im Mittelmeerraum gibt es nur wenige Städte (z.B. Venedig, Réthimnon, Dubrovnik), die einen ähnlich geschlossenen Bestand mittelalterlicher Bausubstanz aufweisen. Die Altstadt von Chaniá wurde durch die deutschen **Bombenangriffe 1941** zu etwa einem Drittel

zerstört. Nach dem Krieg gab es keine Institutionen, die sich um den Wiederaufbau der Stadt kümmerten. Die meisten Bewohner Chaniás lebten von der Landwirtschaft und hatten nur geringe Einkommen. Um die Stadt zu beleben, mußte der Wiederaufbau improvisiert, schnell und ohne Rücksicht auf wertvolle Baudetails vollzogen werden. Vielleicht ist das Fehlen einer übergeordneten Konzeption nachträglich sogar ein Glück, denn eine moderne, autogerechte Flächensanierung der Innenstadt blieb Chaniá so erspart.

1965 wurde die Altstadt unter **Denkmalschutz** gestellt. Alle Baumaßnahmen müssen mit den Behörden abgestimmt werden, um den Originalzustand zu erhalten bzw. wiederherzustellen. So darf für Fenster und Türen nur Holz, nicht Metall oder Kunststoff verbaut werden. Ziel der Altstadtsanierung ist es, das architektonische Erbe zu bewahren, zu erfassen und zu dokumentieren und gleichzeitig einen lebendigen Wohnstandort zu erhalten bzw. zu schaffen. Die Sa-

Chaniá – 6.000 Jahre Geschichte

nierung wird mit EU-Mitteln bezuschußt, diese Förderung deckt analog der deutschen Stadtsanierung die nicht rentierlichen Kosten ab, die durch die aufwendige, fachgerechte Restaurierung entstehen können. Die Sanierung war erfolgreich, Chaniá ist **kein Baumuseum**, in fast allen Gebäuden wird auch gewohnt oder gearbeitet. Auf engstem Raum leben die Menschen zusammen, wegen der Wärme spielt sich das Privatleben Tag und Nacht in den Gassen vor den Häusern ab. Dem Besucher vermittelt Chaniás Altstadt das Gefühl, nach Hause zu kommen, auch wenn er die Stadt das erste Mal besucht.

Chaniás Sehenswürdigkeiten – zwei Stadtrundgänge

Die interessantesten Sehenswürdigkeiten liegen dicht beieinander und sind zu Fuß in kurzer Zeit erreichbar. Nur als Anhaltspunkt empfehlen wir Ihnen eine **Route durch die Altstadt,** auf der Sie Chaniá kennenlernen und die ständig wechselnde Atmosphäre der Stadtteile genießen können. Die Route finden Sie auch im Stadtplan im hinteren Umschlag.

Öffnungszeiten von Museen und Sehenswürdigkeiten
entnehmen Sie bitte der gelben Seite 239
Einen detaillierten Stadtplan mit dem Rundgang finden Sie als Farbkarte im Umschlag.

Beginnen Sie ihren Fußweg am Schnittpunkt von Alt- und Neustadt – an der Markthalle am Rande der Platia S. Venizelou.

Die **Markthalle (Agora) von Chaniá (1)** sollten Sie unbedingt besuchen. Sie können auch am Ende der Stadttour zurückkommen, wenn Sie Ihre Einkäufe nicht den ganzen Tag mit sich tragen wollen. Früher stand an der Stelle der Markthalle die venezianische Bastion Pittafora, die zur Stadtmauer gehörte. Im Jahr der Vereinigung mit Griechenland trug man die Festung ab, füllte den Stadtgraben mit Erde auf und errichtete *1913* nach einem Vorbild im französischen Marseille die als **griechisches Kreuz** angelegte Markthalle. Sie ist ein lebendiger, lichtdurchfluteter und im Sommer angenehm kühler Bau. Von Obst und Gemüse über Käse, Fleisch, Fisch, Kräuter und Alkoholika wird hier alles angeboten, was der Gaumen begehrt. In kleinen Küchen werden Speisen frisch zubereitet und angeboten. *Kulinarische Meile*

Groß ist die Auswahl, wenn Sie kulinarische Mitbringsel suchen. Zu empfehlen sind die zahllosen Kräutermischungen und ganze, haltbare Käse (z.B. den *Anthotiros* oder einen *Graviera*). Mit Stativ oder Blitz können nen Sie atmosphärische Fotos schießen, ansonsten ist es etwas dunkel. *Geöffnet ist die Markthalle morgens bis mittags und am späten Nachmittag.*

In der Markthalle von Chaniá

Verlassen Sie die Markthalle an ihrem westlichen Ausgang und und gehen Sie hinunter zur Querstraße Mousouron. An ihrem Ende links abbiegen und geradeaus weiter in die **Ledergasse Skridlof (2)**. Noch vor einem Jahrzehnt wurde das Leder hier in zahlreichen kleinen Betrieben vor Ort verarbeitet, heute werden Taschen, Gürtel und Schuhe in Fabriken außerhalb des Stadt produziert und in einem der zahllosen Geschäfte in der Straße Skridlof verkauft. Lediglich zwei alte Schuhmacher werkeln noch in ihren Läden und stellen z.B. die berühmten kniehohen kretischen Schaftstiefel *stivália* in verschiedenen Größen her. *Günstiges aus Leder*

Am Ende der Gasse stoßen Sie auf die quirlige Straße Chalidon. Gehen Sie hier rechts hinunter, vorbei an Autovermietern, Souvenirläden, Fashion-Shops und Fast-Food-Läden. Rechts an einem großen Platz liegt die 1864 gebaute **Kathedrale Panagía Trimartiris (3)**. Kaum zu glauben, daß die Türken sie vorübergehend als Seifenfabrik benutzten. Auf dem Platz vor der Kathedrale stehen fast immer Straßenverkäufer mit Nüssen und getrockneten Früchten. Probieren Sie mal eine kleine Tüte zum Knabbern. Abends ist die Kathedrale das Ziel vieler Griechen, die Kerzen entzünden und die Ikonen neben dem Altar küssen.

Gegenüber der Kathedrale liegt in der Chalidon das **Archäologische Museum (4)**, eines der schönsten Museen der Insel. Seit 1963 ist es in dem einzigartigen gotischen Sakralbau der **Klosterkirche San Francesco** untergebracht, der größten von 23 Kirchen der Venezianer in La Canea. Die Kirche ist eine dreischiffige Pfeilerbasilika aus dem 16. Jh. Das Museum beherbergt eine interessante Sammlung von Funden vorwiegend aus der Präfektur Chaniá. Beginnend in der neolithischen und frühminoischen Zeit über Fundstücke der griechisch-schwedischen Augrabungen auf dem Kastelli-Hügel (z.B. zahlreiche minoische Siegel) bis zu römischen Bodenmosaiken aus Chaniá. Glas aus der Manufaktur von Tharra an der Südwestküste, Statuen aus verschiedenen Heiligtümern (z.B. aus Lissós bei Soúgia (S. 701f) und Elyros) oder mit minoischen Motiven bemalte Tonsarkophage (*larnakes*) aus der Nekropole bei Arméni/Réthimnon.

Prächtige Museumshalle

Unser Tip

Auf jeden Fall nach dem Besuch der Ausgrabungen Westkretas noch einmal in das Museum kommen und die Funde nun mit ganz anderen Augen auch in die Landschaft einordnen.

Neben dem Museumseingang gibt es einen kleinen Laden, der autorisierte Nachbildungen populärer Fundstücke verkauft. Im Hofgarten steht neben Portalen venezianischer Palazzi ein zwölfseitiger Reinigungsbrunnen aus der Zeit als türkische Jusuf-Pascha-Moschee erhalten.

Das ehemalige türkische Bad auf der anderen Straßenseite gegenüber dem Museum mit seinen kleinen Kuppeln wurde 2000 restauriert und beherbergt nun kleine Geschäfte.

Vom archäologischen Museum nur wenige Schritte die Chalidon hinauf sind es zur **Katholischen Kirche** und zum **Folkloremuseum.** Die Kirche liegt etwas zurück von der lebhaften Straße und ist ein angenehmer Platz für eine kurze Auszeit vom städtischen Rummel. Die Kirche ist vor wenigen Jahren innen in einnehmenden Pastelltönen renoviert worden und eine Oase der Ruhe in der ansonsten hektischen Geschäftsstraße Chalidon. Der Eingang zum Folkloremuseum liegt gegenüber im Innenhof. Ausgestellt sind dort Utensilien aus dem vergangenen kretischen Alltag, darunter Küche und Schlafzimmer eines alten Bauernhauses. Mit Hilfe großer Puppen sind traditionelle Handwerkszweige dargestellt.

Folgen Sie nun der Chalidon leicht hinab Richtung Hafen. Am Ende der Straße stoßen Sie auf den **Santrivani Platz (5).** Dieser Platz, der mittlerweile offiziell Venizelou-Platz heißt, ist einer der wenigen größeren Freiräume in der Altstadt. Er bildet den Schnittpunkt von östlicher und westlicher Altstadt, mehrere Hauptgassen laufen hier zusammen, zur Tag- und Nachtzeit herrscht lebhaftes Treiben. Der ursprüngliche Name Satrivani stammt aus dem Türkischen und heißt so viel wie Brunnen oder Fontäne. Die zwischen 1551 und 1554 gebauten Wasserleitungen von den Quellen beim Dorf Perivola führten bis zu dieser Stelle.

Lebendiger Platz

Der Platz diente als Versammlungsort der Christen Chaniás. Heute wird die Stadt Chaniá vom wenige Kilometer südlich gelegenen Agiá aus versorgt.

Die **Kulisse am venezianischen Hafen** hätte kein Architekt oder Städtebauer formvollendeter erdenken können. Die Staffelung und Farbigkeit der alten Gebäude am fast kreisrunden Hafenbecken sind einzigartig auf Kreta und im östlichen Mittelmeerraum.

Kulisse am venezianischen Hafen

Die **Promenade** um das runde Hafenbecken ist fest in gastronomischer Hand. Wo am Hafenbecken eine Taverne endet und die nächste beginnt, erkennt man nur an den unterschiedlichen Bezügen von Tischen und Stühlen. Aber nicht nur Touristen, vor allem die Chanioten flanieren abends zwischen Portraitmalern, Karrikaturisten, Luftballon- und Blumenverkäufern. Die Tavernen und Café-Bars sind in der Saison meist bis zum letzten Platz besetzt. Die Speisenkarten werden direkt auf der Promenade präsentiert, die Kellner buhlen um die Gunst der Gäste. Im Westteil des Hafenbeckens kann man sich in einer Gondel fotografieren lassen oder eine „Champagner-Tour" unternehmen. Während in deutschen Restaurants die Kellner gegen Mitternacht das Trinkgeld zählen, wird hier noch munter Essen bestellt, die **Volta**, das allabendliche Flanieren, ist in vollem Gang. Je später der Abend, desto jünger die Flaneure, das Hauptgeschäft machen in den neuen Stunden des Tages Cafés, Bars und Diskotheken.

Abendliche Volta am Hafen

Firkas-Burg mit dem Nautischen Museum (6)

Die Firkas-Burg oder Fort Firkas am nordwestlichen Hafenende ist eine venezianische Festung, die der Unterbringung von Soldaten diente. Durch einen Torbogen hindurch betritt man den Paradeplatz, von dem die Türen zu den ehemaligen Unterkünften der Soldaten abgehen. In der Mitte des Platzes lag früher eine Zisterne, die das Regenwasser von den Dächern sammelte. Über einer der oberen, reich verzierten Portale kann man die Steinskulptur des Markus-Löwen von Venedig ausmachen, die Türken haben dieses Signet der Venezianer während der Epoche ihrer Besatzung nicht zerstört. Die Firkas-Burg war lange ein Ort des Schreckens und diente sowohl den Türken als auch den Deutschen während der Besatzungszeit als Gefängnis. Heute finden im Innenhof Kulturveranstaltungen und Konzerte statt.

Historisch bedeutendes Fort

Das nördliche Ende der Firkas-Burg ist einer der historisch bedeutendsten Punkte Kretas. Hier wurde am 1. Dezember 1913 erstmals die griechische Flagge gehißt, von keinen geringeren als *Eleftherios Venizelos* und *König Konstantin*. Nach fast 2.000 Jahren gehörte Kreta nun wieder zu Griechenland. Eine Marmortafel erinnert: „*Türkenherrschaft auf Kreta 1669-1913. 267 Jahre, 7 Monate und 7 Tage. Jahre des Leidens*".

Direkt im Eingang zur Burg liegt seit 1973 das **Nautische Museum von Kreta**. Gezeigt wird anhand zahlreicher Modelle die Geschichte der kretischen Schifffahrt von den Minoern bis zur modernen, griechischen Marineflotte. Einmalig sind die detailliert gearbeiteten Modelle von Schiffen der Antike. Sie vermitteln mit ihren kleinen Segeln und den zahlreichen Rudern ein Bild davon, was die Seefahrt zu dieser Zeit an Anstrengung bedeutet hat. Selbst die Venezianer mußten ihre Schiffe im 16. Jh. noch mit weit über 200 Männern rudern lassen, wenn der Wind nachließ. Im Erdgeschoß befindet sich zudem eine maßstäblich (1:500) verkleinerte Nachbildung des venezianischen La Canea und seines Hafens. Für Kinder spannender ist der Raum mit allerlei Meeresgetier und einer Muschelsammlung. Im Obergeschoß finden Sie u.a. eine Ausstellung zur Schlacht um Kreta im Mai 1941, emotional gestaltet, aber informativ.

Schiffs-modelle

Byzantinische Sammlung in der Kirche San Salvatore (7)
Bis zur Bombardierung im 2. Weltkrieg stand an dieser Stelle ein großes venezianisches Kloster, das einst von Franziskaner-Mönchen errichtet wurde. Übrig geblieben ist nur das Katholikon aus dem 15.-17. Jahrhundert, die Einraumkapelle San Salvatore. Nach ihrer Restaurierung beherbergt sie nun eine Sammlung byzantinischer Kunst aus der Präfektur Chaniá. Diese Sammlung zeigt auf kleinstem Raum eine Vielfalt der christlichen Epoche vom 6. bis ins 17. Jahrhundert. Teile originaler Fresken und Ikonen aus Kirchen der heutigen Präfektur, Münzen und Schmuck, Grabbeigaben und -inschriften sind in dem hellen Raum hervorragend präsentiert und erklärt. In der Mitte des Raumes ist der Mosaikboden einer frühchristlichen Basilika in Kastelli ausgestellt. Den kurzen Besuch sollten auch Museumsmuffel nicht auslassen.

Unten am Parkplatz, nahe beim Wasser, erinnert eine moderne **Skulptur** an den Untergang des Fährschiffes „Iráklion" auf dem Weg von Piräus nach Chaniá am 8. Dezember 1966. Eine aus einem Strudel aufragende Hand neben einer Schiffswand symbolisiert das Unglück, bei dem Hunderte in den kalten Fluten ertranken. Letztendlich war die Katastrophe Auslöser für die Gründung der kretischen Fährgesellschaft ANEK durch die Initiative von *Bischof Irenäus (lesen Sie dazu auch S. 103).*

Die **venezianische Mauer** als Begrenzung der Altstadt ist hier am westlichen Rand besonders gut erhalten. Unterhalb liegt der breite Graben, in dem sich heute statt Wasser ein Fußballplatz befindet. Der *1538* begonnene Bau der Steinmauer dauerte 12 Jahre, dann konnten die breiten Gräben mit Seewasser geflutet werden, um die Stadt gegen Feinde zu schützen. Die Mauer hatte herzförmige Bastionen an allen vier Seiten. Architekt war **Michele Sanmicheli** aus Verona (1484-1559), der auch in Iráklion, Réthimnon und Rhodos für die Konstruktion der Befestigungswälle verantwortlich war. Betrachten Sie einmal genauer die Außenwände der 20-25 m hohen Befestigung. Diese sind nicht senkrecht, sondern weisen eine Neigung von rund 20 Grad auf. Die Venezianer berechneten, daß bei diesem Winkel die Kanonenkugeln der Angreifer abgelenkt würden und kaum

Tricks beim Mauerbau

Schäden anrichten konnten. Ein Kragstein unterhalb des oberen Mauerrandes sollte es ermöglichen, angestellte Belagerungsleitern einfach wieder abzustoßen. Zahlreiche Kanonen waren nahe dem Meeresspiegel in die Mauer eingelassen, schließlich sollte der Rumpf und nicht die Masten des angreifenden Schiffes getroffen werden. Alles umsonst, trotz aller Vorsichtsmaßnahmen dauerte die **Belagerung** Chaniás durch die Türken nur 2 Monate, und am 22. August 1645 mußte die Stadt von den Venezianern übergeben werden.

Entweder man geht außen an der Mauer entlang oder innen durch die schöne, schattige Odos Theotokopoulou, die nach dem berühmten kretischen Maler *Domenico Theotokopoulou* – kurz „*El Greco*" – benannt ist. Am Ende der Theotokopoulou stoßen Sie auf die Zambeliou, in der sich einige der schönsten Geschäfte der Altstadt befinden (z.B. *Roka Carpets, Aenaon*).

Fototip
Gegenüber der Nr. 14 führt ein Durchgang zur rückwärtig verlaufenden, schmalen Odos Veneri. Mehr Altstadtidylle geht kaum.

Topanas-Viertel

Dieser Teil der Altstadt ist zusammen mit dem südlich angrenzenden Evraiki-Viertel wohl der schönste Teil der Altstadt. In den verwinkelten Gassen befinden sich zahl-

Altstadtgasse mit türkischen kióski

reiche interessante Geschäfte. Das Wort **Topanas** kommt aus dem türkischen (Top-Hane) und bedeutet soviel wie Pulvermagazin. Dieses befindet sich noch heute am Ende der Theotokopoulou Straße an der Stadtmauer, etwas unterhalb des Hotels *Xenia*. Fast alle Gebäude im Viertel Topanas sind venezianischer oder türkischer Herkunft. Die meist venezianischen Gebäude mit streng geometrischen vertikalen und horizontalen Grundlinien, die Fenster und Türen sind mit passend behauenen Kalksteinen umfaßt. Die türkisch geprägten Gebäude sind teilweise mit Holzbalkonen in den oberen Geschossen nachgerüstet worden. Diese **Holzbalkone (kióski)** sollten es den muslimischen Frauen ermöglichen, aus den Fenstern auf die Straße zu sehen, ohne sich den Blicken der Männer auszusetzen. Ursprünglich von den türkischen Besatzern eingeführt, aber heute auch unter den Griechen als Glücksbringer üblich, ist die Verwendung eines Türklopfers, der die Hand der Tochter des *Propheten Mohammed, Fatima,* symbolisiert.

Altstadt-idylle
Topanas

Zahlreiche **venezianische Palazzi** befinden sich in den Seitenstraßen (*paralia*) etwas rückwärtig von den früher lauten und stinkenden äußeren Hafengassen. Dort wurden die Waren angelandet und auf Eseln in die nahegelegenen Lagerhäuser gebracht. Die Menschen wohnten bevorzugt oberhalb des Hafens. Venezianische Palazzi bieten sich heute ideal für stilvolle, ruhige Hotels der oberen Klasse an. Das haben viele Chanioten rechtzeitig erkannt und z.B. das *Casa Delfino* oder das *Amphora Hotel* geschaffen.

Ein besonders prachtvoller Palazzo ist der **Reniéri-Palast (8)** in der Odos Moschon. Fertiggestellt wurde er 15. Januar 1608. Schräg gegenüber liegt in der Bebauung der Eingang zur schlichten Einraumkapelle Ágios Nikólaos, die einst Familienkapelle der Reniéris war. Der englische Reisende *Lithgow* will Ende des 17. Jh. in Chaniá 97 venezianische Paläste gezählt haben.

Bastion San Shiavo (9)
Ein Weg führt auf die Bastion hinauf, von der man einen Rundblick über die gesamte Stadt genießt. Die Dächer der Altstadt und der Blick in die Gassen, die Flutlichtmasten des Stadions im Osten und im südlichen Hintergrund die Gipfel der Lefká Óri, der Weißen Berge.

Alles Handarbeit bei Roka Carpets

Jüdische Synagoge (10)
Durch eine schmale Gasse von der Straße Parodos Kondilaki erreicht man die jüdische Synagoge im Viertel Evraiki. Von der Venezianern errichtet, übergaben die Türken den rund 300 in Chaniá lebenden Juden das Gebäude zur Ausübung ihrer Gottesdienste. Die kretischen Juden lebten etwa seit dem Ende des 15. Jh. auf der Insel, nachdem sie vor der Inquisition hierher flohen. Die Synagoge war das Zentrum des Judenviertels Evraiki, das bis zur **Deportation** der kretischen Juden durch die Nazis 1944 in Chaniá existierte. In der Nacht zum *21. Mai 1944* wurden die Bewohner zusammengetrieben und in das Gefängnis bei Agiá gebracht. Wertsachen mußten abgegeben werden, Zahngold wurde seinen Trägern brutal entfernt. Die chaniotischen Juden sollten wie andere Juden vom Festland nach Auschwitz deportiert werden. Doch das Schiff wurde auf der Überfahrt nach Piräus versenkt. Die Nazis propagierten einen britischen Angriff, hatten den Untergang aber wahrscheinlich selbst inszeniert. In der restaurierten Synagoge werden heute wieder Kulturveranstaltungen durchgeführt, achten Sie auf das aushängende Programm.

Deportierung Chaniás Juden

Küçük-Hasan- oder Jannisari (Janitscharen)-Moschee (11)
Die Moschee ist das älteste ottomanische Gebäude auf der ganzen Insel, gleich nach der Eroberung Chaniás durch die Türken im Jahr *1645* erbaut. Die zentrale, große Kuppel ist der älteste Teil, der seitliche Anbau im neoklassischen Stil und mit den vielen kleinen Kuppeln stammt erst aus dem Jahr 1880. Ein Minarett an der rechten Seite ist der Bombardierung 1941 zum Opfer gefallen. Schon seit 1923 hat die Moschee ihre eigentliche Funktion verloren und diente abwechselnd als Café, als Büro der Touristeninformation und der Hafenpolizei. Heute wird das wunderschöne Gebäude für Ausstellungen genutzt.

Auf der Ecke ist der Standplatz der **Pferdekutschen**, die eine Fahrt durch die Altstadt anbieten.

Die Venezianischen Werften (arsenali)

Innerer Hafen (Fischerei- und Yachthafen)

Der innere Hafen hatte in venezianischer Zeit die Funktion des Werfthafens. Hier befinden sich noch heute 7 *Arsenali* – ursprünglich einmal 17 –, Hallen-Trockendocks, in denen seit der 2. Hälfte des 16. Jahrhunderts Schiffe gebaut und repariert wurden. **Venezianische Werften (12)**: Die Schiffe konnten direkt aus dem Wasser in die geschützten Docks gezogen werden. Ähnliche *Arsenali* befinden sich auch im alten Hafen von Iráklion. In den venezianischen Hallen finden heute Ausstellungen und kulturelle Veranstaltungen statt.

Halb-tonnen-förmige Werft-hallen

Im inneren Hafen liegt seit 1992 auch die **Marina von Chaniá**, in der im Sommer prächtige Segel- und Motoryachten ankern.

Um den Hafen herum gelangen Sie in 20 Minuten zum **Leuchtturm** an der Spitze der Ostmole, vorbei an den Netzen, die die Fischer hier zum Trocknen auslegen. Wie im äußeren Hafen haben auch hier zahllose Tavernen ihre Stühle herausgestellt, aber es ist alles etwas ruhiger und familiärer, zumeist auch günstiger. Am Ostende des Hafenbeckens dienen die Hallen der venezianischen **Werften *Tou Moro*** den Fischern als Lagerräume. Werfen Sie einen Blick in die riesigen, tonnenförmigen Gewölbe, die wie Segmente alter Straßentunnels anmuten. Im Schatten davor sitzen die Fischer, flicken ihre Netze und unterhalten sich bei Kaffee oder einem frischen Salat über Politik oder den letzten Fang.

Auf halbem Weg zum Leuchtturm liegt in die Mole eingebettet die **Bastion Ágios Nikólaos tou Molou**, heute die Taverne *Fortezza*. Hier lassen sich sicher ein paar Stunden verbummeln, dabei geht der Blick auf den Hafen von Chaniá und zurück bis in die Lefká Óri. Tip: Abends bringt eine kleine Fähre Gäste kostenlos zur Taverne. Abfahrt am gegenüberliegenden Steg im Hafen.

Weg zum Leucht-turm

Der **Leuchtturm (13)** in der Form eines Minaretts wurde *1830* von ägyptischen Truppen, die von 1824 bis 1832 auf Kreta Rebellen bekämpften, errichtet. Seine Basis ist jedoch venezianisch. Auch heute noch zeigt er Tag und Nacht die enge Hafeneinfahrt an, die in veneziani-

Der Leuchtturm an der Hafeneinfahrt

scher Zeit mit einer langen Kette unpassierbar gemacht werden konnte. Vom Leuchtturm hat man einen schönen Blick zurück in den Hafen von Chaniá oder hinaus auf das Meer.

Abstecher in das Stadtviertel östlich des Hafens

*Strandpro-
menade
der
Chanioten*

Ein sehr ursprüngliches, bei jungen Griechen beliebtes Viertel liegt östlich des Hafens hinter der Bastion Sabbionara, die in das Meer hineinragt. Eine Reihe von Szene-Treffs wie das *Cafe Bazaar* oder das *Cafe Planitarion* ziehen abends das studentische Publikum an, nur wenige Touristen verirren sich hierher. Der Blick geht weit auf das Meer hinaus, die Atmosphäre ist wesentlich entspannter als am lauten Hafenbecken im Zentrum Chaniás. Noch weiter östlich schließt das Stadtquartier Koum-Kapi an, in dem von der Mitte bis zum Ende des 19. Jh. eine Zeltstadt der Bengasi-Araber gestanden hat. Sie waren von den ägyptischen Besatzern hierher verbannt worden.

Gehen Sie durch die Straße Minoos noch innerhalb der Stadtmauern bis zur Seitenstraße Vourdouba. Hier rechts abbiegen zur Platia 1821. Das östliche **Altstadtviertel Splantzia** war ein hauptsächlich von Türken bewohntes Quartier, die heutige Platia 1821 ihr Versammlungsplatz.

Platia 1821 / Kirche Ágios Nikólaos (14)

*Kirchturm
und
Minarett*

Die **griechisch-orthodoxe Kirche** basiert auf den Gebäudeteilen eines älteren Dominikaner-Klosters aus venezianischer Zeit (14. Jh.). 1645 wurde es von den Türken in die Sultan Ibrahim Pascha-Moschee umgewandelt. Aus der Besatzungszeit stammt das hohe **türkische Minarett** auf der rechten Seite der Kirche, das nach einem Beinahe-Einsturz 1994 erst kürzlich mit Mitteln der EU restauriert wurde. Im Jahr 1821 begann der Freiheitskampf der Griechen gegen die Türken. Am 19. Juni diesen Jahres wurde der damalige Bischof von Kíssamos, *Melhisedek Despotakis*, von den Türken aus der Kirche getrieben und an einer der mächtigen Platanen auf diesem Platz aufgehängt.

Der Platz, unter dem bis zu einem Erdbeben 1595 eine riesige Zisterne gelegen hat, war während der türkischen Herrschaft ein Versammlungsplatz der Besatzer. An der Nordseite der Platia 1821 liegt die kleine **venezianische Kirche St. Rocco**, 1630 im italienischen Renaissance-Stil errichtet. Auf dem Platz können Sie unter schattenspendenden Platanen ausruhen, die umliegenden Kafenia oder der Periptero bieten gekühlte Getränke, gegen frühen Abend sitzen die Männer und der Papas der Ágios Nikólaos Kirche im Kafenion *To Kafenelo*, spielen Tavli und plaudern.

Schräg gegenüber dem Restaurant *The Well of the Turk* in der Straße Kallinikou Sarpaki weist ein Schild an der Mauer auf die **Kirche Agía Iríni (15)** hin. Eher zufällig wurde diese venezianische „Untergrundkirche" entdeckt. In den 1980er Jahren fiel die davor stehende zweistöckige Außenwand einfach um und gab ihren Schatz preis. Ein paar Stufen führen in das Halbdunkel des Tonnengewölbes hinab, dieses muß heute wegen Einsturzgefahr abgestützt werden. Agía Iríni ist von der Bevölkerung zurückgenommen worden, beständig brennen Kerzen vor den farbenfrohen Ikonen. Gut kann man nachempfinden, wie die Orthodoxen in der Zeit

INFO   ## Der Verein Arche Noah – Hilfe für Kretas ungeliebte Haustiere

An der Straßenecke Daskalogianni/Kalinikou Sarpaki liegt das Stadtbüro des **Tierschutzvereins Arche Noah Kreta e.V.**, der es sich zur Aufgabe gemacht hat, verwahrloste und mißhandelte Hunde, Katzen und andere „Haustiere" der Insel in Obhut zu nehmen und, wenn möglich, nach Deutschland zu vermitteln und zu transportieren. Nahe Chaniá unterhält der Verein auf der Halbinsel Akrotíri ein eigenes Tierheim, in dem mehrere hundert Hunde, Katzen und Esel entweder auf ihre Ausfliegung warten oder zumindest ihr Gnadenbrot verzehren dürfen. Der Verein führt zudem mit der Hilfe freiwilliger deutscher Tierärzte Sterilisationen durch. Seele des Vereins ist auf Kreta die Hamburgerin *Silke Wrobel*, die seit 1989 als „Tier-Mami" von Kreta bekannt ist. Sie ist häufig auch im Büro anzutreffen. Mag sein, daß z.B. Hunde oder Esel auf Kreta traditionell eine andere Rolle als die des Gefährten des Menschen haben, doch die Mißhandlung und Tötung von Tieren sind damit nicht zu entschuldigen. Immer wieder muß der auf Kreta nicht gerade geliebte Verein gegen die Behörden

Silke Wrobel kämpft für Tiere

kämpfen, so etwa im Mai 2000, als auf Anordnung der Veterinärbehörde 169 angeblich an der auf Menschen übertragbaren Leishmaniose erkrankte Hunde eingeschläfert werden sollten. Arche Noah witterte eine konzertierte Aktion und ließ das Blut der Tiere in Deutschland untersuchen. Gerade mal 7 Hunde waren wirklich positiv erkrankt. Sogar der BILD war der drohende Tod auf Anordnung kretischer Behörden eine Schlagzeile wert.

Der **Verein Arche Noah Kreta e.V.** sucht ständig Urlauber, die den Transport eines Tieres nach Deutschland übernehmen. Dabei wird das Tier kurz vor dem Abflug übergeben und nach der Ankunft in Deutschland von Partnern des Vereins abgeholt. Für den Reisenden eigentlich keine Belastung. Doch nicht alle Fluggesellschaften lassen den Transport der Tiere überhaupt zu. Es soll auch hier darauf hingewiesen werden, daß diese Form des „Tiertourismus" auch unter deutschen Tierschützern nicht ganz unumstritten ist. Bilden Sie sich bitte Ihre eigene Meinung. Neben Mitgliedschaften in der Arche Noah Kreta e.V. vermittelt der Verein Patenschaften für die im Tierheim befindlichen Tiere, die auf Kreta bleiben werden. Eine regelmäßige Zeitschrift informiert über die Arbeit vor Ort, sie kann auch aus dem Internet heruntergeladen werden.

Die Kontaktadressen finden Sie in den gelben Seiten Chaniá, S. 241.

der türkischen Besatzung, ihrer großen Kirchen, beraubt an solchen Orten ihre Religion ausüben mußten.

Das **Minarett der Aga-Moschee (16)** in der schmalen Gasse Chatzimichali Italiani ist eines der beiden noch existierenden Minarette Chaniás. Der Halbmond auf der Spitze und der Balkon für die Gebetsaufrufe des Muezzin sind erhalten. Der helle, rund gemauerte Turm überragt weithin diesen Altstadtteil.

Kastelli-Hügel

6.000 Jahre Stadt-besiedlung Kastelli kommt aus dem Venezianischen und heißt so viel wie Kastell oder Burg. Der Kastelli-Hügel ist das **älteste Siedlungsgebiet** von Chaniá, sozusagen die Keimzelle der Stadt. Bis in die neolithische Zeit 4.000 Jahre vor Christus reichen die Funde zurück. Der Kastelli-Hügel ist von den Resten einer byzantinischen Befestigungsmauer umgeben, hier lag die eigentliche Stadt Kydonia. Erst 961, nach der Rückeroberung durch den byzantinischen General *Nikephoros Phokas*, wurde die Mauer zum Schutz vor Angriffen arabischer Piraten aus Resten früherer römischer und griechischer Gebäude aufgetürmt. In den Luftangriffen von 1941 zerstörten deutsche Bomber 75 % der Gebäude in Kastelli, unter anderem auch zwei Tore der Mauer um Kastelli, zahlreiche der großzügigen Palazzi und die große Kathedrale der Jungfrau Maria.

Ausgrabungen auf dem Kastelli-Hügel

Kurioserweise führten aber die Zerstörungen der Deutschen auch zu den Ausgrabungen auf dem Kastelli-Hügel, nachdem in den Trümmern Tonscherben von minoischen Töpfereien entdeckt wurden. Man besann sich auf einige klassische Werke, in denen der Ort Kydonia (Haus des *Kydon*, Enkel des *König Minos*) hier lokalisiert wurde. Die **griechisch-schwedischen Grabungen** unter der Leitung von *Tzedakis* und *Hallager* rund um die **Platia Agia Ekaterini (17)** brachten seit 1964 zahlreiche Fundamente von großen Häusern der minoischen Zeit um 1600 v.Chr. zu Tage. Die bautechnisch hochwertige Ausstattung und feine Töpferei deuteten auf eine sehr bedeutende Siedlung hin. Die Haustypen und ihre Besonderheiten wie Vieltürensaal oder Lichthof sind z.T. identisch mit den in Knossós, Malia und Féstos gefundenen, ein **minoischer Palast** deshalb auch hier in Chaniá ernsthaft zu erwägen. Viele Häuser sind nach 1450 v.Chr., dem minoischen Katastrophenjahr, in dem auch Kastelli gebrannt haben muß, wieder bewohnt und aufgestockt worden.

Neben Knossós war Kydonia ein bedeutendes Verwaltungszentrum, während die Paläste des Ostens und Südens nicht wieder besiedelt wurden. Zahlreiche **Ausgrabungen** liegen

Jahresgott auf einem minoischen Siegel

direkt an den Straßen, wirken aber vernachlässigt und sind zudem mit Zäunen gesichert und nicht zugänglich. Am umfangreichsten ist die Ausgrabung direkt an der Odos Kanevaro, dem früheren Corso vom Ost- zum Westtor der Stadt. Es ist zu vermuten, daß unter dem gesamten Kastelli-Hügel Reste der minoischen Stadt Kydonia in geringer Tiefe entdeckt werden könnten. Funde vom Kastelli-Hügel finden Sie im Archäologischen Museum, z.B. eine 3.500 Jahre alte Tontafel mit Inschriften in Linear A. Bekanntestes Fundstück aus Kydonia ist ein **Tonsiegel** mit der Darstellung eines Herrschers oder Gottes, der über einer Stadtanlage mit Palastfassade steht.

In der Odos Agiou Markou sind die Reste (Arkaden) der 1606 erbauten **Kloster-kirche Santa Maria di Miracoli** zu finden. Am Ende der Straße befindet sich in einem Gebäude, das einst als Gefängnis diente und auf den Teilen eines venezianischen aufgebaut ist, ein Teil der Technischen Hochschule. Nebenan residierte in einem neoklassischen Gebäude seit 1898 die Regierung Kretas.

Am Ende der Odos Lithinon befindet sich das neoklassizistische Gebäude Pandora Suites, Ende des 19. Jahrhunderts mit seinem schönen Atrium und dahinter gelegenen Räumen gebaut. Kurz dahinter der **Palast des Rektors (18)**, der ehemalige Sitz des venezianischen Statthalters. Das Gebäude ist durch die deutsche Bombardierung 1941 schwer beschädigt worden. Der Palazzo stammt aus dem Jahr 1624, wie eine Inschrift bei der Tür zeigt. Die 4 ist dabei als IIII und nicht als IV ausgeführt, ein Fehler des Steinmetzes. Ursprüngliche Funktion des Gebäudes war die eines Archivs. Beim Blick auf das äußere Eingangsportal zeigt sich ein Kuriosum. Tür und Steinbogen sind nachträglich etwas nach rechts versetzt worden, vielleicht um innen an eine neue Treppe anzuschließen.

Venezia-nischer Palazzo

Chaniá – ein Rundgang durch die moderne Stadt

Sollten Sie etwas mehr Zeit für Chaniá eingeplant haben – und das ist zu empfehlen –, gehen Sie **zu Fuß in die Neustadt** und die östlichen Stadtteile von Chaniá. Hier leben die meisten Chanioten, hier spielt sich ihr Arbeitsalltag ab, der mit der beschaulichen Touristenidylle der Altstadt kaum etwas gemeinsam hat. Im folgenden ein kurzer Rundweg, der ca. 2-3 Stunden dauert. Wegen der Museumsöffnungszeiten am besten morgens starten.

Hinweis
Den Rundweg durch die östliche Neustadt finden Sie auf der Übersichtskarte S. 624.

Wiederum von der Markthalle folgen Sie der Hauptstraße El. Venizelou Richtung Akrotíri vom Stadtzentrum weg. Die Straße ist stark befahren und laut, Sie finden hier jedoch einige alte Geschäfte: in Nr. 25 eine historisch anmutende Bäckerei, die ihr Brennholz vor dem Haus aufgestapelt hat, in Nr. 60 ein älterer Schuster, der während seiner Arbeit ein Schwätzchen mit pensionierten Freunden hält. Auf der linken Straßenseite stehen mehrere **neoklassizistische Gebäude**. Die Häuser Nr. 65/67 haben reich verzierte schmiedeeiserne Balkone, die Nr. 107 präsentiert sich saniert mit Terrakottaverzierungen am Dachsims. Der Charme ent-

Neoklassi-zistische Kleinode

faltet sich im Wechselspiel von vernachlässigter und restaurierter Bausubstanz. Dort wo die Straße das Wasser erreicht, beginnt Chaniás gute Wohngegend. Mit Lärm haben die Griechen ja keine Probleme... Das **ehemalige Diplomatenviertel Chalepa (A)** beginnt wenige hundert Meter östlich zwischen den Straßen Chalepas und Koundourou Manoussou. Als Chaniá Mitte des 19. Jh. Hauptstadt des besetzten Kretas und von 1898 bis 1913 auch des autonomen Staates wurde, verlagerte sich das politische und gesellschaftliche Leben aus der engen, stickigen Altstadt in den Osten der Stadt. Die meisten neoklassizistischen Villen aus dieser Zeit sind mittlerweile restauriert und neuen Nutzungen zugeführt (z.B.

Das alte Viertel der Diplomaten

Neoklassizistische Villa in der Neustadt

als Hotel) worden. Neben der Residenz des ersten Gouverneurs Kretas, *Prinz Georg*, ist auch das Wohnhaus von *Eleftherios Venizelos* erhalten. Es steht nahe der Straßenecke El. Venizelou / Frangokastelou.

Gehen Sie zurück bis zur Straße Iroon Politechniou, die mit breitem Mittelstreifen vom Wasser weg Richtung Süden führt. Hier, am Rande des Stadtteils Bolari, stehen große Apartmenthäuser mit teuren Miet- und Eigentumswohnungen. Das Krankenhaus der Stadt liegt in der östlichen Seitenstraße Drigeni Akrita. Am Ende der Straße wird die **Platia Elefterias (B)** mit dem Gerichtsgebäude und der Präfekturverwaltung erreicht. Der Staatsmann *Venizelos* wird als Denkmal vom Verkehr umrundet. Moderne Geschäfte und Snack-Bars dominieren, nur wenige Touristen verirren sich hierher. Folgen Sie vom Westende des Platzes der Straße Sfakiánaki. Auch hier stehen moderne Wohnblocks, es ist aber ruhiger und grüner.

In einer neoklassizistischen Villa auf der linken Seite (Nr. 20) befindet sich das **Historische Museum und Stadtarchiv (C)**. Am Eingangsportal grüßen zwei Kanonenrohre, und Kampf ist auch das Hauptthema des nur wenige Räume in 2 Geschossen umfassenden Museums. Dokumente der Aufstände gegen die Türken sind hier gesammelt: Pistolen, lädierte Fahnen des kretischen Widerstandes, eine Reihe alter Stempel, schwere Gewehre und – etwas friedlicher – Dokumente aus dem Leben *Eleftherios Venizelos*, etwa alte Briefe, Fotografien und sein Arbeitsschreibtisch. Leider fehlen Erklärungen der Zusammenhänge gänzlich.

Interessanter ist das **Kriegsmuseum (D)** an der Ecke Sfakiánaki / Tzanakaki. In einem seit dem Bau 1870 militärisch genutzten Gebäude ist die zweite Dependance des Kriegsmuseums von Athen untergebracht. Sie zeigt in mehreren Räumen seltenes Bildmaterial und Uniformen aus verschiedenen Kriegen, an denen Kreter im frühen 20. Jh. beteiligt waren, und Waffen vorwiegend aus der Besatzungszeit des 2. Weltkriegs, darunter deutsche Torpedos, Bomben und Maschinengewehre. Eine zeitgenössische Karrikatur zeigt Kreta mit einem Schlangenkopf, der sich dem als Totenkopf stilisierten Hakenkreuz entgegenstellt. Nicht nur

Militärgeschichte Kretas

für Militaria-Fans interessant. Auch hier wird teilweise Krieg verherrlicht, aber es erhalten auch die Opfer und ihr Leid ihren Raum. Leider sind viele Beschreibungen nur in Griechisch verfaßt.

Über den Dächern von Chaniá

Laufen Sie die Straße Tzanakaki hinunter Richtung Stadtmitte. Auf der rechten Seite liegt der schattige **Stadtpark von Chaniá (E)**. Er ist ein Refugium der Chanioten, nur wenige Touristen verlaufen sich hierher. Gehege mit Bergziegen und Pfauen, ein großer Kinderspielplatz, ein Freiluftkino, ein Café und ein kleiner Wasserpark, der den Kindern als Streichelzoo dient, schaffen eine ruhige, kühle Oase zwischen zwei der hektischen Ausfallstraßen. Der Stadtpark wurde ab 1870 unter Leitung des türkischen *Paschas Reouf* angelegt. Nördlich vom Stadtpark, auf der anderen Seite der Straße Andreas Papandreou (Dimokratias), liegt das **Sportstadion (F)** der Stadt. Leichtathletik, Tennis und Fußballspiele auf Rasen sind hier auch abends möglich, die großen Flutlichtmasten weithin sichtbar.

Oase ohne Hektik – der Stadtpark

16.2 Alte Klöster, Badebuchten und Sperrgebiete – die Halbinsel Akrotíri

Aktuelle regionale Reisetips zu Akrotíri
entnehmen Sie bitte der gelben Seite 226

Überblick

Die **Halbinsel Akrotíri** schiebt sich nordöstlich von Chaniá wie ein angesetzter Kopf ins Kretische Meer hinein. Im Süden schafft sie die natürlich geschützte Bucht von Soúda, in deren Westende der Wirtschafts- und Militärhafen von Chaniá angelegt wurde. Im Nordosten fällt Akrotíri steil zum Wasser hin ab, im Südosten läuft die Halbinsel dagegen flach aus und hat mehrere stille Buchten. Höchste Erhebung der trockenen Halbinsel, die nur eine einzige natürliche Quelle nahe Pervolitsa besitzt, ist der Berg Sklocha mit 528 m.

Teilweise militärische Nutzung

Vor allem Griechen besitzen Ferienhäuser auf Akrotíri, der westliche Teil ist mittlerweile suburbaner Raum der Stadt Chaniá. Auf Akrotíri befindet sich der **Flughafen von Chaniá** (S. 157), neben dem neuen Flughafen von Athen der modernste Griechenlands. Er wird intensiv militärisch genutzt, Charterjets aus Nordeuropa und Düsenjäger des griechischen Militärs wechseln sich ab. Wegen der Länge der Start- und Landebahn (3,4 km) ist der Flughafen noch auf Satellitenbildern zu erkennen. Zudem liegt im Ostteil Akrotíris seit dem Beitritt Griechenlands zur NATO 1951 eine Raketenabschußbasis des Bündnisses, auch die deutsche Bundeswehr ist hier zeitweise zu Gast. Tragisch: **1975** kamen beim **Absturz einer Bundeswehr-Transall** 42 Soldaten ums Leben, die Maschine zerschellte am 9. Februar in den Weißen Bergen und riß ihre junge Besatzung in den Tod.

Ebenfalls im Osten liegt unterhalb des Sklocha die riesige Müllkippe der Stadt Chaniá. Gerät sie – wie so häufig – in Brand, zieht ein rauchiger Nebel über Akrotíri. Einer friedlicheren und angenehmeren Nutzung dient der moderne, große Campus der Technischen Hochschule an der Straße von Chaniá ins Innere der Halbinsel.

So kommen Sie nach Akrotíri

• *Mit dem eigenen Fahrzeug: Über die Hauptstraße Eleftheriou Venizelou ist Akrotíri direkt von Chaniá aus zu erreichen. Die Straße erklettert dabei breit und kurvenreich die Vororte von Chaniá. Aus Richtung Réthimnon kann man den Weg durch die verkehrsreiche Stadt vermeiden und schon bei Soúda von der New Road abbiegen (ab dort der Wegweisung Airport folgen).*
• *Mit dem Bus: Täglich gibt es vom KTEL-Busbahnhof in Chaniá mehrere Fahrten nach Stavrós im Nordwesten, ins Kloster Agía Triáda und nach Stérnes im Südosten.*

Von Chaniá kommend, liegt die **Grabstätte Venizelos** gleich am Ende des Straßenanstiegs auf der linken Seite. In wunderschöner Lage hoch über der Stadt

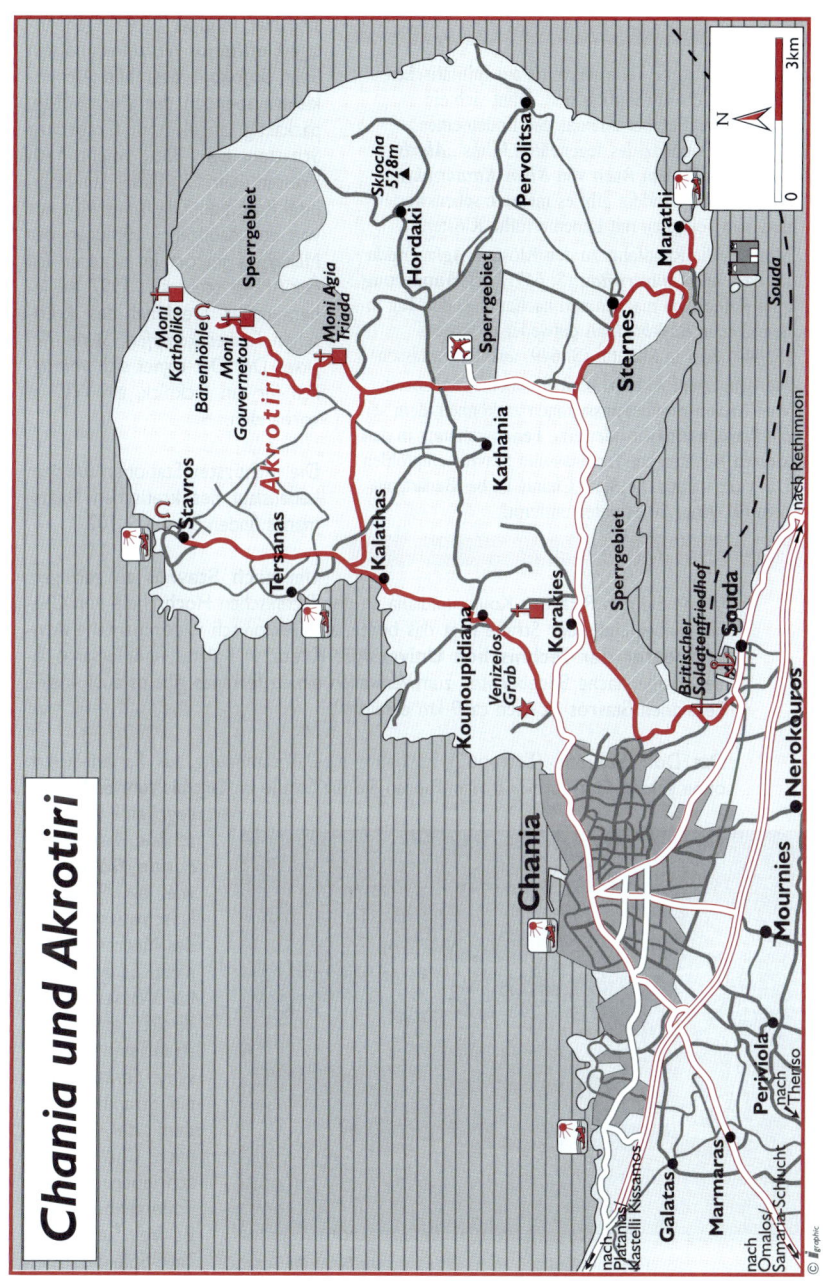

Chania und Akrotíri

Redaktions-Tips

- Auch wenn weite Teile Akrotíris aus militärischen Gründen nicht zugänglich sind, lohnt sich ein Tagesausflug hierher allemal. Sie finden einen Originalschauplatz des legendären Films *„Alexis Zorbas"* nach dem Buch von *Nikos Kazantzakis* (siehe S. 645), zudem gibt es mehrere sehenswerte und zum Teil noch mit Leben erfüllte Klöster.

- Morgens die Rundfahrt zu den Klöstern *Agía Triáda* (S. 647) und *Gouvernétou* (S. 647f) mit **Wanderung** zum Katholikon machen und nachmittags den Tag in den kleinen *Badebuchten* entweder in Stavrós (S. 644) oder in Marathi (S. 649) ausklingen lassen.

- Wer länger auf Akrotíri bleiben möchte, um abseits vom Urlaubsrummel ausspannen zu können, dem sei ein Pensionszimmer oder eine Ferienwohnung in den kleinen Buchten bei Tersánas und Stavrós empfohlen. Das Gute daran: Die Stadt Chaniá ist bei Bedarf mit dem PKW nur 20 Minuten entfernt.

sind hier in einer parkartigen Anlage **Eleftherios Venizelos** und sein Sohn **Sofokolis** begraben. Aleppokiefern spenden der würdevollen, parkartig angelegten Grabstätte Schatten. Der Blick reicht nach Westen über Chaniá bis zur Halbinsel Rodópou. Die Ruhe wird nur von den häufigen Überflügen der Militärjets gestört. Im hinteren Teil der Anlage steht seit 1997 ein lebensgroßes Denkmal des kretischen *Freiheitskämpfers Spiros Kagiales*. Der Ort eignet sich vorzüglich für ein Picknick, ein WC ist vorhanden.

Die wichtigsten Stationen aus dem Lebenslauf des kretischen Staatsmanns finden Sie auf S. 102.

Um **nach Stavrós** zu gelangen, fahren Sie nun Richtung Kounoupidianá an der Technischen Hochschule von Chaniá vorbei. Links der Straße liegt das bunte, architektonisch experimentelle **Amphitheater der Technischen Universität Kreta**. In Kalátas und Tersánas laden kleine, flache Badebuchten zum Verweilen ein, in Tersánas gibt es auch kleine Pensionen. Stavrós ist nach ca. 9 km erreicht.

Das Dorf **Stavrós** (Σταυρος) ist heute eine Ansammlung aus Ferienhäusern ohne echten Ortskern und Flair. Fahren Sie die Straße im Ort bis zum Ende. Hier

liegt eine wunderschöne, fast **kreisrunde Bucht**, die wie ein Pool mit Frischwasserzufuhr des Meeres funktioniert. Es geht flach ins Wasser hinein, direkt am Sandstrand stehen die *Taverne Christiana* und ein Strandkiosk, an dem der Busplan nach Chaniá angeschrieben ist. Die Toilettenbenutzung ist frei, Sie können Tavli-Spiele auslei-

Die Bucht von Stavrós

INFO Alexis Zorbas – Die Person, das Buch, der Film

Am Hang unterhalb der Lerá-Höhle bei Stavrós wurde die Schlußszene des berühmten Films *„Alexis Zorbas"* mit *Anthony Quinn* und *Alan Bates* in den Hauptrollen gedreht. Zorbas mühselig errichtete Seilbahn zum Transport der Holzstämme bricht unter lautem Getöse in sich zusammen. Trotz der Niederlage tanzt der unverwüstliche Zorbas den Sirtaki und fragt: „Boß, hast du jemals erlebt, daß etwas so bildschön zusammenkracht?" Der Sirtaki ist übrigens keiner der traditionellen kretischen Tänze, auch wenn er authentische Elemente daraus benutzt.

Trotzdem sind die Musik von *Mikis Theodorakis* und die einfache Schrittfolge weltweit das Synonym für griechische Lebensfreude geworden, und schon bei den ersten beiden angespielten Tönen („de-dim") fassen sich die Menschen bei den Schultern und beginnen, im Halbkreis zu tanzen. Doch was steckt hinter dem Film und seiner Grundlage, dem gleichnamigen, 1943 geschriebenen und 1946 erschienenen Buch des kretischen Schriftstellers *Nikos Kazantzakis*?

Nikos Kazantzakis war Zeit seines Lebens ein Kosmopolit, ein Suchender im Bereich der Religionen und Philosophien, als Intellektueller trotzdem hingezogen zum Lebenskampf der einfachen Menschen, die er bewunderte. Noch in der Zeit des ersten Weltkrieges kam der junge promovierte Jurist und Schriftsteller *Kazantzakis* in das Dorf Prastova im Mani, dem mittleren Finger des Peloponnes. Dort pachtete er, der rein geistigen Tä-

Hat wirklich gelebt – *Georgios Sorbas*

tigkeiten vorübergehend überdrüssig, ein kleines Braunkohlenbergwerk. Als Vorarbeiter stellte der handwerklich unerfahrene *Kazantzakis* den 1870 geborenen und damit 13 Jahre älteren Bergmann *Georgios Sorbas* ein, den er einige Zeit zuvor bei Reisen durch die Mönchsrepublik Athos kennengelernt hatte. In ihm fand er eine bewunderte Persönlichkeit, einen Menschen, der vollkommen unbeschwert eine Einheit von Körper und Geist zu bilden schien. Im April 1916 eröffnen sie ihr Bergwerksunternehmen. Unter Kazantzakis-Experten ist umstritten, ob die Romanfigur Zorbas diese real existierende Person *Georgios Sorbas* aufgreift oder nur das Alter Ego des Schriftstellers selbst abbildet.

Kazantzakis' Buch „Alexis Sorbas" wurde 1963/64 an verschiedenen Schauplätzen auf der Insel Kreta verfilmt. Auf Akrotíri finden Sie mit dem Hang in der Bucht von Stavrós den bekanntesten Originalschauplatz der legendären 142-minütigen s/w-Verfilmung, die dem Schauspieler *Anthony Quinn*, dem Schriftsteller *Nikos Kazantzakis* posthum und dem Komponisten *Mikis Theodorakis* zu Weltruhm verholfen hat. Regisseur war *Michael Cakoyannis*, in den Hauptrollen *Anthony Quinn* als Zorbas, *Alan Bates* als Schriftsteller Basil, *Irene Papas* als die schöne Witwe Surmelina und *Lila Kedrova* als alternde Madame Hortense (sie bekam für diese Rolle einen Oscar).

Der Inhalt im Kurzüberblick: Der junge englische Schriftsteller Basil kommt mit dem Schiff auf die Insel Kreta, um dort ein aufgelassenes Bergwerk zu betreiben, das er von seinem griechischen Vater geerbt hat. Schon auf der stürmischen Überfahrt von Piräus lernt er in einer Hafenkneipe den wesentlich älteren Mazedonier Alexis Zorbas kennen, der ihn durch seine Lebensweise fasziniert. Auf der Insel treffen sich die beiden Männer wieder, und Basil stellt Zorbas für sein Bergwerksprojekt ein. Im Dorf nahe der Mine verliebt er sich in die junge, hübsche Witwe Surmelina, mit der er eine Affäre beginnt. Zorbas kommt währenddessen bei der alternden Französin Madame Hortense („Bubulina") unter, die ihn liebt und heiraten möchte. Zorbas versäuft und verspielt in der Stadt das Geld, mit dem er Ausrüstung für die Mine kaufen sollte, während die mißgünstigen Dorfbewohner die Witwe nach Bekanntwerden der Liebschaft mit Basil und als Rache für den Selbstmord eines ihr zugeneigten jungen Dorfbewohners auf dem Kirchplatz steinigen und schließlich grausam töten.

Auch Madame Hortense verstirbt, nachdem Zorbas sie, schon im Wissen ihrer Krankheit, noch – mehr aus Mitleid denn aus Liebe – geheiratet hat. Dieser ersinnt nun die verrückte Idee, mit einer selbst konstruierten Seilbahn Fichtenholzstämme den Hang hinauf zu transportieren. Am Tag der feierlichen Einweihung rasen die ersten Stämme jedoch hangabwärts, und schon beim vierten knicken die Masten ein, und die ganze Seilbahn bricht krachend zusammen. Doch Basil und Zorbas fangen sich schnell. Gemeinsam tanzen sie am Strand, das Ende des Bergwerksprojektes als Befreiung feiernd. Hier endet der Film, das Buch geht noch darüber hinaus und berichtet vom Tod des Zorbas fern der Heimat. Die letzen Worte der Romanfigur Alexis Zorbas, die er kurz vor seinem Tod in einem serbischen Dorf dem Schulmeister aufgibt: „Und sollte ein Pope auftauchen, um mir die Beichte abzunehmen und das Sterbessakrament zu erteilen, dann sage ihm, er solle sich aus dem Staube machen und mich verfluchen! Ich habe in meinem Leben einen Haufen Dinge getan und doch nicht genug. Menschen wie ich sollten tausend Jahre leben. Gute Nacht!".

hen. Westlich der Bucht liegen im Küstenbereich die heute bizarr anmutenden Ruinen der Steinbrüche, aus denen Steine (harter Psammit) u.a. für die Befestigungsmauern von Chaniá gewonnen wurden. Noch in der Antike lagen sie weit über der Küstenlinie.

Östlich oberhalb der Bucht erkennen Sie am kargen Hang einen dunklen Höhleneingang. Sie erreichen die **Lerá-Höhle** in über 200 m Höhe zu Fuß in etwa einer Stunde (hin und zurück; unbedingt festes Schuhwerk und Wasser mitnehmen!). Die Höhle, die schon im Neolithikum von Menschen genutzt wurde, hat mehrere Räume, allerdings stinkt es fürchterlich nach „Ziegentoilette". Für den anstrengenden Aufstieg entschädigt ein fantastischer Ausblick auf die runde Bucht von Stavrós (Fototip).

Anstrengender Aufstieg

Um von Stavrós zu den Klöstern Agía Triáda und Gouvernétou zu gelangen, zurück bis Horafakia fahren und dort links abbiegen. Nach 5 Kilometern Fahrt durch Olivenhaine an einigen Steinbrüchen vorbei wiederum links abbiegen (Hinweisschild von dieser Seite nicht sichtbar!). Nun führt die Straße durch eine schnurgerade Allee aus Zypressen direkt auf den Eingang des Klosters Agía Triáda zu.

Kloster Agía Triáda

Über eine große Treppe tritt man in das beeindruckende Gebäudeensemble ein. Die nachgewiesene Geschichte des Klosters geht bis ins Jahr *1632* zurück, als die Mönche *Jeremias und Laurentios Tzangkarólou* – Söhne eines venezianischen Gouverneurs – das Klosterleben neu organisierten und die Anlage ausbauten. Ab 1645 kamen die türkischen Besatzer dazwischen, und der Bau konnte erst im 19. Jahrhundert zu Ende geführt werden. Der phantastische Erhaltungszustand mag daher kaum verwundern. Agía Triáda wirkt durch seine venezianisch geprägte **Renaissance-Architektur** und sein klassizistisches Außenportal auffallend weltlich. Das **Katholikon** ist als Dreikonchenkirche mit zwei Kapellen ausgebildet, vor dem Altar Marmorboden und ein riesiger Leuchter, die Decke ist blau mit goldenen Sternen ausgemalt. Am Südende der Anlage liegt die kleine Friedhofskapelle. Alle Teile des Klosters liegen innerhalb der schützenden Mauern, was die Gemeinschaft der Mönche unterstreicht. Im ebenen Innenhof warten schattige Plätze unter Orangenbäumen. **Fototip**: Auf der äußeren Mauer lassen sich am hinteren *Prächtiges* Ende alle Kuppeln des Klosters einfangen. Am Eingang ein kleines **Museum** mit *Kloster* Reliquien des Klosters, darunter alte Schriftrollen und Ikonen aus der Gründungszeit. Agía Triáda ist bewohnt und bewirtschaftet mehrere Olivenhaine in seiner Umgebung. Das exzellente Öl und selbstgebrannten Raki können Sie günstig direkt im Kloster kaufen.

Katholikon des Klosters Agía Triáda

Öffnungszeiten entnehmen Sie bitten den gelben Seiten Akrotíri.

An den Wirtschaftsgebäuden von Agía Triáda vorbei geht es hoch zum Kloster Gouvernétou. Die Straße windet sich in unübersichtlichen Serpentinen durch die Felsen hinauf. Nach 5 Kilometern fährt man direkt auf den Klostereingang zu.

Kloster Gouvernétou

Ein stiller Gegensatz zum eben besuchten Kloster Agía Triáda. Hier oben scheint die Welt zu Ende und das Leben in Einsamkeit und Kargheit beschwerlich. Wie eine Insel liegt das Kloster in der stillen, felsigen Landschaft, obwohl das Meer nur wenige Kilometer entfernt liegt. An der festungsartigen Außenfassade des annähernd quadratischen Wehrklosters schneiden **steinerne Fabelwesen** aus einer entrückten Welt Grimassen. Urkunden, die auf die Gründung des Klosters und seine Geschichte vor dem 16. Jahrhundert hinweisen, sind nicht erhalten. Gebaut wurde es wahrscheinlich *1537* und übernahm die Funktion des nahen Klosters Katholiko, das aufgrund von Piratenüberfällen verlassen wurde. Gegen Ende des 16. Jh. lebte jedenfalls der Mönch *Mitrofanis Fasidonis*, ein erfahrener Seemann, im Kloster und beeinflußte seine Geschicke durch Absprachen mit den Venezianern. 1621 wurde das Kloster dann vom *Abt Tzgakarolos* nach dem koino-

Wechsel-
hafte
Geschichte

bitischen System reorganisiert. Das Kloster gewann an Reichtum und Macht, bis die Türken die Insel besetzten. Wie auch in Agía Triáda konnte die begonnene kreuzförmige Kirche nicht mehr fertiggebaut werden. Gouvernétous Bedeutung im Freiheitskampf führt schließlich 1821 zu seiner Zerstörung. In den 50er Jahren des letzten Jahrhunderts wurde die Anlage dann umfangreich restauriert, das Kloster ist noch bewohnt.

Öffnungszeiten entnehmen Sie bitte den gelben Seiten Akrotíri.

INFO **Koinobitische Klöster**

Agía Triáda und Gouvernétou wurden im 17. Jahrhundert nach dem koinobitischen System reformiert: Alle Mönche oder Nonnen leben, arbeiten und essen gemeinsam und wählen den Abt/die Äbtissin demokratisch aus ihrer Mitte. Der einzelne ist nur ein Teil des Ganzen, jeder hat fest zugewiesene Aufgaben und Pflichten, der Lebensunterhalt wird gemeinsam erarbeitet. Das Gegenteil ist ein idiorrythmisches Kloster.

Wanderung zum Katholikó

Vor oder nach dem Klosterbesuch können Sie zur Bärenhöhle und zum schon lange verlassenen Kloster Katholikó laufen (mind. 1 Stunde). Auf dem Weg hinab umfängt einen beruhigende Stille, lediglich Vogelgezwitscher oder das vereinzelte Meckern einer Ziege sind zu hören.

Nach etwa einer Viertelstunde erreicht man eine kleine Kapelle am Wegrand, die den Eingang zur **Bärenhöhle** (**Arkoudiótissa-Höhle**) markiert. Die rußgeschwärzte Grotte erhielt ihren Namen nach einem großen Stalagmiten, der die Form eines Bären (*arkouda*), der sich über eine Zisterne beugt, andeutet. Hier ist viel Phantasie gefragt. Plausibler scheint die Erklärung, daß in der dämmrigen Höhle in der Antike die Göttin Artemis in Gestalt eines Bären verehrt wurde. Im Höhleneingang steht die kleine Kirche Theotokos, in der an Maria Lichtmeß am 2. Februar die Pilger zur Heiligen Jungfrau Panagía Arkoudiotissa beten.

Eremiten-
Höhle

Kurz bevor man später die Ruinen des Klosters und seiner venezianischen Überbauten erreicht, führt linkerhand der Treppe wiederum ein dunkles Loch in den Berg hinein. Der Boden ist befestigt, und mit einer Taschenlampe kann man sich ein Stück hineinwagen. Nach ca. 30 m eine riesige durchgewachsene Sintersäule. In dieser **Höhle** soll der *Eremit Johannes* gegen Ende des 11. Jh. gelebt haben. Da er durch die zahlreichen Entbehrungen des Asketenlebens sehr gekrümmt war und sich auf allen Vieren fortbewegte, hielt ein Jäger ihn für ein wildes Tier und schoß auf den Eremiten. In der Höhle ist er dann angeblich seinen Schußverletzungen erlegen. Lesen Sie dazu auch über die Höhle der 99 heiligen Väter, S. 698.

Die Ruinen des **Klosters Katholikó** faszinieren auf zweierlei Weise. Architektonisch beeindruckend ist der mächtige Brückenschlag über die wilde Schlucht, die Einsamkeit und Stille des Ortes tun ihr übriges. Kaum vorstellbar, daß hier und in den vielen kleinen Einsiedlerhöhlen der nahen Umgebung Menschen freiwillig gelebt haben. Auf den Klosterruinen des schon im 16. Jh. aufgegebenen Klosters fußen venezianische Aufbauten. Teile des Klosters sind in die Felswand der Schlucht eingelassen. Im Inneren eines Gebäudes „wohnt" ein ausgewachsener, alter Olivenbaum. Am 7. Oktober wird hier unten das **Fest des heiligen Johannes** gefeiert, die Brücke bietet dann kaum genügend Platz für alle Gläubigen, die vom *Fest des heiligen Johannes*

Kloster Gouvernétou herunterströmen. In der gegenüberliegenden Felswand sind mehrere kleine Grotten zu erkennen, in denen Eremiten gehaust haben.

Ein anfangs steiler Pfad führt weiter hinunter bis zum Meer in die **Seeräuberbucht** mit einem kleinen Naturhafen. Nur sehr wenige Besucher des Katholikos gehen noch diesen Weg (unbedingt Wasser mitnehmen). Im Frühjahr blüht in der kleinen Schlucht der Schlangenwurz.

Eremitenhöhle in der Schlucht beim Katholikó

Der Rückweg vom Kloster Katholikó hinauf zum Kloster Gouvernetu ist etwas mühsam, zudem bleibt der kühlende Wind vom Meer nun aus.

Der Südosten Akrotíris

Nach den Klosterbesuchen kann man nun noch den Südosten Akrotíris erkunden. Von Hordaki am Hang des **Sklocha** (528 m) überblickt man weite Teile der Ebene mit dem Flughafen, ansonsten lohnt sich der Abstecher kaum. Im Minutenabstand verkehren Lastwagen zur Müllkippe von Chaniá, die nicht selten in Brand gerät und dann die Halbinsel Akrotíri einnebelt. Obwohl die EU Gelder für eine moderne Müllverbrennungsanlage bereitgestellt hat, ist diese bisher nicht gebaut worden Am modernen Flughafen vorbei geht es Richtung Stérnes (von Agía Triáda etwa 8 km). Wer noch baden möchte, fährt am Dorf vorbei nach Marathí, ansonsten kann man an einer großen Kreuzung (Kaserne) gleich rechts nach Soúda oder Chaniá abbiegen. *Stinkende Müllkippe*

Der Ort **Stérnes** (Στερνεζ) selbst lohnt eigentlich keinen Abstecher. Attraktiv dagegen **Marathí** (Μαραθι) am Ende der kurvigen, abschüssigen Straße (Ausschilderung beachten, sonst steht man bald vor einer Kontrollstelle des Militärs!). Schöne kleine Bucht mit Hafen und flach ins Wasser reichendem Sand-/Kiesstrand. Vorgelagert ist die kleine Insel N. Palaia Soúda. Marathí war schon seit minoischer Zeit besiedelt, direkt neben den Strandtavernen liegt eine kleine

Kleine
Badebucht
Marathí

Ausgrabung mit den Resten einer römischen Zisterne. *Minoa* war einer der Häfen von Áptera am gegenüberliegenden Festland. Heute können Sie hier den Tag geruhsam ausklingen lassen. Sie können auch in einfachen Zimmern übernachten. Marathí ist das Ausflugsziel der „Piratenboote" aus Réthimnon, die hier am frühen Nachmittag kurzzeitig ihre Seeräuber-Crew zum Baden abladen. Manchmal verbringen auch die auf Akrotíri übenden Bundeswehrsoldaten ihren Feierabend in dieser Bucht.

Rückfahrt über Soúda

Auf dem Rückweg nach Chaniá oder Soúda ist bei Korakies das **Kloster Kalogreon** ausgeschildert. Der kleine Umweg lohnt nicht aufgrund historischer Bausubstanz, sondern wegen des lebendigen Klosterlebens, das auch auf Kreta seltener wird. Unscheinbar liegt in einer Kurve das niedrige Nonnenkloster. Fast wie das Ensemble einer Ferienanlage wirken die weißgekalkten Häuschen, die sich entlang eines Innenhofes vor einer Kirche aufreihen. Links vom Eingang ein kleines **Museum**, die Nonnen verkaufen **selbstgefertigte Webarbeiten**. Das Kloster Kalogreon hat eine bewegte Geschichte hinter sich. Früher hieß es Ágios Ioánnis und hatte in der türkischen Besatzungszeit als Frauenkloster immer unter besonderer Unterdrückung zu leiden. 1821 und 1866 wurde es zerstört, die meisten Nonnen fanden dabei den Tod. Erst gegen Ende des 19. Jahrhunderts wurde ein geordnetes Leben möglich. Nachdem die Gattin des damaligen britischen Konsuls in Athen, Lady Egerton, den Nonnen das Sticken beibrachte, war eine wirtschaftliche Basis geschaffen. Ein Besuch im Kloster Kalogreon bietet einen guten Einblick in den Alltag von Frauen, die ihr Leben Gott geweiht haben. *Öffnungszeiten entnehmen Sie bitte den gelben Seiten Akrotíri.*

Wenn Sie nun nach Soúda / Réthimnon zurück oder noch den britischen Soldatenfriedhof besichtigen wollen, fahren Sie zurück an der Hauptstraße nach links und bald wieder nach rechts hinunter Richtung Soúda (ausgeschildert, ca. 3 km).

▬▬▬ Britischer Soldatenfriedhof

Letzte
Ruhestätte
junger
Soldaten

Kurz vor Soúda liegt direkt an der Bucht ein weiteres Monument der verhängnisvollen Besatzungszeit der Deutschen auf Kreta: der Friedhof der auf der Insel im II. Weltkrieg gefallenen Soldaten des Commonwealth. 1.564 Männer im Alter von 20-30 Jahren sind hier begraben. Im Kontext zum ernsten, traurigen Anlaß ist die von *Louis de Soissons* entworfene Anlage ein wunderschöner, würdevoller Ort. Die gepflegten Grabreihen reichen fast bis an das Wasser hinab, in der Mitte ragt ein marmornes Kreuz hervor. Nur 772 Soldaten konnten identifiziert werden, die anderen erhielten als einzige Grabinschrift folgenden Satz: „A soldier of the 1939-1945 war, known unto God". Auf den Grabsteinen der bekannten Soldaten haben deren Angehörige ihre Trauer ausgedrückt: „To be with us in the same old way, would be our dearest wish". Die meisten der 2.000 Männer starben schon in den Schlachten des Mai 1941, unter ihnen allein 446 Neuseeländer und 196 Australier, die hier auf der anderen Seite der Welt für einen fremden Krieg ihr Leben ließen. Zum Dank schenkte ihnen das kretische Volk diesen Ort. Der Zugang zum Britischen Soldatenfriedhof ist frei, im sog. Cemetery Register links des Eingangs sind die Namen auch der auf den Friedhöfen auf Leros und Rhodos begrabenen Soldaten aufgelistet.

Soúda (Σουδα)

Soúda ist der kommerzielle **Hafen** der 5 km entfernten Stadt Chaniá, sowohl für den Warenumschlag als auch für den Passagierverkehr. Täglich laufen abends die Fähren der ANEK-Lines nach Piräus aus. Soúda besitzt zwar direkt am Hafen sämt-

Britischer Soldatenfriedhof bei Soúda

liche Einrichtungen wie Supermarkt, Post, OTE, Tavernen und sonstige Geschäfte, man wird sich hier jedoch kaum länger als nötig aufhalten wollen. Der alte Ortskern liegt etwas abseits an der Straße nach Akrotíri. Von der Bushaltestelle direkt am Hafen fährt alle 15 Minuten ein Stadtbus nach Chaniá zur Markthalle. *Fährhafen nach Piräus*

Kloster Chrissopigí

Das Kloster liegt zwischen Soúda und Chaniá etwa 1 km abseits der Hauptstraße. Chrissopigí ist heute ein **lebendiges Nonnenkloster**, in dem religiöse Schriften herausgegeben und Kopien byzantinischer Ikonen gemalt werden. Ursprünglich war Chrissopigí ein Mönchskloster, das durch die Stiftung größerer Ländereien durch den Arzt *Ioannis Chartofylakas* zu Aufschwung kam. Er verfaßte auch die Klosterordnung (*typikon*), in der ein Lese- und Schreibunterricht der Mönche für die Landbevölkerung festgehalten war. Im 17. Jh. lebte im Kloster als Abt der berühmte Hagiograph (Ikonenmaler) *Filotheos Skoufós*. In der Zeit der türkischen Besatzung wurde das Kloster immer wieder geplündert und 1821 zerstört. Nach einer kurzen Blüte von 1830 bis zu Beginn des letzten Jahrhunderts wurde es erneut verlassen und stand bis zu seiner Besiedlung durch junge Nonnen in den 70er Jahren kurz vor seiner Auflösung. Das **Katholikon** ist eine Dreikonchenkirche aus dem 17. Jh., die Vorhalle wurde 1863 angefügt. Das als Gemeinwesen organisierte Kloster (koinobitisches Kloster) besitzt ein kleines Museum, das wertvolle Ikonen aus der Gründungszeit und andere liturgische Gegenstände zeigt. *Aktives Kloster-leben*

Öffnungszeiten entnehmen Sie bitte den gelben Seiten Akrotíri.

17. BERGE UND SCHLUCHTEN – VON CHANIÁ IN DIE SAMARIÁ-SCHLUCHT

Übersicht – Lefká Óri, die Weißen Berge

Zwischen Chaniá und dem Libyschen Meer bei Agía Rouméli liegen zwar nur ca. 30 km Luftlinie, doch schiebt sich Kretas westliches großes Gebirgsmassiv schier unüberwindlich zwischen Nord- und Südküste. Die **Lefká Óri, die Weißen Berge**, wie sie aufgrund der bis weit in das Frühjahr schneebedeckten Gipfel und des hellen Gesteins genannt werden, bestehen vorwiegend aus Trias-Plattenkalken. Sie sind weitgehend unerschlossen, wild und arm an Wasser. Rund 50 der 100 Gipfel überschreiten die magische 2.000 Meter-Marke. Der höchste von ihnen, der **Páchnes**, unterliegt dem Psilorítis im Höhenvergleich mit **2.453 m** um gerade mal 3 Meter und ist damit eigentlich nur der zweithöchste Berg Kretas. Doch es hält sich das Gerücht, daß lokalpatriotische, westkretische Bergsteiger den Páchnes durch das Aufhäufen von Felsbrocken künstlich erhöht haben, damit er den Psilorítis doch an Höhe übertrifft.

Paradies für Gebirgswanderer

Der lokale Name der Lefká Óri lautet *Sphakianés Madáres*, schon in der Antike hieß das Gebirge *Leuka*, „die Weißen". Tiefe Schluchten durchschneiden die Hochflächen und Gipfel, deren Gesteine permanenter Verwitterung unterliegen. So sind die Weißen Berge heute ein **Paradies für Wanderer und Bergsteiger**, und auch wenn neue Straßen zu den Hochebenen hinauf in den Fels gesprengt wurden, ist das Kerngebiet der Lefká Óri nur zu Fuß zu queren. Aber Vorsicht: Auch wenn das bis in den Frühsommer mit Schneefeldern gesprenkelte Hochgebirge der größte Wasserlieferant des kretischen Westens ist, herrscht vor Ort wegen des durchlässigen Karstuntergrundes ausgesprochene **Wasserarmut**. Niederschläge und geschmolzener Schnee verschwinden sofort im zerklüfteten Gestein und treten erst an den Rändern des Gebirges als starke Quellen wieder zu Tage. Bei Wanderungen muß deshalb ein ausreichender Vorrat des kostbaren Nasses mitgeschleppt werden.

Wälder bedecken etwa ein Fünftel des Gebirges, vor allem an den Nord- und Südhängen. Sie waren einst wesentlich ausgedehnter, doch Schiffbau und andere Nutzungen haben den Bestand zusammenschrumpfen lassen. Im südlichen Bereich der Lefká Óri wachsen an der Baumgrenze in 1.650 m Höhe einige der ältesten Bäume Europas, manche von ihnen sind über 1.000 Jahre alte knorrige

Exemplare! Sie werden kaum größer als 2 m und sind vielleicht die ältesten bewirtschafteten Wälder der Welt. Anzeichen weit zurückliegender Beschneidung weisen darauf hin.

Zypressen haben eine Reihe von besonderen Eigenschaften, die für den Menschen von hohem Wert sind: Sie schlagen nach Beschnitt wieder aus (einzigartig bei Koniferen), verrotten nicht und geben ein aromatisches Harz ab. Verwendung findet das Holz deshalb sowohl als Bauholz und im Schiffbau als auch für Möbelstücke.

Entfernungen
Chaniá - Samariá-Schlucht 42 km
Chaniá - Mesklá 21 km
Chaniá - Thériso 19 km

17.1 Ausflug ins Hinterland von Chaniá

Auf die Straße von Chaniá nach Omalós

Die Straße Richtung Omalós/Samariá-Schlucht zweigt etwa 2 km westlich des Zentrums von der Ausfallstraße nach Plataniás/Kíssamos an einer Ampelkreuzung ab. Zunächst wird die New Road (Anschlußstelle) unterquert und Chaniás Vorort Vamvakópoulo auf ebener Straße passiert.

Von Chania in die Samaria-Schlucht

Chania

Platanias
nach Kastelli Kissamos
Galatas
Marmaras
Kirtomados
See von Agia
Agia
Mournies
Neroukoures
nach Rethimnon, Chora Sfakion
Varipetro
Spaßbad Limnoupolis
Alikianos
Vatolakkos
Panagia
Skines
Fournes
Schlucht von Thériso
Drakona
Thimia
Mesklá
Thériso
Lakki
Zourva
nach Sougia
Omalos
Omalos Hochebene
Kallergi
Lefka Ori
Nationalpark Samaria
Gingilos
2080m
Samaria
Pachnes
2453m
Samaria - Schlucht
Agia Roumeli
Tarra
Agios Ioannis
Agios Pavlos
nach Sougia, Paleochora
nach Loutro, Chora Sfakion
N
0   3km

© Igraphic

Redaktions-Tips

Redaktions-Tips

- Der **See von Agiá** (S. 654f), ein künstlich aufgestauter Süßwassersee, ist wichtiger Lebensraum für viele Vogel- und Libellenarten, die gut vom flachen Ufer beobachtet werden können.

- Die **Schlucht von Thériso** (S. 658) zieht sich über 10 km unbesiedelt, aber von einer Asphaltpiste durchzogen, in Nord-Süd-Richtung bis zum Bergdorf Thériso. Traumhaft ist die Abfahrt zurück mit dem Fahrrad – einfach rollen lassen!

- Die platte **Omalós-Hochebene** (S. 659f) überrascht mitten im Gebirgsmassiv der Weißen Berge jeden, der aus dem Norden die lange Anfahrt über Lákki immer hinauf hinter sich hat. An ihrem Südende beginnt die **Samariá-Schlucht** (S. 661ff), Europas längste Schlucht. Tief eingeschnitten führt sie bis an das Libysche Meer.

- Die **Bergdörfer Mesklá** (S. 656), **Lákki** (S. 657) und **Thériso** (S. 659) sind nestartige Siedlungen, die im Hochsommer Abkühlung und urtümliche Tavernen für eine längere Rast bieten. Alle drei liegen landschaftlich sehr eindrucksvoll und inmitten der grünen Waldzone am Rande der Weißen Berge.

- Eine **Wanderung durch die Samariá-Schlucht** (S. 661ff) bietet neben dem einzigartigem Naturerlebnis auch eine sportliche Komponente – die 18 km bis nach Agía Rouméli stecken einem abends in den Knochen, dafür rollen die Pfunde. Ebenso bei der vorgeschlagenen **Fahrradtour von Mesklá über Zoúrva nach Thériso** (S. 656f), die mit dem Mountain-Bike gefahren werden muß. Steigungen und Gefälle halten sich die Waage.

- Eher etwas für Kinder ist der **Wasserpark Limnoupolis** (S. 654) mit seinen abenteuerlichen Rutschen. Die bieten allerdings mehr Abwechslung als ein Strand, Erwachsene gehen in die Poolbar oder sonnen sich auf der Liegewiese.

Abstecher zum Spaßbad Limnopoulis

Wenige Kilometer südlich von Chaniá bei Varipetro liegt das riesige Spaßbad Limnopoulis am Fuß eines Berghangs. **Anfahrt**: Biegen Sie von der Hauptstraße Richtung Omalós nach Varipetro ab und fahren Sie noch vor dem Ort wiederum nach links (ab Hauptstraße ca. 3,5 km). Die langen **Wasserrutschen** von Limnopoulis nutzen das natürliche Gefälle des Hanges aus. Die Attraktionen tragen aufregende Namen wie „Black Hole", „Kamikaze", „Giant Slide" und „Crazy River".

Unter den Griechen ist das Bad trotz der hohen Preise sehr beliebt. Limnopoulis ist klar auf Tagesgäste ausgelegt, auf dem Gelände finden Sie einen Mini-Market, eine Ouzeri, ein Restaurant und ein kleines Shopping-Center. Man mag diese künstlich in die Natur implementierte Wasserlandschaft belächeln, für Kinder und Jugendliche ist sie spannender und lustiger als viele der kretischen Strände.

Aktuelle Informationen zum Spaßbad Limnopoulis entnehmen Sie bitte den gelben Seiten Chaniá.

Oberhalb von Varipetro lag einst die **frühminoische Siedlung Debla**, die Reste von vier Gebäuden sind in einer Höhe von 540 m ausgegraben worden.

Im Dorf **Agiá** (Αγια) liegt direkt an der Durchgangsstraße ein früher berüchtigtes Gefängnis, das während der Besatzungszeit von den Deutschen als Straflager genutzt wurde. Um zum **See von Agiá** zu gelangen, im Ort rechts nach Kirtomatádos abbiegen (ca. 100 m hinter der Taverne *The beautiful Helen*). Nach einigen hundert Metern geht es rechts ab zum See. Der flache See ist ein nährstofffreiches, angestautes Gewässer mit ausgedehntem Schilfgürtel im nördlichen Bereich. Seeoberfläche und Ufer sind ein wichtiges Rückzugsgebiet für Tiere und Pflanzen, vom Rand aus können Sie zahlreiche **Wasservögel und Großlibellenarten** beobachten (Fernglas nicht vergessen!). Rund um den See wächst der Mönchspfeffer mit seinen hanfartigen Blättern. Angeblich soll er den Mönchen beim Verzehr helfen, weltliche Gelüste zu unterdrücken. Leider kann man den See nicht vollständig trockenen Fußes umrunden, der Weg endet östlich der Zufahrt an den Wassertreppen. Naturschützer streben an, den See vollständig unter Schutz zu stellen, um die Belastungen durch Wasserentnahme, Nährstoffeintrag und Jagd endlich zu unterbinden.

Künstlicher See mit reicher Fauna

Zur **Weiterfahrt** zur Hauptstraße zurückkehren oder über die Nebenstrecke bis Kirtomatados fahren, dann den Fluß queren und über Koufós nach Alikianós gelangen (ca. 6 km). Das Tal des Xekollimenos (Kerítis), der zwischen Plataniás und Geráni ins Meer mündet, ist außerordentlich wasserreich und fruchtbar. Ideal für den Anbau von saftigen Orangen, die im Spätsommer in den Bäumen leuchten.

Alikianós (Αλικιανος)

Um in das größere Dorf Alikianós zu gelangen, biegen Sie von der Hauptstraße nach rechts ab und queren eine schmale, massive Steinbrücke über das mit Orangenhainen bepflanzte Flußtal des Xekollimenos. Noch davor, schräg gegenüber der Kreuzung, steht ein bemerkenswertes Denkmal für die von der Deutschen Wehrmacht ermordeten Männer von Alikianós. Unter dem eigentlichen Gedenkstein, der die Namen der Toten im Alter von 14-80 Jahren trägt, sind ihre Gebeine in einer begehbaren Gruft aufbewahrt.

In Alikianós ist die **Kirche Ágios Geórgios** ausgeschildert. Die spätbyzantinische Kapelle stammt von 1243, ihre Fresken aber sind jünger (erste Hälfte 15. Jh.). Von der Kirche unten im Ort geradeaus hoch und dann rechts führt die Straße zur wunderschönen, modernen **Dorfkirche** in hellblauen und gelben Farbtönen.

Fährt man von Alikianós westlich weiter Richtung Koufós, stößt man nach kurzer Zeit rechts in einem Orangenhain auf die stark im Verfall begriffene, eigentümliche **Kapelle Agios Kir-Ioannis**. Die Kreuzkuppelkirche mit ursprünglich 4 Säulen (eine fehlt) stammt aus dem 14. Jahrhundert. Ausgeschildert ist die Kapelle mit „*Church of Zoodochos Pigi*", da an der Stelle der jetzigen Kirche *Johannes o Xenos* schon 1004 eine so genannte Kirche für das im 11. und 12. Jh. bedeutsame Dorf Koufós gründete. Durch das un-

Dorfkirche in Alikianós

dichte Dach fällt ein mystisches Licht in den kleinen Innenraum und schafft eine sakrale, meditative Atmosphäre. Von den Fresken der frühen kretischen Schule sind leider nur noch Fragmente erhalten.

Von Alikianós führt die Straße westlich des Flusses Fassas (ein Zufluß zum Xe-kollimenos) nach **Skinés** (Σκινες) (3 km). Hier beginnt eine **Nebenstrecke** durch weitgehend menschenleere Landschaft **nach Sougia an die Südküste** (52 km). Nur wenige Autofahrer nehmen diese Straße, die aber durchgehend asphaltiert ist (auf jeden Fall noch in Skinés tanken, Tankstelle am Ortsausgang).

Engagierter Pater

In der Kirchengemeinde von Skinés betreibt Pater *Ioannis Apostolakis* seit einigen Jahren ein interessantes Projekt: Auf einer Hügelkuppe nahe dem Ort ist die **Kreuzigungsszene** von Golgatha nachgebildet. Nachts sind drei bis zu 18 m hohe Kreuze hell erleuchtet. Für die Zukunft sind auch kulturelle Veranstaltungen geplant.

Will man jedoch weiter auf die Omalós-Hochebene oder nach Mesklá, ist die Straße nach Fournés (2 km) die richtige (hinter der breiten Hauptstraße noch im Ort links). Durch ausgedehnte Orangenplantagen hindurch erreicht man schnell wieder die Hauptstraße bei **Fournés** (Φουρνες). Fast in jedem Vorgarten des Dorfes stehen Orangenbäume, der Wasserreichtum ist die Grundlage für den intensiven Anbau von Zitrusfrüchten.

Hinweis
Wollen Sie von hier aus in die Omalós-Hochebene, lesen Sie weiter ab S. 659.

Von Fournés über Mesklá - Zoúrva - Thériso zurück nach Chaniá

In Fournés zweigt die Straße nach Mesklá (6 km) ab. Das schmale Asphaltband schlängelt sich gesäumt von prächtigen Laubbäumen mäandrierend nach Mesklá hinauf.

Rast im schönen Bergdorf

Mesklá (Μεσκλα) ist ein wasserreiches, grünes Dorf, dessen Häuser sich weit-läufig in einen engen Talkessel schmiegen. Gleich am Ortseingang liegt links die kleine **Sotiros-Christu-Kirche** mit gut erhaltenen Fresken, die 1303 von *Theodoros Daniel* geschaffen wurden. Die Vorhalle ist in einer zweiten Bauphase angesetzt worden. Die Dorfstraße Mesklás überquert mehrmals einen Meter tiefer gelegenen, rauschenden Fluß, den Keritis, der sein Wasser das ganze Jahr hindurch aus dem Lefká Óri-Massiv erhält. Am südlichen Ortsende steht die prächtige **moderne Panagía-Kirche** auf dem Fundament einer frühchristlichen Basilika. Gegenüber kann man in der von großen Bäumen beschatteten Taverne *O CALARIS* rasten.

Mesklá wird morgens und mittags von Chaniá aus von einem Linienbus der KTEL angefahren, ebenso gehen Fahrten zurück (nicht am Wochenende).

Weiterfahrt nach Zoúrva und Thériso

Die folgende Strecke ist mit dem PKW zwar machbar, jedoch nicht empfehlens-wert. Viel schöner ist sie mit dem Mountain-Bike oder zu Fuß: ein anstrengender Anstieg, die Schotterpiste nach Thériso und dann die schier endlose Abfahrt auf Asphalt von Thériso nach Perivólia.

Wandertip
Der Weg von Mesklá über Zoúrvas nach Thériso ist etwa 8 km lang, für die reine Gehzeit sind 3 Stunden einzuplanen. Denken Sie an einen ausreichenden Wasservorrat.

Die unübersichtliche Straße windet sich – anfangs noch asphaltiert – in sehr engen Serpentinen über Mesklá hinauf. Schnell gewinnt man an Höhe und hat einen schönen Rundumblick auf das Tal bis Fournés und östlich zu einer kahlen Bergkuppel mit Funkstation auf der Spitze. Diese gilt es noch zu umrunden. Doch zunächst durchquert man das winzige, halbverfallene Bergdorf **Zoúrva** (Ζουρβα) (Taverne und Erfrischungsgetränke!) unterhalb der steilen, dunklen Nordflanken der Lefká Óri. Diese sind mit lichten Nadelwäldern bestanden. Zum Glück verirren sich nur wenige Wanderer auf diese Strecke, und so ist hier noch ein Stück *Steinige* abgeschiedenes Kreta zu genießen. Nun geht der Asphalt in eine steinige Schot- *Schotter-* terpiste über. Links und rechts der Straße liegen unzählige leere Patronenhülsen. *piste* Hier wird zur Jagdsaison auf alles geschossen, was sich einem Kaninchen oder Vogel ähnlich bewegt. Nachdem man die Funkstation mit prächtigem Ausblick endlich umrundet hat (zu Fuß kann man abkürzen!), geht es mit recht starkem Gefälle Thériso entgegen. Kurz vor dem Ortsschild führt rechts noch ein Abzweig weiter nach Drakonas, eine allenfalls mit dem Mountain-Bike oder zu Fuß zu machende Piste von ca. 5 km Länge.

Thériso (Θεπισο)

Thériso liegt am oberen Ende eines langen, in Abschnitten schluchtartigen Tals. Aufgrund der Höhe (500 m) und der umliegenden Berge ist es deutlich kühler als an der Küste. Der nächste Ort ist 11 km entfernt. Das Ende der Welt ist Thériso deshalb noch lange nicht. Täglich kommen Busse mit Wandergruppen herauf, und mehrere Tavernen bewirten die Gäste. Quasi eingerahmt von den Tavernen ist ein schlichtes, uriges Kafenion, in dem ein altes Paar u.a. sehr starken griechischen Kaffee serviert. In den letzten Jahren erlebte Thériso einen kleinen Bauboom, *Kleines* trotzdem wird durch die Sackgassenlage das Gefühl der Abgeschiedenheit erhal- *Dorf –* ten. Das **Bergdorf** hat zwei kleine **Museen**, eins davon zum kretischen Wider- *große* stand von 1941-45, das andere zu Ehren des von *Venizelos* geführten Aufstandes *Geschichte* 1905. Thériso war ab 1821 wichtiger **Stützpunkt des Widerstandes** gegen die Türken in der Provinz Kydonia. Die Widerstandskämpfer *Vassilis*, *Giannis* und *Stefanos Halis* wurden hier geboren. Ebenfalls von Thériso aus nahm 1905 der kurze Widerstand gegen *Prinz Georg* seinen Anfang, die von den Aufständigen ausgerufene Regierung hatte schon eigene Briefmarken drucken lassen. Eine Statue ihres Anführers und Staatsmanns *Eleftherios Venizelos* steht oben im Dorf. Morgens und mittags besteht Busanschluß von/nach Chaniá (nicht am Wochenende). Am Ortseingang können Apartments gemietet werden.

Tip Bike-Tour: durch die Schlucht von Thériso
Die beschriebene Tour von Mesklá über Thériso nach Chaniá ermöglicht einen kurzen, aber eindrucksvollen Eindruck von der kretischen Bergwelt. Sportliche Urlauber, die nur einen kurzen Aufenthalt an der Nordwestküste verbringen, sollten sich diesen Tagesausflug als Abwechslung vom Strandalltag nicht entge-

hen lassen. Fahrräder können z.B. bei Hellas Bike Travel in Agía Marína geliehen werden, für Ungeübte sind die Steigungen allerdings zu anstrengend. Die Tour ist in Richtung Mesklá-Thériso zu empfehlen, da der Rückweg durch die Schlucht die Belohnung für den mühsamen Anstieg bis Zoúrva ist.

Fahrrad-
tour
bergab

Die Abfahrt mit dem Rad von Thériso nach Perivólia ist eine traumhafte Strecke für jeden Biker oder Freizeitradfahrer. Fast durchgehend führt die 10 km lange, gut asphaltierte Straße nur bergab. Immer am schmalen Bachbett entlang, die karstigen Felswände ragen an beiden Seiten bis zu 200 m hinauf und treten stellenweise dicht zusammen. Nur wenig Tageslicht fällt in das enge Tal. Der Autoverkehr hält sich in Grenzen.

Aufstieg zur Höhle bei Thériso

Ca. 3 km unterhalb von Thériso, wo die Straße in einer Kurve neben dem Fluß Kladissos verläuft, führt eine in den Fels geschlagene Treppe mit aufwendigem Holzgeländer etwa 100 m den Berghang hinauf. An ihrem Ende befindet sich der enge Eingang zu einer **Höhle**. Eine Besiedlung in neolithischer Zeit konnte nachgewiesen werden. Nach Erzählungen der Einheimischen hat die Höhle kein Ende, und in Kriegszeiten wurden tote türkische Kämpfer und deutsche Soldaten hier bestattet. Beim Begehen der Höhle ist äußerste Vorsicht geboten, es lauern mehrere tiefe Löcher (z.B. gleich links am Gang) und steile Stufen. Ohne starke Lampen ist die Höhle auf keinen Fall zu begehen, Kerzen reichen nicht aus! Auch wer nicht hineinklettert: Vom Höhleneingang hat man eine schöne Aussicht in die Schlucht.

Je weiter man nach Norden kommt, desto enger treten die Schluchtwände zusammen, auf kleinen Steinbrücken quert man immer wieder den im Sommer kaum Wasser führenden Fluß. Etwa auf halber Strecke zweigt rechts ein Fahrweg nach Panagía ab, wer ihm folgt, kann über Mourniés nach Chaniá gelangen. Die asphaltierte Straße aber führt weiter bis zum Ausgang der Schlucht an einem Pumpenhäuschen bei Garípas und weiter nach Perivólia. Von dort sind es noch ca. 3,5 km durch die Vororte ins Zentrum Chaniás.

17.2 Zur Omalós-Hochebene und durch die Samariá-Schlucht

Von Fournés zur Omalós-Hochebene / Samariá-Schlucht

Anfahrt von Chaniá wie oben (S. 653f), doch in Fournés auf der Hauptstraße bleiben. Erst hinter dem Dorf steigt die Straße nun langsam steiler an und erreicht nach 9 km das von Nadel- und Mischwald umgebene Bergdorf **Lákki** (Λακκοι). Hoch über dem Tal und schon in der Nebensaison recht kühl (achten Sie auf die dicken Ofenrohre in den Kafeneia) bietet es sich für eine kurze Rast in einer der Tavernen an.

In der engen Kurve in der Mitte des Dorfes steht am Straßenrand die vielleicht schönste Ikonostássia Kretas.

Hinter Lákki ist bald die Waldgrenze erreicht, spärliche Polstervegetation auf Kalk und Grünschiefer tritt an die Stelle des Mischwaldes. Kleinflächige Poljen, bedeckt von roter Erde, sind Zeichen der verkarsteten Landschaft. Im Frühjahr blüht an vielen Stellen der Aaronstab, während im Herbst nur noch seine gelborangefarbenen Fruchtstände leuchten. An der höchsten Stelle vor der Abfahrt in die Hochebene führt links ein Weg zu einer Steinhütte hinauf. Hier befand sich im Freiheitskampf 1821 die Basis von **Antonis Sarris**.

Ikonostássia in Lákki

Die Omalós-Hochebene

Die rund 25 qkm große **Omalós-Hochebene** liegt über 1.000 m hoch in einem Kessel zwischen den westlichen Gipfeln der Lefká Óri. Die fast vollkommen platte Hochebene ist eine **Polje**, ein Karstphänomen, bei dem sich nach der Schneeschmelze anfallendes Wasser zu einem See sammelt und nur langsam durch den sog. Ponor, ein an der tiefsten Stelle gelegenes Schluckloch, aus der Hochebene abfließt (lesen Sie hierzu auch den Infokasten S. 412f).

Karstphänomen

Im Laufe der Jahrtausende lagern sich im Wasser mitgeführte Sedimente ab und bilden einen fruchtbaren Boden. Beste Voraussetzungen für die **Landwirtschaft**, die in den wärmeren Monaten hier oben betrieben wird. Hauptsächlich bauen die Kreter Kartoffeln und Getreide wie Weizen und Gerste an, die Viehzucht spielt keine so große Rolle wie etwa auf der Nída-Hochebene.

Aktuelle Reisetips zur Omalós-Hochebene
entnehmen Sie bitte den gelben Seiten 291f

Gleich zu Beginn der Hochebene gähnt rechts neben der Straße unterhalb einer Felswand ein schwarzes Loch. Die **Tsanis-Höhle** ist ein geheimnisvoller Schlund,

Schlund der Tsanis-Höhle

durch den die Wassermassen in das Karstgestein hinab-fließen. Über Felsbrocken kann man ein Stück hineinklet-tern, der Gang führt steil abwärts und ist von riesigen Geröllbrocken übersät. Erst 3 km der Gänge sind er-forscht, den Grund der Höhle konnte man bisher nicht finden. Experten gehen von einem Vielfachen an Länge und Tiefe aus. Sie stehen hier also buchstäblich an einem Tor zur Unterwelt Kretas. Auf der anderen Straßenseite erkennt man die Mulden kleinerer Dolinen, die leider manchmal noch zur Müllentsorgung benutzt werden.

Die Straße führt mitten durch eine kleine Siedlung. **Omalós** (Ομαλος) ist eigentlich kein richtiges Dorf, son-dern eine Ansammlung einfacher Gebäude, die sich über die Hochebene verteilen. Zwei Hotels bieten ganzjährig Unterkünfte an. So ist es möglich, im Winter auf der Hochebene zu bleiben und sie von einer ganz anderen Seite, schneebedeckt und eiskalt, zu erleben. Im Frühjahr ist die Omalós-Hochebene das Ziel vieler Kreter aus den Städten der Nordwestküste. Gemeinsam mit der Familie fährt man hinauf, um frische Kräuter für die eige-ne Küche oder Hausapotheke zu sammeln. Alle hundert Meter steht dann ein Auto, jede Familie scheint den eigenen „claim" damit zu markieren. Auf einer Schotterpiste kann man die Hochebene umrunden.

Von Omalós an die Südküste

Verbindung zur Südküste

Seit einigen Jahren führt eine breite, asphaltierte Straße von Omalós hinüber zur Straße ins 37 km entfernte Sougia (S. 700). Zur Schlucht von Agía Iríni (S. 699) sind es von Omalós 14 km Fahrstrecke. Die durch EU-Mittel geförderte Straße führt durch eine karge, vormals unberührte Bergwelt und muß immer wieder von Steinschlag geräumt werden. Für wenige Reisende eine interessante Alternativ-route zur Südküste, doch ökologisch und ökonomisch ein Beispiel für die vielen unsinnigen Straßenbauprojekte auf Kreta.

Samariá – durch Europas längste Schlucht an das Libysche Meer

Entfernungen
Omalós - Agía Rouméli 20 km (nur zu Fuß durch die Schlucht)
Agía Rouméli - Chóra Sfakíon ca. 22 km (nur zu Fuß oder per Fähre)

Aktuelle Informationen zur Schlucht
entnehmen Sie bitte den gelben Seiten Omalós.

Eine Durchquerung der 18 km langen **Samariá-Schlucht (Samariá)** von der kargen, kühlen Omalós-Hochebene bis zu den heißen Stränden des Libyschen Meers bei Agía Rouméli gehört zu den großen Naturerlebnissen auf Kreta und in ganz Südosteuropa. Nur von April bis Oktober können Sie Europas längste Schlucht durchwandern, da sonst die Wassermassen an den engen Stellen die Passage nicht zulassen und lebensgefährlicher Steinschlag droht. Die Samariá-Schlucht ist das Ergebnis eines mittlerweile über 14 Millionen Jahre andauernden Erosionsprozesses, bei dem das Wasser in einer wahrscheinlich durch tektonische Bewegungen entstandenen Kluft die Schlucht aus dem Gestein gewaschen hat. 1962 wurde die Samariá-Schlucht zum ersten und einzigen **Nationalpark** Kretas (4.850 ha groß), zahlreiche – teilweise endemische – **Pflanzen und Tiere** haben hier ein Rückzugsgebiet behalten. Die UNESCO hat den Nationalpark deshalb auch als Biosphären-Reservat anerkannt.

Einziger National-park Kretas

In der Schlucht sind im Frühjahr zahlreiche Exemplare des weinrot blühenden Gemeinen Drachen- oder Schlangenwurzes (*Dracunculus vulgaris*) zu sehen, besonders viele wachsen beim verlassenen Dorf Samariá. Auch der bis zu 30 cm hohe endemische Diktam (*Oreganum dictamnus*), aus dem der gleichnamige Bergtee gewonnen wird, wächst in der Schlucht. Zu den eindrucksvollsten Tieren gehören die sehr selten zu beobachtende kretische Wildziege (Agrími oder Krí-Kri, *Capra aegagrus cretica*) und der Lämmergeier (*Gypaetus barbatus*).

In der **Geschichte** Kretas spielte die Schlucht immer eine wichtige Rolle. Sie konnte von den Sfakioten wegen ihrer Unwegsamkeit gut verteidigt werden. Mehrmals wurden die Türken zurückgeschlagen (z.B. 1770 durch *Daskalojannis* und *Yannis Bonatos*, erneut 1866 mit großen Verlusten). Nie konnten sie den Schluchtteil zwischen dem Einstieg Xyloskalo und der Eisernen Pforte im Süden erobern.

Am 23. Mai 1941 entkamen *König Georg II.* und der griechische Ministerpräsident *Emanuel Tsoudéros*, die sich vor den Deutschen nach Kreta gerettet hatten, durch die Schlucht an die Südküste, wo sie bei Agía Rouméli ein britisches Schiff nach Ägypten evakuierte. Auch die Deut-

Xyloskalo – Einstieg in die Schlucht

sche Wehrmacht erlangte nie die Kontrolle über die Samariá-Schlucht. Erst dem Tourismus ist dies gelungen. Heute ist es kaum noch möglich, die ursprüngliche Einsamkeit der unwegsamen und weitläufigen Schlucht zu erleben, da von morgens bis abends wahre Besucherströme die rund 16 km lange Strecke bewältigen.

Anfahrt

Die Straße von Omalós führt bis direkt über den **Schluchteingang**, *2 km südlich der Hochebene. Großer Parkplatz mit WC, Kartentelefon und Cafeteria. Über der Schlucht kann man auf der Terrasse des Restaurants einen tollen Blick in die Schlucht und auf den 2.080 m hohen, kahlen und schroffen Gíngilos genießen. Das Bruchsteinhaus hat den Charme einer Berghütte. Von hier führen Pfade auf die Gipfel des Gíngilos (ca. 3,5 Std. einfach) und auf den Páchnes. Zur Besteigung des letzteren empfehlen wir die Teilnahme an einer geführten Tour, z.B. mit dem Griechischen Bergsteigerverein Chaniá (Adresse S. 240) oder den Weg ab Anópoli (S. 593).*

Hinweis: Wir raten von der Schluchtwanderung ab, wenn...

• *...Sie absolut untrainiert oder krankheitsbedingt schlecht in Form sind*
• *...wenn Ihnen längeres Laufen Probleme bereitet, Sie durch Verletzungen beeinträchtigt sind oder beim Wandern auf Kreta schon reichlich Blasen gesammelt haben*
• *...wenn Sie Temperaturschwankungen und Hitze nur sehr schlecht vertragen*
• *...wenn Sie keine Lust auf einen Konvoi von Mitwanderern verspüren*

Wegbeschreibung

Nach dem Kauf der Eintrittskarte erfolgt der Einstieg in 1.230 m Höhe über den **Xyloskalo (1)**, die hölzerne Leiter. Tatsächlich handelt es sich aber nur um einen mit Holzgeländer gesicherten Weg mit zahlreichen Stufen, auf dem man schnell tiefer gelangt. Früher benutzten die Sfakioten Holzleitern, um in diesem steilen Abschnitt aus der Schlucht aussteigen zu können. Der gut befestigte Weg führt immer bergab durch den lockeren Nadelwald aus Zypressen und Pinien, der auf dem Plattenkalk des Untergrundes wächst. Meist ist es schattig, duftet würzig nach Baumharz, man wähnt sich eher in den Alpen als in den Lefká Óri. Mehrmals bieten sich Möglichkeiten zum kurzen Ausruhen. Nach rund 45 Minuten erreichen Sie zum erstenmal das **Bachbett**, das die Schlucht durchzieht. Hier im oberen Teil ist es fast immer trocken. Große Felsbrocken zeugen aber von mehr Aktivität zur wasserreichen Jahreszeit. Nach ca. 1,5 Stunden Gehzeit erreichen Sie in nur noch 630 m Höhe

Schattiger oberer Teil

Verhalten in der Schlucht

Auf der Rückseite der Eintrittskarten in die Samariá-Schlucht ist folgende Grundregel vermerkt: „Es wird um diskretes Verhalten gebeten. Beim Verlassen der Schlucht haben wir nur unsere Erlebnisse und Erinnerungen im Gepäck. Lassen wir die Natur ungestört ihr Leben führen". Folgende **Verhaltensregeln** *sollten Sie deshalb unbedingt beachten:*
• *Übernachten, Feuer anzünden und das Schwimmen im Fluß sind verboten*
• *Jagen und Sammeln von Tieren und Pflanzen, das Zerstören von Parkeinrichtungen sind strengstens untersagt*
• *Müll muß in den dafür aufgestellten Sammelbehältern entsorgt werden*
• *Rauchen ist verboten, Ausnahmen nur an den Rastplätzen (am besten wegen Brandgefahr ganz darauf verzichten!)*
• *Alkoholische Getränke dürfen in der Schlucht nicht konsumiert werden (im eigenen Interesse!)*

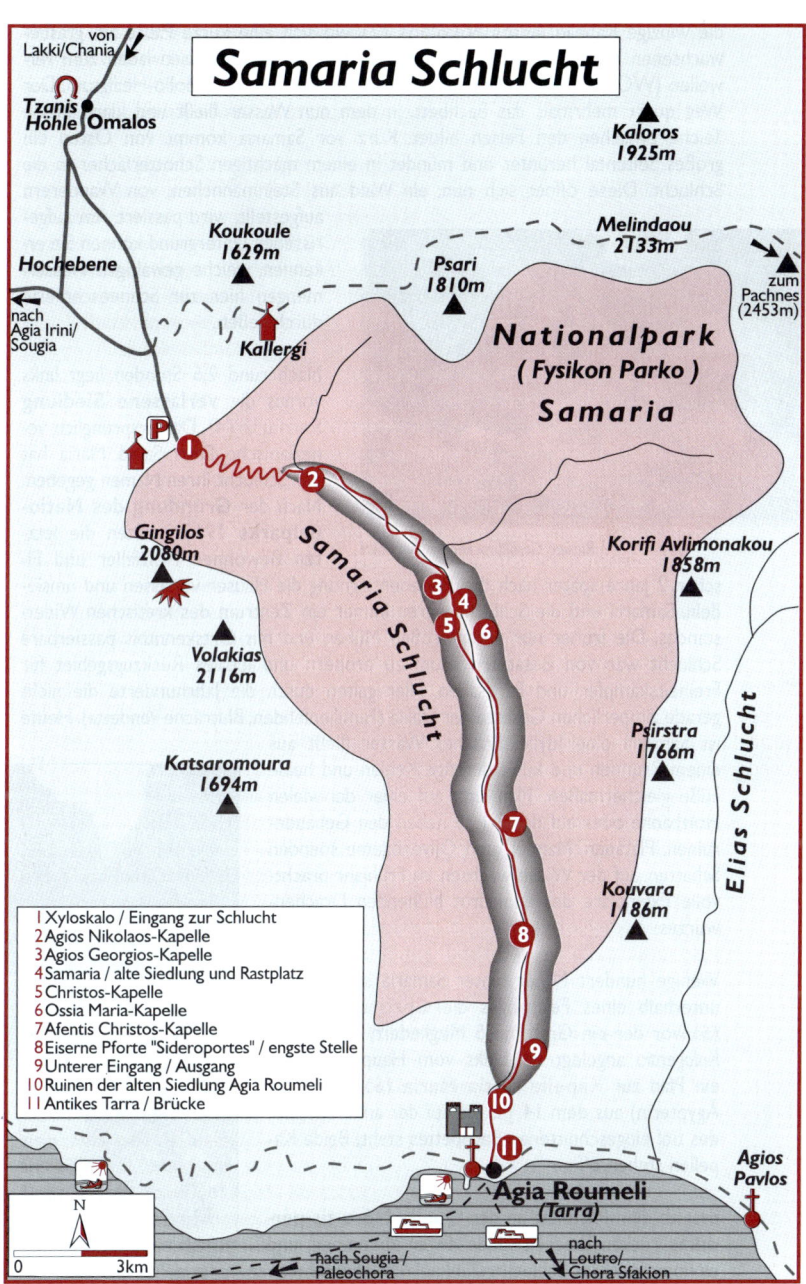

Samaria Schlucht

von
Lakki/Chania

Tzanis
Höhle Omalos

Hochebene

nach
Agia Irini/
Sougia

Kaloros
1925m

Koukoule
1629m

Psari
1810m

Melindaou
2133m

zum
Pachnes
(2453m)

Kallergi

Nationalpark
(Fysikon Parko)
Samaria

Gingilos
2080m

Korifi Avlimonakou
1858m

Volakias
2116m

Katsaromoura
1694m

Psirstra
1766m

Kouvara
1186m

S a m a r i a   S c h l u c h t

E l i a s   S c h l u c h t

1 Xyloskalo / Eingang zur Schlucht
2 Agios Nikolaos-Kapelle
3 Agios Georgios-Kapelle
4 Samaria / alte Siedlung und Rastplatz
5 Christos-Kapelle
6 Ossia Maria-Kapelle
7 Afentis Christos-Kapelle
8 Eiserne Pforte "Sideroportes" / engste Stelle
9 Unterer Eingang / Ausgang
10 Ruinen der alten Siedlung Agia Roumeli
11 Antikes Tarra / Brücke

Agios
Pavlos

Agia Roumeli
(Tarra)

nach Sougia /
Paleochora

nach
Loutro/
Chora Sfakion

N

0   3km

© i graphic

die winzige Kapelle **Ágios Nikólaos (2)**, wo sich eine kurze Pause am grasbewachsenen Hang geradezu aufdrängt. Sitzbänke unter Zypressen laden zum Verweilen (WC). Wahrscheinlich stand hier in antiker Zeit ein Apollo-Heiligtum. Der Weg quert mehrmals das Bachbett, in dem nun Wasser fließt und klare, kleine Teiche zwischen den Felsen bildet. Kurz vor Samariá kommt von Osten ein großes Seitental herunter und mündet in einem mächtigen Schotterfächer in die Schlucht. Diese öffnet sich nun, ein Wald aus Steinmännchen, von Wanderern

aufgestellt, wird passiert. Am aufgerissenen Untergrund können Sie erkennen, welche gewaltigen Wassermengen hier zur Schneeschmelze durchfließen.

Nach rund 2,5 Stunden liegt links voraus die **verlassene Siedlung Samariá (4)**. Das ursprünglich venezianische Dorf Santa Maria hat der Schlucht ihren Namen gegeben. Nach der **Gründung des Nationalparks 1962** mußten die letzten Bewohner, Holzfäller und Fischer, 2 Jahre später nach der Bodenenteignung die Häuser verlassen und umsiedeln.

Riesige Geröllbrocken im Bachbett

Samariá und die Schlucht waren immer ein Zentrum des kretischen Widerstandes. Die früher nur unter großen Mühen und mit Ortskenntnis passierbare Schlucht war von Besatzern kaum zu erobern und ideales Rückzugsgebiet für

Mythos der Schluchtbewohner

Freiheitskämpfer und Partisanen. Hier galten durch die Jahrhunderte die nicht gerade zimperlichen Gesetze der Sfakiá (Familienfehden, Blutrache Vendetta). Heute ist Samariá eine Idylle. Frisches Wasser fließt aus einem Brunnen und kühlt durstige Kehlen und heiße Füße gleichermaßen. Man sitzt auf einer der vielen Holzbänke oder auf der Wiese neben den Gebäuderuinen. Platanen, Mandel- und Olivenbäume spenden Schatten, auf der Wiese wachsen im Frühjahr prachtvolle Exemplare des dunkelrot blühenden Drachenwurzes.

Wenige hundert Meter hinter Samariá steht rechts unterhalb eines Felshanges die **Christos-Kapelle (5)**, vor der ein Grab mit 5 Mitgliedern der Familie *Kalogeraki* angelegt ist. Links vom Hauptweg führt ein Pfad zur **Kapelle Óssia Maria (6)** (Maria die Ägypterin) aus dem 14. Jh., die auf der anderen Seite des tief eingeschnittenen Bachbettes steht. Beide Kapellen stehen offen.

Erst ab dem Rastplatz an der **Quelle Néro tis pérdikas** rücken die Felswände enger zusammen, und es kommt echtes Schluchtgefühl auf. Die Wände wer-

Tief in der Samariá-Schlucht

den zunehmend steiler, der Weg verläuft auf losem Schotter und wird unebener. Die Sonne verschwindet hinter den Bergen und die Luft wird deutlich kühler.

Der Blick bleibt an vom Wasser ausgehöhlten Felsüberhängen, bizarren Felsbrocken und Stauchungen im Gestein hängen, die Orientierung fällt nicht schwer – immer am Flußbett entlang. Zwischendurch wird der schattig gelegene Rastplatz **Afentis Christos (7)** erreicht (WC und Wasser). Doch noch wartet die engste Stelle der Schlucht, die **Sideropórta (8)** (Eiserne Pforte), an der die bis zu 600 Meter hohen Felswände auf 3 m Breite zusammenrücken. Auf Holzstegen begleitet man den Fluß durch dieses kurze Nadelöhr. Die Schlucht verändert nun erneut ihr Gesicht, bleibt felsig schroff, öffnet sich aber und wird durch zunehmenden Bewuchs lieblicher.

Engste Stelle der Schlucht

Nach 5-6 Stunden (je nach Wandertempo) wird die **Ausgangskontrolle (9)** erreicht, an der die Eintrittskarten vorgezeigt werden müssen. Ein Kiosk wartet auf die durstigen Wanderer, die den hohen Getränkepreisen zum Opfer fallen. Man durchquert das bei einem Hochwasser 1952 zerstörte und daraufhin verlassene Dorf **Agía Paléa (10) Rouméli**. Oberhalb des in einer Klamm eingeschnittenen Flusses stehen noch die Hausmauern, an einigen sind noch die Öfen zu erkennen. Am Weg liegt die kleine Kapelle Agía Triáda mit dem alten Dorffriedhof. Darüber in einer grauen Felswand die weiße Höhlenkirche Ágios Antónios. An einer Weggabelung schon in Sichtweite der ersten Häuser rechts halten. Vorbei an der Panagía-Kirche erreichen Sie das moderne Agía Rouméli (s. S. 666).

17.3 Felsen, Hitze und keine Straßen – die Südküste zwischen Agía Rouméli und Chóra Sfakíon

Agía Rouméli (Αγ. Ρουμελη)

Aktuelle regionale Reisetips zu Agía Rouméli und Schiffsverbindungen *entnehmen Sie bitte den gelben Seiten 216f*

Abkühlung nach der Wanderung

Wenn Sie Agía Rouméli erreicht haben, werden Sie sich nach kühlen Getränken und kräftigem Essen sehnen. Unser Tip: Erst am Hafen oder an der Ticket-Verkaufsstelle in Ortsmitte (gegenüber Taverne *Manos*) erkundigen, um welche Uhrzeit Ihr Schiff geht und dann in Ruhe bis zur Abfahrtszeit in einer der Tavernen oder am nahen Strand die Zeit verbringen. Als **leichtes Essen** empfehlen wir z.B. Joghurt mit Honig, einen griechischen Salat und dazu frisch gepreßten Orangensaft. So vermeiden Sie die bleierne Müdigkeit, die Ihnen jetzt Bier und ein fettes Essen bereiten würden. Das Essen in den vielen Tavernen Agía Roumélis ist der Nachfrage entsprechend teuer, die Qualität nicht immer einwandfrei, da nur die wenigsten Gäste überhaupt zweimal in den Ort kommen.

Wer nicht gleich das nächste Schiff nehmen will, kann sich am westlichen Ortsrand an den dunklen Strand legen und im Libyschen Meer baden.

Oberhalb Agía Roumélis (etwa Blickrichtung Hotel Calypso) thronen die Reste eines türkischen Kastells aus gelblichem Stein mit aufgesetzten Zinnen. Die Überreste des **antiken Tárra (11)** (etwa 5. Jh. v.Chr.) sind mit etwas Fantasie nordöstlich des Ortes bei der schotterüberladenen Mündung des Flusses aus der Samariá-Schlucht zu erkennen. Funde weisen auf eine bedeutende **Glasmanufaktur**

Warten auf die Fähre in Agía Rouméli

in der Hafenstadt Tárra hin (sie sind im Archäologischen Museum in Chaniá ausgestellt). Allerdings hat sich die Küste im Laufe der letzten Jahrtausende hier um fast 4 m gehoben, so daß die Siedlung heute etwas landeinwärts liegt. Dort, wo heute die byzantinische Panagía-Kapelle steht (passiert man beim Weg aus der Schlucht), befand sich einst ein Apollon-Tempel (Mosaikreste). Das kleine, aber unabhängige Tárra hatte nach der Eroberung von den Dorern eine religiöse Bedeutung erlangt.

Zu Fuß nach Chóra Sfakíon

Von Agía Rouméli kann man auf einem Pfad (Fernwanderweg E4) entlang der Küste, vorbei an der Kirche Ágios Pávlos und dem schönen Ort Loutró bis nach Chóra Sfakíon wandern. Mindestens 7-8 Stunden dafür einplanen, im Hochsommer ist die Tour wegen der Hitze kaum zu empfehlen (unbedingt Wasservorrat mitnehmen!). Es ist auch möglich, nur einen Teilabschnitt bis/ab Loutró zu laufen und die andere Strecke mit dem Schiff zurückzulegen.

Mit dem Schiff nach Chóra Sfakíon

Wenige Minuten nach dem Ablegen der Fähre in Agía Rouméli erkennt man den Ausgang der **Elias-Schlucht**, die sich parallel zur Samariá-Schlucht von der Westflanke des Páchnes (2.453 m) bis zum Meer hinunterzieht. Kurz darauf sieht man – am besten durch ein Fernglas – die weltabgewandt an einem einsamen Strand liegende **Kapelle Ágios Pávlos**, deren Natursteinmauern sich kaum von den Felsen der Küste abheben. Seit nun fast 1.000 Jahren trotzt sie den Kräften des Meeres. Von Agía Rouméli kann man sie in einem schönen Fußweg (E4) direkt am Wasser in etwa 20 Minuten erreichen. Die Kirche gilt als Werk Johannes des Fremden (*Johannes o Xenos*) und soll an einen Besuch des *Apostels Paulus* erinnern. Die groben Steine der Außenmauern und die winzigen Öffnungen in der Tambourkuppel lassen die kreuzförmige Kirche besonders trutzig erscheinen.

Einsame Kirche am Meer

Nachdem das erste Kap umrundet ist, sieht man deutlich die hellen Marken oberhalb des Strandes. In den Felsen am Wasser sind regelrechte Tische ausgeformt, die den früheren **Meeresspiegelstand** anzeigen. Er lag mehrere Meter höher als heute (lesen Sie dazu auch S. 697).

Nach rund 40 Minuten Fahrzeit öffnet sich links die beeindruckende, rißähnlich enge Arádena-Schlucht, die vom Westrand der Anópoli-Hochebene herunterführt. Am Strand stehen neben mehreren Höhlen an der Wasserkante auch einige Häuser, ein Pfad führt hinauf in das winzige Nest **Livanianá** im Hang. Mit einer weißen Kapelle auf einem Felsvorsprung kündigt sich Loutró an.

Loutró (Λουτρο)

Aktuelle regionale Reisetips zu Loutró
entnehmen Sie bitte den gelben Seiten 278f

Loutró ist die **Perle der kretischen Südküste**. Längst nicht mehr unentdeckt, erfüllt es immer noch die Sehnsucht vieler Menschen, die einmal richtig abschalten wollen und einen abgelegenen Ort suchen, der neben einsamer, aber spektakulärer Umgebung einen gewissen Komfort nicht vermissen läßt. Die wenigen weiß-blauen Gebäude schmiegen sich in die enge, runde Bucht, vor rauher See geschützt durch das vorspringende Kap Mouri. Fast jedes Haus beherbergt eine Taverne und vermietet Zimmer. Griechenland-Kenner fühlen sich auf die Kykladen versetzt. Das Schiff, neben den eigenen Füßen das einzige Verkehrsmittel in

Schönster Ort der Südküste?

Loutró, legt direkt in der Mitte der Bucht an und läßt seine Passagiere an Oberdeck auf die Terrassen der Hotels schauen.

Westlich der Hafenbucht auf dem Felsvorsprung des Kap Mouri befinden sich die **Ruinen des antiken** *Finix* oder *Phoenix* (röm.-byz.) und eines venezianisch-türkischen Kastells. In der ersten byzantinischen Phase bis 824 n.Chr. war Loutró Bischofssitz.

Loutró – Perle der Südwestküste

In der Finix-Bucht dahinter liegt der **Strand von Loutró**, den Sie vom Ort aus zu Fuß in wenigen Minuten erreichen. Wesentlich weiter westlich liegt der einsamere Marmara-Strand, der von Marmorfelsen und -höhlen umgeben ist (Name!).

Von Loutró sind es an der Küste entlang ca. 6,5 km bis Chóra Sfakíon. Der Weg (E4) verläuft zunächst direkt am Wasser und trifft kurz vor Chóra Sfakíon auf die Straße, die nach Anópoli hinaufführt. Für die Strecke sollten Sie ca. 2 Stunden einplanen. Etwa auf halbem Weg liegt der beliebte **Glikanéra-Strand (Sweetwater-Beach)**, der zwischen steilen Felsabhängen immer wieder durch winterliche Regenfluten verwüstet wird. Im Sommer ist der mehrere hundert Meter lange Kiesstrand das Ziel einiger Badeboote.

Bademöglichkeiten

Chóra Sfakíon und die Weiterfahrt entlang der Südküste finden Sie ab S. 592.

18. AUFSTREBENDE FERIEN-REGION – DIE NORDKÜSTE WESTLICH VON CHANIÁ

Übersicht

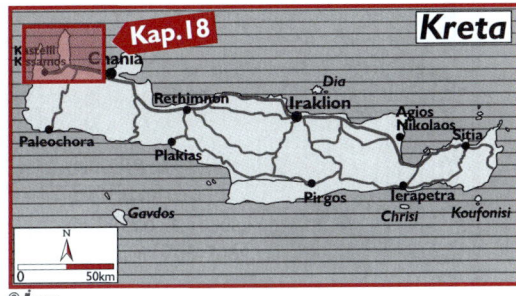

Der **Tourismus** hat sich unübersehbar breitgemacht an der Küste westlich von Chaniá. Die langen Strände, an denen zuerst noch Sand, Richtung Kolimbári dann aber immer mehr feiner Kies überwiegt, haben ein küstennahes Band aus Hotels und Gastronomie angezogen. Rund um **Plataniás** wechseln Apartmentanlagen, Tavernen, Mini-Markets, Schmuck- und Souvenirgeschäfte miteinander ab und verwischen die ursprünglichen Ortsgrenzen. Die stark befahrene Küstenstraße von Chaniá nach Kíssamos hält alles zusammen. Doch schon wenige Kilometer entfernt im äußerst fruchtbaren Hinterland ist der Trubel vergessen, und ursprüngliche Dörfer laden zu einer Rundtour durch Oliven- und Orangenhaine ein.

Die Küstenebene bei Plataniás und die Gegend um die **Kleinstadt Kíssamos Kastelli** sind wichtige landwirtschaftliche Anbaugebiete. Grundlage dafür ist der Untergrund aus Phyllit-Quarz-Schiefern, der anders als Kalkstein das Wasser aufhält und an der Oberfläche bereitstellt. Das anstehende Schiefer-Gestein läßt sich gut an der New Road bei Plataniás erkennen, wo im Zuge des Straßenbaus die sanften Hügel durchschnitten wurden. *Fruchtbare Küstenebene*

Die Gegend um Geráni an der Mündung des Xekollimenos war noch vor wenigen Jahrzehnten regelrecht sumpfig. Die **Halbinseln Rodopoú und Gramvoúsa** als Kretas nordwestlicher Abschluß bieten schroffe Bergzüge, botanische Raritäten, für den Wanderer Einsamkeit und abgelegene Strände. Sie sind bisher kaum erschlossen, und man wünscht es ihnen auch für die Zukunft. Zwischen der Nordwestspitze Kretas zur Halbinsel Peloponnes liegen ca. 100 km offenes Meer, nur unterbrochen durch die Inseln Kythira und Antikythira. Ein Zentrum der modernen Orthodoxie befindet sich unweit des Ortes **Kolimbári**.

Entfernungen
Chaniá - Kolimbári 24 km
Chaniá - Kíssamos 37 km
Kíssamos - Phalássarna 18 km

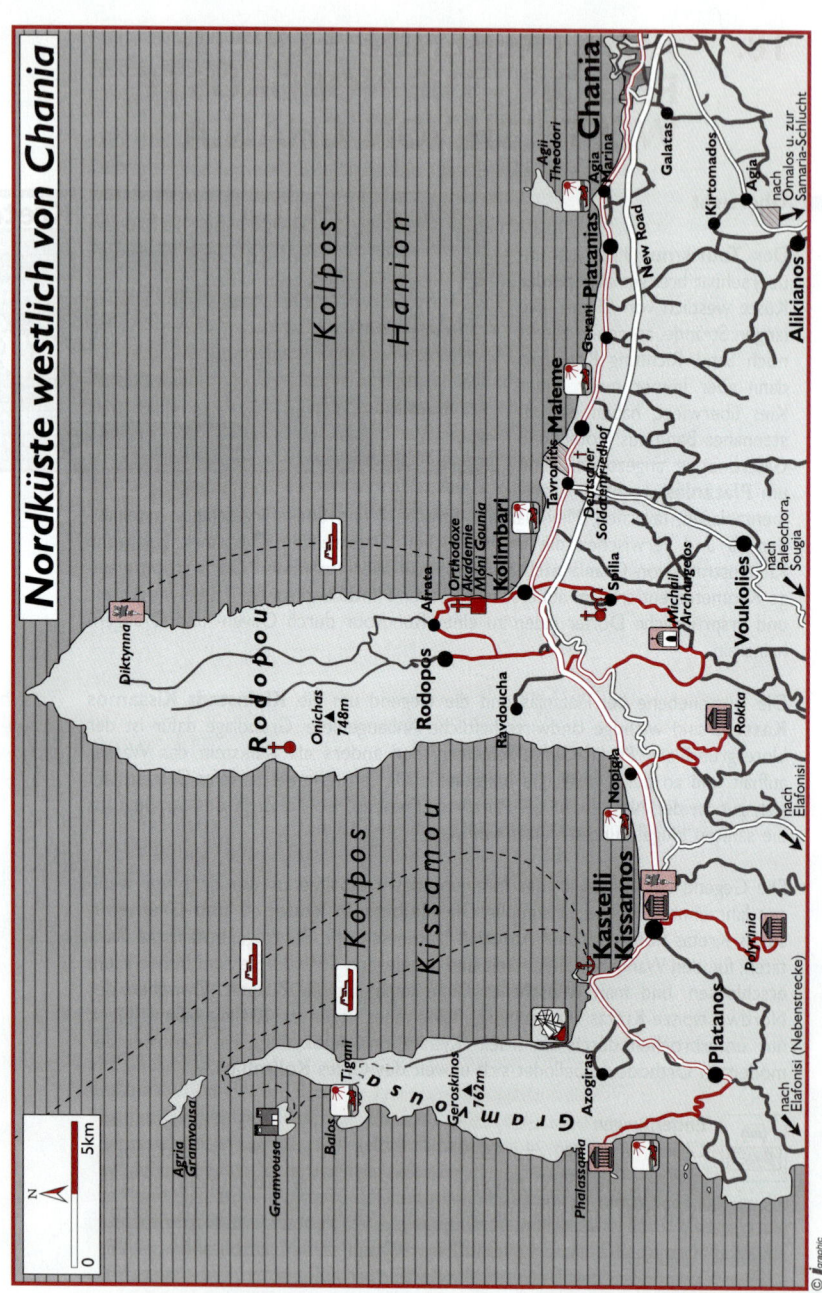

Nordküste westlich von Chania

- Die beiden **Halbinseln Rodópou** (S. 678f) und **Gramvoúsa** (S. 684f) sind ein Stück ursprüngliches wildes Kreta und nur durch Wanderpfade und Schotterpisten erschlossen. Wanderer können abseits des Urlauberrummels durch duftende Kräuterpolster laufen und mit Glück kreisende Raubvögel beobachten.

- Die **Orangen-Plantagen hinter Plataniás und Geráni** sind eine menschgemachte Kulturlandschaft. Auf den vielen kleinen Straßen und Pfaden kann man stundenlang hinter der Küste entlang wandern und die Arbeiter bei Ernte und Pflege der Bäume beobachten.

- **Polyrínia** (S. 686f) war einst die mächtigste Stadt im Nordwesten Kretas und liegt meerabgewandt an einem Hang. Die Reste finden Sie verstreut im neueren Bergdorf.

- Ganz im Westen Kretas liegt **Phalássarna** (S. 687ff), ein antiker Hafen, der durch Erdbeben über das Meeresspiegelniveau gehoben worden ist.

- **Kloster Gouniá** (S. 676) bei Kolimbári war ein wehrhaftes Kloster und Zentrum der Orthodoxie in Westkreta.

- **Rund um Spília und Episkopí** liegen zahlreiche **byzantinische Kirchen**, die interessantesten in **Spília mit Ikonenmuseum** (S. 680f) und **Michail Archangelos** (S. 680) bei Episkopí.

- **Kíssamos Kastelli** (S. 683f) ist eine lebendige Kleinstadt mit vielen Geschäften. Das kretische Alltagsleben ist noch wenig durch den Tourismus verwässert.

- Die **Orthodoxe Akademie** (S. 676f) bei Kolimbári ist nicht nur ein geistliches Zentrum, sondern vielmehr Begegnungsort für Kulturen und Religionen.

- Der **Deutsche Soldatenfriedhof** (S. 674) am Hang über Máleme ist eine eindrucksvolle Anlage, die an die Schrecken des Krieges und mehrere tausend auf Kreta gestorbener junger deutscher Soldaten erinnert.

- Die langen **Sandstrände bei Agía Marína und Plataniás** bieten Sonne, Wassersport und Strandbars. Langweilig wird es hier bestimmt nicht, das Wassersportangebot ist blendend.

- **Tigáni Bálos** (S. 685) ist eine umständlich zu erreichende Bucht am Ende der Halbinsel Gramvoúsa. Seichtes, warmes Wasser lädt zu Wasserspielen ein.

- Die **Bucht von Phalássarna** (S. 687f) ist besonders am Abend, wenn die Sonne am westlichen Horizont versinkt, einer der besten Plätze, sein Handtuch aufzuschlagen.

- **Fahrradtouren** sind besonders gut im Hinterland östlich von Kíssamos möglich, eine schöne, nicht zu anstrengende Rundtour führt von Kolimbári über Spília, Episkopí und Nohiá zurück an das Meer.

18.1 Von Chaniá bis Kolimbári

Der schnelle Weg – Anfahrt von Chaniá zur New Road

Die sog. New Road (E65), die im Norden an Chaniá vorbeiführt, ist nach fast 10 Jahren Bauzeit seit dem Jahr 2000 an das schon länger bestehende Stück Kolimbári-Kíssamos angeschlossen. Damit gibt es eine durchgehende Schnellstraßenverbindung Ágios Nikólaos – Kíssamos. Ob die New Road die Küstenstraße von Chaniá nach Kolimbári auf Dauer entlastet, ist zu bezweifeln, eher wird der Verkehr im Westen Kretas wohl noch zunehmen. Um Richtung Westen auf die New Road aufzufahren, aus Chaniá die Ausfallstraße nach Kastélli nehmen und an der Abzweigung nach Omalós links abbiegen. Die Auffahrt zur New Road erreichen Sie nach ca. 1,3 km.

Der schöne Weg – Nach Kolimbári über die Küstenstraße

Fahren Sie in Chaniá die Hauptstraße Skalidi/Kissamou Richtung Westen (Tankstellen). Noch bevor Sie wieder ans Wasser stoßen, sind rechts mehrere Strände ausgeschildert, z.B. der sandige, bewachte EOT-Beach oder der Oasis-Beach. Es lohnt sich aber nicht, hier schon abzufahren.

Faschistisches Denkmal

Rund 800 m hinter dem Abzweig nach Omalós liegt gegenüber einer Tankstelle das noch während der Besatzungszeit errichtete **Denkmal der Fallschirmjäger.** Ein herabstürzender Raubvogel auf einem Steinsockel, der über eine Treppe erreicht wird, symbolisiert die deutschen Fallschirmjägereinheiten. Das 1941 ebenfalls angebrachte Hakenkreuz ist entfernt. Es muß für die Kreter lange ein Hohn gewesen sein, daß hier ihre feindlichen Besatzer betrauert werden. Trotzdem haben sie das Denkmal weitgehend in seiner ursprünglichen Form erhalten.

Durch Káto Galatás, Káto Stalós und **Agía Marína**, Durchgangsorte, deren Zentrum im Hinterland liegt (Káto = unter), führt die Strecke. Beiderseits der Straße säumen sie touristische Einrichtungen aller Art, die Fußgänger sind auf schmale Streifen verbannt und versuchen, durch Lücken des Verkehrs die Straßenseite zu wechseln. Einen Ortskern mit Atmosphäre bietet bis Kolimbári einzig Plataniás, den Küstenabschnitt von Chaniá bis vor Agía Marína können wir für einen längeren Aufenthalt nicht empfehlen.

Neues Refugium der Kri-Kri

Rund 1 km im Meer vor Agía Marína liegt die kleine **Insel Ágii Theodóri**. Ab 1574 standen zwei venezianischen Kastelle, Turluru und San Theodoro, auf der nur 0,8 qkm großen Insel. Sie wurden aber vom Venezianer *Biagio Julian* im Angesicht der türkischen Invasion 1645 selbst in die Luft gesprengt (zusammen mit 200 angreifenden Türken). Seit den 1920er Jahren ist die bis zu 165 m hohe Insel Reservat für die kretische Wildziege *Kri-Kri* und darf nur mit Genehmigung betreten werden.

Am 8. Juni findet in Agía Marína das Fest des Heiligen Theodori statt, nur an diesem Tag kann man auch die Insel besuchen.

Plataniás (Πλατανιας)

Aktuelle regionale Reisetips zur Nordküste bei Plataniás
entnehmen Sie bitte den gelben Seiten 301ff

Schon in venezianischer Zeit lag rund 10 km westlich von Chaniá eine Siedlung nahe dem sumpfigen Mündungsgebiet des wasserreichen Xekollimenos. Die unzähligen Platanen beim Fluß gaben dem Ort ihren Namen – Plataniás. Heute hat sich das noch Mitte des letzten Jahrhunderts ruhige Dorf an der Durchgangsstraße Kidonias zum be-deutendsten Ur-laubszentrum an der Nordwestküste Kre-tas entwickelt. Das Angebot an Tavernen und Geschäften ist fast unüberschaubar. Mehrere Stichstra-ßen führen an den langen Sandstrand, an dem keine Langewei-le aufkommt. Dem östlichen Ortsteil ist ein kleiner, künstlich mit einer Mole gesi-cherter Fischerhafen vorgelagert. Klarer

Herbstliche Brandung bei Plataniás

Nachteil von Plataniás ist der Mangel an Fußgängerbereichen, die Situation ist nach der Fertigstellung der New Road durch das Hinterland aber schon besser geworden. Direkt an der zentralen **Platia in der Ortsmitte** finden Sie einen Supermarkt, eine Bank, die Bushaltestelle und den Taxistand. Der pittoreske **Ortsteil Pano Plataniás** oberhalb der zentralen Platia an der Straße Evropis bietet noch Atmosphäre und Ruhe. Hier finden Sie einige schöne Tavernen, in denen man abends bei Grillgerichten gemütlich sitzen kann. Die **Strände** von Plataniás sind nicht ganz so feinsandig wie die von Agía Marína, dafür mangelt es nicht an Sportangeboten und Snack-Bars. Bei Nordwind entsteht eine kräftige Brandung, in deren brechenden Wellen Badende ihren Spaß finden. *Atmosphä-re im alten Ortsteil*

Hinweis
Die Strände zwischen Agía Marína und Máleme gehören zu den bevorzug-ten Eiablageplätzen der Meeresschildkröte Caretta-caretta. Lesen Sie dazu bitte den Infokasten auf S. 582.

Tip
Wir empfehlen bei einem Urlaub zwischen Plataniás und Geráni auf jeden Fall, ein Mückenschutzmittel und einen Insektenstift mitzunehmen. Sonst bereiten Ihnen die winzigen Plagegeister unruhige Nächte.

Nach dem Verlassen Plataniás wird die Bebauung spärlicher, breite Schilfgürtel bedecken den sumpfigen Untergrund im Mündungsgebiet des Flusses Xekollimenos. Bei **Geráni** liegen zwei sehr schöne Hotelanlagen, die auch von deutschen Veranstaltern angeboten werden.

Máleme (Μαλεμε) ist als heiß umkämpftes Schlachtfeld des Mai 1941 (Schlacht um Kreta = *Machi tis Kritis*) bekannt geworden. Hier lag der von den deutschen Fallschirmjägern eroberte, strategisch so wichtige Flughafen Westkretas, der noch heute militärisch genutzt wird. Máleme war und ist eng mit dem Militär verbunden, so daß sein touristisches Potential zur Zeit noch eingeschränkt wird. Der Ort bietet einen langen Kiesstrand mit wenig Schatten, mehrere Tavernen und Geschäften an der Durchgangsstraße nach Kolimbári. Vieles in Máleme wirkt noch unfertig, mitten im Ort stehen Bauruinen neben Pensionen, Tavernen und Brachflächen. Dennoch ist Máleme das Ziel vieler Tagesausflügler, denn oberhalb des Ortes liegt der landschaftlich eindrucksvolle Deutsche Soldatenfriedhof.

Heiß umkämpftes Máleme

Deutscher Soldatenfriedhof Máleme

Die an der Hauptstraße ausgeschilderte Piste führt ca. 1,5 km durch Olivenhaine hinauf. Kurz vor Erreichen des Friedhofs ist links ein **minoisches Tholos-Grab** ausgeschildert. Mitten im Olivenhain liegt ein in seiner Bauweise ungewöhnlicher, nämlich quadratischer, ca. 3 m hoher Raum im Hang, der durch eine Art Hohlweg zugänglich ist. In der eigentlichen Grabkammer laufen die 2-3 m hohen Steinwände schräg nach oben zusammen, das ursprüngliche Dach ist eingestürzt.

Deutscher Soldatenfriedhof Máleme

Der **Friedhof** wird von der Deutschen Kriegsgräberfürsorge betreut. Die Anlage ist in den flachen Hang integriert und auffallend gepflegt. 1965 wurde zwischen Griechenland und Deutschland ein Kriegsgräberabkommen geschlossen, das den Bau des Friedhofs bei Máleme ermöglichte. Bevor der Friedhof dann *1974* eingerichtet wurde, erklärten sich die Mönche des nahen Klosters Gouniá bereit, die sterblichen Überreste ihrer ehemaligen Feinde aufzubewahren. Weitere Gefallene wurden vom ersten Soldatenfriedhof bei Mastabá (Réthimnon) hierher verlegt.

Die **Gräberfelder** zeichnen die vier Hauptkampfräume Máleme, Chaniá, Réthimnon und Iráklion nach, die Namen von je 2 Soldaten sind in eine Grabplatte eingelassen. Der Blick zurück geht über den Flugplatz von Máleme hinweg auf das dahinter liegende Meer. Am Eingang findet man eine Übersichtstafel zur militärischen Situation im Mai 1941 sowie das Verzeichnis der hier bestatteten Soldaten und ein Gästebuch. Tatsächlich kommen noch häufig Freunde und Angehörige der Toten. 4.465 überwiegend süddeutsche Soldaten (von 6.580 auf Kreta gefallenen

Ruhestätte hoch über dem Meer

Deutschen) liegen hier begraben. 344 Gefallene konnten nicht geborgen werden, ihre Namen sind in eine Tafel im zentralen Bereich eingraviert. Im Besucherbuch fanden wir folgenden Eintrag: „Sie haben nicht gewußt, daß am Ende der Tod steht". Der Deutsche Soldatenfriedhof wirkt feierlicher als der stille, würdevolle Britische Soldatenfriedhof bei Soúda. Das scheint angesichts der deutschen Greueltaten auf Kreta unangebracht. Manchmal schallt Maschinengewehrfeuer vom Schießplatz am Startbahnende des Flughafens zum Friedhof hoch. Heute trainiert die griechische Armee an dem vor Jahrzehnten tödlich umkämpften Ort.

Nach Máleme erreichen Sie bald den Ort **Tavronítis**. Achten Sie vor dem Ortseingang rechts auf die zerstörte Stahlbrücke, die einmal über den Tavronítis geführt hat. Teile der Konstruktion sind in das Flußbett gestürzt. In Tavronítis zweigt in südliche Richtung die Straße nach Paleochóra an der Südküste ab. *Frisches* Mehrere Geschäfte bieten frisches Obst und Gemüse aus dem intensiv landwirt- *Obst und* schaftlich genutzten Küstenhinterland an. Der Kiesstrand von Tavronítis ist zum *Gemüse* Baden allenfalls eine Notlösung.

Kolimbári (Κολυμβαρι)

Aktuelle regionale Reisetips zur Nordküste bei Kolimbári
entnehmen Sie bitte den gelben Seiten 271f

Kolimbári am Fuße der Halbinsel Rodopoú ist der ideale Ausgangspunkt für halbtägige Touren in die Umgebung. Der überschaubare Küstenort ist gut an das Busnetz der KTEL angeschlossen und bietet einige Übernachtungsmöglichkeiten, ohne dabei seine Authentizität dem Tourismus geopfert zu haben. Im oberen Ortsteil liegen an der großen **Straßenkreuzung** mehrere Tavernen, ein Supermarkt, ein Bäcker und ein Kiosk. Diese vielbefahrene Kreuzung ist den ganzen Tag über lebendiger Treffpunkt der Umgebung.

Wichtige Straßen laufen hier zusammen, ständig halten Taxis, altersschwache oder chromblitzende Pick-ups und Mietwagen. Kreter und Touristen gleichermaßen erledigen schnell noch ihre Besorgungen beim Bäcker oder tauschen am *periptero* Neuigkeiten aus. Die Straße nach links (Süden) führt ins Hinterland nach Spília, Episkopí und bis Zimbragós. Geradeaus geht's nach Kíssamos, je nach Zeitbudget entweder gemächlich über die Old Road (19 km) oder schnell über die New Road (15 km).

Die Straße rechts führt hinunter in den **Ortsteil am Hafen**. Kolimbári markiert den Endpunkt des kilometerlangen, durchgehenden Strandabschnitts von Agía Marína und liegt geschützt im westlichen Schatten der Halbinsel Rodópou. Der Strand besteht aus feinen bis groben Kieseln und ist nicht so badefreundlich wie *Geschütz-* weiter westlich bei Plataniás. Dafür herrscht hier deutlich weniger Trubel. Neben *ter* einem kleinen **Fischerhafen**, der von zwei Steinmolen geschützt wird, einer *Fischer-* breiten Hauptstraße mit mehreren Geschäften und Hotels, laden verschiedene *hafen* Tavernen direkt am Wasser zu einer Mahlzeit ein. Der Blick geht weit hinaus in den Golf von Chaniá.

> **Tip**
> *Von Kolimbári starten Ausflugsboote zur Nordspitze der Halbinsel Rodo-poú und der dort gelegenen Ausgrabung des Diktynnaion. Die mehrstündige Ausflugsfahrt in den kleinen Booten entlang der schroffen Westküste der Halbinsel ist ein Erlebnis.*

Durchfährt man Kolimbári am Wasser entlang, erreicht man nach wenigen hundert Metern ein wichtiges Zentrum des orthodoxen Glaubens. Zum Besuch des Klosters Gouniá und der Orthodoxen Akademie parken Sie Ihr Auto am besten in Kolimbári und laufen die wenigen Meter die Allee hoch.

Kloster Gouniá

Das Kloster Gouniá liegt direkt an der Straße ungeschützt über dem Golf von Chaniá. Der exotisch anmutende Innenhof der wehrhaften Anlage mit den vielen Pflanzkübeln läßt die angreifbare Lage des Klosters über der Bucht vergessen. Doch in der meergewandten Rückwand steckt noch eine türkische Kanonenkugel, die ein angreifendes Schiff 1867 auf das Kloster abgefeuert hat. Der heutige Bau wurde im Jahr *1618* begonnen. Die **Panagía-Kirche** (Trikonchos-Bautyp) des venezianischen Klosters stammt von 1634. Die Gegend um das Kloster war erster Landungspunkt der türkischen Angreifer unter *Jusuf Pascha* am 23. Juni 1645, von hier aus wurde Kreta erobert und besetzt. Fünfmal ist das Kloster in seiner Geschichte von den Türken zerstört worden, doch immer nahm es aktiv am Befreiungskampf der Kreter teil und diente seit 1821 als Lazarett für verletzte Kämpfer. 1899 wurde der heutige Glockenturm an das Katholikon angesetzt. Während der deutschen Besatzung hatte die **Wehrmacht** im Kloster Gouniá eine Kadettenschule eingerichtet und beabsichtigte, die im Gefängnis von Agiá inhaftierten Mönche zu exekutieren. In seltener Einsicht wurden sie kurzfristig begnadigt. Nach dem 2. Weltkrieg bewahrten die Mönche von Gouniá die Gebeine der gefallenen deutschen Soldaten auf, bis sie in Máleme ihre endgültige Ruhestätte fanden. So manifestierte sich die friedliche Überlegenheit der Geistlichen, dieser Handlung gebührt Respekt der Angehörigen. Der freundliche Mönch *Antonius* erklärt Besuchern die vielen Kräuter im Innenhof und das kleine **Museum**. Es beherbergt eine sehr bedeutende Sammlung von Ikonen vom 15. bis ins 20. Jh. und andere religiöse Gegenstände. Wichtigster Feiertag des Klosters Gouniá ist Mariä Himmelfahrt am 15. August

Wehrhafte Mönche von Gouniá

Öffnungszeiten in den gelben Seiten unter Kolimbári.

Kanonenkugel in der Klosterwand

Orthodoxe Akademie

Kurz hinter dem Kloster Gouniá liegt links der Straße der Neubau der Orthodoxen Akademie, der nur beim flüchtigen Hinsehen den Eindruck einer großen Hotelanlage macht. Die Akademie ist in erster Linie ein **Konfe-**

renz- und Bildungszentrum, in dem Tagungen und Kongresse zur Ökumene stattfinden. Das Anliegen der Einrichtung ist der Dialog zwischen der (orthodoxen) Kirche und den „weltlichen Dingen", ein gemeinsames Philosophieren im besten Sinne. Auch Mediziner, Astrophysiker und andere nutzen diesen Ort zum Austausch, selbst der ehemalige französische Staatspräsident *Francois Mitterrand* und der griechische Komponist *Mikis Theodorakis* waren in der Orthodoxen Akademie von Kolimbári zu Besuch. Nur etwa 50 % der Tagungen werden in griechischer Sprache abgehalten. Die Akademie wurde 1965 von **Bischof Irenäus** begründet und nahm 1968 ihre Arbeit auf. Heute sind 18 fest angestellte Kräfte im Akademiebetrieb tätig, davon 5 wissenschaftliche Mitarbeiter. Die Akademie ist als Stiftung organisiert, ihr Direktor ist *Dr. Alexandros Papaderos*, der u.a. in Deutschland Philosophie und Soziologie studiert, promoviert und gearbeitet hat. 1978 hat er den Essay „Das Volksleben auf Kreta einst und noch!" geschrieben, den Sie mit etwas Glück noch vor Ort erhalten können. In der eindrucksvollen **Bibliothek**, deren Grundstock der amerikanische Schriftsteller *Robert Fulgham* gestiftet hat, sind 13.000 Bände über Theologie und angrenzende Bereiche gesammelt. 730 Menschen finden im großen Auditorium Platz, in dem simultan in mehreren Sprachen gedolmetscht werden kann. 60 Doppelzimmer stehen für Übernachtungen zur Verfügung, für angemeldete Gruppen kann ein Besucherprogramm organisiert werden. Daneben werden in der Orthodoxen Akademie auch **Kurse** in Ikonenmalerei, Griechisch als Fremdsprache, nachhaltigem Tourismus und zu anderen Themen angeboten. Seit 1991 ist das **Institut für Theologie und Ökologie** angeschlossen. Bei Interesse wenden Sie sich möglichst noch vor Ihrer Abreise nach Kreta an die Akademie.

Dialog von Religion und Wissenschaft

Hintergrundinformationen zu Bischof Irenäus und seinem Wirken für Kreta finden Sie auf Seite 103f.

Unser Tip
In den Räumen der Akademie hat sich im Laufe der Jahre die bemerkenswerte **Ausstellung „Von Angesicht zu Angesicht"** *angesammelt. Auf der Grundlage einer alten Erzählung über einen Eremiten schufen viele Gäste der Akademie Kunstwerke in vielfältigen Stilen und Materialien. Bilder, Gedichte, Skulpturen, Tonaufnahmen etc., rund 350 ganz individuelle Interpretationen der Erzählung, sind mittlerweile zusammengekommen und es werden ständig mehr.*
Öffnungszeiten und die Adresse der Orthodoxen Akademie entnehmen Sie bitte den gelben Seiten Kolimbári.

Das im Aufbau befindliche **Jugendzentrum der Orthodoxen Akademie** liegt einige Kilometer westlich, dort wo die New Road auf dem Weg nach Kíssamos wieder das Wasser erreicht, in einem Hang. Aus finanziellen Gründen ist der Bau lange Zeit nur zögerlich vorangekommen. Nach einem Plan der TU Graz wird hier ein kretisches Dorf mit Werkstätten und einer Ikonenmalschule entstehen. Die Prinzipien Kreativität und Gemeinschaft (*koinonia*) sollen einmal die Begegnungen von Jugendlichen aus der griechischen Diaspora prägen.

18.2 Die Halbinsel Rodopoú und von Kolimbári bis Kíssamos

Über 15 km weit ragt die Halbinsel Rodópou auf nur 5 km Breite in das Kretische Meer hinein und schafft so zusammen mit den Halbinseln Akrotíri den Golf von Chaniá (*Kolpos Chanion*) und mit Gramvoúsa den **Golf von Kíssamos** (*Kolpos Kíssamou*). Ein Gebirgszug durchzieht Rodopoú in Nord-Süd-Richtung, höchste Gipfel sind der Ónichas (748 m) und im Nordwesten der Moúri (747 m). Das spitze Kap Akrotíri Spanda ist der nördlichste Punkt Kretas. Die Halbinsel Rodopoú ist quasi nur bis zum Ort Rodópos im Süden erschlossen und ansonsten weitgehend unzugänglich. Als **Brut- und Raststätte seltener Vögel** (z.B. Wander- und Eleonorenfalken) sollte es das auch bleiben. Im Inneren Rodopoús gibt es zahlreiche winzige, fruchtbare Ebenen mit Ansammlungen roter Terra Rossa und Weinbau, doch beiderseits des zentralen Bergzuges ist die Landschaft schroff und nur mit Phrygana bewachsen. Allenfalls Ziegen und Schafe fühlen sich hier längere Zeit wohl. In der kleinen Kapelle Ágios Ioánnis an der mittleren Westseite Rodopoús, die auf einem Wanderweg ab Rodópos erreichbar ist, findet alljährlich am 29. August ein religiöses Fest statt.

Rückzugs-gebiet seltener Vögel

Vom Kloster Gouniá nach Rodópos

Die Straße führt oberhalb des Meeres weiter. Nach ca. 1 km zweigt eine Straße links den Hang hinauf zu einer Gedenkstätte ab. Von hier haben Sie eine prächtige Aussicht sowohl auf die eben durchquerte Nordküste und das Kloster Gouniá als auch hinauf zu den kahlen Abhängen Rodopoús. Die Straße nach Afráta schlängelt sich bald vom Meer weg, die nur noch von duftenden Kräutern und Sträuchern der Phrygana durchsetzten, kargen Felsen hinauf. Noch ahnt man nichts vom fruchtbaren Inneren Rodopoús.

▬ Afráta (Αφράτα)

In Afráta an der Platia warten die schattigen Tavernen *Manos* und *The good Heart* auf Gäste. Von dort führt rechts eine asphaltierte, steile und kurvige Piste hinunter zu einer winzigen Bucht am Ausgang einer langgezogenen, tiefen Schlucht. Felsen säumen auf beiden Seiten den grobkiesigen **Strand**. Von Anfang Mai bis Mitte Oktober steht hier unten eine kleine Snack-Bar, die die wenigen Badegäste bewirtet. Auf Nachfrage kann man mit einem Boot zur nahegelegenen Höhle Ellinóspilios fahren.

Abgelege-ner Strand

Nimmt man in Afráta die linke Straße, kommt man über eine nur teilweise asphaltierte Strecke über die winzigen Dörfer Astrátigos und Áspra Nera (toller Ausblick!) zur Straße nach Rodópos (rechts abbiegen, noch 2 km).

▬ Rodopós (Ροδωπος)

Rodópos inmitten fruchtbarer Felder ist das größte Dorf auf Rodopoú, man trifft sich an der Platia am Ortsende in einer schattigen Taverne. Bis ins Dorf hinein sind Weinstöcke gepflanzt. Rodópos ist ein guter Ausgangspunkt für Wanderungen auf Rodopoú, von hier gelangt man – allerdings in stundenlangen Fußmärschen – zum verlassenen Kloster Ágios Ioánnis Gionis, einmal im Jahr wichtiger Wallfahrtsort, und noch weiter bis zum Nordostkap Akrotíri Skala zu den Ruinen des Heiligtums Diktynnaíon. Die Schotterpiste in den einsamen Norden der Halbinsel ist ausgesprochen schlecht, von einer Befahrung raten wir dringend ab. Zudem sollten Fauna und Flora von Rodopoú ungestört bleiben. Die bessere Alternative zum Besuch des Diktynnaíons ist das Ausflugsboot von Kolimbári aus.

Hinweis für Busnutzer
Rodopós wird einmal täglich mittags von Chaniá aus über Kolimbári und Deliana angefahren. Die Rückfahrt startet in Rodópos jedoch am frühen Morgen, so daß eine Tagestour zur Zeit nicht möglich ist.

Diktynnaíon

In einer kleinen Bucht südlich des Kap Akrotíri Skala liegt das **Heiligtum**, das in der Antike zur Verehrung des *Vritomartis* an diesem abgelegenen Ort errichtet wurde. Der erste Tempel wurde im **7. Jh. v.Chr.** erbaut. Im 5. Jh. v.Chr. wurden weitere Gebäude errichtet, und zwar durch Einwanderer von der Insel Samos, die einst Kydonia (Chaniá) gegründet hatten. Im 3. Jh. verloren sie die Kontrolle über den Ort an die Städte Phalássarna und Polyrínia. In römischer Zeit wurde das Heiligtum auf Initiative von **Kaiser Hadrian** erheblich ausgebaut. Auf einer Art Felsterrasse errichtete man einen neuen Tempel, der von einer dreiseitigen Säulenhalle umgeben war. Eine **römische Straße** schloß den Tempel der Diktynna und die Pilgergebäude an die Straße von Kydonia nach Kíssamos an. Leider wurden die Ruinen der Anlage seit dem 16. Jh. abgetragen und als Baumaterial wiederverwendet, so daß von der Straße kaum

Römisches Heiligtum

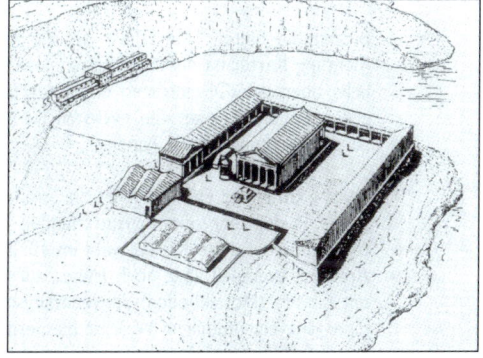

Sah so das Heiligtum Diktynnaíon aus?
nach MATZ 1951

etwas und vom Heiligtum nur Mauerreste übrig geblieben sind. Eine in der Anlage gefundene **Marmorstatue** der Göttin *Diktynna* steht im Archäologischen Museum von Chaniá. Übrigens waren deutsche Wissenschaftler während der Besatzungszeit 1942 mit den Ausgrabungen beschäftigt.

Ravdoúcha (Ραβδουχα)

Fährt man von Rodópos zurück, gibt es bei der eben durchfahrenen Kreuzung bei Áspra Nera die Möglichkeit, direkt nach Ravdoúcha rechts abzubiegen. Man kann Ravdoúcha aber auch direkt von der Old Road Kolombari-Kíssamos aus erreichen (4 bzw. 3 km).

Das kleine Dorf klebt über 150 m hoch über dem Golf von Kíssamos an der Westflanke Rodopoús. Eine moderne Kirche und der Friedhof mit dem Gebeinhaus stehen am Eingang. Von hier schlängelt sich eine steile, jedoch gut asphaltierte Piste den Berg hinab zum Kirchlein Agía Marína (Fresken; Zugang nur mit einer Kette gesichert) an einer schwachen Quelle und weiter auf Schotter zu den drei Tavernen am **Strand**. Die linke davon liegt an einer kleinen Bucht unter steilen Felswänden, hier können Sie auch Zimmer mieten. Man hat fast das Gefühl, am Ende der Welt angekommen zu sein. Schönste Tageszeit ist der frühe Abend, wenn die Sonne im Westen am Horizont versinkt. Ravdoúcha war Namensgeber für eine auch in anderen Teilen Kreta vorkommende Gesteinsschicht, die hier erstmalig untersucht wurde.

Abstecher über Nohiá, Episkopí und Spília zurück nach Kolimbári

Wer Zeit und Lust für eine kurze Fahrt ins Hinterland aufbringt, kann an der Old Road in Nohiá den Abzweig Richtung Karthiana wählen. In **Nohiá** (Νοχια) liegen mitten im Ort Ladengeschäft und Werkstatt der **Töpferei Gaia**. Sie produziert und verkauft Keramik aus roter Tonerde, darunter voluminöse Blumenkübel, die an die Form der minoischen Pithoi angelehnt sind. Doch Sie können nicht nur Kunsthandwerk einkaufen, sondern sich selbst an der Herstellung versuchen. Die Töpferei bietet Kurse für Urlauber an. Fragen Sie direkt im Geschäft.

Töpfern selbst ausprobieren

Biegen Sie hinter Nohiá links ab, an einem Wall aus Agaven geht es vorbei Richtung Karthiana durch schier endlose Olivenhaine. Bei Vasilópoulo kann man links über den Olivenhainen die moderne, hell leuchtende Kirche bei Episkopí erkennen, die nun auf den nächsten Kilometern umrundet wird. An zwei Kreuzungen Richtung Chaniá halten.

Etwa 1 km hinter Episkopí führt die Straße links ab zur **Kirche Michail Archangelos**. In der sehr selten anzutreffenden Bauform der Rotunde mit einer gestuften Kuppel ist diese Kirche wohl im 10. Jahrhundert nach der Befreiung von Arabern, eventuell aber noch früher, auf der Basis einer frühchristlichen Basilika entstanden (Mosaikboden). In venezianischer Zeit wurde die Kirche erweitert. Eine ganz eigentümliche Welt ist hier erhalten, unter der Kuppel haben Schwalben ihre Nester in das Mauerwerk gebaut und fliegen wie in einem riesigen Käfig geräuschvoll durch den dämmrigen Innenraum.

Verzauberte byzantinische Kirche

Das Dorf **Episkopí** (Επισκοπη) war einst der Sitz des Bischofs von Kíssamos, im 10. Jh. eines von 12 Bistümern. Der Ortsname wird auf diese Funktion zurückgeführt, deshalb gibt es allein im Westen Kretas mehrmals Dörfer mit Namen Episkopí (bzw. Viranepiskopí).

Von Episkopí und der Kirche Michail Archangelos führt die Straße nach ca. 3 km nach Spília, einem der größeren Dörfer der Region.

Spília (Σπηλια)

Im und um das Dorf Spília liegen gleich mehrere Zeugnisse der Kirchengeschichte Westkretas. Parken Sie den Wagen an der Erweiterung der Hauptstraße in der

Ortsmitte und gehen Sie zu Fuß ins Dorf hinauf. Neben der modernen Dorfkirche aus den 50er Jahren des 20. Jh. liegt ein kleines **Museum nachbyzantinischer Ikonen**. Davor geht es rechts ab zur **Höhle Johannes des Fremden** (*Johannes o Xenos*) mit einer winzigen Kapelle im Inneren. Schon vor dem Ort ausgeschildert ist die kleine **Panagía-Kapelle** oberhalb des Ortes mit Fresken aus dem 14. Jh. Hier bieten sich zwei gute Rastmöglichkeiten, entweder schattig auf Holzbänken direkt vor der Kapelle oder etwas zurück im Ort in einer sehr schönen Taverne unter ausladenden Bäumen.

Ikonen-museum

Von Spília sind es nun nur noch 3 schnurgerade Kilometer hinab zur Straßenkreuzung in Kolimbári.

Bike-Tip

Die Gegend um Spília und Episkopí eignet sich wegen der welligen Landschaft und der gut asphaltierten Straßen hervorragend für kurze und längere Radtouren. Von Kolimbári aus kann man direkt durchstarten, von Kíssamos Kastelli auf der Old Road halten und bei Kouleni oder Nohiá ins Landesinnere abbiegen. Nehmen Sie Proviant mit, nicht alle Dörfer haben eigene Tavernen oder Mini-Markets.

Von Kolimbári nach Kíssamos

Hier gibt es zwei Alternativen. Wer schnell in den Westen oder Südwesten will, fährt die autobahnähnlich ausgebaute New Road (15 km bis Kíssamos), die an dieser Stelle nach zahlreichen Sprengungen eine tiefe Narbe in die Landschaft zeichnet. Schöner jedoch ist die kurvenreiche Old Road (19 km), die auch durch die Dörfer führt. Die Straße nach Elafonísi (auch Nebenstrecke nach Paleochóra) zweigt im Ort Kaloudianá zwar von der Old Road ab, Reisende Richtung Süden sollten aber ab Kolimbári die New Road nehmen und kurz vor Kíssamos die Old Road ca. 2 km zurückfahren.

Schnell voran auf der New Road

Achtung

Hinter der Kreuzung der New Road mit der Straße nach Koleni und an der Old Road hinter Koleni ist die **minoische Siedlung Mithimna** *ausgeschildert, auf die man hier beim Bau der Schnellstraße gestoßen ist. Wer der Beschilderung auf einem Schotterweg folgt, steht bald mitten im Olivenhain – von einer Siedlung bis auf das Schild „Minoan and classic settlement" keine Spur. Eine Ausgrabung hat schlichtweg noch nicht stattgefunden, die vorzeitige Beschilderung ist somit zwar nicht falsch, aber doch irreführend.*

Camping

Von der Straße gut ausgeschildert, direkt am Sand-/Kiesstrand liegt der **Campingplatz Mithimna**, *der bis zu 500 Personen Platz bietet.*

Abstecher nach Rókka (Ροκα)

Interessant ist die verfallene antike Siedlung direkt über dem Dorf Rókka. Von der New Road nach Koleni, von der Old Road in Koleni gegenüber einer Tankstelle nach links abbiegen. 6 km geht es hoch nach Rókka, einem unspektakulären, typisch westkretischen Dorf unterhalb des bizarr geformten Hügels Trouli. An seiner Rückseite, der tiefen **Schlucht** zugewandt und so von der Meerseite aus nicht einsehbar, war an seinem Südwesthang eine **Siedlung** in den Berg gesetzt *(3.-2. Jh. v.Chr.*, ihr Hafen lag beim heutigen Nopigia). Man erkennt zwischen den unzähligen *Meerzwiebeln* auf einer Fläche von ca. 150 x 150 m noch zahlreiche in den Fels geschlagene Hausfundamente. Rechteckige Vertiefungen in den Felsen haben wahrscheinlich Deckenbalken aufgenommen, denn nur die Rückseiten der Häuser bestanden aus anstehendem Felsgestein.

Selten besuchtes Rókka

Rókka mit dem bizarren Hügel Trouli

Rókka fordert wegen des mäßigen Erhaltungszustands Ihre Vorstellungskraft, doch die Lage am Rand der Schlucht ist atemberaubend. Da die Siedlung nicht ausgeschildert ist, müssen Sie Bewohner nach dem kurzen Weg an den ersten Häusern des Dorfes vorbei fragen. Nur wenige sprechen allerdings englisch, Touristen sind in Rókka noch die Ausnahme.

18.3 Kíssamos Kastélli, die Halbinsel Gramvoúsa und die Bucht von Phalássarna

Kíssamos Kastélli (Κισσαμος Καστελλι)

Aktuelle regionale Reisetips zu Kíssamos Kastélli
entnehmen Sie bitte den gelben Seiten 268ff

Kíssamos Kastélli ist ein **beschauliches Provinzstädtchen** (ca. 4.500 Einwohner) am Golf von Kíssamos, der in den beiden Halbinseln Rodopoú und Gramvoúsa seine natürliche Begrenzung findet. Tourismus spielt hier nur eine Nebenrolle, der Anbau von Wein (*Kissamiotiko*) und Oliven ist die wichtigste Einnahmequelle der Region. Die Stadt ist eine wichtige Umsteigestation im Busverkehr der Westküste und Zielhafen einer Fährverbindung zum ca. 100 km entfernten Gytheion (Peloponnes). Kíssamos war eine **bedeutende antike Siedlung**, die in römischer Zeit ihre größte Ausdehnung erreichte. Ein Theater und zahlreiche Villen stammen aus dieser Epoche. Eigentlich hätte Kíssamos Kastélli ein ganze Reihe von Überresten aus der hellenistischen und römischen Zeit zu bieten, doch liegen die meisten davon mitten im Ort unter Gebäuden und sind nicht zugänglich.

Lebendige Landstadt Westkretas

Unter den wenigen oberirdischen Resten ist auch ein **griechisch-römischer Friedhof** am östlichen Ortseingang beim Wasser. Nur Teile einer großen Anlage konnten freigelegt werden, mit Sicherheit reicht das Gräberfeld auch unter die benachbarten Häuser.

Den Namen Kastélli benutzten erst die Venezianer, die hier ein Kastell und eine Stadtmauer errichteten. Da die Ortsbezeichnung Kastelli auf Kreta häufiger verwendet wird und es ständig zu Verwechslungen kam, nennt man heute den Doppelnamen oder nur die – eigentlich antike – Bezeichnung Kíssamos. Die Durchgangsstraße führt durch den oberen Ortsteil von Kíssamos, hier gibt es eine Reihe von Tankstellen, Tavernen und Geschäften. Die Platia an der Hauptstraße ist mit einer bronzenen Venizelos-Statue geschmückt. Die Haltestelle und das Büro der KTEL finden Sie an der anderen zentralen Platia, etwas zum Wasser hin gelegen. Die Einkaufsstraßen Skalidi und Kambougi mit kleineren Geschäften, einem Reisebüro, Zeitschriftenhandel mit internationaler Presse und Cafés führen durch den Stadtkern. Das Leben in Kíssamos ist durch die alltäglichen Abläufe in Landwirtschaft

Straßenszene in Kíssamos

und Handel bestimmt. Allzuviel Abwechslung und Nachtleben sollten Sie hier nicht erwarten, dafür ist Kíssamos ein guter Standort, um auszuspannen und interessante Ausflüge in die Natur des äußeren kretischen Westens zu unternehmen.

Der **Kies-/Sandstrand** von Kíssamos liegt etwas östlich vom Ortskern. Er bietet keine Besonderheiten, dafür entsteht bei nordöstlichen Winden eine herrliche Brandung.

Von Kíssamos in den äußeren Nordwesten

Auf dem Weg nach Plátanos passiert man zunächst den **Fischerhafen von Kíssamos** mit zwei Fischtavernen und dann den **modernen gewerblichen Fährhafen**, schon aus der Entfernung an Bergen gelagerter Tetrapoden zu erkennen. Eine kleine Reiseagentur und eine Taverne, mehr gibt es im meist verödeten Hafen nicht. Nur wenn die tägliche Fähre der ANEN-Lines vom Peloponnes anlegt, kommt Leben auf den Anleger. Vom Fährhafen starten auch die Tagesfahrten zum Strand von Bálos auf der Halbinsel Gramvoúsa.

Fähre zum Peloponnes

Hinweis Fernwanderweg E4
Der Hafen von Kíssamos ist der westliche Ausgangspunkt des europäischen Fernwanderweges E4, der von hier über Polyrínia zur kretischen Ostküste führt. Wanderer können quasi direkt vom Schiff loslaufen.

Halbinsel Gramvoúsa

Fast scheint es, als würde Kreta mit der vorragenden Halbinsel Gramvoúsa wie mit einem Finger Richtung Peloponnes greifen. Etwa in der Mitte Gramvoúsas ragt der 762 m hohe Berg **Geroskínos** empor, dessen Flanken ins Meer abfallen. Nach Norden hin franst die Halbinsel aus und wird immer schmaler. Nördlich vorgelagert sind die beiden Inseln Ímeri Gramvoúsa und Ágria Gramvoúsa, nordwestlichste Vorposten Kretas. Die schroffe, kahle, fast vollständig von flacher Phrygana bedeckte Landschaft Gramvoúsas ist zum Glück kaum erschlossen, denn sie ist Rückzugsgebiet vieler bedrohter Arten. Deshalb empfehlen wir für den Besuch des Traumstrandes in der Bucht von Tigáni Bálos auch das Badeboot ab Kíssamos. Eine Schotterpiste führt allerdings ebenfalls zu dem Strand.

Kahle Halbinsel

Hinweis
Auf Gramvoúsa gibt es keine Tankstellen, bei nur noch mäßig gefülltem Tank fahren Sie unbedingt die Tankstelle an der Hauptstraße kurz hinter dem Abzweig nach Kalivianí an.

In der gleichnamigen Taverne des Dorfes **Kalivaní** am Südostrand Gramvoúsas gibt es das ganze Jahr hindurch Übernachtungsmöglichkeiten. Vor der Weiterfahrt Richtung Bálos kann man sich hier noch stärken und die Getränkevorräte auffüllen. Eine Speisenkarte hält die kleine Taverne nicht bereit; gegessen wird, was der Koch im Topf bereithält. Aus dem Ort hinaus passiert man das *Bálos Beach Hotel*, der Asphalt wird von Schotter abgelöst. Das rostige **Schiffswrack**, das zurück in

An der Nordspitze Gramvoúsas

der Bucht unterhalb des Hotels liegt, entdeckt man meist erst auf dem Rückweg. Eine Piste führt an Gewächshäusern vorbei hinunter, man kommt ganz dicht an den durchgerosteten Rumpf des Frachters *Santa Marina* heran. Auf der meergewandten Seite hat die salzhaltige Brandung den dicken Stahl schon weggefressen. Vorsicht: Das Klettern an der Bordwand des Wracks ist wegen des aufgerissenen, scharfkantigen und rostigen Stahls nicht ungefährlich.

Rostiges Schiffswrack

Die Schotterpiste Richtung Bálos führt am Felshang hinauf, Gramvoúsa ist an der Ostseite abweisend, karg und steinig. Beim Passieren der lockeren und unbefestigten Hänge wird einem mulmig ob der Planung der Straßenbauingenieure. Hoch über dem Meer passiert man die kleine Kapelle Agía Irini und erreicht bald den hochgelegenen, einsamen Parkplatz.

Bucht von Bálos

Seichtes, warmes Wasser, Sanddünen, die sich von Mastix-Sträuchern und Heide bewachsen den Hang hinaufziehen, eine winzige Snack-Bar und ansonsten Einsamkeit pur bietet diese Badebucht, die mindestens so schön ist wie Elafonísi – aber weniger besucht. Nur Kaikis von Kíssamos legen hier an. Zurück versperrt der 762 m hohe Geroskinos den Blick, er sieht aus diesem Winkel aus wie eine Miniaturausgabe des Matterhorns.

Durch das seichte Wasser können Sie zum **Akrotíri Tigáni** herüberwaten, das als Felsplateau nach Westen die Lagune begrenzt. Eine in vereinzelten Karten als *Agnion* eingezeichnete antike Stätte (Apollon-Tempel) nördlich des Parkplatzes ist kaum auszumachen, trotzdem lohnt es sich wegen der freien, offenen Landschaft, den kleinen Pfad zur Nordspitze Gramvoúsas mit dem Akrotíri Vouxa zu verfolgen (hin und zurück ca. 2 Stunden, Pfad teilweise schwer auszumachen, aber nur flache Vegetation).

Badeparadies Bálos

Der Blick schweift entlang der Westflanke Gramvoúsas auf die vorgelagerten Inseln Ímeri Gramvoúsa mit einer venezianischen Festung und Agria Gramvoúsa mit einem Leuchtfeuer an der äußeren Westspitze Kretas. Die **Festung Gramvoúsa** wurde innerhalb von 3 Jahren bis 1582 von den Venezianern errichtet.

Lagunenartige Bucht Tigáni Bálos

Doch schon 6 Jahre später zerstörte eine Explosion der Pulvervorräte nach einem Blitzeinschlag die Anlage. 1630 wurde sie wieder aufgebaut und erst 1691, fast 50 Jahre nach der türkischen Invasion auf Kreta, von den Venezianern unfreiwillig übergeben. 1825 nahm die zweite Phase der kretischen Revolution hier ihren Ausgang, Gramvoúsa wurde ausgebaut. Da es aber schnell ein Hort der Piraterie wurde, eroberte eine englisch-französische Garnison die Insel, beendete die Gesetzlosigkeit und befreite Hunderte von Gefangenen. Bis heute sind die lange Außenmauer und eine kleine venezianische Kapelle erhalten geblieben, man spürt 135 m hoch über dem Meer einen Hauch von Abenteuer.

Abstecher von Kíssamos nach Polyrínia (6 km)

In Kíssamos von der Durchgangsstraße gegenüber einer Tankstelle nach Süden abbiegen. Noch in der Stadt liegt links ein modernes, bewohntes Kloster. Entlang eines tief eingeschnittenen Tals geht es bergauf. Von Karfiana lohnender Blick auf das am Hang gegenüber liegende Dorf Grigoriana, das man nach der Flußüberquerung kurze Zeit später durchfährt. Hier finden Sie bei der Taverne *Kastros* in der Straßenkurve ein kleines Folkloremuseum. An manchen Tagen fahren auch Busse von Kíssamos nach Polyrínia, bitte erkundigen Sie sich in Kíssamos am Busbahnhof.

Polyrínia (Πολυρρηνια)

Antike Bergsiedlung

Polyrínia wurde in archaischer Zeit gegründet und durchlebte seine **Blütezeit** während der hellenistischen und römischen Epoche. Es war eine der größten und bedeutendsten Siedlungen in Westkreta, ewiger Feind von Knossós, Kydonia und Phalássarna und eine der wenigen Städte, die die Ankunft der Römer auf Kreta begrüßten. Eine Inschrift am Fuße einer Statue für *Quintus Caecilius Metellus*, der z.B. die Stadt Eléftherna eroberte (S. 534f), weist darauf hin. In römischer Zeit übernahm Polyrínia auch die Kontrolle über das Heiligtum Diktynnaíon auf der Halbinsel Rodopoú. Eine Flächengrabung hat bisher nicht stattgefunden, Archäologen schätzen das Areal Polyrínias aber auf rund 30 ha. Funde sind im Archäologischen Museum von Chaniá ausgestellt, Inschriften in der Kapelle der 99 Heiligen Väter. Am 7. Oktober findet jeweils ein Fest zu Ehren der 99 Heiligen Väter in Polyrínia statt. Noch vor dem Ortseingang von Polyrínia liegt rechts unterhalb der Straße die **antike Nekropole** („ancient cemetery"). Zwischen Johannisbrotbäumen ist eine Reihe von Gräbern in das Gestein geschlagen. Begehbar ist ein größeres Grab mit 5 einzelnen Kammern. Wir empfehlen, das Fahrzeug am Ortseingang zu parken und dann das Dorf zu Fuß zu erkunden. Die verschlungenen Gassen sind für Autos größtenteils nicht passierbar, und es gibt eine Menge zu entdecken. Nekropole, Wehrturm, ein römischer Aquädukt („*Andriano´s Aquädukt*"), die erst 1894 an der Stelle des Artemis-Tempels gebaute Kapelle der 99 Heiligen Väter und der **Akropolis-Berg**. Auch wenn man auf markierten, verschlungenen Pfaden manches Mal durch die Gebäude hindurch läuft und überall Dorfbewohner (insgesamt rund 100) vor ihren Häusern trifft, kann man sich nicht wirklich verlaufen. Direkt oberhalb des Dorfes sind mehrere Häuser in den Fels geschlagen („*Rock Cut Houses*"), dazwischen liegen die Reste von Zisternen. Etwas weiter an der Biegung des Weges hoch zur Akropolis lädt das kleine Café-Estiatorio *Akropolis* ein, in dem ein vorzüglicher griechischer Salat serviert wird. An den Hängen des Akropolis-Berges kann man die langen, jahrhundertelang genutzten Befestigungswälle erkennen. Neben der kleinen Kapelle der 99 Heiligen Väter steht ein etwa 30 m langer Wall aus dem 4. Jh., der wahrscheinlich ein Heiligtum geschützt hat. Der Weg auf den Gipfel lohnt, von hier hat man einen fantastischen Rundblick über den Golf von Kíssamos und den Nordwesten der Insel.

Spaziergang zur Akropolis

Zum ausgiebigen Essen empfiehlt sich in Polyrínia die Taverne *Odysseas* am Ortseingang (immer frische Speisen), eine Übernachtungsmöglichkeit für Polyrínia ist die Pension *Kastro* im Nachbardorf Grigoriana.

Leider ist Polyrínia ein echter Abstecher, die Straße endet im Dorf, und es gibt für Fahrzeuge keine Querverbindungen. Für Wanderer und Mountain-Biker führt jedoch der Fernwanderweg E4 nach Westen Richtung Plátanos. Nach ca. 3,5 Kilometern wird die asphaltierte Straße von Lousakiés nach Kíssamos Kastelli erreicht (weitere 6 km).

Von Kíssamos in die Bucht von Phalássarna

Plátanos (Πλατανος) ist der letzte größere Ort an der kretischen Westküste (letzte Tankstelle!), der weitere Weg auf der durchgehend asphaltierten Straße bis Kefáli führt an der einsamen und wenig erschlossenen Küste entlang, dabei werden nur ein paar winzige Dörfer durchquert. Übernachtungsmöglichkeiten gibt es außer in Plátanos dann noch in Sfinári (8 km) und Kámbos (11 km). Nach Plátanos bestehen mehrmals am Tag Busverbindungen von Kíssamos aus, einige führen direkt weiter hinunter nach Phalássarna.

Letzer Halt an der Nordwestküste

Phalássarna (Φαλασαρνα)

 Aktuelle regionale Reisetips zu Phalássarna
entnehmen Sie bitte den gelben Seiten Kíssamos

In der Ortsmitte von Plátanos zweigt die Straße nach Phalássarna rechts ab. Bald blickt man hinunter auf die **fruchtbare Schwemmland-Ebene**, die mit Gewächshäusern für den Anbau von Sonderkulturen übersät ist. Die meisten davon sind noch mit Plastikplanen gedeckt. Die Orthodoxe Akademie hat sich aber teils schon erfolgreich für den Ersatz durch Glas eingesetzt, da Folien schon bei geringem Wind zerstört werden und dann durch die Landschaft wehen. Über

Die geschwungene Küstenebene Phalássarna

mehrere Kilometer schwingt die Bucht *Ormos Livadi* in einem weiten Bogen. Der Strand von Phalássarna und die Reste des antiken Hafens liegen im Norden dieser Bucht, eigentlich schon am Fuß der Halbinsel Gramvoúsa. Fast 250 Höhenmeter müssen hinab noch überwunden werden, dann erreicht man den Sandstrand mit vereinzelten Häusern, Tavernen und kleinen Hotels. Der **Strand von Phalássarna** ist sehr feinsandig und bietet genügend Platz für Abschnitte mit Sonnenschirmen als auch für kaum einsehbare Plätze für Erholungsbedürftige und Verliebte. Leider sind Sand und Wasser nicht immer ganz sauber. Die Westküste Kretas hat unter den Öl- und Teerresten vorbeifahrender Schiffe zu leiden, die das Badevergnügen trüben können. Teer ist nur schwer wieder von Haut und Kleidung zu entfernen.

Lange Bucht mit Sandstrand

Das antike Phalássarna

Der rätselhafte Thron

Am nördlichen Ende des Strandes (etwa 1 km hinter der letzten Taverne) liegen die Überreste eines Hafens und der dazugehörigen Stadt aus klassischer und hellenistischer Zeit. Früheste Funde deuten auf die Anlage im **6. Jh. v.Chr.** hin, Phalássarna war ein zweiter **Hafen** der Stadt Polyrínia neben Kíssamos. Außerdem Kretas nächster Hafen zum Peloponnes und nach Italien und daher von strategischer Bedeutung. Immerhin war die Stadt groß genug, gemeinsam mit Knossós im Jahr 172 v.Chr. rund 3.000 Männer gegen die Römer nach Perseus zu schicken. Zudem wurden in der nach der Nymphe *Phalássarna* benannten Stadt eigene Münzen geprägt. Doch dann ist der Hafen durch die **tektonische Landhebung** der Westküste trockengefallen und ragte plötzlich rund 9 Meter über dem Meeresspiegel. Schuld war ein starkes Erdbeben ungefähr um das Jahr 365 n.Chr., das eine Stärke von 8.2 auf der Richterskala erreicht haben soll. Die Hafenstadt wurde daraufhin verlassen. Die etwa 600 x 1.000 m große Stadtfläche von Phalássarna liegt am südlichen Anschluß der Halbinsel Gramvoúsa

Hafen auf dem Trockenen

in der Bucht von Livadi unterhalb des Kap Koutri. Der Akropolis-Berg erreicht eine Höhe von rund 90 m. Viel ist nicht erhalten.

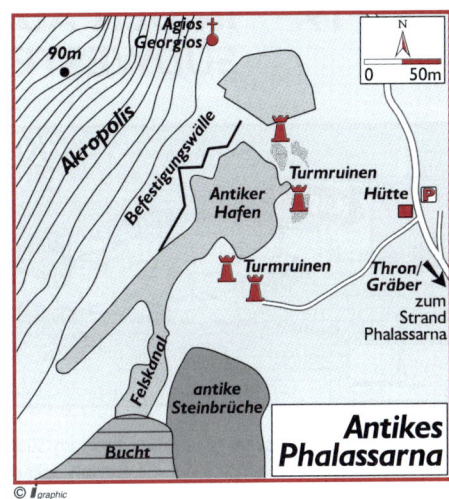

Die aktuellen Ausgrabungen brachten lange **Befestigungswälle mit vier Türmen** im Nordosten hervor. Der große runde Turm direkt am ehemaligen Hafen hat einen Durchmesser von 9 m und eine Höhe von 4,5 m. Sandsteinblöcke sind ohne Mörtel aufgeschichtet und wurden innen durch angehäuftes Geröll abgestützt. Am Hang des Akropolis-Hügels sind Reste der Stadt und eines Tempels zu entdecken. Unterhalb liegen die ebenen Flächen des ehemaligen Hafens, dessen 2 Becken mit einem kurzen Stichkanal an das Meer angeschlossen waren. In einigen Löchern sieht man in etwa 1 m Tiefe eine Erdschicht mit Muschelresten, den ehemaligen Meeresgrund. Auffällig sind die **Steinbrüche**, die südlich des Hafens in den *Bizarre* grauen Stein gehauen sind. Bizarr, aber eher natürlichen Ursprungs wirken die *Stein-* schroffen Felskanten. Mit Steinen wurde der Hafen noch im 1. Jh. n.Chr. ver- *brüche* schlossen, um Piraten keine Zuflucht zu bieten.

Etwas entfernt direkt links neben der Zufahrtsstraße befindet sich eine Art **Thron**, der aus einem 2 m hohen Fels gehauen ist. Seine Funktion ist noch ungeklärt, er könnte als Rednerpult oder als Sockel einer Statue gedient haben. Das Gelände ist bis auf die laufenden Ausgrabungen frei zugänglich. Funde im Archäologischen Museum von Chaniá.
Informationen zur Küstenhebung im Westen Kretas finden Sie auf S. 697.

19. IN DEN ÄUSSEREN SÜDWESTEN KRETAS

Übersicht

Der kretische Südwesten jenseits der Lefká Óri ist dünn besiedelt. Seit jeher nur sehr schwierig mit aufwendigen Stichstraßen zu erschließen, für den Strandtourismus lediglich an wenigen Stellen der Südküste interessant, ist hier viel vom ursprünglichen, ländlichen Kreta erhalten geblieben. Fast scheint es, als gehen die Uhren im Südwesten langsamer. Zahllose kleine Bergdörfer verteilen sich auf die Region Sélinos, die während der byzantinischen Epoche ein wichtiges Zentrum der Orthodoxie auf Kreta war. Unzählige, meist aber nur schlichte Kapellen sind Zeugnis der Frömmigkeit und der Bedeutung der Religion für die Bevölkerung in Vergangenheit und Gegenwart.

Eichen-und Kastanien-wälder

Größere Orte gibt es mit Kándanos und Paleochóra nur an der kargen, mittleren Südwestküste, die im Sommer sehr heiß werden kann. Das hügelige und bergige Hinterland dagegen ist kühler, grün und an vielen Stellen von Eichen und Eßkastanien bewachsen. Fahrradausflüge machen hier besonders viel Spaß. Alle, die diese Anstrengung nicht auf sich nehmen wollen, können interessante Tagesausflüge zu Fuß oder mit dem Mietwagen machen, denn die Hauptstraßen nach Elafonísi, Paleochóra und Soúgia sind durch kleine Querstraßen verbunden.

Der Weg ist hier das Ziel, z.B. zum lagunenartigen Strand von Elafonísi ganz im Südwesten. Er ist das Pendant zu Vai an der Ostküste, zwar ohne Palmen, aber mit weichem, goldenem Sand und warmem, flachem Wasser.

Entfernungen

Kíssamos - Paleochóra 47 km
Chaniá - Paleochóra 81 km
Chaniá - Kándanos 63 km
Chaniá - Soúgia 88 km (über Kándanos), 79 km (über Omalós), 68 km (über Fournés)
Chaniá-Elafonísi 83 km

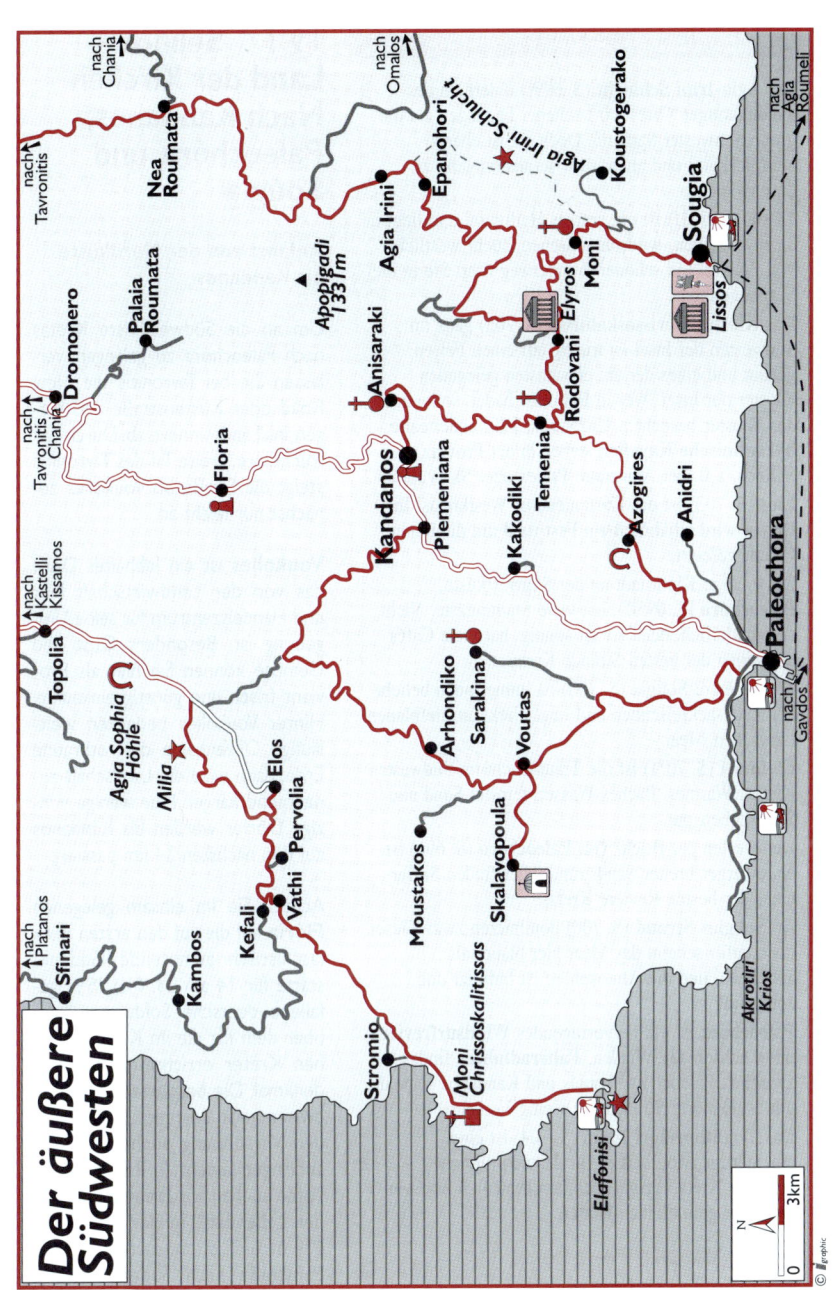

Redaktions-Tips

- Die **Ágia-Iríni Schlucht** (S. 699f) unterhalb des gleichnamigen Ortes wird seltener begangen als die große Schwester Samariá. Doch sie ist ebenso eindrucksvoll und auch nicht so anstrengend zu durchwandern.

- **Lissós** (S. 701f) ist ein antikes Heiligtum und liegt in einer einsamen, wildromantischen Bucht westlich von Soúgia. Ein schöner Wanderweg führt Sie in die Vergangenheit.

- Das **Kloster Chrissoskalítissa** (S. 705) ganz im Südwesten der Insel ist trutzig auf einen Felsen gebaut und eines der am einsamsten gelegenen Klöster der Insel. Wer in Elafonísi badet, sollte auch das Kloster besuchen. Unzählige, jahrhundertealte **byzantinische Kapellen** stehen in der Provinz Sélinos, z.B. bei Anisaráki, Prínes oder Sklavopoúla.

- **Élos** (S. 703) ist das Kastaniendorf Westkretas. Im Herbst wird alljährlich ein Fest rund um die braune Frucht gefeiert.

- Die einzige Kleinstadt an der Südwestküste, **Paleochóra** (S. 695ff), hat viele Stammgäste. Nicht verwunderlich, denn sie ist sonnig, hat viele Cafés und einen der besten Strände Kretas.

- Das kleinere **Soúgia** (S. 700) ist immer noch beliebt bei Rucksackreisenden und liegt direkt am tiefblauen Libyschen Meer.

- **Elafonísi** (S. 705f) ist die Traumbucht im Südwesten Kretas. Warmes, flaches Wasser, feinster Sand und Strandleben pur.

- Der Westen der **Bucht von Paleochóra** (S. 696) ist ein einziger breiter Sandstrand. Hier finden Surfer eines der besten Reviere Kretas.

- An **Soúgias Strand** (S. 700) dominieren zwar Kiesel, doch dafür scheint das Meer hier blauer als anderswo, und die Atmosphäre ist familiär und entspannt.

- **Paleochóra** ist ein hervorragendes **Windsurfrevier** mit wechselnden Winden. **Fahrradfahrer** finden zwischen Paleochóra, Voutás und Kándanos schmale, gut asphaltierte Straßen mit wenig Verkehr.

- Das **Traditionsdorf Miliá** (S. 704) ist eine einzigartige Möglichkeit, in das ursprügliche, einfache Kreta abzutauchen, am besten zu zweit in einer der gemütlichen Hütten.

19.1 Sélinos – Land der Kirchen. Nach Kándanos, Paleochóra und Soúgia

Anfahrt von der Nordküste bis Kándanos

Um an die Südwestküste Kretas nach Paleochóra zu gelangen, verlassen Sie bei Tavronítis die New Road oder Küstenstraße und biegen ins Landesinnere ab. Durch das fruchtbare, breite Tal des Tavronítis steigt die Straße bis Voukolíes zunächst nur leicht an.

Voukolíes ist ein lebhaftes Dorf, das von der Landwirtschaft lebt und Handelszentrum für seine Umgebung ist. Besonders Obst und Gemüse können Sie hier als Proviant frisch und günstig einkaufen. Hinter Voukolíes bedecken weitläufige Olivenhaine die rotbraune Erde, dann wird die Landschaft zunehmend karger. Nur wenige winzige Dörfer werden bis Kándanos auf den nächsten 34 km passiert.

Achten Sie im einsam gelegenen **Flória** auf die auf den ersten Blick faschistisch anmutende Gedenkstätte für 14 am 23. Mai 1941 gefallene deutsche Soldaten gegenüber dem für die im Krieg gefallenen Kreter errichteten Marmordenkmal. Die betreuende Gebirgsdivision aus Bayreuth hat folgenden Versöhnung suchenden Text anbringen lassen: „In Trauer um die Toten suchen wir Freundschaft mit den Lebenden". In Flória ist bei ca. 650 m auch die höchste Stelle der Paßstraße nach Süden erreicht.

Sträucher der Phrygana und Heidekraut bedecken die unbesiedelten Hänge. Doch die fruchtbaren Täler um Kándanos sind nur noch 11 km entfernt.

Kándanos

Kándanos (Κανταvoς) ist eine kleine **Provinzstadt**, die schon in antiker Zeit unter dem Namen *Kandania* besiedelt war und in der ersten byzantinischen Epoche einen der zwölf kretischen Bischofssitze beherbergte. In den Jahren *1941-45* hatte Kándanos besonders unter seinen deutschen Besatzern zu leiden. Nahezu alle Gebäude sind damals zerstört worden, nach dem Willen der Deutschen sollte Kándanos niemals wieder existieren. Tatsächlich jedoch ist das Dorf nach Kriegsende von den Kretern vollständig und modern aufgebaut worden. Heute weisen mehrere Gedenkstätten auf die Epoche der Unterdrückung und willkürlichen Zerstörung hin. Am nördlichen Ortseingang hat die Aktion Sühnezeichen als Zeichen der Wiedergutmachung und als wirksame Hilfe zum Wiederaufbau 1963 gemeinsam mit Bewohnern ein **Wasserwerk** errichtet („.... als Zeichen des Willens zur Freundschaft. Gott allein die Ehre!"). Alljährlich finden Ende Mai Gedenkveranstaltungen zur Schlacht um Kreta statt. Im hübschen **Zentrum** von Kándanos finden Sie mehrere schattige Tavernen und Cafés für die Rast. Nehmen Sie sich die Zeit, um die von den Deutschen hinterlassenen Marmortafeln mit den „Mahnungen" zur Zerstörung des Ortes zu studieren (die Originale befinden sich im Museum). Verständnislos begegnet man dem blinden Haß, der sich hier in Worten manifestiert. Um so dankbarer nimmt man die gerade den deutschen Urlaubern auf Kreta entgegengebrachte Herzlichkeit zur Kenntnis.

Zerstörung durch die Wehrmacht

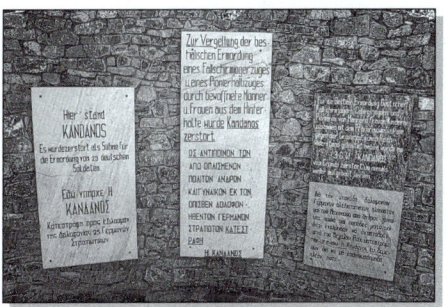

„Mahnende Tafeln" in Kándanos

Die Gegend um Kándanos ist besonders reich an byzantinischen Kapellen. In Kándanos selbst stehen u.a. die beiden Kirchen Michael Archangelos mit Fresken des *Ioannis Pagomenos* aus dem frühen 14. Jh. und Ágios Ioánnis (beide ausgeschildert).

Für an byzantinischer Baukunst und Malerei Interessierte sei der nur etwa 2,5 km Abstecher östlich nach **Anisaráki** (Ανισαρακι) empfohlen. Gleich vier Kirchen weist das kleine Dorf inmitten seiner lockeren Besiedlung auf: Agía Ánna, Ágios Geórgios, Panagía und Agía Paraskeví (Reihenfolge von Westen; alle sind schlichte Einraumkapellen).

Von Kándanos nach Paleochóra

Von Kándanos bis nach Paleochóra (18 km) begleitet die gut ausgebaute Straße den Fluß Kakodikianos durch sein Tal. Er mündet im östlichen Stadtbereich ins Libysche Meer.

Umweg über Psariana und Sklavopoúla

Ein längerer, aber landschaftlich sehr reizvoller Umweg nach Paleochóra zweigt 3 km hinter Kándanos in Plemeniana von der Hauptstraße ab. Über Psariana geht es durch mit Kastanien bewachsene Täler bis zu einer weiteren Straßenkreuzung, an der man entweder rechts nach Strόvles (Weiterfahrt Richtung Nordküste oder auch Elafonísi möglich) oder links Richtung Voutás fahren kann. Nehmen Sie die Straße nach links. Die asphaltierte Strecke ist wenig befahren und eignet sich hervorragend zum Fahrradfahren, wenn denn die Kondition stimmt. Die Straße schraubt sich um eine strahlend weiße Kirche mit blauer Kuppel herum, bald geht der Blick über die karge Macchie hinweg nach Osten bis zum fast 2.000 m hohen Berg Psilafi. Der nähere Gipfel Agios Dikaios mit Funkstation im Westen ist dagegen nur 1.182 m hoch.

Ideal für Rad- ausflüge

In Voutás, in dem mehrere bizarr geformte alte Olivenbäume wachsen, zweigt rechts eine anfangs sehr schmale Asphaltstraße ins 8 km entfernte **Sklavopoúla** (Σκλαβοπουλα) ab. In engen Kurven geht es hinauf in das einsame Bergdorf, der Magen empfindlicher Beifahrer wird dabei einer harten Bewährungsprobe ausge-

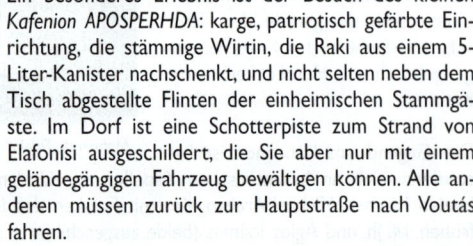

setzt. In dem winzigen Dorf, von dem Sie bis auf das Libysche Meer hinunterblicken können, finden sich gleich drei Kapellen. Am Ortseingang links die schlichte Einraumkapelle Ágios Geórgios mit einer ersten Freskenausmalung aus dem 13. Jahrhundert und hinter dem Dorf die Einraumkapellen Sotiros Christu und Panagía (beide mit Fresken ab dem 14. Jh.).

Ein besonderes Erlebnis ist der Besuch des kleinen *Kafenion APOSPERHDA*: karge, patriotisch gefärbte Einrichtung, die stämmige Wirtin, die Raki aus einem 5-Liter-Kanister nachschenkt, und nicht selten neben dem Tisch abgestellte Flinten der einheimischen Stammgäste. Im Dorf ist eine Schotterpiste zum Strand von Elafonísi ausgeschildert, die Sie aber nur mit einem geländegängigen Fahrzeug bewältigen können. Alle anderen müssen zurück zur Hauptstraße nach Voutás fahren.

Im Kafenion von Sklavopoúla

Bei Kondokinigi zweigt eine schmale Straße ins 5 km entfernte **Sarakina** ab. Hier stehen die beiden Einraumkapellen Michail Archangelos (vor dem Ort) und Ágios Ioánnis (im Ort) mit Fresken aus dem 14. Jahrhundert. Die Straße begleitet ein mäandrierendes Bachtal und bietet nach links die Sicht auf die bizarr geformte, vollkommen kahle Kuppe des Korakias (819 m).

Die letzten 8 Kilometer ab Kondokinigi hinab zum Meer bietet sich ein fantastischer Blick voraus auf den Landvorsprung von Paleochóra.

Paleochóra (Παλαιοχωρα)

Aktuelle regionale Reisetips zu Paleochóra
entnehmen Sie bitte den gelben Seiten 294f

Das Schwemmland des Flusses Kakodikianos, auf dem Paleochóra gründet, ragt in Form eines befestigten Landzipfels in das Libysche Meer hinein. Paleochóra ist eine wachsende Kleinstadt, die sich nach reger Bautätigkeit in den letzten Jahren mittlerweile die Hänge des 350 m hohen Vigles hinaufzieht. An der Südküste Kretas ist sie die zweitgrößte Stadt nach Ierápetra, hat aber dennoch nur rund 1.500 Bewohner. Dafür aber weit über 2.000 Gästebetten. Die Westseite der Stadt begrenzt ein mehrere hundert Meter langer, feiner **Sandstrand** (Pachiamo oder Pachia Ammos; Blaue Flagge), der manches Jahr durch Überschwemmungen in Mitleidenschaft gezogen wird. Der Übergang in das türkisblaue Wasser ist flach *Beliebter Sandstrand*
und familienfreund-
lich (ganz zum Süden
einige Steine unter
Wasser), dement-
sprechend gut be-
sucht ist dieser Ab-
schnitt. Nur wenige
Meter sind es zu den
rückwärtig locken-
den Tavernen. Verein-
zelte Tamarisken, die
auch am Salzwasser
wachsen, bieten et-
was Schatten.

Paleochóra ist vom
Tourismus entdeckt,
hat aber mehr
Paleochóra mit dem Strand Pachia Ammos

Stammgäste als andere Orte und immer noch einen festen Kern von „Alternativ-urlaubern". Die Küste um die **Kleinstadt** ist mit durchschnittlich gerade 44 bewölkten Tagen im Jahr von der Sonne verwöhnt, die jährlichen Niederschläge liegen bei gerade mal 400-450 mm.

Der südliche Teil der kleinen Halbinsel mit dem Hafen und den Resten des venezianischen **Kastells Selino** wirkt ein bißchen trostlos. Das Kastell wurde 1282 erbaut, 1539 vom algerischen Piraten *Barbarossa* zerstört und 1595 von *Ruinen des* einem Adligen aus Chaniá wieder aufgebaut. Später erweiterten die Türken es als *Kastells* militärische Basis. Von der einst viel größeren Befestigungsanlage sind nur noch die quadratischen Außenmauern und die Ruinen einer Zisterne im Innenhof er-halten.

Der Name Selino wurde übrigens nach dem Bau des Kastells für die ganze Region Südwestkretas übernommen und ersetzte die alte geographische Bezeichnung Orina (gebirgig, in den Bergen liegend). Paleochóra heißt wörtlich übersetzt „Alter Raum, alter Ort", diese Bezeichnung weist auf eine Stadt hin, die in der Antike hier oder in der nahen Umgebung gelegen haben soll. Wahrscheinlich handelte es sich um *Kalamidi* als Hafen des antiken *Kandania*. Der heute verwendete Name Paleochóra ist dagegen erst im 20. Jahrhundert entstanden.

Umsiedler von Gávdos

Die Stadt war die erste Anlaufstation für die **Bewohner der Insel Gávdos**, die nach Paleochóra kamen, um die Erzeugnisse der Insel zu verkaufen oder für mehrere Monate in der Landwirtschaft des Festlandes zu arbeiten. Viele von ihnen blieben dann ganz in der Stadt und bewohnten ein eigenes Viertel im Osten des Ortes, Gaviotika.

Der **Anleger** der Schiffe Richtung Soúgia, Gávdos und Agía Rouméli liegt an der Ostseite des Ortes. Hier finden Sie an der Promenade eine Auswahl guter Tavernen und seit 1992 die **Skulptur „The Traveller"** von Bob Bunck, die dieser der Stadt als Symbol für die Freundschaft zwischen den Bewohnern und ihren Gästen, den Touristen, geschenkt hat.

Entspannung pur an der Südküste

Der Badestrand östlich der Landzunge besteht aus groben Kieseln, das Wasser ist kristallklar und scheint noch blauer als an allen anderen Stränden. Dazu paßt seine Auszeichnung mit der „*Blauen Flagge*". Im überschaubaren Ortszentrum Paleochóras liegen zahlreiche kleine Geschäfte, Tavernen und Café-Bars. Abends verbannt man den Autoverkehr, und die Gassen werden dem Leben und Feiern gewidmet. Die Atmosphäre ist entspannt, viele Besucher kommen immer wieder nach Paleochóra und verbringen gleich mehrere Wochen an der Südwestküste, lassen hier die Seele baumeln. Die Bewohner haben sich an die Touristen gewöhnt, ohne sie mit Übereifer zum Geldausgeben zu treiben. In den ersten Augusttagen findet in Paleochóra der „musikalische August" mit Konzerten und Ausstellungen statt.

Entspannte Atmosphäre

Paleochóra ist eines der besten **Surfreviere** an der kretischen Südküste. Der ab Mittag auffrischende Westwind, der leicht auflandig weht (Windstärke 3-6), bietet Anfängern und Fortgeschrittenen genügend Spaß auf dem Brett. Der stärkere Nordwind, der vor allem im Hochsommer entsteht, ist dagegen Könnern vorbehalten, denn er bläst wesentlich stärker (bis Windstärke 9). Anfänger können leicht auf das offene Meer hinausgetragen werden. Vor Ort können Sie Surfbretter ausleihen, eine deutsche Surfschule befindet sich am langen Sandstrand.

Wer die Strände westlich und östlich von Paleochóra schon kennt: Von Paleochóra gehen täglich Badeboote zum Traumstrand von Elafonísi (S. 705f).

INFO Die Küstenhebung Westkretas

Etwa 500 m westlich von Paleochóra wird eine eigentümliche geologische Entwicklung Westkretas sichtbar. Oberhalb des heutigen Strandes sind am Hangfuß bis zu drei frühere Küstenlinien ablesbar. Bizarre, glatt gewaschene Felsen und Brandungshöhlen liegen mehrere Meter über dem heutigen Meeresniveau. Auch auf der Schiffahrt von Agía Rouméli nach Chóra Sfakíon kann man dieses Phänomen gut beobachten. Teilweise sind regelrechte Tische oder Pilze aus Gestein unter dem Einfluß der Brandung geformt worden, nachdem sich das Land gehoben hat. Im Nordwesten Kretas war die Verschiebung noch stärker. Im 4. Jh. vor Christus wurde der Hafen von Phalássarna (S. 688f) durch ein besonders starkes Erdbeben bis zu 8 Meter über das Meeresniveau gehoben und mußte aufgegeben werden.

Diese Vorgänge sind tektonischen Ursprungs und auf Verschiebungen in der oberen Erdkruste zurückzuführen. Ursache sind die gegeneinander drückenden europäischen und afrikanischen Platten. Im Umfeld solch kritischer Zonen – denken Sie an den St. Andreas-Graben in Kalifornien – kommt es häufig zu starken Erdbeben, bei denen Hebungen und Senkungen von mehreren Metern möglich sind. Dies ist auf Kreta mehrmals vorgekommen, da sich die Insel aus mehreren Krustenbruchstücken zusammensetzt, die sich seit rund 4 Millionen Jahren gegeneinander verschieben. Vereinfacht betrachtet, sind diese Bruchstücke große Blöcke, die aus den Massiven der einzelnen Gebirge gebildet werden, z.B. den Lefká Óri, den Asteroussia-Bergen, dem Psilorítis-, Díkti- oder Triptí-Gebirge. Diese sind durch sog. Verwerfungszonen und Grabenbrüche voneinander getrennt. Im Landschaftsbild stellen diese sich z.B. als Isthmus von Ierapetra, Bucht von Soúda oder Messará-Ebene dar.

Die Bewegungsabläufe sind je nach Krustenblock unterschiedlich und haben sich im Laufe der Erdgeschichte mehrmals umgedreht. So zeigen z.B. die Berghänge der Bucht von Káto Zákros (S. 453ff) in Ostkreta ein deutlich gestuftes Relief, das auf die Einwirkung der Meeresbrandung vor über 2 Millionen Jahren zurückzuführen ist. Heute liegen diese Strandterrassen zum Teil über 100 m über dem Meeresspiegel. Doch die Bewegungsrichtung hat sich bereits wieder umgekehrt, und die Südostküste Kretas sinkt derzeit wieder ab. Das können Sie daran erkennen, daß sich der Grundwasserspiegel stark gehoben hat und mittlerweile Teile des minoischen Palastes überschwemmt.

Noch deutlicher wird die Absinktendenz des östlichen Blocks an der Nordostküste bei Mochlos (S. 441). Die kreisrunde Insel, die der Bucht ihren Charme verleiht, war bis vor gut 1.800 Jahren noch Teil des Festlandes. Reste einer römischen Siedlungen belegen das Absinken der Küste um 1-2 m, so daß die Landverbindung im 3. Jh. n.Chr. abbrach.

Von Paleochóra nach Soúgia

Sie haben zwei Möglichkeiten, von Paleochóra auf dem Landweg ins östlich gelegene Soúgia zu fahren. Beide Varianten führen zunächst landeinwärts. Die bequemere, aber längere Variante ist die Strecke zurück über Kándanos (insgesamt 43 km), interessanter die Straße über Azogirés und weiter auf Schotterpiste durch einsame Bergdörfer, bevor man bei Teménia auf die Hauptstraße nach Soúgia stößt (rund 30 km). Für diese Route sollte Ihr Fahrzeug aber zumindest für unbefestigten Untergrund geeignet sein, die Piste ist ab Azogirés recht anspruchsvoll.

Legende der 99 Heiligen Väter

Von Paleochóra erreicht man das Dorf **Azogirés** (Αξογιρες) nach 5 km auf breiter Asphaltpiste durch das Tal des Azoirianos, dessen Bett im Sommer häufig trocken fällt. Im beschaulichen Dorf gibt es zwei einfache Tavernen, ein kleines Museum und die Einraumkapelle Ágios Geórgios aus dem 13. Jh. Die eigentliche Sehenswürdigkeit des wenig besuchten Ortes ist die oberhalb gelegene **Höhle der 99 Heiligen Väter**. Dazu im Dorf vor einer Taverne links abbiegen, die rund 2,5 km zur Höhle sind mit dem Fahrzeug zu bewältigen.

Aber auch der Spaziergang von der Dorfstraße aus ist zu empfehlen. Am Ende der Piste durch ein Ziegengatter (wieder schließen!) dem Pfad folgen. Die Klufthöhle versteckt sich unterhalb einer steilen Felswand. Mehrere Eisenleitern führen hinab in den schwarzen, tiefen Spalt, Trittfestigkeit ist unbedingte Voraussetzung. Die Höhle ist im Gegensatz zu den vielen Karsthöhlen Kretas tektonisch entstanden. Taschenlampen sind zu empfehlen, auch wenn am Abstieg ein paar Kerzen bereitliegen. Unten angekommen, erkennt man im Halbdunkel des hohen Raumes zwei Altäre mit diversen Ikonen (die Hauptikone zeigt 99 Heilige Väter, zählen Sie bitte nach). Wenn man hier ein paar Kerzen entzündet, den Blick von tief unten ins Tageslicht, wird man unweigerlich von der Mystik dieses sakralen Ortes umfangen.

Einsames Grab bei Platanés

Der **Legende** nach kamen die *99 Heiligen Väter* im 12. Jh. zusammen mit dem *Heiligen Johannes* nach Azogirés. Als *Johannes* zur Halbinsel Akrotíri im Norden Kretas aufbrach, zogen sie in die Höhle und lebten dort. Sie leisteten einen gegenseitigen Schwur, daß, wenn einer von ihnen sterbe, auch die anderen den Tod wählen müßten. *Johannes* hauste unterdessen auf Akrotíri als Eremit in einer Höhle beim späteren Kloster Katholikon (siehe S. 649). Eines Tages hielt ein Bauer den nur mit einem Fell bekleideten Heiligen irrtümlich für ein wildes Tier und schoß ihn mit einem Pfeil an. Vor seinem Tod konnte der schwer verletzte *Johannes* den um Vergebung flehenden Bauern gerade noch auffordern, die Nachricht seines Ablebens an die *99 Heiligen Väter* weiterzutragen. Als der Bauer in Azogirés ankam, zu Fuß immerhin eine mehrtägige Reise, fand er aber schon alle 99 Mönche tot auf. Der Schwur hatte sich erfüllt.

Etwa 1 km hinter Azogirés führt rechts eine Piste das Flußtal querend den Hang hinauf. Bald passiert man die winzigen Weiler Asfendiles (traumhafter Rundblick am Ortsausgang) und Platanés, die nur aus einer Handvoll Häuser und Hausruinen bestehen. Bald hinter Platanés steht rechts exponiert eine strahlend weiße Kapelle, daneben ein marmorner Sarkophag. Es ist das Grab eines jungen Griechen, der im Militärdienst verstorben ist und hier seine letzte, einsame Ruhe fand.

Von der dorischen Stadt **Hyrtakina** links der Straße Richtung Teménia sind nur wenige Reste erhalten, die zyklopischen Mauern und Fundamente der Siedlung sind kaum mehr auszumachen. Ausgrabungen haben ein Heiligtum für den Gott *Pan* freigelegt.

Zwischen Teménia und Papadiana wird die asphaltierte Straße Kándanos-Soúgia erreicht, hier rechts weiterfahren. Nachdem Sie Rodováni (Post, Tavernen) passiert haben, an einer Kreuzung (Abzweiger Richtung Chaniá und Omalós-Hochebene) rechts halten. Etwas oberhalb der Kreuzung ist das antike **Elyros** ausgeschildert. Von der dorischen Stadt, deren Hafen beim heutigen Soúgia lag, ist außer einiger Zisternen in den Hangterrassen kaum etwas erhalten geblieben. Der Rest einer Windmühle und die kleine Kapelle sind wesentlich jünger. Elyros wurde wahrscheinlich von den Sarazenen zerstört, die später gefundene überlebensgroße Statue eines Philosophen steht im Archäologischen Museum von Chaniá.

Spuren des antiken Elyros

Abstecher zur Agía Iríni-Schlucht

Folgt man ab Rodováni der Straße Richtung Omalós-Hochebene, erreicht man nach rund 13 km das Dorf **Agía Iríni** (Αγια Ειρηνη). In der Umgebung wachsen ausladende Kastanienbäume, die Gegend südlich bis Rodováni ist wie keine zweite auf Kreta mit unzähligen Kapellen bestückt. 1995 zerstörten verheerende Waldbrände weite Teile der Umgebung, dabei wurden auch rund 40.000 Olivenbäume, ein wichtiger Wirtschaftsfaktor des Dorfes, vom Feuer vernichtet. Mittlerweile sind die Schäden kaum mehr sichtbar, doch der frühere, baumreiche Zustand wird wohl nie wieder erreicht.

Bei Epanohóri liegt der Einstieg in die **Agía-Iríni-Schlucht** (Hinweisschild), die als eine der schönsten Kretas gilt. Sie verläuft direkt in Nord-Süd-Richtung unterhalb der Westhänge des Fast-Zweitausenders Psiláfi (1.984 m). Der markierte Weg durch die Schlucht ist etwa 8 km lang und endet beim winzigen Dorf Koustogérako. Man läuft fast immer unten in der Schlucht und nur selten an den Berghängen entlang. Rote Markierungen und Steinmännchen erleichtern die Orientierung. Am mehrmals zu querenden Bachbett wachsen zahlreiche Zypressen und Oleanderbüsche. Ein großer Teil des Weges verläuft im Schatten, da die Felswände eng zusammenrücken. Vom Ausgang der Agía Iríni-Schlucht bei Koustogérako bis Soúgia sind weitere 6 km zurückzulegen. Wir empfehlen, für die technisch einfache Wanderung insgesamt 4-6 Stunden einzuplanen. Mit Kenntnis des Fahrplans ist eine Bus-Wander-Kombination von Soúgia aus gut möglich. Festes Schuhwerk und ein ausreichender Wasservorrat sind unbedingt notwendig. Mitt-

Schluchtwanderung

lerweile werden auch organisierte Gruppenwanderungen durch die Agía Iríni-Schlucht angeboten.

Die **Straße zur Omalós-Hochebene** ist von Bulldozern in den Fels geschlagen und wirkt wie eine lange Narbe in der Berglandschaft. Zahlreiche steinschlaggefährdete Abschnitte zeugen von der Wehrhaftigkeit der Natur gegen solche Straßenprojekte. In den Erosionsrinnen der Hänge zeichnen Platanenschluchtwälder das Relief nach. Bis zur Kapelle Agios Theodori am westlichen Eingang der Omalós-Hochebene sind es von Agía Iríni 17 km Straßenkilometer durch die unbewohnte Westflanke der Weißen Berge.

Von Rodováni nach Soúgia

Außergewöhnlicher Kirchturm

In **Moní** steht eine für Kreta einzigartige kleine Kapelle mit einem Turm in Form eines Campanile. Die in 2 Bauphasen entstandene Kapelle Ágios Nikólaos aus dem 14. Jh. ist auch von der Straße aus im Tal zu erkennen, neben ihr ein kleiner Friedhof. Moní wurde wie auch die Nachbardörfer Livadás und Koustogérako im September 1943 von den deutschen Truppen dem Erdboden gleichgemacht, u.a. mit Sprengungen und Stuka-Angriffen.

Die letzten Kilometer führt die Straße nur noch bergab. Fast kann man den Wagen oder das Fahrrad einfach bis Soúgia rollen lassen. Das breite Flußtal des Heroktena ist von mitgeführtem Schotter bedeckt, im Hintergrund überragen die Gipfel Gíngilos und Volakiás mit über 2.000 m Höhe die Ausläufer der Lefká Óri. Fährt man gegen späten Nachmittag die Straße entlang, kann man die Schatten förmlich die kahlen Hänge hinaufkriechen sehen.

Soúgia (Σουγια)

Aktuelle regionale Reisetips zu Soúgia
entnehmen Sie bitte den gelben Seiten 322f

Strand und die Nähe zu Afrika

Soúgia liegt in einer langen geschwungenen Bucht (*Ormos Soúgias*), die Landstraße von Norden endet unten im Ort in der Strandpromenade. Soúgia war in hellenistischer Zeit der Hafen der nordwestlich bei Rodováni liegenden Siedlung Elyros. Ein **breiter Kiesstrand** lädt zum Baden ein, besonders der FKK-Strand im Osten, der am längsten von der Nachmittagssonne profitiert und im Ortsjargon „Schweinebucht" genannt wird. Der Blick über das Libysche Meer würde ohne Erdkrümmung bis an die Nordküste Afrikas ins libysche Tubruq reichen. Soúgia ist im Gegensatz zu Paleochóra klein geblieben und noch immer das Ziel vieler Rucksackreisenden aus ganz Europa. An der breiten **Promenade** lädt eine überschaubare Zahl von Tavernen ein, die Übernachtungsquartiere sind meist einfach, der große Tourismus wird in Soúgia auch in Zukunft ausbleiben. Noch in der Ortschaft bei der Dorfkirche findet sich der gut erhaltene Mosaikfußboden einer dreischiffigen **Basilika** aus dem 6. Jahrhundert. Neben geometrischen Mustern zeigt das Bodenmosaik auch Amphoren und Tiere. Die Basilika muß ein prächtiges Bauwerk gewesen sein. Teilweise hat man die neue Kirche direkt darüber errichtet. Jedes Jahr wird in Soúgia in den 20. Juli, den Tag des Heiligen Elias, hineingefeiert, dazu kommen fast alle Familien des Ortes zusammen.

Soúgia – Strand am Libyschen Meer

Das antike Líssos

Líssos (Λισσος) ist auf einem einstündigen Fußweg von Soúgia aus zu erreichen, es liegt etwa 4 km westlich des Küstenortes. Der **Fern-**

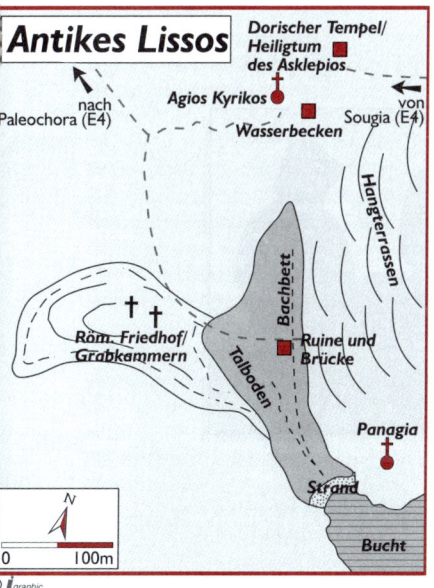

Antikes Lissos

Dorischer Tempel/ Heiligtum des Asklepios

nach Paleochora (E4)

Agios Kyrkos

von Sougia (E4)

Wasserbecken

Hangterrassen

Bachbett

† † *Röm. Friedhof/ Grabkammern*

Talboden

Ruine und Brücke

Panagia

Strand

Bucht

N

0   100m

© Igraphic

wanderweg E4 führt aus Soúgia heraus am kleinen Hafen vorbei und in nördlicher Richtung das Bachbett einer Schlucht hinauf. Kurz nach einem hohen Felsüberhang geht es links steil aufwärts (deutliche Markierung an der Abzweigung) bis auf eine Hochebene. Bald führt der Weg in Serpentinen hinab in das Tal von Líssos, das sich bis zum Meer erstreckt. Das Ziel bleibt dabei immer vor Augen.

Die Ausgrabung liegt hinter der kleinen Bucht von Agios Kyrkos auf dem Untergrund eines fruchtbaren Talbodens, der wohl vor der Hebung der Westküste einen Hafen beherbergt hat. Man nimmt an, daß er der antiken Stadt Elyros zugeordnet war, die nur wenige Kilometer nördlich von Líssos liegt. Rund um ein **Heiligtum** entstand mit Líssos eine ursprünglich dorische Stadt, die in der hellenistischen Blütezeit eigene Münzen prägte. Zusammen mit benachbarten Städten wie Tárra, Elyros, Hyrtakina oder Pikilassos gehörte Líssos um 300 v.Chr. zum Bund der Oreioi. Dieser wiederum schloß einen Vertrag mit dem libyschen *König Maga von Kyrene*. Líssos war bis in die römische Zeit hinein ein wichtiges Heiligtum, in dem der Heilgott *Asklepios* verehrt wurde. Aus dem 3. Jh. v.Chr. stammt die kleine **Tempelanlage Asklepion** im nordöstlichen Teil des Tales. Auf einer Grundrißfläche von ca. 6 x 9 m liegt, umgeben von leidlich erhaltenen Mauern aus großen

Heilgott Asklepios

behauenen Steinquadern, ein nachträglich eingefügtes Bodenmosaik, das Vögel und am Rand geometrische Muster zeigt. Durchgehend vom *4. Jh. v.Chr.* bis in die frühe byzantinische Zeit, in der die **Basilika Agios Kirykos** südlich des Tempels errichtet wurde, waren die Anlage und die Heilquelle westlich davon genutzt. Der Tempel selbst war durch ein Erdbeben wahrscheinlich schon im 1. oder 2. Jh.

Heilquelle n.Chr. zerstört worden, viele seiner Steine hat man in den Mauern der Basilika
und wieder verbaut. Einige der zur Verehrung angefertigten Statuen, die frei herumla-
Badestrand gen, führten auf die Spur der Anlage, die erst von 1957-1960 ausgegraben wurde. Funde aus Líssos sind z.B. im Archäologischen Museum von Chaniá ausgestellt.

Am westlichen Hang des Tales findet sich ein **römischer Friedhof** mit freiste-henden Grüften, ganz dicht beim Strand die kleine Panagía-Kirche. Nach der Besichtigung bietet sich die kleine Kiesbucht, die im Westen von einer Felswand geschützt wird, für ein erfrischendes Bad vor dem heißen Rückweg an.

Lissós kann auch von Paleochóra aus erwandert werden, allerdings sind für die rund 12 km lange markierte Strecke (E4) anstrengende 3,5 bis 4 Stunden einzu-planen.

Skulptur "The traveller" in Paleochóra

19.2 Abgelegene Dörfer und der Traumstrand Elafonísi an Kretas Südwestspitze

Die Straße in Kretas äußere Südwestecke bis nach Elafonísi zweigt kurz vor Kíssamos im Ort **Kaloudianá** von der Old Road ab (Kaloudianá-Elafonísi 41 km). Wer auf der New Road aus Richtung Kolimbári kommt, kann bei Koleni oder kurz vor Kíssamos auf die Old Road wechseln.

Man fährt zunächst durch ein breites, fruchtbares Tal und gewinnt noch kaum an Höhe. Erst bei **Voulgáro** (Tankstelle!) wird die Straße steiler, die Hänge mit jüngeren Olivenpflanzungen rücken zusammen. Nach **Tópolia** geht es durch eine enge Schlucht, die Kurven sind unübersichtlich, an einer Stelle muß ein einspuriger **Straßentunnel** (Ampelregelung, max. Höhe 3 m) durchfahren werden.

Schon bald danach weist die Beschilderung auf die **Agía Sofía-Höhle** auf der rechten Seite hin. Über steile, befestigte Treppenstufen geht man in 5 Minuten zum Höhleneingang empor. Die Höhle ist eigentlich eher eine tiefe Grotte, auch ohne Taschenlampe kann man in der großen Eingangshalle umherkraxeln. An vielen Stellen tropft Wasser herab, die Feuchtigkeit und das Tageslicht schaffen ideale Bedingungen für das Wachstum von Algen. Besonderer Blickfang der Höhle ist eine helle Sinterwand. In der Agía Sofía-Höhle wurden Hinweise auf eine Nutzung als Wohn- und Kultstätte in neolithischer Zeit vor mehr als 5.000 Jahren gefunden. In einer Cafeteria direkt unterhalb der Höhle oder der Taverne einige hundert Meter weiter (mit günstigem, frischgepreßtem Orangensaft!) bieten sich Rastmöglichkeiten. *Neolithische Wohnhöhle*

Rund 9 km hinter der Höhle und 4 km nach dem Abzweig nach Paleochóra wird **Élos** (Ελος) erreicht. Élos ist das **Kastaniendorf** im Südwesten Kretas. Rund um die kleine, hochgelegene Ortschaft mit nur 300 Einwohnern wachsen besonders viele Eßkastanien *(Kastanea sativa, kastaniá)*, die auf Kreta fast ausschließlich im feuchteren Westen kultiviert werden, auf der Insel aber nicht heimisch sind. Die Bäume werden mehrere hundert Jahre alt. Élos lädt zur Rast auf dem Weg zum Strand ein. Der Name des Dorfes bezieht sich übrigens auf einen Sumpf *(elos)*, der nahe dem Ort durch den Fluß Xeropotamos gebildet wurde. Ein Tip für alle, die noch im Herbst auf Kreta reisen: Am 1. Sonntag nach dem 20. Oktober findet in Élos ein großes Fest statt, bei dem geröstete Kastanien und andere Produkte aus Kastanien angeboten werden. Oberhalb von Élos ragt der Koutroúlis 1.071 m in die Höhe. Mit etwas Glück können Sie an den Hängen kreisende Bart- oder Gänsegeier beobachten. *Fest für die Eßkastanie*

Abstecher in den Park des Friedens und nach Miliá

Etwa 5 km vor Élos bietet sich eine Nebenstrecke über die kleinen Dörfer Vlátos, Rogdiá und Límni an, die aber erst hinter Élos wieder auf die Hauptstraße stößt. Gleich am Dorfeingang von Míli nach rechts abbiegen. Hinter dem Dorf Vlátos führt rechts eine leidlich zu befahrende Schotterpiste zum **Park des Friedens** und zur Siedlung Miliá. Ersterer wurde 1970 von einer Kulturvereinigung aus Vlátos in Zusammenarbeit mit dem Goethe-Institut, der Stadt Chaniá und dem Freistaat Bayern angelegt. Er ist das Ergebnis einer Aufforstungsaktion mit zahlreichen Baumarten und präsentiert sich heute als üppiges Arboretum.

Die Straße nach Nordwesten nur nehmen, wenn Sie das 5 km entfernte Miliá besuchen wollen. Ansonsten auf der Asphaltpiste über Límni zurück zur Hauptstraße Richtung Elafonísi fahren.

INFO   ## Unser Tip: Miliá

Miliá (Μηλια) ist eine auf Kreta einzigartige Anlage. 5 km steile Schotterpiste trennen die winzige Siedlung vom nächsten Dorf. Wie eine schattige Oase liegt Miliá am Berghang in einer der am dünnsten besiedelten Landschaften der Insel. Mehrere junge Leute haben das lange aufgegebene Dorf zu neuem Leben erweckt und bieten hier eine außergewöhnliche Urlaubsform an. In mehreren, originalgetreu wiederaufgebauten Hütten und einem in alter Technik aus Bruchsteinen errichteten Gemeinschaftsbau finden sich 13 individuell eingerichtete, urgemütliche Zimmer für 25 Besucher. Die Antiquitäten zur Möblierung wurden aus allen Inselteilen zusammengetragen, trotzdem wirken die stilvollen, gemütlichen Räume wie aus einem Guß. Das Besondere: Alle Ressourcen, die in Miliá von Bewohnern und Gästen verbraucht werden, stammen (bis auf das Bier!) aus der direkten Umgebung. Verschiedenste Gemüsesorten werden in Wechselwirtschaft angebaut, für die Versorgung mit Fleisch Haustiere gehalten. Den Strom erzeugen Solarkollektoren und ein Windrad, sauberes Wasser liefert eine natürliche Quelle. Alle Zimmer haben eine Ofenheizung, das Wasser wird zentral erwärmt. Und noch etwas ist außergewöhnlich: Miliá ist das ganze Jahr über für seine Gäste geöffnet, denn seine Bewohner leben nicht nur den Sommer über hier. Schnee fällt auch in den Wintermonaten nur selten, und der Aufenthalt in den ruhigen Wintermonaten ist ein Erlebnis für sich.

Wenn Sie nicht in Miliá übernachten wollen, können Sie auch nur zu einem leckeren Essen hierher fahren. Planen Sie dann aber mit Fahrt ab Rogdiá mindestens 2 Stunden ein, um den ruhigen Charakter des Dorfes nicht zu stören und das einfache Leben hier ein wenig nachempfinden zu können.

Buchungsinformationen finden Sie in den gelben Seiten unter Kíssamos.

Als nächste Ortschaft hinter Élos wird **Pervólia** (Περβολια) unterhalb der Straße passiert.

Nur wer sich besonders für den kretischen Freiheitskampf und das Wirken *des Anagnostis Skalidis* (1818-1901) interessiert, wird am kleinen Museum in Perivólia haltmachen. Es befindet sich im unteren Ortsteil in einem Privathaus auf der linken Seite. Leider gibt es weder englische noch deutsche Erklärungen, so daß den meisten Besuchern der Inhalt der vielen alten Bücher verschlossen bleiben wird. Der Eintritt ist frei, auch ohne griechische Sprachkenntnisse freut man sich über einen Eintrag ins Gästebuch.

Über **Vathí** und **Plokamianá**, die unter dem zunehmenden Verkehr nach Elafonísi zu leiden haben, führt die Straße in einem streckenweise überdimensionierten Ausbauzustand hinunter zum Meer. Umfangreich sind hier EU-Fördermittel als Asphalt verbaut worden. Eine besonders enge Durchfahrt in Plokamianá fungiert als Flaschenhals der Strecke. Die Felsen links und rechts der Straße sind stark verkarstet, kleine Hohlräume darin erinnern an die Wohnhöhlen von Mátala.

Vor dem Erreichen des Meeres trennen sich an einer Kreuzung die Wege: Links geht es nach Elafonísi (6 km) und rechts zum Kloster Chrissoskallítissa (0,5 km).

Kloster Chrissoskallítissa (Ξρυσοσκαλιτισσας)

Das heute von einer alten Nonne bewohnte Kloster sitzt trutzig auf einem flachen Felsen über dem Meer und ist auf der Anfahrt schon von weitem sichtbar. Der Name des Klosters bezieht sich auf eine goldene Stufe in der Eingangstreppe, die angeblich nur die sehen können, die ohne Sünde sind. Im 19. Jh. sollen in Kloster Chrissoskallítissa noch 200 Mönche gelebt haben. Der Großteil von ihnen wurde durch die Deutsche Wehrmacht vertrieben, die hier 1943 ein Gefangenenlager einrichtete. Nachdem Sie die 98 Stufen hinaufgegangen sind, können

Weißes Kloster mit goldener Stufe

Sie sich im weißen Kloster weitgehend frei bewegen. Achten Sie auf das winzige Toilettentürmchen hoch über der Bucht! Wichtigstes Fest des Klosters ist der 15. August, an diesem Tag wird von Gläubigen aus allen Teilen der Insel Maria Himmelfahrt gefeiert, und das stille, beschauliche Leben der letzten Bewohnerin weicht für einen Tag dem orthodoxen Feiertagsrummel. Der Linienbus fährt bis zum Kloster.

Das weiße Kloster Chrissoskallítissa

Die letzten Streckenkilometer zum Strand Elafonísi haben zwar einen wunderbar breiten Straßenquerschnitt, sind aber eine holprige und staubige Schotterpiste, die ein letztes Mal vor dem Badevergnügen die Achsen Ihres Autos testet.

Traumstrand Elafonísi (Ελαφονηση)

Schon lange kein Geheimtip Alternativreisender mehr, doch das hat der Faszination dieser flachen **Lagune** an der äußersten Südwestspitze Kretas keinen Abbruch getan. Liegestühle und Sonnenschirme gehören mittlerweile zum Bild des ehemaligen Individualziels. Zudem hat der verstärkte Besuch von „normalen" Touristen auch zu mehr Sauberkeit am Strand und in seiner Umgebung geführt. Elafonísi ist auch für Familien mit Kinder gut geeignet. Das Wasser ist zunächst

Traumziel Elafonísi

Elafonísi – eine einzige große Badewanne

nur knöcheltief und badewannenwarm. Um zu schwimmen, muß man ziemlich weit hinausgehen. Dafür ist der Strand ideal für Wasserspiele aller Art. Beachvolleyball, Feder- und Wasserball sind die Favoriten der im Sommer unzähligen Badegäste. Mehrere Snack-Bars mit karibisch anmutenden Schilfdächern versorgen die Badegäste direkt hinter dem Strand, das Essen ist aber mäßig. Wenige hundert Meter dahinter liegen mehrere Tavernen, die neben besseren Speisen auch Übernachtungsmöglichkeiten bieten.

Die Südwestspitze Kretas

Wer es etwas ruhiger mag, kann durch das flache, türkisblaue Wasser rund 150 m zu der vorgelagerten **Insel** waten und dort sein Handtuch ausbreiten. Doch beachten Sie, daß Sie die Natur nicht stören. Neben Eidechsen, einer endemischen Froschart und mehreren Vögeln ist die bis zu 39 m hohe Insel mit ihren Sanddünen nämlich auch Refugium für die **Meeresschildkröte** *Caretta-Caretta* während ihrer Eiablage. So paradiesisch und friedlich Elafonísi auch ist: Selbst hier metzelten türkische Truppen des Ibrahim am 24. April 1824 (einem Ostersonntag) mehrere hundert Frauen, Kinder und kretische Kämpfer nieder. Eine Tafel am Gipfel der kleinen Insel Elafonísi erinnert daran.

Hinweise zur Anreise

Sie können direkt vor dem Strand oder etwas zurück bei den Tavernen parken. Umweltfreundlicher ist die Anreise mit dem Linienbus der KTEL. So wird den Orten an der Strecke Durchgangsverkehr erspart und die Belastung des sensiblen Strandbereiches durch das Parken entfällt. Von Paleochóra aus fahren Kaikis nach Elafonísi, Dauer etwa 1 Stunde. Zu Fuß: Von und nach Paleochóra führt entlang der Südküste der markierte Fernwanderweg E4 am Kap Akrotíri vorbei.

Unser Tip

Gerade in den Stunden im Übergang vom späten Nachmittag zum frühen Abend ist es in Elafonísi besonders schön. Die Hauptkolonne der Mietwagenfahrer befindet sich schon auf dem Rückzug, und man hat viel Platz zum Baden und Spielen. Die im Westen untergehende Sonne scheint noch lange Zeit auf den Strand und taucht die Szenerie in ein warmes Licht. Leider geht der Linienbus zurück schon um 16 Uhr, so daß man entweder ein eigenes Fahrzeug benötigt oder in Elafonísi übernachten muß.

Rückweg über die Westküste

Wer keine Lust hat, denselben Weg zurück an die Nordküste zu nehmen, kann den zeitaufwendigen Umweg an der wilden, einsamen Westküste entlang wählen, der auf asphaltierter Piste bis nach Kíssamos führt (Elafonísi-Kíssamos ca. 60 km, Kefáli-Kíssamos 42 km). Gegen frühen Abend ist diese Strecke in der untergehenden Sonne besonders schön. Spätestens 1,5 Stunden vor Sonnenuntergang in Elafonísi losfahren, damit Sie auf der kurvigen Route nicht von der Dunkelheit überrascht werden. Nicht selten ist auf der Strecke Felsschutt auf die Fahrbahn gerutscht.

Erst wie auf dem Hinweg die Straße Richtung Élos nehmen und hinter Vathí nach **Kefáli** (Κεφαλι) abbiegen. Der Ort ist trotz seiner gerade mal 150 Einwohner recht lebendig und bietet einige Tavernen für eine Rast. Auf ca. 600 m Höhe führt die Straße inmitten einer alpin anmutenden, kargen Landschaft durch winzige, abgelegene Dörfer wie Simadiriana und Amigdalokefáli. An der Abzweigung nach Livádia (Bademöglichkeit) toller Blick zurück nach Elafonísi und zum Kloster Chrissoskallítissa. In Kámbos und Sfinári wieder Tavernen und die Möglichkeit zur Übernachtung („*sprechen deutsch*"). Bald erreicht man nun **Plátanos** und damit die ausgebaute Hauptstraße (Tankstelle!). Sollte es noch nicht zu spät sein, lohnt der Abstecher hinunter an den Strand und zu den Ausgrabungen von **Phalássarna** (siehe S. 687ff).

Einsame Dörfer der Westküste

Antike Steinbrüche Phalássarna

20.   GÁVDOS – EUROPAS SÜDLICHSTE INSEL

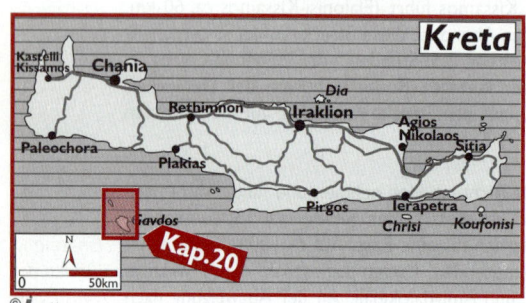

Übersicht

Europas südlichste Insel Gávdos (Γαυδος) liegt 40 km südlich von Kretas Südwestküste als letzter Vorposten Griechenlands im Libyschen Meer. Mit 29,8 qkm ist die Insel nicht sehr groß und problemlos an ein bis zwei Tagen zu durchwandern. Bis zu 382 m ragt Gávdos aus dem Meer, das in dem Graben zwischen der Südküste Kretas und der Insel bis zu 1.100 m tief wird. Weitere 50 km südlich von Gávdos sind es schon 2.400 m. Wer sich rühmen möchte, am südlichsten Punkt Europas gestanden zu haben, muß den Fußmarsch nach Südosten zum Kap Triptí (*Ákrotiri Triptí*) auf sich nehmen. Wollen Sie es genau wissen? Die exakten geographischen Koordinaten lauten N34°048'07" und E24°07'35". Von diesem Punkt sind es nur noch rund 250 km bis zum afrikanischen Kontinent.

Südlichste Stelle Europas

8 km nordwestlich von Gávdos liegt die kleine Schwester, das nur 2,6 qkm große Eiland **Gavdopoúla**. Das Felseiland wächst nur 133 m aus dem Meer und ist mit Gávdos durch eine unterirdische Landbrücke verbunden, das Meer wird hier nur 80-100 m tief.

Gávdos kann mit Gegensätzen aufwarten – die Südküste mit den hohen Steilabfällen, die Nordküste flach auslaufend mit sandigen Buchten und aufgewehten Dünenfeldern. Die Insel besteht größtenteils aus ehemaligem Meerboden, der durch tektonische Prozesse angehoben wurde. Der Kalkstein ist deshalb reich an Fossilien. Im Winter ist Gávdos mit Durchschnittstemperaturen über 10 °C nicht besonders warm, 1992 hat es sogar – auch für die ältesten Einwohner erstmalig – geschneit. Einzigartig sind die Wälder aus *Kalabrischen Kiefern, Zedern* und *Phönizischem Wacholder*, die weite Teile des Inselinneren bedecken.

Eigene Tier- und Pflanzenwelt

Obwohl Gávdos im Vergleich zu Kreta winzig ist, sind hier mehrere hundert Arten von Gefäßpflanzen und rund 130 Vogelarten heimisch. Trotz Sonne pur ist Gávdos bislang kaum Ziel von Urlaubern. Die einzigen touristischen Einrichtungen liegen am Strand von Sarakíniko im Nordosten der Insel. Ansonsten leben die wenigen dauerhaften Bewohner eher schlecht als recht von der Viehhaltung und der Fischerei.

! ! !   **Achtung**
Bei ungünstigen Windverhältnissen (ab Stärke 6/7) und starkem Wellengang wird der Schiffsverkehr nach Gávdos zeitweilig eingestellt. Einheimische und Urlauber sitzen dann auf der Insel fest. Der Besuch von Gávdos ist daher

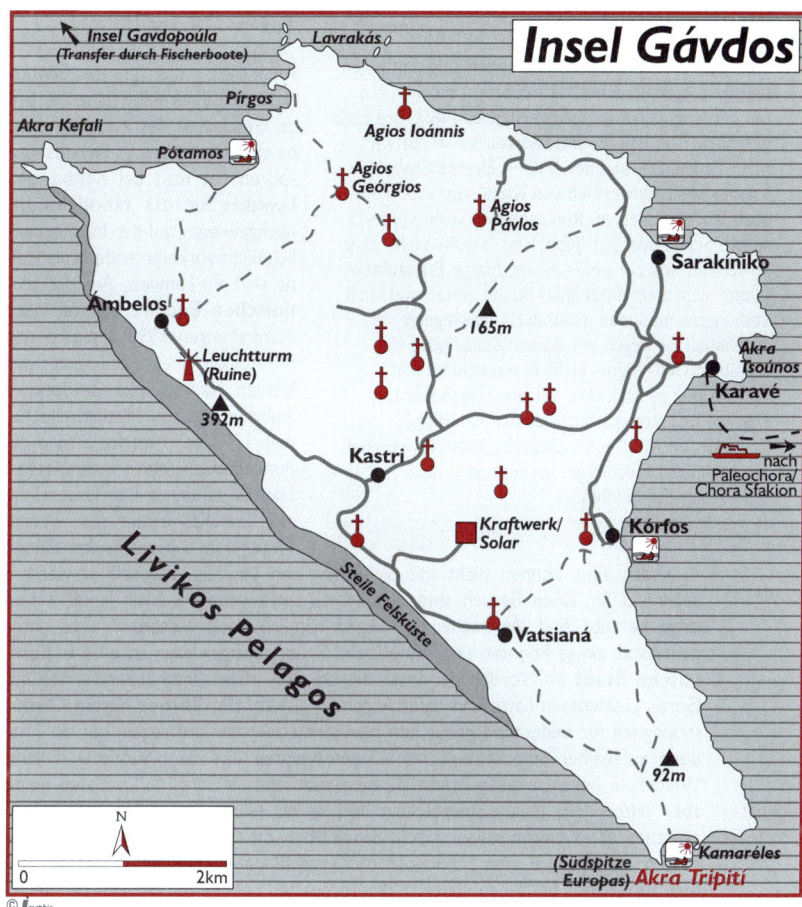

Insel Gávdos

Insel Gavdopoúla
(Transfer durch Fischerboote)
Lavrakás
Pírgos
Akra Kefali
Pótamos
Agios Ioánnis
Agios Geórgios
Agios Pávlos
Sarakíniko
Ámbelos
Leuchtturm (Ruine)
165m
Akra Tsoúnos
Karavé
392m
nach Paleochora/Chora Sfakion
Kastri
Kraftwerk/Solar
Kórfos
Livikos Pelagos
Steile Felsküste
Vatsianá
92m
N
0   2km
© I graphic
Kamaréles
(Südspitze Europas) Akra Tripiti

nicht unbedingt wenige Tage vor dem Rückflug zu empfehlen. Die Überfahrt von Sougía oder Chóra Sfakíon dauert ca. 3 Stunden. Im Winter verkehren lediglich Postschiffe. Hinweise zu Fahrzeiten und Preisen finden Sie in den gelben Seiten unter Paleochóra, Soúgia und Chóra Sfakion.

Der Mythos

In *Homers* „Odyssee" ist Gávdos das mythische *Ogygia,* die Heimat der Nymphe *Calypso.* Sie lebte in einer großen Höhle und nahm den schiffbrüchigen *Odysseus* für mehrere Jahre auf. Dieser lehnte, von starker Sehnsucht nach Heimat und Familie geplagt, *Calypsos* Angebot von Unsterblichkeit ab, hätte er doch als Gegenleistung für immer auf *Ogygia* bleiben müssen.

Heimat einer Nymphe

- Wer dem Trubel Kretas einmal vollständig entfliehen und das „Eremitenleben" ausprobieren möchte, hat mit der Insel Gávdos einen geeignetes Fleckchen Erde gefunden. Touristische Infrastruktur ist so gut wie nicht vorhanden, und durch die schlechte Erreichbarkeit im Meer südwestlich von Kreta wird dies wohl auch lange so bleiben. Robinsonisten seien vorgewarnt: Schön oder gar lieblich ist Gávdos nicht, eher abweisend und ein wenig bizarr. Einige Privatunterkünfte stehen am Sarakíniko-Strand bereit, und auch verhungern muß man nicht, doch ein längerer Aufenthalt ist wegen der starken Schädigung des sensiblen Ökosystems nicht zu empfehlen. Auf Gávdos gibt es nach dem Versalzen der letzten Quellen und Brunnen nicht einmal natürliches Trinkwasser, Müll und organische Hinterlassenschaften auch der Besucher landen einfach in der Umgebung der Siedlungen.

Die Geschichte

Auch wenn das heutige Gávdos nicht den Eindruck macht, die lange Geschichte der Insel war sehr bewegt. Die frühesten Besiedlungsspuren hat man bei Karavé und Lavrakás für das **Neolithikum** nachgewiesen, auf der Insel eigentlich nicht vorkommende Feuersteine sind ein Hinweis. Aus der **minoischen Epoche** konnten nach Ausgrabungen 1990 zunächst nur die Ruinen einer Siedlung auf der kleinen Nachbarinsel Gavdopoúla Aufschluß geben. Mittlerweile hat man 1998 beim Kórfos-Strand die Fundamente eines minoischen Hauses gefunden. Die Gräber, die am Lavrakás-Strand nur wenige Meter vom Wasser in den Dünen

zu finden sind, können nicht mit Sicherheit den Minoern zugeordnet werden. Spannend für einen Besuch sind sie allemal, auch wenn sie ihrer Funde schon lange beraubt sind. Wahrscheinlich liegen nämlich noch weitere Gräber unter dem Sand, einige könnten ungeöffnet sein. Sicher nachgewiesen ist eine **hellenistische Stadt** im Norden der Insel, die um 300 v.Chr. einen Schutzvertrag mit Gortis geschlossen hatte und dafür Abgaben leistete. Die **Römer** hielten Gávdos strategisch für bedeutend genug, um hier einen Seehafen anzulegen. Lag die Insel doch auf halber Strecke zwischen Libyen/Ägypten und dem Südzipfel Italiens. Wiederum beim Lavrakás-Strand lag eine römische Siedlung, deren Hafen heute

Seehafen der Römer

aber unter dem Meeresspiegel liegt. Mit etwas Glück finden Sie im Gelände zwischen den wenigen Ruinen noch Tonscherben, die aber am Fundort verbleiben sollten. Den Feuern zum Schmelzen des vorgefundenen Eisenerzes, das die Römer auf Gávdos betrieben, fielen in der römischen Epoche die meisten Bäume auf der Insel zum Opfer.

In der ersten **byzantinischen Epoche** gewann Gávdos, das jetzt Klados genannt wurde, an Bedeutung und Einwohnern. Es wurde eine der 21 kretischen Bischofssitze. 8.000 Menschen sollen auf Gávdos gelebt haben, die meisten in einer Stadt bei Ágios Ioánnis im Norden. So kann die immense Zahl von 16 byzantinischen Kapellen, die auf Gávdos verstreut sind (siehe Karte) kaum verwundern. Im frühen 9. Jh. n.Chr. übernahmen arabischen **Piraten** neben Kreta auch Gávdos und versklavten einen Teil der Bewohner. Wer konnte, verließ die Insel und floh in die Berge der nahen Sfákia. Auch nach der Befreiung Kretas von den Sarazenen 961 blieb Gávdos ein Opfer und Unterschlupf der Piraterie, es wurde nicht wieder dauerhaft besiedelt. Der inzwischen untergegangene Hafen bei Lavrakás wurde durch einen neuen bei Sarakíniko ersetzt. Dieser Name verweist eindeutig auf die Sarazenen. Wohl aufgrund der Piraten interessierten sich die **Venezianer** anfangs überhaupt nicht für Gávdos, das sie *Gotzo* nannten. Als sie 1630 nach der Vertreibung des englischen Piraten *Sanson* die Errichtung eines Kastells auf der Insel planten, war ihre Zeit auf Kreta schon fast wieder vorbei. Erst den **Türken** gelang es nach einigen Jahren, permanent bewohnte Siedlungen auf Gávdos zu errichten, in sicherer Lage abseits von den leicht angreifbaren Küsten. Wegen der hohen Sondersteuern in der kretischen Sfakiá zogen nun auch neue Bewohner hinzu. Gegen Ende des 19. Jh. lebten über 400 Menschen auf der Insel, keiner von ihnen war aber muslimischen Glaubens. 1925 wurde Gávdos endlich als eigene Gemeinde unabhängig von Anópoli, blieb aber der Sfákia zugehörig. 1940 kam Gávdos zum Bezirk Sélinos der Präfektur Chaniá. Die **deutschen Besatzer** hatten 1941 zwar kein besonderes Interesse an Gávdos, errichteten aber dennoch einige Posten und ein noch Jahrzehnte lang benutztes Telefonnetz. Im September 1943 räumten sie die Insel. Die **Bevölkerungszahl** war schon wieder im Rückgang begriffen, nach gerade noch 300 Einwohnern um 1920 auf weniger als 200 in den 1960er Jahren, nur 20 Jahre später dann schon unter 100 Einwohner.

Die Bevölkerung geht zurück

Gávdos heute

Seit dem Beginn des 20. Jahrhunderts hat sich Gávdos langsam, aber sicher entvölkert. Die meisten Menschen zogen in einen eigenen Stadtteil der kretischen Kleinstadt Paleochóra, so blieben sie ihrer Heimat wenigstens räumlich nah. Zurück blieben fast immer die Alten, die kein neues Leben beginnen wollten. Heute leben nur noch etwa **50-100 Menschen** permanent auf Gávdos, fast alle in der Siedlung beim Sarakíniko-Strand, während die Dörfer Kastrí, Vatsianá und Ámbelos weitgehend zu Geisterdörfern geworden sind. Die vielen Ruinen der einfachen, traditionellen Häuser und die kreisförmigen, überwuchernden Dreschplätze auf Gávdos sind traurige Zeugen einer besseren Zeit. Sogar der Bürgermeister lebt in Paleochóra auf Kreta. **Landwirtschaft** ist nur unter hartem Arbeitseinsatz möglich. Den Anbau von Weizen betreiben nur noch wenige alte Leute. Die meisten der unzähligen terrassierten Felder, die früher 80 % der Insel bedeckten, sind verwaist. Einfacher ist die Viehhaltung, Ziegen z.B. ernähren sich selbst und müssen bei Schlachtreife nur eingefangen werden.

Hartes Inselleben

Unabhängig von der Zahl der Bewohner bleibt Gávdos im Blickfeld der politischen Aufmerksamkeit. Als eigener Wahlbezirk läßt sich immer mal wieder der eine oder andere Politiker auf Gávdos sehen. Der griechischen Regierung liegt viel daran, die Einwohnerzahl nicht weiter sinken zu lassen, um die Ansprüche auf die Wasserstraße zwischen der Insel und Kreta nicht zu verlieren. Die Drei-Meilen-Zone deckt dieses Territorium nämlich nicht ab. Immer wieder wird Gávdos deshalb auch mit neuen Infrastrukturprojekten bedacht, meist Straßen, die mit Bulldozern einfach in die Landschaft gefräst werden. Sinnvoller sind da schon die Suche nach Grundwasser oder die Nutzung der Sonnenenergie statt der archaischen Diesel-Generatoren.

Gávdos hat ganz immense **ökologische Probleme**: Da sind zum einen die vielen Ziegen, die den Bewohnern ohne großen Aufwand Fleisch und damit Einnahmen liefern. Sie schädigen durch Fraß die Vegetation der Insel dauerhaft. Wo die Wurzeln der Pflanzen fehlen, wird der Boden anfällig für Abtragung durch Niederschlag und Wind, Ödland breitet sich aus. Besonders gefährlich wird es, wenn die Bodenschicht komplett abgetragen ist und wüstenähnliches Ödland keinen Untergrund für neues Pflanzenwachstum läßt. Weiter leidet Gávdos unter dem **Mangel an Süßwasser**. Die einzige nutzbare Quelle bei Ágios Geórgios ist stark mineralienhaltig, ein bei Kastrí in großer Tiefe entdecktes Grundwasserreservoir versiegt. Fazit ist, daß es auf Gávdos derzeit keine wirklich brauchbare Süßwasserquelle gibt und das Trinkwasser ebenso wie andere Lebensmittel aufwendig per Tankschiff auf die Insel gebracht werden muß, bis eines Tages eine eigene Meerwasserentsalzungsanlage gebaut wird. Ein weiteres Problem ist der **Müll**, der überall herumliegt und an der zentralen Sammelstelle beim Sarakíniko-Strand einfach angezündet wird. Bitte nehmen Sie Ihren Müll wenn möglich wieder mit und entsorgen ihn erst zurück auf Kreta!

Ökolo-gische Probleme

Flora und Fauna der südlichsten Insel Europas

Gávdos hat eine interessante Tier- und Pflanzenwelt, die ganz anders ist als die vom nahen Kreta. Einige der rund 500 Gefäßpflanzen kommen nur hier auf der kleinen Insel vor. Eines ist den Pflanzen und Tieren gemeinsam: Sie sind an das heiße, trockene Klima der Insel angepaßt und überleben auch lange, extreme Sommer ohne Niederschlag. Neben den typischen Vertretern der Macchie sind die **Zedernwälder** wohl die bemerkenswerteste Pflanzenformation. Der Zedernwacholder („Ketro", *Juniperus oxycedrus macrocarpa*) ist ein Wacholderstrauch, der eigentlich in Nordafrika beheimatet ist. Er wächst nur langsam, zusammenhängende „Wälder" gibt es nur in der Gegend von Ágios Ioánnis im Norden von Gávdos. Wildcamper bauen sich gerne kleine Hütten aus den Zweigen des Zedernwacholders. Kalabrische Kiefern bilden dichtere Bestände zwischen Kastrí und Ámbelos.

Zedern-wälder im Insel-inneren

Ursprünglich muß auch Gávdos wie Kreta wesentlich grüner und waldreicher gewesen sein, aber zuerst die Römer und später die Türken und Griechen kümmerten sich nicht um biologische Vielfalt und brannten weite Teile der Insel nieder. Heute sind es die vielen Ziegen, die die Vegetation der Insel niedrig halten und damit die Erosion des Bodens durch Wind und Niederschläge fördern.

Neben den nützlichen Honigbienen kann man mit etwas Glück auch eine der bizarren **Gottesanbeterinnen** beim Beutezug beobachten. Die großen Hornissen („burbura"), die überall um Wasserlachen kreisen, sehen zwar martialisch aus, stechen aber nur, wenn sie angegriffen werden – dann allerdings sehr schmerzhaft. Das gilt auch für einen Skorpionstich – achten Sie deshalb auf Ihre Schuhe und drehen Sie keine größeren Steine um. Sehr gut untersucht sind die 27 **Landschneckenarten** der Insel, 5 davon endemische Arten – nicht zuletzt der Verdienst des deutschen Zoologen *Francisco Welter-Schultes*. Das Gehäuse der größten von ihnen mißt 4 cm, die bei Feinschmeckern beliebteste ist die *lianída* oder *lianos*, die Sie auch auf kretischen Märkten finden.

Gávdos ist eine wichtige Raststation für **Zugvögel** auf dem Weg nach Nordafrika. So kommen Ornithologen vor allem in der Nebensaison auf ihre Kosten, eine kleine Kolibri-Art kann aber das ganze Jahr über beobachtet werden. Leider sind die Gavdioten leidenschaftliche Jäger, und bei ihren Jagdausflügen im September schießen sie so ziemlich auf alles, was sich bewegt. So fällt auch eine Reihe seltener Vögel, die auf Gávdos nur rasten, dem Schrot zum Opfer.

Die bedrohte **Meeresschildkröte** *Ca-* *Nachricht von Gávdos?*

retta caretta kommt zur Eiablage an den Lavrakás-Strand. Nicht selten stößt man im Inselinneren auf **Schlangen** (alle ungiftig), die in der Brachlandschaft einen idealen Lebensraum finden. Vor ihnen müssen sich allenfalls die Wildkaninchen in acht nehmen.

Wohin auf Gávdos?

Das Schiff legt im winzigen Hafen von Karavé im Osten von Gávdos an. Von hier hat man mehrere Möglichkeiten, die Insel zu erkunden. Zwei Busse fahren Ankommende zum Sarakíniko-Strand und bei Bedarf auch zum „Hauptort" Kastrí. Eine Straße rund um die Insel gibt es nicht, dafür aber zahllose Pfade, die die Siedlungen miteinander verbinden. Übernachtungsmöglichkeiten gibt es am Hafen von Karavé, in Kastrí und am Sarakíniko-Strand. Da die Anzahl sehr begrenzt ist, sollte man versuchen, in einer der Reiseagenturen von Paleochóra zu reservieren. Wildcampen ist zwar möglich, sollte aber vermieden werden.

Nach der Ankunft

Nach Kastrí und an die Westküste

Von Karavé nach Kastrí führt an zahlreichen Pinien vorbei eine ca. 5 km lange, befestigte Fahrstraße, auf der auch die Inselbusse verkehren. Auch wenn Kastrí der Hauptort ist, nur etwa 10 Häuser sind hier noch bewohnt. Dafür sind hier die administrativen Einrichtungen und wenige Zimmer zu finden. Laden, Kafenion und die Dorfschule sind mittlerweile geschlossen. Von Kastrí führt der Weg westlich bis zu einem Abzweig.

Südlich geht es nach Vatsianá und zum Photovoltaikkraftwerk, das in den 1980er Jahren auf EU-Initiative von Siemens für die Insel gebaut wurde. Leider haben die Gavdioten die Idee der Stromversorgung aus Sonnenkraft kaum angenommen und greifen neben eigenen Solarkollektoren lieber auf Dieselgeneratoren zurück. Die Anlage verfällt mittlerweile.

Vom Abzweig nach Norden führt der Weg nahe der Steilküste an der höchsten Stelle der Insel und den noch zweistöckigen Ruinen eines im 2.Weltkrieg von deutschen Stukas zerschossenen Leuchtturms (Baujahr 1880) vorbei. Ámbelos ist die nördlichste Siedlung der Insel und war das Hauptquartier der deutschen *Steile* Besatzer. Die Klippen südlich des Dorfes fallen bis zu hundert Meter steil ins *Klippen im* Meer hinab, Vorsicht an der Oberkante. Von Ámbelos führen Pfade weiter nörd- *Süden* lich bis zur felsumschlossenen Strandbucht von Potamós und östlich zur Kirche Ágios Geórgios und von dort weiter bis Lavrakás. So kann man zumindest im Norden von Gávdos eine Rundtour zu Fuß unternehmen, denn von Lavrakás kann man nach Karavé zurücklaufen.

Denken Sie auf den stundenlangen Fußmärschen auf Gávdos aber unbedingt an einen ausreichenden Wasservorrat und Schutz gegen die sengende Sonne!

In den Südosten

Von Karavé kann man entlang der Küste vorbei an den Kirchen Ágii Patéres und Ágios Geórgios am Kórfos-Strand auf einem relativ gut ausgebauten Weg bis zum Kap Triptí laufen. Am Kórfos-Strand gibt es eine Taverne, ein Camping-Platz ist geplant. Die weitgehend schattenlose Tour dauert aber rund 4 Stunden. Schneller geht es mit dem Boot. Am südlichsten Punkt Europas warten eine zerklüftete Felsküste mit drei markanten Bögen (*kamarélles*), ein einsames Leuchtturmgerüst (Lampe solarbetrieben!) und seit dem Jahr 2000 auch ein überdimensionaler Stuhl, ein von Russen errichtetes Denkmal.

Etwa auf halbem Weg zweigt bei Ágios Geórgios ein Weg zur halbverlassenen Siedlung Vatsianá ab. Der Inselpope betreibt hier ein winziges „Heimatmuseum" und ein Kafenion ohne feste Öffnungszeiten. Von Vatsianá kann man in rund 40 Minuten nach Kastrí laufen.

An den Sarakíniko-Strand

Zu Fuß ist man von Karavé an den Sarakíniko-Strand rund eine halbe Stunde unterwegs, eine asphaltierte Straße führt dorthin. In den 1970er Jahren wurde hier mit dem Bau einer ersten Taverne der Tourismus auf Gávdos ins Leben gerufen. Lange hat es die meisten Besucher an diesen langen Sandstrand gezogen, der im Hinterland in eine Dünenlandschaft mit Wacholdern und Pinien übergeht. *Aussteiger-* Viele übernachten einfach in den Dünen, der Sarakíniko-Strand ist Treffpunkt für *strand* viele Aussteiger, die einen Sommer fernab der üblichen touristischen Zivilisation *Sarakíniko* verbringen wollen. Ein paar einfache Holztavernen versorgen die Hungrigen mit Essen, ein Laden mit Lebensmitteln und sonstigen Utensilien.

Was für die einen eine idyllische Lebensform ist, empfinden die anderen vielleicht als Rücksichtslosigkeit gegenüber der Natur und den Bewohnern von Gávdos. Letztere verdienen aber ganz gut daran. Ökologisch kriminell ist die zentrale Müllkippe der Insel südlich des Strandes. Sie hat das wertvolle Grundwasser der Dünen endgültig ungenießbar gemacht. Aus den vorgenannten Gründen ist der Sarakíniko-Strand nicht mehr so beliebt wie früher.

Weiter in den Nordosten

Vom Sarakíniko-Strand kann man auf einem Pfad nahe der flachen Küste über den Strand bei Ágios Ioánnis zur Bucht von Lavrakás laufen. Hier lag in der Antike ein Hafen, der aufgrund tektonischer Hebungen später trockengefallen ist. Unter den Sandaufwehungen, die ins Inselinnere reichen, wird eine antike Stadt vermutet. Bei guter Sicht kann man vom Nordkap Akrotíri Ágios Ioánnis die Küste der kleinen Nachbarinsel Gavdopoúla gut erkennen. Dazwischen liegt der winzige Felsen Gaidouronissi.

Auf Gávdos kommt keine Hektik auf

Gavdopoúla

Das nur 2,6 qkm große und bis zu 133 m hohe Gavdopoúla ist die kleine Schwester von Gávdos, etwa 8 km nordwestlich der Hauptinsel gelegen. Die von den Minoern besiedelte und seit dem Mord an einer sfakiotischen Familie durch türkische Besatzer unbewohnte Insel ist felsig und trocken, allenfalls ein paar Ziegen werden zum Weiden hier abgesetzt.

INFO **Das Gavdopoúla-Projekt**

Gegen Ende der 1990er Jahre rückte Gavdopoúla durch ein gleichermaßen gigantisches wie verheerendes Projekt in den Blickpunkt der Aufmerksamkeit nicht nur in Griechenland, sondern auch bei vielen Kreta-Liebhabern. Eine Interessengemeinschaft internationaler Reeder plante, die kleine Felseninsel zu einem der wichtigsten Umschlagshäfen des östlichen Mittelmeers auszubauen. Um dieses Ziel zu erreichen, sollte die gesamte Fläche Gavdopoúlas auf eine Höhe von 6 m abgetragen, planiert, vergrößert und versiegelt werden. Anschließend wollte man private Hafendocks, Lagerflächen und -hallen, Meerwasserentsalzungsanlagen und ein Kraftwerk errichten. Für die rund 450 Beschäftigten war eine neue Siedlung an der Bucht von Potamós im Nordwesten von Gávdos geplant. Nicht nur Umweltschützer waren entsetzt. Mit einem Schlag drohten die Zerstörung der gesamten Insel mit ihrer wertvollen Tier- und Pflanzenwelt, die Verschmutzung des Meeres rund um den neuen Industriehafen und ein Einbruch in das soziale Gefüge der Nachbarinsel Gávdos. Dort hätte sich die Einwohnerzahl durch die ausländischen Beschäftigten nahezu verfünffacht! Eine Protestwelle rollte an, und im Frühjahr 1999 entschieden sich die Präfekturverwaltung in Chaniá und anschließend das griechische Umweltministerium glücklicherweise gegen das gigantomanische Projekt. Ob nun aus Gründen des Naturschutzes oder weil man das Entstehen eines unkontrollierbaren Umschlaghafens befürchtete, bleibt letztlich fast egal. Gavdopoúla jedenfalls ist erst einmal gerettet und steht nach der Ausweisung im Rahmen des Natura-2000-Programms der EU weiterhin unter Naturschutz.

Stichwortverzeichnis